法国民法文丛

FAGUO MINFA WENCONG

中山大学法学文丛

法国民法文库（第1卷）

张民安 主编

法国合同法总论

张民安◎著

Droit des contrats français en général

·广州·

图书在版编目（CIP）数据

法国合同法总论/张民安著. —广州：中山大学出版社，2021.11
（法国民法文库·第1卷/张民安主编）
ISBN 978-7-306-07341-9

Ⅰ.①法… Ⅱ.①张… Ⅲ.①合同法—研究—法国 Ⅳ.①D956.536

中国版本图书馆CIP数据核字（2021）第219642号

Faguo Hetongfa Zonglun

出 版 人：王天琪
策划编辑：蔡浩然
责任编辑：蔡浩然
封面设计：林绵华
责任校对：王延红
责任技编：靳晓虹
出版发行：中山大学出版社
电　　话：编辑部 020-84110283，84113349，84111997，84110779，84110776
　　　　　发行部 020-84111998，84111981，84111160
地　　址：广州市新港西路135号
邮　　编：510275　　传　　真：020-84036565
网　　址：http://www.zsup.com.cn　E-mail：zdcbs@mail.sysu.edu.cn
印 刷 者：佛山市浩文彩色印刷有限公司
规　　格：787mm×1092mm　1/16　43.25印张　1026千字
版次印次：2021年11月第1版　2021年11月第1次印刷
定　　价：139.00元

内 容 提 要

法国合同法在《法国民法典》当中具有重要的地位，在《法国民法典》的所有法律条款当中，有关合同方面的法律条款至少占1/3。《法国民法典》之所以如此重视合同法的地位，是因为合同法不仅具有悠久的历史、丰富的内容和完备的体系，而且还是构成整个民法、整个私法甚至整个法律的基本法，它支撑着整个民法、整个私法和整个法律体系的有效运行。

凭借良好的法语知识，在占有详尽的历史和现实资料的基础上，作者对《法国合同法总论》涉及的核心理论进行了全面的阐述，包括：合同和合同法的界定，合同法的传统理论基础，合同法的现代和当代理论基础，合同的各种类型，合同的成立、有效条件和制裁，合同解释的原则、合同的主观解释和客观解释，合同对当事人产生的法律效力，合同对第三人产生的法律效力，合同不履行引起的减价、抗辩、强制继续履行和合同解除，合同责任的类型，作为合同责任构成要件的过错、损害和因果关系，损害赔偿的原则、形式和范围，等等。

《法国合同法总论》所援引的法文资料丰富翔实，所阐述的合同理论简明准确。本书除了有助于我国民法学者、高等学校法学专业学生、立法者和法官了解法国合同法的理论之外，还对推动我国合同总则的研究向纵深发展有重要的参考价值。

作者特别声明

自2000年出版《现代英美董事法律地位研究》以来，作者已先后在中国众多的主流出版社出版了诸如《现代法国侵权责任制度研究》《过错侵权责任制度研究》《公司法上的利益平衡》《公司法的现代化》《商法总则制度研究》《侵权法上的作为义务》和《侵权法上的替代责任》等专著。这些著作出版之后引起了民商法学界的广泛关注，成为民商法领域的专家学者、教授、硕士研究生和博士研究生大量阅读、援引的重要著作，对于繁荣我国民商法理论、建立和完善我国民商法律制度作出了无可替代的重要贡献。

同时，这些著作出版之后即遭到某些专家学者、教授、硕士研究生和博士研究生的大面积抄袭，他们或者直接在其著作、论文中援引这些著作所援引的法文或者英文资料而完全不加上“转引”等字样；或者直接在他们的著作、论文当中一字不改地复制这些著作中的段落而完全不加上任何注释说明；或者直接在他们的著作、论文当中改写这些著作中的资料、观点，用自己的语言重新组织这些著作当中的内容而没有加上“参见”等字样。著者认为，无论什么形式的抄袭现象，均是对学术尊严的亵渎、对学术道德的践踏和对学术良知的背离。

想他人所不能想，言他人所不能言，编他人所不能编，著他人所不能著，对迄今为止被认为是天经地义、理所当然的某些基本民商法理论、某些基本民商法制度提出挑战，介绍或者提出某些“不同凡响”的甚至被认为是“离经叛道”的民商法理论和民商法观点，是作者20多年以来一直追求的目标，也是作者在《法国合同法总论》当中所希望达到的目的。

在《法国合同法总论》当中，作者对法国合同法所涉及的一系列理论和制度做出了详尽的阐述，包括：合同的界定，合同的分类，合同法的传统理论基础即意思自治原则，合同法的现代和当代理论基础尤其是合同自由原则、公共秩序原则和诚实原则，合同的成立方式，合同的有效条件，合同成立当中的瑕疵和法律制裁措施，合同解释，合同对当事人的法律效力，合同对第三人的法律效力，隐藏合同，合同的不履行引起的减价、抗辩、强制继续履行和合同解除，合同责任的性质和地位，合同责任的类型，作为合同责任构成要件的过错行为，作为合同责任构成要件的可予赔偿的损害，作为合同责任构成要件的因果关系，合同责任的法律效果，财产损害的赔偿，人身损害的赔偿，道德损害的赔偿，损害赔偿的方式，损害赔偿的评估和确定，完全损害赔偿原则，损害赔偿的法定或者约定排除或者限制，等等。

尊敬的读者，如果您是首次在《法国合同法总论》当中接触作者所介绍的任何民法理论，请您在从事学术研究时遵守最基本的学术规范和学术道德，尊重作者最基本的权利，加上“转引自张民安：《法国合同法总论》”等字样，以体现对作者艰辛劳动的尊重。因为，学术虽然是开放的，但是作者的劳动是应当得到保护的，只有这样，学术才能繁荣、进步，在学术上倡导新观念、提出新观点的学者才能够体现其价值。

张民安教授
2021 年 4 月 6 日
于广州中山大学

序　　言

一、合同在债的渊源当中的重要性

（一）合同是一种重要的法律行为

现行《法国民法典》新的第1100条明确规定，债的渊源包括法律行为（actes juridiques）、法律事件（faits juridiques）、制定法的单纯权威性（autorité seule de la loi）和良心债（devoir de conscience）的自愿履行或者承诺自愿履行。[①] 在这四种不同的渊源当中，法律行为是最主要的、最重要的渊源之一。

根据现行《法国民法典》新的第1100－1（1）条的规定，所谓法律行为，是指当事人为了产生法律效果而实施的意思表示行为，它们既可以是协议行为，也可以是单方行为。[②] 所谓协议行为，是指当事人之间的合同和集体法律行为。所谓单方法律行为（l'acte juridique unilatéral），是指一方当事人为了产生某种法律效果而实施的意思表示行为。[③] 所谓集体法律行为（l'acte juridique collectif），是指两个或者两个以上的行为人为了实现某种相同的、一致的法律效果而通过集体的方式做出的意思表示行为。[④]

根据《法国民法典》新的第1101条的规定，所谓合同，是指两个或者更多的人之间为了建立、限制、转让或者消灭债而达成的合意。[⑤] 换言之，合同是一种“合意”（accord de volontés），是“两个或者更多的人之间”（entre deux ou plusieurs personnes）的一种合意，合同不仅是当事人之间的合意，而且还是他们为了建立、限制、转让或者消灭债而达成的合意。

合同是所有法律行为当中最主要的、最重要的法律行为。换言之，在法律行为和债

---

① Article 1100, Code civil, Version en vigueur au 19 mars 2021, https://www.legifrance.gouv.fr/codes/section_lc/LEGITEXT000006070721/LEGISCTA000006118032/#LEGISCTA000032040794.

② Article 1100-1, Code civil, Version en vigueur au 31 octobre 2020, https://www.legifrance.gouv.fr/codes/section_lc/LEGITEXT000006070721/LEGISCTA000006118032/#LEGISCTA000032040794.

③ Gabriel Marty, Pierre Raynaud, Droit civil, Les Obligations, Tome 1, Les sources, 2e édition, Sirey, 1988, p. 378; Anne-Laure Pastré-Boyer, L'acte juridique collectif en droit privé français, Presses Universitaires d'Aix-Marseille, 2006, p. 246; Rémy Cabrillac, Droit des obligations, 12e édition, Dalloz, 2016, p. 185; Jean Carbonnier, Droit civil, Les biens, Les Obligations, puf, 2004, p. 1939; François Terré, Philippe Simler, Yves Lequette, François Chénedé, Droit civil, Les Obligations, 12e édition, Dalloz, 2018, p. 93.

④ Gabriel Roujou de Boubée, Essai sur l'acte juridique collectif, Paris, Librairie générale de droit et de jurisprudence, 1961; Rémy Cabrillac, Droit des obligations, 12e édition, Dalloz, 2016, p. 187.

⑤ Article 1101, Code civil, Version en vigueur au 8 novembre 2020, https://www.legifrance.gouv.fr/codes/section_lc/LEGITEXT000006070721/LEGISCTA000006118032/#LEGISCTA000032040794.

的渊源当中，合同处于核心地位。[1] Larribau-Terneyre 对合同在法律行为当中的核心地位做出了说明，他指出：“合同代表最重要的一类法律行为，合同是人们构建债法的起始之地。它们构成一种基本的工具和手段，无论是在理论层面还是在经济层面，均是如此。”[2] Terré、Simler 和 Lequette 等人也对合同在法律行为和债的渊源当中的核心地位做出了说明，他们指出：“合同构成社会生活的一个基本齿轮，这一点完全无须法学家们来证明，除了法律实务人员成天忙着处理当事人之间的合同纠纷之外，每个人的生活也是由合同编织在一起的。”[3]

合同的重要性表现在以下三个方面。

首先，在日常生活层面，合同构成了人们须臾不可或缺的方式，因为，无论是吃饭穿衣、走亲串友、居住、娱乐消遣、从事工作、调动工作岗位或者看病就医，人们均要同别人签订各种各样的合同，诸如买卖合同、租赁合同、劳动合同、运输合同、服务合同或者医疗合同等，离开了这些合同，人们根本无法在社会当中生活。实际上它们是人们最经常签订的合同。[4]

其次，在经济层面，合同同样构成了商人一刻也不能够离开的工具，因为合同是商人从事商事经济活动的最主要的、最重要的工具：当商人设立公司时，他们需要与劳动者签订劳动合同，需要与不动产的出租人签订作为公司经营场所的不动产租赁合同；当公司从事经营活动时，他们需要与生产商签订原材料或者设备的购买合同、融资租赁合同、产品的销售合同或者服务的提供合同，或者与金融机构签订借贷合同、抵押合同或者保证合同；等等。事实上，这些合同既构成了经济交换活动的手段，也构成了商人财富的组成部分。[5]

最后，在法律层面，作为最主要的、最重要的渊源之一，合同除了形成了特殊理论和特殊制度之外，也形成了一般理论和一般制度。在民法史上，合同的一般理论、一般制度和具体理论、具体制度早在 18 世纪就已经形成，1804 年的《法国民法典》既建立了合同的具体理论，也建立了合同的一般理论。在今时今日，《法国民法典》同样建立了合同的一般理论和具体理论，它们结合在一起就形成了作为一个有机整体的合同理论。[6]

---

① Philippe Malaurie，Laurent Aynès，Philippe Stoffel-Munck，Droit des obligations，8e édition，L. G. D. J.，2016，p. 195；Virginie Larribau-Terneyre，Droit civil，Les Obligations，15e édition，Dalloz，2017，pp. 261—262；François Terré，Philippe Simler，Yves Lequette，François Chénedé，Droit civil，Les Obligations，12e édition，Dalloz，2018，pp. 29—30.

② Virginie Larribau-Terneyre，Droit civil，Les Obligations，15e édition，Dalloz，2017，p. 261.

③ François Terré，Philippe Simler，Yves Lequette，François Chénedé，Droit civil，Les Obligations，12e édition，Dalloz，2018，p. 29.

④ François Terré，Philippe Simler，Yves Lequette，François Chénedé，Droit civil，Les Obligations，12e édition，Dalloz，2018，p. 29.

⑤ Virginie Larribau-Terneyre，Droit civil，Les Obligations，15e édition，Dalloz，2017，p. 261；François Terré，Phili-ppe Simler，Yves Lequette，François Chénedé，Droit civil，Les Obligations，12e édition，Dalloz，2018，p. 29.

⑥ Virginie Larribau-Terneyre，Droit civil，Les Obligations，15e édition，Dalloz，2017，pp. 261—262；François Terré，Philippe Simler，Yves Lequette，François Chénedé，Droit civil，Les Obligations，12e édition，Dalloz，2018，pp. 29—30.

（二）合同与单方法律行为之间的关系

作为一种法律行为，单方法律行为与合同之间存在诸多共同点：它们均是法律行为的表现形式，均以意思表示作为必要构成因素，均能够成为债的渊源。并且就像合同能够引起债的产生、限制、转让和消灭的效果一样，单方法律行为也能够引起债的产生、限制、转让和消灭的效果。此外，合同的有效条件和合同法律效果的规则同样适用于单方法律行为。它们之间最重要区别的有二：其一，合同的当事人不同于单方法律行为的当事人。总的来说，合同的当事人至少有两个/两方当事人，仅一个人/一方当事人是无法成立合同的；而单方法律行为则不同，它的当事人仅一个人/一方当事人，也就是做出某种承诺的债务人。其二，合同的意思表示不同于单方法律行为的意思表示。总的来说，合同不仅要求两个或者两个以上的意思表示，而且还要求这些意思表示之间形成交汇，换言之，要求当事人之间的意思表示一致，这就是合意。而单方法律行为则不同，它们仅仅存在一个人/一方当事人的意思表示，既不存在两个或者两个以上的意思表示，更没有意思表示的合意。换言之，合同债因为两方或者多方当事人的意思表示而产生，而单方债则仅仅因为一方当事人的意思表示而产生。[①]

（三）合同与集体法律行为之间的关系

合同是否区分于集体法律行为？在 2016 年 2 月 10 日的债法改革之前，法国民法学者对此存在极大争议；在 2016 年 2 月 10 日的债法改革之后，他们之间仍然存在争议。例如，在 2016 年的债法改革之后，Larribau-Terneyre、Terré、Simler 和 Lequette 等人认为，集体法律行为没有被现行《法国民法典》所规定，新的第 1101 条所规定的合同当中并不包括集体法律行为。[②] 而 Fabre-Magnan 则不同，虽然他也没有将集体法律行为视为《法国民法典》新的第 1101 条所规定的合同的组成部分，但是，他仍然认为集体法律行为、集体协议在性质上属于一种合同，即集体合同。[③]

作为一种法律行为，集体法律行为与合同和单方法律行为具有共同点：它们均是由意思表示构成的，没有意思表示当然就没有集体法律行为；行为人实施意思表示的目的在于实现某种法律效果；意思表示与其意图实现的法律效果之间存在关联性。集体法律行为与合同之间还存在一个共同点，这就是，当事人均是两个或者两个以上，一个行为人无法实施集体法律行为，这一点让集体法律行为区分于单方法律行为，因为单方法律行为只需一个行为人进行意思表示，已如前述。集体法律行为与合同和单方法律行为之

---

① Virginie Larribau-Terneyre, Droit civil, Les Obligations, 15e édition, Dalloz, 2017, pp. 266—267; François Terré, Philippe Simler, Yves Lequette, François Chénedé, Droit civil, Les Obligations, 12e édition, Dalloz, 2018, pp. 93—101.

② Virginie Larribau-Terneyre, Droit civil, Les Obligations, 15e édition, Dalloz, 2017, pp. 268—269; François Terré, Philippe Simler, Yves Lequette, François Chénedé, Droit civil, Les Obligations, 12e édition, Dalloz, 2018, pp. 104—106.

③ Muriel Fabre-Magnan, Droit des obligations, Tome 1, Contrat et engagement unilatéral, 4e édition, puf, 2016, pp. 177—178.

间的差异有二：其一，意思表示的方式不同。无论是合同还是双方法律行为，行为人做出意思表示均不采取集体的方式，而集体法律行为则不同，在做出意思表示时，行为人采取集体方式。以集体方式做出意思表示，或者是指集体组织的成员通过召开会议的方式进行意思表示，或者是指设立集体组织的发起人、设立人以集体方式决定集体组织的章程，或者是指行为人众多的一方通过集体方式推选出自己的代表人并且代表所有的行为人与另外一个行为人签订协议。其二，法律效果的内容不同。虽然集体法律行为和合同均需两个或者两个以上的意思表示的存在，但是，行为人实施集体法律行为和合同所追求的法律效果是存在差异的。总的来说，合同当事人所追求的法律效果并不是一致的、相同的。例如，买卖合同的当事人所追求的法律效果存在差异：出卖人的目的在于获得买受人支付的价款，而买受人的目的则在于获得出卖人交付的货物。而集体法律行为的当事人所追求的法律效果则是一致的、相同的。例如，公司股东大会通过召开股东大会的方式做出分红的决议，其目的在于满足所有股东的同一目的：获得投资回报。

不过，虽然集体法律行为与合同之间的确存在一定的差异，但是，法国大多数民法学者并不刻意区分这两种不同的法律行为，尤其是法官普遍将劳动合同视为一种真正的合同，因为在大量的案件当中，他们将雇主与雇员之间的雇佣合同视为普通合同。

二、《法国民法典》所规定的共同合同法

（一）合同法的界定

所谓合同法（droit des contrats），是指对当事人之间的合同关系进行规范和调整的民法。合同法属于民法的组成部分，因为除了包括合同法之外，民法还包括其他组成部分，诸如物权法、侵权责任法、人法和担保法等。合同法区别于民法的其他组成部分的地方是，合同法对当事人之间的合同进行规范和调整，而民法的其他组成部分则不对当事人之间的合同进行规范和调整。例如，法国人法对人的地位、人的权利和人的身份进行规范和调整，[①] 法国物权法对所有权和从所有权当中派生出来的物权进行规范和调整，[②] 法国担保法对人的担保和物的担保进行规范和调整。[③]

（二）合同法的组成部分：共同合同法和特殊合同法

在法国，合同法包括两大部分：共同合同法和特殊合同法。[④] 所谓共同合同法（droit commun du contrat），是指对合同的一般理论和一般制度进行规范和调整的合同法。所谓合同的一般理论（théorie générale du contrat）和合同的一般制度（système général du contrat），也被称为合同总论、合同总则（des contrats en général），是指不仅

---

① 张民安：《法国民法》，清华大学出版社 2015 年版，第 129—196 页。

② 张民安：《法国民法》，清华大学出版社 2015 年版，第 451—493 页。

③ 张民安：《法国民法》，清华大学出版社 2015 年版，第 494—542 页。

④ Rafaël Jafferali，Le droit commun des contrats，Questions choisies，bruylant，Larcier，2016，pp. 1—298；Philippe Malaurie，Laurent Aynès，Philippe Stoffel-Munck，Droit des obligations，8e édition，L. G. D. J.，2016，p. 195；François Terré，Philippe Simler，Yves Lequette，François Chénedé，Droit civil，Les Obligations，12e édition，Dalloz，2018，pp. 151—155.

能够独立适用，而且能够在所有具体合同、特殊合同当中适用的合同理论和合同制度，包括：合同的界定，合同的类型，合同的成立，合同的有效，合同的无效，合同的解释，合同的对内和对外效力，合同债务的不履行，债务不履行引起的各种各样的法律效果（减价、不履行的抗辩、强制债务人继续履行合同债务、合同的解除、损害赔偿责任的承担），等等。当合同法对这些理论和制度进行规范时，它们就是共同合同法。①

所谓特殊合同法（le droit des contrats spéciaux），是指对当事人之间的具体合同理论和具体合同制度进行规范和调整的合同法。所谓合同的具体理论（théorie spécifique du contrat）和具体制度（système spécifique du contrat），也称为合同的特殊理论（théorie spéciale du contrat）和特殊制度（système spéciale du contrat）或者合同分论、合同分则（contrats spéciaux），是指仅仅适用于某一种特定合同的理论和制度。合同的具体理论和制度仅仅适用于某一种特殊的合同，既不会适用于其他的具体合同，更不会适用于所有的合同。例如，买卖合同的理论和制度仅仅适用于当事人之间的买卖关系，租赁合同的理论和制度仅仅适用于当事人之间的租赁关系，劳动合同的理论和制度仅仅适用于雇主与其雇员即劳动者之间的劳动关系，等等。②

（三）《法国民法典》明确规定共同合同法和特殊合同法的区分理论

无论是1804年的《法国民法典》还是2016年以来的现行《法国民法典》均明确区分共同合同法和特殊合同法。

首先，《法国民法典》以具体的法律条款对此种区分理论做出了一般性的说明。1804年的《法国民法典》第1107条规定：合同，无论是有自身名称的合同，还是无自身名称的合同，均受到本编所规定的一般规范的调整；某些合同的具体规范由有关这些合同的每一编具体确立；有关商事交易方面的具体规范由有关商事方面的制定法确立。③ 通过2016年2月10日的债法改革法令，现行《法国民法典》新的第1105条规定：合同，无论是有自身名称的合同，还是无自身名称的合同，均受到本分编所规定的一般规范的调整并因此成为本分编的对象；某些合同的具体规范由有关这些合同的法律条款确立；具体规范优先于一般规范得以适用。④

其次，无论是1804年的《法国民法典》还是现行《法国民法典》均对特殊合同法做出了规定。1804年的《法国民法典》第三卷第六编至第十八编分别对不同类型的具

---

① Rafaël Jafferali, Le droit commun des contrats, Questions choisies, bruylant, Larcier, 2016, pp. 1—298; Philippe Malaurie, Laurent Aynès, Philippe Stoffel-Munck, Droit des obligations, 8e édition, L. G. D. J., 2016, p. 195; François Terré, Philippe Simler, Yves Lequette, François Chénedé, Droit civil, Les Obligations, 12e édition, Dalloz, 2018, pp. 151—155.

② Rafaël Jafferali, Le droit commun des contrats, Questions choisies, bruylant, Larcier, 2016, pp. 1—298; Philippe Malaurie, Laurent Aynès, Philippe Stoffel-Munck, Droit des obligations, 8e édition, L. G. D. J., 2016, p. 195; François Terré, Philippe Simler, Yves Lequette, François Chénedé, Droit civil, Les Obligations, 12e édition, Dalloz, 2018, pp. 151—155.

③ Articles 1107, https://fr. wikisource. org/wiki/Code_civil_des_Français_1804/Livre_Ⅲ, _Titre_Ⅲ.

④ Article 1105, Code civil, Version en vigueur au 10 novembre 2020, https://www. legifrance. gouv. fr/codes/section_lc/LEGITEXT000006070721/LEGISCTA000032006712/#LEGISCTA000032006712.

体合同、特殊合同做出了规定，并因此形成了合同分则。例如：第六编对买卖合同做出了规定，第七编对互易合同做出了规定，第八编对租赁合同做出了规定，第九编对公司合同做出了规定。① 现行《法国民法典》仍然保留了1804年的《法国民法典》关于各种具体合同、特殊合同的规定，因为从1804年以来一直到今时今日，《法国民法典》关于具体合同、特殊合同的规定几乎没有发生任何改变，即便从1804年以来，《法国民法典》经过大大小小不计其数的修改，关于具体合同、特殊合同的规定仍然坚如磐石，法国政府或者立法者还没有采取措施对其进行改革。例如：第三卷第六编仍然规定买卖合同，第七编仍然规定了互易合同，第八编仍然规定了租赁合同，第九编仍然规定了公司合同。②

最后，无论是1804年的《法国民法典》还是现行《法国民法典》均对共同合同法做出了规定。关于现行《法国民法典》对共同合同法做出的规定，笔者将在下面的内容当中做出简要的讨论，此处从略。笔者仅在此处简要介绍1804年的《法国民法典》对共同合同法做出的规定。具体来说，1804年的《法国民法典》第三卷第三编对共同合同法做出了规定，该编的标题为“合同或者协议债总则”，由第1101条至第1369条组成，共分为六章，分别对合同的一般理论和一般制度做出了规定。③

第一章为预备性规定，对合同的概念和合同的类型做出了规定。第二章为合同有效的必要条件，对合同有效的四个必要条件做出了规定，包括：同意（consentement），缔约能力（la capacité des parties contractantes），合同的客体（l'objet）和内容（la matière），以及合同的原因（la cause），等等。④ 第三章为债的效力，对合同产生的各种法律效力做出了规定，包括：转移财产所有权的债（l'obligation de donner），作为债（l'obligation de faire）和不作为债（l'obligation de ne pas faire），债务不履行引起的损害赔偿也就是合同责任，合同解释，合同对第三人的法律效力，等等。⑤ 第四章为债的类型，对各种类型的债做出了规定，包括：附条件的债（obligations conditionnelles）和附期限的债（obligations à terme），选择债（obligations alternatives），连带债（obligations soli-daires），可分债（obligations divisibles）和不可分债（obligations indivisibles），等等。⑥ 第五章为债的消灭，对债消灭的各种各样的原因做出了规定，包括：债的清偿（paiement），债的更新（la novation），债的自愿免除（la remise de la dette），债的抵消（la compensation），债的混同（confusion），应交付的物的灭失（perte de la chose due），

---

① Code civil des Français 1804，https://fr.wikisource.org/wiki/Code_civil_des_Français_1804.

② Code civil，Version en vigueur au 20 mars 2021，https://www.legifrance.gouv.fr/codes/id/LEGITEXT000006070721/.

③ Code civil des Français 1804/Livre Ⅲ，Titre Ⅲ，https://fr.wikisource.org/wiki/Code_civil_des_Français_1804/Livre_Ⅲ，_Titre_Ⅲ.

④ Code civil des Français 1804/Livre Ⅲ，Titre Ⅲ，https://fr.wikisource.org/wiki/Code_civil_des_Français_1804/Livre_Ⅲ，_Titre_Ⅲ.

⑤ Code civil des Français 1804/Livre Ⅲ，Titre Ⅲ，https://fr.wikisource.org/wiki/Code_civil_des_Français_1804/Livre_Ⅲ，_Titre_Ⅲ.

⑥ Code civil des Français 1804/Livre Ⅲ，Titre Ⅲ，https://fr.wikisource.org/wiki/Code_civil_des_Français_1804/Livre_Ⅲ，_Titre_Ⅲ.

以及合同无效和可撤销之诉，等等。第六章为债的证明和债的清偿的证明，对债的证据和债的清偿的证据问题做出了规定。[①]

三、2016年的债法改革法令对《法国民法典》当中的共同合同法做出的根本性改革

（一）《法国民法典》关于共同合同法的规定所存在的众多问题

1804年的《法国民法典》关于共同合同法的规定一直从1804年保留到2016年2月10日。换言之，直到2016年2月10日之前，《法国民法典》第三卷第三编关于共同合同法的规定与1804年时的规定几乎是完全一致的，因为在长达200年的时间内，法国立法者几乎没有采取任何措施，对这些规定做出修改、补充和完善。

在2016年之前，《法国民法典》第三卷第三编关于合同一般理论和一般制度的规定问题多多，并因此引起了民法学者的强烈批评。诸如：它对合同做出的界定不科学；它没有区分合同的成立和合同的有效，将合同原因视为合同有效的必要条件是没有必要的；它对债消灭的原因做出的规定不科学，将不是债消灭的原因视为债消灭的原因；它混淆了合同总论、合同总则和债法总论、债法总则，将合同总论、合同总则等同于债法总论、债法总则；等等。[②]

（二）2016年2月10日的债法改革法令对除了民事责任法之外的整个债法制度的彻底改革

为了消除《法国民法典》在债法问题上所存在的各种各样的问题，尤其是为了“让共同合同法、债的制度和债的证明现代化，简化共同合同法、债的制度和债的证明，改进共同合同法、债的制度和债的证明的可阅读性（la lisibilité），强化共同合同法、债的制度和债的证明的可获取性（accessibilité），确保法律规范所具有的法律安全性（la sécurité juridique）和适用的效力性（efficacité）”[③]，在《法国民法典》诞生200年之际，法国官方和民法学者通力合作，开始对债法进行大刀阔斧的、全方位的、一揽子式的改革。2005年，巴黎第二大学的Pierre Catala教授组织和领导的债法改革小组公开了自己小组起草的《债法改革草案》[④]；2008年、2010年和2013年，在法兰西人文科学院（l’Académie des sciences morales et politiques）的支持下，巴黎第二大学民法教授、法兰

---

① Code civil des Français 1804/Livre Ⅲ，Titre Ⅲ，https://fr. wikisource. org/wiki/Code_civil_des_Français_1804/Livre_Ⅲ，_Titre_Ⅲ.

② Avant-Projet de Reforme du Droit des Obligations（Articles 1101 A 1386 Du Code Civil）et du Droit de la Prescription（Articles 2234 à 2281 du Code civil），Rapport à Monsieur Pascal Clément，Garde des Sceaux，Ministre de la Justice，22 Septembre 2005，pp. 2—64.

③ Rapport au Président de la République relatif à l’ordonnance no 2016-131 du 10 février 2016 portant réforme du droit des contrats，du régime général et de la preuve des obligations，Journal officiel électronique authentifié n°0035 du 11/02/2016，https://www. legifrance. gouv. fr/download/pdf?id = uNpE2icpAZrhs7GxvVHBoXF6KtYbqBeEYEm09DL2olU =.

④ Rapport sur l’avant-projet de réforme du droit des obligations（Articles 1101 à 1386 du Code civil）et du droit de la prescription（Articles 2234 à 2281 du Code civil），Rapport à Monsieur Pascal Clément，Garde des Sceaux，Ministre de la Justice，22 Septembre 2005，pp. 1—184.

西人文科学院院士、院长 Francois Terré 组织和领导的债法改革小组分别公开了自己小组起草的《合同法改革草案》《民事责任法改革草案》和《债的一般制度的改革草案》。[①]

2008 年，法国司法部颁布了《合同法改革草案》。2013 年，司法部颁布了《债法改革草案》。2015 年，司法部公布了《关于合同法、债的制度和债的证明改革法令草案》。2016 年 2 月 10 日，法国政府颁布了第 2016 - 131 号法令即《关于合同法、债的一般制度和债的证明的改革法令》，完成了《法国民法典》当中除了民事责任法之外的整个债法的改革和现代化，包括合同法、准合同法、债的一般制度和债的证明的改革和现代化。[②]

通过 2016 年 2 月 10 日的债法改革法令，法国政府彻底重构了《法国民法典》关于债法的规定，其中最明显的特征有二：其一，以最清晰的方式将债法总则从合同总则当中分离出来，并因此成为独立于共同合同法的债法制度，除了解放了债法总则之外，此种做法也让共同合同法成为名副其实的合同法，防止了共同合同法对不是合同总则的内容进行规范和调整。其二，它用最清晰的方式将债的三种渊源即合同、侵权责任和准合同并列起来。具体而言，在今时今日，《法国民法典》关于债法的规定包括三编：《法国民法典》第三卷第三编，《法国民法典》第三卷第四编（上）和《法国民法典》第三卷第四编（下），其中的第三编为债的渊源，而第四编（上）和（下）则为债法总则。

《法国民法典》第三卷第四编（上）为“债的一般制度”，由新的第 1304 条至新的第 1352 - 9 条组成，共五章，分别对债的限定（les modalités）、债的交易（les opérations）、债权人享有的诉权（les actions）、债的消灭以及原物和替代价值的返还（les restitutions）做出了规定。[③]《法国民法典》第三卷第四编（下）为“债的证明”，由新的第 1353 条至新的第 1386 - 1 条组成，共三章，分别对债的证明的一般规定、证明方式的允许（l'admissibilité）以及不同的证明方式做出了规定。[④]

《法国民法典》第三卷第三编为“债的渊源”，由新的第 1100 条至新的第 1303 - 4 条组成，共三个分编：第一分编为合同；第二分编为侵权责任，共三章，分别对侵权责任总则、缺陷产品引起的侵权责任和生态损害赔偿做出了规定；第三分编为债的其他渊源，共三章，分别对无因管理、不应给付和不当得利产生的债做出了规定。[⑤]

---

① Pour une réforme du droit des contrats, F. Terré (dir.), Dalloz, 2009, pp. 1—310; Pour une réforme du droit de la responsabilité civile, F. Terré (dir.), Dalloz, 2011, pp. 1—224; Pour une réforme du droit de la responsabilité civile, F. Terré (dir.), Dalloz, 2011, pp. 1—224.

② Ordonnance n°2016-131 du 10 février 2016 portant réforme du droit des contrats, du régime général et de la preuve des obligations, https://www.legifrance.gouv.fr/jorf/id/JORFTEXT000032004939?r = XRKpFORxxD.

③ Code civil, Version en vigueur au 4 octobre 2020, https://www.legifrance.gouv.fr/codes/section_lc/LEGITEXT000006070721/LEGISCTA000006118073/#LEGISCTA000032041884.

④ Code civil, Version en vigueur au 4 octobre 2020, https://www.legifrance.gouv.fr/codes/section_lc/LEGITEXT000006070721/LEGISCTA000006118074/#LEGISCTA000032042346.

⑤ Code civil, Version en vigueur au 4 octobre 2020, https://www.legifrance.gouv.fr/codes/section_lc/LEGITEXT000006070721/LEGISCTA000006118032/#LEGISCTA000032040794.

（三）2016年之后现行《法国民法典》对共同合同法做出的新规定

通过2016年2月10日的债法改革，现行《法国民法典》第三卷第三编第一分编对共同合同法做出了新的规定，该分编共四章，由新的第1101条至新的第1231－7条组成，分别对合同的初步规定、合同的成立、合同的解释和合同的效力做出了规定。[①]

具体来说，第一章为合同的初步规定，分别对合同的定义、合同自由原则和合同的类型做出了规定。

第二章为合同的成立，所规定的内容包括：其一，合同的成立方式，包括合同的谈判、要约和承诺、优先协议（le pacte de préférence）、单方允诺以及电子合同的订约方式。其二，合同的有效，对合同的有效条件做出了规定，包括当事人的同意、缔约能力和代理，以及合同的内容。其三，合同的形式。其四，合同的无效和失效。[②]

第三章为合同的解释，对合同解释的主观方法和客观方法做出了规定，诸如共同意图的探寻、整体解释和理性人的解释等。

第四章为合同的效力，所规定的内容众多，包括：其一，合同在当事人之间的效力，包括约束力和转移效力；其二，合同对第三人的效力；其三，合同的期限；其四，合同的转让；其五，合同的不履行，包括对债务不履行的抗辩（l'exception d'inexécution）、强制代物履行（l'exécution forcée en nature）、减价（la réduction du prix）、合同的解除、因为合同的不履行引起的损害赔偿（la réparation du préjudice）等做出了规定，其中的合同不履行引起的损害赔偿也就是合同责任。[③]

四、《法国民法典》未来的改革方向：合同责任与侵权责任合并成为作为独立的债的渊源存在的民事责任

（一）侵权责任在未来的《法国民法典》当中不会作为独立的债的渊源存在

2016年，通过《关于合同法、债的一般制度和债的证明的改革法令》，法国政府完成了《法国民法典》当中有关合同总则、准合同、债的一般制度和债的证明四个方面的改革和现代化，已如前述。不过，未来的《法国民法典》未必一定会保持现有的状况，因为，虽然法国政府在2016年2月10日对法国债法进行了大刀阔斧的改革，但是它所进行的改革并没有完成，因为它仅仅完成了债法的部分改革内容，其中关于民事责任法的改革目前仍然处于僵持阶段。不过，关于民事责任法改革的方向应该不会改变，这就是，将《法国民法典》当中的合同责任与侵权责任合并在一起，并因此形成一种新的债的渊源即统一的民事责任制度。换言之，未来的《法国民法典》不会存在作为

---

① Le contrat（Articles 1101 à 1231-7），Code civil，Version en vigueur au 21 mars 2021，https://www.legifrance.gouv.fr/codes/section_lc/LEGITEXT000006070721/LEGISCTA000032006712/#LEGISCTA000032006712.

② Le contrat（Articles 1101 à 1231-7），Code civil，Version en vigueur au 21 mars 2021，https://www.legifrance.gouv.fr/codes/section_lc/LEGITEXT000006070721/LEGISCTA000032006712/#LEGISCTA000032006712.

③ Le contrat（Articles 1101 à 1231-7），Code civil，Version en vigueur au 21 mars 2021，https://www.legifrance.gouv.fr/codes/section_lc/LEGITEXT000006070721/LEGISCTA000032006712/#LEGISCTA000032006712.

独立渊源存在的侵权责任，因为侵权责任将被统一的民事责任所吸收和所包含。

一方面，在2017年3月13日的《民事责任法改革草案》当中，法国司法部采取此种做法，在该草案中，法国司法部明确规定，未来《法国民法典》第三卷第三编即债的渊源不再是合同、侵权责任和债的其他渊源，而是合同、民事责任和债的其他渊源，换言之，未来的《法国民法典》当中的侵权责任会被民事责任所取代。另一方面，在2020年7月29日的《民事责任法改革提案》当中，法国参议院也采取此种做法，在该提案当中，法国参议院也规定，现行《法国民法典》第三卷第三编即债的渊源当中的第二分编即侵权责任将会被民事责任所取代，被取代的民事责任既包括合同责任的内容，也包括侵权责任的内容。[①]

（二）包含合同责任和侵权责任在内的统一民事责任作为债的独立渊源的做法获得了民法学者的普遍支持

法国政府所采取的此种做法是否妥当？法国民法学者没有做出回应，不过，法国民法学者似乎普遍支持此种做法。

首先，迄今为止，大多数民法学者没有对此种改革方向提出批评。目前，虽然法国政府在民事责任法的改革方面陷入困境，但是它的阻力并不是源自民法学者、法官或者社会公众对法国政府所准备采取的此种做法的担忧，而是源自他们对其中关于侵权责任的某些规定的担忧。

其次，近些年来，法国民法学者不再严格坚持合同责任和侵权责任的区分理论，他们认为，几乎在所有方面，合同责任和侵权责任之间是相同的。因为这样的原因，他们在自己的民法著作当中试图建立包括合同责任和侵权责任在内的、能够加以统一适用的民事责任制度。最典型的莫过于Geneviève Viney。为了将合同责任和侵权责任打造成作为有机整体存在的独立的债的渊源，在20世纪90年代，他独自或者与其他民法学者一起出版了有关民事责任方面的一系列专著。1996年，他出版了《法律责任总论》，对民事责任的历史发展、民事责任和刑事责任之间的关系、合同责任和侵权责任之间的关系等问题做出了系统性的研究。[②] 2006年，Viney和Patric Jourdain出版了《民事责任的条件》，对包括合同责任和侵权责任在内的民事责任的必要条件做出了全面性的、系统性的研究，包括损害、因果关系、致害行为等。[③] 2001年，Viney和Jourdain出版了《民事责任的效力》，对包括合同责任和侵权责任在内的民事责任的效力做出了全面性的、系统性的研究，包括民事责任的功能、责令债务人或者行为人对债权人或者他人承担代物赔偿责任、责令债务人或者行为人对债权人或者他人承担金钱损害赔偿责任、当事人

---

① Projet de réforme du droit de la responsabilité civile, 13 mars 2017, http://www. textes. justice. gouv. fr/textes-soumis-a-concertation-10179/projet-de-reforme-du-droit-de-la-responsabilite-civile-29782. html; Proposition de loi n°678 portant réforme de la responsabilité civile, Sénat Deuxième session extraordinaire de 2019—2020, Enregistré à la Présidence du Sénat le 29 juillet 2020, p. 5, http://www. senat. fr/leg/pp. 119—678. html.

② Geneviève Viney, Traité De Droit Civil, Introduction à La Responsabilité, 2e édition, L. G. D. J. , pp. 5—451.

③ Geneviève Viney, Patric Jourdain, Traité de Droit civil, Les conditions de la responsabilité, 3e édition, L. G. D. J. , 2006, pp. 1—1345.

对赔偿责任所进行的调整（即当事人在自己的合同当中对有关合同责任规定的各种条款）和民事责任的保险等。[①] 这些民事责任方面的著作影响巨大，除了对其他民法学者产生了广泛影响之外，也对法国政府产生了深远的影响。因为这样的原因，法国司法部和参议院均在自己的草案和提案当中采取此种做法，已如前述。

最后，在今时今日，民法学者普遍在自己的民法著作当中采取将合同责任与侵权责任相统一的做法。表现在，他们普遍认为，合同责任和侵权责任在大多数方面均是相同的。[②] 具体来说，在合同责任和侵权责任的构成要件方面，损害和因果关系是共同的、一致的，构成民事责任的两个衡量因素，因为，无论是合同责任还是侵权责任，它们均应当具备可予赔偿的损害，并且无论是在合同责任还是侵权责任当中，可予赔偿的损害类型、特征几乎是完全一样的，除了合同责任当中适用损害的可预见性规则而侵权责任当中不适用此种规则之外，其他方面没有任何差异。

无论是合同责任还是侵权责任，它们适用的因果关系均是共同的、一致的，《法国民法典》在合同责任当中所规定的因果关系也在侵权责任当中适用，无论是合同责任还是侵权责任均适用条件相等因果关系和适当因果关系。在构成要件方面，合同责任和侵权责任的主要差异是致害行为方面的，因为引起侵权责任发生的致害行为包括本人的行为、别人的行为和物的行为，而引起合同责任发生的致害行为则为债务人不履行债务的行为。不过，即便是此种差异，似乎也正在朝着逐渐消灭的方向发展，因为，某些民法学者将侵权责任当中的这些致害行为理论引入合同责任当中，试图将侵权责任法当中的三类六种侵权责任引入合同责任当中，并因此在合同责任当中建立三类六种合同责任。

所谓三类六种侵权责任，是指法国民法学者将《法国民法典》所规定的侵权责任分为三类：行为人就其本人的行为对他人承担的侵权责任，包括行为人就其本人的行为对他人承担的一般侵权责任和特殊侵权责任；行为人就别人的行为对他人承担的侵权责任，包括行为人就别人的行为对他人承担的一般侵权责任和特殊侵权责任；行为人就其物的行为对他人承担的侵权责任，包括行为人就其物的行为对他人承担的一般侵权责任和特殊侵权责任。[③] 某些民法学者将侵权责任的此种分类理论引入合同责任当中，并因此认为合同责任领域也存在三类六种合同责任：债务人就其本人的行为对债权人承担的合同责任，包括债务人就其本人的行为对债权人承担的一般合同责任和特殊合同责任；债务人就别人的行为对债权人承担的合同责任，包括债务人就别人的行为对债权人承担的一般合同责任和特殊合同责任；债务人就其物的行为对债权人承担的合同责任，包括债务人就其物的行为对债权人承担的一般合同责任和特殊合同责任。[④]

---

① Geneviève Viney, Patric Jourdain, Traité De Droit Civil, les effets de la responsabilité, 2e édition, L. G. D. J., 2001, pp. 1—791.

② Philippe Malaurie, Laurent Aynès, Philippe Stoffel-Munck, Droit des obligations, 8e édition, L. G. D. J., 2016, pp. 529—532.

③ 张民安：《法国民法》，清华大学出版社2015年版，第378—413页。

④ Geneviève Viney, Patric Jourdain, Traité De Droit Civil, les conditions de la responsabilité, 3e édition, L. G. D. J., pp. 363—1074; Dimitri Houtcieff, Droit des contrats, Larcier, 2e édition, 2016, pp. 528—530; Rémy Cabrillac, Droit des obligations, 12e édition, Dalloz, 2016, pp. 155—156; Muriel Fabre-Magnan, Droit des obligations, Tome 1, Contrat et engagement unilatéral, 4e édition, puf, 2016, pp. 764—765.

（三）民事责任作为债的独立渊源的做法所存在的问题

笔者认为，法国政府的此种做法当然具有一定的合理性。因为，除了构成要件几乎相同、其他方面也几乎可以互换之外，它们的目的、手段和免责事由也是相同的：无论是合同责任还是侵权责任均是一种损害赔偿责任，债务人或者行为人均是以代物赔偿或者金钱赔偿的方式赔偿债权人或者他人的损失；如果发生了不可抗力，合同责任和侵权责任均会被免除；等等。不过，此种做法存在三个致命的问题：

其一，它违反了罗马法的精神。在罗马法时期，罗马法明确承认合同和侵权责任债的独立性，认为侵权责任是合同之外的一种独立渊源。在其著名的民法教科书《法学阶梯》当中，盖尤斯明确将债产生的渊源分为两种，这就是因为合同产生的债和因为侵权所产生的债，因为他在其《法学阶梯》当中明确指出，所有的债或者因为合同而产生，或者因为侵权而产生。[①] 查士丁尼皇帝的《法学阶梯》也承认合同和侵权责任债的相互独立性，因为它规定，债的原因包括四种：因为合同产生的债、因为侵权产生的债、因为就像合同一样的原因产生的债，以及因为就像侵权一样的原因产生的债。[②]

其二，它将合同责任与合同债区分开来，让作为一个有机整体的共同合同法被肢解为两个组成部分。在债法当中，合同责任属于合同法的有机组成部分，因为合同责任建立在有效的合同没有被履行的基础上，它属于合同的众多效力当中的一种。而法国政府的此种做法则将合同责任与合同分割开来，认为有效成立的合同构成一个独立的渊源，而合同被违反之后所产生的合同责任则不属于作为独立渊源的合同的组成部分，而属于与合同并列的另外一个渊源即民事责任的组成部分。

其三，它淡化了侵权责任在债法当中的地位，让侵权责任自20世纪60年代以来已经获得的重要地位被削减，尤其是，让侵权责任再一次在合同面前低人一等。在债法领域，侵权责任的地位可谓一波三折。在整个19世纪，侵权责任的地位几乎可以忽略不计，完全无法与合同相提并论，这从1804年的《法国民法典》的规定中可以看得一清二楚：1804年的《法国民法典》用了不少于800个法律条款对合同债做出了规定，包括对共同合同法和特殊合同法做出了规定；但是，它仅仅用了5个法律条款对侵权和准侵权做出规定。[③]

在经过整整一个世纪的“沉睡”之后，在19世纪末期和20世纪初期，侵权责任法开始“苏醒”过来，随着第二次工业革命进入高峰时期，它在20世纪60年代成为压过合同法的一种债法制度。[④] 如果法国政府的改革最终成为现实，则侵权责任法会再一次回归到19世纪末期之前的状态：它在债的渊源当中的地位将再一次低于合同，因为合同将作为一种独立的债的渊源而存在，而侵权责任无法作为一种独立的渊源存在，它只

① Henri et Leon Mazeaud, Jean Mazeaud, Francois Chabas, Obligations, 9e édition, Montchrestien, 1998, p. 45; Jean-Philippe Lévy, André Castaldo, Histoire du Droit civil, 2e édition, Dalloz, 2010, p. 679; Jean Gaudemet, Emmanuelle Chevreau, Droit Privé Romain, 3e édition, Montchrestien, 2009, p. 56.

② Paul Frédéric Girard, Manuel élémentaire de droit romain, Dalloz, 2003, p. 418.

③ 张民安：《法国民法总论（Ⅱ）》，清华大学出版社2020年版，第206—210页。

④ 张民安：《法国民法总论（Ⅱ）》，清华大学出版社2020年版，第210—223页。

能够作为一只“寄居蟹”，以所寄居的民事责任作为独立存在的债的渊源。

五、《法国合同法总论》的特点和所涉及的内容

（一）《法国合同法总论》的特点

凭借良好的法语知识，在占有详尽资料的基础上，笔者在《法国民法总论》当中对法国共同合同法做出了迄今为止最详尽的阐述。

首先，《法国民法总论》所援引的法文资料丰富翔实，既涉及罗马法时代、中世纪的资料，也涉及17世纪和18世纪的资料，还涉及今时今日的最新资料。尤其值得注意的是，笔者所援引的法律条款均源自法国政府的官方网站，无论是1804年的《法国民法典》还是现行的《法国民法典》均是如此（现行《法国民法典》所规定的法律条款，以2021年4月4日作为最后的截止日期）。[①]

其次，《法国民法总论》所介绍的合同法理论内容新颖，其中的大多数内容均是国内民法学者闻所未闻的。例如，合同群理论和合同链理论；替换已经被抛弃的意思自治理论的合同连带主义理论，合同规范主义理论以及合同社会意思主义理论；三类六种合同责任的理论；等等。

再次，《法国民法总论》当中的法语翻译准确、干练，既不存在含义不清、意义不明的翻译，也不存在拖泥带水的翻译。法国共同合同法所涉及的法律术语非常多，其中的众多法律词语已经成为世界通用的法律术语，诸如同意、同意的瑕疵、缔约能力、不可抗力、合同的约束力、合同的相对性等。不过，法国共同合同法当中也存在众多的为我国民法学者所不熟悉的术语，诸如：强制代物履行，金钱赔偿和代物赔偿，合同链和合同群，被强化的手段债、被弱化的结果债和被强化的结果债，等等。在对这些新的法律术语的含义进行准确理解的基础上，笔者对这些新的法律术语进行了准确简练的翻译。

最后，《法国民法总论》的体系完整、逻辑严密，并因此形成了作为一个有机整体存在的法国共同合同法。在法国，虽然现行《法国民法典》在第三卷第三编第一分编当中对共同合同法做出了规定，但是，它的规定毕竟较为原则，尤其是，它关于合同责任的规定非常简略，因为它关于民事责任法的改革还处于僵持状态，所以，现行《法国民法典》关于共同合同法的规定是不完整的、不完全的。

在法国，虽然民法学者普遍都在自己的债法甚至合同法著作当中对合同的一般理论和一般制度做出了讨论，但是，他们关于合同总则、合同总论的讨论并不是非常完整的、完全的，因为，他们往往不会讨论合同责任所涉及的内容，诸如合同责任的构成条件、合同责任的法律效力等，因为，他们习惯于在民事责任当中讨论民事责任的条件、民事主体的法律效果和民事责任的免除或者限制等。例如，虽然他们普遍在民事责任当中对民事责任法贯彻的完全损害赔偿原则做出讨论；但是，他们很少对合同责任当中的完全损害赔偿原则做出讨论。再例如，虽然他们普遍在民事责任的构成要件当中对可予

---

① Code civil, Version en vigueur au 4 avril 2021, https://www.legifrance.gouv.fr/codes/id/LEGITEXT000006070721/.

赔偿损害的特征做出讨论，但是，他们很少在合同责任当中对可予赔偿损害的特征做出讨论。

以2016年2月10日之后的现行《法国民法典》第三卷第三编第一分编即合同作为基础，结合法国司法部和参议院分别在2017年3月13日和2020年7月29日公布的《民事责任法改革草案》和《民事责任法改革提案》，笔者在《法国合同法总论》当中对法国共同合同法所涉及的所有内容做出了研究，克服了这些不足，不仅仅对法国民法学者普遍讨论的内容做出了讨论，而且还对法国民法学者普遍不会在共同合同法当中讨论的内容做出了详细的讨论，并因此让《法国民法总论》成为比法国民法学者的合同法著作还要完整、完全的合同法著作。

（二）《法国合同法总论》所涉及的内容

《法国合同法总论》共八编二十二章。

第一编为合同、合同法和合同法的原则所涉及的内容，包括：合同和合同法的界定，合同法的原则（传统合同法的理论根据即意思自治原则，新合同法的理论根据即合同自由原则、公共秩序原则和诚实信用原则），合同的类型，等等。

第二编为合同的成立和有效条件所涉及的内容，包括：合同成立的方式（要约和承诺，合同谈判，预备合同，通过电子方式订立合同），合同的有效条件（当事人的同意和同意瑕疵，缔约能力，合同内容的合法和确定，合同成立的形式主义和合意主义），合同成立的制裁（合同无效的各种原因，合同失效），合同解释（合同解释的原则，合同的主观解释方法和客观解释方法），等等。

第三编为合同对当事人和第三人产生的法律效力所涉及的内容，包括：合同的约束效力、转移效力、对抗效力和不可侵犯性的效力，也就是合同的不得变更性和例外、合同的不得解除性和例外以及合同的相对性和例外，隐藏合同的法律效力，合同对第三人的效力（为第三人利益的合同，允诺第三人会实施某种行为的合同，合同链和合同群），等等。

第四编为合同债务的不履行所涉及的内容，是债务不履行引起的各种各样的法律后果。包括：减价、债务不履行的抗辩和强制继续履行债务，合同的解除（合同解除条款引起的解除，单方面的解除，司法解除，不可抗力引起的解除，以及情势变更引起的解除），等等。

第五编为合同责任的性质和地位所涉及的内容，包括：合同责任的定义，合同责任的独立存在，合同责任的过错性质，等等。

第六编为合同责任的构成要件所涉及的内容，包括：作为合同责任构成要件的债务的不履行行为、过错的不同类型、结果债和手段债的区分理论，作为合同责任构成要件的损害（损害在合同责任当中的独立地位），损害类型三分法理论的产生、发展和确立，可予赔偿损害的特征（损害的直接性和间接性、损害的确定性、未来损害和机会损失），损害的可预见性和不可预见性，财产损害、道德损害和人身损害，作为合同责任构成要件的因果关系（因果关系的界定和特征、因果关系的不同类型），因果关系的司法适用，等等。

第七编为合同责任的类型所涉及的内容，包括：侵权责任当中三类六种侵权责任的确立，侵权责任当中的三类六种侵权责任理论对合同责任理论的影响，合同责任当中三类六种合同责任存在的合理性和必要性，等等。

第八编为合同责任的效果所涉及的内容，包括：损害赔偿的不同类型（协议赔偿和司法赔偿，本金赔偿和年金赔偿，补偿性的赔偿、迟延性的赔偿和补充性的赔偿，代物赔偿和金钱赔偿），损害赔偿的方式，损害赔偿的一般原则，损害赔偿责任的免除途径（法定免除原因和因为合同条款所产生的合同责任免除或者限制），各种不同损害的赔偿（财产损害的赔偿，纯道德损害的赔偿，人身损害的赔偿），等等。

六、《法国合同法总论》出版的意义

作为世界上适用国家最多、影响力最大的《法国民法典》，它在我国的影响力却远远不及《德国民法典》。因为我国民法学者不了解《法国民法典》，所以，他们经常在法国民法的问题上犯下常识性的错误，甚至留下了学术笑话。例如，虽然法国立法者早在1968年就已经通过自己的制定法废除了主观过错理论，虽然法国最高法院早在1984年就已经通过自己的司法判例废除了主观过错理论，但是，迄今为止，在就过错究竟是主观的还是客观的问题展开争议时，我国有的民法学者还在说，法国的侵权责任法采取主客观相结合的过错理论：过错既是主观的也是客观的。再例如，在2016年之前，虽然《法国民法典》在侵权责任当中使用了侵权（délits）和准侵权（quasi-délits）的术语，这两个术语仅仅是指行为人实施的故意侵权（即侵权）和过失侵权（即准侵权），由于我国民法学者对这两个术语的含义不了解，因此，某些民法学者在讨论侵权责任的构成要件时将这两个术语从过错侵权责任引入整个侵权责任领域。

在法国民法的问题上，我国有的民法学者犯下的最典型的常识性错误是对居住权制度所做出的解读。在2020年5月28日通过的《中华人民共和国民法典》（以下简称《民法典》）当中，我国立法者引入了《法国民法典》所规定的一种物权制度即居住权制度，这就是我国《民法典》第二编物权编第三分编即用益物权当中的第十四章所规定的居住权。因为不了解《法国民法典》，因此，在解读我国《民法典》所规定的居住权时，某些民法学者犯下了常识性的错误并因此留下了学术笑话，因为他们认为，居住权是为保姆设立的，立法者规定居住权，能够解决保姆的居住问题。此种解读是完全错误的，因为居住权的设立完全不是为了保姆的利益，而是为了家庭成员的利益。

《法国合同法总论》是我国民法学者了解《法国民法典》的一个窗口，通过这一窗口，他们既能够了解《法国民法典》在1804年至2016年期间是如何对待合同总则的，也能够了解2016年2月10日颁布的债法改革法令是如何重塑现行《法国民法典》当中的合同总则的，还能够了解未来的《法国民法典》将如何改革合同责任制度。除了有助于我国民法学者了解《法国民法典》所规定的合同总则之外，《法国合同法总论》还有助于我国民法学者加深对合同总则的研究，并因此推动我国合同总则研究向纵深发展；因为迄今为止，我国民法学者对合同总则的研究并不深入，除了研究合同总则的人数量寥寥无几之外，已有的研究仍然非常传统、欠缺创新。

在《法国合同法总论》即将出版之际，作者特别要感谢中山大学出版社的领导和蔡浩然编审的鼎力支持，是他们成就了《法国合同法总论》的及时问世！

张民安教授
2021 年 4 月 6 日
于广州中山大学

目　录

第一编　合同、合同法和合同法的原则

第四编 合同债务的不履行

第六编　合同责任的必要条件

第七编 合同责任的类型

第八编 合同责任的效果

合同、合同法和合同法的原则

第一章　合同和合同法

第一节　2016 年之前的《法国民法典》对合同做出的界定

一、“合同”一词含义的多样性

在民法上，“合同”一词的法文表述是 contrat，该词源自拉丁文 contrahere 一词和 contractus 一词，在拉丁文当中，这两个术语的含义是指集结、集中、归到一起（rassembler），使集结、使集中、使归到一起（réunir）或者缔结、达成或者商定（conclure）。[①] 在今时今日，contrat 一词的含义众多：其一，它的准确含义是指一类协议（convention），也就是指以产生某种债或者转移财产所有权为目的的一种协议。其二，它有时等同于协议，是协议一词的同义词，此时，该词的含义是指个人意志、意图或者意思的独立表示行为，以便区别于传统意义上的制定法或者裁判。其三，在实践当中，它等同于书面文书，其目的在于证明当事人之间的合意。其四，它是指两个或者两个以上的人为了建立、变更、转移或者消灭债而达成的意思表示的一致。[②]

协议的法文表述为 convention，该词源自拉丁文 convenire 一词和 conventio 一词，这两个拉丁文词语的含义是指两个或者两个以上的人基于合意而采取的整体行动，或者是指两个或者两个以上的人之间就采取某种确定的行为所达成的意思表示的一致，即合意。当事人之间缔结合同的行为当然属于一种协议行为，因为他们缔结合同的行为意味着在某种事务方面达成了合意。因为此种原因，人们对协议做出了这样的界定：所谓协议，是指两个或两个以上的当事人为了产生某种法律效力而达成的意思表示的一致即合意。这些法律效力多种多样：建立债，转移财产所有权，转让债，消灭债。协议总体上是指作为有机整体存在的法律行为，以便区别于作为法律行为组成部分的条款或者规定。[③]

在今时今日，虽然大多数国家的法律均将合同等同于协议，或者至少将合同视为协议的组成部分，但是，在罗马法时期，至少在前经典罗马法时期和经典罗马法时期，合

---

① Jacques Ghestin, Grégoire Loiseau, Yves-Marie Serinet, La Formation Du Contrat, Tome 1: Le contrat-Le consentement, 4e édition, L. G. D. J., 2013, p. 31; Frédéric Zenati-Castaing, Thierry Revet, Cours de droit civil, Contrats, Théorie générale-Quasi-contrats, 1e édition, puf, 2014, p. 19; Vocabulaire juridique, 10e édition, sous la direction de Gérard Cornu, puf, 2014, p. 259; Le Petit Robert de la Langue Française, 2019 édition, Le Robert, 2018, p. 529.

② Vocabulaire juridique, 10e édition, sous la direction de Gérard Cornu, puf, 2014, p. 259; Le Petit Robert de la Langue Française, 2019 édition, Le Robert, 2018, p. 529.

③ Jacques Ghestin, Grégoire Loiseau, Yves-Marie Serinet, La Formation Du Contrat, Tome 1: Le contrat-Le consentement, 4e édition, L. G. D. J., 2013, pp. 31—32; Vocabulaire juridique, 10e édition, sous la direction de Gérard Cornu, puf, 2014, p. 268; Le Petit Robert de la Langue Française, 2019 édition, Le Robert, 2018, p. 537.

同与协议是两个不同的术语，因为罗马法认为，协议并不是债产生的渊源，仅合同是债产生的原因。[①] 盖尤斯的《日常法律实务》（*Les Res Cottidianae*）和《法学金典》（*Les Aurei*）均认为，除了侵权、准侵权和准合同是债产生的渊源之外，合同也是债产生的渊源。[②] 查士丁尼皇帝的《法学阶梯》也将合同而非协议视为债的渊源。[③]

罗马法将协议分为合同和协定（pactes）两种，它们之间的差异在于：合同遵循了罗马法所要求的严格形式，具备罗马法所规定的各种各样的条件，诸如交付财产和采取书面形式等。仅仅在当事人采取了罗马法所要求的这些具体形式和具备了制定法所要求的这些条件之后，他们之间的协议才构成合同，才能够对当事人产生约束力；反之，如果他们之间的协议没有采取罗马法所要求的具体形式，或者不具备制定法所要求的严格条件，则他们之间的协议就不是合同，而是单纯的协定（simple pactes），无法在当事人之间产生约束力。[④]

在中世纪，教会法（le droit canonique）废除了罗马法当中的严格的合同形式主义理论，并且确立了影响后世的一个重要合同理论即意思自治理论，根据该种理论，合同的效力不再源自当事人所采用的合同形式，而是源自合同当事人的意图、意志、意思。[⑤] 此时，合同与协议之间的区分理论也开始消失，合同与协议被视为同一个术语。在17世纪的著名民法著作《自然秩序当中的民法》当中，法国17世纪的著名民法学家、被誉为"《法国民法典》之祖父"的Jean Domat（1625—1696）[⑥] 采取了中世纪教会法的此种做法，他将合同等同于协议并指出，协议一词有一个一般性的名称即所有类型的合同、条约（traités）和协定（pactes），所谓协议，是指两个或者两个以上的人为了在他们之间建立债、解除之前所建立的债或者变更他们之间的债而做出的同意。[⑦]

不过，到了18世纪，法国著名民法学家、奥尔良大学法学教授、被誉为"《法国民法典》之父"的Robert-Joseph Pothier（1699—1772）[⑧] 放弃了教会法和Domat的理论，而坚持罗马法的理论，他明确区分合同和协议并认为，协议不同于合同，合同仅仅是一种协议。因为他认为，协议既包括当事人之间为了成立债而达成的协议，也包括当事人

---

① Paul Frédéric Girard, Manuel élémentaire de droit romain, Dalloz, 2003, pp. 461—463; Patrick Vassart, Manuel de droit romain, Bruylant Edition, 2014, pp. 226—227.

② Henri et Leon Mazeaud, Jean Mazeaud, Francois Chabas, Obligations, 9e édition, Montchrestien, 1998, 1998, p. 45; Jean-Philippe Lévy, André Castaldo, Histoire du droit civil, 2e édition, Dalloz, 2010, p. 679; Jean Gaudemet, Emmanuelle Chevreau, Droit privé romain, 3e édition, Montchrestien, 2009, p. 56.

③ Paul Frédéric Girard, Manuel élémentaire de droit romain, Dalloz, 2003, p. 418; Patrick Vassart, Manuel de droit romain, Bruylant Edition, 2014, p. 226.

④ C. -B. -M. Toullier, Le Droit civil francais suivant l'ordre du code, Tome Ⅵ, Rennes, Cousia-Danelle, 1814, pp. 9—10; Paul Frédéric Girard, Manuel élémentaire de droit romain, Dalloz, 2003, p. 418; Patrick Vassart, Manuel de droit romain, Bruylant Edition, 2014, p. 226.

⑤ Henri et Leon Mazeaud, Jean Mazeaud, Francois Chabas, Obligations, 9e édition, Montchrestien, 1998, p. 264.

⑥ 张民安：《法国民法》，清华大学出版社2015年版，第20页；张民安：《法国民法总论（上）》，清华大学出版社2017年版，第117—120页。

⑦ Joseph Rémy, Œuvres complètes de J. Domat, Nouvelle édition, Tome 1, Paris, Firmin Didot Père et fils, 1828, pp. 121—122.

⑧ 张民安：《法国民法总论（上）》，清华大学出版社2017年版，第323—324页。

之间为了转移、限制或者解除债而达成的协议，仅仅其中的一个协议即当事人之间为了成立债而达成的协议属于合同，其他协议均不属于合同，这就是 Pothier 所主张的合同区别于协议的理论。

Pothier 指出："合同是一种协议，为了了解合同的含义，我们应当首先了解协议的含义。所谓协议，是指两个或者两个以上的人为了在他们之间建立债、解除之前所建立的债或者限定他们之间的债做出的同意。如果两个或两个以上的人为了在他们之间建立某种债务，则他们之间的此种协议就是合同。"① 在明确区分合同和协议之后，Pothier 对合同做出了自己的著名界定，他指出："在我们的法律当中，人们应当对合同做出如下界定：所谓合同，是指两方当事人相互之间或者一方当事人对另外一方当事人承担转移财产所有权、做出或者不做出某种行为的协议。"②

二、2016 年之前《法国民法典》第 1101 条对合同做出的界定

（一）1804 年的《法国民法典》第 1101 条明确区分合同和协议

在制定 1804 年的《法国民法典》时，虽然法国立法者既受到了 Domat 的影响③，也受到了 Pothier 的影响④，但是，在合同的界定方面，他们没有采取 Domat 的上述看法，而是采取了 Pothier 的上述做法。因为在 1804 年的《法国民法典》当中，他们采取合同区别于协议的理论，认为合同一定是一种协议，但是，协议未必一定是合同：如果当事人之间为了变更已经存在的合同、限制已经存在的合同或者解除已经存在的合同而达成协议，则他们之间的这些协议均不是合同，只有他们之间为了成立债、建立债权债务关系而达成的协议才是合同。这就是 1804 年的《法国民法典》当中的第 1101 条内容，该条对合同做出界定，认为：合同是一种协议，根据该协议，一个人或者几个人对另外一个人或者几个人承担转移财产所有权、做出或者不做出某种行为的债。⑤《法国民法典》第 1101 条关于合同的规定一直从 1804 年被原封不动地保留到 2016 年，直到 2016 年 2 月 10 日的债法改革法令以新的界定取而代之为止。

1804 年的《法国民法典》第 1101 条对合同做出的此种界定具有一个重要的特点，这就是，它明确区分合同和协议（convention）。它认为，合同仅仅是范围更加广泛的一个术语即协议当中的一种，因为根据《法国民法典》第 1101 条的规定，虽然所有的合同在性质上均属于协议，但是，并非所有的协议均为合同。《法国民法典》第 1101 条之所以区分合同和协议，是因为它认为，如果两个或者两个以上的当事人之间就债的产生达成了协议，则他们之间所达成的此种协议在性质上就属于合同；相反，如果两个或者

---

① M. Bugnet, Œuvres de Pothier, annotées et mises en corrélation avec le Code civil et la legislation actuelle, Tome Ⅱ, Paris Henzri Plon Gosse et Marchal, 1861, p. 4.

② M. Bugnet, Œuvres de Pothier, annotées et mises en corrélation avec le Code civil et la legislation actuelle, Tome Ⅱ, Paris Henzri Plon Gosse et Marchal, 1861, p. 4.

③ 张民安：《法国民法总论（上）》，清华大学出版社 2017 年版，第 302—303 页。

④ 张民安：《法国民法总论（上）》，清华大学出版社 2017 年版，第 190—193 页。

⑤ Article 1101, https://fr.wikisource.org/wiki/Code_civil_des_Français_1804/Livre_Ⅲ, _Titre_Ⅲ.

两个以上的当事人之间就债的变更、债的转让或者债的消灭达成协议，则他们之间的此类协议在性质上不属于合同。

因此，如果买卖双方就房屋的买卖达成了协议，则他们就房屋买卖达成的协议就属于合同；相反，如果买卖双方就房屋买卖合同当中的某些法律条款达成了修改协议，则他们之间的此种协议就不是合同。[①] 同样，如果买卖双方就房屋买卖合同达成解除协议，他们之间的此种协议也不是合同。《法国民法典》之所以明确区分合同和协议，是因为在制定《法国民法典》时，法国立法者既受到了罗马法的影响，也受到了被誉为"《法国民法典》之父"Pothier 的影响，他们直接将 Pothier 在其《债法专论》当中对合同做出的界定照搬到《法国民法典》当中。[②]

（二）19 世纪的民法学者对待《法国民法典》第 1101 条的不同态度

在整个 19 世纪，民法学者普遍遵循《法国民法典》第 1101 条的做法，在对合同做出界定时，他们普遍将第 1101 条的界定作为自己对合同做出的界定，因为他们认可合同区别于协议的理论。

在 1813 年的《法国民法》当中，法国 19 世纪初期的著名民法学家、雷恩大学民法教授、起步时期法条注释法学派[③]的核心人物、被誉为"现代 Pothier"的 C. -B. -M. Toullier（1752—1835）[④] 就对此种区分理论做出了说明，他认为，仅仅协议当中的一种协议能够成为合同，这就是，如果债务人不履行协议所规定的债务，债权人有权向法院起诉，要求法官责令债务人履行协议所规定的债务，不能够在当事人之间产生此种权利的协议不是合同，他指出："只有那些能够产生此种权利的协议才是合同。《法国民法典》对合同做出了界定：合同是一种协议，根据该协议，一个人或者几个人对另外一个人或者几个人承担转移财产所有权、做出或者不做出某种行为的债。"[⑤]

在 1868 年的《拿破仑民法典教程》当中，法国 19 世纪中后期的著名民法学家、法条注释法学派的核心人物、有着"注释法学派泰斗"称号、卡昂大学民法教授 Charles

---

① Gabriel Marty, Pierre Raynaud, Droit Civil, Les Obligations, Tome 1, Les sources, 2e édition, Sirey, 1988, p. 22; Jean Carbonnier, Droit civil, Les biens, Les Obligations, puf, p. 1942; Francois Terré, Philippe Simler, Yves Lequette, Droit civil, Les Obligations, 10e édition, Dalloz, 2009, p. 59.

② Francois Terré, Philippe Simler, Yves Lequette, Droit civil, Les Obligations, 10e édition, Dalloz, 2009, p. 1223.

③ 所谓法条注释法学派（l'école de exégèse），也被称为法条解释法学派、文本注释法学派、文本解释法学派，是指从 1805 年开始一直到 19 世纪末期时止通过法条注释方法（exégèse）、法条解释方法对《法国民法典》所规定的法律条款、法律文本做出解释、评注和研究的民法学者。所谓法条注释方法，是指为了探寻立法者在其制定法当中所规定的法律条款、法律文本的含义，确定法律条款、法律文本的适用范围，民法学者对制定法所规定的法律条款、法律文本所采取的逐条逐款、逐段逐句、逐词逐字的解释和说明的方法。在 19 世纪，法国的法条注释法学派经历了三个不同的阶段，这就是法条注释法学派的起步时期（1805 年至 1835 年之间）、法条注释法学派的鼎盛时期（1835 年至 1880 年之间）和法条注释法学派的衰败时期（1880 年至 20 世纪初期）。张民安：《法国民法总论（上）》，清华大学出版社 2017 年版，第 304—342 页。

④ 张民安：《法国民法》，清华大学出版社 2015 年版，第 20 页；张民安：《法国民法总论（上）》，清华大学出版社 2017 年版，第 117—120 页。

⑤ C. -B. -M. Toullier, Le Droit civil francais suivant l'ordre du code, Tome Ⅵ, Rennes, Cousia-Danelle, 1814, pp. 9—10.

Demolombe（1804—1887）[①] 也对《法国民法典》第1101条所规定的区分理论做出了说明，他指出："《法国民法典》第1101条以这些术语对合同做出了界定：'合同是一种协议，根据该协议，一个人或者几个人对另外一个人或者几个人承担转移财产所有权、做出或者不做出某种行为的债。'总的来说，协议是一种合意，是指两个或者两个以上的人之间就同一客体所达成的意图的一致。从这一概念出发，人们可以得出这样的结论：如果所有的合同均为协议的话，则并非所有的协议均为合同，仅一种协议为合同，其他的协议均不是合同。"[②]

在19世纪，少数民法学者对《法国民法典》第1101条关于合同的界定做出了批评，诸如比利时根特大学（L'Université de Gand）民法教授、司法大臣 François Laurent（1810—1887）[③] 和法国最高法院律师、法学家 Victor-Napoléon Marcadé（1810—1854）[④] 在1878年出版的《法国民法原理》当中，Laurent 明确指出，《法国民法典》第1101条对合同做出的界定"是存在瑕疵的"，因为，它将转移财产所有权作为合同的三个目的之一，认为合同是当事人之间为了转移财产所有权、做出或者不做出某种行为而达成的协议。该条的规定之所以存在瑕疵，是因为该条的界定适用于所有的合同，而实际上，以转移所有权为目的的合同数量极少，大多数合同的目的均不是为了转移财产所有权。将适用范围狭窄的合同效力视为能够适用于所有合同的效力，该条的规定自然是存在问题的。[⑤]

在1847年出版的《法国民法基础》当中，Marcadé 认为，《法国民法典》第1101条对合同做出的界定是"非常不准确的"，其"适用范围是极端狭窄的"，因为根据它的界定，并非当事人达成的所有协议均是合同，他们达成的协议是不是合同，取决于他们达成协议的目的：如果为了建立债而达成协议，他们之间的协议能够称为合同，这就是所谓的小合同；如果为了消灭债而达成协议，则他们之间的协议不能够称为合同。他指出，此种区分没有必要，人们应当采取措施，拓展合同的适用范围，将两个或者两个以上的人之间达成的所有协议均纳入合同当中并因此让合同的范围与协议的范围一致，因为合同是协议的同义词。[⑥]"人们应当承认，合同和协议是同义词。人们应当将合同分为三类：产生债的合同，消灭债的合同，以及转移财产所有权的合同。"[⑦]

在批评《法国民法典》第1101条对合同做出的界定之后，Marcadé 对合同做出了自己的界定，他指出："在今时今日，根据《法国民法典》所规定的债的制度，所谓合

---

① 张民安：《法国民法总论（上）》，清华大学出版社2017年版，第328—329页。

② Charles Demolombe, Cours de Code Napoléon, Tome XXIV, 4e édition, Paris, Auguste Durand Libraire L. Hachette et Cie Libraire, 1868, p. 11.

③ François Laurent, https://fr. wikipedia. org/wiki/François_LaurentVictor-Napoléon.

④ Victor-Napoléon Marcadé, https://fr. wikipedia. org/wiki/Victor-Napoléon_Marcadé.

⑤ François Laurent, Principes de droit civil français, Tome XV, 3e édition, Bruxelles et Paris, Marescq, 1878, p. 480.

⑥ Napoléon Victor Marcadé, Éléments du droit civil français ou Explication méthodique et raisonnée du code civil, Tome IV, 3e édition, Paris, Librairie de jurisprudence de Cotillon, 1847, pp. 362—364.

⑦ Napoléon Victor Marcadé, Éléments du droit civil français ou Explication méthodique et raisonnée du code civil, Tome IV, 3e édition, Paris, Librairie de jurisprudence de Cotillon, 1847, p. 364.

同就是协议，是指几个人之间为了成立债、消灭既存的债、变更既存的债或者转移财产所有权或者其他物权而达成的合意。”[①] 换言之，一切协议均是合同，合同就是协议，协议就是合同。[②]

为了回应 Marcadé 对第 1101 条的规定所做出的批评，Demolombe 进行了还击，他认为，《法国民法典》第 1101 条关于合同的界定是非常准确的。他指出，作为源自 Pothier 的一个理论，“合同”一词具有哲学的意蕴，它真正的含义不是指当事人对彼此之间的既存关系进行解除，而是指当事人之间建立关系并且通过所建立的关系联系在一起。当事人之间达成解除既存关系的协议之所以不是合同，是因为他们之间的目的不是为了建立关系并且通过所建立的关系将彼此联系在一起，而是为了让彼此之间已经建立的关系松开，让原本联系在一起的两个人不再联系在一起。此时，“用这一术语的技术含义来说，与其使用 contracter（缔结关系）一词，人们还不如使用另外一个术语即 distracter（解除关系）”[③]。

（三）20 世纪初期至 20 世纪 50 年代之间民法学者对待《法国民法典》第 1101 条的肯定态度

在 20 世纪初期至 20 世纪 50 年代之间，民法学者仍然承认，《法国民法典》第 1101 条对合同做出的界定是准确的，因为他们认为，合同仅仅是当事人之间为了产生债而达成的协议，不是基于此种目的而达成的协议不属于合同。

在 1902 年出版的《法国民法教程》当中，法国 19 世纪中后期的著名民法学家、法条注释法学派的核心人物、斯特拉斯堡大学民法教授、法国最高法院法官 Charles Aubry（1803—1883）[④]和 Charles Rau（1803—1877）[⑤] 就采取此种观点，他们认为，协议是两个或者两个以上的人之间就法律利益的目的（un objet d’intérêt juridique）所达成的合意，协议的目的或者是债的成立，或者是债的变更，或者是债的消灭，或者是某种权利的转让。其中的一种协议即债的成立协议才构成《法国民法典》第 1101 条所特别规定的合同。换言之，协议包括众多的类型，合同仅仅是其中的一种，协议既包括债的解除，也包括债的成立，其中的债的成立才是合同，《法国民法典》第 1285 条或者 1287 条所规定的债的免除协议就不属于合同。[⑥]

在 1902 年的著名民法教科书《民法专论》当中，法国 20 世纪初期的著名民法学

---

① Napoléon Victor Marcadé, Éléments du droit civil français ou Explication méthodique et raisonnée du code civil, Tome Ⅳ, 3e édition, Paris, Librairie de jurisprudence de Cotillon, 1847, p. 365.

② Napoléon Victor Marcadé, Éléments du droit civil français ou Explication méthodique et raisonnée du code civil, Tome Ⅳ, 3e édition, Paris, Librairie de jurisprudence de Cotillon, 1847, p. 365.

③ Charles Demolombe, Cours de Code Napoléon, Tome XXIV, 4e édition, Paris, Auguste Durand Libraire L. Hachette et Cie Libraire, 1868, p. 11.

④ 张民安：《法国民法总论（上）》，清华大学出版社 2017 年版，第 332—336 页。

⑤ 张民安：《法国民法总论（上）》，清华大学出版社 2017 年版，第 332—336 页。

⑥ MM. Aubry et Rau, Cours de droit civil français d’après la méthode de Zachariae, 5e édition, revue et mise au courant de la législation et de la jurisprudence, Tome Ⅳ, Paris, Marchal et Billard, 1902, pp. 466—467.

家、巴黎大学法学院民法教授 Marcel Planiol（1853—1931）[①] 认为，《法国民法典》第1101 条对合同做出的界定是准确的，他指出：“协议是两个或者两个以上的人之间就法律利益的目的所达成的合意，而合同仅仅是一种特殊类型的协议，这就是，能够产生债的协议才是合同。其他的协议，诸如消灭或者变更既存债的协议，不能够被冠以合同之名。债务免除也是一种协议，不过，它并不是合同。此种理论源自 Pothier，它被《法国民法典》第 1101 条所采用，并且它的界定是非常准确的。”他还指出：“虽然人们有时对《法国民法典》第 1101 条的界定做出批评，但是，他们的批评是错误的，因为该条的界定允许人们以最准确的方式表示合同。将合同视为一种协议的做法既不存在错误，也不存在混乱。”[②]

在 1930 年出版的《法国民法实践专论》当中，Planiol、巴黎大学民法教授 Georges Ripert（1880—1958）[③] 和 Paul Esmein 也认可第 1101 条对合同做出的界定，他们指出：“协议是两个或者两个以上的人之间就法律利益的目的所达成的合意。协议的目的多种多样，或者是为了建立债，或者是为了证明债，或者是为了限定债，或者是为了消灭债。传统上，合同的名称被强加在第一类协议身上，因此，仅产生债的协议才是合同。这就是《法国民法典》第 1101 条对合同做出的界定，该种界定源自 Pothier。……此种法律上的界定具有充分的准确性，它完美地表明了合同的基本特征。”[④] 在 1952 年修改出版的《法国民法实践专论》当中，Planiol、Ripert 和 Esmein 原封不动地重复了这些看法，仍然承认第 1101 条对合同做出的界定是准确的。[⑤]

三、2016 年之前法国民法学者对《法国民法典》第 1101 条的不同态度

在 2016 年之前，法国民法学者普遍根据《法国民法典》第 1101 条的规定对合同做出界定，认为合同仅仅是指当事人之间就债的产生达成的协议，如果他们就债的产生之外的其他方面达成协议，诸如就债的限定、债的变更或者债的消灭达成协议，他们基于这些目的所达成的协议不是合同。不过，在根据该条的规定界定合同时，他们也普遍对

---

① Marcel Planiol，https://fr. wikipedia. org/wiki/Marcel_Planiol；张民安：《法国民法总论（上）》，清华大学出版社 2017 年版，第 475 页。

② Marcel Planiol，Traité élémentaire de droit civil，Tome Ⅱ，2e édition，Librairie Cotillon，F. Pichon successeur，1902，p. 293.

③ Georges Ripert，https://fr. wikipedia. org/wiki/Georges_Ripert.

④ M. Planiol et G. Ripert，Traité pratique de droit civil français，Tome Ⅵ，Obligations，1er partie，1e éd.，1930，par Paul Esmein，L. G. D. J.，p. 17.

⑤ M. Planiol et G. Ripert，Traité pratique de droit civil français，Tome Ⅵ，Obligations，1er partie，2e éd.，1952，par Paul Esmein，L. G. D. J.，p. 17.

该条的规定表达了不满。①

首先，法国民法学者普遍认为，《法国民法典》第1101条明确区分合同和协议的做法没有任何实际意义，因为合同与协议实际上是同义词，在使用它们时，人们不会对其做出刻意的区分，因此，合同应当包括所有的协议：除了当事人之间成立债的协议属于合同之外，当事人之间限定债的协议、变更债的协议和消灭债的协议也均为合同。

Ghestin、Grégoire 和 Serinet 对此种理由做出了说明，他们将《法国民法典》第1101条对合同做出的界定称为"合同的经典界定"，认为该种经典界定的一个特征是区分合同和协议，合同仅仅是范围非常广泛的协议的一个方面：除了产生债之外，协议还会产生其他的法律效力，诸如转让债和消灭债的效力，而合同仅仅是指其中的第一个效力即产生债的效力。他们认为：在界定合同时，"合同和协议的区分是没有任何实际意义的，因为人们习惯于不加区别地使用这两个不同的术语，就像《法国民法典》的立法者已经这样做一样。相对于协议概念而言，狭义的合同概念没有任何特殊性，共同合同法最终还是共同协议法"②。

Frédéric Zenati-Castaing 和 Thierry Revet 也对此种理由做出了说明，他们指出，《法国民法典》第1101条对合同做出的界定明确区分合同和协议，认为合同仅仅是协议当中的一种：如果当事人在债的建立方面达成了合意，他们的此种合意就是合同；如果他们就债的建立之外的其他目的达成了合意，他们之间的合意就不是合同。他们认为，此种区分没有必要，因为，"虽然合同和协议并非在任何情况下均构成同义词，但是，它们之间的相等性已经获得了普遍承认"。他们认为，《法国民法典》第1101条对合同做出的界定源自最初的罗马法理论，是罗马法时代合同形式主义要求的体现，与现代法律的做法相去甚远，因为现代法律普遍将合同等同于协议，并因此混用这两个概念。③

其次，《法国民法典》第1101条对合同做出的界定范围狭窄，因为它对合同产生的债的效力做出了规定，没有对合同产生的其他法律效力做出规定。例如，合同也能够对物权产生法律效力或者对担保权产生法律效力。地役权的设立行为当然是一种合同，该种合同能够产生让一方当事人对另外一方当事人的不动产享有物权的法律效果。④ 再例如，抵押合同能够产生让抵押权人对抵押人的抵押物享有担保权和优先受偿权的法律效果。

最后，《法国民法典》第1101条对合同做出的界定混淆了合同的定义和债的类型。

---

① Gabriel Marty, Pierre Raynaud, Droit civil, Les Obligations, Tome 1, Les sources, 2e édition, Sirey, 1988, pp. 22—23; Henri et Leon Mazeaud, Jean Mazeaud, Francois Chabas, Obligations, 9e édition, Montchrestien, 1998, p. 49; Gérard Légier, Les obligations, 17e édition, Dalloz, 2001, p. 11; Christian Larroumet, Droit Civil, Les Obligations, Le Contrat, Tome Ⅲ, 1re partie: Conditions de formation, 6e édition, Economica, 2007, pp. 65—66; Jacques Flour, Jean-Luc Aubert, Éric Savaux, Les Obligations, 1. L'acte juridique, 15e édition, Dalloz, 2012, pp. 65—66; Jacques Ghestin, Grégoire Loiseau, Yves-Marie Serinet, La Formation Du Contrat, Tome 1: Le contrat-Le consentement, 4e édition, L. G. D. J., 2013, pp. 31—34; Frédéric Zenati-Castaing, Thierry Revet, Cours de droit civil, Contrats, Théorie générale-Quasi-contrats, 1e édition, puf, 2014, pp. 21—22.

② Jacques Ghestin, Grégoire Loiseau, Yves-Marie Serinet, La Formation Du Contrat, Tome 1: Le contrat-Le consentement, 4e édition, L. G. D. J., 2013, pp. 31—32.

③ Frédéric Zenati-Castaing, Thierry Revet, Cours de droit civil, Contrats, Théorie générale-Quasi-contrats, 1e édition, puf, 2014, pp. 21—22.

④ Gérard Légier, Les obligations, 17e édition, Dalloz, 2001, p. 11.

《法国民法典》第1101条规定，合同是指当事人之间为了实现三种目的而达成的一种协议：转移财产所有权、做出或者不做出某种行为。它存在的一个主要问题是，它将合同的定义与债的类型混淆。在2016年之前，民法学者普遍根据第1101条的规定将债分为三类：转移财产所有权的债（les obligations de donner）、作为债（les obligations de faire）和不作为债（les obligations de ne pas faire）。

所谓转移财产所有权的债，是指一方当事人根据合同的规定将自己享有所有权的所有物转让给另外一方当事人并因此让另外一方当事人获得所转让的所有物的所有权。例如，出卖人承担的将自己的出卖物所有权转让给买受人的债就属于转移财产所有权的债。所谓作为债，是指一方当事人根据合同的规定对另外一方当事人承担积极实施某种行为的债。例如，承运人对其旅客承担的将其从一个地方运送到另外一个地方的债就属于作为债。所谓不作为债，是指一方当事人根据合同的规定对另外一方当事人所承担的消极不实施某种行为的债。例如，商事营业资产的出卖人对其买受人承担的不与买受人展开不正当竞争的债就属于不作为债。

民法学者认为，合同的界定不应当与债的分类混淆在一起，因为债的分类不仅仅是对合同债做出的分类，而是对包括合同债在内的所有债做出的分类。将债的分类与合同的界定混淆在一起，除了模糊了债的类型和合同的定义之外，也导致合同的界定不准确。此外，某些民法学者认为，虽然买卖合同、赠与合同和互易合同会让一方当事人获得另外一方当事人的财产所有权，但是，转移财产所有权的法律效力并不属于合同产生的法律行为，而属于制定法所规定的法律效力。第1101条将转移财产所有权作为合同产生的三类效力之一的做法混淆了合同效力和法定效力。关于合同产生的财产所有权的转让效力，笔者将在下面的内容当中做出详细的讨论，此处从略。

第二节　2016年之后的《法国民法典》对合同做出的新界定

一、现行《法国民法典》新的第1101条对合同做出的界定

为了对法国民法学者的批评做出反应，在2005年的《债法改革草案》当中，Catala领导的债法改革小组对合同做出了新的界定，这就是其中的第1102条，该条规定：所谓合同，是指一个或者几个人对另外一个或者几个人所承担的实施某种给付行为的债务的协议。[①] 不过，它对合同做出的界定仍然像2016年之前的《法国民法典》第1101条所做出的界定那样将合同视为一种协议，所不同的是，它将合同视为当事人之间为了实施某种给付行为而达成的一种协议，而第1101条则将合同视为当事人之间为了转移财产所有权、做出或者不做出某种行为而达成的协议，已如前述。

---

① Art. 1102, Avant-Projet de Reforme du Droit des Obligations（Articles 1101 à 1386 du Code civil）ET DU Droit de la Prescription（Articles 2234 à 2281 du Code civil）, Rapport à Monsieur Pascal Clément, Garde des Sceaux, Ministre de la Justice, 22 Septembre 2005, p. 67.

在2008年的《合同法改革草案》中，法国司法部也对合同做出了界定，这就是其中的第5条。该条规定：所谓合同，是指一个或者几个人对另外一个或者几个人承担债务的协议。[①] 它对合同做出的界定与2016年之前的《法国民法典》第1101条所做出的界定完全不同，表现在两个方面：其一，为了避免陷入合同和协议之间关系的学术争议当中，它放弃了仅仅将合同视为产生债的一种协议的做法，不对该种协议施加任何限制。其二，它既没有将合同限定在2016年之前《法国民法典》第1101条所规定的三类不同债方面，也没有将合同限定在2005年的《债法改革草案》第1102条所规定的实施某种给付行为方面，它认为，只要一方当事人与另外一方当事人之间达成了承担债务的任何协议，他们之间的协议均为合同。

在2016年2月10日的债法改革法令当中，法国政府既没有采取Catala领导的债法改革小组的建议，也放弃了法国司法部所提出的看法，它对合同做出了完全不同的界定，这就是现行《法国民法典》当中新的第1101条。该条规定：所谓合同，是指两个或者更多的人之间为了建立、限制、转让或者消灭债而达成的合意。[②] 与2016年之前《法国民法典》旧的第1101条相比，现行《法国民法典》新的第1101条对合同做出的界定完全没有旧的第1101条的任何影子。根据《法国民法典》新的第1101条的规定，合同是一种合意，合同是两个或者更多的人之间的一种合意，合同是当事人之间为了建立、限制、转让或者消灭债而达成的合意。

二、合同是一种合意

根据《法国民法典》新的第1101条的规定，合同是一种“合意”（accord de volontés），这是新的第1101条对合同做出的界定不同于旧的第1101条对合同做出的界定的地方，因为旧的第1101条没有将合同视为一种合意，而是将其视为一种协议。旧的第1101条将合同视为一种协议的做法备受民法学者的批评，已如前述。因为此种原因，新的第1101条在界定合同时放弃了旧的第1101条所使用的“协议”一词而以一个新的术语即“合意”取而代之。[③]

所谓合意，是指当事人之间的意图、意志或者意思表示的交汇（la rencontre des volontés）；所谓当事人之间的意图、意志或者意思表示的交汇，也被称为当事人之间同意的交换（l'échange des consentements），是指一方当事人的意图、意志或者意思表示获得了另外一方当事人的同意（le consentement），两方当事人的意图、意志或者意思表示一致。[④] 虽然法国著名的《法律词典》明确指出，accord de volontés 当中的“accord”一

① Art. 5, Projet de réforme du droit des contrats, Juillet 2008, Ministre de la justice, p. 10.

② Article 1101, Code civil, Version en vigueur au 8 novembre 2020, https://www.legifrance.gouv.fr/codes/section_lc/LEGITEXT000006070721/LEGISCTA000006118032/#LEGISCTA000032040794.

③ Muriel Fabre-Magnan, Droit des obligations, Tome 1, Contrat et engagement unilatéral, 4e édition, puf, 2016, pp. 171—172.

④ Muriel Fabre-Magnan, Droit des obligations, Tome 1, Contrat et engagement unilatéral, 4e édition, puf, 2016, pp. 171—172.

词是指“两个意图、意志或者意思表示的交汇”，并且该词被视为“协议”一词的同义词[①]，但是，《法国民法典》新的第1101条正式放弃了旧的第1101条所使用的“协议”一词，则是不争的事实。

三、合同是两个或者更多的人之间的一种合意

根据《法国民法典》新的第1101条的规定，合同是指“两个或者更多的人之间”（entre deux ou plusieurs personnes）的一种合意，这是新的第1101条对合同做出的界定不同于旧的1101条对合同做出界定的地方，因为旧的第1101条使用的术语是“一个人或者几个人对另外一个人或者几个人承担债”（une ou plusieurs personnes s'obligent envers une ou plusieurs autres），已如前述。

所谓合同是指“两个或者更多的人之间”的合意，是指合同是两方或者多方当事人之间的一种合意。基于合同性质和具体情况的不同，合同的当事人或者是两方当事人，或者是三方或者三方以上的当事人。当合同仅有两方当事人时，当事人之间的合同被称为双方合同（contrat bilatéral），而当合同有三方或者三方以上的当事人时，则当事人之间的合同被称为多方合同（contrat multilatéral）。

无论合同的当事人是两方还是多方，合同的每一方当事人既可能是一个人，也可能是两个或者两个以上的人。当合同的一方当事人和另外一方当事人均是一个人时，则他们之间的合同就构成简单债；而当合同的一方当事人是两个或者两个以上的人时，则他们之间的债就形成复数主体之间的债即复数债、复杂债，此种复数债是连带债或者是按份债，也可以是可分债或者是不可分债。[②]

虽然所有合同均需要当事人，但是，合同当事人之间关系的亲疏远近会对合同产生重大影响，因为，某些合同以当事人之间的亲密人身关系作为必要条件，例如，赠与合同；而另外一些合同则不同，它们不需要以当事人之间的亲密人身关系作为必要条件，例如，买卖合同。合同法之所以区分这两类不同的合同，是因为合同的性质不同，法律对其适用的法律规范不同。例如，虽然误解能够成为当事人主张合同相对无效的理由，但是，此种规则仅仅在以当事人之间的亲密人身关系作为必要条件的合同当中适用。再例如，以当事人之间的亲密人身关系作为必要条件的合同是不能够自由转让的，除非一方当事人的转让要求获得了另外一方当事人的同意；而在不需要以当事人之间的亲密人身关系作为必要条件的合同当中，合同是能够自由转让的，一方当事人的转让要求无须获得另外一方当事人的同意。[③]

四、合同是当事人之间为了建立、限制、转让或者消灭债而达成的合意

根据《法国民法典》新的第1101条的规定，合同不仅是当事人之间的合意，而且

---

① Vocabulaire juridique, 10e édition, sous la direction de Gérard Cornu, puf, 2014, p. 13.

② Muriel Fabre-Magnan, Droit des obligations, Tome 1, Contrat et engagement unilatéral, 4e édition, puf, 2016, pp. 172—177.

③ Muriel Fabre-Magnan, Droit des obligations, Tome 1, Contrat et engagement unilatéral, 4e édition, puf, 2016, pp. 172—173.

还是他们为了建立、限制、转让或者消灭债而达成的合意，这是新的第 1101 条对合同做出的界定不同于旧的第 1101 条对合同做出的界定的地方，因为旧的第 1101 条明确区分合同和协议。认为合同的目的仅仅在于产生债，已如前述，《法国民法典》新的第 1101 条废除了此种限定做法，不再区分合同和协议，因为它规定，除了产生债的合意属于合同之外，当事人之间就债的限定所达成的合意、就债的转让达成的合意和就债的消灭达成的合意均属于合同。

根据当事人之间就买卖达成的合意属于合同，因为买卖合意让当事人之间彼此对对方承担债务，属于债的产生。如果买卖双方就买卖合同当中的某些法律条款达成修改合意，则他们之间达成的修改合意也属于合同。如果买卖双方就买卖合同达成解除合意，则他们之间的解除合意也属于合同。

（一）合同是指当事人之间为了建立债而达成的协议

根据《法国民法典》新的第 1101 条的规定，当事人之间达成协议的第一个目的是成立债（créer des obligations）。所谓成立债，是指两个或者两个以上的人之间原本不存在法律关系（vinculum juris lien juridique lien de droit），一方当事人原本不对另外一方当事人承担任何债务或者享有任何权利，基于双方或者多方当事人之间的意思表示的一致，也就是，基于双方或者多方的协议，他们之间建立了法律关系，其中的一方当事人即债务人对另外一方当事人即债权人承担债务，另外一方当事人即债权人则对对方当事人即债务人享有债权，其中的债务人应当履行自己承担的债务，债权人有权要求债务人履行所承担的债务，否则，债权人有权向法院起诉，要求法官责令债务人继续履行债务或者对自己承担损害赔偿责任。当事人之间为了建立此种债的关系而达成的协议就是合同，该种合同对当事人产生约束力，这就是合同在当事人之间产生的约束力。关于合同产生的约束力，笔者将在下面的内容当中做出详细的讨论，此处从略。

（二）合同是指当事人之间为了限制债而达成的协议

根据《法国民法典》新的第 1101 条的规定，当事人之间达成协议的第二个目的是对他们之间的债施加限制（modifier des obligations），他们基于此种目的所达成的协议被称为限定债（obligation à modalitié）。

在法国，大多数民法学者对限定债做广义的界定，认为限定债等同于复杂债（obligations complexes），复杂债等同于限定债，两者不仅在性质上是相同的，而且在范围上也是相同的。根据这些民法学者的意见，所谓限定债，也称为债的限定或者债的限定方式（les modalités des obligations），是指对债的履行要求（exigibilité）、债的存续期限（durée）、债本身的存在（existence méme）、债的客体（objet）或者债的主体（sujets）实施或者施加限制的债。换言之，根据广义理论，除了附条件的债和附期限的债之外，限定债还包括多数债（obligations plurales）。[①]

---

① Gérard Légier, Les obligations, 17e édition, Dalloz, 2001, p. 210; Virginie Larribau-Terneyre, Droit civil, Les Obligations, 12e édition, Dalloz, 2010, p. 61; Francois Terré, Philippe Simler, Yves Lequette, Droit civil, Les Obligations, 12e édition, Dalloz, 2009, p. 1187.

在法国，某些民法学者对限定债做狭义的界定，他们明确区分限定债和复杂债，因为他们仅仅将复杂债限制在多数债的范围内，不会将附条件的债或者附期限的债看作复杂债。在法国，Voirin、Goubeaux、Flour、Aubert 和 Savaux 等人采取此种理论，他们对限定债采取狭义的理论，他们认为，所谓限定债，仅仅是指债的履行要求、债的持续期限或者债本身的存在受到限制的债，不包括债的客体或者债的主体受到限制的债。换言之，根据狭义理论，限定债仅仅包括附条件的债和附期限的债，并不包括复杂债。①

无论民法学者对限定债的范围采取什么样的看法，他们均承认，附条件的债和附期限的债属于限定债。所谓附期限的债（obligation à terme），是指合同当事人在自己的合同当中让债的履行要求或者债的存续期限受到某种未来的、确定的事件影响的债。例如，当合同当事人在其合同当中约定，如果一方当事人死亡，另外一方当事人会将其埋葬，则当事人之间的此种合同就属于附期限的债。再例如，当出租人与承租人之间的租赁合同规定，租赁合同的有效期限为 3 个月时，他们之间的为期 3 个月的租赁合同所产生的债就属于附期限的债。

在 2016 年 2 月 10 日的债法改革之前，《法国民法典》第 1185 条至第 1188 条对附期限的债做出了规定。② 虽然法国政府在 2016 年 2 月 10 日对债法进行了改革，但是，现行《法国民法典》关于附期限的债的规定并不统一。一方面，现行《法国民法典》在第三卷第四编当中对附期限的债当中的延缓期限做出了规定，这就是新的第 1305 条至新的第 1305 - 5 条的规定。③ 另一方面，现行《法国民法典》在第三卷第三编当中对附期限债当中的解除期限做出了规定，这就是新的第 1210 条至新的第 1215 条的规定。④

除了《法国民法典》对附条件的债做出了明确规定之外，法国民法学者也普遍对附条件的债做出了说明。⑤ 虽然附期限的债涉及合同，属于《法国民法典》新的第 1101 条所规定的合同产生的一种法律效力，但是，除了《法国民法典》将其规定在债法总则当中之外，法国民法学者也普遍在债法总论当中讨论合同产生的此种法律效力。因为此种原因，笔者也不在合同法总论当中讨论合同产生的此种法律效力。

所谓附条件的债（obligation conditionnelles），是指合同当事人在自己的合同当中让债的存在或者债的消灭受到某种未来的、不确定的事件影响的债。例如，当合同当事人

---

① Pierre Voirin, Gilles Goubeaux, Droit civil, tome 1, Introduction au droit, personnes-famille, personnes protégées, biens-obligations, sûretés, 33e édition, L. G. D. J., 2011, p. 671; Jacques Flour, Jean-Luc Aubert, Éric Savaux, Les Obligations, 3. Le rapport d'obligation, 7e édition, 2011, Dalloz, p. 257.

② Articles 1185 à 1188, Code civil, Version en vigueur au 21 octobre 2015, https://www.legifrance.gouv.fr/codes/section_lc/LEGITEXT000006070721/LEGISCTA000006150250/2015-10-21/#LEGISCTA000006150250.

③ Articles 1305 à 1305-5, Code civil, Version en vigueur au 20 octobre 2020, https://www.legifrance.gouv.fr/codes/section_lc/LEGITEXT000006070721/LEGISCTA000032030675/#LEGISCTA000032030675.

④ Articles 1210 à 1215, Code civil, Version en vigueur au 20 octobre 2020, https://www.legifrance.gouv.fr/codes/section_lc/LEGITEXT000006070721/LEGISCTA000006150252/#LEGISCTA000032041417.

⑤ Philippe Malaurie, Laurent Aynès, Philippe Stoffel-Munck, Droit des obligations, 8e édition, L. G. D. J., 2016, pp. 723—726; Rémy Cabrillac, Droit des obligations, 12e édition, Dalloz, 2016, pp. 345—349; Marjorie Brusorio Aillaud, Droit des obligations, 8e édition, bruylant, 2017, pp. 303—306; Virginie Larribau-Terneyre, Droit civil, Les Obligations, 15e édition, Dalloz, 2017, pp. 97—101; François Terré, Philippe Simler, Yves Lequette, François Chénedé, Droit civil, Les Obligations, 12e édition, Dalloz, 2018, pp. 1430—1336.

在自己的合同当中约定，如果一方当事人结婚，另外一方当事人会向其赠送礼物，则当事人之间的此种合同就属于附条件的债。再例如，当出租人与承租人之间的租赁合同规定，如果出租人将来要自住的话，承租人会及时将其承租的房屋返还给出租人，则当事人之间的此种房屋租赁合同就属于附条件的债。

在 2016 年 2 月 10 日的债法改革之前，《法国民法典》用了 17 个法律条款对附条件的债做出了规定，这就是第 1168 条至第 1184 条，它们对附条件的债的定义、条件的类型、延缓条件和解除条件产生的法律效果做出了规定。[①] 虽然 2016 年 2 月 10 日的债法改革法令仍然规定了附条件的债，但是，它将法律条款的数量从 17 条减少到了 8 条，这就是现行《法国民法典》当中的新的第 1304 条至新的第 1304－7 条，它们对附条件的债所涉及的方方面面的内容做出了规定，包括：附条件债的界定，条件应当具备的要素，条件的成就或者不成就，延缓条件和解除条件所产生的法律效力等。[②]

除了《法国民法典》对附条件的债做出了明确规定之外，法国民法学者也普遍对附条件的债做出了说明。[③] 虽然附条件的债涉及合同，属于《法国民法典》新的第 1101 条所规定的合同产生的一种法律效力，但是，除了《法国民法典》将其规定在债法总则当中之外，法国民法学者也普遍在债法总论当中讨论合同产生的此种法律效力。因为此种原因，笔者也不在合同法总论当中讨论合同产生的此种法律效力。

除了附条件的债和附期限的债属于新的第 1101 条所规定的限定债之外，如果合同当事人在自己的合同当中对当事人承担的合同责任范围做出了排除或者限制，他们关于合同责任排除或者限制的规定也应当属于限定债的内容，关于这些内容，笔者将在下面的内容当中进行详细的讨论，此处从略。

（三）合同是指当事人之间为了转让债而达成的协议

根据《法国民法典》新的第 1101 条的规定，当事人之间达成协议的第三个目的是转让权利、义务和某些合同身份，他们基于此种目的所达成的协议被称为转让债（transmettre des obligations）。所谓转让债，是指一方当事人与另外一方当事人之间的协议，根据该种协议，一方当事人将自己享有的财产所有权、债权、承担的债务或者合同资格转让给另外一方当事人，其中的一方当事人被称为转让人，他们将自己的财产所有权、债权、债务或者合同部分或者全部转让给另外一方，而另外一方当事人则被称为受让人，他们受让转让人所转让的财产所有权、债权、债务或者合同并因此成为新的所有权人、新的债权人、新的债务人或者新的合同当事人。换言之，当事人之间的转让合同

---

① Articles 1168 à 1184, Code civil, Version en vigueur au 21 octobre 2015, https://www.legifrance.gouv.fr/codes/section_lc/LEGITEXT000006070721/LEGISCTA000006150249/2015-10-21/#LEGISCTA000006150249.

② Articles 1304 à 1304-7, Code civil, Version en vigueur au 24 octobre 2020, https://www.legifrance.gouv.fr/codes/section_lc/LEGITEXT000006070721/LEGISCTA000032028608/#LEGISCTA000032028608.

③ Philippe Malaurie, Laurent Aynès, Philippe Stoffel-Munck, Droit des obligations, 8e édition, L. G. D. J., 2016, pp. 726—741; Rémy Cabrillac, Droit des obligations, 12e édition, Dalloz, 2016, pp. 336—344; Virginie Larribau-Terneyre, Droit civil, Les Obligations, 15e édition, Dalloz, 2017, pp. 88—97; François Terré, Philippe Simler, Yves Lequette, François Chénedé, Droit civil, Les Obligations, 12e édition, Dalloz, 2018, pp. 1405—1429.

分为四类：财产所有权的转让、债权转让（la cession de créance）、债务转让（la cession de dette），以及合同转让（la cession de contrat）。关于财产所有权的转让，笔者将在下面的内容当中进行详细的讨论，此处从略。

所谓债权转让，是指被称为转让人的债权人与被称为受让人的第三人之间的一种合同，根据该种合同，转让人将自己对债务人享有的全部或者部分债权以有偿或者无偿的方式转让给受让人。① 所谓债务转让，是指被称为转让人的债务人与被称为受让人的第三人之间的一种合同，根据该种合同，转让人将自己对被让债权人承担的全部或者部分债务以有偿或者无偿的方式转让给受让人。所谓合同转让，是指被称为转让人的合同当事人与被称为受让人的第三人之间的一种合同，根据该种合同，转让人将自己的合同身份以有偿或者无偿的方式转让给受让人。

通过2016年2月10日的债法改革法令，现行《法国民法典》第三卷第四编（上）第二章对债的交易做出了规定，该章有四节，由新的第1321条至新的第1340条组成，规定了四种不同的债的交易制度：债权转让、债务转让、债的更新，以及代为履行债务的合同。② 通过2016年2月10日的债法改革法令，现行《法国民法典》第三卷第三编第一分编合同及合同的效力对合同的转让做出了规定，它由新的第1216条至新的第1216－3条组成。③

在法国，虽然债权转让、债务转让和合同转让均涉及合同，均属于《法国民法典》新的第1101条所规定的合同产生的一种法律效力，但是，除了《法国民法典》将债权转让和债务转让规定在债法总则当中之外，法国民法学者也普遍在债法总论当中讨论合同产生的这些法律效力，不会在合同法总论当中讨论这些内容。因为此种原因，笔者也不在合同法总论当中讨论合同产生的这些法律效力。

（四）合同是指当事人之间为了消灭债而达成的协议

根据《法国民法典》新的第1101条的规定，当事人之间达成协议的第四个目的是消灭他们之间原本存在的债（éteindre des obligations），他们基于此种目的所达成的协议被称为消灭债。所谓消灭债，是指当事人之间原本存在有效的债，在合同规定的期限届满之前，他们之间达成了提前终止合同的协议，他们之间达成的此种协议也属于一种合同。

根据合同自由原则，即便当事人之间的合同没有到期，他们仍然能够达成合同解除协议并因此解除他们之间的合同。在法国，合同当事人通过协议方式解除他们之间的合同有两种方式：合同当事人预先在自己的合同当中规定解除条件，在合同规定的条件成就时，他们之间的合同根据解除条款的规定而解除；在合同没有预先规定解除条款时，

---

① Article 1321, Code civil, Version en vigueur au 29 mars 2021, https://www.legifrance.gouv.fr/codes/section_lc/LEGITEXT000006070721/LEGISCTA000032032400/#LEGISCTA000032032400.

② Articles 1321 à 1340, Code civil, Version en vigueur au 25 mars 2021, https://www.legifrance.gouv.fr/codes/section_lc/LEGITEXT000006070721/LEGISCTA000032032398/#LEGISCTA000032032398.

③ Articles 1216 à 1216-3, Code civil, Version en vigueur au 25 mars 2021, https://www.legifrance.gouv.fr/codes/section_lc/LEGITEXT000006070721/LEGISCTA000006150253/#LEGISCTA000032041424.

当事人在合同有效期间通过协商达成解除协议，合同按照他们之间的解除协议解除。关于这两种合同解除方式，笔者将在下面的内容当中做出详细的讨论，此处从略。

第三节 《法国民法典》当中的共同合同法和特殊合同法

一、合同法、共同合同法和特殊合同法的界定

所谓合同法（droit des contrats），是指对合同当事人之间的债权和债务关系进行规范和调整的所有法律规范的有机整体。当一种法律规范对合同当事人之间的债权债务关系进行规范和调整时，该种法律规范就是合同法。合同法属于债法的有机组成部分，因为，除了债法总则、侵权责任法和准合同法之外，债法还包括合同法。根据合同法是能够共同适用还是不能够共同适用的不同，合同法分为共同合同法（droit commun des contrats）和特殊合同法（le droit des contrats spéciaux）。[①]

所谓共同合同法，是指能够规范和调整所有特殊合同当事人之间的债权债务关系的所有法律规范的有机整体，这些构成有机整体的法律规范被现行《法国民法典》新的第1105条称为合同的一般法律规范（les règles générales）。[②] 例如，有关合同成立方面的所有法律规范在性质上就属于共同合同法、合同的一般法律规范，因为包括买卖合同、赠与合同在内的所有特殊合同的成立均应当遵循这些法律规范的要求。同样，有关合同有效条件方面的所有法律规范在性质上也属于共同合同法、合同的一般法律规范，因为包括买卖合同、赠与合同在内的所有特殊合同要产生法律效力均应当遵循这些法律规范的规定。

所谓特殊合同法，是指只能够规范和调整某一种特殊合同当事人之间的债权债务关系的所有法律规范的有机整体，这些构成有机整体的法律规范被现行《法国民法典》新的第1105条称为合同的具体法律规范（les règles particulières）或者特别法律规范。[③] 例如，有关买卖合同方面的法律规范在性质上就属于特殊合同法、合同的具体法律规范，因为这些法律规范仅仅规范和调整买卖合同当事人之间的法律关系，不会规范和调整其他合同当事人之间的法律关系。再例如，有关赠与合同方面的法律规范在性质上也属于特殊合同法、合同的具体法律规范，因为这些法律规范仅仅适用于赠与合同的当事人，不适用于其他合同的当事人。

在法国，共同合同法和特殊合同法的区分理论早在1804年的《法国民法典》当中就已经建立起来了，并且仍然为现行的《法国民法典》所固守。所不同的是，通过

---

① François Terré, Philippe Simler, Yves Lequette, François Chénedé, Droit civil, Les Obligations, 12e édition, Dalloz, 2018, pp. 151—155.

② Article 1105, Code civil, Version en vigueur au 10 novembre 2020, https://www.legifrance.gouv.fr/codes/section_lc/LEGITEXT000006070721/LEGISCTA000006136340/#LEGISCTA000032040792.

③ Article 1105, Code civil, Version en vigueur au 10 novembre 2020, https://www.legifrance.gouv.fr/codes/section_lc/LEGITEXT000006070721/LEGISCTA000006136340/#LEGISCTA000032040792.

2016 年 2 月 10 日的债法改革法令，共同合同法和特殊合同法的区分理论已经发生了重大变化，至少其中的共同合同法已经发生了重大变化。《法国民法典》所建立的共同合同法和特殊合同法的区分理论具有重大意义，主要表现在两个方面：

其一，从理论方面来看，它让合同法成为由合同的一般法律规范和合同的具体法律规范结合在一起形成的一个有机整体，让法国合同法所建造的结构合理、条理清晰的构造展现在世人面前。

其二，从实践方面来看，它也能够协调地处理合同的一般法律规范和具体法律规范之间的关系。除了任何一种有名合同均适用该种有名合同本身所具有的具体法律规范之外，所有的有名合同也均适用共同合同法的规定，即均适用合同的一般法律规范；除了所有的有名合同适用共同合同法之外，《法国民法典》没有规定的无名合同也适用共同合同法的规定。①

1804 年的《法国民法典》第 1107 条对合同的一般法律规范和具体法律规范之间的此种关系做出了说明，该条规定：合同，无论是有自身名称的合同，还是无自身名称的合同，均受到本编所规定的一般规范的调整；某些合同的具体规范由有关这些合同的每一编具体确立；有关商事交易方面的具体规范由有关商事方面的制定法确立。② Catala 领导的债法改革小组和 Terré 领导的债法改革小组对合同的一般法律规范和具体法律规范之间的此种关系做出了明确规定。不过，法国政府在 2015 年的债法改革草案当中没有对合同的一般法律规范和具体法律规范之间的此种关系做出明确规定。③

在 2016 年 2 月 10 日的债法改革法令当中，法国政府最终还是对此种内容做出了规定，这就是现行《法国民法典》当中的新的第 1105 条，该条规定：合同，无论是有自身名称的合同，还是无自身名称的合同，均受到本分编所规定的一般规范的调整并因此成为本分编的对象；某些合同的具体规范由有关这些合同的法律条款确立；具体规范优先于一般规范得以适用。④

二、1804 年的《法国民法典》明确区分共同合同法和特殊合同法

具体来说，1804 年的《法国民法典》明确区分共同合同法和特殊合同法。因为它在《法国民法典》第三卷第三编当中规定了共同合同法，而在第三卷第六编至第十八编当中对特殊合同法做出了规定。1804 年的《法国民法典》第三卷第三编的标题为“合同或者合同债总则”，共六章，分别对合同的一般理论和一般制度做出了规定并因此建立起共同合同法，包括合同的界定、合同的分类、合同有效的必要条件、债的效

---

① François Terré, Philippe Simler, Yves Lequette, François Chénedé, Droit civil, Les Obligations, 12e édition, Dalloz, 2018, pp. 152—153.

② Articles 1107, https://fr. wikisource. org/wiki/Code_civil_des_Français_1804/Livre_Ⅲ, _Titre_Ⅲ.

③ François Terré, Philippe Simler, Yves Lequette, François Chénedé, Droit civil, Les Obligations, 12e édition, Dalloz, 2018, p. 152.

④ Article 1105, Code civil, Version en vigueur au 10 novembre 2020, https://www. legifrance. gouv. fr/codes/section_lc/LEGITEXT000006070721/LEGISCTA000032006712/#LEGISCTA000032006712.

力、合同的解释、不同类型的债、债的消灭、债和债的清偿的证明。[①] 1804 年的《法国民法典》第三卷第三编所具有的一个重要特征是，它将合同总则与债法总则混淆在一起，除了对合同的共同规则做出了规定之外，它也对债法的一般规则做出了规定。例如，债的类型、债的消灭、债的证明就属于债法总则的内容。

1804 年的《法国民法典》第三卷第六编至第十八编分别对十二种特殊合同、有名合同做出了规定并因此形成了特殊合同法：第六编对买卖合同做出了规定，第七编对互易合同做出了规定，第八编对租赁合同做出了规定，第九编对公司合同做出了规定，第十编对借贷合同做出了规定，第十一编对保管合同做出了规定，第十二编对射幸合同做出了规定，第十三编对委托合同做出了规定，第十四编对保证合同做出了规定，第十五编对和解合同做出了规定，第十六编和第十七编对质押合同做出了规定，第十八编对抵押合同做出了规定。[②]

三、现行《法国民法典》对共同合同法和特殊合同法做出的规定

1804 年的《法国民法典》关于共同合同法和特殊合同法的规定基本上被原封不动地保留到 2016 年，直到 2016 年 2 月 10 日的债法改革法令对其做出了重大改革时为止。因为，在该法令当中，法国政府完全废除了 1804 年的《法国民法典》第三卷第三编，除了以新的标题即“债的渊源”取代原标题“合同或者合同债总则”之外，它也明确区分债法总则和合同总则：合同总则被规定在第三卷第三编当中，而债法总则则被规定在第三卷第四编（上）即“债的一般制度”[③] 和第四编（下）即“债的证明”当中。[④] 虽然如此，2016 年 2 月 10 日的债法改革法令仍然保留了共同合同法和特殊合同法的区分理论。换言之，现行《法国民法典》仍然坚守共同合同法和特殊合同法的区分理论。

一方面，现行《法国民法典》第三卷第六编至第十七编分别对十二种特殊合同、有名合同做出了规定并因此建立了特殊合同法：第六编对买卖合同做出了规定，第七编对互易合同做出了规定，第八编对租赁合同做出了规定，第九编对公司合同做出了规定，第十编对借贷合同做出了规定，第十一编对保管合同做出了规定，第十二编对射幸合同做出了规定，第十三编对委托合同做出了规定，第十四编对信托合同（de la fiducie）做出了规定，第十五编对和解合同做出了规定，第十六编对仲裁合同做出了规定，第十七编对参与诉讼程序合同（la convention de procédure participative）做出了规定。[⑤]

另一方面，现行《法国民法典》第三卷第三编第一分编对共同合同法做出了规定，

---

① Des contrats ou des obligations conventionnelles en général, https://fr.wikisource.org/wiki/Code_civil_des_Fran%C3%A7ais_1804/Livre_Ⅲ, _Titre_Ⅲ.

② Code civil des Français, édition originale et seule officielle, A Paris, de l'Imprimerie de la République, An Ⅻ 1804. https://fr.wikisource.org/wiki/Code_civil_des_Français_1804.

③ Code civil, Version en vigueur au 10 novembre 2020, https://www.legifrance.gouv.fr/codes/section_lc/LEGITEXT000006070721/LEGISCTA000006118073/#LEGISCTA000032041884.

④ Code civil, Version en vigueur au 10 novembre 2020, https://www.legifrance.gouv.fr/codes/section_lc/LEGITEXT000006070721/LEGISCTA000006118074/#LEGISCTA000032042346.

⑤ Code civil, Version en vigueur au 10 novembre 2020, https://www.legifrance.gouv.fr/codes/texte_lc/LEGITEXT000006070721/2020-11-10/.

也就是对合同总则做出了规定，该分编共四章，分别对合同总则涉及的不同内容做出了规定。

具体来说，第一章为“合同的初步规定”，由新的第 1101 条至新的第 1111 –1 条组成，除了对合同做出了界定之外，该章还对合同法的指导原则做出了规定，诸如合同自由原则、公共秩序原则和诚实信用原则等，除了对合同的特殊规范和一般规范之间的关系做出了规定之外，该章还对不同类型的合同做出了规定。①

第二章为“合同的成立”，由新的第 1112 条至新的第 1187 条所组成，除了对诸如合同谈判、要约、承诺和电子合同等合同缔结的程序做出了规定之外，该章还对诸如同意、缔约能力等合同的有效条件、合同的形式、合同无效和合同的失效（la caducité）等内容做出了规定。②

第三章为“合同的解除”，由新的第 1188 条至新的第 1192 条所组成，该章对合同的各种解释方法做出了规定，诸如词语的字面解释规则、理性人的解释规则等。③

第四章为“合同的效力”，由新的第 1193 条至新的第 1231 –7 条所组成，该章对合同的效力包括合同对当事人的效力和对第三人的效力做出了规定，对合同的期限、合同的转让做出了规定，尤其是对合同的不履行所承担的合同责任做出了规定，认为在合同债务人违约的情况下，合同债权人除了能够要求法官强制债务人继续履行债务之外，他们还有权要求减价、解除合同和要求损害赔偿。④

四、现行《法国民法典》关于合同的规定究竟是强制性的法律规范还是补充性的法律规范

法律规范按照当事人是否能够予以排除或者规避的不同分为强制性的法律规范（règles impératives）和补充性的法律规范（règles supplétives）。所谓强制性的法律规范，是指当事人不能够在自己的法律行为当中加以规避、排除、减缓或者违反的法律规范。所谓补充性的法律规范，是指虽然当事人能够在自己的法律行为当中加以规避、排除、减缓或者违反，但是如果他们没有在自己的法律行为当中做出相反的规定，则能够自动适用于当事人的法律规范。⑤

问题在于，在 2016 年 2 月 10 日的债法改革法令生效之后，现行《法国民法典》关

---

① Chapitre Ⅰ：Dispositions liminaires（Articles 1101 à 1111-1），Code civil，Version en vigueur au 10 novembre 2020，https://www.legifrance.gouv.fr/codes/section_lc/LEGITEXT000006070721/LEGISCTA000006136340/#LEGISCTA000032040792.

② Chapitre Ⅱ：La formation du contrat（Articles 1112 à 1187），Code civil，Version en vigueur au 10 novembre 2020，https://www.legifrance.gouv.fr/codes/section_lc/LEGITEXT000006070721/LEGISCTA000006136341/#LEGISCTA000032040812.

③ Chapitre Ⅲ：L'interprétation du contrat（Articles 1188 à 1192），Code civil，Version en vigueur au 10 novembre 2020，https://www.legifrance.gouv.fr/codes/section_lc/LEGITEXT000006070721/LEGISCTA000006136342/#LEGISCTA000032041275.

④ Chapitre Ⅳ：Les effets du contrat（Articles 1193 à 1231-7），Code civil，Version en vigueur au 10 novembre 2020，https://www.legifrance.gouv.fr/codes/section_lc/LEGITEXT000006070721/LEGISCTA000006136343/#LEGISCTA000032041321.

⑤ 张民安：《法国民法》，清华大学出版社 2015 年版，第 11—12 页。

于合同的一般法律规范和具体法律规范在性质上究竟是强制性的法律规范还是补充性的法律规范？换言之，现行《法国民法典》当中的共同合同法和特殊合同法究竟是强制性的法律规定还是补充性的法律规定？在就2016年2月10日的债法改革法令做出报告时，法国总统对此种问题做出了明确说明，他指出，究竟债法改革法令当中的哪些法律规范属于强制性法律规范和补充性的法律规范，应当“遵循民法典的传统”，这就是，凡是《法国民法典》当中的某一个具体法律条款没有明确规定该法律条款属于强制性的法律规定，则该法律条款在性质上就属于补充性的法律规范；相反，如果某一个法律条款明确规定，该法律条款的规定属于强制性的法律规定，则该法律条款的规定就属于强制性的法律规范。[①]

根据此种判断标准，现行《法国民法典》当中有关特殊合同法的规定在性质上几乎均属于补充性的规定。换言之，现行《法国民法典》当中的特殊法律规范在性质上几乎均是补充性的法律规范而非强制性的法律规范。[②] 现行《法国民法典》当中有关共同合同法的规定大多数属于补充性的法律规范，仅少数法律条款属于强制性的法律规范。现行《法国民法典》新的第1102条的规定属于强制性的规定，该条规定：合同自由不能够违反与公共秩序有关系的法律规范。新的第1162条的规定属于强制性的规定，该条规定：合同的规定或者目的均不得违反公共秩序。新的第1104条的规定属于强制性的规定，该条规定：当事人之间的合同谈判应当符合诚实信用的要求。[③]

新的第1112－1条的规定属于强制性的规定，该条规定：合同谈判期间的通知债务，当事人不得限制或者予以排除。新的第1128条至新的第1171条关于合同有效的必要条件的所有规定均属于强制性的规定，因为这些规定的性质，当事人不能够排除它们。新的第1170条的规定属于强制性的规定，该条规定：合同当中剥夺债务人承担的基本债务的内容的所有条款均被视为没有规定。新的第1171（1）条的规定属于强制性的规定，该条规定：在附合合同当中，所有在当事人之间建立了重大不公平的所有条款均视为没有规定。此外，现行《法国民法典》新的第1231－5条、新的第1245－14条和新的第343－5条的规定也均属于强制性的规定。[④]

现行《法国民法典》对合同的众多指导原则（les principes directeurs du contrat）即合同法的一般原则（principes généraux du droit des contrats）做出了明确规定。例如，合同自由原则、合同的约束力原则、合同的合意主义原则、合同的相对原则以及公共秩序原则、良好道德原则和诚实信用原则等。不过，虽然法国民法学者主张，《法国民法

---

① Projet de loi ratifiant l'ordonnance n°2016-131 du 10 février 2016 portant réforme du droit des contrats, du régime général et de la preuve des obligations, https://www.senat.fr/rap/l17-022/l17-0225.html.

② François Terré, Philippe Simler, Yves Lequette, François Chénedé, Droit civil, Les Obligations, 12e édition, Dalloz, 2018, p. 156.

③ Projet de loi ratifiant l'ordonnance n°2016-131 du 10 février 2016 portant réforme du droit des contrats, du régime général et de la preuve des obligations, https://www.senat.fr/rap/l17-022/l17-0225.html; François Terré, Philippe Simler, Yves Lequette, François Chénedé, Droit civil, Les Obligations, 12e édition, Dalloz, 2018, pp. 156—157.

④ Projet de loi ratifiant l'ordonnance n°2016-131 du 10 février 2016 portant réforme du droit des contrats, du régime général et de la preuve des obligations, https://www.senat.fr/rap/l17-022/l17-0225.html; François Terré, Philippe Simler, Yves Lequette, François Chénedé, Droit civil, Les Obligations, 12e édition, Dalloz, 2018, pp. 156—157.

典》还应当对合同的其他的指导原则做出规定，但是，现行《法国民法典》没有对其他的指导原则做出规定，诸如没有对比例原则、合同协调原则、合同公平和合同正义原则做出规定。①

① Jacques Ghestin，Grégoire Loiseau，Yves-Marie Serinet，La Formation Du Contrat，Tome 1：Le contrat-Le consentement，4e édition，L. G. D. J.，2013，pp. 147—486；Muriel Fabre-Magnan，Droit des obligations，Tome 1，Contrat et engagement unilatéral，4e édition，puf，2016，pp. 75—124；Philippe Malaurie，Laurent Aynès，Philippe Stoffel-Munck，Droit des obligations，8e édition，L. G. D. J.，2016，pp. 245—259；Virginie Larribau-Terneyre，Droit civil，Les Obligations，15e édition，Dalloz，2017，pp. 269—287；Marjorie Brusorio Aillaud，Droit des obligations，8e édition，bruylant，2017，pp. 55—60；François Terré，Philippe Simler，Yves Lequette，François Chénedé，Droit civil，Les Obligations，12e édition，Dalloz，2018，pp. 401—610.

第二章 《法国民法典》的传统合同法原则：意思自治原则

虽然法国民法学者普遍认为，1804 年的《法国民法典》在合同领域贯彻了意思自治原则，但实际上，1804 年的《法国民法典》并没有明确规定这一原则，即便其中的某些法律条款的确含有这一原则的因素。实际上，意思自治原则并不是法国立法者的杰作，它是法国 19 世纪末期和 20 世纪初期民法学家的杰作。[①]

所谓意思自治（l'autonomie de la volonté），是指人的意志、意图或者意思所具有的能够给自己制定法律的权力。除了在哲学当中使用这一术语之外，人们也在民法当中使用这一术语，因为在民法当中，民法学者认为，人的意志、意图、意思是他们享有的主观权利的渊源，他们能够通过自己的意图、意志和意思给自己创设主观权利，就像立法者的制定法能够给人创设主观权利一样。[②]

作为一种学说，意思自治尤其能够在合同当中适用。根据合同法的规定，合同之所以能够在合同当事人之间产生债，能够在当事人之间产生约束力并因此让债权人对债务人享有债权，完全是因为合同当事人自愿承担债务。他们之所以有建立具有约束力的债的意图、意志、意思，完全是因为合同当事人有受其合同债约束的意图、意志、意思，这就是合同法的一个重要原则即意思自治原则（le principe de l'autonomie de la volonté），该种原则也被称为意思自治理论（théorie de l'autonomie de la volonté）。换言之，“当人们说人的意图、意志、意思时，他们实际上均承认，合同当事人的意图、意志、意思仅仅在他们之间创设合同，合同的所有法律效果源自当事人的意图、意志、意思”[③]。

根据意思自治原则，合同债权人享有什么范围内的权利，合同债务人承担什么范围内的债务，完全由合同当事人在自由的基础上确定。一旦他们在自由的基础上确定了合同的内容、债权人的权利和债务人的债务，则仅仅合同确定的内容具有法律效力，仅仅合同所规定的权利和债务具有法律效力。超过合同所规定的内容、权利或者债务的范围，合同对当事人没有约束力，因为合同所规定的内容、权利和债务是当事人做出同意的，是他们真实意图、意志、意思的体现。

Carbonnier 对意思自治原则做出了明确的界定，他指出：“意思自治原则是一种法哲学理论，根据此种理论，人的意志、意图（volonté humaine）就是他们本人的制定法，他们的意图、意志为自己建立了债：行为人之所以要受法律行为尤其是合同的约束，是

---

① François Terré, Philippe Simler, Yves Lequette, François Chénedé, Droit civil, Les Obligations, 12e édition, Dalloz, 2018, p. 32.

② E. Gounot, le principe de l'autonomie de la volonté en droit privé, Contribution à l'étude critique de l'individualisme juridique, Paris, Rousseau, 1912, p. 3; Véronique Ranouil, L'autonomie de la volonté: naissance et évolution d'un concept, puf, 1980, p. 9.

③ Henri Roland et Laurent Boyer, Contrat, 3e édition, Litec, 1989, p. 4.

因为他们主观上愿意受这些法律行为尤其是合同的约束。如果说合同是法律生活的源泉（le principe）的话，则个人的意图、意志、意思是合同的源泉。”①

Flour、Aubert 和 Savaux 也对意思自治原则做出了明确界定，他们指出：“意思自治原则所表达的是一种法哲学原则，根据此种法哲学原则，合同债完全建立在合同当事人意图、意志、意思的基础上：合同当事人的意图、意志、意思既是他们享有权利的渊源，也是他们承担债务的渊源；既是他们享有权利范围的根据，也是他们承担债务范围的根据。无论是他们享有的权利还是所承担的债务抑或他们享有的权利和承担债务的范围，均以他们在合同当中明确表示的为限。”②

Jacques Ghestin、Loiseau Grégoire 和 Yves-Marie Serinet 也对意思自治原则做出了说明，他们指出：“根据意思自治原则，因为人本质上是自由的，因此，他们也仅仅因为自己的意图、意志、意思而要对他人承担债务。其结果是，在制定法之外，人的意图、意志、意思成为权利的唯一、独立渊源，他们的意图、意志、意思产生了法律效果并且独立确定合同的内容。这些法律效果之所以存在，仅仅是因为他们有产生这些法律效果的意图、意志、意思。此外，人们不可能做出与自己利益背道而驰的行为，因此，他们自愿同意承担债务也是公平的。法律的唯一目的是确保自由的人们在缔结合同时是平等的：所有自由的合同均是正义的合同，无论合同所规定的内容是什么。”③

第一节　意思自治原则的历史

一、意思自治原则的早期历史

虽然意思自治原则被视为 1804 年的《法国民法典》的基础，但是，意思自治原则并不是民法学家的杰作，至少在 19 世纪末期和 20 世纪初期之前是如此。一方面，虽然债法源自罗马法，但是，罗马法当中不存在意思自治原则。罗马法当中之所以不存在意思自治原则，是因为罗马法时期的合同法仅仅承认各种形式意义上的、具体的合同，没有建立包括意思自治原则在内的合同的一般理论。④ 另一方面，虽然法国 17 世纪的著名民法学家 Domat 和 18 世纪的著名民法学家 Pothier 对 1804 年的《法国民法典》产生了重大影响，但是，他们均没有在自己的著作当中承认合同领域的意思自治原则。⑤

---

① 1 Jean Carbonnier，Droit civil，Les biens，Les Obligations，puf，2004，p. 1945.

② Jacques Flour，Jean-Luc Aubert，Éric Savaux，Les Obligations，1. L'acte juridique，15e édition，Dalloz，2012，p. 82.

③ Jacques Ghestin，Grégoire Loiseau，Yves-Marie Serinet，La Formation Du Contrat，Tome 1：Le contrat-Le consentement，4e édition，L. G. D. J.，2013，p. 147.

④ Jacques Ghestin，Grégoire Loiseau，Yves-Marie Serinet，La Formation Du Contrat，Tome 1：Le contrat-Le consentement，4e édition，L. G. D. J.，2013，pp. 159—162；François Terré，Philippe Simler，Yves Lequette，François Chénedé，Droit civil，Les Obligations，12e édition，Dalloz，2018，pp. 38—40.

⑤ Jacques Ghestin，Grégoire Loiseau，Yves-Marie Serinet，La Formation Du Contrat，Tome 1：Le contrat-Le consentement，4e édition，L. G. D. J.，2013，p. 162；François Terré，Philippe Simler，Yves Lequette，François Chénedé，Droit civil，Les Obligations，12e édition，Dalloz，2018，p. 40.

实际上，在 19 世纪末期和 20 世纪初期之前，意思自治原则完全是由非民法学家逐渐确认的。在历史上，意思自治原则在中世纪的教会法当中就已经具备了雏形，因为中世纪的教会法尤其是基督教义认为，一旦人们做出了任何诺言，他们就应当尊重其诺言和实现其诺言，不得随意违反其诺言。即便合同没有采取某种正式的形式，当事人之间的合同仍然是有效的，因为他们之间的合同是他们在自由的情况下做出同意表示的。[①]

在 17 世纪，自然法学派的代表人物 Grotius（1583—1645）和其继任者开始主张自由理论，他们认为，人生来就是自由的，因为他们有意图、意志、意思，他们的意图、意志、意思在自己的自由当中起着非常重要的作用。基于此，他们对自然人的意思表示瑕疵做出了详细的讨论，尤其是对自然人的意图、意志、意思进行了解释。[②]

在 18 世纪，哲学家们开始主张主观权利理论，他们认为，人享有各种各样的主观权利，这些权利在性质上属于自然权利，除了政府应当尊重人们享有的主观权利之外，所有可能会限制或者减损人们享有的个人自由的组织也均应当尊重人们享有的主观权利，尤其是行业协会。因为他们认为，社会关系建立在个人关系的基础上，离开个人之间的关系，社会关系无法建立，而个人关系则是建立在个人自愿的基础上，也就是建立在合同的基础上。因为这样的原因，社会关系也应当建立在合同的基础上，这就是 Hobbes（1588—1679）和 Rousseau（1712—1778）在政治领域所主张的社会合同论（théorie du contrat social）。[③]

Rousseau 的社会合同理论对 Kant（1724—1804）产生了非常大的影响，并因此成就了意思自治这一哲学原则。一方面，“意思自治”一词是由 Kant 最先使用的，在他之前，虽然自然法学家均承认人的意图、意志和意思所发挥的重要作用，但是，他们均没有明确使用“意思自治”一词。在 1775 年出版的《道德的形而上学根据》当中，Kant 第一次使用了“意思自治”一词，认为意思自治是道德的最高原则和自由的最高原则。[④] 另一方面，Kant 明确指出，对于个人而言，他们的意图、意志、意思就是他们自身的法律，构成法律上的债的唯一渊源。[⑤]

Kant 之所以强调个人的意图、意志、意思是他们自身的法律，其目的在于让个人能够通过其自己的行为建立适用于自己的法律，以便反对王权、皇权将其制定的法律强加在个人身上。[⑥] 不仅如此，Kant 还指出，此种唯一的渊源是正义的渊源。“虽然行为人在为别人做出某种决定时可能存在不正义的地方，但是，当行为人在为自己做出决定

---

① Gérard Légier, Les obligations, 17e édition, Dalloz, 2001, p. 21; Jacques Ghestin, Grégoire Loiseau, Yves-Marie Serinet, La Formation Du Contrat, Tome 1: Le contrat-Le consentement, 4e édition, L. G. D. J., 2013, p. 147.

② Gérard Légier, Les obligations, 17e édition, Dalloz, 2001, p. 21; Jacques Ghestin, Grégoire Loiseau, Yves-Marie Serinet, La Formation Du Contrat, Tome 1: Le contrat-Le consentement, 4e édition, L. G. D. J., 2013, pp. 147—148.

③ Gérard Légier, Les obligations, 17e édition, Dalloz, 2001, p. 21; Jacques Ghestin, Grégoire Loiseau, Yves-Marie Serinet, La Formation Du Contrat, Tome 1: Le contrat-Le consentement, 4e édition, L. G. D. J., 2013, p. 148.

④ Véronique Ranouil, L'autonomie de la volonté: naissance et évolution d'un concept, puf, 1980, p. 9.

⑤ Gérard Légier, Les obligations, 17e édition, Dalloz, 2001, p. 21; Jacques Ghestin, Grégoire Loiseau, Yves-Marie Serinet, La Formation Du Contrat, Tome 1: Le contrat-Le consentement, 4e édition, L. G. D. J., 2013, pp. 148—149.

⑥ Gérard Légier, Les obligations, 17e édition, Dalloz, 2001, p. 21; Jean Carbonnier, Droit civil, Les biens, Les Obligations, puf, p. 1952; Virginie Larribau-Terneyre, Droit civil, Les Obligations, 12e édition, Dalloz, p. 220.

时，他们的决定不可能存在不正义的地方。”因此，Kant 得出了自己在合同领域的一句格言式的名言：“合同所规定的就是正义所规定的。”[①]

在法国，Kant 的意思自治理论当然对《法国民法典》的起草者产生了重要的影响：1804 年的《法国民法典》被视为个人主义的法典，是个人主义的哲学理念的极致体现，因为除了规定个人享有的财产所有权和承认人与人之间的平等之外，它还对个人享有的一些重要的自由做出了规定，诸如合同自由、婚姻自由等。[②] 不过，1804 年的《法国民法典》既没有使用“意思自治”一词，也没有明确规定意思自治这一原则。在 19 世纪末期之前，几乎没有法国民法学者承认《法国民法典》规定了意思自治原则，因为大多数民法学者遵循法条注释法学派的做法，仅仅满足于对《法国民法典》进行一卷一编、一条一款的注释。[③]

二、国际私法学家 André Weiss 在 19 世纪末期首次使用了“意思自治原则”一词

1886 年，国际私法学家、第戎大学和巴黎大学教授、海牙国际法院法官 André Weiss（1858—1928）[④] 在自己的国际私法专著即《国际私法基础专论》当中首次引入“意思自治原则”一词。在讨论法律规范的性质时，他认为，虽然法律规范具有普遍适用的法律效力，但是，法律规范的一般性也存在例外，其中的一个例外就是意思自治，因为意思自治能够对法律施加限制，这就是说，在民事法律行为当中，法律规范不适用，法律行为所产生的法律效力并不是由法律规范决定的，而是由当事人的意图、意志决定的。他指出：“在某些民事法律行为当中，当事人的意图、意志会发挥非常重大的作用。它成为当事人的唯一制定法，因为此种原因，人们将其称为独立的渊源。无论是在遗嘱当中还是在合同当中，均是如此。”[⑤]

在 1890 年出版的第二版的《国际私法基础专论》当中，André Weiss 重复了第一版的《国际私法基础专论》当中对意思自治所做出的上述论断。此时，他仍然像 1886 年一样将意思自治视为法律规范的一种例外，而没有将其视为法律的一般原则。[⑥] 在 1895 年的国际私法教科书《国际私法教程》[⑦] 以及 1898 年出版的专著《国际私法理论和实践专论》[⑧] 当

---

① Gérard Légier, Les obligations, 17e édition, Dalloz, 2001, p. 21; Jacques Ghestin, Grégoire Loiseau, Yves-Marie Serinet, La Formation Du Contrat, Tome 1: Le contrat-Le consentement, 4e édition, L. G. D. J., 2013, pp. 148—149.

② 张民安：《法国民法》，清华大学出版社 2015 年版，第 27—30 页。

③ 张民安：《法国民法总论（上）》，清华大学出版社 2017 年版，第 304—342 页。

④ André Weiss, https://fr.wikipedia.org/André_Weiss.

⑤ André Weiss, Traité élémentaire de droit international privé, tome 1, 1e édition, Paris, L. Larose et Forcel, 1886, p. 527; Véronique Ranouil, L'autonomie de la volonté: naissance et évolution d'un concept, puf, 1980, pp. 42—43.

⑥ André Weiss, Traité élémentaire de droit international privé, tome 1, 2e édition, Paris, L. Larose et Forcel, 1890, p. 527; Véronique Ranouil, L'autonomie de la volonté: naissance et évolution d'un concept, puf, 1980, p. 43.

⑦ André Weiss, Manuel de droit international privé, 1 édition, Paris, L. Larose & L. Tenin, 1895, p. 200; Véronique Ranouil, L'autonomie de la volonté: naissance et évolution d'un concept, puf, 1980, p. 43.

⑧ André Weiss, Traité théorique et pratique de droit international privé, Tome Ⅲ, Paris, L. Larose & Forcel, 1898, pp. 112—116.

中，Weiss 除了承认意思自治的存在之外，还正式将其称为“意思自治原则。”[①]

在其《国际私法理论和实践专论》当中，Weiss 明确指出，不仅遗嘱的法律效力取决于立遗嘱人的意志、意图而非制定法，而且合同的法律效力更取决于当事人双方的意图、意志而非制定法。“除了遗嘱所产生的债源自立遗嘱人的意图、意志之外，合同产生的债也是源自当事人的意图、意志，这就是说，两方或者多方当事人之间的意图的一致在他们之间产生了债，换言之，合同究竟产生什么样的债，完全由合同当事人自由决断，立法者所规定的国内制定法无须适用。”[②]

在讨论法律行为当中意图、意志所起到的排除制定法适用的作用时，Weiss 不再满足于仅仅将意思自治视为制定法所具有的普遍适用的一般规则的例外，而是将其称为一项原则，这就是意思自治原则。他指出：“因此，意思自治原则仅仅在当事人的意图、意志能够占据主宰地位的领域适用，在这些领域，立法者的制定法仅仅能够对当事人的意图、意志起到补充或者解释的作用。在自治领域，如果当事人之间存在冲突，则他们之间冲突的解决必须求助于当事人的明示或者默示意图所规定的方式，这一点，我们能够非常完美地、准确地断言。”[③]

在 19 世纪末期，除了在法国得到快速传播之外，Weiss 所发明的“意思自治原则”也在国际上得到迅速的传播并因此获得了普遍性的承认，除了成为国际私法当中的一个重要原则之外，也成为民法尤其是合同法当中的一个重要的，甚至唯一的原则，因为除了他的《国际私法教程》和《国际私法理论和实践专论》在法国得到不断的再版之外，他的《国际私法教程》也被西班牙和阿根廷教授翻译成西班牙文并因此在西班牙和阿根廷出版。[④]

由于受到 Weiss 的影响，从 1886 年开始一直到 1894 年，法国国际私法学家普遍接受了这一原则。1894 年，《国际私法杂志》首次将“意思自治原则”作为一个常用法律词语编入该杂志当中。[⑤] 1888 年，国际私法学家、国际公法学家、民法学家、普瓦捷大学法学教授 Fernand Surville（1853—1922）[⑥] 发表了自己的文章《意图在有关夫妻财产制度方面的冲突法当中所发挥的作用》，在该文当中，他多次使用了“意思自治原则”一词，认为该原则既能够规范和调整夫妻之间的约定财产制度，也能够规范和调整夫妻之间的法定财产制度。[⑦]

1891 年，Surville 将意思自治原则从夫妻财产制度方面的冲突法、国际私法当中拓展到国际合同关系当中，在《论通信合同尤其是国际关系当中的通信合同》当中，他认为意思自治除了能够规范和调整基于通信成立的合同之外，也能够规范和调整其他合

---

① Véronique Ranouil, L'autonomie de la volonté: naissance et évolution d'un concept, puf, 1980, p. 43.

② André Weiss, Traité théorique et pratique de droit international privé, Tome Ⅲ, Paris, L. Larose & Forcel, 1898, p. 114.

③ André Weiss, Traité théorique et pratique de droit international privé, Tome Ⅲ, Paris, L. Larose & Forcel, 1898, p. 114.

④ Véronique Ranouil, L'autonomie de la volonté: naissance et évolution d'un concept, puf, 1980, p. 43.

⑤ Véronique Ranouil, L'autonomie de la volonté: naissance et évolution d'un concept, puf, 1980, p. 44.

⑥ Surville, Fernand (1853—1922), https://www.idref.fr/032479336.

⑦ Véronique Ranouil, L'autonomie de la volonté: naissance et évolution d'un concept, puf, 1980, p. 44.

同，因为意思自治原则是合同法的一般原则。他指出："我们认为，对于通信合同而言，就像对于所有其他合同一样，我们应当承认这样一个原则：意图就是当事人之间的制定法，在处理当事人之间的合同问题时，当事人的意图才是我们应当集中加以关注的内容。也就是说，一方当事人所允诺的和对方当事人所接受的内容才是对他们之间的合同关系进行规范和调整的制定法。换言之，仅仅在意思自治理论当中，人们才能够发现真正的解决途径。"①

在19世纪末期和20世纪初期，大多数国际私法学家在主张意思自治原则时均不约而同地援引《法国民法典》当中的第1134条和第1387条，认为这两个法律条款是意思自治原则存在的制定法根据。②《法国民法典》第1134条规定：对于合同的当事人而言，依照制定法成立的合同等同于他们之间的制定法。除非经过双方的同意或者除非具有制定法授权的某种原因，否则，合同不得被解除；合同应当以善意的方式履行。③《法国民法典》第1387条规定：对于夫妻之间的财产，制定法仅仅在夫妻之间欠缺特殊协议时才会对夫妻之间的关系进行规范和调整，除非夫妻之间的协议违反良好道德，否则，他们能够根据自己的协议对财产进行处理和变更。④

三、法国民法学者在20世纪40年代之前普遍承认意思自治原则

相对于国际私法学家而言，民法学家对于"意思自治原则"一词的使用和承认要晚得多。在19世纪末期和20世纪初期之前，除了个别民法学者之外，几乎所有民法学者均没有使用"意思自治原则"一词，更没有将其视为债法甚至整个民法的一般原则。⑤

一方面，在19世纪末期和20世纪初期之前，民法学家没有在债法当中使用"意思自治原则"一词，更没有将意思自治原则视为债法的一般原则。在19世纪末期和20世纪初期之前，在对《法国民法典》关于合同债的规定做出评注时，法国民法学者承认了诸如合同自由原则、合同的相对性原则和合同等同于当事人内在的意图、意志、意思的原则。此外，在对《法国民法典》关于非合同债的规定做出分析时，包括对准合同债和侵权债做出分析时，他们也注重人的意图、意志所起到的作用。不过，他们的分析到此为止，没有再进一步，没有在这些原则或者内容的基础上建立起同时包含这些原则在内的作为一般原则存在的意思自治原则。因此，在19世纪末期之前，意思自治原则仅仅在债法当中处于暗含状态。⑥

另一方面，在19世纪末期和20世纪初期之前，民法学家没有在整个民法当中使用

---

① Fernand Surville, Du contrat par correspondance, notamment dans les rapports internationaux, Journal du droit international privé, 1891, p. 362; Véronique Ranouil, L'autonomie de la volonté: naissance et évolution d'un concept, puf, 1980, p. 44.

② Véronique Ranouil, L'autonomie de la volonté: naissance et évolution d'un concept, puf, 1980, pp. 65—69.

③ Article 1134, https://fr.wikisource.org/wiki/Code_civil_des_Français_1804/Livre_Ⅲ, _Titre_Ⅲ.

④ Article 1387, https://fr.wikisource.org/wiki/Code_civil_des_Français_1804/Livre_Ⅲ, _Titre_V.

⑤ Véronique Ranouil, L'autonomie de la volonté: naissance et évolution d'un concept, puf, 1980, pp. 76—74.

⑥ Véronique Ranouil, L'autonomie de la volonté: naissance et évolution d'un concept, puf, 1980, pp. 71—74.

"意思自治原则"一词，更没有将意思自治原则视为整个民法的一般原则。在 19 世纪末期和 20 世纪初期之前，在对《法国民法典》做出分析时，除了在债法当中讨论人的意图、意志、意思所发挥的作用之外，民法学家也在其他法律当中讨论人的意图、意志、意思所起到的作用，包括在家庭法、继承法和物权法当中，因为他们认为，在这些法律领域，人的意图、意志、意思也能够产生法律效力。不过，他们也没有更进一步将它们结合在一起并因此形成能够作为一般原则加以普遍适用的意思自治原则。[①]

总之，在 19 世纪末期之前，虽然民法学家普遍从意思自治原则当中获得源源不绝的灵感，但是，他们既没有使用"意思自治原则"一词，更没有将"意思自治"称为一般原则。[②] 在 19 世纪末期之前，法国民法学者之所以没有承认意思自治原则，其主要原因有二：

其一，在 19 世纪末期之前，法国民法领域被法条注释法学派所占据，民法学者仅仅根据《法国民法典》的编章结构对其进行一条一款的注释，以便明确这些法律条款的含义。鉴于《法国民法典》没有明确规定意思自治原则，因此，即便《法国民法典》在不同的编章当中对意思自治原则的不同表现形式做出了规定，民法学者也仅仅对这些分散规定做出评注，他们不会对《法国民法典》的分散规定予以系统化、体系化并因此形成能够作为一般原则予以普遍适用的理论。[③]

其二，在 19 世纪末期之前，人们不会面临是否需要借助于意思自治原则来实现承认、捍卫和确认个人自由的问题，因为在 19 世纪末期之前，人们仍然享有充分的个人自由，仍然能够按照自己的意图、意志、意思签订合同、处分财产或者从事其他的法律行为。但是，19 世纪末期以来，随着个人自由面临越来越多的威胁，人们曾经享有的不受限制的合同自由、财产处分自由或者其他自由开始受到各种各样的限制。为了捍卫合同自由、财产处分自由和其他自由，民法学者不得不主张意思自治原则，将其视为捍卫自由、防止曾经享有的个人自由消失殆尽的铜墙铁壁。[④]

在 19 世纪末期和 20 世纪初期之前，少数民法学者仍然采用了类似于"意思自治原则"一词的概念，甚至直接使用了"意思自治原则"一词。这些学者主要包括法国著名哲学家、政治家、民法学家、伯尔尼大学（L'Université de Berne）和巴黎大学民法教授 Emile Acollas（1826—1891）[⑤]，以及巴黎大学民法教授 Charles Beudant（1829—1895）。[⑥]

在 1866 年发表的文章《从民主观念看我国法典尤其是拿破仑民法典完全重构的必要》中，Acollas 第一次在民法当中使用了"个人自治"（autonomie de l'individu）一词。

---

① Véronique Ranouil，L'autonomie de la volonté：naissance et évolution d'un concept，puf，1980，pp. 74—75.

② Véronique Ranouil，L'autonomie de la volonté：naissance et évolution d'un concept，puf，1980，p. 80.

③ Véronique Ranouil，L'autonomie de la volonté：naissance et évolution d'un concept，puf，1980，pp. 77—79；张民安：《法国民法总论（上）》，清华大学出版社 2017 年版，第 304—342 页。

④ Véronique Ranouil，L'autonomie de la volonté：naissance et évolution d'un concept，puf，1980，p. 80.

⑤ Émile Acollas，https://www.wikiberal.org/wiki/Émile_Acollas；Émile Acollas（1826—1891），https://data.bnf.fr/fr/12123468/emile_acollas/.

⑥ Charles Beudant（1829—1895）https://data.bnf.fr/en/12439217/charles_beudant/.

此后，他在自己的一系列著作当中均不厌其烦地重复使用这一词语，包括：1866 年出版的《人民的权利》[①]，1869 年至 1879 年出版的《民法》，1874 年至 1875 年出版的《拿破仑民法典的哲学和批评性评注》，1877 年出版的《政治学的哲学》，1885 年出版的《民法总论》以及 1886 年出版的《权利观念》。[②] 此外，在 1876 年出版的《自然人自治导论》当中，他使用了另外一个词语即“自然人的自治”（autonomie de la personne humaine）。[③]

Acollas 的个人自治等同于他的自然人的自治，此二者的含义是相同的，均指个人享有独立于社会、国家和教会组织的权利，因为不仅社会、国家和教会的权力均源自个人，而且它们的所有权力均是为了个人。Acollas 指出，人是所有政治科学和社会科学产生的渊源，也是它们结束的渊源。在民事领域，“个人不仅是自身的教皇，而且还是自身的皇帝”，立法者虽然制定民法典或者其他法律，但是，他们制定法律的目的仅仅在于确认个人所享有的自由和权利。立法者尤其是要在家庭法、财产所有权法和合同法当中承认个人的自治和个人自由：在家庭法当中，立法者应当承认离婚自由；在财产所有权领域，立法者应当承认所有权人对其所有物享有的全方面的自由，因为所有权是个人自由的延长；在合同法当中，立法者更应当坚持个人自治的原则，因为作为合同当事人的人总是寻求发展自己的自治，即便是在最极端的情形，亦是如此。[④]

1891 年，在讨论个人和国家之间的关系时，除了明确使用了“自然人自治”（autonomie do la personne humaine）一词之外，Beudant 还使用了“意思自治原则”一词。在使用“自然人自治”一词时，他将自然人自治理解为自然人所享有的独立于制定法的个人权利（droit individuel），诸如财产所有权、债权、家庭权等，因为这些主观权利先于制定法且高于制定法，在制定法之前就已经存在，它们源自自然人的性质，制定法的目的仅仅在于确保这些权利得到尊重。[⑤] 在使用“意思自治原则”一词时，他是在 Kant 的哲学基础上使用这一词语，这就是说，鉴于人本身是作为目的而存在的，而不仅仅是作为专断使用自己意图、意志的手段存在的，因此，人是自己思想和行为的主人。作为自己思维和行为的主人，他们能够为自己制定法律规范。当他们根据自己的自由意志做出行为时，他们享有要求别人尊重自己行为的权利。[⑥]

1891 年，法国民法学者 René Worms（1869—1926）出版了自己的博士学位论文

---

① Emile Acollas，libertarien de la République in La République et son droit，1870—1930，Sous la direction de AUDREN Frédéric，STORA-LAMARRE Annie，HALPÉRIN Jean-Louis，AUDREN FrédéricPublié en，2011，https://spire. sciencespo. fr/hdl：/2441/2sm8heoiqv9e9bbvek82ng0p3m/resources/2011-audren-emile-acollas-libertarien-de-la-republique-vauteur. pdf.

② Véronique Ranouil，L'autonomie de la volonté：naissance et évolution d'un concept，puf，1980，pp. 80—85.

③ Émile Acollas，Loi générale de l'évolution de l'humanité，introduction au livre de l'Autonomie de la personne humaine，Paris，Garnier frères，1876，pp. Ⅰ—ⅩⅤ.

④ Véronique Ranouil，L'autonomie de la volonté：naissance et évolution d'un concept，puf，1980，pp. 80—83.

⑤ Charles Beudant，Le droit individual et l'État：introduction à l'étude du droit，2e édition，Paris，Librairie Nouvelle de Droit et de Jurisprudence Arthur Rousseau，1891，pp. 21—22.

⑥ Charles Beudant，Le droit individual et l'État：introduction à l'étude du droit，2e édition，Paris，Librairie Nouvelle de Droit et de Jurisprudence Arthur Rousseau，1891，p. 138.

《作为罗马法和法国法的债的渊源的单方意图》，对能够引起债产生的单方法律行为做出了讨论。[①] 在该论文当中，他没有使用“意思自治”或者“意思自治原则”一词，虽然他使用了单方意图和单方意思表示的术语并且将单方意图视为债产生的一个“伟大原则”[②]。1899 年，法国著名民法学家、科学自由探寻学派（la libre recherche scientifique）的开创者与核心人物、南希大学民法教授 François Gény（1861—1959）[③] 出版了自己著名的民法著作《民法的解释方法和渊源》，在该著作当中，他作为民法学家首次在民法著作当中使用了“意思自治”一词。

由于受到国际私法学家的影响，Gény 指出，在法律行为当中，“人的意图、意志、意思具有极大的灵活性和细腻性，它们能够映衬出不同事实的轮廓，能够适用于形形色色的状况。因此，人的意图、意志、意思自身就能够产生法律效果，并因此应当在原则上具有最大限度的自治性”[④]。不仅如此，他还对“意思自治所保留的范围”（sphere réservée à l'autonomie de la volonté）一词做出了界定，认为意思自治所保留的范围是指“意图、意志、意思是法律行为的鼓动者和主人”[⑤]。

不过，虽然 Gény 已经在法律行为领域使用了“意思自治”一词，但是，他并没有使用“意思自治原则”一词。在法国，第二个在民法领域使用“意思自治”一词、第一个在民法领域使用“意思自治原则”一词的民法学者是里昂天主教大学法学教授、社会活动家 Emmanuel Gounot（1885—1960）。[⑥] 1912 年，Gounot 出版了自己的博士学位论文《私法当中的意思自治原则》，在该文当中，除了将意思自治原则视为合同法的一般原则之外，他也将该原则视为法律行为的一般原则，换言之，他也将该原则视为整个民法的基本原则。[⑦]

Gounot 认为，在法律领域，个人意图、意志、意思拥有真正的创设权力，并因此成为我们自身的制定法，这就是意思自治原则。意思自治原则不仅在法律行为的成立当中适用，而且还在法律行为、法律效果的确定当中适用。在个人的意图、意志、意思欠缺时，法律行为就不会存在。在实在法所确立的范围内，人的意图、意志、意思不仅能够产生法律行为，而且还能够产生法律效果。并且人的意图、意志、意思不同，它们所产

---

① René Worms, De la volonté unilatérale considérée comme source d'obligations en droit romain et en droit français, thèse pour le doctorat, Paris A. Giard, 1891, pp. 11—194.

② René Worms, De la volonté unilatérale considérée comme source d'obligations en droit romain et en droit français, thèse pour le doctorat, Paris A. Giard, 1891, pp. 11—194.

③ 张民安：《法国民法总论（上）》，清华大学出版社 2017 年版，第 374—389 页。

④ Francois Gèny, Méthode d'interprétation et sources en droit privé positif, Tome I, Paris, A. Chcvalicr-Marescq et C°, 1899, p. 144; Véronique Ranouil, L'autonomie de la volonté: naissance et évolution d'un concept, puf, 1980, p. 93.

⑤ Francois Gèny, Méthode d'interprétation et sources en droit privé positif, Tome I, Paris, A. Chcvalicr-Marescq et C°, 1899, p. 173; Véronique Ranouil, L'autonomie de la volonté: naissance et évolution d'un concept, puf, 1980, p. 93.

⑥ Emmanuel Gounot (1885—1960), https://data. bnf. fr/fr/12733706/emmanuel_gounot/.

⑦ Emmanuel Gounot, Le Principe de l'autonomie de la volonté en droit privé, contribution à l'étude critique de l'individualisme juridique, Thèse pour le doctorat sciences juridiques, A. Rousseau, 1912, pp. 1—470.

生的法律效果也不同。[①]

Gounot 还指出，虽然法律行为的构成要素多种多样，但是，“法律行为的本质仅有一个，这就是行为人的意图、意志、意思，仅行为人的意图、意志、意思才构成法律行为的本质，法律行为的其他构成因素均是次要的、偶然的、没有自身价值的”[②]。根据意思自治原则，民法实行两个基本假设：其一，除非债务的承担是人们自愿的，否则，任何人均不得被责令承担债务；其二，所有自由的债均是正义的。[③]

Gounot 的论文引起的反响巨大。一方面，受到他的论文的影响，在 20 世纪 40 年代之前，大量的民法学者以意思自治原则作为自己的研究对象，尤其是博士学位论文的研究课题，意思自治原则因此成为了民法学界的新宠。1913 年，Ahmad Maher 出版了自己的博士学位论文《个人的意思自治对合同的限定》，除了对意思自治原则做出了研究之外，他尤其对意思自治原则在合同领域所发挥的限制合同的作用做出了分析。[④] 1921 年，Robert Ponceau 出版了自己的博士学位论文《〈法国民法典〉所规定的合同当中的意图：新构造的尝试》，以意思自治原则作为主线重新构造《法国民法典》所规定的合同。[⑤] 1931 年，R. Tison 出版了自己的博士学位论文《法国旧法当中的意思自治原则》，对法国大革命之前的旧法制度当中的意思自治原则做出了研究。[⑥] 1931 年，Nicolas Coumaros 出版了自己的博士学位论文《意图在法律行为当中的作用：经典理论的批评性研究》，对法律行为当中的意思自治原则做出了全面研究。[⑦] 另一方面，在 Gounot 的论文出版之后，其使用的“意思自治原则”一词迅速被 20 世纪 40 年代之前的大牌民法教授所认可，并因此成为他们承认的一项重要民法、债法原则。由于受到 Gounot 的影响，在 1911 年出版的《私法的基本观念》当中，法国著名民法学家、巴黎大学法学教授 René Demogue（1872—1938）[⑧] 就承认意思自治原则，在讨论《法国民法典》所规定的自由时，他认为自由从两个伟大的原则当中获得灵感源泉：尊重别人的活动领域的原则和意思自治原则。“意思自治原则是民法当中最重要的一个原则，根据该原则，每一个人仅仅在自己愿意的情况下才承担债务和在自己愿意的范围内享有权利。……此种原则适用范围广泛，因为它不仅仅能够确定法律行为的法律效果和创设无名合同，而且还能

---

① Emmanuel Gounot, Le Principe de l'autonomie de la volonté en droit privé, contribution à l'étude critique de l'individualisme juridique, Thèse pour le doctorat sciences juridiques, A. Rousseau, 1912, p. 2 ets.

② Emmanuel Gounot, Le Principe de l'autonomie de la volonté en droit privé, contribution à l'étude critique de l'individualisme juridique, Thèse pour le doctorat sciences juridiques, A. Rousseau, 1912, p. 131.

③ Emmanuel Gounot, Le Principe de l'autonomie de la volonté en droit privé, contribution à l'étude critique de l'individualisme juridique, Thèse pour le doctorat sciences juridiques, A. Rousseau, 1912, pp. 61—79.

④ Ahmad Maher, De l'autonomie de la volonté individuelle quant aux modifications des contrats, Firmin, 1913, pp. 1—415.

⑤ Robert Ponceau, La Volonté dans le contrat suivant le Code civil: essai d'une construction nouvelle, thèse, Lyon, Paris, Rousseau, 1921.

⑥ R. Tison, Le principe de V autonomie de la volonté dans l'ancien droit français, Paris, Domat-Montchres-tien, 1931, pp. 1—197.

⑦ Nicolas Coumaros, Le rôle de la volonté dans l'acte juridique: étude critique de la conception classique, thèse, Paris, Librairie du Recueil Sirey, 1931.

⑧ 张民安:《法国人格权法（上）》，清华大学出版社 2016 年版，第 343—344 页。

够基于人的意图、意志、意思规范合同的成立、债的消灭，诸如清偿消灭、抵消消灭和时效消灭，在一定范围内，甚至能够规范证明方式。”①

由于受到Gounot的影响，在1919年出版的第二版《民法的解释方法和渊源》当中，Gény明确使用了“意思自治原则”。他指出，民法当中存在三项基本原则：其一，意思自治原则；其二，公共秩序原则或者最高利益原则；其三，利益之间的平衡原则。其中的意思自治原则在人们能够自由行为的领域适用。在今时今日，意思自治原则不仅仅是自由公平条件的需要，而且还是所有社会组织的需要。虽然公法没有对其做出明确的规定，但是，意思自治原则被暗含在公法的某些法律条款尤其是《1789年权利宣言》第4条当中。虽然《法国民法典》没有明确规定这一原则，但是，《法国民法典》对这一原则的大多数具体适用做出了规定，尤其是对其中的合同自由做出了规定，包括第1134（1）条和第1156条以及之后的其他法律条款等。我们甚至可以更进一步说，法国立法者已经在《法国民法典》当中对法律行为的自由做出了规定。②

在1927年出版的第二版的《民事债当中的道德规范》当中，Georges Ripert也就意思自治原则做出了讨论。③ 经过这些民法学者的主张，到了20世纪30年代和40年代，意思自治原则发展到高潮，因为它不仅被民法学者广泛承认，而且还被他们视为合同法乃至整个民法的根据，甚至是唯一根据。④ 法国民法学者之所以认为意思自治原则是《法国民法典》的原则，是因为他们认为，包括《法国民法典》第1134条、第1156条和第1387条等法律条款都对这一原则的各种具体适用做出了规定，包括合同自由、合同的相对性和合同的约束力等，已如前述。Georges Ripert对意思自治原则的此种制定法根据做出了说明，他指出：“为了确认个人的意图、意志、意思所具有的创设债的完全能力，《法国民法典》在第1134条当中使用了人们能够找到的最雄浑有力的表述：对于合同当事人而言，依法成立的合同等同于他们之间的制定法。”⑤

第二节　意思自治原则的根据

在19世纪末期和20世纪初期，民法学者之所以普遍承认意思自治原则，是因为意思自治原则具有两个方面的根据，这就是意思自治原则的哲学根据和经济根据。

一、意思自治原则的哲学根据

在19世纪末期和20世纪初期，民法学者之所以主张意思自治原则，第一个主要原

---

① René Demogue, Les notions fondamentales du droit privé, Paris, Arthur Rousseau, 1911, p. 147.

② Francois Gèny, Méthode d'interprétation et sources en droit privé positif, Tome Ⅱ, 2e édition, Paris, Librairie générale de droit et de jurisprudence, 1919. pp. 98—99.

③ Véronique Ranouil, L'autonomie de la volonté: naissance et évolution d'un concept, puf, 1980, p. 13.

④ Marjorie Brusorio Aillaud, Droit des obligations, 8e édition, bruylant, 2017, p. 56.

⑤ Georges Ripert, la règles morales dans les obligations civiles, L. G. D. J., 2013, p. 37.

因是他们受到了18世纪即启蒙时期（Lumières）[1] 经典个人主义理论（la doctrine individualiste classique）的影响，尤其是受到了其中的政治哲学（philosophie politique）理论的影响，也就是受到了个人主义哲学的影响。[2]

自由主义理论认为，个人生来就享有自由，并且一直享有自由，他们的自由是自然的、天赋的、神圣不可侵犯的，包括国家在内，任何人均不得侵犯他们享有的自由。[3]《法国1789年人权和公民权宣言》第1条和第2条对经典个人主义的政治哲学理论做出了规定，根据它们的规定：人在法律上生而自由、生而平等并且一直是自由的、平等的。所有政治组织的目的均是为了保护人的自然权利、不适用时效的权利，这些权利是自由、财产所有权、安全权和反抗压迫权。[4]

意思自治原则仅仅是18世纪的学者所主张的政治哲学理论的一个特殊方面，构成这一一般理论的有机组成部分，因为意思自治原则建立在人享有自然自由、天赋自由的基础上。[5] 根据自然自由、天赋自由理论，原则上，行为人是不对他人承担债务的，因为让行为人对他人承担债务是对行为人的自由所施加的限制。为了实现社会和国家的和谐，行为人可能要对他人承担某些债务，但是，这仅仅是他们不对他人承担债务的一般原则的例外。[6]

为了确保每一个人所享有的自由不会因为所承担的债务而受到限制，一个人与另外一个人之间的债的关系的存在必须以这两个人自愿承担债务作为基础和前提；如果两个人自愿承担债务，则他们之间就产生具有约束力的债，如果两个人或者两个人当中的任何一个人不愿意承担债务，则他们之间无法产生具有约束力的债。当事人的意图、意志能够让他们承担债务，并且也只有当事人的意图、意志能够让他们承担债务，这也是自由的一种表示。人们可以轻易发现，Rousseau的社会合同论就是建立在此种哲学观念基础上的：虽然人在自然当中是自由的，但是，社会生活也要求他们在一定程度上放弃此种自由。不过，在社会合同所确定的限制和条件下，人的自由的放弃仅仅在他们做出自由同意的情况下才是可以想象的。[7]

总之，在18世纪的哲学家的眼中，仅人的意图、意志、意思是他们享有的所有主

---

① Lumières (philosophie), https://fr.wikipedia.org/wiki/Lumières_ (philosophie).

② Henri Roland et Laurent Boyer, Contrat, 3e édition, Litec, 1989, pp. 4—5; Jacques Flour, Jean-Luc Aubert, Éric Savaux, Les Obligations, 1. L'acte juridique, 15e édition, Dalloz, 2012, pp. 82—84; Jacques Ghestin, Grégoire Loiseau, Yves-Marie Serinet, La Formation Du Contrat, Tome 1: Le contrat-Le consentement, 4e édition, L. G. D. J., 2013, pp. 147—149; Virginie Larribau-Terneyre, Droit civil, Les Obligations, 15e édition, Dalloz, 2017, pp. 270—271; François Terré, Philippe Simler, Yves Lequette, François Chénedé, Droit civil, Les Obligations, 12e édition, Dalloz, 2018, p. 33.

③ Jacques Flour, Jean-Luc Aubert, Éric Savaux, Les Obligations, 1. L'acte juridique, 15e édition, Dalloz, 2012, p. 82.

④ Art. 1er et Art. 2, Déclaration des Droits de l'Homme et du Citoyen de 1789, https://www.legifrance.gouv.fr/contenu/menu/droit-national-en-vigueur/constitution/declaration-des-droits-de-l-homme-et-du-citoyen-de-1789.

⑤ Henri Roland et Laurent Boyer, Contrat, 3e édition, Litec, 1989, p. 4; Jacques Flour, Jean-Luc Aubert, Éric Savaux, Les Obligations, 1. L'acte juridique, 15e édition, Dalloz, 2012, p. 82.

⑥ Henri Roland et Laurent Boyer, Contrat, 3e édition, Litec, 1989, p. 4.

⑦ Henri Roland et Laurent Boyer, Contrat, 3e édition, Litec, 1989, pp. 4—5.

观权利的渊源。个人仅仅通过自己的意图、意志、意思而受到债的约束：在合同当中，他们直接因为自己的意图、意志、意思而受到约束，而在制定法所强加的极端例外债当中，他们则间接和默示地受到自己的意图、意志、意思的约束，因为制定法仅仅是人们一般意志的表达（l'expression de la volonté générale）。①

二、意思自治原则的经济根据

在19世纪末期和20世纪初期，民法学者之所以主张意思自治原则，第二个主要原因是他们受到了18世纪启蒙时期经济自由主义理论（libéralisme économique）的影响，尤其是其中的经典经济自由理论（iibéraux classiques）的影响。②

所谓经济自由主义，是指自由主义原则（principes du libéralisme）在经济领域的适用。根据这一理论，作为人们享有的自然自由的要求和体现，人们在经济领域享有各种各样的自由，诸如：交换自由，从事经济活动的自由（liberté d'entreprendre），进行竞争的自由，消费选择的自由，以及劳动的自由，等等。就像国家应当尊重人在政治领域所享有的诸如自由、平等和其他主观权利一样，国家、政府也应当尊重人在经济领域所享有的自由，不应当干预人们所自由从事的经济活动。③

经济自由主义理论最初出现在英国，在18世纪，英国的经济自由主义理论传到美国和法国，并且为这两个国家的学者所主张。④ 他们认为，国家或者政府应当对人们的经济活动采取"放任不管、听之任之"（laissez faire，laissez passer）的态度，不能够以任何方式干预人们所从事的经济活动。国家、政府之所以应当对人们的经济活动采取不干预的态度，一方面是因为它们应当尊重人们所享有的基本经济自由，防止人们在经济领域所享有的自由受到公权力的限制；另一方面是因为，经济自由能够激发人们从事经济活动的积极性，除了因此让人们获得经济利益之外，经济自由也能够惠及国家利益、一般利益，因为它能够达致经济繁荣的一般目的，这就是意思自治原则的经济根据。⑤

意思自治原则与经济自由主义之间的关系甚至要比意思自治原则与政治哲学之间的关系更加密切，因为合同是经济自由主义的手段：合同不仅是人们从事经济活动的必要手段，而且还是人们从事经济活动的最有效、最好的手段。⑥意思自治原则倡导合同自

---

① Henri et Leon Mazeaud, Jean Mazeaud, Francois Chabas, Obligations, 9e édition, Montchrestien, 1998, p. 104.

② Henri Roland et Laurent Boyer, Contrat, 3e édition, Litec, 1989, pp. 4—5; Jacques Flour, Jean-Luc Aubert, Éric Savaux, Les Obligations, 1. L'acte juridique, 15e édition, Dalloz, 2012, pp. 82—84; Jacques Ghestin, Grégoire Loiseau, Yves-Marie Serinet, La Formation Du Contrat, Tome 1: Le contrat-Le consentement, 4e édition, L. G. D. J., 2013, pp. 149—150; Virginie Larribau-Terneyre, Droit civil, Les Obligations, 15e édition, Dalloz, 2017, pp. 270—271; François Terré, Philippe Simler, Yves Lequette, François Chénedé, Droit civil, Les Obligations, 12e édition, Dalloz, 2018, pp. 33—34.

③ Libéralisme économique, https://fr. wikipedia. org/wiki/Libéralisme_économique.

④ Jacques Ghestin, Grégoire Loiseau, Yves-Marie Serinet, La Formation Du Contrat, Tome 1: Le contrat-Le consentement, 4e édition, L. G. D. J., 2013, pp. 149—150.

⑤ Jacques Flour, Jean-Luc Aubert, Éric Savaux, Les Obligations, 1. L'acte juridique, 15e édition, Dalloz, 2012, p. 84.

⑥ Virginie Larribau-Terneyre, Droit civil, Les Obligations, 15e édition, Dalloz, 2017, p. 270.

由，认为当事人享有是否缔结、与什么人缔结和缔结什么合同的自由。通过合同自由的享有，当事人能够实现合同正义的个人目的。如果说人们所强加的债务是不公平的话，则他们自愿承担的债务很难说是不公平的：每一个人均是自己利益的最佳裁判者，当他们反复权衡之后决定签订合同时，他们之间的合同对彼此而言均是公平合理的，这就是合同在当事人之间所实现的合同正义目的。

换言之，18 世纪的哲学家不仅将人的意图、意志、意思看作债的渊源，而且还认为人的意图、意志、意思具有一种道德价值：由于个人在缔结合同时是自由的、平等的，因此，他们自由讨价还价所签订的合同也是公平的。立法者对合同的任何干预均损害了当事人之间的利益平衡并因此引起了不公平的现象。在经济领域，合同当事人的意图、意志具有无与伦比的优越性，是比立法者的干预好得多的一种手段。仅仅在当事人能够自由签订合同、自己对自己的行为进行规范的情况下，他们从事经济活动的积极性才能够得到最大限度的发挥。人们的商事活动应当建立在他们所享有的不受限制的自由的基础上，立法者的任何干预只会带来经济停滞不前的灾难性后果。除了能够鼓励人们的积极性之外，合同自由还能够促进竞争。①

19 世纪，法国的一位哲学家 Alfred Fouillée（1838—1912）对合同正义做出了史诗般的、格言式的阐述，他指出："合同之所言即为正义之所语（Qui dit contractuel，dit juste）。"② Roland 和 Boyer 对合同正义做出了说明，他们指出："人们说，作为意图、意志的杰作，合同是符合合同当事人的个人利益的。没有任何人在合同不符合自己利益的情况下愿意签订合同。Kant 以最简略的语言对此做出了阐述。因为这样的原因，合同导致合同当事人之间利益的平衡。"③ Flour、Aubert 和 Savaux 也对合同的正义做出了说明，他们指出："一旦合同债务人对合同债权人承担债务，则当事人之间所缔结的合同能够对他们的个人利益提供保护。债务人被强加的债务可能是不公平的，但是，理论上，他们自愿接受的债不可能是不公平的。"④

除了能够实现合同正义的目的之外，意思自治原则还能够实现社会功效（utilité sociale）。所谓意思自治原则的社会功效，是指通过意思自治原则所贯彻的合同自由和竞争自由实现社会的经济发展和繁荣。基于个人利益的追求，人们会积极作为，他们会充分利用自己享有的经济自由从事各种各样的经济活动。为了达到利益最大化的目标，他们在经济领域展开充分的、完全的竞争。除了能够确保自己的利益不断增加之外，他们的经济活动和竞争活动也能够促进整个国家经济的发展和繁荣，这就是意思自治原则所实现的社会功效。

Roland 和 Boyer 对意思自治原则所具有的此种目的做出了说明，他们指出："人们

---

① Henri et Leon Mazeaud，Jean Mazeaud，Francois Chabas，Obligations，9e édition，Montchrestien，1998，p. 104.

② Alfred Fouillée，https://fr. wikipedia. org//Alfred_Fouillée；François Terré，Philippe Simler，Yves Lequette，François Chénedé，Droit civil，Les Obligations，12e édition，Dalloz，2018，p. 41.

③ Henri Roland et Laurent Boyer，Contrat，3e édition，Litec，1989，p. 5.

④ Jacques Flour，Jean-Luc Aubert，Éric Savaux，Les Obligations，1. L'acte juridique，15e édition，Dalloz，2012，p. 84.

认为，意思自治是实现经济普遍繁荣的最好手段。个人利益是经济生活的基本动力。为了表示经济自由，尤其是，为了让经济获得充分的发展，人们从事经济活动的意图、意志应当完全免受任何限制。在经济层面，所有的国家约束均是有害的。个人意志的自由能够确保产品的生产最大化，产品价格的最低化并因此确保了自由竞争的展开。这是社会最大的福祉。”①

Flour、Aubert 和 Savaux 也对意思自治原则所具有的此种功能做出了说明，他们也指出：“对于意思自治原则的社会功能而言，经济自由主义的学者们认为，个人的自由能够激发个人的积极性，而个人积极性的激发能够同时确保经济的繁荣和经济的平衡。供需法则的坚守意味着人们之间要在经济领域展开竞争，它不仅能够确保产品的价格能够与其价值一致，而且还能够确保产品的生产能够与人们的需要保持协调。因此，一般利益仅仅是个人利益的总和。”②

第三节　意思自治原则的衰败

在 19 世纪 40 年代到 20 世纪 80 年代之间，法国民法学家均对意思自治原则做出了严厉的批判，他们所做出的批评可以分为两大类：第一大类针对该种理论在《法国民法典》当中的法律根据，而第二大类则针对意思自治原则的上述两个根据展开。

一、意思自治原则在《法国民法典》当中欠缺法律根据

法国反对意思自治原则的民法学者认为，《法国民法典》承认意思自治原则是虚幻的、不真实的，因为除了《法国民法典》没有对这一原则做出规定之外，《法国民法典》的立法者也不可能承认此种原则。

首先，在制定 1804 年的《法国民法典》时，虽然立法者以罗马法、Domat 和 Pothier 的著作为源泉获得了大量的灵感，但是，这些灵感源泉当中根本不存在意思自治原则。③

其次，虽然《法国民法典》规定了合同自由原则，但是，它对这一原则施加了大量的限制，诸如通过第 6 条的规定对其施加了与公共秩序和良好道德有利害关系的制定法的限制，让这一原则受到严格的限制。④

最后，《法国民法典》第 1134 条是对该种原则的间接承认也是不真实的，因为，虽

① Henri Roland et Laurent Boyer, Contrat, 3e édition, Litec, 1989, p. 5.

② Jacques Flour, Jean-Luc Aubert, Éric Savaux, Les Obligations, 1. L'acte juridique, 15e édition, Dalloz, 2012, p. 84.

③ Jacques Flour, Jean-Luc Aubert, Éric Savaux, Les Obligations, 1. L'acte juridique, 15e édition, Dalloz, 2012, pp. 86—88; Jacques Ghestin, Grégoire Loiseau, Yves-Marie Serinet, La Formation Du Contrat, Tome 1: Le contrat-Le consentement, 4e édition, L. G. D. J., 2013, pp. 159—162.

④ Jacques Flour, Jean-Luc Aubert, Éric Savaux, Les Obligations, 1. L'acte juridique, 15e édition, Dalloz, 2012, pp. 86—88; Jacques Ghestin, Grégoire Loiseau, Yves-Marie Serinet, La Formation Du Contrat, Tome 1: Le contrat-Le consentement, 4e édition, L. G. D. J., 2013, pp. 162—163.

然该条承认合同能够在当事人之间产生法律效力，但是，该条并没有说合同产生的法律效力源自当事人的意图、意志、意思。实际上，除了制定法是债的渊源之外，没有任何东西能够成为债的渊源，包括合同当事人的意图、意志、意思。《法国民法典》第1134条也不例外，因为该条规定，能够产生债的合同应当是“在制定法上成立的合同。”①

二、意思自治原则的两个理论根据无法成立

不过，大多数反对意思自治原则的民法学者并不是从意思自治原则的制定法根据方面攻击这一原则的，而是从意思自治原则的上述两个根据展开对这一原则的批评，认为这一原则的这两个根据是站不住脚的。

（一）意思自治原则的哲学根据不成立：意图、意志无法成为债的渊源，仅客观法律才能够成为合同债的渊源

在19世纪末期和20世纪初期，基于社会连带的观念，社会学派的核心人物、法国宪法学家、公法学家、波尔大学教授L. Duguit（1858—1928）开始对意思自治原则的哲学基础做出严厉的批判。一方面，他认为，虽然私法和公法当中均存在客观法律和主观权利，但是，主观权利并非独立存在的，它们构成了客观法律的组成部分。另一方面，他认为，人的单纯意图、意志、意思是不足以产生债的，因为只有社会才有权力在当事人之间强加债。②

受到Duguit的此种看法的影响，在20世纪初期，奥地利著名法理学家Hans Kelsen（1881—1973）也抡起大棒，砸向被视为意思自治原则基础的政治哲学。一方面，他认为，除了制定法属于客观法律之外，合同和其他法律行为在性质上也属于客观法律。另一方面，他认为，虽然合同能够在当事人之间产生法律效力，但是，合同的约束力并不是源自当事人的意图、意志、意思，而是源自客观法律。换言之，他认为，债产生的唯一渊源是客观法律，在客观法律之外，债没有其他渊源。③

由于受到Duguit和Kelsen所主张的此种理论的影响，从“二战”开始，民法学家开始对意思自治原则做出全面的批判，其中包括从政治哲学的角度对这一原则做出的批判。例如，在1938年的《合同自由和合同自由的公正限制》当中，法国民法学者Emmanuel Gounot（1885—1960）指出，人的意图、意志本身不能够成为权利的渊源，它仅仅是确定债和施行债的一种手段；合同虽然能够产生约束力，但是合同的约束力并不是

① Jacques Flour, Jean-Luc Aubert, Éric Savaux, Les Obligations, 1. L'acte juridique, 15e édition, Dalloz, 2012, pp. 86—88; Jacques Ghestin, Grégoire Loiseau, Yves-Marie Serinet, La Formation Du Contrat, Tome 1: Le contrat-Le consentement, 4e édition, L. G. D. J., 2013, pp. 163—164.

② Henri et Leon Mazeaud, Jean Mazeaud, Francois Chabas, Obligations, 9e édition, Montchrestien, 1998, p. 104; Jacques Ghestin, Grégoire Loiseau, Yves-Marie Serinet, La Formation Du Contrat, Tome 1: Le contrat-Le consentement, 4e édition, L. G. D. J., 2013, pp. 164—165；张民安：《法国民法总论（上）》，清华大学出版社2017年版，第467—468页；张民安：《法国民法总论（Ⅱ）》，清华大学出版社2020年版，序言，第4—9页。

③ Jacques Ghestin, Grégoire Loiseau, Yves-Marie Serinet, La Formation Du Contrat, Tome 1: Le contrat-Le consentement, 4e édition, L. G. D. J., 2013, pp. 165—166.

源自当事人的意图、意志，而是源自合同作为一种手段所实现的共同利益。[①] 再例如，法国民法学者 Georges Rouhette 在 1965 年出版的博士学位论文《合同观念的批评性研究》当中，除了彻底否定这一原则之外，Georges Rouhette 认为，当事人的意图、意志、意思不能够产生债，因为合同债的产生也是建立在客观法律的基础上的。[②]

这些民法学者认为，人享有自然的自由、天赋的自由这一看法是没有根据的，它违背了人必须在社会当中生活的基本观念。作为在社会当中生活的人，人们之间是不可能隔离开的，基于社会生活的需要，他们之间必须通过债联系在一起。虽然在债的产生过程当中，人的意图、意志、意思能够发挥一定的作用，但是，人的意图、意志、意思不能够无视制定法的存在。实际上，虽然人的意图、意志、意思能够在当事人之间的债的产生当中发挥作用，但是，他们的意图、意志、意思也仅仅能够在客观法律尤其是制定法所规定的范围内发挥作用。[③]

换言之，意思自治低估了客观法律尤其是制定法在合同债产生当中的作用，将人的意图、意志、意思拔高到高于客观法律、制定法的地步。如果合同能够产生债、能够成为主观权利的渊源的话，也只有在符合客观法律、制定法规定的情况下，它们才能够产生债。"在债产生的领域，制定法尤其是客观法律居于支配地位，仅仅在客观法律承认其存在的情况下，主观权利才能够存在，包括财产所有权和债权等均是如此。同理，仅仅在制定法、客观法律的范围内，合同才能够存在和发展。"[④]

（二）意思自治原则的经济根据不成立：意思自治原则无法实现合同正义，会引起经济的无序

民法学家认为，意思自治原则无法实现人们所谓的合同正义和社会功效。

一方面，意思自治原则无法实现经济自由主义所宣称的合同正义，无法在合同当事人之间实现利益平衡。虽然人们宣称人与人之间是自由的、平等的，但他们所谓的自由、平等仅仅是自然的自由、自然的平等，而不是社会的自由、社会的平等。仅仅是制定法当中的自由、平等，而不是真实的社会生活当中的自由、平等。在真实的社会生活当中，人与人之间不可能是自由的、平等的，因为社会生活当中有强者和弱者，前者如雇主、生产商和经销者等，而后者则如劳动者和消费者等，他们在经济上、社会上的地位悬殊，导致他们在签订合同时无法进行充分的讨价还价，无法进行合同内容的充分协商、谈判。其最终的结果是，强者借口所谓的自由、平等，将自己的意图、意志、意思

---

① Emmanuel Gounot，La liberté des contrats et ses justes limites，Semaine Sociale de France，1938，p. 321 et s；Henri et Leon Mazeaud，Jean Mazeaud，Francois Chabas，Obligations，9e édition，Montchrestien，1998，pp. 117—118.

② Georges Rouhette，Contribution à l'étude critique de la notion de contrat，Thèse de Doctorat，Paris，1965，pp. 1—641；Jacques Ghestin，Grégoire Loiseau，Yves-Marie Serinet，La Formation Du Contrat，Tome 1：Le contrat-Le consentement，4e édition，L. G. D. J.，2013，pp. 168—172.

③ Gérard Légier，Les obligations，17e édition，Dalloz，2001，p. 23；Henri Roland et Laurent Boyer，Contrat，3e édition，Litec，1989，pp. 7—8；Jacques Flour，Jean-Luc Aubert，Éric Savaux，Les Obligations，1. L'acte juridique，15e édition，Dalloz，2012，p. 88；Jacques Ghestin，Grégoire Loiseau，Yves-Marie Serinet，La Formation Du Contrat，Tome 1：Le contrat-Le consentement，4e édition，L. G. D. J.，2013，pp. 164—172.

④ Henri Roland et Laurent Boyer，Contrat，3e édition，Litec，1989，p. 8.

强加给弱者，弱者除了接受强者的意图、意志、意思之外别无选择。因为弱肉强食，因此，人们曾经主张的合同能够确保当事人之间的利益平衡的看法是毫无可能的、是虚幻的，当强者和弱者签订合同时，强者会借助于自己的优势地位，以牺牲弱者的利益作为代价，追求自身利益的最大化，使他们之间的合同出现不公平、不合理的现象。

为了批驳 Alfred Fouillée 的“合同之所言即为正义之所语”的观点，在《为权利而斗争》当中，德国著名民法学家 Rudolf von Jhering（1818—1892）认为合同无法在当事人之间实现正义，因为合同实际上是强者猎杀弱者的手段。他指出：“说意思表示合意必然是正义的时候，人们的此种说法无疑是给海盗和强盗颁发狩猎许可证，让他们有权将所有落入自己手中的猎物一网打尽。”[①]法国神学家、传教士 Henri Lacordaire（1802—1861）也认为，合同无法在当事人之间实现正义，因为合同当事人之间的地位不平等，导致一方当事人借口意思自治奴役另外一方当事人，他指出：“在弱者和强者之间，自由就是强者对弱者的奴役，是强者和弱者之间在制定法上的自由。”[②]

另一方面，意思自治原则无法实现经济自由主义所宣称的社会功效。虽然人们宣称，意思自治原则能够造福社会，在给当事人带来个人利益的同时，它也能够促进经济的发展和繁荣，但是，此种看法显然不是真实的，因为，毫无限制的自由和竞争会导致财富的生产和分配无序，当人们以经济利益最大化作为自己的一切行动指南时，除了让自己赚得盆满钵满并因此成为富可敌国的商人之外，他们的行为未必一定会是对社会有利的。为了防止毫无限制的自由和竞争在经济领域造成无序，人们应当放弃政府在经济领域所实行的“放任不管、听之任之”的态度，并且以让国家、政府对经济活动进行指导的态度取而代之。[③]

三、意思自治原则衰败的具体表现

因为民法学者对意思自治原则所持有的反对意见，尤其是，因为社会经济领域出现了19世纪末期和20世纪初期之前很少出现的强者和弱者，为了强化合同当中弱者的法律保护，除了法官通过司法判例弱化意思自治原则之外，立法者也通过自己的制定法限制意思自治原则，其最终结果导致了民法学者口中的意思自治原则的衰败（recul déclin）。[④] 意思自治原则的衰败表现在众多方面，包括但是不限于以下方面。

---

① Rudolph von Jhering，La lutte pour le droit，citée par Jacques Flour，Jean-Luc Aubert，Éric Savaux，Les Obligations，1. L'acte juridique，15e édition，Dalloz，2012，p. 89.

② Jacques Flour，Jean-Luc Aubert，Éric Savaux，Les Obligations，1. L'acte juridique，15e édition，Dalloz，2012，p. 89.

③ Henri Roland et Laurent Boyer，Contrat，3e édition，Litec，1989，pp. 8—9；François Terré，Philippe Simler，Yves Lequette，François Chénedé，Droit civil，Les Obligations，12e édition，Dalloz，2018，p. 41.

④ Henri Roland et Laurent Boyer，Contrat，3e édition，Litec，1989，pp. 9—11；Gérard Légier，Les obligations，17e édition，Dalloz，2001，pp. 24—26；C hristian Larroumet，Droit civil，Les Obligations，Le Contrat，Tome Ⅲ，1re partie，6e édition，Economica，2007，pp. 97—131；Jacques Flour，Jean-Luc Aubert，Éric Savaux，Les Obligations，1. L'acte juridique，15e édition，Dalloz，2012，pp. 90—98；Virginie Larribau-Terneyre，Droit civil，Les Obligations，15e édition，Dalloz，2017，pp. 41—44.

（一）法官在司法判例当中对意思自治原则的限制

在19世纪末期和20世纪初期之前，除了会得到立法者的尊重之外，意思自治原则也会得到法官的尊重，因为，一旦合同当事人根据意思自治原则签订了合同，则他们之间的合同就等同于制定法，除了对合同当事人产生约束力之外，他们之间的合同也对法官产生约束力。此种约束力表现在，法官既不得基于公共秩序、良好道德认定他们之间的合同绝对无效，也不得基于他们之间的合同存在不公平、不合理的法律条款而宣告他们之间的合同相对无效。既不能够在合同规定之外强加给债务人以债务，更不能够以各种各样的借口变更当事人之间的合同。民法之所以采取此种规则，是因为在19世纪末期和20世纪初期之前，法官所贯彻的公共秩序是，不惜一切代价维持意思自治原则，让意思自治原则得以最大限度地维持和适用。①

20世纪以来，意思自治原则对法官所产生的此类法律效力逐渐被侵蚀，并最终导致了民法学家眼中意思自治原则衰败现象的发生。首先，20世纪以来，法官不断借口当事人之间的合同规定违反了公共秩序、良好道德而宣告他们之间的合同绝对无效。其次，20世纪以来，法官不断借口当事人之间的合同所规定的法律条款属于不公平、不合理的法律条款而宣告他们之间的合同相对无效。再次，20世纪以来，法官不断借口公平、惯例、制定法的规定或者诚实信用而将当事人在合同规定之外的债务强加给债务人，认为债务人应当超越合同约定的债务范围对债权人承担这些债务。最后，20世纪以来，法官不断借口当事人之间的合同所规定的内容含糊不清而对当事人之间的合同规定做出变更，让当事人之间的合同规定溢出了他们意图、意志的范围。②

（二）立法者在制定法当中对意思自治原则所施加的限制

在19世纪末期和20世纪初期之前，除了得到当事人和法官的尊重之外，意思自治原则也得到了立法者的尊重，因为，一方面，虽然立法者在民法典当中对合同做出了规定，但是，他们关于合同的规定在性质上几乎均属于补充性的、解释性的规定，不属于强制性的、禁止性的规定，换言之，他们的规定均属于私人秩序性质的规定，不属于公共秩序性质的、良好道德性质的规定。另一方面，即便他们在《法国民法典》第6条当中明确规定，合同不能够违反与公共秩序或者良好道德有利害关系的制定法。③ 但是，该条的规定在长达100年的时间内完全处于冬眠状态，无法在实践当中得到具体适用，

---

① Henri Roland et Laurent Boyer, Contrat, 3e édition, Litec, 1989, p. 225; Philippe Malaurie, Laurent Aynès, Philippe Stoffel-Munck, Les obligations, 4e édition Defrenois, 2009, p. 325; Jacques Flour, Jean-Luc Aubert, Éric Savaux, Droit civil, Les Obligations, 3. Le rapport d'obligation, 7e édition, Dalloz, 2011, p. 258; 张民安：《法国民法》，清华大学出版社2015年版，第352—354页；张民安：《法国民法总论（上）》，清华大学出版社2017年版，第576—577页。

② Gérard Légier, Les obligations, 17e édition, Dalloz, 2001, pp. 24—26; Christian Larroumet, Droit Civil, Les Obligations, Le Contrat, Tome Ⅲ, 1re partie, 6e édition, Economica, 2007, pp. 120—125; Jacques Flour, Jean-Luc Aubert, Éric Savaux, Les Obligations, 1. L'acte juridique, 15e édition, Dalloz, 2012, pp. 92—93.

③ Article 6, Code civil des Français 1804/Titre Préliminaire, https://fr.wikisource.org/wiki/Code_civil_des_Français_1804/Titre_Préliminaire.

因为在19世纪末期和20世纪之前，立法者几乎没有制定同公共秩序或者良好道德有关系的任何制定法。①

20世纪以来，立法者制定了大量的强制性的法律，对意思自治原则施加限制，使意思自治原则逐渐被立法者的制定法所侵蚀，并且最终导致了民法学者眼中意思自治原则衰败现象的发生。立法者之所以制定这些法律，其目的在于维护公共秩序，包括政治性质的公共秩序和经济性质的公共秩序，保护合同当中处于弱势地位的一方当事人。如果当事人之间的合同违反了这些制定法的规定，根据《法国民法典》第6条的规定，他们之间的合同会因此无效。②

首先，立法者的制定法明确规定，无论当事人是否愿意，他们均必须按照制定法的规定签订合同，让是否签订合同、与谁签订合同的自由受到限制，这就是所谓的强制合同（les contrats imposés）。强制合同分为不同的情况。在某些情况下，制定法仅仅规定，某些人之间必须签订合同。例如，制定法明确规定，机动车司机必须与保险公司签订保险合同。再例如，制定法明确规定，律师、建筑师和公证员必须与委托人签订合同。在这些情况下，即便当事人不愿意，他们也必须签订合同，当然，在必须签订合同的情况下，他们享有自由选择与什么人签订合同的自由。而在另外一些情况下，制定法明确规定，一方当事人必须与另外一方当事人签订合同，他们无权选择合同的当事人，制定法规定，除非具备某种合法理由，否则，产品的生产商或者服务商不得拒绝与消费者签订买卖合同或者服务合同。③

其次，立法者的制定法明确规定，当事人之间的合同必须规定或者禁止规定某些法律条款，让合同内容的自由约定的意思自治原则受到限制。一方面，制定法明确要求某些类型的合同必须规定制定法所要求规定的内容。在法国，立法者在制定某些法律时会对合同做出强制性的规定，要求当事人之间的合同规定最低限度的内容。当事人在签订合同时必须遵循制定法的要求，将制定法规定的这些内容规定在他们之间的合同当中。例如，专业人士与消费者之间的合同必须规定消费者保护法所规定的内容。再例如，劳动合同必须符合劳动法所规定的内容。另一方面，制定法明确禁止某些类型的合同规定某些法律条款。在法国，立法者制定的某些法律明确禁止合同当事人在自己的合同当中

① 张民安：《法国民法总论（上）》，清华大学出版社2017年版，第576—577页。

② Henri Roland et Laurent Boyer, Contrat, 3e édition, Litec, 1989, pp. 9—11; Gérard Légier, Les obligations, 17e édition, Dalloz, 2001, pp. 24—26; Christian Larroumet, Droit Civil, Les Obligations, Le Contrat, Tome Ⅲ, 1re partie, 6e édition, Economica, 2007, pp. 107—108; Jacques Flour, Jean-Luc Aubert, Éric Savaux, Les Obligations, 1. L'acte juridique, 15e édition, Dalloz, 2012, pp. 90—92; Virginie Larribau-Terneyre, Droit civil, Les Obligations, 15e édition, Dalloz, 2017, pp. 273—274; François Terré, Philippe Simler, Yves Lequette, François Chénedé, Droit civil, Les Obligations, 12e édition, Dalloz, 2018, pp. 303—305.

③ Henri Roland et Laurent Boyer, Contrat, 3e édition, Litec, 1989, pp. 9—11; Gérard Légier, Les obligations, 17e édition, Dalloz, 2001, pp. 24—26; Christian Larroumet, Droit civil, Les Obligations, Le Contrat, Tome Ⅲ, 1re partie, 6e édition, Economica, 2007, pp. 107—108; Jacques Flour, Jean-Luc Aubert, Éric Savaux, Les Obligations, 1. L'acte juridique, 15e édition, Dalloz, 2012, pp. 90—92; Virginie Larribau-Terneyre, Droit civil, Les Obligations, 15e édition, Dalloz, 2017, pp. 273—274; François Terré, Philippe Simler, Yves Lequette, François Chénedé, Droit civil, Les Obligations, 12e édition, Dalloz, 2018, pp. 43—44, pp. 303—305.

规定不公平的法律条款（les clauses abusives）。[①] 例如，《法国消费法典》第 L241－1 条规定：不公平的法律条款被视为没有规定。[②]

最后，立法者的制定法对某些合同的形式做出了强制性的规定，不仅要求当事人之间的合同要采取书面形式，而且还对他们之间的书面合同所规定的内容做出规定，使合同自由原则当中的合同形式自由受到限制。例如，制定法明确规定，信用合同必须采取书面形式。再例如，制定法明确规定，保险合同应当采取书面形式。同样，制定法明确规定，消费合同应当采取书面形式。民法学者将此种现象称为合同形式主义的复兴。[③]

四、意思自治原则的衰败与合同衰败之间的区分理论：合同的复兴理论

由于意思自治原则遭遇到了前所未有的批评和挑战，因此，20 世纪 60 年代以来一直到今时今日，在承认意思自治原则的确已经衰败的情况下，众多民法学者试图采取一种措施，将已经衰败的意思自治原则与合同分割：人们应当区分意思自治和合同，不能够混淆意思自治的衰败和合同的衰败，不能够再将意思自治原则视为当代合同法的根据，因为在当代，合同不仅没有衰败，反而出现了勃兴，不仅没有萎缩，反而获得发展。这就是意思自治原则的衰败与合同衰败之间的区分理论，也就是合同的复兴理论。

Flour、Aubert 和 Savaux 对此种理论做出了说明，他们指出："当代合同法的特征是，合同的合意主义、合同自由和合同的约束性效力受到多种多样的侵害。之所以如此，最主要的原因是，人们将它们建立在经典的意思自治原则的基础上。因为此种原因，人们得出了这样的结论：如果说过去能够将意思自治原则作为合同法的理论根据的话，则现在不能够将这一原则视为现代合同法的理论根据。"[④] 换言之，"人们有必要区分意思自治的衰败和合同的衰败"[⑤]。人们之所以应当区分意思自治的衰败和合同的衰败，是因为"合同变得不及之前自由和合同的约束力发生改变并不意味着变得越来越稀少，相反，人们认为，在现代法律当中，合同再一次呈现出活力、生命力"[⑥]。

将合同衰败与意思自治原则的衰败区分开来，并且认定合同呈现出一种新的活力和

---

① Henri Roland et Laurent Boyer, Contrat, 3e édition, Litec, 1989, pp. 9—11; Gérard Légier, Les obligations, 17e édition, Dalloz, 2001, pp. 24—26; Christian Larroumet, Droit civil, Les Obligations, Le Contrat, Tome Ⅲ, 1re partie, 6e édition, Economica, 2007, pp. 107—108; Jacques Flour, Jean-Luc Aubert, Éric Savaux, Les Obligations, 1. L'acte juridique, 15e édition, Dalloz, 2012, pp. 90—92; Virginie Larribau-Terneyre, Droit civil, Les Obligations, 15e édition, Dalloz, 2017, pp. 273—274; François Terré, Philippe Simler, Yves Lequette, François Chénedé, Droit civil, Les Obligations, 12e édition, Dalloz, 2018, pp. 303—305.

② Article L241-1, Code de la consommation, https://www.legifrance.gouv.fr/codes/section_lc/LEGITEXT000006069565/LEGISCTA000032221769?etatTexte = VIGUEUR&etatTexte = VIGUEUR_DIFF#LEGISCTA000041598808.

③ Henri Roland et Laurent Boyer, Contrat, 3e édition, Litec, 1989, p. 11; Gérard Légier, Les obligations, 17e édition, Dalloz, 2001, p. 25.

④ Jacques Flour, Jean-Luc Aubert, Éric Savaux, Les Obligations, 1. L'acte juridique, 15e édition, Dalloz, 2012, p. 93.

⑤ Jacques Flour, Jean-Luc Aubert, Éric Savaux, Les Obligations, 1. L'acte juridique, 15e édition, Dalloz, 2012, p. 93.

⑥ Jacques Flour, Jean-Luc Aubert, Éric Savaux, Les Obligations, 1. L'acte juridique, 15e édition, Dalloz, 2012, p. 93.

生命力的观点源自巴黎大学法学院的 Michel Vasseur 教授（1921—1999）。[①] 在1964年的著名的法学刊物《民法季刊》当中，他发表了署名文章《合同概念的新崛起：协同经济和合同经济的法律方面》。在该文当中，Michel Vasseur 认为，基于新的合同哲学观念、新的合同技术和新的合同目的，合同出现了新飞跃（essor）。[②] 他的此种理论获得了大量民法学者的支持。[③] 在1989年的合同法著作《合同》当中，Roland 和 Boyer 对这篇文章的主要内容进行了摘抄，并且以这篇文章当中的一个标题即"合同理论的新飞跃"作为自己著作的标题。[④]

首先，新的哲学观念让合同呈现出新飞跃。20世纪以来，随着西方民主和自由国家开始放弃自由经济理论而采取指导经济理论，为了对经济活动进行指导，立法者会制定法律，除了强制雇主和劳动者签订劳动协议之外，他们还对劳动协议当中的某些法律条款做出了强制性的规定，要求所有劳动协议当中均要规定这些内容。因为此种做法违反了传统的意思自治原则、合同自由原则，所以，人们认为意思自治原则和合同自由原则衰败了。不过，随着旧的哲学理念的放弃和新的哲学理念的采用，合同再一次呈现出了活力、生命力。所谓旧的哲学理念，是指作为传统意思自治原则基础的哲学理念：作为个人、雇主和劳动者之间的利益对立，每一方均追求自己的个人利益，导致他们之间无法进行合作。所谓新的哲学理念，则是指淡化雇主与劳动者之间的利益冲突，强化他们之间的经济合作，避免他们之间的利益对立影响经济运行和发展。此种合作表现在：通过雇主与劳动者成立的职业辛迪加讨价还价，共同确定他们之间的劳动协议当中的最低限度的条款；一旦雇主与劳动者之间就劳动协议达成了合意，则他们之间的合意对所有劳动者均产生约束力。

其次，新的合同技术让合同呈现出新飞跃。20世纪以来，包括法国和其他国家在内，西方民主和自由国家开始制定法律，对经济领域的诸如劳动者和消费者等弱者提供保护，防止他们遭受诸如雇主和生产商等强者的损害。根据这些制定法，当雇主和生产商以单方面的附合方式与其劳动者和消费者签订协议、合同时，他们之间的劳动协议和消费合同当中不得含有不公平的法律条款；否则，他们之间的不公平法律条款将被视为没有规定，已如前述。因为此种做法违反了传统的意思自治原则、合同自由原则，所以，人们认为意思自治原则和合同自由原则衰败了。不过，随着旧技术的放弃和新技术的采用，合同再一次呈现出活力、生命力。所谓旧的技术，是指作为传统意思自治原则基础的合同技术：在雇主、生产商与劳动者、消费者签订合同时，雇主、生产商会利用自己的强者地位将不公平的法律条款强加给劳动者、消费者。所谓新的技术，则是指作为指导经济基础的技术：在雇主、生产商与劳动者、消费者签订劳动协议、消费合同时，有关经济领域的集体组织、利益相关组织先通过自己的代表提出协议、合同内容的

---

① Michel Vasseur (1921—1999), https://data.bnf.fr/fr/11927746/michel_vasseur/.

② Michel Vasseur, Un Nouvel essor du concept contractuel, Les aspects juridiques de l'économie concertée et contractuelle, Revue Trimestrielle de Droit civil, 1964, pp. 1—44.

③ Jacques Flour, Jean-Luc Aubert, Éric Savaux, Les Obligations, 1. L'acte juridique, 15e édition, Dalloz, 2012, pp. 93—95.

④ Henri Roland et Laurent Boyer, Contrat, 3e édition, Litec, 1989, pp. 13—16.

建议，在充分协商的基础上确定协议、合同的所有法律条款，防止其中的某些法律条款对一方当事人构成不公平的条款，供雇主、生产商与劳动者、消费者签订协议、合同时使用，这就是所谓的标准合同（contrat type）或者标准协议。

最后，新的目的让合同呈现出新飞跃。20 世纪以来，包括法国和其他国家在内，西方民主和自由国家开始制定法律，对合同当事人之间的合同效力施加各种各样的限制，认为他们的合同不能够违反公共秩序、良好道德等；否则，他们之间的合同无效，已如前述。因为此种做法违反了传统的意思自治原则、合同自由原则，所以，人们认为意思自治原则和合同自由原则衰败了。不过，随着合同旧目的的抛弃和新目的的达成，合同再一次呈现出了活力、生命力。所谓合同的旧目的，是指作为传统意思自治原则基础的合同目的：追求合同当事人之间的个人利益，在当事人之间实现财富的交换和服务的提供。所谓合同的新目的，则是指合同的目的不在于实现个人利益，不是为了在当事人之间实现财富的交换和服务的提供，而在于建立和维持经济组织和社会组织，确保这些组织的有效运行和职能的开展。合同的新目的理论在数不胜数的范例当中得到了普遍的适用，包括在社会领域和经济领域中的适用。

在社会领域，新目的理论的适用领域多种多样：集体协议，机构之间的协议，甚至机构之间单纯的议定书，有关医疗方面的协议，国家与私人教育机构之间签订的合同，有关集体工程和设备的协议等。在经济领域，新目的理论的适用领域多种多样：不同的职业组织之间基于合作所签订的各种各样的协议，国家与混合经济组织、公司之间签订的协议等。

总之，这些民法学者认为，人们不能够说立法者加强对合同的干预就削弱了合同当事人之间的意图、意志和意思的作用，因为立法者的制定法能够克服意思自治原则所存在的不确定性，它们将现代合同技术提供给合同当事人尤其是其中处于弱势地位的一方当事人，让他们凭借立法者所赋予的合同技术能够更加清晰地表达自己的意图、意志和意思，以便让合同当事人之间的意图、意志、意思能够与立法者的意图、意志和意思相符。实际上，在将合同从已经衰败的意思自治原则当中解放出来之后，人们会发现，在民法当中甚至在整个私法当中，合同、协议仍然在社会当中占据中心地位，就像 20 世纪之前合同在整个社会占据核心地位一样。

第四节　意思自治原则的各种替代理论

在法国，由于意思自治原则已经走进死胡同，因此，民法学者纷纷放弃该种理论，除了不再将其视为整个民法的一般原则之外，他们尤其不再将其视为合同法的一般原则。在普遍放弃意思自治原则的同时，人们提出了各种各样的理论，以便替代意思自治原则，并因此成为整个民法尤其是合同法的新的原则。这就是意思自治原则的替代理论，它们尤其被视为合同法的新理论根据。这些理论多种多样，主要包括合同的规范主义理论（normativisme）、合同正义和功效理论（juste et utile）、合同连带主义理论

(solidarité contractuelle)、社会意思主义理论(volontarisme social)等。①

一、合同连带主义理论

(一)合同连带主义理论的早期主张者

在对意思自治原则和合同自由原则做出强烈批评时，法国民法学者提出的第一种替代意思自治原则的理论是合同连带主义理论。所谓合同连带，是指合同当事人之间存在一种高度社会化和像朋友一样的债权债务关系，任何一方当事人均应当向对方提供正义，彼此之间不再存在意思自治原则所主张的个人利益之间的对立和冲突，因为，基于共同利益的追求，他们之间存在合作、忠实、连带、博爱和互信关系。②

作为最早对意思自治原则做出批评并且试图取代该原则的一种理论，合同连带理论源自20世纪初期，最初为20世纪初期的著名民法学家 Raymond Saleilles 和 R. Demogue 所主张。在1901年出版的《意思表示》当中，巴黎大学民法教授 Saleilles(1855—1912)在对合同进行解释时采取了一种新的解释方法，这就是合同的社会目的解释方法。他认为这是一种法律连带的方法，此种方法区别于另外一种方法，也就是意思自治原则的解释方法。该种解释方法认为，合同是一种不平等的方式，因为合同的任何一方当事人均仅关注自己的个人利益。③

在1923年出版的著名债法著作《债法总则专论》当中，R. Demogue 也采取社会方法分析合同，并因此承认了合同连带理论，他指出："合同的履行是以其他方式进行的。合同当事人之间形成一个微粒体，他们之间是一个小社会，其中的每一方当事人均应当共同努力，以便实现某种共同目的，而他们之间的此种共同目的则是每一方当事人所追求的个人利益的集合。无论是在民事社会还是商事社会，这一点均是绝对的。"④

---

① Jacques Flour, Jean-Luc Aubert, Éric Savaux, Les Obligations, 1. L'acte juridique, 15e édition, Dalloz, 2012, pp. 95—98; Jacques Ghestin, Grégoire Loiseau, Yves-Marie Serinet, La Formation Du Contrat, Tome 1: Le contrat-Le consentement, 4e édition, L. G. D. J., 2013, pp. 57—368; Dimitri Houtcieff, Droit Des Contrats, Larcier, 2e édition, 2016, pp. 55—60; Virginie Larribau-Terneyre, Droit civil, Les Obligations, 15e édition, Dalloz, 2017, pp. 275—281; François Terré, Philippe Simler, Yves Lequette, François Chénedé, Droit civil, Les Obligations, 12e édition, Dalloz, 2018, pp. 42—62.

② Jacques Flour, Jean-Luc Aubert, Éric Savaux, Les Obligations, 1. L'acte juridique, 15e édition, Dalloz, 2012, pp. 96—97; Jacques Ghestin, Grégoire Loiseau, Yves-Marie Serinet, La Formation Du Contrat, Tome 1: Le contrat-Le consentement, 4e édition, L. G. D. J., 2013, pp. 294—312; Dimitri Houtcieff, Droit Des Contrats, Larcier, 2e édition, 2016, p. 57; François Terré, Philippe Simler, Yves Lequette, François Chénedé, Droit civil, Les Obligations, 12e édition, Dalloz, 2018, pp. 52—58.

③ Raymond Saleilles, De la déclaration de volonté: contribution à l'etude de l'acte juridique dans le Code civil allemand, Pichon, 1901, p. 229; Jacques Ghestin, Grégoire Loiseau, Yves-Marie Serinet, La Formation Du Contrat, Tome 1: Le contrat-Le consentement, 4e édition, L. G. D. J., 2013, p. 300.

④ René Demogue, Traité des obligations en général, Tome Ⅵ, Paris, Arthur Rousseau, 1923, n°3; Jacques Ghestin, Grégoire Loiseau, Yves-Marie Serinet, La Formation Du Contrat, Tome 1: Le contrat-Le consentement, 4e édition, L. G. D. J., 2013, p. 301; Dimitri Houtcieff, Droit Des Contrats, Larcier, 2e édition, 2016, p. 58; François Terré, Philippe Simler, Yves Lequette, François Chénedé, Droit civil, Les Obligations, 12e édition, Dalloz, 2018, p. 52.

（二）合同连带主义理论的当代主张者

在今时今日，此种理论被 Denis Mazeaud、Christophe Jamin 和 A. -S. Courdier 等人所主张并因此作为合同法的一种新理论根据。1999 年，巴黎二大的民法教授 Denis Mazeaud 发表了《诚实、连带和博爱，新的合同格言?》一文，在该文当中，他认为，在讨论合同关系时，与其将债权人的利益与债务人的利益对立起来，毋宁将他们视为一定的联合体，在该种联合体当中，彼此之间承担诚实、连带和博爱债务。[①] 2002 年，Christophe Jamin 发表了《为合同连带主义辩护》的文章，除了首次将 Raymond Saleilles 和 R. Demogue 主张的上述理论称为合同连带主义理论之外，他还对该种理论的正当性做出了说明。[②]

2003 年，Ch. Jamin 和 D. Mazeaud 主编出版了《合同的新危机》一书，在该书当中，他们认为，在今时今日，合同面临着过去所没有的新危机，为了解决新的合同危机，人们应当采取合同连带主义理论。这就是说，为了解决 19 世纪以来的意思自治原则所引起的政治危机和克服该种原则将债权人与债务人之间的利益处于对立状态所引起的法律危机，人们不应当将合同视为合同当事人之间的一种利益对立的手段，而应当将合同视为当事人在进行服务交易时的一种连带工具。[③]

2003 年，Mazeaud 发表了《合同的新秩序》一文，在该文当中，他主张“合同连带主义理论与合同应当具有一定的公民责任感的要求是一致的”，这就是说，“合同应当被视为一种相对平衡的利益结合体，应当被视为一种诚实合作的手段，应当被视为相互信赖的杰作”[④]。因为合同是一种利益结合体，所以，合同应当建立在合同的三个新格言的基础上：忠实、连带和博爱，换言之，“合同是当事人之间共同利益的熔炉，是当事人之间所建立的神圣结合体的枢纽……它通过当事人之间所承担的两种债务即合作债务和克己债务得以体现”。简而言之，合同的连带主义理论将“合同视为其他的方面”，也就是视为一种新的合同秩序。[⑤]

2003 年，Anne-Sylvie Courdier-Cuisinier 出版了自己的博士学位论文《合同连带主义》。在该文当中，他将合同连带主义视为合同一般理论的新根据，该种理论建立在两个因素的基础上：其一，合同当事人之间的连带关系，因为该种连带关系的存在，所以他们之间既享有权利也承担债务。其二，合同当事人之间的利益的协调，也就是合同当

---

① D. Mazeaud, Loyauté, solidarité, fraternité, la nouvelle devise contractuelle? L'avenir du droit, Mélanges en hommage à F. Terré, Dalloz, 1999, p. 603.

② Ch. Jamin, Plaidoyer pour le solidarisme contractuel, Le contrat au début du XX Ième siècle, Etudes offertes à J. Ghestin, L. G. D. J., 2001, p. 441 ets.

③ La nouvelle crise du contrat, sous la direction de Christophe Jamin et Denis Mazeaud, Editeur, Thèmes & commentaires, Dalloz, 2003, pp. 1—260; François Terré, Philippe Simler, Yves Lequette, François Chénedé, Droit civil, Les Obligations, 12e édition, Dalloz, 2018, pp. 52—53.

④ Denis Mazeaud, Le nouvel ordre contractuel, RDC 2003, pp. 295—297; François Terré, Philippe Simler, Yves Lequette, François Chénedé, Droit civil, Les Obligations, 12e édition, Dalloz, 2018, pp. 52—53.

⑤ Denis Mazeaud, Le nouvel ordre contractuel, RDC 2003, pp. 295—297; François Terré, Philippe Simler, Yves Lequette, François Chénedé, Droit civil, Les Obligations, 12e édition, Dalloz, 2018, p. 53.

事人之间的债务和权利的公平分担和分享。除了能够让合同当事人之间的利益处于平衡状态之外，合同连带主义还能够成为一种新工具，让民法学家凭借它对合同制度和合同法做出新的理解。[①]

此外，2004 年，Luc Grynbaum 和 Marc NicodL 主编出版了《合同连带主义》一书。[②] 2005 年，Jamin 发表了《合同连带主义：法国和魁北克的看法》。[③] 在这些著作和文章当中，民法学者对合同法的新理论根据即合同连带主义做出了详细的说明。

（三）合同连带主义理论遭到的批评

不过，合同连带主义理论也遭到了众多民法学者的批评，他们认为该种理论存在诸多的问题。[④]

首先，此种理论混淆了合同和宗教、道德之间的关系，将宗教和道德所倡导的博爱、仁慈精神与合同的精神混为一谈，是一种回归人文主义传统的观念。此种理论建立在错误的立论的基础上。因为，此种理论以“合同存在新的危机”作为立论根据，而实际上，在今时今日，“合同存在新的危机”的诊断是错误的，是与事实不符的。

再次，此种理论会导致法官过分关注合同当事人之间利益的协调而忽视当事人的个人利益。在正常情况下，如果合同当事人之间发生纠纷，法官应当关注合同当事人之间的个人利益。而根据合同连带主义理论，在合同纠纷发生时，法官不再关注合同当事人的个人利益，而是关注他们之间的利益的协调，导致当事人的个人利益被牺牲。

最后，此种理论混淆了两类不同的合同，将所有的合同均视为一种以组织运行为目的的合同。在民法领域，虽然合同的类型多种多样，但是，合同可以分为以交换为目的的合同和以组织运行为目的的合同，其中以交换为目的的合同被称为交换合同（les contrats-échanges），而以组织运行为目的的合同则被称为组织合同（les contrats d’organisation）。

交换合同与组织合同之间的一个主要差异是，当事人的目的存在差异：交换合同的当事人所追求的目的不同，他们之间不存在共同利益、共同目的，例如，买卖合同属于交换合同，出卖人与买受人的目的不同，出卖人的目的在于获得价款，而买受人的目的则在于获得出卖物。而组织合同的当事人所追求的目的则是相同的，他们之间存在共同利益、共同目的。例如，公司合同属于组织合同，股东之所以分别出资，其目的在于设立公司，在公司获得利润之后，再获得投资回报。

---

① Anne-Sylvie Courdier-Cuisinier, Le solidarisme contractuel, Thèse Dijon, 2003, http://www.theses.fr/2003DIJOD004.

② Le solidarisme contractuel, sous la direction de Luc Grynbaum et Marc Nicod, Economica, 2004, pp. 1—206.

③ Christophe Jamin, Le solidarisme contractuel: un regard franco-québécois, 9e Conférence Albert-Mayrand Éditions Thémis, Montréal, 2005, pp. 1—35.

④ Jacques Flour, Jean-Luc Aubert, Éric Savaux, Les Obligations, 1. L’acte juridique, 15e édition, Dalloz, 2012, pp. 96—97; Jacques Ghestin, Grégoire Loiseau, Yves-Marie Serinet, La Formation Du Contrat, Tome 1: Le contrat-Le consentement, 4e édition, L. G. D. J., 2013, pp. 57—368; Dimitri Houtcieff, Droit Des Contrats, Larcier, 2e édition, 2016, pp. 58—59; François Terré, Philippe Simler, Yves Lequette, François Chénedé, Droit civil, Les Obligations, 12e édition, Dalloz, 2018, pp. 53—58.

当民法学者主张合同连带主义理论时，他们实际上将所有类型的合同均视为一种组织合同，换言之，他们将所有的交换合同也均视为组织合同。在今时今日，虽然组织合同的确存在，但是，组织合同相对数量较少，大多数合同在性质上均属于交换合同，这些合同的当事人之间并不存在共同利益、共同目的，每一方当事人仅仅追求自己的利益、自己的目的。因此，合同连带主义理论无法适用于大多数合同。

二、合同规范主义理论

在对意思自治原则做出强烈批评时，法国民法学者提出的第二种替代意思自治原则的理论是合同的规范主义理论。合同的规范主义理论也被称为合同性法律规范（normes juridiques contractuelles）理论、合同的实质性理论（théorie positiviste du contrat），其是指合同并非客观法律之外的一种意思表示行为，它们在性质上也属于一种客观法律，就像立法者的制定法在性质上属于一种客观法律一样，因此，虽然合同当事人能够通过自己的意图、意志、意思在他们之间产生债，但是，他们之间的合同所产生的法律效力并不是源自他们自己的意图、意志、意思，而是源自他们的意图、意志、意思所产生的合同性规范。换言之，根据此种理论，合同的法律效力完全是由客观法律所赋予的，而不是由当事人的意图、意志、意思所赋予的。①

合同的规范主义理论源自法国19世纪末期和20世纪初期的Duguit和20世纪初期奥地利的法理学家Hans Kelsen。他们的一个共同特点是，他们均否定主观权利和客观法律的区分理论，认为行为人实施的法律行为虽然能够产生主观权利，但是，能够产生主观权利的法律行为并不是客观法律之外的一个独立因素，它们属于客观法律的组成部分，已如前述。在法国，George Rouhette（1933—2010）采取此种理论。在1965年出版的博士学位论文《合同观念的批判性研究》当中，他在对意思自治原则做出强烈批评的同时提出了合同的规范主义理论。他认为，合同之所以能够在当事人之间产生约束力，其原因不在于当事人的意图、意志或者意思，而在于客观法律的赋予：基于制定法的授权，并且也仅仅在制定法的授权范围内，合同才能够对当事人产生约束力。②

不过，Rouhette的合同规范主义理论几乎没有获得任何民法学者的支持，因为他们普遍认为，合同的规范主义理论是存在问题的。一方面，它完全否定了人的意图、意志、意思在合同当中所发挥的作用，这一点是与实际情况不符的。另一方面，它存在规范主义理论所存在的普遍问题，这就是，混淆了客观法律和主观权利之间的关系，将能

---

① Jacques Flour，Jean-Luc Aubert，Éric Savaux，Les Obligations，1. L'acte juridique，15e édition，Dalloz，2012，p. 95；Jacques Ghestin，Grégoire Loiseau，Yves-Marie Serinet，La Formation Du Contrat，Tome 1：Le contrat-Le consentement，4e édition，L. G. D. J.，2013，pp. 164—168；Dimitri Houtcieff，Droit Des Contrats，Larcier，2e édition，2016，pp. 58—59；François Terré，Philippe Simler，Yves Lequette，François Chénedé，Droit civil，Les Obligations，12e édition，Dalloz，2018，pp. 52—55.

② Georges Rouhette，Contribution à l'étude critique de la notion de contrat，thèse de doctorat française，Paris，1965，pp. 1—641；Jacques Flour，Jean-Luc Aubert，Éric Savaux，Les Obligations，1. L'acte juridique，15e édition，Dalloz，2012，p. 95；Jacques Ghestin，Grégoire Loiseau，Yves-Marie Serinet，La Formation Du Contrat，Tome 1：Le contrat-Le consentement，4e édition，L. G. D. J.，2013，pp. 164—168；Dimitri Houtcieff，Droit Des Contrats，Larcier，2e édition，2016，p. 57；Virginie Larribau-Terneyre，Droit civil，Les Obligations，15e édition，Dalloz，2017，pp. 275—281.

够引起主观权利发生的合同视为客观法律的组成部分，完全否定了主观权利存在的独立性。[①]

三、合同正义和合同功效理论

在对意思自治原则和合同自由原则做出强烈批评时，法国民法学者提出的第三种替代意思自治原则的理论是合同正义和合同功效理论。它实际上是两种理论：合同正义理论和合同功效理论。

正义（justice）一词源自古希腊哲学家亚里士多德（公元前384—公元前322）。[②]在讨论正义问题时，亚里士多德区分分配正义（justice distributive）和交换正义（la justice commutative），其中的交换正义在合同当中会发挥作用。[③] 根据亚里士多德的看法，交换正义属于具体正义（la justice particulière），它根据算术平等（l'égalité arithmétique）原则规范被视为平等的人之间的交换。[④] 在对意思自治原则做出批评时，民法学者试图以合同正义取代意思自治原则并以此作为合同法的一般原则。

所谓合同正义，是指合同法不应当对合同当事人予以歧视，在欠缺良好理由的情况下，人们应当以同样的方式对待合同当事人。在合同当事人享有的权利和承担的债务方面，人们应当以平等的方式对待每一方当事人享有的权利和承担的债务，以便实现他们之间的利益平衡。换言之，合同是当事人之间实现财富交换的一种正义方式，除了能够对合同当事人的意图、意志、意思予以指导之外，合同正义还是合同约束力和合同制度的理论根据。[⑤]

所谓合同功效，是指合同法应当确保当事人之间的合同不会违反公共利益、公共秩序，要确保合同的法律安全。这就是说，虽然合同法贯彻合同自由原则，认为合同当事人能够自由签订合同和自由决定其合同的法律效力，但是，合同自由原则也受到功效尤其是公共功效的约束和限制，合同必须符合公共利益、公共秩序的要求，不得违反强制性的法律规范的规定。[⑥]

在法国，巴黎一大民法教授、著名的债法专家 Jacques Ghestin 主张此种理论。在

---

① Jacques Flour，Jean-Luc Aubert，Éric Savaux，Les Obligations，1. L'acte juridique，15e édition，Dalloz，2012，p. 95；Jacques Ghestin，Grégoire Loiseau，Yves-Marie Serinet，La Formation Du Contrat，Tome 1：Le contrat-Le consentement，4e édition，L. G. D. J.，2013，pp. 164—168；Dimitri Houtcieff，Droit Des Contrats，Larcier，2e édition，2016，p. 57.

② Aristote，https://fr. wikipedia. org/wiki/Aristote.

③ Dimitri Houtcieff，Droit Des Contrats，Larcier，2e édition，2016，p. 57.

④ Justice commutative，https://fr. wikipedia. org/wiki/Justice_commutative.

⑤ Jacques Flour，Jean-Luc Aubert，Éric Savaux，Les Obligations，1. L'acte juridique，15e édition，Dalloz，2012，pp. 95—96；Jacques Ghestin，Grégoire Loiseau，Yves-Marie Serinet，La Formation Du Contrat，Tome 1：Le contrat-Le consentement，4e édition，L. G. D. J.，2013，pp. 273—368；Dimitri Houtcieff，Droit Des Contrats，Larcier，2e édition，2016，pp. 57—58.

⑥ Jacques Flour，Jean-Luc Aubert，Éric Savaux，Les Obligations，1. L'acte juridique，15e édition，Dalloz，2012，pp. 95—96；Jacques Ghestin，Grégoire Loiseau，Yves-Marie Serinet，La Formation Du Contrat，Tome 1：Le contrat-Le consentement，4e édition，L. G. D. J.，2013，pp. 273—368；Dimitri Houtcieff，Droit Des Contrats，Larcier，2e édition，2016，pp. 57—58.

1981 年和 1982 年，他发表了《合同当中的功效和正义》等文章，在这些文章当中，除了对意思自治原则展开批评并且认定该种原则是一种人为拟制的原则之外，他提出了替代此种原则的两种原则，这就是合同功效原则和合同正义原则。[①] 在 2013 年出版的专著《合同的成立》当中，他和其他两位民法学者即 Loiseau Grégoire 和 Yves-Marie Serinet 继续主张此种理论。

在《合同的成立》当中，除了认定意思自治原则不能够再对实在法的当代发展做出解释之外，他们还提出了替代意思自治原则的三种指导原则：合同自由原则、合同功效原则和合同正义原则。根据他们的看法，合同法当然应当贯彻合同自由的原则，不过，合同自由原则也应当与公共利益、公共秩序的要求保持一致，以便实现合同功效和合同正义。[②] 虽然合同法的指导原则有三个，但是，这三项指导原则是能够协调一致并且实现必要平衡的。[③]

不过，Jacques Ghestin 主张的合同功效原则和合同正义原则同样遭遇了民法学家的批评。首先，虽然 Ghestin 主张合同法的这三项指导原则能够协调一致，但是，将它们协调一致的标准究竟是什么，人们很难了解。其次，合同正义的概念过分模糊，就像正义的概念含糊不清一样。最后，他的理论将合同自由、合同功效和合同正义置于同一层面，除了拔高了合同功效、合同正义的重要性之外，也降低了合同自由的重要性，因为，在合同法当中，合同自由才是最根本的，合同功效和合同正义仅仅是合同自由的两种限制手段，如果借口合同的约束力源自合同功效或者合同正义，则除了合同当事人享有的合同自由受到不当限制之外，合同当事人之间的合同安全也会遭遇危险。[④]

四、合同社会意思主义理论

在对意思自治原则和合同自由原则做出强烈批评时，法国民法学者提出的第四种替代意思自治原则的理论是社会意思主义理论。

所谓社会意思，是指相对于合同当事人的个人意图、个人意志的社会意图、社会意志，实际上是指立法者的制定法，因为立法者的制定法是社会公众的意图、意志的体现，是一般利益、社会利益的体现。法国 1789 年的《人权和公民权利宣言》第 6 条明确规定：制定法是一般意志的表达。[⑤] 就像所有试图替代意思自治原则的合同理论一样，社会意思主义理论认为，意思自治原则是没有说服力的，因为它将当事人的意图、意志、意思视为债产生的独立渊源，完全忽视了社会意思在债的渊源当中所起到的决定

---

① Jacques Ghestin, Lutile et le juste dans les contrats, APD, 1981, pp. 35 et s; Jacques Ghestin, L'utile et le juste dans les contrats, D. 1982, chron, pp. 1 et s.

② Jacques Ghestin, Grégoire Loiseau, Yves-Marie Serinet, La Formation Du Contrat, Tome 1: Le contrat-Le consentement, 4e édition, L. G. D. J., 2013, pp. 144—368.

③ Jacques Ghestin, Grégoire Loiseau, Yves-Marie Serinet, La Formation Du Contrat, Tome 1: Le contrat-Le consentement, 4e édition, L. G. D. J., 2013, pp. 369—486.

④ Jacques Flour, Jean-Luc Aubert, Éric Savaux, Les Obligations, 1. L'acte juridique, 15e édition, Dalloz, 2012, pp. 95—96; Dimitri Houtcieff, Droit Des Contrats, Larcier, 2e édition, 2016, pp. 57—58.

⑤ Art. 6, Déclaration des Droits de l'Homme et du Citoyen de 1789, https://www.legifrance.gouv.fr/contenu/menu/droit-national-en-vigueur/constitution/declaration-des-droits-de-l-homme-et-du-citoyen-de-1789.

性的作用。

社会意思主义理论认为，“当事人的意图、意志、意思不能够同时成为权利产生的独立力量、最初力量，它仅仅是权利产生的一种受托力量、受制定法规范的力量。为了社会利益和确保合同功效和合同正义的实现，制定法界定了个人享有的权利范围和权利方式。实际上，权利的至高无上性的创设力量源自制定法”①。在将此种理论应用到合同领域时，这些民法学者认为，虽然在债的产生当中，合同当事人的意图、意志、意思能够发挥作用，但是，它们的意图无法发挥独立的、最终的作用，而仅仅能够发挥最初的作用：是否产生债，由合同当事人的意图、意志决定。但是，他们之间的合同是否产生法律效力，则不是由他们的意图决定的，而是由立法者的制定法决定的。

基于共同利益、社会利益维护的必要，立法者对合同成立和有效的条件做出了规定，这些规定体现了社会的意图、意志和意思，是合同正义和合同功效原则的贯彻和体现。如果合同当事人之间的合同符合制定法的要求，则他们的合同产生法律效力，否则，则无法产生法律效力。换言之，根据社会意思主义理论，是“社会意志”决定合同的法律效力，而不是合同当事人的个人意图、意志或者意思决定合同的法律效力。②

在法国，合同的社会意思主义理论是由巴黎一大的民法教授、法国最高法院法官 Jean-Luc Aubert（1939—2008）③ 提出来的。在 2005 年出版的《债法》当中，他对此种理论做出了首次阐述，他指出：“个人的意图、意志、意思仍然是合同约束力的根据，因为，合同当事人的意图、意志、意思仍然能够决定与他们的需要保持一致的债的创设。从这一方面看，个人的意图仍然是最初的权力：个人意图、意志、意思首创了合同关系。但是，个人意图、意志、意思不能够完全让他们之间的合同产生法律效力：它应当尊重制定法所规定的条件，这些条件决定着合同的法律效力。它也应当符合制定法为了捍卫社会和其成员的利益而确立的法律规范。”④

在 2012 年出版的《债法》当中，Flour、Aubert 和 Savaux 也主张此种理论。他们指出：“更准确地说，个人意志仅仅具有最初的权力，这就是，它能够决定创设以满足合同当事人利益的债。但是，此种权力并不是独立的。在组织当事人之间的关系时，当事人不能够摆脱体现了社会和其成员的基本利益的法律规范的束缚。……个人意图、意志显然是一种与社会利益的实现连接在一起的手段，这就是合同的个人意思。不过，此种权力也受到限制，因为它必须尊重制定法的规定，而制定法则是社会一般利益的体现，这就是合同的社会意思。”⑤

---

① Jacques Flour，Jean-Luc Aubert，Éric Savaux，Les Obligations，1. L'acte juridique，15e édition，Dalloz，2012，p. 97.

② Jacques Flour，Jean-Luc Aubert，Éric Savaux，Les Obligations，1. L'acte juridique，15e édition，Dalloz，2012，pp. 97—98；Dimitri Houtcieff，Droit Des Contrats，Larcier，2e édition，2016，pp. 59—60.

③ Jean-Luc Aubert，https://fr. wikipedia. org/wiki/Jean-Luc_Aubert.

④ Jean-Luc Aubert，Le Contrat，in Droit des obligations，3e édition，Dalloz，2005，p. 28；Dimitri Houtcieff，Droit Des Contrats，Larcier，2e édition，2016，p. 59.

⑤ Jacques Flour，Jean-Luc Aubert，Éric Savaux，Les Obligations，1. L'acte juridique，15e édition，Dalloz，2012，p. 98.

虽然合同的社会意思主义理论是法国民法学者最晚才提出来的一种理论，但是，该理论同样遭到了其他民法学者的批评，他们或者认为，与其说它是一种解释性理论（thèse explicatif），毋宁说是一种描述性理论（thèse descriptif）；此种理论与合同的规范性理论之间的关系密切，与其说是一种独立的合同理论，毋宁说是合同规范性理论的组成部分，因此，凡是合同的规范理论所具有的问题，它也均具有；此种理论与合同的正义理论和功效理论之间的关系同样含糊不清，带有合同正义理论、合同功效理论的印痕，因此，也具有正义理论、功效理论所存在的问题：混淆了法律上的合同和道德上的合同。①

① Dimitri Houtcieff, Droit Des Contrats, Larcier, 2e édition, 2016, p. 60.

第三章 《法国民法典》新规定的合同法原则

第一节 《法国民法典》规定的三个新合同法原则

一、法国宪法法院在1997年正式切割意思自治原则和合同自由原则

在法国，对于意思自治原则而言，1997年是具有重要意义的一年，因为在这一年，法国宪法法院（Conseil constitutionnel）在1997年3月20日的裁判当中认定，意思自治原则是没有宪法价值（une valeur constitutionnelle）的原则，因为它没有宪法根据。它指出："人们所谓的一项宪法原则即意思自治原则既不是源自法国1789年《人权和公民权利宣言》第4条的规定，也不是源自任何其他具有宪法价值的规范。"[①] 在2000年之前，法国宪法法院也认定，合同自由原则同样是一项没有宪法价值的原则。例如，在1997年3月20日的裁判当中，法国宪法法院就采取此种看法，并且此种看法是它采取在这一问题上所采取的一贯态度的延续。[②]

在2000年12月19日的裁判当中，法国宪法法院放弃了它之前的否定态度，认为合同自由原则是一项具有宪法价值的原则，因为它认为，该种原则具有宪法上的根据，这就是，合同自由原则源自法国1789年的《人权和公民权利宣言》第4条的规定。因为合同自由原则是一项具有宪法价值的原则，因此，当立法者制定有关合同条件方面的法律时，他们不仅应当尊重人们享有的合同自由，并且要限制对人们的合同自由施加限制的那些公共利益或者公共秩序的范围。[③]

法国宪法法院2000年12月19日的裁判意义重大，表现在三个方面：

其一，它正式将意思自治原则从合同法的原则当中切割掉了，并且以具有宪法价值的原则即合同自由原则取而代之，既实现了将已经臭名昭著的原则抛弃的目的，又达成了建立合同法的新原则的意图。

其二，它填补了《法国民法典》在合同法的原则方面欠缺合同自由原则的漏洞，让具有宪法价值的合同自由原则同时成为《法国民法典》的原则。在2016年之前，虽然民法学者普遍承认，作为意思自治原则的有机组成部分，《法国民法典》间接规定了合同自由原则，但实际上，它并没有明确规定这一原则。

其三，它正式宣告合同自由原则的独立性。在2000年之前，虽然民法学者普遍承认合同自由原则的存在，但是，他们仅仅将该种原则视为意思自治原则的组成部分，没

---

① Déc. 97—388 DC du 20 mars 1997，https://www.conseil-constitutionnel.fr/decision/1997/97388DC.htm.

② Déc. 97—388 DC du 20 mars 1997，https://www.conseil-constitutionnel.fr/decision/1997/97388DC.htm.

③ Décision n° 2000—437 DC du 19 décembre 2000，https://www.conseil-constitutionnel.fr/decision/2000/2000437DC.htm.

有将其视为一种独立的原则。通过该案，合同自由原则被正式从意思自治原则当中解放出来并且形成了新的、独立的合同法原则。

二、2016 年的债法改革法令所规定的合同法的一般原则

法国宪法法院所采取的此种方法为 2016 年之前的民法学者和法国政府所肯定，因为，在民法学者和法国政府所起草的各种债法或者合同法草案当中，他们一方面放弃了意思自治原则，不再将意思自治原则视为合同法的原则；另一方面又采取新的合同法原则，也就是采取了合同自由原则和其他新的合同原则。当然，他们之间在合同法的新原则问题上存在差异，主要表现在两个方面：

其一，在规定合同法的新原则时，他们使用的术语存在差异。例如，在 2008 年的《合同法改革草案》当中，Terré 领导的债法改革小组将合同法的新原则称为“基本规范”（règles fondamentales）；而在 2008 年的《合同法改革草案》当中，法国司法部则将合同法的新原则称为“指导原则”（principes directeurs）。①

其二，在合同法的新原则有哪些的问题上，他们之间也存在差异。例如，在 2008 年的《合同法改革草案》当中，Terré 领导的债法改革小组将合同法的新原则分为三种：合同自由原则（principe de la liberté contractuelle），合同诚实原则（le principe de loyaute contractuelle），以及合同协调原则（le principe de cohérence contractuelle）。② 而在 2008 年的《合同法改革草案》当中，法国司法部则将合同法的新原则分为三种：合同自由原则、合同约束力原则和诚实原则。③

法国司法部在 2008 年的《合同法改革草案》当中所采取的做法被它自己所遵守，在 2015 年 2 月 25 日的《关于合同法、债的制度和债的证明改革法令草案》当中，法国司法部仍然将合同法的原则分为合同自由原则和诚实原则两种，这就是该草案当中的第 1102 条和第 1103 条，其中的第 1102 条对合同自由原则做出了规定，而其中的第 1103 条则对诚实原则做出了规定。④

在 2016 年 2 月 10 日的债法改革法令当中，法国政府基本上采纳了法国司法部在 2015 年 2 月 25 日的《关于合同法、债的制度和债的证明改革法令草案》当中采取的做法，因为，除了明确规定合同自由原则和诚实信用原则之外，它还规定了合同的约束力原则，这就是现行《法国民法典》当中的新的第 1102 条、新的第 1103 条和新的第 1104 条，其中的新的第 1102 条对合同自由原则做出了规定，新的第 1103 条对合同的约束力原则做出了规定，而新的第 1104 条则对诚实信用原则做出了规定。⑤

在 2016 年 2 月 10 日的债法改革法令通过之后，法国民法学者在合同法的原则方面

---

① Virginie Larribau-Terneyre, Droit civil, Les Obligations, 15e édition, Dalloz, 2017, p. 280.

② Virginie Larribau-Terneyre, Droit civil, Les Obligations, 15e édition, Dalloz, 2017, p. 280.

③ Projet de réforme du droit des contrats, Juillet 2008, Ministre de la justice, p. 11.

④ Art. 1102 et Art. 1103, Projet d'ordonnance n° du portant réforme du droit des contrats, du régime général et de la preuve des obligations, p. 2, http://www. justice. gouv. fr/publication/j21_projet_ord_reforme_contrats_2015. pdf.

⑤ Article 1102、Article 1103 et Article 1104, Code civil, Version en vigueur au 20 novembre 2020, https://www. legifrance. gouv. fr/codes/section_lc/LEGITEXT000006070721/LEGISCTA000032006712/#LEGISCTA000032006712.

仍然存在不同意见。Malaurie、Aynès、Stoffel-Munck 和 Muriel Fabre-Magnan 认为，合同法的指导原则有三个：合同自由原则、合同的约束力原则和诚实原则。[①] 而 Larribau-Terneyre 则认为，合同法的指导原则包括五个：合同自由原则、合同的约束力原则、合同的合意主义原则、合同的相对效力原则以及诚实原则。[②]

无论是现行《法国民法典》还是2016年之后的法国民法学者均没有将公共秩序视为合同法的原则，因为他们均认为，公共秩序仅仅是合同自由原则的一种限制手段，还没有构成像合同自由原则和其他原则一样的原则。不过，鉴于我国民法学者普遍将公共秩序视为一种原则，因此，笔者采取我国民法学者的此种惯常做法，也将公共秩序视为合同法的一般原则。因为这样的原因，笔者简要地讨论《法国民法典》规定的三种原则：合同自由原则、合同的公共秩序原则和合同的诚实原则。

三、合同法一般原则的界定

虽然现行《法国民法典》对诸如合同自由原则和诚实原则等合同法的原则做出了规定，但是，在规定这些具体原则时，它没有使用诸如指导原则或者合同法的原则的标题。法国民法学者普遍将《法国民法典》所规定的这些原则称为合同法的“指导原则”（les principes directeurs）。[③] 不过，笔者认为，与其将《法国民法典》所规定的这些原则称为合同法的指导原则，毋宁将其称为“合同法的一般原则”（les principes généraux du droit des contrats）。

首先，此种称谓被法国宪法法院所使用。在2015年2月12日颁布的第2015－710号裁判当中，法国宪法法院明确将诸如合同自由原则和诚实原则视为合同法的一般原则。[④] 其次，此种称谓被法国国会采用。在2015年2月16日的第2015－177号裁判当中，法国国会明确将合同自由原则和诚实原则称为“合同法的一般原则”[⑤]。最后，此种称谓与法国法律的历史传统和现实高度统一，因为，法律的一般原则并不是一种新的现象，在2016年之前，无论是法国私法还是法国公法均承认它们的存在，均将它们视为一种法律渊源。[⑥]

所谓法律的一般原则，是指要比其他的法律规范地位更高的法律规范，因为，法律

---

① Philippe Malaurie, Laurent Aynès, Philippe Stoffel-Munck, Droit des obligations, 8e édition, L. G. D. J., 2016, pp. 245—259; Muriel Fabre-Magnan, Droit des obligations, Tome 1, Contrat et engagement unilatéral, 4e édition, puf, 2016, pp. 75—100.

② Virginie Larribau-Terneyre, Droit civil, Les Obligations, 15e édition, Dalloz, 2017, pp. 281—285.

③ Marine Goubinat, Les principes directeurs du droit des contrats, Thèse, 2016, pp. 1—336; Philippe Malaurie, Laurent Aynès, Philippe Stoffel-Munck, Droit des obligations, 8e édition, L. G. D. J., 2016, pp. 245—259; Muriel Fabre-Magnan, Droit des obligations, Tome 1, Contrat et engagement unilatéral, 4e édition, puf, 2016, pp. 75—100; Virginie Larribau-Terneyre, Droit civil, Les Obligations, 15e édition, Dalloz, 2017, pp. 281—285.

④ Décision n°2015 - 710 DC du 12 février 2015, https://www.conseil-constitutionnel.fr/decision/2015/2015710DC.htm.

⑤ Philippe Malaurie, Laurent Aynès, Philippe Stoffel-Munck, Droit des obligations, 8e édition, L. G. D. J., 2016, p. 245.

⑥ Philippe Malaurie, Laurent Aynès, Philippe Stoffel-Munck, Droit des obligations, 8e édition, L. G. D. J., 2016, p. 245.

的一般原则是指适用范围最广泛、级别最高的法律规范，也就是说，法律的一般原则是最卓越的法律规范，根据情形的不同，人们将其称为一般原则、基本原则、指导原则等，或者仅仅将其称为原则。[1] 因此，所谓合同法的一般原则，也称为合同法的基本原则、指导原则等，是指适用范围最广泛的合同法律规范，在合同的具体法律规范欠缺时，法官能够适用合同法的一般原则解决当事人之间的合同纠纷。

因此，合同法的一般原则就像所有法律的一般原则一样在性质上属于真正的法律规范。[2] 合同法的一般原则与合同法的其他法律规范之间的主要差异是，其他法律规范在性质上属于具体法律规范，它们仅仅在合同的某一个方面予以适用，而合同法的一般原则则属于最抽象的法律规范，它们能够或者几乎能够在合同的所有方面适用。

第二节 《法国民法典》新规定的合同法原则：合同自由原则

一、《法国民法典》新的第 1102 条对合同自由原则做出的明确规定

在 2016 年之前，虽然法国民法学者普遍承认，作为意思自治原则的有机组成部分，《法国民法典》承认合同自由原则，但是，《法国民法典》并没有明确规定这一原则，就像它没有明确规定意思自治原则一样。基于将意思自治原则从合同法当中清除出去的想法，尤其是基于重构合同法的新原则的要求，在 2016 年 2 月 10 日的债法改革法令当中，法国政府首次明确规定了合同法的第一个新原则，即合同自由原则（le principe de liberté contractuelle），这就是现行《法国民法典》当中的新的第 1102 条。该条的规定具有重要的意义，因为在《法国民法典》长达 200 多年的历史当中，新的第 1102 条不仅第一次正式规定了合同自由原则，而且还将其放在合同法所规定的所有原则当中的第一个原则的地位，足见立法者对该原则的重视程度。[3]

《法国民法典》新的第 1102 条规定：在制定法所确定的限制范围内，任何一方当事人均享有签订或者不签订合同的自由，享有选择合同对方当事人的自由，享有确定合同的内容和形式的自由。合同自由不得违反与公共秩序有利害关系的法律规范。[4] 根据该条的规定，我们可以对合同自由做出如下界定：所谓合同自由，是指当事人所享有的签订或者不签订合同、与什么人签订合同、确定合同内容和形式的自由。因此，合同自由原则涉及四个方面的内容：是否签订合同的自由、选择合同相对人的自由、确定合同内

---

① Philippe Jestaz, Les sources du droit, 2e édition, Dalloz, p. 36.

② Jean Boulanger, Principes généraux du droit et droit positif, in Le droit privé français au milieux du XXe siècle, Etudes offertes à G. Ripert, Paris Librairie générale de droit et de jurisprudence, 1950, t. I, p. 51; Patrick Morvan, Le principe de droit privé, thèse, éditions Panthéon-Assas, 1999, p. 40.

③ François Terré, Philippe Simler, Yves Lequette, François Chénedé, Droit civil, Les Obligations, 12e édition, Dalloz, 2018, p. 158.

④ Article 1102, Code civil, https://www.legifrance.gouv.fr/codes/section_lc/LEGITEXT000006070721/LEGISCTA000032006712/#LEGISCTA000032006712.

容的自由和确定合同形式的自由。

不过，合同自由也不是绝对的而是相对的，因为在明确宣告合同自由原则的同时，现行《法国民法典》新的第1102条也对合同自由原则施加了限制。此种限制表现在两个方面：一方面，新的第1102（1）条规定，合同自由仅仅是“在制定法所确定的限制范围内”（dans les limites fixées par la loi）的自由。另一方面，新的第1102（2）条规定，合同自由不得违反与公共秩序有利害关系的法律规范（règles qui intéressent l'ordre public），这就是公共秩序对合同自由原则的限制。关于合同自由原则的限制，笔者将在下面的内容当中做出详细的讨论，此处从略。

二、合同自由的四个方面的内容

根据《法国民法典》新的第1102条的规定，合同自由包括四个方面的内容，这些内容是由民法学者和法官在他们的民法学说和司法判例当中所确立的并且被法国政府规定在《法国民法典》当中的。[①]

合同自由的第一个主要体现是，原则上当事人享有签订合同的自由（libre de contracter）和不签订合同的自由（ne pas contracter）。所谓签订合同的自由，也称为积极自由，是指合同当事人享有积极地签订某种合同的自由，如果合同当事人主观上愿意签订此种合同，则他们有签订该种合同的自由，任何人不得强迫他们放弃此种合同的签订。所谓不签订合同的自由，也称为消极自由，是指合同当事人享有消极地不签订某种合同的自由，如果合同当事人主观上不愿意签订此种合同，则他们享有不签订此种合同的自由，任何人不得强迫他们签订此种合同。

合同自由的第二个主要体现是，原则上合同当事人享有选择合同相对人的自由（libre de de choisir son cocontractant）。所谓合同当事人享有选择合同相对人的自由，是指合同的一方当事人有权决定与谁签订合同。当他们希望与某一个明确、肯定和清楚的人签订合同时，他们有权与该人签订合同，相反，如果他们不希望与该人签订合同，则他们有权不与该人签订合同。在合同法上，合同自由尤其在以密切的人身关系作为前提的合同（intuitus personae）当中适用，例如，在要求购买字画的合同当中。不过，并非在所有的合同当中，当事人均享有此种自由。因为在服务合同和消费合同当中，处于弱势的一方当事人仍然享有选择处于强势地位的另外一方当事人的自由，虽然处于强势地位的一方当事人没有选择处于弱势地位一方当事人的自由。

合同自由的第三个主要体现是，原则上合同当事人享有确定合同内容的自由（libre de déterminer le contenu du contrat）。所谓合同当事人享有确定合同内容的自由，是指当事人享有确定合同所规定的权利和债务的自由：在合同当中，债权人享有什么权利，债

---

① Jacques Ghestin, Grégoire Loiseau, Yves-Marie Serinet, La Formation Du Contrat, Tome 1: Le contrat-Le consentement, 4e édition, L. G. D. J., 2013, pp. 182—184; Muriel Fabre-Magnan, Droit des obligations, Tome 1, Contrat et engagement unilatéral, 4e édition, puf, 2016, p. 76; Philippe Malaurie, Laurent Aynès, Philippe Stoffel-Munck, Droit des obligations, 8e édition, L. G. D. J., 2016, pp. 246—247; Virginie Larribau-Terneyre, Droit civil, Les Obligations, 15e édition, Dalloz, 2017, p. 282; François Terré, Philippe Simler, Yves Lequette, François Chénedé, Droit civil, Les Obligations, 12e édition, Dalloz, 2018, pp. 158—161.

务人承担什么债务，由当事人自由约定。换言之，合同规定哪些条款，合同债务人承担债务的性质和范围，由当事人自由约定，包括违约条款和罚则条款等。虽然立法者在《法国民法典》当中对各种有名合同的内容做出了规定，但是，他们对有名合同内容做出的规定仅仅属于补充性的、解释性的规定，不属于强制性的规定，在合同当事人的合同所规定的内容与立法者的规定冲突时，当事人的合同所规定的内容仍然有效，已如前述。

合同自由的第四个主要体现是，原则上合同当事人享有确定合同形式的自由（libre de déterminer la forme du contrat）。所谓合同当事人享有确定合同形式的自由，是指当事人享有决定他们之间的合同所采取的形式的自由。根据合意主义理论，合同当事人之间的合同不需要采取任何形式，但是，如果合同当事人对他们之间的合同所采取的形式有某种特别要求，则他们有权按照自己的约定采取该种形式的合同。

三、合同自由原则的限制：制定法对合同自由原则的限制

虽然《法国民法典》新的第1102（1）条对合同自由原则的四个方面的内容做出了规定，但是，它也对这些自由施加了限制，即这些方面的自由是“在制定法所确定的限制范围内”的自由。所谓在“在制定法所确定的限制范围内”的自由，是指如果立法者的制定法（la loi）对合同自由的四个方面的内容施加了限制，则在制定法所限定的范围内，合同当事人没有合同自由。

首先，虽然合同当事人享有签订或者不签订合同的自由，但是，如果立法者制定的法律明确禁止或者强制当事人签订某种合同，则他们享有的此种自由就会受到制定法的限制：在制定法明确禁止当事人签订某种合同的情况下，即便当事人主观上希望签订该种合同，他们也不得签订该种合同；反之，在制定法明确要求当事人签订某种合同的情况下，即便当事人主观上不愿意签订该种合同，他们也必须签订该种合同，这就是强制合同。例如《法国保险法典》第L. 211－1条就强制机动车司机与保险公司签订机动车强制保险合同。①

其次，虽然合同当事人享有选择合同相对人的自由，但是，如果制定法对合同相对人的身份做出了强制性的规定，则他们享有的此种自由就会受到制定法的限制。有时，制定法明确规定，合同当事人必须与另外一方当事人签订合同，此时，他们只能够与该方当事人签订合同。例如，如果制定法规定，在房屋的出租人出卖所出租的房屋时，承租人享有优先购买权，在承租人主张优先购买权时，出租人只能够与承租人签订买卖合同，即便他们不愿意，亦是如此。有时，制定法明确禁止合同当事人不与某一个人签订合同，此时，即便当事人不愿意，他们也必须与该人签订合同。例如，制定法明确禁止一方当事人基于歧视另外一方当事人的目的而拒绝与其签订合同，此时，一方当事人必

---

① François Terré, Philippe Simler, Yves Lequette, François Chénedé, Droit civil, Les Obligations, 12e édition, Dalloz, 2018, p. 159.

须与另外一方当事人签订合同。[1]

再次，虽然合同当事人享有确定合同内容的自由，但是，如果制定法对合同的内容做出了强制性的规定或者禁止性的规定，则他们享有的确定合同内容的自由将会受到制定法的限制：如果制定法对合同的内容做出了强制性的规定，例如，如果制定法明确规定当事人之间应当承担安全保障债务、通知债务等，则这些强制性的规定应当被当事人规定在自己的合同当中，如果没有被规定，这些内容自动适用于当事人；如果制定法对合同的内容做出了禁止性的规定，例如，如果制定法禁止合同当事人规定不公平的条款，则合同当事人不得在他们的合同当中规定这些内容，否则，他们的规定被视为没有规定。[2]

最后，虽然合同当事人享有确定合同形式的自由，但是，如果制定法对合同的形式做出了强制性的规定，则他们享有的此种自由也受到制定法的限制。[3] 例如，《法国商法典》第 L. 141－1 条就明确规定，商事营业资产的买卖合同就应当采取书面形式。再例如，《法国建筑和住房法典》（*Code de la construction et de l'habitation*，*CCH*）第 L. 261－15 条和第 L. 222－3 条也明确规定，处于建筑过程当中的不动产买卖合同和不动产开发合同均应当采取书面形式，并且要对立法者强制性规定的内容做出规定。[4]

四、合同自由原则的限制：公共秩序对合同自由原则的限制

除了通过制定法本身对合同自由施加上述限制之外，《法国民法典》新的第 1102（2）条还对合同自由施加了公共秩序的限制，已如前述。

在法国，通过公共秩序对合同自由施加限制的做法始于 1804 年，因为 1804 年的《法国民法典》第 6 条明确规定：人们不得通过具体合同的方式违反与公共秩序和良好道德有利害关系的制定法。[5]《法国民法典》第 6 条从 1804 年一直适用到现在。根据该条的规定，当事人之间的合同既不能够违反与公共秩序有利害关系的制定法，也不能够违反与良好道德有利害关系的制定法。[6] 在规定合同自由原则的同时，《法国民法典》新的第 1102（2）条也对合同自由原则做出了限制，已如前述。

与《法国民法典》第 6 条所规定的限制相比，《法国民法典》新的第 1102（2）条有两个重大变化：

其一，公共秩序的范围存在重大差异。虽然均将公共秩序视为合同的限制方式，但

---

① François Terré, Philippe Simler, Yves Lequette, François Chénedé, Droit civil, Les Obligations, 12e édition, Dalloz, 2018, p. 159.

② François Terré, Philippe Simler, Yves Lequette, François Chénedé, Droit civil, Les Obligations, 12e édition, Dalloz, 2018, p. 159.

③ François Terré, Philippe Simler, Yves Lequette, François Chénedé, Droit civil, Les Obligations, 12e édition, Dalloz, 2018, p. 160.

④ François Terré, Philippe Simler, Yves Lequette, François Chénedé, Droit civil, Les Obligations, 12e édition, Dalloz, 2018, pp. 238—239.

⑤ Article 6, https://fr.wikisource.org/wiki/Code_civil_des_Français_1804/Titre_Préliminaire.

⑥ Article 6, Code civil, Version en vigueur au 21 novembre 2020, https://www.legifrance.gouv.fr/codes/section_lc/LEGITEXT000006070721/LEGISCTA000006089696/#LEGISCTA000006089696.

是，第6条仅仅对公共秩序做出狭义的理解，认为公共秩序仅仅是指国会的制定法所规定的公共秩序，而新的第1102（2）条则不同，它对公共秩序做出广义的理解，除了国会的制定法所规定的公共秩序之外，还包括法官通过司法判例所承认的公共秩序，因为它没有使用第6条所使用的“制定法”一词，而是使用了一个包含制定法在内的范围广泛的词语即“法律规范”（règle）。①

其二，抛弃了“良好道德”一词。除了规定了公共秩序的限制之外，第6条还规定了良好道德的限制，而新的第1102（2）条没有规定良好道德的限制，仅仅规定了公共秩序的限制。换言之，新的第1102（2）条抛弃了合同的两种限制手段当中的一种即良好道德的限制手段，仅仅保留了其中的一种即公共秩序的限制手段。此种做法在2016年之后的《法国民法典》当中得到普遍的遵循。

在对合同施加限制时，1804年的《法国民法典》既规定了良好道德的限制，也规定了公共秩序的限制，认为它们是两种不同的合同限制手段。除了第6条采取此种做法之外，其他的一些法律条款也采取此种做法，包括第1133条和第1172条，这些法律条款从1804年保留到2016年，直到2016年2月10日的债法改革法令将其取代。

第1133条规定：当合同的原因被制定法所禁止时，或者当合同的原因违反良好道德和公共秩序时，则合同的原因是非法的。② 第1172条规定：不可能的条件、违反良好道德的条件或者被制定法禁止的条件均是无效的，并因此让依赖这些条件的合同无效。③ 2016年之后，旧的第1133条和第1172条被新的第1162条所取代，④ 而新的第1162条则抛弃了良好道德的限制手段，该条规定：合同既不得违反公共秩序，也不得违反它自己的规定，还不得违反自己的目的，无论所有合同当事人是否知道自己合同的目的。⑤

2016年2月10日的债法改革法令为何抛弃了良好道德这一限制手段？在就2016年2月10日的债法改革法令向法国总统提交的报告当中，法国政府做出了回答，它指出，随着社会的发展，良好道德的观念已经过时了，因此，应当被废弃，不应当再作为合同或者合同自由的限制手段。⑥

公共秩序的一般理念是，社会在个人面前具有至高无上性。当当事人以合同形式实

---

① Muriel Fabre-Magnan, Droit des obligations, Tome 1, Contrat et engagement unilatéral, 4e édition, puf, 2016, p. 78; François Terré, Philippe Simler, Yves Lequette, François Chénedé, Droit civil, Les Obligations, 12e édition, Dalloz, 2018, p. 160.

② Article 1133, Code civil, Version en vigueur au 21 octobre 2015, https://www.legifrance.gouv.fr/codes/section_lc/LEGITEXT000006070721/LEGISCTA000006136341/2015-10-21/#LEGISCTA000006136341.

③ Article 1172, Code civil, Version en vigueur au 21 octobre 2015, https://www.legifrance.gouv.fr/codes/section_lc/LEGITEXT000006070721/LEGISCTA000006150249/2015-10-21/#LEGISCTA000006150249.

④ François Terré, Philippe Simler, Yves Lequette, François Chénedé, Droit civil, Les Obligations, 12e édition, Dalloz, 2018, p. 160.

⑤ Article 1162, Code civil, Version en vigueur au 21 novembre 2020, https://www.legifrance.gouv.fr/codes/section_lc/LEGITEXT000006070721/LEGISCTA000032006712/#LEGISCTA000032006712.

⑥ Philippe Malaurie, Laurent Aynès, Philippe Stoffel-Munck, Droit des obligations, 8e édition, L.G.D.J., 2016, p. 247; François Terré, Philippe Simler, Yves Lequette, François Chénedé, Droit civil, Les Obligations, 12e édition, Dalloz, 2018, p. 160.

施了某种危及社会利益的行为时，公共秩序表达了国家的意志。[①] 虽然如此，民法既没有对公共秩序做出界定，也没有对公共秩序的渊源或者内容做出具体的列举。因此，如何界定公共秩序，公共秩序的渊源是什么，公共秩序的内容有哪些，应当由民法学者做出具体的说明。

第三节 《法国民法典》新规定的合同法原则：公共秩序原则

一、公共秩序的界定

在公共秩序（l'ordre public）的界定问题上，民法学者之间的争议异常激烈，不同的民法学者所做出的界定存在差异。[②] Légier 对公共秩序做出了界定，他指出："所谓公共秩序，是指私人的意图、意志或者意思不得违反的制定法或者原则。"[③] Yves Lequette 对公共秩序做出了界定，他指出："所谓公共秩序，是指社会赖以建立的基石。作为法律社会的一种基础，所谓公共秩序，是指个人合同不能够违反的具有最高价值的一种秩序。"[④] Philippe Malaurie 对公共政策做出了界定，他指出："所谓公共秩序，是指集体组织所必要的制度的良好运行。"[⑤] Fabre-Magnan 也对公共秩序做出了界定，他指出："所谓公共秩序，是指某一个既定国家的既定时候被视为基本的社会状态。"[⑥]

民法学者之间之所以在公共秩序的界定方面存在重大争议，其原因有二：其一，公共秩序所涉及的方面多种多样，不一而足。例如，国内层面的公共秩序，国际层面的公共秩序，合同层面的公共秩序，等等。其二，公共秩序的概念是一个处于恒久变动当中的概念，这就是，它的概念会随着社会的发展变化而发展变化，会随着不同时代价值观念的变化而变化。[⑦]

笔者认为，公共秩序有广义、中义和狭义之分。所谓广义的公共秩序，是指能够在

---

① Jean Carbonnier, Droit civil, Les obligations, 17e édition, Presse Universitaires De France, p. 144.

② François Terré, Philippe Simler, Yves Lequette, François Chénedé, Droit civil, Les Obligations, 12e édition, Dalloz, 2018, p. 559.

③ Gérard Légier, Les obligations, 17e édition, Dalloz, 2001, p. 56.

④ Yves Lequette, Ouverture aux mutations de l'ordre public, RDC, 1 janvier 2012, p. 262; Jacques Ghestin, Grégoire Loiseau, Yves-Marie Serinet, La Formation Du Contrat, Tome 1: Le contrat-Le consentement, 4e édition, L. G. D. J., 2013, p. 380.

⑤ P. Malaurie, Les contrats contraires à l'ordre public, Étude de Droit civil comparé: France, Angleterre, URSS, Thèse, éd. Matot-Braine, 1953, p. 261; Jacques Ghestin, Grégoire Loiseau, Yves-Marie Serinet, La Formation Du Contrat, Tome 1: Le contrat-Le consentement, 4e édition, L. G. D. J., 2013, p. 380.

⑥ Muriel Fabre-Magnan, Droit des obligations, Tome 1, Contrat et engagement unilatéral, 4e édition, puf, 2016, p. 77.

⑦ Pierre-Gabriel Jobin et Nathalie Vézina, Baudouin et Jobin, Les Obligations, 6e édition, Editions Yvon Blais, 2005, 2005, p. 203; Jacques Ghestin, Grégoire Loiseau, Yves-Marie Serinet, La Formation Du Contrat, Tome 1: Le contrat-Le consentement, 4e édition, L. G. D. J., 2013, pp. Virginie Larribau-Terneyre, Droit civil, Les Obligations, 15e édition, Dalloz, 2017, pp. 381—382.

包括法律、政治和经济领域在内的所有领域均予以适用的公共秩序。根据此种界定，所谓的公共秩序，是指在一个既定国家和既定时候的人们不能够侵犯或者破坏的公共和平、公共安宁和公共安全的社会状态。[①]

所谓中义的公共秩序，是指在整个法律领域适用的公共秩序，根据此种界定，所谓的公共秩序，是指所有具有强制性的、人们必须加以尊重和遵守的法律规范的有机整体。[②]

所谓狭义的公共秩序，则是指仅仅在民法的法律行为尤其是合同当中适用的公共秩序，根据此种界定，所谓的公共秩序，是指行为人尤其是合同当事人在实施法律行为或者签订合同时不能够通过法律行为或者合同予以规避、排除或者违反的所有法律规范，包括立法者的制定法和制定法之外的其他法律规范。[③] 换言之，所谓狭义的公共秩序，是指对行为人的法律行为尤其是其中的合同施加限制的所有的法律规范的有机整体。因此，所谓公共秩序，一方面是指法律规范的有机整体，包括立法者的制定法和法官通过司法判例所确立的法律规范；另一方面则是指对行为人实施的法律行为尤其是合同当事人签订的合同施加限制的法律规范。

二、公共秩序的渊源

所谓公共秩序的渊源（les sources de l'ordre public），是指对行为人实施的法律行为尤其是其中的合同施加限制的法律规范的表现形式。换言之，所谓公共秩序的渊源，是指对法律行为尤其是其中的合同施加限制的法律规范究竟是立法者的制定法还是包括立法者制定法之外的其他法律规范。对于此种问题，人们在不同时期做出的回答存在差异。总的来说，在19世纪末期之前，人们认定，公共秩序的渊源只能够是立法者的制定法。而在今时今日，人们则认为，除了立法者的制定法能够成为公共秩序的渊源之外，法官的司法判例也能够成为公共秩序的渊源。当制定法成为公共秩序的渊源时，人们将其称为文本性质的公共秩序（ordre public textuel），而当法官的司法判例成为公共秩序的渊源时，人们则将其称为潜在性质的公共秩序（ordre public virtuel）。

1804年的《法国民法典》将制定法视为公共秩序的唯一渊源，除了诸如第1133条和第1172条等其他法律条款均将公共秩序限定在制定法的范围内之外，第6条尤其采取此种做法，已如前述。1804年的《法国民法典》第6条所采取的此种做法被法式民法典所普遍采用并因此让制定法成为公共秩序的唯一渊源。例如，1865年的《下加拿大北部地区民法典》第13条就采取了第6条的做法，将制定法视为公共秩序的唯一渊源，该条规定：人们不得通过具体合同的方式违反与公共秩序和良好道德有利害关系的制定法。[④]

因此，无论是根据1804年的《法国民法典》第6条的规定还是根据1865年《下加

---

① Gérard Cornu, Vocabulaire juridique, 10e édition, puf, 2014, p. 718.

② Gérard Cornu, Vocabulaire juridique, 10e édition, puf, 2014, p. 718.

③ Gérard Cornu, Vocabulaire juridique, 10e édition, puf, 2014, p. 718.

④ Edouard Lefebvre de Bellefeuille, Le code civil annoté, étant le code civil du Bas-Canada, en force depuis le 1er août 1866, Montréal, Beauchemin & Valois, 1879, p. 6.

拿大北部地区民法典》第13条的规定，什么样的秩序属于公共秩序，什么样的秩序不属于公共秩序，完全应当由立法者通过制定法规定，不得由法官通过司法判例或者裁判来确定。

19世纪的法式民法典为何将公共秩序的渊源限定在制定法的范围内？这是因为，将公共秩序的渊源限定在制定法的范围内，能够保护行为人享有意思自治和合同自由，防止法官借口公共秩序的需要限制或者妨碍行为人充分有效地行使他们享有的自由权。①

自19世纪末期以来，随着西方工业革命的迅速发展，随着自由竞争的经济体制的广泛建立，西方在19世纪末期和20世纪初期发生了两次影响深远的世界性的经济危机，为大陆法系国家的立法者和法官通过立法或者司法的方式拓展民法上的公共秩序的适用范围提供了契机。一方面，20世纪以来，尤其是20世纪50年代以来，大陆法系国家的立法者开始了真正意义上的复兴公共秩序的运动，他们或者开始制定大量的特别法，或者开始修改他们在19世纪所制定的制定法，或者明确禁止行为人实施某些行为，或者明确要求行为人实施某些行为，使公共秩序开始在整个民法领域大行其道，让同公共秩序有利害关系的制定法大量增加，并因此导致文本性质的公共秩序的泛滥。② 另一方面，20世纪以来，尤其是20世纪50年代以来，大陆法系国家的法官开始放弃他们在19世纪末期和20世纪初期所采取的消极不干预当事人之间的法律行为尤其是合同的政策，开始借口国家利益、公共利益维护的需要而大肆认定当事人之间的合同违反了公共秩序。起初，法官在这样做的时候会显得谨小慎微，因为他们在此时可能仅会透过法律解释的方法将立法者所制定的某一个法律条款解释为是有关公共秩序方面的条款，之后再认定合同当事人之间的合同违反了立法者所制定的这一条款而无效。法官此时不会在没有制定法规定的情况下认定合同当事人之间的合同因违反了公共秩序而无效。

此后，法官在有关公共秩序的问题上所享有的自由裁量权也越来越大，他们甚至开始认为，即便立法者没有规定任何法律条款，他们也能够凭借其自由裁量权自由确定在法律上是否存在某种强制性的法律规定，并且一旦他们认定在法律上存在此种强制性的法律规定，他们就会据此认定合同当事人之间的合同因为违反了他们所认定的公共秩序而无效，这就是所谓的“潜在性质的公共秩序”③。

在今时今日，民法学者普遍承认，除了立法者的制定法能够成为公共秩序的渊源之外，法官的司法判例也能够成为公共秩序的渊源。因为，即便没有立法者的制定法对合同当事人之间的合同施加限制，法官也会认定，合同当事人的合同应当符合法律的一般原则、法律的基本原则，应当与现实社会的组织原则相适应。《法国民法典》新的第1102条似乎就暗中承认了此种规则，因为它没有再像第6条那样将其限定在与制定法

① Pierre-Gabriel Jobin et Nathalie Vézina, Baudouin et Jobin, Les Obligations, 6e édition, Editions Yvon Blais, 2005, 2005, p. 201; François Terré, Philippe Simler, Yves Lequette, François Chénedé, Droit civil, Les Obligations, 12e édition, Dalloz, 2018, p. 561.

② Pierre-Gabriel Jobin et Nathalie Vézina, Baudouin et Jobin, Les Obligations, 6e édition, Editions Yvon Blais, 2005, 2005, p. 202.

③ Henri Roland et Laurent Boyer, Droit Civil, Obligations, 2. Contrat, 3e édition, litec, 1989, p. 225.

有利害关系的公共秩序方面，而是将其拓展到与“法律规范有利害关系”的公共秩序方面，已如前述。[①]

三、公共秩序的类型

在法国，对行为人实施的法律行为尤其是合同施加限制的公共秩序有哪些类型？对此问题，民法学者做出的回答存在重大差异。Roland 和 Boye 认为，公共秩序分为三类：社会性质的公共秩序、金钱性质的公共秩序和经济性质的公共秩序。[②] Carbonnier 认为，公共秩序可以分为四类：文本性质的公共秩序、潜在性质的公共秩序、政治性质的公共秩序和经济性质的公共秩序。[③] Malaurie、Aynès 和 Stoffel-Munck 认为，当代公共秩序分为三类：经济性质的公共秩序、社会性质的公共秩序和职业性质的公共秩序（l'ordre public professionnel）。[④] Terré、Simler 和 Lequette 等人认为，公共秩序分为两类：经典公共秩序与经济和社会经济秩序，其中的经典公共秩序包括国家方面的公共秩序、家庭方面的公共秩序、个人和身体方面的公共秩序以及职业方面的公共秩序，而经济和社会方面的公共秩序则包括指导性的经济公共秩序和保护性的经济公共秩序。[⑤] 笔者认为，根据不同的标准，公共秩序可以分为不同的类型。

（一）文本性质的公共秩序和潜在性质的公共秩序

根据公共秩序渊源的不同，公共秩序分为文本性质的公共秩序（l'ordre public textuel）和潜在性质的公共秩序（l'ordre public virtuel）。[⑥]

所谓文本性质的公共秩序，也称为“立法者所规定的公共秩序”（l'ordre public législatives）“制定法上的公共秩序”“明示的公共秩序”（l'ordre public exprès），是指立法者在自己的制定法当中所规定的直接对法律行为尤其是合同施加限制的公共秩序。基于公共利益、一般利益维护的需要，立法者有权制定法律，对合同当事人享有的合同自由施加限制，他们通过制定法所施加的限制构成了最重要的公共秩序，这就是文本性质的公共秩序。

在民法上，尤其是在当今民法上，公共秩序主要是由立法者颁布的制定法所规定的，一旦立法者在他们所颁布的制定法当中规定，某一个法律条款所规定的秩序属于公

---

① François Terré, Philippe Simler, Yves Lequette, François Chénedé, Droit civil, Les Obligations, 12e édition, Dalloz, 2018, p. 562.

② Henri Roland et Laurent Boyer, Droit Civil, Obligations, 2. Contrat, 3e édition, litec, 1989, p. 225

③ Jean Carbonnier, Droit civil, Les obligations, 17e édition, Presse Universitaires De France, pp. 144—145.

④ Philippe Malaurie, Laurent Aynès, Philippe Stoffel-Munck, Droit des obligations, 8e édition, L. G. D. J., 2016, pp. 360—361.

⑤ François Terré, Philippe Simler, Yves Lequette, François Chénedé, Droit civil, Les Obligations, 12e édition, Dalloz, 2018, pp. 563—572.

⑥ Jean Carbonnier, Droit civil, Volume Ⅱ, Les biens, Les obligations, puf, 2004, pp. 2037—2038; Jacques Flour, Jean-Luc Aubert, Éric Savaux, Les Obligations, 1. L'acte juridique, 15e édition, Dalloz, 2012, pp. 269—270; Philippe Malaurie, Laurent Aynès, Philippe Stoffel-Munck, Droit des obligations, 8e édition, L. G. D. J., 2016, pp. 358—359; François Terré, Philippe Simler, Yves Lequette, François Chénedé, Droit civil, Les Obligations, 12e édition, Dalloz, 2018, pp. 561—562.

共秩序，则该种法律条款所规定的秩序就是公共秩序，这就是所谓的文本性质的公共秩序。在民法上，立法者在他们颁布的制定法当中规定公共秩序的方式虽然多种多样，但是，最主要的方式有两种，即直接方式和间接方式。所谓直接方式，是指立法者所规定的某一个法律条款明确、肯定和清楚地规定，该种法律条款属于公共秩序方面的法律条款。所谓间接方式，是指立法者虽然没有在他们所制定的法律当中明确规定其中的某一个法律条款属于公共秩序方面的法律条款，但是，他们或者规定“违反该条规定的行为无效”，或者规定“违反该条规定的行为不会产生当事人所期待产生的法律效力”，或者规定“违反该条规定的内容被视为未规定”，等等，则立法者所规定的此种法律条款也被看作有关公共秩序方面的法律条款。①

所谓潜在性质的公共秩序，也称为“司法判例性质的公共秩序”（l'ordre public jurisprudentielles）、“非制定法上的公共秩序”、“默示或者暗含的公共秩序”（l'ordre public implicite），是指法官通过司法判例所确定的对法律行为尤其是合同施加限制的公共秩序。即便立法者没有明确规定，法官也能够在自己的司法判例当中限制合同当事人之间的自由，他们通过司法判例所确定的这些限制也构成了公共秩序的有机组成部分，这就是潜在性质的公共秩序。

在民法上，虽然立法者没有在他们所颁布的制定法当中明确规定某一个法律条款属于公共秩序方面的条款，但是，法官通过对立法者所规定的此种法律条款进行解释，认定立法者所规定的此种法律条款是有关公共秩序方面的法律条款。一旦他们通过法律解释的手段认定立法者所规定的此种法律条款是关于公共秩序方面的法律条款，他们就会据此认定行为人违反该种法律条款的行为无效。②

在民法上，即便立法者没有规定任何法律条款对当事人之间的法律关系进行规范或者调整，法官有时也应当在具体的案件当中决定，当事人之间是否存在不应当被违反的有关公共秩序方面的法律条款，如果法官认定当事人之间不存在这样的法律条款，则他们不得依据此种法律条款认定当事人之间的行为无效，如果法官认定当事人之间存在这样的法律条款，则他们可以据此认定当事人之间的行为无效。这就是所谓的非制定法上的法律条款，或者立法者没有明确规定的法律条款。③

---

① Jean Carbonnier, Droit civil, Les obligations, 17e édition, puf, 1993, p. 144; Pierre-Gabriel Jobin et Nathalie Vézina, Baudouin et Jobin, Les Obligations, 6e édition, Editions Yvon Blais, 2005, 2005, p. 205; Francois Terré, Phili-ppe Simler, Yves Lequette, Droit civil, Les Obligations, 10e édition, Dalloz, 2009, p. 391; Philippe Malinvaud, Dominique Fenouillet, Droit des obligations, Litec, 2010, pp. 209—210.

② Jean Carbonnier, Droit civil, Les obligations, 17e édition, puf, 1993, p. 144; Francois Terré, Philippe Simler, Yves Lequette, Droit civil, Les Obligations, 10e édition, Dalloz, 2009, p. 391; Philippe Malinvaud, Dominique Fenouil-let, Droit des obligations, Litec, 2010, p. 210; Jacques Flour, Jean-Luc Aubert, Éric Savaux, Les Obligations, 1. L'acte juridique, 14 édition, Dalloz, 2010, p. 257.

③ Jean Carbonnier, Droit civil, Les obligations, 17e édition, puf, 1993, p. 144; Francois Terré, Philippe Simler, Yves Lequette, Droit civil, Les Obligations, 10e édition, Dalloz, 2009, p. 391; Philippe Malinvaud, Dominique Fenouil-let, Droit des obligations, Litec, 2010, p. 210; Jacques Flour, Jean-Luc Aubert, Éric Savaux, Les Obligations, 1. L'acte juridique, 14 édition, Dalloz, 2010, p. 257.

（二）经典性质的公共秩序和现代性质的公共秩序

根据公共秩序产生时期的不同，公共秩序可以分为经典性质的公共秩序（l'ordre public classique）和现代性质的公共秩序（l'ordre public moderne）。[①]

所谓经典性质的公共秩序原则，也称为传统性质的公共秩序（l'ordre public traditionnel）、古老性质的公共秩序（l'ordre public vieil），是指19世纪的司法判例所规定或者所确立的对法律行为尤其是合同施加限制的公共秩序。所谓现代性质的公共秩序，也称为当代性质的公共秩序（l'ordre public contemporains）、新公共秩序原则（l'ordre public nouveaux），是指20世纪以来尤其是当代立法者和法官通过制定法和司法判例对法律行为尤其是其中的合同施加限制的公共秩序。

经典性质的公共秩序和现代性质的公共秩序之间的主要差异在于：

其一，经典性质的公共秩序主要是法官通过司法判例确立的，因为在19世纪，立法者很少制定法律，对当事人的法律行为尤其合同施加限制；而现代性质的公共秩序主要是通过立法者的制定法规定的，因为20世纪以来，立法者颁布的制定法越来越多，对行为人尤其是合同当事人施加的限制越来越多。

其二，经典性质的公共秩序在性质上属于保守性的（conservateur）、禁止性的公共秩序，这就是说，为了保护意思自治、合同自由和竞争自由等基本价值、基本原则，法官往往通过司法判例认定当事人之间的行为因为违反这些公共秩序而无效；而现代性质的公共秩序在性质上属于创新性的（novateur）、肯定性的公共秩序，因为，除了具有经典性质的公共秩序所具有的消极被动的禁止功能之外，现代性质的公共秩序还具有积极主动的功能，这就是对行为人所从事的行为尤其是经济活动或者社会活动予以指导，以便确保社会的经济秩序、政治秩序能够健康有序。

（三）政治性质的公共秩序和经济性质的公共秩序

根据公共秩序所涉及的内容是政治性质的还是经济性质的不同，公共秩序分为政治性质的公共秩序（l'ordre public politique）和经济性质的公共秩序（l'ordre public économique）。[②]

所谓政治性质的公共秩序，是指立法者和法官为了保护国家的支柱（les colonnes de la cité）和社会的根基（des pillers de société）免受动摇、破坏而规定的或者确立的对法

---

① Henri Roland et Laurent Boyer, Droit Civil, Obligations, 2. Contrat, 3e édition, litec, 1989, p. 225; Jacques Flour, Jean-Luc Aubert, Éric Savaux, Les Obligations, 1. L'acte juridique, 15e édition, Dalloz, 2012, pp. 270—271; Philippe Malaurie, Laurent Aynès, Philippe Stoffel-Munck, Droit des obligations, 8e édition, L. G. D. J., 2016, pp. 359—362; François Terré, Philippe Simler, Yves Lequette, François Chénedé, Droit civil, Les Obligations, 12e édition, Dalloz, 2018, pp. 563—572.

② Jean Carbonnier, Droit civil, Volume Ⅱ, Les biens, Les obligations, puf, 2004, pp. 2038—2040; Jacques Flour, Jean-Luc Aubert, Éric Savaux, Les Obligations, 1. L'acte juridique, 15e édition, Dalloz, 2012, pp. 272—289; Philippe Malaurie, Laurent Aynès, Philippe Stoffel-Munck, Droit des obligations, 8e édition, L. G. D. J., 2016, pp. 358—359; François Terré, Philippe Simler, Yves Lequette, François Chénedé, Droit civil, Les Obligations, 12e édition, Dalloz, 2018, pp. 563—572.

律行为尤其是其中的合同施加限制的公共秩序。所谓经济性质的公共秩序，是指立法者或者法官为了对经济活动予以指导或者为了对经济领域处于弱势地位的一方当事人予以保护而规定或者确立的对法律行为尤其是合同施加限制的公共秩序。

（四）国家性质的公共秩序、家庭性质的公共秩序、职业性质的公共秩序和生态性质的公共秩序

根据政治性质的公共秩序所涉及的内容不同，政治性质的公共秩序也可以做不同的分类。在民法当中，哪些公共秩序属于政治性质的公共秩序，虽然民法学者之间存在争议，但是，他们普遍认为，有关国家、家庭、个人和个人享有人权、人格权方面的公共秩序属于政治性质的公共秩序。例如，有关国家立法机关、行政机关和司法机关组织和运行方面的法律规范就属于政治性质的公共秩序，这就是国家方面的政治秩序。再例如，父母对其未成年子女享有亲权的法律规范就属于政治性质的公共秩序，这就是家庭方面的政治秩序。个人对其生命、身体享有至高无上的人权和人格权的法律规范也属于政治性质的公共秩序。换言之，政治性质的公共秩序可以分为有关国家方面的公共秩序、有关家庭方面的公共秩序、有关个人和个人人权、人格权方面的公共秩序等。

民法学者之间的主要差异在于：良好道德秩序和职业、社会秩序是否属于政治性质的公共秩序范围。某些民法学者将良好道德秩序视为政治性质的公共秩序的组成部分，而另外一些民法学者则不同，他们不将良好道德秩序视为政治性质的公共秩序的组成部分，而是将其视为一个独立的内容。某些民法学者将职业性质的秩序视为政治性质的公共秩序的组成部分，而另外一些民法学者则不同，他们将职业性质的秩序和社会性质的秩序视为一种独立的公共秩序，而没有将其视为政治性质的公共秩序的组成部分。

笔者认为，良好道德秩序不属于公共秩序的组成部分，它是对法律行为尤其是合同施加限制的一种独立手段。所不同的是，在历史上，它的确能够被法官用作限制合同的一种手段。而在今时今日，良好道德的观念已经消退，至少在法国民法当中是如此，已如前述。笔者认为，除了职业性质的公共秩序属于政治性质的公共秩序的组成部分之外，生态秩序也是政治性质的公共秩序的组成部分。所谓职业性质的公共秩序（l'ordre public professionnel），是以规范行为人所从事的职业活动免受行为人实施的法律行为尤其是合同侵害为目的的公共秩序。[1] 所谓生态性质的公共秩序（l'ordre public écologique），是指那些以保护人类的生存环境免受行为人实施的法律行为尤其是合同侵害或者破坏为目的的公共秩序。[2]

（五）指导性质的公共秩序和保护性质的公共秩序

除了政治性质的公共秩序可以分为不同类型之外，经济性质的公共秩序也可以分为

---

① Philippe Malaurie, Laurent Aynès, Philippe Stoffel-Munck, Droit des obligations, 8e édition, L. G. D. J., 2016, pp. 360—361; François Terré, Philippe Simler, Yves Lequette, François Chénedé, Droit civil, Les Obligations, 12e édition, Dalloz, 2018, pp. 568—569.

② Philippe Malinvaud, Dominique Fenouillet, Droit des obligations, Litec, 2010, p. 211.

不同的类型。根据立法者制定有关经济方面的制定法的目的的不同，经济秩序性质的公共秩序分为指导性质的公共秩序（l'ordre public de direction）和保护性质的公共秩序（l'ordre public de protection）。

所谓指导性质的公共秩序，是指以对行为人所从事的经济活动或者商事活动进行指导为目的的经济性质的公共秩序。如果立法者颁布某种法律的目的是为了对那些从事经济活动的人所从事的经济活动予以规范、调整或者指导，让行为人按照有利于实现社会功效的方式来活动，则立法者通过其制定法所建立的经济秩序就是所谓的指导性质的公共秩序。因此，立法者制定的竞争法属于指导性质的公共秩序。

所谓保护性质的公共秩序，是指以保护经济活动或者商事活动当中处于弱势地位的一方当事人免受处于强势地位的另外一方当事人侵害或者欺凌为目的的经济性质的公共秩序。如果立法者颁布某种法律的目的是为了对从事经济活动当中的处于弱势地位的一方当事人通过法律保护，让他们免受处于强势地位的另外一方当事人的侵害，则立法者通过此种法律的规定所建立起来的经济秩序就是保护性质的公共秩序。因此，立法者制定的消费者保护方面的法律属于保护性质的公共秩序。

（六）国内公共秩序和国际公共秩序

按照公共秩序产生的渊源是国内法还是国际法的不同，公共秩序分为国内公共秩序（l'ordre public interne）和国际公共秩序（l'ordre public international）。所谓国内公共秩序，是指根据一个国家的国内法所产生的对行为人实施的法律行为尤其是合同施加限制的公共秩序。所谓国际公共秩序，是指根据某一个国际组织或者地区性国际组织所颁布的国际法所产生的对行为人实施的法律行为尤其是合同施加限制的公共秩序。例如，联合国在1966年通过的《经济、社会及文化权利国际公约》以及《公民权利及政治权利国际公约》所规定的经济性质的公共秩序和政治性质的公共秩序就属于国际公共秩序。同样，欧盟有关机关所通过的行政规章、指令或者《保护人权与基本自由公约》所规定的公共秩序也属于国际公共秩序。①

四、违反公共秩序的合同的法律效力

原则上，当当事人之间的合同违反与公共秩序有关系的法律规范时，他们的合同将会绝对无效。所谓绝对无效，是指在合同成立时，如果合同因违反了公共秩序而无效，则合同的任何一方当事人均有权向法院起诉，要求法官宣告他们之间的合同无效。因此，如果一方当事人与另外一方当事人签订选票的买卖合同，则他们之间的买卖合同将会绝对无效，因为他们之间的合同违反了政治性质的公共秩序。如果一方当事人与另外一方当事人签订终身劳动合同，则他们之间的劳动合同绝对无效，因为他们之间的劳动合同违反了有关个人自由方面的公共秩序。同样，如果一方当事人与另外一方当事人签订代孕合同，则他们之间的合同绝对无效，因为他们之间的合同违反了有关个人方面的

---

① Philippe Malinvaud, Dominique Fenouillet, Droit des obligations, Litec, 2010, p. 210; François Terré, Philippe Simler, Yves Lequette, François Chénedé, Droit civil, Les Obligations, 12e édition, Dalloz, 2018, pp. 559—561.

公共秩序。①

在例外情况下，如果合同所涉及的公共秩序在性质上属于保护性质的公共秩序，在当事人之间的合同违反公共秩序时，他们之间的合同在性质上属于相对无效。所谓相对无效，是指仅在处于弱势地位的一方当事人向法院起诉，要求法官宣告他们与处于强势地位的一方当事人之间的合同无效时，法官才能够宣告他们之间的合同无效，因此，如果消费者与生产商之间的消费合同违反了消费者保护方面的法律，则仅消费者有权向法院起诉，要求法官以消费合同违反了公共秩序为由宣告他们与生产商之间的合同无效。②

在法国，立法者有时在他们的制定法当中明确规定，当事人之间签订的某种合同因为违反了与公共秩序有利害关系的法律规范而无效。例如，《法国民法典》第16－7条直接对代孕合同的无效做出了说明，该条规定：一方当事人与另外一方当事人之间所签订的由一方为另外一方生育或者怀孕的所有协议均无效。③ 再例如，《法国商法典》第L.420－3条直接对限制竞争的合同的无效做出了规定，该条规定：与第L.420－1条、第L.420－2条、第L.420－2－1条和第L.420－2－2条所禁止的限制或者反对竞争的惯常做法有关系的所有债、协议或者合同条款均无效。④

不过，在大多数情况下，立法者没有直接在他们的制定法当中明确规定，当事人之间的合同因为违反了与公共秩序有关系的法律规范而无效。此时，与合同有利害关系的制定法是否在性质上属于公共秩序方面的制定法，合同当事人之间的合同是否因为违反该制定法的规定而无效，完全由法官决定，如果他们认为与合同有利害关系的制定法在性质上属于公共秩序方面的制定法，则他们会根据《法国民法典》第6条的规定宣告当事人之间的合同无效。⑤

---

① Jean Carbonnier, Droit civil, Volume Ⅱ, Les biens, Les obligations, puf, 2004, pp. 2038—2041; Philippe Malaurie, Laurent Aynès, Philippe Stoffel-Munck, Droit des obligations, 8e édition, L. G. D. J., 2016, pp. 361—362; François Terré, Philippe Simler, Yves Lequette, François Chénedé, Droit civil, Les Obligations, 12e édition, Dalloz, 2018, pp. 572—574.

② Jean Carbonnier, Droit civil, Volume Ⅱ, Les biens, Les obligations, puf, 2004, pp. 2038—2041; Philippe Malaurie, Laurent Aynès, Philippe Stoffel-Munck, Droit des obligations, 8e édition, L. G. D. J., 2016, pp. 361—362; François Terré, Philippe Simler, Yves Lequette, François Chénedé, Droit civil, Les Obligations, 12e édition, Dalloz, 2018, pp. 572—574.

③ Article 16-7, Code civil, Version en vigueur au 24 novembre 2020, https://www.legifrance.gouv.fr/codes/section_lc/LEGITEXT000006070721/LEGISCTA000006117610/#LEGISCTA000006117610.

④ Article L420-3, Code de commerce, Version en vigueur au 24 novembre 2020, https://www.legifrance.gouv.fr/codes/section_lc/LEGITEXT000005634379/LEGISCTA000006133184?etatTexte=VIGUEUR&etatTexte=VIGUEUR_DIFF#LEGISCTA000006133184.

⑤ François Terré, Philippe Simler, Yves Lequette, François Chénedé, Droit civil, Les Obligations, 12e édition, Dalloz, 2018, p. 572.

第四节 《法国民法典》新规定的合同法原则：诚实原则

除了明确规定了合同自由原则之外，2016 年的债法改革法令也规定了另外一种新的合同法原则，这就是现行《法国民法典》新的第 1104 条所规定的诚实原则。

一、诚实的界定

在今时今日，虽然《法国民法典》新的第 1104 条对诚实原则做出了规定，但是，它并没有对诚实（bonne foi）一词做出界定。在法国，民法学者普遍认为，“bonne foi”一词是一个含义不确定的术语，是一个无法客观确定其内容的术语，是一个真正的变化无常的术语。[①] 法国著名的法语词典 *Le Petit Robert* 对一词做出了界定，它指出，“bonne foi”一词是与“mauvaise foi”一词相对应的一个术语，它是指人所具有的一种能够一言九鼎和以公正的意图做出某种行为的品行。换言之，“bonne foi”一词是指：公正（droiture）、真诚、直率（franchise），正直、善良（honnêteté），诚实、忠实、光明正大（loyauté）以及真挚、真诚和诚恳（sincérité）。而“mauvaise foi”一词则是指：不诚实、不忠实（déloyauté），虚伪、伪善、口是心非、表里不一（duplicité），以及背信弃义、恶毒、奸诈、阴险狡诈（perfidie）。[②]

在民法上，“诚实”一词主要有三种不同的含义：

其一，所谓诚实，是指虽然行为人实施了某种违法行为，但是他们主观上并没有故意、蓄意实施此种违法行为的意愿，他们仅仅是基于无知或者错误理解而实施此种违法行为。[③] 在民法上，此种界定方式属于主观性质的界定方式。根据此种主观界定方式，一旦行为人在实施某种违法行为时不知道其行为是违法行为，他们就遵循了诚实原则的要求，他们的行为应当被褒奖和维持；一旦他们在行为时知道其实施的行为是违法行为，他们就违反了诚实原则的要求，他们的行为就应当受到谴责和制裁。

其二，所谓诚实，是指行为人本着善良、善意的主观态度来从事任何行为，不是本着恶意、蓄意的主观态度从事任何行为。[④] 在民法上，此种界定方式属于主观性质的界定方式。根据此种主观界定方式，一旦行为人在行为时本着善良、善意的态度，他们就遵循了诚实原则的要求，他们的行为就应当受到褒奖和维持；如果他们在行为时本着恶意、蓄意的态度，他们就违反了诚实原则的要求，他们的行为就应当受到谴责和制裁。

其三，所谓诚实，是指行为人在行为时应当遵循一个诚实正直、善良忠厚或者光明

---

① Rita Jabbour, La Bonne foi dans l'exécution du contrat, L. G. D. J. , 2016, p. 41.

② Le Petit Robert de la Langue Française, 2019 édition, Le Robert, 2018, pp. 1064—1065.

③ Pierre-Gabriel Jobin et Nathalie Vézina, Baudouin et Jobin, Les Obligations, 6e édition, Editions Yvon Blais, 2005, p. 143.

④ Pierre-Gabriel Jobin et Nathalie Vézina, Baudouin et Jobin, Les Obligations, 6e édition, Editions Yvon Blais, 2005, p. 143.

正大的人在行为时所遵循的行为标准。[1] 在民法上，此种界定方式属于客观性质的界定方式。根据此种客观界定方式，一旦行为人在行为时符合一个诚实正直、善良忠厚、光明正大的人在同样或者类似的情况下所遵循的行为标准，则行为人遵循了诚实原则的要求，他们所为的行为就应当被褒奖和维持；否则，如果他们在行为时违反了此类人所遵循的行为标准，则他们就违反了诚实原则的要求，他们所为的行为就应当受到谴责和制裁。

在法国，正如在其他国家，民法学者既从主观方面对诚实原则做出界定，也从客观方面对诚实原则做出界定，因此，诚实原则既是一种主观性的概念，也是一种客观性的概念，既是一个道德的概念，也是一个法律的概念。

二、诚实原则的历史发展

在民法上，诚实债的历史源远流长，因为早在罗马法时期，人们就已经明确区分严格意义上的合同和诚实合同（contrats de bonne foi）：在严格意义上的合同当中，合同的内容严格按照当事人的字面含义确定，而在诚实合同当中，合同内容的确定则通过宽松的解释方法予以确定。[2] 17 世纪和 18 世纪，被誉为《法国民法典》之祖父和之父的 Domat 和 Pothier 分别在自己的民法著作当中对诚实债做出了阐述。[3]

在 1804 年的《法国民法典》当中，虽然法国立法者对诚实债（l'obligation de bonne foi）做出了规定，但是，它没有将诚实债视为债法尤其是合同法的一般原则，因为它仅仅将诚实债限定在合同债务的履行方面，没有将其从债的履行方面延伸到债的其他方面，诸如债的成立阶段和成立之前的谈判阶段，这就是第 1134（3）条，该条规定：合同应当以诚实的方式予以履行。[4]《法国民法典》对待诚实债的此种态度一直从 1804 年延续到 2016 年，直到 2016 年 2 月 10 日的债法改革法令对其做出改革时止。1804 年的《法国民法典》对待诚实债的此种保守态度与其他大陆法系国家的民法典对待诚实债的态度形成鲜明的对比，因为其他大陆法系国家的民法典将诚实债视为整个债法甚至整个民法的一般原则。[5]

1896 年的《德国民法典》第 242 条将诚实原则视为整个债法的一般原则，该条规

---

① Pierre-Gabriel Jobin et Nathalie Vézina, Baudouin et Jobin, Les Obligations, 6e édition, Editions Yvon Blais, 2005, pp. 143—144; Philippe Malaurie, Laurent Aynès, Philippe Stoffel-Munck, Les obligations, 4e édition Defrenois, 2009, p. 383.

② Romain Loir, Les fondements de l'exigence de bonne foi en droit français des contrats, Ecole doctorale n°74-Lille2, Session 2001—2002, pp. 4—31, http://edoctorale74. univ-lille2. fr/fileadmin/master _ recherche/T _ l _ chargement/memoires/contrats/loirr02. pdf; Ranieri Filipp. o, Bonne foi et exercice du droit dans la tradition du civil law, Revue internationale de droit comparé. Vol. 50 n°4, Octobre-Décembre 1998. , pp. 1058—1060.

③ Romain Loir, Les fondements de l'exigence de bonne foi en droit français des contrats, Ecole doctorale n°74-Lille2, Session 2001—2002, pp. 35—48, http://edoctorale74. univ-lille2. fr/fileadmin/master _ recherche/T _ l _ chargement/memoires/contrats/loirr02. pdf.

④ Article 1134, https://fr. wikisource. org/wiki/Code_civil_des_Français_1804/Livre_Ⅲ, _Titre_Ⅲ.

⑤ Philippe Malaurie, Laurent Aynès, Philippe Stoffel-Munck, Droit des obligations, 8e édition, L. G. D. J. , 2016, pp. 254—255.

定：债务人应当根据惯例、以准确和诚实的方式实施给付行为。[①] 而1907年的《瑞士民法典》第2（1）条则将诚实原则即诚实规范（les règles de la bonne foi）视为整个民法的一般原则，因为，除了要求债务主体在履行债务时要遵循该原则之外，它还要求权利主体在行使权利时要遵循该原则，该条规定：所有人均应当根据诚实规则行使自己的权利和履行自己的债务。[②]

在今时今日，除了《德国民法典》和《瑞士民法典》仍然采取上述态度之外，《国际商事合同原则》（*Principes d'UNIDROIT*）和《欧洲合同法原则》（*Principes du droit européen du contrat*）也将诚实原则视为合同法的基本原则。《国际商事合同通则》第1.7条规定：在国际贸易当中，任何一方当事人在行为时均需遵守诚心实意和公平交易的要求；当事人不得排除或者限制此种债务。《欧洲合同法原则》第6.106条规定：在行使权利和履行债务时，任何一方当事人均应当遵守诚实信用的要求。[③]

在法国，虽然1804年的《法国民法典》第1134（3）条仅仅将诚实债限定在债务的履行方面，但是，为了适应社会发展的需要，法官和民法学者一步一个脚印地拓展了该条所规定的诚实债的适用范围，并且最终让该条所规定的诚实债成为合同法的一项基本原则，因为，除了适用于合同的履行阶段之外，该原则也适用于合同的成立、合同的内容和合同的其他方方面面。[④] 因为诚实原则已经通过司法判例和民法学说得以确立，因此，在2016年的债法改革之前，民法学者和法国官方均在自己起草的不同债法改革草案当中对诚实原则做出了明确规定。

在2005年的《债法改革草案》当中，Catala领导的债法改革小组就承认了合同法当中的诚实原则：一方面，它将诚实原则适用到合同的履行方面，这就是《债法改革草案》当中的第1134（3）条。另一方面，它又将诚实原则适用到合同的谈判期间，这就是《债法改革草案》当中的第1104条。在2008年的《合同法改革草案》当中，法国司法部同样承认了合同法当中的诚实原则，《合同法改革草案》第6条将诚实原则视为合同法的一般原则，该条规定：合同应当以诚实的方式成立和履行。[⑤]

2016年2月10日的债法改革法令正式承认了合同法的这一新的原则，这就是现行《法国民法典》当中的新的第1104条，该条规定：合同的谈判、成立和履行均应当以诚实方式为之，此条的规定属于公共秩序性质的规定。[⑥] 在今时今日，法国民法学者普遍

---

① Raoule De La Grasserie, Code Civil Allemande, 2e édition, Paris, A. Pedone, Éditeur, 1901, p. 55.

② Art. 2, Code civil suisse du 10 décembre 1907 (Etat le 1er juillet 2020), https://www.admin.ch/opc/fr/classified-compilation/19070042/index.html.

③ Philippe Malaurie, Laurent Aynès, Philippe Stoffel-Munck, Les obligations, 4e édition Defrenois, 2009, p. 382; Francois Terré, Philippe Simler, Yves Lequette, Droit civil, Les Obligations, 10e édition, Dalloz, 2009, p. 455.

④ D. Mazeaud, Loyauté, solidarité, fraternité, la nouvelle devise contractuelle? L'avenir du droit, Mélanges en hommage à F. Terré, Dalloz, 1999, p. 603.

⑤ Ghestin Jacques, Grégoire Loiseau, Yves-Marie Serinet, La Formation Du Contrat, Tome 1: Le contrat-Le consentement, 4e édition, L. G. D. J., 2013, pp. 344—345.

⑥ Article 1104, Code civil, Version en vigueur au 24 novembre 2020, https://www.legifrance.gouv.fr/codes/section_lc/LEGITEXT000006070721/LEGISCTA000032006712/#LEGISCTA000032006712.

认为，《法国民法典》新的第1104条在合同法领域规定了一项新的合同法原则：诚实原则。[①] 除了《法国民法典》新的第1104条对合同领域的诚实原则做出了规定之外，法国立法者还在其他的制定法当中对诚实原则做出了规定。例如，《法国劳动法典》第L. 1222－1条对劳动法领域的诚实原则做出了说明，它规定：劳动合同应当以诚实信用的方式履行。[②]

虽然法国立法者仅仅在合同领域规定了诚实原则，但是，法国民法学者普遍认为，作为法律的一般原则，诚实原则能够在包括民法在内的所有法律部门得到适用：除了能够在国内法当中得到适用之外，诚实原则也能够在国际法当中得到适用，除了能够在民法当中得到适用之外，诚实原则也能够在刑法和行政法当中得到适用。[③] 在民法领域，除了能够在合同法和债法当中得到适用之外，诚实原则也能够在民法的其他领域得到适用，诸如在家庭法和物权法当中得到适用等。[④]

三、诚实原则适用的范围

同旧的第1134（3）条相比，《法国民法典》新的第1104条实质性地提升了诚实原则的地位，表现在两个方面：一方面，它将诚实原则的适用范围从单纯的合同履行延伸到合同的所有阶段，包括合同的讨价还价阶段、合同的成立阶段和合同的履行阶段；另一方面，它将诚实原则上升到公共秩序的高度，认为合同当事人不得通过自己的合同排除、限制或者减缩该原则的适用。

首先，根据《法国民法典》新的第1104条的规定，诚实原则在合同的谈判阶段适用，也就是在合同成立之前的阶段（négociations précontractuelles）予以适用。[⑤] 根据这一原则的要求，在当事人就合同的内容展开谈判时，任何一方当事人均不应当实施可能

---

① Jacques Ghestin, Grégoire Loiseau, Yves-Marie Serinet, La Formation Du Contrat, Tome 1: Le contrat-Le consentement, 4e édition, L. G. D. J., 2013, pp. 340—368; Marine Goubinat, Les principes directeurs du droit des contrats, Thèse, 2016, pp. 124—129; Philippe Malaurie, Laurent Aynès, Philippe Stoffel-Munck, Droit des obligations, 8e édition, L. G. D. J., 2016, pp. 254—259; Muriel Fabre-Magnan, Droit des obligations, Tome 1, Contrat et engagement unilatéral, 4e édition, puf, 2016, pp. 95—99; François Terré, Philippe Simler, Yves Lequette, François Chénedé, Droit civil, Les Obligations, 12e édition, Dalloz, 2018, pp. 672—680.

② Ghestin Jacques, Grégoire Loiseau, Yves-Marie Serinet, La Formation Du Contrat, Tome 1: Le contrat-Le consentement, 4e édition, L. G. D. J., 2013, pp. 358—359.

③ Philippe Malaurie, Laurent Aynès, Philippe Stoffel-Munck, Les obligations, 4e édition Defrenois, 2009, pp. 382—383; Romain Loir, Les fondements de l'exigence de bonne foi en droit français des contrats, Ecole doctorale n°74-Lille2, Session 2001—2002, p. 4, http://edoctorale74. univ-lille2. fr/fileadmin/master _ recherche/T _ l _ chargement/memoires/contrats/loirr02. pdf; Gérard Cornu, Vocabulaire juridique, 10e édition, puf, p. 133.

④ Philippe Malaurie, Laurent Aynès, Philippe Stoffel-Munck, Les obligations, 4e édition Defrenois, 2009, pp. 382—383; Romain Loir, Les fondements de l'exigence de bonne foi en droit français des contrats, Ecole doctorale n°74-Lille2, Session 2001—2002, p. 4, http://edoctorale74. univ-lille2. fr/fileadmin/master _ recherche/T _ l _ chargement/memoires/contrats/loirr02. pdf; Gérard Cornu, Vocabulaire juridique, 10e édition, puf, p. 133.

⑤ Pierre-Gabriel Jobin et Nathalie Vézina, Baudouin et Jobin, Les Obligations, 6e édition, Editions Yvon Blais, 2005, pp. 146—150; Philippe Malaurie, Laurent Aynès, Philippe Stoffel-Munck, Droit des obligations, 8e édition, L. G. D. J., 2016, pp. 258—259; Muriel Fabre-Magnan, Droit des obligations, Tome 1, Contrat et engagement unilatéral, 4e édition, puf, 2016, p. 97.

让对方的真实意图、合同的客体落空的行为；任何一方当事人均应当采取积极措施，公开有关信息，让对方当事人凭借所公开的信息对有关状况做出评估，并因此做出是否签订或者以何种条件签订合同的理性、适当决定。换言之，按照诚实原则的要求，在合同的谈判阶段，任何一方当事人均应当同时对对方当事人承担不作为债和作为债。[①]除了新的第1104条对合同谈判期间当事人应当承担的诚实债做出了规定之外，《法国民法典》新的第1112（1）条也对合同谈判期间当事人所承担的诚实债做出了说明，该条规定：合同成立之前的谈判是否开始、是否展开和是否中断，完全由当事人自由决定。不过，它们均应当强制性地满足诚实的要求。[②]

其次，根据《法国民法典》新的第1104条的规定，诚实原则在合同的成立阶段适用。根据这一原则的要求，在合同成立阶段，任何一方当事人均应当对对方承担通知债务，将对方在做出是否同意签订合同的决定具有重要影响的信息告诉对方。如果他们在合同成立阶段没有履行此种债务，故意隐瞒某种重大信息，则他们的行为将构成欺诈。[③]《法国民法典》新的第1112－1条对诚实原则所要求的此种债务做出了规定，该条规定：如果一方当事人知道某种信息，在该种信息对于对方决定是否签订合同具有重要影响时，该方当事人应当将该种信息通知对方，如果对方忽视了该种信息或者信赖该方当事人的话。当事人既不能够限制也不能够排除此种债务。[④]

最后，根据《法国民法典》新的第1104条的规定，诚实原则也在合同的履行阶段适用。与上述两个阶段不同的是，在合同的履行阶段，诚实原则得到广泛的适用。例如，根据这一原则的要求，即便债权人享有合同解除权，他们也不得滥用合同条款所规定的解除权。再例如，在合同因为经济状况发生改变而让当事人之间的平衡被打破时，诚实原则要求当事人之间就合同内容展开新的协商、谈判，或者对合同内容做出变更。不过，诚实原则在合同履行阶段的最主要、最重要的体现是，为了确保债务得到有效履行，即便合同当事人之间的合同没有做出明确规定，合同当事人仍然应当承担两类合同债务：忠实债务（devoir de loyauté）和合作债务（devoir de coopération）。[⑤] 关于诚实原则的这两种债务，笔者将在下面的内容中做详细讨论，此处从略。

---

① Philippe Malaurie, Laurent Aynès, Philippe Stoffel-Munck, Droit des obligations, 8e édition, L. G. D. J., 2016, p. 258.

② Article 1112, Code civil, Version en vigueur au 25 novembre 2020, https://www.legifrance.gouv.fr/codes/section_lc/LEGITEXT000006070721/LEGISCTA000032006712/#LEGISCTA000032006712.

③ Pierre-Gabriel Jobin et Nathalie Vézina, Baudouin et Jobin, Les Obligations, 6e édition, Editions Yvon Blais, 2005, pp. 145—146; Philippe Malaurie, Laurent Aynès, Philippe Stoffel-Munck, Droit des obligations, 8e édition, L. G. D. J., 2016, p. 259; Muriel Fabre-Magnan, Droit des obligations, Tome 1, Contrat et engagement unilatéral, 4e édition, puf, 2016, p. 97.

④ Article 1112-1, Code civil, Version en vigueur au 25 novembre 2020, https://www.legifrance.gouv.fr/codes/section_lc/LEGITEXT000006070721/LEGISCTA000032006712/#LEGISCTA000032006712.

⑤ Pierre-Gabriel Jobin et Nathalie Vézina, Baudouin et Jobin, Les Obligations, 6e édition, Editions Yvon Blais, 2005, pp. 172—189; Philippe Malaurie, Laurent Aynès, Philippe Stoffel-Munck, Droit des obligations, 8e édition, L. G. D. J., 2016, pp. 255—258; Muriel Fabre-Magnan, Droit des obligations, Tome 1, Contrat et engagement unilatéral, 4e édition, puf, 2016, pp. 98—99; François Terré, Philippe Simler, Yves Lequette, François Chénedé, Droit civil, Les Obligations, 12e édition, Dalloz, 2018, pp. 672—680.

四、违反诚实原则的合同所遭受的制裁

作为一种具有公共秩序性质的法律规范，诚实原则所强加给当事人的债务是具有约束力的，无论是在合同的谈判阶段、成立阶段还是履行阶段，当事人均应当履行诚实原则所强加的债务，如果他们不履行该原则所强加的债务，则他们不履行债务的行为便是过错行为，在符合过错责任构成要素的情况下，他们应当承担法律责任。

具体来说，在合同谈判或者合同成立期间，如果当事人没有履行诚实债，则他们应当遭受法律制裁。一方面，没有履行诚实债的行为可能构成合同相对无效的行为，因为，如果一方当事人故意隐瞒合同成立时所需要的某种重要信息，导致对方做出了签订合同的同意表示，则受到欺诈的一方当事人有权向法院起诉，要求法官以对方违反诚实原则所要求的通知债务为由宣告他们与对方之间的合同无效。另一方面，如果一方当事人不履行诚实债的行为引起了对方损害的发生，他们应当就自己不履行诚实债的行为对对方承担损害赔偿责任。[①]《法国民法典》新的第 1112（2）条和新的第 1112－1（6）条分别对当事人违反合同谈判期间和合同成立期间诚实原则所强加的债务的行为所产生的法律责任做出了规定。

根据新的第 1112（2）条的规定，在合同谈判期间，如果一方当事人没有履行诚实原则所强加的债务，则他们不履行债务的行为便是过错行为，在他们的过错行为引起对方损害发生的情况下，他们应当赔偿对方遭受的损害。不过，对方的损害既不包括对方原本能够获得的预期利益的损害，也不包括对方原本能够获得的机会损失（la perte de chance）。[②]《法国民法典》新的第 1112－1（6）条规定，在不履行通知债务的情况下，除了当事人应当承担法律责任之外，在符合第 1130 条和之后的其他条款所规定的条件的情况下，通知债务的不履行也会引起合同的相对无效。[③]

在合同履行期间，如果当事人没有履行诚实原则所强加的债务，则他们不履行债务的行为也构成过错行为，也应当承担法律责任。[④]

---

① Philippe Malaurie，Laurent Aynès，Philippe Stoffel-Munck，Droit des obligations，8e édition，L. G. D. J.，2016，p. 259.

② Article 1112，Code civil，Version en vigueur au 25 novembre 2020，https://www. legifrance. gouv. fr/codes/section_lc/LEGITEXT000006070721/LEGISCTA000032006712/#LEGISCTA000032006712.

③ Article 1112-1，Code civil，Version en vigueur au 25 novembre 2020，https://www. legifrance. gouv. fr/codes/section_lc/LEGITEXT000006070721/LEGISCTA000032006712/#LEGISCTA000032006712.

④ Philippe Malaurie，Laurent Aynès，Philippe Stoffel-Munck，Droit des obligations，8e édition，L. G. D. J.，2016，p. 257.

第四章 合同的类型

第一节 合同分类标准和合同具体类型的多样性

在法国，除了《法国民法典》对合同的类型做出了明确规定之外，法国民法学者也对合同的类型做出了说明。不同的是，除了不同时期的《法国民法典》所规定的合同类型存在差异之外，不同的民法学者对合同的类型做出的说明也是不同的，包括合同的分类标准和具体类型的不同。

一、2016 年之前和 2016 年之后的《法国民法典》对合同类型做出的规定

1804 年的《法国民法典》第 1102 条至第 1107 条分别对不同类型的合同做出了规定：第 1102 条对双务合同做出了规定，第 1103 条对单务合同做出了规定，第 1104 条对实定合同和射幸合同做出了规定，第 1105 条对无偿合同做出了规定，第 1106 条对有偿合同做出了规定，而第 1107 条则对有名合同和无名合同做出了规定。[①] 1804 年的《法国民法典》关于合同类型的规定一直从 1804 年被原封不动地保留到 2016 年，直到 2016 年 2 月 10 日的债法改革法令生效时止。通过 2016 年 2 月 10 日的债法改革法令，现行《法国民法典》对合同类型做出了规定，除了保留了 1804 年的《法国民法典》所规定的所有合同类型之外，它还增加了一些新的合同类型。

具体而言，现行《法国民法典》新的第 1105 条至新的第 1111 - 1 条对不同类型的合同做出了规定：新的第 1105 条对有名合同和无名合同做出了规定，新的第 1106 条对双务合同和单务合同做出了规定，新的第 1107 条对有偿合同和无偿合同做出了规定，新的第 1108 条对实定合同和射幸合同做出了规定，新的第 1109 条对合意合同、形式合同和要物合同做出了规定，新的第 1110 条对谈判合同和附合合同做出了规定，新的第 1111 条对框架合同和应用合同做出了规定，新的第 1111 - 1 条对即时合同和连续合同做出了规定。[②]

二、2016 年之前法国民法学者对合同类型做出的不同说明

除了不同时期的《法国民法典》所规定的合同类型存在差异之外，无论是在 2016 年的债法改革法令之前还是之后，民法学者均在合同的类型问题上存在不同看法，因为不同的民法学者根据不同的标准对合同做出了不同的分类。例如，在 2016 年之前，Mazeaud、Chabas 等人与 Larroumet 做出的分类就存在差异。

---

① Articles 1102 à 1107, https://fr. wikisource. org/wiki/Code_civil_des_Français_1804/Livre_Ⅲ, _Titre_Ⅲ.

② Articles 1105 à 1111-1, Code civil, Version en vigueur au 26 novembre 2020, https://www. legifrance. gouv. fr/codes/section_lc/LEGITEXT000006070721/LEGISCTA000032006712/#LEGISCTA000032006712.

在1998年的《债法》当中，Mazeaud和Chabas等人根据四种不同的分类标准对合同做出了分类：

其一，根据合同成立是否需要具备某种特定的形式不同，合同可以分为合意合同、形式合同（contrats solennels）和要物合同（contrats reels）。[①] 其二，根据合同的成立所应当具备的有效条件的不同，合同可以分为：通过谈判订立的合同和附合合同，集体合同（contrats collectifs）和个人合同（contrats individuels）。[②] 其三，根据合同内容的不同，合同也可以做不同的分类：根据合同当事人之间是否承担对待给付债务的不同，合同可以分为双务合同和单务合同；根据合同当事人追求目的的不同，合同可以分为有偿合同和无偿合同；根据合同的内容，在合同成立时是否已经确定，合同可以分为实定合同和射幸合同；根据合同履行的持续期的不同，合同分为即时合同和连续合同。[③] 其四，根据合同解释的不同，合同分为有名合同和无名合同。[④]

在2007年的《合同法》当中，Larroumet根据不同的分类标准对合同做出了分类：其一，根据合同当事人是否存在不同的目的，合同可以分为双务合同和单务合同、有偿合同和无偿合同；[⑤] 其二，根据合同持续期的不同，合同分为即时合同和连续合同；[⑥] 其三，根据合同客体的不同，合同分为以设立物权或者债权为目的的合同和以转移物权或者债权为目的的合同；[⑦] 其四，根据合同成立的条件的不同，合同分为合意合同、形式合同和要物合同。[⑧]

三、2016年之后法国民法学者对合同类型做出的不同说明

在2016年2月10日的债法改革法令生效之后，换言之，在现行《法国民法典》对合同类型做出了修改之后，法国民法学者之间仍然存在不同的看法，不同的民法学者根据不同的标准对合同做出了分类。[⑨] 例如，在合同的类型方面，Malaurie、Aynès和Stof-

---

① Henri et Leon Mazeaud, Jean Mazcaud, Francois Chabas, Obligations, 9e édition, Montchrestien, 1998, pp. 59—72.

② Henri et Leon Mazeaud, Jean Mazeaud, Francois Chabas, Obligations, 9e édition, Montchrestien, 1998, pp. 78—87.

③ Henri et Leon Mazeaud, Jean Mazeaud, Francois Chabas, Obligations, 9e édition, Montchrestien, 1998, pp. 88—98.

④ Henri et Leon Mazeaud, Jean Mazeaud, Francois Chabas, Obligations, 9e édition, Montchrestien, 1998, pp. 98—99.

⑤ Christian Larroumet, Droit Civil, Les Obligations, Le Contrat, 6e édition, Economica, 2007, pp. 153—170.

⑥ Christian Larroumet, Droit Civil, Les Obligations, Le Contrat, 6e édition, Economica, 2007, pp. 170—186.

⑦ Christian Larroumet, Droit Civil, Les Obligations, Le Contrat, 6e édition, Economica, 2007, pp. 186—190.

⑧ Christian Larroumet, Droit Civil, Les Obligations, Le Contrat, 6e édition, Economica, 2007, pp. 190—198.

⑨ Dimitri Houtcieff, Droit Des Contrats, Larcier, 2e édition, 2016, pp. 60—80; Muriel Fabre-Magnan, Droit des obligations, Tome 1, Contrat et engagement unilatéral, 4e édition, puf, 2016, pp. 198—205; Philippe Malaurie, Laurent Aynès, Philippe Stoffel-Munck, Droit des obligations, 8e édition, L. G. D. J., 2016, pp. 205—225; Rémy Cabrillac, Droit des obligations, 12e édition, Dalloz, 2016, pp. 36—46; Marjorie Brusorio Aillaud, Droit des obligations, 8e édition, bruylant, 2017, pp. 151—157; Virginie Larribau-Terneyre, Droit civil, Les Obligations, 15e édition, Dalloz, 2017, pp. 287—309; François Terré, Philippe Simler, Yves Lequette, François Chénedé, Droit civil, Les Obligations, 12e édition, Dalloz, 2018, pp. 107—151.

fel-Munck 采取的做法就不同于 Terré、Simler 和 Lequette 等人采取的做法。

在 2016 年的《债法》当中，Malaurie、Aynès 和 Stoffel-Munck 根据四种不同的区分标准将合同分为不同的类型。根据合同形态的不同（le type），合同可以分为两类四种：有名合同和无名合同，主要合同和次要合同。根据合同客体的不同，合同可以分为四类八种：双务合同和单务合同，有偿合同和无偿合同，即时合同和连续合同，交易合同和组织合同。根据合同当事人身份（qualité）的不同，合同分为两类：以人身关系作为基础的合同和不以人身关系作为基础的合同，职业人士之间的合同和职业人士与消费者之间的合同。根据合同成立的方式不同，合同分为两类五种：合意合同、形式合同和要物合同，谈判合同和附合合同。①

而在 2018 年的《债法》当中，Terré、Simler 和 Lequette 等人对合同做出的分类则不同于 Malaurie、Aynès 和 Stoffel-Munck，因为他们是根据两种不同的标准对合同做出分类的：

其一，传统分类。传统分类又可以根据三个不同的分类标准对合同做出不同的分类。按照法律是否对合同进行明确的规范和调整的不同，合同分为两类四种：有名合同和无名合同，国内合同和国际合同。按照合同成立的形式不同，合同分为三种：合意合同、形式合同和要物合同。按照合同法律效果的不同，合同分为四类八种：双务合同和单务合同，有名合同和无名合同，实定合同和射幸合同，即时合同和连续合同。②

其二，现代分类。现代分类也可以根据四个不同的分类标准对合同做出不同的分类。根据意思表示的外在方式不同，合同分为两种：传统合同和电子合同。根据合同结构之间是否存在失衡的不同，合同分为三类六种：谈判合同和附合合同，平等合同（contrats egalitaires）和消费合同（contrats de consommation），平等合同和依赖合同（contrats de dépendance）。根据合同实现的经济运行的不同，合同分为三种：交换合同（contrats-échange）、组织合同（contrats-organization）和共同利益合同（contrats d'intérêt commun）。根据合同关系的不同，合同分为四种：复杂合同（contrats complexe）、合同群（groups de contrats）、框架合同和应用合同。③

根据现行《法国民法典》新的第 1105 条至新的第 1111－1 条的规定，笔者将合同分为八类十七种：有名合同和无名合同，单务合同和双务合同，有偿合同和无偿合同，实定合同和射幸合同，即时合同和连续合同，合意合同、形式合同和要物合同，谈判合同和附合合同，框架合同和应用合同。

---

① Philippe Malaurie, Laurent Aynès, Philippe Stoffel-Munck, Droit des obligations, 8e édition, L. G. D. J., 2016, pp. 205—225.

② François Terré, Philippe Simler, Yves Lequette, François Chénedé, Droit civil, Les Obligations, 12e édition, Dalloz, 2018, pp. 108—125.

③ François Terré, Philippe Simler, Yves Lequette, François Chénedé, Droit civil, Les Obligations, 12e édition, Dalloz, 2018, pp. 125—151.

第二节　有名合同和无名合同

根据合同是否受到制定法的具体规范和调整的不同，或者根据合同是否被立法者赋予特定名称的不同，合同可以分为有名合同（contrats nommés）和无名合同（contrats innomés）。[①] 1804 年的《法国民法典》第 1107 条对有名合同和无名合同做出了规定。该条规定：合同，无论是有自身名称的合同，还是无自身名称的合同，均受到本编所规定的一般规范的调整；某些合同的具体规范由有关这些合同的每一编具体确立；有关商事交易方面的具体规范由有关商事方面的制定法确立。[②]

这一法律条款一直从 1804 年保留到 2016 年，直到 2016 年 2 月 10 日的债法改革法令将其废除并且被新的法律条款所取代，这就是现行《法国民法典》当中的新的第 1105 条，该条规定：合同，无论是有自身名称的合同，还是无自身名称的合同，均受到本分编所规定的一般规范的调整并因此成为本分编的对象；某些合同的具体规范由有关这些合同的法律条款确立；具体规范优先于一般规范得以适用。

无论是旧的第 1107 条还是新的第 1105 条所规定的有自己名称的合同就是有名合同，而没有自己名称的合同则是无名合同。不过，这两个法律条款的目的不是对有名合同和无名合同做出界定，而是对有名合同和无名合同所面临的法律规范的适用问题做出规定。由于此种原因，有名合同和无名合同的界定就由法国民法学者完成。

一、有名合同的界定

所谓有名合同，是指立法者赋予其独立名称并且通过自己的制定法对其加以规定、规范和调整的合同。[③] 在法国，大多数有名合同是由《法国民法典》加以规定、规范和调整的，因为《法国民法典》第三卷第六编和之后的一系列编对各种各样的有名合同做出规定，包括但是不限于买卖合同（la vente）、互易合同（l'échange）、租赁合同（contrat de louage）、借贷合同（prêt）、公司合同（la société）、委托合同（mandat）以及信托合同（la fiducie）等。除了《法国民法典》对众多的有名合同做出了规定之外，法国立法者也在其他制定法当中对某些有名合同做出了规定。例如，法国立法者在

---

① Dimitri Houtcieff, Droit Des Contrats, Larcier, 2e édition, 2016, p. 69; Muriel Fabre-Magnan, Droit des obligations, Tome 1, Contrat et engagement unilatéral, 4e édition, puf, 2016, pp. 204—205; Philippe Malaurie, Laurent Aynès, Philippe Stoffel-Munck, Droit des obligations, 8e édition, L. G. D. J., 2016, pp. 206—208; Rémy Cabrillac, Droit des obligations, 12e édition, Dalloz, 2016, p. 45; Marjorie Brusorio Aillaud, Droit des obligations, 8e édition, bruylant, 2017, pp. 151—152; Virginie Larribau-Terneyre, Droit civil, Les Obligations, 15e édition, Dalloz, 2017, pp. 288—290; François Terré, Philippe Simler, Yves Lequette, François Chénedé, Droit civil, Les Obligations, 12e édition, Dalloz, 2018, pp. 108—109.

② Articles 1107, https://fr.wikisource.org/wiki/Code_civil_des_Français_1804/Livre_Ⅲ, _Titre_Ⅲ.

③ Philippe Malaurie, Laurent Aynès, Philippe Stoffel-Munck, Droit des obligations, 8e édition, L. G. D. J., 2016, p. 206; François Terré, Philippe Simler, Yves Lequette, François Chénedé, Droit civil, Les Obligations, 12e édition, Dalloz, 2018, p. 108.

1964 年 12 月 16 日的制定法当中对建筑物的租赁合同做出了规定。再例如，法国立法者在 1967 年 1 月 3 日的制定法当中对在建不动产的出卖合同做出了规定。①

二、无名合同的界定

所谓无名合同，是指立法者没有赋予其独立名称并且没有通过自己的制定法对其加以规定、规范和调整的合同。② 虽然《法国民法典》和立法者的其他制定法对众多的有名合同做出了规定，但是，他们没有也不可能对所有的合同均做出规定。基于合同自由的原则，合同当事人能够按照他们的意思表示成立任何合同，只要他们成立的合同符合合同成立的有效条件，他们的合同也能够产生法律效力，即便制定法没有对这些合同做出规定或者赋予其名称。

三、区分有名合同和无名合同的原因

在历史上，有名合同和无名合同的区分理论具有非常重大的意义，因为在罗马法时代，至少在经典罗马法时代，民法仅仅承认有名合同的法律效力，不承认无名合同的法律效力。随着意思自治原则和合同自由原则的产生，有名合同和无名合同之间的区分理论逐渐丧失了其重要性，因为无论是当事人之间的有名合同还是无名合同，均是有效合同，均能够在合同当事人之间产生法律效力，均会受到法律的保护，并且均会受到合同法的一般原则和一般规则的约束。③

在今天，有名合同和无名合同的区分也仅具有相对性的意义。一方面，所有的合同均受到法律的保护，无论它们是不是有名合同。另一方面，就像无名合同能够经由立法者的规定而上升为有名合同一样，有名合同也可能因为立法者的放弃而成为无名合同。虽然如此，有名合同和无名合同的区分仍然有一定的意义。

首先，有名合同可能会受到立法者的重视，立法者可能会对某种有名合同的特殊规则做出强制性的规定，要求合同当事人遵循这些强制性的规定。而无名合同不可能存在这样的特殊规则，合同当事人完全按照他们之间的合同确定适用于他们的规则，不会受到立法者所规定的特殊规则的约束。

其次，如果合同当事人之间的合同在性质上属于有名合同，当合同没有对引起纠纷的某种内容做出规定时，制定法关于该种内容的规定自动适用于他们，因为在此种情况下，立法者关于有名合同的规定属于补充性的规定、解释性的规定，被认为属于他们的意思表示的组成部分，已如前述。而在无名合同当中，此种规则不可能适用。④

---

① Henri Roland et Laurent Boyer, Contrat, 3e édition, Litec, 1989, pp. 39—40.

② Philippe Malaurie, Laurent Aynès, Philippe Stoffel-Munck, Droit des obligations, 8e édition, L. G. D. J., 2016, p. 206; François Terré, Philippe Simler, Yves Lequette, François Chénedé, Droit civil, Les Obligations, 12e édition, Dalloz, 2018, p. 108.

③ François Terré, Philippe Simler, Yves Lequette, François Chénedé, Droit civil, Les Obligations, 12e édition, Dalloz, 2018, p. 109.

④ Henri et Leon Mazeaud, Jean Mazeaud, Francois Chabas, Obligations, 9e édition, Montchrestien, 1998, pp. 98—99.

最后，有名合同不会适用类推适用规则，而无名合同则会适用类推适用规则。如果合同当事人之间的合同在性质上属于有名合同，则法官在解决他们之间的合同纠纷时直接适用民法典或者其他制定法的规定，无须采取类推适用其他有名合同的规则来解决合同当事人之间的纠纷。但是，如果合同当事人之间的合同在性质上属于无名合同，则在解决合同当事人之间的合同纠纷时，法官可能会类推适用与当事人之间的无名合同最接近的有名合同的规定，甚至同时类推适用几个与当事人之间的无名合同类似的有名合同。例如，如果合同当事人之间的合同是宾馆住宿合同，则该种合同在性质上属于无名合同，在合同当事人之间发生纠纷时，法官可能会同时类推适用租赁合同、买卖合同和保管合同的规定，因为宾馆住宿合同同时涉及这三个有名合同所规定的内容。①

第三节　双务合同和单务合同

根据合同当事人是否承担相互债务的不同，合同分为双务合同（contrats synallagmatiques contrats bilatéral）和单务合同（contrats unilatéraux）。② 1804 年的《法国民法典》第 1102 条对双务合同做出了规定，而第 1103 条则对单务合同做出了规定。这两个法律条款一直从 1804 年保留到 2016 年，直到 2016 年 2 月 10 日的债法改革法令将其废除并且被新的法律条款所取代，这就是现行《法国民法典》当中的新的第 1106 条，该条既对双务合同做出了界定，也对单务合同做出了规定，已如前述。

一、双务合同的界定

2016 年之前，《法国民法典》第 1102 条对双务合同做了界定，该条规定：所谓双务合同，是指合同的一方当事人和另外一方当事人之间相互承担债务的合同。③ 此条的规定一直保留到 2016 年。通过 2016 年 2 月 10 日的债法改革法令，现行《法国民法典》新的第 1106（1）条对双务合同做出了界定，该条规定：所谓双务合同，是指合同的一方当事人和另外一方当事人之间相互承担债务的合同。④

换言之，所谓双务合同，是指合同的双方当事人均对对方承担相互债务（obligatons

---

① Henri et Leon Mazeaud, Jean Mazeaud, Francois Chabas, Obligations, 9e édition, Montchrestien, 1998, pp. 98—99.

② Dimitri Houtcieff, Droit Des Contrats, Larcier, 2e édition, 2016, pp. 60—62; Muriel Fabre-Magnan, Droit des obligations, Tome 1, Contrat et engagement unilatéral, 4e édition, puf, 2016, pp. 198—199; Philippe Malaurie, Laurent Aynès, Philippe Stoffel-Munck, Droit des obligations, 8e édition, L. G. D. J., 2016, pp. 208—211; Rémy Cabrillac, Droit des obligations, 12e édition, Dalloz, 2016, pp. 37—38; Marjorie Brusorio Aillaud, Droit des obligations, 8e édition, bruylant, 2017, pp. 152—153; Virginie Larribau-Terneyre, Droit civil, Les Obligations, 15e édition, Dalloz, 2017, pp. 291—292; François Terré, Philippe Simler, Yves Lequette, François Chénedé, Droit civil, Les Obligations, 12e édition, Dalloz, 2018, pp. 113—116.

③ Articles 1106, https://fr. wikisource. org/wiki/Code_civil_des_Français_1804/Livre_Ⅲ, _Titre_Ⅲ.

④ Article 1106, Code civil, Version en vigueur au 26 novembre 2020, https://www. legifrance. gouv. fr/codes/section_lc/LEGITEXT000006070721/LEGISCTA000032006712/#LEGISCTA000032006712.

réciproques）的合同。在双务合同当中，双方当事人互为债权人和债务人，一方的债务即为另一方的债权，一方的债权即为另一方的债务，两者互相依赖，彼此都对对方享有债权和承担债务。例如，买卖合同属于双务合同，因为在买卖合同当中，出卖人对买受人承担交付出卖物的债务，而买受人则对出卖人承担支付价款的债务。再例如，租赁合同也是双务合同，因为在租赁合同当中，出租人对承租人承担交付出租屋的债务，而承租人则对出租人承担支付租金的债务。

二、单务合同的界定

2016年之前，《法国民法典》第1103条对单务合同做了界定，该条规定：所谓单务合同，是一个或者几个人对另外一个或者几个人承担债务，而另外一个或者几个人不对对方承担债务的合同。[①] 此条的规定一直保留到2016年。通过2016年2月10日的债法改革法令，现行《法国民法典》新的第1106（2）条对单务合同做出了界定，该条规定：所谓单务合同，是指一个或者几个人对另外一个或者几个人承担债务，而另外一个或者几个人不对对方承担相互债务的合同。[②]

换言之，所谓单务合同，是指仅合同的一方当事人对另外一方当事人承担债务的合同。在单务合同中，仅一方当事人对另外一方当事人承担债务，并因此成为债务人，而另一方当事人则不对对方承担债务，他们仅仅是合同的债权人，有权要求债务人对其履行债务，除了对债权人履行债务之外，债务人不会对对方享有债权。例如，赠与合同属于单务合同，因为在此种合同当中，仅赠与人属于债务人，受赠人不是债务人而是债权人，赠与人要对受赠人承担交付赠与物的债务。再例如，借用合同也属于单务合同，因为在此种合同当中，仅借用人是债务人，他要对出借人承担返还出借物的债务，出借人并不是债务人，他仅仅是债权人。

在债法上，单务合同不应当与单方法律行为混淆。因为，虽然单务合同仅由一方当事人承担债务，但它仍然是一种合同，需要两方当事人之间的意思表示合意才能够成立，如果没有债权人的意思表示，单务合同就无法成立。而单方法律行为则不同，它们仅需一方当事人的意思表示就能够成立，无须双方当事人之间的意思表示的合意，已如前述。

三、单务合同向双务合同的转变

虽然双务合同和单务合同存在明显的区别，但此种区别并非绝对的而是相对的，在一定的条件下，单务合同可以转化为双务合同。例如，寄存合同，在无偿保管的情况下，该种合同实际上是单务合同：保管人负担返还保管物于寄存人的债务，寄存人享有要求保管人返还保管物的权利。如果当事人在此种合同中增加一个条款，将免费保管变为有偿保管，则该保管合同即从单务合同转为双务合同；保管人负有要求寄存人支付保

---

① Article 1106，https://fr. wikisource. org/wiki/Code_civil_des_Français_1804/Livre_Ⅲ，_Titre_Ⅲ.

② Article 1106，Code civil，Version en vigueur au 26 novembre 2020，https://www. legifrance. gouv. fr/codes/section_lc/LEGITEXT000006070721/LEGISCTA000032006712/#LEGISCTA000032006712.

管费的权利，并在合同到期时负有返还保管物的债务；寄存人负有支付保管费的债务，并享有要求保管人返还保管物的债权。

四、区分双务合同和单务合同的原因

《法国民法典》之所以区分双务合同和单务合同，最重要的原因在于，双务合同是当事人之间的相互合同，因此，双务合同的不履行会产生三个具体的法律规范，而这三个具体的法律规范在单务合同当中是不适用的：债务不履行的抗辩规则（l'exception d'inexécution），合同的解除规则（la résolution du contrat），以及风险理论（théorie du risque）。①

首先，双务合同当中适用债务不履行的抗辩规则，而单务合同当中则不适用此种规则。所谓债务不履行的抗辩规则，是指如果存在某种正当理由，债务人有权不履行自己对债权人承担的债务，他们不履行自己债务的行为不构成违约行为，无须对对方当事人承担合同责任。债务不履行的抗辩表现在两个方面：债务人没有履行自己的债务之前无权要求对方履行自己承担的债务；如果债务人在合同期限届满之前明显不会履行自己的债务，对方有权中止自己债务的履行，现行《法国民法典》新的第 1219 条和新的第 1220 条对债务不履行的抗辩规则做出了规定。

在双务合同当中，如果一方当事人没有履行其本身承担的债务，他们无权要求对方当事人履行其债务。因此，如果出卖人没有交付出卖物，则他们不得要求买受人支付价款，反之亦然，除非合同当事人在其合同当中对此问题做出了明确的规定。而此种规则不可能在单务合同当中适用，因为在单务合同当中，仅债务人一方对债权人承担债务。《法国民法典》新的第 1219 条对此种规则做出了说明，该条规定：如果对方当事人没有履行自身承担的债务并且如果其不履行债务的行为足够重大的话，则对方当事人能够拒绝履行自己承担的债务，即便他们的债务已经到了履行期。②

在双务合同当中，如果一方当事人在期限届满之前明显不会履行自身承担的债务，则对方能够中止自己债务的履行。此种规则仅仅在双务合同当中适用，不会在单务合同当中适用。《法国民法典》新的第 1220 条对此种规则做出了说明，该条规定：如果一方当事人在期限届满时明显不会履行自己的债务，并且如果其不履行合同债务的行为引起的后果是足够严重的话，则对方当事人能够中止自己债务的履行。中止履行的决定应当尽快发出。③

其次，双务合同当中适用合同不履行时的解除规则，而在单务合同当中，这些解除规则不适用。在双务合同当中，如果一方当事人不履行自己承担的债务，则对方当事人能够向法院起诉，要求法官解除自己与对方之间的合同。《法国民法典》新的第 1224 条

---

① Philippe Malaurie, Laurent Aynès, Philippe Stoffel-Munck, Droit des obligations, 8e édition, L. G. D. J., 2016, pp. 209—210.

② Article 1219, Code civil, Version en vigueur au 26 novembre 2020, https://www.legifrance.gouv.fr/codes/section_lc/LEGITEXT000006070721/LEGISCTA000032006712/#LEGISCTA000032006712.

③ Article 1220, Code civil, Version en vigueur au 26 novembre 2020, https://www.legifrance.gouv.fr/codes/section_lc/LEGITEXT000006070721/LEGISCTA000032006712/#LEGISCTA000032006712.

至第1230条对双务合同当中的合同解除规则做出了详尽的规定，根据这些规定，一旦合同被解除，则当事人之间的合同溯及既往地消灭，并因此产生三种不同的法律效果：当事人之间的债务不再履行；已经履行的，恢复原状；有过错的一方当事人赔偿对方当事人遭受的损害。[①] 在单务合同当中，不存在严格意义上的因为不履行债务而解除合同的问题，例如，如果借用人不履行自己的债务，则出借人无法解除他们与借用人之间的借用合同，因为借用人一定要承担返还责任。

最后，双务合同当中适用风险理论，而单务合同当中则不适用该种理论。在双务合同当中，如果债务的不履行是因为不可抗力引起的，债务人对对方承担的债务不再履行，人们将此种理论称为风险理论。例如，如果承租人所承租的不动产被大火所烧毁，则承租人不再承担支付租金的债务。

第四节 有偿合同和无偿合同

在法国，以合同的一方当事人在获得对方当事人所给付的利益的同时是否要给付利益给对方的不同，合同可以分为有偿合同（contrats à titre onéreux）和无偿合同（contrats à titre gratuit）。[②] 1804年的《法国民法典》第1105条对无偿合同做出了规定，而第1106条则对有偿合同做出了规定。这两个法律条款一直从1804年保留到2016年，直到2016年2月10日的债法改革法令将其废除并且被新的法律条款所取代，这就是现行《法国民法典》当中的新的第1107条，该条同时对有偿合同和无偿合同做出了界定，已如前述。

一、有偿合同的界定

2016年之前，《法国民法典》第1106条对有偿合同做了界定，该条规定：所谓有偿合同，是指合同的每一方当事人均承担做出或者不做出某种行为的合同。[③] 不过，法国某些民法学者普遍对第1106条的界定表示不满，因为他们认为，该条实际上是对双务合同做出的规定，不是对有偿合同做出的规定。这些民法学者认为，区分有偿合同和无偿合同的标准是利益，而区分双务合同和单务合同的标准则是债务，第1106条从债

① Articles 1224 à 1230, Code civil, Version en vigueur au 26 novembre 2020, https://www.legifrance.gouv.fr/codes/section_lc/LEGITEXT000006070721/LEGISCTA000032006712/#LEGISCTA000032006712.

② Dimitri Houtcieff, Droit Des Contrats, Larcier, 2e édition, 2016, pp. 64—65; Muriel Fabre-Magnan, Droit des obligations, Tome 1, Contrat et engagement unilatéral, 4e édition, puf, 2016, pp. 199—201; Philippe Malaurie, Laurent Aynès, Philippe Stoffel-Munck, Droit des obligations, 8e édition, L. G. D. J., 2016, p. 211; Rémy Cabrillac, Droit des obligations, 12e édition, Dalloz, 2016, pp. 38—39; Marjorie Brusorio Aillaud, Droit des obligations, 8e édition, bruylant, 2017, p. 153; Virginie Larribau-Terneyre, Droit civil, Les Obligations, 15e édition, Dalloz, 2017, pp. 292—294; François Terré, Philippe Simler, Yves Lequette, François Chénedé, Droit civil, Les Obligations, 12e édition, Dalloz, 2018, pp. 116—119.

③ Article 1106, https://fr.wikisource.org/wiki/Code_civil_des_Français_1804/Livre_Ⅲ, _Titre_Ⅲ.

务承担的角度对有偿合同做出界定，当然存在问题。[①]

因为此种原因，2016 年 2 月 10 日的债法改革法令废除了该条的界定，并且对有偿合同做出了新的界定，这就是现行《法国民法典》新的第 1107（1）条，该条规定：所谓有偿合同，是指合同的每一方当事人在从对方那里接受某种利益时会向对方提供交换物的合同。[②] 换言之，所谓有偿合同，是指合同的每一方当事人在获得对方当事人所给付的利益时均会向对方给付某种利益的合同。因此，在有偿合同当中，除了一方当事人会获得另外一方当事人给付的利益（un avantage）之外，另外一方当事人也会获得对方给付的利益，每一方当事人所获得的利益均是对方获得利益的交换物、对等物、补偿物（contrepartie）。

有偿合同类型众多，正如买卖合同、互易合同和租赁合同等。这些合同在性质上之所以属于有偿合同，是因为在这些合同当中，每一方当事人在获得或者接受对方提供的利益的同时均会向对方提供作为交换物、对等物、补偿物的利益。

二、无偿合同的界定

在 2016 年之前，《法国民法典》第 1105 条对无偿合同做出了界定，不过，它没有使用无偿合同一词，而是使用了另外一个术语，这就是恩惠合同（contrat de bienfaisance），该条规定：所谓恩惠合同，是指一方当事人让另外一方当事人获得某种单纯无偿利益的合同。[③] 2016 年 2 月 10 日的债法改革法令废除了该条的界定，并且对无偿合同做出了新的界定，这就是现行《法国民法典》的新第 1107（2）条，该条规定：所谓有偿合同，是指合同的一方当事人在让对方获得某种利益时不会预期或者接受对方提供的交换物的合同。[④] 换言之，所谓无偿合同，是指合同的一方当事人在获得对方给付的某种利益时不会让对方获得自己提供的交换物、对等物、补偿物的合同。在无偿合同当中，虽然一方当事人获得了对方给付的利益，但是，他们并没有向对方给付获得利益的交换物、对等物、补偿物。

在合同法当中，赠与合同属于典型的无偿合同，因为受赠人在获得赠与人的赠与物时没有支付任何交换物、对等物、补偿物。此外，无偿合同还包括其他类型的合同：没有报酬的代理合同或者委托合同，没有利息的借贷合同，免费保管合同，或者没有报偿的担保合同，等等。

三、区分有偿合同和无偿合同的原因

在法国，民法之所以区分有偿合同和无偿合同，其原因多种多样。

---

① Henri Roland et Laurent Boyer, Contrat, 3e édition, Litec, 1989, p. 35; Henri et Leon Mazeaud, Jean Mazeaud, Francois Chabas, Obligations, 9e édition, Montchrestien, 1998, p. 93; Jacques Flour, Jean-Luc Aubert, Éric Savaux, Les Obligations, 1. L'acte juridique, 14e édition, Dalloz, 2010, p. 74.

② Article 1107, Code civil, Version en vigueur au 26 novembre 2020, https://www.legifrance.gouv.fr/codes/section_lc/LEGITEXT000006070721/LEGISCTA000032006712/#LEGISCTA000032006712.

③ Article 1106, https://fr.wikisource.org/wiki/Code_civil_des_Français_1804/Livre_Ⅲ, _Titre_Ⅲ.

④ Article 1107, Code civil, Version en vigueur au 26 novembre 2020, https://www.legifrance.gouv.fr/codes/section_lc/LEGITEXT000006070721/LEGISCTA000032006712/#LEGISCTA000032006712.

首先，合同当事人之间的人际关系的影响不同。总的来说，有偿合同一般不受人际关系的影响，所以，买卖合同的出卖人并不计较买受人是谁，只要买受人愿意支付出卖物的价款，出卖人并不关心其货物的买受人的身份。因此，有偿合同的当事人不得因为当事人身份的错误（erreur in persona）而主张自己的意思表示无效；而无偿合同则刚好相反，它天然地要考虑受益人的身份，如果给付利益的一方当事人因为对方当事人的身份发生错误，则给付利益的一方当事人可以主张自己的意思表示无效，他们有权要求接受利益的一方当事人将所获得的利益返还给自己。

其次，合同当事人所承担的债务轻重不同。总的来说，在有偿合同当中，债务人承担的债务要比无偿合同当中的债务人所承担的债务要重。因此，在买卖合同当中，出卖人应当承担瑕疵担保责任，包括权利瑕疵担保责任和物的瑕疵担保责任，因为买卖合同属于有偿合同，而在赠与合同当中，赠与人则不承担瑕疵担保责任，因为赠与合同属于无偿合同。

最后，法律对待有偿合同和无偿合同的态度不同。总的来说，法律对待有偿合同的态度宽松，它们很少会对有偿合同做出严格的规范和调整，不会对其合同形式或者内容做出过多的强制性规定，因为有偿合同对合同当事人的债权人或者继承人而言风险较小。而法律对待无偿合同的态度则十分严格，《法国民法典》尤其对赠与合同的条件、形式和内容做出了强制性的规定，要求赠与合同的当事人严格遵循，否则，他们之间的合同可能会因此无效。《法国民法典》之所以对赠与合同做出强制性的规定，是因为赠与合同对赠与人的债权人或者继承人而言存在极大的危险，它会让赠与人因此穷困潦倒，并因此让债权人的一般担保权的基础落空。因此，即便债权人撤销权能够同时在有偿合同和无偿合同当中适用，该种诉权在无偿合同当中的适用要比在有偿合同当中更加容易。

第五节　实定合同与射幸合同

在法国，根据合同的内容在合同成立时是否已经确定，合同可以分为实定合同（contrats communtatifs）和射幸合同（contrats aléatoires）。在法国，实定合同和射幸合同是对有偿合同所做出的更进一步分类。换言之，此种分类仅在有偿合同当中适用，不在无偿合同当中适用。[①] 1804 年的《法国民法典》第 1104 条对这两种合同做出了规定。这个法律条款一直从 1804 年保留到 2016 年，直到 2016 年 2 月 10 日被债法改革法所废

① Dimitri Houtcieff, Droit Des Contrats, Larcier, 2e édition, 2016, pp. 62—65; Muriel Fabre-Magnan, Droit des obligations, Tome 1, Contrat et engagement unilatéral, 4e édition, puf, 2016, pp. 201—202; Philippe Malaurie, Laurent Aynès, Philippe Stoffel-Munck, Droit des obligations, 8e édition, L. G. D. J., 2016, pp. 211—214; Rémy Cabrillac, Droit des obligations, 12e édition, Dalloz, 2016, pp. 39—40; Marjorie Brusorio Aillaud, Droit des obligations, 8e édition, bruylant, 2017, pp. 153—154; Virginie Larribau-Terneyre, Droit civil, Les Obligations, 15e édition, Dalloz, 2017, p. 294; François Terré, Philippe Simler, Yves Lequette, François Chénedé, Droit civil, Les Obligations, 12e édition, Dalloz, 2018, pp. 119—123.

除并且被新的法律条款所取代，这就是现行《法国民法典》当中的新的第1108条，该条同时对实定合同和射幸合同做出了界定，已如前述。

一、实定合同的界定

2016年之前，《法国民法典》第1104（1）条对实定合同做了界定，它规定：所谓实定合同，是指合同的每一方当事人在获得对方作为等价物所转移的财产所有权或者某种作为行为时对对方承担转移财产所有权或者做出某种行为债务的合同。① 在法国，民法学者普遍对此种界定表示不满，因为他们认为，判断一种合同在性质上是不是实定合同，其标准并不是该条所规定的等价物（l'équivalent），而是在合同成立时合同当事人之间的债务是否确定或者所获得的利益是否确定。

不过，在2016年之前，在如何界定实定合同的问题上，法国民法学者之间仍然存在不同的意见，主要有三种不同的界定方式：其一，从合同成立时合同当事人所获得的利益是否能够即刻确定的角度对实定合同做出界定，根据此种界定，所谓实定合同，是指在合同成立时合同的每一方当事人所能够获得的利益均已经被确定的合同；② 其二，从债务人承担的给付债务在合同成立时是否能够即刻确定的角度对实定合同做出界定，根据此种界定，所谓实定合同，是指在合同成立时合同债务人所承担的给付债务就能够确定的合同；③ 其三，同时从合同当事人获得的利益和承担的债务在合同成立时是否能够确定的角度对实定合同做出界定，根据此种界定，所谓实定合同，是指合同当事人获得的利益或者承担的债务在合同成立时均确定的合同。④

鉴于民法学者普遍对此种界定表示不满，在2016年2月10日的债法改革法令当中，法国政府放弃了此种界定并且以新的界定取而代之，这就是现行《法国民法典》新的第1108（2）条，该条规定：所谓实定合同，是合同的每一方当事人在获得对方给予的某种利益时所承担的给予对方被视为等价物的利益的债务的合同。⑤ 在今时今日，某些民法学者根据《法国民法典》新的第1108条对实定合同做出界定，他们没有对此种界定做出批评，⑥ 而另外一些民法学者则不同，他们仍然对该条规定表示不满，因为他们认为，此种界定仍然是不准确的，他们认为，最准确的界定应当是：实定合同是指在合同成立时合同的每一方当事人所获得的利益或者所承担的债务范围已经明确、肯定

---

① Article 1104, https://fr. wikisource. org/wiki/Code_civil_des_Français_1804/Livre_Ⅲ, _Titre_Ⅲ.

② Henri et Leon Mazeaud, Jean Mazeaud, Francois Chabas, Obligations, 9e édition, Montchrestien, 1998, p. 94; Philippe Malaurie, Laurent Aynès, Philippe Stoffel-Munck, Les obligations, 4e édition Defrenois, 2009, p. 201.

③ Jacques Flour, Jean-Luc Aubert, Éric Savaux, Les Obligations, 1. L'acte juridique, 14e édition, Dalloz, 2010, p. 75; Philippe Malinvaud, Dominique Fenouillet, Droit des obligations, 11e édition, Litec, 2010, p. 55.

④ Francois Terré, Philippe Simler, Yves Lequette, Droit civil, Les Obligations, 10e édition, Dalloz, 2009, p. 81.

⑤ Article 1108, Code civil, Version en vigueur au 26 novembre 2020, https://www. legifrance. gouv. fr/codes/section_lc/LEGITEXT000006070721/LEGISCTA000032006712/#LEGISCTA000032006712.

⑥ Dimitri Houtcieff, Droit Des Contrats, Larcier, 2e édition, 2016, pp. 62—63; Rémy Cabrillac, Droit des obligations, 12e édition, Dalloz, 2016, p. 39; Marjorie Brusorio Aillaud, Droit des obligations, 8e édition, bruylant, 2017, pp. 153—154.

和清楚的合同。[①]

民法上的大多数合同在性质上均是实定合同，因为在合同成立时，当事人享有的权利和承担的债务就是明确、肯定和清楚的，换言之，在合同成立时，每一方当事人通过合同的履行会获得什么利益和支付多少等价物，均是明确的、肯定的和清楚的。因此，买卖合同在性质上是一种实定合同，因为在合同成立时，出卖人承担的给付债务和买受人承担的给付债务均是确定的。

二、射幸合同的界定

2016 年之前，《法国民法典》第 1104（2）条对射幸合同做了界定，它规定：所谓射幸合同，是指合同当事人之间的等价物即获利的机会或者受损的机会取决于某种不确定事件的合同。[②] 通过 2016 年 2 月 10 日的债法改革法令，法国政府抛弃了该种界定并且以新的界定取而代之，这就是现行《法国民法典》新的第 1108（2）条，该条规定：所谓射幸合同，是指当事人同意让他们之间的合同的法律效力、所获得的利益或者所遭受的损失取决于某种不确定事件的合同。[③]

在法国，虽然射幸合同的种类繁多，但是，保险合同和赌博性游戏合同属于最主要的、最典型的两种射幸合同。在保险合同中，保险人承担保险标的物被盗窃或被大火焚毁的风险，一旦此种保险风险发生，保险人即应对被保险人承担支付损害赔偿金的债务；但如果保险事故没有发生，则保险人不对被保险人承担支付赔偿金的债务。保险人是否承担支付损害赔偿金的债务，被保险人是否有要求保险人支付赔偿金的权利，均取决于保险风险的发生。在赌博性游戏合同中，参与赌博性活动的人是否取得赌博性游戏合同中所规定的利益，取决于赌博的人是否完成赌博性游戏合同中所规定的条件。无论是保险合同还是赌博性游戏合同，债权人利益的获得和债务人利益的损害均取决于不确定事件是否发生。因此，射幸合同实际上是一种机会合同。

三、区分实定合同和射幸合同的原因

在法国，民法之所以区分实定合同和射幸合同，其主要原因有三：[④]

首先，显失公平理论（théorie de la lésion）是否能够适用的不同。所谓显失公平（la lésion），是指合同当事人之间在给付方面的不平衡（éséquilibre），也就是说，一方当事人通过合同所获得的利益与其通过合同所支付的利益不对等。[⑤] 在合同当事人之间

---

① François Terré, Philippe Simler, Yves Lequette, François Chénedé, Droit civil, Les Obligations, 12e édition, Dalloz, 2018, p. 120.

② Article 1104, https://fr. wikisource. org/wiki/Code_civil_des_Français_1804/Livre_Ⅲ, _Titre_Ⅲ.

③ Article 1108, Code civil, Version en vigueur au 26 novembre 2020, https://www. legifrance. gouv. fr/codes/section_lc/LEGITEXT000006070721/LEGISCTA000032006712/#LEGISCTA000032006712.

④ Henri et Leon Mazeaud, Jean Mazeaud, Francois Chabas, Obligations, 9e édition, Montchrestien, 1998, pp. 96—97; Philippe Malaurie, Laurent Aynès, Philippe Stoffel-Munck, Droit des obligations, 8e édition, L. G. D. J., 2016, pp. 213—214; François Terré, Philippe Simler, Yves Lequette, François Chénedé, Droit civil, Les Obligations, 12e édition, Dalloz, 2018, pp. 122—123.

⑤ Vocabulaire juridique, 10e édition, sous la direction de Gérard Cornu, puf, 2014, pp. 604—605.

的合同显失公平的情况下，因为该种不公平而遭受损害的人有权向法院起诉，要求法官撤销他们与对方之间的合同。原则上，显失公平理论仅在实定合同当中适用，不在射幸合同当中适用。

换言之，如果实定合同当中存在显失公平的问题，则因为该种不公平而遭受损害的一方当事人有权要求法官撤销他们与对方当事人之间的合同。反之，即便射幸合同当中存在显失公平的问题，因为该种不公平而遭受损害的一方当事人也不得要求法官撤销他们与对方当事人之间的合同。这就是民法领域著名的格言（adage）：“合同当事人获得利益的偶然性排除了合同使其遭受损害的可能性。”（l'aléa chasse la lésion）。

其次，情势变更理论是否能够适用的不同。在2016年之前，《法国民法典》没有对情势变更理论做出明确规定，法官普遍反对合同当事人以情势发生重大变更为由要求法官变更当事人之间的合同内容。通过2016年2月10日的债法改革法令，现行《法国民法典》则承认情势变更理论的存在，允许法官借口情势变更对当事人之间的合同做出变更。不过，情势变更理论仅仅适用于实定合同，不适用于射幸合同。换言之，在情势变更的情况下，实定合同的一方当事人能够向法院起诉，要求法官对他们与对方之间的合同做出变更，而射幸合同的一方当事人则不得向法院起诉，要求法官对他们与对方之间的合同做出变更。

最后，是否能够产生法律效力的不同。虽然实定合同和射幸合同均实行意思自治原则，他们之间的合同原则上均按照当事人的意图、意志产生法律效力。但是，立法者很少对实定合同的法律效力施加限制，而他们更愿意对射幸合同的法律效力施加限制，此种限制表现在：他们在制定法当中明确规定，某些射幸合同仅仅产生自然债的法律效力，不能够产生民事债的法律效力：如果债务人自愿履行射幸合同所承担的债务，则他们的履行行为有效，如果债务人拒绝履行射幸合同所规定的债务，则债权人不能够要求法官强制债务人履行。现行《法国民法典》第1965条对此种规则做出了明确说明，该条规定：制定法不会赋予当事人以诉权，让他们就赌债或者赌资的清偿问题向法院起诉。[①]

第六节　即时合同和连续合同

根据合同当事人债务履行方式的不同，合同分为即时合同（contrats instantanés le contrat à exécution instantanée）和连续合同（contrats successfs le contrat à exécution successive）。1804年的《法国民法典》没有对这两种合同做出明确规定。虽然如此，在2016

① Article 1965, Code civil, Version en vigueur au 27 novembre 2020, https://www.legifrance.gouv.fr/codes/section_lc/LEGITEXT000006070721/LEGISCTA000006118138/#LEGISCTA000006118138.

年之前，法国民法学者普遍承认这两种合同。[①] 通过2016年2月10日的债法改革法令，现行《法国民法典》新的第1111-1条对这两种合同做出了规定，已如前述。除了现行《法国民法典》对这两种合同做出了界定之外，2016年之后的法国民法学者也普遍承认这两种合同。[②]

一、即时合同的界定

在2016年之前，虽然法国民法学者普遍对即时合同做出了界定，但是，他们做出的界定是存在差异的，主要有两种不同的界定方式。某些民法学者从债务人履行债务的次数来对即时合同做出界定，他们认为，所谓即时合同，是指合同所规定的债务仅需通过一次履行行为就能够履行完毕的合同。当债务人对债权人承担债务时，如果债务人的一次履行行为就能够让他们之间的债权债务关系消灭，则债务人与债权人之间的合同就属于即时合同。[③] 而另外一些民法学者则从债务人承担债务的时刻对即时合同做出界定，他们认为，所谓即时合同，是指在合同成立时债务人所承担的债务就得到履行的合同。在债务人与债权人之间的合同成立时，如果债务人对债权人所承担的债务得以履行时，则他们之间的合同就属于即时合同。[④]

通过2016年2月10日的债法改革法令，现行《法国民法典》新的第1111-1（1）条对即时合同做出了界定，它将即时合同称为即时履行合同，它规定：所谓即时履行合同，是指债务人能够通过一次性给付履行债务的合同。[⑤] 买卖合同属于典型的即时合同，因为当出卖人与买受人之间就买卖合同达成协议时，债务人就开始对债权人履行债务，并且他们仅需履行一次就足以让他们与债权人之间的债结束：出卖人即刻将其出卖物的所有权转让给买受人，买受人即刻将其购买款支付给出卖人，无论是出卖人转让出

---

① Henri Roland et Laurent Boyer, Contrat, 3e édition, Litec, 1989, pp. 42—45; Henri et Leon Mazeaud, Jean Mazeaud, Francois Chabas, Obligations, 9e édition, Montchrestien, 1998, pp. 97—98; Philippe Malinvaud Dominique Fenouillet, Droit des obligations, 11e édition, Litec, 2010, pp. 56—57; Philippe Malaurie, Laurent Aynès, Philippe Stoffel-Munck, Les obligations, 4e édition Defrenois, 2009, pp. 203—206; Jacques Flour, Jean-Luc Aubert, Éric Savaux, Les Obligations, 1. L'acte juridique, 14e édition, Dalloz, 2010, pp. 78—79; Francois Terré, Philippe Simler, Yves Lequette, Droit civil, Les Obligations, 10e édition, Dalloz, 2009, pp. 83—84.

② Dimitri Houtcieff, Droit Des Contrats, Larcier, 2e édition, 2016, pp. 65—68; Muriel Fabre-Magnan, Droit des obligations, Tome 1, Contrat et engagement unilatéral, 4e édition, puf, 2016, pp. 203—204; Philippe Malaurie, Laurent Aynès, Philippe Stoffel-Munck, Droit des obligations, 8e édition, L. G. D. J., 2016, pp. 214—216; Rémy Cabrillac, Droit des obligations, 12e édition, Dalloz, 2016, pp. 43—45; Marjorie Brusorio Aillaud, Droit des obligations, 8e édition, bruylant, 2017, p. 156; Virginie Larribau-Terneyre, Droit civil, Les Obligations, 15e édition, Dalloz, 2017, pp. 299—300; François Terré, Philippe Simler, Yves Lequette, François Chénedé, Droit civil, Les Obligations, 12e édition, Dalloz, 2018, pp. 123—125.

③ Gérard Légier, Les obligations, 17e édition, 2001, Dalloz, p. 17; Philippe Malaurie, Laurent Aynès, Philippe Stoffel-Munck, Les obligations, 4e édition Defrenois, 2009, p. 204; Francois Terré, Philippe Simler, Yves Lequette, Droit civil, Les Obligations, 10e édition, Dalloz, 2009, p. 83.

④ Henri Roland et Laurent Boyer, Contrat, 3e édition, Litec, 1989, pp. 42—43; Virginie Larribau-Terneyre, Droit civil, Les Obligations, 12e édition, Dalloz, p. 238.

⑤ Article 1111-1, Code civil, Version en vigueur au 26 novembre 2020, https://www.legifrance.gouv.fr/codes/section_lc/LEGITEXT000006070721/LEGISCTA000032006712/#LEGISCTA000032006712.

卖物的所有权，还是买受人支付购买款，他们均一次性履行其债务就可以了。

二、连续合同的界定

在2016年之前，虽然《法国民法典》没有对连续合同做出规定，但是，法国民法学者普遍都在自己的民法著作当中对连续合同做出了界定，并且他们做出的界定没有本质上的差异，因为他们均认为，所谓连续合同，是指债务人所承担的债务应当在一定时期内持续不断的、分期分批予以履行的合同。[①] 通过2016年2月10日的债法改革法令，现行《法国民法典》新的第1111－1（2）条对连续合同做出了界定，它将连续合同称为连续履行合同，它规定：所谓连续履行合同，是指当事人的债或者至少部分债在一定时期内分几次履行的合同。[②]

当债务人对债权人承担债务时，如果债务人不是即刻通过其一次性履行就让他们与债权人之间的债消灭，而应当通过合同成立之后的多次债务履行才能够让他们与债权人之间的债消灭，则债务人与债权人之间的合同就是连续合同。在法国，连续合同种类繁多，诸如雇佣合同或者劳动合同、合伙合同、租赁合同、保管合同以及仓储合同等。在连续合同中，债务人履行债务的持续期间（durée）是该合同的构成要素，没有这一构成要素，连续合同便不能成立。例如，在租赁合同中，租赁期可以持续20年，也可以持续6个月，甚至还可以持续15天，其持续期限的长短对租赁合同的性质不构成影响。

根据现行《法国民法典》新的第1210条、新的第1211条和新的1112条的规定，连续合同分为有确定期限的连续合同和有不确定期限的连续合同：如果连续合同对债务的履行期限做出了明确限定，则当事人之间的合同就属于有确定期限的连续合同，反之，如果连续合同没有对合同的履行期限做出明确限定，则当事人之间的合同就属于不确定期限的连续合同。[③]

三、区分即时合同和连续合同的原因

民法之所以区分即时合同和连续合同，其主要原因有四：[④]

首先，合同无效所产生的法律效力不同。如果即时合同因为某种原因而无效，则该种无效的合同会产生让合同溯及既往消灭的法律效力，合同当事人之间的债权债务关系

---

① Gérard Légier, Les obligations, 17e édition, 2001, Dalloz, p. 17; Philippe Malaurie, Laurent Aynès, Philippe Stoffel-Munck, Les obligations, 4e édition Defrenois, 2009, p. 204; Francois Terré, Philippe Simler, Yves Lequette, Droit civil, Les Obligations, 10e édition, Dalloz, 2009, p. 83.

② Article 1111-1, Code civil, Version en vigueur au 28 novembre 2020, https://www.legifrance.gouv.fr/codes/section_lc/LEGITEXT000006070721/LEGISCTA000032006712/#LEGISCTA000032006712.

③ Philippe Malaurie, Laurent Aynès, Philippe Stoffel-Munck, Droit des obligations, 8e édition, L. G. D. J., 2016, pp. 214—215; François Terré, Philippe Simler, Yves Lequette, François Chénedé, Droit civil, Les Obligations, 12e édition, Dalloz, 2018, p. 123.

④ Henri et Leon Mazeaud, Jean Mazeaud, Francois Chabas, Obligations, 9e édition, Montchrestien, 1998, pp. 97—98; Dimitri Houtcieff, Droit Des Contrats, Larcier, 2e édition, 2016, pp. 66—68; Virginie Larribau-Terneyre, Droit civil, Les Obligations, 15e édition, Dalloz, 2017, p. 300; Marjorie Brusorio Aillaud, Droit des obligations, 8e édition, bruylant, 2017, p. 156.

会恢复到合同成立之前的原状。但是，如果连续合同由于某种原因而无效，则该种无效的合同不会产生让合同溯及既往消灭的效力，而仅仅产生让合同向将来失效的效力，当事人之间已经履行的债务并不会因此无效。

其次，合同解除时的法律效力不同。如果即时合同由于某种原因而被解除，则此种解除会产生让合同溯及既往消灭的法律效力，就像当事人之间的合同完全不存在一样，当事人根据合同获得的利益应当返还给对方。而如果连续合同因为某种原因而解除，则此种解除不会产生让合同溯及既往消灭的法律效力，而仅仅产生让合同从解除之日起向将来失效的法律效力，因为在连续合同被解除的情况下，当事人之间的债几乎没有可能恢复原状。例如，雇佣合同当中，雇员已经实施的行为无法撤销。

再次，合同是否能够单方面解除的不同。如果当事人之间的合同在性质上属于即时合同，则合同的任何一方当事人均不得随意解除其合同，但是，如果合同当事人之间的合同在性质上属于连续合同并且属于有不确定期限的连续合同，则合同的任何一方当事人均有权随时解除合同，除非他们解除合同的行为构成权利滥用行为，否则，他们无须对对方承担民事责任。当然，如果合同属于有确定期限的连续合同，在合同规定的期限届满之前，任何一方当事人均不得单方面解除或者终止他们与对方之间的合同，这一点与即时合同的规则是一致的。

最后，合同是否能够适用情势变更规则的不同。总的来说，情势变更规则即不可预性规则不得在即时合同当中适用，合同的任何一方当事人均不得即借口情势变更而要求法官对他们之间的合同做出变更。而连续合同则不同，在合同的有效期限内，如果社会的经济状况发生变化，尤其是，如果货币发生严重的贬值，则一方当事人有权向法院起诉，要求法官对他们与对方之间的合同予以变更。

第七节　其他类型的合同

一、合意合同、形式合同和要物合同

根据合同的成立是否需要具备某种特定形式或者是否需要交付某种物体的不同，合同可以分为合意合同（contrats consensuels）、形式合同（contrats solennels）和要物合同（contrats réels）。虽然此种区分理论早在罗马法当中就已经存在，并且构成法国合同法的传统区分理论，但是，1804 年的《法国民法典》没有对这三种合同做出明确规定。①

① Dimitri Houtcieff, Droit Des Contrats, Larcier, 2e édition, 2016, p. 71；Philippe Malaurie, Laurent Aynès, Philippe Stoffel-Munck, Les obligations, 4e édition Defrenois, 2009, p. 222.

虽然如此，在2016年之前，法国民法学者普遍承认这三种合同。[①] 通过2016年2月10日的债法改革法令，现行《法国民法典》新的第1109条对这三种合同做出了规定，已如前述。除了现行《法国民法典》对这两种合同做出了界定之外，2016年之后的法国民法学者也普遍承认这三种合同。[②]

（一）合意合同的界定

现行《法国民法典》新的第1109（1）条对合意合同做出了界定，该条规定：所谓合意合同，是指仅仅通过同意的交换所成立的合同，无论其表达方式是什么。[③] 换言之，所谓合意合同，是指仅凭当事人之间意图、意志、意思的一致（le seul accord de volonté）就能够成立的合同。在法国，大多数合同均为合意合同，因为法国民法贯彻意思自治原则和合同自由原则，合同的成立既不要求当事人采取某种推定的形式，也不要求一方当事人对另外一方当事人交换某种有体物，仅仅要求两方当事人之间的意图、意志和意思一致。合意合同既可以是书面合同，也可以是口头合同，既可以是明示合同，也可以是默示合同，[④] 因为新的第1109（1）条明确规定，合意合同可以采取任何方式，已如前述。

在法国，买卖合同是最典型的合意合同，因为从1804年一直到今天，《法国民法典》第1583条均规定买卖合同采取合意主义，这就是，即便出卖人没有交付，即便价款没有支付，只要买卖双方就买卖物和价款达成了意图、意志、意思的一致，买受人就取得了出卖人的出卖物。该条规定：无论出卖物是否交付或者价款是否支付，一旦人们之间就买卖物和价款达成了协议，则他们之间的买卖合同就完成了，买受人即取得了出卖人的财产所有权。[⑤]

---

① Gérard Légier, Les obligations, 17e édition, Dalloz, 2001, p. 16; Philippe Malinvaud, Dominique Fenouillet, Droit des obligations, 11e édition, Litec, 2010, pp. 49—50; Philippe Malaurie, Laurent Aynès, Philippe Stoffel-Munck, Les obligations, 4e édition Defrenois, 2009, pp. 212—213; Rémy Cabrillac, Droit des obligations, 9e édition, Dalloz, pp. 36—38; Virginie Larribau-Terneyre, Droit civil, Les Obligations, 12e édition, Dalloz, pp. 233—237; Christian Larroumet, Droit Civil, Les Obligations, Le Contrat, 6e édition, Economica, 2007, pp. 190—198; Jacques Flour, Jean-Luc Aubert, Éric Savaux, Les Obligations, 1. L'acte juridique, 14e édition, Dalloz, 2010, pp. 77—78; Francois Terré, Phili-ppe Simler, Yves Lequette, Droit civil, Les Obligations, 10e édition, Dalloz, 2009, pp. 77.

② Dimitri Houtcieff, Droit Des Contrats, Larcier, 2e édition, 2016, pp. 71—76; Philippe Malaurie, Laurent Aynès, Philippe Stoffel-Munck, Droit des obligations, 8e édition, L. G. D. J., 2016, pp. 222—223; Rémy Cabrillac, Droit des obligations, 12e édition, Dalloz, 2016, pp. 40—41; Marjorie Brusorio Aillaud, Droit des obligations, 8e édition, bruylant, 2017, pp. 154—155; Virginie Larribau-Terneyre, Droit civil, Les Obligations, 15e édition, Dalloz, 2017, pp. 295—299; François Terré, Philippe Simler, Yves Lequette, François Chénedé, Droit civil, Les Obligations, 12e édition, Dalloz, 2018, pp. 112—113.

③ Article 1109, Code civil, Version en vigueur au 28 novembre 2020, https://www.legifrance.gouv.fr/codes/section_lc/LEGITEXT000006070721/LEGISCTA000032006712/#LEGISCTA000032006712.

④ Virginie Larribau-Terneyre, Droit civil, Les Obligations, 15e édition, Dalloz, 2017, p. 295.

⑤ Article 1583, Code civil, Version en vigueur au 28 novembre 2020, https://www.legifrance.gouv.fr/codes/section_lc/LEGITEXT000006070721/LEGISCTA000006136377/#LEGISCTA000006136377.

（二）形式合同的界定

现行《法国民法典》新的第 1109（2）条对形式合同做出了界定，该条规定：所谓形式合同，是指其有效性受到制定法确定的形式约束的合同。[①] 换言之，所谓形式合同，是指必须通过某种特定形式才能够成立的合同。单凭合同当事人之间的意思表示的一致，形式合同还不能够成立，除了应当具备意思表示的一致之外，此种合同还应当具备某种特定的形式，诸如书面性质和公正形式等。

在法国，形式合同也被称为庄严合同、正式合同，它们之所以被称为庄严合同、正式合同，是因为它们必须尊重制定法所规定的形式要求，如果它们没有按照制定法的要求采取某种特定的形式，则它们会因此无效。在法国，赠与合同、婚姻合同、保证合同、质押合同和抵押合同等在性质上属于形式合同。例如，《法国民法典》规定，抵押的设立合同和赠与合同应当采取公证形式。[②]《法国民法典》之所以要求当事人之间的此类合同采取书面形式，最主要的原因是，通过书面形式的要求，让合同当事人意识到这些合同所面临的危险性和复杂性，并因此反映当事人之间意思表示的真实性。[③]

（三）要物合同的界定

现行《法国民法典》新的第 1109（3）条对要物合同做出了界定，该条规定：所谓要物合同，是指其成立受到了某种物的交付约束的合同。[④] 换言之，所谓要物合同，是指通过一方当事人向另外一方当事人交付某种财产的方式所成立的合同。除了意思表示一致之外，要物合同的成立还应当具备另外一个条件，这就是，合同的一方当事人将其财产或者物交付给另外一方当事人，如果仅有意思表示的一致而没有该种财产或者物的具体交付，则合同当事人之间的合同也无法成立。要物合同有时也是形式合同，因为某些要物合同也要求采取某种特定的形式。[⑤] 在法国，要物合同属于合意合同的一种例外，因为在今时今日，仅四种合同在性质上属于要物合同：《法国民法典》第 1875 条所规定的借用合同，第 1882 条所规定的消费借用合同，第 1915 条所规定的保管合同，以及新的第 2336 条所规定的质押合同。[⑥]

（四）区分合意合同、形式合同和要物合同的原因

法国民法之所以区分这三种不同的合同，最主要的原因有二：

一方面，它们在法国民法当中的地位存在差异。虽然现行《法国民法典》明确区

---

① Article 1109, Code civil, Version en vigueur au 28 novembre 2020, https://www.legifrance.gouv.fr/codes/section_lc/LEGITEXT000006070721/LEGISCTA000032006712/#LEGISCTA000032006712.

② Philippe Malaurie, Laurent Aynès, Philippe Stoffel-Munck, Droit des obligations, 8e édition, L. G. D. J., 2016, p. 222.

③ Dimitri Houtcieff, Droit Des Contrats, Larcier, 2e édition, 2016, p. 73.

④ Article 1109, Code civil, Version en vigueur au 28 novembre 2020, https://www.legifrance.gouv.fr/codes/section_lc/LEGITEXT000006070721/LEGISCTA000032006712/#LEGISCTA000032006712.

⑤ Dimitri Houtcieff, Droit Des Contrats, Larcier, 2e édition, 2016, p. 74.

⑥ Virginie Larribau-Terneyre, Droit civil, Les Obligations, 15e édition, Dalloz, 2017, p. 298.

分这三种不同的合同，但是，它并没有将这三种不同的合同置于同一层面，因为它认为，这三种不同的合同当中，最主要的、最重要的一种合同类型是合意合同，而另外两种合同仅仅是合意合同的例外。现行《法国民法典》新的第1172条对这三种不同合同的地位做出了明确说明，该条规定：合同原则上是合意的，例外的情况下，形式合同的有效性受到制定法所确定的形式的遵守的约束，除非存在可能的规范化，否则，合同无效。此外，制定法要求某些合同的成立受到某种物的交付的约束。①

另一方面，它们成立的条件存在差异。合意合同的成立既不需要采取某种特定形式，也不需要交付某种具体的财产，只需要合同当事人达成合意就能够成立和产生法律效力。形式合同除了要求意思表示的合意之外，还要求当事人采取特定形式，如果当事人没有采取特定形式，则他们之间的合同无效。要物合同除了要求当事人之间的意思表示合意之外还要求一方交付具体的财产，如果不交付具体的财产，合同也无法产生法律效力。

二、谈判合同和附合合同

根据合同当事人在合同成立时是否能够自由表达其意图、意志、意思的不同，合同可以分为谈判合同（contrats gré à gré contrats négociés）和附合合同（contrats d'adhésion）两种。1804年的《法国民法典》没有对这两种合同做出明确规定。虽然如此，在2016年之前，法国民法学者普遍承认这两种合同。② 通过2016年2月10日的债法改革法令，现行《法国民法典》新的第1110条对这两种合同做出了规定，已如前述。除了现行《法国民法典》对这两种合同做出了界定之外，2016年之后的法国民法学者也普遍承认这两种合同。③

（一）谈判合同的界定

《法国民法典》新的第1110（1）条对谈判合同做出了界定，该条规定：所谓谈判

① Article 1172, Code civil, Version en vigueur au 28 novembre 2020, https://www.legifrance.gouv.fr/codes/section_lc/LEGITEXT000006070721/LEGISCTA000032006712/#LEGISCTA000032006712.

② Henri Roland et Laurent Boyer, Contrat, 3e édition, Litec, 1989, pp.48—53; Philippe Malaurie, Laurent Aynès, Philippe Stoffel-Munck, Les obligations, 4e édition Defrenois, 2009, p.213; Rémy Cabrillac, Droit des obligations, 9e édition, Dalloz, p.38; Virginie Larribau-Terneyre, Droit civil, Les Obligations, 12e édition, Dalloz, p.240; Jacques Flour, Jean-Luc Aubert, Éric Savaux, Les Obligations, 1. L'acte juridique, 14e édition, Dalloz, 2010, pp.79—80; Francois Terré, Philippe Simler, Yves Lequette, Droit civil, Les Obligations, 10e édition, Dalloz, 2009, pp.85—86.

③ Dimitri Houtcieff, Droit Des Contrats, Larcier, 2e édition, 2016, pp.77—80; Philippe Malaurie, Laurent Aynès, Philippe Stoffel-Munck, Droit des obligations, 8e édition, L.G.D.J., 2016, pp.223—225; Rémy Cabrillac, Droit des obligations, 12e édition, Dalloz, 2016, pp.41—42; Marjorie Brusorio Aillaud, Droit des obligations, 8e édition, bruylant, 2017, p.155; Virginie Larribau-Terneyre, Droit civil, Les Obligations, 15e édition, Dalloz, 2017, pp.300—301; François Terré, Philippe Simler, Yves Lequette, François Chénedé, Droit civil, Les Obligations, 12e édition, Dalloz, 2018, pp.128—134.

合同，是指其条款是由当事人之间通过讨价还价予以确定的合同。[1] 换言之，所谓谈判合同，是指合同的双方当事人在经过充分的讨价还价或者协商之后所成立的合同。在谈判合同当中，合同的双方当事人对他们之间的合同条款进行了协商，至少对合同的主要条款进行了协商。例如，如果买卖双方就他们之间的买卖合同条款进行了讨价还价或者协商，包括出卖物的价格、出卖物的交付时间、出卖物的交付地点、买受人支付价款的时间、双方当事人之间的合同责任的承担等，则他们之间所签订的合同就属于谈判合同。

（二）附合合同的界定

《法国民法典》新的第 1110（2）条对谈判合同做出了界定，该条规定：所谓附合合同，是指包含了所有不是经过讨价还价的、由一方当事人预先确定的条款的合同。[2] 换言之，所谓附合合同，是指合同的一方当事人预先将其合同的所有条款确定好并且供对方在不加讨价还价的情况下签字成立的合同。在附合合同当中，一方当事人事先将合同的所有条款（un ensemble de clauses）规定得清清楚楚，对方当事人对其规定的任何合同条款没有进行修改、删除或者增加的可能性，他们可以自由决定是否接受。一旦他们接受，他们也只能够简单地对其表示同意，也就是在其规定的合同上签名盖章。

在法国，正如在其他国家，附合合同是现代最流行的一种合同形式，人们将其称为典型合同（contrat-type）。附合合同之所以能够在现代社会产生，同时得益于技术和经济的发展。在现代社会，产品的标准化、产品制造的复杂化、产品大范围流通的需要、交易重复性的进行等，均对附合合同起到了催生的作用。[3]

（三）区分谈判合同和附合合同的原因

民法之所以区分谈判合同和附合合同，最主要的原因是，在谈判合同当中，当事人之间的状况被视为是平衡的，一方当事人享有的权利与其承担的债务是均衡的，不存在一方当事人享有的权利与其承担的债务之间失衡的问题，由于这样的原因，立法者很少对此种合同进行干预，不会或者很少会采取措施保护一方当事人免受另外一方当事人的侵害。而在附合合同当中，情况则不同。他们之间的状况被视为是失衡的，因为一方当事人被视为弱者，而另外一方当事人则被视为强者，为了防止强者借口附合合同将不公平的合同条款强加给弱者，立法者和法官会通过制定法和司法判例对他们之间的合同关系进行干预，以便保护弱者，使其免遭强者的侵害。具体来说，在附合合同当中，立法

---

① Article 1110, Code civil, Version en vigueur au 28 novembre 2020, https://www.legifrance.gouv.fr/codes/section_lc/LEGITEXT000006070721/LEGISCTA000032006712/#LEGISCTA000032006712.

② Article 1110, Code civil, Version en vigueur au 28 novembre 2020, https://www.legifrance.gouv.fr/codes/section_lc/LEGITEXT000006070721/LEGISCTA000032006712/#LEGISCTA000032006712.

③ Henri Roland et Laurent Boyer, Contrat, 3e édition, Litec, 1989, p. 49.

者和法官会采取三种具体的保护措施保护弱者。①

首先，附合合同当中的不公平合同条款被视为没有规定。在谈判合同当中，不公平的合同条款较少，而在附合合同当中，不公平的合同条款可能大量存在，因为强者可能会借口自己的优势地位将不公平的合同条款强加给弱者。为了保护弱者免受这些不公平合同条款的侵害，法国立法者明确制定法律，对此种合同条款予以干预，这就是现行《法国民法典》新的第1171条，该条规定：在附合合同当中，所有未经讨价还价的、由一方当事人预先确定的所有条款均被视为没有规定，如果这些条款在当事人的权利和债务之间创设了重大的失衡的话；在确定当事人之间的权利和债务是否存在重大失衡时，人们既不会建立在合同的主要客体的基础上，也不会建立在从价格到给付行为的适当性方面。②

其次，附合合同条款的含义存在歧义时，人们应当采取有利于弱者的解释。无论是谈判合同还是附合合同均涉及条款含义不清的问题。因此在引起纠纷时，法官均应当对含义不清的条款做出介绍。2016年的债法改革法令颁布之前，《法国民法典》第1162条对合同的解释做出了规定，认为在有疑问的情况下，法官应当做不利于规定合同条款的一方的解释。此外，《法国消费法典》第L.211-1（2）条对消费合同条款的解释做出了规定，认为在条款有疑问的情况下，法官应当做最有利于消费者或者非专业人士含义的解释。通过2016年2月10日的债法改革法令，现行《法国民法典》新的第1190条对合同条款的解释做出了系统化的规定，该条规定：在有疑问的情况下，谈判合同应当作不利于债权人和有利于债务人的解释；附合合同则作不利于提出附合合同建议的一方当事人的解释。③

最后，在附合合同当中，法官更愿意在合同规定的明示债务之外强加债务人以默示或者默示债务，诸如安全债务、通知债务等。④

三、框架合同和应用合同

根据合同之间所存在的相互补充关系的不同，合同分为框架合同（le contrat cadre）和应用合同（contrats d'application）。1804年的《法国民法典》没有对这两种合同做出明确规定。虽然如此，在2016年之前，法国民法学者和法官普遍承认这两种合同。通过2016年2月10日的债法改革法令，现行《法国民法典》新的第1111条对这两种合同做出了规定，已如前述。除了现行《法国民法典》对这两种合同做出了界定之外，

---

① Dimitri Houtcieff, Droit Des Contrats, Larcier, 2e édition, 2016, pp.79—80; Philippe Malaurie, Laurent Aynès, Philippe Stoffel-Munck, Droit des obligations, 8e édition, L. G. D. J., 2016, pp.223—224; Rémy Cabrillac, Droit des obligations, 12e édition, Dalloz, 2016, pp.40—41; Marjorie Brusorio Aillaud, Droit des obligations, 8c édition, bruylant, 2017, pp.154—155; Virginie Larribau-Terneyre, Droit civil, Les Obligations, 15e édition, Dalloz, 2017, pp.295—299; François Terré, Philippe Simler, Yves Lequette, François Chénedé, Droit civil, Les Obligations, 12e édition, Dalloz, 2018, pp.112—113.

② Article 1171, Code civil, Version en vigueur au 28 novembre 2020, https://www.legifrance.gouv.fr/codes/section_lc/LEGITEXT000006070721/LEGISCTA000032006712/#LEGISCTA000032006712.

③ Dimitri Houtcieff, Droit Des Contrats, Larcier, 2e édition, 2016, p.79

④ Marjorie Brusorio Aillaud, Droit des obligations, 8e édition, bruylant, 2017, p.155.

2016 年之后的法国民法学者也普遍承认这两种合同。[①]

（一）框架合同

《法国民法典》新的第 1111（1）条对框架合同做出了界定，该条规定：所谓框架合同，是指当事人之间就他们未来合同关系的一般特征所做出的意思表示的一致。[②] 换言之，所谓框架合同，是当事人之间就他们未来合同关系的总的方面所达成的意思表示一致。框架合同是两个商人之间所签订的合同，尤其是一个商人与其经销商之间所签订的合同，该种合同就他们之间的未来合同关系的问题做出规定，诸如他们之间未来是否建立排他性的合同关系，他们之间的排他性合同关系持续的期限，有关价格的确定规则等。这些内容被称为他们未来合同关系方面的“一般特征”（caractéristiques générales）。例如，石油公司与其分销商之间所签订的框架合同，其中对双方当事人之间的未来合同关系所涉及的内容做出规定，包括排序性的分销条款、石油价格的确定等。

（二）应用合同

《法国民法典》新的第 1111（2）条对应用合同做出了界定，该条规定：所谓应用合同，是指当事人之间就他们履行框架合同的方式做出准确规定的合同。[③] 换言之，所谓应用合同，是指为了落实框架合同所确定的未来合同关系的一般特征所达成的具体合同。在两个商人就他们之间的未来合同关系达成了框架合同之后，为了具体落实框架合同的精神，当事人之间签订合同，对合同涉及的各种各样的具体内容做出规定，诸如履行日期、数量、质量、价格，这就是应用合同。例如，在石油公司与分销商签订了石油分销方面的框架合同之后，为了落实框架合同所规定的精神，当事人之间签订了石油买卖合同，对石油买卖涉及的所有内容做出详尽的规定，他们之间签订的石油买卖合同就属于应用合同。

（三）区分框架合同和应用合同的原因

民法之所以区分框架合同和应用合同，一方面是因为，应用合同与框架合同之间存在补充关系：框架合同是应用合同的基础，应用合同是框架合同落实的具体手段。另一方面是因为，虽然框架合同和应用合同均为合同，但是，它们所规定的内容、详尽程度存在差异。总的来说，框架合同所规定的内容属于原则性的、宏观方面的，而应用合同所规定的内容则是具体的、微观方面的，也就是普通的合同、一般的合同。

---

① Dimitri Houtcieff, Droit Des Contrats, Larcier, 2e édition, 2016, pp. 68—69; Rémy Cabrillac, Droit des obligations, 12e édition, Dalloz, 2016, pp. 42—43; Marjorie Brusorio Aillaud, Droit des obligations, 8e édition, bruylant, 2017, p. 156; Virginie Larribau-Terneyre, Droit civil, Les Obligations, 15e édition, Dalloz, 2017, p. 302; François Terré, Philippe Simler, Yves Lequette, François Chénedé, Droit civil, Les Obligations, 12e édition, Dalloz, 2018, pp. 149—151.

② Article 1110, Code civil, Version en vigueur au 28 novembre 2020, https://www. legifrance. gouv. fr/codes/section_lc/LEGITEXT000006070721/LEGISCTA000032006712/#LEGISCTA000032006712.

③ Article 1110, Code civil, Version en vigueur au 28 novembre 2020, https://www. legifrance. gouv. fr/codes/section_lc/LEGITEXT000006070721/LEGISCTA000032006712/#LEGISCTA000032006712.

合同的成立和有效条件

第五章　合同的成立方式

1804年的《法国民法典》仅仅对合同的有效问题做出了规定，完全忽视了合同的成立问题，因为第三卷第三编第二章为“合同有效的必要条件”（conditions essentielles pour la validité des conventions），对合同有效的四个必要条件做出了详尽的规定。[①] 1804年的《法国民法典》忽视合同成立问题的现象一直从1804年延续到2016年，直到通过2016年2月10日的债法改革法令对其做出改革时止。通过2016年2月10日的债法改革法令，现行《法国民法典》既对合同的有效问题做出了规定，也对合同的成立问题做出了规定，这就是现行《法国民法典》第三卷第三编第一分编当中的第二章，该章的标题为“合同的成立”，由新的第1112条至新的第1187条组成，共四节，分别对合同成立所涉及的内容做出了全面规定。

具体来说，第一节为合同的缔结（la conclusion du contrat），由四分节组成，分别对合同谈判（les négociations）、要约（l'offre）和承诺（l'acceptation）、优先协议（le pacte de préférence）和单方允诺（la promesse unilatérale），以及通过电子手段签订合同所适用的规定做出了规定。第二节为合同的有效（la validité du contrat），共三分节，分别对同意（le consentement）、缔约能力（la capacité）和代理（la représentation），以及合同的内容（le contenu du contrat）做出了规定。第三节为合同的形式（la forme du contrat），共二分节，对一般规定和通过电子手段签订合同所适用的规定做出了规定 。第四节为制裁（les sanctions），共二分节，对合同的无效（la nullité）和失效（la caducité）做出了规定。[②]

通过2016年2月10日的债法改革法令，现行《法国民法典》新的第1112条至新的第1117－4条对合同的缔结过程做出了详尽的规定，包括四个方面的内容：合同的谈判，要约和承诺，两种预备合同即优先协议和单方允诺，以及电子形式的合同。虽然《法国民法典》没有对这些内容之间的关系做出明确说明，但是，法国民法学者普遍对这些内容之间的关系做出了说明，根据他们的说明，在正常情况下，合同的成立是通过要约和承诺成立的，而在特殊情况下，合同的成立则通过谈判、预备合同和电子形式。

无论是要约和承诺、合同的谈判、预备合同还是电子合同均是当事人之间意思表示的一致（l'accord），也就是，均是一方当事人对另外一方当事人的意图、意志、意思的同意（le consentement）。它们之间的主要差异是：要约和承诺仅仅是当事人之间意思表示一致或者同意的简单方案（la shéma simple），合同谈判、预备合同和电子合同则是当

① Article 1108 à 1133，Code_civil_des_Français_1804/Livre_Ⅲ，_Titre_Ⅲ.

② Chapitre Ⅱ：La formation du contrat（Articles 1112 à 1187），Code civil，Version en vigueur au 29 novembre 2020，https://www.legifrance.gouv.fr/codes/section_lc/LEGITEXT000006070721/LEGISCTA000006136341/#LEGISCTA000032040812.

事人之间意思表示一致或者同意的复杂方案（la shéma complexe）。换言之，要约和承诺是合同成立的简单、通常方式，而合同谈判、预备合同和电子合同则是合同成立的复杂、特殊形式，它们结合在一起就形成《法国民法典》所规定的合同成立的所有方式。[①]

《法国民法典》关于合同成立方式多样性的规定说明，合同的成立并不是一步到位的，而是分阶段形成的，通过一步又一步、一个阶段接着一个阶段的方式，合同才能够最终成立，这就是合同的分阶段成立理论（théorie de la punctation），该种理论最初源自德国，根据德国合同法的理论，人们在起草合同时是采取一个要点接着一个要点的方式（point par point）。[②]

第一节　合同的通常成立方式：要约和承诺的交汇

一、现行《法国民法典》对要约和承诺做出的规定

1804 年的《法国民法典》没有对合同的通常成立方式做出任何规定，也就是，它没有对通过要约（offre pollicitation）和承诺（acceptation）的交汇（la rencontre）成立合同的方式做出规定。此种现状一直从 1804 年延续到 2016 年。不过，《法国民法典》所存在的此种漏洞并没有影响合同的通常成立，因为通过司法判例和民法学说，《法国民法典》所存在的此种漏洞得以填补。[③] 通过 2016 年 2 月 10 日的债法改革法令，现行《法国民法典》新的第 1113 条至新的第 1122 条对合同的通常成立方式做出了规定，包括：要约的条件，要约的撤回，要约撤回引起的民事责任和要约的失效，承诺的界定，承诺的方式等。[④] 除了现行《法国民法典》对通过要约和承诺的交汇成立合同的问题做出了规定之外，2016 年以来的法国民法学者也普遍对合同的通常成立方式做出了说明。[⑤]

---

① Philippe Malaurie, Laurent Aynès, Philippe Stoffel-Munck, Droit des obligations, 8e édition, L. G. D. J., 2016, pp. 265—267; Marjorie Brusorio Aillaud, Droit des obligations, 8e édition, bruylant, 2017, pp. 159—167; Virginie Larribau-Terneyre, Droit civil, Les Obligations, 15e édition, Dalloz, 2017, pp. 321—337.

② Philippe Malaurie, Laurent Aynès, Philippe Stoffel-Munck, Droit des obligations, 8e édition, L. G. D. J., 2016, p. 266.

③ François Terré, Philippe Simler, Yves Lequette, François Chénedé, Droit civil, Les Obligations, 12e édition, Dalloz, 2018, p. 196.

④ Articles 1113 à 1122, Code civil, Version en vigueur au 1 décembre 2020, https://www.legifrance.gouv.fr/codes/section_lc/LEGITEXT000006070721/LEGISCTA000032007103/#LEGISCTA000032007103.

⑤ Dimitri Houtcieff, Droit Des Contrats, Larcier, 2e édition, 2016, pp. 83—106; Muriel Fabre-Magnan, Droit des obligations, Tome 1, Contrat et engagement unilatéral, 4e édition, puf, 2016, pp. 293—318; Philippe Malaurie, Laurent Aynès, Philippe Stoffel-Munck, Droit des obligations, 8e édition, L. G. D. J., 2016, pp. 269—277; Rémy Cabrillac, Droit des obligations, 12e édition, Dalloz, 2016, pp. 54—62; Marjorie Brusorio Aillaud, Droit des obligations, 8e édition, bruylant, 2017, pp. 160—166; Virginie Larribau-Terneyre, Droit civil, Les Obligations, 15e édition, Dalloz, 2017, pp. 325—333; François Terré, Philippe Simler, Yves Lequette, François Chénedé, Droit civil, Les Obligations, 12e édition, Dalloz, 2018, pp. 197—226.

现行《法国民法典》新的第1113条对通过要约和承诺交汇的合同成立方式做出了说明，该条规定：合同通过要约和承诺的交汇方式成立，通过此种交汇方式，当事人表示承担债务的意图、意志、意思；此种意图、意志、意思或者源自行为人的表示，或者源自行为人明确的行为。[①] 根据该条的规定，在法国，合同当事人的意思表示应当通过两种方式表示出来，这就是要约和承诺。当一方当事人希望与另外一方当事人签订合同时，他们会对另外一方当事人提出缔结合同的建议，如果另外一方当事人同意其建议，则他们之间的合同就成立了。

如果一方当事人没有向另外一方当事人提出签订合同的建议，或者虽然提出了此种建议，但是，他们所提出的建议并没有获得另外一方当事人的同意，则他们之间的合同无法成立。其中一方当事人对另外一方当事人提出的签订合同的建议就是要约，而另外一方当事人对其提出的签订合同的建议做出的同意就是承诺。当要约人的要约获得了承诺人的承诺时，合同当事人之间的意思表示就达成了一致，他们之间的合同就成立了。

二、合同成立的条件：要约

（一）要约的界定

现行《法国民法典》新的第1114条规定：对确定或者不确定的人提出的要约包含了所设想到的合同的基本要素，并且表达了行为人在承诺人承诺的情况下会受到约束的意图。如果欠缺这些因素，则行为人的行为仅仅构成对确定或者不确定的人的谈判邀请。[②] 该条是否对要约做出了界定，法国民法学者之间存在不同看法。少数民法学者认为，该条对要约做出了界定。[③] 而大多数民法学者则认为，该条没有对要约做出界定，因为它仅仅是对要约的构成因素所做出的规定。[④] 笔者采取法国主流民法学者的看法，认为该条仅仅是对要约的构成因素做出的规定，它没有对要约做出界定。

因为现行《法国民法典》没有对要约做出明确的界定，因此，民法学者普遍在自己的民法著作当中对要约做出了界定。所不同的是，他们做出的界定存在差异，主要有两种不同的界定方式。某些民法学者从要约构成要素的角度对其做出界定，Rémy Cabrillac 就采取此种界定方法，他指出："所谓要约，是指签订合同的准确和坚定建议。"[⑤] 而另外一些民法学者则不同，他们从要约的性质即单方意思表示的角度对其做出了界定。Dimitri Houtcieff 采取此种界定方式，他指出："所谓要约，是指为了成立合同所做

---

① Article 1113, Code civil, Version en vigueur au 1 décembre 2020, https://www.legifrance.gouv.fr/codes/section_lc/LEGITEXT000006070721/LEGISCTA000032007103/#LEGISCTA000032007103.

② Article 1114, Code civil, Version en vigueur au 1 décembre 2020, https://www.legifrance.gouv.fr/codes/section_lc/LEGITEXT000006070721/LEGISCTA000032007103/#LEGISCTA000032007103.

③ Virginie Larribau-Terneyre, Droit civil, Les Obligations, 15e édition, Dalloz, 2017, p. 326.

④ Rémy Cabrillac, Droit des obligations, 12e édition, Dalloz, 2016, p. 54; Dimitri Houtcieff, Droit Des Contrats, Larcier, 2e édition, 2016, p. 84; Marjorie Brusorio Aillaud, Droit des obligations, 8e édition, bruylant, 2017, p. 160; François Terré, Philippe Simler, Yves Lequette, François Chénedé, Droit civil, Les Obligations, 12e édition, Dalloz, 2018, p. 197.

⑤ Rémy Cabrillac, Droit des obligations, 12e édition, Dalloz, 2016, p. 54.

出的一种意思表示，该种意思表示是由要约人做出的。”① Marjorie Brusorio Aillaud 也采取此种界定方式，他指出：“所谓要约，是指一方当事人即要约人对另外一个或者几个人提出签订合同建议的单方意思表示。”②

笔者结合这两种不同的界定方式对要约做出如下界定：所谓要约，是指一方当事人为了缔结合同而向一个或者几个确定或者不确定的人提出的内容准确和意志坚定的订约建议。提出此种建议的人被称为要约人（l'offrant le pollicitant），要约人对其提出订约建议的确定或者不确定的人被称为受要约人（le destinataire）。像所有法律行为一样，要约在性质上属于一种单方法律行为，因为一方面，要约是要约人的一种意思表示；另一方面，要约仅仅是要约人一方的意思表示，仅仅要约人本身受到自身意思表示的约束。

（二）要约的方式：明示要约和默示要约

要约人的要约究竟是明示意思表示还是默示意思表示，换言之，要约究竟是明示要约（offre expresses）还是默示要约（offre tacites offre implicite）？对此问题，法国民法学者之间存在不同的看法。某些民法学者认为，要约原则上是明示的，默示要约难以想象。③ 而另外一些民法学者则认为，要约既可以是明示的，也可以是默示的。例如，商店的展示柜上标明价格的物品展示行为就属于默示要约。④ 还有一些民法学者认为，即便默示要约的确存在，默示要约也仅仅是一种例外。⑤《法国民法典》新的第 1113（2）条同时规定了明示要约和默示要约两种方式，因为它规定：要约既可以是书面的，也可以是口头的，还可以是通过毫不含糊的事实行为加以表示的，其中的书面和口头形式是指明示要约，而其中的通过毫不含糊的行为加以表示则是指默示要约。⑥

所谓明示要约，是指要约人为了让受要约人知道其具有的订约意图和订约建议而特别实施的意思表示行为。明示要约最典型的方式是口头要约和书面要约。所谓口头要约，是指一方当事人为了与对方当事人签订合同而向对方提出的口头订约建议。所谓书面要约，是指一方当事人为了与对方当事人签订合同而向对方提出的书面订约建议。不过，明示要约还包括其他方式：订约广告，杂志上的出卖公告，将出租车停靠在停靠线前面，等等。所谓默示要约，则是指一方当事人不是为了让对方知道自己的订约意图、

---

① Dimitri Houtcieff, Droit Des Contrats, Larcier, 2e édition, 2016, p. 84.

② Marjorie Brusorio Aillaud, Droit des obligations, 8e édition, bruylant, 2017, p. 160.

③ Philippe Malaurie, Laurent Aynès, Philippe Stoffel-Munck, Droit des obligations, 8e édition, L. G. D. J., 2016, p. 270.

④ Rémy Cabrillac, Droit des obligations, 12e édition, Dalloz, 2016, p. 56; Marjorie Brusorio Aillaud, Droit des obligations, 8e édition, bruylant, 2017, p. 160.

⑤ Jacques Flour, Jean-Luc Aubert, Éric Savaux, Les Obligations, 1. L'acte juridique, 15e édition, Dalloz, 2012, p. 115; Jacques Ghestin, Grégoire Loiseau, Yves-Marie Serinet, La Formation Du Contrat, Tome 1: Le contrat-Le consentement, 4e édition, L. G. D. J., 2013, p. 623.

⑥ Rémy Cabrillac, Droit des obligations, 12e édition, Dalloz, 2016, p. 56; Philippe Malaurie, Laurent Aynès, Philippe Stoffel-Munck, Droit des obligations, 8e édition, L. G. D. J., 2016, p. 270; François Terré, Philippe Simler, Yves Lequette, François Chénedé, Droit civil, Les Obligations, 12e édition, Dalloz, 2018, pp. 201—202.

订约建议而特别实施的但是仍然被认为有希望与对方签订合同的意图的所有行为和态度。[①]

（三）要约的构成因素

《法国民法典》新的第1114条对要约的有效条件做出了明确规定，根据该条的规定，要约应当具备三个条件：其一，要约应当是坚定的、毫不含糊的。其二，要约应当是准确的、完全的。其三，要约应当向确定或者不确定的人做出。

首先，要约应当是坚定的（ferme）和毫不含糊的（non équivoque）。要约应当具备的第一个构成因素是，要约人的要约应当是坚定的和毫不含糊的，这就是要约的坚定性和毫不含糊性。所谓要约是坚定的和毫不含糊的，是指要约人所具有的一旦其要约被受要约人承诺即会受到自己意思表示约束的确定意图、意志、意思。换言之，所谓要约是坚定的和毫不含糊的，是指要约人所具有的此种意思表示：在他们的要约被承诺人承诺时，承诺人的单纯承诺就足以让要约人与承诺人之间的合同成立。因此，如果一方当事人向另外一方当事人提出合同的建议，即便其建议的内容准确和完全，如果该方当事人没有受到自己意思表示约束的意图、意志、意思，则他们的订约建议并不构成要约。[②]

其次，要约应当是准确的（précise）和完整的（complète）。要约应当具备的第二个构成因素是，要约人的要约应当是准确的和完整的，这就是要约的准确性和完整性。所谓要约应当是准确的和完整的，是指要约人的要约应当具备他们希望与受要约人签订的合同所具有的基本要素（les éléments essentielles）或者基本条件（les conditions essentielles）。如果要约人提出的订约建议并不包括希望与对方签订的合同的基本要素或者基本条件，则他们的订约建议并不构成要约，而仅仅理解为合同成立之前的合同谈判：一方当事人邀请另外一方当事人就合同与自己召开谈判。要约之所以应当具备内容的准确性和完整性，其目的在于让受要约人精准地了解他们可能承担的债务范围，以便做出是否承诺的意思表示。所建议的合同究竟应当具备哪些基本要素取决于当事人意图订立的合同的性质，如果所意图订立的合同属于买卖合同，则要约至少应当具备买卖合同的基本要素——出卖物和价款。如果意图订立的合同是租赁合同，则要约至少应当具备租赁合同的基本要素——租赁物、租金的数量和租期等。[③]

最后，要约应当向确定的或者不确定的人（personne déterminée ou indéterminée）做

---

① Jacques Flour, Jean-Luc Aubert, Éric Savaux, Les Obligations, 1. L'acte juridique, 15e édition, Dalloz, 2012, p. 115; Jacques Ghestin, Grégoire Loiseau, Yves-Marie Serinet, La Formation Du Contrat, Tome 1: Le contrat-Le consentement, 4e édition, L. G. D. J., 2013, pp. 622—623.

② Dimitri Houtcieff, Droit Des Contrats, Larcier, 2e édition, 2016, pp. 86—87; Rémy Cabrillac, Droit des obligations, 12e édition, Dalloz, 2016, p. 55; Marjorie Brusorio Aillaud, Droit des obligations, 8e édition, bruylant, 2017, pp. 160—161; François Terré, Philippe Simler, Yves Lequette, François Chénedé, Droit civil, Les Obligations, 12e édition, Dalloz, 2018, pp. 199—201.

③ Dimitri Houtcieff, Droit Des Contrats, Larcier, 2e édition, 2016, pp. 85—86; Rémy Cabrillac, Droit des obligations, 12e édition, Dalloz, 2016, pp. 54—55; Marjorie Brusorio Aillaud, Droit des obligations, 8e édition, bruylant, 2017, p. 161; François Terré, Philippe Simler, Yves Lequette, François Chénedé, Droit civil, Les Obligations, 12e édition, Dalloz, 2018, pp. 198—199.

出。要约应当具备的第三个构成因素是，要约人的要约应当向某一个确定的人或者不确定的人做出。在法国，如果要约人将自己的订约建议向某一个确定的人发出，则他们的订约建议当然属于要约，如果要约人将自己的订约建议向社会公众发出，也就是向不确定的人发出，则他们的订约建议在性质上仍然属于要约。换言之，现行《法国民法典》新的第1114条并不明确区分对确定人发出的要约和对社会公众发出的要约。在要约人向社会公众发出要约的情况下，第一个对他们的要约表示同意的人被视为承诺人，一旦第一个人做出了承诺，则要约人与第一个人之间就成立了合同，此种规则并不是由《法国民法典》新的第1114条所规定的，而是由法国最高法院通过自己的司法判例所确认的。①

（四）要约的撤回、失效和侵权责任的承担

在要约人发出了要约之后，如果他们希望撤回自己的要约，在要约到达受要约人之前，他们有权撤回自己的要约，这就是要约的撤回（rétractation）。现行《法国民法典》新的第1115条对此种规则做出了说明，该条规定：在要约达到受要约人之前，要约可以被自由撤回。②

如果要约人在自己的要约当中对受要约人做出承诺的时间做出了限制，则在所限定的期限届满之前，要约人不得撤回自己的要约。即便要约人没有在自己的要约当中对受要约人承诺的期限做出规定，在合理期限（délai raisonnable）届满之前，要约人也不得撤回自己的要约。如果他们在这两种情况下撤回自己的要约，则他们的撤回行为构成非法撤回。虽然非法撤回不会导致合同的成立，但是，它会让要约人对受要约人承担过错侵权责任：在符合《法国民法典》新的第1240条所规定的一般过错侵权责任构成要素的情况下，他们应当对受要约人遭受的损失承担赔偿责任，不过，此种侵权责任并不包括合同预期利益损失的赔偿。③

《法国民法典》新的第1116条对此种规则做出了说明，该条规定：在行为人规定的期限届满之前，或者在行为人没有规定期限时，在合理期限经过之前，要约不得被撤回；如果要约人违反此种禁止性规定而撤回要约，则他们的撤回行为会阻止合同的缔结；要约的撤回会让行为人根据共同法所规定的条件承担侵权责任，不过，行为人并不

---

① Dimitri Houtcieff, Droit Des Contrats, Larcier, 2e édition, 2016, pp. 88—89; Rémy Cabrillac, Droit des obligations, 12e édition, Dalloz, 2016, p. 56; Philippe Malaurie, Laurent Aynès, Philippe Stoffel-Munck, Droit des obligations, 8e édition, L. G. D. J., 2016, pp. 270—271; François Terré, Philippe Simler, Yves Lequette, François Chénedé, Droit civil, Les Obligations, 12e édition, Dalloz, 2018, p. 202.

② Article 1115, Code civil, Version en vigueur au 1 décembre 2020, https://www.legifrance.gouv.fr/codes/section_lc/LEGITEXT000006070721/LEGISCTA000032007103/#LEGISCTA000032007103.

③ Dimitri Houtcieff, Droit Des Contrats, Larcier, 2e édition, 2016, pp. 90—92; Philippe Malaurie, Laurent Aynès, Philippe Stoffel-Munck, Droit des obligations, 8e édition, L. G. D. J., 2016, pp. 271—272; Marjorie Brusorio Aillaud, Droit des obligations, 8e édition, bruylant, 2017, pp. 161—162; François Terré, Philippe Simler, Yves Lequette, François Chénedé, Droit civil, Les Obligations, 12e édition, Dalloz, 2018, pp. 210—212.

承担赔偿受要约人所遭受的合同预期利益损失的责任。①

在一定的情况下，要约人发出的要约也会失效（caduque）。根据现行《法国民法典》新的第1117条的规定，要约的失效原因有三：其一，要约人确定的期限届满。如果要约人在自己的要约当中对受要约人做出承诺的期限做出了规定，在要约人规定的承诺期限届满之后，则要约人的要约失效，他们不再受到自己要约的约束。其二，合理期限经过。如果要约人没有在自己的要约当中对受要约人承诺的期限做出规定，则在要约发出之后的一段合理期限经过之后，要约人的要约失效。其三，如果要约人发出要约之后丧失了行为能力或者死亡，或者受要约人死亡，则要约人的要约失效。②

三、合同成立的条件：承诺

（一）承诺的界定和构成因素

同《法国民法典》没有对要约做出界定不同，现行《法国民法典》新的第1118（1）条对承诺（l'acceptation）做出了明确界定，该条规定：承诺是指行为人做出的会受到要约当中的条款约束的意思表示。③ 换言之，所谓承诺，是指受要约人在收到要约人的要约时对其要约所做出的清楚明白、单纯和简单的同意。④

就像要约应当具备一定的构成因素才能够产生约束力一样，承诺也应当具备一定的构成因素才能够产生约束力。总的来说，承诺应当同时具备两个构成因素：

其一，承诺应当是清楚明白的（éclairée）。承诺应当具备的第一个条件是，承诺应当是清楚明白的。所谓清楚明白，是指承诺人在知道要约的内容之后对要约做出的同意表示。⑤ 如果要约既对所建议的合同具体条件（conditions particulières）做出了规定，也对合同的一般条件（conditions générales）做出了规定，则合同的具体条件和一般条件均属于承诺的范围，均对承诺人产生法律约束力，因为承诺人知道这些条件的存在并且对其做出了同意，除非有关条款的规定构成不公平的合同条款。如果要约仅仅对合同的具体条件做出了规定，而没有对合同的一般条件做出规定，在一方当事人主张合同的一般条件对另外一方当事人产生约束力时，合同的一般条件是否对另外一方当事人产生约束力？《法国民法典》新的第1119条对此种问题做出了明确回答，根据它的规定：除非一方当事人所援引的一般条件为另外一方当事人所知道并且为其所同意，否则，他们所援引的一般条件对对方没有法律效力；如果一方当事人所援引的一般条件与另外一方当事

① Article 1116, Code civil, Version en vigueur au 1 décembre 2020, https://www.legifrance.gouv.fr/codes/section_lc/LEGITEXT000006070721/LEGISCTA000032007103/#LEGISCTA000032007103.

② Article 1117, Code civil, Version en vigueur au 1 décembre 2020, https://www.legifrance.gouv.fr/codes/section_lc/LEGITEXT000006070721/LEGISCTA000032007103/#LEGISCTA000032007103.

③ Article 1118, Code civil, Version en vigueur au 2 décembre 2020, https://www.legifrance.gouv.fr/codes/section_lc/LEGITEXT000006070721/LEGISCTA000032007103/#LEGISCTA000032007103.

④ François Terré, Philippe Simler, Yves Lequette, François Chénedé, Droit civil, Les Obligations, 12e édition, Dalloz, 2018, p. 213.

⑤ Muriel Fabre-Magnan, Droit des obligations, Tome 1, Contrat et engagement unilatéral, 4e édition, puf, 2016, pp. 307—309; Philippe Malaurie, Laurent Aynès, Philippe Stoffel-Munck, Droit des obligations, 8e édition, L. G. D. J., 2016, pp. 273—274.

人所援引的一般条件之间存在矛盾，则不兼容的条款不会产生法律效力；如果一般条件与具体条件之间存在矛盾，则具体条件的法律效力优先于一般条件。①

其二，承诺应当是单纯的和简单的（pure et simple）。承诺应当具备的第二个条件是，承诺应当是单纯的和简单的。所谓承诺的单纯性和简单性，是指承诺人所做出的承诺要与要约人对其提出的要约内容完全一致，承诺人在做出同意表示时没有对要约人提出的合同建议做出任何修改，没有提出任何保留要求。如果承诺人对要约人提出的合同建议做出了修改或者有所保留，则他们的行为不构成承诺，而构成"反建议"（contre-proposition）或者新要约（offre nouvelle）。承诺人的反建议让要约人的最初要约失效。换言之，承诺人所同意签订的合同完全等同于要约人希望与其签订的合同，他们之间的合同属于同一个合同。②《法国民法典》新的第1118（3）条对此种规则做出了说明，该条规定：与要约不相符的承诺没有法律效力，而构成一种新要约。③

（二）承诺自由和承诺撤回自由

作为合同自由原则的重要组成部分，当事人享有缔结或者不缔结合同的自由，根据此种自由，在受要约人收到要约人的要约之后，他们享有自由决定是否对要约做出同意的表示，如果他们自愿对要约做出同意的表示，则他们与要约人之间的合同就成立。相反，如果他们不愿意对要约做出同意的表示，则任何人均不得违反他们的意愿强制他们对要约做出同意表示，这就是承诺自由原则。

当然，承诺自由原则也存在众多的例外，在这些例外情况下，承诺人必须对要约人的要约做出同意，他们不得拒绝与要约人签订合同，因为立法者强制他们与要约人签订合同，这就是制定法所规定的强制合同，已如前述。虽然受要约人享有是否做出同意表示的自由，但是，他们不得滥用自己的自由，因为在做出承诺时，他们也应当遵循诚实原则的要求，如果他们在做出承诺时有过错，他们也应当就自己的过错承诺引起的损害对要约人承担法律责任。④

就像要约人能够有条件地撤回自己的要约一样，承诺人也能够有条件地撤回自己的承诺，具体来说，撤回的条件有三个：其一，承诺人已经做出了同意的表示。其二，承诺人反悔，希望撤回自己的承诺。其三，撤回的意思表示应当先于承诺的意思表示到达要约人。《法国民法典》新的第1118（2）条对承诺人撤回承诺的条件做出了说明，该条规定：在承诺到达要约人之前，承诺能够被自由撤回，如果撤回先于承诺到达要约人

---

① Article 1119，Code civil，Version en vigueur au 2 décembre 2020，https://www.legifrance.gouv.fr/codes/section_lc/LEGITEXT000006070721/LEGISCTA000032007103/#LEGISCTA000032007103.

② Philippe Malaurie，Laurent Aynès，Philippe Stoffel-Munck，Droit des obligations，8e édition，L.G.D.J.，2016，p.274.

③ Article 1118，Code civil，Version en vigueur au 2 décembre 2020，https://www.legifrance.gouv.fr/codes/section_lc/LEGITEXT000006070721/LEGISCTA000032007103/#LEGISCTA000032007103.

④ Dimitri Houtcieff，Droit Des Contrats，Larcier，2e édition，2016，p.95；François Terré，Philippe Simler，Yves Lequette，François Chénedé，Droit civil，Les Obligations，12e édition，Dalloz，2018，pp.223—226.

的话。[①]

（三）承诺的方式

就像要约在性质上属于一种单方法律行为一样，承诺人的承诺在性质上也属于一种单方法律行为，其核心也是承诺人的意思表示：在收到要约人的要约之后，受要约人有自由表示同意或者不同意的意图、意志、意思，如果他们做出了同意的表示，则他们与要约人之间的合同成立，如果他们做出了不同意的表示，则他们与要约人之间的合同不成立。《法国民法典》新的第 1121 条规定：一旦承诺到达要约人，则合同成立。承诺到达的地点被视为合同成立的地点。[②] 虽然法国民法学者在要约是否能够采用默示要约的问题上存在不同看法，但是，他们普遍承认，除了能够以明示方式做出承诺之外，受要约人也能够以默示方式做出承诺，这就是受要约人做出承诺的两种不同方式：明示承诺和默示承诺。

所谓明示承诺（l'acceptation expresses），是指受要约人为了让要约人知道自己对其要约做出的同意而进行的意思表示或者实施的行为。就像要约可以通过多种显而易见的方式做出一样，受要约人的承诺也可以通过多种多样的、显而易见的方式加以表示，诸如口头承诺、书面承诺等，关于明示要约的所有方式均适用于承诺人的明示承诺。所谓默示承诺（l'acceptation tacites L'acceptation implicite），是指虽然受要约人不是为了让要约人知道自己对其要约做出的同意而实施某种行为，但是人们仍然能够合理地认为，他们实施的行为表示他们具有与要约人签订合同的意图、意志、意思。例如，乘客进入出租车的行为和商人开始按照顾客的要求对其发货的行为均为承诺人的默示意思表示。[③]

无论是明示承诺还是默示承诺，承诺人的承诺原则上应当是作为行为。在收到要约人的要约之后，如果受要约人完全不予理睬，他们不予理睬的行为是否构成承诺？对此问题，现行《法国民法典》采取的态度不同于历史上的民法所采取的方法。在历史上，民法实行这样的拉丁格言（la maxime latine）即"沉默不语就是同意"（qui ne dit mot consent qui tacet consentire videtur qui se tait semble consentir），它认为，在受要约人收到要约人的要约之后，无论他们是否同意要约人的要约，他们均应当将自己的决定通知要约人，如果他们对要约人的要约不予理睬，则他们的缄默不语（le silence）就表示他们同意要约人的要约，他们与要约人之间的合同就成立了。该法律格言源自公元 13 世纪的教宗博尼法斯八世（Pape Boniface Ⅷ）（1235—1303）。[④]

现行《法国民法典》没有采用此种法律格言，因为其新的第 1120 条明确规定，原

① Article 1118, Code civil, Version en vigueur au 2 décembre 2020, https://www.legifrance.gouv.fr/codes/section_lc/LEGITEXT000006070721/LEGISCTA000032007103/#LEGISCTA000032007103.

② Article 1121, Code civil, Version en vigueur au 2 décembre 2020, https://www.legifrance.gouv.fr/codes/section_lc/LEGITEXT000006070721/LEGISCTA000032007103/#LEGISCTA000032007103.

③ Jacques Flour, Jean-Luc Aubert, Éric Savaux, Les Obligations, 1. L'acte juridique, 15e édition, Dalloz, 2012, p. 134; Jacques Ghestin, Grégoire Loiseau, Yves-Marie Serinet, La Formation Du Contrat, Tome 1: Le contrat-Le consentement, 4e édition, L. G. D. J., 2013, pp. 638—639.

④ qui ne dit mot consent, https://fr.wiktionary.org/wiki/qui_ne_dit_mot_consent.

则上，受要约人的缄默不语不构成承诺，在收到要约人的要约之后，如果他们对要约不理不睬，则他们与要约人之间的合同不会成立。① 不过，在例外情况下，在收到要约之后，无论他们是否同意，他们均应当将自己的意见反馈给要约人，如果他们对要约人的要约不理不睬，则他们的缄默不语构成承诺，并因此让他们与要约人之间的合同成立。《法国民法典》新的第1120条规定了四种例外：如果制定法、习惯、当事人之间的商事关系或者具体情况（circonstances particulières）要求受要约人在收到要约之后应当做出积极回应的话，他们的缄默不语或者不予理睬才构成承诺。该条规定：缄默不语不构成承诺，但是，如果制定法、习惯、商事关系或者具体情况引起了缄默不语则另当别论。②

首先，如果制定法（la loi）明确规定，如果一方当事人的缄默不语构成承诺，则受要约人的缄默不语将构成承诺并因此让他们与要约人之间的合同成立。例如，《法国民法典》第1738条规定，在租赁合同届满时，如果出租人仍然听凭承租人占有出租屋，则他们通过自己的缄默不语的行为做出了接受承租人延长租赁合同要约的默示承诺。③

其次，如果当事人之间的习惯（usages）将受要约人的缄默不语视为承诺，则他们在收到要约之后的缄默不语就成为承诺，并因此让他们与对方之间的合同成立。这一点尤其是体现在职业人士的交易习惯当中。例如，商法上实行的一个习惯是：在一个商人向另外一个商人发送一份精致的合同摘要时，如果收到摘要的商人没有表示异议，则他们不提出异议的行为被视为承诺，并因此让他们与对方之间的合同成立。④

再次，即便制定法或者习惯没有将缄默不语视为承诺，如果商人之间所存在的商事关系（relations d'affaires）将一方当事人的缄默不语视为承诺，则在一方当事人收到另外一方当事人的要约时，他们的缄默不语构成承诺。因此，如果一个商人定期向同一个

---

① Dimitri Houtcieff, Droit Des Contrats, Larcier, 2e édition, 2016, pp. 96—98; Muriel Fabre-Magnan, Droit des obligations, Tome 1, Contrat et engagement unilatéral, 4e édition, puf, 2016, pp. 311—318; Philippe Malaurie, Laurent Aynès, Philippe Stoffel-Munck, Droit des obligations, 8e édition, L. G. D. J., 2016, pp. 274—277; Rémy Cabrillac, Droit des obligations, 12e édition, Dalloz, 2016, pp. 58—60; Marjorie Brusorio Aillaud, Droit des obligations, 8e édition, bruylant, 2017, pp. 163—164; François Terré, Philippe Simler, Yves Lequette, François Chénedé, Droit civil, Les Obligations, 12e édition, Dalloz, 2018, pp. 219—223.

② Article 1121, Code civil, Version en vigueur au 2 décembre 2020, https://www.legifrance.gouv.fr/codes/section_lc/LEGITEXT000006070721/LEGISCTA000032007103/#LEGISCTA000032007103.

③ Dimitri Houtcieff, Droit Des Contrats, Larcier, 2e édition, 2016, pp. 96—98; Muriel Fabre-Magnan, Droit des obligations, Tome 1, Contrat et engagement unilatéral, 4e édition, puf, 2016, pp. 311—318; Philippe Malaurie, Laurent Aynès, Philippe Stoffel-Munck, Droit des obligations, 8e édition, L. G. D. J., 2016, pp. 274—277; Rémy Cabrillac, Droit des obligations, 12e édition, Dalloz, 2016, pp. 58—60; Marjorie Brusorio Aillaud, Droit des obligations, 8e édition, bruylant, 2017, pp. 163—164; François Terré, Philippe Simler, Yves Lequette, François Chénedé, Droit civil, Les Obligations, 12e édition, Dalloz, 2018, pp. 219—223.

④ Dimitri Houtcieff, Droit Des Contrats, Larcier, 2e édition, 2016, pp. 96—98; Muriel Fabre-Magnan, Droit des obligations, Tome 1, Contrat et engagement unilatéral, 4e édition, puf, 2016, pp. 311—318; Philippe Malaurie, Laurent Aynès, Philippe Stoffel-Munck, Droit des obligations, 8e édition, L. G. D. J., 2016, pp. 274—277; Rémy Cabrillac, Droit des obligations, 12e édition, Dalloz, 2016, pp. 58—60; Marjorie Brusorio Aillaud, Droit des obligations, 8e édition, bruylant, 2017, pp. 163—164; François Terré, Philippe Simler, Yves Lequette, François Chénedé, Droit civil, Les Obligations, 12e édition, Dalloz, 2018, pp. 219—223.

顾客供应货物，当顾客对商人的供货缄默不语时，他们的缄默不语也构成承诺，并因此让他们与商人之间的供应合同成立。[①]

最后，如果具体情况（circonstances particulières）要求将受要约人的缄默不语视为承诺，则受要约人的缄默不语也构成承诺，并因此让他们与要约人之间的合同成立。根据此种例外，即便制定法或者习惯没有规定或者承认，即便当事人之间的商事关系没有强加，法官在极端例外的情况下也可以将受要约人的缄默不语视为一种承诺，并因此让他们与要约人之间的合同成立。长久以来，法官均认为，如果要约人的订约建议仅仅是为了受要约人的利益，则在受要约人缄默不语时，他们的缄默不语可以视为承诺并因此让他们与要约人之间的合同成立。例如，当债权人向债务人提出免除其债务的要约时，如果债务人收到债权人的通知而不闻不问，则法官会认定他们的缄默不语是一种承诺，并因此让他们与债权人之间的债务免除合同成立。[②]

第二节　合同成立的特殊形式：合同的谈判

《法国民法典》新的第1112条至新的第1112－2条对合同成立的第一种特殊形式即合同的谈判做出了明确规定，包括合同谈判时的自由原则、诚实原则以及违反诚实原则所承担的法律责任。除了《法国民法典》对合同的谈判问题做出了规定之外，2016年之后，法国民法学者也普遍对合同的谈判问题做出了说明。[③]

一、合同谈判遵循的自由原则

所谓合同谈判（les négociations），也称为先合同谈判（les négociations précontractuelle）、合同的讨价还价（pourparlers），是指一方当事人为了与另外一方当事

① Dimitri Houtcieff, Droit Des Contrats, Larcier, 2e édition, 2016, pp. 96—98; Muriel Fabre-Magnan, Droit des obligations, Tome 1, Contrat et engagement unilatéral, 4e édition, puf, 2016, pp. 311—318; Philippe Malaurie, Laurent Aynès, Philippe Stoffel-Munck, Droit des obligations, 8e édition, L. G. D. J., 2016, pp. 274—277; Rémy Cabrillac, Droit des obligations, 12e édition, Dalloz, 2016, pp. 58—60; Marjorie Brusorio Aillaud, Droit des obligations, 8e édition, bruylant, 2017, pp. 163—164; François Terré, Philippe Simler, Yves Lequette, François Chénedé, Droit civil, Les Obligations, 12e édition, Dalloz, 2018, pp. 219—223.

② Dimitri Houtcieff, Droit Des Contrats, Larcier, 2e édition, 2016, pp. 96—98; Muriel Fabre-Magnan, Droit des obligations, Tome 1, Contrat et engagement unilatéral, 4e édition, puf, 2016, pp. 311—318; Philippe Malaurie, Laurent Aynès, Philippe Stoffel-Munck, Droit des obligations, 8e édition, L. G. D. J., 2016, pp. 274—277; Rémy Cabrillac, Droit des obligations, 12e édition, Dalloz, 2016, pp. 58—60; Marjorie Brusorio Aillaud, Droit des obligations, 8c édition, bruylant, 2017, pp. 163—164; François Terré, Philippe Simler, Yves Lequette, François Chénedé, Droit civil, Les Obligations, 12e édition, Dalloz, 2018, pp. 219—223.

③ Dimitri Houtcieff, Droit Des Contrats, Larcier, 2e édition, 2016, pp. 106—112; Muriel Fabre-Magnan, Droit des obligations, Tome 1, Contrat et engagement unilatéral, 4e édition, puf, 2016, pp. 261—273; Philippe Malaurie, Laurent Aynès, Philippe Stoffel-Munck, Droit des obligations, 8e édition, L. G. D. J., 2016, pp. 267—269; Marjorie Brusorio Aillaud, Droit des obligations, 8e édition, bruylant, 2017, pp. 167—169; Virginie Larribau-Terneyre, Droit civil, Les Obligations, 15e édition, Dalloz, 2017, pp. 337—342.

人缔结合同而就他们之间的未来合同内容所展开的协商、讨论、讨价还价。[①]《法国民法典》新的第 1112 条对合同当事人之间的合同谈判进行了规范，该条规定：先合同谈判的开启、展开和中断均是自由的；它们也应当强制性地满足诚实的要求；如果一方当事人在谈判时实施了过错行为，则他们支付的损害赔偿金既不是为了赔偿对方因为合同未缔结而遭受的预期收益的损失，也不是为了赔偿对方获得这些利益的机会的损失。[②]

在进行合同谈判时，当事人遵循一个最基本的原则，这就是合同谈判自由原则（liberté de négociation），根据这一原则，无论是合同谈判的开始、合同谈判的进行还是合同谈判的中断，任何一方当事人均是自由的：他们有权随时开始谈判，这就是合同谈判开启的自由（liberté de l'initiative des négociations）；他们有权随时展开谈判，这就是合同谈判的展开自由（liberté de déroulement des négociations）；他们有权随时中断正在进行的谈判，这就是合同谈判的中断自由（liberté de rupture des négociations）。

二、合同谈判遵循的诚实原则

合同谈判的自由强制性地（impérativement）受到诚实原则（exigences de la bonne foi）的限制。就像合同自由要受到诚实原则的约束和限制一样，合同当事人在进行合同谈判时也应当受到该原则的约束和限制，并且此种约束和限制也贯穿在合同谈判的整个阶段：在合同谈判的开启阶段，当事人应当履行诚实原则的要求；在合同谈判的展开期间，当事人应当履行这一原则的要求；在合同谈判的中断阶段，当事人仍然应当履行这一原则的要求。在合同谈判的任何阶段，诚实原则的要求对任何一方当事人均强加了三种债务：善意谈判的债务、一般性的信息通知债务和信息的保密债务。关于善意谈判的债务，笔者将在下面的内容当中做出详细的讨论，此处从略。

所谓一般性的信息通知债务（devoir d'information），是指在进行合同谈判时，任何一方当事人均应当将自己掌握的可能决定对方是否与其签订合同的所有信息及时告知对方，如果对方可能不知道这些信息的话。当事人承担的此种通知债务在性质上属于公共秩序性质的，他们不得以任何方式免除、排除或者减缩此种债务。如果一方当事人不履行此种债务，则他们不履行此种债务的行为将构成欺诈行为，除了应当根据现行《法国民法典》新的第 1240 条所规定的一般过错侵权责任对对方当事人遭受的损失承担侵权损害赔偿责任之外，基于对方的请求，法官有权宣告他们之间的合同无效。[③]

《法国民法典》新的第 1112－1（1）条、第 1112－1（5）条和第 1112－1（6）条对合同当事人承担的信息通知债务、通知债务的性质和违反通知债务所遭受的制裁做出了说明，它们规定：如果一方当事人所知道的信息是对方在决定同意时的重要信息，则在对方忽视该种信息或者对方信赖该方当事人会对其提供时，该方当事人就应当将所知道的信息通知对方；当事人既不能够限制该种债务，也不能够排除该种债务；除了应当

---

① Dimitri Houtcieff, Droit Des Contrats, Larcier, 2e édition, 2016, pp. 106—107; Marjorie Brusorio Aillaud, Droit des obligations, 8e édition, bruylant, 2017, p. 167.

② Article 1112, Code civil, Version en vigueur au 29 novembre 2020, https://www.legifrance.gouv.fr/codes/section_lc/LEGITEXT000006070721/LEGISCTA000032007247/#LEGISCTA000032007247.

③ Virginie Larribau-Terneyre, Droit civil, Les Obligations, 15e édition, Dalloz, 2017, p. 341.

对对方承担赔偿责任之外，在符合第1130条和其他法律条款的规定时，信息通知债务的不履行能够引起合同的无效。[①] 所谓信息是对方在决定同意时的重要信息，是指信息与合同的内容或者当事人的身份之间具有直接的、必要的关系。

所谓信息的保密债务（information confidentielle），是指如果一方当事人在合同谈判期间获得了另外一方当事人所提供的机密信息，则在没有取得对方同意的情况下，他们既不得擅自使用所获得的信息，也不得泄露所获得的信息，否则，他们就违反了所承担的此种债务，应当对对方遭受的损失承担赔偿责任，他们所承担的此种赔偿责任在性质上也属于一般过错侵权责任，也是建立在《法国民法典》新的第1240条基础上的侵权责任。《法国民法典》新的第1112-2条对当事人承担的保密债务和违反保密债务所承担的侵权责任做出了说明，该条规定：在没有获得另外一方当事人授权的情况下，如果一方当事人使用或者泄露他们在谈判场合所获得的机密信息，他们应当根据共同法规定的条件对对方承担法律责任。[②]

三、恶意谈判引起的侵权责任

除了应当根据诚实原则承担信息的通知债务和信息的保密债务之外，在从事合同谈判时，任何一方当事人均应当根据该原则的要求承担另外一项债务，即善意谈判的债务。

所谓善意谈判的债务，是指任何一方当事人在与对方进行合同谈判时均是真诚的、真实的，换言之，他们均有与对方进行合同谈判并且最终达成双方希望达成的合同的意图、意志或者意思。善意谈判的债务在合同谈判的三个阶段均存在：在开启合同谈判时，任何一方当事人均具有与对方进行合同谈判的意图、意志、意思；在谈判展开期间，任何一方当事人均具有与对方展开合同谈判的意图、意志、意思；在谈判中断时，任何一方当事人均具有与对方终止正在进行的合同谈判的意图、意志和意思。[③]

如果一方当事人在与对方进行合同谈判时没有希望与对方达成最终合同的意图、意志、意思，则他们与对方进行的合同谈判就违反了诚实原则的要求，构成恶意合同谈判，实际上就是构成合同谈判自由权的滥用。与合同谈判的三个阶段相适应，恶意谈判也分为三个阶段：恶意开启合同谈判的行为，是指一方当事人在没有与对方当事人签订合同意图、意志或者意思的情况下仍然邀请对方与自己谈判；恶意展开谈判的行为，是指一方当事人在没有与对方签订合同的意图、意志、意思的情况下仍然与对方展开谈判；恶意中断合同谈判的行为，是指一方当事人突然、野蛮终止正在与对方进行的合同

---

① Article 1112-1, Code civil, Version en vigueur au 29 novembre 2020, https://www.legifrance.gouv.fr/codes/section_lc/LEGITEXT000006070721/LEGISCTA000032007247/#LEGISCTA000032007247.

② Article 1112-2, Code civil, Version en vigueur au 29 novembre 2020, https://www.legifrance.gouv.fr/codes/section_lc/LEGITEXT000006070721/LEGISCTA000032007247/#LEGISCTA000032007247.

③ Dimitri Houtcieff, Droit Des Contrats, Larcier, 2e édition, 2016, pp. 107—109.

谈判，拒绝与对方当事人签订合同。①

一方当事人的谈判行为是否构成恶意谈判行为，尤其是一方当事人中断合同谈判的行为是否构成恶意中断行为，由法官在具体案件当中确定。例如，如果一方当事人突然中断合同的谈判，或者如果一方当事人在合同谈判接近完成时中断谈判，或者如果一方当事人没有合法理由中断谈判并且拒绝做出解释，则法官可能会认定他们的行为构成恶意谈判行为。②

一旦当事人的谈判行为被视为恶意行为，则他们的行为被视为《法国民法典》第1240条所规定的过错行为，在符合该条所规定的一般过错侵权责任构成要素的情况下，他们应当对对方遭受的损害承担赔偿责任。③ 不过，他们仅仅赔偿对方因为合同谈判所支付的所有费用，因为根据《法国民法典》新的第1112（2）条的规定，他们既不赔偿对方所遭受的如果合同成立时对方原本能够获得的预期利益（des avantages attendus）损失，也不赔偿对方获得预期利益的机会损失，已如前述。

第三节 合同成立的特殊形式：预备合同

一、预备合同的界定和类型

预备合同（l'avant-contrat pactum praeparatorium pactum de contrahendo）一词源自德国 Vorvertrag 一词，也被称为合同的允诺（promesse de contrat）、初步合同（contrat préliminaires）、准备合同（contrats préparatoires）或者预定合同（contrats de réservation），是指当事人为了规范他们未来所签订的最终合同（contrat définitif）而达成的临时合同（contrats provisoires）。④ 不过，虽然预备合同仅仅是一种临时合同，但是，预备合同在性质上仍然是真正的合同，就像买卖合同、租赁合同等具体合同在性质上属

① Dimitri Houtcieff, Droit Des Contrats, Larcier, 2e édition, 2016, pp. 107—110; Muriel Fabre-Magnan, Droit des obligations, Tome 1, Contrat et engagement unilatéral, 4e édition, puf, 2016, pp. 269—273; Philippe Malaurie, Laurent Aynès, Philippe Stoffel-Munck, Droit des obligations, 8e édition, L. G. D. J., 2016, pp. 267—269; Marjorie Brusorio Aillaud, Droit des obligations, 8e édition, bruylant, 2017, pp. 167—169; Virginie Larribau-Terneyre, Droit civil, Les Obligations, 15e édition, Dalloz, 2017, pp. 338—339.

② Dimitri Houtcieff, Droit Des Contrats, Larcier, 2e édition, 2016, pp. 107—110; Muriel Fabre-Magnan, Droit des obligations, Tome 1, Contrat et engagement unilatéral, 4e édition, puf, 2016, pp. 269—273; Philippe Malaurie, Laurent Aynès, Philippe Stoffel-Munck, Droit des obligations, 8e édition, L. G. D. J., 2016, pp. 267—269; Marjorie Brusorio Aillaud, Droit des obligations, 8e édition, bruylant, 2017, pp. 167—169; Virginie Larribau-Terneyre, Droit civil, Les Obligations, 15e édition, Dalloz, 2017, pp. 338—339.

③ Dimitri Houtcieff, Droit Des Contrats, Larcier, 2e édition, 2016, pp. 107—110; Muriel Fabre-Magnan, Droit des obligations, Tome 1, Contrat et engagement unilatéral, 4e édition, puf, 2016, pp. 269—273; Philippe Malaurie, Laurent Aynès, Philippe Stoffel-Munck, Droit des obligations, 8e édition, L. G. D. J., 2016, pp. 267—269; Marjorie Brusorio Aillaud, Droit des obligations, 8e édition, bruylant, 2017, pp. 167—169; Virginie Larribau-Terneyre, Droit civil, Les Obligations, 15e édition, Dalloz, 2017, pp. 338—339.

④ Philippe Malaurie, Laurent Aynès, Philippe Stoffel-Munck, Droit des obligations, 8e édition, L. G. D. J., 2016, p. 237.

于真正合同一样，因为预备合同也具有约束力，当事人仍然应当履行预备合同的规定，否则，他们仍然应当承担法律责任。[①]

在法国，预备合同的类型众多，因为不同类型的预备合同所实现的目的是不同的。现行《法国民法典》仅仅对其中的两种预备合同做出了规定，这就是新的第 1123 条和新的 1124 条所规定的优先协议和单方允诺。除了《法国民法典》对这两种不同的预备合同做出了规定之外，法国民法学者也普遍对预备合同做出了说明，所不同的是，某些民法学者所做出的说明要详尽一些，而另外一些民法学者所做出的说明要简略一些。[②]

二、优先协议

现行《法国民法典》新的第 1123（1）条对优先协议（le pacte de préférence）做出了界定，它规定：所谓优先协议，是指一方当事人与其受益人之间的一种合同，根据该种合同，在该方当事人决定签订合同的情况下，他们将会优先向其受益人提出签订合同的建议。[③] 换言之，所谓优先协议，是指一方当事人对另外一方当事人所做出的允诺：一旦该方当事人决定在某种情况下签订合同，他们将优先（prioritairement）与另外一方当事人签订合同，其中的一方当事人被称为允诺人（promettant），另外一方当事人则称为受益人（bénéficiaire）。

例如，如果甲方与乙方约定，一旦甲方出卖自己的房屋，则在同等条件下，他将优先与乙方签订房屋买卖合同，将自己的房屋出卖给乙方，则甲方和乙方之间所签订的此种协议就属于优先协议。在甲方决定出卖自己的房屋时，他应当与乙方签订最终的房屋买卖合同，将自己的房屋出卖给乙方。再例如，如果公司的甲股东与公司的乙股东约定，一旦他转让自己的股份，在同等条件下，他会优先将自己的股份卖给乙，则两个股东之间的此种协议就是优先协议。当甲股东决定出卖自己的股份时，他应当与乙签订最终的股份出卖合同，将自己的股份卖给乙。

虽然优先协议是一种预备合同，但是，它也具有法律效力，此种法律效力表现在两个方面：在允诺人决定签订合同时，如果他们违反优先协议的约定，没有与受益人签订最终合同，则他们的行为构成违约行为，应当赔偿受益人遭受的损害；如果允诺人与受益人之外的第三人签订合同，在第三人是恶意的情况下，受益人有权向法院起诉，要求法官宣告允诺人与第三人之间的合同无效，并因此责令允诺人与自己签订合同。《法国民法典》新的第 1123（2）条对此种规则做出了说明，该条规定：如果允诺人违反优先

---

① Philippe Malaurie, Laurent Aynès, Philippe Stoffel-Munck, Droit des obligations, 8e édition, L. G. D. J., 2016, p. 237; Marjorie Brusorio Aillaud, Droit des obligations, 8e édition, bruylant, 2017, p. 169.

② Dimitri Houtcieff, Droit Des Contrats, Larcier, 2e édition, 2016, pp. 112—129; Muriel Fabre-Magnan, Droit des obligations, Tome 1, Contrat et engagement unilatéral, 4e édition, puf, 2016, pp. 273—285; Rémy Cabrillac, Droit des obligations, 12e édition, Dalloz, 2016, p. 54; Philippe Malaurie, Laurent Aynès, Philippe Stoffel-Munck, Droit des obligations, 8e édition, L. G. D. J., 2016, pp. 237—243; Marjorie Brusorio Aillaud, Droit des obligations, 8e édition, bruylant, 2017, pp. 169—172; Virginie Larribau-Terneyre, Droit civil, Les Obligations, 15e édition, Dalloz, 2017, pp. 342—349.

③ Article 1123, Code civil, Version en vigueur au 29 novembre 2020, https://www.legifrance.gouv.fr/codes/section_lc/LEGITEXT000006070721/LEGISCTA000032007247/#LEGISCTA000032007247.

协议的规定而与第三人签订合同，则受益人有权获得损害赔偿。如果第三人知道优先协议的存在和受益人会主张优先权的意图，则受益人能够向法院起诉，或者要求法官宣告允诺人与第三人之间的合同无效，或者要求取代第三人与允诺人签订合同。[①]

三、单方允诺

在法国，单方允诺（la promesse unilatérale）也称为合同的单方允诺（la promesse unilatérale de contrats）、选择权协议（pacte d'option），[②] 现行《法国民法典》新的第1124（1）条对其做出了界定，它规定：所谓单方允诺，是指一方当事人即允诺人赋予另外一方当事人即受益人以选择与自己订立其基本要素已经确定、形式上仅仅欠缺受益人同意的某种合同的权利的一种合同。[③] 换言之，所谓单方允诺，是指一方当事人即允诺人与另外一方当事人即受益人之间的合同，根据该种合同，允诺人对受益人做出单方面的允诺，让其享有是否与自己签订最终合同的选择权。例如，不动产的出卖人对另外一方当事人做出允诺，承诺会按照自己预先确定的条件尤其是价款将自己的不动产出卖给对方，其中的出卖人即为允诺人，另外一方当事人即为受益人，允诺人对受益人做出的此种允诺就构成单方允诺。在出卖人对受益人做出允诺的情况下，受益人在一定的期限内享有选择权：或者选择按照出卖人预先确定的条件购买其不动产，或者选择不购买，如果选择购买，则出卖人与受益人之间按照允诺人预先确定的条件签订最终的买卖合同。

单方允诺在性质上属于一种真正的合同，因为两方当事人均对合同表示了同意，换言之，允诺人和受益人之间的意思表示一致，如果他们之间没有意思表示的一致，则无所谓允诺的存在，而仅仅是一种要约。单方允诺在性质上属于一种单务合同，因为在该种合同当中，仅允诺人承担债务，受益人不承担债务：如果受益人同意，则允诺人应当与受益人签订最终的合同，如果受益人不同意，则他们无须与受益人签订最终的合同。受益人享有自由决定是否与允诺人签订最终合同的选择权：如果他们选择与允诺人签订最终合同，则他们应当受到自己选择的约束，否则，如果他们选择拒绝与允诺人签订最终合同，则他们不会受到任何约束。[④] 受益人享有的选择权在性质上既不是一种债权，也不是一种物权，而是一种随意权（droit potestatif），也就是由当事人自由决定是否行使的一种权利。[⑤]

---

① Article 1123, Code civil, Version en vigueur au 29 novembre 2020, https://www.legifrance.gouv.fr/codes/section_lc/LEGITEXT000006070721/LEGISCTA000032007247/#LEGISCTA000032007247.

② Philippe Malaurie, Laurent Aynès, Philippe Stoffel-Munck, Droit des obligations, 8e édition, L. G. D. J., 2016, p. 239.

③ Article 1123, Code civil, Version en vigueur au 29 novembre 2020, https://www.legifrance.gouv.fr/codes/section_lc/LEGITEXT000006070721/LEGISCTA000032007247/#LEGISCTA000032007247.

④ Philippe Malaurie, Laurent Aynès, Philippe Stoffel-Munck, Droit des obligations, 8e édition, L. G. D. J., 2016, pp. 241—242; Dimitri Houtcieff, Droit Des Contrats, Larcier, 2e édition, 2016, pp. 112—113; Marjorie Brusorio Aillaud, Droit des obligations, 8e édition, bruylant, 2017, p. 170.

⑤ Philippe Malaurie, Laurent Aynès, Philippe Stoffel-Munck, Droit des obligations, 8e édition, L. G. D. J., 2016, p. 240.

虽然单方允诺仅仅是一种预备合同，但是，单方允诺就像所有合同一样仍然具有法律效力，这就是，一旦允诺人对受益人做出了允诺，则他们应当受到自己允诺的约束。一方面，如果允诺人对受益人规定了做出选择的期限，在期限届满之前，允诺人不得撤回自己的允诺，即便允诺人单方面撤回，在受益人选择同意时，他们的撤回行为也不会影响合同的成立。《法国民法典》新的第1124（2）条对此种规则做出了说明，它规定：在允诺人留给受益人行使选择权的期限内，允诺的撤回不会阻止所允诺的合同的成立。[①] 另一方面，如果允诺人违反对受益人做出的允诺而与第三人签订合同，在第三人知道允诺存在的情况下，受益人有权向法院起诉，除了要求法官宣告允诺人与第三人之间的合同无效之外，也有权要求法官责令允诺人赔偿自己遭受的损失。《法国民法典》新的第1124（3）条对此种规则做出了说明，它规定：在第三人知道允诺存在的情况下，允诺人违反单方允诺与第三人签订的合同无效。[②]

第四节　合同成立的特殊形式：通过电子方式成立合同

一、电子合同成立的法律根据

1804年的《法国民法典》没有对电子合同（contrat électronique contrats sous forme électronique）的成立方式做出规定，因为在19世纪初期，由于科技的落后，电子合同不可能产生或者存在，此种现状一直持续到2005年6月16日。2000年5月8日，欧洲议会和欧盟委员会颁布了有关电子商务（le commerce électronique）方面的指令，要求欧盟成员国承认通过电子方式所成立的合同的可能性。[③] 为了贯彻欧盟的此种指令，法国立法者在2004年6月21日颁布了第20054－575号法律，这就是《对数字经济充满信心法》，除了规定了行为人所享有的以电子方式进行在线通信的自由（la liberté de communication en ligne）原则之外，该法还对电子商务、数字经济当中的安全以及信息和通信技术的发展等内容做出了规定。[④]

为了贯彻法国立法者颁布的此种法律，2005年6月16日，法国政府颁布了2005年6月16日的第2005－674号法令即《有关通过电子方式实施某种合同方式的法令》，对通过电子方式成立合同的问题做出了详尽的规定，这些规定被编入《法国民法典》当

---

① Article 1123, Code civil, Version en vigueur au 29 novembre 2020, https://www.legifrance.gouv.fr/codes/section_lc/LEGITEXT000006070721/LEGISCTA000032007247/#LEGISCTA000032007247.

② Article 1123, Code civil, Version en vigueur au 29 novembre 2020, https://www.legifrance.gouv.fr/codes/section_lc/LEGITEXT000006070721/LEGISCTA000032007247/#LEGISCTA000032007247.

③ Directive du Parlement européen et du Conseil du 8 Juin 2000 relative à certains aspects juridiques des services de la société de l'information, et notamment du commerce électronique, dans le marché intérieur, Dans LEGICOM 2000/1-2 (n° 21—22), pp. 172—185.

④ Loi n°2004-575 du 21 Juin 2004 pour la confiance dans l'économie numérique, https://www.legifrance.gouv.fr/loda/id/JORFTEXT000000801164/2020-12-03/.

中[①]，这就是2016年2月10日之前的《法国民法典》第三卷第三编当中的第七章。该章的标题为“电子合同”，由第1369－1条至第1369－11条组成，共四节，分别对电子合同当中的信息交换、电子合同的缔结、以电子形式发送或者接收的书面内容以及某些形式的要求做出了规定。[②]

通过2016年2月10日的债法改革法令，这些法律条款被法国政府进行了新的组织并且被编入《法国民法典》当中，这就是现行《法国民法典》当中新的第1125条至第1127－4条，它们对电子合同成立的专门条款（dispositions propre）做出了规定，包括对电子合同成立时的要约问题和承诺问题做出了规定。[③] 虽然电子合同的成立方式就如同一般合同的成立方式一样采取要约和承诺的方式，但是，鉴于电子合同所面临的特殊性，因此，无论是其要约还是其承诺均具有不同于一般合同当中要约和承诺的地方，这就是这些法律条款被称为有关电子合同成立方面的专门条款的原因。[④]

二、电子合同的成立方式：电子要约

除了能够通过书信等传统的方式进行要约的意思表示之外，要约人当然也有权以电子方式（la voie électronique）做出要约的意思表示。所谓以电子方式做出要约的意思表示，简称电子要约（offre électronique），是指要约人以建立在互联网基础上的电子通信手段（procédé de communication électronique）尤其是其中的电子邮件（courrier électronique）的方式做出要约的意思表示。电子要约与书信等传统要约具有共同点：它们均是要约人的单方面意思表示，它们均应当是坚定的、毫不含糊的、内容准确完全的，均能够对确定或者不确定的人发送，并且均对要约人产生约束力，已如前述。

现行《法国民法典》新的第1127－1（1）条和新的第1127－1（2）条对此种规则做出了说明，该条规定：如果职业人士以电子方式对受要约人提出对其供应财产或者提供服务的订约建议，在他们的订约建议对合同条款做出了规定的情况下，在他们的订约建议能够保存和复制的情况下，他们能够适用此种方式。在要约人能够通过电子方式访问自己的要约时，要约人就应当受到自己要约的约束。[⑤]

不过，电子要约与一般合同成立的传统要约之间仍然存在差异，主要表现在两个方面：

其一，要约发送的方式不同。在一般合同当中，要约是通过传统的方式发送给受要

---

① Ordonnance n°2005-674 du 16 Juin 2005 relative à l'accomplissement de certaines formalités contractuelles par voie électronique, https://www.legifrance.gouv.fr/loda/id/JORFTEXT000000448268/2020-12-03/.

② Articles 1369-1 à 1369-11, Code civil, Version en vigueur au 21 octobre 2015, https://www.legifrance.gouv.fr/codes/section_lc/LEGITEXT000006070721/LEGISCTA000006136350/2015-10-21/#LEGISCTA000006136350.

③ Articles 1125 à 1127-4, Code civil, Version en vigueur au 3 décembre 2020, https://www.legifrance.gouv.fr/codes/section_lc/LEGITEXT000006070721/LEGISCTA000032007249/#LEGISCTA000032007249.

④ Muriel Fabre-Magnan, Droit des obligations, Tome 1, Contrat et engagement unilatéral, 4e édition, puf, 2016, pp. 324—327; Philippe Malaurie, Laurent Aynès, Philippe Stoffel-Munck, Droit des obligations, 8e édition, L. G. D. J., 2016, p. 279; Virginie Larribau-Terneyre, Droit civil, Les Obligations, 15e édition, Dalloz, 2017, pp. 333—334.

⑤ Article 1127-1, Code civil, Version en vigueur au 3 décembre 2020, https://www.legifrance.gouv.fr/codes/section_lc/LEGITEXT000006070721/LEGISCTA000032007249/#LEGISCTA000032007249.

约人。所谓传统的方式，是指电子方式之外的其他方式，诸如：邮寄方式、面对面交谈方式、电话交谈方式等。而在电子合同的成立过程当中，要约人的要约是以电子方式发送给受要约人，例如，通过电子邮件方式发送要约。

其二，要约应当具备的内容范围不同。在一般合同当中，要约仅仅需要具备所建议的合同的基本条件，不需要具备其他内容。而在电子合同当中，除了应当具备所建议的合同的基本条件之外，电子要约还应当具备其他内容。《法国民法典》新的第 1127 - 1 条对电子要约应当具备的其他内容做出说明，根据该条的规定，当要约人以电子方式对受要约人发送要约时，他们的要约应当具备以下内容：通过电子方式成立合同时，合同成立的不同阶段；在合同成立之前，为了确定输入数据当中所存在的任何错误并且对存在的错误进行纠正，受要约人能够使用的技术手段（les moyens techniques）；缔结合同所使用的众多可供选择的语言，其中应当包括法语；如果有必要的话，要约人对合同进行归档的方式以及访问被归档的合同的条件；在必要的情况下，如果要约当中包含专业性规范或者商事规范，受要约人通过电子手段了解最新规范的手段。①

三、电子合同的成立方式：电子承诺

除了要求具备要约人的电子要约之外，电子合同的成立还应当具备受要约人的电子承诺，因为电子合同也是要约人的要约与承诺人的承诺之间的一种交汇，如果没有受要约人的电子承诺，电子合同也无法成立。所谓电子承诺（acceptation électronique），也称为“通过双击”（double-clic）做出的同意表示，是指受要约人在收到要约人的电子要约之后以电子方式将自己同意的意思表示回复给要约人的行为。

为了对受要约人提供保护，现行《法国民法典》第 1127 - 2（1）条和新的第 1127 - 2（2）条对承诺的有效和电子合同的有效成立规定了某些特殊条件，这些特殊条件仅仅适用于电子承诺，不适用于一般合同当中承诺人做出的承诺，该条规定：在确认要约人的要约和对要约人的要约表达最终承诺之前，受要约人具有确认要约人提交的订单详情和整个价格，并且对可能存在的错误做出校正的可能；在受要约人对要约人发送订单时，要约人应当及时以电子方式将自己的回执通知受要约人。②根据现行《法国民法典》新的第 1121 条所建立的一般规则和第 1127 - 2（3）的规定，电子合同在受要约人的承诺达到要约人时成立。③

---

① Article 1127-1, Code civil, Version en vigueur au 3 décembre 2020, https://www.legifrance.gouv.fr/codes/section_lc/LEGITEXT000006070721/LEGISCTA000032007249/#LEGISCTA000032007249.

② Article 1127-2, Code civil, Version en vigueur au 3 décembre 2020, https://www.legifrance.gouv.fr/codes/section_lc/LEGITEXT000006070721/LEGISCTA000032007249/#LEGISCTA000032007249.

③ Muriel Fabre-Magnan, Droit des obligations, Tome 1, Contrat et engagement unilatéral, 4e édition, puf, 2016, p. 334.

第六章 合同的有效条件

第一节 《法国民法典》新的第1128条对合同有效条件做出的规定

一、《法国民法典》新的第1128条放弃了旧的第1108条所规定的合同有效条件

1804年的《法国民法典》第1108条对合同有效（la validité des conventions）的必要条件（conditions essentielles）做出了规定，该条规定：合同的有效应当具备四个基本条件：承担债务的当事人的同意（le consentement de la partie qui s'oblige），也就是合同当事人的同意；承担债务的当事人具有缔约能力（sa capacité de contracter），也就是合同当事人的缔约能力；形成债的内容的某种确定客体（un objet certain），也就是合同的客体（l'objet du contrat）；债的某种合法原因（une cause licite），也就是合同的原因。[①] 除了第1108条对这四个必要条件做出了原则性的规定之外，第1109条至第1133条分别对这四个必要条件做出了具体规定，它们结合在一起就形成了作为一个有机整体的合同有效制度。[②] 包括第1108条在内，所有这些法律条款一直从1804年被原封不动地保留到2016年，直到2016年2月10日的债法改革法令生效时止。[③]

通过2016年2月10日的债法改革法令，现行《法国民法典》新的第1128条至新的第1171条对合同的有效条件做出了规定，其中的新的第1128条取代旧的第1108条对合同有效的必要条件做出了规定，该条规定，合同的有效应当具备的要素是：当事人的同意，当事人的缔约能力，某种合法和肯定的内容。[④] 新的第1129条和以下的其他法律条款则分别对该条所规定的三个必要条件做出了详尽的规定。[⑤] 同2016年之前旧的第1108条相比，《法国民法典》新的第1128条关于合同有效条件的规定有两个重大变化：其一，它将作为合同有效条件的合同客体改为合同内容。其二，它抛弃了作为合同有效条件的合同原因，不再将合同原因视为合同的有效条件。

---

① Article 1108, https://fr. wikisource. org/wiki/Code_civil_des_Français_1804/Livre_Ⅲ, _Titre_Ⅲ.

② Articles 1109 à 1133, https://fr. wikisource. org/wiki/Code_civil_des_Français_1804/Livre_Ⅲ, _Titre_Ⅲ.

③ Articles 1108 à 1133, Code civil, Version en vigueur au 9 février 2016, https://www. legifrance. gouv. fr/codes/section_lc/LEGITEXT000006070721/LEGISCTA000006136341/2016-02-09/#LEGISCTA000006136341.

④ Article 1128, Code civil, Version en vigueur au 4 décembre 2020, https://www. legifrance. gouv. fr/codes/section_lc/LEGITEXT000006070721/LEGISCTA000006150237/#LEGISCTA000032040930.

⑤ Articles 1128 à 1171, Code civil, Version en vigueur au 4 décembre 2020, https://www. legifrance. gouv. fr/codes/section_lc/LEGITEXT000006070721/LEGISCTA000006150237/#LEGISCTA000032040930.

二、《法国民法典》新的第1128条以合同内容取代合同客体作为合同的有效条件

2016年之前，《法国民法典》第1108条将合同客体视为合同的有效条件，因此，合同必须具备某种客体，如果合同没有客体，则合同无法产生法律效力。在2004年的《民法》当中，Carbonnier明确承认合同客体是合同的有效条件之一，他指出："在合同当事人之间的意思表示交汇进行时，如果合同的客体不存在或者客体不再存在，则合同无法有效成立。"[①] 在2011年的《民法》当中，Pierre Voirin和Gilles Goubeaux也承认合同客体是合同的有效条件之一，他们也指出："如果客体不存在，则合同债也不可能存在。因此，如果在买卖合同即将缔结完成时出卖物灭失，则合同当事人之间的买卖合同将会无效。"[②]

在2016年2月10日的债法改革法令当中，法国政府正式放弃了合同客体一词并且以合同内容一词取而代之，这就是现行《法国民法典》新的第1128条的规定。《法国民法典》新的第1128条之所以放弃合同客体一词并且以合同内容一词取而代之，一个最重要的原因在于，在2016年之前，法国民法学者对合同客体与债的客体（l'objet de l'obligation）之间的关系有不同的看法，换言之，他们对合同客体一词的含义究竟是什么存在不同的看法。

在2016年之前，除了第1108条使用了"合同的客体"一词之外，《法国民法典》第1126条至第1128条还使用了"合同的客体"一词。除了使用了"合同的客体"一词之外，《法国民法典》第1129条和第1130条也使用了另外一个词语即"债的客体"（l'objet de l'obligation）。问题在于，第1108条和其他几个法律条款所规定的"合同的客体"当中的"客体"和第1129条以及第1130条所规定的"债的客体"当中的"客体"是不是同一个词语？它们的含义是不是相同的？对此问题，法国民法学者之间存在极大的争议，主要有三种不同的理论。

（一）合同的客体区别于债的客体的理论

在2016年的债法改革法令之前，法国某些民法学者认为，《法国民法典》所规定的"合同的客体"当中的"客体"不同于"债的客体"当中的"客体"，因为"合同的客体"当中的"客体"仅仅是指合同当事人希望通过其合同所实现的法律活动（l'operation juridique），例如，合同当事人通过其买卖合同所实现的出卖活动，租赁合同的当事人通过其租赁合同所实现的承租活动。而"债的客体"当中的"客体"则不同，它们或者是指债务人交付给债权人的某种财产，或者是指债务人对债权人所为的某种给付行为，例如，在买卖合同当中，出卖人承担的债务客体或者是他们所出卖的财产，或者是他们交付出卖物的行为，而买受人承担的债务客体或者是他们所交付的货款，或者

① Jean Carbonnier, Droit civil, Les biens, Les Obligations, puf, p. 2009.

② Pierre Voirin, Gilles Goubeaux, Droit civil, tome 1, Introduction au droit, personnes-famille, personnes protégées, biens-obligations, sûretés, 33e édition, L. G. D. J., pp. 17—63.

是他们交付货款的行为。在法国，Raymond、Mazeaud 和 Chabas 等人采取此种理论，认为《法国民法典》所规定的“合同的客体”不同于《法国民法典》所规定的“债的客体”。

Raymond 指出：“在《法国民法典》第 1126 条和其他的几个法律条款所规定的客体当中，客体一词用来表示两种不同的现实情况：合同的客体和债的客体。即便所有的民法学者均不承认这两种术语之间的差异，《法国民法典》仍然承认这两个术语之间的差异。为了让这两个术语之间能够予以清晰的区分，我们应当明确区分这两个术语。一方面，所谓债的客体，是指债务人对债权人所承担的债务。例如，在买卖合同当中，买受人承担的债务客体是所支付的价款，而出卖人所承担的债务客体则是所出卖的财产。另一方面，合同的客体则是指合同当事人希望通过其合同实现的法律活动（例如财产的出卖或者财产的租赁等等）。《法国民法典》之所以区分合同的客体和债的客体，是因为对于同类合同而言，合同的客体总是相同的，而债的客体则是不同的。”①

Mazeaud 和 Chabas 等人也认为，将合同的客体等同于债的客体是不准确的，因为合同的客体仅仅是指合同当事人试图通过其合同所实现的法律活动，而债的客体则是指合同当事人所允诺的给付行为。他们指出：“合同的客体是指合同当事人通过其合同所试图实现的法律活动，该种法律活动区别于合同当事人所允诺会实施的给付行为，而此种给付行为就是债的客体。对合同的客体进行规范和调整的规则不应当等同于对债的客体进行规范和调整的法律规则，因为在某些情况下，即便合同当事人所实施的法律活动被法律所禁止，合同当事人的给付行为仍然是合法的给付行为；反之，在某些情况下，即便合同当事人所实施的法律活动是有效的，合同当事人在其合同当中所规定的给付行为仍然会被禁止。”②

（二）合同的客体等同于债的客体的理论

在 2016 年的债法改革法令之前，法国某些民法学者并不区分合同的客体和债的客体，他们认为这两个术语的含义是完全相同的，因为它们均是指一方当事人对另外一方当事人所实施的给付行为，并不存在合同的客体是指合同当事人希望通过其合同所实施的法律活动而债的客体则是指合同当事人的给付行为的区分问题。Carbonnier、Terré 和 Simler 等人采取此种理论。Carbonnier 认为，合同的客体等同于债的客体，他指出：“严格说来，一旦合同成立，则合同就具备了债的客体，而每一种债也均具有自己的客体。《法国民法典》本身将合同的客体看作债的客体。”③ Terré、Simler 和 Lequette 也采取此种规则，他们认为，《法国民法典》并不区分合同的客体和债的客体，而是将合同的客体等同于债的客体，因为它们均是指合同债务人对合同债权人所为的给付行为。④

---

① Guy Raymond, Droit Civil, 2e édition, Litec, 1993, p. 233.

② Henri et Leon Mazeaud, Jean Mazeaud, Francois Chabas, Obligations, 9e édition, Montchrestien, 1998, p. 232.

③ Jean Carbonnier, Droit civil, Les biens, Les Obligations, puf, p. 2009.

④ Francois Terré, Philippe Simler, Yves Lequette, Droit civil, Les Obligations, 10e édition, Dalloz, 2009, pp. 281—282.

（三）合同的客体包含债的客体的理论

在2016年的债法改革法令之前，法国某些民法学者认为，合同的客体不同于债的客体，因为除了债的客体之外，合同的客体还包含了其他的内容。这些学者认为，在法国，债的客体仅仅是指债务人的给付行为，而合同的客体除了是指合同的债务人根据合同的规定对合同债权人的给付行为之外，还指其他内容，诸如合同当事人通过其合同所意图实施的法律活动，或者合同债务人根据其合同交付给合同债权人的某种财产。在法国，Légier、Pierre Voirin 和 Gilles Goubeaux 等人采取此种理论。

Légier 认为，在法国，合同的客体区分于债的客体，因为债的客体仅仅是指债务人的给付行为，而合同的客体除了是指合同债务人对合同债权人的给付行为之外，还同时指合同当事人通过其合同所希望实现的法律活动和合同债务人根据其合同交付给债权人的财产。他指出："在《法国民法典》当中，客体这一词语有多种含义，根据情况的不同，《法国民法典》在使用这一词语时是指两种含义：其一，债的客体（例如，《法国民法典》第1129条的规定），是指债务人的给付行为（例如支付价款或者交付货物等）。这是客体一词的最通常的含义。其二，合同的客体（例如，《法国民法典》第1127条的规定）。其含义不同于债的客体，因为它的含义有三种：有时，它仅仅是指'因为合同所产生的债的客体'，是该种术语的简称；有时，它具有自己的独立含义，即它是指合同当事人通过其合同所希望实施的法律活动（例如，在买卖合同当中，财产所有权的转移）；有时，它是指合同当事人在其合同当中所规定的财产本身。例如，买卖合同当中出卖人所出卖的财产。"①

Pierre Voirin 和 Gilles Goubeaux 也采取此种理论，他们指出："合同客体的含义有三：其一，合同的客体指某种财产。它或者是指合同债务人转移所有权的某种财产（出卖人所出卖的财产，互易人所交换的财产，捐赠人所捐赠的财产以及公司股东的出资等），或者仅仅是指所占有的财产（质押权人所占有的质押物），或者是指单纯使用的财产（承租人所承租的租赁物或者借用人所借用的借用物等）。其二，合同的客体指某种权利（例如，在债权转让当中所转移的权利）。其三，合同的客体指某种作为行为或者不作为行为。例如，雇员所承担的做出某种行为的合同债，艺术家所承担的给债权人画像的债务。"②

（四）法国政府最终放弃了合同客体理论

在2016年的债法改革法令之前，人们在他们起草的债法改革草案当中对合同客体理论采取了不同的态度。在2005年的《债法改革草案》当中，Catala 领导的小组仍然保留了合同客体理论，因为《债法改革草案》第1108条仍然将合同客体视为合同有效的四个必要条件之一，该条规定：合同的有效应当具备四个必要条件——合同当事人的

---

① Gérard Légier, Les obligations, 17e édition, Dalloz, 2001, p. 50.

② Pierre Voirin, Gilles Goubeaux, Droit civil, tome 1, Introduction au droit, personnes-famille, personnes protégées, biens-obligations, sûretés, 33e édition, L. G. D. J., p. 431.

同意，合同当事人的缔约能力，形成债的内容的某种客体，能够证明债的正当性的某种原因。[①] 而在2008年的《合同法改革草案》当中，法国司法部则放弃了合同客体理论，因为《合同法改革草案》第49条不再使用合同客体一词作为合同有效的条件，而是使用了“某种确定的内容”一词，该条规定，合同的有效应当具备四个必要条件：合同当事人的同意，合同当事人的缔约能力，某种确定的内容，合同的合法性。[②]

在2015年2月25日的《关于合同法、债的制度和债的证明改革法令草案》当中，法国司法部延续了它在2008年的《债法改革草案》当中对待合同客体的一贯态度，除了不再使用合同客体一词之外，它还将2008年当中的“某种确定的内容”改为“某种合法和肯定的内容”。其第1127条规定：合同的有效应当具备的要素是：当事人的同意，当事人的缔约能力，以及某种合法和肯定的内容。[③] 在2016年2月10日的债法改革法令当中，法国政府原封不动地保留了法国司法部在《关于合同法、债的制度和债的证明改革法令草案》第1127条当中的规定，这就是现行《法国民法典》当中的第1128条，已如前述。

三、《法国民法典》新的第1128条正式抛弃了作为合同有效条件的合同原因理论

2016年之前，《法国民法典》第1108条将合同原因视为合同有效条件之一，因此，合同应当具有某种合法的原因，如果合同不具备任何合法的原因，则合同不能够产生法律效力。这就是合同的原因理论（les théories sur la cause du contrat）。

在2004年的《民法》当中，Carbonnier对此种有效条件做出了说明，他指出：“合同的有效成立所应当具备的一个必要构成要素是，承担合同债务的人均应当基于某种合法的原因承担债务，该种原因不仅应当存在，而且还应当合法。”[④] Mazeaud和Chabas也承认此种有效条件，他们指出：“对于合同的有效成立而言，法国实在法并不满足于要求具备意思表示的合意和客体。《法国民法典》第1108条还要求合同具备另外一个必要构成要素，这就是原因。除了第1108条对此种要素做出规定之外，《法国民法典》第1131条和第1133条也对此种要素做出了规定，因为这两个条款规定，原因应当存在并且合法。”[⑤]

在2016年2月10日的债法改革法令当中，法国政府正式放弃了旧的第1108条所规定的合同原因，不再将合同原因视为合同的有效条件。现行《法国民法典》新的第1128条之所以正式放弃合同原因理论，一方面，因为在2016年之前，法国民法学者在

---

① Article 1108, Avant-projet de reforme du droit des obligations (Articles 1101 à 1386 du Code civil) et du droit de la prescription (Articles 2234 à 2281 du Code civil), Rapport à Monsieur Pascal Clément, Garde des Sceaux, Ministre de la Justice, 22 Septembre 2005, p. 70.

② Projet de réforme du droit des contrats, Juillet 2008, Ministre de la justice, p. 17.

③ Article 1127, Projet d'ordonnance n° du portant réforme du droit des contrats, du régime général et de la preuve des obligations, p. 7, http://www. justice. gouv. fr/publication/j21_projet_ord_reforme_contrats_2015. pdf.

④ Jean Carbonnier, Droit civil, Les biens, Les Obligations, puf, p. 2017.

⑤ Henri et Leon Mazeaud, Jean Mazeaud, Francois Chabas, Obligations, 9e édition, Montchrestien, 1998, p. 262.

合同原因的含义方面存在不同的看法；另一方面，因为合同原因理论仅为法国民法所独有，其他国家的民法并不承认这一理论。①

（一）罗马法时期的合同原因理论

在法国，1804年的《法国民法典》第1108条所规定的合同原因理论历史源远流长。早在罗马法时期，人们就在合同当中贯穿着原因理论，即便罗马法时期不存在意思自治或者合同自由原则，即便合同的成立或者有效不是建立在合同当事人的意图、意志、意思的基础上，因为，罗马法将原因理论作为僵硬的合同形式主义理论的补充。在罗马法时期，合同贯彻制定法所规定的严格形式主义，合同的效力并不是源于当事人的意图、意志、意志的一致，而是源自制定法所规定的要求的形式。为了减缓合同形式主义引起的不公平现象，罗马法引入原因理论。②

一方面，在一方当事人根据合同取得另外一方当事人所交付的财物时，他们也应当承担将所取得的财物返还给对方的债务，如果他们在取得对方的财物时没有任何原因，或者虽然存在某种原因，但是，所存在的原因是不光彩的、不公平的话，其中的第一种理论被称为无原因的返还债（la condictio sine cause），而后一种理论则被称为原因不光彩或者不公平时的返还债（condictio ob turpem vel iniustam causam）。③

不过，根据罗马法的规定，即便一方当事人在没有获得对方支付的等价物时将自己的财物转移给对方，在他们具有赠与的意图、意志、意思时，他们也不得要求对方将所获得的财物返还给自己，这就是基于赠与原因（la donandi causa）不承担返还债的规则，因为罗马法认为，赠与人具有通过给付的方式免除对方所承担的返还债的意图，因此，获得赠与物的一方当事人无须承担返还责任，此时，人们无须再关注赠与人的财物赠与目的或者动机是什么。④

另一方面，在一方当事人与另外一方当事人根据制定法所规定的严格合同形式签订合同时，如果一方当事人对另外一方当事人实施欺诈行为并因此让另外一方当事人成为合同的受害人，则罗马法原则上不允许受欺诈的一方当事人向法院起诉，要求法官宣告他们之间的合同无效，因为罗马法认为，一旦当事人之间的合同履行了制定法所要求的严格形式，则他们之间的合同就产生法律效力。不过，鉴于此种规则过于严厉并且对受到欺诈的一方尤其不公平，借助于公平的观念，罗马时期的法官通过自己的法官法（le droit prétorien）对欺诈合同不得被宣告无效的一般规则确立了例外规则，根据例外规则，在当事人之间的合同成立之后，即便他们之间的合同是有效的，如果债权人欺诈债

---

① Pierre Voirin, Gilles Goubeaux, Droit civil, tome 1, Introduction au droit, personnes-famille, personnes protégées, biens-obligations, sûretés, 33e édition, L. G. D. J., 2011, pp. 34—435.

② Henri et Leon Mazeaud, Jean Mazeaud, Francois Chabas, Obligations, 9e édition, Montchrestien, 1998, p. 263; Philippe Malaurie, Laurent Aynès, Philippe Stoffel-Munck, Les obligations, 4e édition Defrenois, 2009, p. 310.

③ Henri et Leon Mazeaud, Jean Mazeaud, Francois Chabas, Obligations, 9e édition, Montchrestien, 1998, p. 263; Philippe Malaurie, Laurent Aynès, Philippe Stoffel-Munck, Les obligations, 4e édition Defrenois, 2009, p. 310.

④ Henri et Leon Mazeaud, Jean Mazeaud, Francois Chabas, Obligations, 9e édition, Montchrestien, 1998, p. 263; Philippe Malaurie, Laurent Aynès, Philippe Stoffel-Munck, Les obligations, 4e édition Defrenois, 2009, p. 310.

务人，则在债权人要求债务人履行自己的债务时，债务人有权以债务人实施欺诈行为为由拒绝履行自己的债务，因为他们所承担的债务是没有原因的债务，这就是罗马法当中的欺诈抗辩规则（exception de dol）。①

（二）中世纪的合同原因理论

在中世纪，在抛弃罗马法的形式主义理论之后，教会法虽然建立了一般合同理论，但是，它也认为，如果合同当事人的意图、意志、意思要产生法律效力，他们的意图、意志、意思必须建立在某种真正的原因的基础上（cause véritable），并且他们的意图、意志、意思不会被某种不可告人的动机（motifs）所支配：如果合同的原因是虚假的，则合同当事人没有签订合同的意图、意志、意思，如果合同的原因是不可告人的，则合同当事人之间的合同原本就不会签订。②

到了13世纪，教会法的此种原因理论被浓缩为一个法律格言：人们无须对不信守自己诺言的人信守自己的诺言（non servanti fidem non est fides servanda）。此种法律格言实际上确立了合同领域的抽象原因（cause abstraite）、技术原因（cause techniques）理论，根据该种理论，合同的有效应当建立在一个抽象原因的基础上：一方当事人对另外一方当事人所承担的债均以另外一方当事人对之间承担作为原因的相对应债作为基础。一方当事人对另外一方当事人承担债是有原因的，这个原因就是另外一方对自己承担相对应的债，另外一方当事人对自己承担相对应的债就是自己对其承担债的原因。抽象原因理论将债的双方当事人之间的债关联在一起，通过当事人承担的债务的对等性予以补充，教会法在合同领域引入了公平理论，让合同当事人之间的合同实现了平衡。③ 不过，合同的抽象原因理论还不足以解决合同当事人之间所有合同纠纷，因为，即便一方当事人对另外一方当事人承担的债务的确是建立在另外一方当事人对自己承担债务的基础上，如果合同当事人基于不道德的目的签订合同，那么，他们之间的合同是否有效？为了解决这样的问题，中世纪的教会法学家要求法官在处理当事人之间的合同纠纷时要审查当事人签订合同的目的、动机，以确保他们的合同符合宗教道德的要求。基于法官的裁判，中世纪的教会法最终在合同领域确立了第二种合同原因理论：合同当事人签订合同的目的理论，根据该种理论，一旦合同当事人之间的意思表示一致，则他们之间的合同就产生法律效力，除非他们之间的合同是不合理的、不公平的或者除非他们之间的合同违反了道德。④

中世纪教会法的此种合同原因理论引起了众多的学术争议并且因此产生了主观原因

---

① Henri et Leon Mazeaud, Jean Mazeaud, Francois Chabas, Obligations, 9e édition, Montchrestien, 1998, p. 263.

② Henri et Leon Mazeaud, Jean Mazeaud, Francois Chabas, Obligations, 9e édition, Montchrestien, 1998, p. 264.

③ Henri et Leon Mazeaud, Jean Mazeaud, Francois Chabas, Obligations, 9e édition, Montchrestien, 1998, p. 264.

④ Henri et Leon Mazeaud, Jean Mazeaud, Francois Chabas, Obligations, 9e édition, Montchrestien, 1998, p. 264; Philippe Malaurie, Laurent Aynès, Philippe Stoffel-Munck, Les obligations, 4e édition Defrenois, 2009, p. 311.

理论和客观原因理论之分：在分析合同的原因时，法官究竟是分析合同当事人的目的、动机是否违反了道德的要求，还是分析合同当事人的合同是否存在给付不公平、不合理的问题。在分析合同的原因时，如果法官集中探寻当事人签订合同的目的、动机，则他们所采取的分析方法就是主观的、心理的，这就是主观原因理论。反之，在分析合同的原因时，如果法官集中探寻当事人之间的给付内容是否对等、是否平衡、是否合理、是否公平，则他们所采取的分析方法就客观的、外在的，这就是客观原因理论。①

(三) 1804 年的《法国民法典》所规定的合同原因理论

在 17 世纪，被誉为《法国民法典》之祖父的 Domat 承认合同的原因理论，不过，在合同原因问题上，他采取了中世纪教会法所主张的抽象原因理论，认为所谓合同的原因，并不是指合同当事人通过合同所追求的个人目的、动机，而是指一方当事人对另外一方当事人承担债务的技术原因：另外一方当事人对自己承担相对应的合同债务。因此，买卖合同之所以有效，是因为买卖合同是有原因的：出卖人之所以对买受人承担交付和转移财产所有权的债务，是因为买受人对出卖人承担支付价款的债务，买受人承担的支付价款的债务是出卖人承担的转移财产所有权债务的原因。Domat 所建立的此种合同原因理论被称为经典原因理论。②

在 18 世纪，被誉为《法国民法典》之父的 Pothier 也承认合同的原因理论，不过，在他究竟采取什么原因理论的问题上，法国后世民法学者之间存在争议。Mazeaud 和 Chabas 等人认为，Pothier 采取的合同原因理论与 Domat 一样也是抽象原因理论。③ 而 Malaurie、Aynès 和 Stoffel-Munck 则认为，Pothier 没有采取 Domat 的抽象原因理论，而是采取了一种新的原因理论，也就是合同当事人的个人目的理论，认为合同原因是指合同当事人所追求的个人目的、动机。④ 笔者采取 Mazeaud 和 Chabas 的看法，认为在合同原因问题上，Pothier 采取了中世纪的抽象原因理论，而放弃了个人目的、动机的理论。

在起草 1804 年的《法国民法典》时，法国立法者对合同原因的讨论非常简单。除了第 1108 条将合同的原因视为合同的四个有效条件之一之外，1804 年的《法国民法典》第 1131 条和第 1133 条还对合同原因做出了详细规定。这些法律条款所规定的合同原因理论究竟是抽象原因理论还是个人目的、动机理论？Mazeaud 和 Chabas 等人做出了明确的回答，他们认为，1804 年的《法国民法典》所规定的这些原因理论在性质上属于抽象原因理论，不属于个人目的、个人动机的理论。⑤

---

① Henri et Leon Mazeaud, Jean Mazeaud, Francois Chabas, Obligations, 9e édition, Montchrestien, 1998, p. 264; Philippe Malaurie, Laurent Aynès, Philippe Stoffel-Munck, Les obligations, 4e édition Defrenois, 2009, p. 311.

② Henri et Leon Mazeaud, Jean Mazeaud, Francois Chabas, Obligations, 9e édition, Montchrestien, 1998, p. 264; Philippe Malaurie, Laurent Aynès, Philippe Stoffel-Munck, Les obligations, 4e édition Defrenois, 2009, p. 311.

③ Henri et Leon Mazeaud, Jean Mazeaud, Francois Chabas, Obligations, 9e édition, Montchrestien, 1998, p. 264.

④ Philippe Malaurie, Laurent Aynès, Philippe Stoffel-Munck, Les obligations, 4e édition Defrenois, 2009, p. 311.

⑤ Henri et Leon Mazeaud, Jean Mazeaud, Francois Chabas, Obligations, 9e édition, Montchrestien, 1998, pp. 264—265.

（四）合同原因含义的逐渐模糊性

在19世纪末期和20世纪之前，法国所有民法学者均承认，1804年的《法国民法典》所规定的这些原因理论在性质上属于抽象原因理论，也就是Domat在17世纪所建立的经典原因理论，而不属于合同的目的、动机理论，这些民法学者的理论被称为原因主义理论（causalisme）。[①] 在20世纪，绝大多数民法学者均采取此种理论，认为《法国民法典》第1108条和其他法律条款所规定的合同原因在性质上属于抽象原因，换言之，他们仍然采取Domat的经典原因理论。根据他们的看法，合同原因就是合同的理由，也就是合同当事人彼此对对方所承担的债务。具体而言，在双务合同当中，合同原因就是每一方当事人对对方所承担的债务。在要物合同当中，合同的原因是物的交付。在无偿合同当中，合同的原因是免除对方债务的意图。[②]

从19世纪末期和20世纪初期开始，民法学者和法官开始对经典原因理论提出批评，这些民法学者和法官被称为反原因主义理论（anticausalisme）。在19世纪末期，法国著名民法学家Planiol对经典原因理论开了第一枪，他认为，经典原因理论"在历史上是虚假的，在逻辑上是没有用的"[③]。20世纪以来，法国法官也放弃了经典原因理论，在处理当事人之间的合同纠纷时，法官不再将合同的原因限定在抽象原因方面，而是将合同的原因视为合同当事人通过合同所追求的目的、动机方面，认为合同的原因是指合同当事人签订合同的目的、动机：如果当事人签订合同的目的是合法的、不违反道德的，则他们之间的合同就有效；反之，如果当事人签订合同的目的非法、不道德，则他们之间的合同就无效。[④]

为了反驳Planiol的此种看法，尤其是由于受到法官所采取的新合同原因理论的影响，20世纪以来，某些民法学者对合同原因做出新的解释：合同虽然是当事人之间的意思表示的产物，但是，合同也应当符合正义的要求，合同原因理论允许合同当中的一方当事人即弱者利用该种理论对抗合同当中的另一方即强者，防止强者将不公平的合同条款强加给自己，以便实现当事人之间的平衡，这就是新原因理论（néo-causalisme）。[⑤]

不过，新原因理论并没有挽救经典原因理论衰败的命运，因为在2016年之前，民法学者仍然无法在合同原因的性质方面达成一致，因为他们仍然对合同原因做出两种不

---

① Philippe Malaurie, Laurent Aynès, Philippe Stoffel-Munck, Les obligations, 4e édition Defrenois, 2009, p. 312.

② Henri et Leon Mazeaud, Jean Mazeaud, Francois Chabas, Obligations, 9e édition, Montchrestien, 1998, pp. 265—266; Philippe Malaurie, Laurent Aynès, Philippe Stoffel-Munck, Les obligations, 4e édition Defrenois, 2009, p. 312.

③ Henri et Leon Mazeaud, Jean Mazeaud, Francois Chabas, Obligations, 9e édition, Montchrestien, 1998, pp. 266—267; Philippe Malaurie, Laurent Aynès, Philippe Stoffel-Munck, Les obligations, 4e édition Defrenois, 2009, p. 312.

④ Henri et Leon Mazeaud, Jean Mazeaud, Francois Chabas, Obligations, 9e édition, Montchrestien, 1998, pp. 271—272.

⑤ Henri et Leon Mazeaud, Jean Mazeaud, Francois Chabas, Obligations, 9e édition, Montchrestien, 1998, pp. 266—267; Philippe Malaurie, Laurent Aynès, Philippe Stoffel-Munck, Les obligations, 4e édition Defrenois, 2009, p. 312.

同的解释：合同的原因或者是指合同的一方当事人对另外一方当事人承担债务的原因，这就是合同的抽象原因、客观原因理论，根据该种理论，合同的原因是合同分类的标准，是决定合同当事人之间的合同是否具有平衡性的因素，或者是指合同当事人通过合同所实现的目的，这就是合同的具体原因、主观原因理论，根据该种理论，合同的原因是合同有效的条件：如果合同目的是合法的、符合道德要求的，则合同有效；反之，如果合同是非法的、违反道德的，则合同无效。[①]

（五）法国政府最终放弃了合同原因理论

在2016年的债法改革法令之前，人们在他们起草的债法改革草案当中对合同原因理论采取了不同的态度。在2005年的《债法改革草案》当中，Catala领导的小组仍然保留了合同原因理论，因为《债法改革草案》第1108条仍然将合同原因视为合同有效的四个必要条件之一，已如前述。而在2008年的《合同法改革草案》当中，法国司法部则放弃了合同原因理论，因为《合同法改革草案》第49条不再使用合同原因一词作为合同有效的条件，而是使用了“合同的合法性”一词，已如前述。

在2015年2月25日的《关于合同法、债的制度和债的证明改革法令草案》当中，法国司法部延续了它在2008年的《债法改革草案》当中对待合同原因的一贯态度，完全排除了合同原因的存在，不再将其合同原因视为合同的构成要素之一，这就是它在其草案的第1127条当中所采取的三要素理论，已如前述。在2016年2月10日的债法改革法令当中，法国政府原封不动地保留了法国司法部在《关于合同法、债的制度和债的证明改革法令草案》第1127条当中的规定，完全排除了合同原因在合同有效条件当中的地位，这就是现行《法国民法典》当中的第1128条，已如前述。

第二节　合同的有效条件之一：合同当事人的同意

根据《法国民法典》新的第1128条的规定，合同有效的第一个必要构成要素是合同当事人的同意，如果合同当事人不同意，则合同既无法产生，也无法产生法律效力。

一、同意的界定

在合同领域，《法国民法典》新的第1128条所规定的“同意”（consentment）有两个方面的含义。一方面，第1128条所规定的“同意”是指合同的每一方当事人就合同的成立所做出的意思表示，也就是，合同的每一方当事人对合同的性质、合同的内容和合同的条件所做出的承认或者接受表示。正是在此种意义上，人们经常论及“同意的交

---

① Jean Carbonnier, Droit civil, Les biens, Les Obligations, puf, 2004, pp. 2017—2024; Henri et Leon Mazeaud, Jean Mazeaud, Francois Chabas, Obligations, 9e édition, Montchrestien, 1998, pp. 314—315; Philippe Malaurie, Laurent Aynès, Philippe Stoffel-Munck, Les obligations, 4e édition Defrenois, 2009, pp. 265—273; Pierre Voirin, Gilles Goubeaux, Droit civil, tome 1, Introduction au droit, personnes-famille, personnes protégées, biens-obligations, sûretés, 33e édition, L. G. D. J., 2011, pp. 434—439.

换”（l'échang des consentments）或者“他们已经表示了同意”。另一方面，从词源学的角度来说，《法国民法典》新的第1128条所规定的“同意”也是指合同当事人之间的意图、意志、意思的一致（l'accord des volontés）。所谓当事人之间的意图、意志、意思的一致，是指两方当事人的意图、意志、意思的交汇，也就是，一方当事人即债务人的意图、意志、意思和另外一方当事人即债权人的意图、意志、意思的一致。① 实际上就是合同成立时的要约和承诺的交汇，由于笔者已经在合同的成立当中对要约和承诺的交汇做出了详尽的讨论，因此，笔者仅在此处讨论同意的第一个含义，即在合同的两方当事人进行意思表示的交汇时，每一方当事人所单独进行的意思表示。

二、意思表示的界定

在法国，意思表示（la manifestation de volonté）一词主要是由两个不同的术语组成的，这就是volonté一词和manifestation。在这两个术语当中，volonté一词不仅仅是指行为人在行为时意识到、知道、理解自己行为的性质和后果，而且还是指他们有将自己的行为付诸实施、付诸实现的意图、意志、意思。② 而manifestation一词则是指行为人的表示行为：他们将自己的感情、观念、想法、意图、意志、意思以某种方式外在化，也就是以某种方式将自己的感情、观念、想法、意图、意志、意思对外表示出来，以便让外人了解、理解、知道它们的感情、观念、想法、意图、意志、意思。③

结合这两个主要词语的不同含义，我们可以对意思表示一词做出如下界定：所谓意思表示，是指行为人为了产生某种法律效果而通过书面、口头甚至默示方式表达自己意图、意志、意思的行为。除了合同是合同当事人的意思表示之外，遗嘱也是立遗嘱人的一种意思表示。换言之，所谓法律行为均是行为人的一种意思表示。④ 在合同的成立和有效领域，所谓意思表示，是合同的每一方当事人为了与对方当事人之间建立合同并且因此让他们之间的合同产生法律效力而进行的意思表示行为。换言之，在合同领域，意思表示既是指债务人为了成立和让合同产生法律效力而进行的意思表示，也是指债权人为了成立和让合同产生法律效力而进行的意思表示。

三、意思的类型：内在意思和外在意思

在合同当中，就像在整个法律行为当中一样，合同当事人的意图、意志、意思起着决定性的作用，因为没有合同当事人的意图、意志、意思，则合同既不能够成立，也不能够产生法律效力。事实上，债务人之所以要对债权人承担债务，是因为他们具有对债权人承担债务的意图、意志、意思，债权人之所以对债务人享有债权，也是因为他们具

---

① Vocabulaire juridique, 10e édition, sous la direction de Gérard Cornu, puf, 2014, pp. 244—245; François Terré, Philippe Simler, Yves Lequette, François Chénedé, Droit civil, Les Obligations, 12e édition, Dalloz, 2018, pp. 182—183.

② Vocabulaire juridique, 10e édition, sous la direction de Gérard Cornu, puf, 2014, p. 1082; Virginie Larribau-Terneyre, Droit civil, Les Obligations, 15e édition, Dalloz, 2017, p. 322.

③ Vocabulaire juridique, 10e édition, sous la direction de Gérard Cornu, puf, 2014, p. 639.

④ Vocabulaire juridique, 10e édition, sous la direction de Gérard Cornu, puf, 2014, p. 639.

有对债务人享有债权的意图、意志、意思，如果没有当事人的意图、意志、意思，任何人均不会承担债务或者享有债权。Mazeaud 和 Chabas 等人指出："意图、意志、意思是所有权利的渊源。个人仅仅受到自己意图、意志、意思的约束，在合同当中，个人直接受到自己意图、意志、意思的约束。"① Pierre-Gabriel Jobin 和 Nathalie Vézina 也指出："当事人的意图、意志、意思是债的渊源。"②

作为意思表示的组成部分，合同当事人的意图、意志、意思既包括他们的内在意图、内在意志、内在意思，也包括他们的外在意图、外在意志、外在意思，因为意思表示是指合同当事人将自己的内在意思以某种外在的方式表示出来，以便对方当事人能够了解其意思。③ 合同法所面临的一个主要问题是，如果合同当事人的内在意思和他们的外在意思不一致、有冲突，合同法究竟是按照合同当事人的内在意思还是外在意思赋予合同以法律效力？对此问题，法国民法做出的回答似乎与德国民法做出的回答不同，因为法国民法采取内在意思理论，而德国民法则采取外在意思理论。

（一）内在意思和外在意思的界定

所谓内在意思（volonté interne），也被称为智力活动（l'opération intellectulle）、真正意图、真正意志、真正意思（volonté réelle），是指行为人尤其是合同当事人内心（for intérieur）所具有的通过自己的法律行为尤其是合同实现某种法律效力的意图、意志、意思，换言之，内在意图、意志、意思，是指行为人尤其是合同当事人内心所具有的故意获得某种法律效力的意图、意志、意思。例如，出卖人内心所具有的将自己的财物出卖给买受人的意图、意志、意思就是其内在意图、意志、意思。再例如，买受人内心所具有的购买出卖人财物的意图、意志、意思也是内在意图、意志、意思。④

所谓外在意思，也称为宣示意图、宣示意志、宣示意思（volonté déclarée）、表示意图、表示意志、表示意思（volonté exprimée）、意图、意志、意思的外在化（l'extériorisation de la volonté）或者外在化的意图、意志、意思，是指行为人尤其是合同当事人通过书面、电子邮件甚至行为等方式表示出来的意图、意志、意思（volonté extériorisée）。当行为人尤其是合同当事人通过一定的方式表示自己的意图、意志、意思时，他们表示自己意图、意志、意思的行为就是意思表示行为。⑤ 例如，当要约人将自己希望与对方订立合同的意图、意志、意思以书面的方式发送给受要约人时，他们发送要约的行为就是外在意思，也就是一种意思表示行为。再例如，当受要约人以电子邮件的方式将自己的承诺发送给要约人时，他们发送承诺的行为也属于外在意思，实际上就是意思表示

---

① Henri et Leon Mazeaud, Jean Mazeaud, Francois Chabas, Obligations, 9e édition, Montchrestien, 1998, p. 104.

② Pierre-Gabriel Jobin et Nathalie Vézina, Baudouin et Jobin, Les Obligations, 6e édition, Éditions Yvon Blais, 2005, p. 247.

③ Henri et Leon Mazeaud, Jean Mazeaud, Francois Chabas, Obligations, 9e édition, Montchrestien, 1998, pp. 108—111; Jean Carbonnier, Droit civil, Les biens, Les Obligations, puf, p. 1974; Virginie Larribau-Terneyre, Droit civil, Les Obligations, 12e édition, Dalloz, pp. 254—255.

④ Vocabulaire juridique, 10e édition, sous la direction de Gérard Cornu, puf, 2014, p. 1082.

⑤ Vocabulaire juridique, 10e édition, sous la direction de Gérard Cornu, puf, 2014, p. 1082.

行为。

如果行为人尤其是合同当事人的内在意思与其外在意思一致，则无论是按照其内在意思还是外在意思赋予合同以法律效力，对当事人的利益不会产生任何影响。但是，如果合同当事人的内在意思和外在意思不一致，法律究竟是按照内在意思还是外在意思赋予合同以法律效力，对合同当事人的利益影响巨大。因此，如果出卖人的内在意思是以100欧元的价格将自己的财物出卖给买受人，当他与买受人签订的买卖合同将出卖价款写成100欧元时，无论是根据内在意思还是根据外在意思确定买受人支付的价款对买受人没有任何影响，因为两个意思完全一致。但是，如果出卖人的内在意思是以100欧元的价格将自己的财物出卖给买受人，当他在买卖合同当中将出卖价款写成了1000欧元时，究竟是根据内在意思还是外在意思确定出卖人支付价款的债务，对于买受人而言意义重大，因为内在意思和外在意思不一致，两者之间存在重大的差异和冲突。[①]

（二）内在意思制度

关于这一问题，法国民法采取的理论与其他国家的民法所采取的理论存在不同之处，这就是，法国民法按照合同当事人的内在意思赋予合同以法律效力，这就是内在意思制度（la système de la volonté interne）。

所谓内在意思制度，也称为个人主义制度（la système d'individualisme）、意思自治制度（la système d'autonomie de la volonté）、主观意图理论（théorie de volonté subjective），是指在合同当事人的内在意思和外在意思不一致时，法律以当事人的内在意思作为确定债务和债权范围的根据，而不是以当事人的外在意思作为确定债权和债务的根据。[②]

内在意思制度引起的后果有二：其一，在合同当事人就合同的条件发生错误或者存在其他同意瑕疵时，当事人的错误或者其他同意瑕疵会引起合同的无效，因为合同的真实条款并不是当事人真正愿意的。其二，在对当事人之间的合同做出解释时，法官应当探寻当事人的真正意图、真正意志、真正意思。[③] 因此，在上述案例当中，出卖人只能够要求买受人支付100欧元的价款，不能够要求买受人支付1000欧元的价款。

法国民法之所以采取此种理论，是因为法国民法学者认为，“个人仅仅在他们愿意时才受到合同债的约束，并且也仅仅在他们所愿意的范围内受到合同债的约束，在考虑

① François Terré, Philippe Simler, Yves Lequette, François Chénedé, Droit civil, Les Obligations, 12e édition, Dalloz, 2018, p. 184.

② Henri et Leon Mazeaud, Jean Mazeaud, Francois Chabas, Obligations, 9e édition, Montchrestien, 1998, p. 108; Pierre-Gabriel Jobin et Nathalie Vézina, Baudouin et Jobin, Les Obligations, 6e édition, Éditions Yvon Blais, 2005, pp. 247—248; François Terré, Philippe Simler, Yves Lequette, François Chénedé, Droit civil, Les Obligations, 12e édition, Dalloz, 2018, p. 184.

③ Henri et Leon Mazeaud, Jean Mazeaud, Francois Chabas, Obligations, 9e édition, Montchrestien, 1998, p. 108; Pierre-Gabriel Jobin et Nathalie Vézina, Baudouin et Jobin, Les Obligations, 6e édition, Éditions Yvon Blais, 2005, pp. 247—248; François Terré, Philippe Simler, Yves Lequette, François Chénedé, Droit civil, Les Obligations, 12e édition, Dalloz, 2018, p. 184.

个人受到合同债的约束时，人们仅仅考虑他们的真实意图、真实意志、真实意思”①。换言之，在法国民法的内在意思制度当中，“合同当事人的真正意图、真正意志、真正意思才是权利的创设者，他们的表示意思、宣示意思仅仅在忠实地再现其真正意思时才具有法律效力。在内在意思和外在意思不一致时，当事人的内在意思必须优先于所宣示的意思，当外在意思没有准确地再现真正意思时，其不准确的再现构成合同成立的一个障碍”②。

内在意思制度所存在的优点是，它与传统民法当中的个人主义和意思自治原则保持一致，确保个人的意志、意图、意思能够决定和左右自己承担的债务范围。它的缺点有三：其一，危及合同的法律安全，因为，在内在意思和外在意思不一致时，合同的当事人有权向法院起诉，要求法官宣告当事人之间的合同无效。其二，法官很难准确地判断当事人的内在意图、内在意志、内在意思是什么，因为，按照内在意思制度，在合同发生纠纷时，在确定当事人的真正意图、真正意志、真正意思时，法官必须探寻当事人的意图和分析他们的内心活动，而对于法律世界而言，此种分析存在固有的不确定性、偶然性和危险性。其三，影响交易安全的迅速进行，因为在经济社会，合同是当事人之间进行财富交换和财产流通最重要的手段，在引起纠纷时，如果法官要分析当事人的内心，则他们的裁判可能会旷日费时。③

（三）外在意思制度

与法国民法当中的内在意思制度相对应的制度是意思的表示制度（la système de la déclaration de volonté）。所谓意思的表示制度，也被称为外在意思制度（la système de volonté déclarée）、客观意图理论（théorie de volonté objective），是指在合同当事人的内在意思和外在意思不一致、冲突时，法律以当事人的外在意思作为确定债务和债权范围的根据，而不是以当事人的内在意思作为确定债权和债务的根据。换言之，此种理论认为，合同的法律效力并不是源自合同当事人的主观意图，而是源自合同当事人的客观意图。④

《法国民法典》和受《法国民法典》影响的法式民法典当然采取内在意思制度。例

---

① François Terré, Philippe Simler, Yves Lequette, François Chénedé, Droit civil, Les Obligations, 12e édition, Dalloz, 2018, p. 184.

② Henri et Leon Mazeaud, Jean Mazeaud, Francois Chabas, Obligations, 9e édition, Montchrestien, 1998, p. 108.

③ Henri et Leon Mazeaud, Jean Mazeaud, Francois Chabas, Obligations, 9e édition, Montchrestien, 1998, p. 108; Pierre-Gabriel Jobin et Nathalie Vézina, Baudouin et Jobin, Les Obligations, 6e édition, Éditions Yvon Blais, 2005, pp. 247—248; François Terré, Philippe Simler, Yves Lequette, François Chénedé, Droit civil, Les Obligations, 12e édition, Dalloz, 2018, p. 184.

④ Henri et Leon Mazeaud, Jean Mazeaud, Francois Chabas, Obligations, 9e édition, Montchrestien, 1998, p. 108; Pierre-Gabriel Jobin et Nathalie Vézina, Baudouin et Jobin, Les Obligations, 6e édition, Éditions Yvon Blais, 2005, pp. 247—248; François Terré, Philippe Simler, Yves Lequette, François Chénedé, Droit civil, Les Obligations, 12e édition, Dalloz, 2018, p. 184.

如《魁北克民法典》就采取法国民法所采取的内在意思制度。[1] 这一点毫无疑问，问题在于，在民法当中，什么国家采取外在意思制度；对此问题，法国民法学者之间存在不同看法。某些民法学者认为，《德国民法典》采取外在意思制度，因为他们认为，《德国民法典》第 116 条和之后的一些法律条款不仅建立了法律行为的一般理论，而且这些法律条款还建立了外在意思的法律行为制度。[2] 而另外一些民法学者则认为，《德国民法典》所采取的规则与《法国民法典》所采取的规则并无本质的差异，因为它也采取内在意思制度，而不是法国民法学者所宣称的外在意思制度。根据他们的说明，一方面，《法国民法典》旧的第 1156 条（新的第 1188 条）要求法官在对合同做出解释时不应当仅限于合同条款的字面含义，而应当探寻双方当事人的共同意图、共同意志、共同意思。《德国民法典》第 153 条也采取类似的态度。另一方面，《法国民法典》旧的第 1321 条（新的第 1201 条）明确规定，如果当事人之间签订秘密合同（les contre-lettres），对当事人之间的明示合同（convention ostensible）予以废除或者变更，则他们之间的秘密合同仅仅在当事人之间产生法律效力，不能够对第三人产生法律效力。《德国民法典》第 117 条也有类似的规定。[3]

外在意思制度引起的后果有二：其一，如果合同当事人的内在意思和外在意思不一致，合同的法律效力取决于当事人的外在意思而非内在意思，这一点与内在意思制度刚好相反。换言之，如果合同当事人的外在意思没有准确地体现其内在意思，他们不能够借口两种意思不一致而主张合同无效。其二，在对合同做出解释时，法官无须探寻当事人的真正意图、真正意志、真正意思，而是对合同当事人的外在意图予以准确化。在这样做时，他们应当借助于合同的一个法律条款对另外一个有争议的法律条款做出解释。[4] 因此，在上述案例当中，出卖人只能够要求买受人支付 1000 欧元的价款，不能够要求买受人支付 100 欧元的价款。

民法之所以采取外在意思制度，主要原因有二：

其一，除非合同当事人的内在意思以某种外在的方式表示出来，否则，他们的内在意思仅仅属于心理的范围而不属于法律的范围，是不会并且也不能够产生法律效果的，仅仅在他们的内在意思通过某种外在方式表示出来时，他们的内在意思才从心理领域进入法律领域并因此产生法律效果，因为，通过内在意思的外在化，合同当事人的内在意思才能够对社会层面（plan social）产生影响：只有在外在化之后，第三人才能够知道他们所表示出来的意图、意思、意志并且做出是否接受他们意图、意志、意思的表示。在第三人知道并且同意之后，他们与对方之间的合同就成立了并且对当事人产生法律效

---

① Pierre-Gabriel Jobin et Nathalie Vézina, Baudouin et Jobin, Les Obligations, 6e édition, Éditions Yvon Blais, 2005, pp. 249—250.

② François Terré, Philippe Simler, Yves Lequette, François Chénedé, Droit civil, Les Obligations, 12e édition, Dalloz, 2018, p. 184.

③ Henri et Leon Mazeaud, Jean Mazeaud, Francois Chabas, Obligations, 9e édition, Montchrestien, 1998, pp. 109—111.

④ Henri et Leon Mazeaud, Jean Mazeaud, Francois Chabas, Obligations, 9e édition, Montchrestien, 1998, p. 109.

力。换言之，外在意思制度强调的重点是合同的社会层面，而内在意思制度则强调合同的个人层面。[①]

其二，合同当事人签订的合同才是他们内在意思的真实体现。合同的成立和有效当然以合同当事人的同意作为必要条件，但是，合同当事人的同意并不是通过自己的单纯内在意思予以体现，而是通过他们实施的法律行为即合同予以体现。换言之，合同当事人的同意是通过所表示出来的意图、意志、意思予以忠实地体现。[②]

外在意思制度所存在的优点刚好是内在意思制度所具有的缺点：其一，它维护了合同的法律安全，因为它仅仅根据合同当事人的外在意思确定合同的效力，不允许合同一方当事人借口其外在意图与自己的内在意图不一致而主张合同无效。其二，确保交易安全的迅速进行，因为在合同引起纠纷时，法官仅仅分析合同当事人的外在意思，无须探寻合同当事人的内在意思。

不过，外在意思制度也存在两个致命问题：其一，因为某种客观或者主观的原因，当事人的行为未必一定准确、忠实地反映他们的内在意思。其二，对合同当事人严重不公平，当事人可能要受到不是自己真实意图的债务的约束，因为承认外在意思制度，无疑等于说一旦合同当事人在合同文件上签字，则他们被认为完全准确无误地理解了合同所规定的所有词语、所有条款、所有条件，换言之，合同所规定的所有内容均是他们真实意图、真实意志、真实意思的体现，并因此对他们毫无例外地有效。[③]

四、明示意思表示和默示意思表示

虽然合同当事人的真正意图、真正意志、真正意思被视为决定合同法律效力的核心因素，但是，法国民法学者一致认为，为了能够产生法律效力，他们的内在意图、内在意志、内在意思应当通过一定的方式表示出来，如果仅仅有内在意图而没有外在表示，则合同无法产生法律效力。因此，意图、意志、意思的外在化是合同产生法律效力的必要条件。[④]

当合同当事人将自己的内在意图、内在意志、内在意思表示出来时，他们的表示行为或者是明示的或者是默示的，其中的明示行为被称为明示意思表示，而默示行为则被称为默示意思表示。现行《法国民法典》对意思表示的二分法理论做出了明确规定，这就是新的1113（2）条，该条规定：合同当事人的意图、意志、意思或者源自他们的表示，或者源自他们的毫不含糊的行为，已如前述。该条所规定的源自当事人的表示（déclaration）就是指合同当事人的明示意思表示，而该条所规定的源自当事人的毫不含

---

① Henri et Leon Mazeaud, Jean Mazeaud, Francois Chabas, Obligations, 9e édition, Montchrestien, 1998, p. 109.

② Pierre-Gabriel Jobin et Nathalie Vézina, Baudouin et Jobin, Les Obligations, 6e édition, Éditions Yvon Blais, 2005, p. 248.

③ Pierre-Gabriel Jobin et Nathalie Vézina, Baudouin et Jobin, Les Obligations, 6e édition, Éditions Yvon Blais, 2005, p. 249.

④ Virginie Larribau-Terneyre, Droit civil, Les Obligations, 15e édition, Dalloz, 2017, pp. 322—323.

糊的行为（comportement non équivoque）则是指当事人的默示意思表示。[1] 除了现行《法国民法典》对两种意思表示做出了明确规定之外，法国民法学者也明确承认这两种意思表示。[2]

所谓明示意思表示（manifestations de volonté expresses），是指合同的一方当事人为了让对方当事人了解、知道自己具有签订合同的意图、意志、意思而实施的某种行为。[3] 当一方当事人具有与另外一方当事人签订合同的意图、意志、意思时，如果他们基于此种目的而实施某种行为，则他们基于此种目的实施的行为就是明示意思表示。无论是要约还是承诺均能够采取明示意思表示的方式，已如前述。

明示意思表示的最典型体现是，合同当事人以口头或者书面方式进行意思表示，无论他们采用的书面形式是公证文书还是私证文书，均是如此。除了这两种典型的明示意思表示之外，明示意思表示还包括其他形式：其一，电子方式尤其是其中的电子邮件；其二，信函；其三，传真；其四，报纸杂志当中的公告、广告；其五，拍卖时的喊头价；其六，进入公共汽车或者出租车的行为；其七，拿着商店当中的某一个物品，等等。[4]

所谓默示意思表示（manifestations de volonté tacites），是指虽然合同当事人不是为了让对方当事人了解、知道自己具有签订合同的意图、意志、意思而实施某种行为，但是，人们能够从中合理推论出他们具有签订合同的意图、意志、意思的行为。即便一方当事人不是为了让对方当事人知道自己具有与之签订合同的意图、意志、意思而实施某种行为，如果人们经过逻辑推理能够认定他们的行为表明他们具有与对方签订合同的意图、意志、意思，则当事人通过此种行为做出的意思表示就是默示意思表示。[5] 无论是要约还是承诺均能够采取默示意思表示的方式，已如前述。

最经典的默示意思表示包括：在出租人与承租人之间的租赁合同到期时，即便承租人没有明确表示要继续承租出租人的房屋，但是，当承租人仍然居住在出租屋内时，人们可以合理推论出承租人有继续承租出租屋的意图、意志、意思；当委托人将事项委托给受委托人处理时，即便受委托人没有明确表示会接受委托，但是，当受委托人开始执行委托事务时，人们能够合理推论出，受委托人有默示接受委托的意思表示；虽然出租车司机没有明确表示会搭载乘客，但是，当他们将出租车停靠在出租车停靠点的边界前面时，人们可以合理推定，出租车司机具有搭载乘客的意图、意志、意思。[6]

---

① Virginie Larribau-Terneyre, Droit civil, Les Obligations, 15e édition, Dalloz, 2017, pp. 322—323.

② Jean Carbonnier, Droit civil, Les biens, Les Obligations, puf, 2004, pp. 1974—1975; Virginie Larribau-Terneyre, Droit civil, Les Obligations, 15e édition, Dalloz, 2017, pp. 322—323.

③ Jean Carbonnier, Droit civil, Les biens, Les Obligations, puf, 2004, pp. 1974—1975; Virginie Larribau-Terneyre, Droit civil, Les Obligations, 15e édition, Dalloz, 2017, pp. 322—323.

④ Jean Carbonnier, Droit civil, Les biens, Les Obligations, puf, 2004, pp. 1974—1975; Virginie Larribau-Terneyre, Droit civil, Les Obligations, 15e édition, Dalloz, 2017, pp. 322—323.

⑤ Jean Carbonnier, Droit civil, Les biens, Les Obligations, puf, 2004, p. 1975; Virginie Larribau-Terneyre, Droit civil, Les Obligations, 15e édition, Dalloz, 2017, p. 323.

⑥ Jean Carbonnier, Droit civil, Les biens, Les Obligations, puf, 2004, p. 1975; Virginie Larribau-Terneyre, Droit civil, Les Obligations, 15e édition, Dalloz, 2017, p. 323.

在法国，无论是明示意思表示还是默示意思表示，合同当事人均实施了某种积极行为、作为行为，它们之间的一个最主要差异是：明示意思表示是合同当事人为了缔结合同而实施的积极行为，而默示意思表示则不是当事人为了缔结合同而实施的积极行为，虽然如此，如果通过逻辑推理的方式，法官能够从他们实施的行为当中认定他们具有缔结合同的意图、意志、意思，已如前述。因此，合同当事人的意思表示应当是积极行为、作为行为，消极行为、不作为行为原则上不构成意思表示。在民法当中尤其是在债法当中，消极行为、不作为行为被称为缄默不语（le silencce）。缄默不语不同于默示意思表示，因为默示意思表示已经通过自己的态度、行为外在化了，本身能够产生合同成立的效力，而缄默不语则不同，它不具备意图、意志、意思表示的外在性。[①]

不过，在例外情况下，合同一方当事人的缄默不语也能够构成意思表示：在收到了要约人的要约之后，如果受要约人对要约人的要约不闻不问，则他们的缄默不语将构成意思表示。[②] 根据《法国民法典》新的第1120条规定，在四种例外情况下，受要约人的缄默不语构成意思表示并因此让他们与要约人之间的合同成立：制定法明确规定、习惯承认、当事人之间的商事关系要求和具体情况要求。已如前述。

第三节 同意瑕疵

一、同意瑕疵的定义、法律根据和共同制度

（一）同意瑕疵的界定

虽然合同的成立需要合同当事人的同意，但是，仅仅存在合同当事人之间的同意还不能够让合同有效成立。如果合同要有效成立，除了应当具备当事人的同意之外，还应当具备三个要素。

首先，合同的有效以当事人在做出同意时具有健全的精神作为必要条件。即便合同当事人对合同做出同意，他们的同意未必能够让合同有效成立，因为如果他们在缔结合同时没有健全的精神，则他们缔结的合同可能是无效的。现行《法国民法典》新的第1129条对合同应当具备的此种有效条件做出了说明，该条规定：根据第414－1条的规定，合同当事人精神健全才能够对合同做出有效同意。[③] 所谓健全的精神，是指合同当事人在签订合同时知道自己要对对方承担债务的事实和知道自己要对对方承担债务的理由。如果当事人在签订合同时不知道自己要对对方承担债务或者不知道自己为何要对对方承担债务，则他们属于精神不健全的人，也就是有精神障碍（trouble mental）的人。

① Jean Carbonnier，Droit civil，Les biens，Les Obligations，puf，2004，p. 1975.

② Jean Carbonnier，Droit civil，Les biens，Les Obligations，puf，2004，p. 1975；Virginie Larribau-Terneyre，Droit civil，Les Obligations，15e édition，Dalloz，2017，pp. 323—324.

③ Article 1129，Code civil，Version en vigueur au 8 décembre 2020，https://www. legifrance. gouv. fr/codes/section_lc/LEGITEXT000006070721/LEGISCTA000032007569/#LEGISCTA000032007569.

《法国民法典》第414－1条规定：为了实施有效行为，行为人应当精神健全。以精神障碍为由要求法官宣告行为无效的人应当承担举证责任，证明在合同成立时存在某种精神障碍。[①]

其次，精神健全的当事人所做出的同意是真实的和严肃的。合同的有效以当事人的同意是真正的（réelle）和严肃的（sérieuse）作为必要条件。即便合同当事人精神健全并且对合同做出了同意，他们的同意未必能够让合同有效成立，因为，合同的有效以当事人的同意是真正的、严肃的作为必要条件。换言之，合同的有效以合同当事人的意思表示是真正的、严肃的作为必要条件。所谓当事人的同意是真正的、严肃的，是指合同当事人在合同成立时不仅做出了同意，而且他们的同意是真诚的、严肃认真的。如果他们在合同成立时做出的同意是虚假的（fictives）、玩世不恭的（plaisanterie），则他们的合同无效。[②]

最后，精神健全的当事人所做出的同意是自由的和清楚明白的。合同的有效以当事人的同意是自由的（libre）和清楚明白的（éclairée）作为必要条件。即便合同当事人精神健全并且做出了同意，他们之间的合同也未必有效成立，因为，合同的有效以当事人的同意是自由的和清楚明白的作为必要条件，如果合同当事人是在不自由或者不清不楚的情况下做出的同意，则他们的合同也是无效的。所谓当事人的同意是自由的，是指当事人在没有遭受胁迫的情况下做出的同意，换言之，所谓当事人的同意是自由的，是指当事人在没有遭受胁迫的情况做出的意思表示。如果当事人在做出同意时遭遇胁迫，则他们做出的同意就是不自由的，他们与对方当事人之间的合同相对无效。所谓当事人的同意是清楚明白的，是指当事人在不存在错误或者欺诈的情况下做出的同意，如果当事人基于错误或者欺诈而做出同意，则他们的同意就构成不清不楚的同意，他们与对方当事人之间的合同相对无效。[③]

合同的有效成立建立在合同当事人所做出的同意是完整同意、完全同意（l'intégrité du consentement）的基础上。所谓完整同意、完全同意，是指合同当事人是在既自由也清楚明白的情况下做出的同意。如果合同当事人是在不自由或者不清不楚的情况下做出的同意，则他们做出的同意就是不完整同意、不完全同意，当事人的不完整同意、不完全同意被称为同意瑕疵（les vices de consentement），也就是合同当事人的意图瑕疵、意志瑕疵、意思瑕疵（vices de la volonté）。

（二）1804年的《法国民法典》对同意瑕疵做出的规定

在前经典罗马法时期，人们仅仅关注合同的形式，合同的有效性仅仅源自当事人所

---

① Article 414-1, Code civil, Version en vigueur au 8 décembre 2020, https://www.legifrance.gouv.fr/codes/section_lc/LEGITEXT000006070721/LEGISCTA000006150109/#LEGISCTA000006150109.

② Virginie Larribau-Terneyre, Droit civil, Les Obligations, 15e édition, Dalloz, 2017, p. 322.

③ Muriel Fabre-Magnan, Droit des obligations, Tome 1, Contrat et engagement unilatéral, 4e édition, puf, 2016, p. 363; Philippe Malaurie, Laurent Aynès, Philippe Stoffel-Munck, Droit des obligations, 8e édition, L. G. D. J., 2016, p. 282; Rémy Cabrillac, Droit des obligations, 12e édition, Dalloz, 2016, pp. 62—63; François Terré, Philippe Simler, Yves Lequette, François Chénedé, Droit civil, Les Obligations, 12e édition, Dalloz, 2018, p. 306.

采用的形式，而不是源自当事人的同意。因此，合同法并不关注合同当事人的同意是否是自由做出的。如果一方当事人在与另外一方当事人签订合同时实施欺诈行为或者胁迫行为，则他们实施的欺诈行为或者胁迫行为并不作为无效行为加以救济，而是作为一种犯罪行为加以救济。换言之，此时的罗马法当中并不存在同意的瑕疵理论。不过，到了经典罗马法初期，随着严格的合同形式主义理论的衰败和最初的合意主义合同理论的出现，合同的同意理论开始进入合同法当中，也就是从这一刻，罗马法当中出现了同意瑕疵理论：最初，罗马法承认错误能够引起合同的无效；之后，罗马法逐渐承认了欺诈和胁迫也能够引起合同的无效。①

在中世纪，在放弃合同的形式主义理论并且以意思自治理论取而代之时，教会法和教会法学家开始将合同当事人的意图、意志、意思作为合同产生法律效力的根据，因此，他们承认合同当事人同意所存在的瑕疵问题。在17世纪和18世纪，合同法基本上被合意主义理论所盘踞，在考虑合同的有效条件时，人们承认错误、欺诈和胁迫会引起合同的无效，因为在这些情况下，当事人的同意存在瑕疵。②

最典型的体现是，在18世纪的著名债法著作《债法专论》当中，被誉为《法国民法典》之父的Pothier就对包括合同在内的协议瑕疵（vices des conventions）问题做出了详尽的说明。Pothier指出，合同是一种协议，是两个或者更多的人之间为了成立合同而做出的同意，换言之，合同是指一方的当事人与另外一方的当事人之间的意图、意志、意思的交汇。③ Pothier指出，在合同成立过程当中，一方当事人与另外一方当事人之间的意图、意志、意思交汇也会存在四种瑕疵：错误，欺诈，胁迫和显失公平（lésion），他将这些瑕疵称为“协议瑕疵”④。

Pothier的此种理论直接对1804年的《法国民法典》的立法者产生了影响，因为在制定民法典时，他们直接将他的此种理论规定在1804年的《法国民法典》当中，这就是第1108条至第1118条：除了其中的第1108条直接将合同当事人的同意作为合同的有效条件之一之外，其他几个法律条款分别对四种同意瑕疵做出了详尽的规定。1804年的《法国民法典》第1109条规定：如果同意是基于错误、胁迫或者欺诈做出的，则不存在有效同意。如果合同的一方当事人基于错误、胁迫或者欺诈而做出同意，则根据其他几个法律条款的规定，他们与对方之间的合同相对无效。此外，根据1804年的《法国民法典》第1118条规定，在合同属于显失公平的合同的情况下，合同也相对无效。不过，此种相对无效也仅仅在某些合同当中相对于某些人无效。⑤

① Henri et Leon Mazeaud, Jean Mazeaud, Francois Chabas, Obligations, 9e édition, Montchrestien, 1998, p. 156; Jacques Ghestin, Grégoire Loiseau, Yves-Marie Serinet, La Formation Du Contrat, Tome 1: Le contrat-Le consentement, 4e édition, L. G. D. J., 2013, pp. 856—857.

② Jacques Ghestin, Grégoire Loiseau, Yves-Marie Serinet, La Formation Du Contrat, Tome 1: Le contrat-Le consentement, 4e édition, L. G. D. J., 2013, pp. 857—860.

③ Rober-Joseph Pothier, Traité des obligations, Dalloz, 2011, p. 5.

④ Rober-Joseph Pothier, Traité des obligations, Dalloz, 2011, pp. 12—21.

⑤ Articles 1108 à 1118, https://fr.wikisource.org/wiki/Code_civil_des_Français_1804/Livre_Ⅲ, _Titre_Ⅲ.

（三）现行《法国民法典》对同意瑕疵做出的规定

1804 年的《法国民法典》关于同意瑕疵的上述规定一直从 1804 年被原封不动地保留到 2016 年之前，直到 2016 年 2 月 10 日的债法改革法令将其废除并且以新的法律条款对其做出新的规定为止。通过 2016 年 2 月 10 日的债法改革法令，现行《法国民法典》新的第 1130 条至新的第 1144 条对同意瑕疵做出了明确规定。根据这些法律条款的规定，同意瑕疵包括三种即错误、欺诈和胁迫。

在这些法律条款当中，新的第 1132 条至新的第 1136 条对第一类同意瑕疵即错误做出了规定，新的第 1137 条至新的第 1139 条对第二种同意瑕疵即欺诈做出了规定，而新的第 1140 条至新的第 1143 条则对第三种同意瑕疵即胁迫做出了规定。除此之外，新的第 1130 条、新的第 1131 条和新的第 1144 条对三种同意瑕疵的共同规则做出了规定。[①]除了现行《法国民法典》新的第 1130 条至第 1144 条对同意瑕疵做出了明确规定之外，在 2016 年债法改革法令之后，法国民法学者也普遍对同意的瑕疵问题做出了说明。[②]

同 2016 年之前的《法国民法典》关于同意瑕疵的规定相比，现行《法国民法典》关于瑕疵的规定有众多的变化。

首先，在 2016 年之前，《法国民法典》虽然对同意瑕疵制度做出了规定，但是，它没有使用"同意瑕疵"一词，因为它仅仅使用了"同意"一词。通过 2016 年 2 月 10 日的债法改革法令，现行《法国民法典》明确使用了"同意瑕疵"一词。在法国，无论是 17 世纪的 Domat、18 世纪的 Pothier 还是 1804 年的《法国民法典》均没有使用"同意瑕疵"一词。仅仅到了 19 世纪 60 年代之后，基于自然法学派和个人主义哲学的影响，法国民法学者才开始使用这一术语。在 1868 年的《拿破仑法典教程》当中，在讨论"什么是能够引起合同无效的同意瑕疵"的问题时，法国 19 世纪中后期的著名民法学家 Charles Demolombe 首次使用了"同意瑕疵"一词。[③]

其次，在 2016 年之前，《法国民法典》将显失公平视为同意瑕疵的一种，并因此与错误、欺诈和胁迫并列，这就是它所采取的同意瑕疵的四分法理论。通过 2016 年 2 月 10 日的债法改革法令，现行《法国民法典》采取了同意瑕疵的三分法理论，因为它仅仅保留了三种类型的同意瑕疵：错误、欺诈和胁迫，没有再将显失公平视为一种同意瑕

---

① Articles 1130 à 1144, Code civil, Version en vigueur au 8 décembre 2020, https://www.legifrance.gouv.fr/codes/section_lc/LEGITEXT000006070721/LEGISCTA000032007571/#LEGISCTA000032007571.

② Dimitri Houtcieff, Droit Des Contrats, Larcier, 2e édition, 2016, p. 134; Muriel Fabre-Magnan, Droit des obligations, Tome 1, Contrat et engagement unilatéral, 4e édition, puf, 2016, pp. 363—365; Philippe Malaurie, Laurent Aynès, Philippe Stoffel-Munck, Droit des obligations, 8e édition, L. G. D. J., 2016, pp. 281—282; Rémy Cabrillac, Droit des obligations, 12e édition, Dalloz, 2016, pp. 62—63; Marjorie Brusorio Aillaud, Droit des obligations, 8e édition, bruylant, 2017, p. 175; Virginie Larribau-Terneyre, Droit civil, Les Obligations, 15e édition, Dalloz, 2017, pp. 356—357; François Terré, Philippe Simler, Yves Lequette, François Chénedé, Droit civil, Les Obligations, 12e édition, Dalloz, 2018, p. 305.

③ Charles Demolombe, Cours de Code Napoléon, Tome XXIV, 4e édition, Paris, Auguste Durand Libraire L. Hachette et Cie Libraire, 1868, p. 77; Jacques Ghestin, Grégoire Loiseau, Yves-Marie Serinet, La Formation Du Contrat, Tome 1: Le contrat-Le consentement, 4e édition, L. G. D. J., 2013, p. 856.

疵。现行《法国民法典》之所以没有再将显失公平视为一种同意瑕疵，是因为它将显失公平视为合同内容的组成部分，并且认为，原则上，显失公平不能够成为合同相对无效的一个原因，这就是新的第1168条的规定，根据该条的规定，除非制定法明确规定显失公平会引起合同的相对无效，否则，单纯的显失公平不能够成为合同无效的一个原因。①

最后，在2016年之前，虽然《法国民法典》对错误、欺诈和胁迫引起的同意瑕疵做出了规定，但是，它的规定过分保守，无法适应现代社会发展和变化的需要。为了适应合同正义、诚实原则的需要，法国法官通过自己的司法判例对这些同意瑕疵进行了拓展，克服了所存在的局限并因此让它们的适用范围得以惊人地拓展。通过2016年2月10日的债法改革法令，现行《法国民法典》将法官通过司法判例所拓展的这些规则规定了下来并因此成为制定法上的规范。②

（四）现行《法国民法典》关于同意瑕疵的共同制度

通过2016年2月10日的债法改革法令，现行《法国民法典》新的第1130条、新的第1131条和新的第1144条对三种同意瑕疵所具有的共同法律制度做出了规定：第1130条对同意瑕疵的第一个共同法律制度即同意瑕疵的决定性特征做出了规定，新的第1131条和新的第1144条对同意瑕疵的第二个共同法律制度即共同制裁做出了规定。③此外，法国民法学者也认为，三种同意瑕疵还存在第三个共同制度即同意瑕疵会引起损害赔偿责任的承担。

1. 错误、欺诈和胁迫的第一个共同制度：同意瑕疵的决定性特征

现行《法国民法典》新的第1130条对错误、欺诈和胁迫所具有的第一个共同制度即同意瑕疵的决定性特征（caractère déterminant）做出了规定，该条规定：如果错误、欺诈和胁迫具有这样的性质，即如果没有错误、欺诈或者胁迫，一方当事人不会与对方当事人签订合同，或者会签订存在实质性条件差异的合同，则错误、欺诈和胁迫会让同意存在瑕疵；在对错误、欺诈和胁迫的这一决定性的特征做出评估时，应当考虑做出同意的人和做出同意的具体情况。④

所谓同意瑕疵的决定性特征，是指虽然当事人的错误、欺诈和胁迫会导致他们做出的同意存在瑕疵，但是，错误、欺诈、胁迫本身并不必然会导致他们的同意存在瑕疵，它们是否会导致当事人做出的同意存在瑕疵并因此引起合同的相对无效，不能够一概而论，法官应当结合做出同意的人和案件的具体情况加以考虑，尤其是要考虑错误、欺诈

---

① Article 1168, Code civil, Version en vigueur au 14 décembre 2020, https://www.legifrance.gouv.fr/codes/section_lc/LEGITEXT000006070721/LEGISCTA000032008690/#LEGISCTA000032008690.

② Virginie Larribau-Terneyre, Droit civil, Les Obligations, 15e édition, Dalloz, 2017, p. 358.

③ Muriel Fabre-Magnan, Droit des obligations, Tome 1, Contrat et engagement unilatéral, 4e édition, puf, 2016, pp. 363—365; Philippe Malaurie, Laurent Aynès, Philippe Stoffel-Munck, Droit des obligations, 8e édition, L. G. D. J., 2016, p. 283; Virginie Larribau-Terneyre, Droit civil, Les Obligations, 15e édition, Dalloz, 2017, pp. 358—361.

④ Article 1130, Code civil, Version en vigueur au 9 décembre 2020, https://www.legifrance.gouv.fr/codes/section_lc/LEGITEXT000006070721/LEGISCTA000032007571/#LEGISCTA000032007571.

和胁迫对做出同意的一方当事人是否产生和在什么范围内产生影响的问题：如果没有错误、欺诈、胁迫，合同的一方当事人是否会与对方签订合同，如果会签订合同，他们签订的合同是否与因为错误、欺诈、胁迫而签订的合同存在实质性的条件差异（conditions substantiellement différentes）。

如果没有错误、欺诈或者胁迫，一方当事人不会签订合同，或者虽然会签订合同，但是，他们与对方签订的合同会存在实质性的条件差异，则错误、欺诈和胁迫就会被认为导致当事人做出的同意存在瑕疵并因此会引起合同的相对无效。反之，如果没有错误、欺诈或者胁迫，一方当事人仍然会签订合同，或者仍然会签订没有实质性条件差异的合同，则错误、欺诈和胁迫被视为没有引起同意的瑕疵，合同当事人之间的合同不会被法官宣告为无效。

《法国民法典》新的第1130条之所以引入同意瑕疵的决定性特征理论，其目的在于平衡意思自治原则和法律安全需要之间的关系，防止合同当事人动不动就借口错误、欺诈和胁迫而要求法官宣告他们与对方之间的合同无效：如果仅仅因为错误、欺诈和胁迫就认定当事人之间的合同无效，虽然此种做法维护了意思自治原则，但是，它牺牲了合同的法律安全；如果完全不认定错误、欺诈和胁迫会引起合同无效的后果，虽然此种做法强有力地维护了合同的法律安全性，但是，它却严重地牺牲了意思自治原则。

《法国民法典》新的第1130条和其他一些法律条款不会采取一刀切的方式，或者认定所有的错误、欺诈和胁迫均会引起合同的相对无效，或者会认定所有的错误、欺诈和胁迫均不会引起合同的相对无效。总的来说，《法国民法典》采取利益平衡的方式是：只有严重的错误、欺诈和胁迫才会构成同意的瑕疵并因此引起合同的相对无效，轻微的、不严重的错误、欺诈或者胁迫不会构成同意的瑕疵并因此引起合同的相对无效。

2. 错误、欺诈和胁迫的第二个共同制度：合同的相对无效

现行《法国民法典》新的第1131条和新的第1144条对错误、欺诈和胁迫所具有的第二个共同制度即错误、欺诈和胁迫的共同制裁（sanction conmmune）即相对无效做出了规定。《法国民法典》新的第1131条规定：同意的瑕疵是合同相对无效的一个原因。[①]

所谓共同制裁，是指在错误、欺诈和胁迫导致合同一方当事人的同意存在瑕疵时，该方当事人有权向法院起诉，要求法官宣告他们与对方当事人之间的合同无效。一旦法官认定错误、欺诈和胁迫的确导致他们做出的同意存在瑕疵，则他们应当宣告合同当事人之间的合同无效。这就是同意瑕疵引起的一个法律制裁：因为错误、欺诈和胁迫成立的合同在性质上属于相对无效的合同，能够主张合同相对无效的一方当事人是因为错误、欺诈和胁迫做出同意的一方当事人，没有发生错误、实施欺诈和胁迫的另外一方当事人不得主张合同无效。

当然，即便一方当事人因为错误、对方的欺诈和胁迫而做出了同意，他们与对方之间的合同也未必一定无效。一方面，在因为错误、欺诈和胁迫做出同意之后，如果做出

---

① Articles 1131 et 1144, Code civil, Version en vigueur au 9 décembre 2020, https://www.legifrance.gouv.fr/codes/section_lc/LEGITEXT000006070721/LEGISCTA000032007571/#LEGISCTA000032007571.

同意的人放弃合同相对无效的诉讼主张，或者没有在诉讼时效期限内提出合同相对无效的主张，则他们与对方当事人之间的合同有效。另一方面，即便做出同意的一方当事人提起合同无效之诉，如果法官认定在没有错误、欺诈或者胁迫的情况下，他们仍然会签订合同或者仍然会签订没有实质性条件差异的合同，则法官也不会宣告他们与对方之间的合同无效，已如前述。

在法国，无论是因为错误、欺诈还是胁迫所提起的合同相对无效之诉均适用《法国民法典》新的第 2224 条所规定的 5 年的普通消灭时效（la prescription extinctive）期间。[①] 现行《法国民法典》新的第 1144 条对 5 年时效期间的起算点做出了说明，根据它的说明，如果一方当事人因为错误或者因为对方当事人的欺诈而签订合同，合同相对无效的 5 年时效期间从发现错误和欺诈之日起算，如果一方当事人因为对方当事人的胁迫而签订合同，合同相对无效的 5 年时效期间从胁迫停止之日起算。该条规定：在错误和欺诈的情形，合同无效诉讼的时效从错误和欺诈被发现之日起算，在胁迫的情形下，合同无效诉讼的时效从胁迫停止之日起算。[②]

3. 错误、欺诈和胁迫的第三个共同制度：损害赔偿责任的承担

在法国，错误、欺诈和胁迫也存在第三个共同制度，这就是损害赔偿责任制度，根据该种制度，在错误、欺诈和胁迫引起一方当事人做出瑕疵同意的情况下，除了该方当事人能够要求法官宣告他们与对方当事人之间的合同无效之外，错误、欺诈和胁迫的受害人也能够向法院起诉，要求法官责令有过错的一方当事人对自己遭受的损害承担赔偿责任。所不同的是，在错误引起同意瑕疵的情形下，承担损害赔偿责任的人是因为自己的错误导致合同被宣告无效的人。而在欺诈和胁迫引起的同意瑕疵的情形，承担损害赔偿责任的人是实施欺诈或者胁迫行为的一方当事人，例外情况下也包括合同当事人之外的第三人，如果他们对合同的受害人实施欺诈或者胁迫的话。关于错误、欺诈和胁迫引起的损害赔偿责任问题，笔者将在下面的内容当中做出详细的讨论，此处从略。

不过，无论承担损害赔偿责任的人是谁，他们承担的损害赔偿责任在性质上均属于侵权责任，均是建立在《法国民法典》新的第 1240 条所规定的一般过错侵权责任的基础上，均以符合该条所规定的一般过错侵权责任的三个必要条件作为前提：过错，损害，以及过错和损害之间的因果关系，其中的损害既包括财产损害也包括非财产损害，虽然在大多数情况下，错误、欺诈和胁迫的受害人遭受的损害主要是财产损害。换言之，因为错误、欺诈和胁迫引起的损害赔偿责任在性质上均不属于合同责任，因为一方面，它们均是一方当事人在成立合同时违反所承担的债务尤其是一般性质的信息通知债务引起的；另一方面，在合同被宣告无效的情况下，当事人之间已经不存在合同。[③]

---

① Article 2224，Code civil，Version en vigueur au 14 décembre 2020，https://www.legifrance.gouv.fr/codes/section_lc/LEGITEXT000006070721/LEGISCTA000006118187/#LEGISCTA000019017130.

② Articles 1131 et 1144，Code civil，Version en vigueur au 9 décembre 2020，https://www.legifrance.gouv.fr/codes/section_lc/LEGITEXT000006070721/LEGISCTA000032007571/#LEGISCTA000032007571.

③ Marjorie Brusorio Aillaud，Droit des obligations，8e édition，bruylant，2017，pp. 190—194；Virginie Larribau-Terneyre，Droit civil，Les Obligations，15e édition，Dalloz，2017，pp. 360—361.

二、同意瑕疵的第一种表现：错误

现行《法国民法典》新的第1132条至新的第1136条对因为错误（l'erreur）引起的同意瑕疵做出了规定。

（一）错误的界定

现行《法国民法典》没有对错误做出明确界定，虽然如此，法国民法学者普遍对错误做出了界定。根据他们的界定，所谓错误，是指对人们对真实情况的不准确说明、是现实和信念之间的一种扭曲，换言之，所谓错误，是指人们信以为真或者误以为假：他们把虚假的当作真实的来相信，或者反之，他们将真实的当作虚假的来相信。虽然民法使用错误一词，但是错误一词并不是一个专门的法律术语，因为人们在日常生活当中广泛使用这一术语。在合同的同意瑕疵领域，所谓错误，是合同当事人对合同当中的某一个或者某几个因素信以为真或者误以为假并因此使他们做出了同意，因为错误而做出同意的当事人被称为犯错方、出错者（errans）。[①]

为了判断当事人在做出同意时是否存在错误，人们需要将真实的情况与合同当事人相信的情况进行比较，看一看它们之间是否一致：如果真实的情况与当事人相信的情况一致，则同意当中不存在错误，合同不应当被宣告无效；如果真实的情况与当事人相信的情况不一致，则同意当中存在错误。不过，并非所有的错误均会让当事人的同意成为有瑕疵的同意并因此引起合同的相对无效，因为现行《法国民法典》明确区分两类不同的错误：重大的错误（les erreurs substantielles）和无关紧要的错误（les erreurs indifférentes）。[②]

所谓重大的错误，是指能够引起同意瑕疵并因此让合同相对无效的错误。现行《法国民法典》新的第1132条规定了两种重大错误，这就是给付性质的错误和合同当事人身份的错误。所谓无关紧要的错误，是指不会引起同意瑕疵并因此让合同相对无效的错误。现行《法国民法典》新的第1135条和新的第1136条规定了两种无关紧要的错误，这就是合同目的的错误和合同价值的错误。

---

① Dimitri Houtcieff, Droit Des Contrats, Larcier, 2e édition, 2016, p. 135; Muriel Fabre-Magnan, Droit des obligations, Tome 1, Contrat et engagement unilatéral, 4e édition, puf, 2016, p. 368; Rémy Cabrillac, Droit des obligations, 12e édition, Dalloz, 2016, p. 63; Marjorie Brusorio Aillaud, Droit des obligations, 8e édition, bruylant, 2017, p. 176; Philippe Malaurie, Laurent Aynès, Philippe Stoffel-Munck, Droit des obligations, 8e édition, L. G. D. J., 2016, p. 284; Virginie Larribau-Terneyre, Droit civil, Les Obligations, 15e édition, Dalloz, 2017, p. 361; François Terré, Philippe Simler, Yves Lequette, François Chénedé, Droit civil, Les Obligations, 12e édition, Dalloz, 2018, p. 309.

② Dimitri Houtcieff, Droit Des Contrats, Larcier, 2e édition, 2016, pp. 135—146; Muriel Fabre-Magnan, Droit des obligations, Tome 1, Contrat et engagement unilatéral, 4e édition, puf, 2016, pp. 375—388; Marjorie Brusorio Aillaud, Droit des obligations, 8e édition, bruylant, 2017, pp. 176—180; Philippe Malaurie, Laurent Aynès, Philippe Stoffel-Munck, Droit des obligations, 8e édition, L. G. D. J., 2016, pp. 284—291; Virginie Larribau-Terneyre, Droit civil, Les Obligations, 15e édition, Dalloz, 2017, pp. 363—373; François Terré, Philippe Simler, Yves Lequette, François Chénedé, Droit civil, Les Obligations, 12e édition, Dalloz, 2018, pp. 312—328.

（二）错误的类型：重大的错误

1. 新的第1132条所规定的两种重大错误

现行《法国民法典》仅仅允许合同的当事人以重大错误为由主张合同无效，因为它认为，仅重大错误才会让当事人的同意成为有瑕疵的同意。现行《法国民法典》新的第1132条对重大错误的两种类型做出了说明，该条规定：法律错误或者事实错误是合同无效的一个原因，如果错误是关于应为给付的基本性质的错误或者是关于合同相对人基本身份的错误，至少在错误是情有可原的情况下是如此。[①] 根据该条的规定，重大错误或者是应为给付（la prestation due）基本性质（les qualités essentielles）方面的错误，或者是对方当事人（cocontractant）基本身份（les qualités essentielles）的错误，在符合错误的共同特征的情况下，也就是在错误是情有可原的情况下，当事人有权向法院起诉，要求法官宣告当事人之间的合同无效，无论情有可原的错误是法律错误还是事实错误，均是如此。

2. 给付的基本性质错误

根据《法国民法典》新的第1132条的规定，如果合同当事人所犯下的错误是给付的基本性质的错误，则当事人有权以错误为由要求法官宣告他们与对方之间的合同无效。所谓给付的基本性质的错误（l'erreur sur les qualités essentielles de la prestation），是指合同的一方当事人甚至双方当事人对给付的基本性质产生的错误。因此，给付的基本性质的错误是一种重大的错误，是能够引起合同当事人的同意存在瑕疵的错误，如果合同当事人犯下的错误不属于给付的基本性质方面的错误，则他们无权要求法官以错误为由宣告合同无效。《法国民法典》新的第1133（1）条对给付的基本性质做出了界定，该条规定：所谓给付的基本性质，是指合同当事人明示或者默示同意的并且他们是基于它们而签订合同的给付。[②]换言之，所谓给付的基本性质，是指如果没有它们，合同当事人不会签订合同的给付。

根据《法国民法典》新的第1133（1）条的规定，给付的基本性质错误应当同时符合两个构成因素：其一，给付的基本性质应当是合同当事人同意的，包括他们明示同意的和默示同意的，如果合同当事人没有同意，则不属于给付的基本性质。其二，给付的基本性质应当是合同当事人签订合同的理由、原因（considération）。当合同当事人为了某种目的而签订某个合同时，他们签订合同的此种目的就是给付的基本性质。因此，当买卖双方签订古董买卖合同时，买受人的目的在于通过买卖合同获得所购买的古董的所有权。对于买受人而言，古董的古老性就是给付的基本性质。在艺术品买卖当中，买受人的目的在于获得所交付的艺术品的所有权。因此，对于买受人而言，艺术品的真实性

---

① Article 1132, Code civil, Version en vigueur au 10 décembre 2020, https://www.legifrance.gouv.fr/codes/section_lc/LEGITEXT000006070721/LEGISCTA000032007571/#LEGISCTA000032007571.

② Article 1133, Code civil, Version en vigueur au 10 décembre 2020, https://www.legifrance.gouv.fr/codes/section_lc/LEGITEXT000006070721/LEGISCTA000032007571/#LEGISCTA000032007571.

是给付的基本性质。[①]

当事人之间的给付在性质上是否属于基本性质的给付，应当由法官在具体案件当中确定。法官同时采取主观的确定方法和客观的确定方法。所谓主观的确定方法，也称为具体的确定方法，是指在分析、探寻给付是否属于基本性质的给付时，法官要分析、探寻合同一方当事人的意图，看一看他们签订合同的目的是什么。所谓客观的确定方法，则是指在分析、探寻给付是否属于基本性质的给付时，法官分析、探寻合同双方当事人的共同意图、合同客体本身的性质。[②]

在法国，给付的基本性质方面的错误范例众多：如果买受人是在没有遵守城市规划法的情况下获得的不动产，则不动产的买卖合同当中存在给付的基本性质方面的错误，法官有权宣告不动产买卖合同无效；如果画作的出卖人以为自己出卖的画作是真品而实际上他们所出卖的画作是复制品，则画作的买卖合同当中存在给付的基本性质方面的错误，买受人有权要求法官宣告他们与出卖人之间的买卖合同无效；反之，如果画作的出卖人以为自己出卖的画作是复制品而实际上是真品，则画作的买卖合同当中存在给付的基本性质的错误，出卖人有权要求法官宣告他们与买受人之间的合同无效。[③]

不过，根据现行《法国民法典》第1133（3）条的规定，在射幸合同当中，即便当事人对给付的性质存在错误，合同当事人也不得借口给付性质的错误主张射幸合同无效。该条规定：在射幸合同当中，给付性质的接受排除了与此种性质有关的错误的存在。[④] 换言之，给付的基本性质的错误理论仅仅在实定合同当中适用，不在射幸合同当中适用。此种理论之所以不适用于射幸合同，是因为射幸合同的当事人均同意合同给付的不确定性质。

3. 合同对方当事人基本身份的错误

根据《法国民法典》新的第1132条的规定，如果合同当事人所犯下的错误是合同对方当事人基本身份方面的错误，则当事人有权以错误为由要求法官宣告他们与对方之间的合同无效，如果合同当事人犯下的错误不属于对方当事人基本身份的错误，则合同当事人无权要求法官以错误为由宣告合同无效。因此，合同对方当事人基本身份的错误是一种重大的错误，是能够引起合同当事人的同意存在瑕疵的错误，已如前述。

在法国，合同对方当事人基本身份的错误只能够在以密切的人身关系作为前提的合

---

① Philippe Malaurie, Laurent Aynès, Philippe Stoffel-Munck, Droit des obligations, 8e édition, L. G. D. J., 2016, pp. 285—286.

② Dimitri Houtcieff, Droit Des Contrats, Larcier, 2e édition, 2016, pp. 135—139; Muriel Fabre-Magnan, Droit des obligations, Tome 1, Contrat et engagement unilatéral, 4e édition, puf, 2016, pp. 376—377; Philippe Malaurie, Laurent Aynès, Philippe Stoffel-Munck, Droit des obligations, 8e édition, L. G. D. J., 2016, pp. 285—286; Marjorie Brusorio Aillaud, Droit des obligations, 8e édition, bruylant, 2017, pp. 176—178; Virginie Larribau-Terneyre, Droit civil, Les Obligations, 15e édition, Dalloz, 2017, pp. 364—368; François Terré, Philippe Simler, Yves Lequette, François Chénedé, Droit civil, Les Obligations, 12e édition, Dalloz, 2018, pp. 314—319.

③ Dimitri Houtcieff, Droit Des Contrats, Larcier, 2e édition, 2016, pp. 136—137; Muriel Fabre-Magnan, Droit des obligations, Tome 1, Contrat et engagement unilatéral, 4e édition, puf, 2016, p. 379.

④ Article 1133, Code civil, Version en vigueur au 10 décembre 2020, https://www.legifrance.gouv.fr/codes/section_lc/LEGITEXT000006070721/LEGISCTA000032007571/#LEGISCTA000032007571.

同（intuitus personae）当中适用，不能够在不以密切的人身关系作为前提的合同当中适用。《法国民法典》新的第1134条对此种限定做出了说明，该条规定：仅仅在考虑合同当事人的身份的合同当中，合同对方当事人基本身份的错误才能够成为合同无效的一个原因。[①] 所谓以密切的人身关系作为前提的合同，是指合同的缔结建立在当事人之间的信任和信赖基础上的合同。所谓不以密切的人身关系作为前提的合同，是指合同的缔结不以当事人之间的相互信任、信赖作为基础的合同，例如买卖合同原则上属于不以当事人之间的相互信任、信赖作为基础的合同。

在民法上，以密切的人身关系作为前提的合同主要是无偿合同，例如赠与合同就属于典型的以密切的人身关系作为前提的合同，因为赠与合同以赠与人和受赠人之间的信任和信赖作为基础。不过，有偿合同未必一定就是不以密切的人身关系作为前提的合同，因为某些有偿合同的缔结仍然会考虑合同当事人的身份，仍然以他们之间的信任和信赖作为基础。例如，劳动合同、有偿委托合同、房屋租赁合同、医疗合同、人合公司等，它们虽然在性质上属于有偿合同，但是，它们的缔结仍然以当事人之间的信任和信赖作为基础。

因此，合同对方当事人基本身份的错误主要发生在无偿合同当中。例如，在赠与合同当中，如果赠与人对受赠人的基本身份发生了错误，则他们有权要求法官宣告他们与受赠人之间的赠与合同无效。在例外情况下，合同对方当事人基本身份的错误也在有偿合同当中适用。例如，在房屋租赁合同当中，如果出租人以为承租人租赁房屋供夫妻共同居住而实际上是供非婚同居当事人共同居住，则出租人有权要求法官宣告他们与承租人之间的租赁合同无效。[②]

不过，是否允许合同的一方当事人以对方当事人基本身份为由主张合同无效，仍然由法官在具体案件当中确定。在就这样的问题做出判决时，法官仍然要同时采取主观确定方法和客观确定方法。例如，如果一方当事人以为另外一方当事人有清偿能力而与其签订合同，在他发现对方丧失清偿能力时，法官会基于他的要求而宣告合同无效。但是，当丈夫婚后发现妻子不是处女而以自己对妻子的基本身份发生错误为由要求法官宣告他与妻子的婚姻无效时，法官禁止丈夫以此种理由主张他们之间的婚姻无效。[③]

---

① Article 1134, Code civil, Version en vigueur au 11 décembre 2020, https://www.legifrance.gouv.fr/codes/section_lc/LEGITEXT000006070721/LEGISCTA000032007571/#LEGISCTA000032007571.

② Dimitri Houtcieff, Droit Des Contrats, Larcier, 2e édition, 2016, pp. 139—142; Muriel Fabre-Magnan, Droit des obligations, Tome 1, Contrat et engagement unilatéral, 4e édition, puf, 2016, pp. 382—384; Marjorie Brusorio Aillaud, Droit des obligations, 8e édition, bruylant, 2017, p. 178; Virginie Larribau-Terneyre, Droit civil, Les Obligations, 15e édition, Dalloz, 2017, pp. 363—364; François Terré, Philippe Simler, Yves Lequette, François Chénedé, Droit civil, Les Obligations, 12e édition, Dalloz, 2018, pp. 323—324.

③ Dimitri Houtcieff, Droit Des Contrats, Larcier, 2e édition, 2016, pp. 139—142; Muriel Fabre-Magnan, Droit des obligations, Tome 1, Contrat et engagement unilatéral, 4e édition, puf, 2016, pp. 382—384; Marjorie Brusorio Aillaud, Droit des obligations, 8e édition, bruylant, 2017, p. 178; Virginie Larribau-Terneyre, Droit civil, Les Obligations, 15e édition, Dalloz, 2017, pp. 363—364; François Terré, Philippe Simler, Yves Lequette, François Chénedé, Droit civil, Les Obligations, 12e édition, Dalloz, 2018, pp. 323—324.

（三）错误的类型：无关紧要的错误

1.《法国民法典》规定的两种无关紧要的错误

根据《法国民法典》的规定，除了给付的基本性质方面的错误和合同对方当事人基本身份的错误属于重大错误之外，合同当事人就合同涉及的方方面面的其他错误在性质上均属于无关紧要的错误，因为即便存在这些错误，它们也不能够引起合同的相对无效，因为它们不会被视为对当事人的同意产生瑕疵。《法国民法典》之所以采取此种做法，一个最主要的原因是要维护合同的法律安全，防止合同当事人借口各种各样的错误而要求法官宣告合同无效。现行《法国民法典》仅仅列举了两种无关要紧的错误，这就是新的第 1135 条所规定的单纯目的错误和新的第 1136 条所规定的价值错误。

2. 无关紧要的错误：单纯目的的错误

所谓目的（motif），是指合同当事人签订合同的原因、理由。当合同的一方当事人因为某种原因、理由而与另外一方当事人签订合同时，如果他们对缔结合同的原因、理由产生了错误，则他们的错误被称为合同目的的错误。如果合同当事人对合同目的存在错误，在他们的错误属于单纯目的错误的情况下，他们不得借口目的错误而主张合同无效。所谓单纯的目的错误（l'erreur sur un simple motif），是指与合同给付的基本性质或者合同对方当事人的基本身份没有关系的目的。

在三种例外情况下，目的错误也能够引起合同的无效。首先，如果合同的目的与合同给付的基本性质或者合同对方当事人的基本身份有关，则合同目的的错误能够引起合同的无效。其次，如果合同当事人将单纯的合同目的视为他们同意的一个决定性因素，则合同目的的错误也能够引起合同的无效。最后，如果捐赠者的捐赠（la libéralité）目的发生错误，在没有该种目的他们就不会做出捐赠的情况下，捐赠目的的错误也能够引起捐赠合同的无效。①

现行《法国民法典》新的第 1135 条对此种规则做出了说明，该条规定：给付的基本性质或者对方当事人基本身份之外的单纯目的错误不是合同无效的原因，至少在当事人没有明确将其视为自己同意的一个决定因素的情况下是如此。然而，如果捐赠者在欠缺捐赠目的时就不会实施捐赠的情况下，捐赠目的的错误也是合同无效的一个原因。②

3. 无关紧要的错误：给付的价值错误

所谓给付的价值，是指对合同当事人的给付所进行的经济、金钱的评估。所谓给付的价值错误（l'erreur sur la valeur de la prestation），是指合同当事人对合同的给付所做出

---

① Dimitri Houtcieff, Droit Des Contrats, Larcier, 2e édition, 2016, pp. 145—146; Muriel Fabre-Magnan, Droit des obligations, Tome 1, Contrat et engagement unilatéral, 4e édition, puf, 2016, pp. 385—386; Marjorie Brusorio Aillaud, Droit des obligations, 8e édition, bruylant, 2017, pp. 178—179; Philippe Malaurie, Laurent Aynès, Philippe Stoffel-Munck, Droit des obligations, 8e édition, L. G. D. J., 2016, p. 289; Virginie Larribau-Terneyre, Droit civil, Les Obligations, 15e édition, Dalloz, 2017, pp. 363—364; François Terré, Philippe Simler, Yves Lequette, François Chénedé, Droit civil, Les Obligations, 12e édition, Dalloz, 2018, pp. 326—327.

② Article 1135, Code civil, Version en vigueur au 11 décembre 2020, https://www.legifrance.gouv.fr/codes/section_lc/LEGITEXT000006070721/LEGISCTA000032007571/#LEGISCTA000032007571.

的不准确的经济评估、金钱评估。换言之，所谓给付的价值错误，是指合同当事人在准确资料（données exacte）的基础上对合同的给付做出了不准确的经济上、金钱上的评估。前一种界定为现行《法国民法典》新的第1136条所做出的，而后一种界定则为民法学者所做出。[①] 例如，虽然出卖人所出卖的机动车的价值是2万欧元，但是，出卖人基于错误将其价格评估为1万欧元，出卖人对其机动车的出卖价格存在错误，这就是给付的价值错误。

一方面，给付的价值错误是指合同当事人对合同的给付所做出的经济、金钱上的评估是不准确的，让合同给付的真实价值与当事人所评估的价格之间不一致，这就是所谓的价格错误。另一方面，给付的价值错误是指合同当事人在准确的资料的基础上对合同给付的价格所做出的错误评估。所谓在准确的资料的基础上是指，在对合同的给付价值做出评估时，合同当事人所掌握的资料是准确的，不存在资料方面的错误。只有同时符合这两个条件，合同当事人的错误才能够称为给付的价值错误，不能够引起合同的无效；否则，就不属于给付的价值错误，而属于给付的基本性质的错误，能够引起合同的无效。[②] 笔者将此种无关要紧的错误称为给付的单纯价值错误。现行《法国民法典》新的第1136条对此种规则做出了说明，该条规定：当一方当事人对给付做出了不准确的经济评估时，如果他们的错误不是关于给付基本性质的错误，则价值错误不是合同无效的一种原因。[③]

例如，如果双方当事人签订购买比利时超现实主义画家René Magritte（1898—1967）[④] 的画作，当出卖人将他以为是Magritte的画作而实际上是另外一个名气更大的画家的画作以2万欧元的价格出卖给买受人时，出卖人当然存在错误，但是，他所存在的错误不是给付的单纯价值错误，而是给付的基本性质错误。因此，出卖人有权要求法官宣告他与买受人之间的合同无效。之所以如此，是因为出卖人在将画作出卖给买受人时所掌握的资料是不准确的。但是，如果出卖人出卖的画作是Magritte的画作而不是别人的画作，当他因为错误而将原本是3万欧元的画作低估为2万欧元时，他就不能够借口价格错误而要求法官宣告他与买受人之间的买卖合同无效，因为一方面，他的评估是建立在准确的资料的基础上，不构成给付的基本性质的错误；另一方面，此时的价格错误在性质上属于《法国民法典》新的第1136条所规定的给付的单纯价值错误。

在法国，给付的价值错误不同于价格的错误，因为法官在他们的司法判例当中认定，如果合同当事人对价格产生了错误，例如，如果他们混淆了旧法郎和新法郎，或者

---

① Muriel Fabre-Magnan, Droit des obligations, Tome 1, Contrat et engagement unilatéral, 4e édition, puf, 2016, p. 387.

② Dimitri Houtcieff, Droit Des Contrats, Larcier, 2e édition, 2016, p. 145; Muriel Fabre-Magnan, Droit des obligations, Tome 1, Contrat et engagement unilatéral, 4e édition, puf, 2016, pp. 386—388; Marjorie Brusorio Aillaud, Droit des obligations, 8e édition, bruylant, 2017, pp. 179—180; Virginie Larribau-Terneyre, Droit civil, Les Obligations, 15e édition, Dalloz, 2017, p. 371; François Terré, Philippe Simler, Yves Lequette, François Chénedé, Droit civil, Les Obligations, 12e édition, Dalloz, 2018, pp. 325—326.

③ Article 1136, Code civil, Version en vigueur au 11 décembre 2020, https://www.legifrance.gouv.fr/codes/section_lc/LEGITEXT000006070721/LEGISCTA000032007571/#LEGISCTA000032007571.

④ René Magritte, https://fr.wikipedia.org/wiki/René_Magritte.

如果他们混淆了法郎和欧元，或者，如果他们不小心标错了货物的价格，基于当事人的起诉，法官会宣告他们与对方当事人之间的合同无效。[①]

（四）错误的特征

错误的特征有四个：其一，错误是情有可原的；其二，法律错误和事实错误均足以让合同相对无效；其三，错误的决定性特征；其四，错误的共同特征。

1. 错误的第一个特征：错误是情有可原的

根据《法国民法典》新的第1132条的规定，错误的第一个主要特征是，能够让合同当事人的同意存在瑕疵，并因此让他们与对方之间的合同无效的错误应当是情有可原的错误（erreur excusable）。所谓情有可原的错误，是指值得原谅的、不应当受到责难的、无可厚非的错误。换言之，所谓情有可原的错误，是指合同当事人无法轻易避免的、在没有过错的情况下所犯下的错误。情有可原的错误是与不可原谅的错误（erreur inexcusable）相对立的。所谓不可原谅的错误，是指应当受到责难的、情理难容的错误，换言之，所谓不可原谅的错误，是指合同当事人能够轻易规避的、在有过错的情况下所犯下的错误。[②]

《法国民法典》之所以区分情有可原的错误和不可原谅的错误，是因为错误的性质不同，合同的命运也不同：如果一方当事人以自己在做出同意时存在错误为由向法院起诉，要求法官宣告他们与对方之间的合同无效，他们所犯下的错误在性质上应当是情有可原的错误，如果他们所犯下的错误是不可原谅的错误，则他们不得以错误为由要求法官宣告他们与对方之间的合同无效，即便他们的错误是关于给付基本性质或者合同对方当事人基本身份的错误，亦是如此。合同当事人的错误在性质上究竟是不是情有可原的错误，由法官在具体案件当中确定，法官要考虑主张合同无效的一方当事人所面临的各种具体因素：犯错的原因，他们的年龄、经验，尤其是他们的职业。[③]

2. 错误的第二个特征：法律错误和事实错误均足以让合同相对无效

根据《法国民法典》新的第1132条的规定，错误的第二个主要特征是，能够让合

---

① Virginie Larribau-Terneyre, Droit civil, Les Obligations, 15e édition, Dalloz, 2017, p. 371.

② Dimitri Houtcieff, Droit Des Contrats, Larcier, 2e édition, 2016, pp. 148—149; Muriel Fabre-Magnan, Droit des obligations, Tome 1, Contrat et engagement unilatéral, 4e édition, puf, 2016, pp. 380—381; Philippe Malaurie, Laurent Aynès, Philippe Stoffel-Munck, Droit des obligations, 8e édition, L. G. D. J., 2016, pp. 289—290; Rémy Cabrillac, Droit des obligations, 12e édition, Dalloz, 2016, pp. 69—70; Marjorie Brusorio Aillaud, Droit des obligations, 8e édition, bruylant, 2017, pp. 180—181; Virginie Larribau-Terneyre, Droit civil, Les Obligations, 15e édition, Dalloz, 2017, pp. 369—370; François Terré, Philippe Simler, Yves Lequette, François Chénedé, Droit civil, Les Obligations, 12e édition, Dalloz, 2018, pp. 329—330.

③ Dimitri Houtcieff, Droit Des Contrats, Larcier, 2e édition, 2016, pp. 148—149; Muriel Fabre-Magnan, Droit des obligations, Tome 1, Contrat et engagement unilatéral, 4e édition, puf, 2016, pp. 380—381; Philippe Malaurie, Laurent Aynès, Philippe Stoffel-Munck, Droit des obligations, 8e édition, L. G. D. J., 2016, pp. 289—290; Rémy Cabrillac, Droit des obligations, 12e édition, Dalloz, 2016, pp. 69—70; Marjorie Brusorio Aillaud, Droit des obligations, 8e édition, bruylant, 2017, pp. 180—181; Virginie Larribau-Terneyre, Droit civil, Les Obligations, 15e édition, Dalloz, 2017, pp. 369—370; François Terré, Philippe Simler, Yves Lequette, François Chénedé, Droit civil, Les Obligations, 12e édition, Dalloz, 2018, pp. 329—330.

同当事人的同意存在瑕疵并因此让他们与对方之间的合同无效的错误既可以是法律错误（erreur de droit），也可以是事实错误（erreur de fait），因为，新的第1132条并不区分法律错误和事实错误。[①] 所谓法律错误，是指对法律、法律规范的存在或者含义所犯下的错误，换言之，所谓法律错误，是指关于法律、法律规范的存在和含义方面的错误。所谓事实错误，是指对某种事实的存在或者某种状态的评估方面所犯下的错误，换言之，所谓事实错误，是指关于某种事实存在、某种状况的评估方面的错误。[②]

虽然民法实行"任何人均不应当忽视制定法"（nemo censetur ignorare lege nul n'est censé ignorer la loi）的原则，但是，该原则并不禁止因为法律错误而做出同意的一方当事人向法院起诉，要求法官宣告他们与对方之间的合同无效，如果一方当事人因为错误理解法律并因此与对方签订了合同，在他们的法律错误是关于给付性质和对方当事人身份方面的错误时，他们仍然有权借口法律错误而要求法官宣告他们与对方之间的合同无效。在实践当中，大多数合同无效的纠纷发生在事实错误方面，虽然因为法律错误而引起的合同无效纠纷很少，但是，一旦遇到这一方面的合同纠纷，法官也会毫不犹豫地宣告当事人之间的合同无效。例如，当一方当事人因为错误理解继承法而与另外一方当事人签订合同时，法官会宣告他们之间的合同无效。[③]

3. 错误的第三个特征：决定性错误

就像所有的同意瑕疵均具有决定性的特征一样，错误也具有决定性的特征，这就是，根据现行《法国民法典》新的第1130条的规定，如果合同的一方当事人借口自己的错误而主张合同无效，他们必须证明，在签订合同时，自己的错误起到了决定性的作用。所谓错误起到了决定性的作用，是指他们之所以与对方签订合同，完全是因为自己的错误引起的：如果没有错误，自己不会与对方当事人签订合同，或者虽然会签订合同，但是，他们所签订的合同与现在的合同之间会存在实质性的条件差异。反之，即便没有错误，如果一方当事人仍然会与对方签订合同，或者仍然会与对方签订不会存在实质性条件差异的合同，则当事人的错误在合同的成立过程当中没有发挥决定性的作用，当事人的错误没有让他们做出的同意存在瑕疵并因此让他们之间的合同无效。起决定性作用的错误被称为决定性错误（erreur déterminant）。[④]

4. 错误的第四个特征：共同错误

根据《法国民法典》新的第1133（2）条的规定，错误的第四个主要特征是，如果

---

① Muriel Fabre-Magnan, Droit des obligations, Tome 1, Contrat et engagement unilatéral, 4e édition, puf, 2016, pp. 378—379; Marjorie Brusorio Aillaud, Droit des obligations, 8e édition, bruylant, 2017, p. 180—181; Virginie Larribau-Terneyre, Droit civil, Les Obligations, 15e édition, Dalloz, 2017, p. 369; François Terré, Philippe Simler, Yves Lequette, François Chénedé, Droit civil, Les Obligations, 12e édition, Dalloz, 2018, pp. 330—331.

② Vocabulaire juridique, 10e édition, sous la direction de Gérard Cornu, puf, 2014, pp. 412—413.

③ Marjorie Brusorio Aillaud, Droit des obligations, 8e édition, bruylant, 2017, pp. 182—183; Virginie Larribau-Terneyre, Droit civil, Les Obligations, 15e édition, Dalloz, 2017, p. 369; François Terré, Philippe Simler, Yves Lequette, François Chénedé, Droit civil, Les Obligations, 12e édition, Dalloz, 2018, pp. 330—331.

④ Dimitri Houtcieff, Droit Des Contrats, Larcier, 2e édition, 2016, pp. 146—147; Marjorie Brusorio Aillaud, Droit des obligations, 8e édition, bruylant, 2017, pp. 180—181; Virginie Larribau-Terneyre, Droit civil, Les Obligations, 15e édition, Dalloz, 2017, p. 369.

合同的双方当事人均对给付的基本性质或者对方当事人的基本身份产生了错误，则任何一方当事人均能够基于给付错误而主张合同无效，法国民法学者将此种错误称为共同错误（erreur commune）。《法国民法典》新的第1133（2）条规定：无论是一方当事人还是另外一方当事人就给付犯下错误，错误均是一种无效原因。①《法国民法典》的此种规定并非法国政府的独创，而是法国最高法院的司法判例在制定法当中的体现。

早在1930年11月17日的裁判②当中，法国最高法院就认定，在买卖合同当中，出卖人和买受人均有权以给付错误为由主张合同无效。在1978年2月22日的著名案件即Affaire du Poussin一案③当中，法国最高法院民一庭再一次重复了此种规则，认为合同的任何一方当事人均能够以错误为由主张合同无效。当然，共同错误并不限于给付性质的错误，如果合同的双方当事人在签订合同时均对对方的身份产生错误，则任何一方当事人均能够主张合同无效。换言之，在合同的双方当事人均就给付的性质或者对方当事人的身份发生错误时，无论他们是债权人还是债务人，无论他们是提供给付的一方还是接受给付的一方，他们均有权以错误为由主张合同无效。④

（五）错误的制裁

就像其他同意瑕疵一样，错误引起的同意瑕疵所遭受的制裁有二：其一，合同相对无效。其二，损害赔偿责任的承担。

重大错误会引起合同的相对无效，这就是，因为错误而做出同意的一方当事人有权向法院起诉，要求法官宣告他们与合同对方当事人之间的合同无效，没有因为错误做出同意的另外一方当事人不得要求法官宣告合同无效，因为此种无效也仅仅保护受到保护的一方当事人的利益，这就是错误的受害人，也就是犯错方、出错者（errans）。不过，犯错方享有的此种诉讼提起权应当在错误发现之日起的5年内行使，否则，过了时效期间，他们就不能够再主张。此外，他们也能够通过放弃自己享有的此种诉权的方式确认自己与对方当事人之间的合同的有效。原则上，因为错误引起的合同无效是整个合同的无效。不过，有时也可以是合同的部分无效，法官仅仅宣告合同当中的条款因为错误而无效，至少在合同当中的条款不属于主要条款而仅仅属于附属条款时是如此。⑤

除了合同的无效之外，错误还会引起损害赔偿责任的承担。如果合同的对方当事人

---

① Article 1133, Code civil, Version en vigueur au 10 décembre 2020, https://www.legifrance.gouv.fr/codes/section_lc/LEGITEXT000006070721/LEGISCTA000032007571/#LEGISCTA000032007571.

② Civ. 17 nov. 1930, S. 1932. 1. 17, note A. Breton, D. P. 1932. 1. 161, note J. -Ch.

③ Cour de Cassation, Chambre civile 1, du 22 février 1978, 76—11. 551.

④ Dimitri Houtcieff, Droit Des Contrats, Larcier, 2e édition, 2016, pp. 147—148; Muriel Fabre-Magnan, Droit des obligations, Tome 1, Contrat et engagement unilatéral, 4e édition, puf, 2016, pp. 379—380; Philippe Malaurie, Laurent Aynès, Philippe Stoffel-Munck, Droit des obligations, 8e édition, L. G. D. J., 2016, p. 288; Marjorie Brusorio Aillaud, Droit des obligations, 8e édition, bruylant, 2017, p. 183; Virginie Larribau-Terneyre, Droit civil, Les Obligations, 15e édition, Dalloz, 2017, p. 369.

⑤ Dimitri Houtcieff, Droit Des Contrats, Larcier, 2e édition, 2016, pp. 150—151; Philippe Malaurie, Laurent Aynès, Philippe Stoffel-Munck, Droit des obligations, 8e édition, L. G. D. J., 2016, p. 287; Virginie Larribau-Terneyre, Droit civil, Les Obligations, 15e édition, Dalloz, 2017, pp. 370—371; François Terré, Philippe Simler, Yves Lequette, François Chénedé, Droit civil, Les Obligations, 12e édition, Dalloz, 2018, pp. 332—334.

应当提供某种信息而没有提供，或者虽然提供，但是他们所提供的信息不准确，并因此导致一方当事人做出错误的同意，在合同被宣告为无效的情况下，错误的受害人有权要求法官责令对方当事人对自己因为无效合同所遭受的损害承担赔偿责任，无论对方当事人是故意还是过失不提供或者提供不准确的信息，均是如此。

不过，合同对方当事人所承担的此种赔偿责任在性质上不属于合同责任，而属于现行《法国民法典》新的第1240条所规定的一般过错侵权责任，以对方当事人存在过错和过错引起错误的受害人遭受损害作为前提，因为一方面，当事人之间的合同无效，无法承担合同责任；另一方面，对方当事人不履行债务的行为发生在合同成立之前。此外，如果犯错方因为自己的过错而导致他们与对方当事人之间的合同无效，他们也应当根据现行《法国民法典》新的1240条所规定的一般过错侵权责任对对方当事人遭受的损害承担赔偿责任。[①]

三、同意瑕疵的第二种表现：欺诈

除了合同当事人的错误能够引起合同的无效之外，合同当事人实施的欺诈行为也能够引起合同的无效。除了对欺诈做出了界定之外，现行《法国民法典》也对欺诈的构成因素、欺诈所遭受的制裁做出了规定，这就是新的第1137条、新的第1138条和新的第1139条。[②] 除了现行《法国民法典》对欺诈引起的合同无效做出了规定之外，2016年的债法改革法令实施以来，法国民法学者也普遍对欺诈引起的合同无效做出了说明，并且他们做出的说明并没有本质上的差异。[③]

（一）欺诈的界定

现行《法国民法典》新的第1137（1）条对欺诈一词做出了界定，根据该条的界定，所谓欺诈（le dol），是指合同的一方当事人通过阴谋诡计或者假话谎言获得另外一方当事人同意的行为。[④] 除了《法国民法典》对欺诈一词做出了界定之外，法国民法学者也对欺诈一词做出了界定。其中的某些民法学者完全根据《法国民法典》新的第

① Dimitri Houtcieff, Droit Des Contrats, Larcier, 2e édition, 2016, pp. 150—151; Philippe Malaurie, Laurent Aynès, Philippe Stoffel-Munck, Droit des obligations, 8e édition, L. G. D. J., 2016, p. 287; Virginie Larribau-Terneyre, Droit civil, Les Obligations, 15e édition, Dalloz, 2017, pp. 370—371; François Terré, Philippe Simler, Yves Lequette, François Chénedé, Droit civil, Les Obligations, 12e édition, Dalloz, 2018, pp. 332—334.

② Articles 1137 à 1139, Code civil, Version en vigueur au 12 décembre 2020, https://www.legifrance.gouv.fr/codes/section_lc/LEGITEXT000006070721/LEGISCTA000032007571/#LEGISCTA000032007571.

③ Dimitri Houtcieff, Droit Des Contrats, Larcier, 2e édition, 2016, pp. 151—167.; Muriel Fabre-Magnan, Droit des obligations, Tome 1, Contrat et engagement unilatéral, 4e édition, puf, 2016, pp. 389—402; Philippe Malaurie, Laurent Aynès, Philippe Stoffel-Munck, Droit des obligations, 8e édition, L. G. D. J., 2016, pp. 291—297; Rémy Cabrillac, Droit des obligations, 12e édition, Dalloz, 2016, pp. 71—73; Marjorie Brusorio Aillaud, Droit des obligations, 8e édition, bruylant, 2017, pp. 183—187; Virginie Larribau-Terneyre, Droit civil, Les Obligations, 15e édition, Dalloz, 2017, pp. 373—383; François Terré, Philippe Simler, Yves Lequette, François Chénedé, Droit civil, Les Obligations, 12e édition, Dalloz, 2018, pp. 334—348.

④ Article 1137, Code civil, Version en vigueur au 12 décembre 2020, https://www.legifrance.gouv.fr/codes/section_lc/LEGITEXT000006070721/LEGISCTA000032007571/#LEGISCTA000032007571.

1137 条的规定对欺诈一词做出了界定,[①] 而另外一些民法学者则不同，他们并没有根据新的第 1137 条的规定对欺诈一词做出界定。[②]

Laurent、Aynès 和 Stoffel-Munck 对欺诈做出了自己的界定，他们指出："所谓欺诈，是指合同的一方当事人为了骗取另外一方当事人的同意而实施的一种阴谋诡计。"[③] Terré、Simler 和 Lequette 等人也对欺诈做出了自己的界定，他们指出："在合同的成立过程当中，所谓欺诈，是指合同的一方当事人为了诱使另外一方当事人陷入决定签订合同当中的错误而实施的所有欺骗行为。"[④] 笔者根据法国民法学者的主流看法对合同成立过程当中的欺诈一词做出如下界定：所谓欺诈，是指合同的一方当事人为了让另外一方当事人陷入错误并因此与自己签订他们原本不会签订或者虽然会签订但是会签订存在实质性条件差异的合同而实施的一切欺骗行为，包括积极的欺骗行为和消极的欺骗行为。

笔者的此种界定符合现行《法国民法典》新的第 1137 条对欺诈做出的界定，该条规定：欺诈是指合同的一方当事人通过阴谋诡计或者假话谎言获得另外一方当事人同意的行为；如果合同的一方当事人知道对另外一方当事人而言具有决定性特征的一种信息，当他们故意隐瞒该信息时，他们的故意隐瞒行为也构成一种欺诈；然而，如果合同的一方当事人不对对方当事人披露自己对给付价值的评估数额，他们不披露的行为不构成欺诈。[⑤] 在该条当中，阴谋诡计、假话谎言就属于积极欺诈行为，而故意隐瞒决定性特征的信息的行为则属于消极欺诈行为。笔者将实施欺诈行为的一方当事人称为欺诈方，将受到欺诈的另外一方当事人称为受欺诈方或者欺诈的受害人，将欺诈方之外对受欺诈方实施欺诈行为的行为人称为第三人。

（二）欺诈的独立性、故意侵权性和相对无效性

作为一种相对无效的行为，欺诈独立于错误，构成错误之外的一种独立同意瑕疵，即便欺诈仍然会引起合同对方当事人的错误，甚至会引起欺诈和错误的竞合。[⑥] 欺诈和

---

① Dimitri Houtcieff, Droit Des Contrats, Larcier, 2e édition, 2016, p. 151; Marjorie Brusorio Aillaud, Droit des obligations, 8e édition, bruylant, 2017, p. 183.

② Philippe Malaurie, Laurent Aynès, Philippe Stoffel-Munck, Droit des obligations, 8e édition, L. G. D. J., 2016, p. 291; Muriel Fabre-Magnan, Droit des obligations, Tome 1, Contrat et engagement unilatéral, 4e édition, puf, 2016, p. 389; Rémy Cabrillac, Droit des obligations, 12e édition, Dalloz, 2016, p. 71; Virginie Larribau-Terneyre, Droit civil, Les Obligations, 15e édition, Dalloz, 2017, p. 373; François Terré, Philippe Simler, Yves Lequette, François Chénedé, Droit civil, Les Obligations, 12e édition, Dalloz, 2018, p. 334.

③ Philippe Malaurie, Laurent Aynès, Philippe Stoffel-Munck, Droit des obligations, 8e édition, L. G. D. J., 2016, p. 291.

④ François Terré, Philippe Simler, Yves Lequette, François Chénedé, Droit civil, Les Obligations, 12e édition, Dalloz, 2018, p. 334.

⑤ Article 1137, Code civil, Version en vigueur au 12 décembre 2020, https://www.legifrance.gouv.fr/codes/section_lc/LEGITEXT000006070721/LEGISCTA000032007571/#LEGISCTA000032007571.

⑥ Virginie Larribau-Terneyre, Droit civil, Les Obligations, 15e édition, Dalloz, 2017, pp. 373—374; François Terré, Philippe Simler, Yves Lequette, François Chénedé, Droit civil, Les Obligations, 12e édition, Dalloz, 2018, pp. 334—335.

错误之间的最主要的、最重要的差异是，错误分为重大错误和无关紧要的错误，仅仅重大错误能够引起合同的无效，无关要紧的错误不能够引起合同的无效，已如前述。而欺诈当中的错误则不同，无论合同当事人的错误是重大错误还是无关要紧的错误，均能够引起合同的无效，换言之，除了给付的基本性质错误和合同对方当事人基本身份的错误能够引起合同的无效之外，合同给付的单纯价值错误或者单纯目的错误也均能够引起合同的无效。现行《法国民法典》新的第1139条对此种差异做出了说明，该条规定，因为欺诈所产生的错误总是情有可原的：即便当事人的错误是给付价值的错误或者合同的单纯目的的错误，错误仍然是合同无效的一个原因。[①]

欺诈具有双重性：一方面，对实施欺诈的一方当事人而言，他们实施的欺诈行为不仅在性质上属于侵权行为，而且还属于一种故意侵权行为，换言之，它们不属于过失侵权行为。另一方面，对于欺诈的受害人而言，欺诈构成一种同意瑕疵行为。在前一种性质的情况下，实施欺诈的一方当事人应当就自己实施的故意侵权行为对另外一方当事人遭受的损害承担损害赔偿责任，而在后一种性质的情况下，欺诈构成一种相对无效行为，受害人有权要求法官宣告他们与欺诈方之间的合同无效。[②]

（三）欺诈的构成因素：欺诈方应当具备的条件

在法国，如果合同的一方当事人所实施的行为构成作为同意瑕疵的欺诈行为并因此产生让他们与对方之间的合同相对无效的后果，他们实施的行为应当具备一定的构成要素，包括事实要素和故意要素，这就是欺诈方应当具备的两个条件。

1. 欺诈的第一个构成要素：事实要素

如果要成为同意瑕疵并因此产生让合同相对无效的后果，欺诈应当具备的第一个构成因素是事实要素（l'élément matériel）。所谓事实要素，是指欺诈方所实施的各种各样的欺诈行为。根据现行《法国民法典》新的第1137条的规定，欺诈方实施的欺诈行为包括三类：阴谋诡计（manæuvres）、假话谎言（mensonges），以及故意隐瞒信息的行为（la dissimulation intentionnelle）。

欺诈方实施的第一类欺诈行为是他们玩弄的各种各样的阴谋诡计。所谓阴谋诡计，是指合同的一方当事人为了让另外一方当事人陷入错误而同意与自己签订合同所玩弄的各种手段、伎俩或者勾当。因此，阴谋诡计是欺诈方实施的积极欺诈行为，而不属于消极欺诈行为。欺诈方玩弄的阴谋诡计多如牛毛，不一而足：为了引诱消费者购买所出卖的二手机动车，出卖人篡改机动车的行驶里程；为了引诱对方与其签订合同，欺诈方伪

---

① Article 1139, Code civil, Version en vigueur au 12 décembre 2020, https://www.legifrance.gouv.fr/codes/section_lc/LEGITEXT000006070721/LEGISCTA000032007571/#LEGISCTA000032007571.

② Philippe Malaurie, Laurent Aynès, Philippe Stoffel-Munck, Droit des obligations, 8e édition, L. G. D. J., 2016, p. 291; Virginie Larribau-Terneyre, Droit civil, Les Obligations, 15e édition, Dalloz, 2017, p. 374; François Terré, Philippe Simler, Yves Lequette, François Chénedé, Droit civil, Les Obligations, 12e édition, Dalloz, 2018, p. 335.

造文件；为了经营对方的不动产而让对方与自己签订不动产居住权协议；等等。①

欺诈方实施的第二类欺诈行为是他们所说的假话谎言。所谓假话谎言，是指合同的一方当事人为了让另外一方当事人陷入错误而同意与自己签订合同而故意做出的虚假陈述（l'énoncé délibéré d'un fait contraire à la vérité），包括通过书面方式做出的虚假陈述和通过口头方式做出的虚假陈述。不过，如果欺诈方是通过书面方式做出虚假陈述，则他们的书面虚假陈述被视为阴谋诡计。换言之，假话谎言仅仅是指一方当事人为了引诱另外一方当事人与自己签订合同而故意做出的口头虚假陈述。因为这样的原因，假话谎言也被称为单纯的假话谎言（simple mensonges）。

假话谎言与阴谋诡计具有共同点：它们均是一种积极的欺诈行为，均不属于消极欺诈行为。它们与阴谋诡计的差异在于，阴谋诡计会通过外在行为表示，而假话谎言则不会通过外在行为表示。单纯的假话谎言形式多种多样：在没有取得许可证的情况下宣称自己已经取得了许可证，银行经理宣称债务人的财物状况良好，在不动产不具有可开发性的情况下宣称自己的不动产具有可开发性，等等。

在 2016 年 2 月 10 日的债法改革法令之前，法国民法学者和法官认为，并非欺诈方所说的一切假话谎言均会引起他们与对方当事人之间的合同无效。因为人们应当区分不同性质的假话谎言：如果是微不足道的假话谎言，或者如果是善意的假话谎言，则合同不得被宣告无效，其中的善意假话谎言被称为“善意欺诈”（le dolus bonusle bon dol）。反之，如果是严重的、重大的假话谎言，或者如果是恶意的假话谎言，则合同能够被宣告无效，其中的恶意假话谎言被称为“恶意欺诈”（dolus malus mauvais dol）。②

所谓善意欺诈，是指合同的一方当事人在做出虚假陈述时夸大其词。所谓恶意欺诈，是指合同的一方当事人所做出的严重的、重大的虚假陈述。在 2016 年 2 月 10 日的债法改革法令之后，法国民法是否还坚持此种区分，法国民法学者之间存在不同看法：某些民法学者认为，在今时今日，民法仍然应当坚持此种区分，而另外一些民法学者则认为，民法不再坚持此种区分理论。③ 虽然如此，现行《法国民法典》新的第 1137 条并没有做出这样的区分，因为它明确将假话谎言等同于阴谋诡计，认为两种均能够引起合同的无效。

欺诈方实施的第三类欺诈行为是故意隐瞒信息的行为。所谓故意隐瞒信息的行为，

---

① Dimitri Houtcieff, Droit Des Contrats, Larcier, 2e édition, 2016, pp. 156—157; Muriel Fabre-Magnan, Droit des obligations, Tome 1, Contrat et engagement unilatéral, 4e édition, puf, 2016, p. 390; Marjorie Brusorio Aillaud, Droit des obligations, 8e édition, bruylant, 2017, p. 184; Virginie Larribau-Terneyre, Droit civil, Les Obligations, 15e édition, Dalloz, 2017, p. 375; François Terré, Philippe Simler, Yves Lequette, François Chénedé, Droit civil, Les Obligations, 12e édition, Dalloz, 2018, p. 336.

② Dimitri Houtcieff, Droit Des Contrats, Larcier, 2e édition, 2016, p. 157; Muriel Fabre-Magnan, Droit des obligations, Tome 1, Contrat et engagement unilatéral, 4e édition, puf, 2016, pp. 391—392; Marjorie Brusorio Aillaud, Droit des obligations, 8e édition, bruylant, 2017, p. 184; François Terré, Philippe Simler, Yves Lequette, François Chénedé, Droit civil, Les Obligations, 12e édition, Dalloz, 2018, pp. 337—338.

③ Dimitri Houtcieff, Droit Des Contrats, Larcier, 2e édition, 2016, p. 157; Muriel Fabre-Magnan, Droit des obligations, Tome 1, Contrat et engagement unilatéral, 4e édition, puf, 2016, pp. 391—392; Marjorie Brusorio Aillaud, Droit des obligations, 8e édition, bruylant, 2017, p. 184; François Terré, Philippe Simler, Yves Lequette, François Chénedé, Droit civil, Les Obligations, 12e édition, Dalloz, 2018, pp. 337—338.

是指合同的一方当事人为了让另外一方当事人陷入错误而同意与自己签订合同而故意不将自己知道的某种重要信息告知对方当事人的行为。故意隐瞒信息的行为在性质上属于一种消极欺诈行为，这一点让它们区别于前两类欺诈行为，因为前两类欺诈行为均属于积极欺诈行为。法国民法学者普遍将此类欺诈行为称为缄默行为（réticence）。

在罗马法时期，合同一方当事人的缄默行为并不会被视为一种欺诈行为，当他们知道某种重要信息而隐瞒不报时，他们的隐瞒行为并不会导致合同无效。长久以来，法国法官固守罗马法的此种做法，认为故意隐瞒信息的行为不足以构成同意瑕疵行为并因此引起合同的无效。而在今时今日，除了法官明确承认隐瞒信息的行为构成欺诈之外，《法国民法典》新的第1137条明确规定，故意隐瞒信息的行为构成同意瑕疵行为并会引起合同的无效。[①]

不过，信息的故意隐瞒行为要成为欺诈行为，并因此引起合同的无效，也应当具备以下条件：

其一，在合同签订之前或者在合同谈判期间，欺诈方应当承担积极提供信息给对方的债务。仅仅在合同的一方当事人对另外一方当事人承担信息提供债务的情况下，他们故意隐瞒信息的行为才能够构成欺诈行为。如果合同的一方当事人不对对方当事人承担此种债务，则他们的缄默行为不构成欺诈行为。[②]

其二，欺诈方没有提供的信息具有决定性的特征。所谓具有决定性的特征，是指欺诈方应当提供的信息对于合同对方当事人是否同意签订合同、签订什么条件的合同具有重大影响：如果欺诈方提供信息，则对方当事人可能不会与其签订合同，或者虽然会签订合同，但是，所签订的合同是存在实质性条件差异的合同，则欺诈方提供的信息就是具有决定性特征的信息。[③] 现行《法国民法典》新的第1137（2）条对此种条件做出了明确规定，已如前述。

因此，如果不动产的出卖人在将自己的不动产出卖给买受人时没有告诉对方自己所出卖的不动产周围存在某种影响不动产价值的设施，则他们的行为构成故意隐瞒信息的

---

① Muriel Fabre-Magnan, Droit des obligations, Tome 1, Contrat et engagement unilatéral, 4e édition, puf, 2016, pp. 392—395; Philippe Malaurie, Laurent Aynès, Philippe Stoffel-Munck, Droit des obligations, 8e édition, L. G. D. J., 2016, pp. 292—293; François Terré, Philippe Simler, Yves Lequette, François Chénedé, Droit civil, Les Obligations, 12e édition, Dalloz, 2018, pp. 339—340.

② Dimitri Houtcieff, Droit Des Contrats, Larcier, 2e édition, 2016, pp. 159—163; Muriel Fabre-Magnan, Droit des obligations, Tome 1, Contrat et engagement unilatéral, 4e édition, puf, 2016, pp. 392—395; Philippe Malaurie, Laurent Aynès, Philippe Stoffel-Munck, Droit des obligations, 8e édition, L. G. D. J., 2016, pp. 292—293; Marjorie Brusorio Aillaud, Droit des obligations, 8e édition, bruylant, 2017, pp. 184—186; Virginie Larribau-Terneyre, Droit civil, Les Obligations, 15e édition, Dalloz, 2017, pp. 376—378; François Terré, Philippe Simler, Yves Lequette, François Chénedé, Droit civil, Les Obligations, 12e édition, Dalloz, 2018, pp. 339—340.

③ Dimitri Houtcieff, Droit Des Contrats, Larcier, 2e édition, 2016, pp. 159—163; Muriel Fabre-Magnan, Droit des obligations, Tome 1, Contrat et engagement unilatéral, 4e édition, puf, 2016, pp. 392—395; Philippe Malaurie, Laurent Aynès, Philippe Stoffel-Munck, Droit des obligations, 8e édition, L. G. D. J., 2016, pp. 292—293; Marjorie Brusorio Aillaud, Droit des obligations, 8e édition, bruylant, 2017, pp. 184—186; Virginie Larribau-Terneyre, Droit civil, Les Obligations, 15e édition, Dalloz, 2017, pp. 376—378; François Terré, Philippe Simler, Yves Lequette, François Chénedé, Droit civil, Les Obligations, 12e édition, Dalloz, 2018, pp. 339—340.

行为，他们与买受人之间的买卖合同应当被宣告为无效。如果出卖人在将自己的赛马出卖给买受人用来参与比赛活动时，没有将马匹已经怀孕的信息告知买受人，则出卖人的行为构成故意隐瞒信息的行为，他们与买受人之间的买卖合同应当被宣告无效。

2. 欺诈的第二个构成因素：故意要素

如果要成为同意瑕疵并因此产生让合同相对无效的后果，欺诈行为还应当具备第二个构成因素，这就是故意因素（l'élément intentionnel）。所谓故意因素，是指合同的一方当事人是基于让对方当事人陷入错误并因此与自己签订合同的目的而实施阴谋诡计、假话谎言和故意隐瞒信息的行为。[①]“欺诈是一种欺骗。因此，要构成欺诈，故意的构成因素是必需的。仅仅在行为人具有欺诈性的故意时，欺诈行为才无效。所谓欺诈性的故意，是指行为人具有让自己的合同相对人在签订合同时陷入错误的意图。行为人应当具有这样的意志：自己所实施的阴谋诡计可能会引起对方对自己承担债务。”[②]

原则上，故意实施欺诈行为的人应当是合同的一方当事人：为了让合同的对方当事人陷入错误并基于所具有的错误同意与自己签订合同，该方当事人对其实施了诸如阴谋诡计、假话谎言甚至故意隐瞒信息的行为。“仅仅在欺诈源自合同的对方当事人时，欺诈才成为合同无效的一个原因。”[③] 现行《法国民法典》新的第 1137 条对此种限制做出了明确规定，已如前述。[④] 不过，即便不是合同的一方当事人亲自实施欺诈行为，如果是他们的代理人、代表人或者雇员实施欺诈行为，则合同当事人之间的合同仍然无效，因为这些人被视为合同当事人，他们实施的欺诈行为等同于合同当事人实施的欺诈行为。现行《法国民法典》新的第 1138（1）条对此种规则做出了说明，该条规定：如果欺诈源自合同当事人的代表、业务经理、雇员或者担保人，则欺诈同样成立。[⑤]

问题在于，如果对合同的一方当事人实施欺诈的人既不是合同的另外一方当事人，也不是他们的代表人、雇员等，而是这些人之外的第三人，当他们对合同的一方当事人实施欺诈并因此让合同的一方当事人与另外一方当事人签订合同时，合同当事人之间的合同是否能够被宣告无效？对此问题，现行《法国民法典》新的第 1138（2）条规定了唯一的一种例外，这就是，如果第三人与合同的一方当事人串通（connivence），由第三人对合同的对方当事人实施欺诈行为并因此让合同的对方当事人陷入错误而签订合同，则第三人的欺诈仍然能够引起合同的相对无效，该条规定：当欺诈源自第三人的串通

---

① Dimitri Houtcieff, Droit Des Contrats, Larcier, 2e édition, 2016, pp. 153—156; Muriel Fabre-Magnan, Droit des obligations, Tome 1, Contrat et engagement unilatéral, 4e édition, puf, 2016, pp. 395—396; Marjorie Brusorio Aillaud, Droit des obligations, 8e édition, bruylant, 2017, p. 186; Virginie Larribau-Terneyre, Droit civil, Les Obligations, 15e édition, Dalloz, 2017, pp. 378—380; François Terré, Philippe Simler, Yves Lequette, François Chénedé, Droit civil, Les Obligations, 12e édition, Dalloz, 2018, pp. 340—341.

② Muriel Fabre-Magnan, Droit des obligations, Tome 1, Contrat et engagement unilatéral, 4e édition, puf, 2016, p. 395.

③ François Terré, Philippe Simler, Yves Lequette, François Chénedé, Droit civil, Les Obligations, 12e édition, Dalloz, 2018, p. 341.

④ Dimitri Houtcieff, Droit Des Contrats, Larcier, 2e édition, 2016, pp. 154—155; François Terré, Philippe Simler, Yves Lequette, François Chénedé, Droit civil, Les Obligations, 12e édition, Dalloz, 2018, pp. 341—342.

⑤ Article 1138, Code civil, Version en vigueur au 12 décembre 2020, https://www.legifrance.gouv.fr/codes/section_lc/LEGITEXT000006070721/LEGISCTA000032007571/#LEGISCTA000032007571.

时，欺诈仍然构成。①

在第三人没有与合同的一方当事人串通的情况下，如果合同的对方当事人因为第三人的欺诈行为而与合同的当事人签订合同，则当事人之间的合同不能够因为第三人的欺诈而被宣告无效，对方当事人只能够要求第三人对自己因为合同遭受的损害承担赔偿责任，但是，如果对方当事人的错误是关于给付基本性质的错误或者是关于合同当事人基本身份的错误，则他们有权要求法官宣告他们之间的合同无效，不过，此时的无效不再是建立在欺诈引起的同意瑕疵的基础上，而是建立在错误引起的同意瑕疵的基础上。②

（四）欺诈的构成因素：受欺诈方应当具备的条件

在法国，即便合同的一方当事人为了让对方当事人与自己签订合同而故意实施了阴谋诡计、假话谎言和故意隐瞒信息的行为，他们实施的这些行为也未必一定会构成对方当事人同意的瑕疵并因此引起当事人之间的合同相对无效，因为，如果实施这些行为的目的落空，则对方当事人不存在同意错误，他们之间的合同并不是建立在欺诈基础上的合同。仅仅在他们实施的此种目的成功时，对方当事人才存在同意瑕疵，他们之间的合同才是建立在欺诈基础上的合同。所谓成功实施此种目的，是指他们实施欺诈行为的目的不仅让对方当事人陷入错误之中，而且还让对方当事人基于错误与自己签订了原本不会签订的合同，或者虽然会签订，但是，会签订存在实质性条件差异的合同。

在法国，虽然民法学者均承认这一构成因素，但是，他们对这一要素的称谓存在差异。大多数民法学者将其称为欺诈的特征（caractéres du dol）③，而少数民法学者则不使用欺诈特征这样的术语，而是使用其他的术语。例如，Muriel Fabre-Magnan 使用了“与欺诈受害人有关的条件”的用语，④而 Terré、Simler 和 Lequette 等人则使用了“心理要素”（l'élément psychologique）的用语。⑤ 不过，虽然用语不同，但它们的本质相同，因为它们均是指受欺诈方因为欺诈方的欺诈行为而产生情有可原的错误，并且他们的此种错误在他们同意与对方当事人签订合同时起到了决定性的作用。换言之，“合同一方当事人的欺诈诱使对方当事人产生了起到了决定性作用的错误，并且此种错误永远是情有可原的”⑥。因为此种原因，笔者将其称为受欺诈方应当具备的三个条件：受欺诈方因为欺诈方的欺诈陷入错误，受欺诈方的错误是情有可原的，受欺诈方的错误在他们的同

---

① Article 1138, Code civil, Version en vigueur au 12 décembre 2020, https://www.legifrance.gouv.fr/codes/section_lc/LEGITEXT000006070721/LEGISCTA000032007571/#LEGISCTA000032007571.

② François Terré, Philippe Simler, Yves Lequette, François Chénedé, Droit civil, Les Obligations, 12e édition, Dalloz, 2018, p. 341.

③ Dimitri Houtcieff, Droit Des Contrats, Larcier, 2e édition, 2016, pp. 163—165; Marjoric Brusorio Aillaud, Droit des obligations, 8e édition, bruylant, 2017, pp. 186—187; Virginie Larribau-Terneyre, Droit civil, Les Obligations, 15e édition, Dalloz, 2017, pp. 380—382.

④ Muriel Fabre-Magnan, Droit des obligations, Tome 1, Contrat et engagement unilatéral, 4e édition, puf, 2016, pp. 397—402.

⑤ François Terré, Philippe Simler, Yves Lequette, François Chénedé, Droit civil, Les Obligations, 12e édition, Dalloz, 2018, pp. 342—345.

⑥ Dimitri Houtcieff, Droit Des Contrats, Larcier, 2e édition, 2016, p. 163.

意当中起到了决定性的作用。

首先，合同被宣告无效的一个条件是，欺诈方的欺诈行为应当已经让受欺诈方陷入错误，如果欺诈方的欺诈行为没有引起受欺诈方陷入错误，则他们与对方当事人之间的合同不得被宣告无效，因为欺诈是指受欺诈方因为欺诈方的诱使、引诱而犯了错误，这就是被诱使的错误（l'erreur provoquée）。受欺诈方的一切错误均具有产生让他们与对方之间的合同无效的后果：事实错误，法律错误，给付的基本性质的错误，合同当事人的基本身份的错误，单纯的合同目的的错误，以及给付的单纯价值错误，等等。这一点让欺诈当中的错误区别于错误同意瑕疵当中的错误，因为错误同意瑕疵当中的错误仅仅是指重大错误，无关紧要的错误不能够让合同无效，已如前述。[①]

其次，当欺诈方对受欺诈方实施欺诈行为时，受欺诈方的一切错误均是情有可原的。所谓受欺诈方的一切错误均是情有可原的是指在欺诈方实施欺诈行为时，只要他们的欺诈行为让受欺诈方陷入错误，无论受欺诈方的错误是多么不可理喻、多么欠缺正当根据，也无论受欺诈方的同意是基于多么不切实际的巨大利益的诱惑而做出的，他们的错误均不构成过失行为。虽然民法长久以来均坚持“任何人均不能够利用自身的卑鄙可耻的原则”（le principe selon lequel nul ne peut se prévaloir de sa propre turpitude Nemo auditur propriam turpitudinem allegans），但是，在2004年的案件当中，法国最高法院认定，该原则在欺诈引起的同意瑕疵当中不予适用，这就是，在受到欺诈方的欺诈时，即便受欺诈方本人的同意是卑鄙可耻的，他们仍然有权要求法官宣告他们与欺诈方之间的合同无效。[②]

此外，在欺诈方欺诈受欺诈方的情况下，受欺诈方没有对欺诈方履行通知债务、信息提供债务的行为并不构成过失行为。此种规则为法国法官在2001年以后的一系列案件当中所确立，在2016年2月10日的债法改革法令当中，法国政府采取了法官的此种做法，这就是现行《法国民法典》当中的新第1139条[③]，已如前述。

最后，欺诈方的欺诈在受欺诈方的同意当中起到了决定性的作用。所谓欺诈方的欺诈在受欺诈方的同意当中起到了决定性的作用是指：因为欺诈方实施的欺诈行为，受欺诈方在陷入错误之后才同意与欺诈方签订合同，如果欺诈方没有实施欺诈行为，则受欺诈方将不会陷入错误并因此与欺诈方签订合同，或者虽然会签订合同，但是，他们所签订的合同会与因为欺诈所签订的合同之间存在实质性的条件差异，这就是决定性的错误（l'erreur déterminant），也就是欺诈的决定性特征（caractère déterminant）。“合同被宣告无效的一个条件是，被欺诈诱使的错误应当具有决定性的特征，如果没有此种错误，欺

① Dimitri Houtcieff, Droit Des Contrats, Larcier, 2e édition, 2016, pp. 163—164; Muriel Fabre-Magnan, Droit des obligations, Tome 1, Contrat et engagement unilatéral, 4e édition, puf, 2016, pp. 398—400; Philippe Malaurie, Laurent Aynès, Philippe Stoffel-Munck, Droit des obligations, 8e édition, L. G. D. J., 2016, pp. 294—295; Marjorie Brusorio Aillaud, Droit des obligations, 8e édition, bruylant, 2017, pp. 186—187; Virginie Larribau-Terneyre, Droit civil, Les Obligations, 15e édition, Dalloz, 2017, p. 380; François Terré, Philippe Simler, Yves Lequette, François Chénedé, Droit civil, Les Obligations, 12e édition, Dalloz, 2018, pp. 342—344.

② Muriel Fabre-Magnan, Droit des obligations, Tome 1, Contrat et engagement unilatéral, 4e édition, puf, 2016, pp. 398—399; Dimitri Houtcieff, Droit Des Contrats, Larcier, 2e édition, 2016, pp. 164—165.

③ Muriel Fabre-Magnan, Droit des obligations, Tome 1, Contrat et engagement unilatéral, 4e édition, puf, 2016, pp. 398—399; Dimitri Houtcieff, Droit Des Contrats, Larcier, 2e édition, 2016, pp. 164—165.

诈的受害人原本不会签订合同。”①

现行《法国民法典》新的第1130条对此种特征做出了规定，根据该条的规定，欺诈方的欺诈行为是否在受欺诈方的同意当中起到了决定性的作用，由法官在具体案件当中予以评估和确定，法官既要采取主观的评估方法，也要采取客观的评估方法，因为该条规定，法官既要考虑受欺诈方的个人情况，诸如他们的年龄、智力、职业资格等因素，也要考虑他们做出同意时的情况，已如前述。

（五）欺诈所遭受的制裁

在欺诈方实施欺诈行为之后，如果受欺诈方因为欺诈方的欺诈行为而陷入错误并因此错误与欺诈方签订了合同，受欺诈方既能够向法院起诉，要求法官宣告他们与欺诈方之间的合同无效，也能够向法院起诉，要求法官责令欺诈方就其实施的欺诈行为引起的损害对自己承担损害赔偿责任：无论他们是否要求法官宣告他们与对方当事人之间的合同无效，他们均有权要求法官责令欺诈方对自己承担损害赔偿责任，所不同的是，在宣告无效的情况下和不宣告无效的情况下，欺诈方承担的损害赔偿责任存在差异，这就是欺诈遭受的两种法律制裁：合同的相对无效和损害赔偿责任的承担。②

就像错误引起的同意瑕疵属于相对无效一样，因为欺诈引起的同意瑕疵在性质上也属于相对无效，这就是，如果欺诈方实施的欺诈行为导致受欺诈方与其签订合同，仅受欺诈方有权向法院起诉，要求法官宣告他们与欺诈方之间的合同无效，欺诈方不得主张合同的无效。根据《法国民法典》的规定，受欺诈方的相对无效之诉的时效期间是5年，从欺诈被发现之日起计算。如果受欺诈方没有在法定时效期间内主张无效，或者如果他们不愿意主张合同的无效，则他们与对方当事人之间的合同就成为有效合同，对双方当事人均产生约束力，就像他们之间的合同不存在欺诈一样。③

无论受欺诈方是否要求法官宣告他们与对方当事人之间的合同无效，他们均有权向法院起诉，要求法官责令欺诈方、与欺诈方串通的第三人或者单独实施欺诈行为的第三人对自己因为欺诈行为所遭受的损害承担赔偿责任，诸如公证员和地产中介等，因为欺诈行为在性质上属于故意侵权行为，在符合《法国民法典》新的第1240条所规定的一般过错侵权责任条件的情况下，欺诈方或者第三人应当对受欺诈方承担损害赔偿责任，包括赔偿他们因为自己的欺诈行为引起的财产损害和非财产损害。④

---

① François Terré, Philippe Simler, Yves Lequette, François Chénedé, Droit civil, Les Obligations, 12e édition, Dalloz, 2018, p. 344.

② Dimitri Houtcieff, Droit Des Contrats, Larcier, 2e édition, 2016, pp. 166—167; Virginie Larribau-Terneyre, Droit civil, Les Obligations, 15e édition, Dalloz, 2017, pp. 382—383; François Terré, Philippe Simler, Yves Lequette, François Chénedé, Droit civil, Les Obligations, 12e édition, Dalloz, 2018, pp. 346—348.

③ Dimitri Houtcieff, Droit Des Contrats, Larcier, 2e édition, 2016, pp. 166—167; Virginie Larribau-Terneyre, Droit civil, Les Obligations, 15e édition, Dalloz, 2017, pp. 382—383; François Terré, Philippe Simler, Yves Lequette, François Chénedé, Droit civil, Les Obligations, 12e édition, Dalloz, 2018, pp. 346—348.

④ Dimitri Houtcieff, Droit Des Contrats, Larcier, 2e édition, 2016, pp. 166—167; Virginie Larribau-Terneyre, Droit civil, Les Obligations, 15e édition, Dalloz, 2017, pp. 382—383; François Terré, Philippe Simler, Yves Lequette, François Chénedé, Droit civil, Les Obligations, 12e édition, Dalloz, 2018, pp. 346—348.

欺诈方承担的财产损害赔偿责任范围取决于受欺诈方是否要求法官宣告合同无效：如果受欺诈方选择要求法官宣告合同无效，则欺诈方承担的损害赔偿责任范围包括缔结合同的费用和与第三人签订合同的机会损失。不过，他们不能够要求欺诈方赔偿自己的预期利益的损失；如果受欺诈方选择维持他们与对方当事人之间的合同，则他们不能够要求受欺诈方赔偿他们的缔约费用、与第三人签订合同的机会损失，只能够要求欺诈方赔偿他们原本能够以最好的条件签订合同的机会损失。①

四、同意瑕疵的第三种表现：胁迫

除了合同当事人的错误和欺诈能够引起合同的无效之外，合同当事人实施的胁迫行为也能够引起合同的无效。除了对胁迫做出了界定之外，现行《法国民法典》也对胁迫的构成因素、胁迫所遭受的制裁做出了规定，这就是新的第 1140 条、新的第 1141 条、新的第 1142 条和新的第 1143 条。② 除了现行《法国民法典》对胁迫引起的合同无效做出了规定之外，2016 年的债法改革法令以来，法国民法学者也普遍对胁迫引起的合同无效做出了说明，并且他们做出的说明并没有本质上的差异。③

（一）胁迫的界定

现行《法国民法典》新的第 1140 条对胁迫做出了界定，该条规定：所谓胁迫，是指一方当事人因为害怕自己或者其近亲属的人身、财产遭受重大侵害而被迫与另外一方当事人签订合同。④ 在今时今日，法国某些民法学者根据该条的规定对欺诈做出界定，⑤而另外一些民法学者则没有根据该条的规定对欺诈做出界定，他们自己对欺诈做出了界定。Marjorie Brusorio Aillaud 没有按照新的第 1140 条的规定对胁迫做出界定，而是做出了自己的界定，他指出："所谓胁迫，是指一方当事人为了让对方当事人与自己签订合同而对其施加的身体上的、道德上的甚至经济上的强制。"⑥

---

① Dimitri Houtcieff, Droit Des Contrats, Larcier, 2e édition, 2016, pp. 166—167; Virginie Larribau-Terneyre, Droit civil, Les Obligations, 15e édition, Dalloz, 2017, pp. 382—383; François Terré, Philippe Simler, Yves Lequette, François Chénedé, Droit civil, Les Obligations, 12e édition, Dalloz, 2018, pp. 346—348.

② Articles 1140 à 1142, Code civil, Version en vigueur au 14 décembre 2020, https://www.legifrance.gouv.fr/codes/section_lc/LEGITEXT000006070721/LEGISCTA000032007571/#LEGISCTA000032007571.

③ Dimitri Houtcieff, Droit Des Contrats, Larcier, 2e édition, 2016, pp. 167—175; Muriel Fabre-Magnan, Droit des obligations, Tome 1, Contrat et engagement unilatéral, 4e édition, puf, 2016, pp. 403—410; Philippe Malaurie, Laurent Aynès, Philippe Stoffel-Munck, Droit des obligations, 8e édition, L. G. D. J., 2016, pp. 297—299; Rémy Cabrillac, Droit des obligations, 12e édition, Dalloz, 2016, pp. 73—76; Marjorie Brusorio Aillaud, Droit des obligations, 8e édition, bruylant, 2017, pp. 187—190; Virginie Larribau-Terneyre, Droit civil, Les Obligations, 15e édition, Dalloz, 2017, pp. 383—388; François Terré, Philippe Simler, Yves Lequette, François Chénedé, Droit civil, Les Obligations, 12e édition, Dalloz, 2018, pp. 348—361.

④ Article 1140, Code civil, Version en vigueur au 14 décembre 2020, https://www.legifrance.gouv.fr/codes/section_lc/LEGITEXT000006070721/LEGISCTA000032007571/#LEGISCTA000032007571.

⑤ Dimitri Houtcieff, Droit Des Contrats, Larcier, 2e édition, 2016, p. 167; Rémy Cabrillac, Droit des obligations, 12e édition, Dalloz, 2016, p. 73; Muriel Fabre-Magnan, Droit des obligations, Tome 1, Contrat et engagement unilatéral, 4e édition, puf, 2016, p. 403.

⑥ Marjorie Brusorio Aillaud, Droit des obligations, 8e édition, bruylant, 2017, p. 187.

Malaurie、Aynès 和 Stoffel-Munck 也没有根据新的第 1140 条的规定界定欺诈，他们指出："所谓胁迫，是指为了获得一方当事人对合同的同意而对该方当事人施加他们无法抵挡的身体上或者道德上逼迫的行为。"[1] Terré、Simler 和 Lequette 等人也对胁迫做出了自己的界定，他们指出："所谓胁迫，是指一方当事人在面临让自己感到害怕的重大威胁时所签订的合同。虽然合同的一方当事人知道所建议的合同对自己而言是邪恶的，但是他们仍然同意签订合同，因为，如果他们拒绝签订合同，他们将会面临最严重的损害后果。"[2]

笔者对胁迫做出如下界定：所谓胁迫，是指一方当事人或者第三人为了让另外一方当事人与自己签订原本不会签订或者虽然会签订但是会签订存在实质性条件差异的合同而对对方当事人或者他们的近亲属（proches）的人身、财产施加让他们担惊受怕的重大侵害的威胁。因此，实施胁迫行为的人既包括合同的一方当事人，也包括合同一方当事人之外的第三人，为了逼迫合同相对人与合同一方当事人签订合同，他们对合同相对人或者合同相对人的近亲属进行威逼。笔者将实施胁迫行为的人称为胁迫者，如果是合同的一方当事人胁迫，则该方当事人被称为胁迫方，而将胁迫方所胁迫的合同相对人称为受胁迫方。

根据此种界定，首先，胁迫是合同的一方当事人或者第三人对合同相对人所实施的威胁行为：他们会对合同相对人或者他们近亲属的人身或者财产采取重大的侵害行为。其次，胁迫是合同的一方当事人或者第三人为了逼迫合同的相对人签订合同而实施的一种威胁行为：他们之所以威胁会对合同相对人或者其近亲属采取重大的侵害行为，其目的在于让合同相对人与合同当事人签订原本他们不会签订的合同，或者虽然会签订，但是，会签订存在实质性条件差异的合同。最后，胁迫是合同的一方当事人或者第三人为了让合同相对人产生内心的恐惧、担惊受怕并且基于此种恐惧、担惊受怕而被迫与合同当事人签订合同。

胁迫与错误和欺诈具有共同点：就像错误和欺诈具有双重性一样，胁迫也具有双重性：一方面，胁迫是一种相对无效行为，因为它也是一种同意瑕疵；另一方面，胁迫也是一种侵权行为，因为它是合同的一方当事人或者第三人故意实施的侵权行为。胁迫与错误和欺诈也存在不同的地方，它们之间的最主要差异是：在因为错误或者欺诈而签订的合同当中，犯错方或者受欺诈方不知道自己所犯下的错误或者对方当事人实施的欺诈。而在因为胁迫所签订的合同当中，受胁迫方是完全知道胁迫者的胁迫行为的，他们是在知道胁迫者的胁迫行为的情况下被逼签订合同。[3]

在法国，就像错误和欺诈应当具备一定的构成因素一样，胁迫也应当具备一定的构

---

① Philippe Malaurie，Laurent Aynès，Philippe Stoffel-Munck，Droit des obligations，8e édition，L. G. D. J.，2016，p. 297.

② François Terré，Philippe Simler，Yves Lequette，François Chénedé，Droit civil，Les Obligations，12e édition，Dalloz，2018，p. 349.

③ Dimitri Houtcieff，Droit Des Contrats，Larcier，2e édition，2016，p. 168；Marjorie Brusorio Aillaud，Droit des obligations，8e édition，bruylant，2017，p. 187.

成因素，并且法国民法学者普遍认为，胁迫的构成因素包括两种：事实要素和心理要素。[①]

（二）胁迫的第一个构成因素：事实要素

胁迫要产生让当事人之间的合同相对无效的后果，胁迫应当具备的第一个主要因素是事实要素。所谓事实要素（l'élément matériel），是指合同的一方当事人或者第三人对另外一方当事人所实施的某种严重的、重大的威胁行为。因为合同的同意瑕疵以一方当事人或者第三人对另外一方当事人实施该种威胁行为作为必要条件。不过，仅仅存在威胁行为还不足够，合同的无效以威胁行为是严重的、重大的作为前提，这就是威胁行为的不公平性。它们结合在一起就是胁迫的事实要素。

1. 胁迫者和被胁迫者

仅仅在合同的一方当事人或者第三人实施了某种胁迫行为的情况下，合同的另外一方当事人才能够向法院起诉，要求法官宣告他们与对方当事人之间的合同无效。如果合同的一方当事人或者第三人没有实施任何胁迫行为，则他们不得要求法官宣告他们与对方当事人之间的合同无效。这就是胁迫的第一个构成因素：事实要素。现行《法国民法典》新的第1142条对此种要件做出了说明，该条规定：仅仅在合同的一方当事人或者第三人实施胁迫行为时，胁迫才成为合同无效的一个原因。[②]

在大多数情况下，实施胁迫行为的胁迫者是合同的一方当事人，他们既可能是自然人，也可能是法人。在少数情况下，实施胁迫行为的人也可以是合同当事人之外的第三人，即便第三人不是合同当事人的代表人、雇员，或者没有与合同当事人串通，亦是如此。这一点让胁迫区别于欺诈，因为在欺诈当中，第三人的欺诈不能够引起合同的无效，除非第三人与合同的一方当事人串通，已如前述。《法国民法典》新的第1142条之所以采取此种规则，是因为它认为，胁迫是一种比欺诈更严重的侵权行为，是对公共和平的严重侵犯，应当通过此种规则对其予以更加严厉的制裁。事实上，在《法国民法典》所规定的三种同意瑕疵当中，胁迫是最危险的、最严重的一种侵权行为。[③]

原则上，胁迫行为的受害人是合同的另外一方当事人，在例外情况下，如果合同的一方当事人或者第三人没有对合同的另外一方当事人实施胁迫行为，而是对另外一方当事人的近亲属实施胁迫行为，他们实施的胁迫行为也被视为是对合同的另外一方当事人实施的胁迫行为，也能够引起合同的相对无效。[④]《法国民法典》新的第1140条对此种规则做出了明确规定，已如前述。

---

① Dimitri Houtcieff, Droit Des Contrats, Larcier, 2e édition, 2016, pp. 168—171; Virginie Larribau-Terneyre, Droit civil, Les Obligations, 15e édition, Dalloz, 2017, pp. 384—386; François Terré, Philippe Simler, Yves Lequette, François Chénedé, Droit civil, Les Obligations, 12e édition, Dalloz, 2018, pp. 349—352.

② Article 1142, Code civil, Version en vigueur au 14 décembre 2020, https://www.legifrance.gouv.fr/codes/section_lc/LEGITEXT000006070721/LEGISCTA000032007571/#LEGISCTA000032007571.

③ Virginie Larribau-Terneyre, Droit civil, Les Obligations, 15e édition, Dalloz, 2017, p. 386; François Terré, Philippe Simler, Yves Lequette, François Chénedé, Droit civil, Les Obligations, 12e édition, Dalloz, 2018, p. 351.

④ Rémy Cabrillac, Droit des obligations, 12e édition, Dalloz, 2016, p. 74.

2. 胁迫行为的类型

根据《法国民法典》的规定，胁迫者实施的胁迫行为包括五类：

（1）人身胁迫。所谓人身胁迫（violence physique），也称为人身威胁（menace physique），是指合同的一方当事人或者第三人对合同对方当事人或者他们近亲属的生命、身体、健康和自由所施加的威胁（menace）。因此，胁迫者威胁要关押、拘禁合同对方当事人或者他们父母的行为构成人身胁迫行为。胁迫者威胁要杀害合同相对人或者他们子女的行为也构成人身胁迫行为。胁迫者威胁对合同相对人或者他们近亲属实施折磨、殴打的行为也属于人身胁迫行为。[①]《法国民法典》新的第1140条对此种类型的胁迫行为做出了规定，已如前述。

（2）道德胁迫。所谓道德胁迫（violence morale），也称为道德威胁（menace morale），是指合同的一方当事人或者第三人对合同对方当事人或者他们近亲属的名誉、荣耀、隐私所施加的威胁。因此，胁迫者威胁要毁损合同相对人或者他们近亲属名誉、荣誉的行为属于道德胁迫行为。胁迫者威胁要泄露合同相对人或者他们近亲属私人生活的行为也属于道德胁迫行为。[②]《法国民法典》新的第1140条对此种类型的胁迫行为做出了规定，已如前述。

（3）财产胁迫。所谓财产胁迫（violence fortune），也称为金钱威胁（menace pécuniaire），是指合同的一方当事人或者第三人对合同对方当事人或者他们近亲属的财产、经济利益所实施的威胁。因此，胁迫者威胁摧毁合同相对人或者他们近亲属公司的行为属于财产胁迫行为。胁迫者威胁剥夺合同相对人或者他们近亲属职业活动的行为也属于财产胁迫行为。同样，胁迫者威胁剥夺合同相对人或者他们近亲属的住所或者生计的行为也属于财产胁迫行为。[③]《法国民法典》新的第1140条对此种类型的胁迫行为做出了规定，已如前述。

（4）滥用依赖状态。所谓依赖状态，是指合同的一方当事人因为某种客观的原因而无法离开合同的另外一方当事人。例如，合同的一方当事人因为年老体弱、行动不便等原因而需要获得另外一方当事人的照看；再例如，正遭遇暴风雨侵袭的海上货船需要正在附近经过的海船的救助；同样，一个经销商需要借助于另外一家供应商的供货才能够继续经营下去；等等。所谓滥用依赖状态（l'abus d'un état de dépendance），是指一方当事人利用另外一方当事人对自己的依赖状况强迫对方违反其意愿与自己签订他们原本

---

① Muriel Fabre-Magnan, Droit des obligations, Tome 1, Contrat et engagement unilatéral, 4e édition, puf, 2016, pp. 406—407; Marjorie Brusorio Aillaud, Droit des obligations, 8e édition, bruylant, 2017, p. 187; Virginie Larribau-Terneyre, Droit civil, Les Obligations, 15e édition, Dalloz, 2017, p. 386; François Terré, Philippe Simler, Yves Lequette, François Chénedé, Droit civil, Les Obligations, 12e édition, Dalloz, 2018, pp. 351—352.

② Muriel Fabre-Magnan, Droit des obligations, Tome 1, Contrat et engagement unilatéral, 4e édition, puf, 2016, p. 407; Marjorie Brusorio Aillaud, Droit des obligations, 8e édition, bruylant, 2017, pp. 187—188; Virginie Larribau-Terneyre, Droit civil, Les Obligations, 15e édition, Dalloz, 2017, p. 386; François Terré, Philippe Simler, Yves Lequette, François Chénedé, Droit civil, Les Obligations, 12e édition, Dalloz, 2018, p. 352.

③ Dimitri Houtcieff, Droit Des Contrats, Larcier, 2e édition, 2016, pp. 168—169; Virginie Larribau-Terneyre, Droit civil, Les Obligations, 15e édition, Dalloz, 2017, p. 386; François Terré, Philippe Simler, Yves Lequette, François Chénedé, Droit civil, Les Obligations, 12e édition, Dalloz, 2018, p. 352.

不希望签订的合同。

在符合两个条件的情况下，一方当事人滥用另外一方当事人对其依赖的状态的行为构成胁迫行为：其一，如果胁迫者没有对被胁迫者实施威胁行为，则被胁迫者不会与胁迫者签订合同并因此根据所签订的合同对胁迫者承担债务，这就是滥用依赖状况的确定性特征；其二，胁迫者从所签订的合同当中获得了明显过高、过多的利益（avantage manifestement excessif）。现行《法国民法典》新的第1143条对此种规则做出了说明，该条规定：在合同的相对方与自己存在依赖状况的情况下，如果一方当事人滥用此种依赖状况，获得了对方对自己在欠缺强制时原本不会承担的债务时，并且从中获得了明显过度的某种利益时，则该方当事人的行为同样构成胁迫行为。①

因此，在一方当事人依赖另外一方当事人照看时，如果该方当事人强迫另外一方当事人与其签订合同，将自己的房屋出卖给自己，在符合上述两个条件的情况下，该方当事人的行为构成滥用依赖状态的行为，能够引起当事人之间房屋买卖的相对无效。当一个船长的货船在遭受海上暴风雨的侵袭时，如果另外一家货船的船长以对方将自己船上的全部货物送给自己作为对其船舶进行救助的前提，在符合上述两个条件的情况下，另外一家货船的船长的行为构成滥用依赖状况的行为，能够引起当事人之间的货物赠与合同的相对无效。同样，如果供应商借口中断对经销商供应货物为由要求经销商将自己的不动产出卖给自己，在符合上述两个构成要件的情况下，则供应商的行为构成滥用依赖状态的行为，也能够引起他们与经销商之间买卖合同的相对无效。

《法国民法典》新的第1143条并非法国政府的独创，而是法国政府将2016年之前法国法官尤其是最高法院的法官所采取的司法判例制定法化的结果。最初的时候，法官主张"必要状态"理论（théorie de l'état de nécessité），根据该种理论，如果一方当事人滥用另外一方当事人对其所具有的必要性，换言之，如果一方当事人趁另外一方当事人处于某种危难之中而急需救助、帮助逼迫对方与自己签订原本不会签订的合同，则他们之间的合同因为存在胁迫同意瑕疵而无效。后来，法官以"经济依赖"理论（théorie de la dépendance économique）取代了"必要状态"理论，根据该种理论，如果一方当事人滥用另外一方当事人对其具有的经济上的依赖而逼迫对方当事人签订他们原本不会签订的合同，则他们之间的合同因为存在胁迫同意瑕疵而无效。法国民法学者普遍将经济依赖理论称为经济胁迫（violence économique）。②

通过2016年2月10日的债法改革法令，法国政府既没有采用"必要状态"理论，也没有采用"经济依赖"理论，而是采用了一种新的提法，这就是现行《法国民法典》新的第1143条所规定的"依赖状况"理论，该种理论实际上同时包含之前的必要状态

---

① Article 1143, Code civil, Version en vigueur au 15 décembre 2020, https://www.legifrance.gouv.fr/codes/section_lc/LEGITEXT000006070721/LEGISCTA000032007571/#LEGISCTA000032007571.

② Dimitri Houtcieff, Droit Des Contrats, Larcier, 2e édition, 2016, p. 174; Muriel Fabre-Magnan, Droit des obligations, Tome 1, Contrat et engagement unilatéral, 4e édition, puf, 2016, pp. 407—410; Marjorie Brusorio Aillaud, Droit des obligations, 8e édition, bruylant, 2017, pp. 188—189; Virginie Larribau-Terneyre, Droit civil, Les Obligations, 15e édition, Dalloz, 2017, pp. 387—388; François Terré, Philippe Simler, Yves Lequette, François Chénedé, Droit civil, Les Obligations, 12e édition, Dalloz, 2018, pp. 353—361.

理论和经济依赖理论，但是又超越了这两种不同的理论而成为适用范围更加广泛的一般理论。根据该种理论，任何人一旦滥用另外一方当事人对自己所具有的某种依赖而逼迫对方当事人与自己签订合同，在符合上述两个必要条件的情况下，另外一方当事人均有权向法院起诉，要求法官宣告他们与对方之间的合同无效，无论当事人之间的身份是否存在强者和弱者之分，也无论当事人之间的合同是否构成显失公平的合同，均是如此。此外，《法国民法典》新的第1143条在性质上属于同意瑕疵引起的相对无效问题，不属于显失公平引起的合同是否能够被宣告无效的问题。①

（5）过度行使法律手段。即便合同的一方当事人对另外一方当事人享有某种法律手段，在他们过度行使自己的法律手段以逼迫对方当事人与自己签订原本不会签订的合同时，在一定的条件下，他们过度行使法律途径的行为也构成胁迫行为，也能够引起合同的相对无效，现行《法国民法典》新的第1141条对此种规则做出了说明，关于这一点，笔者将在下面的内容当中做出详细的讨论，此处从略。

3. 胁迫行为的非法性和严重性

仅仅实施了胁迫行为还不足以让胁迫者和被胁迫者之间的合同相对无效，如果他们之间的合同要被法官宣告无效，胁迫者的胁迫行为还应当具备两个条件：其一，胁迫行为的非法性。其二，胁迫行为的严重性。

一方面，仅仅在胁迫行为是非法行为的时候，因为胁迫所产生的合同才能够被宣告无效，如果胁迫行为是合法行为，则因为胁迫所产生的合同不能够被宣告无效。所谓胁迫行为的非法性（l’illégitimité de la violence），是指合同的一方当事人或者第三人在对合同相对人实施胁迫行为时违反了制定法的规定。胁迫行为的非法性与胁迫行为的合法性（légitimité de la violence）相对立。所谓胁迫行为的合法性，是指胁迫者实施的胁迫行为没有违反制定法的规定。总的来说，如果胁迫者享有某种合法手段或者合法途径（une voie de droit），当他们威胁行使该种手段、途径时，则他们的胁迫行为构成合法胁迫行为，他们与对方当事人之间的合同不会因此被宣告无效。因此，如果胁迫者以提起刑事诉讼的方式威胁对方当事人与自己签订合同，他们的威胁行为不构成合法的胁迫行为。如果胁迫者以强制执行合同当事人的财产的方式威胁对方当事人与自己签订合同，则他们的威胁构成合法的胁迫行为。如果债权人以向法院起诉债务人的方式威胁债务人将自己的财产出卖给债权人，则债权人的威胁构成合法胁迫行为。如果工人以罢工相威胁要求雇主与他们签订劳动合同，则他们的威胁也构成合法胁迫行为。在这些情况下，胁迫者的威胁行为之所以构成合法胁迫，是因为制定法赋予胁迫者以这些法律手段，他们能

① Dimitri Houtcieff, Droit Des Contrats, Larcier, 2e édition, 2016, p. 174; Muriel Fabre-Magnan, Droit des obligations, Tome 1, Contrat et engagement unilatéral, 4e édition, puf, 2016, pp. 407—410; Marjorie Brusorio Aillaud, Droit des obligations, 8e édition, bruylant, 2017, pp. 188—189; Virginie Larribau-Terneyre, Droit civil, Les Obligations, 15e édition, Dalloz, 2017, pp. 387—388; François Terré, Philippe Simler, Yves Lequette, François Chénedé, Droit civil, Les Obligations, 12e édition, Dalloz, 2018, pp. 353—361.

够按照制定法的规定采取这些合法的手段维护自身的利益。[①]

不过，即便胁迫者享有行使制定法所规定的某种合法手段的权利，他们行使此种合法手段的行为未必一定不会构成让合同相对无效的胁迫行为。在两种例外情况下，他们行使合法手段的行为仍然会构成让合同相对无效的胁迫行为：其一，如果他们歪曲制定法所规定的此种合法手段的目的。所谓扭曲了法律手段的目的，是指胁迫者不是基于制定法所的规定某种法律手段的目的行使该种手段，实际上，胁迫者此时的胁迫行为构成一种狭义的权利滥用行为。其二，如果他们通过此种合法手段的行使获得了明显过高、过多的利益，则他们行使此种合法手段的行为也构成胁迫行为。[②] 现行《法国民法典》新的第1141条对此种规则做出了说明，该条规定：法律手段的威胁并不构成胁迫，但是，如果法律手段的目的被扭曲，或者如果法律手段的使用是为了获得明显过度的利益，则法律手段的威胁构成胁迫。[③]

另一方面，胁迫行为的非法性本身还不能够让因为胁迫产生的合同无效，因为即便胁迫者所实施的胁迫行为在性质上属于非法行为，如果他们实施的胁迫行为是轻微的，则被胁迫者不得要求法官宣告他们与对方当事人之间的合同无效。仅仅在胁迫者实施的胁迫行为是严重的胁迫行为时，被胁迫者才能够要求法官宣告他们与对方当事人之间的合同无效，这就是胁迫行为的严重性（gravité de la violence），也就是胁迫行为的不公平性（l'élément injustice）。[④] 现行《法国民法典》新的第1140条对此种条件做出了规定，已如前述。

胁迫者实施的胁迫行为是否构成严重的胁迫行为，由法官在具体案件当中予以评估和确定。法官应当同时考虑两个方面的因素：其一，胁迫者所采取的威胁手段。某些威胁手段天生就具有严重性的特征，例如，杀人、殴打、毁损名誉和泄露隐私等。其二，胁迫者采取强制手段的目的。即便胁迫者所采取的威胁手段合法，如果他们基于非法目的行使该种手段，他们的胁迫行为也构成严重的胁迫行为。

（三）胁迫的第二个构成因素：心理要素

根据现行《法国民法典》新的第1140条的规定，仅仅存在严重的胁迫行为还不足以让当事人之间的合同相对无效，因为合同的相对无效还应当具备该条所规定的另外一

---

① Dimitri Houtcieff, Droit Des Contrats, Larcier, 2e édition, 2016, pp. 172—173; Muriel Fabre-Magnan, Droit des obligations, Tome 1, Contrat et engagement unilatéral, 4e édition, puf, 2016, pp. 405—406; François Terré, Philippe Simler, Yves Lequette, François Chénedé, Droit civil, Les Obligations, 12e édition, Dalloz, 2018, pp. 350—351.

② Muriel Fabre-Magnan, Droit des obligations, Tome 1, Contrat et engagement unilatéral, 4e édition, puf, 2016, pp. 405—406; Virginie Larribau-Terneyre, Droit civil, Les Obligations, 15e édition, Dalloz, 2017, p. 387; François Terré, Philippe Simler, Yves Lequette, François Chénedé, Droit civil, Les Obligations, 12e édition, Dalloz, 2018, pp. 350—351.

③ Article 1141, Code civil, Version en vigueur au 15 décembre 2020, https://www.legifrance.gouv.fr/codes/section_lc/LEGITEXT000006070721/LEGISCTA000032007571/#LEGISCTA000032007571.

④ Muriel Fabre-Magnan, Droit des obligations, Tome 1, Contrat et engagement unilatéral, 4e édition, puf, 2016, pp. 404—405; Marjorie Brusorio Aillaud, Droit des obligations, 8e édition, bruylant, 2017, pp. 189—190; François Terré, Philippe Simler, Yves Lequette, François Chénedé, Droit civil, Les Obligations, 12e édition, Dalloz, 2018, p. 352.

个要件，这就是，胁迫者实施的胁迫行为让合同相对人害怕（crainte）并因为此种害怕而被迫（la pression d'une contrainte）与合同当事人签订合同，这就是胁迫的第二个构成因素：心理要素（l'élément psychologique）。

所谓害怕，也称为恐惧、担惊受怕，是指合同当事人在签订合同时感受到自己或者其近亲属的人身、财产面临遭受对方当事人或者第三人重大侵害的危险、威胁。因此，能够让合同相对无效的害怕应当在合同缔结时存在，换言之，“仅仅在合同缔结时合同的一方当事人处于害怕状态当中，他们的同意才是有瑕疵的，他们的害怕应当在合同成立时就已经存在”①。

在胁迫引起的同意瑕疵当中，受害人的害怕占据重要地位，某些民法学者甚至认为，害怕的地位要比胁迫者实施的胁迫行为更加重要，因为他们认为，胁迫并不是同意瑕疵的真正原因，胁迫让受害人产生的害怕才是他们做出同意的真正原因。Dimitri Houtcieff 对害怕的地位做出了说明，他指出：“实际上，与其说是胁迫者的胁迫行为本身成为同意瑕疵的渊源，毋宁说是被胁迫者的害怕成为同意瑕疵的渊源。”② Fabre-Magnan 也对害怕的地位做出了说明，他指出：“严格来说，胁迫并不是同意的瑕疵，它仅仅是瑕疵产生的原因：因为胁迫产生的害怕才是同意的瑕疵。”③

2016 年之前，《法国民法典》第 1112 条要求合同当事人所感受到了的危险、威胁必须是现在的，未来的危险、威胁不足以让他们与对方当事人之间的合同无效。2016 年之后，现行《法国民法典》新的第 1140 条放弃了此种要件，不再将现在的危险作为必要条件，因为胁迫往往并不是现在的而是未来的，换言之，无论是现在的危险、威胁还是未来的危险、威胁，只要它们足够严重，均足以让合同无效。④

合同当事人的害怕究竟应当达到什么强度才能够让当事人之间的合同产生同意瑕疵并因此让他们之间的合同无效？对此问题，现行《法国民法典》第 1140 条做出了间接的回答，认为他们的害怕应当达到非常大的程度（considérable）即严重程度。如果仅仅是一般的恐惧还不足以让合同被宣告无效。究竟什么程度的害怕达到了严重程度，由法官在具体案件当中予以评估和确定。法官既要考虑主张合同相对无效的当事人的个人情况，包括他们的年龄、性别和社会状况等，以便确定他们能够承受、抵挡危险、威胁的能力大小，这就是害怕严重程度的主观评估方法，也要考虑社会公众在面临主张合同相对无效的当事人所面临的情况时能够承受、抵挡危险、威胁的能力大小，以便确定一般理性人、善良家父在同样情况、类似情况下能够承受、抵挡的危险、威胁能力，这就是害怕严重程度的客观评估方法。⑤

---

① François Terré, Philippe Simler, Yves Lequette, François Chénedé, Droit civil, Les Obligations, 12e édition, Dalloz, 2018, p. 352.

② Dimitri Houtcieff, Droit Des Contrats, Larcier, 2e édition, 2016, p. 167.

③ Muriel Fabre-Magnan, Droit des obligations, Tome 1, Contrat et engagement unilatéral, 4e édition, puf, 2016, p. 403.

④ Virginie Larribau-Terneyre, Droit civil, Les Obligations, 15e édition, Dalloz, 2017, p. 385.

⑤ Virginie Larribau-Terneyre, Droit civil, Les Obligations, 15e édition, Dalloz, 2017, p. 385; François Terré, Philippe Simler, Yves Lequette, François Chénedé, Droit civil, Les Obligations, 12e édition, Dalloz, 2018, p. 352

（四）胁迫的确定性特征

所谓胁迫的确定性特征，是指在缔结合同时，合同一方当事人或者第三人实施的胁迫行为应当是合同对方当事人与其签订合同的原因，如果没有合同一方当事人或者第三人实施的胁迫行为，合同对方当事人不会签订合同，或者虽然会签订合同，但是，他们所签订的合同与现有的合同存在实质性的条件差异。[①]

“就像所有的同意瑕疵一样，胁迫也应当在受害人缔结合同当中发挥了决定性的作用。”[②] 换言之，“胁迫应当已经发挥了决定性的作用，它应当已经促使受害人缔结合同。没有它，受害人原本不会签订合同，或者会签订存在实质性条件差异的合同”[③]。除了《法国民法典》新的第1130条对包括胁迫在内的三种同意瑕疵的确定性特征做出了一般规定之外，《法国民法典》新的第1140条也对胁迫产生的同意瑕疵所具有的此种确定性特征做出了规定，因为它规定受害人是在担惊受怕的情况下被逼承担债务，已如前述。

根据现行《法国民法典》新的第1130条的规定，胁迫者的胁迫行为是否在被胁迫者的同意当中起到了决定性的作用，由法官在具体案件当中予以评估和确定，法官既要采取主观的评估方法，也要采取客观的评估方法，因为该条规定，法官既要考虑被胁迫者的个人情况，诸如他们的年龄、智力、职业资格等因素，也要考虑他们做出同意时的情况，已如前述。这一点同错误和欺诈的情形完全一致。

（五）胁迫所遭受的制裁

就像错误和欺诈所遭受的制裁一样，在一方当事人或者第三人对另外一方当事人或者他们的近亲属实施胁迫行为时，在符合上述构成要件的情况下，当事人之间的合同遭受两种不同的制裁：

其一，当事人之间的合同相对无效。就像错误和欺诈在性质上属于一种同意瑕疵一样，胁迫在性质上也属于一种同意瑕疵。作为一种同意瑕疵，如果受害人因为胁迫者的胁迫而缔结合同，他们有权向法院起诉，要求法官宣告他们与对方当事人之间的合同无效，实施胁迫行为的一方当事人无权向法院起诉，要求法官宣告合同无效。受害人提起合同无效的诉讼时效期间为5年，从胁迫行为停止之日起算。[④]

其二，损害赔偿责任的承担。就像欺诈在性质上属于一种民事侵权行为一样，胁迫在性质上也属于一种民事侵权行为。作为一种故意侵权行为，如果胁迫者实施的胁迫行

---

① Dimitri Houtcieff, Droit Des Contrats, Larcier, 2e édition, 2016, pp. 171—172; Marjorie Brusorio Aillaud, Droit des obligations, 8e édition, bruylant, 2017, p. 190; Virginie Larribau-Terneyre, Droit civil, Les Obligations, 15e édition, Dalloz, 2017, pp. 386—387.

② Dimitri Houtcieff, Droit Des Contrats, Larcier, 2e édition, 2016, p. 171.

③ Marjorie Brusorio Aillaud, Droit des obligations, 8e édition, bruylant, 2017, p. 190.

④ Dimitri Houtcieff, Droit Des Contrats, Larcier, 2e édition, 2016, pp. 174—175; Marjorie Brusorio Aillaud, Droit des obligations, 8e édition, bruylant, 2017, pp. 190—191; Virginie Larribau-Terneyre, Droit civil, Les Obligations, 15e édition, Dalloz, 2017, p. 388; François Terré, Philippe Simler, Yves Lequette, François Chénedé, Droit civil, Les Obligations, 12e édition, Dalloz, 2018, pp. 352—353.

为引起了受害人损害的发生，他们应当根据《法国民法典》新的第 1240 条所规定的一般过错侵权责任对受害人承担损害赔偿责任，赔偿受害人包括财产损害和非财产损害在内的所有损害。无论受害人是否主张合同的相对无效，他们均有权要求胁迫者承担此种损害赔偿责任，包括实施胁迫行为的合同当事人和合同当事人之外的第三人。①

第四节　合同当事人的缔约能力

根据《法国民法典》新的第 1128 条的规定，合同有效的第二个必要构成要素是，合同当事人具有缔约能力，如果合同当事人没有缔约能力，则他们缔结的合同也不能够有效成立，已如前述。为了贯彻新的第 1128 条的规定，《法国民法典》新的第 1145 条至新的第 1152 条对具有缔约能力的人、不具有缔约能力的人以及不具有缔约能力的人所缔结的合同效力问题做出了规定。②

不过，在缔约能力的问题上，除了这些法律条款之外，人们还应当适用《法国民法典》第 388 条至第 413 - 8 条的规定和第 414 条至第 495 - 9 条的规定，其中的第 388 条至第 413 - 8 条对未成年人（a minorité）、监护（la tutelle）和未成年人监护的解除（l'émancipation）做出了规定，这就是现行《法国民法典》第一卷第十编的内容，③ 而第 414 条至第 495 - 9 条则对成年人（la majorité）和受制定法保护的成年人（majeurs protégés par la loi）做出了规定，这就是现行《法国民法典》第一卷第十一编的内容。④在缔约能力的问题上，人们之所以要适用这些法律条款，是因为这些法律条款属于权利能力和行为能力的共同规定。⑤

一、缔约能力的界定

在法国，缔约能力属于人所具有的一种能力，因为除了在合同领域具有能力之外，人在整个法律行为领域均具有能力，换言之，他们具有缔结合同的能力，具有立遗嘱的能力，具有签订集体协议的能力。所谓能力（la capacité），也称为法律能力（la capacité juridique），是指人（personnes）所具有的成为权利主体和行使权利的资格

① Dimitri Houtcieff, Droit Des Contrats, Larcier, 2e édition, 2016, p. 175; Marjorie Brusorio Aillaud, Droit des obligations, 8e édition, bruylant, 2017, p. 191; Virginie Larribau-Terneyre, Droit civil, Les Obligations, 15e édition, Dalloz, 2017, p. 388; François Terré, Philippe Simler, Yves Lequette, François Chénedé, Droit civil, Les Obligations, 12e édition, Dalloz, 2018, p. 353.

② Articles 1145 à 1152, Code civil, Version en vigueur au 17 décembre 2020, https://www.legifrance.gouv.fr/codes/section_lc/LEGITEXT000006070721/LEGISCTA000032008380/#LEGISCTA000032008380.

③ Articles 388 à 413-8, Code civil, Version en vigueur au 17 décembre 2020, https://www.legifrance.gouv.fr/codes/section_lc/LEGITEXT000006070721/LEGISCTA000006117880/#LEGISCTA000031345334.

④ Articles 414 à 495-9, Code civil, Version en vigueur au 17 décembre 2020, https://www.legifrance.gouv.fr/codes/section_lc/LEGITEXT000006070721/LEGISCTA000006117881/#LEGISCTA000006117881.

⑤ François Terré, Philippe Simler, Yves Lequette, François Chénedé, Droit civil, Les Obligations, 12e édition, Dalloz, 2018, p. 185.

(aptitude qualité)。[1] 在民法领域尤其是在合同法领域，能力是相对于无能力（la incapacité）而言的，所谓无能力，也称为无法律能力（la incapacité juridique），是指人所不具有的成为权利主体或者行使权利的资格。[2]

所谓缔约能力（la capacité de contracter），是指一方当事人所具有的与另外一方当事人签订合同的法律资格。仅仅在两方当事人均具有能力的情况下，他们才能够签订有效合同，如果一方当事人甚至双方当事人均欠缺缔约能力，则他们所签订的合同不能够有效成立。所谓欠缺缔约能力，是指一方当事人甚至双方当事人没有签订合同的法律资格，换言之，所谓欠缺缔约能力，是指一方当事人甚至双方当事人均没有缔约能力。

根据现行《法国民法典》新的第 1145 条的规定，缔约能力既包括自然人（personne physique）的缔约能力，也包括法人（personnes morales）的缔约能力。[3] 所谓自然人的缔约能力，是指自然人所具有的签订合同的法律资格。所谓法人的缔约能力，是指法人所具有的签订合同的法律资格。法国民法学者普遍根据能力性质的不同将能力分为权利能力和行为能力两种，并且在讨论这两种类型的能力时，他们更加习惯于从权利能力和行为能力的反面讨论无权利能力和无行为能力。与此相对应，法国民法学者在讨论缔约能力时也将缔约能力分为缔约的权利能力和缔约的行为能力，并且在讨论缔约权利能力和行为能力时，他们也习惯于从对立面讨论无缔约权利能力和无缔约行为能力。[4]

二、人的缔约权利能力和无缔约权利能力

（一）缔约权利能力和无缔约权利能力的界定

在法国，缔约权利能力和无缔约权利能力属于权利能力和无权利能力的组成部分，是这两种不同的能力在合同领域的体现。所谓权利能力（la capacité de jouissance），是指自然人和法人所具有的成为某种权利主体或者债务主体的资格。例如，人所具有的成为所有权人、债权人、债务人或者人格权人的资格。[5] 所谓无权利能力（la incapacité de jouissance），是指自然人和法人所不具有的成为某种权利主体或者债务主体的资格。[6]

虽然自然人和法人均具有权利能力和无权利能力，但是，它们之间的这些能力是存在差异的。就自然人而言，他们的权利能力是一般的、普遍的，而无权利能力则是具体

---

① Vocabulaire juridique, 10e édition, sous la direction de Gérard Cornu, puf, 2014, p. 148; Dimitri Houtcieff, Droit Des Contrats, Larcier, 2e édition, 2016, p. 188.

② Vocabulaire juridique, 10e édition, sous la direction de Gérard Cornu, puf, 2014, p. 528; Dimitri Houtcieff, Droit Des Contrats, Larcier, 2e édition, 2016, p. 188.

③ Article 1145, Code civil, Version en vigueur au 17 décembre 2020, https://www.legifrance.gouv.fr/codes/section_lc/LEGITEXT000006070721/LEGISCTA000032008380/#LEGISCTA000032008380.

④ Virginie Larribau-Terneyre, Droit civil, Les Obligations, 15e édition, Dalloz, 2017, p. 392.

⑤ Vocabulaire juridique, 10e édition, sous la direction de Gérard Cornu, puf, 2014, p. 148.

⑥ Vocabulaire juridique, 10e édition, sous la direction de Gérard Cornu, puf, 2014, p. 629.

的、特殊的，仅仅在制定法明确规定的情况下，他们才没有权利能力。[①] 而法人则不同，法人的权利能力和无权利能力均是具体的、特殊的，不存在一般性的、普遍性的法人权利能力或者无权利能力。[②] 除了适用于其他主观权利之外，权利能力和无权利能力的一般理论也适用于合同性债权，这就是缔约权利能力和无缔约权利能力。

所谓缔约权利能力，是指自然人和法人所具有的缔结合同并因此享有合同性债权和承担合同性债务的法律资格。所谓无缔约权利能力，则是指自然人和法人所不具有的缔结合同并因此享有合同性债权和承担合同性债务的法律资格。仅仅具有缔约权利能力的自然人和法人才能够缔结有效合同，如果没有缔约权利能力，则他们不能够缔结有效合同并因此享有债权和承担债务。《法国民法典》新的第1145条对此种规则做出了说明，该条规定：除非制定法规定自然人不具有缔约能力，否则，所有自然人均具有缔约能力。法人的缔约能力由适用于每一种类型的法人的规范予以限定。[③]

（二）自然人的缔约权利能力和无缔约权利能力

作为最主要的一种人，自然人具有完全的缔约权利能力，他们能够按照自己的意图、意志、意思与别人签订任何合同，并且他们签订的任何合同原则上均产生法律效力，这就是自然人的意思自治和合同自由原则，已如前述。不过，在享有一般性的、普遍性的缔约权利能力的情况下，立法者也在自己的制定法当中对不享有缔约权利能力的具体情形、特殊情形做出了规定，在这些具体情形、特殊情形当中，自然人没有缔约权利能力，不能够按照自己的意图、意志、意思与别人签订合同。

除了《法国民法典》之外，对无缔约权利能力做出具体规定的制定法还包括其他制定法，诸如《法国商法典》《法国公共健康法典》和《法国社会和家庭行动法》等。例如，《法国商法典》第L.121－12条规定，没有解除亲权或者监护权的未成年人不能够实施商行为。再例如，《法国公共健康法典》第L.3211－5－1条规定，精神健康机构的护理人员不得与本机构的精神病患者缔结买卖合同或者赠与合同并且根据这些合同获得精神病患者的财产所有权或是权利。[④]

限于篇幅，笔者仅仅对《法国民法典》所规定的几种典型的无缔约权利能力的具

---

① Vocabulaire juridique, 10e édition, sous la direction de Gérard Cornu, puf, 2014, pp. 528—529; Dimitri Houtcieff, Droit Des Contrats, Larcier, 2e édition, 2016, pp. 191—203; Muriel Fabre-Magnan, Droit des obligations, Tome 1, Contrat et engagement unilatéral, 4e édition, puf, 2016, pp. 351—357; Marjorie Brusorio Aillaud, Droit des obligations, 8e édition, bruylant, 2017, pp. 195—197; Virginie Larribau-Terneyre, Droit civil, Les Obligations, 15e édition, Dalloz, 2017, pp. 393—394; François Terré, Philippe Simler, Yves Lequette, François Chénedé, Droit civil, Les Obligations, 12e édition, Dalloz, 2018, pp. 185—189.

② Henri Roland Laurent Boyer, Introuduction au droit, Litec, 2002, pp. 423—425; Philippe Malinvaud, Introuduction à l'étude du droit, 15e édition, Lexis Nexis, 2015, p. 272.

③ Article 1145, Code civil, Version en vigueur au 17 décembre 2020, https://www.legifrance.gouv.fr/codes/section_lc/LEGITEXT000006070721/LEGISCTA000032008380/#LEGISCTA000032008380.

④ Dimitri Houtcieff, Droit Des Contrats, Larcier, 2e édition, 2016, pp. 201—203.

体情形、特殊情形做出介绍①。

首先，养老院或者精神病院的护理员没有缔约权利能力。2016 年 2 月 10 日之前，《法国民法典》第 1125 －1 条对无缔约权利能力的一种具体情形做出了规定，这就是养老机构或者精神治疗机构从事护理或者精神治疗的人没有缔约权利能力，他们不得与在养老机构或者精神治疗机构养老或者接受治疗的人签订合同，取得这些人的财产所有权或者受让所转让的某种权利。除此之外，从事护理或者精神治疗的人的近亲属也不得与这些人签订同样的合同，并因此取得这些人的财产或者所转让的权利，因为他们的近亲属被视为他们的稻草人（personnes interposées）。

《法国民法典》第 1125 －1 条规定：除非获得法官的授权，否则，在养老院或者精神病院从事护理工作、治疗工作的护理员或者医师被禁止取得在这些机构养老或者治疗人员的某种财产或者受让属于他们的某种权利，在他们进入这些机构之前，护理员或者医师也不得承租他们的住所，否则，有关的合同无效。为了适用这一条款，护理员、医师的配偶、直系尊亲属和直系卑亲属被推定为稻草人，此种禁止也适用于这些稻草人。② 通过 2016 年 2 月 10 日的债法改革，法国政府将该条的规定从《法国民法典》当中移动到《法国社会和家庭行动法》当中，这就是该法当中的第 L. 116 －4 条。③

其次，医师、医务人员、司法受托人没有与自己的病患者或者受保护的成年人缔结合同的权利能力。现行《法国民法典》第 909 条规定了无缔约权利能力的两种不同情形：原则上，医师或者医疗辅助人员没有缔约权利能力，他们不能够与被自己诊疗或者服务的病患者签订生前赠与合同或者遗赠合同，并且据此合同取得病患者所赠与的财产或者遗产；受保护的成年人的司法受托人（les mandataires judiciaires）或者法人在履行自己的职责时没有缔约权利能力，他们不能够与受保护的成年人签订赠与合同或者遗赠合同，并据此取得受保护的成年人所赠与的财产或者遗产。当然，根据该条的规定，如果当事人之间签订此种合同的目的在于通过赠与合同、遗赠合同支付医师、受托人的报酬，则他们之间的赠与合同、遗赠合同有效。④

再次，监护人、受委托人、管理人员、公共官员或者受托人没有与自己的被监护人、委托人等缔结财产买卖合同的权利能力。如果监护人对被监护人的财产进行管理，在被监护人的财产被出卖时，监护人是否享有购买的权利能力？答案是否定的，他们没有购买的权利能力，因为他们的购买行为与自己对被监护人所承担的监护职责之间存在冲突，他们可能会滥用自己的监护人身份，以不利于被监护人的条件购买被监护人的财产，并因此损害被监护人的利益。如果他们购买被监护人的财产，则他们的购买行为

---

① Dimitri Houtcieff, Droit Des Contrats, Larcier, 2e édition, 2016, pp. 201—203; Marjorie Brusorio Aillaud, Droit des obligations, 8e édition, bruylant, 2017, pp. 195—196; Virginie Larribau-Terneyre, Droit civil, Les Obligations, 15e édition, Dalloz, 2017, p. 393.

② Article 1125-1, Code civil, Version en vigueur au 9 février 2016, https://www. legifrance. gouv. fr/codes/section_lc/LEGITEXT000006070721/LEGISCTA000006150237/2016-02-09/#LEGISCTA000006150237.

③ Article L116-4, Code de l'action sociale et des familles, Version en vigueur au 17 décembre 2020, https://www. legifrance. gouv. fr/codes/section_lc/LEGITEXT000006074069/LEGISCTA000006128457/#LEGISCTA000006128457.

④ Article 909, Code civil, Version en vigueur au 17 décembre 2020, https://www. legifrance. gouv. fr/codes/section_lc/LEGITEXT000006070721/LEGISCTA000006136540/#LEGISCTA000006136540.

无效。

此种规则同样适用于其他类似的人员，包括受委托人、财产管理人、公共官员或者受托人。《法国民法典》第1596条对此种规则做出了说明，它认为，如果被监护人的财产、委托人的财产、市镇（communes）或者公共机构的财产、国家财产（biens nationaux）或者信托财产（le patrimoine fiduciaire）被拍卖机构拍卖，除了监护人、委托人、市镇或者公共机构的管理者、公共官员或者受托人不得参与竞标并因此成为中标者（adjudicataires）之外，他们的稻草人也不得参与竞标并因此成为这些财产的中标者；否则，他们或者他们的稻草人所实施的买卖行为无效。

《法国民法典》第1596条规定，下列人员不得通过自身或者他们的稻草人成为下列相关拍卖财产的中标者，否则，他们的购买行为无效：监护人不得成为被监护人财产的中标者，受委托人不得成为他们负有出卖债务的财产的中标者，管理人员不得成为他们受托管理的市镇或者公共机构的财产的中标者，公共官员不得成为基于职权所出卖的国家财产的中标者，受托人不得成为构成信托财产组成部分的财产或者权利的中标者。①

最后，法官、检察官、司法辅助人员、律师或者公证员等不享有缔约权利能力。如果一方当事人与另外一方当事人之间的诉讼由某一个法官审理，法官是否有权与诉讼的一方当事人签订转让合同，由该方当事人将自己享有的诉权、涉诉权利甚至涉诉损害赔偿金转让给法官？答案是否定的，法官没有此种缔约权利能力，他们不能够与诉讼当事人签订诉权、涉诉权利等的转让合同，否则，他们与诉讼当事人签订的合同无效。因为，此种交易与法官对当事人承担的职责之间存在冲突，他们可能滥用自己的身份，使有关交易不利于当事人。

除了适用于法官之外，此种规则也适用于其他人员，包括司法辅助人员、检察官、律师和公证员等。现行《法国民法典》第1597条对此种规则做出了说明，该条规定：法官，法官的辅助人员，检察官，书记员，执达官，律师，官方辩护人以及公证员，不能够成为自己履行职责的司法管辖区内诉讼、权利、诉权、费用或者损害赔偿金的受让人，否则，他们的受让合同无效。②

（三）法人的缔约权利能力和无缔约权利能力

作为一种人，法人当然也像自然人一样具有权利能力、缔约权利能力，反过来讲，法人当然也像自然人一样具有无权利能力、无缔约权利能力。不过，法人的权利能力、缔约权利能力与自然人存在两个方面的差异：

其一，法人的权利能力尤其是其中的缔约权利能力因为法人性质的不同而不同。在法国，法人包含四种：公司、社会团体、职业辛迪加和财团法人。法人的性质不同，它

---

① Article 1596, Code civil, Version en vigueur au 18 décembre 2020, https://www.legifrance.gouv.fr/codes/section_lc/LEGITEXT000006070721/LEGISCTA000006136378/#LEGISCTA000006136378.

② Article 1597, Code civil, Version en vigueur au 18 décembre 2020, https://www.legifrance.gouv.fr/codes/section_lc/LEGITEXT000006070721/LEGISCTA000006136378/#LEGISCTA000006136378.

们的权利能力尤其是缔约权利能力也不同。[①] 例如，公司的缔约权利能力就不同于社会团体的缔约权利能力。在法国，商事公司拥有广泛的缔约权利能力，它们能够实施大量的商事法律行为（actes de commerce），尤其是能够签订各种各样的商事合同。现行《法国商法典》第 L110 - 1 条和第 L110 - 2 条规定，包括商事公司在内，所有的商人均能够签订为了出卖而购买动产、不动产的合同、保险合同、租赁合同、贷款合同等。[②]

商事公司的此种缔约权利能力与社会团体的缔约权利能力形成强烈的反差，因为在法国，社会团体具有的缔约权利能力范围要小得多，并且同样是社会团体，不同的社会团体的缔约权利能力范围也存在较大差异。总的来说，经过简单申报的社会团体不能够与别人签订赠与合同，接受别人的赠与财产。而经过确认的公益社会团体则不同，它们既能够与别人签订合同，接受别人的赠与，也能够与别人签订买卖合同，从别人那里获得财产。[③]

其二，法人的缔约权利能力受到法人的特殊性原则（le principe de spécialité）的限制。所谓法人的特殊性原则，是指法人的权利能力尤其是其中的缔约权利能力受到制定法和它们自身章程所规定的法人目的、目标的限制，它们只能够在制定法和它们自身章程所规定的目的、目标的范围内享有包括缔约权在内的权利能力。[④] 一方面，它们的权利能力尤其是其中的缔约权利能力受到制定法的限制。例如，工人成立的职业辛迪加不享有签订商事合同的资格。再例如，电影爱好者协会就不享有狩猎方面的权利能力，它们不能够与别人签订这一方面的合同。另一方面，它们的权利能力尤其是其中的缔约权利能力受到法人自身章程规定的限制，法人只能够在自己的章程所规定的范围内才享有缔约权利能力。例如，商事公司只能够在自己的章程范围内签订合同。因为此种限制，某些法人尤其是公司法人会在自己的章程当中规定范围更大的经营范围，除了将现在正在进行的行为规定在章程当中之外，它们还将未来可能从事的活动规定在自己的章程当中。[⑤]

总的来说，如果法人违反了制定法的规定或者章程的规定，则它们签订的合同绝对无效；不过，为了保护交易安全和合同相对人的利益，法官在他们的司法判例当中也例外地认定，即便公司董事会的行为违反了公司章程的规定，他们与第三人签订的合同对善意第三人仍然有效，公司不得借口董事会的行为违反章程的规定为由要求法官宣告公

---

① 张民安：《法国民法》，清华大学出版社 2015 年版，第 186—189 页；Henri Roland Laurent Boyer，Introuduction au droit，Litec，2002，pp. 423—425；Philippe Malinvaud，Introuduction à l'étude du droit，15e édition，Lexis Nexis，2015，p. 272；Francois Terré，Introuduction générale au droit，10e édition，Dalloz，2015，pp. 189—190.

② Articles L110-1 et L110-2，Code de commerce，Version en vigueur au 18 décembre 2020，https://www.legifrance.gouv.fr/codes/section_lc/LEGITEXT000005634379/LEGISCTA000006133171?etatTexte = VIGUEUR&etatTexte = VIGUEUR_DIFF#LEGISCTA000006133171.

③ 张民安：《法国民法》，清华大学出版社 2015 年版，第 186—189 页。

④ 张民安：《法国民法》，清华大学出版社 2015 年版，第 186—189 页；Henri Roland Laurent Boyer，Introuduction au droit，Litec，2002，pp. 423—425；Philippe Malinvaud，Introuduction à l'étude du droit，15e édition，Lexis Nexis，2015，p. 272；Francois Terré，Introuduction générale au droit，10e édition，Dalloz，2015，pp. 189—190.

⑤ Philippe Malinvaud，Introuduction à l'étude du droit，15e édition，Lexis Nexis，2015，p. 272.

司与第三人之间的合同无效。①

三、人的缔约行为能力和无缔约行为能力

(一) 缔约行为能力和无缔约行为能力的界定

所谓行为能力（la capacité d'exercice），是指人所具有的亲自行使自己所享有的某种权利、亲自履行自己所承担的某种债务的资格，换言之，所谓行为能力，是指人所具有的既不需要借助于代理人的代理也不需要借助于当事人的协助就能够独自行使所享有的权利或者履行所承担的债务的资格。虽然行为能力与权利能力之间的关系密切，但是，它们之间仍然存在差异。行为能力以权利能力作为基础，如果没有权利能力，当然就不会有行为能力。不过，即便有权利能力的人也未必有行为能力：虽然均具有权利能力，某些人具有行为能力，能够实施包括合同在内的法律行为；而另外一些人则不同，他们可能没有行为能力，这就是无行为能力的人。②

所谓无行为能力（la incapacité d'exercice），是指人所不具有的亲自行使自己所享有的权利或者所承担的债务的资格。在人欠缺行为能力的情况下，他们只能够借助于代理人或者协助人的代理或者协助行使自己的权利或者履行自己的债务。同无权利能力仅有具体的、特殊的无权利能力不同，无行为能力既有一般性的、普遍性的无行为能力，也具有具体的、特殊的无行为能力。所谓一般性的、普遍性的无行为能力，是指人所具有的不能够实施任何法律行为的资格。所谓具体的、特殊的无行为能力，则是指人所具有的不能够实施某些法律行为的资格。③

除了适用于其他法律行为之外，上述规则同样并且尤其适用于合同，这就是，自然人和法人的缔约行为能力包括有缔约行为能力和无缔约行为能力。所谓有缔约行为能力，是指自然人和法人所具有的亲自缔结合同并因此亲自行使合同权利和亲自承担合同债务的法律资格。所谓无缔约行为能力，则是指自然人和法人所不具有的亲自缔结合同并因此亲自行使、亲自承担其中的合同权利和债务的法律资格。虽然自然人和法人均具有缔约行为能力和无缔约行为能力，但是，因为他们是两种不同性质的人，因此，他们的缔约行为能力和无缔约行为能力也存在差异。

---

① Henri Roland Laurent Boyer, Introuduction au droit, Litec, 2002, p. 425.

② Vocabulaire juridique, 10e édition, sous la direction de Gérard Cornu, puf, 2014, p. 148; Marjorie Brusorio Aillaud, Droit des obligations, 8e édition, bruylant, 2017, pp. 195—197; Virginie Larribau-Terneyre, Droit civil, Les Obligations, 15e édition, Dalloz, 2017, p. 392.

③ Vocabulaire juridique, 10e édition, sous la direction de Gérard Cornu, puf, 2014, pp. 528—529; Dimitri Houtcieff, Droit Des Contrats, Larcier, 2e édition, 2016, pp. 191—203; Muriel Fabre-Magnan, Droit des obligations, Tome 1, Contrat et engagement unilatéral, 4e édition, puf, 2016, pp. 351—357; Marjorie Brusorio Aillaud, Droit des obligations, 8e édition, bruylant, 2017, pp. 195—197; Virginie Larribau-Terneyre, Droit civil, Les Obligations, 15e édition, Dalloz, 2017, pp. 393—394; François Terré, Philippe Simler, Yves Lequette, François Chénedé, Droit civil, Les Obligations, 12e édition, Dalloz, 2018, pp. 185—189.

（二）自然人的缔约行为能力和无缔约行为能力

除了享有一般性的权利能力尤其是缔约权利能力之外，自然人也享有一般性的行为能力尤其是缔约行为能力，根据此种一般性的行为能力，除非制定法对自然人的行为能力尤其是缔约行为能力做出了明确限制，否则，自然人能够按照自己的意愿自由实施任何法律行为，尤其是能够签订任何合同，并因此根据所签订的合同行使债权和承担债务。现行《法国民法典》新的第 1145（1）条对此种规则做出了规定，已如前述。

换言之，在法国，自然人的无行为能力尤其是无缔约行为能力仅仅是具体的、特殊的，仅仅在制定法有明确规定的情况下，他们才不能够独立实施法律行为尤其是不能够独立签订合同，而必须通过自己的代理人或者协助者实施这些行为或者签订这些合同。根据《法国民法典》新的第 1146 条的规定，制定法所规定的无缔约行为能力的自然人包括两种：未解除亲权或者监护权的未成年人（les mineurs non émancipés），受保护的成年人（les majeurs protégés）。该条规定，在制定法所限定的范围内，下列两种自然人没有缔约能力：①未解除亲权或者监护权的未成年人。②第 425 条所规定的意义上的受保护的成年人。[①]

所谓未成年人（les mineurs），是指未满 18 周岁的自然人。原则上，未成年人没有缔约行为能力，如果他们要缔结合同，则他们应当通过自己的代表人代为进行：通常情况下由他们的父母代表他们与合同相对人签订合同；在例外情况下，如果没有父母或者父母均成为受保护的成年人，则由他们的监护人代表他们与合同相对人签订合同。如果他们亲自与合同相对人签订合同，则他们与对方当事人之间签订的合同相对无效。不过，此种一般规则存在两个方面的限制，换言之，在两种例外情况下，未成年人缔结的合同仍然是有效的。

一方面，如果未成年人的亲权或者监护权被解除，则他们就享有缔约行为能力，能够亲自实施法律行为，尤其是能够亲自缔结合同并因此行使和履行合同所规定的权利和债务。在法国，未成年人分为未解除亲权、监护权的未成年人和已经解除亲权、监护权的未成年人（les mineurs émancipés）。所谓未解除亲权或者监护权的未成年人，是指与自己的父母或者父母之外的监护人之间的亲权或者监护权关系仍然存在的未成年人。所谓已经解除亲权或者监护权的未成年人，则是指与自己的父母或者父母之外的监护人之间的亲权或者监护权关系因为某种原因而解除的未成年人，例如，因为未成年子女结婚而解除亲权、监护权，或者因为法官裁判而解除亲权。[②]

另一方面，如果制定法授权或者习惯允许，则未成年人也享有包括缔约能力在内的行为能力，也能够实施某些日常行为（les actes courants），包括缔结某些日常的合同，如果他们实施的行为或者缔结的合同是以通常的条件实施或者缔结的话。现行《法国民法典》新的第 1148 条对此种例外规则做出了说明，该条规定：所有没有缔约能力的人

---

① Article 1146，Code civil，Version en vigueur au 19 décembre 2020，https://www.legifrance.gouv.fr/codes/section_lc/LEGITEXT000006070721/LEGISCTA000032008378/#LEGISCTA000032008378.

② 张民安：《法国民法》，清华大学出版社 2015 年版，第 157—158 页。

仍然能够实施制定法或者习惯授权的日常行为，如果这些行为是在正常条件下达成的话。[①] 根据该条的规定，未成年人实施的有效行为应当具备的条件是：其一，他们实施的行为属于未成年人的日常行为；其二，制定法明确规定他们能够实施，或者虽然制定法没有明确规定，但是，习惯普遍认为他们有权独自实施。

根据该条的规定，如果制定法授权无缔约行为能力的人实施某种行为，他们仍然能够实施该种行为。在法国，立法者在众多的法律当中授权未成年人实施众多的法律行为。例如，《法国民法典》第904条对未成年人享有的立遗嘱权做出了规定，根据该条的规定，已满16周岁、没有解除亲权或者监护权的未成年人仍然能够通过遗嘱处理自己的遗产。再例如，《法国民法典》新的第1149条也规定，未成年人能够签订劳动合同，并且应当根据劳动合同承担债务。即便制定法没有明确规定，如果习惯授权未成年人实施某种日常行为的话，则他们也能够实施该种行为，他们实施的行为也是有效的。例如，未成年人能够签订面包买卖合同，但是，他们不能够签订机动车买卖合同，因为习惯认为购买面包属于日常行为，而购买机动车则不属于日常行为。[②]

原则上，除非成年人属于受法律保护的成年人，否则，所有的成年人均享有完全的缔约行为能力。根据现行《法国民法典》第425条的规定，所谓受法律保护的成年人，是指因为自己的精神官能（facultés mentales）或者身体官能（facultés corporelles）发生变化而无法表达自己的意图、意志、意思并因此被置于司法保护之下的成年人。[③] 原则上，被保护的成年人不享有缔约行为能力，无法像正常的成年人一样自由地缔结合同，他们只能够通过自己的监护人代表自己缔结合同，或者在自己协助者的协助下缔结合同。不过，就像未成年人一样，受保护的成年人在例外情况下也能够实施某种日常行为，包括缔结某些合同，如果他们的行为或者合同是以正常的条件实施或者达成的，这就是现行《法国民法典》新的第1148条的规定，已如前述。[④]

总的来说，无论是未成年人还是受保护的成年人所缔结的合同均是无效的，并且它们的无效在性质上均属于相对无效。所谓相对无效，是指在未成年人、受保护的成年人与合同相对人签订合同时，仅未成年人、受保护的成年人有权向法院起诉，要求法官宣告他们与对方当事人之间的合同无效，如果他们希望维持与对方当事人之间的合同，他们有权维持，对方当事人不得主张无效。[⑤] 现行《法国民法典》第1147条对此种规则

---

① Article 1146, Code civil, Version en vigueur au 19 décembre 2020, https://www.legifrance.gouv.fr/codes/section_lc/LEGITEXT000006070721/LEGISCTA000032008378/#LEGISCTA000032008378.

② Dimitri Houtcieff, Droit Des Contrats, Larcier, 2e édition, 2016, pp. 192—194; François Terré, Philippe Simler, Yves Lequette, François Chénedé, Droit civil, Les Obligations, 12e édition, Dalloz, 2018, pp. 187—188.

③ Article 425, Code civil, Version en vigueur au 19 décembre 2020, https://www.legifrance.gouv.fr/codes/section_lc/LEGITEXT000006070721/LEGISCTA000006150531/#LEGISCTA000006150531.

④ Dimitri Houtcieff, Droit Des Contrats, Larcier, 2e édition, 2016, pp. 194—197; Virginie Larribau-Terneyre, Droit civil, Les Obligations, 15e édition, Dalloz, 2017, p. 392; François Terré, Philippe Simler, Yves Lequette, François Chénedé, Droit civil, Les Obligations, 12e édition, Dalloz, 2018, pp. 188—189.

⑤ Dimitri Houtcieff, Droit Des Contrats, Larcier, 2e édition, 2016, p. 197; François Terré, Philippe Simler, Yves Lequette, François Chénedé, Droit civil, Les Obligations, 12e édition, Dalloz, 2018, pp. 189—190.

做出了说明，该条规定：无缔约能力是合同相对无效的一个原因。[①]

根据现行《法国民法典》新的第1149条和新的第1150条的规定，如果未成年人或者受保护的成年人所签订的合同在性质上属于显失公平的合同，则他们之间的合同可以因为单纯的显失公平（simple lésion）而被宣告无效。但是，如果显失公平的合同是因为某种无法预见的事件（événement imprévisible）引起的，则他们之间的合同不得被宣告无效。[②]

在未成年人成年时，他们能够确认无效行为，换言之，他们可以放弃无效之诉，一旦他们确认了无效合同，则他们与对方当事人之间的合同有效。此外，在受保护的成年人主张合同相对无效时，有缔约能力的对方当事人也能够以这样的理由予以抗辩：有关合同是对受保护的人有利的，有关的合同并不存在显失公平的地方。这就是现行《法国民法典》新的第1151条的规定。[③]

（三）法人的缔约行为能力和无缔约行为能力

因为法人不是自然人，因此，法人权利的行使和债务的承担必须借助于某些自然人，这些自然人以法人的名义和为了法人的利益而行使法人的权利和承担法人的债务，例如，股份公司董事会的董事长，有限公司的经理等。这些人在代表公司行使权利和承担债务时的身份是什么，民法学者之间有不同的看法，主要包括三种理论：受委托人理论（théorie du mandat）、法定代表人理论（théorie du représentant légal）和机关理论（théorie des organe）。

最经典的理论认为，他们的身份是法人的受委托人，基于法人的委托行使法人的权利和承担法人的债务，因此，此种理论认为，法人与这些人之间的关系属于一种委托关系。不过，以委托关系来建立法人与这些人之间的关系也存在固有的问题，因为它无法对第三人提供有效的保护：作为受委托人，公司董事长、经理的代理权限受到一般委托合同当中受委托人权限的限制，这就是，在代理权限内，他们缔结的合同对法人有效，否则，超越代理权限的合同对法人无效。通过此种理论，法人很容易就能够逃脱这些人所签订的不利于法人的合同，因为他们可以以这些人签订的合同超越代理权限为借口来应对。[④]

法定代表人理论认为，这些人并不是法人的受委托人，而是法人的法定代表人。所谓代表人，是指根据协议的约定、司法决定或者制定法的规定所赋予的某种权利而站在法人的位置上、以法人的名义和为了法人的利益而实施法律行为尤其是签订合同的自然

---

① Article 1147, Code civil, Version en vigueur au 19 décembre 2020, https://www.legifrance.gouv.fr/codes/section_lc/LEGITEXT000006070721/LEGISCTA000032008378/#LEGISCTA000032008378.

② Articles 1149 et 1150, Code civil, Version en vigueur au 19 décembre 2020, https://www.legifrance.gouv.fr/codes/section_lc/LEGITEXT000006070721/LEGISCTA000032008378/#LEGISCTA000032008378.

③ Article 1151, Code civil, Version en vigueur au 19 décembre 2020, https://www.legifrance.gouv.fr/codes/section_lc/LEGITEXT000006070721/LEGISCTA000032008378/#LEGISCTA000032008378.

④ Henri Roland Laurent Boyer, Introuduction au droit, Litec, 2002, pp. 425—426.

人。换言之，代表人既包括协议代表人，也包括司法代表人，还包括法定代表人。[1] 法定代表人的理论也被人们批评。一方面，法定代表人理论认为，法人与个人相似：因为未成年人或者受保护的成年人意志不成熟或者不健全，因此，人们要设立监护人对他们的事务进行管理，因为法人等同于自然人，因此，制定法也要给它们设立一个监护人，让制定法所规定的监护人对法人的事务进行管理，这个制定法所规定的法人的监护人就是法定代表人。另一方面，法定代表人理论无法与约定代表人理论区分开来：当人们将这些人视为委托合同当中的受委托人时，他们所谓的受委托人实际上就是约定代表人。因为法定代表人本质上等同于约定代表人，因此，它也具有约定代表人所存在的上述问题。[2]

现代民法学说既放弃了经典的受委托人的理论，也放弃了法定代表人的理论，而是采取了法人机关理论，该种理论认为，这些人既不是独立于法人的受委托人，也不是独立于法人的法定代表人，而是作为法人的有机组成部分构成法人自身。此种理论的优点有二：其一，这些人的行为就是法人的行为，他们签订的合同就是法人的合同，法人不得基于他们超越法人章程的范围而拒绝对合同相对人承担债务或者责任；其二，这些人的过错就是法人的过错，法人应当就他们的过错行为引起的损害对他人承担违约责任或者侵权责任。[3]

第五节　合同内容的合法和肯定

根据《法国民法典》新的第 1128 条的规定，合同有效的第三个必要构成要素是，合同的内容合法和肯定，如果合同的内容非法或者不肯定，则他们缔结的合同也不能够有效成立，这是 2016 年 2 月 10 日的债法改革法令首次规定的一种有效条件，并且其中的“合同的内容”一词也是首次使用的，已如前述。虽然《法国民法典》使用了“合同的内容”一词，但是，它没有对这一术语做出界定。除了《法国民法典》没有对合同的内容一词做出界定之外，2016 年的债法改革法令以来，法国民法学者也没有对这一术语做出界定。为了明确这一术语的含义，笔者对这一术语做出自己的界定。

所谓合同内容（le contenu du contrat），是指合同的条款和这些条款所规定的内容，合同条款包括明示条款和默示条款，因此，合同内容也包括明示条款和默示条款所规定的内容。依据合同自由原则，合同条款有哪些，这些条款规定哪些内容，完全由合同当事人自由约定。因为这样的原因，不同性质的合同所规定的内容是不同的。例如，买卖合同的内容就不同于租赁合同的内容，赠与合同的内容也不同于借贷合同的内容。不过，所有的合同均涉及一些共同条款和共同内容，包括：债的客体，给付客体，价格或者价款，履行期限，履行地点，质量和数量以及免责条款，限责条款或者其他不公平的

---

① Vocabulaire juridique, 10e édition, sous la direction de Gérard Cornu, puf, 2014, p. 901.

② Henri Roland Laurent Boyer, Introuduction au droit, Litec, 2002, p. 426.

③ Henri Roland Laurent Boyer, Introuduction au droit, Litec, 2002, p. 426.

合同条款，等等。

为了贯彻新的第1128条的规定，《法国民法典》新的第1162条至新的第1171条不仅仅对合同内容的合法性和肯定性做出了规定，而且还对合同内容的确定性、可能性和平衡性做出了规定。具体来说，现行《法国民法典》新的第1162条对合同内容的合法性做出了规定，新的第1163条至新的第1167条对合同内容的肯定性、可能性和确定性做出了规定，而新的第1168条至新的第1171条对合同内容的平衡性（l'équilibre）做出了规定。① 除了《法国民法典》之外，在2016年的债法改革法令之后，法国民法学者也普遍对合同的内容做出了说明，包括对合同内容的合法性、肯定性、可能性、确定性和平衡性做出了说明。②

一、合同内容的肯定性

在法国，合同的有效成立的一个重要条件是，合同的内容是肯定的（certain），这就是合同内容的肯定性（certitude）要件。所谓合同内容的肯定性，是指在合同成立时，合同的给付客体（objet de la prestation）是存在的，或者至少是可以存在的。

所谓在合同成立时合同的给付客体是存在的，是指在合同成立时，合同的给付客体就已经现实存在，此种意义上的给付客体被称为现有的给付客体（objet de la prestation présent）。例如，在签订房屋买卖合同时，出卖人所出卖的房屋已经建成。所谓在合同成立时合同的给付客体是可以存在的，是指在合同成立时，虽然合同的给付客体还没有现实存在，但是，在债务履行时，合同的给付客体是现实存在的。例如，在签订房屋买卖合同时，出卖人所出卖的房屋还没有建成，但是，到出卖人交付房屋时，出卖人所交付的房屋已经建成。此种意义上的给付客体被称为未来给付客体（objet de la prestation future）。③

现行《法国民法典》新的第1163（1）条对此种规则做出了说明，该条规定：债的

---

① Articles 1162 à 1171, Code civil, Version en vigueur au 19 décembre 2020, https://www.legifrance.gouv.fr/codes/section_lc/LEGITEXT000006070721/LEGISCTA000032008690/#LEGISCTA000032008690.

② Dimitri Houtcieff, Droit Des Contrats, Larcier, 2e édition, 2016, pp. 205—298; Muriel Fabre-Magnan, Droit des obligations, Tome 1, Contrat et engagement unilatéral, 4e édition, puf, 2016, pp. 420—484; Philippe Malaurie, Laurent Aynès, Philippe Stoffel-Munck, Droit des obligations, 8e édition, L. G. D. J., 2016, pp. 339—363; Rémy Cabrillac, Droit des obligations, 12e édition, Dalloz, 2016, pp. 79—93; Marjorie Brusorio Aillaud, Droit des obligations, 8e édition, bruylant, 2017, pp. 200—215; Virginie Larribau-Terneyre, Droit civil, Les Obligations, 15e édition, Dalloz, 2017, pp. 401—461; François Terré, Philippe Simler, Yves Lequette, François Chénedé, Droit civil, Les Obligations, 12e édition, Dalloz, 2018, pp. 384—610.

③ Dimitri Houtcieff, Droit Des Contrats, Larcier, 2e édition, 2016, pp. 208—210; Muriel Fabre-Magnan, Droit des obligations, Tome 1, Contrat et engagement unilatéral, 4e édition, puf, 2016, pp. 423—425; Philippe Malaurie, Laurent Aynès, Philippe Stoffel-Munck, Droit des obligations, 8e édition, L. G. D. J., 2016, pp. 340—341; Rémy Cabrillac, Droit des obligations, 12e édition, Dalloz, 2016, p. 80; Marjorie Brusorio Aillaud, Droit des obligations, 8e édition, bruylant, 2017, p. 200; Virginie Larribau-Terneyre, Droit civil, Les Obligations, 15e édition, Dalloz, 2017, pp. 419—420; François Terré, Philippe Simler, Yves Lequette, François Chénedé, Droit civil, Les Obligations, 12e édition, Dalloz, 2018, pp. 402—405.

给付客体或者是现有的，或者是未来的。[1] 该条之所以将未来给付客体视为合同内容的肯定性，是因为合同法认为，虽然在大多数情况下，合同成立时合同的给付客体就已经存在，但是，给付客体在合同成立时就已经存在并不是强制性的要求，即便给付客体晚一些存在，也不会影响债务人债务的履行。[2]

当然，并非所有合同均能够建立在未来给付客体的基础上，如果制定法明确禁止当事人之间的合同规定未来给付客体，则合同当事人之间的合同不能够建立在未来给付客体的基础上，否则，他们之间的合同无效。[3] 在 2016 年之前，《法国民法典》第 1130（2）条规定，继承人不能够与买受人签订合同，将自己未来所取得的继承权出卖给买受人。现行《法国民法典》第 2419 条就明确禁止合同当事人之间在未来给付客体上设立不动产抵押合同，该条规定：原则上，当事人只能够在现有不动产之上设立抵押担保。现行《法国知识产权法典》第 L. 131 - 1 条也明确禁止合同的一方当事人与另外一方当事人之间签订转让合同，由一方当事人将未来的文学和艺术作品著作权转让给对方。[4]

债的内容的肯定性与合同有效性之间的关系在于：在合同成立时，如果给付客体存在，即便到了债务履行时，给付客体不复存在，当事人之间的合同仍然有效成立。例如，在签订合同时，所买卖的机动车、动物是存在的，但是，在交付之前，机动车被毁、动物死亡，当事人之间的机动车买卖合同和动物买卖合同仍然有效。因为此时，给付客体的不可能仅仅关乎合同的履行问题，而不关乎合同的成立问题。合同成立时，即便给付客体不存在，如果在债务履行之前，给付客体能够存在，则当事人之间的合同仍然有效成立，已如前述。当到了债务履行时，如果合同的给付客体仍然不存在，则当事人之间的合同无效。不过，在实践当中，因为给付客体的欠缺而导致合同无效的情形非常罕见，因为如果欠缺客体，当事人显然不会签订合同。[5]

经典理论认为，给付客体的欠缺引起的合同无效在性质上属于绝对无效，因为它认为，给付客体是合同成立的基本构成因素。通过 2016 年 2 月 10 日的债法改革法令，现行《法国民法典》第 1179 条采取了相对无效理论，因为它认为，此种无效并不是为了保护公共利益，而仅仅是为了保护私人利益。[6] 如果合同的一方当事人与另外一方当事人签订买卖合同，将第三人的财产出卖给对方当事人，他们之间的合同并不会因此无

---

① Article 1163, Code civil, Version en vigueur au 20 décembre 2020, https://www.legifrance.gouv.fr/codes/section_lc/LEGITEXT000006070721/LEGISCTA000032008690/#LEGISCTA000032008690.

② Marjorie Brusorio Aillaud, Droit des obligations, 8e édition, bruylant, 2017, p. 200.

③ Philippe Malaurie, Laurent Aynès, Philippe Stoffel-Munck, Droit des obligations, 8e édition, L. G. D. J., 2016, p. 341; François Terré, Philippe Simler, Yves Lequette, François Chénedé, Droit civil, Les Obligations, 12e édition, Dalloz, 2018, p. 404.

④ Philippe Malaurie, Laurent Aynès, Philippe Stoffel-Munck, Droit des obligations, 8e édition, L. G. D. J., 2016, p. 341; François Terré, Philippe Simler, Yves Lequette, François Chénedé, Droit civil, Les Obligations, 12e édition, Dalloz, 2018, p. 404.

⑤ François Terré, Philippe Simler, Yves Lequette, François Chénedé, Droit civil, Les Obligations, 12e édition, Dalloz, 2018, pp. 402—403.

⑥ François Terré, Philippe Simler, Yves Lequette, François Chénedé, Droit civil, Les Obligations, 12e édition, Dalloz, 2018, pp. 402—403.

效，因为在此种问题上，人们采取类推适用以未来给付客体作为内容的合同：虽然在买卖合同签订时，出卖人还没有获得第三人的财产，但是，到了债务履行时，出卖人能够取得第三人的财产就足够了。[①]

二、合同内容的可能性

在法国，合同有效成立的一个重要条件是，合同的内容是可能的（possible），这就是合同内容的可能性（la possibilité）要件。合同内容的可能性相对于合同内容的不可能性（la impossibilité）。所谓合同内容的可能性，是指在合同成立时债的客体是能够实现的，换言之，所谓合同内容的可能性，是指在合同成立时债务人承担的债务是可以履行的。所谓合同内容的不可能性，则是指在合同成立时债的客体是无法实现的，换言之，所谓合同内容的不可能性，是指在合同成立时债务人承担的债务是无法履行的。现行《法国民法典》新的第1163（2）条对此种要件做出了说明，该条规定：给付应当是可能的并且是确定的或者可以确定的。[②]

在合同当中，债务人应当对债权人为一定行为或者不为一定行为。例如，他们应当对债权人交付并且转移某种财产的所有权，他们应当对债权人提供某种服务，这就是债的客体，也就是债的给付、债务的履行，已如前述。在合同成立时，如果债的给付行为是能够实施的，则当事人之间的合同有效成立，债务人应当对债权人承担债务；否则，应当承担合同责任。例如，在房屋买卖合同签订时，出卖人出卖的房屋正在建设当中。到房屋建成时，出卖人能够现实地将房屋交付给买受人。因此，他们之间的房屋买卖合同有效。但是，在合同成立时，如果债的给付是不可能的，则当事人之间的合同是绝对无效的，因为债法长久以来均实行这样的原则：对于不可能实现的给付，任何人均不能够承担债务。例如，如果旅行社与其顾客签订将其旅客送到地心旅游的合同，则该旅行社与其顾客之间的旅游合同无效，因为旅行社不可能为其顾客提供此种服务。[③]

不过，合同的无效仅仅建立在客体的绝对不可能的基础上，而不能够建立在客体的相对不可能的基础上。所谓绝对不可能（impossibilité absolue），是指合同所规定的给付行为是任何人均无法实施的。例如，任何人均无法将人送入地心。所谓相对不可能（impossibilité relative），是指合同所规定的给付行为是别人能够实施的而合同债务人自身不能够实施的。例如，因为欠缺必要的工具，一家小企业无法将一堵墙推倒。仅仅在合同的客体是绝对不可能时合同才无效，在合同的客体是相对不可能时，合同仍然有效，因为债务人不可能履行合同所规定的债务，因此，他们应当对合同债权人承担违约

---

① François Terré, Philippe Simler, Yves Lequette, François Chénedé, Droit civil, Les Obligations, 12e édition, Dalloz, 2018, p. 405.

② Article 1163, Code civil, Version en vigueur au 20 décembre 2020, https://www.legifrance.gouv.fr/codes/section_lc/LEGITEXT000006070721/LEGISCTA000032008690/#LEGISCTA000032008690.

③ Muriel Fabre-Magnan, Droit des obligations, Tome 1, Contrat et engagement unilatéral, 4e édition, puf, 2016, pp. 425—426; Marjorie Brusorio Aillaud, Droit des obligations, 8e édition, bruylant, 2017, pp. 201—202; Virginie Larribau-Terneyre, Droit civil, Les Obligations, 15e édition, Dalloz, 2017, pp. 420—421; François Terré, Philippe Simler, Yves Lequette, François Chénedé, Droit civil, Les Obligations, 12e édition, Dalloz, 2018, p. 406.

责任。①

三、合同内容的确定性和可予确定性

（一）合同内容确定性和可予确定性的界定

仅仅具备合同内容的肯定性、可能性还不足以让合同有效成立，因为合同的有效成立还必须以合同的内容是确定的（déterminée）或者至少是可以确定的（déterminable）作为必要条件，这就是合同内容的确定性（détermination）要件。所谓合同内容是确定的，是指在合同成立时，债务人的给付行为就已经被详细地规定了下来，不存在没有规定的内容。所谓合同内容的可予确定性，是指虽然在合同成立时债务人的给付行为没有被详细地规定下来，但是，通过诉诸某种方式，合同债务人的给付行为是能够予以准确确定的，诸如诉诸习惯或者当事人之前所存在的某种关系等。

现行《法国民法典》新的第1163（2）条和新的第1163（3）条对此种要件做出了说明，该条规定：给付应当是可能的并且是确定的或者可以确定的。在不需要当事人之间达成新的意思表示一致的情况下，如果人们能够从合同当中推论给付内容，或者如果人们能够借助于惯例、当事人之前的关系确定给付内容，则给付是可予确定的。②

（二）有体物质量的确定和可予确定

在法国，合同的给付客体是否确定或者是否可予确定，人们在给付客体涉及有体物时明确区分两类物，这就是特定物（corps certain）和种类物（chose de genre）。如果是特定物，合同当事人在合同成立时就必须明确指明该种特定物，并且对该种特定物予以准确无误地界定，他们不能够通过事后求助于其他方式确定作为给付客体的特定物，例如，艺术作品的买卖、不动产的买卖和机动车的买卖就是如此。如果是种类物，在合同成立时，当事人应当清楚无误地规定物的类型、种类和数量。不过，在合同成立时，如果他们没有准确无误地规定种类物的质量，他们的合同并非无效，因为现行《法国民法典》对种类物的质量没有规定时人们能够确定这些内容的方法做出规定。③

在合同成立时，如果合同当事人没有对种类物的质量做出明确规定，则种类物的质量应当同时通过主观方法和客观方法予以确定，这就是质量的主观确定、主观评估方法和质量的客观确定、客观评估方法。所谓质量的主观评估方法，是指根据合同当事人签

---

① Muriel Fabre-Magnan, Droit des obligations, Tome 1, Contrat et engagement unilatéral, 4e édition, puf, 2016, pp. 425—426; Marjorie Brusorio Aillaud, Droit des obligations, 8e édition, bruylant, 2017, pp. 201—202; Virginie Larribau-Terneyre, Droit civil, Les Obligations, 15e édition, Dalloz, 2017, pp. 420—421; François Terré, Philippe Simler, Yves Lequette, François Chénedé, Droit civil, Les Obligations, 12e édition, Dalloz, 2018, p. 406.

② Article 1163, Code civil, Version en vigueur au 20 décembre 2020, https://www.legifrance.gouv.fr/codes/section_lc/LEGITEXT000006070721/LEGISCTA000032008690/#LEGISCTA000032008690.

③ Dimitri Houtcieff, Droit Des Contrats, Larcier, 2e édition, 2016, pp. 213—214; Marjorie Brusorio Aillaud, Droit des obligations, 8e édition, bruylant, 2017, p. 206; Virginie Larribau-Terneyre, Droit civil, Les Obligations, 15e édition, Dalloz, 2017, p. 421; François Terré, Philippe Simler, Yves Lequette, François Chénedé, Droit civil, Les Obligations, 12e édition, Dalloz, 2018, p. 408.

订合同时的合理期待（attentes légitimes）确定种类物的质量。所谓质量的客观评估方法，则是指根据合同当事人之间的合同性质、习惯以及对等物（la contrepartie）的数额多少予以确定。[①] 现行《法国民法典》新的第1166条对此种规则做出了说明，该条规定：在给付的质量无法根据合同确定或者可以确定时，在考虑合同的性质、习惯和对等物的数额的情况下，债务人应当提供符合当事人合理期待的质量的给付。[②]

（三）作为债或者不作为债的确定性和可予确定性

在合同当中，除了交付或者转移某种具体的有体物、有形财产债务，债务人承担的债务还包括做出或者不做出某种行为，这就是作为债和不作为债，法国民法学者将以作为债和不作为债作为内容的合同称为服务给付合同，以便区别以交付或者转移有体物、有形物作为内容的合同。就像所有其他合同一样，在合同成立时，债务人承担的作为债或者不作为债应当是确定的，当事人应当在所成立的合同当中对债务人做出或者不做出的行为做出准确规定。[③]

例如，如果当事人之间签订检测合同，规定由债务人对债权人的设备进行检查，则他们之间的合同应当对债务人检查设备的时间、次数或者间隔长短等内容做出清楚的规定。再例如，如果出卖人与买受人之间签订商事营业资产的出卖合同，则他们之间的合同应当对出卖人所承担的不与买受人展开商事竞争活动的债务做出规定，包括不展开竞争的期限、不展开竞争的地点以及不展开竞争的行为等。

不过，在合同成立时，如果债务人承担的作为债或者不作为债的内容不清晰、不明确或者不具体，他们之间的合同仍然有效，因为债务人承担的作为债或者不作为债也可以通过一定的方式予以确定，虽然现行《法国民法典》没有对此类债务内容的确定方法做出明确规定，但是，可以类推适用现行《法国民法典》第1166条关于给付物不确定时的方法：在当事人签订合同所希望实现的合理期待范围内，债务人承担自己的作为债或者不作为债，在决定合同当事人的合理期待范围时，人们应当考虑当事人之间合同的性质、习惯和对方当事人所给付的对等物的数额多少。[④] 因此，在设备检测合同当中，如果合同没有对债务人检测设备的时间、次数或者间隔长短等内容做出清楚的规定，人们可以根据当事人之间的合同性质、同类检测机构在实施同类检测时的习惯以及债权人支付给债务人的检测费多少予以确定，以便实现当事人签订检测合同的合理期待。同样，在商事营业资产买卖合同当中，如果合同没有对出卖人承担的不竞争债务做

---

① Dimitri Houtcieff, Droit Des Contrats, Larcier, 2e édition, 2016, p. 214; Marjorie Brusorio Aillaud, Droit des obligations, 8e édition, bruylant, 2017, p. 206; Virginie Larribau-Terneyre, Droit civil, Les Obligations, 15e édition, Dalloz, 2017, p. 421; François Terré, Philippe Simler, Yves Lequette, François Chénedé, Droit civil, Les Obligations, 12e édition, Dalloz, 2018, p. 408.

② Article 1166, Code civil, Version en vigueur au 20 décembre 2020, https://www.legifrance.gouv.fr/codes/section_lc/LEGITEXT000006070721/LEGISCTA000032008690/#LEGISCTA000032008690.

③ Dimitri Houtcieff, Droit Des Contrats, Larcier, 2e édition, 2016, pp. 214—215; Marjorie Brusorio Aillaud, Droit des obligations, 8e édition, bruylant, 2017, p. 206.

④ Dimitri Houtcieff, Droit Des Contrats, Larcier, 2e édition, 2016, pp. 214—215; Marjorie Brusorio Aillaud, Droit des obligations, 8e édition, bruylant, 2017, p. 206.

出明确规定，为了实现当事人签订买卖合同的合理期待，人们可以根据当事人之间的合同性质、同类商事营业资产买卖当中出卖人承担不竞争债务的范围以及买受人支付的价款多少予以确定。

（四）价格的确定和可予确定

在合同成立时，当事人应当在自己的买卖合同或者服务合同当中对出卖物或者服务的价格做出明确、肯定和清楚的规定，一旦他们做出了规定，双方当事人就应当根据合同所规定的价格履行支付债务，否则，应当承担合同责任。价格的确定性并不是合同有效成立的必要条件，即便在合同成立时，当事人没有对买卖物或者服务价格做出清楚的规定，人们仍然能够通过一定的方式确定出卖物或者服务的价格，这就是价格的确定性和可予确定性。现行《法国民法典》并没有就价格的可予确定的问题建立一般性的规则，因为它仅仅对两种特殊情形下价格的可予确定问题做出了规定，这就是，它对框架合同当中的价格确定问题和服务合同当中的服务价格确定问题做出了规定。[①]

如果合同当事人之间的合同在性质上属于框架合同，在框架合同成立时，如果当事人对供应物的价格做出了规定，则他们之间的价格具有确定性。不过，价格的确定性并不是框架合同的有效条件之一，因为即便框架合同当中没有确定供应物的价格，当事人仍然可以通过一定的方式予以确定，这就是框架合同当中供应物价格的可予确定性。现行《法国民法典》新的第1164条对框架合同当中的价格确定规则做出了说明，该条规定：在框架合同当中，当事人可以约定，价格由一方当事人单方面确定，如果该方当事人在发生争议时能够证明其定价的合理性的话；在该方当事人滥用价格确定权时，基于原告的请求，法官能够责令该方当事人对原告承担损害赔偿责任，并且在必要时，法官还能够解除当事人之间的合同。[②]

根据该条的规定，在框架合同当中，双方当事人可以在自己的合同当中约定，供应物的价格由合同的一方当事人即供应方单方面确定，一旦一方当事人单方面确定了价格，对方当事人应当按照该方当事人确定的价格履行支付债务，否则，他们拒绝履行支付债务的行为将构成债务不履行行为，应当承担合同责任。不过，根据该条的规定，如果对方当事人对该方当事人单方面确定的价格存在异议，该方当事人应当承担举证责任，证明自己单方面确定的价格是合理的。如果他们滥用自己享有的单方面定价权，基于对方当事人的诉讼请求，法官有权责令他们承担损害赔偿责任，在必要的情况下，法官也可以解除当事人之间的合同。

---

① Dimitri Houtcieff, Droit Des Contrats, Larcier, 2e édition, 2016, pp. 215—227; Muriel Fabre-Magnan, Droit des obligations, Tome 1, Contrat et engagement unilatéral, 4e édition, puf, 2016, pp. 428—433; Rémy Cabrillac, Droit des obligations, 12e édition, Dalloz, 2016, pp. 81—84; Marjorie Brusorio Aillaud, Droit des obligations, 8e édition, bruylant, 2017, pp. 207—208; Virginie Larribau-Terneyre, Droit civil, Les Obligations, 15e édition, Dalloz, 2017, pp. 422—425; François Terré, Philippe Simler, Yves Lequette, François Chénedé, Droit civil, Les Obligations, 12e édition, Dalloz, 2018, pp. 409—436.

② Article 1164, Code civil, Version en vigueur au 21 décembre 2020, https://www.legifrance.gouv.fr/codes/section_lc/LEGITEXT000006070721/LEGISCTA000032008690/#LEGISCTA000032008690.

如果合同当事人之间的合同在性质上属于服务给付合同（les contrats de prestation de service），也就是属于服务合同，则债务人支付给债权人的服务价格是多少，由当事人在成立合同时通过意思表示的一致予以确定，这就是服务价格的确定性。不过，服务价格的确定性并非服务合同的有效条件之一，因为在合同成立时，如果双方当事人没有就服务价格达成意思表示的一致，在合同成立之后债务履行之前，当事人可以就服务价格进行协商并因此通过意思表示的一致确定。

如果通过协商，当事人之间仍然无法达成一致，则服务价格由债权人单方面确定，债务人应当按照债权人单方面确定的服务价格履行支付债务。不过，在单方面确定服务价格时，债权人应当承担两个方面的债务：其一，在当事人之间就其单方面确定的服务价格发生争议时，债权人应当承担举证责任，证明他们所确定的服务价格是合理的；其二，他们不得滥用自己所享有的单方面定价权，否则，应当对债务人承担损害赔偿责任，在必要时，法官有权解除他们之间的服务合同。

这就是现行《法国民法典》新的第1165条所规定的规则，该条规定：在服务给付合同当中，在债务履行之前，如果当事人之间没有就服务价格达成意思表示的一致，则价格可以由债权人确定，只要在发生争议时，债权人能够证明其定价的合理性即可；在债权人滥用价格确定权时，基于债务人的请求，法官能够责令债权人对债务人承担损害赔偿责任，并且在必要时，法官还能够解除当事人之间的合同。①

此外，为了确保当事人之间的定价更加公平、合理，现行《法国民法典》新的第1167条也规定，在确定价格时，人们可以求助于价格指数（indice）的帮助。如果合同当事人在自己的合同当中所规定的价格指数因为某种原因不复存在，则人们可以借助于对合同所规定的价格指数最接近的价格指数确定合同当事人之间的价格。该条规定：如果合同的价格或者其他要素要通过某种指数确定，在该指数不存在、不再存在或者无法获取时，该种指数被其他与该指数最接近的指数取代。②

四、合同内容的平衡性

除了合同内容的肯定性、可能性、确定性之外，合同内容还应当具备第四个要件，这就是合同内容的平衡性（l'équilibre du contenu du contrat）。所谓合同内容的平衡性，也称为合同的平衡性（l'équilibre du contrat），其具有两个方面的不同含义：它或者是指合同给付的平衡性，或者是指合同条款的平衡性。此外，现行《法国民法典》也对有偿合同当中的虚假给付、微不足道的给付问题做出了规定。

（一）合同给付的平衡性和不平衡性：显失公平的合同

所谓合同给付的平衡性（les prestations contractuelles），是指在双务合同当中，一方

① Article 1165，Code civil，Version en vigueur au 21 décembre 2020，https://www.legifrance.gouv.fr/codes/section_lc/LEGITEXT000006070721/LEGISCTA000032008690/#LEGISCTA000032008690.

② Article 1167，Code civil，Version en vigueur au 21 décembre 2020，https://www.legifrance.gouv.fr/codes/section_lc/LEGITEXT000006070721/LEGISCTA000032008690/#LEGISCTA000032008690.

当事人与另外一方当事人均应当对对方当事人承担对等、对价给付（équivalence des prestation）的债务，换言之，所谓合同给付的平衡性，是指合同双方当事人通过对方给付所获得的利益应当是对等的、对价的。例如，在房屋买卖合同当中，出卖人承担的给付债务是交付自己的房屋给买受人，买受人承担的给付债务是将价值2万法郎或者欧元的价款支付给出卖人。所谓合同给付的平衡性，是指出卖人交付的房屋价值与买受人支付的2万法郎或者欧元的价款是对等的、对价的。

合同给付的平衡性是相对于合同给付的不平衡性（l' déséquilibre des prestations）而言的。所谓给付的不平衡性，是指在双务合同当中，一方当事人与另外一方当事人之间所为的给付是不对等的、不对价的，换言之，所谓合同给付的不平衡性，是指一方当事人通过对方的给付所获得的利益大于或者少于对方当事人通过自己的给付所获得的利益。例如，在房屋买卖合同当中，出卖人的房屋价值是3万法郎或者欧元，但是，买受人所支付的价款仅仅2万法郎或者欧元，则出卖人与买受人的给付是不对等的、不等价的。如果合同当事人之间的给付不对等、不对价，则他们之间的合同被称为显失公平的合同（le lésion），也就是合同给付不对等的合同、合同给付不对价的合同。

在法国，如果合同当事人之间的合同在性质上属于显失公平的合同，他们之间的合同原则上并不会因此无效，因为，《法国民法典》明确规定，除了立法者明确规定某种显失公平的合同无效，否则，显失公平的合同仍然有效。此外，即便立法者明确规定，显失公平的合同无效，显失公平的合同也仅仅是相对无效而非绝对无效，仅仅因为显失公平的合同遭受损害的一方当事人能够要求法官宣告他们与对方当事人之间的合同无效。

现行《法国民法典》新的第1168条对此种规则做出了说明，该条规定：除非制定法另有规定，否则，在双务合同当中，给付对等性的欠缺并不是无效的原因。①《法国民法典》新的第1168条之所以禁止当事人以合同存在显失公平的地方作为理由主张合同无效，是因为如果动辄以显失公平为由主张合同无效，不利于对交易安全的维护。在维持显失公平合同有效性的前提下，人们仍然会对显失公平的合同进行制裁，包括：解除当事人之间的合同，对当事人之间的合同做出变更，法官对合同所规定的价格做出评估并且予以调整。②

在法国，如果制定法明确规定，当合同存在显失公平的地方时，因为显失公平而遭受损害的人有权向法院起诉，要求法官宣告他们之间的合同无效，则当事人之间的显失公平的行为会相对无效。例如，为了保护未解除亲权或者监护权的未成年人，《法国民

---

① Article 1168, Code civil, Version en vigueur au 21 décembre 2020, https://www.legifrance.gouv.fr/codes/section_lc/LEGITEXT000006070721/LEGISCTA000032008690/#LEGISCTA000032008690.

② Dimitri Houtcieff, Droit Des Contrats, Larcier, 2e édition, 2016, pp. 275—277; Muriel Fabre-Magnan, Droit des obligations, Tome 1, Contrat et engagement unilatéral, 4e édition, puf, 2016, pp. 445—448; Rémy Cabrillac, Droit des obligations, 12e édition, Dalloz, 2016, p. 88; Marjorie Brusorio Aillaud, Droit des obligations, 8e édition, bruylant, 2017, pp. 209—211; Virginie Larribau-Terneyre, Droit civil, Les Obligations, 15e édition, Dalloz, 2017, p. 430; François Terré, Philippe Simler, Yves Lequette, François Chénedé, Droit civil, Les Obligations, 12e édition, Dalloz, 2018, pp. 481—500.

法典》新的第1149条规定，未解除亲权或者监护权的未成年人有权以显失公平为由要求法官宣告他们与对方当事人之间的合同无效。再例如，为了保护受保护的成年人的利益，《法国民法典》新的第435条和新的第465条规定，处于司法保护当中的成年人或者处于监护当中的成年人有权借口显失公平而主张他们与对方当事人之间的合同无效。[①]

（二）合同条款的平衡：不公平合同条款的禁止

合同是由形形色色的条款（clauses）组成的，合同究竟规定哪些条款，完全由当事人根据合同自由原则确定，虽然如此，在规定合同条款时，当事人仍然应当受到一定的限制。主要有两个方面的限制：其一，合同当事人不能够在合同当中规定剥夺债务人承担的基本债务（l'obligation essentielle）的条款；其二，在附合合同（contrat d'adhésion）当中，提供附合合同的一方当事人不能够在合同当中规定存在重大不平衡的条款（déséquilibre significatif）。如果他们规定了这两种不同的条款，则他们所规定的这些条款被视为没有规定（réputée non écrite），因为它们违反了合同正义的要求，对合同的一方当事人严重不公平，因为此种原因，这些合同条款被称为不公平的合同条款（clauses abusives）。

在2016年2月10日的债法改革法令之前，《法国民法典》并没有就债务人的基本债务是否能够免除的问题做出规定，因为在此之前，法官和民法学者所讨论的一个基本问题是：合同当事人是否能够在自己的合同当中规定条款，免除或者限制合同债务人所承担的合同责任，合同当事人所规定的这些条款被称为免责条款（clauses exonératoires）、限责条款（clauses limitatives）。所谓免责条款，也称为责任的排除条款（clauses élusives），是指合同当事人预先在自己的合同当中规定，当债务人不履行自己对债权人所承担的债务时，他们完全不就自己的不履行行为引起的损害对债权人承担债务。所谓限责条款，也称为责任的限制条款，是指合同当事人预先在自己的合同当中规定，当债务人不履行自己对债权人所承担的债务时，他们仅仅在自己不履行行为引起的全部损害范围内对债权人承担部分损害赔偿责任，不会承担全部损害赔偿责任。

对于合同所规定的免责条款或者限责条款是否有效的问题，虽然法官在众多的司法判例当中做出了回答，但是，他们的回答并不完全一致，甚至相互矛盾。在1996年10月22日的著名案件即affaire Chronopost案件当中，法国最高法院最终做出了明确的回答，这就是，合同当事人之间的免责条款、限责条款视为没有规定，因为它实际上将债务人承担的基本债务排除掉了，并因此让债务人与债权人之间的合同成为没有对价的合同。[②] 法国最高法院的此种裁判被法国政府所采用，在2016年的债法改革法令当中，法国政府将最高法院的此种规则从司法判例上升为制定法，这就是现行《法国民法典》当中新的第1170条，该条规定：所有剥夺债务人所承担的基本债务内容的条款均被视

---

① Marjorie Brusorio Aillaud, Droit des obligations, 8e édition, bruylant, 2017, pp. 209—210.

② Com. 22 oct. 1996, Chronopost, n°93—18. 632, D. 1997. 121, note Sériaux; D. 1997. 145, note Larroumet; D. 1997. 175, note Delebecque; RTD civ. 1997. 418, note Mestre; RTD civ. 1998. 213, note Molfessis.

为没有规定。①

虽然《法国民法典》新的第1170条没有明确使用合同当中所有的免责条款或者限责条款一律被视为未规定的内容，但是，该条的主要目的或者内容仍然是针对合同所规定的免责条款、限责条款的有效性问题：即便合同当事人之间的合同不是附合合同，如果合同当中的免责条款、限责条款将合同债务人承担的基本债务内容完全排除掉或者基本排除掉，则他们的合同条款视为没有规定。不过，除了适用于合同当中的免责条款、限责条款之外，该条的适用范围还包括免责条款、限责条款之外的其他条款。换言之，一切合同条款，只要将债务人应当承担的基本债务全部或者部分剥夺了，均被视为没有规定。

当然，根据新的第1170条的规定，如果合同当中的免责条款、限责条款或者其他条款没有将债务人承担的基本债务剥夺了，而仅仅是将他们承担的非基本债务剥夺了，则这些条款仍然是有效的，仍然能够起到限定或者排除的作用。问题在于，债务人承担的哪些债务属于该条所规定的基本债务，哪些不属于该条所规定的基本债务，该条没有规定，一旦引起纠纷，由法官在具体案件当中予以评估和确定，因为该条所规定的“基本债务的内容”（substance l'obligation essentielle）是一个含糊不清的词语，必须通过司法判例才能够明确。实际上，合同的性质不同，合同的目的不同，合同债务人承担的基本债务的内容也不同。②

在法国，在使用不公平的合同条款时，虽然民法学者有时也指剥夺债务人基本债务的条款，但是，在大多数情况下，他们所谓的不公平合同条款主要是指附合合同当中的重大不平衡的条款（déséquilibre significatif)。所谓重大不平衡，是指合同当事人之间的权利和债务之间严重失衡、严重不公平，一方当事人享有的权利和承担的债务与另外一方当事人享有的权利和承担的债务严重失衡、严重不公平。因此，重大不平衡并不仅仅限于给付的不平衡：一方当事人对另外一方当事人所为的给付与另外一方当事人对对方当事人所为的给付严重失衡、严重不公平，也不仅仅限于一方当事人对另外一方当事人所支付的价款与该方当事人从对方所获得的财产价值之间的严重失衡、严重不公平。

1993年，《法国消费法典》第L. 132－1条首次对不公平的合同条款做出了规定，2016年，《法国消费法典》被修改，新的第L. 212－1条取代了旧的第L. 132－1条对重大不平衡的合同条款问题做出了规定。③《法国消费法典》第L. 212－1条规定：在职业人士与消费者之间所缔结的合同当中，所有以牺牲消费者利益作为代价、所有旨在在合同当事人的权利和债务之间建立重大不平衡的条款均为不公平的合同条款；不公平的合

---

① Article 1170, Code civil, Version en vigueur au 21 décembre 2020, https://www.legifrance.gouv.fr/codes/section_lc/LEGITEXT000006070721/LEGISCTA000032008690/#LEGISCTA000032008690.

② Muriel Fabre-Magnan, Droit des obligations, Tome 1, Contrat et engagement unilatéral, 4e édition, puf, 2016, pp. 448—451; Philippe Malaurie, Laurent Aynès, Philippe Stoffel-Munck, Droit des obligations, 8e édition, L. G. D. J., 2016, pp. 344—345; Marjorie Brusorio Aillaud, Droit des obligations, 8e édition, bruylant, 2017, p. 211; Virginie Larribau-Terneyre, Droit civil, Les Obligations, 15e édition, Dalloz, 2017, pp. 427—428; François Terré, Philippe Simler, Yves Lequette, François Chénedé, Droit civil, Les Obligations, 12e édition, Dalloz, 2018, pp. 531—535.

③ Dimitri Houtcieff, Droit Des Contrats, Larcier, 2e édition, 2016, p. 278.

同条款被视为没有规定。[①]《法国消费法典》的此种规定被法国政府所采用，通过2016年2月10日的债法改革法令，法国政府将此种规则从特殊的合同规则上升为共同合同法的规则，这就是现行《法国民法典》当中的新的第1171条。

《法国民法典》新的第1171条规定：在附合合同当中，所有不是经过讨价还价确定而是经由一方当事人预先确定的条款均被视为没有规定，如果这些条款在当事人的权利和债务之间建立重大的不平衡的话。重大不平衡的确定既不是建立在合同主要目的的基础上，也不是建立在从价格到给付的恰当性的基础上。[②] 根据该条的规定，在附合合同当中，一切由一方当事人单方面确定的合同条款在性质上均属于不公平的合同条款，只要这些合同条款让合同当事人之间的权利和债务严重失衡、严重不公平。[③]

因此，该条所规定的不公平的合同条款并不限于消费者与职业人士之间的合同：除了适用于职业人士与消费者之间的合同之外，该条的规定也同样适用于职业人士与职业人士之间的合同，只要他们之间的合同在性质上属于附合合同。附合合同当中的条款是否构成不公平的合同条款，由法官在具体案件当中确定，法官既要考虑合同缔结时的各种具体情况，也需要考虑合同当中的所有其他条款，甚至要考虑其他同类合同当中的类似条款。[④]

根据该条的规定，一旦附合合同当中的某一个条款被视为不公平的合同条款，则该条款被视为没有规定的条款，已如前述。《法国民法典》新的第1171条之所以将不公平的合同条款视为没有规定的条款，其目的在于，如果将不公平的合同条款规定为绝对无效的条款，则在主张这些合同条款绝对无效时，当事人可能会主张整个合同因此无效。而将不公平的合同条款视为没有规定的条款时，在这些法律条款被宣告为不公平的合同条款时，仅这些条款不适用，整个合同仍然能够有效成立和产生法律效力。[⑤]

（三）有偿合同当中债权人的虚假给付和微不足道的给付所引起的合同相对无效

如果合同当事人之间的合同在性质上属于有偿合同，则合同债权人对合同债务人所为的给付应当是真实的、实实在在的，而不是虚假的、微不足道的，因为仅仅在债权人对债务人所为的给付是真实的、实实在在的时候，他们之间的有偿合同才是有效的，如果债权人对债务人所为的给付是虚假的（illusoire）或者微不足道的（dérisoire），则他们之间的合同绝对无效。现行《法国民法典》新的第1169条对此种规则做出了说明，

---

① Article 1212-1, Code de la consommation, Version en vigueur au 22 décembre 2020, https://www.legifrance.gouv.fr/codes/article_lc/LEGIARTI000032890812?etatTexte=VIGUEUR&etatTexte=VIGUEUR_DIFF#LEGISCTA000032227004.

② Article 1171, Code civil, Version en vigueur au 21 décembre 2020, https://www.legifrance.gouv.fr/codes/section_lc/LEGITEXT000006070721/LEGISCTA000032008690/#LEGISCTA000032008690.

③ Dimitri Houtcieff, Droit Des Contrats, Larcier, 2e édition, 2016, pp. 281—282; Marjorie Brusorio Aillaud, Droit des obligations, 8e édition, bruylant, 2017, p. 212.

④ Dimitri Houtcieff, Droit Des Contrats, Larcier, 2e édition, 2016, pp. 281—282; Marjorie Brusorio Aillaud, Droit des obligations, 8e édition, bruylant, 2017, p. 215.

⑤ Marjorie Brusorio Aillaud, Droit des obligations, 8e édition, bruylant, 2017, p. 214.

该条规定：在有偿合同成立时，如果合同所约定的为了债务人利益的给付是虚假的或微不足道的，则有偿合同无效。①

《法国民法典》新的第 1169 条之所以做出这样的规定，是因为有偿合同在性质上不同于无偿合同：在有偿合同当中，债务人之所以对债权人为给付，其目的在于获得债权人所为的给付。而如果债权人对债务人所为的给付是虚假的、微不足道的，则债务人对债权人给付的目的就落空。一方面，如果债权人所为的给付是虚假的，则债权人对债务人所允诺的给付完全不存在，他们之间的合同因为欠缺作为必要条件的给付而无效。另一方面，如果债权人所为的给付是微不足道的，则债权人的给付是无关要紧的、不充分的，除了让债务人成为其给付的牺牲品之外，债权人的给付也不足以让当事人之间的合同有效成立。换言之，微不足道的给付等同于不存在的给付。②

五、合同内容的合法性

作为合同有效成立的一个重要构成因素，合同内容除了应当是肯定的、可能的、确定的和平衡的之外还应当是合法的（licite），如果合同的内容是非法的，则合同绝对无效，这就是合同内容的合法性（la licéité du contenu du contrat）要件。所谓合同内容的合法性，也称为合同的合法性（la licéité du contrat），是指合同自身的规定或者合同的目的（but）应当尊重公共秩序的要求，不得违反公共秩序。现行《法国民法典》新的第 1162 条对此种要件做出了说明，该条规定：合同自身的规定或者合同的目的不得违反公共秩序，无论其目的是否为所有当事人所知悉。③ 除了新的第 1162 条对此种要件做出了规定之外，《法国民法典》第 6 条也对此种要件做出了说明，该条规定：人们不能够通过具体合同违反与公共秩序和良好道德有利害关系的制定法。④

（一）合同自身的规定不得违反公共秩序

根据《法国民法典》新的第 1162 条的规定，合同的有效以合同自身的规定不违反公共秩序作为必要条件。所谓合同自身的规定（stipulations），指合同当事人通过书面方式在自己的合同当中所规定的条款，换言之，所谓合同自身的规定，是指合同当中的明示条款。事实上，法国民法当中的 stipulations 一词相当于英美法系国家合同法当中的

---

① Article 1169, Code civil, Version en vigueur au 21 décembre 2020, https://www. legifrance. gouv. fr/codes/section_lc/LEGITEXT000006070721/LEGISCTA000032008690/#LEGISCTA000032008690.

② Philippe Malaurie, Laurent Aynès, Philippe Stoffel-Munck, Droit des obligations, 8e édition, L. G. D. J., 2016, p. 348; Virginie Larribau-Terneyre, Droit civil, Les Obligations, 15e édition, Dalloz, 2017, pp. 425—427; François Terré, Philippe Simler, Yves Lequette, François Chénedé, Droit civil, Les Obligations, 12e édition, Dalloz, 2018, pp. 453—458.

③ Article 1162, Code civil, Version en vigueur au 21 décembre 2020, https://www. legifrance. gouv. fr/codes/section_lc/LEGITEXT000006070721/LEGISCTA000032008690/#LEGISCTA000032008690.

④ Article 6, Code civil, Version en vigueur au 21 décembre 2020, https://www. legifrance. gouv. fr/codes/section_lc/LEGITEXT000006070721/LEGISCTA000006089696/#LEGISCTA000006089696.

terms 一词，因为它们均是指合同当中的不同条款。[①] 合同自身的规定所涉及的内容多种多样，主要包括：有关物（la chose）的规定，有关给付（prestation）的规定，有关合同运行（opération）的规定，以及有关合同条款尤其是条件和期限条款的规定，等等。[②]

作为合同自身规定的一个重要内容，合同所规定的给付客体即物应当是能够自由流通的物，如果合同建立在能够自由流通的物的基础之上，则合同当事人之间的合同有效，反之，如果合同建立在不能够自由流通的物（les choses hors commerce）之上，则当事人之间的合同无效，因为法律之所以禁止物的自由流通，其目的在于保护公共利益。在合同法当中，不能够自由流通的物多种多样，包括但是不限于以下物：公民的选票，盗版书籍，感染传染病的动物，公共财产，诸如空气、天空和海洋等在性质上属于所有人的共同财产（les choses commnues），自然人的身份，自然人的公职，自然人的法律资格和法律能力，自然人的自由，自然人的身体、器官、血液、精子和卵子等身体产物（produits），尸体，遗骸，家庭成员享有的权利和承担的债务，等等。[③]

作为合同自身规定的一个重要内容，合同所规定的给付行为应当是合法的。所谓给付行为，是指合同所规定的债务人对债权人所承担的做出或者不做出的某种行为，其中的做出某种行为被称为作为行为（action），而不做出某种行为则被称为不作为行为（abstention）。合同的有效以债务人的给付行为是合法行为作为必要条件，包括以作为行为的合法性和不作为行为的合法性保留，如果债的给付行为非法，则当事人之间的合同无效。非法的给付行为往往表现为作为行为，谋杀行为、盗窃行为和侏儒为了生活所进行的投掷表演行为等均为作为行为。因此，当事人之间签订的由一方当事人为另外一方当事人杀害第三人或者盗窃第三人财产的合同因为违反了刑法的规定而无效，同样，演艺公司与侏儒签订的由侏儒进行娱乐表演的合同因为违反了人的基本权利方面的法律无效。在少数情况下，非法的给付行为也表现为不作为行为。例如，一方当事人与另外一方当事人签订的不会确立他们之间的亲子关系的合同无效。[④]

作为合同自身规定的一个重要内容，合同所规定的债的运行或者债的交易也应当是合法的。所谓债的运行或者债的交易，是指合同当事人享有的债权和承担的债务。债的有效以当事人之间的交易合法作为必要条件，当事人之间的交易非法，则他们之间的合同无效。因此，如果一方当事人与另外一方当事人签订血液捐献合同，则他们之间的合

---

① Vocabulaire juridique, 10e édition, sous la direction de Gérard Cornu, puf, 2014, p. 989; François Terré, Philippe Simler, Yves Lequette, François Chénedé, Droit civil, Les Obligations, 12e édition, Dalloz, 2018, p. 587.

② Muriel Fabre-Magnan, Droit des obligations, Tome 1, Contrat et engagement unilatéral, 4e édition, puf, 2016, pp. 470—478; Rémy Cabrillac, Droit des obligations, 12e édition, Dalloz, 2016, pp. 84—86; Virginie Larribau-Terneyre, Droit civil, Les Obligations, 15e édition, Dalloz, 2017, pp. 433—436; François Terré, Philippe Simler, Yves Lequette, François Chénedé, Droit civil, Les Obligations, 12e édition, Dalloz, 2018, pp. 586—600.

③ Muriel Fabre-Magnan, Droit des obligations, Tome 1, Contrat et engagement unilatéral, 4e édition, puf, 2016, pp. 470—478; Rémy Cabrillac, Droit des obligations, 12e édition, Dalloz, 2016, pp. 84—86; Virginie Larribau-Terneyre, Droit civil, Les Obligations, 15e édition, Dalloz, 2017, pp. 433—436; François Terré, Philippe Simler, Yves Lequette, François Chénedé, Droit civil, Les Obligations, 12e édition, Dalloz, 2018, pp. 586—600.

④ François Terré, Philippe Simler, Yves Lequette, François Chénedé, Droit civil, Les Obligations, 12e édition, Dalloz, 2018, pp. 595—597.

同有效，但是，如果他们之间签订血液买卖合同，则他们之间的合同无效。①

作为合同自身规定的一个重要内容，合同所规定的条款也应当是合法的，除了笔者在前面的内容当中所讨论的不公平合同条款之外，合同的条款还包括作为债的限定方式的附条件条款和附期限条款。如果合同是附条件或者附期限的合同，则它们所附加的条件或者期限也应当是合法的，如果他们附加的条件或者期限是非法的，则这些条件或者期限无效。至于说这些无效的条件或者期限是否引起合同的整个或者部分无效，不能够一概而论：如果条件或者期限在合同的成立当中起到了决定性的主要作用，则条件或者期限的无效会引起整个或者部分无效；否则，则不会引起合同的整个或者部分无效。②

（二）合同的目的不得违反公共秩序

根据《法国民法典》新的第1162条的规定，合同的有效以合同的目的不违反公共秩序作为必要条件。所谓合同的目的（but），是指合同当事人所追求的具体、最终目标（objectif）、意图（fin）、动机（mobiles），也就是合同当事人签订合同的原因（cause）、理由（raison）。因此，该条所规定的目的并不是指有偿合同当中每一方当事人所获得的对方当事人所为的对等给付，例如，买卖合同当中的出卖人的目的在于获得买受人支付的价款，而买受人的目的则在于获得对方所交付的财物所有权。合同目的虽然是2016年2月10日的债法改革法令首次使用的一个术语，但是，该术语实际上等同于2016年之前《法国民法典》所规定的合同原因。③

如果合同当事人签订合同的目的没有违反公共秩序，则他们的合同目的是合法的，这就是合法目的（but licite）。相反，如果他们签订合同的目的违反了公共秩序，则他们的合同目的就是非法的，这就是非法目的（but illicite）。合同的有效以合同的目的合法作为必要条件，如果合同的目的非法，则合同无效。合同的目的是否非法，由法官在具体案件当中确定。

在1989年7月12日的案件当中，法国最高法院认为，当一方当事人与另外一方当事人签订了有关占卜、算卦方面的书籍和其他用具的买卖合同时，他们之间的买卖合同因为目的非法（原因非法）而无效：出卖人交付书籍和其他用具的目的在于让买受人凭借所购买的书籍和用具从事占卜、算卦的职业，而占卜或者算卦的行为是《法国刑法典》严厉打击的犯罪行为。④ 在1987年7月22日的案件当中，法国最高法院认定，如

---

① François Terré, Philippe Simler, Yves Lequette, François Chénedé, Droit civil, Les Obligations, 12e édition, Dalloz, 2018, pp. 597—598.

② François Terré, Philippe Simler, Yves Lequette, François Chénedé, Droit civil, Les Obligations, 12e édition, Dalloz, 2018, pp. 598—600；张民安：《法国民法》，清华大学出版社2015年版，第282页。

③ Vocabulaire juridique, 10e édition, sous la direction de Gérard Cornu, puf, 2014, p. 141; Philippe Malaurie, Laurent Aynès, Philippe Stoffel-Munck, Droit des obligations, 8e édition, L. G. D. J., 2016, pp. 352—355; Muriel Fabre-Magnan, Droit des obligations, Tome 1, Contrat et engagement unilatéral, 4e édition, puf, 2016, pp. 478—484; Rémy Cabrillac, Droit des obligations, 12e édition, Dalloz, 2016, pp. 86—87; Virginie Larribau-Terneyre, Droit civil, Les Obligations, 15e édition, Dalloz, 2017, pp. 437—440; François Terré, Philippe Simler, Yves Lequette, François Chénedé, Droit civil, Les Obligations, 12e édition, Dalloz, 2018, pp. 600—610.

④ Cass. 1ère civ. 12 juill. 1989.

果合同的一方当事人与另外一方当事人签订合同，规定在一方当事人协助另外一方当事人成功地收养被收养人时，另外一方当事人应当支付一定数额的报酬给对方，则当事人之间的合同因为目的非法而绝对无效。[①]

在2004年10月29日的案件当中，法国最高法院认定，当一个人为了维持与另外一个人之间的通奸关系而与之签订赠与合同时，他们之间的赠与合同仍然有效，因为他们签订赠与合同的目的是合法的。[②] 在2011年11月4日的案件当中，法国最高法院认定，当一个已婚男人与另外一个女人签订了对其支付报酬的同居合同时，他们之间的有偿同居合同仍然有效，因为他们签订合同的目的是合法的。[③]

根据法国最高法院的司法判例，合同的目的是否合法与合同当事人一方或者双方是否知悉其合法与否没有关系，在签订合同时，即便一方当事人甚至双方当事人均不知道其目的非法，他们之间的合同仍然无效。法国最高法院的此种司法判例被《法国民法典》新的第1162条所采用，因为该条明确规定，即便合同当事人不知道自己合同的目的违反了公共秩序，他们的合同仍然因为违反了公共秩序而无效，已如前述。[④]

（三）合同自身的规定或者合同的目的所违反的公共秩序

根据《法国民法典》新的第1162条的规定，合同的有效以合同自身的规定或者合同的目的不违反公共秩序作为必要条件。作为对合同内容施加限制的一种手段，公共秩序的类型众多：既包括制定法所规定的公共秩序，也包括非制定法所规定的公共秩序，既包括政治性质的公共秩序，也包括经济性质的公共秩序，等等。关于公共秩序，笔者已经在前面的内容当中做出了讨论，此处从略。无论公共秩序的渊源是什么，无论公共秩序的表现形式是什么，合同当事人均应当予以尊重，如果合同当事人之间的合同内容违反了公共秩序，根据他们所违反的公共秩序性质的不同，他们的合同也产生不同的效力：如果违反了政治公共秩序和指导性的公共秩序，则他们的合同绝对无效，反之，如果违反了保护性的公共秩序，则他们的合同相对无效。[⑤]

首先，合同内容不得违反与国家的组织和运行有关系的公共秩序，包括与国家立法机关的组织和运行有关系的公共秩序、与国家行政机关的组织和运行有关系的公共秩序以及与国家的司法机关的组织和运行有关系的公共秩序。如果合同违反了与国家的组织和运行有关系的公共秩序，则当事人之间的合同绝对无效。因此，当事人之间所签订的影响选举的合同无效，当事人之间签订的减除或者免除税负的合同绝对无效。犯罪受害人与犯罪分子签订的不追究犯罪分子刑事责任的合同无效。保险公司与被保险人签订的

---

① Cass. 1ère civ. 22 juill. 1987, D. 1988. 172, note J. Massip.

② Cass. ass. plén., 29 oct. 2004, n°03-11238.

③ Cour de cassation, civile, Chambre civile 1, 4 novembre 2011, 10-20. 114., https://www. legifrance. gouv. fr/juri/id/JURITEXT000024781236/.

④ Cass. 1ère civ. 7 oct. 1998; Philippe Malaurie, Laurent Aynès, Philippe Stoffel-Munck, Droit des obligations, 8e édition, L. G. D. J., 2016, p. 353.

⑤ Philippe Malaurie, Laurent Aynès, Philippe Stoffel-Munck, Droit des obligations, 8e édition, L. G. D. J., 2016, p. 361; François Terré, Philippe Simler, Yves Lequette, François Chénedé, Droit civil, Les Obligations, 12e édition, Dalloz, 2018, pp. 572—574.

担保被保险人免受刑事制裁的保险合同无效。①

其次，合同不得违反与家庭有关系的公共秩序。在民法领域，对家庭进行规范和调整的制定法并非均为公共秩序，是否属于公共秩序，人们应当区分两个不同方面：原则上，对家庭成员之间的人身关系进行规范和调整的制定法在性质上属于公共秩序，在例外情况下，这些方面的制定法也属于非公共秩序。与此相反，对家庭成员之间的财产关系进行规范和调整的制定法在性质上属于非公共秩序，在例外情况下，这些制定法则属于公共秩序。例如，《法国民法典》第1388条规定：配偶既不能够违反他们之间的合同所产生的债务和权利，也不能够违反有关亲权、法定管理和监护方面的规则。② 无论是有关人身关系方面的公共秩序还是有关财产关系方面的公共秩序，合同当事人之间的合同均不得违反，否则，他们之间的合同无效。因此，夫妻之间所签订的剥夺一方权利能力或者行为能力的合同无效。夫妻之间所签订的限制一方从事职业活动自由的合同无效。夫妻之间签订的免除一方当事人对另外一方当事人所承担的扶养债务的合同无效，即便此种扶养在性质上属于财产关系。③

再次，合同不得违反与自然人、自然人的生命、身体和自由有关系的制定法。原则上，有关自然人、自然人生命、身体和自由方面的制定法在性质上属于公共秩序，这些公共秩序或者由国内民法所规定，或者由人权宣言或者人权公约所规定。合同当事人之间的合同不得违反，否则，他们之间的合同无效。因此，当事人之间所签订的器官买卖合同无效，当事人之间所签订的血液买卖合同无效。当事人之间所签订的代孕合同无效。雇主与雇员签订的终身劳动合同无效。《法国民法典》第16－5条规定：一切赋予人的身体、人的构成因素或者人的产物以财产价值的合同均无效。《法国民法典》第16－7条规定：有关为别人代孕或者妊娠的所有合同均无效。当然，当事人之间签订的某些合同仍然有效，例如，他们签订的医疗合同有效，他们签订的器官赠与合同有效。④

最后，合同不得违反有关经济性质的公共秩序。有关经济方面的秩序也属于公共秩序，合同当事人之间的合同不得违反经济性质的公共秩序。不过，经济性质的公共秩序也分为两种不同的类型：指导性质的公共秩序和保护性质的公共秩序。人们之所以将经济性质的公共秩序分为两类，是因为违反它们的合同所遭受的制裁是不同的：违反指导性的公共秩序，合同绝对无效，而违反保护性的公共秩序，合同相对无效。

因此，合同当事人所签订的限制价格的合同绝对无效，合同当事人所签订的限制竞争的合同绝对无效。这两种合同之所以绝对无效，是因为定价自由和竞争自由属于指导

---

① Dimitri Houtcieff, Droit Des Contrats, Larcier, 2e édition, 2016, pp. 263—264; Virginie Larribau-Terneyre, Droit civil, Les Obligations, 15e édition, Dalloz, 2017, p. 434; François Terré, Philippe Simler, Yves Lequette, François Chénedé, Droit civil, Les Obligations, 12e édition, Dalloz, 2018, pp. 564—565.

② Article 1388, Code civil, Version en vigueur au 22 décembre 2020, https://www.legifrance.gouv.fr/codes/section_lc/LEGITEXT000006070721/LEGISCTA000006136353/#LEGISCTA000006136353.

③ Dimitri Houtcieff, Droit Des Contrats, Larcier, 2e édition, 2016, pp. 263—264; François Terré, Philippe Simler, Yves Lequette, François Chénedé, Droit civil, Les Obligations, 12e édition, Dalloz, 2018, pp. 564—565.

④ Dimitri Houtcieff, Droit Des Contrats, Larcier, 2e édition, 2016, pp. 265—267; Virginie Larribau-Terneyre, Droit civil, Les Obligations, 15e édition, Dalloz, 2017, pp. 433—434; François Terré, Philippe Simler, Yves Lequette, François Chénedé, Droit civil, Les Obligations, 12e édition, Dalloz, 2018, pp. 566—568.

性的公共秩序，其目的在于维护一般利益、社会利益。如果出租人与承租人之间的租赁合同违反了制定法的规定，则他们之间的合同相对无效，因为有关租赁合同方面的制定法属于保护性质的公共秩序，其目的在于保护承租人。同样，如果雇员与雇主之间的劳动合同违反了劳动法的规定，则他们之间的合同相对无效，因为劳动法的目的属于保护性质的公共秩序，其目的在于保护雇员。[①]

第六节 合同成立的合意主义与形式主义

一、合意主义和形式主义的界定

除非《法国民法典》或者其他制定法对合同的成立规定了某种特定的形式要求，否则，合同当事人之间的合同在他们之间的意思表示一致时就成立并且开始产生法律效力，他们之间的合同成立或者法律效力的发生不需要任何特定的形式，这就是法国民法实行的合意主义理论（théorie du consensualisme）。不过，如果《法国民法典》或者其他制定法对合同的成立规定了某种特定的形式要求，则当事人之间的合同应当采取制定法所规定的形式；否则，他们之间的合同因为欠缺形式要求而无效，这就是合同成立的形式主义理论（théorie du formalisme）。在法国，合同成立的合意主义理论是原则，而合同成立的形式主义理论则是例外，这就是合同成立的合意主义原则（le principe du consensualisme）。

二、合意主义和形式主义理论的历史发展

在最初的罗马法当中，合同法践行合同成立的严格形式主义理论，合同的成立和合同的有效源自合同所采取的某种形式，而不是源自合同当事人的意图、意志、意思。到了经典罗马法时期和后经典罗马法时期，虽然合同的形式主义理论有所松动，合同成立方面的合意主义理论开始出现，尤其是，罗马法在四种合同即买卖合同、租赁合同、公司合同和委托合同当中实行合意主义理论，但是，罗马法仍然固守合同的形式主义理论：即便到了查士丁尼皇帝统治时期，罗马法仍然没有完全承认合同成立的合意主义理论，因为罗马法学家仍然坚持单纯的合同不能够产生任何诉权（ex nudo pacto actio non nascitur）的规则。到了中世纪，罗马法上已经开始出现的合意主义理论开始消退，人们在合同成立的问题上更加坚持合同的形式主义理论。[②]

得益于教会法的干预，从16世纪和17世纪开始，合同成立的形式主义理论开始萎缩，而合同成立的合意主义理论开始复兴，因为教会法坚持所许下的口头诺言也应当遵

---

① Dimitri Houtcieff, Droit Des Contrats, Larcier, 2e édition, 2016, pp. 264-265; François Terré, Philippe Simler, Yves Lequette, François Chénedé, Droit civil, Les Obligations, 12e édition, Dalloz, 2018, pp. 569—572.

② Jacques Flour, Jean-Luc Aubert, Éric Savaux, Les Obligations, 1. L'acte juridique, 15e édition, Dalloz, 2012, p. 291; François Terré, Philippe Simler, Yves Lequette, François Chénedé, Droit civil, Les Obligations, 12e édition, Dalloz, 2018, pp. 227—228.

守、单纯的口头合同也能够产生债的原则。换言之，在合同成立方面，教会法采取与罗马法完全相反的态度，因为教会法学家坚持单纯的合同也能够产生诉权的规则（ex nudo pacto actio oritur）。① 在17世纪和18世纪，由于受到自然法学派所主张的自然法理论的影响，法国著名民法学家 Domat 和 Pothier 均在合同的成立方面主张合意主义理论。

在17世纪的著名民法著作《自然秩序当中的民法》当中，Domat 采取了合同成立的合意主义，他明确指出："合同是通过两个或更多的人之间的同意而成立的债，并且一旦成立，合同就在当事人之间产生了效力，一方当事人在法律上能够要求另外一方履行自己的承诺。"② Domat 还专门对合同的不要式问题做出了说明，他指出："合同当事人的同意或者是不需要书面形式的同意，或者是需要书面形式的同意。"③ 在1772年的著名民法著作《买卖合同专论》当中，Pothier 明确指出，包括买卖合同在内的合同在性质上属于合意主义合同，因为这些合同的成立仅仅通过当事人之间的同意就足够了，他指出："买卖合同是人们称为合意主义合同当中的几种类型，因为买卖合同单凭当事人的同意就能够成立。"④

虽然 Domat 和 Pothier 被分别誉为《法国民法典》之祖父和之父，但是，他们关于合同成立的合意主义理论并没有被1804年的《法国民法典》所明确规定。1804年的《法国民法典》之所以没有明确规定合同成立的合意主义理论，是因为《法国民法典》的立法者认为，合同成立的合意主义理论是再自然不过的理论，就像太阳从东方升起和从西方落下一样自然，人们根本不需要通过明确的法律文本对其加以规定。⑤

在19世纪尤其是19世纪末期和20世纪初期，在构造意思自治原则的理论时，法国民法学者对1804年的《法国民法典》第1108条做出解释，认为该条实际上承认了合同成立的合意主义理论，因为该条仅仅将当事人的同意、缔约能力、客体和原因视为合同成立的有效条件，没有将合同的形式视为合同的有效条件之一：既然该条没有将合同形式视为合同的有效条件，则该条实际上就承认了合同成立方面的合意主义。"在法国，合意主义原则没有被《法国民法典》当中的任何法律文本所确认。传统上，通过对旧的第1108条做出反面解释的方式，人们推论出《法国民法典》承认这一原则：因为该条没有将合同的形式条件视为合同的众多有效条件之一，因此，该条实际上承认这一原则。"⑥

---

① Jacques Flour, Jean-Luc Aubert, Éric Savaux, Les Obligations, 1. L'acte juridique, 15e édition, Dalloz, 2012, pp. 291—292; François Terré, Philippe Simler, Yves Lequette, François Chénedé, Droit civil, Les Obligations, 12e édition, Dalloz, 2018, pp. 227—228.

② Joseph Rémy, Œuvres complètes de J. Domat, Tome 1, Paris, Alex-Gobelet Libraire, 1835, pp. 26—27.

③ Joseph Rémy, Œuvres complètes de J. Domat, Tome 1, Paris, Alex-Gobelet Libraire, 1835, p. 121.

④ Robert-Joseph POTHIER, Traité du contrat de vente, Paris, chez Debure Père et A Orléans, 1772, Tome. I, p. 4, n°1.

⑤ Jacques Flour, Jean-Luc Aubert, Éric Savaux, Les Obligations, 1. L'acte juridique, 15e édition, Dalloz, 2012, p. 292; François Terré, Philippe Simler, Yves Lequette, François Chénedé, Droit civil, Les Obligations, 12e édition, Dalloz, 2018, p. 227.

⑥ François Terré, Philippe Simler, Yves Lequette, François Chénedé, Droit civil, Les Obligations, 12e édition, Dalloz, 2018, p. 227.

三、现行《法国民法典》新的第 1172 条对合同成立的合意主义理论所做出的规定

2016 年之前，虽然《法国民法典》没有对合同成立的合意主义理论做出明确规定，但是，法国民法学者普遍承认合同成立的合意主义理论，[①] 通过 2016 年 2 月 10 日的债法改革法令，现行《法国民法典》既对合同成立的合意主义理论做出了明确规定，也对例外情况下合同成立时的形式主义理论做出了规定，这就是新的第 1172 条，该条规定：原则上，合同是合意的。例外情况下，要式合同的有效则应当遵守制定法所规定的形式，除非能够进行合法化，否则，没有遵守制定法形式要求的合同无效。此外，制定法也要求某些合同的成立应当以交付某种物作为前提。[②] 2016 年之后，法国民法学者也普遍对合同成立的合意主义理论和例外情况下的形式主义理论做出了说明。[③]

根据《法国民法典》新的第 1109 条的规定，所谓合同是合意的（consensuel），是指合同仅仅通过双方当事人之间同意的交换（le seul échange des consentements）就能够成立，不需要他们的同意采取任何具体的、推定的形式。换言之，所谓合同成立的合意主义，是指当一方当事人和另外一方当事人之间的意思表示一致时，当事人之间的合同就成立并因此产生法律效力，合同的成立不需要任何形式。合同成立的合意主义源自意思自治和合同自由原则，是意思自治和合同自由原则在合同成立方面的一个重要体现。

合意主义理论在合同成立方面产生的法律效果有二：其一，从消极的角度来说，除非制定法明确要求合同采取某种特定形式才能够成立，否则，所有合同的成立均不需要任何形式，既不需要书面形式，也不需要公证文书或者私证文书的形式。换言之，合同的成立不需要任何形式。其二，从积极的角度来说，无论合同当事人采取什么样的形式进行意思表示，他们的意思表示均足以让他们之间的合同成立。例如，合同当事人采取书面形式、口头形式、某种动作形式或者某种标志，等等。[④] 在 1983 年 7 月 12 日的案件当中，法国最高法院明确指出，仅仅通过双方当事人的口头同意，他们之间的合同就

---

① Gérard Légier, Les obligations, 17e édition, 2001, Dalloz, pp. 66—75; Philippe Malaurie, Laurent Aynès, Philippe Stoffel-Munck, Les obligations, 4e édition Defrenois, 2009, pp. 269—279; Francois Terré, Philippe Simler, Yves Lequette, Droit civil, Les Obligations, 10e édition, Dalloz, pp. 144—151; Rémy Cabrillac, Droit des obligations, 9e édition, Dalloz, 2010, pp. 79—81.

② Article 1172, Code civil, Version en vigueur au 23 décembre 2020, https://www.legifrance.gouv.fr/codes/section_lc/LEGITEXT000006070721/LEGISCTA000006150239/#LEGISCTA000032040926.

③ Dimitri Houtcieff, Droit Des Contrats, Larcier, 2e édition, 2016, pp. 71—76; Muriel Fabre-Magnan, Droit des obligations, Tome 1, Contrat et engagement unilatéral, 4e édition, puf, 2016, pp. 233—252; Philippe Malaurie, Laurent Aynès, Philippe Stoffel-Munck, Droit des obligations, 8e édition, L. G. D. J., 2016, pp. 222—223; Rémy Cabrillac, Droit des obligations, 12e édition, Dalloz, 2016, pp. 93—99; Marjorie Brusorio Aillaud, Droit des obligations, 8e édition, bruylant, 2017, pp. 216—219; Virginie Larribau-Terneyre, Droit civil, Les Obligations, 15e édition, Dalloz, 2017, pp. 458—461; François Terré, Philippe Simler, Yves Lequette, François Chénedé, Droit civil, Les Obligations, 12e édition, Dalloz, 2018, pp. 226—253.

④ François Terré, Philippe Simler, Yves Lequette, François Chénedé, Droit civil, Les Obligations, 12e édition, Dalloz, 2018, p. 227.

能够成立。[①] 合意主义理论最大的优点是，它能够让合同当事人之间的合同快速成立，确保当事人之间的经济活动能够快捷、方便地进行，确保了合同自由原则在合同形式自由方面得到贯彻。[②]

四、例外情况下合同的形式主义要求

根据《法国民法典》新的第1172（2）条的规定，如果合同当事人之间的合同在性质上属于形式合同（contrats solennels），则当事人之间的合同应当采取制定法所要求的某种书面形式，包括特殊的书面形式和普通的书面形式。

所谓特殊的书面形式，是指官方文书（acte authentique）尤其是指公证员的公证文书。所谓官方文书，是指具有资格的公共官员（officiers publics）在自己的职权范围内依法对合同当事人所制作和签发的正式合同。所谓普通的书面形式，是指私人书面形式（acte sous seing privé，acte sous signature privée）。所谓私人书面形式，是指由合同一方当事人起草、双方当事人共同起草甚至由第三人起草并且由双方当事人在上面签字盖章的合同。[③]

《法国民法典》明确要求合同当事人之间的某些合同应当采取公证文书的方式，包括：婚姻合同、赠与合同、质押合同、抵押合同、保证合同、信托合同以及不动产买卖合同等。而《法国民法典》明确规定，买卖合同、租赁合同和公司合同等应当采取普通书面形式。当然，如果买卖合同的当事人愿意，他们也可以让自己的合同采取公证文书的方式。《法国民法典》第1582（2）条对此种规则做出了说明，该条规定：买卖合同应当采取公证文书方式或者私人书面形式。[④]

根据《法国民法典》新的第1172（3）条的规定，要式合同也属于合同成立方面的形式主义要求，因为，除了应当具备合同当事人之间的意思表示一致之外，当事人之间的合同还应当具备一个形式要求：一方当事人将合同涉及的物交付给对方，交付物给对方是此类合同有效成立的必要条件。例如，借贷合同、寄存合同和质押合同均属于此类合同。

除了《法国民法典》对某些合同的形式做出了强制性的规定之外，其他制定法也对合同的形式要求做出了规定，包括《法国消费法典》《法国劳动法典》《法国商法典》以及《法国建筑和住房法典》（*Code de la construction et de l'habitation*）等，它们分别对消费合同、劳动合同、商事营业资产的买卖、抵押合同以及不动产的建造合同的形式要求做出了规定。

除了要求当事人之间的合同采取制定法所明确规定的某种形式之外，《法国民法

---

① *Cass.* 3e civ.，12 juill. 1983，n°82—11. 130，Bull. civ. Ⅲ，N. 165.

② François Terré，Philippe Simler，Yves Lequette，François Chénedé，Droit civil，Les Obligations，12e édition，Dalloz，2018，pp. 227—228.

③ Muriel Fabre-Magnan，Droit des obligations，Tome 1，Contrat et engagement unilatéral，4e édition，puf，2016，pp. 241—245.

④ Article 1582，Code civil，Version en vigueur au 24 décembre 2020，https://www. legifrance. gouv. fr/codes/section_lc/LEGITEXT000006070721/LEGISCTA000006118107/#LEGISCTA000006118107.

典》和其他制定法有时还要求当事人之间的书面合同应当规定制定法所要求他们规定的某些内容。此时，合同当事人应当在他们的合同当中规定制定法要求其规定的内容。

如果制定法对合同的形式做出了强制性的规定，则合同当事人应当采用制定法所规定的形式签订合同。如果他们违反制定法的规定而没有采用制定法所规定的合同形式，则他们之间的合同原则上应当是无效的，并且所谓的无效是绝对无效而非相对无效。在合同因为欠缺形式要求而无效的情况下，如果合同的当事人已经履行了无效合同所规定的债务，他们有权要求对方将所接受的给付返还给自己。①

不过，鉴于此种规则过于严厉，法国民法也对此种规则做出了例外规定，在例外情况下，即便合同欠缺制定法明确要求的形式，他们之间的合同也未必绝对无效。

首先，根据《法国民法典》新的第 1172（1）条的规定，即便合同因为欠缺形式要求而无效，如果当事人采取措施，让他们之间的关系符合制定法的要求，则原本应当无效的合同也因为当事人事后所采取的补救措施而有效。

其次，虽然《法国民法典》新的第 1172（1）条明确规定，欠缺形式要求的合同无效，但是，它的此种规定并没有获得人们的广泛支持。因为在今时今日，人们越来越倾向于认定，在合同没有采取制定法所要求的形式时，或者在合同没有规定制定法要求它们规定的内容时，当事人之间的合同并非绝对无效，而是相对无效，仅仅当事人能够主张此种无效，并且如果他们不主张，则他们之间的合同有效。②

最后，即便制定法明确要求当事人之间的合同采取书面形式或者明确规定某种内容，如果他们之间的合同没有采取书面形式或者没有规定此种内容，他们之间的合同也不会通过合同无效予以制裁，在维持合同有效性的同时，制定法采取其他的制裁方式。例如，《法国消费法典》第 L. 313－42 条规定，如果消费借贷合同没有规定《法国消费法典》要求当事人规定的内容，则人们应当以最有利于借款人的含义对合同做出解释。再例如，《法国劳动法典》第 L. 1242－12 条规定，如果劳动合同不是书面形式的合同，则当事人之间的劳动合同被视为有不确定期限的合同。③

第七节　合同无效和合同失效

通过 2016 年 2 月 10 日的债法改革法令，现行《法国民法典》对合同成立过程当中当事人不遵守合同有效条件和合同有效成立之后合同履行过程当中因为有效条件消失所遭受的制裁（les sanctions）做出了规定，这就是现行《法国民法典》当中新的第 1178 条至新的第 1187 条的内容，根据它们的规定，在合同成立过程当中和合同成立之后因为合同有效条件的欠缺而导致的制裁包括两种：其一，合同无效（la nullité），由新的第 1178 至新的第 1185 条所规定；其二，合同失效（la caducité），由新的第 1186 条和

---

① Marjorie Brusorio Aillaud, Droit des obligations, 8e édition, bruylant, 2017, p. 219.
② Marjorie Brusorio Aillaud, Droit des obligations, 8e édition, bruylant, 2017, p. 219.
③ Marjorie Brusorio Aillaud, Droit des obligations, 8e édition, bruylant, 2017, p. 219.

新的第1187条所规定。它们结合在一起就构成合同有效条件欠缺所遭受的法律制裁。[①] 除了《法国民法典》对合同无效和合同失效做出了规定之外，2016年债法改革法令之后，法国民法学者也普遍对这两种不同的制度做出了说明。[②]

一、合同无效的界定

（一）合同无效的定义

所谓合同无效（la nullité des contrats），是指合同当事人之间的合同因为不符合合同有效条件的要求而溯及既往地消灭的制度。换言之，所谓合同的无效，是指因为没有遵守有关合同有效方面的条件，当事人之间的合同被视为不存在。[③]

在缔结合同时，当事人应当严格遵循《法国民法典》关于合同有效成立的三种条件，包括同意的条件、缔约能力的条件和合同内容的条件，如果他们在三个条件的任何一个方面没有遵守条件的要求，基于法官的裁判或者当事人的确认，他们之间的合同因为违反有关合同有效条件方面的法律规范而被视为自始不存在，没有履行的合同不再履行，已经履行的合同应当恢复原状，当事人根据合同所获得的给付应当返还对方，因为自己的过错引起对方损害发生时，有过错的一方当事人应当按照《法国民法典》新的第1240条所规定的一般过错侵权责任对另外一方当事人遭受的损害承担赔偿责任。

《法国民法典》新的第1178条对合同无效所遭受的法律制裁做出了说明，该条规定：不符合合同有效条件的合同是无效的。合同无效应当由法官宣告，至少在当事人没有通过共同的合意确认时是如此。被宣告无效的合同被视为从来不存在。已经履行的给付应当按照第1352条至第1352－9条所规定的条件予以返还。独立于合同的无效，遭受损害的一方当事人有权按照侵权责任的共同法律条款要求另外一方当事人赔偿所遭受的损害。[④] 基于合同无效的此种定义和引起的后果，人们认为，合同无效既区别于合同失效和合同不成立，也区别于合同解除和合同的不得对抗性。关于合同无效与合同失效之间的关系，笔者将在下面的内容当中做出详细的讨论，此处从略。

---

① Articles 1178 à 1187，Code civil，Version en vigueur au 23 décembre 2020，https://www.legifrance.gouv.fr/codes/section_lc/LEGITEXT000006070721/LEGISCTA000006150239/#LEGISCTA000032040926.

② Dimitri Houtcieff，Droit Des Contrats，Larcier，2e édition，2016，pp. 299—329；Muriel Fabre-Magnan，Droit des obligations，Tome 1，Contrat et engagement unilatéral，4e édition，puf，2016，pp. 499—531；Philippe Malaurie，Laurent Aynès，Philippe Stoffel-Munck，Droit des obligations，8e édition，L. G. D. J.，2016，pp. 365—395；Rémy Cabrillac，Droit des obligations，12e édition，Dalloz，2016，pp. 97—108；Marjorie Brusorio Aillaud，Droit des obligations，8e édition，bruylant，2017，pp. 220—231；Virginie Larribau-Terneyre，Droit civil，Les Obligations，15e édition，Dalloz，2017，p. 355；François Terré，Philippe Simler，Yves Lequette，François Chénedé，Droit civil，Les Obligations，12e édition，Dalloz，2018，pp. 611—668.

③ Dimitri Houtcieff，Droit Des Contrats，Larcier，2e édition，2016，p. 299；Muriel Fabre-Magnan，Droit des obligations，Tome 1，Contrat et engagement unilatéral，4e édition，puf，2016，p. 499；Philippe Malaurie，Laurent Aynès，Philippe Stoffel-Munck，Droit des obligations，8e édition，L. G. D. J.，2016，p. 367；Marjorie Brusorio Aillaud，Droit des obligations，8e édition，bruylant，2017，p. 220.

④ Article 1178，Code civil，Version en vigueur au 24 décembre 2020，https://www.legifrance.gouv.fr/codes/section_lc/LEGITEXT000006070721/LEGISCTA000006150239/#LEGISCTA000032040926.

（二）合同无效与其他类似的合同制度的差异

1. 合同无效与合同不存在

合同无效区别于合同的不存在。所谓合同的不存在（l'inexistence du contrats），是指合同当事人之间的合同因为严重、完全欠缺某种基本的构成因素而被视为子虚乌有（néant）。例如，因为合同当事人完全没有同意，因此，他们的合同不存在。再例如，因为合同欠缺客体而不存在。同样，买卖合同因为欠缺价格而不存在，等等。

合同无效与合同不存在之间的差异有二：其一，合同的不存在不需要法官通过判决确定，而合同无效则需要经由法官的判决确定，无论是绝对无效还是相对无效，均是如此。其二，合同的不存在不适用时效制度，而合同无效则适用时效制度，能够主张合同无效的当事人应当在法律所规定的期限内主张无效，否则，他们主张合同无效的权利将消灭。当然，法国民法学者并没有普遍认可合同的不存在理论。不过，鉴于合同的不存在与合同无效之间的相似性，法国某些民法学者将合同的不存在等同于合同无效当中的绝对无效。当然，这些民法学者的此种做法也遭受了其他民法学者的反对。①

2. 合同无效与合同解除

合同无效不同于合同解除。原则上，合同无效与合同解除的法律效果是相同的，因为它们均会产生让合同溯及既往消灭的后果。不过，合同无效不同于合同解除，它们是两种不同的法律制度，它们之间的差异有二②：

其一，合同无效产生的法律效力不同于合同解除。合同无效均会产生溯及既往的效力，而并非所有的合同解除均会产生溯及既往的效力，某些合同被解除之后仅仅向将来失效，不会溯及既往地让合同消灭。关于这一点，笔者将在下面的内容当中做出详细的讨论，此处从略。

其二，合同无效与合同解除的原因不同。合同无效之所以会产生，是因为在缔结合同时，当事人违反了合同有效成立的条件或者程序。而合同之所以会被解除，是因为在合同有效成立之后，合同债务人不履行合同所规定的债务，被解除的合同在被解除之前是有效成立的合同。

3. 合同无效与合同的不得对抗性

合同无效不同于合同的不得对抗性。所谓合同的不得对抗性（l'opposabilité），是指当合同当事人没有按照制定法的要求将其合同予以公示和公开时，他们之间的合同不得

---

① Gérard Légier, Les obligations, 17e édition, Dalloz, 2001, p. 77; Jean Carbonnier, Droit civil, Les biens, Les Obligations, puf, pp. 2095—2096; Rémy Cabrillac, Droit des obligations, 9e édition, Dalloz, p. 82; Philippe Malaurie, Laurent Aynès, Philippe Stoffel-Munck, Les obligations, 4e édition Defrenois, 2009, pp. 335—336; Christian Larroumet, Droit Civil, Les Obligations, Le Contrat, 6e édition, Economica, 2007, pp. 540—542.

② Henri et Leon Mazeaud, Jean Mazeaud, Francois Chabas, Obligations, 9e édition, Montchrestien, 1998, p. 298; Gérard Légier, Les obligations, 17e édition, Dalloz, 2001, p. 76; Rémy Cabrillac, Droit des obligations, 9e édition, Dalloz, p. 83; Philippe Malinvaud, Dominique Fenouillet, Droit des obligations, 11e édition, Litec, 2010, p. 297; Philippe Malaurie, Laurent Aynès, Philippe Stoffel-Munck, Les obligations, 4e édition Defrenois, 2009, pp. 333—334; Jacques Flour, Jean-Luc Aubert, Éric Savaux, Les Obligations, 1. L'acte juridique, 14e édition, Dalloz, 2010, p. 297.

对抗第三人。例如，如果出卖人与买受人之间所进行的买卖属于不动产买卖，则买受人应当将其买卖合同予以登记公示，如果他们没有公示，则他们之间的合同仍然有效。但是，在出卖人将其不动产出卖给第三人并且已经进行了出卖登记公示的情况下，则第三人获得出卖物的所有权，买受人不得以其所有权人的身份对抗第三人。合同无效与合同的不得对抗性的共同点是，它们均是一种制裁措施，均是对合同当事人不遵守法律规定时的一种惩罚。它们之间的区别在于它们所产生的法律效力不同，合同无效产生让合同溯及既往消灭的效力，而合同的不得对抗性仍然在合同当事人之间产生法律效力，只不过合同当事人之间的合同不得对抗第三人。①

（三）合同无效的类型

根据一定的标准，民法学者将无效分为不同的类型：其一，根据合同无效是否直接源自制定法的规定的不同，合同无效分为文本性质的无效和潜在性质的无效；其二，根据合同无效是否基于法官裁判宣告的不同，合同无效分为裁判无效和协议无效；其三，基于法官是否应当做出合同宣告的不同，合同无效分为法律上的无效和随意无效；其四，基于合同违反的法律规范的性质不同，合同无效分为绝对无效和相对无效；其五，根据合同无效的范围不同，合同无效分为整个无效和部分无效。② 关于裁判无效和协议无效、绝对无效和相对无效，笔者将在下面的内容当中做出详细的讨论，笔者仅在此处简单地介绍另外三种不同类型的合同无效。

1. 文本性质的合同无效和潜在性质的合同无效

所谓文本性质的合同无效（la nullité textuelles），是指制定法明确规定的合同无效。当立法者在他们制定的法律当中明确规定某种合同无效时，当事人之间的合同就因为法律文本的明确规定而无效，这就是文本性质的合同无效。所谓潜在性质的合同无效（la nullité virtuelles），也称为非文本性质的合同无效，是指制定法没有明确规定但是法官通过自己的裁判所认定的合同无效。即便法律文本没有明确规定某种合同的无效，基于合同一方当事人的无效请求，法官也能够宣告合同当事人之间的合同无效，因为他们认为，合同当事人之间的合同违反了某种非文本性质的公共秩序或者良好道德，这就是潜在性质的合同无效。③

---

① Henri et Leon Mazeaud, Jean Mazeaud, Francois Chabas, Obligations, 9e édition, Montchrestien, 1998, pp. 298—300; Gérard Légier, Les obligations, 17e édition, Dalloz, 2001, p. 78; Rémy Cabrillac, Droit des obligations, 9e édition, Dalloz, p. 83; Philippe Malinvaud, Dominique Fenouillet, Droit des obligations, 11e édition, Litec, 2010, pp. 296—297; Philippe Malaurie, Laurent Aynès, Philippe Stoffel-Munck, Les obligations, 4e édition Defrenois, 2009, pp. 334—335; Jacques Flour, Jean-Luc Aubert, Éric Savaux, Les Obligations, 1. L'acte juridique, 14e édition, Dalloz, 2010, p. 297.

② Philippe Malaurie, Laurent Aynès, Philippe Stoffel-Munck, Droit des obligations, 8e édition, L. G. D. J., 2016, pp. 373—375; François Terré, Philippe Simler, Yves Lequette, François Chénedé, Droit civil, Les Obligations, 12e édition, Dalloz, 2018, pp. 643—650.

③ Dimitri Houtcieff, Droit Des Contrats, Larcier, 2e édition, 2016, pp. 308—309; Philippe Malaurie, Laurent Aynès, Philippe Stoffel-Munck, Droit des obligations, 8e édition, L. G. D. J., 2016, p. 373; Virginie Larribau-Terneyre, Droit civil, Les Obligations, 15e édition, Dalloz, 2017, p. 469.

虽然民法当中存在“无文本即无效”（pas de nullité sans texte）的法律格言，但是，此种法律格言在今时今日并没有获得承认。在今时今日的合同法当中，潜在性质的合同无效是原则，而文本性质的合同无效则是例外，因为，立法者直接在他们制定的法律当中规定某种合同无效的现象极端罕见，在大多数情况下，立法者仅仅对所有合同的有效条件做出一般性的规定，任何不符合制定法所规定的有效条件的合同均无效，即便没有任何法律文本对此种合同的无效做出规定。①

2. 合同的法律上的无效和随意无效

所谓法律上的无效（la nullité de droit），是指在符合合同无效条件的情况下，基于合同一方当事人的请求，法官必须做出合同无效的判决，他们不得借口合同无效不公平、不合理而拒绝宣告合同当事人之间的合同无效。所谓随意无效（nullité facultative），是指基于合同一方当事人的请求，在合同无效的条件已经具备的情况下，法官享有是否宣告合同无效的自由决定权（pouvoir discrétionnair）：他们既可以拒绝宣告当事人之间的合同无效，也有权宣告合同当事人之间的合同无效，如果他们拒绝宣告，则当事人之间的合同仍然有效，而一旦他们做出了宣告，则合同当事人之间的合同无效。在合同法当中，法律上的无效是原则，随意无效是例外。②

3. 合同的整体无效和部分无效

所谓合同的整体无效（la nullité intégrale），是指当合同因为某种原因而无效时，合同当事人之间的整个合同全部无效，不存在其中的某些条款无效而另外一些条款仍然有效的合同问题。因此，当一方当事人因为错误、胁迫或者欺诈而做出了瑕疵同意时，人们不能够认为他们的瑕疵同意仅仅让合同当中的部分条款、部分内容无效，因为这些同意瑕疵会导致他们与对方当事人之间的整个合同、所有条款、所有部分均无效。所谓合同的部分无效（la nullité partielle），是指在合同的无效原因仅仅影响到合同当中的某一个、某几个条款或者部分内容时，除了受到影响的这些条款或者部分内容无效之外，没有受到影响的其他条款或者其他内容有效。③

在合同的整体无效和部分无效的问题上，现行《法国民法典》所采取的规则是：以合同的整体无效作为一般原则，以合同的部分无效作为例外。换言之，除非合同无效符合部分无效的要求，否则，在合同因为某种原因而无效时，合同整体无效。现行《法国民法典》新的第1178（1）条对此种原则做出了说明，该条规定不符合合同有效条件要求的合同无效，已如前述。而现行《法国民法典》新的第1184条则对合同部分无效的例外规则做出了说明，该条规定：在合同无效的原因仅仅影响合同的一个或者几个条

---

① Dimitri Houtcieff, Droit Des Contrats, Larcier, 2e édition, 2016, pp. 308—309; Philippe Malaurie, Laurent Aynès, Philippe Stoffel-Munck, Droit des obligations, 8e édition, L. G. D. J., 2016, pp. 373—374; Virginie Larribau-Terneyre, Droit civil, Les Obligations, 15e édition, Dalloz, 2017, p. 469.

② Dimitri Houtcieff, Droit Des Contrats, Larcier, 2e édition, 2016, p. 309; Philippe Malaurie, Laurent Aynès, Philippe Stoffel-Munck, Droit des obligations, 8e édition, L. G. D. J., 2016, pp. 374—375; François Terré, Philippe Simler, Yves Lequette, François Chénedé, Droit civil, Les Obligations, 12e édition, Dalloz, 2018, p. 612.

③ Marjorie Brusorio Aillaud, Droit des obligations, 8e édition, bruylant, 2017, pp. 226—227; Virginie Larribau-Terneyre, Droit civil, Les Obligations, 15e édition, Dalloz, 2017, pp. 477—483; François Terré, Philippe Simler, Yves Lequette, François Chénedé, Droit civil, Les Obligations, 12e édition, Dalloz, 2018, pp. 643—650.

款时，如果无效的原因已经构成一方当事人或者所有当事人承担债务的一个决定性因素，则合同的无效导致整个合同无效。在制定法明确推定合同条款没有规定时，或者当被违反的法律规范的目的要求合同得到维持时，合同仍然维持有效。①

根据《法国民法典》新的第1184条的规定，在大多数情况下，合同无效属于整个无效，在三种例外情况下合同部分无效：其一，如果制定法明确规定，合同所包含的不公平合同条款被视为没有规定时，除了不公平的合同条款无效之外，合同的其他部分仍然有效。其二，如果引起争议的合同条款被视为合同的次要构成要素（élément acessoire），则仅仅引起争议的合同条款无效，合同的其他部分仍然有效。反之，如果引起争议的合同条款被视为合同的决定性因素（élément déterminant），则除了引起争议的合同条款无效之外，整个合同也均无效。② 其三，被合同当事人违反的法律规范的目的要求合同整个得到维持。即便立法者没有明确规定，引起争议的合同条款被视为没有规定，即便引起争议的条款是合同的决定性因素，如果法官宣告合同当事人之间的合同无效违反被合同违反的法律规范的目的（les fins de la règle），则法官仍然有权维持合同的有效，除了宣告违反的部分无效之外，整个合同仍然得以维持。最典型的范例是：雇主与其劳动者签订劳动合同时当然应当遵守最低工资方面的法律规范，不能够违反劳动法关于劳动者最低工资保障条款的规定。如果他们之间的合同违反了此种法律规范的规定，在劳动者起诉要求法官宣告劳动合同无效的情况下，如果法官宣告劳动合同无效，则他们的做法违反了立法者规定最低工资保障的目的，对劳动者反而不利。在此种情况下，法官有权维持整个劳动合同，仅仅宣告其中关于工资规定的条款无效。③

在合同的一个或者几个条款违反了法律规范规定的情况下，如果法官要继续维持合同的有效性，他们的做法有三种：其一，将合同当中违反法律规范的某一个条款完全剔除，就像合同当事人从来没有规定这一条款一样，在没有剔除的范围内，合同仍然有效。其二，将合同条款当中规定超过制定法规定范围的部分进行减缩，以便与法律规范的要求完全一致。例如，《法国民法典》第1873-3条规定，共有权行使合同的期限不得超过5年，如果共有人在他们的共有权行使合同当中规定了7年的期限，则他们之间的合同违反了该条的规定；为了维持当事人之间合同的有效性，法官采取的措施是，将7年的期限缩减为5年。其三，将原本无效的某种合同嬗变为另外一种与之相似的有效合同。在当事人之间的合同因为某种原因而无效时，如果法官不希望宣告他们之间的合同无效，他们也可以采取另外一种做法，这就是，如果将当事人之间的原本应当无效的合同转换为另外一种合同之后能够让其继续存在，则法官能够将无效的合同转换为另外

---

① Article 1184, Code civil, Version en vigueur au 25 décembre 2020, https://www.legifrance.gouv.fr/codes/section_lc/LEGITEXT000006070721/LEGISCTA000006150239/#LEGISCTA000032040926.

② Marjorie Brusorio Aillaud, Droit des obligations, 8e édition, bruylant, 2017, pp. 226—227; Virginie Larribau-Terneyre, Droit civil, Les Obligations, 15e édition, Dalloz, 2017, pp. 477—483; François Terré, Philippe Simler, Yves Lequette, François Chénedé, Droit civil, Les Obligations, 12e édition, Dalloz, 2018, pp. 643—650.

③ François Terré, Philippe Simler, Yves Lequette, François Chénedé, Droit civil, Les Obligations, 12e édition, Dalloz, 2018, pp. 646—648.

一种有效的合同。[①]

二、合同的裁判无效和协议无效

在2016年之前，《法国民法典》仅仅对裁判无效做出了规定，通过2016年2月10日的债法改革法令，现行《法国民法典》新的第1178（1）条既规定了传统的裁判无效，也规定了一种新类型的合同无效即协议无效，已如前述，这就是裁判无效（nullité judiciaire）和协议无效（nullité conventionnelle）的两分法理论，其中的裁判无效是原则，协议无效为例外。

所谓裁判无效，是指基于合同当事人的起诉，法官通过案件的具体审判所宣告的无效，换言之，所谓裁判无效，是指法官通过自己的判决所宣告的合同无效。在合同成立之后，如果一方当事人认为他们与对方当事人之间的合同欠缺合同的某一个有效条件，则该方当事人有权向法院起诉，要求法官宣告他们与对方当事人之间的合同无效。[②]

在古罗马时期，罗马法既承认裁判无效，也承认自始无效（nullité ab initio）。所谓自始无效，是指不需要当事人向法院起诉并因此经由法官裁判的合同无效。罗马法采取合同成立的形式主义理论，认为合同应当根据制定法所规定的严格形式和条件成立。如果当事人之间的合同没有采取罗马法规定的严格形式和条件，则他们之间的合同自始无效，当事人不需要向法院起诉，要求法官宣告他们与对方当事人之间的合同无效。鉴于此种规则过于严厉，法官开始采取措施，允许因为错误或者欺诈而签订合同的受害人向法院起诉，在宣告当事人之间的合同无效时，法官也责令因为无效合同获得利益的当事人将所获得的利益返还给对方。[③]

在法国旧法时期，人们对无效是否一定要通过裁判的方式宣告有不同的看法，某些人认为，一切合同的无效均需通过法官裁判宣告，而另外一些学者则采取罗马法的规则，承认两种无效制度的存在。在18世纪的著名民法著作《债法专论》当中，Pothier就采取罗马法的理论，明确区分需要通过裁判宣告的无效和不需要通过法官裁判的无效，其中的需要通过法官裁判的无效主要针对存在同意瑕疵的合同，而不需要法官通过裁判宣告的无效则针对违反良好道德和制定法的禁止性规定的合同。[④]

在1804年的《法国民法典》当中，法国立法者没有采取罗马法或者Pothier的理论，因为，它明确规定，无论是违反良好道德、制定法强制性规定的无效还是违反同意瑕疵的无效，均必须通过裁判方式宣告。所不同的是，它将违反良好道德、制定法强制性规定的合同称为合同的无效，而将违反同意瑕疵的合同称为合同的可撤销（rescision d'une convention），也就是可撤销的合同。这就是1804年的《法国民法典》第1304条，该条规定：无论是合同无效之诉还是合同可撤销之诉，所有的诉讼均不限于某种特别制

---

① François Terré, Philippe Simler, Yves Lequette, François Chénedé, Droit civil, Les Obligations, 12e édition, Dalloz, 2018, pp. 643—650.

② François Terré, Philippe Simler, Yves Lequette, François Chénedé, Droit civil, Les Obligations, 12e édition, Dalloz, 2018, p. 612.

③ Dimitri Houtcieff, Droit Des Contrats, Larcier, 2e édition, 2016, p. 302.

④ Dimitri Houtcieff, Droit Des Contrats, Larcier, 2e édition, 2016, pp. 302—303.

定法所规定的更短的时效期间，该种诉讼有效期为 10 年。[①] 除了 19 世纪的民法学者承认这一点之外，法国 19 世纪的法官也承认这一点，因为他们均承认，没有法官的裁判就不会有合同的无效。[②]

在 2016 年之前，虽然《法国民法典》第 1304 条仍然使用合同无效和合同可撤销的术语，但是，法国民法学者普遍不再使用可撤销一词，而是将可撤销的合同称为相对无效的合同，将原本的合同无效称为绝对无效的合同，这就是无效的二分法理论：绝对无效和相对无效。法国民法学者的此种做法被法国政府采纳，在 2016 年 2 月 10 日的债法改革法令当中，它不再使用可“撤销的合同”一词，而是使用了“相对无效”一词，以便区别于“绝对无效”一词，这就是现行《法国民法典》当中的新的第 1179 条。关于这一点，笔者将在下面的内容当中做出详细的讨论，此处从略。

在今时今日，无论是在 2016 年的债法改革法令之前还是之后，无论是绝对无效还是相对无效均应当通过法官的裁判做出，这就是《法国民法典》所贯彻的一个一般原则，也是新的第 1178（1）条的明确规定。问题在于，在合同当事人没有主张合同无效的情况下，法官是否能够依照自己的职权宣告当事人之间的合同无效。对于此种问题，民法学者之间存在争议，传统的理论区分绝对无效和相对无效：如果具备绝对无效的事由，法官能够依照职权主动宣告合同无效，反之，如果仅仅具备相对无效的事由，法官不得依照职权主动宣告合同无效。不过，某些民法学者认为，即便是相对无效，法官也能够依照职权主动做出合同无效的宣告。[③]

所谓协议无效，是指在合同成立之后，合同当事人通过事后的友好协商并且达成他们之间的合同无效的协议，协议无效在性质上属于一种非裁判无效，因为当事人之间的合同无效并不是通过司法判决宣告的。1804 年的《法国民法典》仅仅规定了裁判无效，没有规定协议无效。虽然如此，法国民法学者和法官均承认，如果当事人友好协商并且达成一致意见，他们的一致意见也能够确认合同无效。[④] 通过 2016 年的债法改革法令，现行《法国民法典》新的第 1178（1）条明确将民法学说和司法判例上升为制定法，已如前述。《法国民法典》之所以明确承认此种形式的合同无效，其直接的目的在于提升合同纠纷的解决效率，避免一切合同无效纠纷均涌向法院并因此让法官被无效之诉所纠缠。[⑤]

不过，协议无效也是有条件的，如果不符合所要求的条件，当事人之间的协议也是无效的：首先，当事人之间的无效协议应当完全具备《法国民法典》新的第 1128 条所

---

① Article 1304, Code civil des Français 1804/Livre Ⅲ, Titre Ⅲ, https://fr.wikisource.org/wiki/Code_civil_des_Français_1804/Livre_Ⅲ,_Titre_Ⅲ.

② Dimitri Houtcieff, Droit Des Contrats, Larcier, 2e édition, 2016, pp. 303—303.

③ Dimitri Houtcieff, Droit Des Contrats, Larcier, 2e édition, 2016, pp. 304—305; Philippe Malaurie, Laurent Aynès, Philippe Stoffel-Munck, Droit des obligations, 8e édition, L. G. D. J., 2016, p. 375; François Terré, Philippe Simler, Yves Lequette, François Chénedé, Droit civil, Les Obligations, 12e édition, Dalloz, 2018, pp. 612—615.

④ François Terré, Philippe Simler, Yves Lequette, François Chénedé, Droit civil, Les Obligations, 12e édition, Dalloz, 2018, p. 615.

⑤ Dimitri Houtcieff, Droit Des Contrats, Larcier, 2e édition, 2016, p. 305; François Terré, Philippe Simler, Yves Lequette, François Chénedé, Droit civil, Les Obligations, 12e édition, Dalloz, 2018, p. 615.

规定的条件，包括当事人有缔约能力、当事人有健全的同意等，已如前述。其次，当事人之间通过友好协商，就他们之间的合同无效达成了意思表示的一致：一方当事人和另外一方当事人均承认他们之间的合同无效。最后，他们之间的合同要符合《法国民法典》第2044条和之后的其他法律条款所规定和解协议（transaction）的所有条件。①

此外，《法国民法典》没有对协议无效引起的法律后果做出规定。实际上，在就合同无效达成协议时，如果当事人对合同无效的后果做出了规定，则他们关于合同无效的后果的规定具有法律效力。如果没有就合同无效的后果达成协议，《法国民法典》新的第1178（1）条所规定的法律后果是否自动适用于他们？似乎应当这样理解。②

三、合同的绝对无效和合同的相对无效

（一）合同绝对无效和相对无效的判断标准

在2016年之前，虽然《法国民法典》对绝对无效（la nullité absolue）和相对无效（la nullité relative）做出了规定，但是，它没有对这两种无效做出界定，因此，如何区分绝对无效和相对无效，民法学者之间存在不同看法，主要有两种不同的理论，这就是经典理论和现代理论。其中的现代理论为法国政府所采用，因为在2016年2月10日的债法改革法令当中，它采取了此种理论，这就是现行《法国民法典》当中的新的第1179条。

经典民法理论认为，合同无效究竟是绝对无效还是相对无效，其判断标准是合同成立时是否存在合同有效的必要构成因素：如果合同成立时完全欠缺合同有效的必要构成因素，则合同绝对无效，反之，如果合同成立时具备合同有效的必要构成因素，但是，这些因素存在瑕疵，则合同相对无效。因此，如果合同一方当事人因为错误、胁迫或者欺诈而做出了瑕疵同意，则他们与对方当事人之间的合同相对无效，反之，如果一方当事人对合同原因或者合同债的性质发生了错误，则他们的同意在性质上就不属于同意瑕疵，而属于同意的完全不存在，它会引起合同的绝对无效。③

在2016年之前，法国民法学者普遍认为，经典理论既没有任何制定法上的根据，也没有任何正当理由，因为这样的原因，在解决当事人之间的合同无效究竟是绝对无效还是相对无效的问题时，法官没有遵循此种理论。为此，他们提出了新的判断标准，这就是公共利益和私人利益的判断标准：如果合同违反的法律规范是为了维护公共利益，则当事人之间的合同绝对无效，反之，如果合同违反的法律规范仅仅是为了维护合同当

---

① Dimitri Houtcieff, Droit Des Contrats, Larcier, 2e édition, 2016, p. 305; François Terré, Philippe Simler, Yves Lequette, François Chénedé, Droit civil, Les Obligations, 12e édition, Dalloz, 2018, pp. 615—616.

② François Terré, Philippe Simler, Yves Lequette, François Chénedé, Droit civil, Les Obligations, 12e édition, Dalloz, 2018, pp. 615—616.

③ Henri Roland et Laurent Boyer, Contrat, 3e édition, Litec, 1989, p. 350; Gérard Légier, Les obligations, 17e édition, Dalloz, 2001, p. 77; Rémy Cabrillac, Droit des obligations, 9e édition, Dalloz, p. 84; Christian Larroumet, Droit Civil, Les Obligations, Le Contrat, 6e édition, Economica, 2007, pp. 539—540; Jacques Flour, Jean-Luc Aubert, Éric Savaux, Les Obligations, 1. L'acte juridique, 14e édition, Dalloz, 2010, p. 300; Francois Terré, Philippe Simler, Yves Lequette, Droit civil, Les Obligations, 10e édition, Dalloz, 2009, p. 415.

事人的私人利益，则合同相对无效。他们的此种理论被称为现代理论。[①]

通过2016年2月10日的债法改革法令，现行《法国民法典》新的第1179条采纳了现代理论，因为它根据合同违反的目的不同区分绝对无效和相对无效，该条规定：当合同违反了以保护一般利益为目的的法律规范时，无效是绝对的；当合同违反了以保护私人利益为目的的法律规范时，无效是相对的。[②] 根据这一条款的规定，我们可以对绝对无效和相对无效做出如下界定：所谓绝对无效，是指合同因为违反了以保护一般利益、公共利益为目的的法律规范而导致的无效。所谓相对无效，则是指合同因为违反了以保护私人利益、个人利益为目的的法律规范而导致的无效。

任何法律规范，无论是制定法规范还是非制定法规范，只要它们的目的是为了维护公共秩序、公共利益、一般利益，合同当事人在缔结合同时均应当遵守它们；如果他们在缔结合同时违反了这些法律规范，则他们的合同绝对无效。因此，如果出卖人与买受人签订器官买卖合同，则他们之间的买卖合同就是绝对无效合同，因为他们之间的买卖合同违反了《法国民法典》第16-1条的规定。《法国民法典》第16-1条规定：任何人均享有身体的受尊重权。自然人的身体是不可侵犯的。自然人的身体、身体的构成要素和身体产物不能够成为某种财产权的对象。[③] 当事人之间的买卖合同之所以绝对无效，是因为第16-1条关于身体权的规定是为了维护公共秩序、公共利益、一般利益。

相反，任何法律规范，无论是制定法规范还是非制定法规范，只要它们的目的是为了维护私人秩序、私人利益、个人利益，合同当事人在缔结合同时也应当遵守它们，如果他们在缔结合同时违反了这些法律规范，则他们的合同相对无效：仅仅法律规范对其提供保护的人才能够向法院起诉，要求法官宣告他们与对方之间的合同无效，如果他们不主张合同无效，则他们与对方之间的合同有效。因此，如果买卖合同的出卖人对买卖对象发生了错误，在买卖合同成立之后，出卖人有权主张他们与买受人之间的买卖合同无效，买受人不能够主张无效，除非他们也发生了错误。因为买卖合同的目的在于保护合同当事人的私人利益。

（二）合同绝对无效和相对无效适用的领域

《法国民法典》新的第1179条之所以区分合同的绝对无效和相对无效，第一个主要原因在于，它们适用的领域是存在差异的，换言之，绝对无效和相对无效的原因是不同的。

---

① Henri Roland et Laurent Boyer, Contrat, 3e édition, Litec, 1989, p. 351; Henri et Leon Mazeaud, Jean Mazeaud, Francois Chabas, Obligations, 9e édition, Montchrestien, 1998, p. 297; Gérard Légier, Les obligations, 17e édition, Dalloz, 2001, p. 77; Jean Carbonnier, Droit civil, Les biens, Les Obligations, puf, p. 2097; Rémy Cabrillac, Droit des obligations, 9e édition, Dalloz, p. 84; Philippe Malaurie, Laurent Aynès, Philippe Stoffel-Munck, Les obligations, 4e édition Defrenois, 2009, pp. 342—343; Jacques Flour, Jean-Luc Aubert, Éric Savaux, Les Obligations, 1. L'acte juridique, 14e édition, Dalloz, 2010, p. 303.

② Article 1179, Code civil, Version en vigueur au 25 décembre 2020, https://www.legifrance.gouv.fr/codes/section_lc/LEGITEXT000006070721/LEGISCTA000006150239/#LEGISCTA000032040926.

③ Article 16-1, Code civil, Version en vigueur au 25 décembre 2020, https://www.legifrance.gouv.fr/codes/section_lc/LEGITEXT000006070721/LEGISCTA000006136059/#LEGISCTA000006136059.

在2016年之前，法国民法学者认为，合同绝对无效的原因包括：其一，合同的客体欠缺；其二，合同客体不能够实现或者不可能确定；其三，合同的客体或者原因违反了制定法的强制性规定；其四，合同的客体或者原因不道德，违反了良好道德规范的要求。[①] 在今时今日，这些理论基本上被放弃了，因为通过2016年的债法改革法令，人们对合同的有效条件做出了新的规定，已如前述。

根据2016年以来法国民法学者的看法，合同绝对无效的原因包括：合同完全欠缺当事人的同意，也就是说，合同当事人完全没有签订合同的意图、意志、意思；合同的内容不可能，合同的内容非法，合同的内容不确定，合同的给付是虚假的或者微不足道的，合同违反了自身条款的规定，合同违反了自身的目的，合同没有遵守制定法对合同形式的要求，没有权利能力的人所缔结的合同。[②]

不过，无论是在2016年之前还是2016年之后，法国民法学者关于合同相对无效的原因的说明基本上是相同的。在2016年之前，法国民法学者认为，合同相对无效的原因包括：其一，合同当事人在签订合同时没有行为能力；其二，合同当事人在签订合同时的意思表示存在瑕疵，包括存在误解、胁迫或者欺诈；其三，合同当事人之间的合同在成立时存在显失公平的情况。[③] 2016年之后，法国民法学者仍然认为，合同相对无效的原因仍然是这些，除了其中的显失公平不再视为合同无效的原因之外。[④]

（三）能够主张合同绝对无效和相对无效的人

《法国民法典》新的第1179条之所以区分合同的绝对无效和相对无效，第二个主要原因在于，能够主张绝对无效和相对无效的人是存在差异的。总的来说，如果合同当事人之间的无效合同仅仅属于绝对无效合同，则所有人均能够主张合同无效，只要他们对合同无效享有利害关系即可；如果合同当事人之间的无效合同仅仅属于相对无效，则仅制定法对其提供保护的合同一方当事人能够主张无效。民法之所以形成这样的规则，是因为合同的绝对无效和合同的相对无效所保护的利益性质不同，已如前述。

1. 能够主张合同绝对无效的人

在法国，能够主张合同绝对无效的人除了包括合同当事人之外，还包括任何对合同无效享有某种利害关系的人。现行《法国民法典》新的1180条对此种规则做出了说明，

---

① Gérard Légier, Les obligations, 17e édition, Dalloz, 2001, p. 78; Jean Carbonnier, Droit civil, Les biens, Les Obligations, puf, p. 2096; Philippe Malinvaud, Dominique Fenouillet, Droit des obligations, 11e édition, Litec, 2010, p. 303.

② Marjorie Brusorio Aillaud, Droit des obligations, 8e édition, bruylant, 2017, p. 222; irginie Larribau-Terneyre, Droit civil, Les Obligations, 15e édition, Dalloz, 2017, pp. 470—471.

③ Gérard Légier, Les obligations, 17e édition, Dalloz, 2001, p. 78; Jean Carbonnier, Droit civil, Les biens, Les Obligations, puf, p. 2096; Philippe Malinvaud, Dominique Fenouillet, Droit des obligations, 11e édition, Litec, 2010, p. 302.

④ Marjorie Brusorio Aillaud, Droit des obligations, 8e édition, bruylant, 2017, p. 223; irginie Larribau-Terneyre, Droit civil, Les Obligations, 15e édition, Dalloz, 2017, p. 469.

该条规定：绝对无效能够为包括检察官在内的所有具有正当利益的人主张。[①] 根据该条的规定，能够主张合同无效的人包括合同的任何一方当事人、合同任何一方当事人的继承人、合同任何一方当事人的债权人、当事人之外的第三人以及检察官，甚至还包括法官和行政官员等。[②]

首先，如果合同当事人之间的合同绝对无效，则合同的任何一方当事人均有权向法院起诉，要求法官宣告他们与对方之间的合同无效。在合同的一方当事人死亡时，他们的继承人也有权向法院起诉，要求法官宣告合同无效。其次，合同任何一方当事人的债权人能够主张合同无效。在合同绝对无效时，合同当事人的债权人也能够向法院起诉，要求法官宣告合同当事人之间的合同无效，如果他们对合同无效享有利害关系的话。

除了债权人之外，任何对合同无效有利害关系的人均有权向法院起诉，要求法官宣告合同当事人之间的合同无效。例如，当购买人所购买的不动产属于已经被出卖人所出卖的不动产时，购买人当然要尊重出卖人与承租人之间的不动产租赁合同，但是，如果出卖人是基于非法原因或者不道德的原因而将其不动产出租给承租人，则不动产的购买人有权向法院起诉，要求法官宣告出卖人与承租人之间的租赁合同无效。如果合同当事人之间的合同损害了公共秩序，则检察官有权向法院起诉，要求法官宣告合同当事人之间的合同无效。

当然，在主张合同绝对无效时，他们也应当受到两种限制：一方面，他们对合同无效享有的利害关系仅仅是经济方面的利害关系，不包括其他方面的利害关系。另一方面，他们对合同无效享有的利害关系应当是合法的经济利害关系，不应当是非法的经济利害关系。

2. 能够主张合同相对无效的人

在法国，能够主张合同相对无效的人只能够是制定法对其提供保护的人，不是制定法对其提供保护的人没有资格向法院起诉，要求法官宣告合同无效。所谓制定法对其提供保护的人，是指制定法是基于保护其利益的目的而规定合同有效条件的，因此，能够主张合同无效的人并不仅仅限于合同当事人，虽然合同当事人是最主要的能够主张合同

---

① Article 1179, Code civil, Version en vigueur au 25 décembre 2020, https://www.legifrance.gouv.fr/codes/section_lc/LEGITEXT000006070721/LEGISCTA000006150239/#LEGISCTA000032040926.

② Dimitri Houtcieff, Droit Des Contrats, Larcier, 2e édition, 2016, pp. 309—310; Muriel Fabre-Magnan, Droit des obligations, Tome 1, Contrat et engagement unilatéral, 4e édition, puf, 2016, pp. 502—503; Philippe Malaurie, Laurent Aynès, Philippe Stoffel-Munck, Droit des obligations, 8e édition, L. G. D. J., 2016, pp. 376—377; Rémy Cabrillac, Droit des obligations, 12e édition, Dalloz, 2016, pp. 101—102; Marjorie Brusorio Aillaud, Droit des obligations, 8e édition, bruylant, 2017, pp. 222—223; Virginie Larribau-Terneyre, Droit civil, Les Obligations, 15e édition, Dalloz, 2017, pp. 471—472; François Terré, Philippe Simler, Yves Lequette, François Chénedé, Droit civil, Les Obligations, 12e édition, Dalloz, 2018, pp. 619—621.

相对无效的人。[①] 现行《法国民法典》新的第1181（1）条对此种规则做出了说明，该条规定，相对无效只能够为制定法意图对其提供保护的当事人主张。[②] 这些人包括：

首先，合同的一方当事人或者双方当事人。在通常情况下，合同的相对无效也仅仅保护合同的一方当事人免受另外一方当事人的侵害，因此，合同无效也只能够由合同无效对其提供保护的一方当事人主张，另外一方当事人不得主张合同无效。因此，如果一方当事人基于另外一方当事人的欺诈、胁迫而与其签订合同，则仅受到欺诈或者胁迫的一方当事人才能够向法院起诉，要求法官宣告合同无效，实施欺诈或者胁迫的另外一方当事人不得主张合同无效。同样，如果一方当事人与另外一方当事人之间的合同对其中的一方当事人显失公平，仅因为此种显失公平而遭受损害的人才能够主张合同无效。如果合同的一方当事人发生了误解，则仅有发生误解的一方当事人才能够主张合同无效。在例外情况下，如果合同相对无效对合同的双方当事人均提供保护，则合同的双方当事人均能够主张合同的相对无效。例如，如果合同的双方当事人均对合同发生了误解，则合同的双方当事人均能够主张合同的相对无效。

其次，合同当事人的代理人、协助人、继承人或者债权人。如果合同的一方当事人在签订合同时是无行为能力人，则能够主张该种合同相对无效的人并不是无行为能力人本人，而是其代理人，他们能够以无行为能力人的法定代理人的身份主张合同无效。如果合同的一方当事人在签订合同时是处于受协助人保护当中的成年人，则该成年人在其协助人协助时能够主张合同无效。如果合同相对无效对其提供保护的人在签订合同之后死亡，则他们的继承人能够主张合同的相对无效。债权人能够以其债务人的名义向法院起诉，要求法官宣告债务人与第三人之间的合同相对无效，如果债权人符合债权人代位权的条件的话。

最后，例外情况下的第三人。原则上，能够主张合同相对无效的人应当是当事人或者当事人的继承人、协助者等，不过，在例外情况下，当事人之外的第三人也能够主张合同的相对无效。例如，合同的保证人能够向法院起诉，要求法官宣告主债务人与其债权人之间的合同无效。再例如，如果用益权人与承租人签订的租赁合同的期限超过了《法国民法典》第595条所规定的持续期间，则虚所有权人能够向法院起诉，要求法官宣告他们之间的合同无效。

因为能够同时主张合同相对无效的人众多，当其中的一个人不主张合同的相对无效时，他们的放弃行为并不会妨害其他人主张合同的相对无效。现行《法国民法典》新的第1181（3）条对此种规则做出了说明，该条规定：如果主张合同相对无效的人有几

---

① Dimitri Houtcieff, Droit Des Contrats, Larcier, 2e édition, 2016, pp. 310—311; Muriel Fabre-Magnan, Droit des obligations, Tome 1, Contrat et engagement unilatéral, 4e édition, puf, 2016, pp. 503—504; Philippe Malaurie, Laurent Aynès, Philippe Stoffel-Munck, Droit des obligations, 8e édition, L. G. D. J., 2016, p. 376; Rémy Cabrillac, Droit des obligations, 12e édition, Dalloz, 2016, pp. 102—103; Marjorie Brusorio Aillaud, Droit des obligations, 8e édition, bruylant, 2017, p. 224; Virginie Larribau-Terneyre, Droit civil, Les Obligations, 15e édition, Dalloz, 2017, p. 472; François Terré, Philippe Simler, Yves Lequette, François Chénedé, Droit civil, Les Obligations, 12e édition, Dalloz, 2018, pp. 617—619.

② Article 1181, Code civil, Version en vigueur au 25 décembre 2020, https://www.legifrance.gouv.fr/codes/section_lc/LEGITEXT000006070721/LEGISCTA000006150239/#LEGISCTA000032040926.

个，其中一个人放弃此种主张时，他的放弃行为不会阻止其他人主张合同的相对无效。[①]

3. 主张合同无效的时效期间和对合同无效主张予以抗辩的时效期间

现行《法国民法典》对合同无效的时效期间做出了两种不同的规定：其一，如果原告向法院起诉，要求法官宣告当事人之间的合同无效。这就是合同无效的诉讼时效期间（prescription de l'action）。其二，当合同的一方当事人要求对方当事人履行合同时，对方当事人能够以合同无效对抗其主张的时效期间，这就是合同无效抗辩的时效期间（prescription par voie d'ecception）。[②]

在2008年6月17日关于时效制度改革的法律颁布之前，《法国民法典》明确区分绝对无效和相对无效的诉讼时效期间，因为它认为，绝对无效的时效期间是30年，而相对无效的时效期间则是5年。通过2008年6月17日关于时效制度改革的法律，现行《法国民法典》统一了两种合同无效的时效期间，认为人们无论是主张合同的绝对无效还是相对无效，他们主张无效的时效期间均为5年，这就是现行《法国民法典》第2224条的规定。根据该条的规定，绝对无效和相对无效的时效在性质上均属于5年的消灭时效，合同无效的期限不再从当事人之间的合同缔结之日起算，而是从当事人知道或者原本应当知道影响合同的瑕疵之日起算。[③]

所谓合同无效抗辩的时效期间，是指在当事人之间的合同没有履行的情况下，如果一方当事人在合同无效的诉讼时效经过之后要求另外一方当事人履行自己所承担的债务，或者要求另外一方当事人就其没有履行自己债务的行为承担损害赔偿责任，则另外一方当事人有权以合同无效对抗其要求履行债务或者损害赔偿请求的一种手段。通过2016年2月10日的债法改革法令，现行《法国民法典》新的第1185条对合同无效抗辩的时效期间问题做出了规定，它认为，合同无效的抗辩是没有时间期限限制的，该条规定：无效抗辩是不受时效期间限制的，如果它同没有获得任何履行的合同有关系的话。[④]

《法国民法典》新的第1185条也仅仅是一个著名的法律格言的法律文本化的体现，这个法律格言是："诉权是暂时的，而抗辩则是恒久的"（Quae temporalia sunt ad agendum perpetua sunt ad excipiendum）。根据该条的规定，无效抗辩不受时效期间限制的规则也是有条件的：其一，当事人之间的合同在性质上属于无效合同。其二，他们之间的合同没有被当事人履行。其三，在无效的时效期间届满之后，原本能够主张合同无效的

---

① Article 1181, Code civil, Version en vigueur au 25 décembre 2020, https://www.legifrance.gouv.fr/codes/section_lc/LEGITEXT000006070721/LEGISCTA000006150239/#LEGISCTA000032040926.

② Dimitri Houtcieff, Droit Des Contrats, Larcier, 2e édition, 2016, pp. 312—314; Marjorie Brusorio Aillaud, Droit des obligations, 8e édition, bruylant, 2017, pp. 223—224; François Terré, Philippe Simler, Yves Lequette, François Chénedé, Droit civil, Les Obligations, 12e édition, Dalloz, 2018, pp. 632—642.

③ Dimitri Houtcieff, Droit Des Contrats, Larcier, 2e édition, 2016, pp. 312—314; Marjorie Brusorio Aillaud, Droit des obligations, 8e édition, bruylant, 2017, pp. 223—224; François Terré, Philippe Simler, Yves Lequette, François Chénedé, Droit civil, Les Obligations, 12e édition, Dalloz, 2018, pp. 632—642.

④ Article 1185, Code civil, Version en vigueur au 25 décembre 2020, https://www.legifrance.gouv.fr/codes/section_lc/LEGITEXT000006070721/LEGISCTA000006150239/#LEGISCTA000032040926.

一方当事人要求另外一方当事人履行自己的债务或者承担损害赔偿责任。[①]

（四）无效合同的认可和合同无效的请求认可

在法国，如果合同当事人之间的合同属于无效合同，他们之间的合同是否能够通过一方当事人的认可（confirma）而成为有效合同？对此问题，《法国民法典》做出了不同的回答，根据它的回答，如果合同当事人之间的合同是相对无效合同，则他们之间的合同能够通过其中的一方当事人的认可而成为有效合同，而如果合同当事人之间的合同属于绝对无效合同，则他们之间的合同不能够通过任何一方当事人的认可而成为有效合同。[②] 这就是现行《法国民法典》当中新的第1180（2）条和新的第1181（2）条的内容。新的第1180（2）条规定：绝对无效的合同不能够通过合同的认可而成为受保护的合同。新的第1181（2）条则规定：相对无效的合同可以通过认可而成为受保护的合同。[③]《法国民法典》之所以采取此种规则，是因为合同的相对无效仅仅保护私人利益，而合同的绝对无效则保护公共利益、一般利益，已如前述。

所谓无效合同的认可，是指有权主张合同无效的人单方面实施的放弃其享有的主张合同无效权利的行为。如果合同当事人之间的合同属于相对无效合同，则相对无效对其提供保护的一方当事人当然有权向法院起诉，要求法官宣告其与对方当事人之间的合同无效，已如前述。如果享有此种诉讼请求权的一方当事人放弃其享有的此种诉讼请求权，则他们放弃此种诉讼请求权的行为就构成合同无效的认可行为。现行《法国民法典》新的第1182（1）条对无效合同的认可做出了明确界定，该条规定：所谓认可，是指原本能够主张合同无效的人所实施的放弃合同无效的一种行为。[④] 在法律上，合同无效的认可行为属于单方法律行为，只要认可者单方面做出认可的意思表示就能够产生法律效力。

根据《法国民法典》新的第1182条的规定，无效合同的认可是有条件的。[⑤] 其一，合同当事人之间的合同在性质上属于相对无效合同，不属于绝对无效合同。其二，无效

---

① Dimitri Houtcieff, Droit Des Contrats, Larcier, 2e édition, 2016, pp. 312—314; Marjorie Brusorio Aillaud, Droit des obligations, 8e édition, bruylant, 2017, pp. 223—224; François Terré, Philippe Simler, Yves Lequette, François Chénedé, Droit civil, Les Obligations, 12e édition, Dalloz, 2018, pp. 632—642.

② Dimitri Houtcieff, Droit Des Contrats, Larcier, 2e édition, 2016, pp. 314—316; Muriel Fabre-Magnan, Droit des obligations, Tome 1, Contrat et engagement unilatéral, 4e édition, puf, 2016, pp. 521—524; Marjorie Brusorio Aillaud, Droit des obligations, 8e édition, bruylant, 2017, pp. 224—225; Virginie Larribau-Terneyre, Droit civil, Les Obligations, 15e édition, Dalloz, 2017, pp. 472—474; François Terré, Philippe Simler, Yves Lequette, François Chénedé, Droit civil, Les Obligations, 12e édition, Dalloz, 2018, pp. 621—631.

③ Articles 1180 et 1181, Code civil, Version en vigueur au 25 décembre 2020, https://www.legifrance.gouv.fr/codes/section_lc/LEGITEXT000006070721/LEGISCTA000006150239/#LEGISCTA000032040926.

④ Article 1185, Code civil, Version en vigueur au 25 décembre 2020, https://www.legifrance.gouv.fr/codes/section_lc/LEGITEXT000006070721/LEGISCTA000006150239/#LEGISCTA000032040926.

⑤ Dimitri Houtcieff, Droit Des Contrats, Larcier, 2e édition, 2016, pp. 314—316; Muriel Fabre-Magnan, Droit des obligations, Tome 1, Contrat et engagement unilatéral, 4e édition, puf, 2016, pp. 521—524; Marjorie Brusorio Aillaud, Droit des obligations, 8e édition, bruylant, 2017, pp. 224—225; Virginie Larribau-Terneyre, Droit civil, Les Obligations, 15e édition, Dalloz, 2017, pp. 472—474; François Terré, Philippe Simler, Yves Lequette, François Chénedé, Droit civil, Les Obligations, 12e édition, Dalloz, 2018, pp. 621—631.

合同的认可只能够在合同缔结之后进行。因此，如果一方当事人受到另外一方当事人的胁迫而签订合同，仅仅在胁迫行为停止之后，被胁迫者才能够认可无效合同。其三，认可行为既可以是明示行为，也可以是默示行为。如果一方当事人在知道合同无效的原因之后仍然自愿履行合同所规定的债务，则他们的自愿履行行为就是默示认可行为。如果合同的一方当事人明示认可与对方当事人之间的合同，除了要明确承认自己会放弃原本能够对对方当事人主张的手段（moyens）和抗辩（exceptions）之外，他们还应当在自己的认可行为当中提及债的客体和影响合同效力的瑕疵。[①]

除了对受到保护的合同当事人享有的认可权做出了规定之外，现行《法国民法典》新的第1183条也对导致合同相对无效的一方当事人所享有的请求认可权做出了说明。所谓请求认可权，是指在因为自己的原因导致合同相对无效的情况下，合同的一方当事人有权要求能够主张合同无效的另外一方当事人就是否主张合同无效的问题做出明确表示。该条规定：一方当事人有权以书面方式要求能够主张合同无效的对方当事人在6个月的期限内或者认可合同，或者提起无效之诉；否则，逾期做出表示，将会遭受无效之诉丧失的效果，无效的原因会因此停止。在其书面请求当中，该方当事人应当对对方当事人明确提及：如果对方不在6个月的期限届满之前提起合同无效之诉，则合同被视为已经认可。[②]

根据该条的规定，在因为自己的原因而导致合同相对无效的情况下，如果对方当事人没有明确表示是主张合同无效还是认可无效合同，则该方当事人有权以书面方式要求对方当事人在6个月的时间内或者做出认可合同的表示，或者做出提起合同无效的诉讼，否则，逾期不做出表示，则对方当事人将会丧失要求法官宣告合同无效的权利，合同无效的原因将消失，当事人之间的合同将会从无效变为有效。

一旦合同的一方当事人认可其与对方当事人之间的无效合同，则他们之间的合同所存在的瑕疵就消灭了，他们之间的合同就从无效合同变为有效合同，并且他们之间的合同并不是从认可之日起成为有效合同，而是从合同最初成立之日起成为有效合同，换言之，无效合同的认可能够产生溯及既往的法律效力，它让合同当事人之间的合同溯及既往的有效。不过，无效合同的认可不能够损害第三人享有的权利。[③]

四、合同无效的效果

在法国，无论是相对无效合同还是绝对无效合同，一旦合同当事人之间的合同被宣告为无效，则他们之间的无效合同将会产生一定的法律效果，主要包括三个方面：其

---

① Article 1182, Code civil, Version en vigueur au 25 décembre 2020, https://www.legifrance.gouv.fr/codes/section_lc/LEGITEXT000006070721/LEGISCTA000006150239/#LEGISCTA000032040926.

② Article 1183, Code civil, Version en vigueur au 25 décembre 2020, https://www.legifrance.gouv.fr/codes/section_lc/LEGITEXT000006070721/LEGISCTA000006150239/#LEGISCTA000032040926.

③ Dimitri Houtcieff, Droit Des Contrats, Larcier, 2e édition, 2016, pp. 314—316; Muriel Fabre-Magnan, Droit des obligations, Tome 1, Contrat et engagement unilatéral, 4e édition, puf, 2016, pp. 521—524; Marjorie Brusorio Aillaud, Droit des obligations, 8e édition, bruylant, 2017, pp. 224—225; Virginie Larribau-Terneyre, Droit civil, Les Obligations, 15e édition, Dalloz, 2017, pp. 472—474; François Terré, Philippe Simler, Yves Lequette, François Chénedé, Droit civil, Les Obligations, 12e édition, Dalloz, 2018, pp. 621—631.

一，合同当事人之间的合同溯及既往的消灭；其二，合同当事人所承担的返还责任；其三，导致合同无效的一方当事人对另外一方当事人所遭受的损害的赔偿。[①]

（一）无效合同所产生的溯及既往消灭的效力

原则上，一旦当事人之间的合同被宣告为无效，则他们之间的合同会溯及既往的消灭，这就是，当法官宣告合同当事人之间的合同无效时，合同当事人之间的合同不仅从法官宣告无效之日起向将来消灭，而且还会溯及合同成立时无效，就像合同当事人之间的合同从来就没有存在过一样。不过，此种原则也存在例外，在例外的情况下，他们之间的合同也仅仅从法官宣告无效之日起向将来消灭，不会从合同成立之日起消灭，换言之，让无效合同产生合同解除时所产生的法律效力。最典型的情形是，如果合同当事人之间的合同在性质上属于连续合同，在宣告合同无效时，法官仅仅让当事人之间的合同从宣告无效之日起向将来消灭，他们不会让当事人之间的合同溯及连续合同成立时消灭。

（二）合同当事人之间所承担的返还责任

在合同被宣告为无效的情况下，如果合同当事人之间的债务还没有履行，则他们之间的债务不再继续履行，如果合同的一方当事人已经履行了自己的债务，他们有权要求接受自己履行的对方当事人将所接受的给付返还自己，接受债务人履行的对方当事人应当返还所接受的给付。这就是无效合同所产生的返还责任，其目的是让无效合同当事人之间的关系恢复到无效合同缔结之前的状态，也就是原状恢复。因此，如果买卖合同被宣告为无效，则出卖人应当将其获得的价款返还给买受人，而买受人则应当将其获得的财产返还给出卖人。

不过，此种原则也存在例外，在例外情况下，因为无效合同取得对方当事人利益的人无须承担返还责任，即无须将从对方当事人那里获得的给付返还对方。例如，即便当事人之间的租赁合同、劳动合同被宣告为无效，出租人、雇员也不可能将从对方那里获得的租金、工资返还给承租人、雇主。

（三）因为合同无效引起的侵权责任

在合同被宣告为无效的情况下，合同的任何一方当事人均不得被责令就自己不履行合同债务的行为对对方当事人承担合同性质的损害赔偿责任，因为他们之间的合同被溯及既往地消灭，当事人没有承担合同责任的有效合同。不过，虽然他们不会承担合同责

---

① Dimitri Houtcieff, Droit Des Contrats, Larcier, 2e édition, 2016, pp. 317—323; Muriel Fabre-Magnan, Droit des obligations, Tome 1, Contrat et engagement unilatéral, 4e édition, puf, 2016, pp. 508—521; Philippe Malaurie, Laurent Aynès, Philippe Stoffel-Munck, Droit des obligations, 8e édition, L. G. D. J., 2016, pp. 385—395; Rémy Cabrillac, Droit des obligations, 12e édition, Dalloz, 2016, pp. 103—108; Marjorie Brusorio Aillaud, Droit des obligations, 8e édition, bruylant, 2017, pp. 226—230; Virginie Larribau-Terneyre, Droit civil, Les Obligations, 15e édition, Dalloz, 2017, pp. 475—477; François Terré, Philippe Simler, Yves Lequette, François Chénedé, Droit civil, Les Obligations, 12e édition, Dalloz, 2018, pp. 642—663.

任，但是，他们应当承担过错侵权责任，这就是，因为自己的过错引起合同无效时，在符合《法国民法典》新的第1240条所规定的一般过错侵权责任构成要素的情况下，有过错的一方当事人应当对另外一方当事人所遭受的损害承担赔偿责任。《法国民法典》新的第1178（4）条对此种侵权责任做出了明确规定，已如前述。

五、合同失效

在合同成立的问题，除了对合同的绝对无效和相对无效做出了规定之外，现行《法国民法典》也用了两个条款对另外一种制裁做出了规定，这就是新的1186和新的1187条，除了对合同失效做出了界定之外，它们还对合同失效引起的后果和合同失效的一种典型情形做出了规定。

（一）合同失效的界定

现行《法国民法典》新的第1186（1）条规定：如果合同的某一个基本构成因素消失，则有效成立的合同失效。① 根据该条的规定，我们可以对合同失效做出如下界定：所谓合同失效（la caducité du contrats），是指在合同有效成立之后，因为合同有效的基本构成要素（éléments essentiels）消失，所以合同的效力就丧失了。例如，因为合同所规定的期限届满，原本有效的合同效力消失。再例如，在以人身关系作为基础的合同当中，如果一方当事人死亡，则合同便因为该方当事人死亡而失效。

虽然合同失效和合同无效均为合同成立所遭受的制裁手段，但是，它们是两种不同的制裁手段，它们之间是存在差异的。首先，合同失效以合同已经有效成立作为前提，因为在当事人缔结合同时，他们之间的合同已经具备了合同的有效条件并因此在当事人之间产生了法律效力。而合同无效则不同，在当事人缔结合同时，他们之间的合同就不具备合同的有效条件，无论是绝对无效还是相对无效均是如此。其次，原则上，合同失效不会导致合同溯及既往地消灭，在合同的某一个基本构成因素消失时，合同从该基本构成要素消失时起失效，从合同成立之日起一直到该基本构成因素消失之前的合同仍然有效。而合同无效则不同，它原则上产生溯及既往的效力，合同从成立之日起无效。最后，合同失效的原因同当事人的意图、意志、意思无关，是合同当事人意图、意志、意思之外的某种事件。而合同无效则不同，引起合同无效的原因是合同当事人的意图、意志、意思，而不是他们意图、意志、意思之外的事件。②

（二）能够引起有效合同失效的合同基本构成要素

合同失效的构成条件包括：其一，合同当事人之间的合同有效成立，并且已经对合

---

① Article 1186, Code civil, Version en vigueur au 25 décembre 2020, https://www.legifrance.gouv.fr/codes/section_lc/LEGITEXT000006070721/LEGISCTA000006150239/#LEGISCTA000032040926.

② Gérard Légier, Les obligations, 17e édition, Dalloz, 2001, p. 76; Philippe Malinvaud, Dominique Fenouillet, Droit des obligations, 11e édition, Litec, 2010, pp. 297—298; Philippe Malaurie, Laurent Aynès, Philippe Stoffel-Munck, Les obligations, 4e édition Defrenois, 2009, p. 334; Jacques Flour, Jean-Luc Aubert, Éric Savaux, Les Obligations, 1. L'acte juridique, 14e édition, Dalloz, 2010, pp. 297—298.

同当事人产生了约束力。其二，在合同成立之后，合同当事人承担的债务还没有履行，或者虽然已经开始履行，但是，债务人承担的债务还没有全部履行完毕。其三，在债务履行期间，合同的一个基本构成要素消失，并因此让原本符合有效条件要求的合同不再符合合同有效的必要条件。其四，引起合同基本构成要素消失的原因是某种外在的事件，同合同当事人的意图、意志、意思无关。

在这四个构成因素当中，引起争议的是第三个构成要素。因为，虽然《法国民法典》新的第1186条规定，能够引起有效成立的合同失效的原因是合同的某种基本构成要素的消失（disparaît），但是，除了新的第1186（2）条规定了一种具体的情形即两个不可分的合同当中的一个合同消失会引起依赖该合同的另外一个合同消失之外，《法国民法典》没有明确规定哪些基本构成要素的消失会引起合同的失效。某些民法学者认为，新的第1186（1）条所规定的“基本构成要素”是指合同有效的必要条件；而另外一些民法学者则认为，此种看法是错误的。

一方面，虽然合同当事人的同意是合同有效的必要条件，但是，在合同成立之后，如果当事人的同意消失了，当事人之间的合同并不会因此失效，因为在合同成立时，如果当事人同意了，则他们与对方当事人之间的合同有效成立并且对当事人产生约束力，即便在履行期间，一方当事人反悔，他们的反悔也不可能让他们与对方当事人之间的合同失效。另一方面，虽然缔约能力是合同有效的必要条件，但是，除非制定法有明确相反的规定，否则，在合同成立之后，如果当事人成为无行为能力人，他们之间的合同并不会因此失效。①

Dimitri Houtcieff 认为，能够引起合同失效的基本构成要素包括：合同所规定的期限届满；在合同规定了附延缓条件时，附延缓条件没有实现；合同当事人无法预见的、与合同当事人的意图、意志、意思没有关系的事件的发生，如与合同所追求的目的不能够兼容的法律规范的实行；如果法人与别人签订的合同在性质上属于以人身关系作为基础的合同，当法人的负责人发生变更时，则它们与别人之间的合同失效；《法国民法典》新的第1186（2）条所规定的以另外一个合同的存在作为前提的合同，在另外一个合同消失时，依赖另外一个合同存在的合同也失效。②

Terré、Simler 和 Lequette 等人认为，能够引起合同失效的基本构成要素主要是指与合同的内容有关系的因素：在合同成立时，合同的客体或者给付客体是合法的；在合同履行期间，合同的客体或者给付客体变为非法客体。在合同成立时，合同的目的是合法的；在合同履行期间，合同的目的变得非法。在合同成立时，客体或者给付客体是存在的、能够履行的；在合同履行时，客体或者给付客体消失或者不可能履行。还有《法国民法典》新的第1186（2）所规定的相互联系的合同，其中的一个合同的消失会导致另外一个合同的失效。③

---

① Dimitri Houtcieff, Droit Des Contrats, Larcier, 2e édition, 2016, p. 326; François Terré, Philippe Simler, Yves Lequette, François Chénedé, Droit civil, Les Obligations, 12e édition, Dalloz, 2018, pp. 663—664.

② Dimitri Houtcieff, Droit Des Contrats, Larcier, 2e édition, 2016, p. 327.

③ Dimitri Houtcieff, Droit Des Contrats, Larcier, 2e édition, 2016, p. 326; François Terré, Philippe Simler, Yves Lequette, François Chénedé, Droit civil, Les Obligations, 12e édition, Dalloz, 2018, pp. 663—664.

根据《法国民法典》新的第1186（2）的规定，如果两个合同之间存在相互依赖（interdépendance）和不可分割（indivisibilité）的关系，其中的一个合同的履行依赖另外一个合同的履行，在另外的一个合同因为某种原因而消失时，依赖另外一个合同的合同也因此失效。例如，如果一个投资合同与一个买卖合同或者服务合同之间存在依赖和不可分割的关系，当其中的买卖合同或者服务合同消失时，该投资合同也因为被依赖的合同消灭而失效。

根据该条的规定，仅仅在符合三个必要条件的情况下，一个合同的消失才能够引起另外一个合同的失效：其一，两个合同均是实现同一活动（une même opération）所必要的。换言之，为了实现同一经济活动，当事人之间签订了两个甚至更多的合同。其二，两个或者多个合同之间存在客观的或者主观的联系，其中的一个合同的履行依赖另外一个合同的履行，如果其中的一个合同无效、被解除或者失效，另外一个合同也无法履行。其三，在合同成立时，合同当事人不仅知道他们与对方当事人之间的合同依赖另外一个合同，而且还对以两个甚至更多的合同实现同一经济活动表示同意。[1]

（三）合同失效的法律效果

对于合同失效引起的法律效果，现行《法国民法典》新的第1187（1）条仅仅简单地规定"失效终止合同"，没有对该种终止是否具有溯及既往的效力问题做出明确的回答。《法国民法典》新的第1187（1）条之所以不对此种问题做出准确的回答，是因为它故意留下此种漏洞，以便法官能够在处理当事人之间的合同失效时具有足够的灵活性：如果某一个案件的具体情况不需要让当事人之间的合同溯及合同成立时失效，在终止当事人之间的失效合同时，法官不会认定他们之间的合同产生溯及既往的效力；相反，如果另外一个案件的具体情况需要让当事人之间的合同溯及合同成立时失效，在终止当事人之间失效的合同时，法官会让他们之间的合同产生溯及既往的效力。[2]

虽然《法国民法典》将是否让合同失效产生溯及既往效力的决定权留给法官，但是，原则上，在合同失效时，合同不会产生溯及既往的效力，在例外情况下，失效的合同才会产生溯及既往的效力。一旦失效的合同产生了溯及既往的效力，在合同被宣告为终止时，依据被终止的合同获得对方给付的一方当事人应当将自己获得的给付返还对方，对方有权要求获得给付的一方当事人将所获得的给付返还自己。[3]《法国民法典》新的第1187（2）条对此种规则做出了说明，该条规定：失效能够根据第1352条至第1352-9条所规定的条件产生返还责任。

---

① François Terré, Philippe Simler, Yves Lequette, François Chénedé, Droit civil, Les Obligations, 12e édition, Dalloz, 2018, pp. 666—667.

② Dimitri Houtcieff, Droit Des Contrats, Larcier, 2e édition, 2016, pp. 327—328; Virginie Larribau-Terneyre, Droit civil, Les Obligations, 15e édition, Dalloz, 2017, pp. 467—468; François Terré, Philippe Simler, Yves Lequette, François Chénedé, Droit civil, Les Obligations, 12e édition, Dalloz, 2018, pp. 667—668.

③ Dimitri Houtcieff, Droit Des Contrats, Larcier, 2e édition, 2016, pp. 327—328; Virginie Larribau-Terneyre, Droit civil, Les Obligations, 15e édition, Dalloz, 2017, pp. 467—468; François Terré, Philippe Simler, Yves Lequette, François Chénedé, Droit civil, Les Obligations, 12e édition, Dalloz, 2018, pp. 667—668.

第七章 合同解释

第一节 合同解释的根据

一、解释和合同解释的含义

在民法上，“解释”一词（interprétation）源自拉丁文 interpretatio 一词，该词则源自 interprerari 一词，其在拉丁文当中的含义是指“说明”（expliquer）、“阐明”或者“弄清楚”（éclaircir）。[①] 在今时今日的民法当中，虽然拉丁文所具有的此种含义仍然存在，但是，“解释”一词在民法当中的含义有两种：其一，它或者是指民法学者和法官对立法者在其制定法当中所规定的含糊不清的法律文本、法律条款做出的说明、阐明，以便弄清楚这些法律文本、法律条款的真正含义，实现让法律文本、法律条款的含义清楚、意义明确的目的，这就是法律解释、法律文本的解释、法律条款的解释，实际上就是制定法的解释（interprétation de la loi）。[②] 其二，它或者是指民法学者和法官对行为人实施的模棱两可的法律行为即意思表示做出的说明、阐明，以便弄清楚他们在其法律行为当中所使用的词语、概念的真正含义，以实现让他们所规定的条款含义清楚、意义明白的目的，这就是法律行为的解释。[③]

合同解释（interprétation du contrat）在性质上属于上述第二种解释即法律行为解释当中的一种，因为除了合同解释之外，法律行为的解释还包括其他解释，诸如遗嘱的解释、劳动协议的解释和其他法律行为的解释。在法国，在什么是合同解释的问题上，民法学者之间存在不同看法。大多数民法学者采取狭义的合同解释理论，认为合同解释仅仅限于对合同当中的含糊不清的条款、词语或者术语所做出的解释，根据他们的意见，所谓合同的解释，是指合同使用的条款、词语、术语模棱两可、含糊不清时，如果合同当事人无法通过协商的方式确定这些条款、词语、术语的具体含义，则法官通过一定的方法探寻这些条款、词语、术语的具体含义和范围。[④]

而少数民法学者则采取广义的理论，除了对含糊不清的合同条款做出解释属于合同解释之外，他们还认为，在合同存在漏洞（lacune）或者合同的条款之间相互矛盾时，法官对合同做出的解释也属于合同解释。根据此种理论，所谓合同解释，是指在合同存

---

① Gérard Cornu, Vocabulaire juridique, 10e édition, puf, p. 567.

② Gérard Cornu, Vocabulaire juridique, 10e édition, puf, p. 567.

③ Gérard Cornu, Vocabulaire juridique, 10e édition, puf, p. 567.

④ Dimitri Houtcieff, Droit Des Contrats, Larcier, 2e édition, 2016, p. 360; Philippe Malaurie, Laurent Aynès, Philippe Stoffel-Munck, Droit des obligations, 8e édition, L. G. D. J., 2016, p. 417; François Terré, Philippe Simler, Yves Lequette, François Chénedé, Droit civil, Les Obligations, 12e édition, Dalloz, 2018, p. 682.

在漏洞、含糊不清、相互矛盾或者当事人的意见不一致（désaccord）时，法官确定合同含义的行为。①

笔者采取上述第二种理论，认为合同解释不仅仅是指对含糊不清、模棱两可的合同条款、词语、术语做出解释，而且还包括对合同存在漏洞、合同的条款之间相互矛盾、彼此冲突所做出的解释。根据此种看法，笔者对合同解释做出如下界定：所谓合同解释，是指在合同的条款、词语、术语的含义不清、意义不明时，或者在合同的条款之间相互冲突、合同当事人对同一条款理解不同时，或在合同当中应当规定某种内容而没有规定时，法官采取各种不同的手段明确这些条款、词语、术语的准确含义、解决合同不同条款之间的冲突或者明确合同应当规定的内容的行为。

合同解释不同于制定法的解释，虽然这两种解释之间的确存在一定的亲缘关系。它们之间的最主要差异有二：其一，在解释制定法和合同时，虽然法官均应当探寻意图、意志、意思，但是，在解释制定法时，他们仅仅探寻一个人的意图、意志、意思，这就是立法者的意图、意志、意思；而在解释合同时，他们应当探寻合同两方甚至多方当事人的共同意志、共同意图、共同意思，而不是一方当事人的意图、意志、意思。其二，在解释制定法时，地方法官不享有解释权，仅法国最高法院享有解释权。而在解释合同时，除了法国最高法院享有解释权之外，地方法官也享有解释权。②

二、合同解释的前提条件

在法国，民法学者普遍认为，合同解释以合同的条款、使用的词语或者术语存在模棱两可、含糊不清的地方作为基础。如果合同使用的条款、词语、术语含义清晰、意义明白，则法官不能够对合同做出解释，因为在此时，法官仅仅简单地、单纯地适用这些条款、词语、术语并且根据这些条款、词语、术语做出裁判。所谓合同的条款、词语、术语模棱两可、含糊不清，或者是指合同的条款、词语、术语有两种甚至两种以上的相互冲突的含义，或者是指合同的一个条款与合同的另外一个条款矛盾。通过某种解释方法，法官确定这些条款、词语、术语的具体含义，消除合同不同条款之间所存在的冲突，让合同当事人之间的争议得以解决。③

在合同的条款、词语、术语含义清楚、意义明白时，法官是否能够对合同的条款、词语、术语做出解释？对此问题，除了古老的法律格言做出了否定回答之外，现行《法国民法典》也做出了否定回答。如果法官对含义清楚的条款、词语、术语做出不同的解释，则他们做出的解释被称为扭曲解释（dénaturation）。民法上的一个古老格言是："在含义清晰时解释止步"（interpretatio cessat in claris），除了适用于制定法的解释之

---

① Marjorie Brusorio Aillaud, Droit des obligations, 8e édition, bruylant, 2017, p. 233.

② Dimitri Houtcieff, Droit Des Contrats, Larcier, 2e édition, 2016, pp. 360—362; Philippe Malaurie, Laurent Aynès, Philippe Stoffel-Munck, Droit des obligations, 8e édition, L. G. D. J., 2016, pp. 417—420; François Terré, Philippe Simler, Yves Lequette, François Chénedé, Droit civil, Les Obligations, 12e édition, Dalloz, 2018, pp. 683—684.

③ Philippe Malaurie, Laurent Aynès, Philippe Stoffel-Munck, Droit des obligations, 8e édition, L. G. D. J., 2016, p. 417.

外，这一古老的法律格言也适用于合同的解释或其他法律行为的解释。[①] 现行《法国民法典》新的第 1192 条规定：人们不得以扭曲的方式对含义清晰、意义准确的条款做出解释。[②]

法律格言和《法国民法典》之所以明确禁止法官对含义清楚、意义明白的条款、词语、术语做出解释，其主要原因有二：

其一，扭曲解释完全不是合同当事人的真实意图、真实意志、真实意思，当法官扭曲当事人的意图、意志、意思时，他们实际上是在恶意行为，是在滥用自己享有的合同解释权，并且将当事人意图、意志、意思之外的东西强加给合同当事人。换言之，"扭曲解释是一种严重的、明显错误的解释。"[③]

其二，它完全违反了解释的一般规则：含义清楚的条款直接适用，含义不清的条款通过解释适用。"扭曲解释不仅仅是一种单纯的蓄意解释，它是对根本不需要解释的条款所做出的解释。"[④] 如果地方法官对合同条款做出扭曲解释，则他们的解释应当受到法国最高法院的控制和审查：从 1782 年开始，法国最高法院均认定，在地方法官对合同当事人之间的含义清楚、意义明白的条款做出解释时，他们的判决应当受到自己的审查。[⑤]

不过，仅仅以合同的条款、词语、术语含糊不清作为做出解释的前提还是不够的，因为，即便合同条款、词语、术语的含义清楚、意义不明，合同当事人之间仍然可能存在合同纠纷并因此需要借助于合同解释解决当事人之间的纠纷。一方面，如果合同的一个条款与合同的另外一个条款之间冲突，即便这两个条款的含义均是清楚的，法官也必须做出解释，让两个条款之间的冲突得以解决。另一方面，如果合同的一方当事人认为合同的另外一方当事人应当对自己承担合同没有明确规定的某种债务，而另外一方当事人则认为自己不应当对对方承担该种债务，则法官仍然应当对合同做出解释，以便明确另外一方当事人是否以及在什么范围内承担合同没有规定的此种债务。如果另外一方当事人应当承担合同没有规定的此种债务，则合同就存在漏洞，就像制定法存在漏洞一样，这就是有漏洞的合同（contrat lacunaire）。通过某种手段，法官填补合同所存在的此种漏洞，并因此责令当事人承担某种债务，这就是"合同的完善"（complétude du contrat）、"缺陷合同的校正"（réfaction des contrat défectueux），实际上就是法官对合同

---

① nterpretatio cessat in claris，https://fr. wikipedia. org/wiki/Interpretatio_cessat_in_claris.

② Article 1192，Code civil，Version en vigueur au 26 décembre 2020，https://www. legifrance. gouv. fr/codes/section_lc/LEGITEXT000006070721/LEGISCTA000006136342/#LEGISCTA000032041275.

③ Muriel Fabre-Magnan，Droit des obligations，Tome 1，Contrat et engagement unilatéral，4e édition，puf，2016，p. 566.

④ Dimitri Houtcieff，Droit Des Contrats，Larcier，2e édition，2016，p. 360.

⑤ Dimitri Houtcieff，Droit Des Contrats，Larcier，2e édition，2016，pp. 360—361；Philippe Malaurie，Laurent Aynès，Philippe Stoffel-Munck，Droit des obligations，8e édition，L. G. D. J.，2016，pp. 419—420；François Terré，Philippe Simler，Yves Lequette，François Chénedé，Droit civil，Les Obligations，12e édition，Dalloz，2018，pp. 698—699.

所进行的一种“创设性解释”（interprétation créatrice）。[①]

三、合同解释的制定法根据

合同的解释方法多种多样，基于不同的标准，民法学者将合同的解释分为不同的类型。总的来说，他们普遍将合同解释分为两类四种：其一，根据解释时是否探寻合同当事人内在意图、意志、意思的不同，民法学者将合同解释分为主观解释和客观解释两种。其二，根据解释时法官是否享有创设权的不同，民法学者将合同解释分为说明性的解释和创设性的解释两种。关于这些分类，笔者将在下面的内容当中做出详细的讨论，此处从略。

1804 年的《法国民法典》对合同解释做出了明确规定，这就是第 1156 条至第 1164 条。[②] 这些法律条款从 1804 年一直被原封不动地保留到 2016 年 2 月 10 日的债法改革之前。[③] 在 2016 年 2 月 10 日的债法改革法令之后，法国政府废除了这些法律条款并且以新的法律条款取代它们，这就是《法国民法典》当中新的第 1188 条至新的第 1192 条，它们对合同的各种解释规则做出了明确规定并因此建立了合同解释方面的一般规则。[④] 2016 年以来，法国民法学者也在自己的债法著作当中对合同的解释做出了阐述。[⑤]

四、合同解释的法律效果

合同的解释引起的法律效果有三：其一，通过合同的解释，改变合同当事人所规定的合同的性质（modification de la qualification du contrat）。其二，补充、完善合同的内容（complément du contrat）。其三，合同内容的培植（forcage du contrat）。[⑥]

（一）合同性质的改变

无论是借助于合同当事人共同意图的发现、探寻，还是借助于一般理性人的判断标准、公平、诚实，在对合同当事人之间的合同做出解释时，法官均享有非常大的权力，

---

① Dimitri Houtcieff, Droit Des Contrats, Larcier, 2e édition, 2016, p. 367; Philippe Malaurie, Laurent Aynès, Philippe Stoffel-Munck, Droit des obligations, 8e édition, L. G. D. J., 2016, pp. 420—427; François Terré, Philippe Simler, Yves Lequette, François Chénedé, Droit civil, Les Obligations, 12e édition, Dalloz, 2018, pp. 691—695.

② Articles 1156 à 1164, https://fr. wikisource. org/wiki/Code_civil_des_Français_1804/Livre_Ⅲ, _Titre_Ⅲ.

③ Articles 1156 à 1164, Code civil, Version en vigueur au 9 février 2016, https://www. legifrance. gouv. fr/codes/section_lc/LEGITEXT000006070721/LEGISCTA000006150247/2016-02-09/#LEGISCTA000006150247.

④ Articles 1188 à 1192, Code civil, Version en vigueur au 26 décembre 2020, https://www. legifrance. gouv. fr/codes/section_lc/LEGITEXT000006070721/LEGISCTA000006136342/#LEGISCTA000032041275.

⑤ Dimitri Houtcieff, Droit Des Contrats, Larcier, 2e édition, 2016, pp. 360—370; Muriel Fabre-Magnan, Droit des obligations, Tome 1, Contrat et engagement unilatéral, 4e édition, puf, 2016, pp. 561—567; Philippe Malaurie, Laurent Aynès, Philippe Stoffel-Munck, Droit des obligations, 8e édition, L. G. D. J., 2016, pp. 417—427; Rémy Cabrillac, Droit des obligations, 12e édition, Dalloz, 2016, pp. 118—122; Marjorie Brusorio Aillaud, Droit des obligations, 8e édition, bruylant, 2017, pp. 233—238; Virginie Larribau-Terneyre, Droit civil, Les Obligations, 15e édition, Dalloz, 2017, pp. 509—514; François Terré, Philippe Simler, Yves Lequette, François Chénedé, Droit civil, Les Obligations, 12e édition, Dalloz, 2018, pp. 681—700.

⑥ Marjorie Brusorio Aillaud, Droit des obligations, 8e édition, bruylant, 2017, pp. 237—238; Virginie Larribau-Terneyre, Droit civil, Les Obligations, 15e édition, Dalloz, 2017, pp. 511—513.

他们能够确定“合同的治理政策”（police du contrat），并且凭借所制定的治理政策，他们能够以实质性的方式限制合同当事人之间的合同或者以实质性的方式修改合同当事人之间的合同，并因此让合同当事人之间的合同实质上不同于他们所签订的合同。

除了能够借口合同的解释实质性限制或者修改当事人之间的合同之外，在某些极端的情况下，法官甚至能够借口合同的解释完全改变合同当事人之间的合同性质并因此让他们之间的合同不会像合同当事人所希望的那样发生法律效力，而是按照法官所改变的合同性质发生法律效力。一方面，如果一种合同与另外一种合同之间界限模糊，借助于合同的解释，法官可能会将当事人所签订的此种合同解释为例外一种合同。例如，虽然合同当事人主观上所签订的合同在性质上属于买卖合同，但是，基于合同的解释，法官可能会将他们之间的合同从买卖合同嬗变为承揽合同，因为买卖合同和承揽合同之间的界限有时难以区分。另一方面，为了避免将当事人的某种合同宣告为无效，法官可能将其解释为另外一种能够避免无效的合同。例如，如果当事人之间的买卖合同是权利和债务严重不对等的合同，尤其是，如果一方当事人所支付的价款与其获得的出卖物严重不对称、不对等，则为了避免当事人之间的买卖合同无效，法官可能将他们之间的买卖合同改变为赠与合同。①

（二）合同内容的补充、完善

如果合同当事人原本应当规定某种内容，但是由于他们没有事先预见，他们之间的合同没有规定此种内容。在解决当事人之间是否应当规定此种内容的纠纷时，如果法官认为当事人之间的合同应当规定此种内容，则借助于合同的解释，他们会将合同没有规定的此种内容强加给合同当事人，以便让合同当事人之间的合同充实、完善。因为法官认为，如果合同当事人具有合理的预见性，他们原本就会将此种内容规定在他们的合同当中。由于他们欠缺合理的预见性，导致他们之间的合同存在缺陷、漏洞，就像立法者没有遇见某种情形而没有对该种情形做出规定并因此导致他们的制定法存在缺陷、漏洞一样。在合同存在缺陷、漏洞的情况下，法官应当按照合同当事人的真实意图、真实意志、真实意思将他们原本会根据的此种内容强加给他们，以便实现合同当事人的共同意图。②

（三）合同内容的培植

如果合同当事人之间的合同没有规定某种内容，除了能够借助于合同的解释填补合同所存在的缺陷、漏洞之外，法官还能够借助于合同的解释，完全根据自己享有的单方面创设权将此种内容强加给当事人，这就是法官所享有的合同培植的方法，已如前述。

在合同内容不完善时，法官所采取的合同培植的解释方法和他们所采取的填补合同

---

① Marjorie Brusorio Aillaud, Droit des obligations, 8e édition, bruylant, 2017, pp. 237—238; Virginie Larribau-Terneyre, Droit civil, Les Obligations, 15e édition, Dalloz, 2017, pp. 511—513.

② Marjorie Brusorio Aillaud, Droit des obligations, 8e édition, bruylant, 2017, pp. 237—238; Virginie Larribau-Terneyre, Droit civil, Les Obligations, 15e édition, Dalloz, 2017, pp. 511—513.

漏洞的方法是两种性质不同的解释方法。因为在采取合同培植的方法时，法官无须借助于合同当事人共同意图的发现、探寻，看一看合同当事人是否原本会规定此种内容，他们直接从制定法、习惯、公平和诚信当中发现灵感源泉，并且将所发现的这些灵感源泉强加给合同当事人。而在采取填补合同漏洞的方法时，法官仍然需要借助于合同当事人共同意图的发现、探寻：如果合同当事人在签订合同时能够面临引起纠纷的情形，他们是否会将引起纠纷的内容规定在他们的合同当中，如果法官认定答案是否定的，他们会借口引起纠纷的内容不是合同当事人共同的意图，反之，如果法官认定答案是肯定的，他们会借口引起纠纷的内容是合同当事人共同的意图。①

第二节　合同的解释原则

在对合同做出解释时，人们应当遵循一些基本的原则，这就是合同的解释原则。

一、与其将合同解释为无效，毋宁将其解释为有效

在对合同做出解释时，人们应当坚持的第一个解释原则是，与其将合同解释为无效，毋宁将它们解释为有效。在当事人之间的合同发生纠纷时，如果一方当事人要求法官将合同或者合同当中的某一个条款解释为无效，而另外一方当事人则要求法官将该合同或者其中的一个条款解释为有效，在既可以做出无效解释也可以做有效解释的情况下，法官应当将其解释为有效，而不应当将其解释为无效。这就是有利于合同（faveur du contrat）的解释。这一点尤其是在一方宣称他们之间的合同违反公共秩序的情况下适用，因为，所有的合同均代表了人们所做出的一种努力，均具有某种社会功效。如果法官在两可的情况下将它们解释为无效，则除了人们的努力将因此付诸东流之外，人们努力的社会功效也将会荡然无存。②《法国民法典》新的第1191条对此种解释原则做出了说明，该条规定：在合同的一个条款可能有两种含义时，如果其中的一个含义能够让该条款产生效力，而另外一个含义则不会让其产生任何效力，则人们应当优先选择能够让该条款产生效力的含义。③

二、与其做出有利于债权人的解释，毋宁做出有利于债务人的解释

在对合同做出解释时，人们应当坚持的第二个解释原则是，与其做出有利于债权人的解释，毋宁做出有利于债务人的解释。在当事人之间的合同发生纠纷时，如果合同当

---

① Marjorie Brusorio Aillaud, Droit des obligations, 8e édition, bruylant, 2017, pp. 237—238; Virginie Larribau-Terneyre, Droit civil, Les Obligations, 15e édition, Dalloz, 2017, pp. 511—513; François Terré, Philippe Simler, Yves Lequette, François Chénedé, Droit civil, Les Obligations, 12e édition, Dalloz, 2018, pp. 692—693.

② Jean Carbonnier, Droit civil, Volume Ⅱ, Les biens, Les Obligations, puf, p. 2171; Jacques Flour, Jean-Luc Aubert, Éric Savaux, Les Obligations, 1. L'acte juridique, 14e édition, Dalloz, p. 376.

③ Article 1192, Code civil, Version en vigueur au 26 décembre 2020, https://www.legifrance.gouv.fr/codes/section_lc/LEGITEXT000006070721/LEGISCTA000006136342/#LEGISCTA000032041275.

中的某一个条款或者词语有两种不同的含义，其中的一个含义有利于债权人，而另外一个含义则有利于债务人，则法官应当做出有利于债务人而不利于债权人的解释，这就是有利于债务人（faveur du débiteur）的解释规则。[①]《法国民法典》新的第1190条对此种解释原则做出了说明，该条规定：当存在疑问时，经过双方一致同意的合同应当做出不利于债权人而有利于债务人的解释，附合合同做不利于建议采用此种合同的一方当事人的解释。

民法之所以实行此种规则，一方面是因为合同的内容、合同的条件、合同的用语是由债权人订定的，债务人仅仅是对其订定的合同内容、合同条件或者合同用语表示同意；另一方面是因为在订定合同的内容、合同的条件或者合同的用语时，债权人存在问题，没有使用准确无误的词语。此种规则在双务合同当中仍然是适用的，虽然在双务合同当中，任何一方当事人均同时是债权人和债务人。

因为，此种规则的理论根据在于订定者订定合同的内容、条件和用语，因此，在双务合同当中，如果合同的条款或者用语能够同时存在有利于债权人和债务人的两种不同含义，法官应当做不利于订定者而有利于非订定者的解释。例如，在买卖合同当中，法官应当做不利于出卖人而有利于买受人的解释，而在租赁合同当中，法官应当做不利于出租人而有利于承租人的解释。

三、做出不利于提供附合合同一方当事人的解释

在对合同做出解释时，人们应当坚持的第三个解释原则是，做出不利于格式条款提供者的解释。在现代社会，在签订合同时，人们并不总会采取要约和承诺的方式，而是采取附合合同（le contrat d'adhésio）的方式，即一方当事人将预先规定好的格式合同提供对方，让对方一字不改地表示同意或者不同意，已如前述。在格式合同所规定的格式条款存在模棱两可时，如果人们能够对其做出两种不同的解释，其中的一种解释有利于格式条款的提供者，而另外一种解释则有利于非格式条款的提供者，则人们应当采取有利于非格式条款提供者而不利于格式条款提供者的解释。在《法国民法典》新的第1190条对此种解释原则做出了规定，已如前述。

四、合同的手写内容优先于印刷内容的解释

在对合同做出解释时，人们应当坚持的第四个解释原则是，手写内容优先于印刷内容。在民法上，如果就同一种合同，行为人既通过手写规定，也通过印刷规定，在手写的内容和印刷的内容冲突时，人们应当采取的解释原则是，手写的内容优先于印刷的内容。因为在两个方面的内容存在冲突时，人们普遍认为，手写的内容更能够深刻反映当事人的个人意图。[②]

---

① Jean Carbonnier, Droit civil, Volume Ⅱ, Les biens, Les Obligations, puf, p. 2171; Jacques Flour, Jean-Luc Aubert, Éric Savaux, Les Obligations, 1. L'acte juridique, 14e édition, Dalloz, p. 376; François Terré, Philippe Simler, Yves Lequette, François Chénedé, Droit civil, Les Obligations, 12e édition, Dalloz, 2018, pp. 690—691.

② Jean Carbonnier, Droit civil, Volume Ⅱ, Les biens, Les Obligations, puf, p. 2171.

第三节 合同的主观解释

一、主观解释方法的界定

合同的第一种解释方法是主观解释方法，该种解释方法直接源自意思自治原则。所谓合同的主观解释方法（méthode subjectives），也称为合同的经典解释方法，是指在对合同的条款、词语、术语的含义做出解释时，或者在探寻填补合同所存在的漏洞时，人们不仅应当探寻合同当事人内在的真实意图、真实意志、真实意思，而且还应当按照他们内在的真实意图、真实意志、真实意思确定这些条款、词语、术语的意义或者填补合同所存在的漏洞。不过，与解释制定法仅仅探寻立法者单方面的意图、意志、意思不同，在探寻合同当事人的意图、意志、意思时，人们应当探寻合同双方当事人的共同意图（la commune intention）、共同意志、共同意思，而不是探寻其中一方当事人的单方面意图、意志、意思。换言之，根据双方当事人的共同意图确定合同条款、词语、术语的含义和范围以及确定能够适用的填补合同漏洞的方法。①

所谓合同当事人的真实意图，是指合同当事人内在的意图、意志、意思。所谓合同当事人的共同意图，是指合同的两方当事人甚至多方当事人在合同成立时所具体的意图、意志、意思。合同当事人的共同意图或者源自他们之间的谈判，或者源自他们所公开的文件，或者源自当事人在签名盖章时的状况，甚至源自某种外在的行为。② 在根据合同的规定对合同当事人的共同意图做出解释时，人们不仅应当采用文义解释，而且还应当将此种解释方法置于首位，虽然在采取此种解释方法时，他们不得被合同当中的词语、术语的字面含义所左右。

二、通过合同使用的词语、术语探寻合同当事人的主观意图

所谓文义解释，也称为字面解释（l'interprétation littérale），是指在解释合同当中的某一个引起争议的词语时，人们应当根据该词语的通常含义、一般含义、最普通的含义来理解其含义，不应当对该词语做出断章取义或者牵强附会的理解。在做出解释时，人们之所以能够采取文义解释的方法，是因为合同当事人的真实意图会通过他们使用的词语反映出来，尤其是会通过他们精心使用的词语反映出来。在对合同当中的词语进行文

① Dimitri Houtcieff, Droit Des Contrats, Larcier, 2e édition, 2016, p. 362; Philippe Malaurie, Laurent Aynès, Philippe Stoffel-Munck, Droit des obligations, 8e édition, L. G. D. J., 2016, p. 418; Marjorie Brusorio Aillaud, Droit des obligations, 8e édition, bruylant, 2017, pp. 233—234; François Terré, Philippe Simler, Yves Lequette, François Chénedé, Droit civil, Les Obligations, 12e édition, Dalloz, 2018, p. 684.

② Dimitri Houtcieff, Droit Des Contrats, Larcier, 2e édition, 2016, p. 362; Philippe Malaurie, Laurent Aynès, Philippe Stoffel-Munck, Droit des obligations, 8e édition, L. G. D. J., 2016, p. 418; Marjorie Brusorio Aillaud, Droit des obligations, 8e édition, bruylant, 2017, pp. 233—234; François Terré, Philippe Simler, Yves Lequette, François Chénedé, Droit civil, Les Obligations, 12e édition, Dalloz, 2018, p. 684.

义解释时，人们通常采取的方法是查词典，看一看词典是如何解释引起争议的词语，并且根据词典的解释对引起争议的词语做出解释。例如，在对带家具房屋租赁合同当中的“家具”做出解释时，人们应当按照通常的含义来做出解释，认为其中的“家具”仅仅是指床、柜、桌、椅等，并不包括诸如电视机、电冰箱等“家电”[①]。

《法国民法典》是否对合同的文义解释做出了规定？法国民法学者做出了肯定回答，在2016年2月10日的债法改革法令颁布之前，法国某些民法学者认为，当《法国民法典》第1156条提及“字面含义”（sens littéral）时，《法国民法典》实际上就规定了合同的文义解释方法，虽然它的规定并不是明示性质的而属于默示性质的规定。[②] 2016年2月10日之后，因为《法国民法典》旧的第1156条被新的第1188条所取代，因此，现行《法国民法典》仍然承认了合同的文义解释方法，虽然它也仅仅是暗含地规定了此种解释方法。实际上，即便《法国民法典》没有对合同的文义解释方法做出明确规定，文义解释方法仍然是人们尤其是法官应当首先采用的方法，因为在引起纠纷时，“合同仍然是当事人的杰作”（le contrat reste l'oeuvre des contractants），在探寻当事人的共同意图时，合同所使用的词语、术语仍然是法官最先依赖的对象。[③]

三、合同的精神重于合同的字面含义

不过，在采用文义解释方法对合同的词语、术语做出解释时，人们不能够被合同当事人所使用的词语、术语的表面含义所迷惑。因为基于各种各样的原因，合同当事人所使用的词语、术语未必能够准确地、完整地体现他们的真实意图、真实意志、真实意思。为了探寻合同当事人真实的、共同的意图、意志、意思，人们不应当满足于合同词语、术语字面含义的分析，而应当越过它们表面上的含义看看它们所体现的真正精神、真正目的，并且根据所发现的真正精神、真正目的赋予这些词语、术语以含义。这就是现行《法国民法典》新的第1188条所规定的合同精神、合同目的优先于合同词语字面含义的规则。[④]“在法国民法当中，当事人的意图优先于合同严格的字面含义。如果良好的理性认为，合同的词语、术语与合同当事人的真实意图不符，法官能够避免适用这些词语、术语。”[⑤]

---

① Jacques Ghestin, Christophe Jamin et Marc Billiau, Traité de droit civil: les effets du contrat, 3e éd., L. G. D. J., 2001, p. 18.

② Jacques Ghestin, Christophe Jamin et Marc Billiau, Traité de droit civil: les effets du contrat, 3e éd., L. G. D. J., 2001, p. 18.

③ Jacques Ghestin, Christophe Jamin et Marc Billiau, Traité de droit civil: les effets du contrat, 3e éd., L. G. D. J., 2001, p. 18.

④ Philippe Malaurie, Laurent Aynès, Philippe Stoffel-Munck, Droit des obligations, 8e édition, L. G. D. J., 2016, p. 418; François Terré, Philippe Simler, Yves Lequette, François Chénedé, Droit civil, Les Obligations, 12e édition, Dalloz, 2018, pp. 685—686.

⑤ Muriel Fabre-Magnan, Droit des obligations, Tome 1, Contrat et engagement unilatéral, 4e édition, puf, 2016, p. 562.

四、主观解释方法的原则性和优先性

在合同当事人之间因为合同条款、词语、术语含糊不清而发生纠纷时，或者在合同当事人之间因为合同存在漏洞而发生纠纷时，为了解决当事人之间的纠纷，法官应当首先采用主观解释方法对合同条款、词语、术语做出解释，或者找寻填补合同漏洞的方法。在能够通过此种方法解决当事人之间的合同纠纷时，法官必须采取此种解释方法解决纠纷，他们不得采用客观解释方法，这就是合同的主观解释方法是原则而合同的客观解释方法是例外的规则，除了《法国民法典》新的第 1188 条明确规定了此种规则之外，法国民法学者也普遍承认这一规则。①

第四节　合同的客观解释

一、客观解释方法的界定

所谓合同的客观解释方法（méthode objectives），或者是指在对合同的条款、词语、术语的含义做出解释时，或者在填补合同所存在的漏洞时，人们应当根据处于同样状况当中的一般理性人（une personne raisonnable）的理解确定这些条款、词语、术语的含义，或者是指对合同的条款、词语、术语的含义做出解释时，或者在填补合同所存在的漏洞时，人们无须探寻合同当事人的共同意图，而是求助于理性、合同正义或者商事习惯，并且根据理性、合同正义和习惯赋予它们含义或者填补合同所存在的漏洞等。或者是指在对合同的条款、词语、术语的含义做出解释时，人们将整个合同的内容视为一个有机整体，从整个有机整体的角度确定他们的含义，或者是指根据合同的目的确定合同条款、词语、术语的含义。换言之，合同的客观解释方法主要包含四类：一般理性人的解释方法，整体解释方法，目的解释方法，以及创设性的解释方法。②

二、客观解释方法之一：一般理性人的解释

虽然 1804 年的《法国民法典》对合同解释做出了规定，但是，它没有也不可能规定第一类客观解释方法，因为，为了迎合 19 世纪初期的意思自治和合同自由原则的要求，它仅仅规定了合同的主观解释方法，这就是 1804 年的《法国民法典》当中的第 1156 条，该条规定：人们应当在合同当中探寻合同当事人的共同意图是什么，而不应当仅仅拘泥于合同词语的字面含义。③ 到了 19 世纪末期，民法学者开始反对合同的主观

---

① Dimitri Houtcieff, Droit Des Contrats, Larcier, 2e édition, 2016, pp. 362—367; Marjorie Brusorio Aillaud, Droit des obligations, 8e édition, bruylant, 2017, pp. 233—235; François Terré, Philippe Simler, Yves Lequette, François Chénedé, Droit civil, Les Obligations, 12e édition, Dalloz, 2018, pp. 684—685.

② Dimitri Houtcieff, Droit Des Contrats, Larcier, 2e édition, 2016, p. 363; Marjorie Brusorio Aillaud, Droit des obligations, 8e édition, bruylant, 2017, pp. 233—235; François Terré, Philippe Simler, Yves Lequette, François Chénedé, Droit civil, Les Obligations, 12e édition, Dalloz, 2018, pp. 684—685.

③ Article 1156, https://fr.wikisource.org/wiki/Code_civil_des_Français_1804/Livre_Ⅲ, _Titre_Ⅲ.

解释理论，他们认为，合同的主观解释理论是完全虚拟的、徒劳无功的。

首先，合同当事人之间并没有所谓的共同意图，合同的任何一方当事人均是按照最有利于自己利益的方式赋予合同条款、词语、术语以含义。其次，在合同存在漏洞的情况下，人们无法通过双方当事人共同意图的探寻找到可供适用的漏洞填补方法，因为他们可能完全没有面对引起纠纷的漏洞问题。最后，主观解释理论无法在附合合同领域适用，因为附合合同仅仅体现了提供附合合同一方当事人的意图，无法体现另外一方当事人的意图。为了真正解决当事人之间的合同纠纷，人们应当采取合同的客观解释方法。[①]

这些民法学者的此种批评和主张获得了法国政府的认可，通过 2016 年 2 月 10 日的债法改革法令，现行《法国民法典》新的第 1188 同时规定了合同的主观解释方法和客观解释方法，因为其中的第 1188（1）条规定了主观解释方法，而第 1188（2）条则规定了客观的解释方法，该条规定：合同应当根据当事人双方的共同意图做出解释，而不是停留在合同所使用的术语的字面含义上。如果当事人的共同意图没有显示出来，合同应当根据一个有理性的人处在同样状况时所理解的含义做出解释。[②]

根据《法国民法典》新的第 1188 条的规定，合同客观解释方法的适用应当同时具备三个条件：

首先，合同的客观解释方法仅仅在主观解释方法无法适用时才适用。在合同的条款、词语、术语含糊不清时，或者在合同的规定存在漏洞时，法官应当首先采用主观解释方法，通过探寻当事人的共同意图的方式明确这些条款、词语、术语的含义。仅仅在此种解释方法无法适用时，他们才能够采取客观解释方法。由于此种原因，人们认为，在这两种解释方法当中，主观解释方法是原则，而客观解释方法则是例外，已如前述。

其次，适用理性人的判断标准。在合同的条款、词语、术语含糊不清或者在合同存在漏洞时，如果法官无法通过探寻当事人的共同意图明确它们的含义或者找到填补合同漏洞的方法，则他们应当根据一般理性人（une personne raisonnable）的理解确定它们的含义或者找到可供适用的漏洞填补方法。所谓“一般理性人”，是英美法系国家所使用的一个术语，是指普通谨慎的人，实际上就是大陆法系国家民法当中的“善良家父”。不过，基于英美法系国家“一般理性人”术语的广泛流行，包括法国和加拿大在内，法式民法典的国家开始放弃“善良家父”的判断标准而改用“一般理性人”的判断标准。[③]

最后，适用与引起纠纷的合同当事人处于同样状况（la même situation）的理性人的判断标准。在适用一般理性人的判断标准对合同做出解释时，法官应当对作为判断标准

① Gabriel Marty, Pierre Raynaud, Droit Civil, Les Obligations, Tome 1, Les sources, 2e édition, Sirey, p. 252; François Terré, Philippe Simler, Yves Lequette, François Chénedé, Droit civil, Les Obligations, 12e édition, Dalloz, 2018, pp. 684—685.

② Article 1188, Code civil, Version en vigueur au 26 décembre 2020, https://www.legifrance.gouv.fr/codes/section_lc/LEGITEXT000006070721/LEGISCTA000006136342/#LEGISCTA000032041275.

③ François Terré, Philippe Simler, Yves Lequette, François Chénedé, Droit civil, Les Obligations, 12e édition, Dalloz, 2018, p. 687.

的一般理性人做出狭义的界定，这就是，他们应当采用照镜子规则：如果引起纠纷的合同条款、词语、术语含糊不清，或者如果引起纠纷的合同存在漏洞，在确定这些条款、词语、术语的含义或者填补合同漏洞时，法官应当采用与合同当事人的性质、身份、地位完全一致的一般理性人的看法。因此，如果买卖合同当事人之间的合同引起纠纷，在对买卖合同做出解释时，人们应当以买卖合同当中的一般理性人的看法确定合同的含义。同样，在租赁合同发生纠纷时，用来解释合同的一般理性人也是其他与纠纷当事人性质、身份和地位一致的租赁合同的当事人。①

三、客观解释方法之二和之三：合同的整体解释和合同的目的解释

（一）合同的整体解释

所谓合同的整体解释，也称为合同的系统解释、协调解释，是指在对合同的某一个条款、词语、术语做出解释时，人们不应当过分拘泥于该条款、词语、术语本身的含义，而是要结合合同当中的其他条款、词语、术语的含义。②《法国民法典》新的第1189条对合同的整体解释做出了说明，该条规定：合同的所有条款相互解释，并因此赋予某一个条款以能够让整个合同协调一致的含义。如果基于当事人的共同意图，当事人之间的几个合同具有同样的作用，则人们应当根据这些合同的规定做出解释。③

合同法之所以承认整体解释，是因为合同虽然是由不同的条款、词语、术语组成的，但是这些条款、词语、术语并不是孤立存在的，而是彼此联系、相互支撑的，它们结合在一起就形成了一个内在结构协调、和谐一致的合同有机整体。因此，从理论上讲，要了解合同的整体意义，他们必须首先理解合同各个部分的意义；同样，要理解合同各个部分的意义，人们也必须将它置于整体当中把握。

（二）合同的目的解释

所谓目的解释，是指在解释合同时，如果合同当中使用的词语可能作两种不同的解释时，人们应当选择最适合于合同目的的一种解释。在2016年2月10日的债法改革之前，《法国民法典》旧的第1158条对目的解释做出了说明，该条规定：在合同所规定的词语有两种含义时，人们应当采用与合同内容最合适的一种含义。在2016年2月10日的债法改革之后，《法国民法典》没有再规定此种解释方法。虽然如此，该种方法仍然不失为一种客观解释方法。

例如，在解释附动产房屋买卖合同当中的动产一词时，虽然人们既能够在理论上对其中的动产做出狭义理解，认为它仅仅是指有体物，也能够对其中的动产做出广义的理

---

① François Terré, Philippe Simler, Yves Lequette, François Chénedé, Droit civil, Les Obligations, 12e édition, Dalloz, 2018, p. 687.

② Dimitri Houtcieff, Droit Des Contrats, Larcier, 2e édition, 2016, pp. 363—364; François Terré, Philippe Simler, Yves Lequette, François Chénedé, Droit civil, Les Obligations, 12e édition, Dalloz, 2018, pp. 223—239.

③ Article 1189, Code civil, Version en vigueur au 26 décembre 2020, https://www.legifrance.gouv.fr/codes/section_lc/LEGITEXT000006070721/LEGISCTA000006136342/#LEGISCTA000032041275.

解，认为它包括了无体物。但是，人们只能够对该房屋买卖合同当中的动产做出狭义的理论，认为附动产房屋买卖合同当中的动产仅仅是指房屋当中的床、柜、桌、椅等，并不包括房屋当中的债券、股票等无形动产，因为这样理解才符合房屋买卖合同的目的。①

四、客观解释方法之四：创设性解释

（一）创设性解释的界定

根据法官在解释合同时是否能够创设合同当事人没有规定的债务的不同，合同解释可以分为合同的说明性解释方法（l'interprétation explicative du contrat）和合同的创设性解释方法（l'interprétation créatrice du contrat）。所谓说明性的解释，是指人们仅仅对合同当中的含糊不清的条款、词语或者术语做出说明，明确它们的具体含义，在说明它们的含义之外，人们不对合同债务人强加新的合同债务。所谓创设性的解释，则是指在合同存在漏洞时，人们借助于某种外在的因素，将合同当事人没有规定的债务强加给债务人。②

两种解释方法之间的最主要差异是，说明解释以合同当事人之间的合同条款、词语、术语含义不清、意义不明作为前提，而创设性的解释则不同，它不以合同条款、词语、术语含糊不清作为前提，而是以合同存在漏洞作为前提。所谓合同漏洞，是指合同应当规定某种债务而没有规定该种债务并因此引起合同当事人之间的纠纷：合同债权人认为合同债务人应当承担该种债务，而合同债务人则认为自己不应当承担此种债务。基于债权人的起诉，法官应当做出债务人是否应当承担此种债务的解释：如果他们基于某种原因而认定债务人应当承担该种债务，则他们的解释就是创设性解释。

（二）创设性解释的制定法根据

在采取创设性解释方法解释合同时，人们应当求助于合同当事人共同意图、意志、意思之外的因素，以便判断合同债务人是否应当在明示合同债务之外承担默示合同债务，他们所求助的因素包括制定法、习惯、公平甚至诚实。早在1804年之前，《法国民法典》的重要起草人Jean-Étienne-Marie Portalis就对此种规则做出了说明，他指出："在制定法的规定清晰时，法官应当适用制定法的规定；如果制定法的规定模棱两可，则他们应当深入分析制定法的规定。在制定法欠缺时，他们应当适用习惯或者公平。在实在性质的制定法没有做出规定或者规定冲突或者模棱两可时，公平是对自然法的回复。"③《法国民法典（草案）》第11条也规定："在民法领域，在准确的制定法欠缺的情况下，

---

① Jacques Flour, Jean-Luc Aubert, Éric Savaux, Les Obligations, 1. L'acte juridique, 14e édition, Dalloz, p. 376.

② Dimitri Houtcieff, Droit Des Contrats, Larcier, 2e édition, 2016, pp. 367—368; Philippe Malaurie, Laurent Aynès, Philippe Stoffel-Munck, Droit des obligations, 8e édition, L. G. D. J., 2016, pp. 420—427; François Terré, Philippe Simler, Yves Lequette, François Chénedé, Droit civil, Les Obligations, 12e édition, Dalloz, 2018, pp. 692—695.

③ Jean-Étienne-Marie Portalis, Discours préliminaire du premier projet de Code civil (1801), Préface de Michel Massenet, Bordeaux: Éditions Confluences, 2004, p. 22.

法官就是公平的执行者。”①

1804年的《法国民法典》第1135条对创设解释所依赖的这些因素做出了说明，该条规定：合同不仅对当事人明确规定的内容产生约束力，而且还对公平、习惯和制定法根据合同的性质所赋予的所有结果均产生约束力。② 此条的规定一直从1804年保留到2016年，直到2016年2月10日的债法改革法令以新的第1194条取代它为止。《法国民法典》新的1194条明规定：合同不仅对当事人明确规定的内容产生约束力，而且还对公平、习惯和制定法所赋予的所有后果产生约束力。③

在19世纪末期和20世纪初期之前，法官几乎不会适用这一条款强加合同债务人以他们约定之外的债务，因为法官严格固守合同的相对性规则，认为在合同明确规定之外的内容对合同当事人没有约束力。换言之，在20世纪初期之前，合同领域不存在所谓的创设性解释。从19世纪末期和20世纪初期开始，法官开始借助于《法国民法典》旧的第1135条强加合同当事人以某种默示债务。在今时今日，无论是在新的第1194条规定之前还是之后，法官也均通过创设性解释，借助于制定法、习惯、公平甚至诚信发现了合同当事人没有规定的某些债务，包括：安全债务，信息提供债务，说明债务和警告债务等。法国民法学者将此种解释方法称为“合同的培植方法”（procédé de forçage du contrat）。④

（三）创设性解释的类型

根据《法国民法典》新的第1194条的规定和新的第1104条的规定，在合同存在漏洞时，基于法官在填补合同漏洞时所依赖的因素不同，创设解释分为四种：制定法解释、习惯解释、公平解释和诚信解释。

1. 制定法解释

所谓制定法解释，是指在合同存在漏洞时，法官借助于制定法关于引起纠纷的统一合同规定来确定合同债务人是否应当和在什么范围内承担合同没有明确规定的债务的一种创设性解释方法。在法国，包括《法国民法典》和其他制定法在内，立法者的制定法对一些最通常适用的合同即有名合同做出了规定。虽然它们所规定的大多数内容在性质上属于补充性的规定；但是，在合同当事人没有明确排除这些规定的情况下，如果合同当事人没有在自己的同一合同当中规定其中的某些内容，在引起纠纷时，法官可以借助于制定法的规定将制定法所规定的而当事人没有规定并且没有明确排除的内容视为他

---

① François Laurent, Principes de droit civil. Tome 1, Bruxelles, Bruylant-Christophe, 1869, p. 328. ; Marcel Porte, La Jurisprudence et l'équité; lecture faite à la séance solennelle d'ouverture des conférences du stage, le 17 décembre 1898, Grenoble, Imprimerie Allier Frères, 1899, p. 13.

② Article 1135, https://fr. wikisource. org/wiki/Code_civil_des_Français_1804/Livre_Ⅲ, _Titre_Ⅲ.

③ Article 1194, Code civil, Version en vigueur au 26 décembre 2020, https://www. legifrance. gouv. fr/codes/section_lc/LEGITEXT000006070721/LEGISCTA000032009282/#LEGISCTA000032009282.

④ Dimitri Houtcieff, Droit Des Contrats, Larcier, 2e édition, 2016, pp. 367—368; Philippe Malaurie, Laurent Aynès, Philippe Stoffel-Munck, Droit des obligations, 8e édition, L. G. D. J., 2016, pp. 420—427; Marjorie Brusorio Aillaud, Droit des obligations, 8e édition, bruylant, 2017, pp. 237—238; François Terré, Philippe Simler, Yves Lequette, François Chénedé, Droit civil, Les Obligations, 12e édition, Dalloz, 2018, pp. 692—695.

们合同的组成部分，以便让当事人之间的合同内容完整、完善，这就是制定法解释。[①]《法国民法典》新的第 1194 条对此种解释方法做出了规定，已如前述。因此，此处所谓制定法解释不同于与合同解释、法律行为解释相对应的法律解释、制定法解释，因为后一种意义上的制定法解释是指人们对含糊不清的制定法本身做出的解释，已如前述。

2. 习惯解释

所谓习惯解释，是指在合同存在漏洞时，法官借助于合同当事人所遵循的习惯、惯例来确定合同债务人是否应当和在什么范围内承担合同没有明确规定的债务的一种创设性解释方法。在某些合同当中，尤其是在包括商人在内的职业人士所签订的合同当中，当事人应当遵循所有同一或者同类合同当事人所应当遵循的习惯、惯例、惯常做法。如果一方当事人与另外一方当事人之间的合同没有规定引起纠纷的某种债务，在其他同一合同或者同类合同当事人均会承担同一债务的情况下，法官借助于当事人之间所应当遵循的习惯、惯例、惯常做法，将其他同一、同类合同当事人惯常承担的债务强加给当事人，以便让他们之间的合同内容确定，这就是习惯解释。[②]《法国民法典》新的第 1194 条对此种解释方法做出了规定，已如前述。

例如，在医疗合同没有对医师承担的说明债务做出规定的情况下，如果病患者向法院起诉，要求医师就其没有履行说明债务的行为对自己承担合同责任，则法官要做出解释，说明医师是否应当在合同明确规定的债务之外对其病患者承担此种债务。此时，他们可以根据习惯做出解释：如果大多数医师习惯上对病患者承担此种债务，则该案当中的医师也应当承担此种债务；如果大多数医师习惯上不会对病患者承担此种债务，则该案当中的医师也无须承担。

3. 公平解释

所谓公平解释，是指在合同存在漏洞时，法官借助于合同当事人应当遵守的公平原则来确定合同债务人是否应当和在什么范围内承担合同没有明确规定的债务的一种创设性解释方法。在合同当事人之间就合同是否应当规定某种债务发生争议时，法官能够从公平正义的理念当中获得灵感源泉，并因此确定合同当事人所承担的债务。[③]《法国民法典》新的第 1194 条对此种解释方法做出了规定，已如前述。

例如，在旅客运输合同当中，双方当事人虽然规定了承运人对旅客所承担的财产损害的赔偿，但是，没有规定承运人对旅客遭受的人身损害的赔偿。在发生事故之后，旅客向法院起诉，除了要求承运人赔偿其财产损害之外还要求承运人赔偿其人身损害。在对运输合同是否应当包含这样的赔偿内容做出判断时，法官可以考虑公平正义原则：如

---

① Virginie Larribau-Terneyre, Droit civil, Les Obligations, 15e édition, Dalloz, 2017, p. 512; François Terré, Philippe Simler, Yves Lequette, François Chénedé, Droit civil, Les Obligations, 12e édition, Dalloz, 2018, p. 692.

② Gabriel Marty, Pierre Raynaud, Droit Civil, Les Obligations, Tome 1, Les sources, 2e édition, Sirey, pp. 251—252; Jacques Flour, Jean-Luc Aubert, Éric Savaux, Les Obligations, 1. L'acte juridique, 14e édition, Dalloz, p. 377; Virginie Larribau-Terneyre, Droit civil, Les Obligations, 15e édition, Dalloz, 2017, p. 512; François Terré, Philippe Simler, Yves Lequette, François Chénedé, Droit civil, Les Obligations, 12e édition, Dalloz, 2018, p. 692.

③ Virginie Larribau-Terneyre, Droit civil, Les Obligations, 15e édition, Dalloz, 2017, p. 512; François Terré, Philippe Simler, Yves Lequette, François Chénedé, Droit civil, Les Obligations, 12e édition, Dalloz, 2018, p. 693.

果承运人不赔偿人身损害是不公平的、不合理的，则它应当赔偿乘客遭受的此种损害。

4. 诚实解释

所谓诚实解释，是指在合同存在漏洞时，法官借助于合同当事人应当遵循的诚实原则来确定合同债务人是否应当和在什么范围内承担合同没有明确规定的债务的一种创设性解释方法。认为在合同没有对引起争议的某种内容做出规定的情况下，人们根据诚实信用原则决定该种内容是否存在。[①]《法国民法典》新的第1104条对此种解释方法做出了说明，该条规定，无论是合同的谈判、合同的成立还是合同的履行均应当遵循诚实的要求，已如前述。例如，在旅客运输合同没有对承运人所承担的救助债务做出规定的情况下，如果乘客向法院起诉，要求法官责令承运人就其没有履行救助债务的行为对自己承担违约责任，法官可以根据诚实信用原则确定承运人是否应当承担此种债务。

---

① Virginie Larribau-Terneyre, Droit civil, Les Obligations, 15e édition, Dalloz, 2017, p. 512.

合同对当事人和第三人的效力

第八章　合同的效力

第一节　合同效力和合同约束力

一、效力和合同效力的界定

所谓效力（les effets），是指行为人实施的某种法律行为、某种侵权行为和立法者制定的某种制定法、法官和行政官员做出的某种判决或者决定所引起的法律后果。[①] 因此，当夫妻离婚时，他们的离婚行为会引起让他们之间的夫妻关系消灭的后果，这就是离婚的效力。当行为人打伤他人时，他们打伤他人的行为会让他们对他人遭受的财产损害甚至非财产损害承担赔偿责任，这就是故意侵权行为引起的效力。当法官就当事人之间的名誉侵权纠纷做出判决时，毁损对方名誉的一方当事人就必须按照法官的判决赔偿对方当事人所遭受的损害，这就是法官的司法判例产生的效力。

除了适用于行为人实施的所有法律行为、立法者的制定法、法官的裁判和行政官员的决定之外，此种理论也适用于合同当事人之间所缔结的合同，这就是，当一方当事人与另外一方当事人签订了有效成立的合同时，他们之间所签订的合同就会在他们之间甚至在他们与第三人之间产生法律后果，这就是所谓的合同效力（les effets du contrat）。因此，所谓合同效力，是指合同在当事人之间或者当事人与第三人之间所产生的法律后果。原则上，合同仅仅在合同当事人之间产生法律后果，这就是合同对当事人产生的效力（les effets du contrat entre les parties），也就是合同的相对性效力。在例外情况下，合同也会对合同当事人之外的第三人产生法律后果，这就是合同对第三人产生的效力（les effets du contrat à l'égard des tiers）。

二、合同效力的法律根据

1804 年的《法国民法典》第三卷第三编第三章对合同的效力做出了规定，这就是第 1134 条至第 1167 条的规定，该章共 6 节，分别规定了 6 个方面的不同内容：一般规定，转让所有权的债，作为债和不作为债，不履行债产生的损害赔偿，合同的解释和合同对第三人的效力。[②] 其中最著名的法律条款是第 1134 条和第 1165 条，其中的第 1134 条对合同的约束力做出了规定，认为合同在缔约当事人之间相当于制定法，而第 1165 条则对合同的相对效力做出了规定，认为合同原则上仅仅对当事人产生效力，在例外情况下也能够对第三人产生效力。[③]

---

① Vocabulaire juridique, 10e édition, sous la direction de Gérard Cornu, puf, 2014, p. 386.

② Articles 1134 à 1167, https://fr. wikisource. org/wiki/Code_civil_des_Français_1804/Livre_Ⅲ, _Titre_Ⅲ.

③ Virginie Larribau-Terneyre, Droit civil, Les Obligations, 15e édition, Dalloz, 2017, p. 487.

1804年的《法国民法典》第1134条至第1167条从1804年被原封不动地适用到2016年，直到2016年2月10日的债法改革法令以新的法律条款取代它们时为止。[①] 通过2016年的债法改革法令，现行《法国民法典》第三卷第三编第四章对合同效力做出了规定，这就是新的第1193条至新的第1231-7条，该章共5节，分别规定了五个方面的内容：合同对当事人产生的效力、合同对第三人产生的效力、合同的期限、合同的转让以及合同的不履行。[②]

现行《法国民法典》关于合同效力的规定保留了1804年的《法国民法典》关于合同效力规定当中的众多内容，尤其是，包括了合同的约束力理论和相对性理论：新的第1103条和新的第1193条仍然对合同的约束力理论做出了规定，而新的第1199条仍然对合同的相对性和例外情况下合同对第三人的效力做出了规定。不过，基于当代社会现实的需要，尤其是，基于合同法新的指导原则实行的需要，现行《法国民法典》在合同的效力方面仍然具有一些引人注目的重大革新。例如，它首次规定了合同的转让问题。再例如，除了损害赔偿之外，它还规定了债务不履行所引起的其他法律制裁方式，诸如减价和强制继续履行债务等方式。同样，它至少有条件地承认了情势变更规则。[③]

在法国，正如在其他国家，一旦合同当事人之间的合同有效成立，他们之间的合同能够产生各种各样的不同法律效力，究竟会产生什么样的法律效力，取决于合同当事人的自由约定：如果当事人同意，他们之间的合同能够产生让一方当事人对另外一方当事人做出某种给付的效力，这就是合同的约束力；如果当事人同意，他们之间的合同能够产生让一方当事人对另外一方当事人承担的给付债务受到条件或者期限限制的法律后果，这就是合同的限制效力；如果当事人同意，他们之间的合同甚至能够产生让一方当事人取得另外一方当事人所交付的财物的效力，这就是合同的转让效力；同样，如果当事人同意，他们之间的合同也能够产生让一方当事人对另外一方当事人所承担的给付债消灭的法律后果，这就是合同的消灭效力（effet extinctif）。现行《法国民法典》新的第1101条对合同产生的这些法律效力做出了明确说明，因为该条规定，合同是两个或者多个当事人之间创设、限制、转让和消灭债的意思表示一致，已如前述。

三、合同的约束力

所谓合同的约束力（la force obligatoire de contrat），是指依法成立的合同对合同当事人所产生的法律效果，根据该种法律效果，合同的一方当事人享有要求合同的另外一方当事人对其做出或者不做出某种给付行为的权利，而另外一方当事人则应当对对方当事人承担做出或者不做出某种给付行为的债务。法国民法学者将合同的约束力称为“合同的约束力原则”（le principe de la force obligatoire de contrat）。

1804年的《法国民法典》第1134条和第1135条以非常优雅、活力四射的词语对

---

① Articles 1134 à 1167, Code civil, Version en vigueur au 9 février 2016, https://www.legifrance.gouv.fr/codes/section_lc/LEGITEXT000006070721/LEGISCTA000006136342/2016-02-09/#LEGISCTA000006136342.

② Articles 1193 à 1231-7, Code civil, Version en vigueur au 28 décembre 2020, https://www.legifrance.gouv.fr/codes/section_lc/LEGITEXT000006070721/LEGISCTA000006136343/#LEGISCTA000032041321.

③ Virginie Larribau-Terneyre, Droit civil, Les Obligations, 15e édition, Dalloz, 2017, pp. 487—489.

合同的约束力做出了规定,[①] 其中的第 1134 条规定：依法成立的合同等同于合同当事人之间的制定法。除非合同当事人相互同意，或者除非具备制定法所授权的原因；否则，合同不得被解除。合同应当以诚实方式履行。[②] 1804 年的《法国民法典》第 1135 条规定：合同不仅对当事人明确规定的内容产生约束力，而且还对公平、习惯或者制定法根据合同的性质所赋予的所有后果产生约束力。[③]

在这两个法律条款当中，第 1134 条源自法国 17 世纪的著名民法学家 Domat，在其《自然秩序当中的民法》当中，Domat 将合同在当事人之间产生的约束力等同于立法者的制定法在国民之间产生的约束力，他指出："合同一旦成立，对于缔约当事人而言，他们的合同所规定的内容等同于立法者的制定法，仅仅在当事人相互同意的情况下，他们之间的合同才能够被解除。"[④] 1804 年的《法国民法典》第 1134 条和第 1135 条一直被原封不动地从 1804 年保留到 2016 年，直到 2016 年 2 月 10 日的债法改革法令废除它们并且以新的法律条款取代它们时止。[⑤]

在 2016 年之前，在合同的约束力有哪些具体表现方面，民法学者之间有三种不同的意见：其一，最狭义的理论。此种理论认为，合同的约束力仅仅是指合同等同于合同当事人之间的制定法，换言之，他们仅仅将第旧的 1134（1）条的规定看作合同的约束力，旧的第 1134（2）条或者旧的第 1135 条所规定的内容不属于合同约束力的范畴，而属于与合同约束力并行的内容。[⑥] 其二，最广义的理论。此种理论认为，合同的约束力包括三个方面的内容：合同对合同当事人所产生的法律效力，合同对法官产生的法律效力，以及合同对立法者所产生的法律效力。[⑦] 其三，主流学者的理论。在法国，大多数民法学者认为，合同的约束力所包含的内容有二：合同对合同当事人所产生的法律效力和合同对法官所产生的法律效力。[⑧]

通过 2016 年 2 月 10 日的债法改革法令，现行《法国民法典》新的第 1103 条、新的第 1104 条、新的第 1193 条和新的第 1194 条分别取代之前的旧的第 1134 条和旧的第 1135 条。现行《法国民法典》新的第 1103 条对合同等同于合同当事人之间的制定法的

---

① Philippe Malaurie, Laurent Aynès, Philippe Stoffel-Munck, Droit des obligations, 8e édition, L. G. D. J., 2016, p. 398.

② Article 1134, Code civil des Français 1804/Livre Ⅲ, Titre Ⅲ.

③ Article 1134, Code civil des Français 1804/Livre Ⅲ, Titre Ⅲ.

④ François Terré, Philippe Simler, Yves Lequette, François Chénedé, Droit civil, Les Obligations, 12e édition, Dalloz, 2018, p. 671.

⑤ Articles 1134 à 1135, Code civil, Version en vigueur au 9 février 2016, https://www. legifrance. gouv. fr/codes/section_lc/LEGITEXT000006070721/LEGISCTA000006136342/2016-02-09/#LEGISCTA000006136342.

⑥ Jean Carbonnier, Droit civil, Les biens, Les Obligations, puf, p. 2115.

⑦ Henri Roland et Laurent Boyer, Contrat, 3e édition, Litec, 1989, p. 465.

⑧ Gérard Légier, Les obligations, 17e édition, Dalloz, 2001, pp. 88—92; Rémy Cabrillac, Droit des obligations, 9e édition, Dalloz, p. 93; Philippe Malaurie, Laurent Aynès, Philippe Stoffel-Munck, Les obligations, 4e édition Defrenois, 2009, p. 367; Jacques Flour, Jean-Luc Aubert, Éric Savaux, Les Obligations, 1. L'acte juridique, 14e édition, Dalloz, 2010, p. 361; Virginie Larribau-Terneyre, Droit civil, Les Obligations, 12e édition, Dalloz, p. 365; Francois Terré, Philippe Simler, Yves Lequette, Droit civil, Les Obligations, 10e édition, Dalloz, 2009, pp. 453—454; Pierre Voirin, Gilles Goubeaux, Droit civil, tome 1, Introduction au droit, personnes-famille, personnes protégées, biens-obligations, sûretés, 33e édition, L. G. D. J., 2011, pp. 451—455.

规则做出了说明，该条规定：依法成立的合同等同于合同当事人之间的制定法。[①] 现行《法国民法典》新的第 1193 条对合同不得擅自解除的规则做出了说明，该条规定：除非合同当事人相互同意，或者除非具备制定法所授权的原因，否则，合同不得被变更或者被解除。[②]

现行《法国民法典》新的第 1104 条对合同当事人之间的诚实履行债务的规则做出了说明，该条规定：无论是合同的谈判、合同的成立还是合同的履行均应当以善意为之。本条的规定是公共秩序性质的。[③] 现行《法国民法典》新的第 1194 条对合同约定之外的债务所产生的根据做出了说明，该条规定：合同不仅对当事人明确规定的内容产生约束力，而且还对公平、习惯或者制定法所赋予的所有后果产生约束力。[④]

在今时今日，在合同的约束力有哪些具体表现方面，法国民法学者做出的回答惊人地一致。因为他们均认为，合同的约束力有两个方面，这就是合同的主要法律效力和合同的次要法律效力。所谓合同的主要法律效力，是指现行《法国民法典》新的第 1103 条所规定的法律效力：一旦成立，合同就等同于合同当事人之间的制定法。所谓合同的次要法律效力，或者是指合同在当事人之间所产生的四种法律效力：基于制定法、习惯、诚实和公平，合同当事人应当在明示债务之外例外地承担某种默示债务；或者是指合同所产生的不得解除效力，该种法律效力被称为合同的不得解除原则；或者是指合同所产生的不得变更效力，该种效力被称为合同的不得变更原则；或者是指伪装合同。

四、合同等同于当事人之间的制定法的主要法律效力

根据合同的约束力理论，合同在当事人之间产生的主要法律效力是，一旦合同成立，则合同的所有当事人均应当尊重自己所缔结的合同，均应当按照合同的规定履行所承担的债务，就像立法者制定了法律之后，全体国民应当尊重立法者的制定法一样；在合同成立之后，如果合同的一方当事人不尊重自己所缔结的合同，不履行合同所规定的债务，他们应当遭受制裁，应当就自己不履行合同债务的行为对对方当事人承担法律责任，就像在制定法施行之后，如果国民不尊重立法者的制定法，不履行制定法所强加的债务，则他们将会遭受法律制裁一样。

《法国民法典》旧的第 1134（1）条和新的第 1103 条之所以将合同在当事人之间产生的法律效力等同于制定法在全体国民之间产生的法律效力，其原因有三：首先，它是诺言应当得到遵守的意思自治和合同自由的要求。合同所产生的此种主要法律效力是意思自治和合同自由原则的直接后果——既然合同当事人自愿缔结合同，既然合同当事人

---

① Article 1103, Code civil, Version en vigueur au 30 décembre 2020, egifrance. gouv. fr/codes/section_lc/LEGITEXT000006070721/LEGISCTA000006136340/#LEGISCTA000032040792.

② Article 1193, Code civil, Version en vigueur au 30 décembre 2020, https://www. legifrance. gouv. fr/codes/section_lc/LEGITEXT000006070721/LEGISCTA000006150249/#LEGISCTA000032041319.

③ Article 1104, Code civil, Version en vigueur au 30 décembre 2020, egifrance. gouv. fr/codes/section_lc/LEGITEXT000006070721/LEGISCTA000006136340/#LEGISCTA000032040792.

④ Article 1194, Code civil, Version en vigueur au 30 décembre 2020, https://www. legifrance. gouv. fr/codes/section_lc/LEGITEXT000006070721/LEGISCTA000006150249/#LEGISCTA000032041319.

承诺会履行自己的诺言，在他们的合同缔结之后，他们应当根据自己的意图、意志、意思履行所承担的债务、诺言。[①] 其次，它是经济的要求。如果合同当事人在缔结合同之后能够不履行合同所规定的债务，则经济活动将无法进行，交易安全的目标将无法实现。仅仅在合同当事人履行自己所承担的债务时，经济活动才能够持续不断地进行下去，交易安全的目标才能够实现。[②] 最后，因为合同与制定法之间所具有的可类比性。所谓合同与制定法之间的可类比性，是指合同和制定法在本质上是相同的，它们均是人的意图、意志、意思的体现，它们所具有的约束力均源自此种意图、意志、意思。一方面，立法者的制定法之所以会在全体国民之间产生约束力，是因为制定法是人的一般意图、一般意志、一般意思的体现。合同之所以会在合同当事人之间产生约束力，是因为合同是当事人的个人意图、个人意志、个人意思的体现。另一方面，作为一般意图、一般意志、一般意思的体现，制定法也是一种合同，它们是在社会当中生活的所有个人之间的一种大合同（le grand contrat）。

“因为债的效力源自合同当事人意思表示的合意，因此，《法国民法典》的起草者在规定合同的约束力时使用了高度的类比方法：合同对当事人的约束力就像法律规范对全体国民产生的约束力。有时，人们也认为，《法国民法典》旧的第1134条也仅仅是意思自治的同一表述。根据此种理论，立法者的制定法与合同当事人之间的合同并不存在本质上的差异，它们之间仅仅存在程度的差异。作为一般意志的表达，制定法是一个大合同，它是由在社会当中生活的所有人缔结的。作为个人意志的表达，合同是当事人之间的制定法，此种制定法是由合同当事人对自己制定的。”[③]

第二节　合同的转让效力

现行《法国民法典》新的第1196条至新的第1198条对合同产生的转让效力（effet translatif）做出了规定，包括合同转让效力的一般原则、转让效力一般原则的例外和合同转让效力所适用的对象以及合同转让效力所涉及的债和风险负担等内容。

一、合同转让效力的界定

所谓合同的转让效力，是指合同所具有的让一方当事人享有的财产所有权（la propriété）或者其他主观权利（autre droit）转让给另外一方当事人并因此让其成为新的权利主体的效力。当合同具有此种转让效力时，当事人之间的合同就被称为具有转让效力的合同（les contrats translatif）。根据合同所转让的对象（l'objet du transfert）不同，现行《法国民法典》新的第1196条将具有转让效力的合同分为两类：转让财产所有权

---

① Marjorie Brusorio Aillaud，Droit des obligations，8e édition，bruylant，2017，p. 239；Virginie Larribau-Terneyre，Droit civil，Les Obligations，15e édition，Dalloz，2017，p. 497.

② Marjorie Brusorio Aillaud，Droit des obligations，8e édition，bruylant，2017，p. 239.

③ François Terré，Philippe Simler，Yves Lequette，François Chénedé，Droit civil，Les Obligations，12e édition，Dalloz，2018，pp. 671—681，p. 671.

的合同（les contrats ayant pour objet l'aliénation de la propriété）和转让财产所有权之外的其他主观权利的合同（les contrats ayant pour objet la cession d'un autre droit）。[①]

所谓转让财产所有权的合同，是指合同当事人之间所签订的以让一方当事人取得另外一方当事人所让与（l'aliénation）的财产所有权为目的的合同。买卖合同（la vente）属于最典型的转让财产所有权的合同，因为当事人之所以签订买卖合同，其目的在于通过买卖合同让买受人获得出卖人所交付的财物所有权。除了买卖合同之外，互易合同（l'échange）和赠与合同（la donation）也属于转让财产所有权的合同，因为通过互易和赠与，一方当事人会获得另外一方当事人的财产所有权。[②]

所谓转让财产所有权之外的其他主观权利的合同，是指合同当事人之间所签订的以让一方当事人取得另外一方当事人所转让（la cession）的财产所有权之外的某种主观权利为目的的合同。除了能够通过合同让与财产所有权之外，合同当事人还能够通过合同转让财产所有权之外的其他主观权利，诸如用益权、债权和抵押权等担保权。事实上，就像财产所有权的让与是通过买卖合同、互易合同和赠与合同进行一样，财产所有权之外的其他主观权利的转让也是通过这三种不同的方式实施。

无论是转让财产所有权的合同还是转让其他主观权利的合同均具有两个共同点：

其一，无论是转让财产所有权还是转让其他主观权利，具有转让效力的合同均具有将一方当事人即转让方、转让人方享有的财产所有权或者其他主观权利转让给另外一方当事人即受让方、受让人享有的效力，通过合同转让，受让方取得了财产所有权或者其他主观权利，而转让方则丧失了财产所有权或其他主观权利。

其二，除非合同当事人另有不同的约定，或者除非制定法另有不同的规定，或者除非事物的性质（la nature des choses）要求采取不同的法律规则，否则，在当事人之间的合同缔结时，受让方取得财产所有权或者其他主观权利，转让方丧失其财产所有权或者其他主观权利。现行《法国民法典》新的第1196条对此种规则做出了说明，该条规定：在以财产所有权的让与或者其他权利的转让为目的的合同当中，财产所有权或者其他权利的转让从合同缔结时发生。基于当事人的意图、事物的性质或者制定法的效力，此种转让可以不在合同缔结时发生。[③]

二、财产所有权的单纯合意主义转让原则

（一）财产所有权单纯合意主义转让原则的界定

根据现行《法国民法典》新的第1196条（旧的第1138条）的规定，一旦合同当事人之间就财产所有权的转让达成了意思表示的合意，也就是说，一旦合同当事人就财产所有权的转让缔结了合同，受让方就成为财产所有权人，即便他们还没有现实地占有

① Article 1196, Code civil, Version en vigueur au 29 décembre 2020, https://www.legifrance.gouv.fr/codes/section_lc/LEGITEXT000006070721/LEGISCTA000032009284/#LEGISCTA000032009284.

② Jean Carbonnier, Droit civil, Volume Ⅱ, Les biens, Les obligations, puf, 2004, pp. 1698—1699.

③ Article 1196, Code civil, Version en vigueur au 29 décembre 2020, https://www.legifrance.gouv.fr/codes/section_lc/LEGITEXT000006070721/LEGISCTA000032009284/#LEGISCTA000032009284.

所转让的财产，而转让方则丧失财产所有权，即便他们还没有将所转让的财产交付给受让方，这就是财产所有权转让当中的合意主义理论（consensualisme en matière de transfert de propriété），该种合意主义理论也被称为“单纯合意主义的转让”理论（le transfert solo consensus），或者被称为“单纯合意主义的转让原则”（le principe du transfert solo consensu）。①

简单而言，一旦买卖合同当事人、赠与合同当事人或者互易合同的当事人就买卖、赠与和互易达成意思表示一致，无论合同涉及的有体物是否交付，财产所有权就已经从出卖人、赠与人、互易人转让给买受人、受赠人和另外一个互易人。除了现行《法国民法典》新的1196条对此种理论做出了一般性的规定之外，现行《法国民法典》第1583条也对买卖合同当中所贯彻的此种理论做出了说明，该条规定：即便出卖物还没有交付或者价款还没有支付，一旦当事人就买卖物和价款达成协议，买卖合同就在当事人之间完成了，因此，买受人也从出卖人那里获得了法律上的财产所有权。② 财产所有权从合同成立之时起转移的单纯合意主义理论构成法国民法最具有特色的理论之一，除了被《法国民法典》所规定之外，该种理论也被包括魁北克在内的法式民法典的国家所贯彻，并因此成为法式民法典的标志性理论之一。③

（二）财产所有权的单纯合意主义转让原则源自近代自然法学派

作为一种重要的权利，财产所有权源自罗马法，在罗马法当中，财产所有权常常被界定为权利主体通过某种事实行为或者法律行为对其有体物、有形物所享有和行使的使用权、收益权和处分权。④ 作为合意主义理论的重要组成部分，单纯合意主义的转让理论在古罗马时期是不存在的，因为在古罗马时期，合同法严格贯彻合同形式主义理论，合同的效力不是源自当事人的意思表示，而是源自他们所采取的某种形式。因此，即便买卖双方当事人就买卖达成了合意，他们的合意也无法产生让买受人在合意达成时自动取得出卖人的财产所有权的效力。⑤

根据罗马法的规定，如果买卖合同要产生让买受人取得出卖人出卖的财产所有权的效力，它应当具备两个条件：其一，买卖合同对当事人产生了债，尤其是产生了让一方当事人将自己财产所有权转让给另外一方当事人享有并且交付该财产给对方的债务。其

① Jean Carbonnier, Droit civil, Volume Ⅱ, Les biens, Les obligations, puf, 2004, pp. 1698—1699; Dimitri Houtcieff, Droit Des Contrats, Larcier, 2e édition, 2016, p. 339; Virginie Larribau-Terneyre, Droit civil, Les Obligations, 15e édition, Dalloz, 2017, p. 492.

② Article 1583, Code civil, Version en vigueur au 29 décembre 2020, https://www. legifrance. gouv. fr/codes/section_lc/LEGITEXT000006070721/LEGISCTA000006118107/#LEGISCTA000006118107.

③ Lhenri Brun, es origines du consensualisme en matière de transfert de propriété et des mitigations apportées au principe par le droit civil québécois, (1967—1968) Les Cahiers de droit, Volume 9, numéro 2, pp. 273—285.

④ Gwenola LABRO, La question du transfert de propriété en droit français et allemand sous l'angle de l'obligation de donner, Sous la direction de Monsieur le Professeur Jean-Sébastien Borghetti, pp. 1—67, https://docassas. u-paris2. fr/nuxeo/site/esupversions/6e873498-ea27-43dc-9893-b23532ec34bc?inline.

⑤ Lhenri Brun, es origines du consensualisme en matière de transfert de propriété et des mitigations apportées au principe par le droit civil québécois, (1967—1968) Les Cahiers de droit, Volume 9, numéro 2, pp. 273—285.

二，出卖人将自己的财产所有权转让给买受人的让与行为和将自己出卖的财产交付给买受人的行为（la mancipatio，l'in iure cessio ou la traditio）。仅仅在出卖人实施了让与所有权和交付出卖物的神圣行为之后，买受人才能够取得出卖人的财产所有权。"买受人之所以取得出卖人的财产所有权，其原因不在于当事人之间的买卖合同，即不在于当事人之间所存在的产生了相互债的意思表示的完美一致，而在于出卖人所实施的单纯转让财产所有权的行为。"①

在法国旧法时期，在财产所有权的转让问题上，人们仍然采取罗马法的做法，除了需要买卖双方当事人签订买卖合同之外，如果买受人要取得出卖人所转让的财产所有权，他们也必须遵循罗马法当中的交付和占有程序，通过出卖人的交付，在买受人占有了出卖人交付的财产之后，买受人才取得了财产所有权。② 在17世纪和18世纪，Domat和Pothier虽然主张意思自治和合同自由原则，但是，他们是否在自己的民法著作当中主张财产所有权转让当中的合意主义理论，法国民法学者之间存在争议，某些民法学者持肯定意见，认为这两位民法学者主张此种理论，而另外一些民法学者则持否定意见，认为他们没有主张此种理论。③

法国著名学者Carbonnier就持反对意见，他认为，在19世纪初期之前，倡导财产所有权转让当中的合意主义理论的学者并不是Domat或者Pothier，因为他们仍然采取罗马法的观念，要求将交付作为一种取得财产所有权的形式要求。他认为，在19世纪初期之前，真正主张此种理论的学者是自然法学家，包括Hugo Grotius（1583—1645）、Samuel von Pufendorf（1632—1694）和Jean-Jacques Burlamaqui（1694—1748），在他们的名著《战争与和平法》《自然法和国际法》以及《自然法和国际法原理》当中，这些自然法学家在主张自然法观念时认为，虽然罗马法要求财产所有权的转让要以交付作为必要条件，但是，自然法并没有这样的要求，因为自然法认为，合同当事人之间的合意本

---

① Jean Carbonnier, Droit civil, Volume Ⅱ, Les biens, Les obligations, puf, 2004, pp. 1705—1706; Lhenri Brun, es origines du consensualisme en matière de transfert de propriété et des mitigations apportées au principe par le droit civil québécois, (1967—1968) Les Cahiers de droit, Volume 9, numéro 2, pp. 273—285; Gwenola LABRO, La question du transfert de propriété en droit français et allemand sous l'angle de l'obligation de donner, Sous la direction de Monsieur le Professeur Jean-Sébastien Borghetti, pp. 1—67, https://docassas.u-paris2.fr/nuxeo/site/esupversions/6e873498-ea27-43dc-9893-b23532ec34bc?inline.

② Jean Carbonnier, Droit civil, Volume Ⅱ, Les biens, Les obligations, puf, 2004, pp. 1705—1706; Lhenri Brun, es origines du consensualisme en matière de transfert de propriété et des mitigations apportées au principe par le droit civil québécois, (1967—1968) Les Cahiers de droit, Volume 9, numéro 2, pp. 273—285; Gwenola LABRO, La question du transfert de propriété en droit français et allemand sous l'angle de l'obligation de donner, Sous la direction de Monsieur le Professeur Jean-Sébastien Borghetti, pp. 1—67, https://docassas.u-paris2.fr/nuxeo/site/esupversions/6e873498-ea27-43dc-9893-b23532ec34bc?inline.

③ Jean Carbonnier, Droit civil, Volume Ⅱ, Les biens, Les obligations, puf, 2004, pp. 1705—1706; Lhenri Brun, es origines du consensualisme en matière de transfert de propriété et des mitigations apportées au principe par le droit civil québécois, (1967—1968) Les Cahiers de droit, Volume 9, numéro 2, pp. 273—285; Gwenola LABRO, La question du transfert de propriété en droit français et allemand sous l'angle de l'obligation de donner, Sous la direction de Monsieur le Professeur Jean-Sébastien Borghetti, pp. 1—67, https://docassas.u-paris2.fr/nuxeo/site/esupversions/6e873498-ea27-43dc-9893-b23532ec34bc?inline.

身就足以产生让财产所有权发生转让的效果。①

（三）1804 年和 2016 年以来的《法国民法典》规定了财产所有权的单纯合意主义转让原则

由于受到这些自然法学家的影响，在法国大革命时期，Jean-Jacques-Régis de Cambacérès（1753—1824）在自己起草的《法国民法典（第一草案）》当中明确放弃了罗马法和法国旧法时期的交付规则，直接规定了自然法学家所主张的单纯合意主义的转让理论。② 1804 年的《法国民法典》第 1138 条对此种理论做出了说明，该条规定：单凭合同当事人之间的同意，交付财产的债就完成了。从应当交付的那一刻开始，它让债权人成为财产所有权人，即便债务人没有实施交付行为，至少在债务人没有迟延交付时是如此：在此时，债务人仍然承担财产毁损灭失的风险。③ 此外，1804 年的《法国民法典》第 1583 条也对买卖合同当中的单纯合意主义的转让理论做出了规定，这一条款一直从 1804 年保留到现在，这就是现行《法国民法典》当中的第 1583 条，已如前述。通过 2016 年 2 月 10 日的债法改革法令，现行《法国民法典》新的第 1196 条对此种规则做出了规定，已如前述。

（四）财产所有权的单纯合意主义转让原则的性质

根据《法国民法典》新的第 1196 条的规定，转让财产所有权的合同在合同成立时就发生财产所有权或者其他主观权利转让的效果。问题在于，合同产生的此种转让效力究竟是合同当事人规定的效力还是制定法规定的效力？对此问题，法国政府和民法学者做出了明确回答，他们认为，虽然《法国民法典》新的第 1196 条将转让效力视为合同引起的一种法律效力，但是，该种法律效力不同于合同的约束力，因为合同的约束力属于合同当事人约定的效力，而合同的转让效力不属于当事人约定的效力，而属于制定法直接规定的效力。

在就 2016 年 2 月 10 日的债法改革法令所提交的报告当中，法国总统对此种理论做出了说明，他将合同产生的此种效力称为“合同的法定效力”（effet légal du contrat）。④ Muriel Fabre-Magnan 也对此种理论做出了说明，他指出：“合同的转让效力是自动发生的，从合同缔结时就产生了此种效力，就像法国总统在其报告当中所说的那样，《法国民法典》第 1196 条将此种效力规定为‘合同的法定效力’。”⑤ Dimitri Houtcieff 也对此种理论做出了说明，他指出：“作为合同的效力，财产所有权的转让不是由当事人的意图

① Jean Carbonnier, Droit civil, Volume Ⅱ, Les biens, Les obligations, puf, 2004, pp. 1705—1706.

② Jean Carbonnier, Droit civil, Volume Ⅱ, Les biens, Les obligations, puf, 2004, pp. 1705—1706.

③ Article 1138, https://fr. wikisource. org/Code_civil_des_Français_1804/Livre_Ⅲ, _Titre_Ⅲ.

④ Rapport au Président de la République relatif à l’ordonnance n°2016—131 du 10 février 2016 portant réforme du droit des contrats, du régime général et de la preuve des obligations, https://www. legifrance. gouv. fr/jorf/id/JORFTEXT000032004539.

⑤ Muriel Fabre-Magnan, Droit des obligations, Tome 1, Contrat et engagement unilatéral, 4e édition, puf, 2016, p. 543.

驱动的，它不会引起债的通常规则的适用，例如，它不会引起合同的解除或者强制履行。”①

三、财产所有权单纯合意主义转让原则的例外

根据《法国民法典》新的第1196（2）条的规定，原则上，转让财产所有权的合同或者转让其他主观权利的合同从合同成立时产生财产所有权或其他主观权利转让的法律效果。在三种例外情况下，这两类合同并不是从合同成立时发生财产所有权或者其他主观权利转让的法律效果，而是在合同成立之后的某一个时期发生此种法律效果。

（一）财产所有权或者其他主观权利按照合同当事人规定的时间发生转让

根据意思自治和合同自由原则，如果合同当事人不希望财产所有权或者其他主观权利在合同成立时发生转让，他们完全能够通过自己的合同排除单纯合意主义的转让理论的适用并因此让主观权利的转让陷入迟延。至于说他们之间的合同何时发生权利转让的法律效果，完全取决于他们的自由约定。

例如，合同当事人可以约定，财产所有权从出卖人将出卖物交付给买受人时起发生转让，再例如，不动产买卖的合同当事人通常会约定，不动产的所有权从当事人在买卖的公证文书上签名盖章时起发生转让。不过，最常见的情形是，当事人之间的买卖合同在性质上属于附财产所有权保留条款的买卖合同：虽然出卖人已经将出卖物交付给买受人，但是，出卖人仍然保留出卖物的所有权，直到买受人支付最后一期款项之后，出卖物的所有权才转让给买受人。②

（二）制定法明确规定财产所有权或者其他主观权利的转让时间

如果制定法明确规定，财产所有权或者其他主观权利的转让不适用单纯合意主义的转让理论，则这些权利的转让也陷入迟延。此时，财产所有权何时发生转让取决于制定法的规定（l'effet de la loi）。例如，《法国商法典》第L. 228－1条规定，有价证券所有权从登记在买方的账号时发生转让。③ 再例如，《法国民法典》第1601－2条规定，如果在买卖合同签订时，出卖人所出卖的不动产还没有建造完成，则不动产买卖合同的成立并不能够引起不动产所有权的转让，不动产所有权的转让仅仅在出卖人完成了不动产的建造之后才发生转让，不过，一旦因为完工而发生所有权转让的效果，则他们之间的合同具有溯及既往的法律效力：买受人从合同签订之日起就成为不动产的所有权人，这

---

① Dimitri Houtcieff, Droit Des Contrats, Larcier, 2e édition, 2016, p. 339.

② Muriel Fabre-Magnan, Droit des obligations, Tome 1, Contrat et engagement unilatéral, 4e édition, puf, 2016, p. 544; Dimitri Houtcieff, Droit Des Contrats, Larcier, 2e édition, 2016, pp. 340—341; Virginie Larribau-Terneyre, Droit civil, Les Obligations, 15e édition, Dalloz, 2017, p. 493.

③ l'article L. 228-1, Code de commerce, Version en vigueur au 29 décembre 2020, https://www.legifrance.gouv.fr/codes/section_lc/LEGITEXT000005634379/LEGISCTA000006161280?etatTexte = VIGUEUR&etatTexte = VIGUEUR_DIFF#LEGISCTA000006161280.

就是该条所规定的在建买卖合同（la vente à terme）。①

（三）根据事务性质的要求确定财产所有权的转让时间

除了当事人的意图、制定法所施加的限制之外，事物的性质（la nature des choses）也能够对新的第1196条所规定的单纯合意主义转让规则做出限制，并因此让财产所有权的转让发生迟延。例如，如果买卖合同建立在某种没有确定的种类物的基础上，则在买卖合同成立时，种类物的所有权不能够及时转让，仅仅到了种类物通过某种方式具体化之后，当事人之间的买卖合同才能够产生所有权转让的效果。此时，所有权从种类物具体化、确定化那一刻发生转让。再例如，如果买卖合同是建立在未来财产的基础上，则在合同成立时，所有权无法转让，仅仅到了未来财产成为现有财产时，财产所有权才能够进行转让，此时，所有权从未来财产变为现有财产时发生转让。②

四、财产所有权转让当中的风险负担、保管财产的债务和所有权人之间冲突的处理

（一）物的毁损灭失的风险负担

在转让财产所有权的合同当中，当事人所面临的一个主要问题是出卖物的风险负担问题（risques de la chose）。所谓出卖物的风险负担，是指在买卖合同成立之后一直到出卖物交付之前或者交付之后出卖物的毁损灭失应当由出卖人还是买受人承担的问题。对此问题，现行《法国民法典》第1196（3）条做出了说明，该条规定：财产所有权的转让包含着物的风险的转让。在债务人迟延履行交付债务时，物的风险转让适用民法典第1344－2条和第1351－1条的规则。③

根据该条的规定，一旦当事人之间的合同成立，则财产所有权就从出卖人转让给买受人，即便出卖人还没有将出卖物交付给买受人，买受人也应当负担物的毁损灭失的风险，这就是财产所有权人承担物的毁损灭失的风险的著名法律格言（res perit domino），也就是债权人承担物的毁损灭失的风险理论。根据该种风险理论，即便出卖物仍然在出卖人手中，如果出卖物毁损灭失，买受人在承受出卖物毁损灭失的后果时仍然应当对出卖人承担价款的支付债务。④

不过，此种法律格言也存在例外，这就是，如果出卖人迟延交付出卖物，则迟延交付期间物的毁损灭失的风险由他们自己承担，这就是债务人承担风险的著名法律格言

---

① Article 1601-2, Code civil, Version en vigueur au 29 décembre 2020, https://www.legifrance.gouv.fr/codes/section_lc/LEGITEXT000006070721/LEGISCTA000006136380/#LEGISCTA000006136380.

② Dimitri Houtcieff, Droit Des Contrats, Larcier, 2e édition, 2016, pp. 340—341; Virginie Larribau-Terneyre, Droit civil, Les Obligations, 15e édition, Dalloz, 2017, p. 493.

③ Article 1196, Code civil, Version en vigueur au 29 décembre 2020, https://www.legifrance.gouv.fr/codes/section_lc/LEGITEXT000006070721/LEGISCTA000032009284/#LEGISCTA000032009284.

④ Muriel Fabre-Magnan, Droit des obligations, Tome 1, Contrat et engagement unilatéral, 4e édition, puf, 2016, p. 544; Dimitri Houtcieff, Droit Des Contrats, Larcier, 2e édition, 2016, p. 341; Virginie Larribau-Terneyre, Droit civil, Les Obligations, 15e édition, Dalloz, 2017, pp. 493—494.

(res perit debitori)。当然，根据《法国民法典》第1351－1条的规定，即便债务人迟延交付，如果他们能够证明，即便他们已经履行了物的交付债务，物同样会发生毁损灭失的情况，则他们不承担物的风险，而由债权人承担物的风险。[①]

（二）债务人所承担的交付财产和保管财产的债务

在转让财产所有权的合同当中，虽然财产所有权从合同成立之日起转让给买受人、互易人、受赠人，但是，财产所有权的转让并不意味着出卖人、另外一个互易人或者赠与人不需要对买受人、互易人或者受赠人承担债务。他们仍然应当根据这些合同承担两种债务：其一，交付财产的债务。所谓交付财产的债务，是指出卖人应当将出卖物交付给买受人并因此让买受人占有在合同成立时就已经获得了财产所有权的财产。其二，保管财产的债务，所谓保管债务，是指出卖人在将出卖物交付给买受人占有之前应当采取合理措施，保管好仍然被出卖人占有的财产。所谓合理措施，是指一个有理性的人能够尽到的保管债务，换言之，债务人在保管标的物时所承担的保管债务在性质上属于手段债而非结果债。[②] 现行《法国民法典》新的第1197条对此种规则做出了说明，该条规定：交付标的物的债包含了在交付之前对标的物所承担的保管债务，此种债务要求债务人应当尽到一个有理性的人能够尽到的所有注意程度。[③]

（三）同一出卖物的不同所有权人之间的冲突

根据《法国民法典》新的第1196条的规定，如果出卖人与买受人签订了买卖合同，在买卖合同成立时，即便出卖人还没有将出卖物转让给买受人，他们已经丧失了出卖物的所有权，即便买受人还没有占有出卖物，他们已经成为出卖物的所有权人。问题在于，在买卖合同成立之后，如果出卖人将其已经出卖给买受人的财产再一次出卖给第二个买受人，则从第二个买卖合同成立时，第二个买受人也取得出卖物的所有权并因此成为所有权人。此时，同一个出卖人的同一个出卖物之上有两个不同的买受人，换言之，同一个债务人的同一个出卖物之上同时存在两个不能够兼容的所有权人。在他们之间的所有权存在冲突时，究竟哪一个买受人最终成为出卖物的所有权人？现行《法国民法典》明确区分两种不同的情形。[④]

如果两个买受人先后（acquéreurs successifs）从同一个出卖人那里所购买的财产在性质上属于同一有形动产（même meuble corporel），不管第一个买受人和第二个买受人与出卖人签订买卖合同的时间先后顺序，在善意的情况下，先占有出卖物的买受人最终

---

① Muriel Fabre-Magnan, Droit des obligations, Tome 1, Contrat et engagement unilatéral, 4e édition, puf, 2016, p. 544; Dimitri Houtcieff, Droit Des Contrats, Larcier, 2e édition, 2016, p. 341; Virginie Larribau-Terneyre, Droit civil, Les Obligations, 15e édition, Dalloz, 2017, pp. 493—494.

② Dimitri Houtcieff, Droit Des Contrats, Larcier, 2e édition, 2016, pp. 341—342; Virginie Larribau-Terneyre, Droit civil, Les Obligations, 15e édition, Dalloz, 2017, p. 492.

③ Article 1197, Code civil, Version en vigueur au 30 décembre 2020, https://www.legifrance.gouv.fr/codes/section_lc/LEGITEXT000006070721/LEGISCTA000032009284/#LEGISCTA000032009284.

④ Virginie Larribau-Terneyre, Droit civil, Les Obligations, 15e édition, Dalloz, 2017, p. 494.

取得出卖物的所有物，这就是占有在先的规则。现行《法国民法典》新的第 1198（1）条对此种规则做出了说明，该条规定：如果同一有形动产的两个购买人先后对同一个出卖人享有权利，在善意的前提下，最先占有该动产的购买人享有的权利优先于另外一个购买人，即便他的权利后于另外一个购买人的权利而产生，亦是如此。①

如果两个买受人先后从同一个出卖人那里所购买的财产在性质上属于同一不动产（même immeuble），不管第一个买受人和第二个买受人与出卖人签订买卖合同的时间先后顺序，在善意的情况下，最先将自己取得的不动产所有权登记在不动产登记机关的登记簿（fichier immobilier）的买受人最终取得不动产的所有权，这就是登记在先的规则。现行《法国民法典》新的第 1198（2）条对此种规则做出了说明，该条规定：如果同一有不动产的两个购买人先后对同一个出卖人享有权利，在善意的前提下，最先以公证文书的方式将自己取得不动产的身份在不动产登记簿上公开的购买人享有的权利优先于另外一个购买人，即便他的权利后于另外一个购买人的权利而产生，亦是如此。②

第三节　合同的约束力（一）：合同不得解除性的原则和例外

一、合同不得解除性的界定

在法国，合同的约束力所产生的第一个次要法律效力是，除非合同当事人另外约定或者除非制定法另有明确规定；否则，合同的任何一方当事人均不得擅自解除他们与对方当事人之间的合同，这就是合同的不得解除性（l'irrévocabilité du contrat），也就是合同的不得解除原则（la principe de l'irrévocabilité du contrat）。所谓合同的不得解除性，是指在合同有效成立之后合同履行完毕之前，合同的任何一方当事人均不得单方面地解除他们与对方当事人之间的合同。《法国民法典》旧的第 1134 条和新的第 1193 条对此种原则做出了明确规定，已如前述。

合同的不得解除性源自合同等同于合同当事人之间的制定法的主要法律效力，是该种主要法律效力在合同解除领域的具体要求。“对于合同当事人而言，合同原则上具有‘制定法’一样的效力。合同不能够被解除。合同的不得解除性是合同约束力引起的后果。因为，如果合同的每一方当事人均能够解除自己所做出的许诺，则合同的约束力就没有了，当事人之间的债就没有了，他们之间的合同也同样没有了。”③

---

① Article 1198, Code civil, Version en vigueur au 30 décembre 2020, https://www.legifrance.gouv.fr/codes/section_lc/LEGITEXT000006070721/LEGISCTA000032009284/#LEGISCTA000032009284.

② Article 1198, Code civil, Version en vigueur au 30 décembre 2020, https://www.legifrance.gouv.fr/codes/section_lc/LEGITEXT000006070721/LEGISCTA000032009284/#LEGISCTA000032009284.

③ Marjorie Brusorio Aillaud, Droit des obligations, 8e édition, bruylant, 2017, pp. 240—241.

二、合同不得解除性的例外

不过，此种原则也存在例外，在例外的情况下，合同当事人之间的合同可以被解除。根据《法国民法典》旧的第1134条和新的第1193条的规定，如果当事人相互同意或者如果制定法明确授权，则合同当事人之间的合同能够被解除。“就像一个制定法能够通过另外一个制定法将其废除一样，在合同当事人之间达成了将他们之间的第一个合同废除的新合意之后，他们之间的第一个合同也不再对他们有约束力。事实上，从新的第1103条［旧的第1134（1）条］和新的第1193条所规定的原则当中，我们可以得出这样的逻辑结论：仅仅在当事人之间存在相互同意时，或者仅仅具有制定法所授权的某种理由时，合同才能够被解除。”①

不过，除了《法国民法典》所规定的这两种解除方式之外，合同还存在另外两种解除方式：合同一方当事人根据合同规定的条款单方面解除合同；法官在例外情况下也能够凭借自己的职权解除合同。这就是合同解除的四种形式。现行《法国民法典》新的第1224条对这些解除原因做出了说明，该条规定：合同的解除或者源于合同当中的某种解除条款的适用，在严重的债务不履行行为存在时，源自债权人对债务人的解约通知，或者源自法官的判决。② 为了将该条的规定付诸实施，现行《法国民法典》第1225至第1230条对这些合同解除方式做出了详尽的规定，它们结合在一起就构成了合同约束力的例外制度：合同的解除制度，③ 该种解除制度被视为合同不履行（l'inexécution du contrat）制度的有机组成部分。④

三、合同的协议解除

如果合同当事人在合同成立之后合同履行完毕之前就合同的解除达成了相互同意，则他们之间的合同可以被解除，这就是协议解除（révocation conventionnelle）。合同当事人之间的合同是基于双方同意而产生的，在合同成立之后，他们也可以自愿协商，就合同的解除达成新的合意。一旦他们就合同的解除达成合意，则他们之间的合同将按照他

---

① François Terré, Philippe Simler, Yves Lequette, François Chénedé, Droit civil, Les Obligations, 12e édition, Dalloz, 2018, p. 724.

② Article 1224, Code civil, Version en vigueur au 3 janvier 2021, https://www. legifrance. gouv. fr/codes/section_lc/LEGITEXT000006070721/LEGISCTA000032009927/#LEGISCTA000032009927.

③ Articles 1224 à 1230, Code civil, Version en vigueur au 3 janvier 2021, https://www. legifrance. gouv. fr/codes/section_lc/LEGITEXT000006070721/LEGISCTA000032009927/#LEGISCTA000032009927.

④ Dimitri Houtcieff, Droit Des Contrats, Larcier, 2e édition, 2016, pp. 499—523; Muriel Fabre-Magnan, Droit des obligations, Tome 1, Contrat et engagement unilatéral, 4e édition, puf, 2016, pp. 737—754; Philippe Malaurie, Laurent Aynès, Philippe Stoffel-Munck, Droit des obligations, 8e édition, L. G. D. J., 2016, pp. 505—525; Marjorie Brusorio Aillaud, Droit des obligations, 8e édition, bruylant, 2017, pp. 271—275; Virginie Larribau-Terneyre, Droit civil, Les Obligations, 15e édition, Dalloz, 2017, pp. 577—598; François Terré, Philippe Simler, Yves Lequette, François Chénedé, Droit civil, Les Obligations, 12e édition, Dalloz, 2018, pp. 851—887.

们达成的合意解除。[①]

在法国，通过双方协商解除合同的方式被法国民法学者称为（mutuus dissensus），该词是一个拉丁文词语，翻译成法文是指“双方的不同看法”（dissentiment mutuel）。在19世纪末期，这一拉丁文术语作为一个法律术语引入法国并因此在合同法当中被普遍使用，意思是指合同当事人在先前的合同成立之后再成立一个新合同以便废除先前成立的合同。某些民法学者对此种术语表示不同看法，认为该术语不准确，并且建议以另外一个拉丁文术语即“相反的同意”（contrarius consensus consentement contraire）取而代之。[②]

无论如何，如果合同当事人希望解除他们之前成立的并且仍然在生效的合同，则他们应当达成解除之前合同的新合同，并且在达成此种新的合同时，他们所遵循的程序和条件与达成之前的合同所遵循的程序和条件是完全一致的，换言之，关于合同成立的一般规则和关于合同有效的一般规则均适用于所达成的解除合同的新合同。因此，原则上，他们之间的解除合同采取合意主义规则，在双方当事人之间就合同的解除达成意思表示一致时，他们之间的解除合同生效，之前的合同被解除，他们之间解除合同无须采用任何形式。如果合同的成立遵从了形式主义的要求，则合同的解除同样应当遵从形式主义的要求，换言之，被解除的合同采取了什么样的形式要件，则解除合同也应当遵循同样的形式要件。合同当事人解除合同的意思表示既可以是明示的，也可以是默示的，如果他们之间的默示解除是清楚明确的话。[③]

在法国，合同解除的范围取决于合同当事人之间的约定。如果双方同意他们之间的合同仅向将来消灭，则他们的合同就从解除之日起向将来失效，当事人没有履行的债务不再履行，已经履行的部分仍然有效，一方当事人据此取得的利益无须返还对方当事人。反之，如果双方同意他们之间的合同溯及既往地消灭，则他们之间的合同就从合同成立之日起消灭，就像他们之间的合同自始无效一样，此时，他们之间产生原状恢复的

---

① Philippe Malaurie, Laurent Aynès, Philippe Stoffel-Munck, Droit des obligations, 8e édition, L. G. D. J., 2016, pp. 401—402; Rémy Cabrillac, Droit des obligations, 12e édition, Dalloz, 2016, pp. 112—113; Marjorie Brusorio Aillaud, Droit des obligations, 8e édition, bruylant, 2017, pp. 240—242; Virginie Larribau-Terneyre, Droit civil, Les Obligations, 15e édition, Dalloz, 2017, pp. 503—505; François Terré, Philippe Simler, Yves Lequette, François Chénedé, Droit civil, Les Obligations, 12e édition, Dalloz, 2018, pp. 724—725.

② Philippe Malaurie, Laurent Aynès, Philippe Stoffel-Munck, Droit des obligations, 8e édition, L. G. D. J., 2016, pp. 401—402; Rémy Cabrillac, Droit des obligations, 12e édition, Dalloz, 2016, pp. 112—113; Marjorie Brusorio Aillaud, Droit des obligations, 8e édition, bruylant, 2017, pp. 240—242; Virginie Larribau-Terneyre, Droit civil, Les Obligations, 15e édition, Dalloz, 2017, pp. 503—505; François Terré, Philippe Simler, Yves Lequette, François Chénedé, Droit civil, Les Obligations, 12e édition, Dalloz, 2018, pp. 724—725.

③ Philippe Malaurie, Laurent Aynès, Philippe Stoffel-Munck, Droit des obligations, 8e édition, L. G. D. J., 2016, pp. 401—402; Rémy Cabrillac, Droit des obligations, 12e édition, Dalloz, 2016, pp. 112—113; Marjorie Brusorio Aillaud, Droit des obligations, 8e édition, bruylant, 2017, pp. 240—242; Virginie Larribau-Terneyre, Droit civil, Les Obligations, 15e édition, Dalloz, 2017, pp. 503—505; François Terré, Philippe Simler, Yves Lequette, François Chénedé, Droit civil, Les Obligations, 12e édition, Dalloz, 2018, pp. 724—725.

责任：一方当事人应当将获得的利益返还对方。①

在合同当事人没有就解除的范围做出约定时，由法官在具体案件当中决定合同解除的范围。不同的法官采取了不同的做法。根据法官采取的不同做法，法国民法学者之间存在两种不同的看法。某些民法学者认为，在合同当事人没有约定解除范围的情况下，被解除的合同原则上不溯及既往，例外情况下才溯及既往。② 而另外一些民法学者则持相反的看法，他们认为，在当事人没有约定的情况下，被解除的合同原则上溯及既往，例外情况下才向将来生效。③

四、合同当事人根据合同的明确规定解除合同

如果合同当事人在他们的合同当中对合同解除的条件做出了明确规定，在符合合同所规定的条件的情况下，合同的一方当事人或者两方当事人均有权按照合同规定的条件解除他们之间的合同。在法国，合同当事人享有的此种合同解除权究竟是什么性质？换言之，此种解除权是《法国民法典》新的第 1193 条所规定的两种例外情况下合同解除权当中的一种还是该条规定之外的一种独立解除权？对此问题，民法学者做出的回答存在差异。

某些民法学者认为，该种解除权属于新的第 1193 条所规定的两种合同解除权当中的一种即它属于协议解除的一种。④ 而另外一些民法学者则认为，该种解除权并不属于新的第 1193 条所规定的两种合同解除权当中的任何一种。“合同可能赋予合同的一方当事人甚至两方当事人以解除合同的资格。此种解约资格并不构成《法国民法典》新的第 1193 条所规定的法律规范的真实违反，因为在解除合同时，当事人是在行使合同承认他们所享有的解除权。”⑤

在法国，合同当事人可能会在他们的合同当中规定某些条款，授权一方当事人甚至双方当事人根据合同所规定的这些条款单方面解除他们与对方当事人之间的合同。这些条款包括：⑥

其一，在连续给付合同当中，当事人常常会在他们的合同当中规定解除条款（clause de résiliation），凭借合同所规定的解除条款，合同的一方当事人有权单方面解除

---

① Philippe Malaurie, Laurent Aynès, Philippe Stoffel-Munck, Droit des obligations, 8e édition, L. G. D. J., 2016, pp. 401—402; Rémy Cabrillac, Droit des obligations, 12e édition, Dalloz, 2016, pp. 112—113; Marjorie Brusorio Aillaud, Droit des obligations, 8e édition, bruylant, 2017, pp. 240—242; Virginie Larribau-Terneyre, Droit civil, Les Obligations, 15e édition, Dalloz, 2017, pp. 503—505; François Terré, Philippe Simler, Yves Lequette, François Chénedé, Droit civil, Les Obligations, 12e édition, Dalloz, 2018, pp. 724—725.

② Rémy Cabrillac, Droit des obligations, 12e édition, Dalloz, 2016, p. 112.

③ François Terré, Philippe Simler, Yves Lequette, François Chénedé, Droit civil, Les Obligations, 12e édition, Dalloz, 2018, p. 725.

④ Marjorie Brusorio Aillaud, Droit des obligations, 8e édition, bruylant, 2017, p. 241.

⑤ François Terré, Philippe Simler, Yves Lequette, François Chénedé, Droit civil, Les Obligations, 12e édition, Dalloz, 2018, p. 726.

⑥ Rémy Cabrillac, Droit des obligations, 12e édition, Dalloz, 2016, p. 113; Marjorie Brusorio Aillaud, Droit des obligations, 8e édition, bruylant, 2017, p. 241; François Terré, Philippe Simler, Yves Lequette, François Chénedé, Droit civil, Les Obligations, 12e édition, Dalloz, 2018, pp. 726—728.

合同。例如，租赁合同的当事人在他们的租赁合同当中对租赁合同的解除条款做出了规定，当事人有权根据其规定解除合同。现行《法国民法典》新的第1224条对此种解除做出了规定，已如前述，关于合同的解除条款，笔者将在下面的内容当中做出详细的讨论，此处从略。

其二，违约金条款（clause de dédit）。在即时履行给付合同当中，当事人常常会在他们的合同当中规定违约金条款，根据该种条款，在合同的一方当事人支付一定数额的赔偿金给对方当事人之后，他们就能够单方面解除与对方当事人之间的合同。此种理论属商法新承认的一种理论，人们将此种解约条款称为“分手费”条款 clause de break-up-fees。

其三，定金条款（clause de arrhes）。在即时履行给付合同当中，当事人常常会在他们的合同当中规定定金条款，根据该种条款，在合同的一方当事人支付一定数额的定金给对方当事人之后，在遵守定金罚则的情况下，合同的任何一方当事人均能够单方面解除与对方当事人之间的合同。所谓遵守定金罚则是指：如果给付定金的一方当事人解除合同，他们会丧失定金，如果接受定金的一方当事人解除合同，则应当双倍返还定金给对方当事人。此种做法既被法官所承认，也被法国制定法所规定。基于法官司法判例的承认，法国现行《消费法典》第L. 214－1条对消费者与职业人士之间的消费合同定金罚则做出了规定。此外，《法国民法典》第1509条也对买卖合同当中的定金罚则做出了规定。

五、基于制定法授权的某种原因而单方面解除合同

如果立法者的制定法对合同解除的原因（les causes）做出了明确规定，在具备制定法所规定的解除原因时，合同的一方当事人也能够单方面解除合同。在法国，除了《法国民法典》对某些合同的解除原因做出了明确规定之外，立法者制定的其他法律也对合同解除的原因做出了规定，在符合制定法所规定的这些原因时，合同一方当事人能够单方面解除合同。①

首先，如果当事人之间的合同属于有不确定期限的合同（le contrat à durée indéterminée），则合同的任何一方当事人均能够随时单方面解除与对方当事人之间的合同，只要他们在单方面解除合同时遵循了合同所规定的提前通知期限的要求，如果合同没有规定提前通知的期限要求，则他们应当在合理期限内提前通知对方当事人。现行《法国民法典》新的第1211条对此种规则做出了说明，该条规定：在遵守了合同所规定的提前通知期限要求时，或者在合同没有规定提前通知的期限时，在遵守了合理期限的提前通知要求时，合同的任何一方当事人均能够随时终止合同。② 因此，《法国民法典》

---

① Rémy Cabrillac, Droit des obligations, 12e édition, Dalloz, 2016, pp. 112—113; Marjorie Brusorio Aillaud, Droit des obligations, 8e édition, bruylant, 2017, pp. 241—242; Virginie Larribau-Terneyre, Droit civil, Les Obligations, 15e édition, Dalloz, 2017, p. 504; François Terré, Philippe Simler, Yves Lequette, François Chénedé, Droit civil, Les Obligations, 12e édition, Dalloz, 2018, p. 726

② Article 1211, Code civil, Version en vigueur au 3 janvier 2021, https://www.legifrance.gouv.fr/codes/section_lc/LEGITEXT000006070721/LEGISCTA000006150252/#LEGISCTA000032041417.

第 1709 条规定，如果租赁合同的当事人所规定的租赁合同是有不确定期限的合同，则合同的任何一方当事人均能够随时解除租赁合同。《法国民法典》第 1838 条规定，如果公司股东没有对公司的持续期间做出明确规定，则公司的股东能够随时解除合同。《法国劳动法典》第 L. 1231 - 1 条也规定，如果劳动合同是有不确定期限的合同，则雇主和劳动者均有权随时解除他们与对方之间的合同。[①]

其次，需要合同当事人之间的信任关系作为基础的合同可以随时解除。与有不确定期限的合同能够随时解除不同，如果合同属于有确定期限的合同（le contrat à durée déterminée），则在合同所规定的期限届满之前，任何一方当事人均不得随意解除合同。现行《法国民法典》新的第 1212 条对此种规则做出了说明，该条规定：如果当事人所缔结的合同是有确定期限的合同，则任何一方当事人均应当履行自己的债务到期限届满时止。任何一方当事人均不能够要求合同的续展。[②] 不过，此条的规定仅仅是原则，在例外情况下，如果立法者明确规定，有确定期限的合同在期限届满之前能够解除，则当事人一方甚至双方均享有合同解除权。此种例外是，如果合同的一方当事人与另外一方当事人之间的合同建立在亲密人身关系的基础上，则合同的任何一方当事人均可以随时解除他们与对方当事人之间的合同，因为此类合同以彼此之间的信任作为基础，即便合同规定的期限未届满，在他们之间的信任丧失时，他们之间的关系已经无维持下去的可能。例如，《法国民法典》第 2003 条规定，委托合同的任何一方当事人可以随时单方面解除与对方当事人之间的合同。再例如，《法国民法典》第 1944 条规定，即便寄存合同规定了确定期限，委托人可以随时解除寄存合同并因此要求寄存方将寄存物返还给自己。

再次，在双务合同当中，如果合同的一方当事人没有履行自己所承担的债务，则另外一方当事人有权单方面解除合同。现行《法国民法典》新的第 1224 条对此种规则做出了说明，根据它的说明，在合同债务人不履行债务的行为足够严重的情况下，债权人有权单方面解除他们与债务人之间的合同。在以此种理由解除合同时，债权人应当具备三个条件：债务人不履行债务，债务人不履行债务的行为足够严重，债权人对债务人做出了解约通知。[③] 关于此种原因引起的合同解除，笔者将在下面的内容当中做出详细的讨论，此处从略。

最后，立法者对某些特殊情况下合同当事人单方面解除合同的问题做出了明确规定。例如，为了对消费者提供保护，《法国消费法典》第 L. 221 - 18 条明确规定，如果消费者是通过电话促销而购买职业人士的产品，则在买卖合同成立之后的 14 日内，购买者享有反悔权（droit de repentir）。[④]

---

① Marjorie Brusorio Aillaud, Droit des obligations, 8e édition, bruylant, 2017, p. 241.

② Article 1212, Code civil, Version en vigueur au 3 janvier 2021, https://www.legifrance.gouv.fr/codes/section_lc/LEGITEXT000006070721/LEGISCTA000006150252/#LEGISCTA000032041417.

③ Article 1224, Code civil, Version en vigueur au 3 janvier 2021, https://www.legifrance.gouv.fr/codes/section_lc/LEGITEXT000006070721/LEGISCTA000032009927/#LEGISCTA000032009927.

④ Marjorie Brusorio Aillaud, Droit des obligations, 8e édition, bruylant, 2017, p. 194; François Terré, Philippe Simler, Yves Lequette, François Chénedé, Droit civil, Les Obligations, 12e édition, Dalloz, 2018, pp. 382—383.

六、法官凭借职权解除合同

自2001年以来，法国的法官在自己的司法判例当中认为，如果合同的一方当事人严重违反合同所规定的债务，并因此让另外一方当事人陷入遭受风险的境地，则无论合同当事人之间的合同是否属于有确定期限的合同，另一方当事人均有权单方面解除自己与对方当事人之间的合同，法官的此种司法判例被2016年的债法改革法令所采纳并因此被规定在现行《法国民法典》当中，这就是现行《法国民法典》新的第1224条关于法官所做出的合同解除判决，也就是合同的裁判解除、判决解除。关于合同的裁判解除、判决解除，笔者将在下面的内容当中做出详细的讨论，此处从略。

第四节　合同的约束力（二）：合同不得变更性和例外

一、合同不得变更性的界定

在法国，合同的约束力所产生的第二个次要法律效力是，除非合同当事人另外约定或者除非制定法另有明确规定，否则，合同的任何一方当事人均不得擅自变更他们之间的合同，这就是合同的不得变更性（l'intangibilité du contrat），也就是合同的不得变更原则（la principe de l'intangibilité du contrat）。不过，除了合同当事人不能够擅自变更他们之间的合同之外，法官也不得动不动就对合同当事人之间的合同做出变更。所谓合同不得变更性，是指在合同有效成立之后合同履行完毕之前，合同的任何一方当事人甚至法官均不得单方面地变更他们与对方当事人之间的合同。《法国民法典》旧的第1134条没有对此种规则做出规定，不过，新的第1193条对此种规则做出了明确规定，已如前述。

合同不得变更性同样源自合同等同于合同当事人之间的制定法的主要法律效力，是该种主要法律效力在合同变更领域的具体要求。“就像合同的不得解除性一样，合同的不得变更性是合同约束力引起的附属后果。因为，如果合同的每一方当事人能够按照自己的意愿变更合同，则合同既不会产生约束力，也不会产生法律上的安全性，对于当事人和第三人而言均是如此。不过，就像合同的不得解除性存在例外一样，合同的不得变更原则也承认例外的存在。”①

在坚持合同不得变更性的同时，《法国民法典》新的第1193条也规定，在例外情况下，合同当事人能够变更他们之间的合同，根据该条的规定，基于两种原因，合同当事人也能够变更他们之间的合同：其一，基于合同当事人的相互同意，他们能够变更自己的合同。其二，基于制定法所授权的原因，他们能够单方面变更合同，这一点与合同的解除情形是一样的，已如前述。除了新的第1193条之外，现行《法国民法典》新的第

① Marjorie Brusorio Aillaud, Droit des obligations, 8e édition, bruylant, 2017, p. 242.

1195 条也对法官是否能够通过司法方式变更合同当事人之间的合同问题做出了明确规定。[①] 此外，现行《法国民法典》也规定，在情势发生重大变更时，法官也享有司法变更权。关于法官适用情势变更所做出的合同变更，笔者将在下面的内容当中做出详细的讨论，此处从略。

虽然合同对当事人而言等同于他们之间的制定法，但是，基于意思自治和合同自由原则的精神，他们也能够对自己的合同做出变更，以便适应所发生的情况变化。这就是合同当事人对合同所做出的变更。虽然合同当事人对合同做出的变更可以通过多种多样的方式，但是，最主要的方式有二：其一，在最初的合同成立之后，合同当事人就最初合同的变更达成新的协议，这就是协议变更。其二，合同当事人在最初的合同当中规定各种各样的变更条款，在变更条款所规定的条件发生时，合同当事人按照变更条款的规定对他们之间的合同进行变更。除了这两种方式之外，合同当事人不能够单方面对他们之间的合同做出变更。

二、合同的协议变更赋予当事人以变更权

合同当事人变更合同的第一种方式是协议变更。所谓协议变更（modification conventionnelle)，是指合同当事人之间的最初合同基于双方当事人事后达成的新协议而发生变更。合同是基于双方同意而产生的，在合同成立之后，如果情况发生变化，继续按照最初的合同规定履行债务会对合同的一方当事人不公平，则当事人之间可以自愿协商，就合同的变更达成新的合意。一旦他们就合同的变更达成合意，则他们之间的合同将按照所达成的合意发生变更，合同当事人不再按照最初的合同规定履行债务，而是按照变更之后的规定履行债务。如果他们之间无法达成协议，最初的合同仍然对他们产生约束力，当事人仍然应当按照最初合同的规定履行自己的债务。合同当事人就最初的合同所达成的变更合意被称为合同变更协议（avenant)。[②]

就像成立最初的合同一样，在就合同达成变更协议时，合同当事人应当遵循所有合同成立的一般性条件，诸如他们应当有意图，他们应当具有缔约能力，他们所达成的变更协议内容应当是合法的、确定的，已如前述。原则上，他们的变更协议采取合意主义原则，自双方当事人意思表示一致时，他们之间的合同发生变更。他们达成的变更协议既可以是明示的，也可以是默示的。不过，如果他们最初的合同采取形式主义规则，则他们之间的合同变更协议也应当遵从形式主义的要求：因为赠与合同要采取公证书的方式，因此，变更赠与合同的协议也应当采取公证书的方式；因为消费借贷合同需要采取

---

① Article 1195, Code civil, Version en vigueur au 4 janvier 2021, https://www.legifrance.gouv.fr/codes/section_lc/LEGITEXT000006070721/LEGISCTA000006150249/#LEGISCTA000032041319.

② Dimitri Houtcieff, Droit Des Contrats, Larcier, 2e édition, 2016, pp. 426—431; Marjorie Brusorio Aillaud, Droit des obligations, 8e édition, bruylant, 2017, p. 242; Muriel Fabre-Magnan, Droit des obligations, Tome 1, Contrat et engagement unilatéral, 4e édition, puf, 2016, p. 554; François Terré, Philippe Simler, Yves Lequette, François Chénedé, Droit civil, Les Obligations, 12e édition, Dalloz, 2018, p. 722.

事先要约的形式，因此，变更消费借贷的协议也需要采取预先要约的方式。①

合同当事人之间的合同变更协议究竟对最初的合同做出什么范围的变更，完全取决于当事人的意图、意志、意思，他们可以根据客观实际情况分别对最初合同涉及的一个方面甚至几个方面做出变更。问题在于，他们变更之后的合同是不是最初的合同？对此问题，人们做出的回答是，如果他们对最初的合同做出的变更是重大的、重要的，则他们变更之后的合同不再是最初的合同，而是一个新合同，这就是合同的更新理论（novation），反之，如果他们对最初合同做出的修改不是重大的、重要的，则他们变更之后的合同仍然被视为最初的合同，不存在更新合同的问题。②

不过，此种规则也存在例外，在例外情况下，即便最初的合同被当事人做出了重大的、重要的变更，他们变更之后的合同仍然被视为最初的合同，不是一个新合同，例如，劳动合同就是如此，即便劳动合同被当事人做出了重大、重要变更，劳动合同也无所谓更新问题，它们仍然是最初的合同，劳动法之所以实行此种规则，其目的在于保护劳动者，让他们能够享有最初合同所赋予的所有利益。③

三、根据合同的变更条款对合同进行变更

合同当事人变更合同的第二种方式是，合同当事人根据预先规定在合同当中的各种各样的变更条款变更他们之间的合同。针对未来合同履行当中可能遇到的各种问题和困难，合同当事人在所成立的合同当中预先规定了不同的变更条款，在这些变更条款所规定的情形出现并因此让他们之间的合同履行出现问题和困难时，他们之间的合同或者根据合同所规定的变更条款自动发生变更，或者赋予一方当事人以合同变更权，让该方当事人根据变更条款单方面对合同做出变更。合同当事人在他们的合同当中所规定的这些条款被称为合同的变更条款（les clauses de modification du contra）。所谓合同的变更条款，是指合同当事人预先在自己的合同当中就合同的变更做出规定的条款。④

根据意思自治和合同自由原则，合同的变更条款有哪些，完全由合同当事人自由约定。他们可以根据自己的预见能力和范围分别就合同的方方面面规定变更条款。因为这样的原因，合同当事人规定的合同变更条款多种多样，包括但是不限于以下几种典型的变更条款：价格指数条款，竞争性报价条款，最有利于顾客的条款，困难条款，重新谈

① Dimitri Houtcieff, Droit Des Contrats, Larcier, 2e édition, 2016, pp. 426—431; Marjorie Brusorio Aillaud, Droit des obligations, 8e édition, bruylant, 2017, p. 242; Muriel Fabre-Magnan, Droit des obligations, Tome 1, Contrat et engagement unilatéral, 4e édition, puf, 2016, p. 554; François Terré, Philippe Simler, Yves Lequette, François Chénedé, Droit civil, Les Obligations, 12e édition, Dalloz, 2018, p. 722.

② Dimitri Houtcieff, Droit Des Contrats, Larcier, 2e édition, 2016, pp. 426—431; Muriel Fabre-Magnan, Droit des obligations, Tome 1, Contrat et engagement unilatéral, 4e édition, puf, 2016, p. 554.

③ Dimitri Houtcieff, Droit Des Contrats, Larcier, 2e édition, 2016, pp. 426—431; Marjorie Brusorio Aillaud, Droit des obligations, 8e édition, bruylant, 2017, p. 242; Muriel Fabre-Magnan, Droit des obligations, Tome 1, Contrat et engagement unilatéral, 4e édition, puf, 2016, p. 554.

④ Dimitri Houtcieff, Droit Des Contrats, Larcier, 2e édition, 2016, pp. 417—425; Marjorie Brusorio Aillaud, Droit des obligations, 8e édition, bruylant, 2017, p. 242; Virginie Larribau-Terneyre, Droit civil, Les Obligations, 15e édition, Dalloz, 2017, pp. 506—507; François Terré, Philippe Simler, Yves Lequette, François Chénedé, Droit civil, Les Obligations, 12e édition, Dalloz, 2018, pp. 722—724.

判条款，单方定价条款，地理位置变动条款，等等。在这些变更条款当中，某种合同变更条款在性质上属于自动变更条款，而另外一些合同变更条款则属于非自动变更条款。①

所谓合同的自动变更条款（les clauses de modification automatique Les clause d'adaption automatique），是指一旦符合合同所规定的自动变更条款所规定的条件，则当事人之间的合同就自动发生变更，合同当事人自动按照变更之后的合同履行债务，无需合同的任何一方当事人主张或者行使该种变更权。最典型的合同自动变更条款是价格指数条款。此外，竞争性报价条款和最有利于顾客的条款也属于合同的自动变更条款。所谓合同的非自动变更条款（les clauses de modification non-automatique automatique），是指在符合合同变更条款所规定的条件时由合同的一方当事人单方面行使合同变更权并因此让当事人之间的合同发生变更的条款。单方定价条款和地理位置变动条款属于合同的非自动变更条款。②

所谓价格指数条款（les clauses d'indexation），是指合同当事人在自己的合同当中所规定的他们之间的货物或者服务价格根据某种价格指数予以确定的条款。所谓竞争性报价条款（les clauses de offer concurrente），也称为英国条款（les clauses anglaise），是指合同当事人在他们的合同当中约定的一方当事人给另外一方当事人的价格会比第三人给该人的价格更加具有优惠、更加具有竞争力的条款。所谓最有利于顾客的条款（les clauses du client le plus favorisé），也称为顾客条款（les clause sdu client），是指合同当事人在自己的合同当中所约定的会让自己的顾客获得最有利地位的条款，换言之，合同当事人所约定的会让其中的一方当事人获得比第三人所给予的条件更加优越、更加具有竞争力的条款。它与竞争性报价条款类似，往往在供应合同、销售合同和服务合同当中使用。③

所谓困难条款（la clause de hardship），也称为艰难条款（clause de dureté），是指合同当事人在他们的合同当中所规定的在他们之间的合同因为某种原因的发生而从公平走向不公平、从利益平衡走向不平衡时当事人所享有的要求对他们之间的合同进行变更的条款。所谓重新谈判条款（les clauses de renégociation），是指合同当事人在他们的合同当中所规定的一旦他们之间的合同因为某种原因的发生而变得不公平、不平衡时，双

---

① Dimitri Houtcieff, Droit Des Contrats, Larcier, 2e édition, 2016, pp. 417—425; Marjorie Brusorio Aillaud, Droit des obligations, 8e édition, bruylant, 2017, p. 242; Virginie Larribau-Terneyre, Droit civil, Les Obligations, 15e édition, Dalloz, 2017, pp. 506—507; François Terré, Philippe Simler, Yves Lequette, François Chénedé, Droit civil, Les Obligations, 12e édition, Dalloz, 2018, pp. 722—724.

② Dimitri Houtcieff, Droit Des Contrats, Larcier, 2e édition, 2016, pp. 417—425; Marjorie Brusorio Aillaud, Droit des obligations, 8e édition, bruylant, 2017, p. 242; Virginie Larribau-Terneyre, Droit civil, Les Obligations, 15e édition, Dalloz, 2017, pp. 506—507; François Terré, Philippe Simler, Yves Lequette, François Chénedé, Droit civil, Les Obligations, 12e édition, Dalloz, 2018, pp. 722—724.

③ Dimitri Houtcieff, Droit Des Contrats, Larcier, 2e édition, 2016, pp. 417—425; Marjorie Brusorio Aillaud, Droit des obligations, 8e édition, bruylant, 2017, p. 242; Virginie Larribau-Terneyre, Droit civil, Les Obligations, 15e édition, Dalloz, 2017, pp. 506—507; François Terré, Philippe Simler, Yves Lequette, François Chénedé, Droit civil, Les Obligations, 12e édition, Dalloz, 2018, pp. 722—724.

方当事人所承担的就合同展开谈判并因此对他们之间的合同做出变更的条款。例如，因为不可抗力的发生，他们应当在保有合同的情况下就合同的变更展开谈判，并因此对最初的合同进行变更。[①]

所谓单方定价条款（les clauses de fixation unilatérales），是指合同当事人在自己的合同当中所约定的在情势发生变革时合同的一方当事人所享有的单方面确定商品价格或者服务价格权利的条款。所谓地理位置变动条款（les clauses de mobilité géographique），是指雇主与其劳动者在其劳动合同当中所规定的在情势变更时雇主单方面决定劳动者工作场所、工作地点变更的条款。[②]

四、制定法所授权的合同变更权

除了合同当事人能够协商变更他们之间的合同之外，除了法官能够有条件地适用情势变更对当事人之间的合同做出变更之外，立法者的制定法也能够引起合同的变更，这就是基于制定法产生的合同变更。

基于意思自治和合同自由原则的尊重，立法者的制定法很少会引起合同的变更。在立法者制定新的法律时，他们制定的法律原则上仅仅向将来生效，不会产生溯及既往的法律效力，此种规则为《法国民法典》第2条所规定。在合同缔结之后合同履行期间，如果立法者制定了新法律，他们制定的新法律不会对当事人在新制定法生效之前的合同产生约束力，合同当事人之间的合同仍然受到合同缔结时的制定法的规范和调整，这就是合同法领域所实行的“旧的制定法继续存在”（survie de la loi ancienen）的规则。此种规则导致的一个结果是，原则上，立法者的制定法不会导致合同的变更，在新的制定法生效之后，新的制定法颁布之前的合同仍然原封不动地存在，这就是“合同的连续性”（continuité du contrat）。[③]

在一系列的司法判例当中，法国最高法院对此种规则做出了说明，它指出：“除非立法者有相反的意图，否则，制定法仅仅适用于未来的事务。原则上，合同的效力由合同缔结时生效的制定法规范和调整。”在2016年2月10日的债法改革法令当中，法国政府也对此种规则做出了说明。《债法改革法令》第9（2）条规定：在2016年10月1日之前的合同仍然受旧的制定法的约束。在三种例外情况下，立法者的制定法会引起合

---

① Dimitri Houtcieff, Droit Des Contrats, Larcier, 2e édition, 2016, pp. 417—425; Marjorie Brusorio Aillaud, Droit des obligations, 8e édition, bruylant, 2017, p. 242; Virginie Larribau-Terneyre, Droit civil, Les Obligations, 15e édition, Dalloz, 2017, pp. 506—507; François Terré, Philippe Simler, Yves Lequette, François Chénedé, Droit civil, Les Obligations, 12e édition, Dalloz, 2018, pp. 722—724.

② Dimitri Houtcieff, Droit Des Contrats, Larcier, 2e édition, 2016, pp. 417—425; Marjorie Brusorio Aillaud, Droit des obligations, 8e édition, bruylant, 2017, p. 242; Virginie Larribau-Terneyre, Droit civil, Les Obligations, 15e édition, Dalloz, 2017, pp. 506—507; François Terré, Philippe Simler, Yves Lequette, François Chénedé, Droit civil, Les Obligations, 12e édition, Dalloz, 2018, pp. 722—724.

③ Dimitri Houtcieff, Droit Des Contrats, Larcier, 2e édition, 2016, pp. 443—445; Marjorie Brusorio Aillaud, Droit des obligations, 8e édition, bruylant, 2017, p. 243; François Terré, Philippe Simler, Yves Lequette, François Chénedé, Droit civil, Les Obligations, 12e édition, Dalloz, 2018, pp. 701—702.

同的变更。①

其一，如果立法者明确宣告，他们的制定法适用于在其制定法生效之前的某种合同，则立法者颁布的制定法会适用于制定法之前所缔结的合同并因此引起合同的变更。不过，此种现象极端罕见，因为立法者很少会在自己制定的法律当中明确规定，他们的制定法会对之前的合同适用。例如，在第一次世界大战之后，法国立法者制定的关于租金和工资调整方面的制定法就明确规定，他们的制定法适用于制定法之前的租赁合同和劳动合同。

其二，如果立法者明确宣告，他们的某种制定法即刻适用于所有仍然在履行当中的合同，则即便当事人之间的合同是在制定法生效之前缔结的，新的制定法仍然适用于他们之间的合同并因此引起合同的变更。通常，立法者的此种法律往往涉及公共秩序。

其三，法官在具体案件当中认定，立法者的某种制定法适用于合同当事人，并因此引起合同当事人之间合同的变更。在立法者制定了某种法律之后，如果立法者没有明确规定他们所制定的此种法律在性质上是否属于公共秩序性质的法律，基于公共秩序维护的需要，如果法官宣告立法者的此种制定法属于公共秩序性质的法律，则法官的此种态度直接影响根据此种制定法缔结的合同并因此引起这些合同的变更。

第五节 隐 藏 合 同

现行《法国民法典》新的第 1201 条和新的第 1202 条对隐藏合同做出了规定②，虽然这两个法律条款将隐藏合同置于合同对第三人产生的法律效力当中，但是，隐藏合同显然不仅仅涉及当事人之外的第三人的问题。事实上，作为一种复杂的行为，隐藏合同既涉及合同的成立问题，也涉及合同的效力问题，包括合同对当事人的效力问题和合同对第三人的效力问题。隐藏合同之所以涉及合同的成立，是因为隐藏合同在成立时就涉及欺诈。隐藏合同之所以涉及合同的法律效力，是因为隐藏合同实际上是一种阴阳合同、明暗合同，其中的阴合同、暗合同涉及第三人的问题。

一、隐藏的界定

所谓隐藏（la simulaton），是指合同当事人在共同协商之后所实施的以一个明显的、表面上的合同掩盖他们之间所缔结的另外一个隐蔽的、真实合同的手段（instrumentum）甚至欺骗行为（mensonges concerté）、共谋行为（mensonges commun）。虽然法国大多数民法学者将隐藏视为一种共同欺骗行为、共谋行为，但实际上，并非所有的隐藏行为在性质上均为非法行为、欺诈行为，因为隐藏行为在性质上属于一种中性行为（neutralité）：

---

① Dimitri Houtcieff, Droit Des Contrats, Larcier, 2e édition, 2016, pp. 443—445; Marjorie Brusorio Aillaud, Droit des obligations, 8e édition, bruylant, 2017, p. 243; François Terré, Philippe Simler, Yves Lequette, François Chénedé, Droit civil, Les Obligations, 12e édition, Dalloz, 2018, pp. 701—702.

② Articles 1201 à 1202, Code civil, Version en vigueur au 11 janvier 2021, https://www.legifrance.gouv.fr/codes/section_lc/LEGITEXT000006070721/LEGISCTA000006150250/#LEGISCTA000032041383.

其中的某些隐藏行为可能构成欺诈行为，而另外一些隐藏行为则可能构成合法行为。①

在实施隐藏行为时，合同当事人同时或者先后缔结了两个合同，其中的一个合同被称为表面合同（contrat apparent）、公开合同（contrat ostensible）、隐藏合同（contrat simulé），而另外一个合同则构成隐蔽合同（contrat occulte）、秘密合同（contrat secret）、被隐藏合同（contrat dissimmulé）。所谓表面合同，是指合同当事人所缔结的对第三人公开、为第三人所知悉的合同。所谓隐蔽合同，也称为对表面合同做出修改、变更甚至取消的合同（contre-lettre），是指合同当事人所缔结的仅仅为他们自己所知悉的与表面合同所规定的内容冲突、矛盾的合同，隐蔽合同不对当事人公开、不为第三人所知悉。

无论是表面合同还是隐蔽合同，它们的当事人均是相同的，换言之，两个合同的当事人是同一的，这是它们之间的共同点。它们之间的差异有二：其一，表面合同对第三人公开，因为当事人签订表面合同的目的就是为了让第三人知悉其合同的内容，以便用他们之间的表面合同对抗第三人，而隐蔽合同不对第三人甚至不对任何人公开，仅为合同当事人所知道。其二，根据具体情况的不同，隐蔽合同或者对表面合同所规定的内容做出了修改、变更、限制甚至完全将其取消、作废。因为此种原因，当事人之间的两种合同是不同的，它们之间是存在差异、区别、矛盾和冲突的。

合同法所面临的问题是：在隐蔽合同对表面合同做出修改、变更、限制甚至完全取消、作废的情况下，隐蔽合同是否对当事人产生约束力？当事人之间的隐蔽合同是否对第三人产生约束力？对于这些问题，除了《法国民法典》新的第1201条和新的第1202条做出了明确回答之外，法国民法学者也普遍做出了回答。他们做出的总体回答是：隐蔽合同是否对当事人产生约束力，取决于隐蔽合同本身是否符合合同有效的一般构成要件，如果符合一般合同的有效成立要件，则当事人之间的隐蔽合同有效，否则，他们之间的隐蔽合同无效；对于第三人而言，当事人之间的隐蔽合同不会对他们产生法律效力，虽然如此，第三人有权利用当事人之间的隐蔽合同。②

二、隐藏行为的多样性

虽然当事人实施的隐藏行为形式多样，但是，隐藏行为主要分为四种：虚构合同、伪装不同性质的合同、通过中间人缔结的合同，以及伪装客体的合同。

---

① Dimitri Houtcieff, Droit Des Contrats, Larcier, 2e édition, 2016, p. 463; Muriel Fabre-Magnan, Droit des obligations, Tome 1, Contrat et engagement unilatéral, 4e édition, puf, 2016, p. 589; Philippe Malaurie, Laurent Aynès, Philippe Stoffel-Munck, Droit des obligations, 8e édition, L. G. D. J., 2016, p. 411; Rémy Cabrillac, Droit des obligations, 12e édition, Dalloz, 2016, p. 116; Marjorie Brusorio Aillaud, Droit des obligations, 8e édition, bruylant, 2017, p. 247; François Terré, Philippe Simler, Yves Lequette, François Chénedé, Droit civil, Les Obligations, 12e édition, Dalloz, 2018, p. 791.

② Dimitri Houtcieff, Droit Des Contrats, Larcier, 2e édition, 2016, pp. 463—464; Muriel Fabre-Magnan, Droit des obligations, Tome 1, Contrat et engagement unilatéral, 4e édition, puf, 2016, pp. 589—593; Philippe Malaurie, Laurent Aynès, Philippe Stoffel-Munck, Droit des obligations, 8e édition, L. G. D. J., 2016, pp. 411—416; Rémy Cabrillac, Droit des obligations, 12e édition, Dalloz, 2016, pp. 116—118; Marjorie Brusorio Aillaud, Droit des obligations, 8e édition, bruylant, 2017, pp. 247—251; François Terré, Philippe Simler, Yves Lequette, François Chénedé, Droit civil, Les Obligations, 12e édition, Dalloz, 2018, pp. 791—806.

(一) 虚构合同

隐藏行为的第一种主要形式是虚构合同。所谓虚构合同（contrat fictif），是指合同的双方当事人出于欺诈第三人的目的而完全杜撰的合同。虚构合同也被称为对合同存在的隐藏行为。虽然合同当事人签订了一个公开合同和隐蔽合同，但是，他们之间的公开合同完全是子虚乌有、根本不存在的。例如，为了欺诈自己的债权人，防止自己的债权人对自己的财产采取强制执行措施，作为债务人的财产所有权人与另外一个当事人签订了买卖合同，将自己的某一个财产出卖给买受人。不过，出卖人与买受人之间签订了一个隐蔽合同，该合同规定，买卖合同所出卖的财产仍然属于出卖人，出卖物的所有权并不转让给买受人。[①]

(二) 伪装不同性质的合同

隐藏行为的第二种主要形式是伪装合同（contrat déguisé）。在法国，伪装合同有广义和狭义之分，广义的伪装合同既包括伪装不同性质的合同，也包括伪装合同客体的合同，所谓狭义的伪装合同，则是指伪装不同性质的合同。法国大多数民法学者将狭义的伪装合同称为伪装合同，笔者此处所谓的伪装合同就是狭义的。

所谓伪装合同，是指合同的双方当事人为了掩盖他们缔结的另外一个性质不同的隐蔽合同而签订的某一个公开合同。伪装合同也被称为对合同同一性质的隐藏行为。例如，一方当事人与另外一方当事人签订了一个公开的买卖合同，其中的一方当事人将自己的财产以某种价格出卖给另外一方当事人。不过，他们私下签订的合同则规定，买受人无须对出卖人支付买卖合同所规定的任何价款。换言之，他们公开签订的合同在性质上属于买卖合同，而他们私下签订的合同在性质上属于赠与合同，这就是有关合同法律性质方面的隐藏行为。[②]

合同当事人之所以实施伪装合同，其主要目的在于进行税务欺诈。因为，如果当事人之间所签订的合同属于有偿性质的买卖合同，则他们应当缴付的税费更轻，而如果他们签订的合同属于无偿性质的赠与合同，则他们应当缴付的税费更重。为了少缴付税收，他们签订了表面上的买卖合同，而他们签订的真实合同则是赠与合同。有时，当事人签订买卖合同的目的在于欺诈享有保留继承权份额的继承人，因为在被继承人与受遗赠人签订赠与合同时，保留继承权份额的继承人有权要求被继承人减少遗赠的数额，但

---

① Muriel Fabre-Magnan, Droit des obligations, Tome 1, Contrat et engagement unilatéral, 4e édition, puf, 2016, p. 590; Philippe Malaurie, Laurent Aynès, Philippe Stoffel-Munck, Droit des obligations, 8e édition, L. G. D. J., 2016, p. 412; Rémy Cabrillac, Droit des obligations, 12e édition, Dalloz, 2016, p. 116; Marjorie Brusorio Aillaud, Droit des obligations, 8e édition, bruylant, 2017, p. 248; François Terré, Philippe Simler, Yves Lequette, François Chénedé, Droit civil, Les Obligations, 12e édition, Dalloz, 2018, p. 794.

② Muriel Fabre-Magnan, Droit des obligations, Tome 1, Contrat et engagement unilatéral, 4e édition, puf, 2016, p. 590; Philippe Malaurie, Laurent Aynès, Philippe Stoffel-Munck, Droit des obligations, 8e édition, L. G. D. J., 2016, p. 412; Rémy Cabrillac, Droit des obligations, 12e édition, Dalloz, 2016, p. 116; Marjorie Brusorio Aillaud, Droit des obligations, 8e édition, bruylant, 2017, p. 248; François Terré, Philippe Simler, Yves Lequette, François Chénedé, Droit civil, Les Obligations, 12e édition, Dalloz, 2018, p. 794.

是，如果被继承人与受遗赠人之间签订买卖合同，则保留继承权份额的继承人不能够对其提出此种主张。①

（三）通过中间人签订的合同

隐藏行为的第三种主要形式是通过中间人签订的合同。所谓通过中间人签订的合同（interposition de personnes），是指虽然一方当事人与另外一方当事人缔结了某种公开合同，但是，公开合同当中的一方当事人并不是真正的合同当事人，他们仅仅是真正的合同当事人用来为自己与另外一方当事人签订合同的中间人、媒介。通过中间人签订的合同也被称为对合同当事人身份的隐藏行为。②

通过此种方式签订合同，当事人之间仍然存在两个不同的合同：中间人与对方当事人之间所签订的公开合同；真正的合同当事人与公开合同当中的中间人签订的合同，在该合同当中，双方当事人规定，中间人是为了真正的合同当事人签订合同，中间人为真正的合同当事人签订的合同所规定的权利和债务由真正的合同当事人享有和承担。例如，一个不动产所有权人希望购买其邻居的房屋，但是，由于担心其邻居会强加苛刻的条件，因此，他让第三人作为媒介与自己的邻居签订房屋买卖合同。在第三人与其邻居签订了买卖合同之后，他再根据自己与第三人签订的秘密委托合同将第三人购买的房屋转让到自己名下。

有时，当事人之间为了规避制定法的禁止性规定而采取此种隐藏手段。例如，《法国民法典》第909条禁止医师与其病患者之间签订遗赠协议，为了规避这一条款，病患者与第三人签订赠与合同，将原本赠与医师的财产赠与第三人，第三人在获得了病患者的赠与物之后再根据与医师之间的赠与合同，将所获得的赠与物转让给医师。

（四）合同客体的伪装合同

隐藏行为的第四种主要形式是合同客体的伪装。所谓合同客体的伪装，是指合同的双方当事人签订的两个合同性质虽然相同，但是，他们在公开合同当中所规定的合同客体不同于他们在隐蔽合同当中所规定的合同客体。最典型的范例是：为了逃避国家税收，或者为了逃避国家价格的调控法律，合同当事人在他们之间的公开合同当中所规定的买卖价格不同于他们私下合同所规定的买卖价格，换言之，虽然他们之间的两个合同均属于买卖合同，并且他们之间的买卖合同所涉及的买卖物均是相同的，但是，两个合同所规定的买卖价格不同，一个买卖合同所规定的价格高于另外一个买卖合同所规定的

---

① Philippe Malaurie, Laurent Aynès, Philippe Stoffel-Munck, Droit des obligations, 8e édition, L. G. D. J., 2016, p. 412.

② Muriel Fabre-Magnan, Droit des obligations, Tome 1, Contrat et engagement unilatéral, 4e édition, puf, 2016, p. 590; Philippe Malaurie, Laurent Aynès, Philippe Stoffel-Munck, Droit des obligations, 8e édition, L. G. D. J., 2016, p. 412; Rémy Cabrillac, Droit des obligations, 12e édition, Dalloz, 2016, p. 116; Marjorie Brusorio Aillaud, Droit des obligations, 8e édition, bruylant, 2017, p. 248; François Terré, Philippe Simler, Yves Lequette, François Chénedé, Droit civil, Les Obligations, 12e édition, Dalloz, 2018, p. 794.

价格。现行《法国民法典》新的第 1202 条专门对此种情形的隐藏行为问题做出了规定。[1]

三、隐藏行为对当事人产生的法律效力

在法国，如果合同当事人签订了一个与其公开合同不同的隐蔽合同，他们之间的隐蔽合同是有效还是无效？对此问题，现行《法国民法典》新的第 1201 条做出了肯定的回答，它认为，在合同当事人之间，隐蔽合同仍然具有约束力，仍然对合同当事人产生法律效力，该条规定：如果当事人之间缔结的表面合同掩盖了他们之间的隐蔽合同，他们之间的隐蔽合同仍然在当事人之间产生效力。[2]

根据《法国民法典》新的第 1201 条的规定，原则上，合同当事人缔结的隐蔽合同是有效的，是能够对合同当事人产生约束力的。换言之，作为一种中性行为，当事人实施的隐藏行为本身并不是隐蔽合同无效的原因：人们不能够仅仅因为合同当事人之间存在表面合同和隐蔽合同就认定他们之间的隐蔽合同是无效的。[3] 因此，如果当事人将他们之间作为隐蔽合同存在的赠与合同伪装成作为表面合同存在的买卖合同，则他们之间的赠与合同是有效的，对合同当事人是有约束力的，买卖合同当中的所谓出卖人无权要求所谓的买受人对自己承担支付价款的债务。

隐蔽合同之所以能够在当事人之间产生约束力，是因为根据合同的一般理论，合同的法律效力取决于合同当事人的真正意图、真正意志、真正意思。在实施隐藏行为时，虽然当事人之间存在两个相互冲突的合同，但是，其中的表面合同并不是当事人真实意图、真实意志、真实意思的表示，而是他们虚假意图、虚假意志、虚假意思的体现，而隐蔽合同则不同，它们是合同当事人真正意图、真正意志、真正意思的表示。在当事人将赠与合同伪装成买卖合同时，伪装合同不是当事人的真正意图，而赠与合同则是他们的真正意图。

不过，如果要对当事人产生约束力，当事人之间的隐蔽合同也应当具备所要求的有效条件，包括一般合同的有效条件和具体合同的特殊有效条件。所谓一般合同的有效条件，是指《法国民法典》新的第 1128 条所规定的有效条件，已如前述。所谓具体合同的特殊有效条件，则是指某一个具体合同所应当具备的有效条件。例如买卖合同具有自

---

① Muriel Fabre-Magnan, Droit des obligations, Tome 1, Contrat et engagement unilatéral, 4e édition, puf, 2016, p. 590; Philippe Malaurie, Laurent Aynès, Philippe Stoffel-Munck, Droit des obligations, 8e édition, L. G. D. J., 2016, p. 412; Rémy Cabrillac, Droit des obligations, 12e édition, Dalloz, 2016, p. 116; Marjorie Brusorio Aillaud, Droit des obligations, 8e édition, bruylant, 2017, p. 248; François Terré, Philippe Simler, Yves Lequette, François Chénedé, Droit civil, Les Obligations, 12e édition, Dalloz, 2018, p. 794.

② Article 1201, Code civil, Version en vigueur au 12 janvier 2021, https://www.legifrance.gouv.fr/codes/section_lc/LEGITEXT000006070721/LEGISCTA000006150250/#LEGISCTA000032041383.

③ Dimitri Houtcieff, Droit Des Contrats, Larcier, 2e édition, 2016, p. 463; Muriel Fabre-Magnan, Droit des obligations, Tome 1, Contrat et engagement unilatéral, 4e édition, puf, 2016, pp. 591—592; Philippe Malaurie, Laurent Aynès, Philippe Stoffel-Munck, Droit des obligations, 8e édition, L. G. D. J., 2016, pp. 413—414; Rémy Cabrillac, Droit des obligations, 12e édition, Dalloz, 2016, pp. 116—117; Marjorie Brusorio Aillaud, Droit des obligations, 8e édition, bruylant, 2017, pp. 248—250; François Terré, Philippe Simler, Yves Lequette, François Chénedé, Droit civil, Les Obligations, 12e édition, Dalloz, 2018, pp. 796—798.

己的特殊有效条件，赠与合同也具有自己的特殊有效条件。如果隐蔽合同同时具备一般合同的有效条件和具体合同的特殊有效条件，则它们对当事人产生包括约束力在内的法律效力，他们之间的合同并不因为隐蔽性、私下性、不公开性而无效；反之，如果隐蔽合同不符合一般合同或者具体合同的有效条件，则它们也像一般合同那样无效。此外，如果制定法对某种具体合同采取形式主义理论，要求当事人之间的合同采取某种形式，则当事人之间的隐蔽合同也应当符合制定法的要求，应当采取所要求的具体形式。

在例外情况下，当事人之间的隐蔽合同也是无效的：①

一方面，如果当事人之间的合同原本无效，则隐藏行为不会让原本无效的合同有效，换言之，如果隐蔽合同不符合所有合同的有效条件，则隐蔽合同无效，因为，无论当事人是以公开还是以隐蔽的方式签订合同，均是如此。例如，如果制定法禁止人们对没有缔约能力的人实施赠与行为，在当事人将他们之间的隐蔽合同即赠与合同伪装成表面合同即买卖合同时，或者在当事人借助于第三人实施此种赠与行为时，当事人之间的赠与合同因为违反了制定法的禁止性规定而无效，除了赠与合同无效之外，他们之间的买卖合同也无效，因为买卖合同并不是他们真实意图、真实意志的体现。

另一方面，《法国民法典》明确规定，在某些情况下，当事人之间的隐蔽合同无效，而他们之间的表面合同则有效。《法国民法典》新的第 1202（1）条明确规定，如果司法辅助人员（officier ministériel）之间签订了公开的与司法辅助人员职务或者身份（office ministériel）有关系的财产转让合同，诸如办公室、办公设备、客户和办案文件（会议记录和文件等），当他们通过私下合同增加此种这些财产的转让价格时，他们所签订的所有隐蔽合同均无效。②

所谓司法辅助人员，是指拍卖师、公证员、法警（huissiers de justice）、法国最高法院和国家行政法院的代理律师（avocat aux conseils）以及商事法庭的书记员（greffier des tribunaux de commerce）等。③ 当他们不再从事这些司法职业活动时，他们能够与别人签订合同，将自己的办公室、办公设备、客户和办案文件转让给受让人，由受让人取得这些财产。不过，他们之间的此种转让合同受到制定法的规范和调整。④ 根据新的第 1202（1）条的规定，在司法辅助人员签订了公开的转让合同之后，如果他们签订隐蔽合同，增加公开转让合同所规定的转让价格，则他们增加转让价格的隐蔽合同无效，而他们之间的表面转让合同则有效。《法国民法典》之所以宣告此种隐蔽合同无效，其目

① Dimitri Houtcieff, Droit Des Contrats, Larcier, 2e édition, 2016, p. 463; Muriel Fabre-Magnan, Droit des obligations, Tome 1, Contrat et engagement unilatéral, 4e édition, puf, 2016, pp. 591—592; Philippe Malaurie, Laurent Aynès, Philippe Stoffel-Munck, Droit des obligations, 8e édition, L. G. D. J., 2016, pp. 413—414; Rémy Cabrillac, Droit des obligations, 12e édition, Dalloz, 2016, pp. 116—117; Marjorie Brusorio Aillaud, Droit des obligations, 8e édition, bruylant, 2017, pp. 248—250; François Terré, Philippe Simler, Yves Lequette, François Chénedé, Droit civil, Les Obligations, 12e édition, Dalloz, 2018, pp. 796—798.

② Article 1202, Code civil, Version en vigueur au 12 janvier 2021, https://www.legifrance.gouv.fr/codes/section_lc/LEGITEXT000006070721/LEGISCTA000006150250/#LEGISCTA000032041383.

③ Officier ministériel, https://fr.wikipedia.org/Officier_ministériel.

④ ENR-Mutations de propriété à titre onéreux de meubles-Cessions d'offices publics ou ministériels, https://bofip.impots.gouv.fr/bofip/3377-PGP.html/identifiant%3DBOI-ENR-DMTOM-20-20120912.

的在于防止当事人通过此种合同规避税法的适用。

《法国民法典》新的第1202（2）条规定，如果合同当事人所规定的表面合同涉及不动产的买卖、商事营业资产或者顾客名单权（clientèle）的转让、不动产租赁权的转让等，在他们签订的隐蔽合同对这些买卖合同或者租赁合同所规定的价格做出隐瞒的情况下，他们之间的隐蔽合同无效，而他们之间的这些买卖合同、租赁合同仍然有效。[①]因此，如果出卖人将自己的不动产出卖给买受人之后，他们不得要求买受人按照隐蔽合同所规定的价格将不足部分的价款支付给自己，如果买受人已经按照隐蔽合同所规定的价格履行了自己的债务，他们有权要求法官责令出卖人将所支付的部分返还自己。《法国民法典》之所以禁止当事人签订此类隐蔽合同，其目的也在于防止当事人通过此类合同逃避税法的适用。

四、隐藏行为对第三人产生的法律效力

除了对隐藏行为是否在当事人之间产生法律效力做出了规定之外，现行《法国民法典》新的第1201条也就隐藏行为与第三人之间的关系做出了说明，它规定：当事人之间的隐蔽合同不能够对抗第三人，不过，第三人能够利用当事人之间的隐蔽合同。[②]新的第1201条所规定的第三人究竟是指什么范围的第三人，民法学者之间存在不同的看法。不过，他们均认为，这一条款所规定的第三人主要是指隐蔽合同当事人的普通债权人和合同当事人的特定财产继承人，不包括当事人的所有财产继承人或者其他第三人。[③]

所谓不能够对抗第三人，既是指隐蔽合同不能够对第三人产生《法国民法典》新的第1199条所规定的直接法律效力：当事人之间的隐蔽合同对第三人没有约束力，第三人无须对隐蔽合同的任何一方当事人承担任何债务，隐蔽合同的任何一方当事人均不得要求第三人履行他们之间的合同所规定的任何债务；也是指隐蔽合同不能够对第三人产生《法国民法典》新的第1200条所规定的间接效力：第三人无须尊重当事人之间的隐蔽合同，当事人不能够以自己的隐蔽合同对抗第三人。隐蔽合同之所以不能够对第三人产生约束力或者对抗力，是因为第三人不知道当事人之间的隐蔽合同，他们仅仅知道当事人之间的表面合同。[④]

---

① Article 1202, Code civil, Version en vigueur au 12 janvier 2021, https://www. legifrance. gouv. fr/codes/section_lc/LEGITEXT000006070721/LEGISCTA000006150250/#LEGISCTA000032041383.

② Article 1201, Code civil, Version en vigueur au 12 janvier 2021, https://www. legifrance. gouv. fr/codes/section_lc/LEGITEXT000006070721/LEGISCTA000006150250/#LEGISCTA000032041383.

③ Dimitri Houtcieff, Droit Des Contrats, Larcier, 2e édition, 2016, pp. 463—464; Muriel Fabre-Magnan, Droit des obligations, Tome 1, Contrat et engagement unilatéral, 4e édition, puf, 2016, pp. 592—593; Philippe Malaurie, Laurent Aynès, Philippe Stoffel-Munck, Droit des obligations, 8e édition, L. G. D. J., 2016, pp. 415—416; Rémy Cabrillac, Droit des obligations, 12e édition, Dalloz, 2016, pp. 117—118; Marjorie Brusorio Aillaud, Droit des obligations, 8e édition, bruylant, 2017, pp. 250—251; François Terré, Philippe Simler, Yves Lequette, François Chénedé, Droit civil, Les Obligations, 12e édition, Dalloz, 2018, pp. 798—802.

④ François Terré, Philippe Simler, Yves Lequette, François Chénedé, Droit civil, Les Obligations, 12e édition, Dalloz, 2018, p. 798.

根据《法国民法典》新的第1201条的规定，第三人能够利用当事人之间的隐蔽合同。此外，法国民法学者也认为，第三人也能够利用当事人之间的表面合同。究竟是利用当事人之间的隐蔽合同还是利用当事人之间的表面合同，完全由第三人做出选择，他们可以根据最有利于自己的原则在这两种不同的合同之间做出选择：或者根据表面理论利用当事人之间的表面合同，或者根据意思自治原则利用当事人之间的隐蔽合同，如果他们知道当事人之间的隐蔽合同的话。[①]

因此，在缔结了表面上的买卖合同之后，如果一方当事人与另外一方当事人又缔结了一个隐蔽合同，且该隐蔽合同规定，买卖合同当中的财产仍然归出卖人所有，买受人并不会取得出卖物的所有权。当事人之间的此种隐藏行为既关乎表面合同当中买受人的债权人的利益，也关乎隐蔽合同当中出卖人的债权人的利益，他们作为第三人能够分别利用隐藏行为当中的两个不同的合同。买卖合同当中买受人的债权人能够利用当事人之间的表面合同：因为买卖合同明确规定，出卖人的财产已经卖给了买受人，因此，买受人已经成为该财产的所有权人，在买受人不履行对自己承担的债务的情况下，买受人的债权人有权向法院起诉，要求法官对买卖合同规定的属于买受人的财产采取强制执行措施。

而隐蔽合同当中出卖人的债权人则有权利用当事人之间的隐蔽合同：因为隐蔽合同规定，表面合同当中的财产所有权并没有转让给买受人，因此，在买卖合同当中的出卖人不履行对自己承担的债务时，出卖人的债权人有权要求法官对出卖人的财产采取强制执行措施；因为隐蔽合同规定，出卖人与买受人之间的买卖合同是虚假的，因此，他们之间的合同无效，原本由买受人取得的财产所有权并没有由买受人获得，而是应当由自己获得。

在表面合同当中的第三人利用表面合同时，如果他们对表面合同的利用与隐蔽合同当中的第三人对隐蔽合同的利用之间产生冲突，两种第三人之间的此种冲突如何解决？例如，在A与B将他们之间的赠与合同伪装成买卖合同时，如果A的债权人利用当事人之间的表面合同即买卖合同，而B的债权人则利用当事人之间的赠与合同时，两个债权人之间的冲突如何解决？法国的司法判例认为，在两种第三人之间的主张冲突时，利用表面合同的第三人优先于利用隐蔽合同的第三人。[②]

---

① Dimitri Houtcieff, Droit Des Contrats, Larcier, 2e édition, 2016, pp. 463—464; Muriel Fabre-Magnan, Droit des obligations, Tome 1, Contrat et engagement unilatéral, 4e édition, puf, 2016, pp. 592—593; Philippe Malaurie, Laurent Aynès, Philippe Stoffel-Munck, Droit des obligations, 8e édition, L. G. D. J., 2016, pp. 415—416; Rémy Cabrillac, Droit des obligations, 12e édition, Dalloz, 2016, pp. 117—118; Marjorie Brusorio Aillaud, Droit des obligations, 8e édition, bruylant, 2017, pp. 250—251; François Terré, Philippe Simler, Yves Lequette, François Chénedé, Droit civil, Les Obligations, 12e édition, Dalloz, 2018, pp. 798—802.

② Dimitri Houtcieff, Droit Des Contrats, Larcier, 2e édition, 2016, pp. 463—464; Muriel Fabre-Magnan, Droit des obligations, Tome 1, Contrat et engagement unilatéral, 4e édition, puf, 2016, pp. 592—593; Philippe Malaurie, Laurent Aynès, Philippe Stoffel-Munck, Droit des obligations, 8e édition, L. G. D. J., 2016, pp. 415—416; Rémy Cabrillac, Droit des obligations, 12e édition, Dalloz, 2016, pp. 117—118; Marjorie Brusorio Aillaud, Droit des obligations, 8e édition, bruylant, 2017, pp. 250—251; François Terré, Philippe Simler, Yves Lequette, François Chénedé, Droit civil, Les Obligations, 12e édition, Dalloz, 2018, pp. 798—802.

第九章 合同的相对性与合同对第三人的效力

合同虽然是由当事人缔结的，但是，除了对合同当事人产生法律效力之外，当事人之间的合同是否对当事人之外的第三人产生法律效力？如果合同仅仅对合同当事人产生法律效力，不对合同当事人之外的第三人产生法律效力，则人们将此种规则称为合同对当事人的效力，也就是合同对当事人产生的约束力。如果合同除了对合同当事人产生效力之外还对第三人产生法律效力，则人们将此种规则称为合同对第三人产生的法律效力（es effets du contrat à l'égard des tiers）。问题在于，合同是否对当事人之外的第三人产生法律效力？1804 年的《法国民法典》和今时今日的《法国民法典》均做出了明确回答，所不同的是，它们做出的回答存在差异。

第一节 《法国民法典》与涉及第三人效力的合同

一、合同相对效力的界定和法律根据

所谓合同的相对效力（l'effet relatif des contrats），也称为合同的相对性（relativité du contrat）、合同的相对效力原则（le principe de l'effet relatif des contrats）、合同的相对性原则（le principe de relativité du contrat），是指合同当事人所缔结的合同仅仅对他们自己产生约束力，即只有合同的债权人有权要求合同的债务人对自己承担和履行债务，仅合同的债务人才能够对合同债权人承担和履行自己的债务。合同当事人缔结的合同不能够对当事人之外的第三人产生约束力，债权人不能够要求债务人之外的第三人对自己承担和履行债务，债务人之外的第三人也不得被责令对债权人承担和履行债务。总之，合同的相对性具有两个方面的含义：从正面来说，合同仅仅对合同的当事人产生约束力，从反面来说，合同不对当事人之外的第三人产生约束力。因此，合同的相对效力原则也仅仅适用于合同所产生的约束力，不适用于合同产生的其他法律效力，诸如合同所产生的转让效力，或者合同的对抗力。

在法国，某些民法学者仅仅从正面界定合同的相对效力。Fabre-Magnan 采取此种方法，他指出："合同的相对效力原则是指，合同的约束力仅仅针对合同当事人。换言之，合同的相对效力是指，仅仅缔结合同的人能够被责令承担债务和被授权要求债务人履行债务。"[1] Malaurie、Aynès 和 Stoffel-Munck 也采取此种方法，他们也指出："在债权人和债务人之间的关系方面，债要求债务人为了债权人的利益而实施某种给付行为。因为此

---

① Muriel Fabre-Magnan, Droit des obligations, Tome 1, Contrat et engagement unilatéral, 4e édition, puf, 2016, p. 578.

种债是合同性质的，因此，意思自治仅仅允许对合同债做出同意的人受到合同债的约束，这就是合同约束力的相对性。”①

而在法国，某些民法学者则同时从正面和反面界定合同的相对效力。Brusorio Aillaud 采取此种方法，他指出：“合同是当事人之间意思表示的一致，因此，十分自然的是，仅仅那些已经表达自己意图的人才受到合同的约束。对于其他人即第三人而言，合同仅仅具有相对效力。此种规则源自个人的独立性，因为每一个人自己管理自己的事务。”② Terré、Simler 和 Lequette 等人也采取此种方法，他们也指出：“所谓合同的相对效力原则，是指合同不能够让第三人享有权利或者承担债务，仅仅合同的当事人能够根据合同成为债权人和债务人。”③

2016 年之前，《法国民法典》第 1165 条对合同的相对效力做出了说明，该条规定：合同仅仅在合同的当事人之间产生效力，合同既不能够损害第三人的利益，也不能够让第三人获得利益，但是，第 1121 条规定的除外。所谓第 1121 条规定的除外，是指第三人能够根据该条所规定的为第三人利益的合同获得利益。④

通过 2016 年 2 月 10 日的债法改革法令，现行《法国民法典》新的第 1199 条对合同的相对效力做出了说明，该条规定：合同仅仅在当事人之间产生债。第三人既不能够要求债务人履行债务，也不能够强制债务人履行债务，但是，本节或者第四编第三章另有规定的除外。⑤ 所谓本节另外规定的除外，是指《法国民法典》第三卷第三编第一分编第四章第二节所规定的例外，也就是新的第 1199 条至新的第 1209 条所规定的各种例外，已如前述。所谓第四编第三章另有规定的除外，是指《法国民法典》第三卷第四编第三章规定的例外，也就是新的第 1341 条至新的第 1341－3 条所规定的债权人代位权和债权人撤销权。⑥

二、合同当事人与第三人之间的区分理论

在法国，合同的相对性所涉及的一个主要问题是，什么人是合同的当事人，什么人是合同当事人之外的第三人，因为根据《法国民法典》旧的第 1165 条和新的第的 1199 条的规定，如果是合同的当事人，则合同会对他们产生法律效力，他们既能够享有合同所规定的权利，也能够承担合同所规定的债务，而如果仅仅是合同当事人之间的第三人，则他们原则上不能够享有合同所规定的权利，更不能够承担合同所规定的债务，已

① Philippe Malaurie, Laurent Aynès, Philippe Stoffel-Munck, Droit des obligations, 8e édition, L. G. D. J., 2016, p. 433.

② Marjorie Brusorio Aillaud, Droit des obligations, 8e édition, bruylant, 2017, pp. 251—252.

③ François Terré, Philippe Simler, Yves Lequette, François Chénedé, Droit civil, Les Obligations, 12e édition, Dalloz, 2018, p. 745.

④ Article 1165, Code civil, Version en vigueur au 9 février 2016, https://www. legifrance. gouv. fr/codes/section_lc/LEGITEXT000006070721/LEGISCTA000006150248/2016-02-09/#LEGISCTA000006150248.

⑤ Article 1199, Code civil, Version en vigueur au 5 janvier 2021, https://www. legifrance. gouv. fr/codes/section_lc/LEGITEXT000006070721/LEGISCTA000006150250/#LEGISCTA000032041383.

⑥ Articles 1341 à 1341-3, Code civil, Version en vigueur au 5 janvier 2021, https://www. legifrance. gouv. fr/codes/section_lc/LEGITEXT000006070721/LEGISCTA000032035223/#LEGISCTA000032035223.

如前述。在法国，在讨论合同的相对性规则时，民法学者普遍将人（personnes）分为三种：其一，合同当事人；其二，能够成为合同当事人的第三人；其三，合同当事人之外的绝对第三人（tiers absolus）。[①]

（一）合同当事人

所谓合同当事人（les parties），是指亲自或者通过自己的代表人缔结合同的人，包括自然人和法人。换言之，所谓合同当事人，是指亲自或者通过自己的代表人对合同的成立进行意思表示并且其意思表示的一致导致合同成立的人。在合同法上，除了自然人能够成为合同当事人之外，法人也能够成为合同当事人，包括成为合同当中的债权人和合同当中的债务人。无论是自然人还是法人，除了能够亲自签订合同并因此成为合同当事人之外，他们也均能够通过自己的代表人签订合同并因此成为合同当事人。

（二）能够成为合同当事人的第三人

在某种合同成立时，即便第三人并不是合同的当事人，在别人的合同成立之后，他们也可以因为某种原因而最终成为合同的当事人并因此受别人缔结的合同的约束。这些第三人或者被称为变为当事人的第三人（tiers devenant parties），或者被称为转变为当事人的第三人。在法国，能够成为合同当事人的第三人多种多样，主要包括以下几种：

其一，当事人的继承人能够从第三人转变为合同的当事人。在合同的一方当事人死亡时，他们生前享有的债权或者承担的债务就会作为遗产转移给自己的继承人继承，在所继承的遗产范围内，他们成为合同当事人并因此受到被继承人生前的合同的约束，包括全部遗产继承人和部分遗产继承人，因为继承人是被继承人人格的延续。所谓全部遗产继承人，是指在被继承人死亡时，继承人全部继承被继承人的遗产，包括通过法定继承的方式和通过遗嘱继承的方式成为全部遗产的继承人。所谓部分继承人，是指在被继承人死亡时，继承人仅仅能够继承被继承人部分遗产的人。

其二，合同的受让人能够从第三人转变为合同的当事人。如果合同的一方当事人将自己的合同当事人资格转让给受让人，在所受让的债权和债务范围内，受让人就取代转让人成为合同的当事人并因此受所受让的合同的约束：除了根据所受让的合同对合同对方当事人享有债权之外，他们也根据所受让的合同对对方当事人承担债务。

其三，债权或者债务的受让人也能够从第三人转变为合同的当事人。除了合同能够转让之外，债权人享有的债权甚至债务人承担的债务也能够转让，当债权人或者债务人将自己享有或者承担的合同性债权和合同性债务转让给受让人时，在所受让的债权或者债务范围内，受让人从第三人转变为合同当事人：如果受让人所受让的对象是债权，则

---

① Dimitri Houtcieff, Droit Des Contrats, Larcier, 2e édition, 2016, pp. 455—560; Muriel Fabre-Magnan, Droit des obligations, Tome 1, Contrat et engagement unilatéral, 4e édition, puf, 2016, pp. 586—589; Philippe Malaurie, Laurent Aynès, Philippe Stoffel-Munck, Droit des obligations, 8e édition, L. G. D. J., 2016, pp. 435—441 Marjorie Brusorio Aillaud, Droit des obligations, 8e édition, bruylant, 2017, pp. 253—255; Virginie Larribau-Terneyre, Droit civil, Les Obligations, 15e édition, Dalloz, 2017, pp. 524—526; François Terré, Philippe Simler, Yves Lequette, François Chénedé, Droit civil, Les Obligations, 12e édition, Dalloz, 2018, pp. 746—749.

他们有权要求债务人承担债务；如果受让人所受让的对象是债务，则他们应当对合同债权人承担和履行债务。

其四，其他第三人转变为合同当事人。例如，合同当事人的近亲属有时也被视为合同的当事人。例如，当非婚同居的一方当事人基于与另外一方当事人家庭生活的共同需要而与房屋的出租人签订房屋租赁合同时，即便承租人因为中断非婚同居而放弃其所承租的房屋，另外一方当事人仍然能够居住在该房屋当中，因为，他或者她也被视为租赁合同的当事人。①

（三）绝对第三人

所谓绝对第三人，也称为真正第三人（les tiers vraiment tiers tiers penitus extranei），是指同合同或者合同当事人没有任何关系的第三人，对于合同或者合同当事人而言，他们完全是陌生人（étrangers），他们既不能够成为合同的当事人，也不能够享有合同所规定的债权或者承担合同所规定的债务。《法国民法典》旧的第 1165 条和新的第 1199 条所规定的第三人就是此种意义上的第三人。

三、《法国民法典》所规定的涉及第三人效力的合同

总的来说，1804 年的《法国民法典》严格坚守合同的相对效力理论，认为合同原则上不对第三人产生法律效力。在坚持这一规则的同时，它也在例外情况下承认合同对第三人产生的法律效力，这就是 1804 年的《法国民法典》当中的第 1165 条至第 1167 条。根据这些法律条款的规定，原则上，合同仅仅对当事人产生约束力，在三种例外情况下，合同也能够对第三人产生法律效力：其一，第三人根据当事人所签订的明示的为第三人利益的合同享有当事人在其合同当中所规定的利益。其二，债权人享有代位权和撤销权，凭借这两种不同的诉权，他们能够对债务人之外的第三人主张权利。其三，合同当事人的继承人能够凭借继承人的身份对第三人主张权利或者承担债务。②

1804 年的《法国民法典》第 1165 条至第 1167 条的规定一直从 1804 年保留到 2016 年，直到 2016 年 2 月 10 日的债法改革法令以新的法律条款取代它们时止。在长达 200 多年的时间内，虽然民法仍然固守合同的相对效力理论，但是，通过民法学说和司法判例的不断努力，合同相对效力的例外规则越来越多，早已超越了旧的第 1165 条至旧的第 1167 条所规定的三种例外。通过 2016 年 2 月 10 日的债法改革法令，现行《法国民法典》新的第 1199 条至新的第 1209 条对合同相对性的例外规则做出了规定，根据这些规定，虽然合同仅仅在当事人之间产生约束力，但是，在例外情况下，除了对当事人产生约束力之外，当事人之间的合同也能够对第三人产生约束力，这就是合同对第三人产生的约束力。③

---

① Henri Roland et Laurent Boyer, Contrat, 3e édition, Litec, 1989, p. 493.

② Articles 1165 à 1167, https://fr. wikisource. org/wiki/Code_civil_des_Français_1804/Livre_Ⅲ, _Titre_Ⅲ.

③ Articles 1199 à 1209, Code civil, Version en vigueur au 5 janvier 2021, https://www. legifrance. gouv. fr/codes/section_lc/LEGITEXT000006070721/LEGISCTA000006150250/#LEGISCTA000032041383.

原则上，任何人只能够以自己的名义和为了自己的利益而签订合同并因此根据所签订的合同承担债务，除非他们基于制定法的授权或者他人的授权，否则，他们签订的合同不能够对第三人产生约束力，现行《法国民法典》新的第1203条对此种规则做出了说明，该条规定：人们只能够以自己的名义和为了自己的利益而承担债务。① 该条实际上是合同相对性原则的另外一种说明。在确认了合同的相对性规则之后，《法国民法典》新的1203条至新的第1209条对合同相对性规则的两种例外做出了详尽的规定，这就是为别人利益的合同（la stipulation pour autrui）和允诺第三人会实施某种行为的合同（le porte-fort）。

四、《法国民法典》没有规定的涉及第三人效力的合同

虽然2016年2月10日的债法改革法令拓展了合同相对性的例外规则的适用范围，但是，它仍然具有一定的保守性，因为它没有将法官和民法学者所主张的两种重要例外理论规定在现行《法国民法典》当中。

从19世纪末期开始一直到2015年止，法国法官尤其是最高法院的法官和民法学者就已经通过自己的司法判例和民法学说确立合同相对性的两种例外情形，在这两种例外情形当中，合同在保有相对效力时也能够对当事人之外的第三人产生约束力。这两种例外情形是：如果一种独立的合同与另外一种独立的合同之间存在环环相扣的链接关系，则前一种合同对后一种合同的当事人产生法律效力，这就是所谓的合同链理论；如果一种合同与另外一种合同之间存在相互依附、彼此不可分割的关系，则前一种合同也对后一种合同的当事人产生法律效力，这就是所谓的合同群理论。②

无论是合同链还是合同群理论均构成《法国民法典》所规定的合同相对性原则的例外，因为根据合同相对性原则，每一个合同均是独立存在、独立产生法律效力的，即便一个合同与另外一个合同之间的确存在经济上的依附、依赖关系，它们之间所存在的此种经济关系也不影响每一个合同在法律上的独立性：作为法律上的独立存在，每一个合同仅仅对缔结该种合同的当事人产生约束力，不对没有缔结该合同的当事人产生约束力。③

在法国，合同链和合同群之间的关系如何，民法学者之间存在不同看法。某些民法学者认为，合同链和合同群是两种独立的理论，虽然它们均可以归结为合同之间的关系（lien entre contrats）理论当中。④ 而另外一些民法学者则认为，合同链和合同群并不是两种独立的理论，它们实际上属于同一种理论。不过，在主张同一理论的同时，这些民

---

① Article 1203, Code civil, Version en vigueur au 7 janvier 2021, https://www.legifrance.gouv.fr/codes/section_lc/LEGITEXT000006070721/LEGISCTA000006150250/#LEGISCTA000032041383.

② Dimitri Houtcieff, Droit Des Contrats, Larcier, 2e édition, 2016, pp. 479—482; Philippe Malaurie, Laurent Aynès, Philippe Stoffel-Munck, Droit des obligations, 8e édition, L. G. D. J., 2016, pp. 464—468; Rémy Cabrillac, Droit des obligations, 12e édition, Dalloz, 2016, pp. 140—148; Marjorie Brusorio Aillaud, Droit des obligations, 8e édition, bruylant, 2017, pp. 261—263; Virginie Larribau-Terneyre, Droit civil, Les Obligations, 15e édition, Dalloz, 2017, pp. 541—547; 张民安：《现代法国侵权责任制度研究》，法律出版社2007年版，第35—44页。

③ Rémy Cabrillac, Droit des obligations, 12e édition, Dalloz, 2016, p. 140.

④ Rémy Cabrillac, Droit des obligations, 12e édition, Dalloz, 2016, pp. 140—148.

法学者之间也存在不同看法。少数民法学者认为，合同群包含在合同链当中，属于合同链的组成部分。[①] 而大多数民法学者则认为，合同链包含在合同群当中，属于合同群的组成部分，因为他们认为合同链属于一种简单的合同群形式。[②] 笔者采取区分理论，认为合同链和合同群是合同相对性原则的两种独立例外。

第二节　合同对第三人和当事人的对抗力

一、两种意义上的对抗力

虽然合同的相对效力原则意味着第三人不能够成为合同债权人或者合同债务人，但是，这并不意味着当事人之间的合同不对第三人产生任何影响、效力。虽然当事人之间的合同不会对第三人产生约束力，但是，作为一种法律状态（la situation juridique），当事人之间的合同仍然会对第三人产生一定的法律效力且会对第三人产生一定的影响，此种法律效力、影响表现在两个方面。

一方面，合同当事人能够以自己的合同对抗第三人，这就是合同对第三人的对抗力；另外一方面，第三人也能够以当事人之间的合同对抗当事人，这就是合同对当事人的对抗力。它们结合在一起就形成合同的一种新效力即合同的对抗效力（l'opposabilité du contrat），简称合同的对抗力。现行《法国民法典》新的第 1200 条对两种意义上的对抗力做出了说明，该条规定：第三人应当尊重合同所产生的法律状况。第三人尤其能够将合同作为某种事实的证据使用。[③] 其中的新第 1200（1）条就是指合同对第三人的对抗力，而其中的新第 1200（2）条则是指合同对当事人的对抗力。

所谓合同对第三人的对抗力（l'opposabilité du contrat aux tiers），是指合同的一方当事人能够利用自己与对方当事人之间的合同对抗合同当事人之外的第三人。根据情况的不同，合同对第三人的对抗力有两种不同的表现：其一，合同的一方当事人能够利用自己与对方当事人之间的转移财产所有权的合同对抗第三人。其二，合同的一方当事人利用自己与对方当事人之间的合同要求第三人尊重自己享有的合同性债权。所谓合同对当事人的对抗力，是指一旦合同当事人之间缔结了合同，则第三人能够利用当事人之间的合同对抗合同当事人。

在民法上，合同的对抗力与合同的约束力之间的关系复杂，在不同时期，人们对它们之间的关系做出的说明是不同的。总的来说，在 19 世纪末期和 20 世纪初期，人们并不明确区合同的这两种不同效力，因为它们将合同的对抗力等同于合同的约束力，主要

---

① Dimitri Houtcieff, Droit Des Contrats, Larcier, 2e édition, 2016, pp. 479—482.

② Philippe Malaurie, Laurent Aynès, Philippe Stoffel-Munck, Droit des obligations, 8e édition, L. G. D. J., 2016, pp. 464—468; Marjorie Brusorio Aillaud, Droit des obligations, 8e édition, bruylant, 2017, pp. 261—263; Virginie Larribau-Terneyre, Droit civil, Les Obligations, 15e édition, Dalloz, 2017, pp. 541—547.

③ Article 1200, Code civil, Version en vigueur au 5 janvier 2021, https://www. legifrance. gouv. fr/codes/section_lc/LEGITEXT000006070721/LEGISCTA000006150250/#LEGISCTA000032041383.

表现在，它们对合同的约束力采取正反两个方面的看法：合同的约束力一方面是指合同只能够对当事人产生约束力，仅当事人能够成为债权人和债务人；另一方面则是指合同当事人不能够以自己的合同对抗第三人，在第三人侵犯合同债权人享有的债权时，人们不能够强制第三人对合同债权人承担侵权责任。

在今时今日，《法国民法典》明确承认合同对抗力的独立性，认为合同的此种法律效力不同于、独立于合同的约束力：《法国民法典》新的第1103条、新的第1193条和新的第1199条对合同的约束力做出了规定，而新的第1200条则对合同的约束力做出了规定已如前述。除了《法国民法典》明确承认合同的对抗力独立于合同的约束力之外，法国民法学者也普遍承认这两种不同法律效力的独立性，虽然法国少数民法学者认为，合同的对抗力是合同约束力的必要补充，但是，大多数民法学者并没有做出这样的说明。[①]

二、合同对第三人的对抗力（一）：合同对世人的对抗力

说合同具有相对效力并不意味着合同不能够对第三人产生任何法律效力，合同的相对效力仅仅将合同的效力限定在合同的约束力方面，也就是限定在债务人履行自己的合同债方面，它没有从反面否定合同对第三人、对世人所产生的对抗力。就像物权能够对抗除了物权人之外的所有第三人、世人一样，合同也能够对抗除了合同当事人之外的所有第三人、世人。这就是合同所具有的对抗世人、第三人的法律效力（l'opposabilité erga omnes）。物权之所以能够对抗所有第三人、世人，是因为每一个人均应当知道，凡是不属于自己的财产就一定属于别人，因为财产属于别人，因此，除了别人之外，所有第三人、世人均应当尊重别人的财产。合同之所以能够对抗第三人、世人，是因为在当事人之间的合同通过某种形式公示、公开之后，第三人、世人就知道合同的存在，因此，除了合同当事人之外，所有第三人、世人也均应当尊重当事人之间的合同。

合同对第三人的对抗力最显著的表现是转让财产所有权的合同，尤其是转让不动产所有权的合同，根据此种合同，当合同当事人根据转让财产所有权的合同取得物权时，他们能够凭借自己的合同对抗第三人、世人。因此，如果财产的所有权人将自己的同一财产分别出卖给两个不同的买受人，则先占有出卖物的买受人、先登记的买受人获得了出卖物的财产所有权，而没有占有、没有登记或者后登记的买受人则丧失了出卖物的所有权，即便没有占有、没有登记或者后登记的买受人先于占有出卖物或先登记的买受人与出卖人签订合同，他们也不能够要求占有出卖物或者先登记的买受人将其取得的出卖物返还自己，因为先占有出卖物或者先登记的买受人既能够以自己取得的财产所有权对抗没有占有出卖物、没有登记或者后登记的买受人，也能够以自己取得的财产所有权对

---

① Muriel Fabre-Magnan, Droit des obligations, Tome 1, Contrat et engagement unilatéral, 4e édition, puf, 2016, p. 579; Philippe Malaurie, Laurent Aynès, Philippe Stoffel-Munck, Droit des obligations, 8e édition, L. G. D. J., 2016, pp. 432—435; Marjorie Brusorio Aillaud, Droit des obligations, 8e édition, bruylant, 2017, p. 252; François Terré, Philippe Simler, Yves Lequette, François Chénedé, Droit civil, Les Obligations, 12e édition, Dalloz, 2018, pp. 750—751.

抗世界上除了自己之外的所有人。[①]

除了转让财产所有权的合同具有鲜明的对抗力之外，其他合同也具有鲜明的对抗力。婚姻合同具有对抗力，因为当事人之间的婚姻合同构成一种法律状况，婚姻合同当中的任何一方当事人均能够以自己的婚姻合同对抗第三人、世人。这一点尤其体现在夫妻之间的财产合同方面。当夫妻双方在自己的夫妻财产合同当中对彼此之间的财产制度做出了规定时，他们能够以自己的财产合同对抗第三人。[②] 公司合同也具有对抗力，它们同样能够对抗任何第三人、世人。因为，除了借此约束公司的股东之外，人们缔结公司合同的目的也在于让第三人、世人知道他们所设立的公司性质、代表公司行为的人所具有的权限以及所受到的约束，当公司的代表人代表公司与第三人从事交易时，公司能够以自己的章程对抗第三人。[③] 债权转让合同也具有对抗力，它也能够对抗第三人：当债权人将自己的债权转让给受让人之后，受让人就取代转让人成为新的债权人，在获得债权转让通知之后，债务人应当对受让人履行债务，不应当再对转让人履行债务，如果债务人对转让人履行了债务，受让人能够以自己的受让债权对抗债务人，要求债务人履行对自己承担的债务，此时，债务人可能面临双重支付的问题。[④]

三、合同对第三人的对抗力（二）：合同债权的不可侵犯性

（一）合同债权的不可侵犯性的界定

除了能够让合同的一方当事人以自己的合同对抗第三人并因此让合同成为像物权一样能够对抗第三人、世人的一种法律状况之外，如果当事人之间的合同是能够产生某种债权的合同（contrat générateur d'un droit de créance），则合同债权人享有的债权也应当为当事人之外的第三人、世人所尊重，当第三人知道当事人之间的合同存在时，他们不应当协助合同债务人违反对合同债权人所承担的债务，如果他们协助合同债务人违反对合同债权人所承担的债务，导致合同债权人遭受损害，则他们协助债务人不履行债务的行为构成过错行为，在符合过错侵权责任的构成要件的情况下，他们应当就其侵犯合同债权人的行为对合同债权人承担侵权责任，法国民法学者将此种理论称为第三人对合同

---

① Philippe Malaurie, Laurent Aynès, Philippe Stoffel-Munck, Droit des obligations, 8e édition, L. G. D. J., 2016, pp. 433—434; Marjorie Brusorio Aillaud, Droit des obligations, 8e édition, bruylant, 2017, p. 252; François Terré, Philippe Simler, Yves Lequette, François Chénedé, Droit civil, Les Obligations, 12e édition, Dalloz, 2018, pp. 751—752.

② Cass. Req., 17 déc. 1873, S. 1874, 409, note Labbé; François Terré, Philippe Simler, Yves Lequette, François Chénedé, Droit civil, Les Obligations, 12e édition, Dalloz, 2018, p. 751.

③ François Terré, Philippe Simler, Yves Lequette, François Chénedé, Droit civil, Les Obligations, 12e édition, Dalloz, 2018, pp. 751—752.

④ Philippe Malaurie, Laurent Aynès, Philippe Stoffel-Munck, Droit des obligations, 8e édition, L. G. D. J., 2016, p. 434.

的侵犯。①

笔者将其称为合同债权的不可侵犯性。所谓合同债权的不可侵犯性，也称为合同的不可侵犯性，是指在知道当事人之间的合同存在时，第三人应当尊重合同债权人对其合同债务人享有的债权，而不应当协助合同债务人违反自己对合同债权人承担的债务，否则，他们的协助行为侵犯了合同债权人享有的债权，在符合过错侵权责任构成要件的情况下，他们应当就其协助行为引起的损害对合同债权人承担侵权责任。

因此，如果公司的劳动者与公司签订的劳动合同对劳动者所承担的不与公司展开竞争的债务做出了规定，如果第三人知道劳动者与其公司之间的此种债务而仍然采取行动让劳动者违反此种债务，则他们应当对公司遭受的损害承担赔偿责任。② 同样，如果出卖人与买受人签订了买卖合同，承诺将自己的部分财产出卖给买受人，在出卖人没有交付出卖物的情况下，如果第三人在知道当事人之间的买卖合同之后仍然鼓动出卖人将其财产转让给自己，则买受人有权要求第三人就其侵犯自己债权的行为对自己承担侵权责任。③

（二）合同债权不可侵犯性理论的历史发展

虽然1804年的《法国民法典》对合同的对抗力做出了例外规定，但是，它没有对合同债权是否应当受到当事人之外的第三人尊重的问题做出规定，更没有对第三人是否应当就其侵犯合同债权的行为对债权人承担责任的问题做出规定。如果第三人侵犯合同债权人享有的债权，法官拒绝责令第三人对债权人承担侵权责任，即便第三人故意实施侵犯行为，亦是如此。此种规则一直从19世纪初期坚持到19世纪末期和20世纪初期。在这一时期，法官之所以拒绝承认合同对第三人的对抗力，是因为他们认为，合同的相对性具有正反两个方面的含义：正面的含义是指合同仅仅对当事人产生约束力，而反面的含义则是指合同不对第三人产生约束力；如果责令第三人对合同债权人承担侵权责任，则此种做法等同于否定了合同的相对效力，而承认了合同的绝对效力：合同能够对抗当事人之外的任何第三人和世人。④

到了19世纪末期和20世纪初期，为了打击经济领域的各种不正当竞争行为，法国的法官开始放弃他们之前的做法，开始在少数案件当中承认合同对第三人的对抗力，认

---

① Dimitri Houtcieff, Droit Des Contrats, Larcier, 2e édition, 2016, pp. 461—462; Muriel Fabre-Magnan, Droit des obligations, Tome 1, Contrat et engagement unilatéral, 4e édition, puf, 2016, pp. 579—581; Philippe Malaurie, Laurent Aynès, Philippe Stoffel-Munck, Droit des obligations, 8e édition, L. G. D. J., 2016, pp. 434—435; Rémy Cabrillac, Droit des obligations, 12e édition, Dalloz, 2016, p. 134; Marjorie Brusorio Aillaud, Droit des obligations, 8e édition, bruylant, 2017, p. 252—256; Virginie Larribau-Terneyre, Droit civil, Les Obligations, 15e édition, Dalloz, 2017, p. 527; François Terré, Philippe Simler, Yves Lequette, François Chénedé, Droit civil, Les Obligations, 12e édition, Dalloz, 2018, pp. 752—754.

② Cass. com., 5 avril 2005, Bull. civ. Ⅳ. n°81.

③ Cass. 3e civ., 8 juillet 1975, Bull. civ. Ⅲ, n°249.

④ 张民安：《过错侵权责任制度研究》，中国政法大学出版社2002年版，第577—582页；张民安：《现代法国侵权责任制度研究》，法律出版社2007年版，第68—81页；Vernon V. Palmer, Historical Origins of the Civilian Action against Interference with Contract Rights in France: Louisiana Perspective on a Road Not Taken, 6/7 Tul. Civ. L. F. 131 (1991—1992), pp. 131—155.

为在第三人侵犯合同债权人的债权并因此造成其损害时，他们应当根据《法国民法典》第1382条（新的第1240条）所规定的一般过错侵权责任对合同债权人承担侵权责任。[①]

在1892年6月22日的案件当中，法国最高法院首次适用合同的不可侵犯性理论责令第三人就其侵犯当事人之间的合同的行为对合同债权人承担侵权责任。在该案当中，原告原本是一个职业辛迪加（syndicat professionne）的成员，因为某种原因，他退出了该职业辛迪加。在原告与其雇主签订了雇佣合同之后，该职业辛迪加威胁原告的雇主与原告解除雇佣合同并因此让原告遭受损害。原告要求法官责令职业辛迪加对其遭受的损害承担赔偿责任。法国最高法院认定，如果职业辛迪加是为了维护其成员的利益而使用威胁手段，则他们的行为合法；但是，如果它们使用威胁手段的目的是逼迫成员留在自己的职业辛迪加当中，则它们的做法违法，侵犯了其成员享有的退出职业辛迪加的自由权，在它们的违法行为引起其成员损失的情况下，它们应当对其成员遭受的损害承担赔偿责任。[②]

在1904年11月8日的案件当中，法国法官第二次适用合同的不可侵犯性理论责令第三人就其侵犯当事人之间的合同的行为对合同债权人承担侵权责任。在该案当中，原告是一个产品生产商，它雇佣自己的一个雇员在法国某一个地区从事其产品的销售活动。原告与自己的雇员签订的雇佣合同规定，在雇佣关系解除之后，该雇员不得再在同一地区从事产品的销售活动。不过，该雇员违反该合同的规定，在与原告解除雇佣关系之后，他被被告所雇佣，仍然在该地区从事与原告有竞争关系的产品的销售活动。

原告向法院起诉，要求法官责令被告对自己承担侵权责任。在第一次诉讼时，原告败诉，因为被告不知道原告与其雇员之间存在不竞争的合同条款。在第一次诉讼败诉之后，被告继续雇佣原告的前雇员从事销售活动，原告再一次将被告告上法院。法国最高法院最终认定，被告应当就其侵犯原告合同性债权的行为对原告遭受的损害承担赔偿责任，因为它认为，在第一次诉讼之后，被告已经知道原告与其前雇员之间不竞争性条款的存在，被告继续雇佣原告的前雇员从事产品销售的行为侵犯了原告享有的合同性债权，其行为构成《法国民法典》第1382条（新的第1240条）所规定的过错侵权行为。[③]

在2016年之前，虽然《法国民法典》没有对合同的不可侵犯性理论做出规定，但是，法国民法学者和法官普遍承认这一理论，因为他们认为，合同当事人之间的合同一旦有效成立，除了合同债务人应当尊重债权人根据合同所享有的债权之外，合同当事人之外的第三人也应当尊重合同当事人之间的合同，应当尊重合同债权人对合同债务人享有的债权，不得诱使合同债务人违反他们对其合同债权人承担的债务，否则，他们诱使合同债务人违约的行为构成过错行为，应当根据《法国民法典》第1382条（新的第

① 张民安：《过错侵权责任制度研究》，中国政法大学出版社2002年版，第577—582页；张民安：《现代法国侵权责任制度研究》，法律出版社2007年版，第68—81页；Vernon V. Palmer，Historical Origins of the Civilian Action against Interference with Contract Rights in France：Louisiana Perspective on a Road Not Taken，6/7 Tul. Civ. L. F. 131（1991—1992），pp. 131—155.

② Cass. civ.，22 Juin 1892，Bull. civ.，N. 142 P. 216.

③ Req.，8 Nov. 1904. D. 1906. I. 489.

1240条）的规定对合同债权人承担侵权责任。不过，第三人对合同债权人承担此种侵权责任也是有条件的，这就是，他们在诱使债务人违约时知道债权人与债务人之间的合同存在，如果他们不知道此种合同的存在，则他们无需对合同债权人遭受的损害承担侵权责任。①

通过2016年2月10日的债法改革法令，法国政府将法官和民法学者普遍承认的这一理论规定在《法国民法典》当中，这就是《法国民法典》新的第1200（1）条，该条规定，第三人应当尊重合同所建立的法律状况。如果他们不尊重该条所规定的法律状况，故意协助合同的一方当事人违反合同所规定的债务，则他们的协助行为构成过错行为，应当承担侵权责任。除了《法国民法典》做出了规定之外，2016年2月10日的债法改革法令之后，法国民法学者也普遍承认这一规则，已如前述。

（三）第三人违反合同债权的不可侵犯性所承担的侵权责任性质和构成因素

在当事人之间的合同成立之后，他们之间的合同就构成了《法国民法典》新的第1200（1）条所规定的一种法律状况，包括第三人在内，世人均不应当忽视合同当事人之间合同的存在，如果他们知道当事人之间的合同债权存在而采取侵犯其合同的行为，则他们应当就其侵犯合同债权的行为对合同债权人遭受的损害承担赔偿责任。他们所承担的此种赔偿责任在性质上不是一种合同责任，而是一种侵权责任，该种侵权责任的根据是《法国民法典》新的第1240条（旧的第1382条）所规定的一般过错侵权责任。

一方面，他们承担的此种赔偿责任不是也不可能是合同责任，因为他们不是合同的当事人，他们不承担自己不是当事人的合同所强加的债务的履行。另一方面，他们承担的此种赔偿责任是并且应当是侵权责任，因为他们承担的此种侵权责任建立在不履行自己独立承担的一种债务的基础上：作为像所有世人一样的行为人，他们在行为时应当承担尊重他人合同的债务，应当承担尊重合同债权人享有的合同债权的债务，就像他们应当承担尊重他人物权的债务一样，一旦他们违反所承担的此种债务，侵犯他人的合同和合同性债权，则他们违反此种债务的行为就构成侵权性质的过错。②

如果第三人要就其侵犯他人合同债权的行为对合同债权人承担侵权责任，他们应当具备《法国民法典》新的第1240条所规定的三个必要构成要件：其一，第三人实施了过错行为。其二，合同债权人遭受了某种损害。其三，第三人的过错行为与合同债权人遭受的损害之间存在因果关系。

首先，第三人应当实施了某种过错行为。他们实施的过错行为最主要的表现是，协助合同债务人违反对合同债权人承担的合同债务。不过，协助违约行为并不是他们实施

---

① Gérard Légier, Les obligations, 17e édition, Dalloz, 2001, pp. 96—97; Philippe Malaurie, Laurent Aynès, Philippe Stoffel-Munck, Les obligations, 4e édition Defrenois, 2009, pp. 410—411; Rémy Cabrillac, Droit des obligations, 9e édition, Dalloz, p. 111; Jacques Flour, Jean-Luc Aubert, Éric Savaux, Les Obligations, 1. L'acte juridique, 14e édition, Dalloz, 2010, pp. 407—412.

② Muriel Fabre-Magnan, Droit des obligations, Tome 1, Contrat et engagement unilatéral, 4e édition, puf, 2016, p. 581; François Terré, Philippe Simler, Yves Lequette, François Chénedé, Droit civil, Les Obligations, 12e édition, Dalloz, 2018, p. 752.

的唯一过错行为。有时，他们实施的单纯鼓动行为、唆使行为、引诱行为也构成过错行为，诸如他们与合同债务人签订合同，他们签订的合同所规定的债务与合同债务人对合同债权人承担的债务冲突。无论是什么形式的行为，如果第三人的行为要构成过错行为，则第三人均应当在客观上知道当事人之间合同的存在，如果他们在客观上不知道合同的存在，则他们实施的行为不构成过错。根据《法国民法典》新的第1240条的要求，如果债权人要求法官责令第三人对自己承担赔偿责任，他们应当承担举证责任，证明第三人有过错，即证明第三人知道当事人之间的合同的存在。[①]

其次，合同债权人遭受了某种损害。如果第三人实施的行为没有引起合同债权人损害的发生，则他们无须对合同债权人承担赔偿责任，仅仅在他们实施的协助行为或者其他行为引起合同债权人损害发生时，他们才会对合同债权人承担赔偿责任。根据《法国民法典》新的第1240条的要求，如果债权人要求法官责令第三人对自己承担赔偿责任，他们应当承担举证责任，证明第三人的过错行为引起了自己损害的发生。因此，即便第三人鼓动、唆使、引诱合同债务人违反自己对合同债权人承担的债务，如果他们的行为失败，则合同债权人不能够要求第三人对其承担损害赔偿责任。[②]

最后，第三人的过错行为与债权人遭受的损害之间存在因果关系。仅仅在第三人实施的过错行为与合同债权人遭受的损害之间存在因果关系的情况下，第三人才会被责令对合同债权人承担赔偿责任，这一点与一般的过错侵权责任的要求是一致的。[③]

四、合同对当事人的对抗力：第三人能够援引合同对抗合同当事人

在当事人之间缔结了合同之后，除了当事人能够以自己的合同对抗第三人之外，第三人也能够以当事人之间的合同对抗当事人，这就是合同对当事人的对抗力。[④]

首先，第三人有权以当事人之间的合同来对抗合同一方当事人对自己提出的债务履行主张。如果合同的一方当事人与合同的另外一方当事人达成债权转让合同，将自己对合同债务人享有的债权转让给受让人，在当事人之间的债权转让合同完成了所需要的程序之后，则合同债务人不再对转让人承担履行债务，如果转让人仍然请求债务人履行债务，债务人有权以转让合同对抗转让人。

其次，在合同当事人履行债务时，如果债务人的履行行为有过错并因此引起第三人

① Muriel Fabre-Magnan, Droit des obligations, Tome 1, Contrat et engagement unilatéral, 4e édition, puf, 2016, pp. 580—581.

② Muriel Fabre-Magnan, Droit des obligations, Tome 1, Contrat et engagement unilatéral, 4e édition, puf, 2016, p. 580.

③ Muriel Fabre-Magnan, Droit des obligations, Tome 1, Contrat et engagement unilatéral, 4e édition, puf, 2016, p. 581.

④ Dimitri Houtcieff, Droit Des Contrats, Larcier, 2e édition, 2016, pp. 462—468; Muriel Fabre-Magnan, Droit des obligations, Tome 1, Contrat et engagement unilatéral, 4e édition, puf, 2016, pp. 581—586; Philippe Malaurie, Laurent Aynès, Philippe Stoffel-Munck, Droit des obligations, 8e édition, L. G. D. J., 2016, pp. 435—441; Rémy Cabrillac, Droit des obligations, 12e édition, Dalloz, 2016, p. 133; Marjorie Brusorio Aillaud, Droit des obligations, 8e édition, bruylant, 2017, p. 253; Virginie Larribau-Terneyre, Droit civil, Les Obligations, 15e édition, Dalloz, 2017, p. 527; François Terré, Philippe Simler, Yves Lequette, François Chénedé, Droit civil, Les Obligations, 12e édition, Dalloz, 2018, pp. 754—758.

损害的发生，则第三人有权向法院起诉，要求法官责令有过错的合同当事人对自己遭受的损害承担侵权责任。例如，当墨盒的生产商将自己生产的劣质墨盒出卖给雇主时，如果雇主的劳动者在使用生产商生产的劣质墨盒时受到伤害，则该劳动者有权要求法官责令墨盒的生产商对自己遭受的损害承担侵权损害赔偿责任。同样，当承租人承租了出租人的不动产时，如果承租人因为不动产的质量存在问题而遭受人身伤害，他们有权要求法官责令不动产的建筑商就其劣质建筑物引起的损害对自己承担侵权损害赔偿责任。

在这些案件当中，法国最高法院联合庭认定，在要求法官责令合同债务人就其过错履行债务的行为对自己承担侵权责任时，第三人不仅有权援引合同债务人的过错履行行为，而且还有权直接将合同债务人的过错履行行为视为过错侵权行为：对于合同债权人而言，合同债务人的过错履行行为属于合同性质的过错行为，而对于因为其过错行为遭受损害的第三人而言，合同债务人的过错履行行为属于过错侵权行为。换言之，合同债务人不履行债务的行为既构成一种违约行为，也构成一种侵权行为，它们同时构成债务不履行的过错和侵权过错。“对于合同当事人之外的第三人而言，合同债务人实施的一切合同过错行为均是侵权过错行为。”

最后，第三人能够将当事人之间的合同视为一种证明自己主张的证据。《法国民法典》新的第1200（2）条对此种规则做出了明确规定，已如前述。例如，在确定某种财产的价值大小时，第三人能够将之前买卖该种财产的合同所确定的出卖价格作为证据。再例如，在确定租赁合同当中租金的多少时，第三人可以以前一个承租人与出租人签订的租赁合同所规定的租金数额作为证据。当然，除了第三人能够将当事人之间的合同作为某种事实的证据之外，合同当事人和法官也能够将合同作为自己主张或者信念（conviction）的证据。

第三节 《法国民法典》规定的合同相对性规则的第一种例外：为第三人利益的合同

一、为第三人利益的合同的界定

为第三人利益的合同（la stipulation pour autrui），是指合同的一方当事人即订约者（le stipulant）与另外一方当事人即允诺者（le promettant）所签订的一种合同，在该种合同当中，他们规定了有利于第三人的条款（la stipulation），根据这一条款，允诺者对订约者做出承诺，会为第三人的利益实施某种给付行为，其中的第三人被称为受益人（le bénéficiaire）、利益第三人（le tiers bénéficiaire）。简而言之，所谓为第三人利益的合同，是指双方当事人在其中规定了有利于第三人条款的合同。[①]

---

① Dimitri Houtcieff, Droit Des Contrats, Larcier, 2e édition, 2016, p. 474; Philippe Malaurie, Laurent Aynès, Philippe Stoffel-Munck, Droit des obligations, 8e édition, L. G. D. J., 2016, p. 447; Virginie Larribau-Terneyre, Droit civil, Les Obligations, 15e édition, Dalloz, 2017, p. 528; François Terré, Philippe Simler, Yves Lequette, François Chénedé, Droit civil, Les Obligations, 12e édition, Dalloz, 2018, p. 776.

《法国民法典》新的第1205条对为第三人利益的合同做出了界定，该条规定：人们能够规定为别人利益的合同条款。合同的一方当事人即订约者能够让合同的另外一方当事人即允诺者做出会为了第三人即受益人的利益实施某种给付行为的承诺。虽然受益人可以是未来的每一个人，但是，该人应当被准确地指明，或者在允诺履行时能够被确定。[①]

为第三人利益的合同与一般合同之间存在共同点：它们均是双方当事人之间缔结的合同，他们所缔结的合同均规定了债权和债务，均规定了债务人应当履行一定的给付行为。它们之间的最主要差异是，在一般的合同当中，合同的任何一方当事人均是为了自己的利益签订合同，合同债务人仅仅对合同债权人履行自己的给付债务。而为第三人利益的合同则不同，合同的一方当事人即订约者不是为了自己的利益与允诺者缔结合同，他们是为了第三人的利益缔结合同。债务人即允诺者不是对订约者承担和履行合同所规定的给付债务，而是对第三人承担和履行合同所规定的给付债务，换言之，合同所规定的权利并不是由订约者享有，而是由第三人享有。

在2016年之前，《法国民法典》用了两个法律条款对此种合同做出了规定，这就是第1121条和第1122条。其中的第1121条规定：在有利于第三人的条款构成有利于自身条款的条件时，或者在有利于第三人的条款是人们对另外一个人实施赠与行为的条件时，则人们能够在自己的合同当中规定为了第三人利益的条款。在第三人已经宣告愿意获得此种利益时，人们不能够再解除他们的合同。其中的第1122条规定：在合同没有做出明确相反规定的情况下，或者根据合同的性质，人们被认为是为了他们自身或者自己继承人的利益缔结合同。[②] 通过2016年2月10日的债法改革法令，现行《法国民法典》用了五个法律条款对此种合同做出了规定，这就是新的第1205条至新的第1209条的规定，这几个法律条款对为第三人利益的合同所做出的规定范围更加广泛，适用条件更加宽松。[③]

二、为第三人利益的合同的历史

在前经典罗马法时期和经典罗马法时期，罗马法禁止合同当事人缔结为第三人利益的合同，如果他们缔结为第三人利益的合同，则他们缔结的合同完全无效，除了允诺者不能够对第三人承担债务之外，允诺者与订约者之间也不存在债，因为罗马法认为，订约者对允诺者允诺会实施的给付行为没有利害关系。[④]

这两个时期的罗马法之所以完全禁止为第三人利益合同的存在，其主要原因有四：其一，罗马法严格贯彻合同的相对性规则，认为合同所规定的债权和债务仅仅在当事人

---

① Article 1205, Code civil, Version en vigueur au 7 janvier 2021, https://www.legifrance.gouv.fr/codes/section_lc/LEGITEXT000006070721/LEGISCTA000006150250/#LEGISCTA000032041383.

② Articles 1121 à 1122, Code civil, Version en vigueur au 9 février 2016, https://www.legifrance.gouv.fr/codes/section_lc/LEGITEXT000006070721/LEGISCTA000006150236/2016-02-09/#LEGISCTA000006150236.

③ Virginie Larribau-Terneyre, Droit civil, Les Obligations, 15e édition, Dalloz, 2017, pp. 527—528.

④ Philippe Malaurie, Laurent Aynès, Philippe Stoffel-Munck, Droit des obligations, 8e édition, L. G. D. J., 2016, pp. 447—448; François Terré, Philippe Simler, Yves Lequette, François Chénedé, Droit civil, Les Obligations, 12e édition, Dalloz, 2018, pp. 776—778.

之间存在，它们不能够对第三人产生任何后果。其二，在经典罗马法时期，合同关系仅仅限于家庭成员和亲朋好友之间，合同当事人的身份明确、肯定和清楚，人们根本不会想到要为第三人的利益缔结合同。其三，合同遵循严格的形式主义，每一种合同均需要通过严格的、固定的格式缔结，合同仅仅对遵循了这些格式的当事人有约束力，对没有遵循这些格式的第三人没有约束力。其四，当允诺者对第三人实施给付行为时，订约者对其给付行为没有利害关系：因为没有利害关系，因此，他们也没有诉权，因为没有诉权，因此，他们也没有权利。①

到了后经典罗马法时期，罗马法例外地存在了一种为第三人利益的合同，这就是有负担的赠与协议：赠与人与受赠人缔结合同，为了第三人的利益，受赠人根据赠与合同对第三人履行合同所规定的负担，合同所指定的第三人有权直接要求受赠人即允诺者履行合同所规定的负担。② 罗马法的此种做法被法国旧法时期的民法所保留，因为法国旧法时期的民法也认为，原则上，当事人不能够为了第三人的利益缔结合同。在两种例外情况下，他们可以缔结为第三人利益的合同：其一，有负担的赠与合同。其二，在有偿合同当中，在这些合同当中，如果订约者对允诺者实施某种给付行为，则允诺者将对订约者和合同所规定的第三人履行合同所规定的给付债务。③

法国旧法时期民法的此种态度对 1804 年的《法国民法典》产生了影响，因为受到法国旧法时期民法的影响，1804 年的《法国民法典》第 1119 条规定：原则上，人们只能够以自己的名义和为了自己的利益承担债务。在坚持为第三人利益的合同无效时，1804 年的《法国民法典》第 1121 条也例外地规定，在两种例外情况下，人们能够为了第三人的利益缔结合同：其一，有负担的赠与合同。如果当事人之间的合同属于有负担的赠与合同，则他们能够在此类合同当中规定有利于第三人的条款。其二，如果当事人在自己的合同当中规定了有利于自己的条款，则他们也能够在此类合同当中规定有利于第三人的条款。④

在 1888 年之前，法国法官基本上固守《法国民法典》第 1121 条所规定的规则，除了承认这一条款所规定的两类合同有效之外，他们不会承认其他的为第三人利益合同的有效性。到了 19 世纪末期，为了满足社会实践的需要，法官开始拓展这一条款的适用范围。在 1888 年 1 月 16 日的案件当中，法国最高法院依据这一条款认可了保险合同的有效性。此后，法官不断拓展这一条款的适用范围，认为运输合同、承揽合同以及治疗合同也属

---

① Philippe Malaurie, Laurent Aynès, Philippe Stoffel-Munck, Droit des obligations, 8e édition, L. G. D. J. , 2016, pp. 447—448; François Terré, Philippe Simler, Yves Lequette, François Chénedé, Droit civil, Les Obligations, 12e édition, Dalloz, 2018, pp. 776—778.

② Philippe Malaurie, Laurent Aynès, Philippe Stoffel-Munck, Droit des obligations, 8e édition, L. G. D. J. , 2016, pp. 447—448; François Terré, Philippe Simler, Yves Lequette, François Chénedé, Droit civil, Les Obligations, 12e édition, Dalloz, 2018, pp. 776—778.

③ Philippe Malaurie, Laurent Aynès, Philippe Stoffel-Munck, Droit des obligations, 8e édition, L. G. D. J. , 2016, pp. 447—448; François Terré, Philippe Simler, Yves Lequette, François Chénedé, Droit civil, Les Obligations, 12e édition, Dalloz, 2018, pp. 776—778.

④ Philippe Malaurie, Laurent Aynès, Philippe Stoffel-Munck, Droit des obligations, 8e édition, L. G. D. J. , 2016, pp. 447—448; François Terré, Philippe Simler, Yves Lequette, François Chénedé, Droit civil, Les Obligations, 12e édition, Dalloz, 2018, pp. 776—778.

于为第三人利益的合同：运输合同的当事人是为了乘客的继承人签订合同的，承揽合同是总包人与分包人为了委托人的利益所签订的合同，在医疗机构与血液中心之间所签订的供血合同是为了输血感染者的利益签订的合同，即便签订这些合同时，当事人没有明确规定这些受益人，这就是所谓的默示的为第三人利益的合同，它与第1121条所规定的明示的为第三人利益的合同相对应。在这些司法判例所拓展的基础上，现行《法国民法典》对为第三人利益的合同规定了广泛的适用领域。①

三、为第三人利益的合同的构成要件

在法国，第三人要获得合同当事人在其合同当中所规定的利益并不是没有条件的，而是有条件的，如果不符合为第三人利益的合同条件，则第三人无法获得合同所规定的利益。这些条件包括：②

其一，合同当事人之间的合同有效成立。即便订约者和允诺者之间是为了第三人的利益签订诸如赠与合同、买卖合同、保险合同和运输合同等，他们之间的此类合同也应当具备《法国民法典》新的第1128条所规定的所有有效条件，包括缔约能力、当事人的同意、内容的合法和确定等，已如前述。换言之，为第三人利益的合同也应当具备所有合同均应当具备的有效条件。

其二，合同当事人有为第三人的利益签订合同的意图。在19世纪末期和20世纪初期之前，法国的法官认定，合同当事人的此种意图应当是明确、肯定和清楚的，如果合同当事人没有在其合同当中明确规定，他们是为了合同所指明的第三人签订合同，则他们的合同被视为是为自己利益签订的合同，不是为了第三人的合同签订的合同，这就是明示的为第三人利益的合同。自19世纪末期和20世纪初期以来，法官开始放弃此种看法，除了承认明示意图之外，他们也承认默示意图：即便合同当事人没有明确规定，如果合同的性质要求法官将当事人之间的合同视为为第三人利益的合同，法官也会认定合同当事人有将合同所规定的利益赋予第三人的默示意图，这就是默示的为第三人利益的合同。

在今时今日，默示的为第三人利益的合同是否应当承认，民法学者之间存在不同看法。某些民法学者认为，《法国民法典》新的第1205条没有要求当事人的意图一定要是明示的，因此，似乎默示的为第三人利益的合同仍然是有效的，而另外一些民法学者则持反对意见，他们认为，在今时今日，合同当事人的此种意图必须是明示的，默示的意图不能够构成为第三人利益的合同。

---

① Henri Roland et Laurent Boyer, Contrat, 3e édition, Litec, 1989, pp. 511—515; Philippe Malaurie, Laurent Aynès, Philippe Stoffel-Munck, Droit des obligations, 8e édition, L. G. D. J., 2016, pp. 448—450; François Terré, Philippe Simler, Yves Lequette, François Chénedé, Droit civil, Les Obligations, 12e édition, Dalloz, 2018, pp. 778—781.

② Dimitri Houtcieff, Droit Des Contrats, Larcier, 2e édition, 2016, pp. 475—476; Muriel Fabre-Magnan, Droit des obligations, Tome 1, Contrat et engagement unilatéral, 4e édition, puf, 2016, pp. 597—598; Philippe Malaurie, Laurent Aynès, Philippe Stoffel-Munck, Droit des obligations, 8e édition, L. G. D. J., 2016, pp. 452—453; Rémy Cabrillac, Droit des obligations, 12e édition, Dalloz, 2016, pp. 135—137; Marjorie Brusorio Aillaud, Droit des obligations, 8e édition, bruylant, 2017, pp. 259—260; Virginie Larribau-Terneyre, Droit civil, Les Obligations, 15e édition, Dalloz, 2017, pp. 532—534.

其三，利益第三人被合同当事人所指定或者至少能够确定。在过去，法官的司法判例对利益第三人持严厉的态度，认为仅合同当事人在其合同当中明确指定的第三人才能够享有合同所规定的利益，合同当事人没有明确指定的第三人不能够享有合同所规定的利益。在今天，《法国民法典》新的第1205条已经放弃了此种理论，它认为，只要利益第三人能够确定，即便是未来的受益人，他们也就能够享有合同当事人在其合同当中所规定的利益。

其四，利益第三人对合同所规定的利益的接受。第三人对合同所规定的利益的接受既不是为第三人利益的合同成立的有效条件，也不是第三人取得利益或者权利的条件。然而，第三人对合同所规定的利益的同意仍然起着非常重要的作用，因为，在第三人接受合同所规定的利益之前，合同当事人能够自由地解除他们之间的合同，或者能够自由地撤销授予第三人以利益的条款，但是，一旦第三人接受了合同所规定的利益，则合同当事人不能够再解除他们之间的合同，不能够再撤销授予第三人以利益的条款。第三人对合同所规定的利益的接受既可以是明示的，也可以是默示的。关于这一点，笔者将在下面的内容当中做出详细的讨论，此处从略。

四、为第三人利益的合同的法律效果

在符合上述各种有效条件的情况下，为第三人利益的合同就会产生法律效力。同一般的合同仅仅在合同当事人之间产生法律效力不同，为第三人利益的合同除了在合同当事人之间产生法律效力之外还会对第三人产生法律效力。由于这样的原因，在讨论为第三人利益的合同所产生的法律效力时，人们应当区分三种不同的法律关系：合同在订约者和允诺者之间产生的法律效力；合同在允诺者与利益第三人之间产生的法律效力，以及合同在订约者与利益第三人之间产生的法律效力。

（一）订约者和允诺者之间的关系

在为第三人利益的合同中，订约者是合同的债权人，而允诺者则是合同的债务人，他们之间的法律关系同普通合同中债权人和债务人之间的关系是相同的：订约者对允诺者享有债权，有权要求允诺者履行合同所规定的债务，允诺者则对订约者承担债务，应当履行合同所规定的债务，反之亦然。在这些一般效力的基础上，为第三人利益的合同还会在订约者和允诺者之间产生两个方面的特殊法律效力。①

一方面，订约者有权要求允诺者对利益第三人履行所承担的债务。在为第三人利益的合同当中，作为债务人的允诺者应当履行合同所规定的债务，所不同的是，他们应当

---

① Dimitri Houtcieff, Droit Des Contrats, Larcier, 2e édition, 2016, p. 477; Muriel Fabre-Magnan, Droit des obligations, Tome 1, Contrat et engagement unilatéral, 4e édition, puf, 2016, p. 598; Philippe Malaurie, Laurent Aynès, Philippe Stoffel-Munck, Droit des obligations, 8e édition, L. G. D. J., 2016, p. 454; Rémy Cabrillac, Droit des obligations, 12e édition, Dalloz, 2016, pp. 137—138; Marjorie Brusorio Aillaud, Droit des obligations, 8e édition, bruylant, 2017, p. 260; Virginie Larribau-Terneyre, Droit civil, Les Obligations, 15e édition, Dalloz, 2017, p. 535; François Terré, Philippe Simler, Yves Lequette, François Chénedé, Droit civil, Les Obligations, 12e édition, Dalloz, 2018, pp. 784—785.

对第三人履行所承担的债务，在允诺者不履行债务时，除了第三人有权直接要求他们履行之外，作为合同债权人的订约者也有权要求他们履行所承担的债务，如果允诺者拒绝履行所承担的债务，订约者有权向法院起诉，要求法官强制允诺者履行对第三人承担的债务。因为，即便是为第三人利益的合同，对于强制允诺者对第三人实施给付行为，订约者是有利害关系的，至少是有道德上的利害关系的。《法国民法典》新的第1209条对此种规则做出了说明，该条规定：订约者能够亲自要求允诺者对利益第三人履行自己所承担的债务。[①]

另一方面，在允诺者不履行合同所规定的对第三人实施某种给付行为的债务时，订约者有权解除他们与允诺者之间的合同。一旦合同被解除，除了有权要求允诺者将自己所为的给付返还自己（例如，保险合同当中的保费）之外，订约者还有权要求允诺者对自己承担合同责任，赔偿自己因为其不履行债务的行为所遭受的损害。

（二）利益第三人与允诺者之间的关系

一旦订约者与允诺者签订了为第三人利益的合同，则他们之间的此种合同赋予利益第三人以直接请求权（droit direct），凭借此种请求权，第三人有权直接请求允诺者履行合同所规定的给付债务。现行《法国民法典》新的第1206（1）条对第三人享有的此种请求权做出了说明，该条规定：一旦当事人之间的合同规定了由第三人享有利益的条款，则受益人就享有直接权利，有权要求允诺者对自己实施给付行为。[②]

利益第三人享有的直接请求权源自订约者和允诺者之间的意思表示的合意，属于合同当事人以明示或者默示意图所授予的一种权利。虽然如此，利益第三人享有的此种权利具有独立性，它独立于订约者享有的权利。凭借合同所授予的此种权利，除了有权直接请求允诺者履行合同所规定的对自己所为的给付债务之外，在允诺者不履行所承担的给付债务时，第三人还有权向法院起诉，或者要求法官强制允诺者履行所承担的债务，或者要求允诺者承担损害赔偿责任。不过，在允诺者不履行所承担的给付债务时，他们无权向法院起诉，要求法官解除合同，因为他们并不是合同的当事人。[③]

虽然利益第三人对允诺者所享有的直接请求权独立于合同订约者享有的权利，但利益第三人享有的直接请求权仍然依赖订约者与合同允诺者之间的合同。当利益第三人向允诺者行使直接请求权时，允诺者可以对利益第三人主张他们原本可以对订约者主张的

---

① Article 1209, Code civil, Version en vigueur au 8 janvier 2021, https://www.legifrance.gouv.fr/codes/section_lc/LEGITEXT000006070721/LEGISCTA000006150250/#LEGISCTA000032041383.

② Article 1207, Code civil, Version en vigueur au 8 janvier 2021, https://www.legifrance.gouv.fr/codes/section_lc/LEGITEXT000006070721/LEGISCTA000006150250/#LEGISCTA000032041383.

③ Dimitri Houtcieff, Droit Des Contrats, Larcier, 2e édition, 2016, p. 477; Muriel Fabre-Magnan, Droit des obligations, Tome 1, Contrat et engagement unilatéral, 4e édition, puf, 2016, pp. 598—599; Philippe Malaurie, Laurent Aynès, Philippe Stoffel-Munck, Droit des obligations, 8e édition, L. G. D. J., 2016, pp. 454—455; Rémy Cabrillac, Droit des obligations, 12e édition, Dalloz, 2016, p. 138; Marjorie Brusorio Aillaud, Droit des obligations, 8e édition, bruylant, 2017, pp. 260—261; Virginie Larribau-Terneyre, Droit civil, Les Obligations, 15e édition, Dalloz, 2017, pp. 535—537; François Terré, Philippe Simler, Yves Lequette, François Chénedé, Droit civil, Les Obligations, 12e édition, Dalloz, 2018, pp. 785—786.

权利。如果允诺者可以对订约者主张合同无效的话，则他们亦可以对利益第三人主张合同无效；如果允诺者可以对订约者主张双务合同中的同时履行抗辩权和后履行抗辩权等，则允诺者亦可对利益第三人主张这些抗辩权；如果允诺者可以对订约者主张债务抵销的话，则允诺者在可以抵销的范围内亦可以对利益第三人主张抵销；如果允诺者可以对订约者主张责任免除或责任限制，则允诺者可以以免责或者限责对抗第三人。[①]

（三）订约者与利益第三人之间的关系[②]

为第三人利益的合同并不会让订约者与利益第三人之间产生直接的法律关系，即便他们之间存在关系，他们之间的关系也仅仅是间接的，因为第三人并不是合同的当事人。第三人与为第三人利益的合同之间的关系是：合同当事人缔结合同的目的在于将合同所规定的某种利益授予第三人，由第三人取得合同所规定的权利或者利益。根据情况的不同，第三人根据订约者和允诺者之间的合同所获得的利益可能是有偿的利益，也可能是无偿的利益：如果订约者对第三人承担某种债务，通过为第三人利益的合同，订约者让允诺者对第三人履行某种给付行为并因此消灭他们与第三人之间的此种债务，第三人取得的此种利益就是有偿利益；在订约者不对第三人承担任何债务的情况下，如果订约者与允诺者缔结的合同规定，在允诺者对第三人履行了某种给付行为之后，则允诺者与订约者之间的债权债务关系消灭，则在允诺者对第三人实施了此种给付行为之后，第三人所获得的利益就是无偿利益。

因为为第三人利益的合同仅仅是与第三人没有关系的订约者和允诺者之间的合同，因此，即便订约者将原本应当属于自己的利益赋予第三人，他们也可以将合同当中所规定的利益授予别人或者归属于自己。在订约者死亡之后，订约者的继承人等同于订约者，也享有订约者生前享有的此种权利。此时，订约者或者他们的继承人要从事的工作是撤销为第三人利益的合同当中赋予第三人利益的条款，这就是利益第三人条款的撤销。如果合同当事人愿意，订约者、订约者的继承人和允诺者甚至还可以自由地解除他们之间的合同，即便他们之间的合同在性质上属于为第三人利益的合同，亦是如此。

不过，订约者或者他们的继承人享有的合同条款撤销权甚至整个合同的解除权也受到一定的限制，这就是，他们享有的撤销权、解除权只能够在第三人做出同意之前行使，一旦第三人已经做出了愿意接受合同所赋予的利益的同意表示，则订约者或者他们的继承人就不能够再行使撤销权、解除权。如果订约者的继承人行使条款的撤销权，他

---

① Philippe Malaurie, Laurent Aynès, Philippe Stoffel-Munck, Droit des obligations, 8e édition, L. G. D. J., 2016, p. 454; Virginie Larribau-Terneyre, Droit civil, Les Obligations, 15e édition, Dalloz, 2017, p. 536; François Terré, Philippe Simler, Yves Lequette, François Chénedé, Droit civil, Les Obligations, 12e édition, Dalloz, 2018, p. 786.

② Dimitri Houtcieff, Droit Des Contrats, Larcier, 2e édition, 2016, p. 477; Muriel Fabre-Magnan, Droit des obligations, Tome 1, Contrat et engagement unilatéral, 4e édition, puf, 2016, pp. 599—600; Philippe Malaurie, Laurent Aynès, Philippe Stoffel-Munck, Droit des obligations, 8e édition, L. G. D. J., 2016, pp. 455—456; Rémy Cabrillac, Droit des obligations, 12e édition, Dalloz, 2016, p. 138; Marjorie Brusorio Aillaud, Droit des obligations, 8e édition, bruylant, 2017, p. 260; Virginie Larribau-Terneyre, Droit civil, Les Obligations, 15e édition, Dalloz, 2017, p. 537; François Terré, Philippe Simler, Yves Lequette, François Chénedé, Droit civil, Les Obligations, 12e édition, Dalloz, 2018, pp. 786—789.

们应当首先向利益第三人提出接受合同所规定的利益的请求，在他们的请求提出之后的3个月内，如果第三人没有做出同意的表示，订约者的继承人才能够解除为第三人利益的合同。

《法国民法典》新的第1206条和第1207条对此种规则做出了说明。新的第1206条规定：如果受益人没有接受，订约者能够自由撤销其做出的有利于第三人的条款。一旦受益人的接受到达订约者或者允诺者，则合同当中有利于受益人的条款不能够撤销。新的第1207条规定：为第三人利益的条款的撤销只能够由订约者行使，在订约者死亡之后，则由其继承人行使。在撤销为第三人利益的条款时，如果订约者没有指定新的受益人，则根据情况的不同，撤销被视为是为了订约者或者其继承人的利益。撤销在利益第三人或者允诺者知道时产生法律效力。①

第四节 《法国民法典》规定的合同相对性规则的第二种例外：允诺第三人会实施某种行为的合同

虽然合同当事人能够在自己的合同当中规定由第三人享有合同所规定的利益，但是，他们不能够在自己的合同当中规定由第三人履行合同所规定的债务。现行《法国民法典》新的第1203条对此种规则做出了说明，已如前述。因此，如果一方当事人与另外一方当事人签订合同，规定由合同之外的第三人承担和履行合同所规定的给付债务，则第三人不会受到合同所规定的此种债务的约束，他们无须对合同的债权人承担合同所规定的此种给付债务。换言之，虽然合同能够让第三人享有的权利或者利益，但是，合同不能够产生让第三人承担和履行给付债务，这是合同相对效力原则的具体适用。②

一、允诺第三人会实施某种行为的合同的界定

不过，现行《法国民法典》对此种规则设定了一个例外，这就是允诺第三人会实施某种行为的合同。所谓允诺第三人会实施某种行为的合同（porte-fort），也称为第三人做出允诺（la promesse pour autrui）的合同、担保允诺合同（la promesse de porte-fort）或者担保条款（la clause de porte-fort），是指合同的一方当事人即允诺者与合同的另外一方当事人即受益人所签订的合同，在该种合同当中允诺者对受益人做出第三人会实施某种行为的允诺、担保的合同。例如，出卖人与买受人签订的买卖合同规定，除了应当将自己享有共有权的某一个财产出卖给买受人之外，出卖人还对买受人做出允诺、担保，他们之间的买卖合同会取得其他共有权人的同意或者批准。现行《法国民法典》新的第1204（1）条对允诺第三人会实施某种行为的合同做出了说明，该条规定：人们

---

① Articles 1206 et 1207，Code civil，Version en vigueur au 8 janvier 2021，https://www.legifrance.gouv.fr/codes/section_lc/LEGITEXT000006070721/LEGISCTA000006150250/#LEGISCTA000032041383.

② François Terré，Philippe Simler，Yves Lequette，François Chénedé，Droit civil，Les Obligations，12e édition，Dalloz，2018，p. 772.

能够做出担保，允诺第三人会实施某种行为。[①]

二、允诺第三人会实施某种行为的合同的类型

在允诺第三人会实施某种行为的合同当中，允诺者对受益人承担的债务是，允诺、担保、保证第三人会实施某种行为。第三人实施的行为既可以是某种事实行为（fait matériel），例如，允诺者允诺会让一个拳击手参加拳击比赛，也可以是某种法律行为（acte juridique），例如，允诺者允诺会让第三人批准某种行为。根据允诺者允诺第三人实施行为的类型不同，允诺第三人会实施某种行为的合同可以分为三类：允诺第三人会批准某种行为的合同，允诺第三人会实施某种法律行为的合同，允诺第三人会履行某种合同的合同。[②]

（一）允诺第三人会批准某种行为的合同

所谓允诺第三人会批准某种行为的合同，是指允诺者与受益人所签订的一种合同，在该合同当中，允诺者对受益人做出第三人会批准或者同意他们之间所签订的此种合同的允诺、担保、保证。这是最经典的允诺第三人会实施某种行为的合同。在此类合同当中，虽然一方当事人与另外一方当事人之间签订了合同，但是，他们之间的合同往往需要获得第三人的批准或者同意，在签订这些合同时，一方当事人对另外一方当事人做出保证，他们与对方当事人之间的合同会获得第三人的批准或者同意。

例如，一个未成年人与另外一个人签订了买卖合同，在该买卖合同当中，未成年人对对方当事人保证，他们与对方当事人之间的买卖合同会获得自己的代表人即父母的批准的。再例如，一个有限责任公司的股东与一个非股东签订股权转让合同，在该合同当中，股东对受让人保证，他们之间的转让合同会得到公司批准的。

（二）允诺第三人会实施某种法律行为的合同

所谓允诺第三人会实施某种法律行为的合同，是指允诺者和受益人之间所签订的合同，在该种合同当中，允诺者对受益人做出第三人会与受益人缔结某种法律行为的允诺、担保、保证。例如，一方当事人与另外一方当事人签订合同，在该合同当中，一方当事人对另外一方当事人做出保证，第三人会与另外一方当事人签订房屋买卖合同，将自己的房屋出卖给另外一方当事人。

（三）允诺第三人会履行某种合同的合同

所谓允诺第三人会履行某种合同的合同，是指允诺者和受益人之间所签订的一种合

---

① Article 1204, Code civil, Version en vigueur au 8 janvier 2021, https://www.legifrance.gouv.fr/codes/section_lc/LEGITEXT000006070721/LEGISCTA000006150250/#LEGISCTA000032041383.

② Muriel Fabre-Magnan, Droit des obligations, Tome 1, Contrat et engagement unilatéral, 4e édition, puf, 2016, pp. 593—596; Philippe Malaurie, Laurent Aynès, Philippe Stoffel-Munck, Droit des obligations, 8e édition, L. G. D. J., 2016, pp. 456—457; Marjorie Brusorio Aillaud, Droit des obligations, 8e édition, bruylant, 2017, pp. 257—258; Virginie Larribau-Terneyre, Droit civil, Les Obligations, 15e édition, Dalloz, 2017, pp. 538—540; François Terré, Philippe Simler, Yves Lequette, François Chénedé, Droit civil, Les Obligations, 12e édition, Dalloz, 2018, pp. 772—774.

同，在该种合同当中，允诺者对受益人做出第三人会履行第三人与受益人之间的合同债务的允诺、担保、保证。允诺者所做出的此种允诺、担保或者保证与一般保证合同当中保证人做出的保证高度类似，它们之间的一个最主要差异在于，一般保证当中保证人承担的保证债具有从属性，而允诺者在此处所做出的允诺、担保、保证则没有从属性。例如，一个电影制片人与其演员签订合同，允诺另外一个电影制片人会履行让该演员在其拍摄的电影当中担任角色的债务。再例如，在将自己的商事营业资产转让给受让人时，转让人对受让人允诺，原本给自己供货的供货者会在受让人受让商事营业资产之后继续履行原本的供应合同并且继续给受让人供应货物。

三、允诺第三人会实施某种行为的合同的法律效果①

允诺第三人会实施某种行为的合同在性质上属于允诺者和受益人之间的一种真正合同，该种合同仅仅对允诺者和受益人产生约束力，虽然他们之间的此种合同涉及第三人，但是，第三人并不受他们之间的合同约束。既然第三人不受当事人之间的合同约束，当事人为何仍然签订让第三人履行某种给付债务的合同？答案在于，虽然第三人不是合同的当事人，但是，第三人与此类合同当中的允诺者是亲朋好友，他们之间存在信任关系，基于与第三人之间的亲情、友情，允诺者相信第三人会按照允诺者和受益人之间签订的合同履行合同所规定的给付债务。

不过，虽然允诺者与第三人之间存在亲情、友情，在允诺者和受益人之间的合同对第三人实施的给付行为做出规定的情况下，第三人是否会实施他们之间的合同所规定的给付行为，完全取决于第三人的自由决定，他们既可以批准允诺者的允诺行为，也可以拒绝批准允诺者的允诺行为。第三人的批准行为是单方法律行为，既可以以明示方式表示，也可以以默示方式表示，如果第三人批准了允诺者的允诺行为并且履行了合同所规定的给付行为，则允诺者对受益人所承担的所有债务均消灭。如果允诺者允诺的行为是第三人实施的批准行为，在第三人批准之后，允诺者和受益人之间的合同溯及既往地有效。

如果第三人批准之后不履行合同所规定的给付债务，他们不得被责令对受益人承担损害赔偿责任，这一点让允诺第三人会实施某种行为的合同区别于一般意义上的保证债。此时，允诺者应当对受益人承担合同责任，要赔偿受益人遭受的损害。现行《法国民法典》新的第1204（2）条对此种规则做出了说明，该条规定：如果第三人实施了允诺者所允诺的行为，则允诺者的所有债务均清偿完毕。在相反的情形，允诺者应当被责令赔偿损害。如果允诺者的目的在于让第三人对某种债务的批准，在第三人批准之后，规定了此种条款的合同溯及既往的有效，也就是，从该种条款被规定在合同当中时

① Marjorie Brusorio Aillaud, Droit des obligations, 8e édition, bruylant, 2017, p. 258; Rémy Cabrillac, Droit des obligations, 12e édition, Dalloz, 2016, pp. 139—140; Virginie Larribau-Terneyre, Droit civil, Les Obligations, 15e édition, Dalloz, 2017, pp. 538—541; François Terré, Philippe Simler, Yves Lequette, François Chénedé, Droit civil, Les Obligations, 12e édition, Dalloz, 2018, pp. 774—775.

有效。[①]

如果第三人不批准允诺者的允诺行为，换言之，如果第三人没有履行合同所规定的给付债务，则允诺者应当对受益人承担合同责任并且赔偿受益人遭受的损害。允诺者对其受益人承担的此种债务在性质上属于结果债而非手段债，只要第三人没有履行合同所规定的债务，允诺者就必须承担合同责任。

第五节 《法国民法典》没有规定的第一种涉及第三人的合同：合同链

一、合同链的界定

所谓合同链（les chaînes de contrat），是指一个合同与另外一个合同之间不仅存在先后缔结顺序并且这两个具有先后缔结顺序的合同均是建立在同一对象（même objet）或者同一目的（ou même but）的基础上。换言之，所谓合同链，是指两个先后缔结的具有同一对象或者同一目的的合同。最典型的合同链范例是建立在同一房屋基础上的两个房屋买卖合同。即如果一个购买人从一个出卖人那里购买了房屋，则购买人与出卖人之间就存在第一个房屋买卖合同。当该房屋购买人将自己购买的房屋出卖给买受人时，他们与第二个买受人之间存在第二个房屋买卖合同。

从理论上讲，虽然第一个房屋买卖合同与第二个房屋买卖合同是两个独立的买卖合同，但是，它们之间也存在一定的联系，表现在三个方面：其一，第二个买卖合同与第一个买卖合同之间存在先后顺序，第一个买卖合同先于第二个买卖合同发生，没有第一个买卖合同就没有第二个买卖合同。其二，第一个买卖合同的一方当事人与第二个买卖合同的一方当事人是同一个人，这就是第一个买卖合同当中的买受人和第二个买卖合同当中的出卖人。其三，第一个买卖合同和第二个买卖合同所买卖的对象是相同的，均是同一房屋，这就是合同链当中的同一对象。基于这两个不同买卖合同之间所存在的这三个联系，人们将这两个合同称为合同链，因为它们之间存在链条关系。

合同链的理论要解决的问题是：在具有链条关系的两个合同当中，第一个合同的法律效力是否对第二个合同产生影响力？如果严格固守合同的相对性原则，则答案是否定的，因为作为两个独立的合同，第一个买卖合同仅仅对第一个合同的当事人产生约束力，不会对第二个合同的当事人产生约束力，反之亦然，第二个买卖合同仅仅对第二个合同的当事人产生约束力，他们不会受到第一个合同约束力的影响。

不过，为了解决第二个合同当事人所面临的问题，从19世纪末期开始，法国最高法院放弃了合同相对性原则在合同链当中的适用，认为在合同存在链条时，第一个合同的法律约束力能够对第二个合同的当事人产生：如果第一个房屋的出卖人所出卖的房屋

---

① Article 1204, Code civil, Version en vigueur au 8 janvier 2021, https://www.legifrance.gouv.fr/codes/section_lc/LEGITEXT000006070721/LEGISCTA000006150250/#LEGISCTA000032041383.

存在缺陷、瑕疵，除了应当对第一个买卖合同当中的买受人承担合同责任之外，在第一个买卖合同当中的买受人将所购买的有缺陷、瑕疵的房屋卖给第二个买受人时，第一个买卖合同当中的出卖人仍然应当对第二个买卖合同当中的买受人承担瑕疵担保责任和违约责任，第二个买卖合同当中的买受人仍然有权向法院起诉，要求法官责令第一个买卖合同当中的出卖人就其违反瑕疵担保责任的行为引起的损害对自己承担合同责任。

此种理论或者被称为可转移的瑕疵担保责任（transfert de garantie des vices cachés.）、可转移的合同性请求权（transfert des actions contractuelle），或者被称为直接请求权（action directes）理论，但是，更多的时候则被人们称为合同链理论。在今时今日，在讨论合同链时，人们不再过分注重同质合同链和异质合同链的区分，而是执着于转让财产所有权的合同链和不转让财产所有权的合同链的区分。[①]

二、合同链的历史发展

如果出卖人将其有瑕疵的出卖物出卖给买受人，在买受人将其购买的财产再出卖给新的买受人时，第一个出卖人被称为最初出卖人（vendeur initial），第二个出卖人被称为中间出卖人（vendeur intermédiaire），而新的买受人则被称为再购买人（le sous-acquéreur）。如果最初出卖人所出卖的财产存在瑕疵并因此引起再购买人损害的发生，再购买人是按照侵权责任法的规定还是按照合同责任法的规定向法院起诉，要求法官责令最初的出卖人承担法律责任？

在1825年1月5日的案件当中，法国最高法院做出了回答，它认为，在最初出卖人违反瑕疵担保责任的情况下，再购买人可以根据自己的选择，或者要求最初出卖人对自己遭受的损害承担侵权责任，或者要求最初出卖人对自己遭受的损害承担合同责任。[②] 在1884年11月12日的案件当中，法国最高法院仍然采取类似的做法，允许再购买人根据自己的不同选择要求最初出卖人承担民事责任。在该案当中，鉴于再购买人选择了合同责任的承担，因此，法官责令最初出卖人对再购买人承担合同损害赔偿责任，即便最初的出卖人与再购买人之间并没有买卖合同关系，法官也允许再购买人对最初出卖人主张合同性质的直接诉权。

法官认为，在不存在合同关系的情况下，再购买人之所以享有合同性质的诉权，是因为物的出卖并不仅仅涉及有体物的出卖，还包括与物有关系的附属内容的出卖，尤其是中间出卖人原本享有的能够对最初出卖人提起诉讼的权利的出卖。换言之，当最初出卖人将其有瑕疵的有体物出卖给第一个买受人时，第一个买受人就取得了对最初出卖人享有的诉权。当第一个买受人将其购买的有体物再出卖给再购买人时，除了取得第一个

---

① Dimitri Houtcieff, Droit Des Contrats, Larcier, 2e édition, 2016, pp. 479—482; Philippe Malaurie, Laurent Aynès, Philippe Stoffel-Munck, Droit des obligations, 8e édition, L. G. D. J., 2016, pp. 467—468; Rémy Cabrillac, Droit des obligations, 12e édition, Dalloz, 2016, pp. 143—147; Marjorie Brusorio Aillaud, Droit des obligations, 8e édition, bruylant, 2017, pp. 262—263; Virginie Larribau-Terneyre, Droit civil, Les Obligations, 15e édition, Dalloz, 2017, p. 542; 张民安：《现代法国侵权责任制度研究》，法律出版社2007年版，第35—44页。

② Civ., 5 janvier 1825, S. 1820. 1. 213; Rémy Cabrillac, Droit des obligations, 12e édition, Dalloz, 2016, p. 144.

购买者所出卖的有体物之外，再购买人也取得了第一个购买者对最初出卖人享有的诉权，他们能够依据所取得的此种直接诉权起诉最初出卖人。[①]

在1961年所出版的第七版的著名民法教科书《法国民法》当中，P. Esmein、Charles Aubry 和 Frédéric-Charles Rau 对法官采取的此种做法做出了一般性的解释，认为法官的此种做法具有正当性，他们指出："在中间出卖人将出卖物出卖给再购买人时，再购买人获得了中间出卖人对出卖物享有的所有权利和诉权。"[②] 在1963年2月4日的案件和1972年1月5日的两个案件当中，法国最高法院民事一庭仍然采取了它在1825年和1884年的做法，允许再购买人做出选择，或者直接要求最初出卖人就其出卖物的瑕疵引起的损害对自己承担侵权责任，或者直接要求最初出卖人对自己遭受的损害承担合同责任。[③]

不过，在1979年10月9日的案件当中，法国最高法院民一庭不再坚持它在过去所采取的做法，它认为，在再购买人因为最初出卖人的瑕疵物遭受损害时，他们只能够对最初出卖人主张合同性损害赔偿请求权，不能够再主张侵权性损害赔偿请求权。[④] 在今时今日，在合同链的问题上，法国法官和民法学者区分两种不同的情形，这就是转让财产所有权的合同链和非转让财产所有权的合同链。

三、转让财产所有权的合同链[⑤]

所谓转让财产所有权的合同链（les chaîne de contrats translatifs de propriété），是指以转让财产所有权为目的的合同链。换言之，在合同链当中，所有合同均是为了实现转让财产所有权的目的。根据实现财产所有权转让的合同链是不是同一性质的不同，人们将转让财产所有权的合同链分为两种：同质合同链和异质合同链。

所谓同质合同链（les chaînes de contrat homogène），是指以转让财产所有权为目的的两个或者两个以上的合同在性质上均是相同的。例如，出卖人将自己的财产出卖给买受人，买受人再将所购买的财产出卖给再购买人。虽然这里存在两个不同的合同，但是，它们均为财产买卖合同，因此属于性质相同的合同。它们的目的均在于转让财产所有权，因此，它们被称为转让财产所有权的同质合同链。

所谓异质合同链（les chaînes de contrat hétérogène），则是指以转让财产所有权为目

---

① Cass. civ., 12 novembre 1884, D. 1885. 1. 357; Dimitri Houtcieff, Droit Des Contrats, Larcier, 2e édition, 2016, p. 479.

② Aubry et Rau, Droit civil français, 7 e édition, par P. Esmein, t. Ⅱ, Paris, Librairies Techniques, 1961, § 176; Rémy Cabrillac, Droit des obligations, 12e édition, Dalloz, 2016, p. 144.

③ Cass. 1re civ., 4 févr. 1963; Cass. 1re civ., 5 janvier 1972 Dimitri Houtcieff, Droit Des Contrats, Larcier, 2e édition, 2016, p. 479.

④ Cass. 1re civ., 9 octobre 1979; Dimitri Houtcieff, Droit Des Contrats, Larcier, 2e édition, 2016, p. 479; Rémy Cabrillac, Droit des obligations, 12e édition, Dalloz, 2016, p. 144.

⑤ Dimitri Houtcieff, Droit Des Contrats, Larcier, 2e édition, 2016, pp. 479—482; Philippe Malaurie, Laurent Aynès, Philippe Stoffel-Munck, Droit des obligations, 8e édition, L. G. D. J., 2016, pp. 467—468; Rémy Cabrillac, Droit des obligations, 12e édition, Dalloz, 2016, pp. 144—146; Marjorie Brusorio Aillaud, Droit des obligations, 8e édition, bruylant, 2017, p. 263; Virginie Larribau-Terneyre, Droit civil, Les Obligations, 15e édition, Dalloz, 2017, p. 542.

的的两个或者两个以上的合同在性质上并不是相同的。例如，出卖人将自己的财产出卖给承揽人，承揽人用所购买的财产为建筑工程的主人建造工程。虽然这里存在两个有链条关系的合同，但是，其中的一个合同是买卖合同，而另外一个合同则是承揽合同，也就是建筑工程合同。它们是两个性质不同的合同。虽然性质不同，但是，这两个不同的合同的目的均在于转让财产所有权，因此，它们被称为转让财产所有权的异质合同链。

人们之所以区分这两种形式的合同链，是因为法国最高法院不同民事庭在异质合同链的性质上曾经存在不同意见。在法国，如果当事人之间的合同链在性质上属于转让财产所有权的同质合同链，在最初出卖人所出卖的瑕疵财产侵犯再购买人的利益时，法国最高法院的所有民事庭均认为，再购买人只能够主张合同性质的直接请求权，不能够主张侵权性质的请求权，只能够要求最初出卖人对自己承担合同性质的损害赔偿责任。

在1986年之前，如果当事人之间的合同链在性质上属于转让财产所有权的异质合同链，在最初出卖人所出卖的瑕疵财产侵犯建筑工程主人的利益时，建筑工程的主人对最初出卖人所主张的损害赔偿请求权究竟是合同性质的还是侵权性质的？法国最高法院民一庭认为，工程主人主张的请求权应当是合同性质的，不能够是侵权性质的，而法国最高法院民三庭则相反，它认为工程主人只能够主张侵权性质的请求权，不能够主张合同性质的请求权。在1986年2月7日的案件当中，法国最高法院联合庭解决了民一庭和民三庭之间的冲突，它采纳了民一庭的做法，认为工程主人应当主张合同性质的请求权，不得主张侵权性质的请求权，它指出："就像再购买人一样，工程主人享有承包商享有的与购买物有关系的一切权利和诉权。在最初出卖人交付给承包商的财产不符合规定时，工程主人有权对生产商提起直接的合同诉讼。"① 在1991年7月12日的案件当中，法国最高法院联合庭再一次确认了此种规则。②

四、非转让财产所有权的合同链

所谓非转让财产所有权的合同链（les chaîne de contrats non translatifs de propriété），是指不是以转让财产所有权为目的的合同链。在合同链当中，两个或者两个以上的合同并不是为了实现转让财产所有权的目的，而是为了实现其他目的。最典型的非转让财产所有权的合同链是建筑工程的总包合同和分包合同：工程主人将自己的工程发包给某一个承包人，该承包人承包了工程之后再与其他承包人签订分包合同，让分包人分别完成整个工程当中的一部分工程。在分包人建造的工程存在质量问题时，如果工程主人遭受了损害，工程主人在要求分包人承担损害赔偿责任时所主张的请求权是合同性质的还是侵权性质的？

在1991年7月12日的案件当中，法国最高法院联合庭做出了说明，它指出，工程主人与分包人之间不存在合同关系，因此，如果他们向法院起诉，要求法官责令分包人就其劣质工程引起的损害对自己承担赔偿责任，他们只能够主张侵权损害赔偿责任，不

---

① Cour de Cassation, Assemblée plénière, du 7 février 1986, 83—14.631.

② Cour de Cassation, Assemblée plénière, du 12 juillet 1991, 90—13.602.

能够主张合同性质的损害赔偿责任。[1] 此后，在20世纪90年代和21世纪初期，法国最高法院民三庭也采取了此种做法，认为分包人只能够就其建造的劣质工程对工程主人承担侵权责任，不能够承担合同责任，因为他们与工程主人之间没有关系。[2]

第六节 《法国民法典》没有规定的第二种涉及第三人的合同：合同群

一、合同群的界定

所谓合同群（les groupes de contrats），也称为合同的有机整体（l'ensemble contractuel），是指由表面上具有独立性但实质上具有非常紧密联系的几个合同结合在一起所形成的一个有机整体。合同群是由一系列的合同组成的，这些合同在表面上是相互对立的、互不相同的，它们在各自的领域产生自己的法律效力。不过，它们实质上则是非常紧密地联系在一起并且作为一个有机整体在发挥自己的法律效力。[3]

这些表面上各自独立的合同之所以存在非常紧密的联系，一方面是因为它们均服务于合同当事人的同一经济和经营活动，不同的合同构成当事人所从事的同一经济或者经营活动的不同方面，它们结合在一起就形成整个经济和经营活动；另一方面是因为其中的一种合同是另外一种合同的前提或者结果，如果没有前一种合同的缔结，后一种合同也无法缔结或者履行。它们之间环环相扣，共同确保当事人整个经济活动和商事活动的顺利进行。

例如，如果买受人为了出租的目的购买出卖人的不动产，则他们可能会同时签订几个合同，如买卖合同、贷款合同、租赁合同甚至维修合同等：为了落实与出卖人之间签订的买卖合同，买受人要与贷款人签订贷款合同，通过贷款合同获得的贷款支付出卖人的价款；为了将所购买的不动产出租出去，他们要与承租人签订租赁合同，将不动产出租给承租人；为了将不动产出租给承租人，他们要与承揽人签订承揽合同，由承揽人将所购买的不动产予以翻新、修缮或者装修等。因为这些合同的目的均是共同的，因为这些合同均是当事人实现同一经济活动和商事活动所必要的，因此，它们并不视为普通的、各种独立的合同，而是被视为一个有机整体，也就是整体合同，这就是合同群。

根据合同群的当事人是否完全相同的不同，合同群分为当事人完全相同的合同群和当事人不相同的合同群。所谓当事人完全相同的合同群，是指组成合同群的所有不同合

---

① Cour de Cassation, Assemblée plénière, du 12 juillet 1991, 90—13. 602.

② Philippe Malaurie, Laurent Aynès, Philippe Stoffel-Munck, Droit des obligations, 8e édition, L. G. D. J., 2016, pp. 463—472; Rémy Cabrillac, Droit des obligations, 12e édition, Dalloz, 2016, pp. 146—147; Marjorie Brusorio Aillaud, Droit des obligations, 8e édition, bruylant, 2017, pp. 262—263.

③ Philippe Malaurie, Laurent Aynès, Philippe Stoffel-Munck, Droit des obligations, 8e édition, L. G. D. J., 2016, pp. 464—467; Rémy Cabrillac, Droit des obligations, 12e édition, Dalloz, 2016, pp. 147—148; Marjorie Brusorio Aillaud, Droit des obligations, 8e édition, bruylant, 2017, pp. 261—262; Virginie Larribau-Terneyre, Droit civil, Les Obligations, 15e édition, Dalloz, 2017, pp. 542—546.

同的当事人均是相同的，换言之，虽然合同群分别为不同的合同组成，但是，所有合同均是一方当事人与另外一方当事人缔结的。例如，买卖合同的当事人、贷款合同的当事人、租赁合同的当事人和维修合同的当事人均为两个完全相同的当事人。所谓当事人不相同的合同群，是指组成合同群的所有不同合同的当事人是不同的，换言之，虽然合同群分别为不同的合同组成，每一个合同的当事人可能不同于另外一个合同的当事人。无论合同群当中的合同当事人是否相同，所有的合同应当具有紧密联系性，属于合同当事人实现同一经济和商事活动的必要的、无法分割的有机组成部分，离开其中的任何一个合同，整个合同的目的、整个经济和经营活动将无法进行。

合同群所面临的问题是：如果合同群当中的一个合同因为某种原因无效、被解除，它的无效、被解除是否对合同群当中的其他合同产生影响，如果产生影响，所产生的影响是什么？对此问题，法国民法学者做出的回答存在差异：他们或者认为，如果合同群当中的一个合同无效、被解除，其他合同也无效、被解除；他们或者认为，一个合同的无效、被解除，其他合同仍然有效，不会受到被宣告无效、被解除的合同的影响。

二、合同群理论的历史发展

相对于合同链的历史而言，合同群的历史非常短暂。1975 年，法国民法学者 Bernard Teyssié 出版了自己的博士学位论文《合同群》。在该专著当中，他首次提出了合同群的理论。他认为，虽然合同群和合同链一样均是由两个或者两个以上的合同组成的，但是，合同群不同于合同链。它们之间的最主要区别是，合同群是建立在同一目的实现的基础上：无论合同群由几个合同组成，所有的合同均是为了实现同一目的。而合同链则不同，它是建立在同一对象的基础上：无论合同链由几个合同组成，所有的合同均是建立在同一个有体物、同一个对象的基础上。他还认为，合同群违反了传统合同法所固守的合同相对性原则，建立了新的合同关系，因为合同群内部一个合同对另外一个合同产生法律效力。[①]

1996 年，法国民法学者 Mireille Bacache-Gibeili 出版了自己的博士学位论文《合同的相对性和合同群》，在该文当中，作者主张，为了克服合同相对性在保护第三人利益方面所存在的问题，人们应当建立合同群理论，因为在合同群当中，如果一个合同的当事人违反了合同所规定的债务而导致另外一个合同的当事人遭受损害，另外一个合同的当事人有权向法院起诉，要求法官责令前一个合同的当事人就其债务不履行行为引起的损害对自己承担合同性质的损害赔偿责任，即便他们仅仅是另外一个合同当中的第三人，亦是如此。他还认为，合同群的理论是值得法官在其司法判例当中承认的一种新理论。[②]

在 Teyssié 和 Bacache-Gibeili 的影响下，法国不少民法学者开始主张合同群的理论。1999 年，J. -B. Seube 出版了自己的博士学位论文《不可分性和法律行为》，对合同群做

---

① Bernard Teyssié, Les Groupes de contrats, Bibliothèque de droit privé, LGDJ., 1975, pp. 1—328.

② Mireille Bacache-Gibeili, La Relativité des conventions et les Groupes de contrats, Bibliothèque de droit privé, LGDJ., 1996, pp. 1—360.

出了系统研究。[①] 2001年，S. Bros出版了自己的博士学位论文《合同的相互依赖性》，对合同群做出了系统性的分析和研究。[②] 2002年，Amrani Mekki发表了《合同的不可分性和合同有机整体》的文章，对合同群的理论做出了分析。[③]

2004年和2006年，Ibrahim Najjar分别发表了《合同有机整体的观念》《合同有机整体的承认》和《交易与合同有机整体》的文章，分别对合同群理论做出分析。[④] 2006年，Stéphanie Bar发表了《合同群或者合同有机整体》的文章，对合同群做出了分析。[⑤] 2007年，S. Pellé出版了自己的博士学位论文《合同依赖性的观念：合同有机整体研究》，对合同群做出了系统性的研究。[⑥] 2007年，C. Aubert de Vincelles发表了《合同有机整体研究》，也对合同群做出了分析。[⑦] 2011年，Denis Mazeaud发表了《合同群：合同自由和经济现实》，对合同群与合同自由和经济现实之间的关系做出了分析。[⑧]

除了民法学者承认合同群的理论之外，法国法官也在自己的司法判例当中承认合同群的理论，认为在合同群当中，一个合同的无效、被解除也会导致另外一个合同的无效。例如，在1991年11月21日的案件当中，法官根据合同群理论认定，如果润滑油的供应合同被宣告无效，则该种合同的无效也导致另外一个合同即储备合同的无效。[⑨] 再例如，在2005年7月12日的案件当中，法国最高法院认定，债务不履行的抗辩规则即合同履行的抗辩权也能够在合同群当中适用，这就是，如果合同的一方当事人没有履行源自另外一个合同所规定的债，则合同的对方当事人有权拒绝履行自己所承担的债务，如果另外一个合同所规定的债的履行与现在这个合同所规定的债的履行紧密联系在一起的话。

三、合同群的法律制度

在合同群的问题上，法国民法学者之间均存在不同看法，某些民法学者明确区分合同群和合同链，而另外一些民法学者则不区分它们，某些学者将合同链视为合同群的组成部分，而另外一些民法学者则将合同群视为合同链的组成部分，已如前述。在适用合同群的理论时，法官在不同时期可能会采取不同的理论。有时它采取合同无效理论，根据该种理论，如果合同群当中的某一个合同因为某种原因无效、被解除，其他合同会因此无效，例如，在1991年11月21日的案件当中就是如此，已如前述。有时，它采取

---

① J.-B. Seube, L'indivisibilité et les actes juridiques, Litec, 1999, pp. 1—516.

② S. Bros, L'interdépendance contractuelle, thèse Paris Ⅱ, 2001.

③ AmraniMekki, Indivisibilité et ensembles contractuels; l'anéantissement en cascade des contrats, Defrénois 2002. 355.

④ I. Najjar, La notion d'ensemble contractuel, in Mélanges offerts à A. Decocq, Litec, 2004, p. 519 et ss; I. Najjar, La consécration de l'ensemble contractuel, D. 2004, p. 657 et ss. I. Najjar, Transaction et ensemble contractuel, D. 2006, p. 1396.

⑤ Stéphanie Bar, Le groupe de contrat ou l'ensemble contractuel, in Les Effets du contrat, Kluwer, 2006, p. 77.

⑥ S. Pellé, La notion d'interdépendance contractuelle, Contribution à l'étude des ensembles de contrats, Dalloz, 2007, pp. 1—527.

⑦ C. Aubert de Vincelles, Réflexions sur les ensembles contractuels, un droit en devenir, RDC 2007, p. 983 et ss.

⑧ Denis Mazeaud, Groupes de contrats; liberté contractuelle et réalité économique, D. 2011 p. 566.

⑨ Paris, 21 novembre 1991, JCP 1992.

合同解除理论，根据该种理论，如果合同群当中的某一个合同因为某种原因无效、被解除，其他合同会因此无效被解除。例如，如果劳动者与其雇主之间的劳动合同被解除，则劳动者与其出租人之间的住所租赁合同也因此被解除。[①]

有时，它采取合同失效理论，根据该种理论，如果合同群当中的某一个合同无效、被解除，则合同群当中的其他合同不再是无效、被解除而是失效。在2007年6月5日的案件当中，法国最高法院就采取此种做法，它指出，如果租赁合同和维修合同被解除，则买卖合同会因此失效。[②] 现行《法国民法典》新的第1186（2）条采取了法官的此种理论，它规定：如果几个合同的履行是实现同一活动所必要的，在其中的一个合同消失时，其他合同也会因此失效：如果消失的合同让其他合同的履行变得不可能的话，或者如果消失的合同是当事人同意签订其他合同的确定性条件的话，已如前述。

根据该条的规定，只有符合下列三个必要条件，一个合同的消失能够引起另外一个或者几个合同的失效：其一，两个或者多个合同均属于合同当事人实现同一目的、同一经济或者经营活动的组成部分，换言之，两个或者多个合同之间存在相互依存性，这就是合同的相互依存性。其二，当一个合同因为某种原因而被宣告为无效或者被解除时，《法国民法典》新的第1186（2）将其称为合同消失（disparition），该种合同的消失让另外一个合同的履行变得不可能，或者消失的合同被当事人视为他们签订另外一个合同的决定性条件。其三，当合同的一方当事人主张他们之间的合同因为另外一个合同的消失而失效时，该方当事人在缔结合同时知道这些合同之间构成同一目的、同一经济或者经营活动的有机组成部分。

所谓合同的相互依存性（interdépendance contractuelle），也称为合同的不可分性（indivisibilité contractuels），至于它的具体含义是什么，法国最高法院先后采取了两种不同的理论，这就是客观的相互依存性理论和主观的相互依存性理论。所谓合同的客观相互依存性（interdépendance objective），也称为合同的默示相互依存性（interdépendance implied）、合同的客观不可分性（indivisibilité objective），是指两个或者两个以上的合同在客观上、事实上存在前因后果、环环相扣、彼此无法分割的联系，这就是所谓的客观判断标准，根据此种标准，判断两个或者两个以上的合同之间是否存在相互依存性，不是看合同当事人的共同意图、共同意志、共同意思，而是看不同的合同之间是否存在客观上、事实上的无法分割的联系，如果不同的合同之间在客观上、事实上存在无法分割的联系，则它们之间就存在相互依存性；否则，如果不同的合同能够在客观上、事实上分割，则它们之间就不存在相互依存性。[③]

所谓合同的主观相互依存性（interdépendance subjective），也称为合同的明示相互依存性（interdépendance express）、合同的主观不可分性（indivisibilité subjective），是指两个或者两个以上的合同被合同当事人认为存在前因后果、环环相扣、彼此无法分割的

---

① Marjorie Brusorio Aillaud，Droit des obligations，8e édition，bruylant，2017，pp. 261—262.

② Cass. com.，5 Juin 2007，Bull. civ. Ⅳ，n°156.

③ Philippe Malaurie，Laurent Aynès，Philippe Stoffel-Munck，Droit des obligations，8e édition，L. G. D. J.，2016，pp. 464—467；Marjorie Brusorio Aillaud，Droit des obligations，8e édition，bruylant，2017，pp. 261—262；Virginie Larribau-Terneyre，Droit civil，Les Obligations，15e édition，Dalloz，2017，pp. 542—546.

关系，这就是所谓的主观判断标准，根据此种标准，判断两个或者两个以上的合同之间是否存在相互依存性，不是看这些合同之间是否存在客观上、事实上的不可分割的联系，而是看合同当事人的共同意图、共同意志：如果合同当事人的共同意图、共同意志认定他们之间的不同合同存在前因后果、环环相扣的联系，它们之间就存在相互依存性，否则，它们之间不存在相互依存性。①

合同的主观相互依存性之所以被称为合同的明示相互依存性，是因为在合同群所包含的不同合同当中，合同当事人往往会规定不同合同之间的关系条款：这些关系条款或者会规定，他们之间的几个合同相互独立，一个合同的法律效力不会对另外一个合同产生影响，在考虑一个合同的效力时，他们无须考虑别的合同的效力。这些关系条款或者规定，在他们之间的几个合同当中，一个合同的无效、解除也会导致另外一个合同的无效、解除。在合同当事人规定了这些关系条款时，他们所规定的这些关系条款是否有效？如果他们之间的关系条款规定一个合同不受另外一个合同的影响，在他们之间的合同存在客观上的不可分割性时，法官是按照他们之间的共同意图判断一个合同的消失不会影响另外一个合同，另外一个合同仍然有效，还是适用合同的客观判断标准、认定其中的一个合同消失仍然会导致另外一个合同失效？②

对于此种问题，法国民法学者之间存在极大争议，不同的民法学者有不同的看法。总的来说，法国民法学者认为，根据合同自由原则，当事人之间所规定的这些关系条件应当是有效的，除非他们之间的关系条款与他们之间的共同意图、共同意志冲突。当然，合同的主观相互依存性未必一定建立在合同当事人所规定的明示关系条款的基础上，即便合同当事人没有在他们的合同当中规定不同合同之间的关系条款，在判断当事人之间的不同合同是否存在相互依存性时，法官仍然能够采取主观分析方法，这一点同一般的合同分析方法并没有实质性的差异：法官分析当事人的共同意图、共同意志，看一看他们在主观上是否有将不同的合同视为一个无法分割的有机整体的意图、意志，如果法官认定他们之间具有此种共同意图、意志，则认定他们之间的不同合同构成合同群。③

判断不同的合同之间是否存在相互依存性时，法国最高法院民一庭在 2010 年的 10 月 28 日的案件当中采取了主观判断标准而拒绝适用客观判断标准，在该案当中，法国最高法院认定，鉴于当事人有将他们之间的不同合同分割开来的共同意图、共同意志，因此，其中的一个合同的消灭不会引起另外一个合同的消灭。④ 在 2013 年 5 月 17 日的

---

① Philippe Malaurie, Laurent Aynès, Philippe Stoffel-Munck, Droit des obligations, 8e édition, L. G. D. J., 2016, pp. 464—467; Marjorie Brusorio Aillaud, Droit des obligations, 8e édition, bruylant, 2017, pp. 261—262; Virginie Larribau-Terneyre, Droit civil, Les Obligations, 15e édition, Dalloz, 2017, pp. 542—546.

② Philippe Malaurie, Laurent Aynès, Philippe Stoffel-Munck, Droit des obligations, 8e édition, L. G. D. J., 2016, pp. 464—467; Marjorie Brusorio Aillaud, Droit des obligations, 8e édition, bruylant, 2017, pp. 261—262; Virginie Larribau-Terneyre, Droit civil, Les Obligations, 15e édition, Dalloz, 2017, pp. 542—546.

③ Philippe Malaurie, Laurent Aynès, Philippe Stoffel-Munck, Droit des obligations, 8e édition, L. G. D. J., 2016, pp. 464—467; Marjorie Brusorio Aillaud, Droit des obligations, 8e édition, bruylant, 2017, pp. 261—262; Virginie Larribau-Terneyre, Droit civil, Les Obligations, 15e édition, Dalloz, 2017, pp. 542—546.

④ Cass. 1 re civ., 28 octobre 2010, Bull. civ. I, n°213.

案件当中，法国最高法院联合庭放弃了民一庭采取的主观判断标准而采取客观判断标准，它认为，只要不同的合同之间存在客观上的、事实上的相互依存性，即便合同当事人在他们的合同关系条款当中排除合同之间的相互依存性，其中的一个合同的消失也会引起另外一个合同的消失。因为它认为，当事人在其合同当中所规定的不存在相互依存性的关系条款被视为未规定。①

在2015年10月28日的案件当中，法国最高法院民一庭采取了联合庭在2013年的案件当中所采取的客观判断标准，它认为，即便合同当事人在他们的合同当中规定一个合同的效力不受另外一个合同效力的影响，但是，鉴于他们之间的合同的确存在相互依存性，因此，他们之间的此种关系条款应当被视为没有规定。② 总之，迄今为止，法国最高法院倾向于采取客观判断标准，即便当事人主观上愿意将他们之间的合同分割开来，如果他们之间的不同合同存在客观上的相互依存性，法官仍然会适用合同群的法律制度，让其中的一个合同的消失对另外一个合同产生失效的法律后果。③

四、合同群的理论根据

在合同群当中，为何一个合同的无效、被解除会导致另外一个或者几个合同的无效、解除或者失效？对此问题，民法学者和法官提出了各种各样的理由，包括附属合同理论、条件理论、原因理论和相互依存性理论。④ 关于相互依存性的理论，笔者已经在前面的内容当中做出了详尽的介绍，此处仅仅简要地介绍其他几个理论根据。

根据附属合同理论，虽然合同群是由两个甚至多个合同组成的，但是，这些合同之间存在主次之分，其中的一个合同是主要合同，而另外一个则是次要合同，如果主要合同无效、被解除，根据“附随主”（accessorium sequitur principale, l’accessoire suit le principal）的法律规范、民法格言，次要合同也因此失效。例如，劳动合同被解除，会引起劳动者所签订的住所租赁合同的失效，因为劳动合同属于主要合同，而劳动者的住所租赁合同则是次要合同。

根据条件理论，虽然合同群是由不同的合同组成的，但是，这些合同之间的地位并不相同，其中的一个合同可能是当事人缔结或者履行另外一个合同的条件。如果其中作为条件的合同因为某种原因而无效、被解除，则以该条件作为基础的合同也因此失效。例如，当事人之间的不动产买卖合同以借贷合同作为条件，如果借贷合同无效、被解除，则买卖合同也因此失效。

根据原因理论，虽然合同群是由不同的合同组成的，但是，不同的合同之间存在因

---

① Cass. ch. mixte, 17 mai 2013, Bull. ch. mixte, n°1.

② Cass. 1 re civ, 28 octobre 2015.

③ Rémy Cabrillac, Droit des obligations, 12e édition, Dalloz, 2016, p. 141; Marjorie Brusorio Aillaud, Droit des obligations, 8e édition, bruylant, 2017, p. 261; Virginie Larribau-Terneyre, Droit civil, Les Obligations, 15e édition, Dalloz, 2017, pp. 542—546.

④ Rémy Cabrillac, Droit des obligations, 12e édition, Dalloz, 2016, pp. 141—142; Marjorie Brusorio Aillaud, Droit des obligations, 8e édition, bruylant, 2017, p. 262; Virginie Larribau-Terneyre, Droit civil, Les Obligations, 15e édition, Dalloz, 2017, p. 543.

果关系，其中的一个合同可能是另外一个合同的原因，而另外一个合同则是结果。当作为原因的合同无效、被解除时，作为结果的合同也因此失效。例如，出卖人将自己的财产出卖给一家融资租赁公司，为了购买该财产，融资租赁公司与承租人签订融资租赁合同，将所购买的财产出租给承租人；如果买卖合同因为某种原因无效、被解除，则融资租赁合同也因此失效。

合同债务的不履行

第十章　合同的不履行（上）：减价、债务不履行的抗辩和强制继续履行债务

第一节　合同不履行的法律制裁措施

一、合同不履行的法律制裁措施的界定

原则上，合同当事人签订合同的目的是让合同所规定的债务得以履行，如果合同债务人不履行合同所规定的债务，则当事人缔结合同的目的就会落空。合同债务人应当履行合同所规定的债务，这既是合同当事人签订合同的目的，也是合同具有约束力的体现，因为合同的约束力是指合同对债务人产生要求其履行合同所规定的债务的效力。事实上，一旦合同当事人缔结了合同，则合同的一方当事人就享有要求对方当事人按照合同的规定履行自己债务的权利，这就是合同债权人享有的合同性债权。如果合同债务人不履行合同所规定的债务，除了有权要求法官责令合同债务人对自己承担损害赔偿责任之外，合同债权人还有权要求法官强制债务人继续履行所承担的债务或者解除他们与合同债务人之间的合同等。

在债务人不履行债务的情况下，基于债权人的请求，法官责令债务人承担损害赔偿责任、责令债务人继续履行债务或者责令解除当事人之间的合同等措施被称为合同不履行的法律制裁措施（les sanctions de l'inexécution du contrat）。所谓合同不履行的法律制裁措施，是指在合同债务人不履行债务时，法官能够对合同债务人所施加的惩罚措施。在债务人不履行合同所规定的债务时，基于债权人的请求，法官有权根据不履行债务的具体情况分别对他们实施不同的惩罚措施，以便制裁他们不尊重自己允诺的行为。

合同不履行的法律制裁理论属于根深蒂固的法国合同法的理论，因为在1804年的《法国民法典》当中，法国立法者就规定了此种制度。法国合同法所采取的此种理论与英美法系国家的合同法采取的合同不履行的法律救济措施（les remèdes à l'inexécution du contrat）制度形成明显的差异。所谓合同不履行的法律救济措施，是指在合同债务人不履行合同所规定的债务时，基于债权人的请求，法官能够对合同债权人所采取的法律保护措施。因此，合同不履行的法律制裁措施与合同不履行的法律救济措施之间具有共同点：它们均以合同债务人不履行债务的行为作为前提。它们之间的最主要差异是，法律制裁措施是站在合同债务人的立场：在债务人不履行债务时，它们应当遭受什么样的法律制裁；而法律救济措施则是站在债权人的立场：在债务人不履行债务时，债权人应当获得什么样的法律保护，债权人应当获得哪些法律救济权。

在2016年2月10日的债法改革法令生效之前，法国某些民法学者提出建议，认为应当放弃法国合同法当中的合同不履行的法律制裁制度，而改采英美法系国家合同法当

中的合同不履行的法律救济制度。[①] 虽然2016年之前的某些债法改革草案的确响应了这些民法学者的号召，放弃了合同不履行的法律制裁理论而采用了合同不履行的法律救济理论，但是，可能是担心法国合同法的改革过分受到英美法系国家合同法的影响，在2016年2月10日的债法改革法令当中，法国政府还是固守法国合同法的传统做法，继续采用合同不履行的法律制裁理论，没有采用合同不履行的法律救济理论。这就是现行《法国民法典》所规定的合同不履行的法律制裁制度。[②]

二、1804年的《法国民法典》对合同不履行的法律制裁制度做出的不完全规定

虽然1804年的《法国民法典》对合同的不履行所遭受的法律制裁做出了规定，但是，除了规定分散、欠缺系统性和体系性之外，它所规定的法律制裁形式有限。根据1804年的《法国民法典》第1184条的规定，在合同债务人不履行所承担的合同债务时，他们遭受的法律制裁措施有三：其一，损害赔偿；其二，强制债务人继续履行；其三，责令解除当事人之间的合同。[③]

在这三种不同的法律制裁措施当中，1804年的《法国民法典》仅仅对其中的一种法律制裁措施即损害赔偿做出了详尽的规定，这就是1804年的《法国民法典》当中的第1142条至第1155条，它们所规定的损害赔偿被视为违约责任的法律制裁方式，对于其他两种法律制裁措施即强制债务人继续履行债务和强制解除当事人之间的合同，1804年的《法国民法典》没有做出详尽的规定。因此，在债务人不履行合同所规定的债务时，他们可能遭受的其他法律制裁措施，1804年的《法国民法典》没有做出任何规定，包括：合同当事人之间的协议解除合同，减价，以及债务不履行的抗辩等。[④]

1804年的《法国民法典》关于合同不履行时所遭受的法律制裁一直从1804年保留到2016年，直到2016年2月10日的债法改革法令实行之时为止。在长达200多年的时间内，基于《法国民法典》旧的第1184条的字面含义，并且考虑到双务合同的结果，民法学说习惯于区分两种不同的法律制裁：其一，适用于所有合同的法律制裁，这些法律制裁包括：强制债务人继续履行债务，责令不履行债务的债务人赔偿债权人遭受的损害。其二，双务合同所特有的法律制裁，因为双务合同的当事人之间存在债务的相互性和依赖性。因此，一方当事人债务的不履行对另外一方当事人产生了影响，在一方当事人不履行所承担的债务时，另外一方当事人能够采取某些特有的法律制裁措施，包括：或者拒绝履行自己对对方承担的债务，这就是债务不履行的抗辩；或者终止自己与对方

---

① N. Ancel, Le juge et les remèdes à l'inexécution du contrat, RDC 2016/2, p. 408; M. Mekki, Le juge et les remèdes à l'inexécution du contrat, RDC 2016/2, p. 400.

② François Terré, Philippe Simler, Yves Lequette, François Chénedé, Droit civil, Les Obligations, 12e édition, Dalloz, 2018, p. 808.

③ Article 1184, https://fr. wikisource. org/wiki/Code_civil_des_Français_1804/Livre_Ⅲ, _Titre_Ⅲ

④ Dimitri Houtcieff, Droit Des Contrats, Larcier, 2e édition, 2016, pp. 483—485; Philippe Malaurie, Laurent Aynès, Philippe Stoffel-Munck, Droit des obligations, 8e édition, L. G. D. J., 2016, pp. 491—492; Virginie Larribau-Terneyre, Droit civil, Les Obligations, 15e édition, Dalloz, 2017, pp. 569—571; François Terré, Philippe Simler, Yves Lequette, François Chénedé, Droit civil, Les Obligations, 12e édition, Dalloz, 2018, pp. 807—809.

当事人之间的合同，这就是合同的解除。不过，法官并没有完全采纳民法学者的这些民法学说，因为他们将不履行债务的抗辩和合同的解除也适用于双务合同之外的其他合同，诸如某些有偿的单务合同和合同群。[①]

三、2016 年的债法改革法令对合同不履行的法律制裁做出的创新规定

考虑到法官在过去长达 200 多年所采取的习惯性做法，为了满足合同当事人之间新的需要，法国政府在 2016 年 2 月 10 日的债法改革法令当中对债务的不履行制度进行了全面性的、系统性的改革和完善，这就是现行《法国民法典》第三卷第三编第一分编第四章第五节所规定的“合同不履行”，由新的第 1217 条至新的第 1231 – 7 条所规定。除了其中的新的第 1217 条对债务人不履行债务时债权人能够采取的五种法律制裁措施做出了一般性的列举和新的 1218 条对不可抗力做出了规定之外，第五节共分为五分节：第一分节为对债务不履行的抗辩做出了规定，第二分节对强制代物履行做出了规定，第三分节对减价做出了规定，第四分节对合同解除做出了规定，第五分节对不履行合同债务所引起的损害赔偿做出了规定。[②]

总的来说，除了将之前的法律制裁措施整合在其中之外，现行《法国民法典》新的第 1217 条至新的第 1231 – 7 条还具有实质性的创新：对债务不履行的抗辩做出了规范和调整，对强制履行债务做出了规定，对合同的三种解除方式即司法解除、约定解除和单方面解除做出了规定。现行《法国民法典》新的第 1217 条对债务人不履行合同时合同债权人能够主张的五种法律制裁措施做出了说明，该条规定：在一方当事人对另外一方当事人承担债务的情况下，如果一方当事人没有履行自己的债务，或者虽然履行但是履行得不完全，另外一方当事人能够：拒绝履行或者延期履行自己的债务，要求法官责令债务人强制代物履行债务，获得减价，主张解除合同，要求赔偿不履行债务引起的后果。在能够兼容的情况下，这些法律制裁措施能够同时适用并且总是附加损害赔偿。[③] 所谓要求赔偿不履行债务引起的后果实际上就是债务人承担的合同责任。关于合同不履行所产生的合同责任，笔者将在下面的内容当中做出详细的讨论，此处从略。

根据《法国民法典》新的第 1217 条的规定，如果合同债务人不履行合同所规定的债务，则他们可能会遭受五种不同的法律制裁措施，在能够兼容的情况下，这些法律制裁措施能够同时适用。一方面，损害赔偿责任即合同责任能够与其他四种法律制裁措施当中的任何一种同时适用，因为它能够与其他四种法律制裁措施兼容，换言之，无论是在主张合同不履行的抗辩、减价、责令债务人继续履行债务还是在主张合同解除时，债权人均能够主张损害赔偿请求权，要求法官责令债务人承担损害赔偿责任。另一方面，在这五种不同的法律制裁措施之间，强制继续履行债务的法律制裁措施与合同解除的法

---

① François Terré, Philippe Simler, Yves Lequette, François Chénedé, Droit civil, Les Obligations, 12e édition, Dalloz, 2018, pp. 807—808.

② Articles 1217 à 1231-7, Code civil, Version en vigueur au 13 janvier 2021, https://www.legifrance.gouv.fr/codes/section_lc/LEGITEXT000006070721/LEGISCTA000006150254/#LEGISCTA000032041441.

③ Article 1217, Code civil, Version en vigueur au 13 janvier 2021, https://www.legifrance.gouv.fr/codes/section_lc/LEGITEXT000006070721/LEGISCTA000006150254/#LEGISCTA000032041441.

律制裁措施之间不能够同时适用，因为它们之间是不兼容的：强制继续履行债务就意味着合同不能够被解除，反之亦然，强制解除合同就意味着合同不能够继续履行。

第二节 债务不完全履行时的减价

根据《法国民法典》新的第1217条的规定，在债务人不履行合同所规定的债务时，债权人能够采取的第一种法律制裁措施是，单方面或者通过法官做出减价的决定，以便让债务人的债务履行与债权人支付的价款之间成比例性。《法国民法典》新的第1223对此种法律制裁措施做出了具体说明。除了《法国民法典》对此种法律制裁措施做出了规定之外，2016年以来的法国民法学者也普遍对此种法律制裁措施做出了说明。[①]

一、减价的界定

所谓减价（la réduction du prix），是指在债务人不完全履行自己对债权人承担的债务时，债权人所享有的单方面减少合同所规定的产品或者服务价格的权利。因此，如果买卖合同规定买受人应当支付1000欧元给出卖人，在出卖人交付的出卖物存在瑕疵的情况下，买受人单方面决定支付900欧元给出卖人，买受人所享有的单方面将合同规定的1000欧元降到900欧元的权利就属于债权人享有的减价权。同样，如果租赁合同规定，承租人每月应当支付1500欧元的租金给出租人，在出租人对出租屋进行维修期间，如果承租人半个月无法居住，则他们有权单方面将租赁合同所约定的1500欧元的租金减到750欧元，承租人所享有的单方面将本月的租金从1500欧元降到750欧元的权利就是减价权。

二、债务不完全履行时债权人减价权的历史

在债务人不完全履行债务时，债权人有权在维持合同的前提下单方面决定减少合同所规定的价格的做法源自1804年的《法国民法典》。在1804年的《法国民法典》当中，法国立法者在某些具体合同、特殊合同当中规定了债务人不履行合同时债权人所享有的减价权，包括在买卖合同和委托合同当中。[②]

在1804年的《法国民法典》当中，法国立法者对委托合同当中委托人享有的减价权做出了规定，这就是第1999（2）条，根据该条的规定，如果受委托人在处理委托事

---

① Dimitri Houtcieff, Droit Des Contrats, Larcier, 2e édition, 2016, pp. 491—492; Muriel Fabre-Magnan, Droit des obligations, Tome 1, Contrat et engagement unilatéral, 4e édition, puf, 2016, pp. 734—735; Philippe Malaurie, Laurent Aynès, Philippe Stoffel-Munck, Droit des obligations, 8e édition, L. G. D. J., 2016, pp. 503—504; Marjorie Brusorio Aillaud, Droit des obligations, 8e édition, bruylant, 2017, pp. 270—271; Virginie Larribau-Terneyre, Droit civil, Les Obligations, 15e édition, Dalloz, 2017, pp. 575—577; François Terré, Philippe Simler, Yves Lequette, François Chénedé, Droit civil, Les Obligations, 12e édition, Dalloz, 2018, pp. 840—851.

② François Terré, Philippe Simler, Yves Lequette, François Chénedé, Droit civil, Les Obligations, 12e édition, Dalloz, 2018, p. 841.

务时存在过错，在支付委托合同所规定的费用给受委托人时，委托人有权减少合同所规定的费用。[①] 在1804年的《法国民法典》当中，法国立法者用了两个法律条款对买卖合同当中的减价权做出了规定，这就是第1617条和第1644条。

1804年的《法国民法典》第1617条规定，如果出卖人与买受人之间的不动产买卖合同规定，出卖人是按照合同规定的不动产面积（la contenance）交付不动产给买受人，在出卖人交付的不动产面积小于合同规定的面积时，出卖人应当按比例降低价格。[②] 1804年的《法国民法典》第1644条规定，在出卖人将存在隐蔽瑕疵（vices cachés）的出卖物交付给买受人时，如果买受人愿意保留出卖物，他们有权要求出卖人返还一部分价款给自己。[③]

这些特殊合同所规定的减价权一直从1804年保留到现在，换言之，第1617条、第1644条和1999条所规定的三种特殊情形的减价权仍然被现行《法国民法典》所规定。在2016年之前，除了《法国民法典》第1617条、第1644条和第1999条对买卖合同和委托合同当中的减价权做出了规定之外，法国立法者也在其他制定法当中对某些特殊合同当中的减价权做出了规定，例如，在《法国消费法典》第L.217-10条当中，法国立法者规定了消费者所享有的减价权，根据该条的规定：如果出卖人交付的财产与合同规定的财产不一致，在消费者选择保留财产的情况下，他们享有要求专业人士减价的权利。[④]

在2016年之前，法国最高法院严格贯彻《法国民法典》所规定的限制减价权适用范围的精神，除了在《法国民法典》所规定的上述几种例外情形当中适用减价权之外，它拒绝将减价权的适用一般化、普遍化，在债务人不完全履行债务时，如果立法者没有具体规定债权人享有减价权，它不会承认债权人享有的减价权。相反，它会解除当事人之间的合同并因此责令债务人对债权人承担损害赔偿责任，其中的赔偿范围包括赔偿债权人所支付的价格。2016年之前，某些民法学者在自己起草的合同法改革草案当中借鉴《联合国国际货物销售公约》第50条和《欧洲合同法原则》第9：401条的经验，在制定法所规定的具体情形之外，他们试图建立一般性的、普遍性的减价权理论。[⑤]

法国民法学者的此种做法被法国政府所采纳，在2016年2月10日的债法改革法令当中，它将减价权作为一般性的法律制裁措施规定在《法国民法典》当中，这就是新的第1223条，该条规定：在给付不完全履行的情形，在对债务人做出催告之后，并且如果债权人还没有全部或者部分支付债务人的给付价款，债权人能够将自己做出的按照比例减少价格的决定尽快通知债务人。债务人应当以书面形式接受债权人做出的减价决

---

① Article 1999, https://fr.wikisource.org/wiki/Code_civil_des_Français_1804/Livre_Ⅲ, _Titre_XⅢ.

② Article 1617, https://fr.wikisource.org/wiki/Code_civil_des_Français_1804/Livre_Ⅲ, _Titre_Ⅵ.

③ Article 1644, https://fr.wikisource.org/wiki/Code_civil_des_Français_1804/Livre_Ⅲ, _Titre_Ⅵ.

④ Article L217-10, Code de la consommation, Version en vigueur au 17 janvier 2021, https://www.legifrance.gouv.fr/codes/section_lc/LEGITEXT000006069565/LEGISCTA000032221271?etatTexte=VIGUEUR&etatTexte=VIGUEUR_DIFF#LEGISCTA000032226943.

⑤ François Terré, Philippe Simler, Yves Lequette, François Chénedé, Droit civil, Les Obligations, 12e édition, Dalloz, 2018, pp. 841—842.

定。如果债权人已经将全部价款支付给了债务人，在当事人之间无法达成减价的意思表示合意时，债权人有权要求法官做出减价的判决。[①]

在《法国民法典》新的第1217条所规定的五种法律制裁措施当中，减价被视为“最重要的”一种创新，根据2016年法国总统提交的报告，作为一种法律制裁措施，减价是介于债务不履行的抗辩和合同解除之间的一种法律制裁措施，因为在债务人不完全履行债务的情况下，此种法律制裁措施赋予合同债权人一种新的选择：在既不主张债务不履行的抗辩也不寻求合同被解除的情况下，债权人享有不需要借助于法官就能够要求债务人接受其做出的减价决定的权利。[②]

三、减价实行的条件

根据《法国民法典》新的第1223条的规定，如果合同债权人要主张该条所规定的单方面减价权，他们应当同时具备三个条件：债务人实施了不完全的债务履行行为，预先催告，要求债务人完全履行所承担的债务，将自己单方面减价的决定通知债务人。在这三个条件当中，第一个条件属于减价的实质性条件，而第二个和第三个条件则属于减价的程序性条件。[③]

（一）债务人存在不完全履行债务的行为

如果债权人要单方面行使减价权，他们应当具备的第一个条件是，债务人实施了不完全履行债务的行为（exécution imparfaite），因为减价权是以债务的不完全履行作为前提的。所谓债务的不完全履行，也称为给付的不完全履行，是指债务人没有全部履行合同所规定的所有债务、所有给付行为。换言之，所谓债务的不完全履行，是指债务人仅仅履行了合同所规定的部分债务，其他部分的债务没有履行。债务的不完全履行相对于债务的完全履行。所谓债务的完全履行（exécution parfaite），也称为给付的完全履行，是指合同债务人履行了合同所规定的所有债务。

同《法国民法典》新的第1219条所规定的不履行合同的抗辩和新的第1224条所规定的合同解除相比，新的第1223条并没有要求债务人不履行债务的行为“足够严重”，而新的第1219条和新的第1224条则不同，它们规定，仅仅在债务人不履行债务的行为足够严重时，债权人才能够主张不履行债务的抗辩和合同解除，关于这一点，笔者将在下面的内容当中做出详细的讨论，此处从略。事实上，只要债务人在客观上没有履行合同所规定的每一部分债务，即便这一部分债务微不足道，债权人均能够行使该条所规定

① Article 1223, Code civil, Version en vigueur au 13 janvier 2021, https://www.legifrance.gouv.fr/codes/section_lc/LEGITEXT000006070721/LEGISCTA000006150254/#LEGISCTA000032041441.

② Virginie Larribau-Terneyre, Droit civil, Les Obligations, 15e édition, Dalloz, 2017, pp. 577—578; François Terré, Philippe Simler, Yves Lequette, François Chénedé, Droit civil, Les Obligations, 12e édition, Dalloz, 2018, pp. 840—841.

③ Virginie Larribau-Terneyre, Droit civil, Les Obligations, 15e édition, Dalloz, 2017, pp. 576—577; François Terré, Philippe Simler, Yves Lequette, François Chénedé, Droit civil, Les Obligations, 12e édition, Dalloz, 2018, pp. 842—843.

的减价权。因此，如果债务人交付的货物数量不足，债权人有权主张减价权。如果债务人交付的货物质量不符合合同的规定，债权人也有权主张减价权。

（二）预先催告

如果债权人要单方面行使减价权，他们应当具备的第二个条件是，预先催告债务人，督促他们将没有履行完毕的部分债务履行完毕。在接到债权人的催告之后，如果债务人承认自己的错误并且及时采取了补救措施，履行了部分没有履行的债务并因此让自己的债务履行从不完全转变为完全，则债权人无须再采取减价的法律制裁措施。仅仅在对债务人进行了此种催告之后，债务人仍然无动于衷，没有采取措施将剩余部分的债务履行完毕，债权人才能够单方面行使减价权。

（三）将单方面的减价决定及时通知债务人

在债权人将价款全部或者部分支付给债务人之前，如果债权人要单方面行使减价权，他们应当具备的第三个条件是，当他们做出了单方面减价的决定时，他们应当将自己做出的减价决定及时（dans les meilleurs délais）通知（notifier）债务人。减价决定是债权人单方面做出的，它是债权人单方面享有的一种权利，在行使此种权利时，他们无需获得债务人的同意，也无须获得法官的授权，因为减价权是一种非诉讼形式的法律救济权。

四、减价权的具体实行和减价的法律效果

根据《法国民法典》新的第1223条的规定，减价权的具体实行根据两种不同的情形确定：其一，债权人没有将价款全部或者部分支付给债务人；其二，债权人已经将全部价款支付给了债务人。[①]

根据第一种情形，如果债权人还没有将价款全部或者部分支付给债务人，在债务人还存在没有履行的部分债务时，债权人既不需要与债务人协商减价，也不需要求助于法官判决减价，他们可以单方面做出减价的决定，也就是，债权人单方面做出保留部分款项的决定。一旦他们单方面做出了减价的决定，他们仅需要及时将自己的决定通知债务人即可。如果债务人同意债权人的减价决定，他们的同意应当采取书面形式，在债务人书面同意的范围内，债权人支付价款。如果他们不同意债权人单方面的减价决定，他们应当向法院起诉，要求法官决定是否和在什么范围内减价。此时，债权人应当承担举证责任，不仅要证明债务人没有完全履行自己的债务，而且还要证明，他们的减价是与债务人的履行行为成比例性的。

---

① Dimitri Houtcieff, Droit Des Contrats, Larcier, 2e édition, 2016, pp. 491—492; Muriel Fabre-Magnan, Droit des obligations, Tome 1, Contrat et engagement unilatéral, 4e édition, puf, 2016, pp. 734—735; Philippe Malaurie, Laurent Aynès, Philippe Stoffel-Munck, Droit des obligations, 8e édition, L. G. D. J. , 2016, pp. 503—504; Marjorie Brusorio Aillaud, Droit des obligations, 8e édition, bruylant, 2017, pp. 270—271; Virginie Larribau-Terneyre, Droit civil, Les Obligations, 15e édition, Dalloz, 2017, p. 577; François Terré, Philippe Simler, Yves Lequette, François Chénedé, Droit civil, Les Obligations, 12e édition, Dalloz, 2018, pp. 843—849.

根据第二种情形，如果债权人已经将全部价款支付给了债务人，在债权人主张减价权时，他们应当首先与债务人协商减价的范围和幅度。如果双方达成了减价协议，则在减价的范围和幅度内，债务人将多收取的价款返还给债权人。如果双方无法协商或者协商不成，则债权人有权向法院起诉，要求法官做出减价判决。是否做出减价的决定，完全由法官予以确定。一旦法官做出减价的判决，则债务人应当将多收取的价款返还债权人。

无论是债权人单方面做出的减价决定，还是法官基于债务人或者债权人的诉讼请求所做出的减价决定，均应当符合《法国民法典》新的第1223条所规定的“按比例减价”（réduction proportionnelle du prix）要求。所谓按照比例减价，是指应当根据债务人没有履行的债务部分的价值尤其是其不履行债务的严重程度决定债权人应当减少的价款幅度或者范围：首先确定债务人没有履行的债务是什么，之后再确定没有履行的债务的价值是多少，最后将合同规定的债权人应当支付的价款总额减除没有履行的债务的价值。

第三节 债务不履行的抗辩

根据《法国民法典》新的第1217条的规定，在债务人不履行合同所规定的债务时，债权人能够采取的第二种法律制裁措施是，拒绝或者延迟自己债务的履行，这就是债权人所享有的合同不履行或者债务不履行的抗辩权。《法国民法典》新的1219条至新的1220条对此种法律制裁措施做出了具体说明。除了《法国民法典》对此种法律制裁措施做出了规定之外，2016年以来的法国民法学者也普遍对此种法律制裁措施做出了说明。[①]

一、债务不履行抗辩的界定

除非当事人之间的合同另有不同的约定，否则，合同当事人所允诺的给付应当同时履行，[②] 一方当事人既不承担早于另外一方当事人先履行自己给付的债务，也不承担晚于另外一方当事人后履行自己给付的债务。因此，除非互易合同的当事人另有不同的约定，否则，两个相反的互易人均应当同时将自己的互易物交付给对方，在没有将自己的互易物交付对方之前，任何一个互易人均不能够要求对方交付互易物给自己。如果一个

---

① Dimitri Houtcieff, Droit Des Contrats, Larcier, 2e édition, 2016, pp. 485—491; Muriel Fabre-Magnan, Droit des obligations, Tome 1, Contrat et engagement unilatéral, 4e édition, puf, 2016, pp. 722—725; Philippe Malaurie, Laurent Aynès, Philippe Stoffel-Munck, Droit des obligations, 8e édition, L. G. D. J., 2016, p. 493; Rémy Cabrillac, Droit des obligations, 12e édition, Dalloz, 2016, pp. 174—177; Marjorie Brusorio Aillaud, Droit des obligations, 8e édition, bruylant, 2017, pp. 266—268; Virginie Larribau-Terneyre, Droit civil, Les Obligations, 15e édition, Dalloz, 2017, pp. 572—574; François Terré, Philippe Simler, Yves Lequette, François Chénedé, Droit civil, Les Obligations, 12e édition, Dalloz, 2018, pp. 822—833.

② François Terré, Philippe Simler, Yves Lequette, François Chénedé, Droit civil, Les Obligations, 12e édition, Dalloz, 2018, p. 808.

互易人将互易物交付对方当事人之前要求另外一个互易人交付互易物给自己，对方当事人有权以其没有履行自己所承担的交付债务作为自己拒绝履行债务的正当理由，这就是互易合同当中当事人所享有的债务不履行的抗辩权。

同样，除非买卖合同的当事人另有不同的约定，否则，买受人在支付价款的同时应当获得出卖人所交付的出卖物，反之亦然，出卖人在交付出卖物的同时应当获得买受人支付的价款。在将价款支付给出卖人之前，买受人不得要求出卖人将自己的出卖物交付自己，反之亦然，在将自己的出卖物交付对方之前，出卖人不能够要求买受人对自己支付价款。如果出卖人在交付出卖物给买受人之前要求买受人履行支付价款的债务，买受人有权以出卖人没有履行自己所承担的交付出卖物的债务作为抗辩并因此拒绝履行自己的债务，反之亦然，如果买受人支付价款之前要求出卖人交付出卖物给自己，出卖人有权以买受人没有履行自己所承担的支付价款的债务作为拒绝履行自己债务的抗辩，这就是买卖合同当事人所享有的债务不履行的抗辩权。

所谓债务不履行的抗辩（l’exception d’inexécution du contrat），也称为有来有往（donnant donnant）的抗辩、一手交钱一手交货（trait pour trait）的抗辩，是指双务合同当中的任何一方当事人所享有的在对方当事人不履行自己的债务并且其不履行债务的行为足够严重的情况下拒绝履行自己债务的权利。换言之，所谓债务不履行的抗辩，是指在双务合同当中，任何一方当事人所享有的在对方当事人没有履行自己的给付债务时拒绝履行自己给付债务的权利。[①] 现行《法国民法典》新的第1219条对债务不履行的抗辩做出了界定，该条规定：如果合同的对方当事人没有履行自己的债务，并且如果其不履行债务的行为足够严重，则合同的一方当事人能够拒绝履行自己的债务，即便自己所承担的债务是可以立即要求履行的，亦是如此。[②]

债务不履行的抗辩是一种有效抗辩，因为一方面，它对债权人提供了担保：在债权人获得债务人的给付利益之前，他们不必冒险将自己的给付利益付给债务人。另一方面，它是债权人对债务人施加压力的一种手段：如果债务人想要获得债权人的给付利益，则他们应当首先或者同时让债权人获得他们的给付利益。不过，债务不履行的抗辩仅仅是一种临时的手段，虽然债权人能够拒绝履行自己的债务，但是，他们不能够无期限地拒绝履行自己的债务：如果债务人履行了自己的债务，则他们就必须履行自己的债务，因此，他们只能够暂时拒绝履行自己的债务。债务不履行的抗辩是一种私人正义（justice privée）。因为债务人在无须获得法官同意的情况下就能够拒绝履行自己的债务，如果债权人仍然被责令对债务人履行自己的债务，则对债权人而言是不公平的。[③]

---

① Philippe Malaurie, Laurent Aynès, Philippe Stoffel-Munck, Droit des obligations, 8e édition, L. G. D. J., 2016, p. 693; François Terré, Philippe Simler, Yves Lequette, François Chénedé, Droit civil, Les Obligations, 12e édition, Dalloz, 2018, p. 822.

② Article 1219, Code civil, Version en vigueur au 13 janvier 2021, https://www.legifrance.gouv.fr/codes/section_lc/LEGITEXT000006070721/LEGISCTA000006150254/#LEGISCTA000032041441.

③ Philippe Malaurie, Laurent Aynès, Philippe Stoffel-Munck, Droit des obligations, 8e édition, L. G. D. J., 2016, p. 493.

二、债务不履行抗辩的历史发展

债务不履行的抗辩历史悠久。在罗马法时期，民法当中是否存在“债务不履行的抗辩”，民法学者之间存在不同的看法，某些民法学者认为，罗马法当中没有这一制度，即便这一制度以拉丁文的形式存在（exceptio non adimpleti contractus）。而另外一些民法学者则认为，罗马法当中存在这一制度，虽然罗马法没有将其系统化。无论民法学者对待罗马法的态度如何，他们均认为，中世纪的教会法不仅承认这一制度，而且还将其系统化，认为该种抗辩制度在双务合同当中适用，这就是教会法当中的法律格言：人们无需对不信守自己诺言的人信守自己的诺言“non servanti fidem non est fides servanda”，根据这一法律格言，如果一方当事人不对另外一方当事人履行自己的口头诺言，则另外一方当事人也无需对其履行自己的口头诺言。此外，公元 13 世纪至 15 世纪，意大利的后注释法学派也在双务合同当中承认这一制度。[①]

在 18 世纪，被誉为《法国民法典》之父的 Pothier 在自己的《委托合同》当中对此种规则做出了说明，他指出：“在双务合同或者准双务合同当中，如果一方当事人不履行自身的债务，则他们无权要求对方当事人履行其债务。”[②] 虽然 Pothier 对 1804 年的《法国民法典》影响巨大，但是，他的此种理论没有被法国立法者所采纳，因为在 1804 年的《法国民法典》当中，法国立法者仅仅在某些合同当中对此种抗辩做出了规定，例如，在买卖合同当中和互易合同当中：1804 年的《法国民法典》第 1651 条、第 1612 条对买卖合同当中债务不履行的抗辩做出了一般规定，第 1704 条对互易合同当中债务不履行的抗辩做出了规定。他们没有在这些具体条款的基础上建立债务不履行抗辩的一般规定、一般规则。[③]

1804 年的《法国民法典》对待债务不履行抗辩的态度与 19 世纪末期和 20 世纪初期的《德国民法典》和《瑞士民法典》形成强烈对比，因为这两个民法典均对此种抗辩制度做出了一般规定，这就是 1896 年《德国民法典》当中的第 320（1）条和 1907 年的《瑞士民法典》当中的第 82 条。[④] 在 19 世纪末期之前，法官固守 1804 年的《法国民法典》的做法，除了在民法典所规定的具体情形适用这一抗辩制度之外，他们基本上不会在法律条款规定之外适用这一制度，因为他们认为，在欠缺一般性规定的情况下，他们不可能允许当事人主张这一抗辩制度。[⑤]

不过，到了 19 世纪末期和 20 世纪初期，法国民法学者和法官开始放弃此种保守态度，并因此让此种抗辩制度从仅仅适用于具体合同的制度开始走向适用于所有双务合同

---

① Dimitri Houtcieff, Droit Des Contrats, Larcier, 2e édition, 2016, pp. 485—486; François Terré, Philippe Simler, Yves Lequette, François Chénedé, Droit civil, Les Obligations, 12e édition, Dalloz, 2018, pp. 823—824.

② Dimitri Houtcieff, Droit Des Contrats, Larcier, 2e édition, 2016, p. 486.

③ Dimitri Houtcieff, Droit Des Contrats, Larcier, 2e édition, 2016, p. 485; François Terré, Philippe Simler, Yves Lequette, François Chénedé, Droit civil, Les Obligations, 12e édition, Dalloz, 2018, p. 823.

④ François Terré, Philippe Simler, Yves Lequette, François Chénedé, Droit civil, Les Obligations, 12e édition, Dalloz, 2018, p. 823.

⑤ François Terré, Philippe Simler, Yves Lequette, François Chénedé, Droit civil, Les Obligations, 12e édition, Dalloz, 2018, p. 824.

的制度。

1914年，R. Cassin出版了自己在债务不履行抗辩方面的博士学位论文《在双务合同关系当中不履行抗辩以及它与留置权、抵消和解除之间的关系》，在该论文当中，他对一般意义上的债务不履行抗辩做出了系统研究并因此让一般意义上的债务不履行抗辩在法国民法当中得到确立。受到该文的影响，从19世纪末期和20世纪初期开始，法官开始在《法国民法典》具体规定的情形之外适用这一抗辩制度并因此建立起一般意义上的债务不履行抗辩制度。[①]

在民法学者和法官普遍承认一般意义上的债务不履行抗辩制度的情况下，法国政府通过2016年2月10日的债法改革法令最终建立了具有普遍适用性的债务不履行的抗辩制度，这就是现行《法国民法典》当中新的第1219条和新的第1220条，已如前述。

三、债务不履行抗辩的适用范围

无论《法国民法典》是否对一般性质的债务不履行抗辩制度做出规定，法国民法学者和法官均认为，作为一种一般性的抗辩制度，债务不履行的抗辩适用范围广泛，因为除了适用于双务合同之外，该种抗辩制度还适用于其他存在相互债务的债当中。[②]

首先，它在所有的双务合同当中均适用。在所有的双务合同当中，一方当事人的给付行为是另外一方当事人给付行为的对等物，如果其中的一方当事人不履行自己的给付债务，则对方当事人有权拒绝履行自己的给付债务。因此，如果出卖人拒绝交付出卖物，则买受人有权拒绝交付价款。

其次，它在不完全的双务合同当中适用。如果保管人因为保管被保管人的财产而支出了必要的合理的费用，则被保管人应当将此种保管费支付给保管人，在被保管人拒绝支付保管费的情况下，保管人有权拒绝返还保管物。

再次，它在合同无效、合同被解除之后所承担的相互返还责任当中适用。如果合同当事人之间的合同在性质上属于双务合同，在他们之间的双务合同得到全部履行或者部分履行的情况下，如果他们之间的合同被宣告无效或者被解除，则任何一方当事人均应当将自己依据无效合同或者被解除的合同所获得的利益返还对方。在一方当事人不返还的情况下，对方当事人有权以债务不履行的抗辩制度对其抗辩并因此拒绝对对方当事人予以返还。因此，如果当事人之间的买卖合同被宣告无效，则出卖人应当将买受人支付的价款返还买受人，而买受人则应当将出卖人交付的出卖物返还出卖人，如果出卖人拒绝返还价款，则买受人有权拒绝返还出卖物。

最后，它在作为准合同的无因管理当中适用。在无因管理制度当中，如果一方当事人即管理人对另外一方当事人即被管理人的事务实施了某种无因管理行为，在管理人因

---

① René Cassin, De l'exception tirée de l'inexécution dans les rapports synallagmatiques (exception non adimpleti contractus) et de ses relations avec le droit de rétention, la compensation et la resolution, Paris, Sirey 1914; Dimitri Houtcieff, Droit Des Contrats, Larcier, 2e édition, 2016, p. 486.

② Dimitri Houtcieff, Droit Des Contrats, Larcier, 2e édition, 2016, pp. 488—489; Philippe Malaurie, Laurent Aynès, Philippe Stoffel-Munck, Droit des obligations, 8e édition, L. G. D. J., 2016, p. 493; Marjorie Brusorio Aillaud, Droit des obligations, 8e édition, bruylant, 2017, pp. 266—267.

为实施无因管理而支付合理和必要费用的情况下，如果被管理人要求管理人将其管理的事务移交给自己，则管理人有权要求被管理人支付自己因此支出的费用。如果被管理人拒绝支付此种费用，则被管理人有权拒绝移交其管理的事务。

四、债务不履行抗辩权的行使条件

虽然债权人能够以债务人不履行自己的债务作为抗辩，但是，他们行使此种抗辩权也应当具备一定的条件。根据现行《法国民法典》新的第1219条和新的第1120条的规定，债权人行使债务不履行抗辩权的条件包括三个：其一，当事人之间相互承担债务。其二，当事人之间的债属于同时履行的债，或者虽然不属于同时履行债，但是，债务人预期不会履行自己的债务。其三，债务人不履行自己债务或者预期不履行自己债务的行为足够严重。①

（一）当事人之间的债在性质上属于相互债

债务不履行的抗辩应当具备的第一个条件是，合同当事人之间的债在性质上属于相互债（obligations réciproques）。所谓相互债，是指在合同当中，一方当事人同时是另外一方当事人的债权人和债务人，另外一方当事人同时也是对方当事人的债权人和债务人，他们之间互享权利和互担债务，在一方当事人对另外一方当事人承担债务的同时，另外一方当事人也对对方当事人承担债务。相互债不同于相互依赖债（obligations interdépendantes），所谓相互依赖债，是指一方当事人承担的债务与另外一方当事人承担的债务完全对应，例如，出卖人承担的交付出卖物的债务与买受人承担的支付价款的债务就属于相互依赖债。

人们普遍认为，在一般的双务合同即完全双务合同（contrats synallagmatique parfaits）当中，当事人所承担的债务是相互依赖债，因为他们之间的债务是对完全对应的。而在不完全双务合同（contrats synallagmatique imparfaits）当中，当事人之间的债务则不是相互依赖债，因为虽然债务人要对债权人承担某种债务，但是，债权人并没有要对债务人承担的对应债。例如，保管合同就属于一种不完全双务合同，因为在保管合同当中，虽然被保管人应当支付保管人支付的保管费用，但是，保管人不承担与被保管人承担的此种债务相对应的债务，已如前述。

无论是在2016年之前还是在2016年之后，民法学者和法官均认为，虽然债务不履行的抗辩主要在双务合同当中适用，但是，他们也认为，此种抗辩并不限于双务合同，即便当事人之间的债不是一一对应的，如果一方当事人与另外一方当事人之间互为债务人，则在另外一方当事人不履行自己的债务时，对方当事人也能够拒绝自己债务的履

① Dimitri Houtcieff, Droit Des Contrats, Larcier, 2e édition, 2016, pp. 487—489; Muriel Fabre-Magnan, Droit des obligations, Tome 1, Contrat et engagement unilatéral, 4e édition, puf, 2016, pp. 722—724; Philippe Malaurie, Laurent Aynès, Philippe Stoffel-Munck, Droit des obligations, 8e édition, L. G. D. J., 2016, pp. 495—497; Rémy Cabrillac, Droit des obligations, 12e édition, Dalloz, 2016, pp. 175—177; Marjorie Brusorio Aillaud, Droit des obligations, 8e édition, bruylant, 2017, pp. 267—268; François Terré, Philippe Simler, Yves Lequette, François Chénedé, Droit civil, Les Obligations, 12e édition, Dalloz, 2018, pp. 824—829.

行。因此，除了买卖合同等双务合同当中适用此种抗辩之外，不完全的双务合同、合同无效、合同被解除和准合同当中均能够适用该抗辩，已如前述。现行《法国民法典》新的第1219条和新的第1220条就采取了此种态度，它们仅仅将债务的相互性作为此种抗辩适用的条件，没有将相互依赖债作为此种抗辩的条件。

（二）当事人之间的债在性质上属于同时履行债

债务不履行的抗辩应当具备的第二个条件是，原则上，当事人之间所承担的相互债在性质上属于同时履行债（obligations simultanées）。所谓同时履行债，是指当事人相互之间所承担的债务应当同时履行，不存在一方当事人应当先于或者后于另外一方当事人履行债务的问题。因此，如果当事人之间的买卖合同规定，买受人先付款，出卖人收到款项之后再交付出卖物，则在出卖人要求买受人履行付款债务时，买受人不得以债务不履行的抗辩对抗出卖人。原则上，当事人之间的买卖合同在性质上属于同时履行债务的合同，根据此种合同，在合同成立时，出卖人即应当将出卖物交付给买受人，而买受人则应当将价款支付给出卖人，双方当事人之间的债属于典型的一手交钱一手交货的同时履行债。①

不过，在例外情况下，即便合同当事人之间的相互债存在先后履行顺序，如果后履行合同债的一方当事人预先威胁不会履行未来的债务，或者虽然没有威胁，但是，实际情况明显表明，他们可能无法履行自己所承担的债务，则债权人也能够行使此种抗辩权。

（三）债务人不履行债务或者预期不履行债务的行为足够严重

债务不履行的抗辩应当具备的第三个和第四个条件是，债务人不仅没有履行或者预期不会履行自己的债务，而且他们不履行或者预期不履行债务的行为足够严重。

所谓不履行债务，是指债务人原本应当承担的债务没有承担，原本应当实施的给付行为没有给付，无论他们不履行债务的行为在性质上是过错不履行还是无过错的不履行、部分或者全部不履行行为、是因为他们自身的原因引起的不履行还是不可抗力引起的不履行，只要他们不履行债务的行为足够严重（suffisamment grave），债权人就能够拒绝履行自己所承担的债务。除了法官在自己的司法判例当中采取此种态度之外，《法国民法典》新的第1219条也采取此种做法，已如前述。债务人不履行债务的行为是否达到了足够严重的程度，由法官在当事人之间因此引起的纠纷当中予以判断。总的要求是，债权人延期履行的债务与债务人没有履行的债务之间应当维持必要的平衡。

所谓预期不履行债务（inexécution par anticipation），也称为未来不履行债务（l'inexécution à venir），是指虽然合同规定的债务履行期限还没有到来，但是，合同债务人已经威胁不履行自己的债务，或者虽然没有威胁不履行债务，但是，情况明显表明，债务人在合同所规定的履行期限到来时不会履行自己的债务。所谓威胁不履行债务，是指债务人在履行期限届满之前就扬言不会履行自己对债权人所承担的债务。一旦

① Rémy Cabrillac, Droit des obligations, 12e édition, Dalloz, 2016, p. 176.

合同债务人做出此种威胁，则他们实施的单纯威胁行为就足以证明债权人享有不履行合同的抗辩权。除了《法国民法典》第1653条对买卖合同当中买受人所享有的此种抗辩权做出了规定之外，法官也在他们自己的司法判例当中承认这一点，以便让合同债权人通过此种抗辩防止自己遭受迫在眉睫的损害的发生。①

所谓情况明显表明，在履行期限到来时，债务人不会履行自己的债务，是指虽然合同规定的债务履行期限还没有到来，但是，人们能够合理预见债务人极有可能不会履行自己的债务，如果债权人履行自己的债务，则他们将会面临遭受重大损害的危险。在此种情况下，债权人有权中止自己债务的履行。一旦他们决定中止自己债务的履行，他们应当及时通知债务人。《法国民法典》新的第1220条对此种规则做出了说明，该条规定：如果债务人明显不会在合同履行期限届至时履行自己所承担的债务，并且如果债务人不履行债务引起的后果对于债权人而言足够严重，则债权人能够中止自己债务的履行。一旦债权人中止自己债务的履行，他们应当尽快将自己中止的决定通知对方。②

根据该条的规定，债权人主张预期不履行债务的抗辩应当具备两个条件：其一，债务人未来不履行债务的行为是明显的。所谓明显的，是指债务人未来不履行债务的行为是确定的或者几乎是确定的。其二，债务人未来不履行债务的行为引起的后果是足够严重的。所谓债务人未来不履行债务的行为引起的后果是足够严重的，是指如果债务人在合同所规定的履行期限到来时不履行自己的债务，则他们不履行债务的行为不仅会给债权人造成某种损害，而且所造成的此种损害是非常重大的、无可挽回的。例如，如果债权人履行自己对债务人的给付债务，在债务人不履行自己债务的情况下，债权人可能无法要求债务人返还自己所交付的等价物，尤其是价款。③

五、债务不履行抗辩权的行使和法律效果

（一）债务不履行抗辩权的直接行使

一旦具备上述条件，则合同债权人有权直接行使所享有的债务不履行的抗辩权，他们无须向法院起诉并因此通过诉讼方式行使此种抗辩权，因为此种抗辩权在性质上属于一种私人正义，它是合同债权人对债务人施加压力和维护自身利益的一种快捷、方便、有效和公平的方式。如果他们基于债务人现实不履行债务的原因而行使此种抗辩权，在行使此种抗辩权时，他们无须采取任何形式。但是，如果他们基于债务人预期不履行债

---

① Dimitri Houtcieff, Droit Des Contrats, Larcier, 2e édition, 2016, pp. 488—489.

② Articles1220, Code civil, Version en vigueur au 15 janvier 2021, https://www.legifrance.gouv.fr/codes/section_lc/LEGITEXT000006070721/LEGISCTA000006150254/#LEGISCTA000032041441.

③ François Terré, Philippe Simler, Yves Lequette, François Chénedé, Droit civil, Les Obligations, 12e édition, Dalloz, 2018, p. 829.

务的原因而行使此种抗辩权，在行使此种抗辩权时，他们应当履行通知程序[①]，已如前述。

当然，在行使预期不履行债务的抗辩权时，当事人之间可能会引发纠纷并且诉诸法官解决他们之间的纷争：在债权人以债务人明显无法履行自己的债务为由拒绝履行自己债务的情况下，如果债务人认为债权人的此种理由不正当或者是完全臆断的，则他们可能会向法院起诉，要求法官责令债权人承担合同责任。法官此时要解决的问题是：债权人的抗辩理由是否成立，如果不成立，债权人如何就其债务不履行行为对债务人承担责任。

（二）债务不履行抗辩的善意行使：债权人的报复行为与债务人的债务不履行行为之间的成比例性

无论是基于哪一种原因而行使此种权利，债权人均应当是善意的，他们不得恶意行使此种抗辩权。所谓善意，是指债权人所采取的中止自己债务履行的报复行为应当与债务人不履行或者预期不履行债务的行为成比例性：如果两者成比例性，则债权人是善意行使此种抗辩权，如果不成比例性，则债权人是恶意行使此种抗辩权。如果他们恶意行使此种抗辩权并因此引起债务人损害的发生，他们应当承担赔偿责任。

债权人的报复行为是否与债务人不履行或者预期不履行的行为成比例性，由法官在具体案件当中予以确定。法官认为，如果出租人没有对出租屋进行微不足道的维修，则承租人不得以拒绝支付租金作为一种抗辩。因为拒绝支付租金的抗辩只能够在出租人不履行修缮债务的行为完全阻碍了承租人对承租屋的占有和使用作为基础。如果他们恶意行使此种抗辩权，除了应当就其债务不履行行为对出租人承担合同责任之外，承租人甚至会遭受租赁合同被解除的制裁。[②]

（三）债务不履行抗辩所产生的两个法律效力：合同的中止性和暂时性

债务不履行的抗辩所产生的第一个法律效力是，它让合同债权人对合同债务人承担的债务处于不履行的状态：因为债务人不履行或者预期不履行自己的债务，因此，作为一种施加压力和维护自身利益的一种方式，债权人也有权不履行自己对债务人承担的债

---

① Dimitri Houtcieff, Droit Des Contrats, Larcier, 2e édition, 2016, pp. 487—489; Muriel Fabre-Magnan, Droit des obligations, Tome 1, Contrat et engagement unilatéral, 4e édition, puf, 2016, pp. 722—724; Philippe Malaurie, Laurent Aynès, Philippe Stoffel-Munck, Droit des obligations, 8e édition, L. G. D. J., 2016, pp. 495—497; Rémy Cabrillac, Droit des obligations, 12e édition, Dalloz, 2016, pp. 175—177; Marjorie Brusorio Aillaud, Droit des obligations, 8e édition, bruylant, 2017, pp. 267—268; François Terré, Philippe Simler, Yves Lequette, François Chénedé, Droit civil, Les Obligations, 12e édition, Dalloz, 2018, pp. 829—830.

② Dimitri Houtcieff, Droit Des Contrats, Larcier, 2e édition, 2016, pp. 487—489; Muriel Fabre-Magnan, Droit des obligations, Tome 1, Contrat et engagement unilatéral, 4e édition, puf, 2016, pp. 722—724; Philippe Malaurie, Laurent Aynès, Philippe Stoffel-Munck, Droit des obligations, 8e édition, L. G. D. J., 2016, pp. 495—497; Rémy Cabrillac, Droit des obligations, 12e édition, Dalloz, 2016, pp. 175—177; Marjorie Brusorio Aillaud, Droit des obligations, 8e édition, bruylant, 2017, pp. 267—268; François Terré, Philippe Simler, Yves Lequette, François Chénedé, Droit civil, Les Obligations, 12e édition, Dalloz, 2018, pp. 829—830.

务。这就是债务不履行抗辩所产生的中止效力：中止债权人债务的履行，阻止一切对债权人提出的债务履行措施。在合同中止期间，当事人之间的合同仍然存在，除非合同被解除；否则，在中止履行合同期间，合同仍然对当事人有约束力，当事人仍然应当履行自己所承担的债务。①

债务不履行的抗辩所产生的第二个法律效力是，它对债权人债务履行所产生的中止效果仅仅是暂时的，而不是最终的，换言之，它仅仅产生中止效果而不会产生终止效果。所谓它对债权人债务履行所产生的中止效果仅仅是暂时的，是指在债务人不履行债务期间，债权人能够以此种理由拒绝履行自己的债务。但是，一旦债务人履行了自己的债务，则他们与债务人之间的合同就回归正常，债权人就必须履行自己对债务人承担的债务。在债务人履行了自己的债务之后，如果债权人仍然拒绝履行自己承担的债务，则他们的行为构成过错，应当承担损害赔偿责任。如果债务人确定无疑地没有履行自己的债务，除了有权要求法官强制债务人履行债务之外，债权人还有权要求法官解除他们与债务人之间的合同并因此责令债务人对自己承担损害赔偿责任。②

债务不履行的抗辩所产生的第三个法律效力是，除了能够对抗债务人，它还能够对抗债务人之外的第三人，因为，此种抗辩权能够对抗所有根据当事人之间的合同提出请求的人，不过，此种抗辩权尤其能够对抗不履行自己债务的合同债务人的普通债权人：在债权人行使抗辩权期间，即便债务人的财产在债权人手中，债务人的普通债权人也不能够要求法官对处于债权人手中的属于债务人的财产采取强制执行措施。同样，在行使抗辩权期间，如果债务人的债权人行使代位权，债权人也能够以自己享有的此种抗辩权对抗行使代位权的第三人。③

第四节 债务不履行引起的强制债务人继续履行债务

根据《法国民法典》新的第1217条的规定，在债务人不履行合同所规定的债务时，债权人能够采取的第三种法律制裁措施是，要求法官责令债务人继续履行合同所规定的债务，直到合同所规定的债务完全履行完毕时为止，这就是合同债权人所享有的强制履

① Dimitri Houtcieff, Droit Des Contrats, Larcier, 2e édition, 2016, pp. 489—490; Muriel Fabre-Magnan, Droit des obligations, Tome 1, Contrat et engagement unilatéral, 4e édition, puf, 2016, p. 724; Philippe Malaurie, Laurent Aynès, Philippe Stoffel-Munck, Droit des obligations, 8e édition, L. G. D. J., 2016, p. 497; Marjorie Brusorio Aillaud, Droit des obligations, 8e édition, bruylant, 2017, pp. 267—268; François Terré, Philippe Simler, Yves Lequette, François Chénedé, Droit civil, Les Obligations, 12e édition, Dalloz, 2018, pp. 830—831.

② Dimitri Houtcieff, Droit Des Contrats, Larcier, 2e édition, 2016, pp. 489—490; Muriel Fabre-Magnan, Droit des obligations, Tome 1, Contrat et engagement unilatéral, 4e édition, puf, 2016, p. 724; Philippe Malaurie, Laurent Aynès, Philippe Stoffel-Munck, Droit des obligations, 8e édition, L. G. D. J., 2016, p. 497; Marjorie Brusorio Aillaud, Droit des obligations, 8e édition, bruylant, 2017, pp. 267—268; François Terré, Philippe Simler, Yves Lequette, François Chénedé, Droit civil, Les Obligations, 12e édition, Dalloz, 2018, pp. 830—831.

③ Rémy Cabrillac, Droit des obligations, 12e édition, Dalloz, 2016, p. 177; François Terré, Philippe Simler, Yves Lequette, François Chénedé, Droit civil, Les Obligations, 12e édition, Dalloz, 2018, pp. 831—832.

行权。《法国民法典》新的1221条和新的1222条对此种法律制裁措施做出了具体说明。除了《法国民法典》对此种法律制裁措施做出了规定之外，2016年以来的法国民法学者也普遍对此种法律制裁措施做出了说明。①

一、强制债务人继续履行债务的法律根据

所谓强制履行权（le droit à l'exécution forcée），是指合同债权人所享有的要求法官采取某种强制手段责令合同债务人履行自己原本应当履行而没有履行的债务的权利。因此，强制履行权在性质上是一种司法强制权（l'exécution judiciaire）。在债务人不履行合同所规定的债务时，债权人不得直接对债务人采取某种强制措施，责令他们继续履行自己所承担的债务，他们只能够向法院起诉，要求法官采取此种强制措施，责令债务人继续履行自己所承担的债务。②

在符合强制履行权所要求的条件时，法官能够采取多种多样的强制措施责令债务人继续履行债务：在债务人不履行价款支付债务时，法官既可以通过查封、扣押（la saisie）债务人财产的方式督促他们履行自己的债务，也可以通过颁发支付令（injonction de payer）的方式责令债务人履行付款债务；在债务人没有履行做出某种行为的债务时，法官可以颁发作为令（injonction de faire），责令债务人积极完成应当做出的行为，等等。不过，法官最经常采用的方式是责令债务人支付逾期罚金（astreinte），即一旦债务人不履行自己的债务，法官责令债务人从不履行或者迟延履行债务那一刻开始支付一定数量的金钱给债权人。此种方式独立于损害赔偿，因为它是法官对债务人施加的一种压力。

虽然1804年的《法国民法典》对债权人享有的强制履行权做出了规定，但是，它做出的规定是不完全的。一方面，虽然1184（2）条明确规定，在债务人不履行债务时，如果债务的履行仍然可能，则债权人有权要求法官责令债务人继续履行债务，但是，该条仅仅将强制债务人继续履行债务作为司法强制合同解除的一种简单替代。另一方面，1804年的《法国民法典》似乎仅仅将此种法律制裁措施适用于一种情形即债务人没有履行合同所规定的交付财产所有权的债务，不适用于债务人不履行其他债务的情形，也就是不适用于债务人不履行所承担的做出或者不做出某种行为的债务。③

1804年的《法国民法典》明确区分转移财产所有权的债、作为债和不作为债。当债务人不履行这三种不同的债务时，债权人是否均能够向法院起诉，要求法官责令债务

---

① Dimitri Houtcieff, Droit Des Contrats, Larcier, 2e édition, 2016, pp. 492—499; Muriel Fabre-Magnan, Droit des obligations, Tome 1, Contrat et engagement unilatéral, 4e édition, puf, 2016, pp. 725—734; Philippe Malaurie, Laurent Aynès, Philippe Stoffel-Munck, Droit des obligations, 8e édition, L. G. D. J., 2016, pp. 499—501; Marjorie Brusorio Aillaud, Droit des obligations, 8e édition, bruylant, 2017, pp. 268—270; Virginie Larribau-Terneyre, Droit civil, Les Obligations, 15e édition, Dalloz, 2017, pp. 571—572; François Terré, Philippe Simler, Yves Lequette, François Chénedé, Droit civil, Les Obligations, 12e édition, Dalloz, 2018, pp. 832—840.

② Dimitri Houtcieff, Droit Des Contrats, Larcier, 2e édition, 2016, pp. 497—499.

③ Muriel Fabre-Magnan, Droit des obligations, Tome 1, Contrat et engagement unilatéral, 4e édition, puf, 2016, p. 727; François Terré, Philippe Simler, Yves Lequette, François Chénedé, Droit civil, Les Obligations, 12e édition, Dalloz, 2018, pp. 832—833.

人继续履行这些债务？答案似乎是否定的，因为第 1142 条似乎明确禁止强制履行债务的法律制裁措施适用于该条所规定的作为债和不作为债，该条规定：在债务人不履行他们所承担的作为债或者不作为债时，所有作为债或者不作为债均以债务人赔偿债权人损害的方式处理。1804 年的《法国民法典》第 1142 条之所以禁止强制债务人继续履行债务的法律制裁措施在作为债当中适用，是因为它受到了民法上的一个法律格言即“Nemo potest praecise cogi ad factum”的影响，该格言的含义是：任何人均不得被强制实施某种行为。[①]

从 1804 年开始一直到 2016 年之前，虽然法国民法学者对强制债务人继续履行债务持批判态度，认为此种法律制裁措施侵犯了债务人享有的人身自由或者道德自由，但是，法国最高法院仍然在一系列的司法判例当中采取此种法律制裁措施并因此确立了强制债务人继续履行债务的法律制裁措施能够予以普遍适用的一般规则，因为它在这些司法判例当中反复强调：“如果债务人对债权人承担的债务没有履行，在债务的履行可能时，债权人有权向法院起诉，要求法官强制债务人继续履行所承担的债务。”在这样做时，它也附带提及 1804 年的《法国民法典》第 1142 条的规定，认为债权人原则上享有强制执行权。[②]

通过 2016 年 2 月 10 日的债法改革法令，现行《法国民法典》新的第 1221 条和新的第 1222 条确认了法国最高法院在 2016 年之前所采取的上述做法，对债权人强制债务人继续履行债务的法律制裁措施做出了明确规定。在规定此种法律制裁措施时，现行《法国民法典》使用的术语是“强制代物履行”（l'exécution forcée en nature）。[③] 在债法尤其是合同法当中，强制代物履行是相对于强制等价履行（l'exécution forcée en équivalent）而言的一种法律制裁措施。

所谓强制等价履行，是指在债务人不履行债务时，债权人所享有的要求法官责令债务人就其不履行债务的行为引起的金钱损害对自己承担的赔偿责任。换言之，所谓强制等价履行实际上等同于债务人承担的合同责任：在债务人不履行债务时，债权人有权要求法官强制债务人赔偿自己因为其不履行债务的行为所遭受的金钱损害。所谓强制代物履行，是指在债务人不履行债务时，债权人所享有的要求法官责令债务人继续履行自己承诺履行但是没有履行的债务。[④] 笔者将强制代物履行称为强制债务人继续履行债务。

在债务人没有履行债务或者迟延履行债务时，除了要求法官责令债务人承担合同损害赔偿责任之外，债权人是否要求法官责令债务人继续履行债务完全由债权人决定：如果他们仍然对债务人继续履行所允诺的债务享有利害关系，换言之，如果他们仍然需要

---

① Muriel Fabre-Magnan, Droit des obligations, Tome 1, Contrat et engagement unilatéral, 4e édition, puf, 2016, p. 727; François Terré, Philippe Simler, Yves Lequette, François Chénedé, Droit civil, Les Obligations, 12e édition, Dalloz, 2018, pp. 832—833.

② François Terré, Philippe Simler, Yves Lequette, François Chénedé, Droit civil, Les Obligations, 12e édition, Dalloz, 2018, pp. 832—833.

③ Articles 1221 à 1222, Code civil, Version en vigueur au 15 janvier 2021, https://www.legifrance.gouv.fr/codes/section_lc/LEGITEXT000006070721/LEGISCTA000006150254/#LEGISCTA000032041441.

④ François Terré, Philippe Simler, Yves Lequette, François Chénedé, Droit civil, Les Obligations, 12e édition, Dalloz, 2018, p. 832.

债务人的继续履行行为，则他们原则上有权向法院起诉，要求法官责令债务人继续履行债务。法官原则上应当采取措施，责令债务人继续履行债务，在例外情况下，法官无须责令债务人继续履行债务。根据现行《法国民法典》新的第1221条和新的第1222条的规定，强制代物履行包括两种类型：其一，直接强制代物履行；其二，间接强制代物履行。

二、强制债务人继续履行债务的优越地位和适用范围

在债务人不履行或者迟延履行所承担的债务时，究竟是强制代物履行的法律制裁措施优先还是强制等价履行优先？对此问题，Dimitri Houtcieff认为，相对于包括强制等价履行在内的所有其他法律制裁措施而言，在债务人不履行或者迟延履行所承担的债务时，强制债务人继续履行债务是被置于首位的法律制裁措施（primauté），是对债权人的利益提供最佳保护的一种方式，是债权人优先使用的一种法律救济措施。相对于包括合同责任在内的其他法律救济措施而言，强制债务人继续履行债务的法律制裁措施之所以是一种被置于首位的法律制裁措施，是因为强制债务人继续履行债务与合同的约束力是“同体的”（consubstantialité）。[①]

所谓强制债务人继续履行债务与合同的约束力是同体的，是指强制债务人继续履行债务等同于合同的约束力，是合同约束力的终极体现：在合同成立之后，如果债务人自觉履行了自己所承担的债务，则债权人缔结合同的目的就实现了，反之，如果合同债务人不自觉履行自己所承担的债务，则合同债权人缔结合同的目的就存在实现不了的危险。通过强制债务人履行债务的方式，债权人缔结合同的目的最终得以实现。

作为一种优越的、优先的法律制裁措施，强制债务人继续履行债务在债务人承担的哪些债务当中适用？换言之，在债务人不履行自己承担的哪些债务时，债权人能够要求法官强制债务人继续履行自己所承担的债务？对此问题，法国民法学者之间存在不同看法。某些民法学者认为，责令债务人继续履行债务的法律救济措施适用于债务人承担的所有类型的债，包括他们承担的作为债和不作为债，其中的作为债包括转移财产所有权的债。[②] 而另外一些民法学者则认为，此种法律制裁措施仅仅适用于包括转移财产所有权在内的作为债，不适用于不作为债。[③] 因此，根据前一种理论，如果债务人违反了所承担的不泄露制造商秘密的债务，或者违反了不与商事营业资产的买受人展开竞争的债务，债权人不得要求法官责令债务人继续履行这两种债务，而根据后一种理论，债权人仍然能够要求法官责令债务人继续履行此种债务。

作为一种优越的法律制裁措施，强制债务人继续履行债务仅仅以债务人不履行债务作为条件，它既与债权人遭受的损害没有关系，也与债务人履行债务时的过错程度无关。因为，无论债务人不履行债务的行为是否引起债权人损害的发生，也无论债务人不

---

① Dimitri Houtcieff, Droit Des Contrats, Larcier, 2e édition, 2016, pp. 492—493.

② Philippe Malaurie, Laurent Aynès, Philippe Stoffel-Munck, Droit des obligations, 8e édition, L. G. D. J., 2016, p. 499; Virginie Larribau-Terneyre, Droit civil, Les Obligations, 15e édition, Dalloz, 2017, pp. 571—572.

③ Marjorie Brusorio Aillaud, Droit des obligations, 8e édition, bruylant, 2017, pp. 269—270.

履行债务的行为是故意行为还是过失行为，只要债务人在行为时违反了合同条款的规定，无论他们违反的合同条款是主要条款还是微不足道的条款，换言之，无论他们违反的债务是主要债务还是次要债务，在符合《法国民法典》新的第1221条所规定的条件的情况下，基于债权人的请求，他们均应当被责令继续履行所承担的合同债务。①

三、直接强制代物履行

(一) 直接强制代物履行的界定

所谓直接强制代物履行（l'exécution forcée directe en nature），也称为直接强制履行（l'exécution forcée directe），是指在债务人不履行债务时，债权人所享有的直接向法院起诉并因此要求法官责令债务人继续履行所承担的债务的权利。

在债务人的给付行为是可能的情况下，尤其是，在债务人的继续履行行为所支付的成本、代价与债权人对继续履行行为所享有的利益之间存在利益平衡的情况下，法官应当对债务人采取强制措施，让债务人积极实施合同所规定的给付行为，这就是现行《法国民法典》新的第1221条所规定的直接强制代物履行，该条规定：除非继续履行不可能，或者除非继续履行在善意债务人所产生的成本和债权人所获得的利益之间存在明显的不成比例性；否则，在经过催告之后，债权人能够向法院起诉，要求法官责令债务人继续履行所承担的债务。②

根据该条的规定，在同时符合三个条件时，债务人应当被责令积极履行债务：其一，债权人事先对债务人进行了催告；其二，继续履行债务是可能的（possible）；其三，债务人继续履行债务的成本不会太高，与债权人从强制继续履行债务当中所获得的利益是成比例性的（proportion）。换句话说，如果继续履行债务是不可能的，或者虽然是可能的，但是，如果继续履行债务所支付的成本与债权人从中获得的利益之间存在明显的不成比例性（disproportion manifeste），则法官不得责令债务人继续履行债务。

因此，在买卖合同签订之后，如果出卖人没有将出卖物交付给买受人，在符合这些条件的情况下，基于买受人的请求，出卖人应当被法官责令将出卖物交付给买受人。在租赁合同签订之后，如果出租人没有将出租屋交付给承租人使用，在符合这些条件的情况下，基于承租人的请求，出租人应当被责令将出租屋交给承租人使用。在租赁合同期限届满时，如果承租人拒绝离开承租场所，在符合这些条件的情况下，基于出租人的请求，承租人被法官责令离开承租场所。在借用合同到期后，如果借用人拒绝将借用物返还给出借人，在符合这些条件的情况下，基于出借人的请求，借用人被责令将借用物返还给出借人。③

---

① Dimitri Houtcieff, Droit Des Contrats, Larcier, 2e édition, 2016, pp. 493—494; Muriel Fabre-Magnan, Droit des obligations, Tome 1, Contrat et engagement unilatéral, 4e édition, puf, 2016, p. 726; Marjorie Brusorio Aillaud, Droit des obligations, 8e édition, bruylant, 2017, p. 268.

② Articles1221, Code civil, Version en vigueur au 15 janvier 2021, https://www.legifrance.gouv.fr/codes/section_lc/LEGITEXT000006070721/LEGISCTA000006150254/#LEGISCTA000032041441.

③ Muriel Fabre-Magnan, Droit des obligations, Tome 1, Contrat et engagement unilatéral, 4e édition, puf, 2016, p. 500.

（二）债务人被责令继续履行债务的第一个条件：债权人在起诉之前对不履行债务的债务人进行了催告

根据《法国民法典》新的第1221条的规定，在债务人不履行或者迟延履行债务之后，如果债权人向法院起诉，要求法官责令债务人继续履行债务，他们应当在起诉之前对债务人进行催告（mise en demeure），如果没有预先进行催告，则即便具备其他两个条件，债权人也不得要求法官责令债务人继续履行债务。因此，催告是债权人行使强制执行权的前置条件。

所谓催告，是指在债务人不履行或者迟延履行债务之后债权人对债务人所实施的要求债务人履行对自己所承担的债务命令行为。根据《法国民法典》新的第1344条的规定，债权人对债务人进行的催告可以通过几种方式进行：催告函（sommation）或者督促函（acte portant interpellation suffisante），在合同有明确规定的情况下，债权人还可以采取单纯的要求债务人履行债务的方式（la seule exigibilité de l'obligation）。[①]

（三）债务人被责令继续履行债务的第二个条件：强制债务人继续履行债务是可能的

根据《法国民法典》新的第1221条的规定，如果债权人要求法官责令债务人继续履行债务，除了预先进行债务履行催告之外，他们还应当具备第二个必要条件，这就是，强制履行债务是可能的。

所谓强制履行债务是可能的，或者是指责令债务人继续履行债务在事实上是可能的，或者是指责令债务人继续履行债务在法律上是可能的，或者是指责令债务人继续履行债务在道德上是可能的。相反，如果强制债务履行是不可能的，则法官不得责令债务人继续履行债务。所谓强制债务履行是不可能的，或者是指责令债务人继续履行债务在事实上是不可能的，或者是指责令债务人继续履行债务在法律上是不可能的，或者是指责令债务人继续履行债务在道德上是不可能的。[②]

仅仅在责令债务人继续履行债务是可能的时候，法官才能够责令债务人继续履行债务，如果责令债务人继续履行债务是不可能的，则法官不得责令债务人继续履行债务。因此，继续履行的不可能是继续履行的一种限制手段。所谓在事实上是可能的，也称为事实上的可能性（l'possibilité matérielle）是指强制债务人继续履行债务在事实上是可能的。例如，责令出卖人继续交付出卖物在事实上是可能的，因为出卖物仍然完整无缺地在出卖人手中，没有损毁灭失。所谓在事实上是不可能的，也称为事实上的可能性（l'impossibilité matérielle），则是指强制债务人继续履行债务在事实上是不可能的。例如，因为出卖物已经损毁灭失了，因此，责令出卖人继续交付出卖物在事实上是可

① Dimitri Houtcieff, Droit Des Contrats, Larcier, 2e édition, 2016, pp. 495—497; Marjorie Brusorio Aillaud, Droit des obligations, 8e édition, bruylant, 2017, p. 269.

② Muriel Fabre-Magnan, Droit des obligations, Tome 1, Contrat et engagement unilatéral, 4e édition, puf, 2016, pp. 726—729; François Terré, Philippe Simler, Yves Lequette, François Chénedé, Droit civil, Les Obligations, 12e édition, Dalloz, 2018, p. 834.

能的。

所谓在法律上是可能的，也称为法律上的可能性（l' possibilité juridique），是指责令债务人继续履行债务在法律上是可能的。例如，责令出卖人继续交付出卖物在法律上是可能的，因为，在将出卖物同时或者先后出卖给买受人和第三人之后，出卖人并没有将出卖物交付给第三人，或者虽然交付给了第三人，但是，第三人是恶意的：知道出卖人将其出卖物出卖给买受人之后，第三人仍然引诱出卖人将其出卖物出卖并且交付给自己。所谓在法律上是不可能的，也称为法律上的不可能性（l'impossibilité juridique），则是指责令债务人继续履行债务在法律上是不可能的。例如，责令出卖人继续交付出卖物在法律上是不可能的，因为，在将出卖物同时或者先后出卖给买受人和第三人之后，出卖人已经将其交付给了善意第三人。

所谓在道德上是可能的，也称为道德上的可能性（l'possibilité morale），是指责令债务人继续履行的债务是同债务人的人身关系并不密切的债务。例如，责令油漆匠继续履行将整栋建筑物油漆完的债务在道德上是可能的，因为此种被强制履行的债务同油漆匠的人身自由没有关系（如果油漆匠拒绝，可以由第三人将整栋建筑物油漆完之后，再责令油漆匠支付第三人的报酬和费用）。

所谓在道德上是不可能的，也称为道德上的不可能性（l'impossibilité morale），是指责令债务人继续履行的债务是同债务人的人身关系有密切联系的债务（caractère personnel de l'obligation）。当债务人违反的债务是与债务人的人身关系密切的债务时，即便债权人要求法官责令行为人继续履行，法官也不得责令债务人继续履行此类债务。例如，在1900年3月14日的著名案件当中，法国最高法院认定，如果画家没有履行为他人画像的债务，法官不得责令画家继续为他人画像，或者责令画家将没有为他人画完的画绘画完。[①]

劳动者与其雇主之间的关系是否属于具有密切联系的人身关系？当雇主违反自己所承担的债务不正当开除劳动者时，如果劳动者向法院起诉，要求法官责令雇主继续履行债务并因此恢复自己被解除的职位，法官是否应当满足劳动者的要求？对此问题，法国最高法院做出了回答。在过去，法国最高法院认为，在雇主不正当解除劳动者时，基于劳动者的请求，法官有权责令雇主继续履行他们与其劳动者之间的关系，应当继续聘用其劳动者，因为被雇主违反的债务是能够在道德上加以强制履行的。它的此种做法被学者们批评，他们认为劳动者与其雇主之间的关系具有亲密的人身关系性质。虽然如此，法国最高法院仍然对劳动者提供保护，尤其是对工会代表、人事代表提供保护，防止雇主借口雇佣关系属于一种具有密切人身关系的关系而不正当地开除自己的劳动者。因此，至少法国最高法院认定，责令雇主恢复劳动者被解除的身份是具有道德上的可能性的。[②]

---

① Le célèbre arrêt Whistler, Civ 14 mars 1900, DP 1900, I, 497, note Planiol; Muriel Fabre-Magnan, Droit des obligations, Tome 1, Contrat et engagement unilatéral, 4e édition, puf, 2016, pp. 726—729; François Terré, Philippe Simler, Yves Lequette, François Chénedé, Droit civil, Les Obligations, 12e édition, Dalloz, 2018, p. 834.

② Muriel Fabre-Magnan, Droit des obligations, Tome 1, Contrat et engagement unilatéral, 4e édition, puf, 2016, p. 728.

（四）债务人被责令继续履行债务的第三个条件：责令债务人继续履行债务的成本与债权人从债务的继续履行当中获得的利益是成比例的

根据《法国民法典》新的第1221条的规定，如果债权人要求法官责令债务人继续履行债务，除了应当具备预先进行债务履行催告和继续履行债务是可能的两个条件之外，他们还应当具备第三个必要条件，这就是，责令债务人继续履行债务的成本（coût）与债权人从债务的继续履行当中获得的利益（intérêt）是成比例的。

所谓责令债务人继续履行债务的成本与债权人从债务的继续履行当中获得的利益是成比例的（proportion），是指责令债务人继续履行债务的成本与债权人从中获得的利益是平衡的，也就是指责令债务人继续履行债务所支付的成本与债权人从中获得的利益是相适应的。反之，如果责令债务人继续履行债务的成本与债权人从债务的继续履行当中获得的利益是明显不成比例的（disproportion manifeste），则即便具备其他的两个条件，法官也不得责令债务人继续履行债务。所谓责令债务人继续履行债务的成本与债权人从债务的继续履行当中获得的利益是明显不成比例的，是指责令债务人履行债务的成本与债权人从中获得的利益是失衡的，也就是指责令债务人继续履行债务所支付的成本与债权人从中获得的利益是不相适应的。

在判断责令债务人继续履行债务的成本是否与债权人从中获得的利益成比例性时，人们应当将债务人继续履行债务时的成本与债权人从债务的强制履行当中所获得的利益进行对比，看一看它们之间是否处于平衡状态：如果责令债务人继续履行债务时的成本不会明显过高、付出的代价不会明显过重，而债权人从债务人的继续履行债务当中所获得的利益也是实质性的，则两者之间存在明显的成比例性，在其他两个条件具备时，法官应当责令债务人继续履行债务，反之，如果责令债务人继续履行债务时的成本明显过高、付出的代价明显过重，而债权人从债务人的继续履行债务当中所获得的利益并不是实质性的，甚至没有获得真正的利益，则两者之间存在明显的不成比例性，即便具备其他两个条件，法官也不得责令债务人继续履行债务。此时，除了责令债务人对债权人承担损害赔偿责任之外，法官应当解除当事人之间的合同。①

《法国民法典》新的第1221条之所以将债务人继续履行债务的成本与债权人从中获得的利益之间的明显不成比例性视为强制继续履行债务的一种新限制，其目的在于抑制法国最高法院所采取的一种一贯做法：在2016年之前，法国最高法院在众多的案件当中谴责地方法院法官的做法，在这些案件当中，地方法院的法官认定，如果债权人要求法官责令债务人将违约建造的建筑物拔掉、拆除并且进行重建，地方法院的法官会借口责令债务人拔掉、拆除建筑物的成本太高而拒绝责令债务人继续履行合同。法国最高法院认为，在这些案件当中，地方法院的法官应当责令债务人继续履行自己的债务，这就

① Dimitri Houtcieff, Droit Des Contrats, Larcier, 2e édition, 2016, pp. 494—495; Muriel Fabre-Magnan, Droit des obligations, Tome 1, Contrat et engagement unilatéral, 4e édition, puf, 2016, pp. 729—731; François Terré, Philippe Simler, Yves Lequette, François Chénedé, Droit civil, Les Obligations, 12e édition, Dalloz, 2018, pp. 834—838.

是，将建造不合格的建筑物拔掉、拆除并且进行重新建造。①

例如，在 2005 年 3 月 11 日的案件当中，法国最高法院认定，即便债务人所建造的建筑物比当事人之间的合同所规定的高度仅仅高出了 0.33 米，债务人仍然应当被责令继续履行债务：责令他们将不符合合同规定的高度的建筑物拆除并且按照合同规定的高度重建。② 再例如，在 2015 年 6 月 16 日的案件当中，法国最高法院不计成本地责令债务人拆除就其建造的不符合合同约定的挡雨板并且重新建造。③ 法国最高法院的这些做法受到人们的普遍批评，认为它的做法过于严苛。自 2016 年之后，法国最高法院不得再继续它之前的做法，在责令债务人继续履行债务的成本不合理时，它不得再继续责令债务人继续履行债务。不过，债务人继续履行债务的成本是否与债权人从中获得的利益成比例性，最终仍然由法官在具体案件当中确定。④

四、间接强制代物履行

除了规定了直接强制代物履行之外，现行《法国民法典》新的第 1222 条也规定了间接强制代物履行。

（一）间接强制代物履行的界定

所谓间接强制代物履行（l’exécution forcée indirecte en nature），也称为间接强制履行（l’exécution forcée indirecte）、通过第三人代物履行（l’exécution en nature par un tiers），是指在债务人不履行或者迟延履行合同所规定的债务时，债权人所享有的聘请债务人之外的第三人履行原本应当由债务人继续履行的债务或者拆除原本应当由债务人亲自拆除的工程的权利。它也属于一种强制履行权，就像直接强制代物履行属于一种强制履行权一样。它与直接强制代物履行的差异在于，债权人不是直接向法院起诉，要求法官责令债务人继续履行债务，而是直接请求债务人之外的第三人履行债务人原本应当继续履行的债务并且第三人履行债务人债务的费用应当由债务人负担。

《法国民法典》新的第 1222 条对间接强制代物履行做出了说明，该条规定：在做出催告之后，债权人也能够在合理期限内和以合理的成本聘请第三人履行债务人承担的债务，或者在法官的预先授权的情况下，聘请第三人拆毁债务人违反债务所建造的工程。他们有权要求债务人补偿因此支出的所有费用。他们也有权向法院起诉，要求法官责令债务人预先支付第三人履行此种债务和拆毁此种工程的必要费用。⑤

---

① Dimitri Houtcieff, Droit Des Contrats, Larcier, 2e édition, 2016, pp. 494—495; Muriel Fabre-Magnan, Droit des obligations, Tome 1, Contrat et engagement unilatéral, 4e édition, puf, 2016, pp. 729—731; François Terré, Philippe Simler, Yves Lequette, François Chénedé, Droit civil, Les Obligations, 12e édition, Dalloz, 2018, pp. 834—838.

② Cass. 3e civ., 11 mars 2005, n°03-21136, RTD. civ. 2005, 596.

③ Cour de cassation, civile, Chambre civile 3, 16 Juin 2015, 14—14. 612.

④ Dimitri Houtcieff, Droit Des Contrats, Larcier, 2e édition, 2016, pp. 494—495; Muriel Fabre-Magnan, Droit des obligations, Tome 1, Contrat et engagement unilatéral, 4e édition, puf, 2016, pp. 729—731; François Terré, Philippe Simler, Yves Lequette, François Chénedé, Droit civil, Les Obligations, 12e édition, Dalloz, 2018, pp. 834—838.

⑤ Article 1222, Code civil, Version en vigueur au 15 janvier 2021, https://www.legifrance.gouv.fr/codes/section_lc/LEGITEXT000006070721/LEGISCTA000006150254/#LEGISCTA000032041441.

不过，现行《法国民法典》新的第1222条所规定的间接强制履行债务并不是一种新的强制履行权制度，因为早在1804年，《法国民法典》第1143条和第1144条就已经对此种强制履行权做出了规定。第1143条规定：债权人也有权向法院起诉，要求法官责令债务人将他们与合同所规定的债务不符的工程拆毁，在不影响所要求的损害赔偿权的情况下，他们也能够请求法官授权第三人拆毁债务人所建造的此类工程，并且第三人拆除工程的费用由债务人负担。第1144条规定：在债务人不履行债务的情况下，债权人也能够要求法官授权第三人履行债务人的债务，并且第三人履行债务的费用由债务人负担。[1] 这两个法律条款一直从1804年保留到2016年，直到2016年2月10日的债法改革法令以新的第1222条将它们取代为止。

（二）间接强制代物履行的条件

根据《法国民法典》新的第1222条的规定，如果债权人要行使间接强制代物履行权，他们应当具备的一个条件是，在债务人不履行债务之后，他们应当对债务人进行催告，督促债务人继续履行所承担的债务。仅仅在催告之后债务人仍然不履行合同所规定的债务时，他们才能够聘请第三人履行原本应当由债务人履行的债务，或者拆除原本应当由债务人拆除的工程。

根据《法国民法典》新的第1222条的规定，如果债权人要行使间接强制代物履行权，他们应当具备的二个条件是，债权人应当在合理期限内（délai raisonnables）以合理的成本（coût raisonnables）让第三人履行原本应当由债务人履行的债务或者拆毁原本应当由债务人拆毁的工程。虽然债权人有权让第三人履行债务人原本应当履行的债务，但是，第三人履行债务的成本应当是合理的，至少不应当高于合同所规定的成本。[2]

根据《法国民法典》新的第1222条的规定，如果债权人要行使间接强制代物履行权，他们首先应当具备的第三个条件是，如果债权人聘请第三人拆毁原本应当由债务人拆毁的工程，则他们应当预先获得法官的授权。在2016年之前，无论是聘请第三人履行债务人没有履行的债务还是拆毁债务人没有拆毁的工程，债权人均应当预先获得法官的同意。通过2016年的债法改革法令，现行《法国民法典》新的第1222条废除了此种统一的做法，根据它的规定，如果债权人聘请第三人履行债务人没有履行的债务，他们无须预先获得法官的同意，他们可以直接聘请第三人实施原本应当由债务人履行的给付行为。但是，如果他们聘请第三人拆毁债务人已经建造的不符合合同规定的工程，则他们必须预先获得法官的同意，在法官没有授权的情况下，他们不得让第三人拆毁债务人

---

① Articles 1143 et 1144，https://fr. wikisource. org/wiki/Code_civil_des_Français_1804/Livre_Ⅲ，_Titre_Ⅲ

② Dimitri Houtcieff，Droit Des Contrats，Larcier，2e édition，2016，p. 495；Muriel Fabre-Magnan，Droit des obligations，Tome 1，Contrat et engagement unilatéral，4e édition，puf，2016，pp. 732—734；Philippe Malaurie，Laurent Aynès，Philippe Stoffel-Munck，Droit des obligations，8e édition，L. G. D. J.，2016，pp. 500—501；François Terré，Philippe Simler，Yves Lequette，François Chénedé，Droit civil，Les Obligations，12e édition，Dalloz，2018，pp. 838—840.

建造的工程。[①]

（三）第三人履行债务和拆除工程的费用的支付和预先支付

根据《法国民法典》新的第1222条的规定，在符合上述条件的情况下，如果债权人聘请第三人履行债务人没有履行的债务，或者拆除第三人没有拆除的工程，则第三人履行债务和拆除工程的费用应当由债务人负担，不过，这些费用应当是合理的，如果超出合理范围的费用，则债务人无须负担。同时，根据该条的规定，基于债权人的选择，债权人既有权在第三人履行了债务或者拆除了工程之后要求债务人负担费用；也有权预先向法院起诉，要求法官责令债务人预先支付第三人履行债务或者拆除工程所必要的费用。

① Dimitri Houtcieff, Droit Des Contrats, Larcier, 2e édition, 2016, p. 495; Muriel Fabre-Magnan, Droit des obligations, Tome 1, Contrat et engagement unilatéral, 4e édition, puf, 2016, pp. 732—734; Philippe Malaurie, Laurent Aynès, Philippe Stoffel-Munck, Droit des obligations, 8e édition, L. G. D. J., 2016, pp. 500—501; François Terré, Philippe Simler, Yves Lequette, François Chénedé, Droit civil, Les Obligations, 12e édition, Dalloz, 2018, pp. 838—840.

第十一章　合同的不履行（下）：合同解除

根据《法国民法典》新的第1217条的规定，在债务人不履行合同所规定的债务时，债权人能够采取的第四种法律制裁措施是，债权人单方面解除或者要求法官解除他们与债务人之间的合同，这就是合同债权人享有的合同解除权。《法国民法典》新的1224条和新的1230条对此种法律制裁措施做出了具体说明。除了《法国民法典》对此种法律制裁措施做出了规定之外，2016年以来的法国民法学者也普遍对此种法律制裁措施做出了说明。

在2016年之前和之后，人们对合同解除（la résolution du contrat）的界定是存在差异的，因为在2016年之前，人们从溯及既往地消灭（l'anéantissement rétroactif）的角度对合同解除做出界定，根据此种界定，所谓合同解除，是指合同溯及既往地消灭，而到了2016年2月10日之后，人们则从合同终止（met fin au contrat）的角度对合同做出界定，根据此种界定，所谓合同解除，是指合同的终止，当当事人之间的合同被解除时，他们之间原本存在的合同关系、债权债务关系终止、中断，彼此之间的债务不再履行，已经履行的债务是否恢复原状，取决于合同当事人之间的合同性质和当事人之间的合同规定。

2016年以来，民法学者之所以采取此种界定方法，是因为通过2016年2月10日的债法改革法令，现行《法国民法典》新的第1229条不仅明确规定"解除会终止合同"，而且还区分不同情况，认为合同解除未必一定会产生让合同溯及既往消灭的效力：原则上，合同解除会产生让合同溯及既往消灭的效力，在例外情况下，合同解除不会产生让合同溯及既往消灭的法律效力，而仅仅产生让合同向将来消灭的法律效力。①

第一节　合同解除的历史

虽然合同解除建立在合同的一方当事人不履行或者严重不履行自己债务的基础上，但是，并非合同债务人不履行或者严重不履行债务的行为均会引起合同的解除。因为，作为一种最严厉的法律制裁措施，合同解除并非在任何时期、任何情况下存在。总的来说，在罗马法当中，合同解除是被禁止的，而到了中世纪，教会法则在双务合同当中承认了合同解除。到了17世纪和18世纪，法国民法学家Domat和Pothier均主张教会法的规则，反对罗马法的规则，认为合同债权人在债务人不履行自己的债务时能够解除合同。受到Domat和Pothier的此种观念影响，1804年的《法国民法典》第1184条对合同

---

① Article 1229, Code civil, Version en vigueur au 18 janvier 2021, https://www.legifrance.gouv.fr/codes/section_lc/LEGITEXT000006070721/LEGISCTA000032009927/#LEGISCTA000032009927.

解除做出了规定。借鉴其他大陆法系国家其他的经验，2016 年的债法改革法令对合同解除做出了新的规定。

一、罗马法当中的协议合同解除制度

虽然近现代合同法源自古罗马，但是，罗马法当中并不存在一般意义上的合同解除制度，即便债务人不履行债务的行为极端严重，除了合同债权人不能够单方面解除他们与债务人之间的合同之外，法官也不得通过自己的裁判解除当事人之间的合同。罗马法之所以没有建立一般意义上的合同解除制度，最主要的原因是，罗马法采取合同成立方面的严格形式主义理论，每一种合同均应当遵循自己特有的形式，它们的法律效力取决于当事人所采取的形式，而不是取决于当事人的意图、意志，已如前述。

到了经典罗马法时期尤其是后经典罗马法时期，虽然合同成立方面的合意主义理论开始被人们接受，但是，此种理论并没有一般化、普遍化。因为，合意主义理论仅仅适用于少数几种合同，其中尤其包括买卖合同。因为罗马法没有建立一般意义上合同解除制度，因此，在出卖人将出卖物交付给买受人之后，如果买受人没有履行支付价款的债务，作为债权人的出卖人既无权单方面解除合同，也无权向法院起诉，要求法官解除他们与买受人之间的合同，换言之，他们无权要求买受人将自己交付的财产返还自己，他们唯一能够采取的法律救济措施是向法院起诉，要求法官责令买受人继续履行支付价款的债务，如果买受人资不抵债，则出卖人只能够自认倒霉。①

为了避免出卖人陷入此种不利境地，罗马人在实践当中采取了一种做法：当事人在自己的买卖合同当中约定，在买受人不履行支付价款的债务时，出卖人有权按照合同规定的条款解除他们与对方当事人之间的合同并因此有权要求买受人将自己交付的财产返还自己，这就是罗马法当中的合同的协议解除：一方当事人根据合同当中的解除条款解除合同。当事人在自己的买卖合同当中所规定的此种条款被称为合同解除条款（pacte commissoire）。总之，到了后经典罗马法时期，除非合同当事人在自己的合同当中规定了合同解除条款，否则，在债务人不履行自己的债务时，债权人不享有合同的单方面解除权或者司法解除权。②

二、中世纪的教会法对合同解除的承认

到了中世纪，教会法开始承认合同解除制度，它认为，即便合同当事人没有在自己的合同当中规定合同解除条款，在债务人不履行自己债务的情况下，债权人有权单方面解除他们与债务人之间的合同。教会法之所以承认债权人所享有的单方面合同解除权，一方面是因为教会法已经采取了合同成立的合意主义，不再坚持合同的形式主义理论，

① Philippe Malaurie, Laurent Aynès, Philippe Stoffel-Munck, Droit des obligations, 8e édition, L. G. D. J., 2016, p. 505; François Terré, Philippe Simler, Yves Lequette, François Chénedé, Droit civil, Les Obligations, 12e édition, Dalloz, 2018, p. 852.

② Philippe Malaurie, Laurent Aynès, Philippe Stoffel-Munck, Droit des obligations, 8e édition, L. G. D. J., 2016, p. 505; François Terré, Philippe Simler, Yves Lequette, François Chénedé, Droit civil, Les Obligations, 12e édition, Dalloz, 2018, p. 852.

认为合同的法律效力源自当事人的意图、意志而非他们采取的合同形式，已如前述。另一方面是因为教会法倡导诚实信用原则，坚守人们无需对不信守自己诺言的人信守自己的诺言（non servanti fidem non est fides servanda）的法律格言，已如前述。

根据这一法律格言，教会法得出这样的结论：在双务合同当中，在没有获得对方当事人的给付时，合同债权人不仅无须履行自己对对方当事人承担的债务，而且还有权解除自己与对方当事人之间的合同。其中的第一个结论就是债务不履行的抗辩，已如前述，而第二个结论就是债权人所享有的合同解除权。根据教会法的规定，合同债权人应当通过向法院起诉的方式行使自己享有的合同解除权，因为教会法认为，只有法官才能够让债权人与债务人之间的关系解除。在决定是否解除当事人之间的合同时，法官享有广泛范围的权力：他们既享有解除合同的权力，也享有不解除合同的权力。如果法官拒绝解除当事人之间的合同，他们往往会责令债务人在一个合理期限内履行自己的债务，如果决定解除当事人之间的合同，他们还会附加某些补充性质的制裁措施。在决定是否作出解除合同的判决时，法官会考虑多种不同的因素：当事人的意图，合同是否符合道德的要求，当事人的善意、恶意，以及经济因素等。①

三、法国旧法时期的合同解除制度

在法国旧法时期，中世纪的教会法关于合同解除的上述规则逐渐被民法所接受，此种移植时间漫长，因为这一时期的罗马法学家抵制教会法的上述制度，而固守罗马法所采取的合同解除制度，尤其是在采用成文法即罗马法的地区，更是如此。在法国旧法时期，那些采取习惯法的地区则不同，除了习惯法学家采取了中世纪教会法的上述做法之外，法官也在自己的司法判例当中采用教会法学家的观念，允许合同的一方当事人通过司法方式解决他们与对方当事人之间的合同。在罗马法和教会法的双重影响下，法国旧法时期的法律最终将罗马法和教会法熔于一炉，它既承认了罗马法的做法，也承认了教会法的做法，并因此形成了作为一般理论的合同解除制度：一方面，如果当事人在自己的合同当中规定了解除条款，则当事人有权按照合同规定的条款解除他们之间的合同；另一方面，在欠缺解除条款的情况下，基于债权人的请求，法官也能够解除当事人之间的合同。②

在17世纪，法国著名民法学家Domat承认合同解除的一般理论，他认为，无论合同是否规定了解除条款，如果合同债务人不履行所承担的相互债务，合同债权人就享有合同解除权，无论是在买卖合同当中还是在其他双务合同当中，均是如此，因此，即便当事人在自己的买卖合同当中规定了解除条款，他们所规定的解除条款也没有实际意义。Domat认为，合同法之所以采取此种规则，是因为此种规则是当事人意图的体现：

① Philippe Malaurie, Laurent Aynès, Philippe Stoffel-Munck, Droit des obligations, 8e édition, L. G. D. J., 2016, pp. 505—506; François Terré, Philippe Simler, Yves Lequette, François Chénedé, Droit civil, Les Obligations, 12e édition, Dalloz, 2018, pp. 852—853.

② Philippe Malaurie, Laurent Aynès, Philippe Stoffel-Munck, Droit des obligations, 8e édition, L. G. D. J., 2016, pp. 505—506; François Terré, Philippe Simler, Yves Lequette, François Chénedé, Droit civil, Les Obligations, 12e édition, Dalloz, 2018, pp. 852—853.

当事人认为，仅仅在合同的每一方当事人均履行自己债务的情况下，他们之间的合同才会存在。①

在18世纪，Pothier采取了Domat的看法，他指出，我们的法律不同于罗马法，因为我们的法律认为，买卖合同的解除既是为了出卖人的利益也是为了买受人的利益。为了证明合同解除的正当性，人们不需要再论及所谓的合同解除条款。因为合同的解除直接源自当事人的意图、意志。他指出：出卖人或者买受人不履行债务的行为会导致合同的解除，因为，出卖人和买受人之所以愿意签订买卖合同，其目的在于获得对方所允诺的给付，在一方无法获得对方所允诺的给付时，他们自然可以解决合同。②

四、从1804年的《法国民法典》到2016年之后的《法国民法典》的合同解除制度

在制定1804年的《法国民法典》时，法国立法者完全采纳了Pothier的上述看法，将合同解除规定在《法国民法典》当中，这就是1804年的《法国民法典》当中的第1184条，该条规定："（1）如果双务合同当中的一方当事人不履行自己所承担的债务，则解除条款总是被视为规定在双务合同当中。（2）在此种情形，合同并不会完全解除，在债务人不履行债务时，债权人享有选择权：在债务履行可能时，债权人有权要求法官强制债务人继续履行自己的债务，或者在要求法官责令债务人赔偿自己所遭受的损害时要求法官解除他们与债务人之间的合同。（3）合同的解除应当以当事人向法院提出请求作为根据，根据案件的具体情况，法官也可以基于被告的请求解除当事人之间的合同。"③

1804年的《法国民法典》第1184（1）条规定了罗马法当中的合同解除制度：当事人根据解除条款解除合同，即便当事人之间没有规定解除条款，只要他们之间的合同在性质上属于双务合同，则他们的合同均被视为包含了这一条款。民法学者将该条所规定的合同解除称为协议解除。1804年的《法国民法典》第1184（2）和第（3）条规定了教会法当中的合同解除制度：在债务人不履行合同所规定的债务时，基于债权人的起诉，法官享有决定是否解除合同的权力，民法学者将这两个条款规定的合同解除称为司法解除。因此，1804年的《法国民法典》仅仅用了一个法律条款对两种类型的合同解除做出了规定：合同的协议解除和合同的司法解除。

除了没有对协议解除和司法解除的条件和程序做出详细规定之外，1804年的《法国民法典》第1184条也没有对另外一种合同解除制度即债权人单方面解除合同的制度做出规定。这一点让《法国民法典》在合同解除的问题上与其他国家的合同法存在重大差异。根据《德国民法典》和《瑞士民法典》的规定，在债务人不履行债务时，债权人有权单方面解除合同：他们应当首先对债务人予以催告，责令债务人在债权人指定

---

① François Terré, Philippe Simler, Yves Lequette, François Chénedé, Droit civil, Les Obligations, 12e édition, Dalloz, 2018, p. 853.

② François Terré, Philippe Simler, Yves Lequette, François Chénedé, Droit civil, Les Obligations, 12e édition, Dalloz, 2018, p. 853.

③ Article 1184, https://fr. wikisource. org/wiki/Code_civil_des_Français_1804/Livre_Ⅲ, _Titre_Ⅲ.

的合理期限内履行债务，如果债务人在指定期间内仍然没有履行债务，债权人有权单方面解除合同。[①]

1804 年的《法国民法典》第 1184 条一直从 1804 年保留到 2016 年，直到 2016 年 2 月 10 日的债法改革法令以新的法律条款即新的第 1224 条至新的 1230 条取代它为止。在长达 200 多年的时间内，法国民法学者、律师和法官共同努力，采取措施填补该条规定所存在的漏洞，以便满足合同当事人的需要：一方面，他们共同努力，就有关合同解除对当事人和第三人产生的法律效力做出了准确的说明；另一方面，由于受到《德国民法典》《瑞士民法典》和英美法系国家合同法的影响，他们共同努力，在《法国民法典》旧的第 1184 条所规定的两种合同解除的基础上建立了另外一种合同解除制度，这就是债权人单方面合同解除权。[②]

这些努力成果最终被法国政府所吸收，在 2016 年 2 月 10 日的债法改革法令当中，法国政府将这些成果规定在《法国民法典》当中，这就是现行《法国民法典》当中的新的第 1224 条至新的 1230 条，除了对三种不同的合同解除和所有合同解除的法律效力做出了列举和规定之外，这些法律条款还分别对其中的每一种合同解除所适用的条件和程序等做出了规定，它们结合在一起就形成了作为一个有机整体的合同解除制度。现行《法国民法典》新的第 1224 条对合同解除的三种类型做出了说明，根据它的说明，合同解除分为三种：协议解除，债权人单方面解除，司法解除，该条规定：合同解除或者源于解除条款的适用，在债务不履行的行为严重时，或者源于债权人对债务人的解约通知，或者源于法官的判决。[③]

第二节　合同解除共同适用的条件

虽然《法国民法典》新的第 1224 条至新的 1230 条规定了三种不同类型的合同解除，并且虽然不同类型的合同解除所应当具备的条件和程序存在差异，但是，所有的合同解除均应当具备三个条款：其一，合同解除适用于能够被解除的合同。其二，合同解除以债务人不履行债务作为前提。其三，合同解除可能最终均得由法官通过裁判做出。

一、合同解除所适用的合同

在合同法当中，当事人之间的哪些合同能够被解除？现行《法国民法典》新的第 1224 条至新的 1230 条没有做出说明。在历史上，人们认为，仅仅双务合同才有可能被

---

① Philippe Malaurie, Laurent Aynès, Philippe Stoffel-Munck, Droit des obligations, 8e édition, L. G. D. J., 2016, p. 505.

② Philippe Malaurie, Laurent Aynès, Philippe Stoffel-Munck, Droit des obligations, 8e édition, L. G. D. J., 2016, pp. 505—506; François Terré, Philippe Simler, Yves Lequette, François Chénedé, Droit civil, Les Obligations, 12e édition, Dalloz, 2018, pp. 852—854.

③ Article 1224, Code civil, Version en vigueur au 18 janvier 2021, https://www.legifrance.gouv.fr/codes/section_lc/LEGITEXT000006070721/LEGISCTA000032009927/#LEGISCTA000032009927.

解除，单务合同是不能够被解除的。而在今时今日，此种规则则不复存在，虽然在今时今日，合同解除仍然主要在双务合同当中适用。

首先，即便是不完全的双务合同，在债务人不履行合同债务时，债权人也能够解除合同。因此，在保管合同当中，如果被保管人拒绝支付保管费用，保管人也有权解除他们与对方当事人之间的保管合同，即便保管合同在性质上属于不完全的双务合同。①

其次，即便是单务合同，如果立法者明确规定，债权人享有合同解除权，则在债务人不履行债务时，债权人也能够解除他们与对方当事人之间的单务合同。② 例如，《法国民法典》第 1912 条就明确规定，在有息借贷合同（contrat de prêt à intérêt）当中，如果债务人即借贷者没有履行合同所规定的债务，则债权人即出借人能够解除合同，并因此要求债务人回购自己的不动产。③ 再例如，《法国民法典》第 2344 条也规定，在设定转移质押物占有权的质押合同时，如果债权人或者第三人在收到质押物之后没有履行保管债务，则质押人有权解除质押合同，并因此要求债权人或者第三人将质押物返还自己。④

最后，并非所有的双务合同均能够被解除。在法国，立法者和法国最高法院在自己的制定法和司法判例当中对不能够解除的双务合同做出了规定和说明。例如，《法国民法典》第 1978 条规定，在终身年金合同即养老金合同（contrat de rente viagère）当中，即便债务人没有履行支付年金（rente viagère）的债务，债权人也不能够解除他们与债务人之间的终身定期金合同，并因此要求债务人将自己支付的本金返还自己。⑤

在众多的司法判例当中，法国最高法院基于不同的理由认定，当事人之间的某些双务合同是不能够被解除的。如果当事人尤其是家庭成员之间达成了财产分割协议，在债务人不履行合同所规定的债务时，如果债权人要求法官解除他们与债务人之间的合同，为了避免所面临的实际困难，法国最高法院拒绝债权人的请求，并因此让此种合同成为不能够解除的合同；如果司法辅助人员之间签订了与司法辅助人员职务或者身份（office ministériel）有关系的财产转让合同，在债务人拒绝履行合同所规定的债务时，如果债权人要求法官解除他们之间的合同，法国最高法院基于财政税收的考虑拒绝债权人提出的解除要求，并因此让此种双务合同成为不能够解除的合同。此外，法国最高法院也认为，如果雇主与其劳动者之间的劳动合同是通过劳动者的人事代表签订的，在债务人

---

① Marjorie Brusorio Aillaud, Droit des obligations, 8e édition, bruylant, 2017, p. 271.

② Dimitri Houtcieff, Droit Des Contrats, Larcier, 2e édition, 2016, pp. 507—508; Muriel Fabre-Magnan, Droit des obligations, Tome 1, Contrat et engagement unilatéral, 4e édition, puf, 2016, pp. 737—738; Rémy Cabrillac, Droit des obligations, 12e édition, Dalloz, 2016, p. 178; Marjorie Brusorio Aillaud, Droit des obligations, 8e édition, bruylant, 2017, p. 271; François Terré, Philippe Simler, Yves Lequette, François Chénedé, Droit civil, Les Obligations, 12e édition, Dalloz, 2018, pp. 870—873.

③ Article 1912, Code civil, Version en vigueur au 18 janvier 2021, https://www.legifrance.gouv.fr/codes/section_lc/LEGITEXT000006070721/LEGISCTA000006136398/#LEGISCTA000006136398.

④ Article 1978, Code civil, Version en vigueur au 18 janvier 2021, https://www.legifrance.gouv.fr/codes/section_lc/LEGITEXT000006070721/LEGISCTA000006136403/#LEGISCTA000006136403.

⑤ Article 2344, Code civil, Version en vigueur au 18 janvier 2021, https://www.legifrance.gouv.fr/codes/section_lc/LEGITEXT000006070721/LEGISCTA000006165632/#LEGISCTA000006165632.

即雇主不履行债务时，债权人即劳动者也不能够要求解除他们与对方当事人之间的劳动合同。[①]

二、合同解除以合同债务人不履行债务作为前提

就像其他几种法律制裁措施建立在债务不履行的基础上一样，合同解除也建立在合同债务人不履行合同所规定的债务的基础上：仅仅在合同债务人存在不履行自己债务的行为时，合同债权人或者法官才能够解除当事人之间的合同，如果债务人已经履行了自己的债务，则债权人或者法官不能够解除当事人之间的合同。不过，合同解除并不一定要求债务的不履行构成过错行为，即便债务的不履行并不构成过错行为，债权人或者法官仍然能够解除当事人之间的合同，因为，如果债务的不履行是因为不可抗力引起的，债权人也能够要求解除合同。[②]

同样，合同解除并非一定建立在债务的完全不履行的基础上，因为，在债务人部分不履行债务的情况下，如果部分不履行对债权人而言足够严重，他们的部分不履行行为也会导致合同被解除。除了不履行或者部分不履行债务的行为导致合同解除之外，如果债务人的债务履行存在瑕疵，他们的瑕疵履行也能够导致合同被解除。如果合同当中规定了合同解除条款，在符合解除条款所规定的解除事由时，债权人有权解除合同，无论债务人不履行债务的行为是否严重。如果合同当中没有规定解除条款，则单纯的债务不履行还不足以证明合同解除的正当性，仅仅在不履行的行为足够严重时，当事人之间的合同才能够解除。[③] 这就是协议解除和其他两种不同的合同解除之间的主要差异，关于这一点，笔者将在下面的内容当中做出详细的讨论，此处从略。

三、合同解除可能最终均需要由法官通过裁判做出

如果站在法官的立场，合同解除可以分为司法解除和非司法解除。无论是 1804 年的《法国民法典》还是现行《法国民法典》均是如此。1804 年的《法国民法典》第 1184 条将合同解除分为协议解除和裁判解除，其中的裁判解除就是司法解除，而其中的协议解除则是非司法解除。现行《法国民法典》新的第 1224 条将合同解除分为协议解除、债权人单方面解除和裁判解除，其中的第一种和第二种解除属于非司法解除，而

---

① Dimitri Houtcieff, Droit Des Contrats, Larcier, 2e édition, 2016, pp. 507—508; Muriel Fabre-Magnan, Droit des obligations, Tome 1, Contrat et engagement unilatéral, 4e édition, puf, 2016, pp. 737—738; Rémy Cabrillac, Droit des obligations, 12e édition, Dalloz, 2016, p. 178; Marjorie Brusorio Aillaud, Droit des obligations, 8e édition, bruylant, 2017, p. 271; François Terré, Philippe Simler, Yves Lequette, François Chénedé, Droit civil, Les Obligations, 12e édition, Dalloz, 2018, pp. 870—873.

② Dimitri Houtcieff, Droit Des Contrats, Larcier, 2e édition, 2016, pp. 507—508; Muriel Fabre-Magnan, Droit des obligations, Tome 1, Contrat et engagement unilatéral, 4e édition, puf, 2016, pp. 738—739; Rémy Cabrillac, Droit des obligations, 12e édition, Dalloz, 2016, p. 178; Marjorie Brusorio Aillaud, Droit des obligations, 8e édition, bruylant, 2017, pp. 271—272; François Terré, Philippe Simler, Yves Lequette, François Chénedé, Droit civil, Les Obligations, 12e édition, Dalloz, 2018, pp. 870—873.

③ Muriel Fabre-Magnan, Droit des obligations, Tome 1, Contrat et engagement unilatéral, 4e édition, puf, 2016, pp. 738—739; Rémy Cabrillac, Droit des obligations, 12e édition, Dalloz, 2016, p. 178; Marjorie Brusorio Aillaud, Droit des obligations, 8e édition, bruylant, 2017, pp. 271—272.

裁判解除则属于司法解除。

根据此种分类，似乎仅有裁判解除才需要法官通过裁判做出，非司法解除则无需通过法官的裁判做出。实际情况未必如此，因此，除了司法解除需要借助于法官的裁判做出之外，非司法解除也可能需要借助于法官的裁判做出。一方面，协议解除可能需要借助于法官的裁判做出，因为，即便合同对当事人解除合同的条件做出了规定，在一方当事人凭借合同当中的解除条款解除合同时，如果对方当事人认为其解除不符合或者不完全符合解除条款的要求，则他们有权向法院起诉，要求法官阻止合同的解除。另一方面，债权人单方面解除合同也可能会需要借助于法官的裁判做出，因为，在债权人单方面宣告解除合同时，如果债务人反对其解除合同的决定，他们也有权向法院起诉，要求法官阻止债权人单方面解除合同。

在第一种情况下，债权人的合同解除是否完全符合解除条款的要求，由法官裁判；而在第二种情况下，债权人是否有权单方面解除合同，仍然由法官裁判，因为在这两种不同情况下，如果债务人反对，他们均有权向法院起诉，要求法官解决他们与债权人之间的合同解除纠纷。现行《法国民法典》新的第 1227 条对此种规则做出了说明，该条规定：在任何情况下，当事人均可以向法院起诉，要求法官解除合同。[①]

第三节　合同因为解除条款的适用而解除

所谓协议解除（résolution conventionnelle），或者是指在合同有效成立之后合同履行期间，债权人与债务人就合同的解除所达成的一种新协议，根据该新协议，他们同意终止彼此之间的合同，至于他们之间被解除的合同是否产生溯及既往的效力，完全由他们之间的新协议规定，或者是指在缔结合同时，当事人就已经在他们之间的合同当中规定了合同解除条款，在解除条款所规定的条件具备时，债权人根据解除条款解除他们与对方当事人之间的合同。由于笔者已经在前面的内容当中对第一种含义的协议解除做出了讨论，笔者仅在此处讨论第二种含义的协议解除。

除了新的第 1224 条对此种形式的合同解除做出了列举之外，《法国民法典》新的第 1225 条还对此种形式的合同解除做出了详细的说明，该条规定：解除条款应当准确地规定，不履行会引起合同解除的债务。如果合同没有规定合同仅仅因为不履行的行为而解除，则合同解除应当受到没有效用的催告的约束。仅仅在催告明确提及解除条款时，催告才产生法律效力。[②]

一、合同解除条款的界定和特征

合同的协议解除也被称为根据合同的解除条款所进行的合同解除。所谓合同的解除

---

① Article 1227, Code civil, Version en vigueur au 19 janvier 2021, https://www.legifrance.gouv.fr/codes/section_lc/LEGITEXT000006070721/LEGISCTA000006150254/#LEGISCTA000032041441.

② Article 1225, Code civil, Version en vigueur au 19 janvier 2021, https://www.legifrance.gouv.fr/codes/section_lc/LEGITEXT000006070721/LEGISCTA000006150254/#LEGISCTA000032041441.

条款（la clause résolutoire），是指合同当事人在所缔结的合同当中明确规定的一旦债务人不履行合同所规定的债务则当事人之间的合同就自动（automatique）、完全（de plein droit）终止的一个条款。在缔结合同时，当事人会在他们的合同当中规定各种各样的条款，诸如货物的质量条款、货物的数量条款以及为第三人利益的条款等。除了规定这些条款之外，当事人还可能规定一种条款，根据这一条款，如果债务人不履行合同所规定的债务，则债权人与债务人之间的合同就自动、完全终止，除了债务人没有履行的债务不再履行之外，他们没有履行的债务也不再履行，这一条款就是合同当中的解除条款，它让当事人之间的合同按照合同规定的条款自动解除、完全解除。①

作为三种合同解除方式当中的一种，通过解除条款的合同解除具有自己的两个重要特征：

其一，解除条款的自由约定性。解除条款之所以能够产生让合同解除的法律效果，是因为此种条款是合同自由原则的体现，是合同约束力的表示，因为，根据合同自由原则，当事人能够在自己的合同当中规定各种各样的条款，除非他们之间的条款违反公共秩序，否则，他们之间的合同所规定的这些条款均是有效的、对当事人有约束力的。除了适用于其他条款，此种原则也适用于当事人在其合同当中所规定的解除条款。②

其二，合同解除条款的自动性、当然性。所谓合同解除条款的自动性、当然性，是指一旦当事人在他们之间的合同当中规定了解除条款，在债务人不履行解除条款所规定的某一个或者某几个债务时，则不履行债务的行为本身就足够让当事人之间的合同终止，虽然债务人能够向法院起诉，但是，法官原则上只能够确认解除条款所规定的解除条款是否具备，并且一旦认定已经具备，他们就只能够确认合同的解除，他们不能够对债务人履行债务的行为是否构成严重的不履行行为做出评估。③

二、合同解除条款的历史

通过合同所规定的解除条款解除合同的方式历史悠久，早在经典罗马法时期和后经典罗马法时期，人们就在买卖合同当中承认这一解除方式，已如前述。在 17 世纪和 18 世纪，被誉为《法国民法典》之父的 Domat 和 Pothier 也承认这一合同解除方式，已如前述。1804 年的《法国民法典》第 1184 条明确承认了这一合同解除方式，已如前述。

早在 1860 年 7 月 2 日的案件当中，法国最高法院首次确认了合同解除条款的有效性，认为当事人之间的此种条款是有效的，是能够产生让合同自动解除的法律效力的。它指出："法律并不禁止合同当事人在自己的明示合同当中规定合同的解除条款，根据这一条款，在一方当事人不履行自己的债务时，他们之间的合同绝对、自动终止。他们之间的此种合同不是非法的，此种合同在当事人之间等同于立法者的制定法，法官不能

① Dimitri Houtcieff, Droit Des Contrats, Larcier, 2e édition, 2016, p. 500; Muriel Fabre-Magnan, Droit des obligations, Tome 1, Contrat et engagement unilatéral, 4e édition, puf, 2016, p. 740; Virginie Larribau-Terneyre, Droit civil, Les Obligations, 15e édition, Dalloz, 2017, p. 584.

② Virginie Larribau-Terneyre, Droit civil, Les Obligations, 15e édition, Dalloz, 2017, pp. 586—587.

③ Virginie Larribau-Terneyre, Droit civil, Les Obligations, 15e édition, Dalloz, 2017, p. 587.

够对此做出变更。”[①]

自此之后，法国最高法院一直采取此种态度，认为当事人在自己的合同当中所规定的解除条款是完全有效的。在2004年12月4日和2012年7月10日的案件当中，法国最高法院认定，一旦当事人之间的合同规定了解除条款，则他们之间的此种条款能够产生让合同解除的法律效果，如果债务人对其提出反对意见，认为此种条款的适用以债务人的债务不履行达到足够严重的程度作为条件，法官不需要探寻债务人的不履行行为是否达到了严重的程度。换言之，法国最高法院认为，适用合同解除条款解除合同并不以债务不履行的行为足够严重作为条件。[②]

通过2016年2月10日的债法改革法令，现行《法国民法典》对此种合同解除权做出了规定，这就是新的第1224条和新的第1225条，已如前述。《法国民法典》和法国最高法院对待合同解除条款的这一态度与其他大陆法系国家的民法形成了鲜明对比，因为其他大陆法系国家的民法未必承认这一解除条款的有效性，例如，荷兰民法就采取此种态度，它不承认解除条款的有效性。[③]《法国民法典》和法国法官之所以规定和承认此种合同解除方式，是因为此种合同解除方式对于债权人而言具有不言而喻的优点。首先，此种合同解除方式是债权人确保债务人履行自己债务的一种有效方式，因为它对债务人而言是一种压力，通过该种压力，逼迫债务人积极履行所承担的债务。其次，在主张此种合同解除时，债权人无须证明债务人不履行债务的行为足够严重，因为，只要符合解除条款的规定，他们之间的合同就自动终止。最后，也是最重要的，此种合同解除条款能够免受法官对合同解除所进行的审查。关于这一点，笔者将在下面的内容当中做出详细的讨论，此处从略。

在今时今日，除了《法国民法典》对此种合同解除方式做出了规定之外，法国立法者还在其他制定法当中对此种合同解除方式做出了规定，其中的某些制定法明确禁止债权人以此种方式解除他们与对方当事人之间的合同。例如，《法国保险法典》第L. 113-3条就对保险合同的解除条件和程序做出了特殊的规定，以便对被保险人提供保护，防止保险公司借口被保险人不履行债务而擅自解除保险合同。再例如，《法国农村法典》第L. 411-31条就明确禁止农村不动产租赁合同的当事人在自己的合同当中明确规定解除条款，如果一方当事人借口另外一方当事人不履行债务而要求解除合同，他们应当向法院起诉，由法官决定他们之间的合同是否能够解除：仅仅在法典所规定的具体情况下，法官才能够解除当事人之间的合同。[④]

---

① Cass. Civ., 2 juillet 1860, D. 1860, 1, 284; Philippe Malaurie, Laurent Aynès, Philippe Stoffel-Munck, Droit des obligations, 8e édition, L. G. D. J., 2016, p. 507; François Terré, Philippe Simler, Yves Lequette, François Chénedé, Droit civil, Les Obligations, 12e édition, Dalloz, 2018, p. 855.

② Cass. com., 14 décembre 2004, n°03—14. 380; Cass. Com., 10 juillet 2012, n°11-20060, Bull., N °150; François Terré, Philippe Simler, Yves Lequette, François Chénedé, Droit civil, Les Obligations, 12e édition, Dalloz, 2018, p. 855.

③ Philippe Malaurie, Laurent Aynès, Philippe Stoffel-Munck, Droit des obligations, 8e édition, L. G. D. J., 2016, p. 507.

④ François Terré, Philippe Simler, Yves Lequette, François Chénedé, Droit civil, Les Obligations, 12e édition, Dalloz, 2018, pp. 855—857.

三、合同解除条款的适用应当具备的条件

根据《法国民法典》新的第1225条的规定，通过合同解除条款解除合同应当具备以下几个方面的条件。

（一）债务的不履行

就像其他形式的合同解除建立在债务不履行的基础上一样，通过解除条款解除合同同样也建立在债务人不履行所承担的债务的基础上。根据《法国民法典》新的第1225条的规定，解除条款的规定方式有两种：它要么简单地规定，单纯的债务不履行行为（seul fait de l'inexécution）就会导致合同解除，它要么明确、肯定和清楚地列明，债务人违反合同所规定的哪些债务会导致合同自动解除。

在前一种情况下，只要债务人不履行合同所规定的任何一种债务，无论他们所不履行的债务是重要的债务还是无关要紧的债务，他们与债权人之间的合同就会自动终止。而在后一种情况下，仅在债务人不履行合同解除条款所明确规定的一种或者几种债务时，他们与债权人之间的合同才会自动解除，因此，即便债务人存在不履行债务的行为，如果他们不履行债务的行为不属于解除条款所规定的债务，则他们与债权人之间的合同不会因为解除条款的适用而自动解除。①

无论是第一种情况还是第二种情况下的债务不履行均不要求债务人的债务不履行行为在性质上属于足够严重的不履行行为，任何不履行行为，无论是轻微的、温和的或者严重的，只要符合上述两种情形的要求，均足以导致合同的自动解除，如果其他条件同时具备的话。

（二）预先催告

根据《法国民法典》新的第1225条的规定，除非当事人之间的解除条款明确规定，单纯的债务不履行行为会导致合同被解除，否则，在根据解除条款的规定解除合同之前，债权人应当预先对债务人做出催告，督促债务人及时履行没有履行的债务。换言之，在解除条款对债务人不履行的债务做出了明确、肯定和清楚列明时，如果债务人没有履行所列明的一项或者几项债务，债权人在解除合同之前就必须对债务人履行催告程序。在被催告之后，如果债务人按照债权人的要求履行了债务，则他们之间的合同就因为履行而终止。在被催告之后，如果债务人在合理期限内仍然没有履行债务，则他们与

---

① Dimitri Houtcieff, Droit Des Contrats, Larcier, 2e édition, 2016, pp. 500—501; Muriel Fabre-Magnan, Droit des obligations, Tome 1, Contrat et engagement unilatéral, 4e édition, puf, 2016, pp. 740—742; Philippe Malaurie, Laurent Aynès, Philippe Stoffel-Munck, Droit des obligations, 8e édition, L. G. D. J., 2016, pp. 506—510; Marjorie Brusorio Aillaud, Droit des obligations, 8e édition, bruylant, 2017, pp. 271—272; Virginie Larribau-Terneyre, Droit civil, Les Obligations, 15e édition, Dalloz, 2017, pp. 584—587; François Terré, Philippe Simler, Yves Lequette, François Chénedé, Droit civil, Les Obligations, 12e édition, Dalloz, 2018, pp. 857—861.

债权人之间的合同就因为解除条款的适用而解除。[①]

（三）债权人需为善意

虽然解除条款的适用会导致合同的自动解除，但是，在解除条款所规定的条件已经完全具备的情况下，当事人之间的合同并不会自动终止，因为，虽然解除条款的适用具有自动性、完全性的特征，但是，解除条款的适用也必须以债权人积极主张作为前提：在解除条款所规定的条件具备时，如果债权人主张此种原因的解除，在符合上述两个条件时，当事人之间的合同解除，如果债权人不主张此种原因的解除，则他们与对方当事人之间的合同并不自动、当然解除。事实上，在符合解除条款所规定的条件时，债权人也可以不主张此种原因的解除，而是主张合同的强制履行或者损害赔偿责任的承担，这就是合同债权人对解除条款所享有的放弃权。[②]

虽然《法国民法典》新的第1225条没有明确规定，但是，法国最高法院一直以来均认为，仅仅在善意的情况下，债权人才能够根据合同所规定的解除条款解除他们与对方当事人之间的合同，如果他们是恶意的，则即便完全具备解除条款所规定的条件，他们也不得主张合同的解除。债权人行使此种解除权的行为是否构成善意，由法官在具体案件当中确定。

根据法国最高法院和民法学者的学说，以解除条款作为解除合同的权利只能够由合同债权人主张，合同债务人不得以此种理由主张合同被解除，因为他们不履行自己承担的合同债务，如果允许他们自己以此种理由主张合同解除，则对债权人极端不公平。此外，在债权人以此种原因主张合同被解除时，如果债务人予以反对，在处理当事人之间的纠纷时，法官不会考虑债务人的反对是善意的还是恶意的。

（四）法官在解除条款引起的合同解除当中的作用

虽然《法国民法典》新的第1225条没有规定，但是，根据法国最高法院所确立的规则，在解除条款导致合同自动终止时，如果债权人以此种理由主张合同被解除，债务人当然有权向法院起诉，要求法官阻止债权人以此种理由主张合同被解除。此时，法官应当尊重当事人之间的解除条款，应当认定他们之间的解除条款合法有效，在解决当事

---

① Dimitri Houtcieff, Droit Des Contrats, Larcier, 2e édition, 2016, pp. 500—501; Muriel Fabre-Magnan, Droit des obligations, Tome 1, Contrat et engagement unilatéral, 4e édition, puf, 2016, pp. 740—742; Philippe Malaurie, Laurent Aynès, Philippe Stoffel-Munck, Droit des obligations, 8e édition, L. G. D. J., 2016, pp. 506—510; Marjorie Brusorio Aillaud, Droit des obligations, 8e édition, bruylant, 2017, pp. 271—272; Virginie Larribau-Terneyre, Droit civil, Les Obligations, 15e édition, Dalloz, 2017, pp. 584—587; François Terré, Philippe Simler, Yves Lequette, François Chénedé, Droit civil, Les Obligations, 12e édition, Dalloz, 2018, pp. 857—861.

② Dimitri Houtcieff, Droit Des Contrats, Larcier, 2e édition, 2016, pp. 500—501; Muriel Fabre-Magnan, Droit des obligations, Tome 1, Contrat et engagement unilatéral, 4e édition, puf, 2016, pp. 740—742; Philippe Malaurie, Laurent Aynès, Philippe Stoffel-Munck, Droit des obligations, 8e édition, L. G. D. J., 2016, pp. 506—510; Marjorie Brusorio Aillaud, Droit des obligations, 8e édition, bruylant, 2017, pp. 271—272; Virginie Larribau-Terneyre, Droit civil, Les Obligations, 15e édition, Dalloz, 2017, pp. 584—587; François Terré, Philippe Simler, Yves Lequette, François Chénedé, Droit civil, Les Obligations, 12e édition, Dalloz, 2018, pp. 857—861.

人之间的争议时，法官不得探寻、审查债务人不履行债务的行为是否足够严重，他们仅仅需要探寻、审查当事人之间的合同是否符合合同规定的解除条款的条件：如果认定当事人之间的合同符合解除条款所规定的条件，则他们应当确认合同的解除，如果认定不符合解除条款所规定的条件，他们可以拒绝合同的解除。这一点让此种解除方式区别于另外两种不同的解除方式，因为在另外两种不同方式当中，法官享有控制权，能够通过探寻、审查债务人的不履行行为是否足够严重的方式阻止合同的解除。①

第四节　合同的单方解除

除了规定了解除条款的适用引起的合同解除之外，现行《法国民法典》新的第1224条还规定了债权人能够主张合同解除的第二种方式，这就是通过单方面主张合同解除的方式解除自己与债务人之间的合同。除了这一条款对这一种解除方式做出了简单列举之外，现行《法国民法典》新的第1226条还对这一解除方式做出了详细的规定，该条规定：“（1）债权人能够以通知的方式解除合同，不过，他们应当对其单方解除合同的行为自负后果。除非情况紧急，否则，他们应当预先催告不履行债务的债务人，让他们在合理期限内履行自己承担的债务。（2）催告应当明确提及，因为债务人没有履行自己承担的债务，因此，债权人享有解除合同的权利。（3）在债务人仍然不履行债务时，债权人将合同解除和解除合同的原因通知债务人。（4）债务人可以随时向法院起诉，要求法官解决他们与债权人之间的合同解除争议。债权人应当证明债务人不履行债务的严重性。”②

一、合同单方解除的界定

所谓合同的单方解除（la résolution unilatérale du contrat），也称为通过通知解除（la résolution par notification）、通过通知单方解除（la résolution unilatérale par notification），是指合同债权人仅凭自己的个人意图、个人意志、个人意思就能够让他们与合同债务人之间的合同被解除，当他们希望单方面解除与对方当事人之间的合同时，只要他们将其解除合同的意图、意志、意思通知对方，则他们与对方当事人之间的合同就会终止，即便他们与对方当事人之间的合同没有规定任何解除条款，即便立法者没有明确规定债权人享有合同解除权，他们也能够单方面决定终止自己与对方当事人之间的合同，无论他

---

① Dimitri Houtcieff, Droit Des Contrats, Larcier, 2e édition, 2016, pp. 500—501; Muriel Fabre-Magnan, Droit des obligations, Tome 1, Contrat et engagement unilatéral, 4e édition, puf, 2016, pp. 740—742; Philippe Malaurie, Laurent Aynès, Philippe Stoffel-Munck, Droit des obligations, 8e édition, L. G. D. J., 2016, pp. 506—510; Marjorie Brusorio Aillaud, Droit des obligations, 8e édition, bruylant, 2017, pp. 271—272; Virginie Larribau-Terneyre, Droit civil, Les Obligations, 15e édition, Dalloz, 2017, pp. 584—587; François Terré, Philippe Simler, Yves Lequette, François Chénedé, Droit civil, Les Obligations, 12e édition, Dalloz, 2018, pp. 857—861.

② Article 1226, Code civil, Version en vigueur au 20 janvier 2021, https://www.legifrance.gouv.fr/codes/section_lc/LEGITEXT000006070721/LEGISCTA000006150254/#LEGISCTA000032041441.

们与对方当事人之间的合同是有确定期限的合同还是无确定期限的合同，均是如此，这就是债权人所享有的一种新的合同解除权：债权人享有的单方面合同解除权。

二、合同单方解除的历史发展

相对于其他两种合同解除而言，合同的单方解除历史最短暂。罗马法不承认合同债权人所享有的此种解除权，即便是到了后经典罗马法时期，合同债权人也不能够单凭自己的意图、意志、意思就让自己与对方当事人之间的合同终止，因为到了这一时期，罗马法仅仅承认合同的协议解除，已如前述。在中世纪，教会法也不承认这一合同解除权，因为它认为，合同只能够通过法官的裁判予以解除，已如前述。在法国旧法时期，民法也否定此种合同解除权，因为它认为，合同的解除要么以合同明确规定的解除条款作为根据，要么以法官的判决作为根据，否则，合同不得解除，已如前述。

在 19 世纪初期，1804 年的《法国民法典》第 1184 条没有规定此种合同解除权，因为它仅仅规定了协议解除和司法解除，已如前述。不过，1804 年的《法国民法典》例外地规定，在某些特殊的合同当中，在债务人不履行合同债务时，债权人无须求助于法官就能够单方面解除他们与债务人之间的合同。例如，1804 年的《法国民法典》第 1657 条规定，如果买卖合同涉及食品和家庭用品，在合同规定的取走期限届满之前，如果买受人还没有取走，为了出卖人的利益，出卖人有权不经催告而当然解除合同。①

从 1804 年开始一直到 19 世纪末期之前，法国法官固守第 1184 条所规定的两种合同解除方式，不承认债权人享有的单方解除权。从 19 世纪末期开始，通过对第 1184 条做出解释的方式，他们逐渐承认债权人所享有的单方解除权。在 1896 年 2 月 26 日的案件当中，通过对第 1184 条做出解释的方式，法国最高法院首次承认，即便合同当事人没有在自己的合同当中规定解除条款，即便立法者没有明确授权合同的一方当事人享有合同解除权，在一方当事人对合同的单方面解除享有强制性的利益时，该方当事人也有权单方面和通过非司法方式终止他们与对方当事人之间的合同。②

在 1897 年 7 月 31 日的案件当中，巴黎一家地方法院的法官认定，即便合同当中没有解除条款，即便立法者没有明确授权，如果一方当事人的不履行行为会让另外一方当事人面临遭受紧迫的、无法补救的危险，则另外一方当事人有权单方面解除他们与对方当事人之间的合同。③ 在 1936 年 4 月 25 日的案件当中，法国最高法院认定，如果合同当事人之间的关系建立在信任的基础，在一方当事人实施的债务不履行行为构成严重的过错行为时，另外一方当事人有权不经司法裁判就单方面解除合同。④

不过，这些司法判例产生的影响力是微不足道的，因为，真正具有影响力的司法判

---

① Article 1657，https://fr. wikisource. org/wiki/Code_civil_des_Français_1804/Livre_Ⅲ，_Titre_Ⅵ.

② Civ.，26 février 1896，S. 97. 1. 187；François Terré，Philippe Simler，Yves Lequette，François Chénedé，Droit civil，Les Obligations，12e édition，Dalloz，2018，p. 863.

③ T. Civ. Seine，31 juillet 1897，S，98. 2. 85；François Terré，Philippe Simler，Yves Lequette，François Chénedé，Droit civil，Les Obligations，12e édition，Dalloz，2018，p. 863.

④ Civ. 25 avril 1936，DH，1936，331；François Terré，Philippe Simler，Yves Lequette，François Chénedé，Droit civil，Les Obligations，12e édition，Dalloz，2018，p. 863.

例是法国最高法院在1998年和2001年做出的两个著名裁判。[①] 在1998年10月13日的著名案件Tocqueville一案当中，法国最高法院认定，如果合同的一方当事人严重违反合同所规定的债务，则另外一方当事人有权单方面终止他们与对方当事人之间的合同，它指出："一方当事人行为的严重性能够证明另外一方当事人单方面终止合同的正当性，不过，另外一方当事人应当对其单方解除合同的行为后果自负（à ses risques et périls）。"[②]

在2001年2月20日的案件当中，法国最高法院对此种解除权做出了更进一步的说明，它认定，无论当事人之间的合同在性质上是有确定期限的合同还是无确定期限的合同，只要一方当事人实施了严重的债务不履行行为，则另外一方当事人享有单方面解除他们与对方当事人之间的合同的权利，它指出："一方当事人行为的严重性能够证明另外一方当事人单方面终止合同的正当性，无论合同是有确定期限的合同还是无确定期限的合同，不过，另外一方当事人应当对其单方解除合同的行为后果自负。"[③]

通过这两个著名的案件，法国最高法院最终在2016年之前确立了合同解除的一种新方式：债权人享有的合同单方面解除权。"即便欠缺制定法的规定或者明示的合同解除条款，法国最高法院已经承认，在不需要预先取得司法判决的情况下，一方当事人能够在合同规定的期限届满之前单方面终止他们与对方当事人之间的合同，如果对方当事人存在严重的债务不履行行为。不过，该方当事人应当对自己单方面终止合同的行为自担风险：法官能够对其合同解除行为进行事后控制，他们能够对债务人的不履行行为是否构成严重不履行行为予以评估，并因此决定该方当事人解除合同的行为是否具有正当性。"[④]

法国最高法院所确立的此种规则让法国合同法在合同解除的问题上与其他国家的合同法保持一致，包括：《德国民法典》第324条和第325条对双务合同当中债权人享有的单方解除权做出了规定；《欧洲合同法原则》第4.301条、《国际商事合同通则》第7.3.1条、《联合国国际货物销售合同公约》第49条和第64条也都对双务合同当中债权人享有的单方解除权做出了规定。[⑤] 它的此种做法也对法国民法学者和法国政府产生了影响：在2005年的《债法改革草案》当中，Catala领导的债法改革小组对此种合同解除权做出了规定，这就是其中的第1158条；在2008年的《合同法改革草案》当中，Terré领导的债法改革小组也对此种合同解除权做出了规定，这就是其中的第108条和

---

① Dimitri Houtcieff, Droit Des Contrats, Larcier, 2e édition, 2016, pp. 503—504; Muriel Fabre-Magnan, Droit des obligations, Tome 1, Contrat et engagement unilatéral, 4e édition, puf, 2016, pp. 742—744; Philippe Malaurie, Laurent Aynès, Philippe Stoffel-Munck, Droit des obligations, 8e édition, L. G. D. J., 2016, pp. 510—511; Virginie Larribau-Terneyre, Droit civil, Les Obligations, 15e édition, Dalloz, 2017, p. 588; François Terré, Philippe Simler, Yves Lequette, François Chénedé, Droit civil, Les Obligations, 12e édition, Dalloz, 2018, pp. 863—864.

② Cass. civ. 1re, 13 octobre 1998, Tocqueville, pourvoi n°96-21485, Bull. civ. 1, n°300.

③ Cass. civ. 1re, 20 février 2001, n°99—15. 170.

④ Philippe Malaurie, Laurent Aynès, Philippe Stoffel-Munck, Droit des obligations, 8e édition, L. G. D. J., 2016, pp. 510—511.

⑤ François Terré, Philippe Simler, Yves Lequette, François Chénedé, Droit civil, Les Obligations, 12e édition, Dalloz, 2018, pp. 864—865.

第110条。通过2016年2月10日的债法改革法令，法国政府将此种合同解除权规定在《法国民法典》当中，这就是新的第1224条和新的第1226条，已如前述。[①]

三、债权人单方解除合同的条件

现行《法国民法典》新的第1224条和新的第1226条所规定的合同单方解除权所适用的合同范围是广泛的。无论是有确定期限的合同还是无确定期限的合同，无论是口头合同还是书面合同，合同债权人均享有单方面的解除权，即便是合同当事人在他们的合同当中规定了合同解除条款，债权人仍然可以放弃协议解除权而主张单方解除权。[②] 不过，在行使这两个法律条款所规定的合同解除权时，合同债权人也应当具备新的第1226条所规定的三个必要条件：债务人不履行债务的行为具有足够的严重性，债权人对债务人进行了催告，债权人将其解除合同的决定通知债务人。

（一）债务人不履行债务行为的足够严重性

根据《法国民法典》新的第1226条的规定，债权人单方面解除合同应当具备的第一个条件是，债务人不仅没有履行自己的债务，而且他们不履行自己债务的行为足够严重，如果债务人不履行债务的行为没有达到足够严重的程度或地步，则债权人不能够单方面解除他们与债务人之间的合同，这就是不履行债务行为的足够严重性要件。不过，债务人的哪些不履行行为属于足够严重的行为，而哪些行为不属于足够严重的行为，《法国民法典》新的第1226条并没有做出规定，迄今为止，法国最高法院也没有在自己的司法判例当中就这一问题做出具体说明。

关于这一问题，民法学者之间的说明存在差异。某些民法学者认为，如果债务人没有履行合同所规定的基本债务，则他们不履行债务的行为构成足够严重的行为；如果债务人故意不履行自己的债务，或者如果债务人在履行自己的债务时存在重大过错，则他们不履行债务的行为构成足够严重的行为。[③] 而另外一些民法学者则认为，在判断债务人不履行债务的行为是否构成足够严重的行为时，法官应当同时采取主观判断标准和客观判断标准，其中所谓的主观判断标准是指债务人没有履行诚实原则所强加的特别严重的债务，而其中所谓的客观判断标准则是指债务人不履行债务的行为导致债权人与债务人之间的合同所规定的平衡完全丧失。[④]

当然，这些说明就像"足够严重"一词一样含糊不清。实际上，债务人不履行债务的行为是否达到了新的第1226条所规定的足够严重的程度，是由法官在具体案件当中决定的事情。在对这样的问题做出决定时，法官要考虑案件的具体情况，诸如当事人

---

① Philippe Malaurie, Laurent Aynès, Philippe Stoffel-Munck, Droit des obligations, 8e édition, L. G. D. J., 2016, pp. 510—511; François Terré, Philippe Simler, Yves Lequette, François Chénedé, Droit civil, Les Obligations, 12e édition, Dalloz, 2018, p. 865.

② Dimitri Houtcieff, Droit Des Contrats, Larcier, 2e édition, 2016, p. 504.

③ François Terré, Philippe Simler, Yves Lequette, François Chénedé, Droit civil, Les Obligations, 12e édition, Dalloz, 2018, pp. 865—866.

④ Dimitri Houtcieff, Droit Des Contrats, Larcier, 2e édition, 2016, pp. 504—505.

之间的信任关系，不履行的债务在合同当中的地位，不履行债务的行为对债权人利益的影响有多大等。不过，某些民法学者未必赞成这样的看法，因为他们认为，此种看法将单方解除权当中的判断标准与司法解除权当中的判断标准混淆：虽然两种解除均要求法官考虑债务人的不履行行为是否构成足够严重的行为，但是，在单方解除权当中，法官应当考虑的是债务人的行为，而不单单是不履行行为所具有的客观重要性。①

（二）预先催告

根据《法国民法典》新的第1226条的规定，债权人单方面解除合同应当具备的第二个条件是，在债务人存在严重不履行债务的行为时，债权人应当对债务人进行催告，督促债务人自愿履行没有履行的债务，并因此让债权人与债务人之间的合同通过履行而终止。一方面，债权人应当在自己的督促函或者其他文件（以下简称“督促函”）当中给予债务人以履行债务的合理期限，让债务人在督促函所规定的合理期限内履行自己的债务。另一方面，债权人应当在自己的督促函当中明确载明这样的内容：如果债务人在债权人所给予的合理期限内不履行自己的债务，则债权人享有单方面终止他们与债务人之间的合同的权利。不过，根据《法国民法典》新的第1226条的规定，预先对债务人进行催告的要求仅仅在正常情况下适用，在情况紧急时，债权人可以在没有预先对债务人进行催告时直接对其行使合同解除权。②

（三）将自己单方面解除合同的决定和理由通知债务人

根据《法国民法典》新的第1226条的规定，债权人单方面解除合同应当具备的第三个条件是，将自己单方面终止合同的决定和理由通知债务人。在对债务人进行债务履行的催告之后，如果债务人仍然不履行应当履行的债务，在债权人单方面做出解除与债务人之间的合同时，他们应当不仅应当将自己做出的此种决定通知债务人，而且还应当将自己决定终止合同的理由、原因（les raisons）通知债务人。③

四、法官对单方解除合同所施加的控制

根据《法国民法典》新的第1226条的规定，虽然债权人享有单方面解除合同的权利，但是，当他们行使此种权利时，他们应当对自己行使权利的行为“自担风险”“自

---

① Dimitri Houtcieff, Droit Des Contrats, Larcier, 2e édition, 2016, pp. 504—505; Virginie Larribau-Terneyre, Droit civil, Les Obligations, 15e édition, Dalloz, 2017, pp. 588—589; François Terré, Philippe Simler, Yves Lequette, François Chénedé, Droit civil, Les Obligations, 12e édition, Dalloz, 2018, pp. 865—866.

② Dimitri Houtcieff, Droit Des Contrats, Larcier, 2e édition, 2016, p. 505; Muriel Fabre-Magnan, Droit des obligations, Tome 1, Contrat et engagement unilatéral, 4e édition, puf, 2016, p. 744; Virginie Larribau-Terneyre, Droit civil, Les Obligations, 15e édition, Dalloz, 2017, p. 589; François Terré, Philippe Simler, Yves Lequette, François Chénedé, Droit civil, Les Obligations, 12e édition, Dalloz, 2018, pp. 866—867.

③ Dimitri Houtcieff, Droit Des Contrats, Larcier, 2e édition, 2016, p. 505; Muriel Fabre-Magnan, Droit des obligations, Tome 1, Contrat et engagement unilatéral, 4e édition, puf, 2016, pp. 745—746; Virginie Larribau-Terneyre, Droit civil, Les Obligations, 15e édition, Dalloz, 2017, pp. 589—590; François Terré, Philippe Simler, Yves Lequette, François Chénedé, Droit civil, Les Obligations, 12e édition, Dalloz, 2018, pp. 867—868.

负后果”（à ses risques et périls），这就是，如果他们单方面解除合同确有理由，则他们与对方当事人自己的合同被解除，反之，如果他们单方面解除合同欠缺正当理由，除了与对方当事人之间的合同无法解除之外，他们还有可能会被责令对债务人承担损害赔偿责任，甚至被对方当事人责令强制履行债务，如果合同的履行是可能的话。

债权人单方面解除合同的唯一正当理由是，债务人不履行债务的行为达到足够严重的程度。在债权人以债务人的不履行行为达到了这一标准的要求而单方面解除合同时，如果债务人认为自己的不履行行为还没有达到这一标准的要求，则他们有权随时（à tout moment）向法院起诉，要求法官阻止债权人单方面解除合同。在处理当事人之间的合同解除纷争时，法官要就债务人不履行债务的行为是否达到了足够严重的程度、地步进行审查并根据不同的审查结论或者做出支持债权人单方面解除合同的决定，或者做出不支持债权人单方面解除合同的决定。在就此种问题做出决定时，债权人应当承担举证责任，证明债务人不履行债务的行为已经达到了足够严重的地步。①

第五节　合同的司法解除

除了规定了解除条款的适用引起的合同解除和基于债权人单方面的通知而引起的合同解除之外，现行《法国民法典》新的第 1224 条规定了债权人能够主张合同解除的第三种并且也是最后一种方式，这就是通过法官的判决（décision de justice）引起的合同解除，该种解除被称为司法解除。除了这一条款对这一种解除方式做出了简单列举之外，现行《法国民法典》新的第 1227 条和新的第 1228 条还对这一解除方式做出了详细的规定。《法国民法典》新的第 1227 条规定：在任何情况下，合同均可以通过向法院起诉的方式予以解除。《法国民法典》新的第 1228 条规定：根据案件的具体情况，法官或者能够确认或者宣告合同的解除，或者能够责令债务人在法官所给付的期限内履行债务，或者仅仅责令债务人赔偿损害。②

一、合同司法解除的界定

所谓合同的司法解除（la résolution judiciaire du contrat），是指基于债权人的诉讼请求，法官所享有的通过自己的判决宣告债权人与债务人之间的合同终止的一种合同解除权。无论当事人之间的合同是否规定了合同解除条款，也无论债权人是否能够通过单方面通知债务人的方式解除他们与对方当事人之间的合同，在债权人认为债务人的不履行

---

① Dimitri Houtcieff, Droit Des Contrats, Larcier, 2e édition, 2016, pp. 505—506; Muriel Fabre-Magnan, Droit des obligations, Tome 1, Contrat et engagement unilatéral, 4e édition, puf, 2016, pp. 743—744; Philippe Malaurie, Laurent Aynès, Philippe Stoffel-Munck, Droit des obligations, 8e édition, L. G. D. J. , 2016, pp. 511—512; Virginie Larribau-Terneyre, Droit civil, Les Obligations, 15e édition, Dalloz, 2017, p. 590; François Terré, Philippe Simler, Yves Lequette, François Chénedé, Droit civil, Les Obligations, 12e édition, Dalloz, 2018, pp. 868—869.

② Articles 1227 et 1228, Code civil, Version en vigueur au 20 janvier 2021, https://www.legifrance.gouv.fr/codes/section_lc/LEGITEXT000006070721/LEGISCTA000006150254/#LEGISCTA000032041441.

行为足够严重时，如果他们向法院起诉，要求法官解除自己与债务人之间的债务，在受理了债权人的诉讼请求之后，法官有权对当事人之间的合同纠纷进行审查并且根据不同情况分别做出不同的判决，如果他们认定当事人之间的合同应当被解除，则他们有权做出合同解除的判决，当事人之间的合同就根据法官的判决解除，这就是合同的司法解除。合同的司法解除权是法官享有的一项权力。

虽然《法国民法典》没有做出规定，但是，合同的司法解除适用的范围广泛：在当事人之间的合同没有规定解除条款时可以适用，在当事人之间的合同规定了解除条款时也可以适用，在债权人没有单方面行使合同解除权时可以适用，在债权人单方面行使合同解除权时也能够适用，在债务人完全不履行债务时能够适用，在债务人部分不履行债务时也能够适用，在有确定期限的合同当中能够使用，在有不确定期限的合同当中也能够适用，因为法国民法学者认为，《法国民法典》新的第 1227 条所规定的“在任何情况下”（en toute hypothèse）实际上就是指这些不同的范围。①

二、合同司法解除的历史和理论根据

即便是到了后经典罗马法时期，罗马法也不承认合同的司法解除权，因为除了规定了协议解除之外，在债务人不履行甚至严重不履行自己的债务时，法官也只能够责令债务人承担合同责任或者继续履行债务，已如前述。到了中世纪，教会法则不同，它不仅承认了合同的司法解除权，而且也仅仅承认了此种解除权：除了诉诸法官解除当事人之间的合同之外，债权人不能够通过任何其他方式解除合同，已如前述。在 17 世纪和 18 世纪，除了承认了协议解除之外，法国民法也承认了司法解除权的存在，因为在合同解除的问题上，它同时受到罗马法和教会法的影响，已如前述。

1804 年的《法国民法典》第 1184 条不仅对此种合同解除权做出了明确规定，而且还将此种合同解除权视为最重要的一种解除权，因为它规定，合同解除权只能够通过一方当事人向法院起诉的方式行使，已如前述。在 2016 年之前，虽然法国最高法院借助于第 1184 条的规定而建立了合同解除权的三分法理论，认为合同解除权包括协议解除权、单方解除权和司法解除权，但实际上，法国最高法院一直认为，在这三种不同的合同解除权当中，司法解除权处于核心地位、优势地位，而其他两种形式的合同解除权则处于附属的、补充的地位。在 2016 年 2 月 10 日的债法改革法令之后，《法国民法典》新的第 1224 条所规定的三种合同解除权当中，合同的司法解除权与其他两种解除权之间的地位孰优孰劣？大多数民法学者均没有做出说明，少数民法学者则认为，2016 年以来，司法解除权不再处于核心地位、优势地位，因为新的第 1224 条将它作为三种解除权当中的最后一种。②

在合同一方当事人不履行合同的情况下，基于另外一方当事人的诉讼请求，法官为何能够解除当事人之间的合同？对此问题，大多数民法学者从当事人意图的角度做出了

---

① Muriel Fabre-Magnan, Droit des obligations, Tome 1, Contrat et engagement unilatéral, 4e édition, puf, 2016, p. 746; Marjorie Brusorio Aillaud, Droit des obligations, 8e édition, bruylant, 2017, p. 273.

② Dimitri Houtcieff, Droit Des Contrats, Larcier, 2e édition, 2016, pp. 506—507.

解释，也就是从合同的原因方面做出了解释，他们认为，当事人签订合同的目的在于获得对方当事人的给付、对等物，如果债务人不履行债务的行为导致自己无法获得合同约定的给付、对等物，则债权人签订合同的意图就会落空。换言之，一方当事人对另外一方当事人承担自己的债务，是另外一方当事人对对方承担债务的原因，如果一方当事人不履行自己的债务，则另外一方当事人履行自己的债务就没有原因了，因此，他们有权要求法官解除自己与对方当事人自己的合同。①

这些民法学者所提出的此种理论根据也获得了法国最高法院的支持，法国最高法院也在自己的司法判例当中采用此种理论根据。例如，在 1891 年 4 月 14 日的案件当中，法国最高法院就以此种理论根据作为基础判决解除当事人之间的合同，它指出："在双务合同当中，一方当事人的债务是另外一方当事人对其承担自己债务的原因，反之亦然，他们之间的债务是相互的，因此，如果一方当事人不履行自己的债务，则对方当事人的债务就成为没有原因的债务。"② 除了这一理论根据之外，民法学者也提出了新的理论，包括合同的平衡理论和合同正义理论，根据这些理论，如果一方当事人不对另外一方当事人承担合同所规定的债务，则当事人之间原本平衡的利益不再平衡，当事人之间原本的合同正义不复存在。③

三、合同司法解除权的预先放弃是否有效

如果合同当事人在自己的合同当中明确约定，在一方当事人不履行债务时，另外一方当事人不得向法院起诉，要求法官解除他们与对方当事人自己的合同，他们之间的此种条款是否有效？在合同法当中，当事人在合同当中所规定的此种合同条款被称为合同的司法解除权的放弃条款。

关于合同的司法解除权的放弃条款是否具有法律约束力，法官采取的态度是不同的。某些法官采取否定理论，认为当事人在合同当中所规定的司法解除权的放弃条款是无效的，是对当事人没有约束力的，因为它违反了公共秩序：《法国民法典》旧的第 1185 条所规定的司法解除权同法官享有的司法权有关，是法官针对当事人之间的合同进行法律制裁的根据，当事人是不可能放弃此种权利的，无论是明示放弃还是默示放弃均是不可能的。而另外一些法官则采取肯定理论，他们认为，合同解除并不涉及公共秩序，应当允许合同当事人就合同争议问题做出约定：在一方当事人不履行债务时，另外一方当事人究竟是主张强制债务人继续履行还是主张合同解除，完全由当事人自由决定。④

在 2011 年 11 月 3 日的案件当中，法国最高法院通过自己的裁判否定了上述第一种观点而肯定了第二种观点，它指出，当事人有权预先放弃债务不履行时债权人所享有的

---

① Dimitri Houtcieff, Droit Des Contrats, Larcier, 2e édition, 2016, p. 507.

② Cass. civ. 14 avril 1891, DP, 1891, 1, p. 329; Dimitri Houtcieff, Droit Des Contrats, Larcier, 2e édition, 2016, p. 507.

③ Dimitri Houtcieff, Droit Des Contrats, Larcier, 2e édition, 2016, p. 507.

④ François Terré, Philippe Simler, Yves Lequette, François Chénedé, Droit civil, Les Obligations, 12e édition, Dalloz, 2018, p. 879.

诉诸法院寻求合同解除的权利，如果此种放弃是毫不含糊的话。[①] 在2016年2月10日的债法改革法令当中，法国政府没有对此种问题做出说明，虽然如此，在就债法改革法令提交的报告当中，法国总统明确承认，合同当事人有权提前放弃合同的司法解除权。[②]

根据合同自由原则，当事人当然有权就他们之间的合同纠纷问题做出安排，并且他们之间的此种安排原则上不会涉及公共秩序。因此，如果合同当事人预先在自己的合同当中规定合同的司法解除权的放弃规定，则他们之间的此种规定原则上是有效的。不过，在例外的情况下，他们之间的此种条款则是无效的，因为他们之间的此种条款违反了公共秩序。最典型的是消费者与职业人士之间的合同。如果消费者与职业人士之间的合同当中出现了免除债权人所享有的司法解除权的条款，则他们之间的此种条款构成《法国消费法典》第212-1（7）条所规定的不公平合同条款。[③]

四、合同司法解除应当具备的条件

与另外两种不同的合同解除所要求的条件相比，合同的司法解除所要求的条件是最少的，它既不要求债权人对债务人做出预先的催告，也不要求债权人对债务人做出通知，它仅仅要求三个条件：债务人的债务不履行行为足够严重；债权人向法院起诉，要求法官解除自己与债务人之间的合同；债务人在债权人要求法官解除合同之后没有提出履行债务的提议。

（一）债务人不履行债务的行为足够严重

根据《法国民法典》新的第1224条的规定，合同的司法解除不仅应当建立在债务人不履行债务的基础上，而且还应当建立在债务人不履行债务的行为足够严重的基础上，换言之，如果仅仅存在不履行债务的行为，法官还不能够解除当事人之间的合同，仅仅在债务人不履行债务的行为足够严重时，法官才能够解除当事人之间的合同。

首先，债务人不履行债务的行为在性质上应当属于过错行为，如果债务人不履行债务的行为不属于过错行为，则法官不能够适用司法解除方式解除当事人之间的合同。因此，如果债务人不履行债务的行为是因为不可抗力引起的，在不可抗力让债务人债务的履行完全不可能时，根据《法国民法典》新的第1218条的规定，当事人之间的合同当然解除（résolu de plein droit），不需要也不属于司法解除的范围。不过，某些民法学者对此种理论提出了挑战，他们认为，无论是制定法还是司法判例均没有规定此种条件，实际上，如果不可抗力导致债务不能够履行，法官仍然能够通过司法解除方式解除当事

① Cass. 3e civ., 3 nov. 2011, n° 10—26.203; François Terré, Philippe Simler, Yves Lequette, François Chénedé, Droit civil, Les Obligations, 12e édition, Dalloz, 2018, p. 879.

② François Terré, Philippe Simler, Yves Lequette, François Chénedé, Droit civil, Les Obligations, 12e édition, Dalloz, 2018, p. 879.

③ François Terré, Philippe Simler, Yves Lequette, François Chénedé, Droit civil, Les Obligations, 12e édition, Dalloz, 2018, pp. 879—880.

人之间的合同。[①] 笔者认为，此种争议仅仅具有形式上的意义，因为民法学者普遍认为，不可抗力可能导致债务人不履行债务并因此导致合同被解除。问题在于，此种解除是否属于司法解除？民法学者之间存在不同看法。主张上述第一种理论的民法学者认为，因为不可抗力引起的合同解除不属于司法解除，而主张上述第二种理论的民法学者则认为，因为不可抗力引起的合同解除仍然属于广义的司法解除。《法国民法典》显然采取了上述第一种理论，因为，它仅仅在新的第1228条当中规定了不可抗力引起的合同解除，没有在司法解除当中规定此种解除。关于不可抗力引起的合同解除，笔者将在下面的内容当中做出详细的讨论，此处从略。

其次，债务人不履行债务的行为在性质上属于足够严重的行为。债务人不履行债务的行为是否达到了足够严重的程度，由法官在具体案件当中予以确定。如果债务人故意不履行自己的债务，则他们不履行债务的行为当然达到了足够严重的程度。即便不是故意不履行债务行为，如果债务人在不履行债务方面有重大过失，他们有重大过失的不履行行为也达到了足够严重的程度。在欠缺故意或者重大过失时，债务人的哪些不履行行为在性质上构成足够严重的行为？对此问题，民法学者做出的说明未必完全相同。总的来说，如果债务人完全不履行合同规定的任何债务，则他们完全不履行债务的行为当然构成足够严重的行为。如果债务人已经履行了部分债务，还有一部分债务没有履行，他们没有履行的部分是否构成足够严重的行为，取决于没有履行的债务在性质上是否构成债务人的主要债务、基本债务：如果他们没有履行的部分债务属于主要债务、基本债务，则他们不履行债务的行为就达到了足够严重的程度，相反，如果没有履行的部分债务属于次要债务、附属债务，则他们不履行债务的行为就没有达到足够严重的承担。[②]

最后，债务的不履行是某些交易合同的解除所必要的条件，但是，债务的不履行则不是组织合同的解除所必要的条件。所谓交易合同（les contrats-d'échange），是指以实现当事人之间的商事或者经济交易活动作为目的的合同，诸如买卖合同和租赁合同等就属于此类合同。所谓组织合同（les contrats-organisation），则是指以建立某种组织机构并因此实现该组织机构宗旨为目的的合同，例如公司合同和社会团体合同等就属于此类合同。交易合同与组织合同之间的一个主要差异是，当事人签订交易合同的目的在于获得对方当事人所允诺的给付，而当事人签订组织合同的目的则是为了实现当事人的共同活动。虽然交易合同和组织合同均可以通过司法裁判的方式解除，但是，它们的条件还是存在差异的：如果债权人要求法官解除他们与对方当事人之间的交易合同，则他们与对方当事人之间的合同的司法解除必须以债务人严重不履行债务作为条件，反之，如果债权人要求法官解除他们与对方当事人之间的组织合同，则他们与对方当事人之间的合同的司法解除并不要求此种条件。因此，《法国民法典》第1844－7条规定，虽然公司

---

① Philippe Malaurie, Laurent Aynès, Philippe Stoffel-Munck, Droit des obligations, 8e édition, L. G. D. J., 2016, p. 513; François Terré, Philippe Simler, Yves Lequette, François Chénedé, Droit civil, Les Obligations, 12e édition, Dalloz, 2018, p. 873.

② Philippe Malaurie, Laurent Aynès, Philippe Stoffel-Munck, Droit des obligations, 8e édition, L. G. D. J., 2016, p. 513; François Terré, Philippe Simler, Yves Lequette, François Chénedé, Droit civil, Les Obligations, 12e édition, Dalloz, 2018, pp. 873—874.

股东有权向法院起诉，要求法官解除公司，但是，公司股东应当基于“正当理由”①。

（二）债权人的诉讼请求

即便债务人不履行债务的行为足够严重，如果债权人不向法院起诉，要求法官解除他们与债务人之间的合同，法官也不能够解除当事人之间的合同。仅仅在债权人向法院起诉，要求法官解除他们与对方当事人之间的合同时，法官才能够解除当事人之间的合同。因此，债权人的诉讼请求是法官行使司法解除权的必要条件。实际上，债权人并且也只有债权人才能够要求法官解除合同，债务人不能够向法院起诉，要求法官解除他们与债权人之间的合同，因为债务人不履行自己的债务，因此，他们不得主张此种诉讼请求权。②

在行使此种诉讼请求权之前，债权人无须对债务人进行催告，督促债务人履行没有履行的债务，因为要求法官解除与债务人之间的合同本身就能够对债务人做出足够的催告：在被起诉之后，如果债务人希望避免他们与债权人之间的合同被解除，他们可以对债权人提出继续履行自己债务的建议，甚至在法官的终审解除判决做出之前，债务人均可以提出此种建议，如果债务的继续履行是可能的话。在其诉讼请求当中，债权人应当陈述，债务人不履行债务的行为是足够严重的，而且他们没有履行债务的行为是由于自己的原因导致的，即便在合同规定了解除条款的情况下，亦是如此。合同解除权的诉讼时效期间为5年，自债务人不履行债务时开始起算。③

（三）债务人在债权人要求法官解除合同之后没有提出履行债务的提议

在债权人提起了合同解除之诉之后一直到法官做出终审判决之前，如果债务人提出履行债务的提议，在债务履行是可能的话，法官应当对债务人的提议进行审查，除了审查债务人的此种提议是否真诚、严肃之外，法官还应当审查债务人的提议是否迟延。④

五、法官在行使司法解除权时所享有的权力

在债权人诉请法官解除他们与债务人之间的合同之后，如果债务人没有提出继续履行债务的建议，如果债权人也没有放弃要求法官解除合同的诉讼请求，法官是否一定要按照债权人的要求做出解除合同的判决？

答案是否定的，即便符合司法解除权的上述条件，法官也未必一定会满足债权人的此种要求并因此做出解除合同的司法判决，因为根据《法国民法典》新的第1228条的

---

① François Terré, Philippe Simler, Yves Lequette, François Chénedé, Droit civil, Les Obligations, 12e édition, Dalloz, 2018, p. 874.

② Dimitri Houtcieff, Droit Des Contrats, Larcier, 2e édition, 2016, pp. 509—510; Philippe Malaurie, Laurent Aynès, Philippe Stoffel-Munck, Droit des obligations, 8e édition, L. G. D. J., 2016, pp. 513—514; François Terré, Philippe Simler, Yves Lequette, François Chénedé, Droit civil, Les Obligations, 12e édition, Dalloz, 2018, pp. 875—876.

③ Dimitri Houtcieff, Droit Des Contrats, Larcier, 2e édition, 2016, pp. 509—510; Philippe Malaurie, Laurent Aynès, Philippe Stoffel-Munck, Droit des obligations, 8e édition, L. G. D. J., 2016, pp. 513—514; François Terré, Philippe Simler, Yves Lequette, François Chénedé, Droit civil, Les Obligations, 12e édition, Dalloz, 2018, pp. 875—876.

④ Dimitri Houtcieff, Droit Des Contrats, Larcier, 2e édition, 2016, p. 520.

规定，除了享有做出合同解除的司法判决之外，法官也可以不做出合同解除的判决，而是根据案件的具体情况分别采取他们认为更加合适的方式。例如，在债务仍然能够履行时，法官可以责令债务人继续履行自己的债务，此时，法官应当给予债务人履行债务的合理期限。再例如，法官可能会继续维持当事人之间的合同而仅仅责令债务人就其不履行债务的行为对债权人承担合同责任。不过，法官显然不能够既责令债务人继续履行债务又同时判决合同的解除，因为这两种不同的法律制裁措施是不能够兼容的。

当然，在债权人起诉之后，如果法官经过审查之后认定，债务人不履行债务的行为足够严重，他们也可以做出判决，解除当事人之间的合同。根据解除的范围不同，他们可以判决解除当事人之间的整个合同，也可以判决仅仅解除当事人之间的部分合同。无论是判决合同的整个解除还是部分解除，法官均能够同时责令债务人对债权人承担违约损害赔偿责任。①

第六节 情势变更引起的合同解除

一、情势变更理论的界定

在合同成立之后的债务履行过程当中，如果社会情势（circonstances）、经济情势（circonstances économique）和金融情势（circonstances monétaire）发生了合同当事人在签订合同时没有预见到的变更（changement），并且如果此种情势变更导致了合同当事人之间原本存在的利益平衡（l'équilibre）被打破，在合同的一方当事人借口情势变更让他们之间的合同履行变得异常困难、负担显著加重而向法院起诉，并且要求法官对他们之间的合同做出变更时，法官是否能够以情势变更为由对当事人之间的合同做出变更？

例如，在战争发生之前，当事人之间签订的房屋租赁合同所规定的租金是与战争发生之前的经济状况和金融状况相适应的。在租赁合同履行期间，因为战争的爆发，房屋租赁价格暴涨，如果出租人再按照战争之前的合同规定收取承租人交付的租金，则他们将会遭受重大利益损失。为了抬高租金，在出租人与承租人协商不成的情况下，如果出租人借口战争的爆发要求法官对他们与承租人之间的租赁合同所规定的租金数额进行变更，责令承租人按照战争期间的房屋租赁租金水平支付租金，法官是否应当按照出租人的要求对他们之间的合同做出变更？

再例如，在经济危机之前，如果供应商与零售商签订的供应合同所规定的价格是与经济危机之前的状况相适应的，在供应合同履行期间，因为经济危机的发生，货币贬值，如果零售商仍然按照经济危机之前的供应合同所规定的价格购买供应商的商品，则他们的购买价格显然非常高，除了自己要付出高额的价款之外，他们所购买的商品也因

---

① Dimitri Houtcieff, Droit Des Contrats, Larcier, 2e édition, 2016, pp. 510—511; Philippe Malaurie, Laurent Aynès, Philippe Stoffel-Munck, Droit des obligations, 8e édition, L. G. D. J., 2016, pp. 514—515; François Terré, Philippe Simler, Yves Lequette, François Chénedé, Droit civil, Les Obligations, 12e édition, Dalloz, 2018, pp. 876—879.

为价格过高而无法卖出去。在零售商与供应商协商未果的情况下，如果零售商向法院起诉，要求法官对他们与供应商自己的供应合同所规定的供应价格做出调整，法官是否有权对他们之间的供应价格做出调整?

在法国，此种理论被称为情势变更理论（la théorie du changement de circonstances）、情势变更观念（la notion de changement des circonstances）、不可预性的情势变更理论（la théorie du changement de circonstances imprévisible）和合同的不可预见理论（la théorie de l'imprévision）。所谓情势变更理论，是指在合同的履行过程当中，因为合同当事人在签订合同时所无法预见的某种情势发生了重大变更，合同的一方当事人继续按照最初的合同规定履行自己的债务会让他们的成本过高、负担过重，并因此让当事人之间原本存在的利益平衡被打破，为了减轻自己的经济负担和维持新的利益平衡，在该方当事人起诉的基础上，法官所享有的借口情势变更而对合同当事人之间的合同做出变更的权利。

合同的情势变更理论既不同于显失公平的理论，也不同于不可抗力的理论。情势变更理论与显失公平理论之间的差异是：在显失公平当中，当事人之间的利益不平衡发生在合同成立时而不是合同履行时，而情势变更则不同，当事人之间的利益不平衡不是发生在合同成立时，而是发生在合同履行过程当中。合同的情势变更与不可抗力之间的差异是：因为不可抗力，合同当事人之间的合同陷入不可能履行当中，而情势变更则不同，在发生不可预性的情势变更时，合同所规定的债务仍然能够履行，只不过债务的履行对合同的一方当事人负担过重、成本过高，让他们陷入难以忍受的境地。[①]

二、法国最高法院在2016 年之前禁止法官以情势变更作为变更或者解除合同的理由

在合同法当中，情势变更实际上涉及法官是否能够凭借自己的裁判权对合同当事人之间的合同做出变更甚至解除的问题。对于此种问题，从 1804 年开始一直到 2016 年之前，《法国民法典》均没有做出明确规定。如果合同的一方当事人以情势变更为由要求法官对他们与对方之间的合同做出变更甚至解除，从 19 世纪 70 年代开始一直到 2016 年之前，法国最高法院均持否定的态度，认为法官不能够借口情势变更对合同当事人之间的合同做出变更，更不允许当事人以此种理由要求法官解除他们之间的合同，因为它认为，合同的约束力是一面双刃剑：除了禁止合同当事人变更他们之间的合同之外，合同的约束力也同样禁止法官变更或者解除当事人之间的合同。

在 1876 年的著名案件即 Canal de Craponne 一案[②]当中，法国最高法院首次就法官是否能够借口情势变更对合同做出变更的问题做出了说明，它指出，当社会境况发生了合同当事人在签订合同时无法预见的变更时，法官不得擅自变更合同当事人之间的合同条款，因为它认为，《法国民法典》第 1134 条所规定的合同约束力除了约束当事人之外也约束法官：如果合同当事人动不动就借口社会境况发生了变更而对其合同条款做出变

① Marjorie Brusorio Aillaud, Droit des obligations, 8e édition, bruylant, 2017, p. 243.

② Civ., 6 mars 1876, DP1876. I. 195, note Giboulot; S. 1876. I. 161.

更，则该条规定的合同约束力将会无法维持；如果法官动不动就借口社会境况的变更而对合同当事人之间的合同条款做出变更，则该条规定的约束力同样会受到削弱。

在2016年之前，Canal de Craponne一案的规则一直得到法国最高法院的遵循，法国最高法院在众多的案件当中均认定，即便合同当事人签订合同时没有预见到的情势发生变更，合同当事人仍然应当履行最初合同所规定的债务，法官不能够变更他们之间的合同条款。在1979年12月18日的案件当中[①]，法国最高法院商事庭撤销了下级法院做出的判决，认为根据《法国民法典》第1134条的规定，法官不得借口公平或者任何其他理由对当事人合法成立的合同做出修改，即便合同当事人的确面临新的经济状况，亦是如此。在2009年3月18日的案件当中[②]，法国最高法院指出，一旦租赁合同对承租人应当支付的租金数额做出了规定，法官不得借口社会境况的变更而对当事人之间规定的租金进行调整，因为，除了当事人应当尊重他们在平等的基础上所达成的协议之外，法官也应当尊重当事人在平等基础上就租金达成的协议。

三、现行《法国民法典》新的第1195条允许法官以情势变更作为变更或者解除合同

在2016年之前，法国最高法院的此种做法受到了民法学者的猛烈批评，他们提出了各种各样的反对理由，要求法国最高法院放弃此种做法。某些民法学者认为，最高法院的此种做法违反了合同当事人的默示意图，因为他们认为，如果合同当事人在签订合同时能够预见到社会境况的变化，他们原本会在合同当中规定变更条款。某些民法学者认为，法国最高法院的此种做法违反了《法国民法典》所规定的合同原因理论，因为当社会境况的变化导致合同当事人之间的利益平衡被打破时，合同当事人之间的合同已经成为没有原因的债了。[③] 某些民法学者认为，最高法院的此种做法违反了《法国民法典》旧的第1134条所规定的善意履行债务。[④]

在2016年之前，除了法国不承认情势变更规则之外，欧洲所有国家均承认不可预

---

① Com. 18 déc. 1979, Gaz. Pal. 1980. I. 232.

② Civ. 3e, 18 mars 2009, LEDC mai 2009. 7., obs. A. -C. Muller.

③ Dimitri Houtcieff, Droit Des Contrats, Larcier, 2e édition, 2016, pp. 432—441; Muriel Fabre-Magnan, Droit des obligations, Tome 1, Contrat et engagement unilatéral, 4e édition, puf, 2016, pp. 554—560; Philippe Malaurie, Laurent Aynès, Philippe Stoffel-Munck, Droit des obligations, 8e édition, L. G. D. J., 2016, pp. 402—409; Rémy Cabrillac, Droit des obligations, 12e édition, Dalloz, 2016, pp. 123—129; Marjorie Brusorio Aillaud, Droit des obligations, 8e édition, bruylant, 2017, pp. 243—244; Virginie Larribau-Terneyre, Droit civil, Les Obligations, 15e édition, Dalloz, 2017, pp. 514—517; François Terré, Philippe Simler, Yves Lequette, François Chénedé, Droit civil, Les Obligations, 12e édition, Dalloz, 2018, pp. 704—722.

④ Dimitri Houtcieff, Droit Des Contrats, Larcier, 2e édition, 2016, pp. 432—441; Muriel Fabre-Magnan, Droit des obligations, Tome 1, Contrat et engagement unilatéral, 4e édition, puf, 2016, pp. 554—560; Philippe Malaurie, Laurent Aynès, Philippe Stoffel-Munck, Droit des obligations, 8e édition, L. G. D. J., 2016, pp. 402—409; Rémy Cabrillac, Droit des obligations, 12e édition, Dalloz, 2016, pp. 123—129; Marjorie Brusorio Aillaud, Droit des obligations, 8e édition, bruylant, 2017, pp. 243—244; Virginie Larribau-Terneyre, Droit civil, Les Obligations, 15e édition, Dalloz, 2017, pp. 514—517; François Terré, Philippe Simler, Yves Lequette, François Chénedé, Droit civil, Les Obligations, 12e édition, Dalloz, 2018, pp. 704—722.

性理论，均允许法官以情势变更为由对当事人之间的合同做出变更，所不同的是，欧洲某些国家是通过制定法承认这一理论的，而另外一些国家则是通过司法判例承认这一理论的：意大利、希腊、荷兰等国家的制定法规定了不可预见性理论，而瑞士、德国、比利时和英国等国家则是通过司法判例承认这一理论的。除了整个欧洲的其他国家均承认这一理论之外，国际统一私法协会（UNIDROIT）和欧洲合同法学者分别在1994年起草的《国际商事合同原则》和1997年起草的《欧洲合同法原则》当中对合同的不可预见性理论做出了规定。①

由于受到《国际商事合同原则》和《欧洲合同法原则》的影响，法国政府最终在2016年2月10日的债法改革法令当中对不可预见性理论做出了规定，② 这就是《法国民法典》当中新的第1195条，该条规定：如果合同缔结时无法预见的情势变更会让没有同意接受此种风险的一方当事人的债务履行成本过高，则该方当事人能够要求合同的对方当事人与其展开合同的重新谈判。在重新谈判期间，该方当事人继续履行自己的债务。在其重新谈判的要求被对方当事人拒绝之后或者谈判失败之后，当事人或者能够以他们自己约定的日期和条件达成合同的解除协议，或者通过双方同意要求法官对他们之间的合同做出调整。如果无法达成要求法官对他们之间的合同做出调整的同意，则基于一方当事人的请求，法官能够以自己确定的日期和条件或者变更合同或者终止合同。③

四、法官适用情势变更作为变更或者解除合同的四个必要条件

根据《法国民法典》新的第1195条的规定，在同时符合下列四个条件的情况下，法官能够适用不可预见性理论变更或者解除当事人之间的合同。④

（一）在合同成立时合同当事人没有预见到的情势发生了变更

在适用不可预见性理论变更或者解除合同当事人之间的合同时，法官应当具备的第一个条件是，“在合同缔结时不可预见的情势发生了变更”。这一条件包含四个方面的含义。

首先，必须存在情势变更（changement de circonstances）。所谓情势变更，是指可能会引起经济环境、金融环境、政治环境、社会环境、法律环境和科技环境等发生改变、变化的所有事件。任何事件，只要会引起经济环境、金融环境、政治环境、社会环境、法律环境和科技环境的改变、变化，均构成情势变更。因此，新的第1195条并不要求

① Philippe Malaurie, Laurent Aynès, Philippe Stoffel-Munck, Droit des obligations, 8e édition, L. G. D. J., 2016, pp. 403.

② Philippe Malaurie, Laurent Aynès, Philippe Stoffel-Munck, Droit des obligations, 8e édition, L. G. D. J., 2016, pp. 403.

③ Article 1195, Code civil, Version en vigueur au 4 janvier 2021, https://www.legifrance.gouv.fr/codes/section_lc/LEGITEXT000006070721/LEGISCTA000006150249/#LEGISCTA000032041319.

④ Philippe Malaurie, Laurent Aynès, Philippe Stoffel-Munck, Droit des obligations, 8e édition, L. G. D. J., 2016, pp. 407—409; Marjorie Brusorio Aillaud, Droit des obligations, 8e édition, bruylant, 2017, p. 244; Virginie Larribau-Terneyre, Droit civil, Les Obligations, 15e édition, Dalloz, 2017, pp. 516—517; François Terré, Philippe Simler, Yves Lequette, François Chénedé, Droit civil, Les Obligations, 12e édition, Dalloz, 2018, pp. 715—718;

情势变更引起社会的骚乱、动荡，它仅仅要求新的环境的出现。

其次，情势变更必须具有外在性（caractéristique d'extériorité）。所谓情势变更必须具有外在性，是指某种环境的改变不是由作为合同当事人的债务人引起的，而是由债务人之外的人所引起的。换言之，情势变更不可归责于债务人。如果情势变更是由于债务人的原因引起的，则情势变更具有内在性，法官不能够适用不可预见性理论对他们与债权人之间的合同做出变更。

再次，情势变更必须具有不可预见性（imprévisible）。所谓不可预见性，是指情势变更不仅是合同当事人无法预见的，而且还是任何处在合同当事人地位的人均无法预见的。换言之，判断情势变更是否具有可预见性，其标准不是主观标准而是客观标准。所谓客观判断标准，是指情势变更是否能够预见，适用一般理性人的判断标准：如果一般理性人无法预见情势变更，则法官能够适用不可预见性理论变更当事人之间的合同，反之，如果一般理性人能够预见情势变更，则法官不能够适用该种理论变更当事人之间的合同。

最后，情势变更是否具有不可预见性，应当以合同缔结时为准。仅仅在合同缔结时，当事人无法预见情势变更，他们才能够要求法官变更他们之间的合同，因为欠缺可预见性，因此，他们没有在自己的合同当中规定应对之策。

（二）情势变更让债务的履行对于合同债务人而言成本过高、负担过重

在适用不可预见性理论变更或者解除合同当事人之间的合同时，法官应当具备的第二个条件是，无法预见的情势变更对合同债务人履行债务产生了不利影响，此种不利影响表现在，情势变更让债务的履行对于合同债务人而言成本过高、负担过重（exécution excessivement onéreuse）。所谓成本过高、负担过重，不应当做狭义理解，认为它仅仅是指合同债务人履行债务所支付的费用过高，而应当做广义的理解，除了包含履行债务所支出的费用大大增加之外，还包括所获得的对等物减少。换言之，成本过高，是指债务人与债权人之间原本存在的利益平衡被打破，债务人通过债务的履行所获得的利益与他们通过债务的履行所支付的对等物严重失衡。在判断债务人的成本是否过高时，人们仍然应当采取客观判断标准，而不应当采取主观判断标准。

（三）债务人没有同意承受情势变更引起的风险

在适用不可预见性理论变更合同当事人之间的合同时，法官应当具备的第三个条件是，合同债务人没有同意承受情势变更引起的成本过高的风险。虽然无法预见的某种事件会让合同债务人的债务履行负担加重、成本过高，但是，如果合同债务人已经同意承受此种风险，则法官不得适用不可预见性理论变更或者解除他们与对方当事人之间的合同。

在合同法当中，情势变更引起的债务履行成本增加、负担过重的问题被称为风险。如果合同债务人已经明示或者默示同意承受此种风险，则意味着他们预先放弃了以不可预见性要求法官变更甚至解除他们与对方当事人之间合同的主张。所谓明示同意承受此种风险，是合同当事人在他们的合同当中约定，在情势变更发生时，当事人一方愿意承受因情势变更引起的成本增加的风险。所谓默示同意承受此种风险，则是指基于当事人所缔结的某种合同的性质或者目的，他们被视为愿意承受该种合同所固有的风险。

某些性质的合同存在固有的风险。一旦合同当事人签订此类合同，则意味着他们默示地同意承受此类合同所固有的风险，他们不得以情势变更为由要求法官变更甚至解除他们与对方当事人之间的合同。最典型的合同是建筑工程的承包合同，根据该种合同，在建筑工程的承包合同缔结之后，建筑商应当承受人手和建筑材料上涨的风险，《法国民法典》第1739条对此种规则做出了规定。具有某些目的的合同也存在固有的风险，一旦合同当事人签订具有此类目的的合同，则意味着他们默示地同意承受此种合同所固有的风险，他们不得以情势变更为由要求法官变更他们与对方当事人之间的合同，例如，射幸合同就是如此，在射幸合同签订之后，即便情势变更导致一方当事人履行债务的成本大量增加，该方当事人也不得要求法官以情势变更为由变更甚至解除他们与对方当事人之间的合同。

（四）法官适用情势变更理由变更或者解除合同的前置条件：合同当事人之间的协商

不过，即便符合上述三个条件，法官仍然不能够对当事人之间的合同做出变更或者解除判决，因为上述三个条件仅仅是法官变更或者解除合同的必要条件而非充分条件。如果法官要最终通过司法方式变更或者解除当事人之间的合同，他们还必须满足其他条件：合同当事人在情势变更之后所进行的重新谈判。根据《法国民法典》新的第1195条的规定，在符合上述三个条件时，债务人首先应当对其债权人提出请求，要求他们与自己展开合同的重新谈判。如果当事人通过重新谈判解决了他们之间的纠纷，法官当然无须介入他们的关系。如果债务人的请求被债权人拒绝，或者虽然被债权人接受并因此与债务人展开合同的重新谈判，但是，他们之间的谈判以失败告终，当事人还应当做出努力，或者达成解除他们之间的合同的协议，一旦他们达成解除合同的协议，则法官也无须介入他们之间的纷争。

五、法官享有的变更权和解除权

如果他们之间没有达成解除合同的协议，则他们应当达成共同请求法官对他们之间的合同进行调整的协议。如果他们无法达成共同请求法官调整合同的协议，则债务人有权单方面向法院起诉，要求法官调整他们之间的合同。基于债务人的请求，法官既有权变更当事人之间的合同，也有权终止他们之间的合同。究竟是变更当事人之间的合同还是终止他们之间的合同，由法官根据案件和双方当事人的具体情况确定。

第七节　因为不可抗力引起的合同解除

一、不可抗力引起的合同解除的界定

除了规定了协议解除、债权人单方解除和司法解除之外，现行《法国民法典》新的第1218条还规定了一种合同解除方式，这就是因为不可抗力引起的合同解除。所谓

不可抗力引起的合同解除，是指如果债务人不履行债务的行为是由于某种不可抗力引起的，在该种不可抗力让他们最终无法履行债务时，基于债务人的请求，法官有权基于不可抗力的原因而解除债务人与债权人之间的合同。

《法国民法典》新的第1218规定："(1) 一旦某种事件阻止了合同债务人债务的履行，如果该种事件是债务人不能够控制的、是在缔结合同时不可能合理预见的并且其引起的效果是无法通过适当措施予以规避的，则该种事件就构成合同领域的不可抗力。(2) 如果不可抗力对债务履行的阻止是暂时的，则债务人债务的履行暂时中止，至少在因此引起的债务迟延履行不能够证明合同解除的正当性时是如此。如果不可抗力对债务履行的阻止是最终的，则合同当然解除，并且当事人根据《法国民法典》第1351条和第1351－1条所规定的条件免除承担的各种债务。"①

二、基于不可抗力引起的合同解除独立于司法解除

在合同法领域，不可抗力引起的合同解除与合同的司法解除之间的关系如何？在1804年的《法国民法典》当中，人们没有明确区分不可抗力引起的合同解除与合同的司法解除，在不可抗力引起合同解除时，人们仍然将其视为一种司法解除方式。此种做法一直持续到19世纪末期和20世纪初期。在2016年之前，人们仍然对这两种合同解除方式之间的关系存在争议。②

通过2016年2月10日的债法改革法令，现行《法国民法典》第1218条最终解决了此种争议，因为它认为，不可抗力引起的合同解除独立于合同的司法解除。一方面，新的第1218条明确规定，因为不可抗力的解除是指合同的当然解除（la résolution de plein droit）。另一方面，除了新的第1218条对不可抗力引起的合同解除做出了规定之外，现行《法国民法典》新的第1224条、新的第1227条和新的第1228条也对合同的司法解除做出了规定，已如前述。

因为不可抗力引起的合同解除与司法解除之间的差异是：在司法解除当中，法官享有司法控制权，他们能够对债务人不履行债务的行为是否构成足够严重的行为进行评估和确定，能够给予债务人以宽限期，以便让债务人继续履行债务，法官还能够责令债务人甚至债权人承担合同责任，已如前述。而在因为不可抗力引起的合同解除当中，法官不享有此类司法控制权。

三、不可抗力引起的合同中止和解除

根据《法国民法典》新的第1218（2）条的规定，在合同领域，不可抗力的发生并非一定会引起合同的解除。根据不可抗力引起的债务不履行情况的不同，不可抗力或者仅仅引起合同的中止履行，或者引起合同的当然解除。

---

① Article 1218, Code civil, Version en vigueur au 21 janvier 2021, https://www.legifrance.gouv.fr/codes/section_lc/LEGITEXT000006070721/LEGISCTA000006150254/#LEGISCTA000032041441.

② Dimitri Houtcieff, Droit Des Contrats, Larcier, 2e édition, 2016, pp. 515—516; Philippe Malaurie, Laurent Aynès, Philippe Stoffel-Munck, Droit des obligations, 8e édition, L. G. D. J., 2016, pp. 515—526.

所谓不可抗力仅仅引起合同的中止履行（la suspension du contrat），是指虽然不可抗力阻止了债务人履行自己的债务，但是，不可抗力仅仅暂时阻止了债务人履行自己的债务，这就是债务人债务的暂时不可能履行（l'impossibilité temporaire）。在不可抗力产生的此种阻止效力消除之后，债务人应当继续履行自己的债务。换言之，不可抗力仅仅产生让债务人迟延履行债务的效力，不会产生让当事人之间的合同完全消灭的效力。不过，此种规则也存在一个例外，这就是，如果债务人的迟延履行能够证明合同解除的正当性的话，则当事人之间的合同仍然被解除。

所谓不可抗力引起合同的最终解除（résolution definitive du contrat），是指在不可抗力导致债务人完全不可能、绝对不可能履行债务（l'impossibilité définitive）时债务人与债权人之间的合同当然解除。所谓当然解除，是指当事人之间的合同无需通过法官裁判就能够自动解除。不过，当然解除是否需要以债权人的主张作为前提，民法学者也存在疑虑。当然，如果债务人对他们之间是否存在不可抗力存在争议，他们也有权向法院起诉，要求法官解决他们之间的此种纷争。如果不可抗力最终导致当事人之间的债务无法履行，除了债务人无须履行自己承担的债务之外，他们也无须对债权人承担损害赔偿责任，此外，债权人也无须履行自己承担的债务，这就是《法国民法典》新的第 1351 条和新的第 1351 - 1 条所规定的法律效果，已如前述。①

第八节　合同解除的效果

一、《法国民法典》新的第 1229 条对合同解除效果做出的新规定

无论是什么形式的合同解除，一旦当事人之间的合同解除，他们之间的合同所产生的法律效果是相同的。所不同的是，在不同时期，《法国民法典》关于合同解除所产生的法律效果是不同的。总的来说，1804 年的《法国民法典》第 1183 条规定，合同的解除引起合同溯及既往的消灭，无论是什么合同，一旦解除，均产生溯及既往的法律效力。不过，通过 2016 年 2 月 10 日的债法改革法令，现行《法国民法典》改变了此种做法，虽然它仍然坚持合同的解除会产生溯及既往的让合同消灭的效力，但是，它也认为，某些合同的解除不会产生溯及既往的法律效力，而仅仅产生向将来失效的效力，这就是现行《法国民法典》当中的新的第 1229 条和新的第 1230 条。

《法国民法典》新的第 1229 条规定：①解除终止合同。②根据具体情况的不同，解除或者根据合同当中的解除条款所规定的条件生效，或者在债务人接到债权人的解除通知之日生效，或者在法官的判决确定的日期生效，如果法官的判决没有规定解除的生效日期，则在法院受理案件之日生效。③如果当事人之间已经履行的给付仅仅在被解除的合同完全履行时才会具有效用，则当事人均应当将自己从对方那里获得的给付完全返还

---

① Dimitri Houtcieff, Droit Des Contrats, Larcier, 2e édition, 2016, pp. 519—523; Philippe Malaurie, Laurent Aynès, Philippe Stoffel-Munck, Droit des obligations, 8e édition, L. G. D. J., 2016, pp. 515—518; Virginie Larribau-Terneyre, Droit civil, Les Obligations, 15e édition, Dalloz, 2017, pp. 598—599.

给对方。如果当事人之间已经履行的给付在合同相互履行的范围内对双方当事人均具有效用，则当事人无须将从对方那里获得的给付返还给对方，以便让他们之间的关系恢复到最后一次未收到对方对等物的给付之前的状态。在此种情况下，解除被称为取消。原状恢复根据第1352条至第1352－9条所规定的条件进行。[①]《法国民法典》新的第1230条规定：解除既不会影响到合同当中有关争议解决条款的效力，也不会影响到合同当事人意图让其免受合同解除影响的条款的效力，诸如保密条件和不竞争条款的效力。[②]

同1804年的《法国民法典》相比，现行《法国民法典》关于合同解除效果的规定具有两个主要特征：其一，现行《法国民法典》使用的术语不同于1804年的《法国民法典》。在1804年时，《法国民法典》使用的术语是"合同的消灭"（l'anéantissement du contrat），而现行《法国民法典》使用的术语则是"合同的终止"（la fin du contrat）。其二，现行《法国民法典》关于合同解除的法律效果的规定不同于1804年的《法国民法典》。1804年的《法国民法典》规定，所有被解除的合同均产生溯及既往的法律效力。而现行《法国民法典》则不同，它区分不同的合同，认为其中的某些合同的解除会产生溯及既往的法律效力，而另外的一些合同则不会产生溯及既往的法律效力，而仅仅从被解除之日起向将来生效。

二、《法国民法典》新的第1229条在合同解除的法律效力问题上采取不同理论的原因

一旦当事人之间的合同被解除，则他们之间的合同肯定会向将来失效：除了债务人没有履行的债务不再履行之外，债权人没有对其债务人履行的债务也不再履行，无论是债务人还是债权人均不再履行自己对对方当事人所承担的债务。问题在于，如果一方当事人甚至双方当事人已经部分甚至全部履行了自己的债务，在他们之间的合同被解除时，他们之间的合同是否产生溯及既往的法律效力：如果合同的解除溯及合同成立时终止，则他们之间的合同解除就产生了溯及既往的法律效力；反之，如果合同的解除不会溯及合同成立时终止，而仅仅从合同解除时终止，则他们之间的合同解除就不会产生溯及既往的法律效力。

在1985年之前，基于《法国民法典》旧的第1183条的规定，法国的主流民法学者和主流的司法判例均认为，在合同解除时，他们之间的合同会产生溯及既往的法律效力，除了没有履行的债务不再履行之外，当事人之间的合同从合同成立时就终止，任何一方当事人均应当将自己根据合同的规定所获得的给付返还对方，任何一方当事人也均享有要求对方将自己根据合同获得的给付返还自己，以便让他们之间的关系恢复到合同成立之前的状态并因此让他们之间的合同消灭。这就是合同解除之后每一方当事人均应

---

① Article 1229, Code civil, Version en vigueur au 21 janvier 2021, https://www.legifrance.gouv.fr/codes/section_lc/LEGITEXT000006070721/LEGISCTA000006150254/#LEGISCTA000032041441.

② Article 1230, Code civil, Version en vigueur au 21 janvier 2021, https://www.legifrance.gouv.fr/codes/section_lc/LEGITEXT000006070721/LEGISCTA000006150254/#LEGISCTA000032041441.

当对对方当事人所承担的给付返还债务。①

到了1985年，法国民法学者J. Ghestin发表了自己的《连续合同解除的溯及既往效力》，开始对民法学者和法官采取的主流意见做出批评。他认为，在合同解除时让所有的合同均溯及既往地消灭的做法是不合适的，是一种过于极端的做法，因为，在某些合同当中，人们不适宜让被解除的合同从合同成立时起消灭：其一，在严格意义上的连续合同当中，此种做法是不合适的，例如，在租赁合同和报刊订阅合同当中。在这些合同当中，合同解除之所以不适宜采取溯及既往地消灭合同的方法，是因为债务人的给付行为并不是一次性给付行为，而是连续不断的给付行为。其二，在分期履行合同当中，此种做法也是不合适的，例如，在分期付款买卖合同和个人住宅建筑合同（le contrat de construction de maison individuelle）当中。在这些合同当中，合同解除之所以不适宜采取溯及既往地消灭合同的方法，是因为债务人的给付行为是定期进行的。②

Ghestin认为，在这两类不同的合同当中，合同的消灭并不是建立在合同成立时所存在的瑕疵基础上，而是建立在债务人不履行债务的基础上，人们没有理由采取在合同无效时人们所采取的让整个合同溯及既往地消灭的做法：因为债务人不履行债务，人们怎么能够让当事人之间已经履行的债务从合同成立之时起消灭呢？换言之，Ghestin认为，这两类合同的性质禁止人们将传统民法当中所贯彻的让合同溯及既往地消灭的规则适用于它们：严格来讲，连续合同和分期合同并不是溯及既往地被解除的合同，而仅仅是一种向将来取消的合同（résiliation sans effet rétroactif）。③

在2001年的《合同的效力》当中，J. Ghestin和其他学者继续主张此种理论。④ 在2001年的《法国法当中不履行引起的合同解除所产生的溯及既往效力》当中，Y. M. Serinet也对主流的民法学说和司法判例做出批评，认为人们不能够在合同解除的效力方面采取一刀切的做法，认为所有合同的解除均会产生溯及既往地让合同消灭的效力。⑤

J. Ghestin和其他少数学者提出的此种主张得到了其他民法学者的支持，在2016年之前所起草的两部债法改革草案当中，法国民法学者Catala和Terré领导的债法改革小组均在自己起草的《债法改革草案》和《合同法改革草案》当中明确区分即时合同、连续合同和分期合同，认为在即时合同当中，合同解除适用溯及既往的规则，而在连续

---

① François Terré, Philippe Simler, Yves Lequette, François Chénedé, Droit civil, Les Obligations, 12e édition, Dalloz, 2018, p. 881.

② Ghestin, L'effet rétroactif de la résolution des contrats à exécution successive, Mélanges Raynaud, Dalloz 1985 pp. 203 et ss; François Terré, Philippe Simler, Yves Lequette, François Chénedé, Droit civil, Les Obligations, 12e édition, Dalloz, 2018, p. 882.

③ Ghestin, L'effet rétroactif de la résolution des contrats à exécution successive, Mélanges Raynaud, Dalloz 1985 pp. 203 et ss; François Terré, Philippe Simler, Yves Lequette, François Chénedé, Droit civil, Les Obligations, 12e édition, Dalloz, 2018, p. 882.

④ J. Ghestin, Ch. Jamin, M. Billiau, Traité de droit civil, Les effets du contrat, L. G. D. J., 3e éd. 2001, n°543 à 563.

⑤ Y. -M. Serinet, L'effet rétroactif de la résolution pour inexécution en droit français, in M. Fontaine et G. Viney, Les sanctions de l'inexécution des obligations contractuelles-Études de droit comparé: Bruylant et L. G. D. J., 2001, p. 654.

合同和分期合同当中，则不适用溯及既往的规则，而仅仅适用向将来消灭的原则。遵循这些民法学者的建议，通过2016年2月10日的债法改革法令，现行《法国民法典》新的第1229条对合同解除所产生的两种不同法律效果做出了规定。[①]

三、合同解除在当事人之间产生的法律效力

（一）合同的终止日期

根据《法国民法典》新的第1229条的规定，一旦合同解除，当事人之间的合同就会终止。因为合同解除的方式不同，因此，合同终止的时间也是不同的：如果合同基于解除条款的适用而解除，则合同从解除条款所规定的日期终止；如果合同因为债权人对债务人做出的单方面通知而解除，则合同从债务人收到债权人通知之日起终止；如果合同基于法官的判决解除，则合同从判决确定的日期开始终止，如果法官的判决没有规定解除日期，则合同从立案（assignation en justice）之日终止。

（二）合同解除在当事人之间产生的两种不同法律效力

根据《法国民法典》新的第1229条的规定，在当事人之间的合同解除时，他们之间的合同解除是否产生溯及既往和原状恢复的法律效力，取决于当事人之间已经履行的给付是否对当事人具有效用、功效（utilité）。如果当事人已经履行的给付对双方当事人均具有效用、功效，则在他们之间的合同被解除时，他们之间的合同仅仅向将来失效，不会产生溯及既往地让合同消灭的后果，他们之间没有履行的债务不再履行，已经履行的债务仍然维持，一方当事人无须将从对方那里获得的给付返还对方，这就是合同的取消（résiliation），它仍然属于合同解除的组成部分。反之，如果当事人已经履行的给付对一方当事人没有效用、功效，则在他们之间的合同被解除时，他们之间的合同不仅仅向将来失效，而且还会产生溯及既往地让合同消灭的后果，除了他们之间没有履行的债务不再履行之外，他们之间已经履行的债务也要恢复原状，一方当事人应当将从对方那里获得的给付返还对方，对方当事人有权要求其将从自己那里获得的给付返还自己。

在当事人履行了自己的债务之后，他们的哪些给付行为对当事人具有效用、功效，他们的哪些给付行为对当事人没有效用、功效，取决于当事人之间合同的性质。[②]

首先，如果当事人之间的合同在性质上属于即时合同，则当事人之间的给付行为被

---

① François Terré, Philippe Simler, Yves Lequette, François Chénedé, Droit civil, Les Obligations, 12e édition, Dalloz, 2018, pp. 881—882.

② Dimitri Houtcieff, Droit Des Contrats, Larcier, 2e édition, 2016, pp. 511—514; Muriel Fabre-Magnan, Droit des obligations, Tome 1, Contrat et engagement unilatéral, 4e édition, puf, 2016, pp. 747—753; Philippe Malaurie, Laurent Aynès, Philippe Stoffel-Munck, Droit des obligations, 8e édition, L. G. D. J., 2016, pp. 518—520; Rémy Cabrillac, Droit des obligations, 12e édition, Dalloz, 2016, pp. 181—182; Marjorie Brusorio Aillaud, Droit des obligations, 8e édition, bruylant, 2017, pp. 274—275; Virginie Larribau-Terneyre, Droit civil, Les Obligations, 15e édition, Dalloz, 2017, pp. 593—594; François Terré, Philippe Simler, Yves Lequette, François Chénedé, Droit civil, Les Obligations, 12e édition, Dalloz, 2018, pp. 880—885.

视为没有效用、功效的给付行为，因此，在他们之间的此种合同解除时，他们之间的合同溯及既往地消灭，当事人之间的关系应当恢复原状，一方甚至双方当事人之间均产生将所获得的给付返还对方的债务。例如，现金买卖合同就是如此，因为现金买卖合同（vente au comptant）被解除，当事人之间的合同就产生溯及既往的法律效力，买受人应当将根据买卖合同取得的财产返还对方，出卖人应当将取得的现金返还对方。因为现金买卖合同属于典型的即时合同。

其次，即便当事人之间的合同在性质上属于连续合同或者分期合同，如果他们之间的合同被视为一个无法分割的有机整体，在债务的一部分履行对当事人是没有效用、功效的情况下，如果他们之间的合同解除，则当事人之间的合同溯及既往地消灭，他们之间产生恢复原状的债务，当事人应当将自己从对方那里获得的给付返还对方。因为，在此类合同当中，仅仅在当事人全部履行了自己的债务时，他们的债务履行才对对方当事人有效用、功效。例如，审计合同和编辑合同就是如此，在审计合同、编辑合同被解除时，当事人之间的合同溯及既往地消灭，当事人之间产生返还债务，因为当事人的部分履行对对方当事人是没有效用、功效的。

根据《法国民法典》新的第1229（4）条的规定，如果当事人之间的合同解除会产生溯及既往的效力，则当事人之间的返还应当遵循《法国民法典》第1352条至第1352-9条的规定。根据这些法律条款的规定，在合同解除之后，当事人之间的返还既包括所取得的物的返还，也包括所取得的金钱的返还和价值的返还。所谓价值的返还，是指一方当事人在获得另外一方当事人的服务时，他们应当将所获得的服务的价值返还对方。①

最后，如果当事人之间的合同在性质上属于连续合同或者分期合同，在他们之间的合同不再被视为一个无法分割的有机整体时，换言之，在他们之间的合同能够分割时，当事人的部分履行不再被视为是没有效用、功效的，而是被视为有效用的、功效的。此时，他们之间的合同解除不会产生溯及既往的效力，而仅仅产生向将来消灭合同的效力，当事人之间已经履行的债务无须恢复原状，当事人无须承担返还债务的义务。实际上，在此类合同当中，恢复原状是不可能的，一方当事人无法将自己取得的给付返还对方。例如，租赁合同和劳动合同就是如此，因为在租赁合同和劳动合同被解除时，当事人之间的租赁合同和劳动合同仅仅从被解除之日向将来失效，不会涉及租赁合同和劳动合同当中双方已经履行的部分，已经履行的部分仍然有效，因为已经履行的部分对双方均具有效用、功效，承租人或者雇主无法将从出租人或者劳动者那里获得的给付返还对方。

此外，根据《法国民法典》新的第1186条的规定，如果两个或者更多的合同之间存在密切的联系并因此成为当事人实现同一目的的组成部分，在其中的一个合同因为解除而消灭时，其他合同也会因此失效，这也是合同解除引起的一种法律效力，已如前述。

① Dimitri Houtcieff, Droit Des Contrats, Larcier, 2e édition, 2016, pp. 512—514.

（三）被解除的合同当中的某些条款的保留

根据现行《法国民法典》新的第1229条的规定，虽然合同的解除导致合同的终止，但是，在例外情况下，合同的解除并不会导致合同规定的所有条款均终止，其中的某些合同条款在整个合同解除之后仍然具有约束力。现行《法国民法典》新的第1230条对此种例外情况下仍然有效的合同条款做出了规定，根据它的规定，在合同解除之后，合同当中的两类条款仍然有效：

其一，当事人之间的纠纷解决条款（les clauses relatives au règlement des différends）。所谓当事人之间的纠纷解决条款，是指合同当事人在自己的合同当中就合同纠纷如何解决的问题订立的条款，诸如仲裁条款和选择司法管辖权的条款等。其二，当事人意图在合同被解除之后仍然产生法律效力的条款。如果当事人在自己的合同当中规定，即便他们之间的合同被解除，他们之间的某些条款仍然有效，按照意思自治和合同自由原则，他们之间的这些合同条款当然有效，除非这些合同条款违反了公共秩序。这就是当事人意图在合同被解除之后仍然产生法律效力的条款。

《法国民法典》新的第1230条对此种条款做出了例示性的说明，认为合同当事人规定的保密条款（les clauses de confidentialité）和不竞争条款（les clauses de non-concurrence）就属于此类条款。所谓保密条款，是指合同当事人所规定的在合同解除之后一方当事人仍然应当承担不泄露对方当事人秘密的条款。所谓不竞争条件，是指合同当事人所规定的在合同解除之后一方当事人仍然应当承担不与另外一方当事人展开竞争的条款。除了这两种例示性的条款之外，当事人在自己的合同当中所规定的惩罚性条款和限制责任的条款也均属于此类性质的条款。事实上，新的第1230条并没有对此类条款做出限制，究竟哪些条款在合同解除之后仍然有效，取决于当事人的约定。[①]

四、合同解除对第三人产生的效力

就像合同无效关乎合同当事人之外的第三人一样，合同解除也关乎当事人之外的第三人。虽然如此，2016年2月10日的债法改革法令并没有就合同解除与第三人之间的关系问题做出任何说明。合同解除之所以涉及第三人的利益，是因为合同解除不仅让当事人享有的权利消灭，而且还让当事人的继承人享有的权利消灭。此种原则的适用不仅仅会给第三人带来极端的不方便，而且还会严重影响第三人的安全。为了减缓合同解除对第三人造成的不方便和增强第三人的安全感，法国立法者和法官也在某些制定法和司法判例当中对第三人提供保护，防止他们遭受当事人之间合同解除的侵害。[②]

例如，如果出卖人将自己的出卖物交付给了买受人，在买受人不履行交付价款的债

---

① Dimitri Houtcieff, Droit Des Contrats, Larcier, 2e édition, 2016, p. 515; Rémy Cabrillac, Droit des obligations, 12e édition, Dalloz, 2016, p. 182; François Terré, Philippe Simler, Yves Lequette, François Chénedé, Droit civil, Les Obligations, 12e édition, Dalloz, 2018, pp. 885—886.

② Philippe Malaurie, Laurent Aynès, Philippe Stoffel-Munck, Droit des obligations, 8e édition, L. G. D. J., 2016, p. 520; Marjorie Brusorio Aillaud, Droit des obligations, 8e édition, bruylant, 2017, p. 275; François Terré, Philippe Simler, Yves Lequette, François Chénedé, Droit civil, Les Obligations, 12e édition, Dalloz, 2018, pp. 886—887.

务时，如果出卖人单方面解除合同，则买受人应当将其获得的财产返还给出卖人。但是，如果买受人在购买了出卖人的财产之后将其出卖并且交付给了善意第三人，则作为再买人的善意第三人获得了财产所有权，买卖合同的解除不会导致善意第三人所获得的财产的返还。这就是《法国民法典》新的第2276条所规定的“对于动产而言，占有被视为所有的法律规则”①。

① François Terré, Philippe Simler, Yves Lequette, François Chénedé, Droit civil, Les Obligations, 12e édition, Dalloz, 2018, p. 887.

合同责任的地位和性质

第十二章 合同责任的一般理论

第一节 法国民法学者关于合同责任是否存在的争论

如果债务人不履行自己所承担的债务，除了应当遭受诸如被责令继续履行债务、减价和合同解除等法律制裁之外，他们还应当被责令赔偿合同债权人因为其不履行债务所遭受的损害后果，因为在他们不履行债务的行为引起债权人损害发生时，债权人有权要求他们对自己遭受的损害承担赔偿责任。除了《法国民法典》新的第1217条对此种法律制裁措施做出了简要的列举之外，《法国民法典》新的1231条至新的1231－7条对此种法律制裁措施做出了具体说明。

除了《法国民法典》对此种法律制裁措施做出了规定之外，2016年以来的法国民法学者也普遍对此种法律制裁措施做出了说明。在规定此种法律制裁措施时，现行《法国民法典》并没有使用“合同责任”一词，而是使用了“合同不履行产生的损害赔偿”一词。虽然如此，法国民法学者普遍将此种法律制裁措施称为合同责任。①

一、合同责任的界定

无论是1804年的《法国民法典》还是现行的《法国民法典》均没有对合同责任做出界定，它们甚至没有“合同责任”一词。虽然如此，法国民法学者普遍对合同责任一词做出了界定，并且他们做出的界定并没有实质性的差异。

Mazeaud和Chabas对合同责任做出了界定，他们指出：“所谓合同责任，是指债务人因为不履行合同所规定的债务而产生的民事责任。在合同的一方当事人即债务人不履行合同要求他们履行的债务时，他们不履行债务的行为会引起对方当事人即债权人某种损害的发生。在符合某些条件时，债务人应当赔偿债权人所遭受的此种损害，他们所承担的此种责任就是合同责任。”②

Brusorio Aillaud也对合同责任做出了界定，他指出：“所谓合同责任，是指一方当事人就其不履行或者恶意履行源自合同的某种债务引起的损害对另外一方当事人所承担

① Dimitri Houtcieff, Droit Des Contrats, Larcier, 2e édition, 2016, pp. 492—499; Muriel Fabre-Magnan, Droit des obligations, Tome 1, Contrat et engagement unilatéral, 4e édition, puf, 2016, pp. 725—734; Philippe Malaurie, Laurent Aynès, Philippe Stoffel-Munck, Droit des obligations, 8e édition, L. G. D. J., 2016, pp. 499—501; Rémy Cabrillac, Droit des obligations, 12e édition, Dalloz, 2016, pp. 151—173; Marjorie Brusorio Aillaud, Droit des obligations, 8e édition, bruylant, 2017, pp. 268—270; Virginie Larribau-Terneyre, Droit civil, Les Obligations, 15e édition, Dalloz, 2017, pp. 571—572; François Terré, Philippe Simler, Yves Lequette, François Chénedé, Droit civil, Les Obligations, 12e édition, Dalloz, 2018, pp. 832—840.

② Henri et Leon Mazeaud, Jean Mazeaud, Francois Chabas, Obligations, 9e édition, Montchrestien, 1998, p. 367.

的损害赔偿债。”[1] Larribau-Terneyre 也对合同责任做出了界定，他指出：“所谓合同责任，是指一方当事人就其不履行或者恶意履行源自合同的某种债务引起的损害对另外一方当事人所承担的赔偿债务，如果此种不履行可归责于该方当事人的话。”[2] 法国著名的法律词典对合同责任做出了界定，它指出：“所谓合同责任，是指一方当事人就其不履行合同让其承担的某种债务的行为引起的损害对另外一方当事人承担赔偿的债务，无论其债务的不履行是全部不履行还是部分不履行，均是如此。”[3]

笔者根据法国主流民法学者的界定对合同责任做出如下界定：所谓合同责任（la responsabilité contractuelle），也称为合同性质的民事责任、合同性民事责任（responsabilité civile contractuelle），是指合同债务人就其不履行合同所规定的明示义务或者基于当事人之间的合同性质、公平和诚信等所强加的默示义务的行为引起的损害对合同债权人承担的赔偿债、赔偿责任。

一方面，当合同债务人根据合同的规定对债权人承担某种债务、某种义务时，如果他们不履行所承担的此种明示债务、明示义务，在他们的不履行行为引起债权人损害时，他们应当赔偿债权人的损害，他们所承担的此种损害赔偿责任就是合同责任。另一方面，即便合同当事人没有对债务人承担的某种债务、义务做出规定，如果当事人之间的合同性质、制定法、公平或者诚信要求债务人对债权人承担某种债务、义务，在债务人不履行此种默示债务、默示义务的行为引起合同债权人损害的发生时，他们也应当赔偿债权人遭受的此种损害，他们所承担的此种损害赔偿责任也是合同责任。

二、《法国民法典》对合同责任和侵权责任的两种不同态度

虽然 1804 年的《法国民法典》明确规定，如果合同债务人不履行自己的债务，他们应当赔偿合同债权人所遭受的损害（dommages et intérêts），但是，在责令债务人赔偿债权人因为其不履行债务所遭受的损害时，1804 年的《法国民法典》不仅没有使用“合同责任”一词，甚至连“责任”（responsable）一词都没有使用，这就是 1804 年的《法国民法典》当中的第 1146 条至第 1155 条，因为这些法律条款并没有归结到“合同责任”一词当中，而是被归结到另外一个术语即“债的不履行产生的损害赔偿”（des dommages et intérêts résultant de l'inexécution de l'obligation）当中。[4]

1804 的《法国民法典》所采取的此种做法从 1804 年一直保留到 2016 年，直到 2016 年 2 月 10 日的债法改革法令将它们废除并且以新的法律条款即新的 1231 条至新的 1231－7 条取代它们为止。虽然如此，现行《法国民法典》新的 1231 条至新的 1231－7 条仍然没有使用“合同责任”一词，因为这些法律条款被归结在一个法律术语即“合同不履行产生的损害赔偿”（la réparation du préjudice résultant de l'inexécution du contrat）

---

① Marjorie Brusorio Aillaud, Droit des obligations, 8e édition, bruylant, 2017, p. 21.

② Virginie Larribau-Terneyre, Droit civil, Les Obligations, 15e édition, Dalloz, 2017, p. 671.

③ Vocabulaire juridique, 10e édition, sous la direction de Gérard Cornu, puf, 2014, pp. 916—917.

④ Articles 1146 à 1155, https://fr.wikisource.org/wiki/Code_civil_des_Français_1804/Livre_Ⅲ, _Titre_Ⅲ.

当中，而不是被归结到“合同责任”当中。①

同2016年之前的规定相比，现行《法国民法典》关于债务不履行所产生的损害赔偿具有一个最主要的变化，这就是，2016年之前的《法国民法典》将此种损害赔偿称为“债务不履行产生的损害赔偿，”而现行《法国民法典》则将这一术语改为“合同不履行产生的损害赔偿”：一方面，法国政府将之前的“损害赔偿”（des dommages et intérêts）改为现在的“损害赔偿”（la réparation du préjudice）；另一方面，法国政府将之前的“债务不履行”（l'inexécution de l'obligation）改为现在的“合同不履行”（l'inexécution du contrat）。虽然如此，法国政府仍然保留了1804年的法国立法者所采取的做法，没有使用“合同责任”一词。

法国立法者或者法国政府对待合同责任的此种态度与他们对待侵权责任的态度形成鲜明对比和强烈反差。一方面，虽然1804年的《法国民法典》没有使用“侵权责任”一词，但是，它至少使用了“责任”一词，例如，1804年的《法国民法典》第1383条和第1384（1）条均规定，当行为人的过失、不谨慎行为引起他人损害的发生时，或者当他们对其行为负责的人或者他们所管理的物引起他人损害发生时，他们应当就自己的过失、不谨慎行为或者别人的行为、所控制的物引起的损害对他人承担赔偿责任。② 此种做法一直保留到2016年2月10日的债法改革法令颁布之时。另一方面，通过2016年的债法改革法令，除了在不少条款当中使用了承担“责任”这样的术语之外，现行《法国民法典》新的第1240条至新的第1252条还被直接归结在一个新术语即“侵权责任”（la responsabilité extracontractuelle）当中。③

从1804开始一直到今时今日，无论法国立法者是否使用了侵权责任一词，法国民法学者均承认，侵权责任即侵权民事责任在《法国民法典》和法国民法当中是真实存在的。问题在于，从1804年开始一直到今时今日，《法国民法典》在合同法当中的这些法律条款所规定的损害赔偿是一种像侵权责任一样的一种民事责任即合同责任吗？换言之，《法国民法典》当中存在合同责任吗？在1990年之前，法国几乎所有民法学者均做出了肯定回答。他们认为，《法国民法典》在合同领域规定的债务不履行产生的赔偿责任就是与侵权责任并行的一种民事责任即合同责任。但是，从1990年开始一直到2000年止，少数民法学者则对大多数民法学者的此种看法提出挑战，他们认为，《法国民法典》并没有规定合同责任，人们不能够以《法国民法典》关于侵权责任的规定作为模

① Articles 1231 à 1231-7, Code civil, Version en vigueur au 24 janvier 2021, https://www.legifrance.gouv.fr/codes/section_lc/LEGITEXT000006070721/LEGISCTA000006150254/#LEGISCTA000032041441.

② Articles 1383 à 1384, https://fr.wikisource.org/wiki/Code_civil_des_Français_1804/Livre_Ⅲ, _Titre_Ⅳ.

③ Articles 1240 à 1252, Articles 1231 à 1231-7, Code civil, Version en vigueur au 24 janvier 2021, https://www.legifrance.gouv.fr/codes/section_lc/LEGITEXT000006070721/LEGISCTA000032021486/#LEGISCTA000032021486.

板而将这些法律条款所规定的损害赔偿视为合同责任。[①]

三、反对合同责任存在的民法学者

在20世纪初期，少数民法学者对合同法当中是否存在合同责任的问题表示怀疑。在1932年的文章《合同债解除当中创新的欠缺》当中[②]，H. De La Massue 就采取此种看法。在1936年，Robert Dragu 出版了自己的博士学位论文《合同的代物履行》，在该文当中，他也对合同责任是否存在表示怀疑。[③] 不过，这两位民法学者的此种看法引起的反应几乎可以忽略不计。

在法国，提出此种看法并且引起巨大震动的学者是 Philippe Le Tourneau。在1982年第三版的《民事责任》当中，他明确指出，民法当中是否真的存在合同责任是值得怀疑的，虽然合同责任一词被民法学者广泛使用，但是，这一术语“与其说是适当的，毋宁说是人们想象的”，因为人们所谓的损害赔偿并不是一种责任，而仅仅是合同债务人所承担的一种“等价履行”（exécution par équivalent）：在债务人不履行自己的债务时，债权人并不享有要求债务人承担合同责任的权利，而是享有要求债务人采取“等价履行债务”的一种权利。[④]

在1996年第四版的《民事责任》当中，他虽然使用“侵权和准侵权性质的民事责任”一词，但是，他不再使用“合同责任”一词，而是使用了另外一个术语即“合同和职业不履行”（défaillances contractuelles et professionnelles）。从1998年第五版的《民事责任》开始，他对合同责任一词做出严厉批判，认为该词“是一个想象出来的但错误的术语”，除了“含义不准确”之外，这一术语还具有“虚假性”（fausseté）。在主张放弃合同责任一词时，他建议采用另外一个术语即“合同不履行制度”（régime de la défaillance contractuelle）。从2000年的第六版开始，他不再在自己的《民事责任》当中使用“责任法”（droit de la responsabilité）的标题，而是使用“责任和合同法”的标题，在其序言当中，他对这样做的其中一个理由做出了说明，这就是“我们已经拒绝了

---

① Zoé Jacquemin, Payer, réparer, punir, Étude des fonctions de laresponsabilité contractuelle en droit français, allemand et anglais, thèse de doctorat en Droit, 2015, Université Panthéon-Assas, pp. 98—115; Dimitri Houtcieff, Droit Des Contrats, Larcier, 2e édition, 2016, pp. 523—527; Muriel Fabre-Magnan, Droit des obligations, Tome 1, Contrat et engagement unilatéral, 4e édition, puf, 2016, pp. 756—761; Philippe Malaurie, Laurent Aynès, Philippe Stoffel-Munck, Droit des obligations, 8e édition, L. G. D. J., 2016, pp. 529—532; François Terré, Philippe Simler, Yves Lequette, François Chénedé, Droit civil, Les Obligations, 12e édition, Dalloz, 2018, pp. 887—889.

② H. De La Massue, De l'absence de novation dans la résolution de l'obligation contractuelle, RTD civ., 1932, p. 377; Zoé Jacquemin, Payer, réparer, punir, Étude des fonctions de la responsabilité contractuelle en droit français, allemand et anglais, thèse de doctorat en Droit, 2015, Université Panthéon-Assas, p. 99.

③ Robert Dragu, De l'exécution en nature des contrats, Paris, F. Loviton, 1936; Zoé Jacquemin, Payer, réparer, punir, Étude des fonctions de la responsabilité contractuelle en droit français, allemand et anglais, thèse de doctorat en Droit, 2015, Université Panthéon-Assas, p. 99.

④ Philippe Le Tourneau, La responsabilité civile, Paris, Dalloz, 3e éd, 1982, n°1; n°160 et n°162; Zoé Jacquemin, Payer, réparer, punir, Étude des fonctions de la responsabilité contractuelle en droit français, allemand et anglais, thèse de doctorat en Droit, 2015, Université Panthéon-Assas, p. 99.

合同责任的观念"①。

Philippe Le Tourneau 的此种看法对 D. Tallon 和 Philippe Rémy 等人产生了重大影响，并因此被他们所采纳。1985 年，Philippe Rémy 对合同责任做出了新的说明，他认为，合同责任的目的并不是为了像侵权责任那样责令合同债务人赔偿合同债权人所遭受的损害，而是为了责令债务人通过等价履行方式对合同债权人提供债务人所允诺的、合同所规定的给付。② 在 1994 年的《合同的不履行：另外一种表达》和《为什么说到合同过错》当中，D. Tallon 认为，合同责任一词是人们错误使用的一个术语，是人们为了追求民事责任的系统化和体系化而按照侵权责任的模式所人为错误地杜撰出来的一个术语。③

1997 年，Philippe Rémy 发表了自己引起巨大争议的文章《合同责任：一个虚假概念的历史》，除了主张废除合同责任这一概念之外，他还对合同责任一词产生的历史做出了说明，认为合同责任一词是一个虚假的历史概念，是人们模仿侵权责任所臆造出来的一个术语。在主张放弃这一术语的同时，他还主张回归传统，采取《法国民法典》的经典理论，回归《法国民法典》的本来宗旨：在债务人不履行合同债时，责令他们赔偿合同债权人的损害，其目的不在于赔偿债权人遭受的损害，而在于通过债务人的等价履行方式让债权人获得合同所规定的期待利益。因此，认为合同责任的目的在于赔偿债权人遭受损害的看法也是一种虚假的看法，是一种"虚假的赔偿功能"（fausse fonction de réparation）。④

在今时今日，由 Philippe Le Tourneau 所倡导并且借由 Philippe Rémy 发扬光大的此种理论并非没有市场，因为虽然当今大多数民法学者仍然主张传统的合同责任理论，但由于受到这些民法学者的影响，不少民法学者加入反对合同责任的行列，包括：Christian Atias、Loïc Cadiet、Marianne Faure-Abbad、Christian Lapoyade-Deschamps、Hervé

---

① Philippe Le Tourneau, La responsabilité civile, Paris, Dalloz, 4e éd, -6e éd 1996—2000, n°1; n°160 et n°162; Zoé Jacquemin, Payer, réparer, punir, Étude des fonctions de la responsabilité contractuelle en droit français, allemand et anglais, thèse de doctorat en Droit, 2015, Université Panthéon-Assas, pp. 99—100.

② PH. Remy, chron. à propos de Civ. 1ère, 16 mai 1984, Bull. civ., I, n°165, p. 140 à la RTD civ., 1985, p. 179, spéc. p. 180; Zoé Jacquemin, Payer, réparer, punir, Étude des fonctions de la responsabilité contractuelle en droit français, allemand et anglais, thèse de doctorat en Droit, 2015, Université Panthéon-Assas, p. 100.

③ D. Tallon, L'inexécution du contrat: pour une autre présentation, RTD civ., 1994, p. 233; D. Tallon, Pourquoi parler de faute contractuelle? Droit civil, procédure, linguistique juridique, écrits en hommage à Gérard Cornu, 1994, p. 429; Zoé Jacquemin, Payer, réparer, punir, Étude des fonctions de la responsabilité contractuelle en droit français, allemand et anglais, thèse de doctorat en Droit, 2015, Université Panthéon-Assas, p. 101; Philippe Malaurie, Laurent Aynès, Philippe Stoffel-Munck, Droit des obligations, 8e édition, L. G. D. J., 2016, p. 529; François Terré, Philippe Simler, Yves Lequette, François Chénedé, Droit civil, Les Obligations, 12e édition, Dalloz, 2018, pp. 889—890.

④ Ph. Remy, La responsabilitécontractuelle: histoire d'un faux concept, RTD civ., 1997, pp. 323 et ss; Zoé Jacquemin, Payer, réparer, punir, Étude des fonctions de la responsabilité contractuelle en droit français, allemand et anglais, thèse de doctorat en Droit, 2015, Université Panthéon-Assas, p. 100; Dimitri Houtcieff, Droit Des Contrats, Larcier, 2e édition, 2016, p. 524; Philippe Malaurie, Laurent Aynès, Philippe Stoffel-Munck, Droit des obligations, 8e édition, L. G. D. J., 2016, p. 529; François Terré, Philippe Simler, Yves Lequette, François Chénedé, Droit civil, Les Obligations, 12e édition, Dalloz, 2018, pp. 889—890.

Lécuyer、Laurence Leturmy 等人。[1]

四、为合同责任辩护的民法学者

在 Philippe Rémy 的上述文章发表之后不久，他的上述看法就遭到 Patrice Jourdain、Christian Larroumet 和 Geneviève Viney 的批评，在对他的看法提出质疑时，这些民法学者也为合同责任辩护。

1997 年，Patrice Jourdain 发表了为合同责任辩护的文章即《合同责任观念反思》。在该文当中，他指出，合同责任不是一个虚假的概念，而是一个适当的概念，因为合同责任是债务人不履行债务所产生的民事责任；合同责任之所以是一个适当的概念，一方面是因为合同责任具有自己的独立功能，另一方面是因为合同责任具有自己的独立构成因素。在 2014 年的《民事责任原则》当中，他重复了这些意见，认为合同责任是一个真实的、适当的概念，并非像某些民法学者所言的那样属于一种虚假概念。[2]

2001 年，Christian Larroumet 发表了为合同责任辩护的文章即《论合同责任》。在该文当中，他为合同责任一词辩护，认为合同责任一词是适当的。[3] 在 2007 年的《合同》当中，他继续为合同责任辩护，在债务人不履行债务时，债权人当然能够向法院起诉，要求法官强制债务人履行债务；他认为，债权人享有的强制履行权包括强制债务人代物履行和强制债务人等价履行，其中的强制债务人等价履行就是合同责任，也就是要求债务人就其不履行、恶意行为引起的损害对自己遭受的损害承担赔偿责任。[4]

Christian Larroumet 指出，从 20 世纪末期开始，某些民法学者否定合同责任的存在，他们认为，除了《法国民法典》旧的第 1382 条（新的第 1240 条）和其他条款所规定的侵权责任之外，《法国民法典》当中没有第二种民事责任即合同责任，因为，在债务

---

① Christian Atias, Le contrat dans le contentieux judiciaire, 5e éd., Paris, Litec, 2010, spéc. n°296 et s., p. 168 et s; Loïc Cadiet, Sur les faits et méfaits de l'idéologie de la réparation, Le juge entre deux millénaires: mélanges offerts à Pierre Drai, Paris, Dalloz, 2000, p. 495; Marianne Faure-Abbad, Le fait générateur de la responsabilité contractuelle, Paris, L. G. D. J., 2003, spéc. n°162 et s.; Marianne Faure-Abbad, La présentation de l'inexécution contractuelle dans l'avant-projet Catala, D., 2007, p. 165; Christian Lapoyade-Deschamps, Le mythe de la responsabilité contractuelle en droit français, Failure of contracts, Contractual, Restitutionary and Proprietary Consequences, dir. F. D. ROSE, Oxford, Hart Publishing, 1997, p. 175; Hervé Lécuyer, Le Contrat, acte de prévision, L'avenir du droit: mélanges en hommage à François Terré, Paris, Dalloz, 1999, p. 643; Laurence Leturmy, La responsabilité délictuelle du contractant, RTD civ., 1998, p. 839, spéc. p. 867 et s.; Zoé Jacquemin, Payer, réparer, punir, Étude des fonctions de la responsabilité contractuelle en droit français, allemand et anglais, thèse de doctorat en Droit, 2015, Université Panthéon-Assas, pp. 101—102.

② Patrice Jourdain, Réflexion sur la notion de responsabilité contractuelle, Les métamorphoses de la responsabilité, Paris, PUF, 1997, p. 65; Patrice Jourdain, Les principes de la responsabilité civile, 9e éd., Paris, Dalloz, 2014, spéc. p. 31; Zoé Jacquemin, Payer, réparer, punir, Étude des fonctions de la responsabilité contractuelle en droit français, allemand et anglais, thèse de doctorat en Droit, 2015, Université Panthéon-Assas, p. 101.

③ Christian Larroumet, Pour la responsabilité contractuelle, Le droit privé français à la fin du XXe siècle, études offertes à Pierre Catala, Paris, Litec, 2001, p. 543; Zoé Jacquemin, Payer, réparer, punir, Étude des fonctions de la responsabilité contractuelle en droit français, allemand et anglais, thèse de doctorat en Droit, 2015, Université Panthéon-Assas, p. 101.

④ Christian Larroumet, Droit Civil, Les Obligations, Le Contrat, Tome Ⅲ, 2e partie, Effets, 6e édition, Economica, 2007, pp. 625—630.

人不履行债务时，债权人的赔偿并不是通过合同责任、民事责任予以确保，而是通过强制债务人等价履行的方式予以确保，而等价履行则不是合同责任、民事责任。[①]“此种观点与法国实在法完全不符，尤其是与19世纪以来司法判例所长期遵循的传统不符。‘等价履行’一词没有别的含义，它仅仅是指因为合同债的不履行所产生的合同责任。”[②]

虽然Geneviève Viney早在1995年的《责任总论》当中就承认合同责任像侵权责任一样是一种独立的民事责任，并且虽然他在该著作当中明确指出，“合同责任”一词近年来遭到民法学者的反对，但是，他并没有对合同责任一词的适当性做出说明。换言之，在该著作当中，他没有为合同责任理论做出辩护。[③] 为了回应民法学者对合同责任一词的批评，他在2001年发表了为合同责任辩护的文章即《引起争议的合同责任：21世纪初期的合同》。在该文当中，他主要针对Philippe Rémy的上述观点展开批判。[④]

在上述的文章当中，除了明确指出合同责任一词是一个历史错误的产物之外，Rémy还明确指出，在17世纪和18世纪，法国著名民法学者Domat和Pothier没有将债务人不履行债务引起的损害赔偿称为合同责任，而仅仅将此种损害赔偿视为一种等价履行。除了1804年的《法国民法典》没有将债务不履行引起的损害赔偿视为合同责任之外，即便到了1870年，虽然法国民法学者Sourdat在自己出版的第一部有关民事责任的专著《责任专论或者合同之外的损害赔偿诉讼》[⑤] 当中对民事责任做出了系统研究，他也仅仅将责任限定在侵权责任领域，合同领域是不存在合同责任的。仅仅到了19世纪末期，为了处理劳动事故引起的责任，法国民法学者Planiol才以《法国民法典》所规定的侵权责任作为模板建立了所谓的合同责任。[⑥]

在《引起争议的合同责任：21世纪初期的合同》一文当中，Viney对Rémy的此种观点做出了历史性的批评，认为合同责任并不是一个历史错误概念，而是Rémy犯下的历史错误。根据Domat和Pothier的民法著作，Viney认为，在讨论债务不履行引起的损害赔偿时，Domat和Pothier并没有将债务不履行引起的损害赔偿视为一种等价履行，而仅仅将其视为一种损害赔偿。

首先，Viney援引了Domat在自己的著名民法著作《自然秩序当中的民法》所使用

---

① Christian Larroumet, Droit Civil, Les Obligations, Le Contrat, Tome Ⅲ, 2e partie, Effets, 6e édition, Economica, 2007, p. 629.

② Christian Larroumet, Droit Civil, Les Obligations, Le Contrat, Tome Ⅲ, 2e partie, Effets, 6e édition, Economica, 2007, p. 629.

③ Geneviève Viney, Introduction à la responsabilité, L. G. D. J. , 1995, pp. 275—280.

④ Geneviève Viney, La responsabilité contractuelle en question, Le contrat au début du XXIe siècle, études offertes à Jacques Ghestin, Paris, L. G. D. J. , 2001, pp. 921—947.

⑤ M. A. Sourdat, Traité général de la responsabilité ou De l'action en dommages-intérêts en dehors des contrats, Tome 1, Paris, imprimerie et librairie générale de jurisprudence, Cosse, Marchal et Billard, imprimeurs-éditeurs, 1872, pp. 1—711.

⑥ Ph. Remy, La responsabilitécontractuelle: histoire d'un faux concept, RTD civ. , 1997, pp. 328 et ss; Zoé Jacquemin, Payer, réparer, punir, Étude des fonctions de la responsabilité contractuelle en droit français, allemand et anglais, thèse de doctorat en Droit, 2015, Université Panthéon-Assas, p. 103; Dimitri Houtcieff, Droit Des Contrats, Larcier, 2e édition, 2016, pp. 524—525.

的几个与损害赔偿有关的词语，包括 réparer des torts、dédommag（er）和 indemnis（er），认为在使用这些术语时，Domat 并不区分它们究竟是合同性质的还是侵权性质的，因为这样的原因，Domat 当然既承认侵权责任也承认合同责任，无所谓合同责任是一个历史错误的问题。①

其次，Viney 指出，在讨论合同当事人不履行债务引起的损害赔偿时，虽然 Pothier 区分内在损害（dommages intrinsèques）即债权人因为债务不履行而无法取得合同规定的财产所遭受的损害和外在损害（dommages extrinsèques）即债权人因为债务不履行而无法获得合同规定的财产之外的财产所遭受的损害，但是，他的此种区分也存在大量的例外，尤其是，如果职业人士（hommes de métier）不履行债务的行为引起了损害，他们应当承担外在损害的赔偿责任。因为这样的原因，Pothier 并没有将合同债务的不履行引起的损害视为一种等价履行，而是将其视为一种损害赔偿方式。②

最后，Viney 指出，虽然 Planiol 的确对合同责任和侵权责任的同化做出了自己的贡献，但是，Planiol 不是合同责任一词的现代发明者，在 Planiol 使用这一术语之前，人们已经在使用这一术语，因为，从 1804 年开始，人们就已经将合同债务的不履行等同于责任，虽然责任一词在 1804 年时还没有出现，但是，随着后来责任观念的出现，人们最终将合同当中债务的不履行等同于合同责任。③

在 2016 年 2 月 10 日的债法改革法令之前，Patrice Jourdain、Christian Larroumet 和 Geneviève Viney 的理论获得了不少民法学者的支持，虽然他们在合同责任和侵权责任之间的关系方面可能存在不同看法，但是，他们均认为合同责任一词是适当的，民事责任当中除了侵权责任之外还包括合同责任，包括：Pascal Ancel，Philippe Brun，Georges Durry，Bertrand Fages，Luc Grynbaum，Yves-Marie Laithier，Christophe Juillet，Claude

---

① Geneviève Viney，La responsabilité contractuelle en question，Le contrat au début du XXIe siècle，études offertes à Jacques Ghestin，Paris，L. G. D. J.，2001，p. 925；Zoé Jacquemin，Payer，réparer，punir，Étude des fonctions de la responsabilité contractuelle en droit français，allemand et anglais，thèse de doctorat en Droit，2015，Université Panthéon-Assas，p. 103；Dimitri Houtcieff，Droit Des Contrats，Larcier，2e édition，2016，pp. 103—104.

② Geneviève Viney，La responsabilité contractuelle en question，Le contrat au début du XXIe siècle，études offertes à Jacques Ghestin，Paris，L. G. D. J.，2001，p. 928；Zoé Jacquemin，Payer，réparer，punir，Étude des fonctions de la responsabilité contractuelle en droit français，allemand et anglais，thèse de doctorat en Droit，2015，Université Panthéon-Assas，p. 103；Dimitri Houtcieff，Droit Des Contrats，Larcier，2e édition，2016，p. 104.

③ Geneviève Viney，La responsabilité contractuelle en question，Le contrat au début du XXIe siècle，études offertes à Jacques Ghestin，Paris，L. G. D. J.，2001，p. 929 et ss；Zoé Jacquemin，Payer，réparer，punir，Étude des fonctions de la responsabilité contractuelle en droit français，allemand et anglais，thèse de doctorat en Droit，2015，Université Panthéon-Assas，p. 103；Dimitri Houtcieff，Droit Des Contrats，Larcier，2e édition，2016，p. 104.

Ophèle, Christophe Radé，以及 Véronique Wester-Ouisse 等人。①

五、2016 年以来法国政府和民法学者对合同责任是否存在的态度

（一）法国民法学者在 2016 年之前的《债法改革草案》当中对合同责任的不同态度

因为上述两派学者分别对合同责任是否存在、合同责任一词是否适当存在不同的看法，因此除了对法国最高法院产生了重要影响之外，他们的不同看法也影响到法国民法学者甚至法国政府。由于受到上述反对合同责任一词的民法学者的影响，在 2002 年 12 月 4 日的案件当中，虽然法国最高法院社会庭责令不履行合同债务的债务人赔偿债权人的损害，但是，它没有使用“合同责任”一词，它指出，在债务人不履行或者迟延履行债务时，他们被责令支付给债权人的损害赔偿仅仅“构成作为或者不作为债的一种履行方式”②。

由于受到上述两派不同民法学说的影响，在 2016 年之前民法学者所起草的两部不同的债法改革草案当中，民法学者对待合同责任的态度也形成鲜明的分裂状态。

一方面，在 2005 年的《债法改革草案》当中，Catala 领导的债法改革小组采取了上述肯定合同责任存在和适当的理论，因为在该《债法改革草案》当中，该小组不仅明确承认合同责任是一种像侵权责任一样的民事责任，而且还将这两种民事责任共同规定在一起，形成了作为一个有机整体的民事责任制度，这就是由第 1340 条至第 1386 条组成的第三卷第三编当中的第三分编，该分编的标题为“民事责任”。除了多次、反复使用合同责任一词之外，这些法律条款还对合同责任和侵权责任的共同条件和它们各种不同的条件做出了规定，根据这些规定，可予赔偿的损害（le préjudice réparable）、因果关系和责任免除原因（les causes d'exonération）属于合同责任和侵权责任的共同构成要件，而合同债务的不履行和迟延履行等则属于合同责任的特殊构成要件。该草案之所以承认合同责任的存在，一个很重要的原因是，《债法改革草案》第三卷第三编第三分

---

① Pascal Ancel, La responsabilité contractuelle, Les concepts contractuels français à l'heure des principes du droit européen des contrats, Paris, Dalloz, 2003, p. 243; Philippe Brun, Personnes et préjudice, Revue générale de droit, 2003 (33), pp. 187—203; Georges Durry, Responsabilité délictuelle et responsabilité contractuelle: dualité ou unité?, RCA hors-série, Juin 2001, p. 20; Bertrand Fages, Droit des obligations, 4e éd., Paris, L. G. D. J., 2013, spéc. n° 306; Luc Grynbaum, Responsabilité et contrat: l'union libre, Variations sur la responsabilité contractuelle, le préjudice corporel et les groupes de contrat, Libre droit, mélanges en l'honneur de Philippe Le Tourneau, Paris, Dalloz, 2008, p. 409; Yves-Marie Laithier, Étude comparative des sanctions de l'inexécution du contrat, Paris, L. G. D. J., 2004, spéc. n°89; Christophe Juillet, La reconnaissance maladroite de la responsabilité contractuelle par la proposition de loi portant réforme de la responsabilité civile, D., 2011, p. 259; Claude Ophèle, Faute délictuelle et faute contractuelle, RCA, 2003, p. 21; Christophe Radé, L'impossible divorce de la faute et de la responsabilité civile, D., 1998, chron. p. 301; Véronique Wester-Ouisse, Responsabilité délictuelle et responsabilité contractuelle: fusion des régimes à l'heure internationale, RTD civ., 2010, p. 419.

② Cass, soc., 4 décembre 2002, n° de pourvoi: 00—44. 303; Dimitri Houtcieff, Droit Des Contrats, Larcier, 2e édition, 2016, p. 523.

编的内容是由为合同责任辩护的民法学者 Viney 具体负责起草的。[①]

另一方面，由于受到上述反对合同责任存在的民法学者的影响，在 2008 年的《合同法改革草案》当中，Terré 领导的债法改革小组采取了与 Catala 领导的债法改革小组完全相反的做法，在放弃合同责任一词时，它使用了“等价履行的一种方式”这样的术语，认为在债务人不履行或者迟延履行合同所规定的债务时，他们被责令对合同债权人所给予的赔偿仅仅是责令债务人履行债务的一种方式即债务的等价履行。这就是《合同法改革草案》当中的第 97 条、第 117 条和第 118 条。[②] 因为 Terré 领导的债法改革小组否定合同责任的存在，因此，虽然它承认民事责任的存在，但是，它仅仅对民事责任采取狭义的理解，认为民事责任仅仅是指侵权责任，这一点在 2010 年的《民事责任法改革草案》当中体现明显，在该草案当中，它仅仅规定了侵权责任，没有规定合同责任。[③]

（二）法国政府在 2016 年 2 月 10 日的《债法改革法令（草案）》当中对合同责任的肯定态度

虽然法国最高法院和法国民法学者对法国民法当中是否存在合同责任一词和合同责任一词是否适当的问题存在不同看法，但是，法国政府显然没有受到这些不同看法的影响，因为在其起草的不同草案当中，法国政府不仅明确承认了合同责任的存在，而且还明确将债务不履行引起的损害赔偿称为“合同责任”。在 2008 年的《合同法改革草案》即“司法部长草案”（projet de la Chancellerie）当中，法国司法部除了明确将“合同责任”作为该草案的一个标题之外，还对因为债务人不履行债务或者不完全履行债务引起的损害赔偿责任做出了规定，这就是该草案当中的第 172 条至第 182 条。[④]

在 2016 年 2 月 10 日的《债法改革法令（草案）》即《关于合同法、债的制度和债的证明改革法令草案》当中，法国政府没有明确使用“合同责任”一词作为标题，而是使用了“合同不履行引起的损害赔偿”一词作为标题，这就是该《债法改革法令（草案）》当中的第 1231 条、第 1231 - 1 条至第 1231 - 7 条。[⑤] 虽然法国政府没有在 2016 年 2 月 10 日的《债法改革法令（草案）》当中使用“合同责任”一词，但是，它在该《债法改革法令（草案）》当中使用的“合同不履行引起的损害赔偿”实际上就是合同责任，因为合同责任就是指债务人就其不履行合同债务引起的损害对合同债权人所

---

① Avant-projet de reforme du droit des obligations（Articles 1101 à 1386 du Code civil）et du droit de la prescription（Articles 2234 à 2281 du Code civil），Rapport à Monsieur Pascal Clément，Garde des Sceaux，Ministre de la Justice，22 Septembre 2005，pp. 152—170.

② Pour une réforme du droit des contrats F. Terré（dir.），Dalloz，2009，pp. 1—310；François Terré，Philippe Simler，Yves Lequette，François Chénedé，Droit civil，Les Obligations，12e édition，Dalloz，2018，p. 888.

③ Pour une réforme du droit de la responsabilité civile，F. Terré（dir.），Dalloz，2011，pp. 1—224.

④ Projet de réforme du droit des contrats，Juillet 2008，Ministre de la justice，pp. 1—41，pp. 37—39.

⑤ Projet d'ordonnance n° du portant réforme du droit des contrats，du régime général et de la preuve des obligations，pp. 21—22，http://www. justice. gouv. fr/publication/j21_projet_ord_reforme_contrats_2015. pdf.

承担的赔偿责任。[①]

在2016年2月10日的《债法改革法令（草案）》中，法国政府采取了它在《债法改革法令（草案）》当中所采取的态度，除了没有使用“合同责任”一词之外，它仍然使用了“合同不履行引起的损害赔偿”一词，这就是现行《法国民法典》当中的新的第1231条至新的第1231－7条的规定，已如前述，基于上述理由，《法国民法典》这些新规定当然属于合同责任的规定。

（三）未来《法国民法典》极有可能会使用“合同责任”一词

在2017年的《民事责任改革草案》当中，除了明确使用了“合同责任”一词之外，法国司法部还将合同责任和侵权责任结合在一起形成了作为一个有机整体的“民事责任”，除了对合同责任和侵权责任的共同构成要件做出了规定之外，它还对适用于合同责任的特殊规则做出了规定。这就是该草案当中的第1250条、第1251条和第1252条，根据它们的规定，一旦合同债务人实施任何不履行合同的行为，他们均应当对合同债权人遭受的损害承担赔偿责任；除非债务人不履行合同的行为构成故意或者重大过失，否则，合同债务人仅仅赔偿债权人在缔结合同时所能够合理预见到的损害；如果债权人要求债务人承担合同责任，他们应当预先对债务人进行催告。[②]

（四）2016年以来法国民法学者对合同责任的普遍承认

除了法国司法部在2017年的民事责任法改革草案当中明确承认和反复使用“合同责任”一词之外，在2020年7月29日的《民事责任法改革提案》当中，法国参议院也采取同样的做法，除了对合同责任和侵权责任的共同构成要件做出了规定之外，它也对合同责任本身的构成要件做出了规定，这就是该草案当中的第1250条、第1251条和第1252条，这些规定与法国司法部的上述规定类似。[③]

2016年以来，除了法国政府、司法部和参议院均承认合同责任的存在之外，包括François Terré在内的大多数法国民法学者也均承认合同责任的存在，即便Terré在自己负责起草的债法改革草案当中曾否定合同责任的存在，但在2018年出版的第12版的《债法》当中，François Terré不仅明确使用了合同责任一词，而且还对合同责任的构成要件做出了详细的讨论。[④] 在2016年的《债法》当中，Fabre-Magnan指出，在债务人不履行债务时，他们对债权人所遭受的损害予以赔偿并不是反对合同责任存在的民法学者所谓的等价履行；合同责任具有一切真正意义上的责任所具有的所有特征——债务的

---

① François Terré, Philippe Simler, Yves Lequette, François Chénedé, Droit civil, Les Obligations, 12e édition, Dalloz, 2018, p. 888.

② Projet de réforme du droit de la responsabilité civile, 13 mars 2017, http://www. textes. justice. gouv. fr/textes-soumis-a-concertation-10179/projet-de-reforme-du-droit-de-la-responsabilite-civile-29782. html.

③ Proposition de loi portant réforme de la responsabilité civile, n°678 Sénat, session extraordinaire de 2019—2020, Enregistré à la Présidence du Sénat le 29 juillet 2020, pp. 17—30, http://www. senat. fr/leg/pp. 119—678. html.

④ François Terré, Philippe Simler, Yves Lequette, François Chénedé, Droit civil, Les Obligations, 12e édition, Dalloz, 2018, pp. 887—940.

不履行，对自己的不履行引起的某种损害予以赔偿。[1]

在2016年的《合同法》当中，Dimitri Houtcieff采取肯定的理论，他也认为，合同责任并不是一个历史性的虚假概念，而是现实社会当中真实存在的一个概念。首先，合同责任一词并不是19世纪末期和20世纪初期才开始被Planiol使用的一个术语，在1804年的《法国民法典》通过之前的10年，也就是在18世纪末期，人们就已经开始使用这一术语。[2] 其次，在侵权责任被污染之前，合同责任似乎就已经获得承认。因此，这一术语并不是一个虚假的概念，在被民法学者将其引入歧途之前，这一理论是单纯的。[3]

虽然1804年的《法国民法典》没有使用这一术语，但是，这并不意味着这一术语是不存在的。在1804年的《法国民法典》实行之后的50年前后，这一术语似乎已经成为法学家日常使用的一个术语。例如，在1858年的《罗马法当中的委托合同》当中，J. Chenal就明确使用了"合同责任"一词。再例如，虽然在1870年的《责任专论或者合同之外的损害赔偿诉讼》当中，法国民法学者Sourdat使用了"合同之外的损害或赔偿诉讼"作为书名，但是，在该著作当中，他仍然使用了"合同责任"一词，因为在讨论公司董事就其不履行债务的行为对股东承担的责任时，他明确指出董事所承担的此种责任是一种合同责任，是一种类似于受委托人就其不履行债务的行为对委托人承担的合同责任。[4]

第二节　现行和未来《法国民法典》关于合同责任的规定

一、法国政府未来合同责任法改革的方向

通过2016年2月10日的债法改革法令，法国政府完成了合同法总则当中的绝大多数内容的改革，包括合同的成立、合同的效力和合同的解释等内容。不过，仍然有少数内容的改革没有完成，这就是合同不履行的改革没有完成。通过2016年2月10日的债法改革法令，现行《法国民法典》对合同不履行制度做出了规定，这一制度涉及的内容多种多样：不履行的抗辩，强制代物履行，减价，合同解除，以及因为合同不履行产生的损害赔偿，这就是现行《法国民法典》新的第1217条至新的第1231－7条，已如前述。在这些法律制度当中，不履行的抗辩、强制代物履行、减价和合同解除的改革均已经完成，而不履行债务所产生的损害赔偿即合同责任还没有完成，虽然现行《法国民法典》新的第1231条至新的1231－7条对合同不履行产生的损害赔偿做出了规定，但

---

① Muriel Fabre-Magnan, Droit des obligations, Tome 1, Contrat et engagement unilatéral, 4e édition, puf, 2016, pp. 756—758.

② Dimitri Houtcieff, Droit Des Contrats, Larcier, 2e édition, 2016, p. 525.

③ Dimitri Houtcieff, Droit Des Contrats, Larcier, 2e édition, 2016, p. 525.

④ M. A. Sourdat, Traité général de la responsabilité ou De l'action en dommages-intérêts en dehors des contrats, Tome 2, Paris, imprimerie et librairie générale de jurisprudence, Cosse, Marchal et Billard, imprimeurs-éditeurs, 1876, p. 402; Dimitri Houtcieff, Droit Des Contrats, Larcier, 2e édition, 2016, p. 525.

是，这些法律条款的规定仅仅是原则性的，既没有涉及合同责任的条件，也没有涉及合同责任的法律效力，更没有涉及合同责任的免除等问题，已如前述。

总之，迄今为止，《法国民法典》关于合同责任的改革还没有完成。在如何最终完成合同责任的改革问题上，法国政府似乎铁定要采取 Catala 领导的债法改革小组在 2005 年的《债法改革草案》当中采取的改革方案，将合同责任法的改革与整个民事责任法的改革捆绑在一起，作为整个民事责任法改革的一个组成部分，而没有采取 Terré 领导的债法改革小组在 2008 年和 2010 年的《合同法改革草案》和《民事责任法改革草案》当中所采取的做法，将合同责任法的改革与民事责任法的改革区分开来，不会将合同责任法的改革视为整个民事责任法改革的有机组成部分。

在法国，在同时承认合同责任和侵权责任的情况下，民法学者对待这两种不同的法律责任的态度是不同的。某些民法学者认为，虽然合同责任和侵权责任均是民事责任，但是，它们是两种不同性质的民事责任，其中的合同责任独立于侵权责任，反之亦然，侵权责任也独立于合同责任，这就是合同责任和侵权责任之间的独立理论。而另外一些民法学者则认为，合同责任和侵权责任之间的区分没有实质性的意义，人们应当将这两种不同的民事责任予以统一并因此形成一种单一的民事责任，这就是统一的民事责任理论。在这两种不同的理论之间存在一种折中的理论，此种理论认为，虽然合同责任和侵权责任是两种不同的民事责任制度，但是，它们是两种具有相同目的、相同构成要件和相同法律效果、相同免责事由的法律制度，换言之，它们之间虽然存在差异，但是，它们之间也存在极大的相似性。①

在这三种理论当中，第一种理论和第三种理论对法国学者和法国政府产生了影响。由于受到上述第三种理论的影响，Catala 领导的债法改革小组将合同责任和侵权责任放在一起，以便在整个民事责任法的改革当中同时完成两种民事责任的改革并且建立统一的民事责任法律制度。由于受到上述第一种理论的影响，Terré 领导的债法改革小组将合同责任法的改革与侵权责任法的改革分离开来，没有将合同责任法的改革放在民事责任法的改革当中，因为它认为，民事责任法仅仅是指侵权责任法，并不包括合同责任法在内，已如前述。

在合同责任法的改革方面，法国政府似乎已经做出了自己的选择：借助于统一的民事责任法改革，除了同时完成合同责任法与侵权责任法的改革之外，它还建立统一的民事责任制度。法国政府的此种选择既表现在司法部在 2017 年公布的《民事责任改革草案》当中，也体现在参议院在 2020 年 7 月 29 日公布的《民事责任法改革提案》当中。根据这两个民事责任法改革草案或者提案，在未来的《法国民法典》当中，现行《法国民法典》当中的新的 1231 条会在做出修改之后加以保留，但是，除了现行《法国民法典》当中新的第 1231－1 条至新的第 1231－7 条会被废除之外，现行《法国民法典》当中关于侵权责任规定的新的第 1240 条至新的第 1252 条也会被废除。在这些被废除的法律条款的基础上，法国政府通过新的法律条款建构统一适用的民事责任法，包括合同

① Philippe Malaurie, Laurent Aynès, Philippe Stoffel-Munck, Droit des obligations, 8e édition, L. G. D. J., 2016, pp. 529—532.

责任法和侵权责任法。这些新的法律条款将会作为现行《法国民法典》第三卷第三编债的渊源当中的第二分编即民事责任编存在。

二、法国司法部在2017年的《民事责任法改革草案》当中对合同责任所做出的改革内容

2017年，法国司法部公布的《民事责任法改革草案》对未来《法国民法典》第三卷第三编新的第二分编所规定的内容做出了规定。根据它的规定，未来《法国民法典》第三卷第三编第二分编的标题为“民事责任”，该分编共五章，由新的第1232条至新的第1299-4条组成。[①]

第一章为初步规定，对法官能够采取的诸如责令赔偿损害、阻止或者预防行为人实施非法行为等措施和合同责任和侵权责任之间的关系做出了规定。[②]

第二章为责任的条件，共三节，第一节为责任的共同规定，分别对合同责任和侵权责任的两个共同构成要件即可予赔偿的损害（le préjudice réparable）和因果关系（le lien de causalité）做出了规定。第二节为侵权责任自身的规定，对侵权责任特有的一个构成要件即致害行为（le fait générateur）做出了规定，包括：过错，物的行为（le fait des choses），邻人的异常惊扰（les troubles anormaux de voisinage），别人行为引起的损害的归责（l'imputation du dommage causé par autrui）。第三节为合同责任自身的规定，对债务人实施的所有不履行行为、故意和重大过失不履行债务以及迟延履行债务所产生的损害赔偿做出了规定。[③]

第三章为责任的免除或者排除原因，共两节，第一节为责任的免除原因，对合同责任和侵权责任的各种免除原因做出了规定，诸如：意外事件（le cas fortuit），第三人的行为（le fait du tiers），受害人的行为（la fait de la victime）以及不可抗力（la force majeure）等。第二节为责任的排除原因（les causes d'exclusion），对各种各样的免责事由做出了规定，诸如制定法规定、当局的命令、正当防卫、紧急避险，以及受害人的同意等。[④]

第四章为责任的效果，共三节，第一节为原则，对损害赔偿的目标、完全损害赔偿、多个责任人时责任的承担、损害赔偿的两种形式即代物赔偿、金钱赔偿以及民事罚金（L'amende civile）做出了规定。第二节为某些特殊类型的损害赔偿的特殊规则，对人身损害赔偿、有形财产损害赔偿、环境损害赔偿、迟延支付金钱引起的损害赔偿做出了规定。第三节为与损害赔偿有关的合同，对诸如限制赔偿、排除赔偿和加重赔偿的合

---

① Projet de réforme du droit de la responsabilité civile, 13 mars 2017, pp. 1—17, http://www.textes.justice.gouv.fr/textes-soumis-a-concertation-10179/projet-de-reforme-du-droit-de-la-responsabilite-civile-29782.html.

② Projet de réforme du droit de la responsabilité civile, 13 mars 2017, pp. 1—17, http://www.textes.justice.gouv.fr/textes-soumis-a-concertation-10179/projet-de-reforme-du-droit-de-la-responsabilite-civile-29782.html.

③ Projet de réforme du droit de la responsabilité civile, 13 mars 2017, pp. 1—17, http://www.textes.justice.gouv.fr/textes-soumis-a-concertation-10179/projet-de-reforme-du-droit-de-la-responsabilite-civile-29782.html.

④ Projet de réforme du droit de la responsabilité civile, 13 mars 2017, pp. 1—17, http://www.textes.justice.gouv.fr/textes-soumis-a-concertation-10179/projet-de-reforme-du-droit-de-la-responsabilite-civile-29782.html.

同条款做出了规定。第五章为主要的特殊责任制度，共两节，分别对机动车交通事故和缺陷产品引起的损害赔偿做出了规定。[①]

三、法国参议院在2020年的《民事责任法改革提案》当中对合同责任法做出的规定

2020年，法国参议院的某些参议员公布了自己起草的《民事责任法改革提案》，对未来《法国民法典》第三卷第三编新的第二分编所规定的内容做出了规定。根据它的规定，未来《法国民法典》第三卷第三编第二分编的标题为“民事责任”，该分编共五章，由新的第1232条至新的第1287条组成。

第一章为初步规定，对侵权责任和合同责任之间的关系做出了规定。第二章为责任条件，共三节：第一节为侵权责任和合同责任的共同规定，对侵权责任和合同责任的两个共同构成要件即可予赔偿的损害和因果关系做出了规定；第二节为侵权责任自身的规定，对侵权责任自身的一个构成要件即致害行为做出了规定，包括：过错、物的行为、别人的行为、邻人的异常惊扰；第三节为合同责任自身的规定，对合同责任自身的构成要件即合同债务的不履行行为、迟延履行和故意、重大过失履行做出了规定。[②] 第三章为责任的免除或者排除原因，共两节：第一节为责任免除，对不可抗力、第三人的行为和受害人的行为引起的责任免除做出了规定；第二节为责任排除原因，对基于制定法的规定、行政当局的命令、紧急避险和正当防卫引起的损害赔偿责任的排除做出了规定。第四章为责任的效力，共两节：第一节为原则，分别对完全损害赔偿原则（la réparation intégrale）、代物赔偿、金钱赔偿、多个责任人时责任的承担以及损害的预防和非法行为的停止做出了规定；第二节为某些特殊类型的损害赔偿的特殊规则，对人身损害赔偿、有形财产损害赔偿和迟延支付金钱引起的损害赔偿做出了规定。第五章为与损害赔偿有关的合同条款，对诸如限责条款、排责条款和加责条款做出了规定。[③]

第三节　合同责任的功能和构成要件

一、合同责任的功能

（一）合同责任功能的界定

在法国，作为一种独立的民事责任，合同责任就像侵权责任一样具有自己的功能。所谓合同责任的功能（les fonctions de la responsabilité contractuelle），是指合同责任所发

---

① Projet de réforme du droit de la responsabilité civile，13 mars 2017，pp. 1—17，http://www. textes. justice. gouv. fr/textes-soumis-a-concertation-10179/projet-de-reforme-du-droit-de-la-responsabilite-civile-29782. html.

② Proposition de loi portant réforme de la responsabilité civile，n°678 Sénat，session extraordinaire de 2019—2020，Enregistré à la Présidence du Sénat le 29 juillet 2020，pp. 17—30，http://www. senat. fr/leg/pp. 119—678. html.

③ Proposition de loi portant réforme de la responsabilité civile，n°678 Sénat，session extraordinaire de 2019—2020，Enregistré à la Présidence du Sénat le 29 juillet 2020，pp. 17—30，http://www. senat. fr/leg/pp. 119—678. html.

挥的作用、所实现的目的。就像侵权责任能够发挥一定的作用和实现一定的目的一样，责令债务人承担合同责任也能够发挥一定的作用和实现一定的目的。问题在于，对于合同责任的作用和目的是什么等问题，在20世纪早期之前，民法学者普遍没有做出说明。从20世纪30年代开始，少数民法学者对这样的问题做出了说明，不过，他们的说明存在差异。在今时今日，民法学者之间仍然存在不同的看法。

无论合同责任的功能是什么，在债务人不履行合同所规定的债务时，合同法责令债务人对债权人承担合同责任的目的、目标均在于原状恢复，这一点似乎与侵权责任的目的、目标相同：通过责令债务人对债权人承担合同责任，合同法试图让债权人在经济上的状况恢复到债务人的债务履行时债权人原本所处的状况。《欧洲合同法原则》对合同责任所实现的此种目的、目标做出了说明，其第9：502条规定：作为一般规则，债务人支付的损害赔偿金是尽可能将债权人置于合同如果适当履行时债权人所处的状况当中的一笔数额的金钱，它们既考虑到了债权人所遭受的损失，也考虑到了债权人所剥夺的利益。[①] Terré 领导的债法改革小组也在自己起草的《合同法改革草案》当中规定了合同责任的此种目的、目标，其第118条规定：作为一般规则，债务人支付的损害赔偿金是尽可能将债权人置于合同如果适当履行时债权人所处的状况当中的一笔数额的金钱，包括债权人所遭受的损失和债权人被剥夺的利益。[②]

（二）20世纪70年代之前的民法学者就合同责任的功能所做出的不同说明

在1936年的博士学位论文《合同的代物履行》当中，R. Dragu 对合同责任的功能做出了说明，他指出，合同责任的目的在于责令债务人履行自己没有履行的债务，因为合同责任也是一种债务履行方式，就像债务人自愿履行债务是一种履行方式一样，所不同的，合同责任是一种形式不同的债务履行方式即等价履行方式：责令债务人赔偿债权人所遭受的损害也仅仅是一种债务履行方式。

根据 R. Dragu 的说明，在债务人不履行债务时，基于债权人的请求，法官能够责令债务人采取多种履行方式：其一，直接强制履行（l'exécution forcée directe），是指法官责令债务人实施合同强加给债务人的给付行为。其二，代物履行（l'exécution en nature），是指法官责令债务人通过其他方式（尤其是拆毁和替换）向债权人提供合同所规定的同一客体物（la chose même objet）。其三，派生性质的代物履行（l'exécution en nature dérivée），是指法官责令债务人对债权人提供与合同规定的同一客体物不同的客体物。其四，等价履行（l'exécution par équivalent），是指法官责令债务人就其不履行债

① Art. 9：502，Commission pour le droit européen du contrat，O. LANDO（dir.），Principes du droit européen du contrat，trad. G. ROUHETTE（dir.），Paris，SLC，2003；Zoé Jacquemin，Payer，réparer，punir，Étude des fonctions de laresponsabilité contractuelle en droit français，allemand et anglais，thèse de doctorat en Droit，2015，Université Panthéon-Assas，p. 26.

② Pour une réforme du droit des contrats F. Terré（dir.），Dalloz，2009；Zoé Jacquemin，Payer，réparer，punir，Étude des fonctions de laresponsabilité contractuelle en droit français，allemand et anglais，thèse de doctorat en Droit，2015，Université Panthéon-Assas，p. 26.

务的行为引起的损害对债权人所进行的赔偿。①

Henri Mazeaud、Léon Mazeaud 和 André Tunc 对 R. Dragu 的上述理论表示反对，他们认为，合同责任的目的并不是责令债务人履行自己没有履行的债务，而是责令债务人赔偿债权人所遭受的损害，因为他们认为，合同债务的履行不能够做如此广泛的理解，合同债务的履行只能够理解为债务人自愿履行自己的债务，当债务人不自愿履行债务时，基于债权人的请求，如果法官对债务人采取任何措施，则他们对债务人采取的所有措施均为一种赔偿，法官责令债务人对债权人所给予的赔偿就是合同责任。

他们认为，根据债务人赔偿的内容不同，债务人的赔偿包括两类：其一，代物赔偿（réparation en nature），它或者是指法官责令债务人履行所承担的某种作为债务，或者是指法官责令债务人抑制与合同所规定的否定性债务相反的作为行为，或者是指责令债务人拆毁与债务不符的工程。其二，等价赔偿（réparation par équivalent），是指责令债务人对债权人提供与债权人遭受的损害等价的利益并且赔偿债权人所遭受的损害，以便债权人所遭受的损害能够通过债务人的赔偿获得真正消灭。②

（三）20 世纪 70 年代的民法学者就合同责任的功能所做出的调和说明

20 世纪 70 年代，两个民法学者试图在自己的博士学位论文当中调和上述截然对立的两种不同理论，以便能够在合同责任的功能方面建立统一的学说。

1974 年，Marie-Eve Roujou de Boubée 出版了自己的博士学位论文《赔偿观念研究》，在该著作当中，他认为，上述两种不同的理论之间既存在理论上的差异，也存在实践方面的差异，因为债务的履行不同于债务不履行所引起的损害赔偿。不过，他也认为，上述两种理论并非处于势不两立的状态，它们能够同时存在并且共同发挥作用，因此，债务不履行理论和损害赔偿理论均应当予以保留，人们应当做的工作是，在债务的不履行和债务不履行所产生的损害赔偿之间画出一条清晰可见的线条，以便将两者区分开来。③

Marie-Eve Roujou de Boubée 认为，合同责任的目的既不是为了对债务人实施私人惩罚（peine privée），也不是为了责令债务人履行没有履行的债务，而是为了责令债务人赔偿债权人因为其不履行债务所遭受的损害。因此，严格意义上的损害（la réparation

---

① R. Dragu，De l'exécution en nature des contrats，th. Paris，éd. F. Loviton，1936；Zoé Jacquemin，Payer，réparer，punir，Étude des fonctions de la responsabilité contractuelle en droit français，allemand et anglais，thèse de doctorat en Droit，2015，Université Panthéon-Assas，p. 103；Dimitri Houtcieff，Droit Des Contrats，Larcier，2e édition，2016，p. 92.

② Henri Mazeaud Léon Mazeaud André Tunc，Traité théorique et pratique de la responsabilité civile délictuelle et contractuelle，t. Ⅲ，5ème éd.，Paris，Montchrestien，1960，spéc. n°2303；Zoé Jacquemin，Payer，réparer，punir，Étude des fonctions de la responsabilité contractuelle en droit français，allemand et anglais，thèse de doctorat en Droit，2015，Université Panthéon-Assas，p. 103；Dimitri Houtcieff，Droit Des Contrats，Larcier，2e édition，2016，p. 92.

③ Marie-Eve Roujou de Boubée，Essai sur la notion de réparation，Paris，L. G. D. J.，1974，pp. 1—493，spéc. p. 157；Zoé Jacquemin，Payer，réparer，punir，Étude des fonctions de la responsabilité contractuelle en droit français，allemand et anglais，thèse de doctorat en Droit，2015，Université Panthéon-Assas，p. 103；Dimitri Houtcieff，Droit Des Contrats，Larcier，2e édition，2016，p. 92.

proprement dite）不同于既存债务的单纯履行行为（la simple exécution de ’obligation préexistante），也不同于对致害状况的拆毁行为（suppression de la situation dommageable）。债务人的赔偿要么是金钱赔偿，要么是代物赔偿。无论是金钱赔偿还是代物赔偿在性质上均属于等价赔偿。在代物赔偿时，债务人的赔偿与债权人的损害之间的等价容易确定，但是，在金钱赔偿当中，债务人的赔偿与债权人损害之间的等价就难以确定。①

1978 年，Jérôme Huet 出版了自己的博士学位论文《合同责任和侵权责任：在两种秩序的责任之间画出清晰界限的尝试》。在该文当中，他对合同责任的目的做出了讨论，他认为，虽然合同责任也像侵权责任一样属于一种民事责任，但是，合同责任独立于侵权责任，人们应当明确区分这两种不同的民事责任。他认为，人们之所以应当区分合同责任和侵权责任，一个重要的原因是，合同责任的目的与侵权责任的目的之间存在差异：合同责任的两个目的当中，一个目的仅为合同责任所特有，侵权责任没有此种目的，这就是合同责任的清偿目的，它类似于债务人自愿履行清偿债务的目的；另外一个目的类似于侵权责任的目的，这就是合同责任的损害赔偿功能。②

（四）合同责任的清偿功能、赔偿功能和惩罚功能

在今时今日，法国民法学者仍然承认，合同责任就像侵权责任一样具有自己的功能，因为合同责任也能够实现一定的目的和发挥一定的作用。至于说合同责任有哪些功能，民法学者之间存在不同的看法。某些民法学者认为，合同责任具有两种功能：清偿功能和赔偿功能。而另外一些民法学者则认为，除了这两种不同的功能之外，合同责任还有第三种功能，这就是惩罚功能。③

所谓清偿功能（la fonction de paiement），也称为类似于自愿清偿的功能，是指在债务人不履行债务时，通过责令债务人对债权人承担合同责任的方式，让债权人获得合同所规定的但是债务人没有履行的预期给付的等价。某些民法学者将此种赔偿称为等价履行，而另外一些民法学者则将此种赔偿称为等价赔偿，之所以存在此种差异，是因为他们对履行和赔偿存在不同看法，已如前述。

无论怎样称谓，清偿功能的目的非常明确，它以债务人不履行债务作为前提，是针对债务人不履行债务的行为本身所施加的一种法律制裁措施，它的目的在于让债权人通

① Marie-Eve Roujou DE Boubée, Essai sur la notion de réparation, Paris, L. G. D. J. , 1974, pp. 1—493.

② Jérôme Huet, Responsabilité contractuelle et responsabilité délictuelle, Essai de délimitation entre les deux ordres de responsabilité, thèse, Paris, 1978; Zoé Jacquemin, Payer, réparer, punir, Étude des fonctions de laresponsabilité contractuelle en droit français, allemand et anglais, thèse de doctorat en Droit, 2015, Université Panthéon-Assas, pp. 1—493; Philippe Malaurie, Laurent Aynès, Philippe Stoffel-Munck, Droit des obligations, 8e édition, L. G. D. J. , 2016, pp. 530—531.

③ Jérôme Huet, Responsabilité contractuelle et responsabilité délictuelle, Essai de délimitation entre les deux ordres de responsabilité, thèse, Paris, 1978; Zoé Jacquemin, Payer, réparer, punir, Étude des fonctions de laresponsabilité contractuelle en droit français, allemand et anglais, thèse de doctorat en Droit, 2015, Université Panthéon-Assas, pp. 1—493; Philippe Malaurie, Laurent Aynès, Philippe Stoffel-Munck, Droit des obligations, 8e édition, L. G. D. J. , 2016, pp. 530—531; Rémy Cabrillac, Droit des obligations, 12e édition, Dalloz, 2016, p. 151.

过债务人的合同责任的承担获得合同所规定的预期利益的赔偿：如果债务人履行了自己对债权人承担的债务，则债权人能够获得合同所规定的预期利益；因为债务人不履行债务，债权人没有获得合同所规定的预期利益，通过责令债务人支付一笔作为预期给付等价的金钱给债权人的方式，债权人能够获得原本没有获得的预期利益。法国某些民法学者认为，合同责任的此种功能仅为合同责任所独有，侵权责任没有此种功能。这是人们应当将合同责任与侵权责任区分开来的一个重要理由，已如前述。

所谓赔偿功能（la fonction de répartition），是指在债务人不履行债务的行为引起合同债权人损害的发生时，债务人被责令对债权人所遭受的实际损害承担赔偿责任。法国某些民法学者认为，合同责任的赔偿功能与侵权责任的赔偿功能是相似的，甚至是相同的，因为它们均以非法行为的存在、非法行为引起的损害以及非法行为与损害之间存在因果关系作为必要条件。如果债务人不履行合同所规定的债务，他们一方面应当赔偿合同债权人所遭受的损失，另一方面也应当赔偿合同债权人原本应当获得而没有获得的利益。现行《法国民法典》新的1231－2条对此种赔偿功能和赔偿范围做出了规定，关于这一点，笔者将在下面的内容当中做出详细的讨论，此处从略。

所谓惩罚功能（la fonction punitive），是指在债务人不履行债务的行为引起合同债权人损害的发生时，债务人被责令超出债权人实际损害的范围对债权人承担赔偿责任。在法国，虽然民法在包含侵权责任和合同责任在内的整个民事责任领域贯彻“赔偿所有损害并且仅仅赔偿损害”的法律格言（la maxime tout le préjudice，rien que le préjudice），但是，在贯彻这一法律格言时，法官享有广泛的自由裁量权，他们有时会根据债务人过错的轻重程度分别责令债务人对债权人承担不同范围的责任。如果债务人不履行债务的行为构成严重的过错行为，他们可能会责令债务人以超过债权人实际损害的范围承担赔偿责任，他们所承担的此种合同责任就体现了民事责任的惩罚功能。①

二、合同责任的三个构成要件

（一）合同责任构成要件的界定

所谓合同责任的构成要件（les éléments constitutifs de la responsabilité contractuelle），也称为合同责任的条件（les conditions de responsabilité dites contractuelles），是指债务人就其不履行债务的行为对债权人承担合同责任所应当具备的因素或者条件。即便债务人不履行自己对债权人所承担的债务，他们也未必一定要对债权人承担合同责任，如果他们要对债权人承担合同责任，他们应当具备一定的因素、条件。仅仅在具备所要求的因素、条件时，他们才能够被责令对债权人承担合同责任，除非他们具有拒绝承担合同责任的某种正当事由，这些因素、条件就是合同责任的构成要件。

---

① Zoé Jacquemin，Payer，réparer，punir，Étude des fonctions de laresponsabilité contractuelle en droit français，allemand et anglais，thèse de doctorat en Droit，2015，Université Panthéon-Assas，pp. 1—493；Philippe Malaurie，Laurent Aynès，Philippe Stoffel-Munck，Droit des obligations，8e édition，L. G. D. J.，2016，pp. 317—322.

（二）民法学者关于合同责任构成要件的不同意见

在法国，如果合同债务人要对合同债权人承担合同责任，他们应当具备哪些条件？对此问题，法国民法学者做出的回答存在差异。Marjorie Brusorio Aillaud 认为，合同责任的构成要件有四个，这就是合同的存在、某种致害行为的存在、某种损害的存在，以及致害行为与损害之间的某种因果关系的存在。[①] Malaurie、Aynès 和 Stoffel-Munck 认为，合同责任的构成要件包括两类，这就是合同责任的实质性要件和合同责任的形式要件，其中的实质性要件又分为两种：某种致害行为和损害，而其中的形式要件则是指催告。[②]

虽然 Fabre-Magnan、Terré 和 Simler 等人也将合同责任的构成要件分为实质性要件和形式要件，但是，他们关于合同责任的实质性要件的说明不同于 Malaurie 等人，因为他们认为，合同责任的实质性要件不是分为两种而是分为三种：某种致害行为，损害，以及致害行为与损害之间的因果关系。[③] 在法国，虽然 Houtcieff 和 Cabrillac 也承认合同责任需要债权人对债务人进行催告，但是，他们并没有将催告视为合同责任的构成要件，也没有像其他民法学者那样认为它是合同责任的形式要件。因为在讨论合同责任的构成要件时，他们没有像上述民法学者那样将合同责任的构成要件分为实质性要件和形式要件。他们认为，合同责任应当具备的要件有三个：作为致害行为的不履行行为，损害，以及致害行为与损害之间的某种因果关系。[④]

（三）合同责任的三要件理论

当然，这些民法学者关于合同责任构成要件的说明所存在的差异仅仅是形式上的，而不是实质性的。因为他们均认为，债务人不履行债务的过错行为、债权人所遭受的某种损害和债务人的过错行为与债权人的损害之间存在因果关系是债务人承担合同责任的必要条件，只有同时符合这三个条件，债务人才能够被责令承担合同责任。如果不符合这些条件，则债务人不得被责令承担合同责任。不过，在要求法官责令债务人承担合同责任时，债权人应当预先对债务人做出催告。因为这样的原因，笔者也将合同责任的构成要件分为三个：债务人不履行债务的行为，也就是债务人实施的过错行为；债权人遭受的损害；债务人不履行债务的行为与债权人损害之间存在因果关系。

---

① Marjorie Brusorio Aillaud, Droit des obligations, 8e édition, bruylant, 2017, pp. 276—289.

② Philippe Malaurie, Laurent Aynès, Philippe Stoffel-Munck, Droit des obligations, 8e édition, L. G. D. J., 2016, pp. 533—564.

③ Muriel Fabre-Magnan, Droit des obligations, Tome 1, Contrat et engagement unilatéral, 4e édition, puf, 2016, pp. 762—770; François Terré, Philippe Simler, Yves Lequette, François Chénedé, Droit civil, Les Obligations, 12e édition, Dalloz, 2018, pp. 889—927.

④ Christian Larroumet, Droit Civil, Les Obligations, Le Contrat, Tome Ⅲ, 2e partie, Effets, 6e édition, Economica, 2007, p. 632; Jacques Flour, Jean-Luc Aubert, Éric Savaux, Droit civil, Les Obligations, 3. Le rapport d'obligation, 7e édition, Dalloz, 2011, pp. 166—167; Dimitri Houtcieff, Droit Des Contrats, Larcier, 2e édition, 2016, pp. 527—540; Rémy Cabrillac, Droit des obligations, 12e édition, Dalloz, 2016, pp. 152—165.

三、合同责任建立在合同有效的基础上

合同责任的承担以当事人之间存在有效合同作为前提，因为合同责任建立在债务人不履行合同所规定的债务的基础上，如果当事人之间没有合同，或者虽然当事人之间存在合同，但他们之间的合同因为某种原因而无效，则一方当事人对另外一方当事人所承担的民事责任不是合同责任，而仅仅是侵权责任，因为在这些情况下，当事人之间不存在合同，既没有合同所规定的债务，也没有不履行合同所规定的债务的行为。①

一旦合同当事人之间的合同有效成立，在债务人不履行合同所规定的债务时，他们应当对债权人承担合同责任，债权人有权要求债务人就其不履行债务的行为引起的损害对自己承担合同责任。问题在于，在债务人不履行合同所规定的债务时，在符合过错侵权责任构成要件的情况下，债权人是否有权要求债务人就其不履行债务的行为对自己承担侵权责任？根据经典的责任的非竞合原则（principe non-cumul），在合同有效成立的情况下，如果债务人不履行源自合同的债务，债权人只能够要求债务人承担合同责任，不能够要求债务人承担侵权责任，这就是禁止合同责任和侵权责任竞合的理论。②

合同责任和侵权责任的非竞合理论的真正含义是，在债务人不履行债务时，债权人所享有的损害赔偿请求权不能够同时是合同性质的和侵权性质的请求权。如果债权人的请求权源于债务人不履行合同所规定的债务的行为，在要求债务人承担损害赔偿责任时，债权人只能够将自己的请求建立在合同责任的基础上，不能够建立在侵权责任的基础上。虽然法官在具体案件当中并非总是严格固守责任的非竞合理论，虽然法国立法者在越来越多的制定法当中规定了超越合同责任和侵权责任之间的区分的责任制度，但是，责任的非竞合理论仍然是法国民法的基本理论。③

2017 年，法国司法部公布的《民事责任法改革草案》就固守经典的责任非竞合原则，其第 1233 条明确禁止合同当事人规避合同责任的适用而选择适用有利于自己的侵权责任规范，该条规定：在合同债务不履行时，无论是债务人还是债权人均不能够规避合同责任自身规定的适用，以便选择适用有利于自己的侵权责任的具体规范。不过，即便人身损害是在合同履行场合引起的，该种损害的赔偿仍然是建立在侵权责任规范的基础上。④

2020 年，法国参议院公布的《民事责任法改革提案》也坚持经典的责任非竞合原

---

① Henri et Leon Mazeaud，Jean Mazeaud，Francois Chabas，Obligations，9e édition，Montchrestien，1998，pp. 390—392；Muriel Fabre-Magnan，Droit des obligations，Tome 1，Contrat et engagement unilatéral，4e édition，puf，2016，pp. 762—763；Marjorie Brusorio Aillaud，Droit des obligations，8e édition，bruylant，2017，p. 277.

② Henri et Leon Mazeaud，Jean Mazeaud，Francois Chabas，Obligations，9e édition，Montchrestien，1998，pp. 401—404；Muriel Fabre-Magnan，Droit des obligations，Tome 1，Contrat et engagement unilatéral，4e édition，puf，2016，pp. 762—763；Marjorie Brusorio Aillaud，Droit des obligations，8e édition，bruylant，2017，p. 277.

③ Henri et Leon Mazeaud，Jean Mazeaud，Francois Chabas，Obligations，9e édition，Montchrestien，1998，pp. 401—404；Muriel Fabre-Magnan，Droit des obligations，Tome 1，Contrat et engagement unilatéral，4e édition，puf，2016，pp. 762—763；Marjorie Brusorio Aillaud，Droit des obligations，8e édition，bruylant，2017，p. 277.

④ Projet de réforme du droit de la responsabilité civile，13 mars 2017，p. 1，http://www. textes. justice. gouv. fr/textes-soumis-a-concertation-10179/projet-de-reforme-du-droit-de-la-responsabilite-civile-29782. html.

则，其第1233条也明确禁止合同当事人在符合合同责任构成要件的情况下放弃合同责任的主张而选择适用更有利于自己的侵权责任主张，该条规定：在合同债务不履行时，无论是债务人还是债权人均不能够规避合同责任自身规定的适用，以便选择适用有利于自己的侵权责任的具体规范。不过，在此种不履行引起人身损害的情况下，作为合同债权人的受害人同样能够根据侵权责任的具体规范获得此种损害赔偿。[①]

根据这两个民事责任法改革草案或者提案，在符合合同责任构成要件的情况下，原则上，债务人只能够对债权人承担合同责任，债权人也只能够要求债务人对其承担合同责任。在一种例外情况下，即便符合合同责任的构成要件，债务人也能够对债权人承担侵权责任，债权人也能够要求债务人对自己承担侵权责任：如果债务人不履行债务的行为引起了债权人人身损害的发生，在同时符合合同责任和侵权责任构成要件时，当事人之间的责任既可以是合同责任，也可以是侵权责任。

一旦符合合同责任的构成要件，债务人就应当赔偿债权人因为其不履行债务的过错行为所遭受的损害，就像一旦符合侵权责任的构成要件时，行为人应当就其实施的致害行为对他人遭受的损害承担侵权损害赔偿责任一样。就像行为人应当对他人因为其侵权行为遭受的所有损害承担赔偿责任一样，合同债务人也应当对合同债权人因为其不履行债务遭受的所有损害承担赔偿责任，这就是完全损害赔偿原则。不过，如果具备某种正当理由，合同债务人所承担的损害赔偿责任也可以减轻、排除甚至加重，尤其是，如果当事人在自己的合同当中规定了损害赔偿的排除条款、限制条款或者惩罚条款，则他们所承担的损害赔偿责任会因此被排除、被限制或者被加重。

第四节　合同责任的过错性质

如果债务人不履行自己所承担的合同债务，他们当然应当就其不履行债务的行为引起的损害对债权人承担合同责任。问题在于，合同债务人所承担的此种合同责任究竟是什么性质的责任?

在法国，在讨论侵权责任的性质时，人们将侵权责任分为过错侵权责任和当然责任，其中的过错侵权责任也被称为行为人就其本人的行为引起的损害对他人承担的侵权责任，而当然责任要么是指行为人就其物的行为引起的损害对他人承担的侵权责任，要么是指行为人就其负责的人即别人的行为引起的损害对他人承担的侵权责任。法国民法学者普遍认为，物的行为引起的当然责任属于无过错责任，即便行为人在管理或者控制物时没有过错，他们仍然应当对他人承担侵权责任，而行为人就别人的行为引起的损害对他人承担侵权责任究竟是过错责任还是无过错责任，民法学者之间存在不同看法。[②]

债务人对债权人承担的合同责任是一种过错责任还是一种当然责任？换言之，合同

---

① Proposition de loi portant réforme de la responsabilité civile，n°678 Sénat，session extraordinaire de 2019—2020，Enregistré à la Présidence du Sénat le 29 juillet 2020，p. 17，http://www. senat. fr/leg/pp. 119—678. html.

② 张民安:《法国民法》，清华大学出版社2015年版，第391—413页。

责任究竟是一种过错责任还是一种无过错责任？对此问题，在1804年之前，民法学者做出了完全一致的回答，他们认为，合同责任在性质上只能够是一种过错责任，以债务人在不履行债务时的过错作为必要条件，如果债务人在不履行债务时没有过错，他们不得被责令承担合同责任。不过，鉴于1804年的《法国民法典》规定了两个至少在表面上是相互冲突的法律条款，法国民法学者在合同责任的性质问题上存在不同的看法。虽然如此，在今时今日，法国大多数民法学者均承认，合同责任在性质上只能够是过错责任，不是也不可能是当然责任即无过错责任。

一、1804年之前的《法国民法典》关于合同责任的过错性质

在前经典罗马法时期即公元前3世纪之前的罗马法时期，债务人承担的合同债在性质上属于“严格法律意义上的债”（les obligations de droit strict），因为合同采取严格的形式主义。如果作为合同给付客体的财产毁损灭失而导致债务人无法履行债务，仅仅在债务人本人的行为引起财产毁损灭失的情况下，他们才会被责令对债权人承担合同责任。此时，罗马法要求债务人的行为是积极作为，如果合同给付客体的毁损灭失仅仅是债务人单纯的过失引起的，则他们不会被责令承担合同责任。随着经典罗马法时期即公元前3世纪至公元3世纪之间的罗马法时期的到来，诚信合同（contrats de bonne foi）开始出现，合同逐渐从严格的形式主义当中摆脱出来，罗马法开始拓展债务人承担的过错责任的范围，并因此建立后世民法学者普遍承认的合同过错的两分法理论即欺诈（dol frau）和过错、过失（faute culpa）之间的区分理论。

根据此种区分理论，债务人究竟对债权人承担什么过错合同责任取决于他们与债权人之间的合同的性质：如果是寄存合同、保管合同或者借用合同，债务人仅仅在存在欺诈的情况下才对债权人承担合同责任，如果他们没有实施欺诈而仅仅存在过错、过失，则他们不对债权人承担合同责任。而如果是委托合同、买卖合同、质押合同、租赁合同和公司合同等，除了应当将其欺诈行为对债权人承担合同责任之外，债务人还应当就其过错、过失行为引起的损害对债权人承担合同责任。在后一种情形，债务人应当对所占有的财产尽到合理的保管义务；否则，他们没有尽到合理保管义务的行为就构成过错。[①]

罗马法之所以区分这两类不同的合同，是因为它认为，在上述第一类合同当中，债务人虽然应当履行自己承担的债务，但是，他们对债务的履行没有利害关系，换言之，债务人之所以仅仅就自己的欺诈行为对债权人承担合同责任，是因为他们对债务的履行没有利害关系。而在上述第二类合同当中，债务人对其债务的履行具有利害关系，换言之，债务人之所以同时就其欺诈和过失行为承担合同责任，是因为他们对债务的履行具有利害关系。[②] 到了后经典罗马法时期即公元3世纪至公元6世纪之间的罗马法时期，

① Jean Gaudemet, Emmanuelle Chevreau, Droit privé romain, 3e édition, Montchrestien, 2009, p. 294; Paul Frédéric Girard, Manuel élémentaire de droit romain, 8e édition, Dalloz, 2003, pp. 692—693.

② Jean Gaudemet, Emmanuelle Chevreau, Droit privé romain, 3e édition, Montchrestien, 2009, pp. 294—295; Paul Frédéric Girard, Manuel élémentaire de droit romain, 8e édition, Dalloz, 2003, pp. 692—693.

至少到了查士丁尼皇帝时期，罗马法学家将这两类不同的过错予以复杂化并因此形成了影响深远的过错合同理论。[①]

一方面，他们不仅将欺诈视为故意过错，而且还引入另外一个术语即重大过错、重大过失（faute lourde culpa lata magna），认为债务人的重大过错、重大过失等同于欺诈、故意行为。所谓重大过错、重大过失，是指债务人在履行债务时没有尽到一个最没有能力的人能够尽到的注意程度、勤勉程度、技能运用程度、没有预见到全世界的人都会预见到的情况。另一方面，在过错、过失方面，他们也将其复杂化，认为过错、过失也分为不同类型，除了等同于欺诈、故意过错的重大过错、重大过失之外，过错、过失还包括：具体的轻过错、具体的轻过失（faute légère culpa levis in concreto），是指债务人在履行合同债务时没有尽到他们在处理自己的事务时所能够尽到的注意程度、勤勉程度、技能运用程度；抽象的轻过错、抽象的轻过失（faute légère culpa levis in abstracto），也就是普通过错、普通过失，是指债务人在履行所承担的合同债务时没有尽到一个良好的管理者即"善良家父"所能够尽到的注意程度、勤勉程度、技能运用程度。[②]

罗马法的此种理论被法国旧法时期即中世纪至法国大革命之前的合同法所采纳。因为在法国旧法时期，民法学者不仅将合同责任建立在债务人实施的过错行为的基础上，而且还像罗马法一样将债务人的过错分为两类：欺诈或故意过错（faute interntionnelle）和非故意过错（les faute non intentionnelle），其中的欺诈过错、故意过错也被称为恶意（la mauvaise foi），而其中的非故意过错则被称为过失（négligence），非故意过错分为三种：重大过错（重大过失）、轻微过错（la faute légère）（轻微过失）和最轻微过错（la faute très légère）（最轻微过失）。[③]

根据法国旧法时期的规定，合同的类型不同，合同债务人承担合同责任时的过错要求也不同。如果所缔结的合同仅仅是为了债权人的利益，例如保管合同，在债务人的不履行债务的行为构成重大过错、重大过失时，他们才会对债权人承担合同责任；如果所缔结的合同是为了债权人和债务人的共同利益，例如买卖合同，在债务人不履行债务的行为构成轻微过失时，债务人应当承担合同责任；如果缔结的合同仅仅是为了债务人的利益，例如借用合同，则即便是最轻微的过失，债务人也应当承担合同责任。[④]

例如，在17世纪，《法国民法典》之祖父Domat就坚持此种区分理论，认为合同债

① Jean Gaudemet, Emmanuelle Chevreau, Droit privé romain, 3e édition, Montchrestien, 2009, pp. 294—295; Paul Frédéric Girard, Manuel élémentaire de droit romain, 8e édition, Dalloz, 2003, pp. 692—695.

② Jean Gaudemet, Emmanuelle Chevreau, Droit privé romain, 3e édition, Montchrestien, 2009, pp. 294—295; Paul Frédéric Girard, Manuel élémentaire de droit romain, 8e édition, Dalloz, 2003, pp. 692—696.

③ Jean Carbonnier, Droit civil, Volume Ⅱ, Les biens, Les obligations, puf, 2004, pp. 2194—2199; Philippe Malaurie, Laurent Aynès, Philippe Stoffel-Munck, Droit des obligations, 8e édition, L. G. D. J., 2016, pp. 542—544; François Terré, Philippe Simler, Yves Lequette, François Chénedé, Droit civil, Les Obligations, 12e édition, Dalloz, 2018, pp. 898—905.

④ Jean Carbonnier, Droit civil, Volume Ⅱ, Les biens, Les obligations, puf, 2004, pp. 2194—2199; Philippe Malaurie, Laurent Aynès, Philippe Stoffel-Munck, Droit des obligations, 8e édition, L. G. D. J., 2016, pp. 542—544; François Terré, Philippe Simler, Yves Lequette, François Chénedé, Droit civil, Les Obligations, 12e édition, Dalloz, 2018, pp. 898—905.

务人所承担的所有合同责任均是过错责任：合同的性质不同，债务人承担合同责任所要求的过错也不同。在18世纪，《法国民法典》之父 Pothier 不仅承认合同责任的过错性质，而且还将作为合同责任根据的过错理论系统化。①

在18世纪，巴黎高等法院（Parlement de Paris）的律师 Lebrun 对不同类型的过错理论提出批评，认为这样做不利于法官处理当事人之间的合同纠纷。1804年的《法国民法典》没有采纳罗马法最初提出来并且被 Pothie 系统化的不同类型的过错理论。因为1804年的《法国民法典》第1137条没有根据合同目的不同而规定不同形式的合同过错。②

二、1804年的《法国民法典》关于合同责任性质的规定

1804年的《法国民法典》对合同责任的规定有两个重要条款，这就是第1137条和第1147条规定。1804年的《法国民法典》第1137（1）条规定：如果债务人要承担物的保管债务，在履行此种债务时，债务人应当尽到一个善良家父能够尽到的所有注意，无论合同是为了一方当事人的效用，还是为了当事人的共同效用，均是如此。③ 1804年的《法国民法典》第1147条则规定：一旦合同债务人不履行所承担的合同债务，或者迟延履行所承担的合同债务，他们应当被责令赔偿债权人所遭受的损害，即便他们没有丝毫的恶意，如果他们不能够证明自己不履行或者迟延履行合同债务的行为源自不能够归责于自己的某种外在原因的话。④

这两个重要的法律条款一直从1804年被原封不动地保留到2016年之前，直到2016年2月10日的债法改革法令以两个新的法律条款取代它们时止。在19世纪末期之前，法国民法学者认为，《法国民法典》第1137条的规定和第1147条的规定存在冲突。根据第1137条的规定，如果债权人要求债务人承担合同责任，他们应当证明债务人有过错，也就是证明债务人在保管财产时没有尽到善良家父的注意义务。相反，根据第1147条的规定，如果债权人要求债务人承担合同责任，他们无须证明债务人有过错，他们仅仅需要证明债务人存在债务不履行行为或者迟延履行行为，债务人单纯的不履行行为或者迟延履行行为就足以让债务人对债权人承担合同责任，除非债务人能够证明，不履行或者迟延履行是由于某种与自己没有关系的外在原因引起的。⑤

---

① Rober-Joseph Pothier, Traité des obligations, Dalloz, 2011, pp. 61—62; Jean Carbonnier, Droit civil, Volume Ⅱ, Les biens, Les obligations, puf, 2004, pp. 2194—2199; Philippe Malaurie, Laurent Aynès, Philippe Stoffel-Munck, Droit des obligations, 8e édition, L. G. D. J., 2016, pp. 542—544; François Terré, Philippe Simler, Yves Lequette, François Chénedé, Droit civil, Les Obligations, 12e édition, Dalloz, 2018, pp. 898—905.

② Jean Carbonnier, Droit civil, Volume Ⅱ, Les biens, Les obligations, puf, 2004, pp. 2194—2199; Philippe Malaurie, Laurent Aynès, Philippe Stoffel-Munck, Droit des obligations, 8e édition, L. G. D. J., 2016, pp. 542—544; François Terré, Philippe Simler, Yves Lequette, François Chénedé, Droit civil, Les Obligations, 12e édition, Dalloz, 2018, pp. 898—905.

③ Article 1137, https://fr.wikisource.org/wiki/Code_civil_des_Français_1804/Livre_Ⅲ, _Titre_Ⅲ.

④ Article 1147, https://fr.wikisource.org/wiki/Code_civil_des_Français_1804/Livre_Ⅲ, _Titre_Ⅲ.

⑤ Philippe Malaurie, Laurent Aynès, Philippe Stoffel-Munck, Droit des obligations, 8e édition, L. G. D. J., 2016, pp. 535—536.

1928 年之前，法国民法学者做出了各种各样的尝试，试图协调这两个不同的法律条款，不过，他们的尝试均以失败告终。为了最终调和这两个不同的法律条款，法国民法学者 Demogue 在 1928 年的债法著作当中提出了结果债和手段债的区分理论，根据该种区分理论，这两个法律条款所规定的合同责任在性质上均属于过错责任，债务人在任何情况下就自己不履行债务的行为对债权人承担的合同责任均属于过错责任。这是这两个法律条款的共同点，它们之间的差异仅仅在于债务人过错的证明问题：第 1137 条所规定的过错责任建立在手段债的基础上，债权人应当承担举证责任，证明债务人没有尽到善良家父的注意义务；而第 1147 条所规定的过错责任建立在结果债的基础上：债权人无须证明债务人没有尽到善良家父的注意义务，他们只要证明，债务人允诺的某种结果没有达成，一旦债务人允诺的某种结果没有达成，他们就有过错。①

在 2016 年的债法改革法令通过之前，法国民法学者对第 1137 条所规定的合同责任属于过错责任没有任何争议。不过，他们对第 1147 条所规定的合同责任是不是过错责任则存在争议。虽然大多数民法学者认为，第 1147 条所规定的合同责任属于过错责任，但是，少数民法学者仍然认为，该条所规定的合同责任在性质上不属于过错责任，而属于当然责任，该种责任不以债务人在不履行债务时存在过错作为必要条件。

三、2016 年之前法国民法学者就合同责任性质所展开的争论

在 2016 年之前，法国少数民法学者认为，《法国民法典》第 1147 条所规定的合同责任在性质上是一种当然责任，就像行为人就其物的行为引起的损害对他人承担的侵权责任在性质上属于一种当然责任一样，因为他们认为，一旦合同债务人不履行或者迟延履行所承担的合同债务，他们就应当对合同债权人承担合同责任，无须合同债务人在不履行或者迟延履行合同债务时存在过错。Roland、Boyer 和 Légier 采取此种理论。

Roland 和 Boyer 认为，只要债务人实施了某种致害行为，他们就必须承担合同责任，无须他们在实施致害行为时存在过错，让他们承担合同责任的致害行为或者是债务的不履行行为，或者是迟延履行行为，或者是不完全履行行为，或者是瑕疵履行行为，他们指出："答案是简单的：在合同领域，债务人的致害行为或者是指债务不履行行为，或者是指迟延履行行为，或者是指不完全履行行为，或者是指瑕疵履行行为。不过，大量的民法学者还增加了一个补充条件，这就是合同债务人的过错。他们认为，合同责任不仅意味着债务人实施了不履行债务的行为，而且还要求他们实施了过错不履行行为。"②

Roland 和 Boyer 认为，实际上，这些民法学者的观点是错误的，因为他们指出："这些学者的此种看法是难以想象的，在合同责任当中比在侵权责任当中更甚。实际上，一旦债务人做出了某种允诺而没有履行自己的允诺，他们当然就应当承担合同责任，这一点毫不费力。该种合同责任是对债务人不履行债务的制裁、众多制裁当中的一种制

---

① Philippe Malaurie, Laurent Aynès, Philippe Stoffel-Munck, Droit des obligations, 8e édition, L. G. D. J., 2016, pp. 535—536.

② Henri Roland et Laurent Boyer, Droit Civil, Obligations, 2. Contrat, 3e édition, litec, pp. 569—570.

裁。在债务人不履行债务时，如果债权人向法院起诉，要求法官责令债务人承担合同责任，他们不会想到，他们还应当预先证明债务人在不履行债务时存在过错。对于债权人而言，只要他们证明债务人实施了债务不履行行为，他们就能够让债务人承担合同责任。人们无法想象，为何债务人的过错是债权人要求债务人实施等价履行的条件……总之，合同责任的必要和充分条件是债务的不履行。"[①]

Légier 也采取此种理论，他指出，当债务人根据《法国民法典》第 1137 条的规定承担合同责任时，他们所承担的合同责任是过错责任，因为，"债务人仅仅在实施某种过错行为时才承担合同责任"[②]。而当债务人根据《法国民法典》第 1147 条的规定承担合同责任时，他们所承担的合同责任不是过错责任，而是当然责任："在不履行或者迟延履行债务时，债务人当然承担责任，债权人仅需简单地证明债务人没有履行自己的债务，也就是，他们允诺的结果没有实现。"[③]

不过，在 2016 年之前，法国大多数民法学者和法官均认为，《法国民法典》第 1147 条所规定的合同责任在性质上是一种过错责任。[④] Larroumet 采取此种看法，他指出："在漫长的岁月里，所有民法学者和法官均在自己的民法学说和司法判例当中认为，合同责任只能够建立在过错的基础上。大多数现代学者继续采取此种理论，他们从过错的角度直面不履行自己债务的合同债务人的行为，无论是在法国还是在外国，均是如此。换言之，没有债务人的过错就不会有合同责任。债务人的过错是合同责任存在的基础。十分真实的，《法国民法典》的法律文本能够做出此种理解。《法国民法典》第 1137 条对债务人承担的保管债务做出了规定，该条规定的合同责任当然以过错作为基础。尤其是，作为合同责任领域的基本法律文本，《法国民法典》第 1147 条能够解释为将过错作为债务人承担合同责任的条件。"[⑤]

Carbonnier 也采取此种看法，他指出："《法国民法典》第 1147 条明确规定，合同债务人应当就其不履行合同义务的行为对合同债权人承担合同责任，虽然该条没有明确规定合同债务人应当就其过错行为对合同债权人承担合同责任。但是，毫无疑问的是，债务人的过错被认为包含在他们不履行合同义务的行为当中。实际上，正如法国民法学者将《法国民法典》第 1382 条所规定的过错界定为行为人不履行自己对他人所承担的某种义务的行为一样，法国民法学者也将合同责任领域的过错界定为合同债务人不履行

---

① Henri Roland et Laurent Boyer, Droit Civil, Obligations, 2. Contrat, 3e édition, litec, p. 570.

② Gérard Légier, Les obligations, 17e édition, 2001, Dalloz, p. 106.

③ Gérard Légier, Les obligations, 17e édition, 2001, Dalloz, p. 107.

④ Jean Carbonnier, Droit civil, Volume Ⅱ, Les biens, Les obligations, puf, 2004, pp. 2190—2192; Christian Larroumet, Droit civil, Les Obligations, Le Contrat, Tome Ⅲ, 2e partie, Effets, 6e édition, Economica, 2007, pp. 632—634; Philippe Malaurie, Laurent Aynès, Philippe Stoffel-Munck, Les obligations, 4e édition Defrenois, 2009, p. 570; Francois Terré, Philippe Simler, Yves Lequette, Droit civil, Les Obligations, 10e édition, Dalloz, 2009, pp. 574—576; Rémy Cabrillac, Droit des obligations, 9e édition, Dalloz, 2010, p. 127; Jacques Flour, Jean-Luc Aubert, Éric Savaux, Droit civil, Les Obligations, 3. Le rapport d'obligation, 7e édition, Dalloz, 2011, pp. 167—175; 张民安：《法国民法》，清华大学出版社 2015 年版，第 358—359 页。

⑤ Christian Larroumet, Droit Civil, Les Obligations, Le Contrat, Tome Ⅲ, 2e partie, Effets, 6e édition, Economica, 2007, pp. 632—633.

合同义务的行为，因为他们认为第 1147 条所规定的不履行合同义务的行为就构成过错。”[①]

Flour、Aubert 和 Savaux 也同样持此种看法，他们指出：“正如侵权责任领域的过错一样，合同责任领域的过错是指合同债务人没有履行他们根据合同所承担的某种合同义务的行为。《法国民法典》第 1147 条将合同责任领域的过错规定为合同债务人不履行合同义务的行为，合同债务人没有履行合同义务的过错或者表现为全部不履行合同义务的行为，或者表现为部分不履行合同义务的行为，或者表现为恶意履行合同义务的行为，不过，无论合同债务人不履行合同义务的行为究竟表现为何种形式，他们的所有行为均构成过错行为。因为在所有这些情况下，合同债务人均没有实现他们所承诺实现的内容。”[②]

四、2016 年之后法国民法学者就合同责任的性质所做出的说明

通过 2016 年 2 月 10 日的债法改革法令，现行《法国民法典》新的第 1197 条和新的第 1231－1 条分别取代了 2016 年之前的旧的第 1137 条和旧的第 1147 条。《法国民法典》新的第 1197 条规定：债务人所承担的交付财产的债务包含了在交付之前所承担的财产保管债务，根据此种债务，债务人应当尽到一个有理性的人所能够尽到的所有注意。[③]

新的第 1197 条与旧的第 1137 条相比，一个最主要的变化是，新的第 1197 条以英美法系国家合同法和侵权责任法当中的一个概念即“理性人”的标准取代了大陆法系国家民法当中所惯用的“善良家父”标准。就如同 2016 年之前的旧的第 1137 条所规定的合同责任在性质上属于过错责任一样，新的第 1197 条所规定的合同责任当然也属于过错责任，因为，如果债务人在保管财产时尽到了理性人所能够尽到的所有注意义务，则他们没有过错，无须承担合同责任；反之，如果债务人在保管财产时没有尽到理性人所能够尽到的所有注意义务，则他们有过错，应当承担合同责任。

《法国民法典》新的第 1231－1 条规定：除非能够证明债务的履行被不可抗力所阻挡，否则，在债务不履行或者债务迟延履行时，债权人应当被责令支付赔偿金。[④] 新的第 1231－1 条与旧的第 1147 条相比，一个最主要的变化是，新的第 1231－1 条以“不可抗力”取代了旧的第 1147 条所使用的“外在原因”，以便作为债务人拒绝承担合同责任的免责事由。不过，同旧的第 1147 条没有使用过错或者“善良家父”等用词一样，新的第 1231－1 条也没有使用这些术语，它也像旧的第 1147 条一样仅仅使用了不履行或者迟延履行债务的概念。

---

① Jean Carbonnier, Droit civil, Volume Ⅱ, Les biens, Les obligations, puf, 2004, p. 2190.

② Jacques Flour, Jean-Luc Aubert, Éric Savaux, Droit civil, Les Obligations, 3. Le rapport d'obligation, 7e édition, Dalloz, 2011, p. 168.

③ Article 1197, Code civil, Version en vigueur au 27 janvier 2021, https://www.legifrance.gouv.fr/codes/section_lc/LEGITEXT000006070721/LEGISCTA000006150249/#LEGISCTA000032041319.

④ Article 1231-1, Code civil, Version en vigueur au 27 janvier 2021, https://www.legifrance.gouv.fr/codes/section_lc/LEGITEXT000006070721/LEGISCTA000032009929/#LEGISCTA000032009929.

问题在于，《法国民法典》新的第1231－1条所规定的合同责任是不是一种过错责任？对此问题，法国民法学者之间也存在不同的看法。某些民法学者认为，债务人根据该条的规定所承担的合同责任未必一定是过错责任，因为，根据该条的规定，一旦债务人实施了不履行债务或者迟延履行债务的行为，他们就应当就自己实施的这些致害行为引起的损害对债权人承担合同责任，即便他们在不履行债务时没有过错。Houtcieff、Fabre-Magnan 和 Brusorio Aillaud 等人采取此种理论，他们指出，在债务人承担的债务属于手段债时，他们不履行手段债时所承担的合同责任当然属于过错责任；但是，在他们承担的债务属于结果债时，即便没有过错，他们仍然应当承担合同责任，因为债权人只要证明债务人没有实现所承诺的结果就足以让债务人承担合同责任。①

Houtcieff 对合同责任不是过错责任的原因做出了说明，他指出："民法学说和司法判例倾向于将合同责任的构成要件与侵权责任的构成要件对齐：在讨论合同责任的构成要件时，他们探寻过错和因果关系。然而，合同责任与侵权责任采取的逻辑性是不同的。因此，我们应当坚持这样的合同责任观念：合同责任不外乎债务人所承担的赔偿债权人损害的债，它并不要求我们探寻债务人的过错。如果我们对《法国民法典》的法律文本进行毫无偏见的关注的话，则我们会得出这样的结论：合同责任的条件仅为债务的不履行。"②

而另外一些民法学者则认为，债务人根据该条的规定所承担的合同责任一定是过错责任，就像他们根据新的第1197条所规定的合同责任一定是过错责任一样。这些民法学者认为，虽然新的第1231－1条仅仅将不履行和迟延履行债务视为合同责任的构成要件，但是，不履行或者迟延履行债务本身就是过错行为：债务人对债权人承诺会履行或者会按时履行而没有履行，他们所承诺的结果没有实现，这就是结果债的过错判断标准：允诺的结果是否实现。③ Malaurie、Aynès 和 Stoffel-Munck 对合同责任的过错性质做出了说明，他们指出："侵权责任对合同责任产生的影响是，合同责任也像侵权责任一样要求过错的存在。不过，侵权责任是一般的，因为侵权责任当中的过错是指行为人在行为时违反了对他人承担的一般义务，而合同责任则是特殊的，因为合同责任当中的过错是指合同的不履行行为。"④ Cabrillac 也对合同责任的过错性质做出了说明，他指出："在合同责任领域，人们发现合同责任条件的经典三要件理论：过错、损害以及过错和损害之间的因果关系。"⑤

---

① Muriel Fabre-Magnan, Droit des obligations, Tome 1, Contrat et engagement unilatéral, 4e édition, puf, 2016, p. 764; Marjorie Brusorio Aillaud, Droit des obligations, 8e édition, bruylant, 2017, pp. 277—278.

② Dimitri Houtcieff, Droit Des Contrats, Larcier, 2e édition, 2016, p. 528.

③ Philippe Malaurie, Laurent Aynès, Philippe Stoffel-Munck, Droit des obligations, 8e édition, L. G. D. J., 2016, pp. 535—537; Rémy Cabrillac, Droit des obligations, 12e édition, Dalloz, 2016, pp. 152—157; Virginie Larribau-Terneyre, Droit civil, Les Obligations, 15e édition, Dalloz, 2017, p. 602; François Terré, Philippe Simler, Yves Lequette, François Chénedé, Droit civil, Les Obligations, 12e édition, Dalloz, 2018, pp. 898—908.

④ Philippe Malaurie, Laurent Aynès, Philippe Stoffel-Munck, Droit des obligations, 8e édition, L. G. D. J., 2016, p. 535.

⑤ Rémy Cabrillac, Droit des obligations, 12e édition, Dalloz, 2016, p. 152.

五、合同责任的过错性质：笔者的看法

笔者认为，虽然2016年之前的《法国民法典》第1147条和现行《法国民法典》新的第1231-1条没有规定债务人应当就自己实施的过错行为引起的损害对债权人承担损害赔偿责任，但是，他们根据这两个法律条款所承担的损害赔偿责任在性质上不仅应当是过错责任，而且也只能够是过错责任。

首先，过错责任符合合同法所贯彻的利益平衡理论的要求。合同法始终如一地贯彻债务人和债权人之间利益平衡的精神，如果他们之间的合同违反了利益平衡的精神，基于一方当事人的请求，法官有权采取措施，让他们之间的合同从失衡的状况变为平衡状态，以便实现合同公平和合同正义的要求，已如前述。责令债务人对债权人承担过错责任，符合合同法所贯彻的此种原则，而在债务人没有过错的情况下，如果法官责令他们对债权人承担合同责任，则此种做法会破坏当事人之间的利益平衡，在对债权人提供强大保护的同时会严重牺牲债务人的利益，让合同当事人之间的合同关系等同于侵权责任领域行为人与他人之间的关系。

其次，过错责任除了符合大陆法系国家民法的历史传统之外也符合其他大陆法系国家民法典的精神。无论是罗马法时期还是法国旧法时期，人们均对合同责任采取过错责任的看法，已如前述。将这两个法律条款所规定的合同责任解释为过错责任，与法国民法的历史传统保持一致。在今时今日，除了法国之外，其他大陆法系国家的民法典所规定的合同责任也均被视为过错责任。例如，《德国民法典》第275条和第276条、《意大利民法典》第1219条、《路易斯安那民法典》第1994条和《瑞士债法典》第97条等所规定的合同责任均被视为过错责任，无论这些法律条款是否明确规定债务人所承担的合同责任是过错责任。因为一旦债务人实施了这些法律条款所规定的不履行债务、迟延履行债务、瑕疵履行债务的行为，他们的这些行为均被推定为过错行为。[①] 将《法国民法典》的这两个法律条款所规定的合同责任解释为过错责任与这些国家的民法典的精神一致。

最后，在合同责任领域，债务人不可能对合同债权人承担无过错责任。这一点让合同责任与侵权责任区分开来。在民事责任领域，合同责任和侵权责任之间既存在共同点，也存在差异。它们之间的一个最主要的差异是，侵权责任的根据是具有多样性的，而合同责任的根据则不同，它仅仅具有单一性。所谓侵权责任根据的多样性，是指侵权责任的根据多种多样，除了过错之外还包括危险和担保，因为这样的原因，侵权责任既可以是过错责任，也可以是高度危险责任，还可以是无过错责任、客观责任或者当然责任。[②] 所谓合同责任根据的单一性，则是指合同责任的根据只有一个，这就是合同债务人的过错行为，除了债务人的过错之外，人们不能够以任何其他理由责令债务人对债权人承担合同责任，诸如危险或者担保。

---

① Christian Larroumet, Droit civil, Les Obligations, Le Contrat, Tome Ⅲ, 2e partie, Effets, 6e édition, Economica, 2007, pp. 633—634.

② 张民安：《法国民法》，清华大学出版社2015年版，第374—378页。

同样是民事责任，合同责任的根据为何不包括危险或者担保？答案在于，合同责任和侵权责任的目的存在差异。总的来说，除了保护他人的人身、财产免受行为人实施的过错行为的侵犯之外，侵权责任还保护他人的人身、财产免受行为人实施的异常危险行为、无过错行为的侵犯，在行为人实施的过错行为、异常危险行为、无过错行为引起他人损害的发生时，他们均应当承担侵权责任，他们不能够借口自己没有过错而免责。而合同责任则不同，它主要是保护合同债权人所享有的预期利益免受债务人不履行债务或者迟延履行债务的侵犯，不会或者主要不会保护合同债权人的人身或者预期利益之外的其他财产利益免受债务人不履行债务、迟延履行债务行为的侵犯。

合同责任的此种目的决定了债务人的不履行行为或者迟延履行行为只能够是过错行为，不是也不可能是异常危险行为、无过错行为。同时，合同责任的此种目的决定了责令债务人承担损害赔偿的目的不在于对债权人的人身和财产提供担保，确保他们所遭受的人身损害或者财产损害在债务人没有过错的情况下仍然得到赔偿。

合同责任的必要条件

第十三章 合同债务的不履行

就像侵权责任的产生以行为人实施某种致害行为作为必要条件一样，合同责任的产生也以债务人实施了某种致害行为作为必要条件（le fait générateur）。这是行为人和合同债务人承担侵权责任和合同责任的第一个必要条件。2016 年之前，《法国民法典》旧的第 1147 条对此种必要条件做出了规定，已如前述，通过 2016 年 2 月 10 日的债法改革法令，现行《法国民法典》新的第 1231 – 1 条也对此种条件做出了规定，已如前述。

所谓致害行为，是指行为人或者合同债务人所实施的引起他人或者合同债权人损害发生承担的所有行为（faits）或者所有事件（événements）。在侵权责任法当中，能够引起侵权责任产生的致害行为多种多样，包括本人的行为、别人的行为、物的行为甚至邻人滋扰行为等。而在合同法当中，能够引起合同责任产生的致害行为同样多种多样，诸如迟延履行合同所规定的债务的行为，没有履行诚实原则所要求的信息通知义务的行为，没有履行公平原则所强加的安全保障义务的行为，等等。在合同法当中，债务人实施的这些致害行为被统称为债务不履行或者债务不履行行为，即便《法国民法典》旧的第 1147 条和新的第 1231 – 1 条在使用“债务不履行行为”时还使用了另外一个术语即“迟延履行债务”或者“迟延履行债务的行为”，亦是如此，因为，债务不履行行为是一个广义的术语，“迟延履行债务”或者“迟延履行债务的行为”也包含在其中。①

第一节 合同债务不履行行为的表现形式

合同债务不履行行为（l’inexécution de l’obligation），是指债务人没有履行合同所规定的某种债务的行为或者是指债务人没有履行合同规定但法官基于公平、诚实等原则所强加给他们的某种债务的行为。当合同强加债务人以某种债务时，如果他们没有履行该种债务，则他们不履行该种债务的行为就构成债务不履行行为。同样，当诚实原则强加债务人以某种债务时，如果他们没有履行该种债务，则他们没有履行该种债务的行为同样构成债务不履行行为。在法国，债务不履行行为分为三类：欠缺履行债务、迟延履行债务和瑕疵履行债务。

一、欠缺履行债务

所谓欠缺履行债务（defant de exécution），是指合同债务人应当履行所承担的合同债务而完全没有或者部分没有履行所承担的合同债务。欠缺履行债务分为全部欠缺履行（defant total de exécution）和部分欠缺履行（defant partielle de exécution）。所谓全部欠

① Jean Carbonnier, Droit civil, Les biens, Les Obligations, puf, 2004, p. 2188.

缺履行，也称为完全不履行（l'inexécution totale），是指合同债务人所承担的所有债务均没有履行。所谓部分欠缺履行，也称为部分不履行（l'inexécution totale），是指合同债务人仅仅履行了自己承担的部分债务，其他债务没有履行。因此，买受人应当支付的价款一分钱都没有支付，这就是全部欠缺履行，而买受人仅仅支付了全部价款当中的一部分，还有一部分没有支付，这就是部分欠缺履行。①

将债务人不履行债务的行为分为全部欠缺履行和部分欠缺履行，其意义有二：无论是全部欠缺履行还是部分欠缺履行均产生损害赔偿责任，但是，在全部欠缺履行时，债务人支付的损害赔偿金要比部分欠缺履行时所支付的损害赔偿金多。其二，如果债务人的债务全部欠缺履行，债权人有权利单方面解除合同，因为债务的全部欠缺履行构成足够严重的债务不履行行为。而债务的部分欠缺履行则未必能够让债权人享有单方面的合同解除权，因为，如果债务人已经履行的部分足以让他们与债权人之间的合同继续存在的话，则债权人不能够以债务人没有履行部分债务为由单方面解除他们与债务人之间的合同，已如前述。②

二、迟延履行债务

所谓迟延履行债务（retard de exécution），是指债务人虽然最终履行了自己对债权人所承担的合同债务，但是，他们没有在合同确定的期限内履行自己的债务，而是在合同确定的期限届满之后才履行自己的债务。换言之，所谓迟延履行债务，是指债务人没有在合同规定的期限内履行自己承担的债务。

迟延履行债务与欠缺履行债务之间的主要差异是：如果债务不履行表现为欠缺履行债务，无论是完全欠缺履行还是部分欠缺履行，债务人对债权人支付的损害赔偿金属于补偿性的、赔偿性的损害赔偿金（les dommages-intérêts compensatoires），而如果债务不履行表现为迟延履行债务，则债务人对债权人支付的损害赔偿金属于延期性的损害赔偿金（les dommages-intérêts moratoires）。在要求法官责令债务人承担赔偿性的损害赔偿责任时，债权人应当承担举证责任，证明自己因为债务人欠缺履行债务而遭受了损害。但是，在要求法官责令债务人承担延期性的损害赔偿责任时，债权人无须承担举证责任，证明自己遭受的损失。③

三、瑕疵履行债务

所谓瑕疵履行债务（exécution defectueuse），也称为不正确履行债务（exécution in-

---

① Jean Carbonnier, Droit civil, Les biens, Les Obligations, puf, 2004, p. 2188; Virginie Larribau-Terneyre, Droit civil, Les Obligations, 15e édition, Dalloz, 2017, pp. 601—602; François Terré, Philippe Simler, Yves Lequette, François Chénedé, Droit civil, Les Obligations, 12e édition, Dalloz, 2018, p. 898.

② Jean Carbonnier, Droit civil, Les biens, Les Obligations, puf, 2004, p. 2188; François Terré, Philippe Simler, Yves Lequette, François Chénedé, Droit civil, Les Obligations, 12e édition, Dalloz, 2018, p. 898.

③ Jacques Flour, Jean-Luc Aubert, Éric Savaux, Droit civil, Les Obligations, 3. Le rapport d'obligation, 7e édition, Dalloz, 2011, pp. 119—124; Jean Carbonnier, Droit civil, Les biens, Les Obligations, puf, 2004, p. 2188; François Terré, Philippe Simler, Yves Lequette, François Chénedé, Droit civil, Les Obligations, 12e édition, Dalloz, 2018, p. 898.

correcte)，是指合同债务人虽然在表面上履行了自己对债权人所承担的债务，但是，他们的债务履行存在问题。例如，虽然出卖人按照合同的规定履行了交付财产的债务，但是，他们所交付的财产不符合合同规定的质量：要么是变质的财产，要么是有质量问题的财产。

在法国，瑕疵履行债务等同于欠缺履行债务，包括全部欠缺履行和部分欠缺履行：如果瑕疵履行情况严重，完全无法让债权人从债务人的给付当中获得任何利益，则瑕疵履行债务等同于全部欠缺履行；如果瑕疵履行情况不是特别严重，虽然债权人仍然能够从债务人的给付当中获得部分利益，但他们无法从债务人的给付当中获得合同规定的所有利益，则瑕疵履行等同于部分欠缺履行。①

第二节　合同过错的界定

一、债务不履行是合同过错的另外一种表述

如果债务人对债权人承担某种债务，在他们不履行自己所承担的债务时，他们不履行债务的行为在性质上属于过错行为。这一点，对合同责任采取过错责任性质的民法学者普遍承认，因为他们认为，债务不履行行为本身就是过错行为，债务人的过错行为就是债务人的债务不履行行为。换言之，无论是欠缺履行债务的行为、迟延履行债务的行为还是瑕疵履行债务的行为均构成过错行为。

在2016年2月10日的债法改革法令之前，法国主张合同责任过错性质的民法学者直接将债务人不履行债务的行为等同于过错行为。Carbonnier 指出："虽然《法国民法典》仅仅说到了债务的不履行，而没有说到过错，但是，毫无疑问，过错被视为包含在债务的不履行行为当中。"② Larroumet 指出，根据《法国民法典》第1147条的规定，债务人的过错要么表现为他们没有履行合同所产生的债务，要么表现为迟延履行合同产生的债务：一旦债务人没有履行自己的债务，或者一旦债务人迟延履行自己的债务，则他们不履行债务或者迟延履行债务的行为就被推定为过错行为。③ Flour、Aubert 和 Savaux 直接将债务人不履行债务的行为称为债务人的过错，认为它是指债务人不履行合同债务的行为，他们指出："《法国民法典》的基本法律文本即第1147条将损害赔偿责任限定在债务不履行方面，也就是限定在过错方面，是指债务人不履行合同债务的行为，这是首要的、最重要的一点。"④

---

① Jean Carbonnier, Droit civil, Les biens, Les Obligations, puf, 2004, p. 2188; Virginie Larribau-Terneyre, Droit civil, Les Obligations, 15e édition, Dalloz, 2017, pp. 601—602; François Terré, Philippe Simler, Yves Lequette, François Chénedé, Droit civil, Les Obligations, 12e édition, Dalloz, 2018, p. 898.

② Jean Carbonnier, Droit civil, Volume Ⅱ, Les biens, Les obligations, puf, 2004, p. 2190.

③ Christian Larroumet, Droit Civil, Les Obligations, Le Contrat, Tome Ⅲ, 2e partie, Effets, 6e édition, Economica, 2007, p. 633.

④ Jacques Flour, Jean-Luc Aubert, Éric Savaux, Droit civil, Les Obligations, 3. Le rapport d'obligation, 7e édition, Dalloz, 2011, p. 167.

2016年的债法改革法令通过之后，主张合同责任在性质上是过错责任的民法学者仍然采取此种理论，他们认为，债务人不履行合同债务的行为本身就是过错行为。Malaurie、Aynès和Stoffel-Munck指出："合同过错表现为合同的不履行行为。"① Cabrilla直接将过错作为合同责任的三个必要条件之一，认为债务人的过错是指债务人的不履行或者迟延履行债务的行为，因为他认为，合同责任的三个条件是过错、损害和过错与损害之间的因果关系。② Terré、Simler和Lequette等人也采取类似的方法，他们认为，作为合同责任的三个构成要件之一的债务不履行行为就是"合同过错"，因为他们认为，合同责任的三个构成要件是：损害，合同过错，以及合同过错与损害之间的因果关系。③

二、法国民法学者很少对合同责任当中的过错做出界定

在法国，如果合同责任在性质上属于像过错侵权责任一样的过错责任的话，那么，人们如何对合同责任当中债务人的过错做出界定？对此问题，法国大多数民法学者均没有做出说明，这一点同他们对待侵权责任当中的过错的态度截然相反。在讨论过错侵权责任当中的过错时，法国民法学者对各种各样的过错界定做出了详尽的说明，而在讨论合同责任时，他们往往仅仅简单地说，合同过错是指债务人不履行或者迟延履行债务的行为。

虽然如此，少数民法学者仍然对合同责任当中的过错做出了简要的界定。例如，Carbonnier就对合同过错做出了简要的界定，他认为，人们应当按照他们在过错侵权责任当中对过错做出的界定一样界定合同过错，并认为合同过错是指债务人不履行某种债务的行为。他指出："事实上，在界定《法国民法典》第1382条所规定的过错时，人们习惯于将过错界定为某种债务的不履行行为。因此，在界定《法国民法典》第1147条当中的过错时，我们也可以将某种债务的不履行界定为过错，这一点完全无须啧啧称奇。"④

三、笔者对合同责任当中的过错做出的界定

笔者认为，虽然合同责任和侵权责任在某些方面的确存在差异，但是，鉴于合同责任和过错侵权责任均建立在过错的基础上，因此，我们按照侵权责任当中的过错对合同责任当中的过错做出界定。根据此种界定，所谓合同责任当中的过错：是指合同债务人在对合同债权人承担某种合同债务的情况下没有履行自己所承担的此种债务的行为。因此，如果出卖人对买受人承担交付财产的债务，在他们没有履行交付财产的债务时，他们没有交付财产的行为就构成过错。如果承租人应当对出租人承担支付租金的债务，在他们没有履行支付租金的债务时，他们没有支付租金的行为就构成过错。如果建筑公司

---

① Philippe Malaurie, Laurent Aynès, Philippe Stoffel-Munck, Droit des obligations, 8e édition, L. G. D. J., 2016, p. 535.

② Rémy Cabrillac, Droit des obligations, 12e édition, Dalloz, 2016, pp. 152—155.

③ François Terré, Philippe Simler, Yves Lequette, François Chénedé, Droit civil, Les Obligations, 12e édition, Dalloz, 2018, pp. 889—905.

④ Jean Carbonnier, Droit civil, Volume Ⅱ, Les biens, Les obligations, puf, 2004, p. 2190.

应当承担将符合质量要求的工程交付给建设单位的债务，在他们将不符合质量要求的工程交付给建设单位时，他们交付质量不合格的工程的行为也构成过错。

第三节　合同过错的构成

就像侵权责任当中的过错是由两个构成要件构成的一样，合同责任当中的过错也是由两个构成要件构成的：债务人对债权人承担源自合同的某种债务；债务人不履行所承担的债务。

一、债务人对债权人承担源自合同的某种债务

如果合同债务人的行为要构成过错行为，它们应当具备的第一个条件是，合同债务人对合同债权人承担某种源自合同的债务，如果合同债务人不对合同债权人承担任何债务，或者虽然承担某种债务，但是，他们所承担的债务不是源自合同的债务，即便他们的行为引起合同债权人损害的发生，他们也不会被责令对合同债权人承担合同责任。这就是合同债务存在（l'existence de l'obligation contractuelle）的构成要件。[①]

所谓源自合同的债务，或者是指当事人在自己的合同当中所明确规定的债务人应当对债权人承担的债务，此类债务被称为明示债务，或者是指债务人基于公平、诚实或者制定法的要求而对债权人所承担的债务，此类债务被称为默示债务。换言之，源自合同的债务或者是指债务人承担的明示债务，或者是指他们承担的默示债务。关于债务人所承担的这些债务，笔者将在下面的内容当中做出详细的讨论，此处从略。

二、债务人不履行所承担的债务：手段债和结果债的区分理论

在合同法上，债务人仅仅对债权人承担某种明示债务或者默示债务还不足以让他们就自己不履行债务的行为对债权人承担合同责任，如果他们要对债权人承担合同责任，除了应当具备对债权人承担某种债务的构成要件之外，他们还应当实施了不履行债务的行为。因为，如果债务人对债权人履行了所承担的合同债务，则他们的行为不构成不履行债务的行为，也就是不构成过错行为；仅仅在他们不履行所承担的合同债务的情况下，他们不履行合同债务的行为才构成过错，在符合另外一个构成要件的情况下，他们才能够被责令承担合同责任。问题在于，人们如何判断债务人是否履行了自己所承担的合同债务？换言之，人们如何判断债务人在履行合同债务时是否存在过错？

无论是过错侵权责任还是合同责任均建立在行为人或者债务人所实施的过错行为的基础上，没有过错就没有责任，这一点既适用于过错侵权责任也适用于合同责任，并因此让合同责任与侵权责任之间存在可类比性。为了责令行为人或者债务人对他人或者债

---

① Virginie Larribau-Terneyre, Droit civil, Les Obligations, 15e édition, Dalloz, 2017, pp. 604—612; François Terré, Philippe Simler, Yves Lequette, François Chénedé, Droit civil, Les Obligations, 12e édition, Dalloz, 2018, pp. 894—898.

权人承担侵权责任或者合同责任，法官均应当确定行为人或者债务人是否存在过错。在过错侵权责任领域，在判断行为人是否有过错时，法官仅仅采取一种判断标准，这就是善良家父的判断标准。[①] 在责令债务人就其不履行债务的行为对债权人承担合同责任时，法官是否也会采取他们在过错侵权责任当中所采取的“善良家父”的判断标准?

对此问题，人们在今时今日做出了非常明确的回答，这就是，在判断债务人实施的行为是否构成过错行为时，法官应当区分债务人所承担的债务的性质并且根据不同的性质适用不同的判断标准：如果债务人承担的合同债务在性质上属于手段债，则法官应当适用善良家父的替代判断标准即一般理性人的标准，而如果债务人承担的合同债务在性质上属于结果债，则法官不适用一般理性人的判断标准。关于手段债和结果债的区分理论，笔者将在下面的内容当中做出详细的讨论，此处从略。

第四节 合同过错的类型

一、不同类型的合同过错的存在

在2016年之前，《法国民法典》第1137条对过错做出了规定。根据该条的规定，无论当事人签订合同是为了债权人的利益、债务人的利益还是债权人和债务人的共同利益，在债务人承担财产的保管债务时，他们应当对所保管的财产承担善良家父的注意义务；否则，他们没有尽到善良家父注意义务的行为就构成过失。[②]

《法国民法典》旧的第1137条的规定具有两个重要特点：其一，它放弃了法国旧法时期民法学者在合同非故意过错、过失方面所采取的三分法的区分理论，不再将非故意过错、过失分为重大过错（重大过失）、一般过错（一般过失）和轻微过错（轻微过失）三种，而是建立了统一的过错理论，也就是一般过错理论。其二，虽然它将债务人承担的一般过错责任限定在所承担的财产保管债务方面，但是，法国民法学者认为，该条真正的含义远非如此狭窄，它的真正含义是：除非合同当事人在自己的合同当中做出相反的规定，或者除非制定法另有不同的规定，否则，债务人应当对债权人承担谨慎的债务（obligation de diligence）和勤勉的债务（obligation de diligence）。债务人是否履行了自己所承担的谨慎债和勤勉债，其判断标准是善良家父的行为标准。[③]

---

① Henri Roland et Laurent Boyer, Responsabilité délictuelle, 3e édition, Litec, 1988, pp. 159—160; Henri et Leon Mazeaud, Jean Mazeaud, Francois Chabas, Obligations, 9e édition, Montchrestien, 1998, pp. 457—458; Philippe Malaurie, Laurent Aynès, Philippe Stoffel-Munck, Les obligations, 4e édition, DEFRENOIS, 2009, p. 30; Jacques Flour, Jean-Luc Aubert, Éric Savaux, Les Obligations, L'fait juridique, 14e édition, Dalloz, 2011, pp. 120—121; Mireille Bacach-Gibeili, Les obligations la responsabilité civile extracontractuelle, 2e édition, Econnomica, 2012, pp. 161—165; 张民安:《现代法国侵权责任制度研究》，法律出版社2007年版，第191—193页；张民安:《法国民法》，清华大学出版社2015年版，第397页。

② Article 1137, Code civil, Version en vigueur au 9 février 2016, https://www.legifrance.gouv.fr/codes/section_lc/LEGITEXT000006070721/LEGISCTA000006150241/2016-02-09/#LEGISCTA000006150241.

③ François Terré, Philippe Simler, Yves Lequette, François Chénedé, Droit civil, Les Obligations, 12e édition, Dalloz, 2018, pp. 899—900.

不过，在废除不同类型的非故意过错、过失理论时，2016 年之前的《法国民法典》仍然保留了故意过错和非故意过错的区分理论，换言之，2016 年之前的《法国民法典》在合同过错方面没有建立统一的过错理论。因为在非故意过错方面保有统一性的同时，2016 年之前的《法国民法典》仍然承认合同领域的欺诈的存在，也就是承认合同领域的故意的存在。基于《法国民法典》在合同领域所采取的区分非故意过错和故意过错的传统，法国民法学者和法官逐渐在合同责任领域发展出不同类型的合同过错理论，包括：故意过错，也就是欺诈；重大过错，也就是严重的非故意过错、重大过失；不可宽恕的过错，也就是最严重的非故意过错、不可宽恕的过失，以及普通过错，也就是一般过错、一般过失。虽然法国政府通过 2016 年 2 月 10 日的债法改革法令对法国债法尤其是其中的合同法做出了实质性的重大修改，但是，这些理论仍然被现行《法国民法典》所采纳。①

在今时今日，无论债务人不履行债务的过错是什么形式的过错，在他们的过错不履行债务的行为引起债权人损害发生时，他们均应当对债权人承担合同责任。既然他们的任何过错均足以让他们对债权人承担合同责任，人们为何仍然要区分债务人实施的不同形式的过错呢？答案有二：一方面，债务人的过错会影响到他们承担的合同责任范围，因为故意过错或者重大过失引起的损害赔偿责任范围不同于一般过错引起的损害赔偿范围；另一方面，债务人的不同过错影响到合同当事人在合同当中所规定的免责条款或者限责条款的有效性。

二、故意过错

债务人实施的第一种过错行为是故意过错，所谓故意过错（la faute intentionnelle），也被称为欺诈（dol）、欺诈性的过错（la faute dolosive）或者恶意，是指债务人故意不履行自己所承担的债务的非法行为，换言之，所谓故意过错，是指债务人拒绝履行自己债务的故意行为、非法行为。虽然故意过错被称为欺诈，但是，债务人在债务履行方面的欺诈不同于合同成立当中的欺诈，因为合同成立当中的欺诈的目的在于引起同意的瑕疵，而债务履行当中的欺诈则是指债务人故意不履行自己对债权人承担的债务：为了拒绝对债权人履行债务，债务人虚假宣称合同所规定的财产被意外事故或者不可抗力所毁损灭失，不过，即便不是为了逃避自己所承担的债务，如果债务人知道自己应当履行对债权人承担的债务而不履行所承担的债务，无论他们主观上是否具有通过不履行债务的行为损害债权人利益的意图，他们不履行债务的行为也构成故意过错。②

---

① Philippe Malaurie, Laurent Aynès, Philippe Stoffel-Munck, Droit des obligations, 8e édition, L. G. D. J., 2016, pp. 542—544; Rémy Cabrillac, Droit des obligations, 12e édition, Dalloz, 2016, pp. 155—157; Marjorie Brusorio Aillaud, Droit des obligations, 8e édition, bruylant, 2017, pp. 283—284; Virginie Larribau-Terneyre, Droit civil, Les Obligations, 15e édition, Dalloz, 2017, p. 355; François Terré, Philippe Simler, Yves Lequette, François Chénedé, Droit civil, Les Obligations, 12e édition, Dalloz, 2018, pp. 900—905.

② Philippe Malaurie, Laurent Aynès, Philippe Stoffel-Munck, Droit des obligations, 8e édition, L. G. D. J., 2016, p. 543; Marjorie Brusorio Aillaud, Droit des obligations, 8e édition, bruylant, 2017, p. 283; François Terré, Philippe Simler, Yves Lequette, François Chénedé, Droit civil, Les Obligations, 12e édition, Dalloz, 2018, p. 901.

在合同法当中，债务人的故意过错会产生三个方面的效力[①]：

其一，如果债务人故意不履行所承担的债务，除了应当赔偿债权人所遭受的可预见的损害债务之外，他们还应当赔偿债权人所遭受的无法预见的损害。现行《法国民法典》新的第1231-3条对此种规则做出了说明，该条规定：除非债务不履行源自重大过错或者欺诈性过错；否则，债务人仅仅赔偿合同成立时已经预见到或者原本能够预见到的损害。[②] 2017年法国司法部的《民事责任法改革草案》第1251条也对此种规则做出了说明，该条规定：除非债务人存在重大过错或者欺诈性过错，否则，债务人仅仅赔偿合同成立时可以合理预见的不履行行为引起的后果。[③] 2020年，法国参议院的《民事责任法改革提案》第1251条也规定了同样的内容，因为它的规定与法国司法部草案当中的第1251条完全一样。[④]

其二，债务人不能够援引合同当中的免责条款或者限责条款以便限制自己承担的赔偿责任。如果当事人在自己的合同当中规定了合同责任的免除或者限制条款，他们所规定的这些条款原则上是有效的，在债务人不履行债务的行为引起债权人损害发生时，债务人承担的合同责任或者应当被免除或者被限制。不过，此种规则存在例外，这就是，如果债务人故意不履行自己承担的债务，则他们不能够援引合同所规定的免责条款或者限责条款并因此主张免除或者限制自己所承担的合同责任。

其三，在保险法当中，债务人的故意过错或欺诈性过错是不能够予以保险的。根据《法国保险法典》第L. 113－1条的规定，如果被保险人实施故意过错或者欺诈性的过错行为，则保险公司不对被保险人遭受的损害承担赔偿责任。该条规定：除非保单做出正式的排除，否则，即便是意外事故或者被保险人的过错引起的损害，保险人仍然应当承担赔偿责任。但是，保险人不对被保险人的故意过错或者欺诈性过错引起的损害承担赔偿责任。[⑤]

如果债权人与债务人之间就债务人是否实施了故意过错或者欺诈性过错发生了争议，债权人应当承担举证责任，证明债务人实施了故意过错行为。债务人是否实施了故意行为，由法官在具体案件当中加以确定。[⑥]

---

① Philippe Malaurie, Laurent Aynès, Philippe Stoffel-Munck, Droit des obligations, 8e édition, L. G. D. J., 2016, p. 543; Marjorie Brusorio Aillaud, Droit des obligations, 8e édition, bruylant, 2017, p. 283; François Terré, Philippe Simler, Yves Lequette, François Chénedé, Droit civil, Les Obligations, 12e édition, Dalloz, 2018, p. 901.

② Article 1231-3, Code civil, Version en vigueur au 4 février 2021, https://www. legifrance. gouv. fr/codes/section_lc/LEGITEXT000006070721/LEGISCTA000032009929/#LEGISCTA000032009929.

③ Article 1251, Projet de réforme du droit de la responsabilité civile, 13 mars 2017, http://www. textes. justice. gouv. fr/textes-soumis-a-concertation-10179/projet-de-reforme-du-droit-de-la-responsabilite-civile-29782. html.

④ Article 1251, Proposition de loi n°678 portant réforme de la responsabilité civile, Sénat Deuxième session extraordinaire de 2019—2020, Enregistré à la Présidence du Sénat le 29 juillet 2020, http://www. senat. fr/leg/pp. 119—678. html.

⑤ Article L113-1, Code des assurances, Version en vigueur au 4 février 2021, https://www. legifrance. gouv. fr/codes/section_lc/LEGITEXT000006073984/LEGISCTA000006157200?etatTexte = VIGUEUR&etatTexte = VIGUEUR_DIFF#LEGISCTA000006157200.

⑥ Philippe Malaurie, Laurent Aynès, Philippe Stoffel-Munck, Droit des obligations, 8e édition, L. G. D. J., 2016, p. 543; Marjorie Brusorio Aillaud, Droit des obligations, 8e édition, bruylant, 2017, p. 283; François Terré, Philippe Simler, Yves Lequette, François Chénedé, Droit civil, Les Obligations, 12e édition, Dalloz, 2018, p. 901.

三、重大过错

债务人实施的第二种过错行为是重大过错（faute lourde），所谓重大过错，也被称为重大过失，是指债务人在履行合同债务时所实施的严重过失行为，换言之，所谓重大过错，是指债务人在履行债务方面所实施的严重不负责任的非法行为、过失行为。重大过错不同于债务人的故意过错，因为故意过错是债务人故意实施的非法行为、恶意行为，而重大过错则是一种非故意行为，也就是一种过失行为，而不是恶意行为。故意过错至少意味着债务人知道自己不履行债务的行为是非法的、会引起债权人损害发生的，即便他们主观上没有引起债权人损害的意图。而重大过错则是一种错误行为、善意行为，因为债务人不知道自己不履行债务的行为是非法的、会引起债权人损害发生的。[①]

作为一种非故意过错，重大过错既具有主观性因素，也具有客观性因素，所谓主观因素，是指有关债务人自身的因素；所谓客观因素，是指债务人承担的不履行基本债务的行为。在判断债务人实施的不履行债务的行为是否构成重大过错行为时，法官会同时考虑主观因素和客观因素。[②] 从1932年开始一直到今时今日，法官均在自己的司法判例当中将债务人实施的重大过错等同于他们故意实施的过错行为，因此，从那时开始一直到今时今日，合同责任领域故意过错的上述三个法律规则均同样适用于债务人实施的重大过错行为。

首先，如果债务人实施了重大过错行为，则他们不仅应当就其自己的重大过错行为引起的可预见的损害对债权人承担合同责任，而且还应当就其重大过错行为引起的无法预见的损害对债权人承担合同责任，这就是现行《法国民法典》新第1231－3条所规定的规则，并且此种规则也被法国司法部的《民事责任法改革草案》和法国参议院的《民事责任法改革提案》第1251条所规定，已如前述。其次，如果债务人不履行债务的行为构成重大过错，则他们不得援引合同当中的免责条款或者限责条款以便免除或者限制自己所承担的合同责任，已如前述。最后，债务人的重大过错不得被保险，如果被保险人的重大过错引起损害的发生，保险人无须承担损害赔偿责任，已如前述。[③]

此外，《法国劳动法典》第L.2511－1条也规定，即便劳动者举行罢工，雇主也不能够解除他们与劳动者之间的劳动关系，但是，如果劳动者在行使罢工权时存在重大过错，则雇主有权解除他们与劳动者之间的劳动关系，该条规定：除非劳动者存在重大过

---

① Philippe Malaurie, Laurent Aynès, Philippe Stoffel-Munck, Droit des obligations, 8e édition, L. G. D. J., 2016, pp. 543—544; Marjorie Brusorio Aillaud, Droit des obligations, 8e édition, bruylant, 2017, pp. 283—284; François Terré, Philippe Simler, Yves Lequette, François Chénedé, Droit civil, Les Obligations, 12e édition, Dalloz, 2018, pp. 901—905.

② François Terré, Philippe Simler, Yves Lequette, François Chénedé, Droit civil, Les Obligations, 12e édition, Dalloz, 2018, pp. 903—904.

③ Philippe Malaurie, Laurent Aynès, Philippe Stoffel-Munck, Droit des obligations, 8e édition, L. G. D. J., 2016, pp. 543—544; Marjorie Brusorio Aillaud, Droit des obligations, 8e édition, bruylant, 2017, pp. 283—284; François Terré, Philippe Simler, Yves Lequette, François Chénedé, Droit civil, Les Obligations, 12e édition, Dalloz, 2018, pp. 904—905.

错，否则，他们行使的罢工权不能够证明合同关系中断的正当性。①

四、不可宽恕的过错

在法国债法尤其是合同法当中，不可宽恕的过错（la faute inexcusable），是一种介于故意过错和重大过错之间的过错。所谓不可宽恕的过错，也被称为不可原谅的过错、不可宽恕的过失、不可原谅的过失，是指最严重的、最重大的非故意过错，是指债务人在意识到自己的债务不履行行为可能会危机到债权人人身或者财产安全的情况下没有采取预防或者阻止措施的过错行为。

不可宽恕的过错与重大过错之间的差异是程度方面的差异：不可宽恕的过错是比重大过错更严重的一种过错，是债务人实施的最严重的债务不履行行为。换言之，重大过错的严重性不及不可宽恕的过错。不可宽恕的过错与故意过错之间的差异等同于重大过错与故意过错之间的差异：不可宽恕的过错不属于故意过错，债务人没有不履行债务的故意，而在故意过错当中，债务人有不履行债务的故意。②

不过，在实施不可宽恕的过错行为时，虽然债务人不需要具备引起债权人损害发生的意图，但是，他们应当意识到自己不履行债务的行为可能会引起债权人损害的发生。换言之，他们应当意识到自己不履行债务的行为会对债权人的人身或者财产构成损害危险：在债务人已经意识到自己的行为会引起债权人损害发生的情况下，他们应当采取措施预防或者阻止债权人损害的发生，他们应当采取预防或者阻止措施而没有采取的行为就构成不可宽恕的过错行为。就像债务人实施的故意过错、重大过错由法官在具体案件当中确定和评估一样，债务人实施的过错行为是否构成不可宽恕的过错行为，也由法官在具体案件当中加以确定和评估。③

在法国，债务人实施的不可宽恕的过错行为往往由立法者在自己的制定法当中加以规定。法国立法者在劳动事故领域、交通事故领域和商品运输领域规定了债务人所实施的此种过错行为。因为不可宽恕的过错要比重大过错更加严重，因此，有关重大过错的上述规则也同样适用于债务人实施的不可宽恕的过错，换言之，在债务人实施的行为构成不可宽恕的过错行为时，人们不得援引合同当中的免责条款或者限责条款以便免除或者限制自己所承担的合同责任。④

---

① François Terré, Philippe Simler, Yves Lequette, François Chénedé, Droit civil, Les Obligations, 12e édition, Dalloz, 2018, p. 904.

② Philippe Malaurie, Laurent Aynès, Philippe Stoffel-Munck, Droit des obligations, 8e édition, L. G. D. J., 2016, p. 544; Marjorie Brusorio Aillaud, Droit des obligations, 8e édition, bruylant, 2017, p. 284; François Terré, Philippe Simler, Yves Lequette, François Chénedé, Droit civil, Les Obligations, 12e édition, Dalloz, 2018, pp. 902—903.

③ Philippe Malaurie, Laurent Aynès, Philippe Stoffel-Munck, Droit des obligations, 8e édition, L. G. D. J., 2016, p. 544; Marjorie Brusorio Aillaud, Droit des obligations, 8e édition, bruylant, 2017, p. 284; François Terré, Philippe Simler, Yves Lequette, François Chénedé, Droit civil, Les Obligations, 12e édition, Dalloz, 2018, pp. 902—903.

④ Philippe Malaurie, Laurent Aynès, Philippe Stoffel-Munck, Droit des obligations, 8e édition, L. G. D. J., 2016, p. 544; Marjorie Brusorio Aillaud, Droit des obligations, 8e édition, bruylant, 2017, p. 284; François Terré, Philippe Simler, Yves Lequette, François Chénedé, Droit civil, Les Obligations, 12e édition, Dalloz, 2018, pp. 902—903.

五、一般过错

在合同责任领域，债务人通常实施的过错行为既不是故意过错、重大过错，也不是不可宽恕的过错，而是一般过错行为（la faute ordinaire）。所谓一般过错，也被称为普通过错、普通过失，是指债务人在履行债务时没有尽到一个善良家父或者一个理性人在同样或者类似的情况下所能够尽到的注意程度、勤勉程度、技能运用程度的行为。

在合同责任方面，债务人的一般过错产生两个方面的法律效力：其一，在债务人不履行债务的行为构成一般过错时，债务人仅仅对合同缔结时能够合理预见到的损害范围承担赔偿责任，对于缔结合同时无法合理预见的损害，他们不承担赔偿责任，现行《法国民法典》新的1231－3条对此种规则做出了规定，已如前述。其二，如果当事人在他们的合同当中规定了免责条款或者限责条款，在债务人不履行债务的行为构成一般过错时，这些免责条款和限责条款能够产生免除或者限制债务人承担的合同责任的法律效力。①

① Philippe Malaurie, Laurent Aynès, Philippe Stoffel-Munck, Droit des obligations, 8e édition, L. G. D. J., 2016, p. 544.

第十四章　合同过错的必要条件：合同债务的存在

第一节　明示债务和默示债务的区分理论

就像侵权过错是行为人对所承担的某种债务或者义务的违反一样，合同过错也是债务人对所承担的某种合同债务或者义务的违反。

一、侵权过错的分析方法

根据一般过错侵权责任的理论，如果行为人在行为时不对他人承担任何债务或者义务，即便他们实施的致害行为引起他人损害的发生，他们也不对他人遭受的损害承担赔偿责任，这就是没有债务、义务就没有过错侵权责任的一般规则。根据此种一般规则，仅仅在行为人对他人承担某种债务、义务的情况下，他们才有可能要对他人遭受的损害承担赔偿责任，因为仅仅在此时，他们实施的行为才有可能构成过错行为，如果行为人在行为时完全不对他人承担任何债务、义务，即便他们实施的行为引起他人损害的发生，他们也没有实施任何过错行为，无须对他人遭受的任何损害承担赔偿责任。①

因为此种原因，民法学者认为，债务的存在、义务的存在是侵权过错的一个重要组成部分，如果债务、义务不存在，过错也不会存在。根据法国民法学者的看法，虽然行为人在行为时对他人承担多种多样的债务、义务，但是，他们对他人承担的所有债务要么是作为债务，要么是不作为债务。行为人承担的这些债务或者源于广义制定法的规定，或者源于习惯，或者源于道德规范。他们对他人承担的债务或者义务究竟源自何处，由法官在具体案件当中确定。②

Mireille Bacach-Gibeili 对一般过错侵权责任所采取的此种分析方法做出了说明，他指出，根据 Planiol 所提出的著名理论，过错仅仅是指行为人对所承担的某种既存债务、既存义务的违反行为：仅仅在行为人违反了所承担的某种既存债务、既存义务时，他们实施的行为才有可能构成过错行为。虽然民法学者在过错的界定方面存在不同看法，但

---

① Geneviève Viney, Patric Jourdain, Traité De Droit Civil, Les conditions de la responsabilité, 3e édition, L. G. D. J., 2006, pp. 366—428; Muriel Fabre-Magnan, Droit des obligations, Tome 2, Responsabilité civile et quasi-contrats, 3e édition, puf, 2007, pp. 93—97; Mireille Bacach-Gibeili, Les obligations la responsabilité civile extracontractuelle, 2e édition, Economica, 2012, pp. 153—161.

② Geneviève Viney, Patric Jourdain, Traité De Droit Civil, Les conditions de la responsabilité, 3e édition, L. G. D. J., 2006, pp. 366—428; Muriel Fabre-Magnan, Droit des obligations, Tome 2, Responsabilité civile et quasi-contrats, 3e édition, puf, 2007, pp. 93—97; Mireille Bacach-Gibeili, Les obligations la responsabilité civile extracontractuelle, 2e édition, Economica, 2012, pp. 153—161.

是，过错可以界定为行为人对某种债务、某种行为规范或者某种既存债务的违反行为。[①]

二、侵权过错的分析方法被引入合同过错的分析当中

过错侵权责任的此种分析方法对合同责任产生了影响，因为在分析作为合同责任构成要件的过错时，民法学者引入他们在侵权过错当中的分析方法，认为合同责任当中的过错也是指债务人不履行对债权人所承担的某种债务、义务。在确定债务人的行为是否构成过错行为时，人们应当首先确定债务人在行为时是否对债权人承担某种合同债务：如果他们在行为时不对债权人承担任何合同债务，即便他们的行为引起了债权人损害的发生，他们也不对债权人承担合同责任，这就是没有合同债务、合同义务就没有合同责任的一般规则。仅仅在债务人对债权人承担某种合同债务、合同义务的情况下，他们才有可能要对债权人承担合同责任。

Geneviève Viney 和 Patric Jourdain 对此种影响做出了说明，他们指出，如果要将行为人或者债务人的行为认定为"过错"行为，他人或者债权人总是要证明，行为人或者债务人没有履行法律秩序所强加的某种义务或者债务。关于这一点，我们认为，合同过错或者合同不履行行为与侵权过错之间并不存在根本区别。第一种过错即合同过错是指债务人不履行源自合同的债务或者与合同有关系的债务的行为，而第二种过错即侵权过错则是指行为人不履行源自制定法或者司法判例所承认的习惯、惯例所强加的义务或者债务的行为。[②]

三、合同债务人对合同债权人承担的两类合同债务

作为过错侵权责任分析方法的主要组成部分，在决定行为人是否就其实施的致害行为对他人遭受的损害承担赔偿责任时，人们要考虑的一个因素是，行为人在行为时是否对他人承担引起纠纷的某种债务、义务：如果他人认为行为人在行为时应当对自己承担此种债务，而行为人则认为自己不对他人承担此种债务，法官应当确定行为人是否应当对他人承担该种债务。此种问题解决极其困难，因为立法者并没有对行为人承担的所有债务均做出了规定，在立法者没有规定行为人是否承担此种债务的情况下，法官应当根据案件的具体情况决定行为人是否应当对他人承担此种债务，此时，他们或者适用习惯、惯例，或者适用道德规范，甚至适用一般行为规范。[③]

作为合同责任分析方法的主要组成部分，在决定债务人是否就其债务不履行行为对

---

① Mireille Bacach-Gibeili, Les obligations la responsabilité civile extracontractuelle, 2e édition, Economica, 2012, pp. 153—154.

② Geneviève Viney, Patric Jourdain, Traité De Droit Civil, Les conditions de la responsabilité, 3e édition, L. G. D. J. , 2006, p. 374.

③ Geneviève Viney, Patric Jourdain, Traité De Droit Civil, Les conditions de la responsabilité, 3e édition, L. G. D. J. , 2006, pp. 366—428; Muriel Fabre-Magnan, Droit des obligations, Tome 2, Responsabilité civile et quasi-contrats, 3e édition, puf, 2007, pp. 93—97; Mireille Bacach-Gibeili, Les obligations la responsabilité civile extracontractuelle, 2e édition, Econnomica, 2012, pp. 153—161.

债权人承担合同责任时，人们同样应当考虑此种因素：在合同规定的债务、义务之外，债务人是否应当对债权人承担任何合同债务、合同义务；如果债务人在合同规定的债务、义务之外应当承担某种合同债务、合同义务，人们如何判断他们在哪些情况应当承担债务，在哪些情况下不应当承担债务。

法国民法学者普遍认为，在合同法上，债务人对债权人承担的合同债务形形色色、不一而足，债务人究竟承担哪些债务，既取决于当事人之间的合同性质，也取决于当事人之间的规定，因为合同的性质不同，他们做出的规定不同，则债务人承担的债务也不同。因此，出卖人承担的债务不同于出租人承担的债务，因为买卖合同不同于租赁合同。无论债务人承担的债务有哪些，他们承担的所有债务均可以分为两类：明示债务和默示债务，这就是合同债务的两分法理论。

2016 年 2 月 10 日的债法改革法令之前，《法国民法典》第 1135 条对合同债务的两分法做出了说明，该条规定：合同不仅对当事人明确表示的内容产生约束力，而且还对公平、习惯和制定法根据合同的性质所赋予的所有后果产生约束力。[①] 通过 2016 年 2 月 10 日的债法改革法令，现行《法国民法典》新的第 1194 条也对合同债务的两分法做出了说明，该条规定：合同不仅对当事人明确表示的内容产生约束力，而且还对公平、习惯和制定法所赋予的所有后果产生约束力。[②]

这两个法律条款所规定的“合同不仅对当事人明确表示的内容产生约束力”就是指当事人在自己的合同当中所规定的明示债务对当事人产生的约束力，而这两个法律条款所规定的“还对公平、习惯和制定法根据合同的性质所赋予的所有后果产生约束力”则是指当事人所承担的默示债务：即便当事人没有明确约定债务人所承担的债务，他们仍然应当承担某些债务，如果公平、习惯和制定法要求他们承担这些债务的话。

除了《法国民法典》对合同债务的两分法理论做出了规定之外，国际统一私法协会（UNIDROIT）起草的《国际商事合同原则》也对合同债务的两分法理论做出了说明，其第 5. 1. 1 条规定：当事人的合同债务或者是明示的或者是默示的。[③]

在合同法当中，合同当事人在自己的合同当中明确规定的债务被称为明示债务（obligations expresses）、明示义务（devoirs expresses），而公平、诚实、习惯和制定法所强加的债务则被称为默示债务（obligations implicites）、默示义务（devoirs implicites）。[④] 这就是《法国民法典》旧的第 1134（3）条、旧的第 1135 条和新的第 1104 条、新的第 1194 条的规定，已如前述。

应当注意的是，在合同没有对当事人承担的某种明示债务做出规定的情况下，合同当事人是否应当根据公平、诚实、习惯或者制定法的规定承担默示债务，取决于案件的

---

① Article 1135, https://fr. wikisource. org/wiki/Code_civil_des_Français_1804/Livre_Ⅲ, _Titre_Ⅲ.

② Article 1194, Code civil, Version en vigueur au 29 janvier 2021, https://www. legifrance. gouv. fr/codes/section_lc/LEGITEXT000006070721/LEGISCTA000006150249/#LEGISCTA000032041319.

③ Article 5. 1. 1. , Principes d'UNIDROIT 2010, p. 153, https://www. unidroit. org/french/principles/contracts/principles2010/integralversionprinciples2010-f. pdf.

④ Dimitri Houtcieff, Droit Des Contrats, Larcier, 2e édition, 2016, pp. 343—357; Muriel Fabre-Magnan, Droit des obligations, Tome 1, Contrat et engagement unilatéral, 4e édition, puf, 2016, pp. 540—543, pp. 545—553.

具体情况，由法官在具体案件当中做出决定，它实际上涉及法官对合同所做出的解释：在解释合同当事人的意思表示时，法官能够“发现”合同当事人没有明确规定的债务。① 当然，某些民法学者也有不同的看法，因为他们认为，在借助于公平、诚实而强加给债务人以默示债务时，法官不会采取此种方式，他们完全抛开合同当事人的意图、意志、意思，已如前述。

第二节 债务人承担的明示债务

一、明示债务的界定

根据《法国民法典》旧的第1135条和新的第1194条的规定，所谓明示债务（obligations expresses），也称为合同当事人明确规定的债务，合同当事人自愿规定且自愿承担的债务（les obligations volontaires），是指合同当事人在自己的合同当中明确约定会对当事人产生约束力的债务。换言之，所谓明示债务，是指合同当事人在自己的明示合同条款当中所规定的债务。根据意思自治和合同自由原则，当事人完全能够将他们愿意承担的任何债务规定在自己的合同当中，只要所规定的合同债务不会违反公共秩序，他们在自己的合同当中所规定的这些债务就对当事人产生约束力。②

因此，如果质押合同的当事人明确规定，在质押人将自己的质物供作债权人债权担保的情况下，质押人会将质物转移给债权人占有，则质押人承担的转移质物给债权人的债务就属于明示债务，此种债务对质押人具有约束力，因为他们之间的质押合同是有效的。同样，如果质押合同的当事人明确规定，在质押人将自己的质物供作债权人债权担保的情况下，质押人在不转移质物的情况下应当对质物承担妥善保管的债务，则质押人承担的保管债务也属于明示债务，该种债务对质押人具有约束力，因为他们之间的质押合同也是有效的。在这两种情况下，质押人承担的明示债务之所以具有约束力，是因为根据合同自由原则，质押人是否承担转移质物占有权的债务，完全由出质人与债权人自由约定，无论是规定转移占有还是规定不转移占有，债务人承担的此种债务均不会影响公共秩序。③

同样，如果买卖合同的当事人明确规定，在买卖合同成立时，出卖人就应当转移出卖物的所有权并且交付出卖物给买受人，则出卖人承担的转移财产所有权的债务和交付

---

① Rémy Cabrillac, Droit des obligations, 9e édition, Dalloz, pp. 102—103; Philippe Malaurie, Laurent Aynès, Philippe Stoffel-Munck, Les obligations, 4e édition Defrenois, 2009, pp. 396—397; Virginie Larribau-Terneyre, Droit civil, Les Obligations, 12e édition, Dalloz, pp. 368—369.

② J. -C. SAINT-PAU, Droit à réparation, Conditions de la responsabilité contractuelle, J. -Cl. Notarial, Fasc. 171—10, 2013, pt. 8 et s; Brunelle Fessard, Les obligations non matérialisées dans les contratsthèse, Université Montpellier, 2015, pp. 51—52; Dimitri Houtcieff, Droit Des Contrats, Larcier, 2e édition, 2016, pp. 343—344; Muriel Fabre-Magnan, Droit des obligations, Tome 1, Contrat et engagement unilatéral, 4e édition, puf, 2016, p. 540; Virginie Larribau-Terneyre, Droit civil, Les Obligations, 15e édition, Dalloz, 2017, p. 604.

③ 张民安：《法国民法》，清华大学出版社2015年版，第517页。

出卖物的债务就是明示债务，这些债务对债务人具有约束力。同样，如果买卖合同的当事人明确规定，在买卖合同成立时，出卖人既无需转移财产所有权，也无需交付出卖物，而是按照合同规定的时间转移和交付所有权和出卖物，出卖人承担的这些债务也是明示债务，同样对出卖人具有约束力。在这两种情况下，出卖人承担的明示债务之所以有效，是因为买卖合同所规定的这些明示债务并不会影响公共秩序，已如前述。

明示债务多种多样，合同的性质不同，当事人承担的明示债务也不同。因此，买卖合同当中当事人承担的明示债务不同于租赁合同当中当事人所承担的明示债务。承揽合同当中当事人承担的明示债务不同于运输合同当中当事人所承担的明示债务。虽然如此，人们能够根据一定的标准对明示债务做出不同的分类。最主要的分类是：作为债务和不作为债务，主要债务和次要债务。

二、转移财产所有权的债务、作为债务和不作为债务

在 2016 年 2 月 10 日的债法改革法令颁布之前，《法国民法典》第 1126 条将债务人承担的明示债务分为三类：转移财产所有权的债务、作为债务和不作为债务。通过 2016 年 2 月 10 日的债法改革法令，此种分类被废除了，虽然在废除此种三分法的区分理论时，法国政府没有对废除此种三分法的区分理论的原因做出说明，但是，它废除此种三分法的区分理论的一个主要原因是，此种区分理论存在不科学的地方，这就是，转移财产所有权的债务也属于一种作为债务。

虽然法国政府明确表示，现行《法国民法典》不再坚持此种三分法的债务区分理论，但是，法国民法学者仍然认为，作为债和不作为债是明示债务的两种主要分类。所谓作为债务，也称为作为债、作为义务，是指合同所规定的债务人积极实施某种行为的债务。作为债务多种多样，例如：转移财产所有权的债务，交付财产的债务，支付租金的债务，建造工程的债务，修缮的债务，保管财产的债务，治疗的债务，等等。所谓不作为义务，也称为不作为债、不作为债务，是指合同所规定的债务人不积极实施某种行为的债务。例如，债务人所承担的在每一个期限内不在某一个地区从事某种活动的债务。[①] 不作为债务的数量要远比作为债务的数量少，这一点让合同责任区别于侵权责任，因为在侵权责任法当中，行为人承担的大多数债务在性质上是不作为债务，他们承担的少数债务才是作为债务。

三、主要债务和次要债务

根据合同债务人所承担的债务在明示债务当中的地位不同，人们将明示债务分为主

---

① Dimitri Houtcieff, Droit Des Contrats, Larcier, 2e édition, 2016, p. 344; François Terré, Philippe Simler, Yves Lequette, François Chénedé, Droit civil, Les Obligations, 12e édition, Dalloz, 2018, pp. 388—390.

要债务和次要债务。[1]

（一）主要债务

在法国，债务人承担的主要债务（l'obligation principale）名称多样，因为不同的民法学者在讨论这一明示债务时所使用的术语不同，包括但是不限于以下术语：合同的核心部分（le noyau dur du contrat）、基石债务（le socle obligationne）、合同的本质（l'essence du contrat）、最低限度的合同债务（l'obligation contractuelle minimale）、合同的主要给付（la prestation principale du contrat）、合同的核心（le coeur du contrat）、基本债务（l'obligation fondamentale）、基础债务（l'obligation élémentaire）、合同的真正考虑（la véritable considération）、合同的主要目的（l'objet principal du contrat）以及具有特征性的给付（la prestation caractéristique）等。[2]

虽然民法学者普遍承认主要债务的存在，但是，究竟如何界定主要债务，不同的民法学者做出的界定是不同的。Maurice Picard 和 André Prudhomme 对主要债务做出了界定，他们指出，所谓主要债务，是指对于合同的成立和存在所必要的债务，因为他们认为，合同的基本债务在合同当事人之间的关系当中发挥着法律平衡的作用，构成彼此之间的一种平衡力量。[3] Philippe Jestaz 对主要债务做出了界定，他指出，所谓基本债务，是指在每一种合同当中构成合同基本组成部分的债务。[4] Larroumet 对主要债务做出了界定，他指出，所谓主要债务，是指构成合同同一本质并且赋予合同以自身含义的债务。[5]

笔者认为，所谓合同的主要债务，也称为合同的主要义务，是指合同当事人在自己的合同当中所规定的决定当事人之间的合同是否成立和成立何种性质的合同的债务。债

---

① Philippe Jestaz，L'obligation et la sanction，la recherche de l'obligation fondamentale，dans Mélanges offerts à Pierre Raynaud，Paris，Dalloz，1985，p. 273；Nélia Cardoso-Roulot，Les obligations essentielles en droit privé des contrats，Paris，L'Harmattan，2008；Ruth Sefton-Green，La notion d'obligation fondamentale：comparaison franco-anglaise，Paris，L. G. D. J.，2000；Judith Rochfeld，Cause et type de contrat，Paris，L. G. D. J.，1999；Marie-Élodie Ancel，La prestation caractéristique du contrat，Paris，Economica，2002；Xavier Thunis，Une notion fuyante：l'obligation essentielle du contrat，dans Mélanges offerts à Marcel Fontaine，Bruxelles，Larcier，2003，p. 521；Marie-Pierre Baudin-Maurin，Pour une approche empirique de la notion d'obligation essentielle du contrat，R. R. J. 2002. 4. 1859；Alima Sanogo，L'obligation essentielle dans le contrat，mémoire de maîtrise，master Ⅱ，Dijon，Université de Bourgogne，2005；Christian Lavabre，Éléments，essentiels et obligation fondamentale du contrat，R. J. D. A. 1997. p. 291；Charlotte Deslauriers-Goulet，L'obligation essentielle dans le contrat，Les Cahiers de Droit，vol. 55 n°4，décembre 2014，pp. 923—950.

② Charlotte Deslauriers-Goulet，L'obligation essentielle dans le contrat，Les Cahiers de Droit，vol. 55 n°4，décembre 2014，pp. 932—933.

③ Maurice Picard et André Prudhomme，De la résolution judiciaire pour inexécution des obligations，R. T. D. civ. 1912. 66；Charlotte Deslauriers-Goulet，L'obligation essentielle dans le contrat，Les Cahiers de Droit，vol. 55 n° 4，décembre 2014，p. 928.

④ Philippe Jestaz，L'obligation et la sanction，la recherche de l'obligation fondamentale，dans Mélanges offerts à Pierre Raynaud，Paris，Dalloz，1985，p. 273；Charlotte Deslauriers-Goulet，L'obligation essentielle dans le contrat，Les Cahiers de Droit，vol. 55 n°4，décembre 2014，pp. 929—930.

⑤ Christian Larroumet，Droit Civil，Les Obligations，Le Contrat，Tome Ⅲ，2e partie，Effets，6e édition，Economica，2007，p. 699.

务人承担的任何债务，如果关乎合同是否成立和所成立的合同是什么性质的合同，则为主要债务。如果没有主要债务，合同既无法成立也无法成为某种性质的合同。主要债务不仅是一种明示债务，而且还是合同当事人承担的最主要的、最重要的债务。因为，一方面，主要债务决定当事人之间的合同是否能够成立。原则上，如果当事人之间的合同规定了主要债务，则即便他们之间的合同没有规定次要债务，他们之间的合同也能够有效成立。因此，如果当事人之间的合同没有规定主要债务，则他们之间的合同无法成立。另一方面，主要债务决定当事人之间成立的合同的性质。当事人之间的合同是什么性质，不是取决于当事人之间所承担的次要债务，而是取决于他们承担的主要债务。

因此，在买卖合同当中，转移出卖物的财产所有权和交付出卖物是出卖人的主要债务，而支付价款则是买受人的主要债务。这些债务之所以是买卖合同当事人承担的主要债务，是因为这些债务既决定了当事人之间的合同是否成立，也决定了他们之间所成立的合同在性质上是买卖合同。在租赁合同当中，交付租赁物给承租人使用是出租人的主要债务，而支付租金则是承租人的主要债务。这两个债务之所以是当事人的主要债务，是因为这两个债务既决定了当事人之间的合同是否成立，也决定了他们之间所成立的合同的租赁性质。

合同的主要债务可以分为客观性质的主要债务和主观性质的主要债务。所谓客观性质的主要债务（l'obligation principale objective），是指基于合同的性质、合同的目的和合同的功能而产生的债务。任何合同债务，只要是建立合同同一性质的基础上，是合同目的实现和合同功能发挥所必要的，均为主要债务。根据此种理论，合同所规定的哪些明示债务是主要债务，同合同当事人的主观意图没有关系，同合同涉及的当事人没有关系，同合同成立的具体情形也没有关系，它们仅仅源自合同的同一性质、合同的目的和合同的功能。

所谓主观性质的主要债务（l'obligation principale subjective），是指合同当事人在自己的合同当中明确将合同所规定的某种明示债务视为他们之间的最主要的、最重要的债务。当合同当事人明确将某种债务视为最主要的、最重要的合同债务时，即便同一合同的当事人普遍不将该种债务视为最主要的、最重要的债务，当事人所规定的此种债务也属于主要债务。换言之，所谓主观性质的合同债务，是指通过当事人的意图、意志、意思让其成为最主要的、最重要的债务的合同债务。

主要债务究竟是具有单纯的客观性质还是同时具有客观性质和主观性质，民法学者之间存在不同看法。某些民法学者认为，主要债务仅仅具有单纯的客观性质，没有所谓的主观性质，例如，Nélia Cardoso-Roulot 就采取此种理论，[①] 而另外一些民法学者则认为，主要债务既具有客观性质也具有主观性质。例如，Jestaz 就采取此种理论。[②] 在这两种不同的理论当中，第二种理论具有合理性，因为，合同是当事人意图的产物，如果

① Nélia Cardoso-Roulot, Les obligations essentielles en droit privé des contrats, Paris, L'Harmattan, 2008; Charlotte Deslauriers-Goulet, L'obligation essentielle dans le contrat, Les Cahiers de Droit, vol. 55 n°4, décembre 2014, p. 928.

② Philippe Jestaz, L'obligation et la sanction, la recherche de l'obligation fondamentale, dans Mélanges offerts à Pierre Raynaud, Paris, Dalloz, 1985, p. 273; Charlotte Deslauriers-Goulet, L'obligation essentielle dans le contrat, Les Cahiers de Droit, vol. 55 n°4, décembre 2014, p. 929.

当事人在自己的合同当中明确规定，某种在别人看来无关紧要的债务是当事人之间最主要的、最重要的债务，一旦一方当事人不履行该种债务，则对方当事人就享有合同解除权，则该种债务也因为当事人的意图而成为最主要的债务。不过，在大多数情况下，主要债务源自当事人之间的合同性质、目的和功能。因此，或许这样说更加合理：原则上，主要债务是客观的，由当事人之间的合同性质、目的和功能决定，在例外情况下，主要债务则是主观的，根据当事人的共同意图、意志决定。

主要债务具有多样性。所谓主要债务具有多样性，是指在同一合同当中，债务人承担的主要债务并非只有一个，他们承担的主要债务可能是两个或者两个以上，这一点尤其在双务合同当中表现明显。例如，买卖合同当中出卖人承担的主要债务和买受人承担的主要债务。再例如，租赁合同当中出租人承担的主要债务和承租人承担的主要债务，如前所述。

（二）次要债务

所谓次要债务（obligations secondaires），也被称为附属债务（obligations accessoire）、从属债务（obligation annexe）、附属义务、从属义务。关于其界定，民法学者之间也存在不同的看法。Alima Sanogo 指出，所谓次要债务，是指合同所必要的但是对于合同的解除又不是充分的债务。[①] Brunelle Fessard 对次要债务做出了界定，他指出，所谓次要债务，是指同合同当事人之间的交易没有直接关系的债务，换言之，所谓次要债务，是指欠缺它们不会对当事人之间的交易或者合同的性质产生影响的债务。[②]

笔者认为，作为明示债务的组成部分，所谓合同的次要债务，是指合同当事人在自己的合同当中所规定的对当事人之间的合同是否成立和成立何种性质的合同不会起到决定性作用的债务。虽然合同当事人在自己的合同当中规定了某种债务，如果他们之间所规定的此种债务不会对合同的成立或者成立什么性质的合同产生决定性的影响，则他们在自己的合同当中所规定的此种合同债务就是次要债务。

例如，如果合同当事人在自己的买卖合同当中约定，出卖人应当对买受人承担如何使用出卖物的债务，则他们之间的此种债务在性质上属于次要债务。因为该种债务不会影响当事人之间买卖合同的成立。再例如，如果当事人在自己的租赁合同当中约定，承租人应当妥善管理所承租的出卖物，则承租人承担的此种债务在性质上属于次要债务，因为该种债务不会影响当事人之间租赁合同的成立。

（三）主要债务和次要债务之间区分的相对性

虽然民法学者将合同当事人所规定的明示债务分为主要债务和次要债务，但是，主要债务和次要债务之间的区分并不是绝对的，而是相对性的。

首先，虽然民法学者普遍承认，主要债务决定者合同的成立，但是，在众多的情况

---

① Alima Sanogo, L'obligation essentielle dans le contrat, mémoire de maîtrise, master Ⅱ, Dijon, Université de Bourgogne, 2005, https://www.memoireonline.com/04/08/1031/m_l-obligation-essentielle-dans-le-contrat3.html.

② Brunelle Fessard, Les obligations non matérialisées dans les contratsthèse, Université Montpellier, 2015, p. 36.

下，即便欠缺一种主要债务，当事人之间的合同仍然有效成立。例如，虽然买卖合同当中出卖人支付价款的债务属于主要债务，但在某些情况下，即便当事人在缔结合同时没有规定债务人应当支付的价款问题，他们之间的合同仍然有效成立。换言之，在买卖合同当中，人们往往并不会因为当事人之间的买卖合同没有规定买受人应当支付多少价款给出卖人而认定他们之间的合同无效，因为只要当事人规定了买卖对象，在他们没有规定买卖东西的价款时，法官完全可以根据市场价格确定买受人应当支付的价款是多少。

其次，主要债务和次要债务的区分并非完全由合同当事人决定，也并非完全由合同的性质、目的和功能决定。在当事人之间就合同发生纠纷时，尤其是，在一方当事人以对方当事人违反合同债务为由要求单方面解除合同时，对方当事人所违反的合同债务是否构成主要债务，往往由法官在具体案件当中确定。例如，虽然法官可能会将出卖人承担的瑕疵担保责任被视为一种次要债务，但是，他们可能会将出租人承担的瑕疵担保责任视为出租人承担的主要债务，因为他们认为，让出租屋维持在良好状态是出租人承担的主要债务，因此，出租人不得通过租赁合同免除所承担的此种债务。①

最后，债务人承担的同一债务在不同的合同当中的地位可能是存在差异的，因为在此种合同当中，此种债务可能是主要债务，而在另外一种合同当中，同一债务则可能是次要债务。例如，在停放合同当中，债务人承担的监控债务是次要债务，而在保管合同当中，债务人承担的监控债务则是主要债务。同样，在汽车停放合同当中，维护债务（l'obligation d'entretien）是次要债务，而在汽车维修合同（le contrat de garage）当中，维护债务则是主要债务。②

第三节 债务人承担的默示债务

一、默示债务的界定

根据《法国民法典》旧的第 1135 条和新的第 1194 条的规定，除了应当承担明示债务之外，当事人也应当承担默示债务。不过，这两个法律条款没有对默示债务做出界定。虽然民法学者普遍承认默示债务的存在，但是，他们很少对这一术语做出界定③，仅少数民法学者对这一术语做出了界定。Houtcieff 指出，所谓默示债务，是指从合同当中推论出来的并且用来对可能存在的合同漏洞进行填补的债务，从这样的角度而言，它

---

① Alima Sanogo, L'obligation essentielle dans le contrat, mémoire de maîtrise, master Ⅱ, Dijon, Université de Bourgogne, 2005, https://www.memoireonline.com/04/08/1031/m_l-obligation-essentielle-dans-le-contrat3.html.

② Alima Sanogo, L'obligation essentielle dans le contrat, mémoire de maîtrise, master Ⅱ, Dijon, Université de Bourgogne, 2005, https://www.memoireonline.com/04/08/1031/m_l-obligation-essentielle-dans-le-contrat3.html.

③ J.-C. Saint-Pau, Droit à réparation, Conditions de la responsabilité contractuelle, J.-Cl. Notarial, Fasc. 171—10, 2013, p.7 et s; Brunelle Fessard, Les obligations non matérialisées dans les contratsthèse, Université Montpellier, 2015, pp.33—51; Dimitri Houtcieff, Droit Des Contrats, Larcier, 2e édition, 2016, pp.343—344; Muriel Fabre-Magnan, Droit des obligations, Tome 1, Contrat et engagement unilatéral, 4e édition, puf, 2016, p.540; Virginie Larribau-Terneyre, Droit civil, Les Obligations, 15e édition, Dalloz, 2017, p.604.

是一种补充性的债务，它是一种附属性的债务并且服务于当事人的合意并因此让合同的内容变得丰富，以便让当事人之间的合同能够适应法律的需要。①

此种界定所存在的问题有两个：

其一，它仅仅将默示债务等同于通过狭义的合同解释方法所强加的债务，将法官借助于制定法、习惯、公平和诚实所强加的债务排除在外，与大多数民法学者所理解的默示债务不符。

其二，它将所有的默示债务均视为次要债务，与事实不符。虽然大多数默示债务在性质上属于附属性的债务、次要债务，但是，并非所有的默示债务均属于附属性的、次要债务。例如，虽然当事人之间存在旅客运输合同，但是，合同没有对承运人承担的任何债务做出规定。此时，承运人承担的债务就属于默示债务，因为他们承担的债务完全适用民法典关于运输合同的规定。在承运人承担的默示债务当中，某些债务属于主要债务，而另外一些债务则属于次要债务，这一点与明示运输合同是一致的：债务人将乘客运送到目的地是其主要债务，而债务人承担安全运输的债务则属于次要债务。

笔者认为，所谓默示债务（les obligations implicites），也称为被强加的债务（les obligations imposées）、暗含债务（les obligations tacites），是指当事人虽然没有在自己的合同当中明确规定但是仍然应当承担的债务。根据意思自治和合同自由原则，债务人仅仅在合同所规定的范围内承担债务，在合同约定之外，他们不承担债务。换言之，根据这一原则，债务人原则上仅仅对债权人承担明示债务。不过，在例外情况下，即便当事人没有约定，他们仍然要承担某些债务，他们承担的这些债务就是默示债务。

首先，虽然当事人之间缔结了合同，但是，他们没有在所缔结的合同当中对债务人承担的任何债务做出明确规定。在当事人之间发生纠纷时，法官必须确定债务人应当对债权人承担哪些债务。例如，虽然旅客与其承运人之间签订了旅客运输合同，但是，他们没有对彼此承担的债务做出任何明确规定，在当事人之间就运输合同发生纠纷时，法官必须确定承运人是否对其旅客承担人身安全保障债务。如果法官认定承运人应当承担此种债务，则他们确定的此种债务就是默示债务。

其次，虽然当事人缔结了合同，但是，鉴于他们之间合同的性质和目的，当事人可能认为他们所承担的某种债务是非常明显的、不言自明的、理所当然的，因此，他们没有对这些债务做出规定。例如，虽然夫妻之间缔结了婚姻合同，但是，他们没有对夫妻双方是否应当承担生育的债务做出规定，因为他们认为，此种债务是再明显不过的，是理所当然的。不过，在当事人之间就此种理所当然的债务发生纠纷时，法官也应当确定夫妻之间是否应当承担此种债务。如果法官认为夫妻应当承担此种债务，则夫妻承担的此种债务就是默示债务。

最后，即便当事人在所缔结的合同当中对债务人承担的债务做出了全面的规定，但是，基于主观或者客观的原因，他们可能没有对债务人承担的某种债务做出规定。在当事人之间就债务人是否应当承担合同没有规定的此种债务发生纠纷时，法官必须确定债务人是否应当承担此种债务。如果法官认定债务人应当在合同规定的债务之外承担此种

① Dimitri Houtcieff, Droit Des Contrats, Larcier, 2e édition, 2016, p. 347.

债务，则债务人承担的此种债务就是默示债务。例如，即便买卖合同对出卖人和买受人承担的债务做出了全面规定，但是，它没有对出卖人是否应当对买受人承担说明出卖物使用方法的债务做出规定。在双方就债务人是否承担此种债务产生纠纷时，法官必须确定出卖人是否应当承担此种债务。如果法官认为出卖人应当承担此种债务，则出卖人所承担的此种债务就是默示债务。

二、默示债务的渊源

在合同所规定的明示债务之外，法官凭什么责令债务人对债权人承担默示债务？在合同法当中，法官在明示债务之外凭借其责令债务人承担默示债务的依据被称为默示债务产生的渊源。所谓默示债务产生的渊源，是指法官责令债务人对债权人承担默示债务的理论根据。无论是在2016年之前还是2016年之后，《法国民法典》均对默示债务产生的渊源做出了规定。在2016年之前，《法国民法典》第1134条和第1135条对默示债务产生的四种理论根据做出了规定，这就是第1134条所规定的诚实原则和第1135条所规定的公平原则、习惯和制定法，已如前述。

2016年之后，《法国民法典》新的第1104条和新的第1194条对默示债务产生的四种渊源做出了规定，这就是新的第1104条所规定的诚实原则和新的第1194条所规定的公平原则、习惯和制定法，已如前述。换言之，无论是2016年之前还是之后，《法国民法典》所规定的默示债务产生的渊源均为四种：公平、诚实、习惯和制定法。除了《法国民法典》对默示债务产生的渊源做出了规定之外，国际统一私法协会(UNIDROIT)起草的《国际商事合同原则》也对默示债务产生的渊源做出了说明，其第5.1.2条规定：默示债务源于：①合同的性质和目的；②当事人之间的惯常做法和习惯；③诚实；④合理性。[①]

在默示债务的渊源问题上，现行《法国民法典》与《国际商事合同原则》之间存在共同点，它们之间的共同点是，它们均将习惯、诚实和公平视为默示债务产生的渊源。虽然《国际商事合同原则》使用了合理性的术语而没有使用公平的术语，但是，它使用的合理性实际上等同于公平：公平就意味着合理，不公平就意味着不合理，反之亦然，合理就意味着公平，不合理就意味着不公平。它们之间的差异有三：其一，现行《法国民法典》没有将合同的性质和目的视为默示债务产生的渊源，而《国际商事合同原则》则明确承认此种根据。其二，现行《法国民法典》仅仅将习惯视为默示债务产生的渊源，而《国际商事合同原则》除了将习惯视为一种渊源之外还将当事人之间的惯常做法（pratiques）视为默示债务的渊源。不过，此种差异仅仅是形式上的，因为，《法国民法典》所规定的习惯可以被认为包含了惯常做法。其三，现行《法国民法典》将制定法视为默示债务的渊源，而《国际商事合同原则》则没有规定此种渊源。

---

① Article 5.1.1., Principes d'UNIDROIT 2010, p.154, https://www.unidroit.org/french/principles/contracts/principles2010/integralversionprinciples2010-f.pdf.

三、默示债务的类型

就像明示债务可以根据不同标准做出不同分类一样，默示债务也可以根据不同标准做出不同分类。例如，根据默示债务产生的渊源不同，默示债务可以分为：根据公平原则产生的默示债务，根据诚实原则产生的默示债务，根据习惯或者惯常做法产生的默示债务，根据制定法产生的默示债务，或者根据合同的性质或者目的产生的默示债务。再例如，根据默示债务的表现形式不同，默示债务可以分为：安全债务，信息通知债务，合作债务和建议债务等。

就像明示债务分为主要债务和次要债务一样，默示债务也可以分为主要债务和次要债务，即便大多数民法学者在讨论默示债务时往往将默示债务视为次要债务。例如，即便当事人之间的特许合同没有明确规定，特许人要将自己的专有技术（savoir-faire）转让给被特许人，特许人也应当对被特许人承担转让专有技术的债务，虽然转让专有技术的债务仅仅是默示债务，但是，该种债务在性质上仍然属于主要债务，而不属于次要债务。因为，如果债务人不承担此种债务，则当事人之间的特许合同无法成立：被特许人依赖特许人所转让的专有技术吸引顾客和开展经营活动。而所谓次要债务，是指根据公平原则、诚实原则等产生的债务，例如安全债务、合作债务：在运输合同当中，承运人承担的主要债务是将旅客从一个地方运送到另外一个地方，他们承担的次要债务则是保证旅客的人身和财产安全债务。①

四、默示债务与当事人之间的意图、意志、意思之间的关系

在今时今日，法国民法学者普遍承认明示债务和默示债务的存在，虽然在他们的债法著作当中，他们主要对公平原则、诚信原则产生的默示债务做出了详细的介绍，却很少对明示债务做出详细的讨论。问题在于，明示债务、默示债务和当事人之间的意图、意志和意思之间的关系如何：如果说明示债务直接源自当事人的意图、意志、意思的话，当事人之间承担的默示债务是否也源自当事人的意图、意志、意思？

对此问题，法国民法学者之间存在不同的看法，主要有两种不同的理论。

其一，明示债务和默示债务均源自当事人的意图、意志、意思的理论。此种理论认为，除了明示债务直接源自当事人的共同意图、共同意志、共同意思之外，默示债务也直接源自当事人的共同意图、共同意志、共同意思，因为他们认为，明示债务建立在当事人的明确意思表示的基础上，而默示债务则是建立在当事人的暗含意图、暗含意志、暗含意思的基础上：虽然当事人在缔结合同时有受到默示债务约束的意图、意志、意思，但是，他们没有将此种意图、意志、意思明确表示出来，没有以明示条款将其规定在合同当中。Fabre-Magnan 和 Larribau-Terneyre 采取此种理论，他们指出，无论是明示债务还是默示债务均是当事人自愿承担的债务，均是当事人意图、意志、意思的表示。根据他们的说明，当事人自愿承担的债务首先是指他们在自己的合同当中所明确表示的

① Brunelle Fessard, Les obligations non matérialisées dans les contratsthèse, Université Montpellier, 2015, pp. 33—36.

债务。不过，当事人自愿承担的债务同样包括默示债务。在当事人就他们之间是否承担默示债务产生纠纷时，法官会对他们的默示意图做出解释，以便确定他们是否应当承担默示债务。不过，在解释当事人的意图时，法官只能够对当事人的共同意图做出解释。根据此种理论，现行《法国民法典》新的第1194条所规定的基于公平原则、制定法和习惯所产生的债务均属于源自当事人暗含意图、暗含意志的债务，因为法官根据这些渊源强加给债务人的债务被视为是当事人共同意图、共同意志、共同意思的体现。[①]

其二，明示债务、默示债务和被强加的债务之间的区分理论。此种理论认为，债务人承担的债务分为两类：当事人自愿承担的债务（obligations voulues）和当事人非自愿承担的债务（obligations non voulues）。在这两种不同的债务当中，当事人自愿承担的债务既包括明示债务，也包括默示债务。当事人非自愿承担的债务也称为被强加的债务，是指制定法、习惯、公平和诚信强加给债务人承担的债务。

Houtcieff 采取此种理论，根据他的理论，无论是明示债务还是默示债务均源自当事人的意图、意志、意思，其中的明示债务源自当事人的明确表示出来的意图，而其中的默示债务则源自当事人的暗含意图。Houtcieff 认为，2016 年以来的《法国民法典》新的法律条款没有对默示债务做出规定，虽然如此，当事人仍然被认为应当承担默示债务。他还认为，制定法、习惯、公平和诚实对债务人强加的债不是源自当事人的意图、意志、意思，而是法官在当事人的意图、意志、意思之外直接强加给债务人的债务。[②]

Houtcieff 关于默示债务的看法与 Fabre-Magnan 和 Larribau-Terneyre 关于默示债务的看法存在两个方面的差异：其一，Fabre-Magnan 和 Larribau-Terneyre 认为，默示债务是指债务人根据制定法、习惯、公平和诚实的规定或者要求所承担的债务，而 Houtcieff 则不同，他认为，债务人根据制定法、习惯、公平和诚实承担的债务不是默示债务，而是当事人非自愿承担的债务。其二，Fabre-Magnan 和 Larribau-Terneyre 认为，默示债务源自制定法、习惯、公平和诚实，法官认为制定法的规定、习惯、公平和诚实所强加的后果是当事人原本会同意的，而 Houtcieff 则不同，他认为，默示债务不是源自制定法、习惯、公平或者诚实，而是源自当事人之间的合同，是法官通过逻辑演绎的方式从当事人的合同条款当中推演出来的。

在合同对当事人之间的债务做出明确规定的情况下，当事人所承担的债务当然属于明示债务，因为他们承担的债务是当事人意图、意志、意思的明确表示。问题在于，在当事人没有明确规定债务人承担某种债务的情况下，如果法官借口制定法、习惯、公平和诚实的要求而强加债务人以默示债务，法官所强加的默示债务是不是源自当事人的意图、意志、意思？Fabre-Magnan 和 Larribau-Terneyre 做出了肯定回答，认为法官所强加的这些债务仍然源自当事人的意图、意志、意思；而 Houtcieff 则做出了否定的回答，认为法官所强加的这些债务不再属于当事人的意图、意志、意思，已如前述。

在制定法、习惯、公平和诚实所产生的债务问题上，为何这些民法学者之间存在如

---

① Muriel Fabre-Magnan, Droit des obligations, Tome 1, Contrat et engagement unilatéral, 4e édition, puf, 2016, pp. 540—541; Virginie Larribau-Terneyre, Droit civil, Les Obligations, 15e édition, Dalloz, 2017, p. 604.

② Dimitri Houtcieff, Droit Des Contrats, Larcier, 2e édition, 2016, pp. 343—354.

此大的差异？答案在于，某些民法学者没有采纳 L. Josserand 的看法，仍然将制定法、习惯、公平和诚实产生的债建立在当事人的暗含、默示意图、意志、意思的基础上，没有将其建立在当事人意图、意志、意思之外的因素的基础上，而另外一些民法学者则采取了 L. Josserand 的看法，不再将制定法、习惯、公平和诚实产生的债务建立在当事人的暗含、默示意图的基础上，而是建立在当事人意图、意志、意思之外的某种社会因素的基础上。

在 1934 年之前，无论是民法学者还是法官均认为，制定法、习惯、公平和诚实产生的债均是建立在当事人的暗含、默示意图、意志、意思的基础上，均是意思自治和合同自由原则的体现，因为这些债务是当事人暗含、默示意图、意志、意思的体现。1934 年，法国 20 世纪初期最著名的民法学家之一、里昂大学法学教授、法国最高法院法官 Louis Josserand[①] 发表了自己的著名文章《合同概念的现代复兴》。在该文当中，除了使用了一个著名的术语“合同培植”（forcage du contrat）之外，他还对默示债务理论做出了批评。他指出，法官根据制定法、习惯、公平和诚实所强加给债务人的债务并不是建立在当事人的默示同意的基础上，而是建立在公权力机构所具有的权威基础上，这些债务并不是当事人意思自治和合同自由的结果，而是国家干预合同当事人之间的合同关系的结果，是法律国家主义的产物，因为不管当事人是否愿意，债务人均应当被强制承担这些债务。因此，即便承运人不愿意对其旅客承担人身安全的保障债务，法国最高法院仍然以国家的名义对运输合同当事人之间的关系进行强行干预并因此责令承运人对其旅客承担此种债务。[②]

Josserand 的此种理论产生了相当大的影响，此种影响表现在两个方面：其一，在对合同做出解释时，法国民法学者喜欢使用“合同培植”一词，认为当法官根据制定法、习惯、公平和诚实对当事人的合同条款做出解释时，法官借助于创设性的解释培植了合同，让合同的内容不断丰富起来。其二，在对制定法、习惯、公平和诚实所强加的债务做出解释时，某些民法学者放弃了或者至少部分放弃了暗含意图、暗含意志、暗含意思理论，不再将借助于这些渊源所强加的债务建立在意思自治和合同自由原则的基础上，而是建立在外在的社会需要的基础上，这就是，即便当事人没有规定，如果社会需要法官强加债务人以某种债务，法官也能够借助于这些渊源强加债务人以此种债务。

五、制定法和习惯产生的默示债务

关于默示债务产生的其他几个渊源，笔者将在下面的内容当中做出详细的讨论，此处从略，笔者在此处仅仅简要地讨论制定法和习惯所强加的默示债务。现行《法国民法典》新的第 1194 条规定：合同对习惯或者制定法所赋予的所有后果产生约束力。该条基本上原封不动地重复了旧的第 1135 条的规定，已如前述。根据这两个法律条款的规定，即便合同当事人之间的合同没有做出明确规定，如果合同当事人之间的合同性质要

① 张民安：《法国民法总论（上）》，清华大学出版社 2017 年版，第 487—488 页。

② Louis Josserand, L'essor moderne du concept de contrat, Recueil d'études sur les sources du droit en l'honneur de François Gény, Tome Ⅱ, Paris, Sireym1934, pp. 333—346.

求合同的一方当事人对另外一方当事人承担和履行某种默示债务，在制定法对合同当事人之间的此种默示债务做出明确规定的情况下，该方当事人也应当按照制定法的规定对另外一方当事人承担和履行此种债务。因为法官认为，制定法所规定的此种债务属于对合同当事人之间的合同予以补充的债务，属于合同当事人不言自明会承担的债务，法官将制定法所规定的此种债务强加给合同当事人并没有违反他们之间的意思表示，这就是合同的制定法解释，已如前述。

基于公共利益维护的必要，如果立法者在他们制定的法律当中对合同应当规定的某种债务做出了规定，在合同当事人没有明确规定此种债务的情况下，制定法所规定的此种债务自动适用于合同当事人。例如，《法国民法典》第 1641 条规定，出卖人应当承担出卖物的瑕疵担保债务，因此，在当事人之间的买卖合同没有规定出卖人所承担的此种债务时，该条所规定的瑕疵担保债务自动适用于买卖合同当中的出卖人。换言之，出卖人对买受人所承担的瑕疵担保债务是《法国民法典》新的第 1194 条所规定的制定法引起的一种后果。[①]

根据这两个法律条款的规定，即便合同当事人之间的合同没有做出明确规定，如果当事人之间的习惯、惯例、惯常做法要求合同的一方当事人对另外一方当事人承担和履行某种默示债务，则该方当事人应当按照习惯、惯例、惯常做法的要求对另外一方当事人承担和履行此种债务，就像他们之间的合同对此种债务做出了明确规定一样，因为法官认为，习惯、惯例、惯常做法所规定的此种默示债务属于合同当事人原本会同意的债务，法官将习惯、惯例、惯常做法所规定的此种默示债务强加给合同当事人并没有违反他们之间的意思表示，这就是合同的习惯解释，已如前述。

因此，如果诊所与其医师之间要解除合同，则他们之间的职业习惯要求一方当事人应当提前 2 年将其准备中断合同关系的意图告知对方。如果合同当事人之间签订会议室的租赁合同，则他们应当遵循租赁会议室时的习惯，这就是，对会议室的衣帽间进行监控的债务。同样，如果婚礼公司与其顾客之间签订婚礼服务合同，则在选择婚礼服务项目名单时，婚礼公司应当按照惯例给予其顾客折扣。[②]

第四节　公平原则强加的两种默示债务

一、公平原则的独立性和公平原则所强加的两种默示债务

现行《法国民法典》新的第 1194 条规定：合同对公平所赋予的所有后果产生约束力。该条基本上原封不动地重复了旧的第 1135 条的规定，已如前述。根据这两个法律条款的规定，即便合同当事人之间的合同没有做出明确规定，如果公平（l'équité）要求合同的一方当事人对另外一方当事人承担和履行某种债务，则该方当事人仍然应当按照

---

① Dimitri Houtcieff, Droit Des Contrats, Larcier, 2e édition, 2016, p. 352.

② Dimitri Houtcieff, Droit Des Contrats, Larcier, 2e édition, 2016, p. 353.

公平原则的要求对另外一方当事人承担和履行此种债务，就像他们之间的合同对此种债务做出了明确规定一样，否则，他们应当就自己不履行此种债务的行为对对方当事人承担合同责任，因为法官认为，公平所规定的此种债务属于合同当事人原本会同意的债务，法官将公平所要求的此种债务强加给合同当事人并没有违反他们之间的意思表示。①

虽然1804年的《法国民法典》第1135条就已经规定了公平能够引起默示债务的产生，但是，传统上，人们并不会将公平视为默示债务产生的一个独立渊源，因为他们仅仅将公平视为诚实原则的一个简单体现。换言之，在强加合同当事人以某种默示债务时，法官会将原本由公平原则强加的默示债务视为诚信原则所强加的债务。不过，在今时今日，人们承认公平原则的独立性，因为他们认为，虽然公平与诚实是两个均能够产生默示债务的原则，并且它们之间的确存在相似性，但是，公平与诚实仍然存在差异。公平与诚实之间的相似性表现在，它们均认为，在合同当事人之间发生纠纷时，当事人不能够仅仅满足于合同的字面含义所强加的债务，他们应当根据合同的精神承担某些债务。②

公平与诚实之间的差异表现在两个方面：

其一，公平所强加的债务并不是源自合同当事人的内在信仰，而是源自外在的合同正义的要求：如果合同正义要求债务人承担某种债务，即便他们之间的合同没有明确约定，他们仍然应当承担，因为此种债务的强加是正当的。而诚信则不同，它所强加的默示债务并不是源自外在的合同正义的要求，而是源自合同当事人内在信念的要求：如果合同当事人的内在信念要求合同当事人承担某种默示债务，则即便他们之间的合同没有规定，他们仍然应当承担此种债务。③

其二，公平所强加的默示债务与诚实所强加的默示债务存在差异。总的来说，法官适用公平原则所强加的默示债务主要包括安全债务（obligation de sécurité）和信息通知债务（obligation d'information），而法官适用诚实原则所强加的默示债务则主要是忠实债务（devoir de loyauté）和合作债务（devoir de coopération）。④ 不过，公平与诚实之间的此种区别也不能够过分强调，虽然法官主要以公平作为强加合同当事人以信息通知债务的根据，但是，他们偶尔也会以诚实作为强加此种默示债务的根据。因为法官认为，信

① Henri et Leon Mazeaud, Jean Mazeaud, Francois Chabas, Obligations, 9e édition, Montchrestien, 1998, p. 337; Dimitri Houtcieff, Droit Des Contrats, Larcier, 2e édition, 2016, pp. 353—357; Virginie Larribau-Terneyre, Droit civil, Les Obligations, 15e édition, Dalloz, 2017, p. 512; François Terré, Philippe Simler, Yves Lequette, François Chénedé, Droit civil, Les Obligations, 12e édition, Dalloz, 2018, pp. 680—681.

② François Terré, Philippe Simler, Yves Lequette, François Chénedé, Droit civil, Les Obligations, 12e édition, Dalloz, 2018, p. 680.

③ François Terré, Philippe Simler, Yves Lequette, François Chénedé, Droit civil, Les Obligations, 12e édition, Dalloz, 2018, p. 680.

④ Dimitri Houtcieff, Droit Des Contrats, Larcier, 2e édition, 2016, pp. 354—357; Muriel Fabre-Magnan, Droit des obligations, Tome 1, Contrat et engagement unilatéral, 4e édition, puf, 2016, pp. 545—553; François Terré, Philippe Simler, Yves Lequette, François Chénedé, Droit civil, Les Obligations, 12e édition, Dalloz, 2018, pp. 693—695.

息通知债务实际上构成合同当事人之间的一种合作债务。[①]

除了能够借助于旧的第1135条和新的第1194条所规定的公平强加合同当事人以默示债务之外，法官还能够凭借该条所规定的公平原则对合同当事人之间的合同施加众多的干预：如果合同所规定的价格是由一方当事人单方面确定的，借助于公平原则，法官有权对合同所规定的价格施加控制；在合同所规定的权利和债务之间存在重大失衡时，借助于公平原则，法官能够宣告引起此种重大失衡的合同条款被视为没有规定；在合同当事人之间的合同因为不可预见的情形发生重大改变而导致合同所规定的债务履行对一方当事人不再公平时，借助于公平原则，法官能够对当事人之间的合同进行变更甚至解除；在债务人不履行合同所规定的债务时，如果责令债务人继续履行债务的强制执行措施成本过高并且与债权人通过强制履行所获得的利益之间严重不成比例，借助于公平原则，法官有权不让债务人强制履行债务。[②]

二、公平原则强加的第一种默示债务：安全债务

（一）安全债务的界定和性质

《法国民法典》旧的第1135条和新的第1194条所规定的公平原则对合同当事人所强加的第一种默示债务是安全债务（obligation de sécurité）。

所谓安全债务，也称为安全义务（devoir de sécurité），是指合同债务人对其合同债权人所承担的保障其人身安全的债务。换言之，所谓安全债务，是指在履行自己的债务时，债务人对其债权人所承担的不应当引起其人身损害的债务。[③] 当合同当事人签订合同时，即便他们之间的合同没有明确约定，基于《法国民法典》旧的第1135条和新的第1194条所规定的公平原则的要求，在履行自己所承担的债务时，合同债务人仍然应当对合同债权人承担人身安全的债务，应当采取合理措施保护债权人的人身安全免受侵犯；否则，如果他们没有对其债权人履行所承担的此种债务并因此引起债权人人身损害的发生，他们应当对其债权人承担合同责任。

在合同法上，合同债务人对其合同债权人承担的安全债务在性质上属于次要义务（devoir accessoire）、次要债务（obligation accessoire），因为安全债务是在合同债务人对合同债权人承担其他性质的主要义务（devoir principale）、主要债务（obligation principale）时被法官基于公平原则的要求所强加的。例如，在合同债务人对其合同债权人承担运输债务和照管债务（obligation de soins）时，基于公平原则的要求，法官将安全债务强加给债务人，要求他们在履行自己对债权人承担的主要债务即运输债务和照管债务时附带地履行安全债务。主要债务和次要债务之间的差异是：债务人承担的主要债务由

---

① François Terré, Philippe Simler, Yves Lequette, François Chénedé, Droit civil, Les Obligations, 12e édition, Dalloz, 2018, pp. 693—695.

② François Terré, Philippe Simler, Yves Lequette, François Chénedé, Droit civil, Les Obligations, 12e édition, Dalloz, 2018, pp. 680—681.

③ Muriel Fabre-Magnan, Droit des obligations, Tome 1, Contrat et engagement unilatéral, 4e édition, puf, 2016, p. 549.

他们与其债权人之间的合同明确规定，而债务人承担的次要债务则是由法官根据合同的性质借助于公平原则所强加的，换言之，债务人承担的主要债务在性质上属于约定债务、约定债务，而他们承担的次要债务在性质上属于默示债务。①

（二）安全债务的历史

在1911年之前，《法国民法典》对货物运输引起的损害赔偿做出了规定，这就是第1784条。该条规定，一旦陆地或者水上运输的承运人将委托人委托他们运输的货物、物品丢失，则他们应当赔偿委托人所遭受的损失，除非他们能够证明，货物或者物品的丢失是因为意外事件或者不可抗力引起的。不过，它没有对旅客运输合同当中旅客所遭受的损害赔偿问题做出明确规定。在1911年11月21日的案件当中，借助于《法国民法典》旧的第1135条所规定的公平原则，法国最高法院首次就旅客运输合同中承运人对旅客所承担的债务性质和损害赔偿问题做出了说明，并因此确立了著名的安全债务理论。②

在该案当中，原告搭乘被告铁路公司从突尼斯开往波恩的火车。在火车运行期间，原告被自己旁边掉下来的货物击中腿部，导致自己的腿遭受严重伤害。原告向法院起诉，要求法官责令被告铁路公司就其货物引起的损害对自己承担赔偿责任。法国最高法院认为，一旦旅客搭乘铁路公司的火车旅行，则铁路公司在履行运输债务时应当承担将其旅客安全、健康地运送到目的地的债务，即便合同没有对铁路公司承担的此种债务做出规定，它们仍然应当承担此种债务，因为此种债务源自《法国民法典》旧的第1135条所规定的公平。在该案当中，被告铁路公司没有履行此种债务，应当对其旅客遭受的人身损害承担赔偿责任。③

根据法国最高法院在1911年的案件当中所做出的判决，承运人应当对其乘客承担安全保障债务，如果他们没有尽到此种债务，导致其乘客遭受人身伤害，他们应当对其乘客承担赔偿责任。该种赔偿责任在性质上不是侵权责任而是合同责任，在要求承运人承担赔偿责任时，乘客无须承担举证责任，证明承运人在履行债务时有过错，他们仅仅需要证明承运人没有履行所承担的安全债务就足够了。换言之，根据法国最高法院在该案当中所确立的规则，承运人对其乘客承担的安全债务在性质上属于一种结果债而非手段债，只要他们履行债务的行为引起了自己乘客人身损害的发生，他们就应当承担赔偿

---

① Muriel Fabre-Magnan, Droit des obligations, Tome 1, Contrat et engagement unilatéral, 4e édition, puf, 2016, p. 549.

② Dimitri Houtcieff, Droit Des Contrats, Larcier, 2e édition, 2016, p. 354; Muriel Fabre-Magnan, Droit des obligations, Tome 1, Contrat et engagement unilatéral, 4e édition, puf, 2016, pp. 549—550; Philippe Malaurie, Laurent Aynès, Philippe Stoffel-Munck, Droit des obligations, 8e édition, L. G. D. J., 2016, p. 421; Virginie Larribau-Terneyre, Droit civil, Les Obligations, 15e édition, Dalloz, 2017, p. 606; François Terré, Philippe Simler, Yves Lequette, François Chénedé, Droit civil, Les Obligations, 12e édition, Dalloz, 2018, p. 693.

③ Civ., 21 novembre 1911, https://www.legifrance.gouv.fr/juri/id/JURITEXT000006953018.

责任。①

从1911年开始，法国最高法院将自己在1911年的案件当中所确立的安全债务从旅客运输合同当中拓展到形形色色的合同当中并因此在这些合同当中确立了债务人所承担的安全债务，诸如劳动合同、买卖合同、医疗合同、承揽合同等，在这些合同当中，即便合同当事人没有做出明确规定，在履行自己所承担的债务时，雇主、出卖人、医师和承揽人等债务人也应当对自己的雇员、买受人、病患者和委托人承担人身安全保障债务；否则，如果他们违反了所承担的此种债务并因此引起人身损害的发生，他们应当承担合同责任。②

（三）合同性质的安全债务的扩张

在今时今日，合同债务人对合同债权人承担公平原则所强加的安全债务的规则仍然是法国合同法的一个重要规则。不仅如此，在今时今日，合同债务人对其合同债权人承担的合同性质的安全债务的适用范围还在不断地扩张和拓展，主要表现在两个方面。

一方面，除了适用于债权人的人身安全之外，安全债务也适用于债权人的精神安全。换言之，除了应当保障债权人的人身安全之外，债务人在履行自己的债务时还应当保障债权人的精神安全。《法国劳动法典》第L. 4121－1明确规定，雇主应当采取必要的措施，以确保和保护劳动者的人身健康和精神健康。③

另一方面，合同债务人所承担的安全债务从对合同债权人提供保护的一种债务拓展到对合同债权人之外的第三人提供保护的一种债务：在履行自己的债务时，除了应当保障合同债权人的人身安全之外，合同债务人也应当保障第三人的人身安全，尤其是保障债权人近亲属的人身安全，否则，在他们的行为引起第三人人身伤害时，他们也应当对第三人承担合同责任。合同债务人对债权人之外的第三人所承担的安全债务是任何人均不能够侵犯他人人身权利的一般债务的合同化，因为，除了应当对自己的债权人承担此种债务之外，合同债务人也应当对债权人之外的第三人承担此种债务，这就是暗含的为了第三人利益的合同。④

（四）合同性质的安全债务的萎缩

在今时今日，合同债务人承担的合同性质的安全债务既存在扩张的现象，也存在萎

---

① Dimitri Houtcieff, Droit Des Contrats, Larcier, 2e édition, 2016, p. 354; Muriel Fabre-Magnan, Droit des obligations, Tome 1, Contrat et engagement unilatéral, 4e édition, puf, 2016, pp. 549—550; Virginie Larribau-Terneyre, Droit civil, Les Obligations, 15e édition, Dalloz, 2017, p. 606; François Terré, Philippe Simler, Yves Lequette, François Chénedé, Droit civil, Les Obligations, 12e édition, Dalloz, 2018, p. 693.

② Dimitri Houtcieff, Droit Des Contrats, Larcier, 2e édition, 2016, pp. 354—355; Muriel Fabre-Magnan, Droit des obligations, Tome 1, Contrat et engagement unilatéral, 4e édition, puf, 2016, pp. 549—550.

③ Muriel Fabre-Magnan, Droit des obligations, Tome 1, Contrat et engagement unilatéral, 4e édition, puf, 2016, p. 549.

④ Dimitri Houtcieff, Droit Des Contrats, Larcier, 2e édition, 2016, p. 355; Philippe Malaurie, Laurent Aynès, Philippe Stoffel-Munck, Droit des obligations, 8e édition, L. G. D. J., 2016, p. 421; Muriel Fabre-Magnan, Droit des obligations, Tome 1, Contrat et engagement unilatéral, 4e édition, puf, 2016, pp. 551—552; 张民安：《现代法国侵权责任制度研究》，法律出版社2007年版，第44—50页。

缩的现象。所谓萎缩现象，是指债务人对其债权人承担的原本属于合同性质的安全债务和民事责任丧失了合同性质而嬗变为侵权性质。合同性质的安全债务的萎缩也表现在两个方面。

一方面，传统上，包括生产商在内，买卖合同当中的出卖人对买受人承担的安全债务和违反安全债务承担的民事责任均属于合同性质的债务和责任。而在今时今日，由于欧盟颁布的产品责任指令和法国立法者制定的法律的限制，某些买卖合同的债务人对其债权人承担的安全债务和民事责任不再是合同性质的而是侵权责任性质的，最典型的是，现行《法国民法典》新的第1245条至新的1245－17条所规定的产品责任就属于侵权责任，即便缺陷产品的生产商、经销商与消费者之间存在买卖合同关系，当他们生产或者出卖的缺陷产品引起消费者损害的发生时，他们仅仅对消费者承担侵权责任，不再承担合同责任。①

另一方面，传统上，承运人对其乘客承担的安全债务和民事责任在性质上属于合同性质，但是，基于立法者的强行干预，某些承运人对其乘客承担的安全债务和民事责任不再具有合同性质而转变为侵权性质。最典型的体现是，原本机动车运输也就像火车运输和电车运输一样属于合同法规范和调整的范围，因此，原本机动车司机对其乘客所承担的安全债务和民事责任在性质上也属于合同性质的。但是，基于法国立法者在1985年7月5日所颁布的机动车交通事故法即Badinter的规定，机动车司机对其乘客承担的安全债务和民事责任不再属于合同性质而属于侵权性质，机动车司机违反该法所强加的安全债务所承担的民事责任在性质上属于一种特殊的物的行为引起的侵权责任。②

三、公平原则强加的第二种默示债务：信息通知债务

（一）信息通知债务的界定

《法国民法典》旧的第1135条和新的第1194条所规定的公平原则对合同当事人所强加的第二种默示债务是信息通知债务（obligation d'information）。

所谓信息通知债务，也称为信息通知义务（devoir d'information），是指合同的一方当事人所承担的将合同的有效履行所必要的某种信息告知对方当事人的债务。③ 当合同的一方当事人了解和掌握了某种信息时，如果他们所了解和掌握的此种信息是合同有效履行所必要的，则他们应当将所掌握的此种必要信息告知对方，以便对方当事人能够及

① Dimitri Houtcieff, Droit Des Contrats, Larcier, 2e édition, 2016, pp. 354—357; Muriel Fabre-Magnan, Droit des obligations, Tome 1, Contrat et engagement unilatéral, 4e édition, puf, 2016, pp. 545—553; François Terré, Philippe Simler, Yves Lequette, François Chénedé, Droit civil, Les Obligations, 12e édition, Dalloz, 2018, pp. 693—694.

② Muriel Fabre-Magnan, Droit des obligations, Tome 1, Contrat et engagement unilatéral, 4e édition, puf, 2016, pp. 545—553; François Terré, Philippe Simler, Yves Lequette, François Chénedé, Droit civil, Les Obligations, 12e édition, Dalloz, 2018, pp. 693—694; 张民安：《现代法国侵权责任制度研究》，法律出版社2007年版，第267—298页。

③ Muriel Fabre-Magnan, Droit des obligations, Tome 1, Contrat et engagement unilatéral, 4e édition, puf, 2016, p. 546; François Terré, Philippe Simler, Yves Lequette, François Chénedé, Droit civil, Les Obligations, 12e édition, Dalloz, 2018, p. 694.

时了解和掌握此种信息，这就是合同当事人所承担的信息通知债务，如果他们没有将此种信息告知对方，则他们的不作为行为将构成债务不履行行为，应当对对方当事人承担合同责任。因此，在买卖合同签订之后，出卖人应当承担信息通知债务，将买受人所购买的财产的准确使用方法告知买受人，以便买受人能够根据出卖人提供的信息使用自己购买的财产并且从中获得自己的利益。同样，在中介机构所进行的征婚广告当中，中介公司应当承担准确的信息通知债务，将征婚当事人的信息告知应征者，包括他们的年龄、家庭状况、所从事的职业活动、所居住的地区和地方等。①

在今时今日，除了法官通过司法判例所确立的信息通知债务之外，立法者也在他们制定的法律当中对合同当事人承担的某些法定通知债务做出了规定。例如，《法国民法典》第1602条对出卖人承担的信息通知债务做出了规定。再例如，《法国保险法典》第L. 113－4条也对被保险人承担的信息通知债务做出了规定。②

在合同当事人没有对信息通知债务做出明确规定的情况下，合同当事人为何仍然应当对对方当事人承担信息通知债务？对此问题，人们做出了两种不同的回答。有时，人们认为此种债务源自《法国民法典》旧的第1134（3）条和新的第1104条所规定的诚实原则，因为他们认为，信息通知债务属于诚实原则所强加的一种债务即合作债务的组成部分。而有时，人们则认为，此种债务源自《法国民法典》旧的第1135条和新的第1194条所规定的公平原则。③

（二）信息通知债务与先合同性质的信息通知债务的区别

根据信息通知债务是在合同成立时承担还是在合同成立之后承担的不同，信息通知债务分为两类：其一，先合同性质的信息通知债务（obligation précontractuelle d'information）。所谓先合同性质的信息通知债务，也称为先合同性质的信息通知义务（devoir précontractuelle d'information），是指在合同谈判或者合同成立期间，一方当事人对另外一方当事人所承担的将对方做出是否与其签订合同所必要的信息告知对方的债务。其二，合同性质的信息通知债务（obligation contractuelle d'information）。所谓合同性质的信息通知债务，也称为合同性质的信息通知义务（devoir contractuelle d'information），是指在合同有效成立之后合同履行期间一方当事人所承担的将合同的有效履行所必要的信息告知对方的债务。④ 除非另外不同说明，否则，笔者在此处讨论的信息通知债务属于合同性质的信息通知债务。

合同性质的信息通知债务不同于先合同性质的信息通知债务，它们之间的主要差异

---

① Muriel Fabre-Magnan, Droit des obligations, Tome 1, Contrat et engagement unilatéral, 4e édition, puf, 2016, p. 546.

② Mimitri Houtcieff, Droit Des Contrats, Larcier, 2e édition, 2016, pp. 356—357.

③ François Terré, Philippe Simler, Yves Lequette, François Chénedé, Droit civil, Les Obligations, 12e édition, Dalloz, 2018, p. 694.

④ Muriel Fabre-Magnan, Droit des obligations, Tome 1, Contrat et engagement unilatéral, 4e édition, puf, 2016, pp. 546—549; François Terré, Philippe Simler, Yves Lequette, François Chénedé, Droit civil, Les Obligations, 12e édition, Dalloz, 2018, pp. 694—695.

在于：

其一，目的不同。当事人之所以要承担先合同性质的信息通知债务，是因为他们提供的信息是对方当事人决定是否签订和签订什么性质的合同所必要的。而当事人之所以要承担合同性质的信息通知债务，是因为他们提供的信息不是合同成立所必要的，而是合同的有效履行所必要的。换言之，先合同性质的信息通知债务对合同的成立产生影响，而合同性质的信息通知债务则对合同的履行产生影响。

其二，违反信息通知债务所产生的民事责任不同。如果一方当事人应当履行先合同性质的信息通知债务而没有履行，则他们不履行债务的行为构成侵权行为，应当根据一般过错侵权责任的要求对对方当事人遭受的损害承担赔偿责任。而如果一方当事人应当履行合同性质的信息通知债务而不履行，则他们不履行债务的行为构成债务不履行行为，应当根据一般合同责任的要求对对方当事人遭受的损害承担赔偿责任。①

（三）信息通知债务的性质

就像安全债务在性质上属于一种次要债务一样，合同当事人承担的信息通知债务在性质上也属于一种次要债务，因为它也是法官在合同当事人之间承担其他性质的主要债务时所强加的。② 例如，在出卖人承担将出卖物交付给买受人的主要债务时，法官将信息通知的次要债务强加给出卖人，让他们就出卖物的使用方法对买受人承担通知债务。再例如，在为自己的委托人履行出庭辩护的主要债务时，律师被法官强加一种次要债务：将开庭辩护的情况告知委托人，等等。

就像先合同性质的信息通知债务应当具备一定的条件一样，合同当事人承担信息通知债务也是有条件的：其一，合同的一方当事人了解了某种信息的存在。其二，对方当事人不了解该方当事人所了解的此种信息。其三，一方当事人了解的此种信息对于合同的有效履行具有重大的影响，换言之，该种信息直接影响合同债务的履行或者效果。不过，在具体合同当中，合同当事人是否应当和在什么范围内履行信息通知债务是一个复杂的问题，取决于每一个案件的具体情况，尤其是取决于合同的性质、每一方当事人的具体情况和他们之前的关系，由法官在具体案件当中做具体判断。总的来说，众所周知的信息、当事人容易了解的信息或者对方当事人知道的信息，合同的一方当事人无须通知，无论他们是否职业人士、专业人士。合同当事人尤其应当通知的信息包括：物的使用方法，对当事人发出的完整、准确和不存在错误的通知、告示，物对人身或者财产所构成的威胁，等等。③

---

① Muriel Fabre-Magnan, Droit des obligations, Tome 1, Contrat et engagement unilatéral, 4e édition, puf, 2016, pp. 546—549; François Terré, Philippe Simler, Yves Lequette, François Chénedé, Droit civil, Les Obligations, 12e édition, Dalloz, 2018, pp. 694—695.

② Mimitri Houtcieff, Droit Des Contrats, Larcier, 2e édition, 2016, p. 356.

③ Muriel Fabre-Magnan, Droit des obligations, Tome 1, Contrat et engagement unilatéral, 4e édition, puf, 2016, pp. 546—547; Philippe Malaurie, Laurent Aynès, Philippe Stoffel-Munck, Droit des obligations, 8e édition, L. G. D. J., 2016, pp. 424—426.

（四）信息通知债务的适用范围

作为一种默示债务，合同性质的信息通知债务最早源自买卖合同，因为买卖合同是最常用的一种合同，并且是最容易让法官借助于公平原则强加信息通知债务的一种合同。经过过去几十年的发展，信息通知债务从买卖合同当中几乎拓展到所有类型的合同当中。虽然如此，此种债务主要被强加给职业人士、专业人士，包括生产商和服务商，因为在将自己的产品出卖给买受人时，或者在对自己的顾客提供服务时，他们应当对自己的买受人或者顾客提供必要的信息，以便他们的买受人和顾客能够更好地使用或者接受他们的产品或者服务。①

根据法国司法判例和民法学者的说明，应当承担信息通知债务的合同当事人包括但是不限于以下职业人士：建筑商、律师、公证员、银行家等对其委托人或者顾客承担的信息通知债务，承揽人对其委托人承担的信息通知债务，汽车经营者对其汽车购买人承担的信息通知债务，股票或者证券公司对其顾客承担的信息通知债务，体育竞赛活动的组织者对其参赛者承担的信息通知债务，商事代理人、旅行社和保险公司对其顾客和被保险人承担的信息通知债务，等等。不过，法国最高法院认为，至少在一种服务合同当中，服务提供者无须对其顾客承担信息通知债务：对于上市公司所发放的信息而言，作为上市公司股票或者证券的托管人，银行无须对其股票持有人承担信息通知债务。②

第五节　诚实原则强加的三种默示债务

一、诚实原则地位的提升和诚实原则所强加的三种默示债务

1804 年的《法国民法典》第 1134（3）条规定：合同应当以诚实方式履行。现行《法国民法典》新的第 1104 条除了保留了这一规定之外，还极大地提升了该条所规定诚实债务的范围，因为除了在履行合同债务时应当以诚实方式为之之外，在合同的谈判阶段和合同的成立阶段，当事人均应当以诚实方式为之，已如前述。

根据这两个法律条款的规定，即便合同当事人之间的合同没有做出明确规定，如果诚实（bonne foi）要求合同的一方当事人对另外一方当事人承担和履行某种债务，则该方当事人仍然应当按照诚实原则的要求对另外一方当事人承担和履行此种债务，就像他们之间的合同对此种债务做出了明确规定一样，否则，他们应当就自己不履行此种债务

---

① Muriel Fabre-Magnan, Droit des obligations, Tome 1, Contrat et engagement unilatéral, 4e édition, puf, 2016, pp. 546—549; Philippe Malaurie, Laurent Aynès, Philippe Stoffel-Munck, Droit des obligations, 8e édition, L. G. D. J., 2016, pp. 421—426; François Terré, Philippe Simler, Yves Lequette, François Chénedé, Droit civil, Les Obligations, 12e édition, Dalloz, 2018, pp. 694—695.

② Muriel Fabre-Magnan, Droit des obligations, Tome 1, Contrat et engagement unilatéral, 4e édition, puf, 2016, pp. 546—549; Philippe Malaurie, Laurent Aynès, Philippe Stoffel-Munck, Droit des obligations, 8e édition, L. G. D. J., 2016, pp. 421—426; François Terré, Philippe Simler, Yves Lequette, François Chénedé, Droit civil, Les Obligations, 12e édition, Dalloz, 2018, pp. 694—695.

的行为对对方当事人承担合同责任。因为法官认为，诚实所强加的此种债务属于合同当事人原本会同意的债务，法官将诚实所要求的此种债务强加给合同当事人并没有违反他们之间的意思表示。①

虽然《法国民法典》旧的第1134（3）条早在1804年就已经对债务履行的诚实要求做出了规定，但是，在20世纪之前，民法学者认为该条的规定仅仅“是一个技术性的条款，没有任何实质性的含义”，这就是说，它仅仅是对罗马法当中的两种不同类型的合同之间的区分的放弃，这就是严格法律上的合同（contrats de droit strict）和诚信合同（contrats de bonne foi），其中严格法律上的合同的内容根据当事人所使用的术语的字面含义予以确定，而诚信合同的内容则能够根据最灵活的解释方式予以确定。他们认为，《法国民法典》旧的第1134（3）条的规定仅仅意味着诚信合同不再存在于合同当中，仅仅意味着在合同所规定的条款、词语、术语含糊不清时，人们能够借助于该条所规定的诚实明确这些条款、词语、术语的含义。他们不能够借助于该条所规定的诚实规则将合同当事人没有约定的债务强加给当事人，这就是所谓的解释区别于债务的履行的理论。②

到了20世纪20年代，法国著名民法学者 René Demogue 开始重视旧的第1134（3）条所规定的诚实规则，他不仅将该条所规定的诚实视为债法和合同法的一般原则，而且还认为它是具有重大的实质性含义的法律条款，因为他认为，除了能够对含糊不清的合同条款、词语、术语做出解释之外，该条所规定的诚实原则还能够将合同当事人没有规定的一种债务即合作债务强加给当事人。他指出，虽然合同的两方当事人处于利益的对立状态，但是，“合同构成社会的缩影”，“合同当事人之间构成一个微型社会，也就是构成一个小社会，在这个小社会当中，每一个人均应当为了双方的共同目的而付出自己的努力，因为当事人双方的共同目的是每一个合同当事人所追求个人目的的总和，无论是在民事社会还是商事社会，这一点均是绝对的。因为此种原因，债权人享有的债权和债务人的利益之间的对立就被他们之间的统一所取代。能够要求债务人履行给付债务并且获得其给付的债权人不再是单纯的债权人，他们也应当对债务人承担合作债务”③。

Demogue 的此种理论获得了惊人的成功，因为除了被其他民法学者所广泛支持之外，民法学者和法官还在他的此种理论的基础上进一步拓展《法国民法典》旧的第1134（3）条的适用范围。除了认定诚实原则能够强加当事人之间的合作债务之外，他们还认为，诚实原则能够对合同当事人强加忠实债务，即便合同当事人没有明确约定此种债务，他们也必须承担和履行此种债务，否则，他们应当对对方当事人遭受的损害承

① Dimitri Houtcieff, Droit Des Contrats, Larcier, 2e édition, 2016, pp. 347—352; Rémy Cabrillac, Droit des obligations, 12e édition, Dalloz, 2016, pp. 114—115; Marjorie Brusorio Aillaud, Droit des obligations, 8e édition, bruylant, 2017, pp. 239—240; Virginie Larribau-Terneyre, Droit civil, Les Obligations, 15e édition, Dalloz, 2017, pp. 498—502; François Terré, Philippe Simler, Yves Lequette, François Chénedé, Droit civil, Les Obligations, 12e édition, Dalloz, 2018, pp. 672—680.

② Virginie Larribau-Terneyre, Droit civil, Les Obligations, 15e édition, Dalloz, 2017, p. 498; François Terré, Philippe Simler, Yves Lequette, François Chénedé, Droit civil, Les Obligations, 12e édition, Dalloz, 2018, p. 673.

③ René Demogue, Traité des obligations en général, Tome Ⅵ, Paris, Arthur Rousseau, 1932, p. 9.

担赔偿责任。[1] 在今时今日，通过《法国民法典》新的第 1104 条的规定，诚实原则已经获得了合同法基本原则的地位。除了能够作为合同解释的一种方法之外，诚实原则还能够将三种默示债务强加给合同当事人，这就是忠实债务、合作债务和一致债务。[2]

二、诚实原则强加的第一种默示债务：忠实债务

（一）忠实债务的界定

《法国民法典》旧的第 1134（3）条和新的第 1104 条所规定的诚实原则对合同当事人所强加的第一种默示债务是忠实债务（obligation de loyauté）。所谓忠实债务，也称为忠实义务（devoir de loyauté），是指合同当事人在履行债务或者行使债权所应当承担的善良正直行为的债务。因此，忠实债务既是债务人承担的债务，也是债权人承担的债务，因为无论是履行自己所承担的债务还是行使自己享有的债权，诚实原则均要求他们在行为时是正直的、善良的，而不是诡诈的、蓄意的。

（二）债务人承担的忠实债务

诚实原则要求合同债务人在履行自己的债务时要履行忠实债务，这就是合同债务人承担的忠实债务，债务人承担的忠实债务具有众多的表现。

一方面，忠实债务要求债务人根据自己承诺（engagement）的内容、方式、时间和地点等履行自己的债务，合同债务人应当忠实于自己的承诺，他们在合同当中做出了什么样的承诺就应当履行什么样的承诺。不过，根据自己的承诺履行债务的要求也不能够做过分严格的理解。因为，债务人应当以最具有功效的、最具有效力的方式履行自己对合同债权人承担的债务，这是合同的社会功效原则在债务履行当中的体现，也就是债务履行的功效性规则。有时，债务履行的功效性仅仅要求合同债务人按照合同条款、词语、术语所规定的字面含义履行债务。有时，债务履行的功效性则要求他们按照合同的目的履行自己所承担的债务。[3] 如果债务人履行债务的行为违反了合同条款、词语、术语的字面含义但是符合合同所规定的目的，人们不能够认为债务人在履行债务时违反了诚实原则所强加的忠实债务，债权人不能够借口债务人违反忠实债务而要求法官责令债务人对自己承担合同责任。此时，合同债权人应当承担“容忍债务”（obligation de tolérance devoir de tolérance），除了不能够对债务人的履行行为加以谴责之外，也不能够

---

① Virginie Larribau-Terneyre, Droit civil, Les Obligations, 15e édition, Dalloz, 2017, p. 498; François Terré, Philippe Simler, Yves Lequette, François Chénedé, Droit civil, Les Obligations, 12e édition, Dalloz, 2018, p. 673.

② Dimitri Houtcieff, Droit Des Contrats, Larcier, 2e édition, 2016, pp. 349—352; Philippe Malaurie, Laurent Aynès, Philippe Stoffel-Munck, Droit des obligations, 8e édition, L. G. D. J., 2016, pp. 254—259; Rémy Cabrillac, Droit des obligations, 12e édition, Dalloz, 2016, pp. 114—114; Marjorie Brusorio Aillaud, Droit des obligations, 8e édition, bruylant, 2017, pp. 239—240; Virginie Larribau-Terneyre, Droit civil, Les Obligations, 15e édition, Dalloz, 2017, pp. 499—502; François Terré, Philippe Simler, Yves Lequette, François Chénedé, Droit civil, Les Obligations, 12e édition, Dalloz, 2018, pp. 674—680.

③ Dimitri Houtcieff, Droit Des Contrats, Larcier, 2e édition, 2016, p. 349; François Terré, Philippe Simler, Yves Lequette, François Chénedé, Droit civil, Les Obligations, 12e édition, Dalloz, 2018, p. 674.

要求法官追究债务人的合同责任。①

另一方面，忠实债务要求债务人不得恶意（la mauvaise foi）履行自己的债务。忠实债务要求债务人在履行债务时是善意的而不是恶意的。如果他们恶意履行自己的债务，则他们违反了所承担的忠实债务。所谓恶意履行自己的债务，其含义多种多样。它或者是指在能够履行自己债务的情况下，债务人故意不履行自己的债务，或者是指在能够履行自己债务的情况下，债务人故意让债务的履行处于不能够履行的状态。例如，出卖人将原本应当交付给买受人的财产出卖并且转让给第二个购买人，或者是指为了阻止合同债权人从合同当中获得所期待的利益而在履行债务时搞阴谋诡计或者实施欺诈行为。②

（三）债权人承担的忠实债务

诚实原则也要求合同债权人在行使自己的债权时要履行忠实债务，这就是合同债权人承担的忠实债务，债权人承担的忠实债务同样具有众多的表现。

首先，合同债权人应当约束自己的行为，他们不能够实施让合同债务人的给付行为变得异常困难甚至变得不可能的行为，如果他们实施让债务人的给付行为异常困难甚至不可能的行为，则他们实施的行为也构成恶意行为、玩弄阴谋诡计的行为。债权人实施的恶意行为同样多种多样，无论是什么样的行为，他们实施这些行为的唯一目的就是增加债务人履行债务的困难、成本，甚至让债务人债务的履行变得困难重重甚至无法履行。因此，如果债权人在自己根本无法收货的情况下要求债务人履行交付货物的债务，则他们的此种行为违反了所承担的忠实债务。如果债权人给予债务人履行债务的期限太短，让债务人无法在债权人所确定的期限内履行对债权人所承担的债务，则他们确定过短履行期限的行为违反了所承担的忠实债务。③

其次，债权人不能够突然援引合同当中的解除条款解除合同。在合同债务人不履行合同时，如果合同规定了合同债权人能够因此解除合同的条款，在解除条款所规定的解除条件完全具备时，合同债权人当然能够行使该种权利，要求法官解除他们与债务人之间的合同，该种权利是合同债权人享有的一种合同性特权（prérogative contractuel）。不过，合同债权人所享有的此种权利应当善意行使，如果他们恶意行使此种权利，则他们行使合同解除权的行为构成权利滥用的行为，违反了诚实原则所强加的忠实债务。法官认为，在合同债务人不履行债务之后，如果合同债权人在相当长的时期内无动于衷，没有援引合同所规定的解除条款要求法官解除他们与债务人之间的合同，当他们突然援引解除条款要求法官解除与债务人之间的合同时，他们突然援引解除条款要求解除合同的

---

① Dimitri Houtcieff, Droit Des Contrats, Larcier, 2e édition, 2016, p. 349; François Terré, Philippe Simler, Yves Lequette, François Chénedé, Droit civil, Les Obligations, 12e édition, Dalloz, 2018, p. 674.

② Dimitri Houtcieff, Droit Des Contrats, Larcier, 2e édition, 2016, pp. 348—349; François Terré, Philippe Simler, Yves Lequette, François Chénedé, Droit civil, Les Obligations, 12e édition, Dalloz, 2018, p. 674.

③ Dimitri Houtcieff, Droit Des Contrats, Larcier, 2e édition, 2016, pp. 349—350; Marjorie Brusorio Aillaud, Droit des obligations, 8e édition, bruylant, 2017, p. 239; Virginie Larribau-Terneyre, Droit civil, Les Obligations, 15e édition, Dalloz, 2017, p. 500; François Terré, Philippe Simler, Yves Lequette, François Chénedé, Droit civil, Les Obligations, 12e édition, Dalloz, 2018, pp. 675—676.

行为便构成恶意行为、合同性特权的滥用行为，违反了诚实原则所强加的忠实债务。[①]

最后，债权人不能够实施让债务人遭受的经济损失与合同目的所具有的功效性之间存在严重不成比例性的行为。在债务履行时，即便债权人没有实施让债务人的履行行为异常困难甚至不可能的行为，如果他们实施的行为不仅让债务人遭受了财产损失，而且还让债务人遭受的损失与合同目的所实现的功效性严重不成比例，或者说严重失衡，则债权人实施的行为仍然构成恶意行为、蓄意行为，仍然违反了诚实原则所强加的忠实债务。[②]

三、诚实原则强加的第二种默示债务：合作债务

（一）合作债务的界定

《法国民法典》旧的第1134（3）条和新的第1104条所规定的诚实原则对合同当事人所强加的第二种默示债务是合作债务（obligation de cooperation obligation de collaboration）。所谓合作债务，也称为合作义务（devoir de cooperation devoir de collaboration），是指在合同成立之后合同履行期间，合同的所有当事人所承担的为了对方当事人的利益而积极实施某种行为的债务。[③]

作为两个利益相对立的当事人，合同的任何一方当事人均会为了自己的行为利益而行为，这一点无可厚非，也是理所当然的。因为合同当事人均是为了自身的利益而签订合同的，他们不是为了对方当事人的利益而签订合同的。不过，为了让合同所规定的债务得以顺利履行，即便合同没有做出明确规定，基于诚实原则的要求，合同的任何一方当事人均应当为了对方当事人的利益积极实施某种行为，这就是合同当事人之间的合作债务。例如，在合同履行期间，一方当事人所承担的将为对方当事人履行债务所必要的信息告知对方的债务就是合作债务。再例如，在债务履行合同，一方当事人所承担的对对方当事人提出某种建议的债务也属于合作债务。

（二）制定法规定的合作债务

合同当事人所承担的某些合作债务由制定法所规定，一旦制定法做出了规定，合同

---

① Dimitri Houtcieff, Droit Des Contrats, Larcier, 2e édition, 2016, pp. 350—351; Marjorie Brusorio Aillaud, Droit des obligations, 8e édition, bruylant, 2017, p. 239; François Terré, Philippe Simler, Yves Lequette, François Chénedé, Droit civil, Les Obligations, 12e édition, Dalloz, 2018, pp. 676—677.

② Dimitri Houtcieff, Droit Des Contrats, Larcier, 2e édition, 2016, pp. 350—351; Marjorie Brusorio Aillaud, Droit des obligations, 8e édition, bruylant, 2017, p. 239; François Terré, Philippe Simler, Yves Lequette, François Chénedé, Droit civil, Les Obligations, 12e édition, Dalloz, 2018, p. 675.

③ J. Mestre, D'une exigence de bonne foi à un esprit de collaboration, R. T. D. civ. 1986, p. 100; J. Mestre, L'obligation d'agir au mieux des intérêts de son cocontractant, RTD civ. 1997, p. 425; Y. Picod, L'obligation de coopération dans l'exécution du contrat, J. C. P. 1988. I. 3318; François Diesse, Le devoir de coopération comme principe directeur du contrat, Arch. phil. droit 43 (1999), pp. 259—302; Dimitri Houtcieff, Droit Des Contrats, Larcier, 2e édition, 2016, pp. 351—352; Marjorie Brusorio Aillaud, Droit des obligations, 8e édition, bruylant, 2017, p. 240; Virginie Larribau-Terneyre, Droit civil, Les Obligations, 15e édition, Dalloz, 2017, pp. 500—501; François Terré, Philippe Simler, Yves Lequette, François Chénedé, Droit civil, Les Obligations, 12e édition, Dalloz, 2018, pp. 678—680.

当事人就必须遵循制定法的要求，承担并且履行制定法所强加的合作债务。例如，《法国保险法典》第 L. 113 -4 条对保险人和被保险人之间的合作债务做出了规定，根据它的规定，在保险合同有效期内，被保险人应当将性质上可能加重风险的事件告知保险人，这就是信息通知债务，该种债务不同于合同成立之前的信息通知债务。再例如，法国 1989 年 7 月 6 日的制定法对不动产租赁合同的当事人之间的合作债务做出了规定，根据它的规定，在租赁合同有效期间，不动产的承租人应当将有关承租房屋的各种各样的情况告知出租人。同样，《法国民法典》第 1768 条对农村不动产租赁合同当事人之间的合作债务做出了规定，根据它的规定，一旦承租人承租的农村不动产被别人侵占，则承租人应当及时对出租人提出警告。[①]

（三）法官强加的合作债务

如果立法者没有对合同当事人承担的合作债务做出明确规定，则基于诚实原则的要求，法官会将合作债务强加给合同当事人。根据法官在其司法判例当中所做出的说明，即便合同没有明确规定，如果诚实原则要求，则合同当事人应当承担多种多样的合作债务：通知债务、警告债务、建议债务，以及重新进行合同谈判的债务等。法官究竟会借助于诚实原则的要求强加哪一种或者哪几种合作债务，取决于合同的性质和案件的具体情况，因为合同的性质不同，案件的具体情况不同，合作债务的要求和表现形式也不同。[②]

有时，合同当事人承担的合作债务要求合同的一方当事人对另外一方当事人承担通知债务。关于通知债务，笔者已经在信息通知债务当中做出了说明，信息通知债务之所以被视为合作债务的组成部分，是因为某些民法学者不承认信息通知债务的独立性而将其视为诚实原则所产生的合作债务的组成部分，已如前述。有时，合同当事人承担的合作债务要求合同的一方当事人对另外一方当事人承担警告债务。所谓警告债务，也称警告义务（devoir de mettre en garde，devoir de mise en garde，devoir d'alerter），是指基于诚实信用原则的要求，甚至基于公平原则的要求，一方当事人对另外一方当事人所承担的警告对方注意某种危及其人身或者财产安全的债务。例如，如果他们知道自己出卖的财产存在某种危及对方当事人人身或者财产的危险，他们应当将该种危险告知对方。[③]

---

① Dimitri Houtcieff，Droit Des Contrats，Larcier，2e édition，2016，pp. 351—352；Marjorie Brusorio Aillaud，Droit des obligations，8e édition，bruylant，2017，p. 240；Virginie Larribau-Terneyre，Droit civil，Les Obligations，15e édition，Dalloz，2017，pp. 500—501；François Terré，Philippe Simler，Yves Lequette，François Chénedé，Droit civil，Les Obligations，12e édition，Dalloz，2018，pp. 678—680.

② Y. Picod，L 'obligation de coopération dans l'exécution du contrat，J. C. P. 1988. I. 3318；Dimitri Houtcieff，Droit Des Contrats，Larcier，2e édition，2016，pp. 351—352；Marjorie Brusorio Aillaud，Droit des obligations，8e édition，bruylant，2017，p. 240；Virginie Larribau-Terneyre，Droit civil，Les Obligations，15e édition，Dalloz，2017，pp. 500—501；François Terré，Philippe Simler，Yves Lequette，François Chénedé，Droit civil，Les Obligations，12e édition，Dalloz，2018，pp. 678—680.

③ Philippe Malaurie，Laurent Aynès，Philippe Stoffel-Munck，Droit des obligations，8e édition，L. G. D. J. ，2016，p. 425；François Terré，Philippe Simler，Yves Lequette，François Chénedé，Droit civil，Les Obligations，12e édition，Dalloz，2018，p. 695.

有时，合同当事人承担的合作债务要求合同的一方当事人对另外一方当事人承担提出某种建议的债务。所谓建议债务，也称为建议义务（devoir de conseil），是指基于诚实信用原则的要求，甚至基于公平原则的要求，合同的一方当事人对另外一方当事人所承担的对其提出某种清晰的、自己对其没有利害关系的看法、意见的债务。例如，为了向自己的客户提供是否实施某种行为的判断根据，公证员、律师和建筑师等对其委托人承担的提供意见和建议的债务就属于建议债务。[①] 所谓重新进行合同谈判的债务，是指在债务履行期间，如果因为情势发生重大变更而让合同一方当事人对另外一方当事人所承担的债务的履行变得异常困难，则基于诚实信用原则的要求，双方当事人所承担的就合同内容进行协商、变更并因此达成能够适应新情势要求的合同的债务。[②]

（四）承担合作债务的典型合同

虽然合作债务在所有的合同当中均存在，但是，某些性质的合同尤其要求合同当事人之间履行合作债务，诸如劳动合同、承揽合同、编辑出版合同、特许合同和供应合同等。因此，缝纫师傅与其顾客之间存在合作债务，顾客在委托缝纫师傅做衣服时应当及时到缝纫店面进行量体，以便师傅能够根据其身体的状况裁衣。工程的委托人与其承建商之间存在紧密的合作债务，委托人应当及时获得必要的报批并且及时通知承建商。作者与出版商之间也存在合作债务，作者应当校对书稿，如果他们不履行书稿的校对债务，在书籍出版之后如果存在错误，则他们不能够向法院起诉，要求法官责令出版社承担过错责任。[③]

四、诚实原则强加的第三种默示债务：一致债务

（一）一致债务的界定和地位

《法国民法典》旧的第 1134（3）条和新的第 1104 条所规定的诚实原则对合同当事人所强加的第三种默示债务是一致债务（obligation de cohérence）。所谓一致债务，也称为一致义务（devoir de cohérence），是指为了保护合同当事人的合理期待（la confiance légitime），基于诚实原则的要求，任何合同当事人均应当承担让自己先后采取的行为协调一致的债务。换言之，所谓一致债务，是指基于诚实原则的要求，任何合同当事人均应当承担的消除自己所采取的相互矛盾、彼此冲突的行为的债务。因此，一致债务既是合同债务人承担的一种债务，也是合同债权人承担的一种债务。

---

① Philippe Malaurie, Laurent Aynès, Philippe Stoffel-Munck, Droit des obligations, 8e édition, L. G. D. J., 2016, pp. 425—426; François Terré, Philippe Simler, Yves Lequette, François Chénedé, Droit civil, Les Obligations, 12e édition, Dalloz, 2018, p. 695, pp. 897—898.

② Dimitri Houtcieff, Droit Des Contrats, Larcier, 2e édition, 2016, p. 240; Virginie Larribau-Terneyre, Droit civil, Les Obligations, 15e édition, Dalloz, 2017, p. 501.

③ Dimitri Houtcieff, Droit Des Contrats, Larcier, 2e édition, 2016, pp. 351—352; Marjorie Brusorio Aillaud, Droit des obligations, 8e édition, bruylant, 2017, p. 240; Virginie Larribau-Terneyre, Droit civil, Les Obligations, 15e édition, Dalloz, 2017, pp. 500—501; François Terré, Philippe Simler, Yves Lequette, François Chénedé, Droit civil, Les Obligations, 12e édition, Dalloz, 2018, pp. 678—680.

在合同法上，一致债务是否构成诚实原则所强加的一种独立债务，民法学者之间存在不同看法。某些民法学者否定该种债务的独立性，认为该种债务属于诚实原则所强加的第一种债务即忠实债务的组成部分。[①] 而另外一些民法学者则将其视为一种独立的债务，认为该种债务不属于忠实债务的组成部分。[②] 不过，这两种不同的看法之间并没有根本的差异，因为在过去，法国民法学者普遍采取第一种看法，而从 20 世纪 90 年代以来，其中的某些人则放弃之前的看法，采取了第二种看法。

（二）一致债务与禁止反言原则之间的关系

所谓让自己先后采取的行为协调一致，是指合同当事人后面采取的行为不应当与他们先前采取的行为冲突，如果他们后采取的行为以牺牲对方当事人的利益作为代价的话，则他们应当承担债务，让自己后面采取的行为与前面所采取的行为协调一致。因此，一致债务被视为是民法领域一个著名的基本原则即“禁止反言原则”（l'estoppel）适用的结果，所谓禁止反言原则，也称为“禁止以损害他人利益作为代价做出相互矛盾行为的原则”（l'interdiction de se contredire au détriment d'autrui）。[③]

禁止反言原则是英美法系国家最先适用的一种制度，除了在英美法系国家的普通法当中适用之外，该种理论也在英美法系国家的衡平法当中适用。1943 年，法国学者 Jean Gargent 将英美法系国家的禁止反言原则引入法国。从 1979 年至 2000 年，法国学者 A. Martin、M. -Ch. Cauchy-Psaume、O. Moreteau 和 Dimitri Houtcieff 分别出版了自己的博士学位论文《国际公法当中的禁止反言》《禁止被代理人反言：法国和英国私法的比较研究》《禁止反言和合理期待的保护》和《合同当中的协调一致原则》，最终让英美法系国家的禁止反言原则在法国法律尤其是民法当中落地生根。[④]

除了在其他法律当中适用之外，禁止反言原则也在合同法当中适用。根据合同法的规定，如果合同当事人先后采取的行为不一致并因此损害对方当事人的利益，则他们应当被禁止否定其先前实施的行为，因为对方当事人对他们先前实施的行为享有合理期待，以便让他们后实施的行为与他们先前实施的行为保持一致，不至于因为后实施的行为与先实施的行为矛盾、冲突而损害对方当事人的利益。

---

① Marjorie Brusorio Aillaud, Droit des obligations, 8e édition, bruylant, 2017, pp. 239—240; François Terré, Philippe Simler, Yves Lequette, François Chénedé, Droit civil, Les Obligations, 12e édition, Dalloz, 2018, p. 676.

② Philippe Malaurie, Laurent Aynès, Philippe Stoffel-Munck, Droit des obligations, 8e édition, L. G. D. J., 2016, pp. 255—256; Virginie Larribau-Terneyre, Droit civil, Les Obligations, 15e édition, Dalloz, 2017, pp. 501—502.

③ L'interdiction de se contredire au détriment d'autrui, sous la direction de Martine Behar-Touchais, Economica, 2001, pp. 3—188; Dimitri Houtcieff, Droit Des Contrats, Larcier, 2e édition, 2016, pp. 357—358; Philippe Malaurie, Laurent Aynès, Philippe Stoffel-Munck, Droit des obligations, 8e édition, L. G. D. J., 2016, pp. 255—256; Virginie Larribau-Terneyre, Droit civil, Les Obligations, 15e édition, Dalloz, 2017, pp. 501—502.

④ J. Dargent, Une théorie originale du droit anglais en matière de preuve: la doctrine de l'estoppel, thèse Grenoble, 1943; Antoine Martin, L'Estoppel en droit international public, Paris, Éditions A. Pedone, 1979, pp. 1—384; Marie-Christine Cauchy Psaume, L'Estoppel by representation: étude comparative du droit privé français et anglaise, thèse, Lyon Ⅲ, 1990; O. Moreteau, L'Estoppel et la protection de la confiance légitime, thèse Lyon, 1990; Dimitri Houtcieff, Le principe de cohérence en matière contractuelle, thèse, Paris 11; L'interdiction de se contredire au détriment d'autrui, sous la direction de Martine Behar-Touchais, Economica, 2001, pp. 3—23.

虽然民法学者对合同当事人承担的让自己的行为协调一致的债务的理论根据存在不同看法，但是，大多数民法学者认为，此种债务的理论根据既不是合同当事人的过错，也不是行为的外观理论，而是《法国民法典》所规定的诚实原则。①诚实原则之所以是合同当事人承担的让自己的行为协调一致的债务的理论根据，是因为在民法上，诚实是行为协调一致的代名词：诚实原则既要求合同当事人在行为时做到表里如一，也要求他们在行为时做到始终如一，在涉及对方当事人的利益方面，他们先后的行为不能够彼此矛盾、互相冲突。②

（三）一致债务适用的范围

就像诚实原则同时适用于合同谈判期间、合同成立期间和合同履行期间一样，当事人承担的一致债务也同时适用于合同谈判期间、合同成立期间和合同履行期间。换言之，无论是在合同谈判期间、合同成立期间还是在合同履行期间，基于诚信原则的要求，当事人均应当承担让自己先后行为协调一致的债务。因此，在合同谈判期间，如果一方当事人在没有做出任何解释的情况下突然中断正在进行的谈判行为，则他们的中断行为与他们先前正在进行的谈判行为冲突、矛盾，因此，他们违反了诚实原则所强加的一致债务。③

如果保险公司与被保险人签订的为期 10 年的健康保险合同规定，在被保险人第一阶段支付了大额保费之后，保险公司会承诺对其提供保险，在被保险人按照合同支付了首阶段的保费之后，如果保险公司反悔和拒绝对被保险人承保，则它们拒绝承保的行为与先前承诺的承保行为冲突，矛盾，违反了诚实原则所强加的一致债务。在债务人不履行债务之后，如果债权人长期不向法院起诉，要求法官解除他们与债务人之间的合同，当他们突然向法院起诉，要求法官解除他们与债务人之间的合同时，则他们突然起诉的行为与他们之前的不作为行为矛盾、冲突，违反了诚实原则所强加的一致债务。④

在法国，合同当事人所承担的让自己的先后行为协调一致的债务理论仍然处于起步阶段，虽然法官在不少案件当中适用这一理论，但是，这一理论仍然存在众多不确定的因素。首先，此种理论的基础究竟是什么？公平、诚实、禁止反言或者独立的协调一致原则。其次，如果合同当事人承担的让自己的先后行为协调一致的债务既建立在诚实原则的基础上，也建立在英美法系国家的禁止反言原则的基础上，则诚实原则与禁止反言原则之间的关系是什么？诚实原则是禁止反言原则的组成部分，或者反之，禁止反言原

---

① L'interdiction de se contredire au détriment d'autrui, sous la direction de Martine Behar-Touchais, Economica, 2001, pp. 93—96.

② Philippe Malaurie, Laurent Aynès, Philippe Stoffel-Munck, Droit des obligations, 8e édition, L. G. D. J., 2016, p. 256.

③ Philippe Malaurie, Laurent Aynès, Philippe Stoffel-Munck, Droit des obligations, 8e édition, L. G. D. J., 2016, pp. 255—256; Virginie Larribau-Terneyre, Droit civil, Les Obligations, 15e édition, Dalloz, 2017, pp. 501—502.

④ Philippe Malaurie, Laurent Aynès, Philippe Stoffel-Munck, Droit des obligations, 8e édition, L. G. D. J., 2016, pp. 255—256; Virginie Larribau-Terneyre, Droit civil, Les Obligations, 15e édition, Dalloz, 2017, pp. 501—502.

则是诚实原则的组成部分。再次，合同当事人承担的让自己先后行为协调一致的债务与恶意、权利滥用之间的关系是什么？最后，如果当事人没有履行让自己的先后行为协调一致的债务，他们遭受的法律制裁是什么？[①]

① L'interdiction de se contredire au détriment d'autrui, sous la direction de Martine Behar-Touchais, Economica, 2001, pp. 93—97; Virginie Larribau-Terneyre, Droit civil, Les Obligations, 15e édition, Dalloz, 2017, pp. 501—502.

第十五章　合同过错的必要条件：债务人过错的两种判断标准

就像过错侵权责任以行为人在行为时没有履行所承担的债务作为必要条件一样，合同责任也以债务人没有履行所承担的合同债务作为必要条件。如果行为人在行为时履行了他们对他人承担的债务，即便他们的行为引起了他人损害的发生，他们也不对他人遭受的损害承担侵权损害赔偿责任，因为他们的行为不构成过错行为。如果债务人在行为时履行了他们对债权人承担的合同债务，包括明示债务和默示债务，即便他们的行为引起了债权人损害的发生，他们也不对债权人遭受的损害承担合同损害赔偿责任，因为他们的行为不构成过错行为。

在侵权法上人们如何判断行为人在行为时是否履行了他们对他人承担的债务？换言之，如果判断行为人实施的致害行为构成侵权法上的过错行为？对此问题，民法学者普遍认为，法官应当采取过错的客观判断标准，这就是，如果行为人在行为时尽到了一个“善良家父”或者一个理性人在同样或者类似的情况下所能够尽到的注意程度，则他们的行为没有过错，否则，他们的行为就构成过错。这就是“善良家父”的判断标准，目前，这一判断标准被一般理性人的标准所取代。[①]

在合同法上判断债务人的行为是否构成债务不履行行为时，换言之，在判断债务人的行为是否构成合同过错行为时，法官是否也采取他们在过错侵权责任当中所采取的此种方法？答案是，在判断债务人实施的行为是否构成合同过错时，法官不会完全采取他们在过错侵权责任当中采取的此种判断标准，因为，他们会根据债务人不履行债务的性质分别适用两种不同的判断标准：如果债务人不履行的合同债务在性质上属于手段债，他们适用一般过错侵权责任当中过错的判断标准，以“善良家父”或者一般理性人的行为标准决定债务人的行为是否构成过错行为；如果债务人不履行的合同债务在性质上属于结果债，他们不会采取一般过错侵权责任当中过错的判断标准，而是采取结果判断标准决定债务人的行为是否构成过错行为。这一点让合同责任当中的过错判断标准区别于侵权责任当中的过错判断标准，这就是合同过错的两种判断标准，也就是合同过错当中所存在的手段债和结果债的区分理论。

---

① Philippe Malaurie, Laurent Aynès, Philippe Stoffel-Munck, Droit des obligations, 8e édition, L. G. D. J., 2016, pp. 44—45; Marjorie Brusorio Aillaud, Droit des obligations, 8e édition, bruylant, 2017, pp. 40—51; Mireille Bacach-Gibeili, Les obligations la responsabilité civile extracontractuelle, 2e édition, Econnomica, 2012, pp. 161—165.

第一节 手段债和结果债之间的区分理论的承认和反对

一、手段债和结果债的界定

在法国，几乎所有民法学者均认为，应当根据债的强度、债的效力、债的范围或者债的客体的不同将债分为手段债（les obligations de moyens）和结果债（les obligations de résultat），这就是二分法的债的区分理论。根据此种区分理论，所谓手段债，也被称一般的谨慎和勤勉债（les obligations generals de prudence et diligence），是指债务人所承担的尽到一般理性人在同样情况或者类似情况下所能够尽到的谨慎和勤勉行为的债。所谓结果债，也被称为确定债（les obligations determinéées），是指债务人所承担的达到某种确定效果或者取得某种准确结果的债。[①]

1925年，为了调和《法国民法典》第1137条和第1147条之间所存在的表面矛盾并因此建立能够统一加以适用的过错证明制度，René Demogue在自己的《债法总论专论》当中提出了手段债和结果债的区分理论。根据他的此种理论，无论是第1137条还是第1147条所规定的合同责任在性质上均属于过错责任，它们之间的差异不在于债务人是否就不履行债务的行为对债权人承担过错责任，它们之间的差异在于过错的证明方式：如果债权人要求法官根据第1137条的规定，责令债务人对自己承担合同责任，他们应当证明债务人没有尽到合理的注意义务；而如果他们要求法官责令债务人根据第1147条的规定，对自己承担合同责任，他们仅仅需要证明债务人没有实现合同所规定的结果。[②]

二、2016年以来大多数法国民法学者对手段债和结果债的区分理论的普遍承认

无论是在2016年之前还是之后[③]，大多数法国民法学者和法官均承认手段债和结果

① Geneviève Viney, Patric Jourdain, Traité De Droit Civil, Les conditions de la responsabilité, 3e édition, L. G. D. J., 2006, pp. 512—513; Philippe Malinvaud, Dominique Fenouillet, Droit des obligations, 11e édition, Litec, 2010, pp. 8—10; Jacques Flour, Jean-Luc Aubert, Éric Savaux, Les Obligations, 1. L'acte juridique, 15e édition, Dalloz, 2012, pp. 31—32; Philippe Malaurie, Laurent Aynès, Philippe Stoffel-Munck, Droit des obligations, 8e édition, L. G. D. J., 2016, pp. 535—542; Marjorie Brusorio Aillaud, Droit des obligations, 8e édition, bruylant, 2017, p. 14; Virginie Larribau-Terneyre, Droit civil, Les Obligations, 15e édition, Dalloz, 2017, pp. 59—60; François Terré, Philippe Simler, Yves Lequette, François Chénedé, Droit civil, Les Obligations, 12e édition, Dalloz, 2018, pp. 7—8, pp. 905—908.

② R. Demogue, Traite de obligation en general, Tome V, Paris, Rousseau, 1925, pp. 539—540.

③ Dimitri Houtcieff, Droit Des Contrats, Larcier, 2e édition, 2016, pp. 530—535; Muriel Fabre-Magnan, Droit des obligations, Tome 1, Contrat et engagement unilatéral, 4e édition, puf, 2016, pp. 541—543; Rémy Cabrillac, Droit des obligations, 12e édition, Dalloz, 2016, pp. 153—155; Marjorie Brusorio Aillaud, Droit des obligations, 8e édition, bruylant, 2017, pp. 278—280; Virginie Larribau-Terneyre, Droit civil, Les Obligations, 15e édition, Dalloz, 2017, pp. 609—612; François Terré, Philippe Simler, Yves Lequette, François Chénedé, Droit civil, Les Obligations, 12e édition, Dalloz, 2018, pp. 905—925.

债的区分理论。在2007年的《合同法》当中，Larroumet对此种现象做出了说明，他指出，在今时今日，大多数法国民法学者均使用结果债和手段债的区分理论来解释合同责任制度的差异，虽然合同责任总是建立在债务人的过错的基础上。在自己的司法判例当中，法国最高法院也采取此种做法：在某些司法判例当中，它指出，结果债实行过错推定制度，而在另外一些司法判例当中，它则指出，手段债当中的过错则应当被债权人加以证明。[①] 在2016年的《债法》当中，Cabrillac也对此种现象做出了说明，他指出：Demogue所提出的手段债和结果债的区分理论不仅被法官的司法判例所采用，而且还被大部分的民法学者所继承。[②]

例如，在2004年的《民法》当中，Carbonnier就明确承认此种区分理论，他指出，债务人承担合同责任的一个条件是债务人实施的合同过错行为，也就是债务不履行行为。合同过错的证明取决于合同过错的性质，也就是取决于债的客体。[③] 从这一角度看，法官的判决通常区分结果债和手段债，并且"这一区分是具有启示性价值的"[④]。再例如，在2017年的《债法》当中，Brusorio Aillaud也明确承认此种区分理论，他指出，Demogue提出的手段债和结果债的区分理论不仅已经被民法学说和司法判例极大地发展起来，而且还被他们打磨成一种精密的理论。在合同法的改革当中，该种区分理论虽然没有被法国政府所采纳，但是，该种理论被人们抛弃的可能性几乎是微乎其微的。[⑤]

事实上，除了被法国民法学者和法官普遍承认之外，手段债和结果债的区分理论或多或少已经被全世界所接受。[⑥] 例如，《国际商事合同原则》（*Principes d'UNIDROIT*）就接受了此种区分理论，其第5.1.4条对此种区分理论做出了说明，该条规定：结果债的债务人应当承担提供所允诺的结果的债务；手段债的债务人在履行自己的给付债务时应当承担与其身份相同、处于同一状况当中的一个理性人所能够承担的谨慎和勤勉债务。[⑦] 法国民法学者和法官之所以普遍承认手段债和结果债，一个最主要的原因是，虽然债务人不履行手段债和不履行结果债所承担的合同责任均是过错责任，但是，除了过错的判断标准不同之外，过错的证明责任也不同。

三、少数法国民法学者对手段债和结果债区分理论的反对

无论是在2016年之前还是在2016年之后，虽然大多数民法学者均承认了手段债和结果债之间的区分理论，虽然法官每天都在自己的司法判例当中适用这一区分理论，但

---

① Christian Larroumet, Droit Civil, Les Obligations, Le Contrat, Tome Ⅲ, 2e partie, Effets, 6e édition, Economica, 2007, pp. 637—639.

② Rémy Cabrillac, Droit des obligations, 12e édition, Dalloz, 2016, p. 153.

③ Jean Carbonnier, Droit civil, Volume Ⅱ, Les biens, Les obligations, puf, 2004, p. 2190.

④ Jean Carbonnier, Droit civil, Volume Ⅱ, Les biens, Les obligations, puf, 2004, p. 2190.

⑤ Marjorie Brusorio Aillaud, Droit des obligations, 8e édition, bruylant, 2017, p. 279.

⑥ Philippe Malaurie, Laurent Aynès, Philippe Stoffel-Munck, Droit des obligations, 8e édition, L. G. D. J., 2016, p. 538.

⑦ Article 5.1.4., Principes d'UNIDROIT 2010, p. 432, https://www.unidroit.org/french/principles/contracts/principles2010/integralversionprinciples2010-f.pdf.

是，这一区分理论仍然遭遇少数民法学者的批评，包括：P. Esmein、J. Frossard、Jean Bellissent 和 Philippe Malaurie 等人。这些民法学者之所以批评手段债和结果债的区分理论，是因为他们认为，此种区分理论存在三个方面的问题：区分手段债和结果债的标准是不确定的，也就是，判断债务人承担的债务究竟是手段债还是结果债的标准是不确定的；在所有的合同当中均同时存在手段债和结果债，并因此让手段债和结果债交织在一起；债务人承担的债务性质问题时常是一个程度的问题。某些民法学者的观点更加极端，他们认为，手段债和结果债之间的区分理论完全是人们臆造的，不仅是一种虚假的理论，而是还是一种错误的理论。①

（一）区分理论的判断标准是不确定的

反对手段债和结果债区分理论的民法学者认为，区分理论之所以没有说服力，第一个主要原因是，区分理论的判断标准是不确定的。

所谓区分理论的判断标准，是指人们确定债务人对债权人所承担的债务究竟是手段债还是结果债的标准，根据此种标准，人们分别将债务人承担的债务分为手段债和结果债。根据民法学者和法官的意见，判断债务人承担的债务究竟是手段债还是结果债，应当考虑多种多样的因素，主要是四个方面的意思：合同当事人的意图、意志、意思，合同规定的结果实现的偶然性，债的客体，债权人在债务人履行债务当中所起到的作用。根据民法学者和法官的意见，在判断债务人的债务究竟是手段债还是结果债时，首要考虑的、具有决定性意义的因素是当事人的意图、意志、意思，这些意图、意志、意思体现在他们的合同所规定的条款当中。如果人们无法通过当事人的意图、意志、意思做出判断，则根据其他三个因素做出判断。关于这些判断标准，笔者将在下面的内容当中做出详细的讨论，此处从略。

反对手段债和结果债的区分理论的民法学者认为，判断债务人承担的债务究竟是手段债还是结果债的这些标准是不明确、不肯定、不清楚的。其导致的结果就是，债务人承担的哪些债务是手段债，他们承担的哪些债务是结果债，最终取决于法官的判决。这些标准引起的一个更加不确定的后果是，在手段债和结果债之外，人们还确立了一种中间的债务，这就是被弱化的结果债，也就是被强化的手段债：在哪些情况下，债务人承担的是普通的结果债，而在哪些情况下，他们承担的是被弱化的结果债？除了制定法所规定的一些类型之外，债务人在哪些情况下承担被弱化的结果债？主张手段债和结果债区分理论的民法学者均没有做出清晰的、肯定的、明确的回答。关于被弱化的结果债，笔者将在下面的内容当中做出详细的讨论，此处从略。

---

① P. Esmein, L'obligation et la responsabilité contractuelle, L. G. D. J., 1950, tome Ⅱ, pp. 101—115; J. Frossard, La distinction des obligations de moyens et des obligations de résultat, préf. R. Nerson, L. G. D. J., 1965, pp. 1—429; Jean Bellissent, Contribution à l'analyse de la distinction des obligations de moyens et des obligations de résultat: à propos de l'évolution des ordres de responsabilité civile, L. G. D. J., 2001, pp. 1—521. Philippe Malaurie, Laurent Aynès, Philippe Stoffel-Munck, Droit des obligations, 8e édition, L. G. D. J., 2016, pp. 538—540; François Terré, Philippe Simler, Yves Lequette, François Chénedé, Droit civil, Les Obligations, 12e édition, Dalloz, 2018, pp. 923—925.

（二）手段债和结果债交织在一起

反对手段债和结果债区分理论的民法学者认为，区分理论之所以没有说服力，第二个主要原因是，手段债和结果债交织在一起，因为在任何合同当中，债务人既会承担手段债，也会承担结果债。换言之，那些对债权人承担结果债的债务人也同时对债权人承担手段债，反之亦然，那些对债权人承担手段债的债务人也同时对债权人承担结果债。“承诺某种结果的债务人也同时承诺某种手段债，相反，允诺某种手段的债务人也允诺某种结果。”这些民法学者还认为，债的内容形形色色，多种多样，案件的情形不同，合同当事人的意图、意志、意思不同，债务人承担的债务也不同，无论他们承担的债务是结果债还是手段债。

（三）债的性质存在程度的差异

反对手段债和结果债区分理论的民法学者认为，区分理论之所以是没有说服力的，第三个主要原因是，债务人承担的债务并没有性质方面的差异，人们不能够将债务人承担的所有债务要么分为结果债，要么分为手段债，认为它们之间泾渭分明。虽然结果债和手段债或多或少是准确的，但是，基于合同当事人的考虑和每一种合同的具体情况，人们很难在两类债之间划出一条泾渭分明的楚河汉界。因为此种原因，某些民法学者在结果债和手段债之外提出了另外一种中间债：被强化的手段债或者被弱化的结果债。

（四）区分理论的目的究竟是什么

反对手段债和结果债区分理论的民法学者认为，区分理论之所以是没有说服力的，第四个主要原因是，民法学者和法官提出手段债和结果债的区分理论的目的究竟是什么：他们是基于过错证明的不同而提出此种区分理论，还是基于过错的判断标准的不同提出此种区分理论，抑或是为了区分债务人的免责事由即不可抗力而提出此种区分理论？对于这些问题，不同的民法学者做出的说明存在差异，导致人们对区分理论的存在抱有怀疑。

（五）安全债性质的合同性或者侵权性

反对手段债和结果债区分理论的民法学者认为，区分理论之所以是没有说服力的，第五个主要原因是，债务人对债权人承担的安全债务不应当属于合同性质的债务，而应当属于侵权性质的债务。因为，保障债权人的人身安全和财产安全并不是合同责任的目的，而是侵权责任的目的。因为此种原因，在2005年的《债法改革草案》当中，Catala领导的债法改革小组对合同性质的安全债做出了规定，其第1150条规定：某些合同债务当中所固有的安全债要求债务人确保债权人的人身完整性和财产的完整性。[①] 但是，

---

① Rapport sur l'avant-projet de réforme du droit des obligations (Articles 1101 à 1386 du Code civil) et du droit de la prescription (Articles 2234 à 2281 du Code civil), Rapport à Monsieur Pascal Clément, Garde des Sceaux, Ministre de la Justice, 22 Septembre 2005, p. 89.

在2008年的《债法改革草案》当中，Terré领导的债法改革小组则没有对合同性质的安全债务做出规定，因为该小组认为，安全债在性质上不是合同性质的，而是侵权性质的，如果行为人违反了所承担的安全债并且引起了他人损害的发生，则他们应当对他人承担侵权责任。①

四、现行和未来《法国民法典》是否规定了或者是否会规定手段债和结果债的区分理论

因为法国大多数民法学者和法官普遍承认手段债和结果债的区分理论，因此，在2005年的《债法改革草案》当中，Catala领导的债法改革小组规定了此种区分理论，这就是《债法改革草案》当中的第1149条，该条规定：所谓结果债，是指债务人所承担的让其债权人获得所承诺的满足的债务。因此，债务人仅仅因为自己没有成功地实现所确定的目的的单一事实而要对债权人承担责任，除非存在不可抗力的情形。所谓手段债，是指债务人所承担的为实现某种确定的目的所通常必要的关心和谨慎，因此，债务人承担的责任以债权人能够证明他们欠缺谨慎或者勤勉作为条件。② 因为法国少数民法学者对手段债和结果债的区分理论做出严厉的批评，因此，在2008年的《债法改革草案》当中，Terré领导的债法改革小组没有对此种区分理论做出规定，此种区分理论的欠缺说明该小组对此种区分理论的不信任。③

在2016年2月10日的债法改革法令当中，法国政府是否对手段债和结果债的区分理论做出了规定？换言之，通过2016年2月10日的债法改革法令，现行《法国民法典》是否对此种区分理论做出了规定？对此问题，法国民法学者之间存在不同看法。某些民法学者认为，现行《法国民法典》没有对此种区分理论做出规定，它对此种区分理论的忽视说明它已经放弃了此种区分理论。④ 而另外一些民法学者则持相反的看法，他们认为，2016年2月10日的债法改革法令规定了此种区分理论。⑤

笔者认为，现行《法国民法典》当然对手段债和结果债之间的区分理论做出了规定，其原因简单明了：2016年之前，手段债和结果债的区分理论分别建立在《法国民法典》旧的第1137条和旧的第1147条所规定的两种不同债务的基础上，通过2016年2月10日的债法改革法令，法国政府没有废掉这两个法律条款，它仅仅以两个新的法律

---

① François Terré, Philippe Simler, Yves Lequette, François Chénedé, Droit civil, Les Obligations, 12e édition, Dalloz, 2018, pp. 924—925.

② Rapport sur l'avant-projet de réforme du droit des obligations (Articles 1101 à 1386 du Code civil) et du droit de la prescription (Articles 2234 à 2281 du Code civil), Rapport à Monsieur Pascal Clément, Garde des Sceaux, Ministre de la Justice, 22 Septembre 2005, p. 89.

③ Virginie Larribau-Terneyre, Droit civil, Les Obligations, 15e édition, Dalloz, 2017, p. 603; François Terré, Philippe Simler, Yves Lequette, François Chénedé, Droit civil, Les Obligations, 12e édition, Dalloz, 2018, pp. 924—925.

④ François Terré, Philippe Simler, Yves Lequette, François Chénedé, Droit civil, Les Obligations, 12e édition, Dalloz, 2018, p. 925.

⑤ Dimitri Houtcieff, Droit Des Contrats, Larcier, 2e édition, 2016, pp. 531—532; Philippe Malaurie, Laurent Aynès, Philippe Stoffel-Munck, Droit des obligations, 8e édition, L. G. D. J., 2016, p. 536; Virginie Larribau-Terneyre, Droit civil, Les Obligations, 15e édition, Dalloz, 2017, pp. 602—603.

条款即新的第 1197 条和新的第 1231 -1 条取代这两个旧的法律条款。而法国某些民法学者之所以认为法国政府没有在债法改革法令当中规定区分理论，是因为他们认为，法国政府没有像 Catala 领导的债法改革小组那样在《法国民法典》当中对手段债和结果债做出界定，已如前述。否定现行《法国民法典》规定区分理论的此种原因是没有说服力的，因为，是否规定了区分理论，并不以《法国民法典》是否对手段债和结果债做出明确界定作为判断标准：在 2016 年之前，虽然《法国民法典》没有对手段债和结果债做出界定，民法学者和法官为何认定它规定了区分理论？

在法国，Terré 指出，现行《法国民法典》之所以已经放弃了手段债和结果债之间的区分理论，其中的一个主要原因是，法国政府准备在安全债务的问题上采取“去合同化”的方法，不再将债务人承担的安全债视为一种合同债务，而是将其视为一种侵权性质的债务，当债务人不履行所承担的安全债务并因此引起债权人人身损害发生时，法国政府不再准备让债务人对债权人承担合同责任，而准备让其承担侵权责任。[①] 法国政府的此种态度体现在法国司法部在 2017 年起草的《民事责任法改革草案》当中，这就是该草案当中的第 1233 -1 条，该条规定：人身损害赔偿建立在侵权责任规范的基础上，即便人身损害是因为合同不履行的行为引起的，亦是如此。在合同的明示规定比侵权责任规范的适用对受害人更有利时，受害人应当援引合同的明确规定。[②]

Terré 的此种看法是有失偏颇的，因为，除了适用于安全债务之外，结果债和手段债的区分理论还适用于债务人承担的大量其他债务，即便区分理论不再适用于债务人承担的安全债，该种理论仍然在债务人承担的其他债务当中适用，诸如不作为债、转移所有权和交付财产的债务当中适用。关于这一点，笔者将在下面的内容当中做出详细的讨论，此处从略。

鉴于《法国民法典》当中民事责任法的改革仍然在进行当中，尤其是，鉴于未来《法国民法典》极有可能会将合同责任和侵权责任整合在一起并因此建立加以统一适用的民事责任法，民法学者所面临的一个问题是：未来的《法国民法典》是否会继续保留现行《法国民法典》当中所规定的手段债和结果债之间的区分理论？笔者认为，答案是不言而喻的，即便未来的《法国民法典》仍然像现在一样不会对手段债和结果债做出明确界定，并因此将它们作为两种法定类型的债，但是，它仍然会承认手段债和结果债的区分理论。

一方面，即便法国政府在未来会对包含合同责任和侵权责任在内的民事责任法进行统一改革，它仍然会保留现行《法国民法典》当中新的第 1197 条，不会以新的法律条款取代该条，而该条所规定的合同债务被视为手段债，已如前述。另一方面，虽然现行《法国民法典》当中的第 1231 -1 条会被废除，但是，该条所规定的结果债仍然会保留，因为《法国民法典》未来新的第 1250 条会对此种债务做出规定。

---

① François Terré, Philippe Simler, Yves Lequette, François Chénedé, Droit civil, Les Obligations, 12e édition, Dalloz, 2018, p. 925.

② Article 1233-1, Projet de réforme du droit de la responsabilité civile, 13 mars 2017, http://www. textes. justice. gouv. fr/textes-soumis-a-concertation-10179/projet-de-reforme-du-droit-de-la-responsabilite-civile—29782. html.

在2017年起草的《民事责任法改革草案》当中，法国司法部保留了现行《法国民法典》新的第1231－1条所规定的结果债，这就是该草案当中的第1250条，该条规定：一旦所有合同不履行行为引起债权人损害的发生，则债务人均应当赔偿债权人遭受的损害。[①] 在2020年7月29日起草的《民事责任法改革提案》当中，法国参议院也保留了现行《法国民法典》新的第1231－1条所规定的结果债，这就是该草案当中的第1250条，该条规定：一旦包括迟延履行在内的所有合同不履行行为引起债权人损害的发生，则债务人均应当赔偿债权人的损害。[②]

第二节　手段债和结果债是否履行的判断标准和过错的证明

一、债务人承担的手段债是否履行的判断标准

根据手段债和结果债的区分理论，如果债务人对债权人承担的合同债务在性质上属于手段债，在判断债务人不履行债务的行为是否构成过错行为时，法官应当采取将债务人的行为与另外一个虚拟的人的行为加以比较的方式，看一看债务人在履行自己所承担的债务时是否尽到了另外一个虚拟的人所能够尽到的合理注意程度。在2016年之前，民法学者将与债务人的行为加以比较的虚拟人称为“善良家父”（bon père de famille ou bonus pater familias）。而到了2016年之后，人们不再将与债务人的行为加以比较的虚拟人称为“善良家父”，而是将其称为“理性人”。

在2016年之前，民法学者之所以将用来判断债务人是否存在过错的虚拟人称为“善良家父”，一方面是因为“善良家父”是正统的大陆法系国家民法的术语，从古罗马时代起，人们就一直使用这一术语。另一方面则是因为2016年之前的《法国民法典》旧的第1137条直接使用了这一术语，已如前述。而到了2016年之后，民法学者之所以使用“理性人”的术语，是因为2016年2月10日的债法改革法令放弃了“善良家父”一词并且将英美法系国家合同法和侵权责任法当中的一个术语即“理性人”引入《法国民法典》当中，作为替换“善良家父”一词的用语，这就是现行《法国民法典》当中新的第1187条。

所谓理性人（personne raisonnable，reasonable person），是指具有通常程度的理性、谨慎、注意、勤勉、预见性或者智识的虚拟人。换言之，所谓理性人，是指社会公众当中的大多数人，他们既不是殚精竭虑、励精图治的人，也不是庸庸碌碌、马马虎虎的人，而是比上不足比下有余的普通人，他们仅仅具有中等偏上的理性、中等偏上的谨慎，能够达到中等偏上的注意、勤勉程度，仅仅具有中等偏上的预见性。作为一种法律

---

① Article 1250，Projet de réforme du droit de la responsabilité civile，13 mars 2017，http://www.textes.justice.gouv.fr/textes-soumis-a-concertation-10179/projet-de-reforme-du-droit-de-la-responsabilite-civile—29782.html.

② Article 1250，Proposition de loi n°678 portant réforme de la responsabilité civile，Sénat Deuxième session extraordinaire de 2019—2020，Enregistré à la Présidence du Sénat le 29 juillet 2020，http://www.senat.fr/leg/pp.119—678.html.

概念，人们之所以将理性引入法律尤其是合同法和侵权责任法当中，其目的在于将理性人与某种具体情况或者事实有关系的行为、得出的结论或者期待作为一种客观的判断标准，用来确定债务人或者行为人在行为时是否达到了理性人所达到的行为标准，换言之，用来确定债务人或者行为人是否实施了过错行为的标准。①

在判断债务人或者行为人的行为是否存在过错时，法官并不会抽象地适用一般理性人的行为标准，而是适用与引起争议的债务人或者行为人身份、地位、职业、年龄相同或者类似的理性人的行为标准：在引起纠纷的情况下，看一看其他处于与债务人或者行为人身份、地位、职业、年龄相同或者类似的理性人在债务人或者行为人所处的情况下是否会采取债务人或者行为人所采取的行为方式。如果其他理性人采取债务人或者行为人所采取的行为方式，则债务人或者行为人没有过错；否则，如果其他理性人不会采取债务人或者行为人承担的方式，在债务人或者行为人就有过错。

除了能够在过错侵权责任当中作为判断行为人是否有过错的判断标准之外，一般理性人的行为标准也能够在合同法当中使用，以便作为判断债务人是否履行了自己对债权人所承担的手段债的判断标准：根据这一判断标准，如果债务人在履行所承担的手段债时已经尽到了一个理性人在同样或者类似情况下所能够尽到的注意程度、勤勉程度、技能使用程度，则他们履行了对债权人承担的债务，债务人就不存在不履行债务的行为，也就是债务人不存在过错行为，即便具备其他条件，他们也不对债权人承担合同责任；反之，如果他们在履行所承担的手段债时没有尽到一个理性人在同样或者类似情况下所能够尽到的注意程度、勤勉程度、技能使用程度，则他们没有履行对债权人承担的债务，债务人就存在不履行债务的行为，也就是债务人就存在过错行为，在具备其他两个条件时，他们应当对债权人承担合同责任。②

在判断债务人是否履行了所承担的手段债时，法官要进行客观的评估，而不会进行主观的评估。所谓进行客观的评估（appréciation in abstracto），是指在确定债务人是否实施了过错行为时，法官应当考虑各种客观因素，诸如：个人的职业资格，状况是否紧急等。所谓不会进行主观的评估，是指在确定债务人是否实施了过错行为时，法官不会考虑债务人的个人情况，诸如他们的年龄、疾病或者个人态度方面的漫不经心等。③

因此，虽然医师在诊断病患者时没有将病患者的疾病治疗好，但是，如果他们在治疗病患者时尽到了其他同样或者类似的医师在同样或者类似的情况下所能够尽到的注意程度、勤勉程度、技能运用程度，则即便他们的行为引起病患者损害的发生，他们也无

---

① 张民安：《过错侵权责任制度研究》，中国政法大学出版社 2002 年版，第 268—270 页；reasonable person，https://www.merriam-webster.com/legal/reasonable%20person。

② Philippe Malaurie，Laurent Aynès，Philippe Stoffel-Munck，Droit des obligations，8e édition，L. G. D. J.，2016，pp. 536—537；Marjorie Brusorio Aillaud，Droit des obligations，8e édition，bruylant，2017，p. 278；François Terré，Philippe Simler，Yves Lequette，François Chénedé，Droit civil，Les Obligations，12e édition，Dalloz，2018，pp. 906—907.

③ Philippe Malaurie，Laurent Aynès，Philippe Stoffel-Munck，Droit des obligations，8e édition，L. G. D. J.，2016，pp. 536—537；Marjorie Brusorio Aillaud，Droit des obligations，8e édition，bruylant，2017，p. 278；François Terré，Philippe Simler，Yves Lequette，François Chénedé，Droit civil，Les Obligations，12e édition，Dalloz，2018，pp. 906—907.

须对病患者承担合同责任，因为他们对其病患者承担的债务属于手段债，他们在履行此种债务时没有过错。同样，虽然承运人在运送旅客时让自己的旅客遭受了第三人的侵犯，但是，如果他们在保障旅客人身安全方面已经采取了其他承运人在同样或者类似情况下能够采取的保护措施，则他们无须对其旅客承担合同责任，因为他们对其旅客承担的此种债务属于手段债，他们在履行此种债务时没有过错。

二、债务人承担的结果债是否履行的判断标准

根据手段债和结果债的区分理论，如果债务人对债权人承担的合同债务在性质上属于结果债，在判断债务人不履行债务的行为是否构成过错行为时，法官不会将债务人的行为与一个虚拟人的行为标准进行比较，而是看债务人是否已经为债权人实现了合同所规定的某种确定的效果或者让债权人取得了合同所规定的某种确定的结果。这就是，通过债务人的行为，如果债权人已经获得了合同所规定的确定效果或者确定结果，债务人就已经履行了对债权人承担的合同债务，换言之，债务人就没有实施不履行债务的行为、过错行为，无须对债权人承担合同责任；反之，即便债务人尽到了最大限度的注意程度、勤勉程度，如果债权人没有获得合同所规定的确定效果或者确定结果，债务人就没有履行对债权人承担的合同债务，换言之，债务人就实施了债务不履行行为、过错行为，在符合其他条件时，他们应当承担合同责任。[①]

因此，如果承运人没有按照合同规定的时间让旅客离开出发地，或者如果他们没有按照合同规定的时间让旅客到达目的地，他们均实施了不履行债务的行为、过错行为，应当对其旅客承担合同责任，因为，他们承诺的出发时间和到达时间均构成结果债，因为他们承诺的此种结果没有实现。同样，如果出卖人没有按照合同规定的时间交付出卖物给买受人，他们没有按时交付出卖物的行为就构成债务不履行行为、过错行为，应当对买受人承担合同责任，因为出卖人承担的此种债务属于结果债，他们承诺的此种结果没有实现。

三、手段债和结果债当中债务人过错的证明方式

作为一种过错责任，如果债权人要求法官责令债务人就其不履行债务的行为对自己承担合同责任，他们应当承担举证责任，证明债务人实施了不履行债务的行为，也就是证明债务人实施了过错行为。无论是在手段债当中还是结果债当中均是如此。不过，在这两种不同性质的合同债当中，债权人承担的过错证明责任还是存在重大差异的。

如果债务人承担的合同债在性质上属于手段债，债权人仅仅证明自己因为债务人的行为遭受损害还不足以让债务人承担合同责任。如果他们要让法官责令债务人对自己承担合同责任，除了应当证明自己因为债务人的行为遭受损害之外，他们还应当证明，债

---

① Philippe Malaurie, Laurent Aynès, Philippe Stoffel-Munck, Droit des obligations, 8e édition, L. G. D. J. , 2016, pp. 537—538; Marjorie Brusorio Aillaud, Droit des obligations, 8e édition, bruylant, 2017, p. 278; François Terré, Philippe Simler, Yves Lequette, François Chénedé, Droit civil, Les Obligations, 12e édition, Dalloz, 2018, pp. 907—908.

务人在履行债务时没有尽到一个有理性的人在同样或者类似的情况下所能够尽到的注意程度、勤勉程度、技能运用承担。如果他们不能够证明债务人在履行债务时没有尽到一个理性人所能够尽到的注意程度、勤勉程度、技能运用程度，则债务人不对他们承担合同责任。这就是所证明的过错（faute prouvée）。因此，如果病患者要求法官责令医师就其治疗行为引起的损害对自己承担合同责任，他们应当承担举证责任，证明医师有过错，也就是证明医师没有尽到其他医师在同样或者类似的情况下所尽到的注意程度。①

如果债务人承担的合同债在性质上属于结果债，债权人无须承担举证责任，证明债务人在行为时没有履行一个理性人所能够尽到的合理注意程度、勤勉程度、技能运用程度，他们仅仅需要证明，债务人允诺的确定效果、确定结果没有实现，自己没有获得债务人允诺的确定效果、具体结果，换言之，他们仅仅需要证明，自己因为债务人的行为遭受了某种损害。一旦债权人证明了这一点，债务人就被推定为有过错，债务人不能够通过反证自己没有过错的方式免责。如果他们希望免责，他们只能够证明自己不履行债务的行为是因为不可抗力引起的，这就是被推定的过错（faute présumée）。因此，如果旅客要求法官责令承运人就其运输行为对自己承担合同责任，他们无须证明承运人没有尽到其他承运人在同样或者类似的情况下所尽到的注意程度，而仅需证明承运人没有在合同规定的时间出发或者到达即可。②

第三节　手段债和结果债的区分理论在合同责任当中的适用

根据手段债和结果债之间的区分理论，如果债务人承担的债务在性质上属于手段债，在他们没有尽到一个理性人在同样或者类似的情况下所能够尽到的合理注意程度、勤勉承担、技能使用程度时，他们就应当承担合同责任；反之，如果债务人承担的债务在性质上属于结果债，则在他们没有实现合同所规定的确定结果或者确定成果时，他们就应当承担合同责任。表面上，此种区分理论简单明了，适用起来方便快捷。实际情况则完全相反，此种区分理论在适用时复杂，因为在适用区分理论时，法官首先要确定债务人承担的哪些债务属于手段债，而哪些债务属于结果债，而这并不是很容易做到的。

① Dimitri Houtcieff, Droit Des Contrats, Larcier, 2e édition, 2016, p. 532; Muriel Fabre-Magnan, Droit des obligations, Tome 1, Contrat et engagement unilatéral, 4e édition, puf, 2016, p. 541; Philippe Malaurie, Laurent Aynès, Philippe Stoffel-Munck, Droit des obligations, 8e édition, L. G. D. J., 2016, pp. 536—538; Marjorie Brusorio Aillaud, Droit des obligations, 8e édition, bruylant, 2017, pp. 278—279; François Terré, Philippe Simler, Yves Lequette, François Chénedé, Droit civil, Les Obligations, 12e édition, Dalloz, 2018, pp. 906—908.

② Dimitri Houtcieff, Droit Des Contrats, Larcier, 2e édition, 2016, p. 532; Muriel Fabre-Magnan, Droit des obligations, Tome 1, Contrat et engagement unilatéral, 4e édition, puf, 2016, p. 541; Philippe Malaurie, Laurent Aynès, Philippe Stoffel-Munck, Droit des obligations, 8e édition, L. G. D. J., 2016, pp. 537—538; Marjorie Brusorio Aillaud, Droit des obligations, 8e édition, bruylant, 2017, p. 278; François Terré, Philippe Simler, Yves Lequette, François Chénedé, Droit civil, Les Obligations, 12e édition, Dalloz, 2018, pp. 907—908.

一、手段债和结果债之间的区分标准

在确定债务人承担的哪些债务属于手段债和结果债时，人们应当考虑多种多样的因素，包括合同当事人的意图、债的客体、合同当事人预期的结果的偶然特征、债权人所起到的作用是消极的还是积极的，等等，这就是区分债务人承担的合同债究竟是手段债还是结果债的标准（critères de la distinction）。《国际商事合同原则》（Principes d'UNIDROIT）不仅承认了此种区分理论，而且其第5.1.5条对这些区分标准做出了说明，该条规定：为了确定债务人承担的债务究竟是手段债还是结果债，人们尤其应当考虑以下因素：①当事人在合同当中对债务人的债务做出表示的方式；②合同的价格和其他因素；③在实现合同所规定的结果时，当事人通常会面临的偶然性的程度；④一方当事人对另外一方当事人履行债务所施加的影响。①

（一）当事人的意图在决定债务性质当中所起到的作用

在判断债务人承担的合同债务究竟是手段债还是结果债时，法官应当考虑的第一个并且也是最重要的因素是当事人的意图，这就是当事人意图的判断标准（le critere de volonté des parties），根据这一判断标准，债务人承担的债务究竟是手段债还是结果债取决于当事人在他们的合同当中的规定，也就是取决于当事人的共同意图。②

如果合同规定，债务人应当承担的债务是对债权人实施某种准确轮廓的给付行为，即债务人对债权人承担提供某种准确结果的债务，则债务人承担的此种债务属于结果债。反之，如果合同规定，债务人仅仅承担尽可能实现某种确定结果的债务，则他们承担的债务就是手段债。因此，如果旅客运输合同规定，承运人应当在某一个确定日期前将旅客运送到某一个确定地方，则承运人承担的债务是结果债。如果医疗合同规定，医师承诺会尽可能将病患者的疾病治疗好，则医师承担的债务是手段债。

（二）债的客体在决定债务性质当中所起到的作用

在判断债务人承担的债务究竟是手段债还是结果债时，法官应当考虑的第二个主要因素是债的客体，这就是债的客体的判断标准（le critere d'objet de l'obligation）。所谓债的客体，是指债务人所实施的给付行为。根据债务人实施的给付行为的不同，债的客体或者是做出某种行为，这就是作为债，或者是不做出某种行为，这就是不作为债。其中的作为债既包括转让财产所有权的债，也包括支付一定数量的金钱债，还包括其他类型

① Article 5.1.5., Principes d'UNIDROIT 2010, p.432, https://www.unidroit.org/french/principles/contracts/principles2010/integralversionprinciples2010-f.pdf.

② Jacques Flour, Jean-Luc Aubert, Éric Savaux, Droit civil, Les Obligations, 3. Le rapport d'obligation, 7e édition, Dalloz, 2011, p.180; Marjorie Brusorio Aillaud, Droit des obligations, 8e édition, bruylant, 2017, p.279; Virginie Larribau-Terneyre, Droit civil, Les Obligations, 15e édition, Dalloz, 2017, p.609; François Terré, Philippe Simler, Yves Lequette, François Chénedé, Droit civil, Les Obligations, 12e édition, Dalloz, 2018, p.913.

的作为债。债的客体不同，则债务人承担的债务的性质也不同。[①]

总的来说，债务人承担的任何不作为债均为结果债，至于说他们承担的作为债究竟是手段债还是结果债，不论一概而论，因为，他们承担的某些作为债属于手段债，而他们承担的另外一些作为债则属于结果债。例如，作为一种作为债，医师对其病患者所承担的治疗债务属于手段债而非结果债，而同样是一种作为债，出卖人对买受人承担的交付出卖物的债务则属于结果债而非手段债。实际上，仅仅在作为债当中，手段债和结果债的区分理论才存在真正的问题，包括法国最高法院的法官在内，在决定债务人承担的作为债究竟是结果债还是手段债时，法官有时犹豫不决，甚至在同一作为债的性质方面，他们会先后做出不同的认定。当然，在判断作为债究竟属于手段债还是结果债时，法官要考虑多种多样的因素，诸如合同的功能、合同的性质和合同当事人在合同当中所做出的规定等。

（三）预期结果的偶然特征在决定债务性质当中所起到的作用

在判断债务人承担的债务究竟是手段债还是结果债时，法官应当考虑的第三个主要因素是预期结果的偶然特征，这就是偶然特征的判断标准（le critere de l'aléa）。根据这一标准，如果债务的实现伴随着极大程度的偶然性，换言之，如果债务人实施给付行为所带来的结果具有一定程度的偶然性，则他们承担的债务在性质上属于手段债；反之，如果债务的实现不会伴随着此种程度的偶然性，换言之，如果债务人实施给付行为所带来的结果不会伴随着一定程度的偶然性，则他们承担的债务在性质上就属于结果债。[②]

因此，医师对其病患者承担的债务属于手段债，因为，即便医师尽心尽力，病患者的疾病也面临无法治愈的可能性；反之，承运人对其旅客承担的将其在确定的时间内运送到确定地点的债务就属于结果债，因为该种债务不会面临极大程度的偶然性的问题。当然，在适用此种判断标准确定债务的性质时，人们也面临实际问题：合同所规定的预期结果是否存在偶然性的问题，如果预期结果存在偶然性，究竟多大的偶然性足以改变债务人承担的债务性质。

（四）债权人的作用在决定债务性质当中所起到的作用

在判断债务人承担的债务究竟是手段债还是结果债时，法官应当考虑的第四个主要因素是债权人所起到的作用究竟是消极作用还是积极作用，这就是债权人作用的判断标

---

① Jacques Flour，Jean-Luc Aubert，Éric Savaux，Droit civil，Les Obligations，3. Le rapport d'obligation，7e édition，Dalloz，2011，pp. 180—181；Marjorie Brusorio Aillaud，Droit des obligations，8e édition，bruylant，2017，p. 279；Virginie Larribau-Terneyre，Droit civil，Les Obligations，15e édition，Dalloz，2017，p. 609；François Terré，Philippe Simler，Yves Lequette，François Chénedé，Droit civil，Les Obligations，12e édition，Dalloz，2018，pp. 913—916.

② Jacques Flour，Jean-Luc Aubert，Éric Savaux，Droit civil，Les Obligations，3. Le rapport d'obligation，7e édition，Dalloz，2011，p. 181；Muriel Fabre-Magnan，Droit des obligations，Tome 1，Contrat et engagement unilatéral，4e édition，puf，2016，p. 542；Marjorie Brusorio Aillaud，Droit des obligations，8e édition，bruylant，2017，p. 279；Virginie Larribau-Terneyre，Droit civil，Les Obligations，15e édition，Dalloz，2017，p. 609；François Terré，Philippe Simler，Yves Lequette，François Chénedé，Droit civil，Les Obligations，12e édition，Dalloz，2018，pp. 912—913.

准（le critère du rôle actif ou passif du créancier）。根据这一标准，在债务人履行债务时，如果债权人积极参与了、干预了债务人债务的履行活动。换言之，如果债权人在债务的履行过程当中发挥了积极作用，则债务人承担的债务是手段债。反之，在债务人履行债务时，如果债权人没有积极参与、干预债务人债务的履行活动，换言之，如果债权人没有在债务的履行过程当中发挥积极作用，没有对债务的履行施加任何控制，而完全是消极被动地听凭债务人债务的履行，则债务人承担的债务在性质上就属于结果债。①

因此，虽然丛林探险活动的经营者要对其顾客的人身安全承担作为债务，但是，他们所承担的此种债务在性质上仅仅属于手段债，因为其顾客积极参与债务人所承担的此种债务。同样，虽然停车场的经营者要对顾客承担安全债务，但是，他们承担的此种安全债务在性质上属于手段债，因为在经营者履行此种债务时，顾客也积极参与了此种履行活动。反之，蹦极的经营者对其顾客承担的安全债务就不再是手段债而是结果债，因为在蹦极的经营者履行所承担的此种债务时，其顾客仅仅起到消极的作用，没有积极干预经营者债务的履行。同样，输血中心对其顾客承担的安全债务在性质上也属于结果债即不会让其顾客感染的债务，因为在血液中心对其顾客履行输血债务时，顾客没有积极参与，他们仅仅处于消极被动的状态。②

二、手段债和结果债区分理论的适用（一）：典型的结果债

根据上述四个判断标准，债务人承担的下列债属于典型的结果债：转移所有权、其他物权的债和交付财产的债，不作为债，金钱债，交付占有或者使用的债，返还债。

（一）转移所有权、其他物权的债和交付财产的债

如果债务人承担的债务是将财产的所有权或者财产所有权之外的其他物权转让给债权人，则他们承担的转移所有权或者其他物权的债务（obligations de donner）在性质上属于结果债。在某些合同当中，债务人所承担的债务就属于此类债务，诸如：买卖合同当中出卖人所承担的将出卖物的所有权转让给买受人的债务，商事营业资产买卖合同当中出卖人所承担的将商事营业资产的所有权转让给买受人的债务，互易合同当中的互易人所承担的将互易物的所有权转让对方当事人的债务。③ 在这些合同当中，如果债务人没有履行转移所有权或者其他物权的债务，则他们没有履行此类债务的行为构成过错行为，在具备另外两个条件时，他们应当对债权人承担合同责任。

除了应当承担转移财产所有权的债务之外，债务人还应当承担交付财产的债务

---

① Jacques Flour, Jean-Luc Aubert, Éric Savaux, Droit civil, Les Obligations, 3. Le rapport d'obligation, 7e édition, Dalloz, 2011, p. 181; Muriel Fabre-Magnan, Droit des obligations, Tome 1, Contrat et engagement unilatéral, 4e édition, puf, 2016, p. 542; Marjorie Brusorio Aillaud, Droit des obligations, 8e édition, bruylant, 2017, p. 279; Virginie Larribau-Terneyre, Droit civil, Les Obligations, 15e édition, Dalloz, 2017, p. 609; François Terré, Philippe Simler, Yves Lequette, François Chénedé, Droit civil, Les Obligations, 12e édition, Dalloz, 2018, p. 913.

② Marjorie Brusorio Aillaud, Droit des obligations, 8e édition, bruylant, 2017, pp. 279—280.

③ François Terré, Philippe Simler, Yves Lequette, François Chénedé, Droit civil, Les Obligations, 12e édition, Dalloz, 2018, pp. 913—914.

(L'obligation de délivrer la chose)。他们承担的此种债务也属于结果债而非手段债。在某些合同当中，债务人承担的债务就属于此类债务，诸如：买卖合同当中出卖人所承担的交付出卖物的债务，商事营业资产买卖合同当中出卖人承担的交付商事营业资产的债务，互易合同当中互易人承担的交付互易物的债务等。在民法上，转移财产所有权的债务独立于交付财产的债务，它们是两种不同的债务，虽然如此，它们在性质上均属于结果债。[①] 在这些合同当中，如果债务人没有履行交付财产的债务，则他们没有履行此类债务的行为构成过错行为，在具备另外两个条件时，他们应当对债权人承担合同责任。

（二）不作为债

如果债务人承担的债务属于不作为债务（obligations de ne pas faire），则他们的不作为债务永远属于结果债而不属于手段债，因为不作为债的目的在于禁止债务人实施某种准确的行为。在某些合同当中，债务人所承担的债务就属于此类债务，诸如：商事营业资产买卖合同当中出卖人所承担的不与买受人展开禁止的债务，建筑工程合同当中承揽人所承担的不建造某种建筑物的债务，特许经营合同当中被特许人所承担的不泄露特许者商业秘密的债务，医疗合同当中医师所承担的不泄露病患者隐私的债务，等等。在这些合同当中，如果债务人违反所承担的不作为债务而积极实施所禁止实施的行为，他们不履行债务的行为就构成过错行为，在具备另外两个条件时，他们应当对债权人承担合同责任。[②]

（三）金钱债

如果债务人承担的债务是将一定数量的金钱支付给债权人，则他们承担的此类债务就属于结果债而非手段债。在众多的合同当中，债务人所承担的债务均为此类债务，诸如：买卖合同当中的买受人所承担的支付价款的债务，租赁合同当中承租人承担的支付租金的债务，承揽合同当中委托人所承担的支付劳务报酬或者工程款的债务，以及借贷合同当中出借人所承担的交付贷款的债务，等等。在这些合同当中，一旦债务人没有履行支付金钱的债务，他们没有支付金钱债的行为就构成过错行为，在具备其他两个条件时，他们应当对债权人承担合同责任。[③]

（四）交付占有或者使用的债

如果债务人承担的债务是将某种财产交付给债权人占有或者使用，则他们承担的此类债务在性质上属于结果债而非手段债。在众多的合同当中，债务人所承担的债务均为此类债务，诸如：租赁合同当中出租人所承担的交付出租屋的债务，借用合同当中出借人所承担的交付出借物的债务，质押合同当中出质人所承担的交付质押物的债务（转移

---

① François Terré, Philippe Simler, Yves Lequette, François Chénedé, Droit civil, Les Obligations, 12e édition, Dalloz, 2018, pp. 913—914.

② Marjorie Brusorio Aillaud, Droit des obligations, 8e édition, bruylant, 2017, p. 279; François Terré, Philippe Simler, Yves Lequette, François Chénedé, Droit civil, Les Obligations, 12e édition, Dalloz, 2018, pp. 913—914.

③ Marjorie Brusorio Aillaud, Droit des obligations, 8e édition, bruylant, 2017, p. 279.

占有的质押），等等。在这些合同当中，一旦债务人没有履行交付财产的债务，他们没有履行交付占有的债务就构成过错行为，在具备其他两个条件时，他们应当对债权人承担合同责任。

（五）返还债

如果债务人承担的债务是将某种财产返还给债权人，则他们承担的此类债务在性质上属于结果债而非手段债。在众多的合同当中，债务人所承担的债务均为此类债务，诸如：租赁合同当中承租人所承担的返还承租物的债务，寄存合同、保管合同当中寄存人和保管人所承担的返还寄存物、保管物的债务，借用合同当中借用人所承担的返还借用物的债务，质押合同当中质押权人所承担的返还质押物的债务，等等。因此，在这些合同当中，一旦债务人在合同到期时没有履行返还财产的债务，他们没有履行返还债务的行为就构成过错，在具备其他两个条件时，他们应当对债权人承担合同责任。①

三、手段债和结果债区分理论的适用（二）：典型的手段债

根据上述四个判断标准，债务人承担的下列债属于典型的手段债：保管财产的债务，信息通知债务和提供建议的债务，诊疗债务，其他债务。

（一）保管财产的债务

如果债务人承担的债务是对所占有的财产进行保管，则他们承担的此类债务在性质上属于结果债而非手段债。在众多的合同当中，债务人所承担的债务均为此类债务，诸如：买卖合同当中出卖人交付财产之前对出卖物所承担的保管债务，承租人在租赁合同所规定的有效期间对承租物所承担的保管债务，寄存合同和保管合同当中的寄存者和保管者对寄存物和保管物所承担的保管债务，借用合同当中借用人对借用物所承担的保管债务，质押合同当中质押权人对质押物的保管债务，等等。②

（二）信息通知债务和提供建议的债务

如果债务人所承担的债务是对债权人履行信息通知债务或者提供建议的债务，则他们承担的这些债务在性质上是结果债还是手段债？对此问题，法国民法学者之间存在不同看法。某些民法学者认为，无论是信息通知债务还是提供建议的债务，在性质上均属于手段债而非结果债。例如，Terré、Simler 和 Lequette 等人就采取此种理论，他们认为，作为两种作为债，信息通知债务和提供建议的债务均是源自债务人的智识性活动的债务，并且或多或少存在一定的偶然性，因此，它们属于手段债。③ 而另外一些民法学

---

① François Terré，Philippe Simler，Yves Lequette，François Chénedé，Droit civil，Les Obligations，12e édition，Dalloz，2018，pp. 914—915.

② François Terré，Philippe Simler，Yves Lequette，François Chénedé，Droit civil，Les Obligations，12e édition，Dalloz，2018，p. 915.

③ François Terré，Philippe Simler，Yves Lequette，François Chénedé，Droit civil，Les Obligations，12e édition，Dalloz，2018，pp. 914—915.

者则认为，信息通知债务和提供建议的债务并非均为手段债，人们应当区分这两种不同性质的债务，这就是说，原则上，信息通知债务属于结果债，而提供建议的债务则属于手段债。Larribau-Terneyre 即持此种观点。①

笔者采取 Terré、Simler 和 Lequette 等人的理论，认为信息通知债务和提供建议的债务在性质上均属于手段债。提供建议的债务在性质上当然属于手段债，因为，作为专业人士，虽然律师、医师、银行家、公证员和教师等人要对其顾客或者学生提供某些建议供这些被建议者参考，但是，他们并不保证自己的建议是完全准确无误的，他们仅仅保证自己提供的建议尽可能准确无误。而信息通知债务之所以在性质上也属于手段债，是因为债务人履行通知债务时仍然需要债权人的积极参与，没有债权人的积极配合，债务人所承担的此种债务无法履行：如果债权人下落不明，或者如果债权人故意逃避债务人，让债务人无法履行通知债务，则债务人无法履行此种债务。因此，在应当通知债权人的情形当中，债务人仅仅保证尽力将有关信息通知债权人，他们不会保证一定会成功通知债权人。

（三）诊疗债务

在法国，医师对其病患者所承担的诊疗债务原则上属于手段债而非结果债。在例外情况下，他们所承担的债务则是结果债而非手段债。② 在 2010 年之前，法国最高法院认为，医师就其不履行诊疗债务的行为引起的损害对其病患者承担的民事责任在性质上属于合同责任，而不属于侵权责任，因为最高法院认为，医师对其病患者承担的诊疗债务在性质上属于手段债而非结果债：医师仅仅对其病患者承担尽力采取各种手段治愈病患者的债务，但是，他们不承担将病患者治愈的债务。因此，仅仅在医师有过错的情况下，他们才能够被责令对其病患者承担合同责任。

在 2010 年之前，在坚持医师承担的债务原则上属于手段债而非结果债的原则的基础上，法国最高法院也例外地认为，在某些例外情况下，医师对其病患者所承担的债务也属于结果债而非手段债：一旦医师没有实现合同所规定的某种确定效果，他们的行为就构成过错，应当对病患者承担合同责任。因此，如果医师给病患者安装的假牙引起病患者遭受损害，法国最高法院认定，医师承担的债务属于结果债；同样，如果医师给孕妇输血而让其感染遭受损害，法国最高法院也认定，医师承担的债务属于结果债而非手段债。因为此种原因，法国某些民法学者认为，医师对其病患者承担的债务取决于是否属于诊疗债务：如果医师承担的债务属于诊疗债务，则他们承担的债务是手段债；反之，如果医师承担的债务不属于诊疗债务，则他们承担的债务属于结果债。

在 2010 年 1 月 28 日和 7 月 3 日的两个案件当中，法国最高法院不再将医师对其病患者承担的民事责任建立在合同责任的基础上，而是将其建立在《法国民法典》所规定的一般过错侵权责任的基础上，也就是建立在旧的第 1382 条（新的第 1240 条）所规定的侵权责任的基础上。

---

① Virginie Larribau-Terneyre，Droit civil，Les Obligations，15e édition，Dalloz，2017，pp. 610—611.

② Rémy Cabrillac，Droit des obligations，12e édition，Dalloz，2016，pp. 154—155；Virginie Larribau-Terneyre，Droit civil，Les Obligations，15e édition，Dalloz，2017，pp. 609—610.

（四）其他债务

除了上述几类债务在性质上属于典型的手段债之外，债务人承担的其他类型的债务也可能构成手段债，例如债务人承担的某些安全债务。关于这一点，笔者将在下面的内容当中做出详细的讨论，此处从略。此外，根据《法国民法典》的规定和法官的说明，债务人承担的其他债务也可能构成手段债。例如，《法国民法典》第1992条规定，受委托人对委托人承担的债务在性质上属于手段债，该条规定：受委托人不仅应当就自己实施的欺诈行为承担责任，而且还应当就其管理事务时的过错承担责任。① 在1997年3月11日的案件当中，法国最高法院认定，如果债务人对接受婴幼儿或者受保护的成年人的机构实施监控，他们所承担的监控债务（l'obligation de surveillance）属于手段债而非结果债。②

第四节　手段债和结果债区分的相对性

一、手段债和结果债之间区分理论的三种例外情形

根据手段债和结果债的区分理论，债务人对债权人所承担的合同债务要么是结果债务要么是手段债务。如果债务人承担的债务是结果债，债务人不能够通过证明自己没有过错的方式免责，他们只能够通过证明存在不可抗力而免责；而如果债务人承担的债务是手段债，则债务人能够通过证明自己没有过错的方式免责，也就是通过证明自己尽到了一个理性人能够尽到的注意程度、勤勉程度、技能运用程度的方式免责，已如前述。

不过，无论是法国法官还是民法学者均没有实行这样严厉的区分规则，因为他们认为，虽然手段债和结果债是两种性质不同的合同债，但是，它们的区分并不是绝对的，而是相对的，因为它们之间的区分也仅仅是程度方面的。有时，即便债务人承担的债务在性质上是结果债，他们仍然能够通过反证自己没有过错的方式免责，他们所承担的此种结果债被称为被弱化的结果债或者被强化的手段债。有时，即便债务人承担的债务是结果债，即便存在不可抗力，他们仍然应当承担合同责任，他们所承担的此种结果债被称为被强化的结果债。有时，债务人承担的同一债务既可能是手段债，也可能是结果债，例如债务人承担的安全债，他们承担的此种债务具有双重性。

二、安全债的双重性质：手段债和结果债

（一）安全债务的双重性

如果债务人对债权人承担安全保障债务，他们所承担的安全保障债务在性质上是手

① Article 1992, Code civil, Version en vigueur au 31 janvier 2021, https://www.legifrance.gouv.fr/codes/section_lc/LEGITEXT000006070721/LEGISCTA000006136405/#LEGISCTA000006136405.

② 1ère civ., 11 mars 1997.

段债还是结果债？在20世纪初期，当法国最高法院在运输合同当中确立债务人承担的安全债务时，虽然结果债和手段债的理论还没有出现，但是在那时，债务人承担的安全债务具有结果债的所有特征：一旦债务人让债权人遭受了人身伤害，他们的行为就构成过错。随着社会的进步和发展，安全债的适用范围被不断拓展，人们不可能像20世纪初期那样将一切债务人承担的一切安全债均视为结果债。因为这样的原因，在今时今日，安全债的性质不能够一概而论，因为在今时今日，法国最高法院认定，债务人承担的某些安全债在性质上属于结果债，而他们承担的另外一些安全债在性质上则属于手段债。[①]

（二）作为结果债的安全债

在今时今日，承运人对其旅客承担的安全保障债务在性质上仍然属于结果债，因为法国最高法院认为，从乘客登上承运人的交通运输工具开始一直到他们走下交通运输工具之前，承运人均应当对自己的乘客承担安全保障债务，该种安全保障债务不仅在性质上属于合同债务，而且还属于结果债务。因为承运人不仅对其乘客承担将他们从始发点运送到目的地的债务，而且还对他们承担将他们健康、安全地从始发点运送到目的地的债务。一旦旅客在交通工具当中遭受人身损害，则承运人就实施了过错行为，在其他两个条件具备时，他们就应当对其乘客承担合同责任。

在买卖合同当中，出卖人对其买受人承担的安全保障债务在性质上属于结果债，一旦他们交付的出卖物存在瑕疵并因此引起买受人人身损害，则出卖人的债务履行行为就存在过错，在其他两个条件具备时，他们应当对买受人承担合同责任。在制造合同当中，缺陷产品的生产商对其买受人承担的安全债属于结果债：一旦他们生产的产品所存在的缺陷引起买受人损害的发生，他们应当对其买受人承担合同责任，因为他们制造缺陷产品的行为构成过错行为。血液中心对其病患者承担的安全债务在性质上属于结果债，一旦血液中心所输入的血液导致被输液者感染，它们应当对其病患者承担合同责任，因为将感染病毒的血液输入病患者身上的行为构成过错行为。[②]

法国最高法院最近也认为，根据雇佣合同，雇主对其雇员即劳动者所承担的安全债务在性质上也属于结果债。该种结果债表现在：雇主应当对其雇员承担安全保障债务，要采取措施防止其雇员、劳动者被所生产、使用的产品感染职业病，要采取措施防止其雇员、劳动者遭遇劳动事故的侵害，要采取措施防止雇员、劳动者之间实施的人身或者道德暴力伤害。一旦雇员、劳动者遭遇职业病、劳动事故或者其他雇员、劳动者的侵

---

① Philippe Malaurie, Laurent Aynès, Philippe Stoffel-Munck, Droit des obligations, 8e édition, L. G. D. J., 2016, pp. 540—542; Rémy Cabrillac, Droit des obligations, 12e édition, Dalloz, 2016, p. 155; Virginie Larribau-Terneyre, Droit civil, Les Obligations, 15e édition, Dalloz, 2017, pp. 611—612; François Terré, Philippe Simler, Yves Lequette, François Chénedé, Droit civil, Les Obligations, 12e édition, Dalloz, 2018, pp. 917—921.

② Philippe Malaurie, Laurent Aynès, Philippe Stoffel-Munck, Droit des obligations, 8e édition, L. G. D. J., 2016, pp. 540—542; Rémy Cabrillac, Droit des obligations, 12e édition, Dalloz, 2016, p. 155; Virginie Larribau-Terneyre, Droit civil, Les Obligations, 15e édition, Dalloz, 2017, pp. 611—612; François Terré, Philippe Simler, Yves Lequette, François Chénedé, Droit civil, Les Obligations, 12e édition, Dalloz, 2018, pp. 920—921.

害，雇主就实施了过错行为，他们就应当对其雇员、劳动者承担合同责任；他们不能够通过证明自己已经尽到了合理注意债务而免除所承担的合同责任，因为他们所承担的这些安全债务在性质上属于结果债而非手段债。[①]

（三）作为手段债的安全债

在今时今日，债务人承担的某些安全债在性质上不属于结果债而属于手段债。债务人承担的这些安全债之所以被视为手段债，一个最主要的原因是，在债务人履行安全债时，债权人积极地参与了债务人的债务履行行为，换言之，债权人积极地干预了债务人债务的履行行为。一方面，法国法官认为，酒店、宾馆对其顾客承担的安全债务在性质上属于手段债；另一方面，法国法官也认为，旅游业者、观光业者对其顾客所承担的安全债务在性质上也属于手段债。在这些案件当中，法官认为，顾客遭受人身损害的单纯事实还无法让酒店、宾馆、旅游业者、观光业者承担合同责任，如果顾客要求法官责令这些债务人对自己承担合同责任，他们还必须承担举证责任，证明这些债务人在行为时没有尽到合理的注意债务。[②]

（四）债务人同时承担结果性质的安全债务和手段性质的安全债务

因为债务人承担的安全债务既可能是手段债也可能是结果债，因此，在某些情况下，同一债务人有时既承担安全债，也承担手段债。例如，法国最高法院认为，运输合同当中的承运人对其乘客所承担的某种安全债务属于结果债，而他们承担的另外一些安全债务则属于手段债：就整个旅程而言，承运人对其乘客承担的安全债务属于结果债，而对于乘客上车和下车而言，承运人对其乘客承担的安全债务则属于手段债。[③] 再例如，法国最高法院也认为，在滑雪场与其顾客之间的服务合同当中，滑雪场经营者有时承担结果性质的安全债务，而有时则承担手段性质的安全债务。

根据法国最高法院的司法判例，如果属于严格意义上的并且使用了滑道的滑雪场，则滑雪场的经营者对其顾客承担的安全债务在性质上属于手段债而非结果债，顾客不能够仅仅因为在滑道上滑雪受到伤害而要求经营者承担合同责任。法国最高法院之所以采取此种规则，是因为它认为，在履行债务人所承担的安全债务时，债权人即顾客也积极发挥了自己的作用，他们积极地参与了债务人安全债务的履行行为：滑雪速度的控制和滑雪路径的选择均掌握在顾客手中，债务人即经营者无法控制。[④]

如果滑雪场经营者还经营观光滑雪升降机、吊船和缆车等，则他们就其升降机、吊

---

① François Terré, Philippe Simler, Yves Lequette, François Chénedé, Droit civil, Les Obligations, 12e édition, Dalloz, 2018, p. 921.

② Philippe Malaurie, Laurent Aynès, Philippe Stoffel-Munck, Droit des obligations, 8e édition, L. G. D. J., 2016, p. 542; Virginie Larribau-Terneyre, Droit civil, Les Obligations, 15e édition, Dalloz, 2017, pp. 611—612; François Terré, Philippe Simler, Yves Lequette, François Chénedé, Droit civil, Les Obligations, 12e édition, Dalloz, 2018, pp. 917—921.

③ Marjorie Brusorio Aillaud, Droit des obligations, 8e édition, bruylant, 2017, p. 280.

④ Virginie Larribau-Terneyre, Droit civil, Les Obligations, 15e édition, Dalloz, 2017, p. 611.

船和缆车等设备、设施的安全对其顾客承担的债务就不再是手段债而是结果债，如果顾客在使用这些设备、设施时遭受人身伤害，经营者应当对自己的顾客承担合同责任，因为，顾客遭受人身伤害本身就足以证明债务人即经营者存在过错。法国最高法院之所以采取此种规则，是因为它认为，在履行债务人所承担的安全债务时，债权人即顾客没有发挥任何积极作用，他们没有积极地参与债务人债务的履行行为，而仅仅消极地乘坐经营者提供的升降机、吊船和缆车等设备、设施。[①]

三、被强化的手段债或者被弱化的结果债

在例外情况下，即便是结果债，债务人也能够通过证明自己没有过错的方式免责：如果债务人能够证明自己在行为时尽到了一般理性人所能够尽到的注意程度、勤勉程度、技能运用程度，则他们承担的过错推定责任就被免除。人们将债务人承担的此种结果债称为被弱化的结果债（les obligations de résultat attenuees les obligations de résultat allégée），也称为被强化的手段债（les obligations de moyens renforcée）。[②]

人们之所以将债务人承担的此种结果债称为被弱化的结果债，是因为它让普通结果债的法律效力得到弱化：虽然债务人的过错是被推定的，但是，债务人能够通过反证的方式推翻过错推定并因此免责；而普通的结果债则不同，在他们的过错被推定时，他们不能够通过反证方式推翻自己的过错并因此免责。人们之所以将债务人承担的此种结果债称为被强化的手段债，是因为它虽然像普通手段债一样能够通过反证自己没有过错的方式免责，但是，普通手段债的债权人应当承担举证责任，证明债务人有过错；而被强化的手段债则不同，债务人的过错是被推定的，债权人无须证明债务人有过错。

《法国民法典》对某些债务人承担的被弱化的结果债做出了规定。例如，《法国民法典》第1789条规定，如果承揽人使用的物引起委托人损害的发生，他们应当对委托人遭受的损害承担赔偿责任。虽然承揽人对其委托人承担的合同债务属于结果债，但是，承揽人能够通过证明自己已经尽到了合理注意债务的方式免责。再例如，《法国民法典》第1732条规定，承租人对租赁期间租赁物的损坏或者灭失承担合同责任，至少在他们不能够证明自己没有过错时是如此。[③]《法国运输法典》第L. 5421－4条也对海运合同当中承运人承担的被弱化的结果债做出了说明，该条规定：一旦乘客因为沉船、碰撞、着陆、爆炸、火灾或者任何重大灾难而遭受死亡或者伤害，承运人均应当承担赔偿责任，除非他们能够承担举证责任，证明这些事故既不是因为自己的过错也不是因为

① Virginie Larribau-Terneyre, Droit civil, Les Obligations, 15e édition, Dalloz, 2017, pp. 611—612.

② Dimitri Houtcieff, Droit Des Contrats, Larcier, 2e édition, 2016, pp. 534—535; Virginie Larribau-Terneyre, Droit civil, Les Obligations, 15e édition, Dalloz, 2017, p. 612; Marjorie Brusorio Aillaud, Droit des obligations, 8e édition, bruylant, 2017, p. 280; François Terré, Philippe Simler, Yves Lequette, François Chénedé, Droit civil, Les Obligations, 12e édition, Dalloz, 2018, pp. 907—908.

③ Dimitri Houtcieff, Droit Des Contrats, Larcier, 2e édition, 2016, pp. 534—535; Virginie Larribau-Terneyre, Droit civil, Les Obligations, 15e édition, Dalloz, 2017, p. 612; Marjorie Brusorio Aillaud, Droit des obligations, 8e édition, bruylant, 2017, p. 280; François Terré, Philippe Simler, Yves Lequette, François Chénedé, Droit civil, Les Obligations, 12e édition, Dalloz, 2018, pp. 907—908.

自己雇员的过错引起的。[①]

四、被强化的结果债

除了债务人承担的结果债可以被弱化并因此嬗变为被强化的手段债之外，在例外情况下，基于合同当事人的明确约定，债务人承担的结果债也可能被当事人在自己的合同当中加重，这就是，即便具备不可抗力的免责事由，债务人也必须对债权人承担合同责任，他们不得以不可抗力作为拒绝承担合同责任的理由。人们将债务人承担的此种结果债称为被强化的结果债（les obligations de résultat renforcée）或者被加重的结果债（les obligations de résultat aggravée），并且认为债务人承担的此种结果债等同于真正的担保债（les obligations de garantie）。[②] 所谓担保债，是某些有偿合同当中的债务人对其债权人所承担的确保其债权人获得某种结果的一种特别债务，例如，买卖合同当中的出卖人所承担的让其买受人获得没有权利瑕疵或者质量瑕疵的债务。出卖人承担的此种担保债也拓展到其他有偿合同当中。[③]

被强化的结果债与普通的结果债之间的差异是，一旦债务人实施了不履行债务的行为，他们实施的行为就被视为是过错行为，在符合其他两个条件时，他们就必须承担合同责任，即便存在不可抗力因素，他们也不得以不可抗力推翻过错推定并因此拒绝承担合同责任。《法国民法典》第 1772 条和第 1773 条对租赁合同当中承租人所承担的被强化的结果债做出了说明，这两个法律条款规定：如果合同条款明确规定，承租人对意外事故承担债务，则他们应当承担债务。承租人就意外事故承担的债务仅仅限于通常的意外事故，诸如冰雹、雷击、霜冻和落花、落果等，承租人不对国家通常不会遭遇的特别意外事故，诸如战争、洪水等承担债务，至少承租人不会对所有已经预见或者没有预见的意外事故承担债务。[④]

---

① Article L5421-4, Code des transports, Version en vigueur au 1 février 2021, https://www.legifrance.gouv.fr/codes/section_lc/LEGITEXT000023086525/LEGISCTA000023073713?etatTexte = VIGUEUR&etatTexte = VIGUEUR_DIFF#LEGISCTA000023080150.

② Dimitri Houtcieff, Droit Des Contrats, Larcier, 2e édition, 2016, pp. 534—535; Virginie Larribau-Terneyre, Droit civil, Les Obligations, 15e édition, Dalloz, 2017, p. 612; Marjorie Brusorio Aillaud, Droit des obligations, 8e édition, bruylant, 2017, p. 280; François Terré, Philippe Simler, Yves Lequette, François Chénedé, Droit civil, Les Obligations, 12e édition, Dalloz, 2018, p. 908.

③ B. Gross, La notion d'obligation de garantie dans le Droit Des Contrats, Bibl. droit privé, n°42, L. G. D. J., 1964, pp. 1—364.

④ Articles 1772 et 1773, Code civil, Version en vigueur au 1 février 2021, https://www.legifrance.gouv.fr/codes/section_lc/LEGITEXT000006070721/LEGISCTA000006136387/#LEGISCTA000006136387.

第十六章　作为合同责任构成要件的损害

第一节　损害的界定和损害在合同责任当中的地位

除了应当具备第一个构成条件即债务人实施的被视为过错的债务不履行之外，债务人对债权人承担合同责任还应当具备第二个构成要件，这就是债务人不履行债务的行为即过错行为引起了债权人遭受了某种损害。如果债务人实施的不履行债务的行为没有引起债权人损害的发生，则原则上，他们无需对债权人承担合同责任。因此，债权人遭受损害是债务人对债权人承担合同责任的必要条件之一。

一、损害的界定

（一）dommage 和 préjudice 的区分或者混同

在法国，无论是在合同责任还是侵权责任当中，人们在使用“损害”一词时要么使用 dommage，要么使用 préjudice。虽然某些民法学者试图区分这两个术语，并且未来的《法国民法典》可能会明确区分这两个不同的术语，但是，迄今为止，法国大多数民法学者均不会明确区分这两个不同的术语，因为他们普遍认为这两个术语是同义词，彼此能够相互替换。换言之，无论是在讨论作为民事责任构成要件的损害时，还是在讨论作为民事责任法律效果的损害赔偿当中的损害赔偿时，他们均交替使用这两个不同的术语。此外，迄今为止，《法国民法典》或者法官也采取同样的做法，不会明确区分这两个不同的术语。

Viney 和 Jourdain 对此种混同现象做出了说明，他们指出：“在指明民事责任的第一个条件即损害时，无论是《法国民法典》还是法官的司法判例均不区分 dommage 和 préjudice。同样，大多数学者不加区别地使用这两个术语，因为他们认为它们是同义词。”[①] Mazeaud 和 Chabas 不明确区分这两个术语，他们指出：“在现代法律语言当中，préjudice 是 dommage 的同义词。”[②] Carbonnier 也采取这种态度，他指出，dommage 和 préjudice 是同义词。[③]

---

① Geneviève Viney, Patric Jourdain, Traité de Droit Civil, les conditions de la responsabilité, 3e édition, L. G. D. J., 2006, p. 3.

② Henri et Leon Mazeaud, Jean Mazeaud, Francois Chabas, Obligations, 9e édition, Montchrestien, 1998, p. 412.

③ Jean Carbonnier, Droit civil, Volume Ⅱ, Les biens, Les obligations, puf, 2004, p. 2187.

（二）事实上的损害和法律上的损害之间的区分

迄今为止，虽然《法国民法典》、大多数民法学者或者法官均不区分 dommage 和 préjudice，但是，许多行政法学家在行政法当中明确区分这两个不同的术语。受到行政法学家的影响，从 1983 年开始尤其是从 2000 年开始，少数民法学者也在自己的民法著作当中区分这两个术语。根据他们的说明，dommage 一词仅仅是指债权人或者他人财产或者人身所遭受的一种毁损、伤亡等（la lésion l'atteinte），它是一种单纯的事实，是没有法律含义的。而 préjudice 则不同，它不是指债权人或者他人财产或者人身所遭受的事实上的毁损、伤亡等，而是指债权人或者他人事实上的毁损、伤亡等所引起的某种财产或者非财产后果。①

根据这些民法学者的看法，préjudice 与 dommage 的差异表现在：其一，préjudice 是一个法律术语，因为它是指债权人或者他人要求债务人或者行为人对其予以赔偿的对象；而 dommage 则不同，它并不是一个法律术语，因为它仅仅是指债权人或者他人的财产或者人身所遭受的事实上的毁损、伤亡等。其二，dommage 是原因，而 préjudice 则是 dommage 引起的结果。换言之，dommage 是指债权人或者他人所遭受的事实上的损害，而 préjudice 则是指债权人或者他人所遭受的能够要求债务人或者行为人加以赔偿的损害，也就是法律上的损害，这就是事实上的损害和法律上的损害的区分理论。②

在事实上的损害和法律上的损害之间的区分理论确立之后，法国少数民法学者在讨论包括合同责任和侵权责任在内的民事责任时开始区分这两个不同的术语：在讨论损害的分类时，他们仅仅使用 dommage 一词，不再使用 préjudice 一词，因为他们认为，损害类型当中的损害是指债权人或者他人所遭受的事实上的损害。而在讨论民事责任的法律效果即损害赔偿或者损害赔偿责任时，他们不再使用 dommage 一词而仅仅使用 préjudice 一词，因为他们认为，作为民事责任的法律效果，损害赔偿或者损害赔偿责任当中的损害不再是指债权人或者他人在事实上遭受的损害，而是指他们有权在法律上要求法官责令债务人或者行为人加以赔偿的损害。

虽然现行《法国民法典》没有明确区分 dommage 一词和 préjudice 一词，但是，未来的《法国民法典》有明确区分这两个术语的可能。一方面，在 2017 年的《民事责任法改革草案》当中，法国司法部明确区分这两个不同的术语。最典型的法律条款是《民事责任法改革草案》当中的第 1235 条，该条规定：因为某种合法利益的毁损、伤亡等（dommage et consistant en la lésion）导致的所有确定损害（préjudice）均是应当予以赔偿的，包括财产利益和非财产利益的毁损、伤亡等。③ 另一方面，在 2020 年的《民事责任法改革提案》当中，法国参议院也采取同样的做法，它明确区分这两个术语，最

① Geneviève Viney, Patric Jourdain, Traité de Droit Civil, les conditions de la responsabilité, 3e édition, L. G. D. J., 2006, pp. 3—4.

② Geneviève Viney, Patric Jourdain, Traité de Droit Civil, les conditions de la responsabilité, 3e édition, L. G. D. J., 2006, pp. 3—4.

③ Article 1235, Projet de réforme du droit de la responsabilité civile, 13 mars 2017, http://www.textes.justice.gouv.fr/textes-soumis-a-concertation-10179/projet-de-reforme-du-droit-de-la-responsabilite-civile-29782.html.

典型的法律条款也是《民事责任法改革提案》当中的第1235条，该条完全重复了司法部《民事责任法改革草案》当中的第1235条。[①]

（三）损害的界定

即便法国少数民法学者明确区分dommage一词和préjudice一词，或即便法国司法部和参议院在它们起草的民事责任法改革草案或者提案当中明确区分这两个术语，但是，这两个术语实际上是无法明确区分的。

2014年的法国著名的法律词典*Vocabulaire Juridique*不区分这两个术语，除了明确指出它们是两个同义词之外，在界定dommage一词时，[②]它借助于préjudice，而在界定préjudice一词时，它借助于dommage一词。[③] 2018年的法国著名的法语词典*Le Petit Robert*也不明确区分这两个术语：在界定dommage一词时，它将其界定为préjudice，因为它指出："所谓dommage，是指每一个人所遭受的préjudice。"[④] 而在界定préjudice一词时，它又将其界定为dommage，因为它指出："所谓préjudice，是指每一个人所遭受的dommage，诸如财产损害和道德损害等。"[⑤] 因为这样的原因，笔者在讨论合同责任的构成要件和合同责任的法律效果时均不明确区分这两个术语，均将其称为损害。

在法国，虽然大多数民法学者均将损害视为合同责任的构成要件，但是，几乎所有的民法学者均没有对损害一词做出界定。民法学者为何不对损害一词做出界定？Mazeaud和Chabas对民法学者不界定损害一词的原因做出了说明，他们指出："人们没有必要界定损害一词，因为损害一词的法律含义就是其通常含义，除了其通常含义之外，它没有其他的法律含义。"[⑥] 不过，虽然大多数民法学者均不界定损害一词，法国少数学者仍然对损害一词做出了界定。

在2014年的著名法律词典*Vocabulaire Juridique*当中，Gérard Cornu对损害一词做出了界定，他指出：所谓损害，是指他人的人身、财产或者非财产权所遭受的并且让受害人享有要求赔偿的权利的伤亡、毁损等，这就是他人遭受的人身损害、财产或者经济损害以及亲人的丧失和名誉的毁损等。这些损害或者源自合同的不履行行为，或者源自行为人实施的侵权和准侵权，或者源自制定法或者法官强加给债务人或者行为人的某些行为（相邻人实施的异常侵扰行为）。[⑦]

笔者认为，所谓损害，是指债权人或者他人因为债务人不履行合同债务或者行为人侵犯其享有的某种财产权（les droits patrimoniaux）或者非财产权（les droits extrapatrimoniaux）所遭受的、能够要求债务人或者行为人加以赔偿的某种后果。损害既可以用

---

① Article 1235, Proposition de loi n°678 portant réforme de la responsabilité civile, Sénat Deuxième session extraordinaire de 2019—2020, Enregistré à la Présidence du Sénat le 29 juillet 2020, http://www. senat. fr/leg/pp. 119—678. html.

② Vocabulaire juridique, 10e édition, sous la direction de Gérard Cornu, puf, 2014, p. 367.

③ Vocabulaire juridique, 10e édition, sous la direction de Gérard Cornu, puf, 2014, p. 787.

④ Le Petit Robert de la Langue Française, 2019 édition, Le Robert, 2018, p. 772.

⑤ Le Petit Robert de la Langue Française, 2019 édition, Le Robert, 2018, p. 2002.

⑥ Henri et Leon Mazeaud, Jean Mazeaud, Francois Chabas, Obligations, 9e édition, Montchrestien, 1998, p. 412.

⑦ Vocabulaire juridique, 10e édition, sous la direction de Gérard Cornu, puf, 2014, p. 367.

dommage 一词表示，也可以用 préjudice 一词表示，因为它们与其他几个法律术语的含义均是相同的，包括：lésion、atteinte、detriment、tort 以及 dam①，它们均是指一个人因为另外一个人的行为而遭受的能够在法律上加以赔偿的某种损害。其中的一个人或者是合同责任当中的债权人，或者是指侵权责任当中的他人，也就是受害人，而另外一个人或者是指合同责任当中的债务人，或者是指侵权责任当中的行为人。其中的行为或者是指合同责任当中债务人（或者债务人对其行为负责任的人）不履行债务的行为，或者是指侵权责任当中行为人（或者行为人对其行为负责任的人）实施的侵犯他人享有的某种财产权或者非财产权的行为。

因此，如果买卖合同的出卖人交付的出卖物所存在的瑕疵引起买受人伤害的发生，则买受人遭受的伤害就是一种损害。如果租赁合同的出租人没有履行租赁物的修缮债务，导致承租人不得不居住酒店，则承租人居住酒店所支出的费用也构成一种损害。同样，如果机动车引起的交通事故导致行人死亡，行人的配偶所感受到的亲人的离去也属于一种损害。在符合损害的条件时，债权人或者他人均能够要求法官责令债务人或者行为人对其遭受的这些损害承担赔偿责任。

二、损害在合同责任当中的地位的界定

所谓损害在合同责任当中的地位（la place du dommage），是指在责令债务人就其不履行债务的行为对债权人承担合同责任时，合同责任法是否要求具备损害这一构成要件。换言之，在要求债务人对自己承担损害赔偿责任时，债权人是否应当因为债务人不履行债务的行为而遭受了某种损害？无论是在 2016 年之前还是之后，《法国民法典》均做出了完全肯定的回答。

2016 年之前，《法国民法典》第 1147 条规定，在债务人不履行或者迟延履行债务时，如果他们的不履行或者迟延履行行为引起了损害的发生，则债务人应当被责令赔偿债权人的损害，除非债务人能够证明债权人的损害是某种外在原因引起的，已如前述。因此，该条将损害视为债务人承担合同责任的必要条件。2016 年之后，新的第 1231 - 1 条取代了旧的第 1147 条的规定，并且新的第 1231 - 1 条与旧的第 1147 条的规定大同小异，换言之，新的第 1231 - 1 条也将损害视为合同责任的必要条件。②

未来的《法国民法典》似乎会坚持现在的做法，仍然会一如既往地将损害视为合同责任的必要条件。一方面，在 2017 年的《民事责任法改革草案》当中，法国司法部仍然将损害视为合同责任的必要条件，其第 1250 条规定：一旦债务人实施的一切合同不履行行为引起债权人某种损害的发生，债务人均应当赔偿债权人的损害。③ 另一方面，在 2020 年的《民事责任法改革提案》，法国参议院仍然保留了损害作为合同责任必要条件的做法，其第 1250 条也规定：一旦债务人实施的一切合同不履行行为，包括迟

---

① Le Petit Robert de la Langue Française, 2019 édition, Le Robert, 2018, p. 772.

② Dimitri Houtcieff, Droit Des Contrats, Larcier, 2e édition, 2016, p. 535; Virginie Larribau-Terneyre, Droit civil, Les Obligations, 15e édition, Dalloz, 2017, p. 613.

③ Article 1250, Projet de réforme du droit de la responsabilité civile, 13 mars 2017, http://www.textes.justice.gouv.fr/textes-soumis-a-concertation-10179/projet-de-reforme-du-droit-de-la-responsabilite-civile-29782.html.

延履行合同的行为引起债权人某种损害的发生，他们均应当赔偿债权人遭受的损害。①

不过，法国民法学者和法官做出的回答就未必像法国立法者这样肯定，因为他们做出的回答存在差异，其中就有如下三种不同的理论：完全否定损害是合同责任必要条件的民法学者；例外情况下否定损害是合同责任必要条件的民法学者和法官；完全肯定损害是合同责任必要条件的民法学者。

三、少数民法学者否定损害是合同责任的必要条件

在法国，少数民法学者认为，债权人遭受的损害并不是债务人承担合同责任的必要条件，即便债务人不履行债务或者迟延履行债务的行为没有引起债权人损害的发生，债务人仍然应当赔偿债权人的损害，债权人仍然有权要求债务人赔偿其损害，因为这些民法学者认为，一旦债权人证明了债务人实施了债务不履行行为，债务人不履行债务的行为本身就足以让他们赔偿债权人的损害，即便他们不履行债务的行为没有引起债权人损害的发生。

在 1994 年的文章《合同的不履行：另外一种表达》当中，Tallon 采取此种理论，认为债权人遭受的损害并不是债务人承担合同责任的必要条件。② 在 1994 年的文章《合同责任：一个虚假概念的历史》当中，Rémy 也采取此种理论，认为债务人对债权人的损害赔偿并不要求债权人因为债务人的不履行行为而遭受了某种损害。③ 在 2000 年的《责任和合同法》当中，Le Tourneau 也采取同样的看法，他认为，损害赔偿并不以债权人遭受某种损害作为前提。④ 这些民法学者之所以不将债权人遭受的损害作为债务人承担合同责任的必要条件，是因为他们并不承认真正意义上的合同责任的存在，他们将损害赔偿视为债务人履行债务的一种方式，是与强制代物履行相对应的另外一种债务履行方式，这就是强制等价履行，已如前述。⑤

四、法国最高法院和某些民法学者在损害的地位问题上存在的犹疑不决的态度

在损害是不是合同责任必要条件的问题上，法国最高法院存在相互矛盾的两种做法。在某些司法判例当中，它不将损害视为合同责任的必要条件，因为它认为，只要债务人实施了不履行债务的行为，即便他们的行为没有引起债权人损害的发生，债权人仍

① Article 1250, Proposition de loi n°678 portant réforme de la responsabilité civile, Sénat Deuxième session extraordinaire de 2019—2020, Enregistré à la Présidence du Sénat le 29 juillet 2020, http://www.senat.fr/leg/pp. 119—678. html.

② D. Tallon, L'inexécution du contrat: pour une autre présentation, RTD civ., 1994, p. 223.

③ Ph. Remy, La responsabilitécontractuelle: histoire d'un faux concept, RTD civ., 1997, p. 323.

④ Philippe Le Tourneau, Droit de la responsabilité et des contrats, Dalloz, 2000, n°802.

⑤ Geneviève Viney, Patric Jourdain, Traité de Droit Civil, les conditions de la responsabilité, 3e édition, L. G. D. J., 2006, p. 5.

然有权要求债务人赔偿其损害。[①] 早在1981年2月10日的案件当中，法国最高法院民一庭就认定，即便公证员不履行合同债务的行为没有引起债权人损害的发生，他们仍然应当对债权人承担损害赔偿责任，仍然应当赔偿债权人遭受的损害。[②]

在2000年7月18日的案件当中，法国最高法院民一庭认为，在病患者面临病情加重和急剧恶化的风险时，医师没有履行对病患者所承担的信息通知债务，虽然病患者在没有被通知的情况下疾病没有加重或者恶化，但是，他们仍然应当对病患者承担损害赔偿责任。[③] 在2002年1月30日的案件当中，法国最高法院民三庭也认为，即便承租人不履行合同所规定的修缮债务的行为没有引起出租人损害的发生，他们仍然应当对出租人承担合同责任，仍然应当赔偿出租人的损害。[④] 在2005年5月10日的案件当中，法国最高法院民一庭认定，当债务人违反他们对债权人承担的不作为债时，尤其是非竞争的债务时，即便他们违反不作为债务的行为没有引起债权人损害的发生，他们仍然应当对债权人承担损害赔偿责任。[⑤]

在另外一些司法判例当中，法国最高法院则采取了与上述司法判例不同的规则，这就是，合同责任的承担以债权人因为债务人的不履行行为而遭受某种可予赔偿的损害作为前提，如果债务人不履行债务的行为没有引起债权人损害的发生，则他们不得被责令对债权人承担损害赔偿责任。[⑥] 早在1936年5月25日的案件当中，法国最高法院商事庭就采取此种规则，因为它明确指出："如果债务的不履行行为要产生损害赔偿责任，债务人的债务不履行行为必须已经引起债权人损害的发生。"[⑦]

不过，最具有标志性的判决是法国最高法院民三庭在2003年12月3日的案件当中做出的判决，在该案当中，法庭指出："虽然债务人被责令部分返还价款给债权人，但是，价款的部分返还本身还不构成可予赔偿的损害，无法让债权人提起要求债务人对其承担损害赔偿责任的诉讼。"[⑧] 法院还指出："仅仅在法官做出判决那一刻确认，债务人实施的过错行为引起了债权人损害的发生，法官才能够责令债务人赔偿债权人的损害。"[⑨] 此种规则确立之后，为法国最高法院在此后的众多司法判例当中所遵循并因此

---

① Geneviève Viney, Patric Jourdain, Traité De Droit Civil, les conditions de la responsabilité, 3e édition, L. G. D. J., 2006, p. 5; Dimitri Houtcieff, Droit Des Contrats, Larcier, 2e édition, 2016, p. 535; Muriel Fabre-Magnan, Droit des obligations, Tome 1, Contrat et engagement unilatéral, 4e édition, puf, 2016, pp. 766—767; Marjorie Brusorio Aillaud, Droit des obligations, 8e édition, bruylant, 2017, p. 286.

② Cass. 1re civ, 10 février 1981, n°79—15. 970.

③ Civ. 1re, 18 juillet 2000, n°99—10886.

④ Civ. 3e, 30 janvier 2002, n°00—15784.

⑤ Civ. 1re, 10 mai 2005, n°02—15910.

⑥ Geneviève Viney, Patric Jourdain, Traité De Droit Civil, les conditions de la responsabilité, 3e édition, L. G. D. J., 2006, pp. 5—6; Dimitri Houtcieff, Droit Des Contrats, Larcier, 2e édition, 2016, pp. 535—536; Muriel Fabre-Magnan, Droit des obligations, Tome 1, Contrat et engagement unilatéral, 4e édition, puf, 2016, pp. 766—767; Virginie Larribau-Terneyre, Droit civil, Les Obligations, 15e édition, Dalloz, 2017, p. 614.

⑦ Cass Req. 25 mai 1936: GP 1936, 2, 313.

⑧ Civ. 3e, 3 déc. 2003, RTD civ. 2004, 295.

⑨ Civ. 3e, 3 déc. 2003, RTD civ. 2004, 295.

被视为一个重要的规则。[①]

受到法国最高法院所采取的两种不同司法判例的影响，在今时今日，某些民法学者在损害的地位上采取折中的意见：原则上，损害应当是合同责任的必要条件，没有损害的发生，债务人无须对债权人承担损害赔偿责任；例外情况下，损害则不是合同责任的条件，即便没有损害，债务人仍然应当对债权人承担损害赔偿责任。例如，Fabre-Magnan 就采取此种理论，他指出，虽然损害赔偿应当以债权人遭受某种损害作为必要，但是，即便债务人不履行债务的行为没有引起债权人损害的发生，他们可能仍然要赔偿债权人的损害，虽然此种现象并不是经常发生的。例如，虽然雇员违反了不与雇主展开竞争的债务，但是，他们仍然应当就其不履行债务的行为对雇主承担赔偿责任，即便他们违反债务的行为没有引起雇主损害的发生。再例如，在医师没有履行通知债务的情况下，即便病患者在没有得到通知时疾病痊愈，病患者仍然有权要求法官责令医师对其承担损害赔偿责任。[②]

Brusorio Aillaud 也采取此种理论，他指出，原则上，合同责任应当以某种损害的实现作为条件，这一点让合同责任不同于强制代物履行。不过，例外情况下，即便债务不履行行为没有引起损害的发生，债务人仍然应当承担损害赔偿责任。因为法国最高法院民一庭一直认定，如果债务人不履行不作为债务，不履行不作为债务的行为本身就足以让债务人对债权人承担损害赔偿责任，债权人在要求债务人承担责任时无须证明自己遭受了损害。[③]

五、大多数民法学者将损害视为合同责任的必要条件

在法国，虽然最高法院在损害地位的问题上态度不明确，虽然少数民法学者完全不将损害视为合同责任的必要条件，但是，大多数民法学者均将损害视为合同责任的必要条件。[④] Mazeaud 和 Chabas 等人对损害在合同责任当中的必要性做出了说明，他们认为，在包括合同责任和侵权责任在内的民事责任当中，损害是必要的，损害之所以是必要的，是因为它是一个更大的规则即“没有利益就没有诉权”在民事责任领域的具体适

---

① Geneviève Viney, Patric Jourdain, Traité De Droit Civil, les conditions de la responsabilité, 3e édition, L. G. D. J., 2006, pp. 5—6; Dimitri Houtcieff, Droit Des Contrats, Larcier, 2e édition, 2016, pp. 535—536; Muriel Fabre-Magnan, Droit des obligations, Tome 1, Contrat et engagement unilatéral, 4e édition, puf, 2016, pp. 766—767; Virginie Larribau-Terneyre, Droit civil, Les Obligations, 15e édition, Dalloz, 2017, p. 614.

② Muriel Fabre-Magnan, Droit des obligations, Tome 1, Contrat et engagement unilatéral, 4e édition, puf, 2016, p. 766.

③ Marjorie Brusorio Aillaud, Droit des obligations, 8e édition, bruylant, 2017, p. 286.

④ Henri Roland et Laurent Boyer, Contrat, 3e édition, Litec, 1989, p. 563; Henri et Leon Mazeaud, Jean Mazeaud, Francois Chabas, Obligations, 9e édition, Montchrestien, 1998, pp. 412—413; Jean Carbonnier, Droit civil, Volume Ⅱ, Les biens, Les obligations, puf, 2004, p. 2187; Geneviève Viney, Patric Jourdain, Traité De Droit Civil, les conditions de la responsabilité, 3e édition, L. G. D. J., 2006, p. 4; Dimitri Houtcieff, Droit Des Contrats, Larcier, 2e édition, 2016, pp. 835—836; Philippe Malaurie, Laurent Aynès, Philippe Stoffel-Munck, Droit des obligations, 8e édition, L. G. D. J., 2016, p. 551; Rémy Cabrillac, Droit des obligations, 12e édition, Dalloz, 2016, p. 161; Virginie Larribau-Terneyre, Droit civil, Les Obligations, 15e édition, Dalloz, 2017, p. 730; François Terré, Philippe Simler, Yves Lequette, François Chénedé, Droit civil, Les Obligations, 12e édition, Dalloz, 2018, pp. 889—890.

用，根据这一更大的规则，如果他人要提起民事责任之诉，他人应当对所提起的诉讼具有利害关系，这就是，他人已经遭受了某种损害。①

Mazeaud 和 Chabas 等人认为，损害是民事责任必要条件的规则是不言自明的规则，人们根本没有必要规定这一规则。虽然如此，《法国民法典》的立法者仍然在 1832 条（新的第 1240 条）当中对此种规则做出了规定。鉴于《法国民法典》的立法者没有在合同责任领域规定此种规则，某些民法学者试图让人相信，一旦债务人不履行合同规定的债务，债务人就应当承担合同责任。法国最高法院已经公正地谴责了这些民法学者的此种看法，因为它认为，在损害欠缺时，合同的不履行行为是不会产生赔偿请求权的。在损害欠缺时，法官根据什么因素确定赔偿？与刑事责任不同，民事责任的目的不在于惩罚，而在于赔偿，因此，损害是包括合同责任和侵权责任在内的民事责任的必要条件。②

Terré、Simler 和 Lequette 等人也对此种必要条件做出了说明，他们指出，在承担了源自合同的债务之后，债务人要么履行自己所承担的债务，包括自愿履行和强制履行，要么赔偿债务不履行所引起的损害。虽然在某些案件当中存在犹豫不决的现象，但是，最高法院最终斩钉截铁地认定，合同债务的不履行本身不足以产生损害赔偿责任，这就是所谓的“没有损害就没有赔偿”的规则。③ Terré、Simler 和 Lequette 等人认为，虽然法国最高法院曾经指出，如果债务人不履行所承担的不作为债务，他们对债权人承担的合同责任不以债权人遭受损害作为必要条件，但是，鉴于 2016 年 2 月 10 日的债法改革法令废除了作为此种司法判例根据的《法国民法典》旧的第 1145 条，法国最高法院的此种规则应当被放弃。换言之，合同责任领域没有损害仍然应当承担合同责任的规则也应当因此烟消云散。④

此外，其他民法学者也对损害在包括合同责任在内的民事责任当中的必要地位做出了说明。例如，Cabrillac 指出：“债权人遭受的损害是合同责任的必要条件，因为，没有所遭受的损害就没有赔偿。”⑤再例如，Larribau-Terneyre 也指出：“损害是民事责任的必要条件：没有损害就没有责任，正如我们已经指出的那样，这是民事责任区别于刑事责任的一个地方。”⑥

六、侵权责任领域损害赔偿责任制度对合同责任领域损害赔偿责任制度的影响

无论是在债法改革法令颁布之前还是之后，《法国民法典》均对合同责任当中的财

---

① Henri et Leon Mazeaud, Jean Mazeaud, Francois Chabas, Obligations, 9e édition, Montchrestien, 1998, p. 412

② Henri et Leon Mazeaud, Jean Mazeaud, Francois Chabas, Obligations, 9e édition, Montchrestien, 1998, pp. 412—413.

③ François Terré, Philippe Simler, Yves Lequette, François Chénedé, Droit civil, Les Obligations, 12e édition, Dalloz, 2018, p. 889.

④ François Terré, Philippe Simler, Yves Lequette, François Chénedé, Droit civil, Les Obligations, 12e édition, Dalloz, 2018, p. 890.

⑤ Rémy Cabrillac, Droit des obligations, 12e édition, Dalloz, 2016, p. 161.

⑥ Virginie Larribau-Terneyre, Droit civil, Les Obligations, 15e édition, Dalloz, 2017, p. 730.

产损害的赔偿做出了规定，没有对合同责任当中的非财产损害赔偿做出规定。无论是在1804年、2016年的债法改革法令颁布之前还是之后，《法国民法典》均没有对侵权责任当中的财产损害或者非财产损害赔偿做出规定。不过，从19世纪中后期开始一直到20世纪50年代之间，经过民法学者和法官的共同努力，《法国民法典》在侵权责任的损害赔偿问题上所存在的漏洞被填补并因此建立起完整的、完全的损害赔偿责任制度，其中就包括可予赔偿的损害的类型和可予赔偿的损害的特征等内容。不仅如此，侵权责任领域的损害赔偿责任制度还对合同责任产生了重大影响。

合同责任制度之所以受到侵权责任制度的影响，是因为20世纪以来，民法学者和法官以侵权责任作为模板来打造和构建合同责任制度，将侵权责任的一般理论和一般制度引入合同责任制度当中并因此让合同责任制度与侵权责任制度趋同，除了以侵权责任作为模板打造和构建其他合同责任制度之外，他们还以侵权责任当中的损害类型作为模板打造和构建合同责任当中损害的类型。这就是侵权责任当中损害的类型化理论对合同责任当中损害的类型化理论所产生的影响。不过，合同责任当中损害的类型化理论仅仅是侵权责任对合同责任产生影响的一个范例而不是全部，因为，除了此种影响之外，侵权责任还在众多方面对合同责任产生影响，例如，侵权责任当中损害的特征理论对合同责任当中损害的特征产生了重大影响。关于这一点，笔者将在下面的内容当中做出详细的讨论，此处从略。

众所周知，罗马法当中既存在合同责任制度，也存在侵权责任制度，虽然罗马法当中的合同责任制度和侵权责任制度均不发达，没有建立一般意义上的民事责任制度。在罗马法当中，究竟是合同责任还是侵权责任占据核心地位？答案是，在罗马法当中，占据核心地位的民事责任制度并不是侵权责任制度，而是合同责任制度，因为合同责任当中的损害赔偿影响到了侵权责任当中的损害赔偿。因为此种原因，在罗马法当中，合同责任当中的损害赔偿责任制度与侵权责任当中的损害赔偿责任制度相似。①

在17世纪，合同责任仍然左右着侵权责任，因为在《自然秩序当中的民法》当中，Domat不仅以大量的篇幅讨论了合同责任当中的损害赔偿责任，而且还持续不断地将合同责任当中的损害赔偿责任制度输入到侵权责任当中。② 由于受到Domat的影响，1804年的《法国民法典》对合同责任当中的损害赔偿制度做出了规定，这就是第1146条至第1155条，已如前述。虽然以现在的眼光来看，这些法律条款的规定还不完善，但是，它们至少对合同责任当中的不可抗力、可予赔偿的损害（合同成立时已经预见或者原本能够预见的损害）以及赔偿范围（所丧失的利益和没有获得的利益）等做出了规定。③

反观1804年的《法国民法典》第1382条至第1386条，它们虽然均规定，行为人应当就其侵权（délit）即故意侵权行为和准侵权（quasi-délit）即过失侵权行为引起的损害对他人承担赔偿责任，但是，它们没有对损害赔偿责任做出任何说明：既没有规定

① Jean Carbonnier, Droit civil, Volume Ⅱ, Les biens, Les obligations, puf, 2004, p. 2185.

② Joseph Rémy, Œuvres complètes de J. Domat, Nouvelle édition, Tome Ⅱ, Paris, Firmin Didot Père et fils, 1829, pp. 94—131; Jean Carbonnier, Droit civil, Volume Ⅱ, Les biens, Les obligations, puf, 2004, p. 2185.

③ Jean Carbonnier, Droit civil, Volume Ⅱ, Les biens, Les obligations, puf, 2004, p. 2185.

能够免除侵权责任的不可抗力，也没有规定可予赔偿的损害，更没有对损害赔偿的范围做出规定。[①] 因为此种原因，在19世纪初期，《法国民法典》关于合同责任的规定具有优势地位，而它关于侵权责任的规定则仅仅具有劣势地位，在处理当事人之间的侵权责任纠纷时，法官不得不将合同责任的规定引入侵权责任当中。[②]

不过，从19世纪中后期开始尤其是从19世纪末期和20世纪初期开始，侵权责任当中的损害赔偿制度和合同责任当中的损害赔偿责任制度则发生了完全的角色转换，因为，随着第二次工业革命所引发的各种各样的事故，在司法判例和民法学说的双重助推之下，侵权责任已经完整地、完美地建立和发展起来，成为对受害人提供保护的最为重要的、最为有效的民事责任制度。其中的一个重要标志是，到了19世纪末期和20世纪初期，侵权责任法除了承认财产损害的赔偿之外还承认道德损害的赔偿，这就是19世纪末期和20世纪初期侵权责任法所建立的可予赔偿的损害的二分法理论。

第二节　侵权责任领域损害类型的系统化

在侵权责任领域，财产损害的赔偿一直得到民法学者和法官的承认，无论是在罗马法时期、法国旧法时期、19世纪初期还是19世纪末期和20世纪初期，均是如此，这一点毋庸置疑。因为，无论在什么时期，侵权责任法均保护他人的财产免受行为人的侵犯。一旦行为人侵犯他人的财产，则他们应当赔偿他人遭受的财产损害。有疑问的是，在侵权责任领域，非财产损害即道德损害是否是可予赔偿的损害。在19世纪前半期，人们对此问题做出了否定回答，他们认为，道德损害是不能够加以赔偿的损害，因为民法当中仅仅存在财产权，不存在与财产权相对应、相对立的所谓的非财产权。[③]

一、法官在19世纪中后期之前对侵权责任领域道德损害赔偿的例外承认

在普遍不承认侵权责任领域的非财产损害的赔偿时，从19世纪初期开始，法国最高法院也例外地在少数案件当中责令行为人根据《法国民法典》第1382条所规定的一般过错侵权责任责令行为人就其侵犯他人权利的行为对他人承担道德损害、非财产损害。在1825年3月1日和1827年3月8日的两个案件当中，两个地方法院的法官认定，当未婚夫违反婚约的规定不与未婚妻结婚时，他们应当根据《法国民法典》第1382条所规定的一般过错侵权责任对未婚妻遭受的道德损害、非财产损害承担赔偿责任。[④]

---

① Articles 1382 à 1386, https://fr. wikisource. org/wiki/Code_civil_des_Français_1804/Livre_Ⅲ, _Titre_Ⅳ.

② Jean Carbonnier, Droit civil, Volume Ⅱ, Les biens, Les obligations, puf, 2004, p. 2185.

③ Friédrich Carl von Savigny, Traité de droit romain, tome I, Paris, Firmin Didot Frères, 1840, Traduction par M. Ch . Guenou, p. 330；张民安：《法国人格权法（上）》，清华大学出版社2016年版，第60—111页；张民安：《法国民法总论（Ⅱ）》，清华大学出版社2020年版，第258—269页，第289—295页。

④ C. A. Colmar, 1er mars 1825, D. 1825, 2, 153; C. A. Toulouse, 2e Ch., 8mars 1827, S. 1827, 2, 343; Vernon Valentine Palmer, Dommages moraux: l'éveil français au 19e siècle, Revue internationale de droit comparé, Année 2015, p. 13.

在1833年6月15日的案件，法国最高法院联合庭在侵权责任领域做出了第一个具有历史意义的判决。在该案当中，基于行为人的举报，19名药剂师作为刑事被告被检控，检控机关认为他们非法从事职业活动。19名药剂师以自己的名誉权被毁损为由提出名誉侵权之诉，要求法官责令侵犯他们“道德利益”（l'intérêt moral）的行为人就其实施的名誉毁损行为引起的损害对自己承担赔偿责任。总检察长Dupin在结案陈词时罕有地使用了“道德损害”（un préjudice tout moral）一词，认为行为人应当就其侵犯19名原告道德利益的行为对原告承担道德损害的赔偿。①

他指出：“原告们所要求的损害赔偿并不是财产损害的赔偿，而是财产损害赔偿之外的道德损害的赔偿，其目的在于维护自己的名誉和真诚地从事自己的职业活动。”最终，法国最高法院联合庭仍然适用《法国民法典》第1382条和第1383条的规定责令行为人赔偿19名药剂师的道德损害，虽然联合庭也认为，确定他人遭受的道德损害是非常困难的，甚至是不可能的，但是，这并不构成拒绝行为人赔偿的理由。②

法国最高法院联合庭在1833年做出的此种判决之所以具有历史意义，是因为此案正式终结了侵权责任领域单一的财产损害赔偿责任制度，为20世纪初期以来侵权责任领域最终确立可予赔偿损害的二分法或者三分法理论提供了最初的动力。③ 不过，1833年的案件也存在局限性，因为它是通过刑事附带民事诉讼的方式承认侵权责任当中损害的二分法理论的，而不是通过单纯的侵权责任制度实现的。1847年，E-A-T Grellet-Dumazeau在自己的著作《诽谤专论》当中主张将名誉权从刑法当中解放出来并且通过《法国民法典》第1382条所规定的一般过错侵权责任予以保护，即便行为人不符合刑事责任的构成要件，他人也能够向法院起诉，要求法官责令行为人就其侵犯自己名誉的行为对自己承担道德损害。自此之后，道德损害的赔偿不再依赖刑事诉讼。④

在1858年6月16日的著名案件即L'affaire Rachel一案⑤当中，法国巴黎的一家地方法院的法官不仅责令行为人销毁其侵犯他人肖像的作品，而且还直接适用《法国民法典》第1382条的规定责令行为人就其侵犯他人隐私权和肖像权的行为对他人承担道德损害的赔偿责任。此案也成为法国侵权责任领域具有里程碑性质的案件：一方面，它开启了法国人格权发展的历程；另一方面，它在人格权领域首次确认了一种新人格权即隐私权，让隐私权的观念漂洋过海，成为对美国普通法产生重大影响的一个重要人格权，基于此案的影响，在1890年的《论隐私权》当中，美国学者Samuel D. Warren和Louis D. Brandeis主张隐私权理论并因此让隐私权的观念成为现代两大法系国家法律当中的一

---

① Arrêt Baget, Cass. Ch. Réu., 15 Juin 1833, Sirey 1833, I, 458; Vernon Valentine Palmer, Dommages moraux: l'éveil français au 19e siècle, Revue internationale de droit comparé, Année 2015, 67—1, pp. 11—12.

② Arrêt Baget, Cass. Ch. Réu., 15 Juin 1833, Sirey 1833, I, 458; Vernon Valentine Palmer, Dommages moraux: l'éveil français au 19e siècle, Revue internationale de droit comparé, Année 2015, 67—1, pp. 11—12.

③ Vernon Valentine Palmer, Dommages moraux: l'éveil français au 19e siècle, Revue internationale de droit comparé, Année 2015, 67—1, p. 13.

④ E-A-T, Grellet-Dumazeau, Traité de la diffamation, de l'injure et de l'outrage, Riom, E. Leboyer, 1847, vol. 2, n°863—864; Vernon Valentine Palmer, Dommages moraux: l'éveil français au 19e siècle, Revue internationale de droit comparé, Année 2015, 67—1, p. 14.

⑤ Trib. civ. de la Seine, 1ère Ch., 16 Juin 1858, D. 1858, Ⅲ, 68.

种重要权利。[①]

到了19世纪中后期，侵权责任领域道德损害的发展迎来了难得的机遇，因为法官在众多的案件当中责令行为人就其侵犯他人权利的行为对他人承担道德损害的赔偿责任。当行为人非法扣押一个未成年人时，法官责令行为人赔偿未成年子女的父母所遭受的道德损害，因为父母对其未成年子女的安全感到担忧和不安。当行为人在未获得他人同意的情况下张贴羞辱他人的政治海报时，法官责令行为人赔偿他人遭受的道德损害。当行为人在没有取得家属同意的情况下对死者的尸体进行解剖时，法官责令行为人赔偿死者家属的道德损害。当邻居释放的噪音、气味和排放物扰乱他人的平静和安宁时，法官责令邻居对他人承担道德损害赔偿责任。当行为人与他人的妻子通奸时，法官责令行为人赔偿他人所遭受的道德损害。[②]

除了竭力拓展道德损害的适用领域之外，法官在19世纪中后期也竭力拓展道德利益的形式，因为他们认为在行为人侵犯他人生命权、身体权和健康权时，仅仅承认他人遭受的一种道德损害即不安、烦闷和痛苦还是不足以保护他人享有的生命权、身体权和健康权的。在1873年5月6日的案件当中[③]，法国一个地方法院的法官认定，当行为人实施的致害行为导致他人的家庭成员死亡时，行为人应当赔偿他人因为其家庭成员死亡所遭受的爱情损害（perte d'affection）。在1923年2月13日的案件当中，法国最高法院采取了此案的规则，在该案当中，一个小孩的父母被马匹致死，法官责令马匹的主人赔偿该小孩遭受的道德损害。[④]

二、法官在19世纪末期和20世纪初期对侵权责任领域道德损害赔偿的承认

到了19世纪末期和20世纪初期，随着第二次工业革命如火如荼地进行，为了应对工业革命引发的各种各样的致命事故，侵权责任制度的保护范围从之前所确立的名誉权、隐私权和肖像权等领域延伸到生命权、身体权和健康权等领域，除了让19世纪末期之前所逐渐建立的以道德人格权作为主要内容的人格权拓展到既包括道德人格权也包括物质人格权在内的完整人格权之外[⑤]，也让侵权责任法越过了合同法的地位而成为20

---

① Vernon Valentine Palmer，Dommages moraux：l'éveil français au 19e siècle，Revue internationale de droit comparé，Année 2015，67—1，p. 15；Samuel D. Warren Louis D. Brandeis，The Right to Privacy，Harvard Law Review，Vol. 4，n°5.（Dec. 15，1890），pp. 193—220；张民安：《隐私权的起源》，张民安主编：《隐私权的比较研究》，中山大学出版社2013年版，第28—32页；张民安：《法国的隐私权研究》，张民安主编：《隐私权的比较研究》，中山大学出版社2013年版，第124—133页；张民安：《法国人格权法（上）》，清华大学出版社2016年版，第205—208页；张民安：《场所隐私权研究》，张民安主编：《场所隐私权研究》，中山大学出版社2016年版，第2—3页。

② Vernon Valentine Palmer，Dommages moraux：l'éveil français au 19e siècle，Revue internationale de droit comparé，Année 2015，pp. 15—16.

③ C. A. Aix，6 mai1872，D. 1873，2，57；Vernon Valentine Palmer，Dommages moraux：l'éveil français au 19e siècle，Revue internationale de droit comparé，Année 2015，67—1，p. 16.

④ Cic.，13 fév. 1923；Vernon Valentine Palmer，Dommages moraux：l'éveil français au 19e siècle，Revue internationale de droit comparé，Année 2015，p. 16.

⑤ 张民安：《法国人格权法（上）》，清华大学出版社2016年版，第309—435页；张民安：《法国民法总论（Ⅱ）》，清华大学出版社2020年版，第291—293页。

世纪初期民法当中最具有优越地位、优势地位的民法制度。①

在 19 世纪末期和 20 世纪初期，法官在大量的司法判例当中确认他人所享有的道德损害的赔偿请求权，认为在行为人侵犯他人享有的人格权时，他们应当以金钱方式赔偿他人遭受的道德损害。在 19 世纪末期和 20 世纪初期，法官有关道德损害赔偿方面的司法判例分为两类：其一，在他人的私人道德利益被侵犯时，他人所能够要求的道德损害赔偿。所谓私人道德利益，是指他人所享有的关乎个人秩序的利益，当行为人侵犯他人享有的此类道德利益时，他们应当赔偿他人遭受的道德损害。其二，在他人的公共道德利益被侵犯时，他人能够要求赔偿的道德损害。所谓公共道德利益，是指他人所享有的关乎公共秩序的利益。当行为人侵犯他人享有的此类道德利益时，他们应当赔偿他人遭受的道德损害。当然，在这两类不同案件当中，除了责令行为人赔偿他人遭受的道德损害之外，法官可能也会责令行为人赔偿他人遭受的财产损害，如果行为人实施的致害行为会引起他人财产损害的发生的话。②

具体来说，在 19 世纪末期和 20 世纪初期，被法官确立会引起道德损害的私人道德利益（intérêt moral privé）包括：

其一，名誉权即受尊重权（droit de considérations）被侵犯时他人享有的道德损害的赔偿。在某些案件当中，法官认为，如果行为人毁损他人名誉、受尊重，他们应当对他人遭受的道德损害承担赔偿责任。③

其二，安宁权（droit à la tranquillité）和休息权（le droit au repos）被侵犯时他人享有的道德损害的赔偿。在某些案件当中，法官认为，如果行为人实施的行为尤其是工业制造活动侵犯了他人享有的生活安宁或者休息，他们应当对他人遭受的道德损害承担侵权责任。④

其三，死者的受敬畏权（droite piété）和受尊重权（droit au respect）被侵犯时他人所享有的道德损害的赔偿。在某些案件当中，法官认为，如果行为人侵犯了死者的受敬畏权、死者遗骸的受尊重权，则他们应当对死者的家庭成员所遭受的道德损害承担侵权责任。⑤

其四，他人家庭的受尊重权（droit au respect du foyer familial）被侵犯时他人所享有的道德损害的赔偿。在某些案件当中，法官认定，如果行为人实施的行为侵犯了他人享有的家庭受尊重权，则他们应当对他人遭受的道德损害承担赔偿责任。例如，如果行为人对他人家庭寄送淫秽广告或者在临近他人家庭住所的地方建立妓院，则他们应当对他

① 张民安：《法国民法总论（Ⅱ）》，清华大学出版社 2020 年版，第 206—223 页。

② Armand Dorville, De l'intérêt moral dans les obligations: étude de droit comparé sur le principe de réparation pécuniaire des dommages non-economiques, Thèse, Paris A. Rousseau, 1901, p. 89.

③ Armand Dorville, De l'intérêt moral dans les obligations: étude de droit comparé sur le principe de réparation pécuniaire des dommages non-economiques, Thèse, Paris A. Rousseau, 1901, pp. 90—97.

④ Armand Dorville, De l'intérêt moral dans les obligations: étude de droit comparé sur le principe de réparation pécuniaire des dommages non-economiques, Thèse, Paris A. Rousseau, 1901, pp. 97—99.

⑤ Armand Dorville, De l'intérêt moral dans les obligations: étude de droit comparé sur le principe de réparation pécuniaire des dommages non-economiques, Thèse, Paris A. Rousseau, 1901, pp. 99—101.

人家庭受尊重权被侵犯时所遭受的道德损害承担赔偿责任。①

其五，他人对其家庭成员或者有体物享有的爱情权（droit à l'amour）、感情权（droit à l'affection）遭受侵犯时所享有的道德损害的赔偿。当他人生活在家庭或者社会时，他人既可能对自己的家庭成员拥有爱情，也可能对自己拥有的某些有体物、有形财产拥有爱情，他们所享有的此类利益就是爱情利益、感情利益。当行为人实施的致害行为导致他人家庭成员或者有体物、有形财产死亡或者灭失时，他们应当对他人遭受的道德损害即爱情损害、感情损害（le préjudice d'affection）承担赔偿责任。因此，如果行为人实施的致命行为导致他人的未成年子女死亡，或者导致他人的父母死亡，或者导致他人妻子或者丈夫的死亡，他们应当赔偿他人遭受的爱情损害。②

在行为人实施的致害行为引起他人喜爱的某些有体物、有形财产毁损灭失时，行为人当然应当赔偿他人遭受的财产损害，这一点毫无疑问，无论是根据合同责任还是根据侵权责任，均是如此。问题在于，行为人此时是否应当赔偿他人遭受的道德损害即爱情损害、感情损害。在罗马法时期，民法学者之间存在不同看法，某些民法学者认为行为人应当赔偿他人遭受的此种道德损害，而另外一些民法学者则持反对意见，认为不应当赔偿他人遭受的道德损害。在19世纪中后期之前，民法学者也存在意见分歧。虽然如此，至少到了19世纪末期和20世纪初期，某些司法判例责令行为人赔偿他人遭受的爱情损害、感情损害。例如，在1896年2月19日的案例当中，法官认为，即便他人的私人信函没有市场价值，如果行为人毁损他人的私人信函，他们仍然应当赔偿他人遭受的爱情损害。③

其六，他人家庭权遭受侵犯时享有的道德损害的赔偿。一个家庭成员对另外一个家庭成员享有要求其对自己履行某种债务的权利，尤其是，妻子对其丈夫承担债务，丈夫也对其妻子承担债务，如果一方当事人不履行家庭债务，他们应当对另外一方当事人承担损害赔偿责任。问题在于，他们承担的此种责任究竟是侵权责任还是合同责任。在19世纪末期和20世纪初期，即便夫妻之间是一个婚姻合同，法官仍然将他们之间承担的民事责任视为侵权责任，因为他们将夫妻之间的民事责任建立在一般过错侵权责任的基础上。④

如果一个家庭成员不履行对另外一个家庭成员承担的家庭债务，除了要承担财产损害的赔偿责任之外，他们可能还会被责令承担道德损害的赔偿责任。例如，如果妻子带着自己的未成年女子离开了丈夫确定的居所，他们应当赔偿丈夫遭受的道德损害。不过，在家庭领域，道德损害的赔偿最经常发生的情境是夫妻之间：如果妻子不服从丈夫

---

① Armand Dorville, De l'intérêt moral dans les obligations: étude de droit comparé sur le principe de réparation pécuniaire des dommages non-economiques, Thèse, Paris A. Rousseau, 1901, pp. 102—104.

② Armand Dorville, De l'intérêt moral dans les obligations: étude de droit comparé sur le principe de réparation pécuniaire des dommages non-economiques, Thèse, Paris A. Rousseau, 1901, pp. 104—119.

③ Armand Dorville, De l'intérêt moral dans les obligations: étude de droit comparé sur le principe de réparation pécuniaire des dommages non-economiques, Thèse, Paris A. Rousseau, 1901, pp. 119—120.

④ Armand Dorville, De l'intérêt moral dans les obligations: étude de droit comparé sur le principe de réparation pécuniaire des dommages non-economiques, Thèse, Paris A. Rousseau, 1901, pp. 121—139.

的命令，她们应当赔偿丈夫的道德损害；如果妻子与第三人通奸，她们应当赔偿丈夫遭受的道德损害。[①]

在19世纪末期和20世纪初期，被法官确立会引起道德损害的公共道德利益（intérêt moral privé）包括：其一，他人的个人自由受到侵犯时享有的道德损害的赔偿。在某些案件当中，法官认为，如果行为人侵犯他人享有的个人自由，他们应当根据一般过错侵权责任对他人遭受的道德损害承担赔偿责任。因此，如果行为人非法关押他人，他们应当赔偿他人遭受的道德损害。[②] 其二，他人的宗教自由和信仰自由受到侵犯所享有的道德损害的赔偿。在某些案件当中，法官认为，如果行为人侵犯他人享有的宗教自由和信仰自由，他们应当根据一般过错侵权责任对他人遭受的道德损害承担赔偿责任。[③] 其三，他人的政治自由受到侵犯所享有的道德损害的赔偿。在某些案件当中，法官认为，如果行为人侵犯他人享有的政治自由，他们应当根据一般过错侵权责任对他人遭受的道德损害承担赔偿责任。[④]

三、民法学者在19世纪末期和20世纪初期对侵权责任领域道德损害赔偿的承认

在19世纪末期和20世纪初期，在道德损害是否能够以金钱方式加以赔偿的问题上，民法学者不再像19世纪前半期那样完全一边倒地加以否定，因为他们之间存在不同的意见，主要有三种不同的看法。

某些民法学者仍然像19世纪前半期的民法学者一样完全否定道德损害的可予赔偿性，因为他们认为，道德利益与金钱赔偿之间是不兼容的：道德利益属于非财产利益，无法以金钱方式确定其价值；在道德利益被侵犯时，人们无法以金钱方式确定、评估道德损害的价值；一个没有金钱价值的利益，人们怎么可能以金钱方式确定其价值呢？以金钱方式确定道德利益的价值，是将道德利益财产化、金钱化的做法，将会产生爱情价格、生命价格、健康价格等，会让人财产权化，是不道德的做法。[⑤]

另外一些民法学者对道德利益的金钱赔偿采取限制的态度，他们认为，仅仅在他人遭受的财产损害引起了道德损害的发生时，他人的道德损害才是可以赔偿的，如果他人的道德损害不是因为他人的财产损害引起的，则他人的道德损害是不能够加以赔偿的；他们或者认为，仅仅在他人的道德损害是由行为人实施的犯罪行为引起时，他人的道德

---

① Armand Dorville, De l'intérêt moral dans les obligations: étude de droit comparé sur le principe de réparation pécuniaire des dommages non-economiques, Thèse, Paris A. Rousseau, 1901, pp. 121—139.

② Armand Dorville, De l'intérêt moral dans les obligations: étude de droit comparé sur le principe de réparation pécuniaire des dommages non-economiques, Thèse, Paris A. Rousseau, 1901, pp. 142—144.

③ Armand Dorville, De l'intérêt moral dans les obligations: étude de droit comparé sur le principe de réparation pécuniaire des dommages non-economiques, Thèse, Paris A. Rousseau, 1901, pp. 144—146.

④ Armand Dorville, De l'intérêt moral dans les obligations: étude de droit comparé sur le principe de réparation pécuniaire des dommages non-economiques, Thèse, Paris A. Rousseau, 1901, pp. 146—149.

⑤ Ernest Massin, De l'exécution forcée des obligations de faire ou de ne pas faire, Thèse Paris; Armand Dorville, De l'intérêt moral dans les obligations: étude de droit comparé sur le principe de réparation pécuniaire des dommages non-economiques, Thèse, Paris A. Rousseau, 1901, pp. 46—52.

损害才是可以赔偿的，如果他人的道德损害仅仅是因为侵权行为引起的，则他人的道德损害是不应当加以赔偿的。①

不过，大多数民法学者采取完全肯定的态度，他们认为道德损害是完全可以赔偿的。一方面，在19世纪末期和20世纪初期，那些承认人格权是与财产权并行的一种主观权利的民法学者普遍承认道德损害的存在，他们认为，一旦行为人侵犯他人享有的某种人格权，除了应当赔偿他人遭受的财产损害之外，他们还应当赔偿他人遭受的道德损害。在1909年的《论隐私权》一文当中，Étienne Perreau就采取此种看法，他认为，他人享有的人格权类型众多，除了隐私权、名誉权、姓名权和肖像权等权利之外，还包括他人身体的完整权、生命权和健康权等。这些权利均为与财产权相对应的非财产权、道德权利，是他人享有的道德利益，如果行为人侵犯他人享有的这些权利，他人既有权要求法官责令行为人赔偿自己遭受的财产损害，也有权要求法官责令行为人赔偿他们所遭受的非财产损害。②

在1939年的《论非财产权》当中，Roger Nerson也采取此种看法，除了广泛使用非财产权、道德权利、道德利益和财产权的术语之外，他还将生命权、身体权、健康权与姓名权、肖像权、名誉权和著作权等视为非财产权，以便与物权和债权等财产权相对应。他之所以将这两类不同的主观权利予以对应，是因为他认为，行为人侵犯他人财产权时只赔偿他人所遭受的财产损害，而他们侵犯他人享有的人格权时，他们应当赔偿他人遭受的非财产损害、道德损害，有时既赔偿他人遭受的财产损害，也赔偿他人遭受的非财产损害，例如，行为人侵犯他人生命权、身体权和健康权等。③

另一方面，大量的民法学者出版著作或者发表学术论文，专门对侵权责任当中的非财产损害问题进行研究。1895年，民法学者Chausse在《国际法和比较法杂志》当中发表了《爱情利益》的文章，对行为人实施的致害行为引起他人死亡时应当就其侵犯他人家庭成员所享有的感情损害对他人家庭成员享有的道德损害即爱情损害做出了讨论。④ 1901年，Armand Dorville出版了自己的博士学位论文《债当中的道德利益》，对侵权责任当中的道德损害做出了详尽的分析，他甚至认为，无论是在罗马法时期还是法国旧法时期，侵权责任当中就存在可予赔偿的道德损害。⑤

1924年，Jean Ganot出版了自己的博士学位论文《道德损害的赔偿》，对道德损害和道德损害的赔偿做出了系统研究。⑥ 1932年，Roger Tribes出版了自己的博士学位论

---

① Armand Dorville, De l’intérêt moral dans les obligations: étude de droit comparé sur le principe de réparation pécuniaire des dommages non-economiques, Thèse, Paris A. Rousseau, 1901, pp. 52—57.

② M. E. H. Perreau, Des droits de la personnalite, RTD civ., 1909, pp. 501—536；张民安：《法国人格权法（上）》，清华大学出版社2016年版，第309—342页。

③ Roger Nerson, Les droits extrapatrimoniaux, Paris, L. G. D. J., 1939, pp. 1—503；张民安：《法国人格权法（上）》，清华大学出版社2016年版，第375—435页。

④ Chausse, De l’intérêt d’affection, Revue de droit international et de législation comparée, Tome 27, 1895, pp. 436—449.

⑤ Armand Dorville, De l’intérêt moral dans les obligations: étude de droit comparé sur le principe de réparation pécuniaire des dommages non-economiques, Thèse, Paris A. Rousseau, 1901.

⑥ Jean Ganot La reparation du prejudice moral, thèse Paris, 1924.

文《道德损害赔偿的根据和特征》，对道德损害、道德损害赔偿的理论根据和特征做出了系统研究。① 1933 年，Lucienne Ripert 出版了自己的博士学位论文《侵权责任当中的损害赔偿》，对侵权责任当中的损害和损害赔偿进行系统研究。② 1938 年，F. Givord 出版了自己的博士学位论文《道德损害的赔偿》，对道德损害和道德损害的赔偿问题做出了系统研究。③ 1942 年，J. Polak 出版了自己的博士学位论文《爱情损害》，对他人生命权被剥夺时他人的家庭成员所享有的一种道德损害即爱情损害的赔偿做出了系统研究。④ 1948 年，G. Ripert 发表了《疼痛的价格》的文章，对人身伤害引起的肉体疼痛的赔偿问题做出了分析。⑤ 1954 年，P. Esmein 发表了《道德损害的商事化》的文章，对道德损害的赔偿问题做出了分析。⑥

通过这些司法判例和民法学说，到了 20 世纪 50 年代，侵权责任领域的损害类型化理论已经形成了，这就是，除了他人遭受的财产损害是可以赔偿的损害之外，他人遭受的非财产损害也是可予赔偿的损害。民法学者之间的差异仅仅在于人身损害究竟是一种财产损害还是一种非财产损害的问题。某些民法学者将侵权责任当中的损害分为财产损害、非财产损害和人身损害三类，其中的人身损害属于另外两类损害之外的一种独立损害类型。在 1933 年的《侵权责任当中的损害赔偿》，Lucienne Ripert 就采取了此种做法，他将侵权责任当中的损害分为财产损害、人身损害和道德损害三类。⑦

而另外一些民法学者则不同，他们采取损害的二分法，将侵权责任当中的损害分为财产损害和道德损害两类，人身损害所包含的财产损害被包含在财产损害当中，而人身损害当中的道德损害则被包含在非财产损害当中。在 1930 年的《法国民法实践专论》当中，Planiol、Ripert 和 Esmein 就采取此种理论，他们将侵权责任当中的损害分为财产损害和道德损害。⑧ 在 1952 年第二版的《法国民法实践专论》当中，Planiol、Ripert 和 Esmein 重复了这样的理论。⑨ 在 1934 年的《侵权和合同责任理论和实践专论》当中，Henri Mazeaud 和 Léon Mazeaud 也采取了二分法的理论，他们也将损害分为财产损害和道德损害两类。⑩

四、民法学者在今时今日对侵权责任领域损害类型的不同说明

在今时今日，在侵权责任当中损害的类型方面，民法学者之间仍然采取不同的看

① Roger Tribes, Fondement et caractères de la réparation du préjudice moral, Thése, Montpellier, 1932.

② Lucienne Ripert, La Réparation du préjudice dans la Responsabilité délictuelle, thèse Paris, 1933.

③ F. Givord, La réparation du préjudice moral, thèse Grenoble, 1938.

④ J. Polak, La lésion aux sentiments d ' affection, thèse Grebobl, 1942.

⑤ G. Ripert, Le Prix de la Douleur, D. 1948 chron. 1.

⑥ P. Esmein, La commercialisation du dommage moral, D. 1954, 113.

⑦ Lucienne Ripert, La Réparation du préjudice dans la Responsabilité délictuelle, thèse Paris, 1933.

⑧ M. Planiol G. Ripert Paul Esmein, Traité pratique de droit civil français, T. Ⅵ, Obligations, 1er partie, L. G. D. J., 1930, pp. 751—760.

⑨ M. Planiol G. Ripert Paul Esmein, Traité pratique de droit civil français, T. Ⅵ, Obligations, 1er partie, 2e éd, L. G. D. J., 1952, pp. 753—772.

⑩ Henri Mazeaud et Léon Mazeaud, Traité théorique et pratique de la responsabilité civile délictuelle et contractuelle, Tome 1, 2e éditión, Paris, Sirey, 1934, n°293.

法。某些民法学者采取损害的二分法理论，他们将作为侵权责任构成要件的损害分为财产损害和道德损害两类。在2011年的《债法》当中，Flour、Aubert和Savaux就采取此种理论，他们将侵权责任当中他人遭受的损害分为财产损害和道德损害两类。① 在2016年的《债法》当中，Malaurie、Aynès和Stoffel-Munck也采取此种理论，他们也认为侵权责任当中的损害分为经济损害和道德损害两类。②

另外一些民法学者采取三分法的理论，他们不是将侵权责任当中的损害分为财产损害和非财产损害两类，而是在这两类损害之外增加了第三类损害即人身损害。例如，在2004年的《民法》当中，Carbonnier就采取此种理论，他将侵权责任当中的损害分为三类即财产损害、道德损害和人身损害。③ 再例如，在2017年的《债法》当中，Aillaud也采取此种理论，他将作为侵权责任构成要件的损害分为财产损害、道德损害和人身损害三类。④

还有一些民法学者既不采取二分法的理论，也不采取三分法的理论，而是采取四分法的理论，他们在财产损害、道德损害和人身损害之外还增加了一种类型的损害即环境损害。例如，在2017年的《债法》当中，Larribau-Terneyre就采取此种理论，他认为作为民事责任构成要件的损害分为财产损害、生态损害、道德损害和人身损害四类。⑤ 再例如，在2018年的《债法》当中，Terré、Simler和Lequette等人也采取此种做法，他们将侵权责任当中的损害分为四类：人身损害、财产损害或者经济损害、道德损害以及环境损害。⑥

第三节　合同责任当中损害类型的三分法理论

一、罗马法和法国旧法时期民法学者和习惯法学者对合同责任当中财产损害做出的分类

在罗马法时期，债务人当然可能会不履行自己对债权人承担的合同债务，并且他们不履行合同债务的行为也会引起债权人损害的发生。问题在于，如果债务人不履行债务的行为引起了债权人道德损害的发生，他们是否应当赔偿债权人遭受的道德损害？对此问题，民法学者之间存在不同看法。

少数民法学者认为，在罗马法时期，合同责任当中的损害既可能是财产损害，也可

---

① Jacques Flour, Jean-Luc Aubert, Éric Savaux, Les Obligations, 2. L'fait juridique, 14e édition, Dalloz, 2011, pp. 159—173.

② Philippe Malaurie, Laurent Aynès, Philippe Stoffel-Munck, Droit des obligations, 8e édition, L. G. D. J., 2016, pp. 145—154.

③ Jean Carbonnier, Droit civil, Volume Ⅱ, Les biens, Les obligations, puf, 2004, pp. 2272—2275.

④ Marjorie Brusorio Aillaud, Droit des obligations, 8e édition, bruylant, 2017, pp. 27—30.

⑤ Virginie Larribau-Terneyre, Droit civil, Les Obligations, 15e édition, Dalloz, 2017, pp. 729—760.

⑥ François Terré, Philippe Simler, Yves Lequette, François Chénedé, Droit civil, Les Obligations, 12e édition, Dalloz, 2018, pp. 1014—1028.

能是非财产损害，无论是财产损害还是非财产损害，债务人均应当予以赔偿。因为他们认为，罗马法承认道德损害的金钱赔偿，而不关注引起损害的行为的合同性质或者侵权性质。① Mazeaud 和 Chabas 等人采取此种理论，他们指出，罗马法已经在一系列的领域承认道德损害的可予赔偿性。法国旧法时期的法律当然也承认，一个最强有力的理由是，法国旧法时期的法律已经建立了一般意义上的民事责任制度。然而，由于人们对罗马法的法律文本做出的虚假解释导致人们相信，在法国旧法时期，道德损害在合同责任当中是不予赔偿的损害。②

而大多数民法学者则认为，在罗马法时期，合同责任当中的损害只能够是财产损害，不是也不可能是非财产损害，因为债权人遭受的损害要么是现有利益损失（la perte éprouvée le damnum emergens），要么是预期收益损失（gain manquéle lucrum cessans）。③笔者采取主流学者的意见，认为在罗马法时期，合同责任当中仅仅包括财产损害赔偿责任，不会也不可能包含非财产损害的赔偿责任。一方面，在罗马法当中，侵权责任当中的损害只能够是财产损害，非财产损害在侵权责任当中是不存在的，已如前述。既然侵权责任当中都不存在道德损害，合同责任当中怎么可能存在道德损害。另一方面，道德损害以道德利益的存在和承认作为基础，罗马法当中不存在道德利益的观念，尤其是，合同法当中没有也不可能存在道德利益的观念。

在法国旧法时期，合同责任当中的损害也仅仅是指债权人因为债务人不履行债务所遭受的财产损害，不包括债权人因为债务的不履行所遭受的道德损害。因为在旧法时期，虽然习惯法学家和罗马法学家对合同责任当中的损害做出了不同的分类，但是，他们所做出的所有分类在性质上均属于财产损害，没有任何一种类型的损害是道德损害。

首先，在法国旧法时期，由于受到罗马法的影响，民法学者在自己的债法著作当中将债权人遭受的损害分为现有利益损失和预期利益损失。④

其次，在 1574 年的著名著作《利害当事人专论》（*Tractatus de eo quod interest*）当中，法国著名人文主义学者、习惯法学者、习惯法学派的开山鼻祖、斯特拉斯堡大学法学教授 Charles Dumoulin（1500—1566）⑤ 将债权人遭受的损害分为直接损害和间接损害两类，其中的第一类损害是可予赔偿的损害，而第二类损害则是不予赔偿的损害。他的此种理论被 Pothier 所采纳。⑥

最后，在 16 世纪，Dumoulin 也将债权人遭受的损害分为可以预见的损害和无法预

---

① Armand Dorville, De l'intérêt moral dans les obligations: étude de droit comparé sur le principe de réparation pécuniaire des dommages non-economiques, Thèse, Paris A. Rousseau, 1901, pp. 159—160; Henri et Leon Mazeaud, Jean Mazeaud, Francois Chabas, Obligations, 9e édition, Montchrestien, 1998, p. 423.

② Henri et Leon Mazeaud, Jean Mazeaud, Francois Chabas, Obligations, 9e édition, Montchrestien, 1998, p. 423.

③ Paul Frédéric Girard, Manuel élémentaire de droit romain, 8e édition, Dalloz, 2003, pp. 684—688; Jean-Philippe Lévy, André Castaldo, Histoire du droit civil, 2e édition, Dalloz, 2010, pp. 1001—1002; Patrick Vassart, Manuel de droit romain, Bruylant Edition, 2014, p. 280.

④ Jean-Philippe Lévy, André Castaldo, Histoire du droit civil, 2e édition, Dalloz, 2010, p. 1002.

⑤ 张民安：《法国民法总论（上）》，清华大学出版社 2017 年版，第 95 页。

⑥ Jean-Philippe Lévy, André Castaldo, Histoire du droit civil, 2e édition, Dalloz, 2010, p. 1002.

见的损害，认为债务人在故意之外仅仅赔偿债权人遭受的可以预见的损害，在故意不履行债务时，则应当赔偿债权人遭受的无法预见的损害。Dumoulin 的此种分类被 17 世纪的 Domat 和 18 世纪的 Pothier 所采纳，他们也在自己的著作当中将债权人遭受的损害分为可以预见的损害和不可预见的损害。①

二、1804 年的《法国民法典》对合同责任领域财产损害做出的分类

作为法国习惯法和罗马法高度融合的产物，1804 年的《法国民法典》一方面将罗马法当中的损害类型规定了下来，另一方面也将 Dumoulin、Domat 和 Pothier 主张的损害类型规定了下来。具体来说，1804 年的《法国民法典》第 1149 条直接源自罗马法，因为它对合同责任当中的所遭受的损失和被剥夺的损益做出了说明，该条规定：除了以下条款所做出的例外规定和修正之外，总的来说，债权人所遭受的损害是他们所遭受的损失和被剥夺的收益。②

1804 年的《法国民法典》第 1150 条和第 1151 条直接源自 Dumoulin、Domat 和 Pothier，因为它们分别对合同责任当中的可以预见的损害、不可预见的损害、直接损害和间接损害做出了说明。1804 年的《法国民法典》第 1150 条规定：债务人仅仅赔偿合同缔结时已经预见到或者人们原本能够预见到的损害，除非债务的履行是通过欺诈方式实施。③ 1804 年的《法国民法典》1151 条规定：对于债权人所遭受的损失和所丧失的利益而言，即便债务的不履行源自债务人的欺诈，债务人仅仅赔偿合同不履行所引起的最接近的和直接的后果。④

1804 年的《法国民法典》关于合同责任当中损害的这些规定一直从 1804 年保留到 2016 年，直到 2016 年 2 月 10 日的债法改革法令将这些法律条款废除并且以新的法律条款将它们取而代之。无论是在 1804 年、19 世纪末期和 20 世纪初期，还是在 2016 年之前，《法国民法典》第 1149 条、第 1150 条好第 1151 条所规定的这些类型的损害在性质上均属于财产损害，不属于非财产损害，因为它们均是针对债权人所遭受的经济损失和没有获得的经济利益而言的，不是针对债权人因为债务不履行而遭受的道德损害、非财产损害而言的。

如果合同债务人不履行债务的行为引起了合同债权人人身损害的发生，他们是否应当对债权人遭受的非财产损害承担赔偿责任？如果要承担，他们对债权人承担的合同责任究竟是合同责任还是侵权责任？从 19 世纪初期开始一直到 19 世纪末期之前，民法学者和法官普遍认为，如果合同债务人不履行债务的行为引起了合同债权人人身损害的发生，他们应当对债权人遭受的非财产损害承担赔偿责任，不过，他们此时承担的赔偿责任在性质上并不是合同责任，而是《法国民法典》第 1382 条所规定的一般过错侵权责任。⑤

---

① Jean-Philippe Lévy, André Castaldo, Histoire du droit civil, 2e édition, Dalloz, 2010, p. 1002.

② Article 1149, https://fr. wikisource. org/wiki/Code_civil_des_Français_1804/Livre_Ⅲ, _Titre_Ⅲ.

③ Article 1150, https://fr. wikisource. org/wiki/Code_civil_des_Français_1804/Livre_Ⅲ, _Titre_Ⅲ.

④ Article 1151, https://fr. wikisource. org/wiki/Code_civil_des_Français_1804/Livre_Ⅲ, _Titre_Ⅲ.

⑤ Jean Carbonnier, Droit civil, Volume Ⅱ, Les biens, Les obligations, puf, 2004, p. 2189.

在19世纪，合同债务人对合同债权人遭受的人身损害承担的赔偿责任之所以不会被视为合同责任，是因为19世纪的民法学说和司法判例认为，合同责任在性质上只能够是财产损害性质的赔偿责任，合同责任以合同的客体是物和能够进入流通并且能够以经济的、金钱的方式对其价值做出评估作为必要条件，自然人的人身不是合同客体、不能够进行流通并且无法以经济的、金钱的方式加以评估，因此，只能够成为侵权责任保护的对象，不能够成为合同责任保护的对象。①

三、法官在19世纪末期和20世纪初期对合同责任领域道德损害赔偿的明确承认

在1901年的《民法基础专论》当中，法国19世纪末期和20世纪初期的著名民法学家Marcel Planiol对道德损害的赔偿在侵权责任和合同责任当中的此种差异做出了说明，他指出，债务的不履行行为能够侵犯他人的人身领域并因此引起他人非财产损害的发生，问题在于，他人遭受的此类损害是否应当予以赔偿。民法学者对此存在不同的看法。总的来说，在侵权领域，民法学者持高度肯定的看法，他们认为，债务人应当以金钱方式赔偿他人遭受的道德损害，如果他人遭受的道德损害是严重的、真实的话。而在合同领域，民法学者则采取相反的态度，因为几乎所有的民法学者均认为，在合同债务的不履行引起合同债权人道德损害的发生时，债务人不用赔偿债权人所遭受的道德损害。②

在19世纪末期和20世纪初期，无论民法学者对待合同责任领域道德损害的态度是什么，他们的态度并没有影响到法官在合同责任领域所持有的开放和积极进取的态度。因为从19世纪中后期开始一直到20世纪初期，法官在不少案件当中认定，当债务人的合同不履行行为引起债权人道德损害的发生时，他们应当赔偿债权人遭受的道德损害，即便债务人不履行债务的行为引起了债权人人身损害的发生，亦是如此。换言之，法官在这些司法判例当中认为，合同债的客体也可以是人身，人们不能够借口合同债的客体是人身权、人格权而不允许债权人要求债务人赔偿他们所遭受的道德损害。

在1936年之前，除了笔者将要在下面的内容当中讨论的运输合同和医疗合同之外，法官所确立的能够引起道德损害赔偿的合同责任主要包括以下几种类型。

（一）画家就其不履行合同规定的债务的行为对其委托人遭受的道德损害承担的合同责任

如果一方当事人与另外一方当事人签订合同，承诺按期交付画像给另外一方当事人，当该方当事人没有履行合同所规定的交付画像的债务时，他们应当就自己不履行合同所规定的债务的行为引起的道德损害对另外一方当事人承担合同责任。这就是画家不履行为顾客画像的债务所产生的道德损害的赔偿责任。

---

① Jean Carbonnier, Droit civil, Volume Ⅱ, Les biens, Les obligations, puf, 2004, p. 2189.

② Marcel Planiol, Traité élémentaire de droit civil, 2e édition, Tome Ⅱ, Librairie Cotillon, F. Pichon successeur, 1902, p. 83.

在 1865 年 7 月 4 日的著名案件即 l'arrêt Rosa Bonheu 一案[①]当中，巴黎上诉法院的法官就采取此种做法。在该案当中，画家违反了与老板签订的合同，没有按期完成合同所规定的绘画并因此无法交付。法官认定，除了应当赔偿老板所遭受的财产损害之外，画家也应当赔偿老板所遭受的道德损害。为此，法官责令画家总共赔偿老板 4000 法郎的损害赔偿金。[②]

在另外一个类似的案件当中，委托人与一位画家签订了合同，画家承诺会按期交付画作给委托人，最终，画家没有按期交付画作。委托人向法院起诉，要求法官责令画家对其承担损害赔偿责任。巴黎上诉法院的法官采取了它在 1865 年的案件当中所采取的做法，除了责令画家赔偿委托人遭受的财产损害即将所接受的价款返还给委托人之外，还责令画家赔偿 1000 法郎的道德损害赔偿金给委托人。[③]

（二）理发师就其不履行服务合同所规定的债务的行为对其顾客遭受的道德损害承担的合同责任

理发师与其顾客之间当然存在服务合同，根据该种服务合同，理发师为其顾客提供理发服务，而其顾客则对理发师的服务支付服务费。如果理发师在给自己的顾客理发时实施了过错行为并且让其顾客脸上留下疤痕、伤痕，基于顾客的起诉，法官也会责令理发师对其顾客遭受的美感损害（préjudice esthétique）予以赔偿，因为美感损害属于道德损害的组成部分。[④]

（三）戏院经理就其违反对导演的承诺行为对导演遭受的道德损害承担的合同责任

当戏院的经理对一位艺术家承诺，如果该艺术家愿意在自己的戏院担当戏剧导演，则他会让该艺术家在所出演的戏剧当中担当一定的角色。当该艺术家按照经理的承诺出任戏剧导演时，戏院经理没有履行自己的承诺，让艺术家在所出演的戏剧当中担任任何角色。戏院经理是否应当对艺术家遭受的道德损害承担合同责任？在 1863 年 1 月 10 日的案件当中，巴黎上诉法院的法官做出了肯定回答，认为剧院经理应当就其违反承诺的行为对该艺术家遭受的道德损害承担合同责任。[⑤]

---

① C. A. Paris, 1ère Ch., 4 juill. 1865, D. 1865, 2, 201.

② Armand Dorville, De l'intérêt moral dans les obligations: étude de droit comparé sur le principe de réparation pécuniaire des dommages non-economiques, Thèse, Paris A. Rousseau, 1901, p. 213.

③ Armand Dorville, De l'intérêt moral dans les obligations: étude de droit comparé sur le principe de réparation pécuniaire des dommages non-economiques, Thèse, Paris A. Rousseau, 1901, pp. 213—214.

④ F. Givord, La réparation du préjudice moral, th. Grenoble, 1938, p. 83; Vernon Valentine Palmer, Dommages moraux: l'éveil français au 19e siècle, Revue internationale de droit comparé, Année 2015, p. 19.

⑤ Armand Dorville, De l'intérêt moral dans les obligations: étude de droit comparé sur le principe de réparation pécuniaire des dommages non-economiques, Thèse, Paris A. Rousseau, 1901, pp. 212—213.

（四）一方当事人就其不履行婚约的行为对另外一方当事人遭受的道德损害所承担的合同责任

在一方当事人与另外一方当事人缔结婚约之后，如果一方当事人不履行与对方结婚的债务，他们应当就自己不履行合同债务的行为引起的损害对另外一方当事人承担道德损害的合同责任。例如，在 1900 年 11 月 7 日的案件[①]当中，法国的一个地方法院法官就责令违反婚约的一方当事人对另外一方当事人遭受的道德损害承担合同责任。[②]

（五）夫妻一方就其不履行婚姻合同所规定的债务的行为对对方遭受的道德损害所承担的合同责任

如果夫妻一方不履行婚姻合同所规定的某种债务，他们应当就自己不履行债务的行为引起的道德损害对对方承担合同责任。在 19 世纪末期和 20 世纪初期之前，法官在大量的案件当中对此种规则做出了说明。在 1890 年 7 月 29 日的案件当中，法国一个地方法院的法官对此种规则做出了说明，在该案当中，妻子带着未成年子女离开了丈夫所居住的地方。丈夫向法院起诉，要求法官责令妻子就其离开居所和带走未成年子女的行为引起的道德损害对自己承担合同责任。法官认为，父亲对其未成年子女享有父权，妻子的行为让父亲无法对其未成年子女行使父权，应当赔偿 1000 法郎的道德损害赔偿金给自己的丈夫。[③]

（六）一方当事人就其违反陵墓转让合同所规定的债务的行为对另外一方当事人遭受的道德损害承担的合同责任

如果一方当事人与另外一方当事人签订陵墓（sépulture）转让合同，将自己的陵墓转让给另外一方当事人，当转让人不履行合同所规定的取得市政当局同意的债务时，他们应当就自己不履行此种债务的行为引起的道德损害对受让人承担合同责任。在 1887 年 10 月 26 日的案件和 1900 年 1 月 31 日的两个案件当中，法国两个地方法院的法官就采取此种做法，责令陵墓的转让人就其不履行合同所规定的取得市政当局同意的债务的行为对受让人遭受的道德损害承担合同责任。[④]

---

① Bourges，7 novembre 1900，Gazette des tribunaux，29 nov. 1900.

② Armand Dorville，De l’intérêt moral dans les obligations：étude de droit comparé sur le principe de réparation pécuniaire des dommages non-economiques，Thèse，Paris A. Rousseau，1901，pp. 212—213.

③ Armand Dorville，De l’intérêt moral dans les obligations：étude de droit comparé sur le principe de réparation pécuniaire des dommages non-economiques，Thèse，Paris A. Rousseau，1901，pp. 223—226.

④ Armand Dorville，De l’intérêt moral dans les obligations：étude de droit comparé sur le principe de réparation pécuniaire des dommages non-economiques，Thèse，Paris A. Rousseau，1901，p. 212.

四、法国最高法院在1911年和1936年对合同责任领域道德损害的赔偿确立的重要规则

(一) 1911年之前法国少数法官承认运输合同当中道德损害的可予赔偿性

虽然司法判例在20世纪初期之前就已经在少数合同责任当中承认道德损害的赔偿，但是，这些司法判例对于合同责任领域道德损害的真正承认意义有限。在法国，真正推动合同责任领域道德损害发展的案例出现在20世纪初期，通过1911年和1936年的两个著名案件即就运输合同案件和医疗合同案件，法国最高法院将侵权责任当中的道德损害理论移植到合同责任领域，并因此让合同责任当中可予赔偿的损害范围与侵权责任当中可予赔偿的损害范围一致。

不过，19世纪末期和20世纪初期之前，包括法国最高法院在内，法国大多数法院的法官均不采取合同责任的分析方法，而是采取侵权责任的分析方法。他们认为，在承运人不履行债务的行为引起乘客遭受人身损害时，乘客只能够根据《法国民法典》第1382条所规定的一般过错侵权责任要求承运人对其承担赔偿责任，包括赔偿所遭受的财产损害和道德损害，他们不得要求承运人对其遭受的道德损害承担合同责任。这些法官之所以禁止乘客以合同责任形式要求承运人赔偿所遭受的道德损害，是因为他们认为，人身不能够成为合同的客体，合同责任只能够让铁路公司赔偿旅客遭受的财产损害，无法让铁路公司赔偿旅客遭受的道德损害，而旅客遭受的人身伤害除了涉及财产损害之外还涉及旅客或者旅客的继承人遭受的道德损害。①

不过，在19世纪末期和20世纪初期之前，法国少数地方法院的法官仍然采取合同责任的分析方法，在责令承运人对旅客承担合同责任时，他们允许旅客获得道德损害的赔偿。在少数情况下，他们适用《法国民法典》第1784条的规定。例如，在1887年7月7日的案件当中，法国一家地方法院的法官根据该条的规定认为，如果承运人不履行运输合同的行为导致乘客遭受人身伤害，除了应当赔偿乘客遭受的财产损害之外，承运人还应当赔偿乘客遭受的道德损害，包括肉体上的疼痛、疤痕以及畸形等。此案的规则被比利时的法官所采纳，在1891年2月7日的案件中，比利时一家法院的法官也承认，承运人对其乘客承担的合同责任包括赔偿乘客遭受的道德损害。②

在多数情况下，法官会责令没有按期到达目的地的承运人就其迟延履行合同债务的行为对乘客遭受的道德损害承担合同责任，因为法官认为，当承运人迟延履行运输合同所规定的按期到达债务时，他们的迟延行为会让乘客的逗留时间延长，加剧旅客的疲劳

---

① Armand Dorville, De l'intérêt moral dans les obligations: étude de droit comparé sur le principe de réparation pécuniaire des dommages non-economiques, Thèse, Paris A. Rousseau, 1901, pp. 218—222; Jean Carbonnier, Droit civil, Volume Ⅱ, Les biens, Les obligations, puf, 2004, p. 2189; Valentine Palmer Vernon, Dommages moraux: l'éveil français au 19e siècle, Revue internationale de droit comparé, Vol. 67 n°1, 2015. p. 19.

② Armand Dorville, De l'intérêt moral dans les obligations: étude de droit comparé sur le principe de réparation pécuniaire des dommages non-economiques, Thèse, Paris A. Rousseau, 1901, pp. 218—219.

感，让他们身心疲惫不堪。在 1898 年 7 月 30 日的案件当中，一家地方法院的法官认为，承运人应当就其迟延达到目的地的行为引起的道德损害对其乘客承担合同责任。在 1899 年 5 月 10 日的案件当中，另外一家地方法院的法官也认为，铁路公司应当就其迟延达到目的地的行为引起的道德损害对其乘客承担合同责任。[①]

（二）法国最高法院在 1911 年的案件当中首次承认运输合同当中道德损害的可予赔偿性

在这些地方法院法官所做出的司法判例的基础上，法国最高法院最终在 1911 年 11 月 21 日的案件[②]当中放弃了它之前所采取的做法，在旅客因为铁路公司不履行债务的行为而遭受人身损害时，它不再要求旅客或者旅客的继承人提起过错侵权责任之诉，而允许旅客或者其继承人提起合同责任之诉。因为旅客或者其继承人遭受的人身损害既包括财产损害也包括道德损害，因此，除了确立合同性质的安全债之外，该案也真正确认了合同责任领域道德损害的可予赔偿性理论。根据该种理论，如果债务人不履行债务的行为引起了债权人道德损害的发生，他们应当赔偿债权人所遭受的道德损害，即便他们对债权人承担的损害赔偿责任在性质上是合同责任而不是侵权责任。

在 1911 年确立了此种规则之后，法国最高法院接着在 1913 年的两个案件即 1913 年 1 月 27 日的案件[③]和 1913 年 4 月 21 日的案件[④]当中重复了该案的规则。通过这三个案件，法国最高法院将侵权责任当中可予赔偿的道德损害引入合同责任领域并因此让运输合同当中的可予赔偿的损害与侵权责任当中可予赔偿的损害保持一致：无论是提起合同责任之诉还是侵权责任之诉，债权人均能够获得财产损害和非财产损害的赔偿。在 1922 年的《商法理论和实践概要》当中，法国学者 A. Wahl 对法国最高法院的此种做法表示赞赏，认为运输合同的承运人如果没有履行合同所规定的债务，他们应当对债权人承担爱情损害和道德损害的赔偿。[⑤]

（三）法国最高法院在 1936 年的案件中承认医疗合同当中道德损害的可予赔偿性

在将道德损害的赔偿强加到运输合同当中之后，法国最高法院仍然不满足自己的做法，因为它认为，仅仅在运输合同当中承认安全债务还是不够的，除了运输合同涉及合同债权人的人身安全之外，还有不少合同也涉及债权人的人身安全。既然其他的合同也像运输合同一样涉及合同性质的安全债务，人们没有必要仅仅将道德损害的赔偿限定在

---

① Armand Dorville, De l'intérêt moral dans les obligations: étude de droit comparé sur le principe de réparation pécuniaire des dommages non-economiques, Thèse, Paris A. Rousseau, 1901, pp. 220—222.

② Cass. civ., 21 nov. 1911, S. 1912, 1, 73.

③ Cass. civ., 27 janv. 1913, S. 1913, 1, 177.

④ Cass. civ. 21 avr. 1913, S. 1914, 1, 5.

⑤ A. Wahl, Précis théorique et pratique de droit commercial, Société du Recueil Sirey, Bordeaux, 1922, pp. 428—436; Valentine Palmer Vernon, Dommages moraux: l'éveil français au 19e siècle, Revue internationale de droit comparé, Vol. 67 n°1, 2015. pp. 19—20.

运输合同当中，而是应当采取更加积极的态度，将道德损害的赔偿从运输合同拓展到其他合同当中，并因此让其他合同当中债权人获得的损害赔偿与侵权责任当中他人能够获得的损害赔偿范围一致。基于此种考虑，1936 年，法国最高法院继续拓展它在运输合同当中所采取的此种做法，将可予赔偿的道德损害从运输合同当中拓展到医疗合同当中。

在法国，医师对其病患者承担的民事责任究竟是合同责任还是侵权责任？对此问题，法国最高法院在不同时期做出的回答是不同的。在 19 世纪末期之前，法国最高法院认为，即便医师与其病患者之间存在医疗合同，在医师的诊疗行为引起病患者人身损害时，他们仅仅根据《法国民法典》第 1382 条（新的第 1240 条）所规定的一般过错侵权责任对病患者承担合同责任。

在 1835 年 6 月 18 日所做出的具有历史意义的著名案件即 l'arrêt Thouret-Noroy 一案①当中，法国最高法院对此种规则做出了说明。在该案当中，被告医师对原告病患者进行截肢手术之后没有采取适当的止血和包扎方式，导致原告手术之后因为感染、血栓或其他原因缺乏血液循环造成身体组织坏死和腐烂。原告向法院起诉，要求法官责令被告就其过错行为引起的损害对自己承担赔偿责任。法国最高法院最后根据第 1382 条所规定的过错侵权责任责令被告赔偿原告一笔数额的赔偿金和终身年金。因此，在该案当中，法国最高法院虽然适用一般过错侵权责任，但是，它也仅仅责令被告赔偿原告遭受的财产损害，没有责令被告赔偿原告遭受的道德损害。

作为一个典型案件，Thouret-Noroy 一案的规则在 1835 年被确立之后为最高法院所坚持，因为在 1936 年之前，它在众多的司法判例当中采取此案所确立的规则。到了 1936 年，法国最高法院放弃了它在 100 年之前所采取的侵权责任分析方法，并且在同样具有历史意义的一个名案即 1936 年 5 月 20 日的 L'arrêt Mercier 一案②当中采取了合同责任的分析方法。在该案当中，原告患有鼻炎，被告医师在对原告进行 X 光透析时因为防护不严而导致原告感染了黏膜放射性皮炎。原告向法院起诉，要求法官责令被告对其承担损害赔偿责任。法国最高法院最终认定，医师应当对病患者承担合同责任而非一般过错侵权责任，并且，除了应当赔偿原告所遭受的财产损害之外，被告还应当赔偿原告遭受的道德损害。

五、今时今日合同责任当中损害类型的三分法理论

（一）合同责任当中损害的类型与侵权责任当中损害的类型相同

经过 20 世纪 50 年代以来法官和民法学者的共同努力，法国合同责任法最终在损害赔偿责任的问题上成功地实现了与侵权责任法接轨的目的：无论是侵权责任还是合同责任，可予赔偿的损害既包括财产损害也包括非财产损害，在他人或者债权人因为行为人或者债务人实施的致害行为而遭受财产损害或者道德损害时，他人或者债权人均有权要

① Req., 18 Juin 1835, DP 1835. 1. 300, concl. DUPIN; S. 1835. 1. 401.

② Civ. 20 mai1936, DP1936. 1. 88, rapp. Josserand et concl. Matter.

求行为人或者债务人对其承担赔偿责任，人们不能够再借口债权人遭受的损害在性质上是道德损害而拒绝责令债务人对债权人承担合同责任。

在今时今日，在讨论合同责任当中的损害类型时，民法学者普遍不会对可予赔偿的损害类型做出详尽的介绍，因为，他们会在侵权责任当中对可予赔偿的损害类型做出详细的介绍，在讨论合同责任当中的损害类型时，他们仅仅指出一点就足够了：他们关于侵权责任当中可予赔偿损害的类型完全适用于合同责任。在 2016 年的债法当中，Cabrillac 就采取此种做法。在讨论作为侵权责任构成要件的损害时，他对不同类型的损害做出了详细的说明[①]，而在讨论作为合同责任构成要件的损害时，他并不对不同类型的损害做出具体说明，因为他指出，合同责任当中的损害观念基本上均是从侵权责任当中借用过来的，因此，他关于侵权责任当中损害的不同类型的说明完全适用于合同责任。[②]

在 2018 年的债法当中，Terré、Simler 和 Lequette 等人也采取此种做法。在侵权责任的构成要件当中，他们对损害的各种类型做出了详细的说明[③]，在讨论作为合同责任构成要件的损害时，他们不会对可予赔偿的损害类型做出说明，因为他们指出，在合同责任领域，有关损害确定方面的大多数规则与侵权责任当中的规则是完全相同的，因此，侵权责任当中有关损害类型的规则能够适用于合同。“在过去，在合同责任当中的道德损害是否是可予赔偿的损害问题上，人们持抗拒的态度，但在今天，此种抗拒已经烟消云散。《法国民法典》没有建立此种差异。无论是旧的第 1147 条至旧的第 1149 条，还是新的第 1231 -1 条和新的第 1231 -2 条均是适用范围宽泛的法律条款，足以涵盖财产损害和道德损害的赔偿。”[④]

在今时今日，在合同责任当中的可予赔偿的损害类型方面，民法学者为何采取此种做法？答案在于，如今，鉴于合同责任的观念极大地受到了侵权责任观念的影响，合同责任当中的损害与侵权责任当中的损害没有任何差异：任何损害，如果在侵权责任当中属于可予赔偿的损害，则也属于合同责任当中的可予赔偿的损害，除了他人有权要求行为人对其承担侵权责任之外，债权人也有权要求债务人对其承担合同责任；反之，任何损害，如果在侵权责任当中属于不予赔偿的损害，则也属于合同责任当中不予赔偿的损害，除了行为人无须对他人承担侵权责任之外，债务人也无须对债权人承担合同责任。

因此，作为一种构成要件，可予赔偿的损害不仅是所有侵权责任的共同构成要件，而且也是所有合同责任的共同构成要件，换言之，它们是所有民事责任的共同构成要件。用 Carbonnier 的话说，损害是所有民事责任构成要件当中的一个恒量因素（les constantes），就像因果关系是包括合同责任和侵权责任在内的所有民事责任的一个恒量因

---

① Rémy Cabrillac, Droit des obligations, 12e édition, Dalloz, 2016, pp. 281—283.

② Rémy Cabrillac, Droit des obligations, 12e édition, Dalloz, 2016, p. 161.

③ François Terré, Philippe Simler, Yves Lequette, François Chénedé, Droit civil, Les Obligations, 12e édition, Dalloz, 2018, pp. 1014—1028.

④ François Terré, Philippe Simler, Yves Lequette, François Chénedé, Droit civil, Les Obligations, 12e édition, Dalloz, 2018, p. 890.

素一样。[①] 作为民事责任当中的两个恒量因素，损害是相对于另外一个构成要件即变量因素而言的即行为人或者债务人实施的引起他人或者债权人损害发生的致害行为。在侵权责任当中，行为人实施的致害行为是不同的，因为他们实施的致害行为包括：本人的行为即过错行为、别人的行为和物的行为。[②] 而在合同责任当中，债务人实施的致害行为即债务不履行行为也是不同的，因为他们可能会实施完全不履行行为、部分不履行行为、迟延履行行为和瑕疵履行行为等，已如前述。

（二）未来的《法国民法典》在损害的分类方面极有可能采取二分法的理论

通过2016年2月10日的债法改革法令，虽然现行《法国民法典》新的第1231条至新的第1231－7条对合同责任即损害赔偿责任做出了规定，但是，这些法律条款仅仅对合同责任当中债权人因为债务不履行行为所遭受的财产损害的赔偿做出了规定，没有对债权人因为债务不履行所遭受的非财产损害的赔偿做出规定。即便Terré、Simler和Lequette等人认为，《法国民法典》新的第1231－1条和第1231－2条所规定的损害既包括了财产损害也包括了非财产损害，他们的此种解释也是臆断的，这两个法律条款没有使用道德损害或者非财产损害的字样，已如前述。

现行《法国民法典》新的第1231条至新的第1231－7条之所以没有对合同责任当中的道德损害做出明确规定，是因为法国政府对民事责任法的改革还没有完成，这些法律条款仅仅是暂时的而非最终的，这些新的法律条款不过是2016年之前《法国民法典》旧的法律条款即旧的第1146条至旧的第1155条的改头换面的延续和微小的修改罢了，已如前述。不过，经过民事责任法的最终改革，未来的《法国民法典》不仅会对作为合同责任构成要件的损害做出一般规定，而且它关于损害的一般规定既适用于合同责任也适用于侵权责任，因为合同责任和侵权责任当中的可予赔偿的损害是完全相同的。法国政府在未来的民事责任法改革当中，极有可能统一作为合同责任和侵权责任两个衡量因素的损害和因果关系。

一方面，在2017年3月13日的《民事责任法改革草案》当中，法国司法部就采取此种做法，它将损害和因果关系作为合同责任和侵权责任的两个共同构成要件加以统一规定，而分别规定作为合同责任和侵权责任构成要件的致害行为。《民事责任法改革草案》的第二章为“责任的条件”，第一节为“合同责任和侵权责任的共同规定”，第一分节为“可予赔偿的损害”（le préjudice réparable），由第1235条至第1238条组成，对作为合同责任和侵权责任共同条件的损害做出了一般性的规定。其中的第1235条规定：对某种合法利益的侵犯所引起的所有确定损害均是应当赔偿的，无论被侵犯的合法利益是财产性的还是非财产性的。[③]

---

① Jean Carbonnier, Droit civil, Volume Ⅱ, Les biens, Les obligations, puf, 2004, pp. 2269—2291.

② Jean Carbonnier, Droit civil, Volume Ⅱ, Les biens, Les obligations, puf, 2004, p. 2293.

③ Article 1235, Projet de réforme du droit de la responsabilité civile, 13 mars 2017, http://www.textes.justice.gouv.fr/textes-soumis-a-concertation-10179/projet-de-reforme-du-droit-de-la-responsabilite-civile-29782.html.

另一方面，在2020年7月29日的《民事责任法改革提案》当中，法国参议院也采取此种做法，除了对作为合同责任和侵权责任变量因素的致害行为分别做出了规定之外，它也对作为合同责任和侵权责任两个恒量因素的损害和因果关系做出了规定。《民事责任法改革提案》第二章的标题同样为“责任的条件”，第一节为“侵权责任和合同责任的共同规定”，第一分节为“可予赔偿的损害”，由第1235条至第1238条组成，对作为民事责任构成要件的损害做出了一般性的规定。其中的第1235条与法国司法部的《草案》当中的第1235条一字未改、完全一样。①

无论是《民事责任法改革草案》还是《民事责任法改革提案》，第1235条均将合同责任和侵权责任当中的可予赔偿的损害分为财产损害和非财产损害两类。因为根据该条的规定，如果他人或者债权人享有的合法利益是某种财产性质的利益，当行为人或者债务人实施的致害行为侵犯此种性质的利益时，他人或者债权人所遭受的损害就是财产损害；而如果他人或者债权人享有的合法利益是某种非财产性质的利益，当行为人或者债务人实施的致害行为侵犯此种性质的利益时，他人或者债权人所遭受的损害就是非财产损害。

（三）当今民法学者对合同责任当中可予赔偿的损害做出的不同分类

在今时今日，民法学者在合同责任当中的损害分类问题上存在不同看法，主要有三种不同的理论。某些民法学者采取二分法的理论，他们将合同责任当中的损害分为财产损害和非财产损害两类。Viney 和 Jourdain 采取此种理论，他们指出，债权人或者他人遭受的损害可以分为两类：债权人或者他人遭受的纯经济损害，也就是财产损害；债权人或者他人遭受的非纯经济损害，也就是道德损害、非财产损害。② Larroumet 也采取此种理论，他指出：“为了确定债权人因为债务人不履行或者恶意履行合同债务所遭受的损害，人们应当考虑债权人所遭受损害的利益：他们所遭受的损害利益或者是财产利益，或者是爱情或者道德秩序性质的利益。在第一种情况下，人们将债权人遭受的损害称为经济损害，而在第二种情况下，人们则将债权人遭受的损害称为道德损害。”③

另外一些民法学者采取三分法的理论，除了财产损害和非财产损害之外，他们还承认第三类损害即人身损害。Roland 和 Boyer 采取此种理论，他们指出：“仅仅在债权人遭受某种损害时，合同债务的不履行、迟延履行、不完全履行或者瑕疵履行才能够成为合同责任的渊源。可予赔偿损害的构成要件在合同责任和侵权责任当中是相同的：财产损害，也就是《法国民法典》第1149条（新的1231-2）规定的所遭受的损失和所丧失的利益；人身损害，也就是对他人人身完整性和生命的侵犯，它们在包

---

① Article 1235, Proposition de loi n°678 portant réforme de la responsabilité civile, Sénat Deuxième session extraordinaire de 2019—2020, Enregistré à la Présidence du Sénat le 29 juillet 2020, http://www.senat.fr/leg/pp.119—678.html.

② Geneviève Viney, Patric Jourdain, Traité De Droit Civil, Les conditions de la responsabilité, 3e édition, L. G. D. J., 2006, pp. 30—73.

③ Christian Larroumet, Droit Civil, Les Obligations, Le Contrat, Tome Ⅲ, 2e partie, Effets, 6e édition, Economica, 2007, p. 719.

含着安全债的合同当中存在；道德损害，它存在于这一词语的各种含义当中；未来的确定的损害；机会的丧失；以及近亲属所遭受的损害等。”① Mazeaud 和 Chabas 也采取此种理论，他们指出，损害的要求并不意味着财产损害，因为人不可能仅仅遭受一种损害即财产损害，除了财产损害之外，人还有可能遭受道德损害。在财产损害和道德损害之间，人还会遭受第三类损害，这就是人身损害。② Aillaud 也采取此种理论，他指出：“就像在侵权责任当中一样，合同责任当中的损害可能是财产损害、人身损害或者道德损害。”③

由于受到 2016 年 2 月 10 日的债法改革法令的影响，还有一些民法学者采取四分法的理论。根据该种理论，作为包括合同责任和侵权责任在内的所有民事责任的一个恒量因素，可予赔偿的损害既不是分为财产损害和非财产损害理论两类，也不是分为财产损害、非财产损害和人身损害三类，而是分为四类：除了财产损害、非财产损害和人身损害之外，可予赔偿的损害还包括第四类即环境或者生态损害。Larribau-Terneyre 采取此种理论，他指出：“传统上，人们区分两类不同的损害：财产损害和道德损害。然而，此种区分理论过于概括。一方面，人们长久以来承认了第三类损害即人身损害，该类损害是一种复杂的损害，既具有客观方面的内容（伤害），也具有主观方面的内容（所忍受的疼痛等）。因此，人身损害可以成为财产损害和道德损害之外的一大类损害。另一方面，社会的变更要求人们接受其他类型的新损害的存在：生态损害。人们之所以要接受这一新的损害类型，是为了解决民事责任法当中所出现的一系列难题。”④

Terré、Simler 和 Lequette 等人也采取此种理论，他们指出，由于引起损害发生的事件的严重性不同（例如伤害或者杀害、损坏或者毁灭），也由于所侵犯的利益是财产或者人身的不同，因此，损害的类型也是多种多样的。除了人身损害、财产损害和道德损害之外，文明的变迁让人们想到，需要增加一种新的损害类型，这就是环境损害或者生态损害。⑤虽然 Terré、Simler 和 Lequette 等人是在侵权责任当中将可予赔偿的损害分为四类，但是，他们在讨论合同责任当中的损害时已经明确指出，侵权责任当中的损害类型完全可以适用于合同责任。⑥

合同责任当中损害的二分法和三分法之间的最主要差异在于：如果采取损害的三分法理论，则人身损害构成财产损害和非财产损害之外的一种独立损害类型。而如果采取损害的二分法理论，则人身损害不属于财产损害和非财产损害之外的独立类型，人身损害当中的财产损害被并入财产损害当中并因此构成财产损害的有机组成部分，而人身损害当中的非财产损害则被并入非财产损害当中并因此构成非财产损害的有机组成部分。

---

① Henri Roland et Laurent Boyer, Contrat, 3e édition, Litec, 1989, p. 563.

② Henri et Leon Mazeaud, Jean Mazeaud, Francois Chabas, Obligations, 9e édition, Montchrestien, 1998, p. 413.

③ Marjorie Brusorio Aillaud, Droit des obligations, 8e édition, bruylant, 2017, p. 286.

④ Virginie Larribau-Terneyre, Droit civil, Les Obligations, 15e édition, Dalloz, 2017, p. 730.

⑤ François Terré, Philippe Simler, Yves Lequette, François Chénedé, Droit civil, Les Obligations, 12e édition, Dalloz, 2018, p. 1014.

⑥ François Terré, Philippe Simler, Yves Lequette, François Chénedé, Droit civil, Les Obligations, 12e édition, Dalloz, 2018, p. 890.

笔者采取三分法的理论，将合同责任当中的可予赔偿的损害分为三类：财产损害，道德损害和人身损害。

笔者之所以采取三分法的理论，其主要原因有二：

其一，除了存在条理不清的问题之外，传统的二分法理论还存在轻视人身损害的问题，因为，作为一种最主要的、最重要的损害类型之一，人身损害同时具有财产损害和非财产损害的内容，人们不能够将作为一个有机整体存在的人身损害加以分割并因此将其置于财产损害和非财产损害当中。

其二，虽然四分法的区分理论体现了现代社会发展和变化的需要，但是，四分法当中的环境损害、生态损害主要发生在侵权责任当中，合同责任当中发生的环境损害、生态损害甚少。

在今时今日，除了享有传统的财产利益、人身利益和道德利益之外，人们还享有越来越多的新的、需要民事责任法对其加以保护的新利益，其中最主要的一种新利益是环境利益，也就是生态利益。当行为人侵犯他人享有的环境利益、生态利益并因此引起他人损害的发生时，他人遭受的损害就是环境损害、生态损害（préjudice écologique）。[①] 虽然环境损害、生态损害或许能够在合同责任当中存在，但是，环境损害、生态损害主要在侵权责任当中存在，因为这样的原因，现行《法国民法典》新的第 1246 条至新的第 1252 条在侵权责任当中对生态损害做出了规定，而没有在合同责任当中做出规定。[②]

---

① Virginie Larribau-Terneyre, Droit civil, Les Obligations, 15e édition, Dalloz, 2017, pp. 731—737; François Terré, Philippe Simler, Yves Lequette, François Chénedé, Droit civil, Les Obligations, 12e édition, Dalloz, 2018, pp. 1026—1028.

② Articles 1246 à 1252, Code civil, Version en vigueur au 16 février 2021, https://www.legifrance.gouv.fr/codes/section_lc/LEGITEXT000006070721/LEGISCTA000033019029/#LEGISCTA000033019041.

第十七章　合同责任当中的三类损害

第一节　合同责任当中的第一种损害：财产损害

一、财产损害的界定

债务人不履行债务的行为引起债权人遭受的第一类可予赔偿的损害是财产损害。在法国，民法学者很少直接对合同责任当中的财产损害做出明确的界定，因为他们很少在合同责任当中对财产损害做出详尽的说明，而是在民事责任尤其是侵权责任当中对此类损害做出界定。在民事责任当中，人们对财产损害做出的界定大同小异，因为他们普遍从财产利益被侵犯的角度对财产损害做出自己的界定。

例如，Carbonnier 就采取此种方法界定财产损害，他指出，所谓财产损害，是指对他人财产所造成的损害。Aillaud 也采取此种方法，他指出，所谓财产损害，是指对受害人的某种经济利益、财产利益造成的损害。少数民法学者对财产损害做出了不同于其他民法学者的界定，例如，Mazeaud 和 Chabas 对财产损害做出了不同于其他学者的界定，他们指出，所谓财产损害，是指他人所遭受的能够以金钱方式确定其价值大小的损失。

在法国，少数民法学者也在合同法当中对财产损害做出了界定。例如，Larroumet 在其《合同》当中对财产损害做出了界定，他将合同责任当中的财产损害称为行为损害，他指出：所谓经济损害，有时也被人们称为物质损害，是指债权人因为债务人不履行、瑕疵履行或者迟延履行合同而遭受的财产方面的损害。[①]

笔者采取主流民法学者的方法对合同责任当中的财产损害做出如下界定：所谓财产损害（dommages patrimonial préjudice patrimonial），也称为物质损害（dommage matériel préjudice matériels）、经济损害（dommages économiques préjudice économiques），是指债权人因为债务人不履行源自合同的债务行为而遭受的纯经济方面的、纯物质方面的或者纯财产方面的损害。所谓纯经济方面的损害，是指与债权人人身方面的损害没有关系的财产损害。债务人不履行债务的行为有时也会引起债权人人身损害的发生，其中也包括财产损害，因为人身损害被视为一种与财产损害并行的损害，因此，财产损害并不包括人身损害当中的财产损害。

二、财产损害的特点

在民法当中，他人或者债权人享有众多的经济利益、物质利益、财产利益。当行为

---

① Christian Larroumet, Droit Civil, Les Obligations, Le Contrat, Tome Ⅲ, 2e partie, Effets, 6e édition, Economica, 2007, p. 719.

人或者债务人实施的行为侵犯他人或者债权人享有的经济利益、物质利益、财产利益时，他们的侵犯行为引起的后果就是财产损害。[①] 从他人或者债权人的角度看，他人所遭受的此类损害就是纯经济方面的、纯物质方面的或者纯财产方面的损害。因此，如果出卖人在将财产出卖给买受人之后没有对仍然占有的属于买受人的财产尽到合理的注意债务，并因此导致所占有的财产毁灭，出卖人应当对买受人因为财产所有权的消失而遭受的损害承担赔偿责任，买受人因为所有权的消灭而遭受的损害属于财产损害。如果出卖人交付的出卖物存在瑕疵，则出卖人应当就其瑕疵履行债务的行为对买受人遭受的财产损害承担赔偿责任，买受人因为瑕疵出卖物遭受的损害也属于财产损害。

财产损害的特点有二：其一，财产损害仅仅是债务人不履行债务的行为对债权人享有的某种经济利益、财产利益和物质利益所造成的损害。其二，债权人遭受的财产损害究竟是多少，人们能够以金钱的方式加以评估和确定，这就是损害的客观评估、客观确定方法，该种方法与道德损害当中的主观评估、主观确定方法形成鲜明的对比。

三、财产损害的类型

根据具体情况的不同，在债务人不履行源自合同的债务时，债权人遭受的财产损害分为三类：现有利益损失、预期收益损失和机会损失。

（一）现有利益损失

所谓现有利益的损失（la perte éprouvée damnum emergens），也称为所丧失的经济利益、物质利益、财产利益，是指债权人原本享有某种财产利益，因为债务人不履行债务的行为，债权人原本享有的此种财产利益不复存在。[②] 因为承租人不履行债务的行为导致出租物毁损灭失，出租屋的毁损灭失就构成出租人现有利益的损失。因为承运人没有履行合同所规定的安全债务，导致旅客的行李丢失，行李的丢失构成旅客现有利益的丧失。2016 年之前，《法国民法典》第 1149 条对此类财产损害的赔偿做出了规定。2016 年之后，现行《法国民法典》新的 1231－2 条对债权人遭受的此种财产损害的赔偿做出了规定，已如前述。

（二）预期收益损失

所谓预期收益损失（gain manqué lucrum cessans），也称为原本应当获得的经济利

① Gabriel Marty, Pierre Raynaud, Droit Civil, Les Obligations, Tome 1, Les sources, 2e édition, Sirey, 1988, p. 463; Geneviève Viney, Patric Jourdain, Traité De Droit Civil, Les conditions de la responsabilité, 3e édition, L. G. D. J., 2006, pp. 30—33; Vocabulaire juridique, 10e édition, sous la direction de Gérard Cornu, puf, 2014, p. 367.

② Jean Carbonnier, Droit civil, Volume Ⅱ, Les biens, Les obligations, puf, 2004, p. 2272; Christian Larroumet, Droit Civil, Les Obligations, Le Contrat, Tome Ⅲ, 2e partie, Effets, 6e édition, Economica, 2007, p. 722; Dimitri Houtcieff, Droit Des Contrats, Larcier, 2e édition, 2016, p. 536; Muriel Fabre-Magnan, Droit des obligations, Tome 1, Contrat et engagement unilatéral, 4e édition, puf, 2016, p. 766; Rémy Cabrillac, Droit des obligations, 12e édition, Dalloz, 2016, pp. 281—282; Marjorie Brusorio Aillaud, Droit des obligations, 8e édition, bruylant, 2017, p. 28; Virginie Larribau-Terneyre, Droit civil, Les Obligations, 15e édition, Dalloz, 2017, p. 731.

益、物质利益、财产利益因为债务不履行行为而没有获得所遭受的损失。[1] 债权人之所以与债务人签订合同，其目的在于获得合同所规定的预期利益，也就是获得合同履行之后原本能够获得的未来利益。如果债务人履行合同所规定的债务，则债权人的经济利益、物质利益原本应当增加。当债务人不履行合同所规定的债务时，债权人缔结合同的预期利益没有办法获得，他们原本应当增加的经济利益、物质利益没有增加，他们没有增加的利益就是预期收益损失。

因此，如果债务人违反了合同所规定的禁止竞争的债务，他们不履行债务的行为会导致债权人的顾客数量减少并因此无法获得顾客没有减少时原本能够获得的利益，债权人没有获得的此种利益就是预期收益损失。如果出卖人没有尽到合理的保管债务并因此导致出卖人所保管的属于买受人的财产消灭，买受人因为无法以更高的价格将其出卖而遭受的损失也属于预期收益损失。2016 年之前，《法国民法典》第 1149 条对此类财产损害的赔偿做出了规定。2016 年之后，现行《法国民法典》新的 1231 - 2 条对债权人遭受的此种财产损害的赔偿做出了规定，已如前述。

（三）机会损失

所谓机会损失（la perte de chance），是指债权人所面临的获得某种利益或者避免某种损害的可能性。例如，雇员面临职务晋升的可能性，病患者面临被救活的可能性。如果债权人面临的机会极有可能发生的话，则他们面临的机会就构成债权人的一种财产。如果债务人不履行债务的行为让债权人面临的机会丧失了，则他们应当赔偿债权人遭受的损害，因此，债权人遭受的此种损害也属于一种财产损害。在法国，民法学者普遍在损害的特征当中对机会损失的问题做出讨论。[2]

未来的《法国民法典》极有可能对机会损失的赔偿做出明确规定，包括合同责任当中的机会损失和侵权责任当中的机会损失。一方面，在 2017 年 3 月 13 日的《民事责任法改革草案》（以下简称《草案》）当中，法国司法部对整个民事责任当中可予赔偿的机会损失做出了规定，这就是《草案》当中的第 1238 条。[3] 另一方面，在 2020 年 7 月 29 日的《民事责任法改革提案》（以下简称《提案》）当中，法国参议院也对整个民事责任当中可予赔偿的机会损失做出了规定，这就是《民事责任法改革提案》当中的

---

① Jean Carbonnier, Droit civil, Volume Ⅱ, Les biens, Les obligations, puf, 2004, p. 2272; Christian Larroumet, Droit civil, Les Obligations, Le Contrat, Tome Ⅲ, 2e partie, Effets, 6e édition, Economica, 2007, p. 722; Dimitri Houtcieff, Droit Des Contrats, Larcier, 2e édition, 2016, p. 536; Muriel Fabre-Magnan, Droit des obligations, Tome 1, Contrat et engagement unilatéral, 4e édition, puf, 2016, p. 766; Rémy Cabrillac, Droit des obligations, 12e édition, Dalloz, 2016, pp. 281—282; Marjorie Brusorio Aillaud, Droit des obligations, 8e édition, bruylant, 2017, p. 28; Virginie Larribau-Terneyre, Droit civil, Les Obligations, 15e édition, Dalloz, 2017, p. 731.

② Jean Carbonnier, Droit civil, Volume Ⅱ, Les biens, Les obligations, puf, 2004, p. 2270; Christian Larroumet, Droit Civil, Les Obligations, Le Contrat, Tome Ⅲ, 2e partie, Effets, 6e édition, Economica, 2007, pp. 727—730; Philippe Malaurie, Laurent Aynès, Philippe Stoffel-Munck, Droit des obligations, 8e édition, L. G. D. J., 2016, pp. 147—148; Rémy Cabrillac, Droit des obligations, 12e édition, Dalloz, 2016, pp. 286—287.

③ Article 1238, Projet de réforme du droit de la responsabilité civile, 13 mars 2017, http://www.textes.justice.gouv.fr/textes-soumis-a-concertation-10179/projet-de-reforme-du-droit-de-la-responsabilite-civile-29782.html.

第 1237 条。[①] 关于这两个条款，笔者将在损害的特征当中做出详细的介绍，此处从略。

第二节　合同责任当中的第二种损害：道德损害

一、道德损害的界定

债务人不履行债务的行为引起债权人遭受的第二类可予赔偿的损害是道德损害。法国民法学者普遍对道德损害做出了界定，并且他们做出的界定基本上是相同的，因为他们是从非财产利益被侵犯的角度界定道德损害。例如，Carbonnier 采取此种方法，他指出，所谓道德损害，是指不是对他人财产所造成的损害。[②]再例如，Cabrillac 也采取此种方法，他指出，所谓道德损害，是指不是针对他人财产所造成的损害。[③] 不过，少数民法学者对道德损害做出了不同于其他民法学者的界定，例如，Mazeaud 和 Chabas 等人对道德损害做出了不同于其他学者的界定，他们指出，所谓道德损害，是指他人所遭受的不能够以金钱方式确定其价值大小的损失，因为道德损害是对他人享有的某种非财产权造成的损害。[④]

笔者采取主流民法学者的意见对合同责任当中的道德损害做出如下界定：所谓道德损害（dommages moraux préjudice moraux），也称为非财产损害（dommages extrapatrimonial préjudice extrapatrimonial）、非物资损害（dommages immatériel préjudice immatériel）、非经济损害（dommages non économiques préjudice non économiques），是指债权人因为债务人不履行源自合同的债务行为而遭受的纯心理的（psychologiques）、纯精神的（spirituels）或者纯感情的（émotionnels）损害。所谓纯心理的损害，是指与债权人人身方面的道德损害没有关系的道德损害。债务人不履行债务的行为有时也会引起债权人人身损害的发生，其中也包括道德损害，因为人身损害被视为一种与道德损害并行的损害，因此，道德损害并不包括人身损害当中的道德损害。

二、道德损害的特点

在民法当中，他人或者债权人既享有众多的经济利益、物质利益、财产利益，也享有众多的非经济利益、非物资利益、非财产利益。他们享有的这些非经济利益、非物资利益、非财产利益被统称为道德利益（l'intérêt moral）。作为一个法律术语，道德利益当中的 moral（道德）一词源自拉丁文 mores 和 moralis，其最初的含义是指与风俗、习惯尤其是社会所承认和施行的行为规范有关。在今时今日，作为一个普通的非法律词

---

① Article 1237, Proposition de loi n°678 portant réforme de la responsabilité civile, Sénat Deuxième session extraordinaire de 2019—2020, Enregistré à la Présidence du Sénat le 29 juillet 2020, http://www.senat.fr/leg/pp. 119—678. html.

② Jean Carbonnier, Droit civil, Volume Ⅱ, Les biens, Les obligations, puf, 2004, p. 2272.

③ Rémy Cabrillac, Droit des obligations, 12e édition, Dalloz, 2016, p. 282.

④ Henri et Leon Mazeaud, Jean Mazeaud, Francois Chabas, Obligations, 9e édition, Montchrestien, 1998, p. 422.

语，道德一词的含义多种多样，除了最初的含义即与风俗、习惯和行为规范有关系的内容之外，该词还指：智识状态、精神状况、心理状态，有关善恶方面的伦理科学，等等。作为一个法律词语，道德一词的含义同样多种多样：与自然人相对应的一种人即法人，与不道德相对应的道德，也就是遵守良好道德、为了正义而行为，与法律规范相对应的道德规范等。[①]

不过，道德利益当中的“道德”并不是指这些含义上的道德，而是特别指与财产利益、经济利益和物质利益相对应的一种利益：人们所享有的一种具有最高价值秩序的利益即非财产价值、非物质利益。[②] 人在社会当中生活，他们拥有各种各样的利益。不过，无论他们拥有的利益是什么，他们拥有的所有利益均分为两类：财产利益和非财产利益，其中的财产利益是为了满足人们的物质需要和经济需要，而其中的非财产利益则是为了满足人们的精神需要、心理需要、感情需要。以满足人们的精神需要、心理需要、感情需要为目的的利益就是所谓的道德利益。虽然民法学者在财产利益和道德利益之外还承认人身利益，但是，人身利益是财产利益和道德利益的结合体。

在民法上，人们享有的道德利益如何分类？对此问题，基于民法学者在损害的分类问题上所采取的理论的差异，他们所做出的回答存在差异。总的来说，如果民法学者采取损害的两分法理论即将损害分为财产损害和道德损害两类，则他们将道德利益分为两类：其一，人对其姓名、名誉、私人生活、肖像或者家庭身份享有的道德利益，人们对这些道德利益享有的权利被称为无形人格权、道德人格权或者身份权。其二，人对其生命、身体、健康享有的道德利益，人们对这些道德利益享有的权利被称为有形人格权、物质人格权。如果民法学者采取损害的三分法理论即将损害分为财产损害、道德损害和人身损害，则他们仅仅将道德利益分为一种，这就是，人对其姓名、名誉、私人生活、肖像和家庭身份享有的道德利益。因为他们将物质人格权当中所包含的道德利益置于人身利益当中。[③]

无论是哪一种分类，他们均是以道德利益受到侵权责任法的保护作为出发点的，而不是从或者同时从道德利益受到合同责任法的保护作为出发点的。在民法上，道德人格权和物质人格权不仅受到侵权责任法的保护，而且主要受到侵权责任法的保护的，这一点毋庸讳言。不过，道德人格权和物质人格权主要受到侵权责任法的保护也并不意味着它们不能够受到合同责任法的保护。因为，一方当事人与另外一方当事人签订的合同有时也会涉及当事人的道德人格权和物质人格权。例如，一方当事人与影视明星签订姓名、肖像使用合同，当事人之间的姓名、肖像使用合同就涉及影视明星的姓名权、肖像权，而传统上，姓名权和肖像权被视为道德人格权。再例如，医师与其病患者签订医疗

---

① Vocabulaire juridique, 10e édition, sous la direction de Gérard Cornu, puf, 2014, p. 666; Le Petit Robert de la Langue Française, 2019 édition, Le Robert, 2018, p. 1633.

② Vocabulaire juridique, 10e édition, sous la direction de Gérard Cornu, puf, 2014, p. 666.

③ Gabriel Marty, Pierre Raynaud, Droit Civil, Les Obligations, Tome 1, Les sources, 2e édition, Sirey, 1988, p. 463; Geneviève Viney, Patric Jourdain, Traité De Droit Civil, Les conditions de la responsabilité, 3e édition, L. G. D. J., 2006, pp. 39—46; Vocabulaire juridique, 10e édition, sous la direction de Gérard Cornu, puf, 2014, p. 367; Virginie Larribau-Terneyre, Droit civil, Les Obligations, 15e édition, Dalloz, 2017, pp. 739—740.

合同，由医师对病患者进行手术，当事人之间的合同也涉及病患者的身体权。

如果当事人之间的合同涉及道德人格权和物质人格权，在一方当事人不履行合同债务的行为引起另外一方当事人财产损害和道德损害发生时，他们应当对另外一方当事人遭受的财产损害和道德损害承担赔偿责任，这一点毫无疑问。因为，无论是人们享有的道德人格权还是物质人格权均是为了某种人所具有的精神需要、心理需要、感情需要。[①] 由于笔者将有形人格权当中的道德利益视为人身利益当中的组成部分，因此，笔者将在人身损害当中讨论人身权当中的道德利益被侵犯时的道德损害的赔偿。当行为人或者债务人实施的行为侵犯他人或者债权人享有的这些道德利益时，他们的侵犯行为引起的后果就是道德损害。从他人或者债权人的角度，他人所遭受的此类损害就是纯心理的损害。

问题在于，如果当事人之间的合同既不涉及人当事人的道德人格权，也不涉及当事人的物质人格权，在一方当事人不履行源自合同的债务的行为引起另外一方当事人损害发生时，该方当事人是否对另外一方当事人遭受的道德损害承担赔偿责任？如果该方当事人要承担道德损害的赔偿责任，他们赔偿道德损害的理论根据是什么？对此问题，法国大多数民法学者均没有做出明确的说明，因为在讨论道德损害产生的原因时，民法学者普遍将人格权被侵犯作为道德损害产生的原因，包含将道德人格权和物质人格权被侵犯作为道德损害产生的原因，已如前述。笔者认为，答案是肯定的，因为，合同责任当中的道德损害的发生不必也没有建立在当事人享有的人格权被侵犯的基础上，在人格权被侵犯之外，一方当事人仍然应当就其不履行债务的行为引起的道德损害对债权人承担赔偿责任。关于其原因，笔者将在下面的内容当中做出详细的讨论，此处从略。

因为此种原因，合同责任当中的道德利益分为两类：其一，如果当事人之间的合同涉及一方当事人享有的道德人格权，则合同所规定的道德人格权就构成道德利益。如果债务人不履行债务的行为引起债权人的道德人格权被侵犯，则债务人应当赔偿债权人遭受的道德损害。其二，如果当事人之间的合同不涉及一方当事人享有的道德人格权，当债权人对债务的履行享有道德利益时，在债务的不履行引起债权人道德损害的发生时，债务人仍然应当赔偿债权人所遭受的道德损害。

在民法当中，虽然某些民法学者认为，罗马法甚至法国旧法时期的民法就已经承认侵权责任法甚至合同责任法当中道德损害的存在，但是，此种看法是不符合历史事实的。因为在19世纪之前，民法当中根本就不存在“道德损害”这一术语。作为一个法律术语，“道德损害”一词是民法学家和法官在19世纪的民法学说和司法判例当中所发明、创造的，并且究竟是什么人在19世纪的什么时候发明和创造这一术语的，人们似乎知之不多。换言之，从产生之日起一直到今时今日，这一术语的历史不过200年。[②]

---

① 张民安、林泰松：《人格权在民法典当中的独立地位》，中山大学出版社2019年版，第242—255页；张民安：《法国民法典总论（Ⅱ）》，清华大学出版社2020年版，第306—324页；张民安、李杨：《法人的人格权研究（上）——法人为何享有人格权》，《学术论坛》2019年第2期，第38—50页；张民安：《法人的人格权研究（下）——法人人格权的类型、性质及侵害后果》，《学术论坛》2020年第2期，第1—29页。

② Valentine Palmer Vernon, Dommages moraux: l'éveil français au 19e siècle, Revue internationale de droit comparé, Vol. 67 n°1, 2015. pp. 8—9.

在今时今日，虽然人们有时仍然认为，道德损害一词的含义并不清晰，但是，道德损害当中的道德并不是相对于不道德而言的，而是相对于财产而言的，是指非财产性的、非物质性的、非经济性的损害。在将人身损害当中的道德损害排除掉之后，道德损害也仅仅是指债权人或者他人所遭受的单纯非财产损害，单纯的心理损害、单纯的精神损害、单纯的感情损害。[①]

道德损害之所以被称为非财产损害，是因为道德损害是与财产损害相对立的两类不同性质的损害。因此，与财产损害的特点刚好相反，道德损害具有三个重要特点：

其一，道德损害是债务人不履行源自合同的债务而导致债权人所遭受的非财产损害，换言之，因为债务人不履行债务的行为引起了债权人享有的这些道德利益的损害。

其二，道德损害无法以金钱方式予以客观评估和确定。虽然债权人遭受的道德损害最终仍然以金钱方式予以赔偿，但是，由于道德损害没有客观的财产价值、经济价值、物质价值，因此，法官在责令债务人赔偿债权人的道德损害时会考虑多种多样的主观因素，这就是道德损害的主观评估和确定方法。

其三，道德损害既可以是自然人遭受的损害，也可以是法人遭受的损害。人们不能够认为仅自然人才会遭受道德损害。最主要的体现是，除了自然人享有诸如姓名权、私人生活受尊重权、名誉权、回应权等道德人格权之外，法人也享有这些道德人格权；在法人享有的这些道德人格权遭受侵犯时，他们也有权要求行为人承担民事责任，包括侵权责任和合同责任。[②]

三、合同责任当中道德损害的赔偿

在法国，人们长久以来均对道德损害的赔偿持反对态度，如果说人们在侵权责任领域秉持此种态度的话，他们尤其在合同责任领域坚持此种态度，认为债务人不履行债务的行为只能够让他们对债权人承担财产损害的赔偿责任，无法让他们对债权人承担道德损害的赔偿。因为这样的原因，虽然人们最终在侵权责任领域和合同责任领域承认了道德损害的可予赔偿性，但是，人们在合同责任领域承认道德损害赔偿的时间要比他们在侵权责任领域承认道德损害赔偿的时间晚很多。[③]

虽然道德损害的赔偿主要存在于侵权责任当中，但是，人们不能够因为当事人之间的合同关系是一种经济关系、财产关系而否定合同责任当中道德损害的可予赔偿性。因此，如果债务人不履行源自合同的债务行为引起了债权人道德损害的发生，除了应当赔偿债权人遭受的财产损害之外，债务人还应当赔偿债权人遭受的道德损害。在经济性质的、财产性质的合同关系被违反时，债务人为何能够被责令对债权人承担道德损害的赔

---

① Vocabulaire juridique, 10e édition, sous la direction de Gérard Cornu, puf, 2014, p. 367, p. 666.

② 张民安、林泰松：《人格权在民法典当中的独立地位》，中山大学出版社 2019 年版，第 134—309 页；张民安：《法国民法典总论（Ⅱ）》，清华大学出版社 2020 年版，第 306—324 页；张民安、李杨：《法人的人格权研究（上）——法人为何享有人格权》，《学术论坛》2019 年第 2 期，第 38—50 页；张民安：《法人的人格权研究（下）——法人人格权的类型、性质及侵害后果》，《学术论坛》2020 年第 2 期，第 1—29 页。

③ Christian Larroumet, Droit Civil, Les Obligations, Le Contrat, Tome Ⅲ, 2e partie, Effets, 6e édition, Economica, 2007, pp. 723—724.

偿责任?

笔者认为，答案有两个。一方面，在法律上，合同的经济性质、财产性质同债务人不履行源自合同的债务所承担的道德损害是两件不同的事情，人们不能够将这两件不同的事情混淆：虽然当事人之间的合同关系的确是经济关系、财产关系，但是，当债务人不履行债务的行为引起了后果时，无论他们不履行债务的行为引起的后果是经济性质的、财产性质的后果还是非经济性质的、非财产性质的后果，他们均应当赔偿债权人遭受的所有后果。①

换言之，合同债务人承担的赔偿责任不取决于他们与债权人之间的合同关系的性质，而取决于他们不履行债务的行为所引起的后果：如果债务不履行的行为仅仅引起了财产损害，他们赔偿债权人的财产损害；如果债务人不履行债务的行为既引起了财产损害的后果，也引起了道德损害的后果，则他们应当同时赔偿债权人的财产损害和道德损害。合同责任的目的同侵权责任的目的相同：通过责令债务人赔偿债权人所遭受的包括财产损害和道德损害在内的所有损害，让当事人之间已经被破坏的合同平衡关系尽可能恢复到债务不履行之前。②

另一方面，并非当事人之间的所有合同在性质上均属于经济性质的、财产性质的合同，当事人之间的某些合同主要不是经济性质的、财产性质的合同，而是以某种当事人的心理需要、精神需要和情感需要为目的的合同，当债务人不履行合同所规定的债务时，除了会遭受财产损害之外，债权人还会遭遇道德损害。③ 最典型的合同是旅游合同，虽然旅游合同涉及经济利益、财产利益，但是，游客与旅行社签订合同的目的在于通过旅行社提供的优良服务满足自己的心理需要、精神需要和情感需要，以便让自己的身心放松。

应当注意的是，即便当事人之间的合同在性质上属于完全经济性质的、财产性质的，如果一方当事人不履行合同，法官也可能会责令债务人赔偿债权人所遭受的道德损害。或许，为了统一合同责任当中的损害赔偿和侵权责任当中的损害赔偿范围，法官的此种做法具有正当性；否则，这两种民事责任的赔偿范围将会很难统一起来。对于法官的此种做法，我们似乎能够做出这样的解读：债权人对债务人履行债务的行为享有道德利益，当债务人不履行债务时，债权人的道德利益就受到侵犯，债务人必须赔偿债权人因为其不履行债务的行为而遭受的道德损害。

在法国，债务人不履行债务的行为引起的道德损害的赔偿在众多的合同当中均存在。笔者仅以三个方面的合同为例对此做出简要的说明：劳动合同、委托合同和婚姻合同。

---

① Christian Larroumet, Droit Civil, Les Obligations, Le Contrat, Tome Ⅲ, 2e partie, Effets, 6e édition, Economica, 2007, pp. 723—724.

② Christian Larroumet, Droit Civil, Les Obligations, Le Contrat, Tome Ⅲ, 2e partie, Effets, 6e édition, Economica, 2007, pp. 723—724.

③ Armand Dorville, De l'intérêt moral dans les obligations: étude de droit comparé sur le principe de réparation pécuniaire des dommages non-economiques, Thèse, Paris A. Rousseau, 1901, pp. 168—169.

（一）劳动合同当中的道德损害

在法国，如果一方当事人与另外一方当事人之间存在劳动合同，在一方当事人不履行劳动合同所规定的债务时，除了会责令债务人赔偿债权人所遭受的财产损害之外，法官也会责令债务人赔偿债权人所遭受的道德损害。在1994年6月23日和1997年5月15日的两个案件当中，法国的一家地方法院的法官就采取此种做法，他们认为，在雇主与职业辛迪加签订了劳动合同之后，如果雇主解除了他们与职业辛迪加所签订的集体劳动合同，则雇主应当赔偿劳动者所遭受的道德损害。① 在2018年9月12日的案件当中，法国最高法院社会庭也采取此种做法，它认为，如果雇主因为过错不履行劳动合同所规定的债务，尤其是，擅自中断他们与劳动者之间的合同，则他们应当就自己不履行债务的行为引起的道德损害对劳动者承担合同责任。②

（二）委托合同当中的道德损害

在法国，如果一方当事人与另外一方当事人之间存在委托合同，在一方当事人不履行委托合同规定的债务时，他们也应当对另外一方当事人遭受的道德损害承担赔偿责任。

在2008年7月7日的著名案件即Affaire Tapie-Crédit lyonnais一案当中，法国的一家仲裁庭裁决，被告应当就其不履行委托合同所规定的债务的行为对原告遭受的财产损害和道德损害承担赔偿责任。在该案当中，原告Bernard Tapie原本是体育运动品牌Adidas的拥有人，在被任命为政府部长之后，为了避免个人利益与所承担的公共职责之间的冲突，原告决定出卖自己经营的Adidas产业。为此，原告与被告签订委托合同，委托被告负责为自己物色合适的购买人。③

被告是一家公共银行，在与原告签订委托合同之后，被告没有履行受委托人应当对委托人履行的两个主要债务并因此导致原告遭受了损害：在有出价更高的潜在购买人希望购买原告出卖的事业时，被告没有履行诚实原则所强加的通知债务，没有将潜在的购买人希望购买原告事业的信息通知原告。被告违反了禁止债务，意图通过直接或者间接的方式购买原告委托其代为出卖的事业：作为受委托人，被告对原告承担的债务是为了原告的最大利益出卖原告委托其出卖的事业，而被告竟然违反所承担的此种债务，自己直接或者间接购买原告委托其出卖的事业。原告向仲裁庭申请仲裁，要求仲裁庭责令被告就其不履行委托合同所规定的债务的行为引起的损害对自己承担财产损害和道德损害的赔偿责任。最终，经过马拉松式的程序，仲裁庭在2008年7月7日做出了裁决：被告赔偿原告4.3亿欧元，其中包括4500万欧元的道德损害。④

---

① Gand, 23 Juin 1994 et Gand, 15 mai 1997, CD R.

② Cour de cassation, civile, Chambre sociale, 12 septembre 2018, 16—22.503, n° de pourvoi: 16—22.503.

③ Affaire Tapie-Crédit lyonnais, https://fr.wikipedia.org/wiki/Affaire_Tapie_-_Crédit_lyonnais.

④ Affaire Tapie-Crédit lyonnais, https://fr.wikipedia.org/wiki/Affaire_Tapie_-_Crédit_lyonnais.

（三）婚姻合同当中的道德损害

在一方当事人与另外一方当事人结婚之后，如果一方当事人不履行婚姻合同所规定的债务并因此引起了另外一方当事人道德损害的发生，该方当事人应当对另外一方当事人遭受的道德损害承担赔偿责任。在1998年1月29日的案件当中，一家地方法院认定，如果丈夫在与妻子共同生活了28年之后离开了自己的妻子并且与另外一个女人生活在一起，则丈夫应当赔偿自己妻子的道德损害3049欧元。[①] 在2006年4月25日的一个案件当中，法国最高法院民一庭认定，当丈夫遗弃自己的三个子女和属于低收入的妻子时，丈夫应当就其遗弃妻子和子女的行为承担道德损害的赔偿责任，为此，法官责令被告赔偿原告1500欧元的道德损害。[②]

第三节　合同责任当中的第三种损害：人身损害

一、人身损害的界定

债务人不履行债务的行为引起债权人遭受的第三类可予赔偿的损害是人身损害。法国民法学者普遍对人身损害做出了界定，并且他们做出的界定基本上是相同的，因为他们均从人身利益被侵犯的角度界定人身损害。Aillaud 就采取此种方法，他指出，所谓人身损害，是指自然人的人身完整性受到侵犯之后所遭受的损害。[③] Larribau-Terneyre 也采取此种方法，他指出，所谓人身损害，是指自然人的人身完整性受到侵犯时所遭受的损害，包括疾病、伤害和死亡。[④]

笔者也采取此种方法界定人身损害：所谓人身损害（dommages corporels préjudice corporels），是指作为债权人的自然人因为债务人不履行源自合同的债务行为而遭受的人身完整性方面的损害。所谓人身完整性方面的损害，是指自然人的人身完整权受到侵犯时所遭受的损害。所谓人身完整性（l'intégrité physique），也称为人身完整权（le droit à l'intégrité physique）、有形人格权，是指自然人对其生命、身体、健康所享有的受尊重权、免受债务人或者行为人侵犯的权利，包括自然人的生命权、身体权和健康权。如果行为人侵犯自然人享有的这些权利，他们应当对自然人遭受的损害承担侵权责任，如果债务人不履行源自合同的债务的行为引起了债权人人身完整性的损害，他们也应当对债权人承担合同责任。

在法国，如果债务人对债权人承担作为默示债务的安全债，在他们不履行安全债的行为引起了债权人人身损害的发生时，他们应当对债权人遭受的财产损害和道德损害承担赔偿责任。因此，医师应当就其不履行安全债的行为对病患者遭受的人身损害承担赔

① CA Rouen, 3ème chambre, 29 janvier 1998.

② Cour de cassation, 1ère chambre civile, 25 avril 2006.

③ Marjorie Brusorio Aillaud, Droit des obligations, 8e édition, bruylant, 2017, p. 29.

④ Virginie Larribau-Terneyre, Droit civil, Les Obligations, 15e édition, Dalloz, 2017, p. 742.

偿责任，包括财产损害和人身损害的赔偿责任，承运人应当就其不履行安全债的行为对乘客遭受的人身损害承担赔偿责任，包括赔偿乘客遭受的财产损害和非财产损害，已如前述。

如果游客与旅行社签订了旅游合同，当旅行社不履行旅游合同所规定的债务时，他们应当就其不履行债务的行为引起的财产损害和道德损害对游客承担赔偿责任。在2011年12月15日的案件当中，法国最高法院民一庭采取了此种做法。在该案当中，原告在被告的游轮上旅游时患上了肠胃炎。原告认为，是被告旅游公司提供的食品存在问题并因此让自己患上了肠胃炎。原告要求被告旅游公司赔偿自己遭受的财产损害和道德损害。法国最高法院民一庭同时责令被告赔偿原告遭受的财产损害和道德损害共计10000欧元。①

二、人身损害赔偿责任的重要性

在民法当中，他人或者债权人既享有单纯的经济利益、物质利益、财产利益，也享有单纯的心理利益、情感利益、道德利益，还享有人身利益。所谓人身利益，是指自然人享有的人身完整利益，包括生命利益、身体利益和健康利益。相对于其他利益而言，他人或者债权人享有的人身利益是他人或者债权人享有的所有利益当中最主要的、最重要的利益，没有任何其他利益能够与他人或者债权人享有的人身利益相提并论。

《法国民法典》对自然人享有的人身利益所具有的至尊无上的地位做出了说明。《法国民法典》第16条规定：制定法确保人的至尊无上性，禁止一切侵犯人的尊严的行为，并且确保自然人从出生之时起就受到尊重。《法国民法典》第16－1条规定，自然人的身体是不得被侵犯的。自然人的身体、身体的构成因素和身体的产物不能够成为任何财产权的对象。《法国民法典》第16－1－1条规定：自然人的身体的受尊重并不会因为自然人的死亡而终止。死者的遗体，包括遗体被火化之后的骨灰，应当以受到尊重、有尊严和体面的方式对待。《法国民法典》第16－2条规定：法官能够采取一切适当的措施阻止行为人对他人的身体、身体的构成因素、身体产物实施或者继续实施非法行为，包括在他人死亡之后实施或者继续实施非法行为。②

在民法上，人身利益、有形人格权主要通过侵权责任制度加以保护，包括过错侵权责任制度和无过错责任制度的保护，这一点与无形人格权的法律保护是一样的，因为无形人格权也主要是通过侵权责任制度加以保护的。不过，人身利益、有形人格权主要通过侵权责任制度的保护并不意味着合同法就不能够对人身利益、有形人格权提供保护，因为，在许多情况下，债务人不履行源自合同的债务的行为也会导致债权人的人身利益、人格权遭受损害。在债务人不履行债务的行为引起债权人人身损害的发生时，债权人也有权要求法官责令债务人对自己遭受的人身损害承担赔偿责任，这就是合同责任当

---

① Cour de cassation，civile，Chambre civile 1，15 décembre 2011，10—10. 585，n° de pourvoi：10—10. 585.

② Articles 16 à 16-2，Code civil，Version en vigueur au 16 février 2021，https://www. legifrance. gouv. fr/codes/section_lc/LEGITEXT000006070721/LEGISCTA000006136059/#LEGISCTA000006136059.

中的人身损害。[①]

合同法之所以也能够对债权人的人身利益提供保护，其主要原因有二：

其一，在今时今日，合同并非不能够涉及自然人的人身。在历史上，人们认为合同只能够涉及经济利益、物质利益、财产利益，不能够涉及人身利益。而在今时今日，除了主要涉及经济利益、物质利益、财产利益之外，合同也能够涉及当事人的人身。人们不能够仅仅因为合同涉及当事人的人身就认为当事人之间的合同无效。[②]

早在1936年的《论涉及自然人的人身合同效力》一文当中，Andrée Jack 就已经对此种规则做出了明确说明，他指出："显然，有关自然人人身方面的合同是被制定法所允许的，就像所有其他合同被制定法所允许一样，如果有关自然人人身方面的合同是为了某种合法的和符合道德的目的的话，在探寻和确定此种目的时，如果人们认为有关自然人人身方面的合同对于自然人生命、身体完整性的维持具有特定价值的话。"[③]在1998年的《不能交易和不能流通的人身》一文当中，Marie-Angèle Hermitte 也对此种规则做出了明确说明，他指出："有关自然人人身方面的合同原则上是合法的，是要受当事人意图约束的，但是，当事人的意图并不是万能的，他们的意图要受公共秩序的约束。"[④]

在2013年的《人格权》当中，Jean-Christophe Saint-Pau 等人也对此种规则做出了说明，他们指出，人格权不仅能够"进行法律流通"，而且还能够"进行完全的经济利用"。所谓人格权能够"进行法律流通"，一方面是指人格权能够在活人之间进行交易、转让，另一方面是指人格权在权利主体死亡时能够转移给继承人继承。所谓人格权能够"进行完全的经济利用"，则是指权利主体能够使用自己的人格权谋求商事利益，他们能够与别人签订人格使用合同，允许或者授权别人使用其人格特征。[⑤]

其二，在今时今日，当事人之间的众多合同均涉及安全债务，根据该种债务，无论当事人之间的合同是否规定，债务人均应当对债权人承担安全保障债务，他们所承担的安全债或者是手段债或者是结果债。如果债务人不履行自己所承担的这些安全债，则他们不履行债务的行为会引起债权人人身损害的发生，在符合合同责任的其他构成要件

---

① Gabriel Marty, Pierre Raynaud, Droit Civil, Les Obligations, Tome 1, Les sources, 2e édition, Sirey, 1988, pp. 463464; Geneviève Viney, Patric Jourdain, Traité De Droit Civil, Les conditions de la responsabilité, 3e édition, L. G. D. J., 2006, pp. 46—66; Vocabulaire juridique, 10e édition, sous la direction de Gérard Cornu, puf, 2014, p. 367; Virginie Larribau-Terneyre, Droit civil, Les Obligations, 15e édition, Dalloz, 2017, pp. 742—759.

② Marie-Angèle Hermitte, Le corps hors du commerce, hors du marché, in Archives de philosophie du droit, Sirey, Paris, 1988, p. 327; Irma Arnoux, Les droits de l'être humain sur son corps, Presses Universitaires De Bordeaux, 2003, pp. 191—234; Frédéric Zenati-Castaing, Thierry Revet, Manuel de droit des personnes, 1e édition, puf, 2014, pp. 262—266; Philippe Malinvaud, Introuduction à l'étude du droit, 15e édition, Lexis Nexis, 2015, pp. 309—319; 张民安、林泰松：《人格权在民法典当中的独立地位》，中山大学出版社2019年版，第343—362页。

③ Andrée Jack, Les conventions relatives à la personne physique, [1933] Rev. crit. de législation et de jurisprudence 392, p. 362.

④ Marie-Angèle Hermitte, Le corps hors du commerce, hors du marché, in Archives de philosophie du droit, Sirey, Paris, 1988, p. 327.

⑤ Jean-Christophe Saint-Pau, Droits de la Personnalité, Lexis Nexis, pp. 334—361; 张民安、林泰松：《人格权在民法典当中的独立地位》，中山大学出版社2019年版，第352页。

时，他们应当对债权人承担赔偿责任。例如：买卖合同当中的出卖人对买受人承担的安全债，租赁合同当中的出租人对承租人承担的安全债，运输合同当中的承运人对乘客承担的安全债，医疗合同当中的医师对病患者承担的安全债，承揽合同尤其是建筑工程合同当中的承揽人对其委托人承担的安全债，等等，已如前述。

三、人身损害的主要特点

相对于财产损害和道德损害而言，人身损害有三个主要特点：

其一，人身损害仅仅是指债务人不履行债务的行为引起债权人人身方面的损害，诸如自然人的死亡、自然人的残疾或者自然人的受伤等。人身损害当中的债务人既可以是自然人，也可以是法人，而人身损害当中的债权人只能够是自然人，不能够是法人。因为人身完整权建立在自然人的生命、身体和健康的基础上，以自然人的血肉之躯作为基础，而法人没有自然人的血肉之躯，不存在自然人的生命、身体或者健康。

其二，人身损害的内容具有双重性：人身损害既包括财产损害，也包括道德损害，是由财产损害和道德损害结合在一起所形成的一种独立损害类型，其中的财产损害被称为客观性的人身损害（préjudice corporels objectif），而其中的道德损害则被称为主观性的人身损害（préjudice corporels subjectif）。[①]

其三，虽然人身损害包括道德损害，但是，人身损害当中的道德损害不同于单纯的道德损害。一方面，单纯的道德损害当中的道德损害单一，而人身损害当中的道德损害则包含众多的内容。另一方面，单纯的道德损害仅仅关乎直接受害人，不会关乎间接受害人，而人身损害当中的道德损害则不同，它既关乎直接受害人，也关乎间接受害人。虽然人身损害包括财产损害，但是，人身损害当中的财产损害也不同于单纯的财产损害：人身损害当中的财产损害既包括直接受害人的财产损害，也包括间接受害人的财产损害，无论是直接受害人还是间接受害人遭受的财产损害类型均是多种多样的。而单纯的财产损害则不同，仅仅直接受害人遭受财产损害，而且他们所遭受的财产损害类型有限，已如前述。

四、人身损害赔偿目录的起草

在自然人的人身完整权受到侵犯时，除了他们本人会遭受可予赔偿的损害之外，他们之外的第三人也可能会遭受可予赔偿的损害。在民事责任法当中，他们本人被称为直接受害人（la victime directe），而他们之外的第三人则被称为间接受害人（la victime indirecte victime par ricochet），间接受害人主要是指直接受害人的近亲属。在债务人或者行为人实施债务不履行行为或者其他致害行为时，无论是直接受害人还是间接受害人均会遭受可予赔偿的财产损害和道德损害，并且他们所遭受的财产损害和道德损害均是多种多样的。

问题在于，直接受害人和间接受害人会遭受哪些类型的财产损害和哪些类型的道德损害？对此问题，迄今为止，《法国民法典》没有做出任何说明，因为，它既没有在侵

① Virginie Larribau-Terneyre, Droit civil, Les Obligations, 15e édition, Dalloz, 2017, p. 742.

权责任当中做出说明，也没有在合同责任当中做出说明。在发生纠纷时，由法官在每一个具体案件当中确定直接受害人和间接受害人究竟遭受了哪些类型的财产损害和道德损害。经过一个又一个案例的积累，法官最终在人身损害当中确定了不同类型的财产损害和道德损害。①

为了将可予赔偿的人身损害类型化，2003 年，法国民法学者、里昂三大教授 Yvonne Lambert-Faivre 领导的一个小组首次采取行动，决定将法官在其司法判例当中所承认的各种各样的人身损害予以系统化、体系化。该小组起草了关于人身损害赔偿方面的建议稿《人身损害赔偿目录》（l'indemnisation du dommage corporel），分别对人身损害当中应当赔偿的财产损害类型和道德损害类型做出了清晰的列举，这些可予赔偿的财产损害和道德损害类型被称为“损害要点”（chefs de préjudices）、“损害目录”（postes de préjudices）或者“损害表”（Nomenclature des préjudices）。2003 年 6 月，该小组将自己的报告即《关于人身损害赔偿目录的报告》提交给了法国司法部长，该小组的报告被称为《Lambert-Faivre 报告》（*Le Rapport Lambert-Faivre*）。②

《Lambert-Faivre 报告》明确区分 dommage 一词和 préjudices 一词，它认为 dommage 一词是法律之外因为某种行为、事件引发的损害，而 préjudices 则是指法律上的源自他人财产权或者人身权被侵犯后引起的损害。在人身损害的赔偿问题上，《关于人身损害赔偿目录的报告》采取三分法的理论（triple distinction），明确区分三类不同的损害：其一，直接受害人的损害和间接受害人的损害；其二，财产性质的经济损害（les préjudices économiques patrimoniaux）和私人性的非经济损害（les préjudices non-économiques personnels），其三，暂时损害和永久损害。③

受到 Lambert-Faivre 起草的《人身损害赔偿目录》的启发，2005 年 6 月，法国最高法院民二庭庭长 Jean-Pierre Dintilhac 领导的一个小组不仅起草了有关人身损害赔偿方面的报告即《关于人身损害表的报告》，而且也将自己起草的报告提交给了法国司法部长，该报告被称为《Dintilhac 报告》（*Le Rapport Dintilhac*）。④

《Dintilhac 报告》采取了《Lambert-Faivre 报告》当中所采取的区分 dommage 一词和 préjudices 一词的做法。不过，《Dintilhac 报告》仅仅采取了一种区分理论，将人身损害分为两类：直接受害人遭受的损害和间接受害人遭受的损害。在将人身损害分为两大类之后，它再对两大类人身损害做出更进一步的分类：直接受害人的人身损害分为财产损害和非财产损害；间接受害人遭受的损害分为直接受害人死亡时间接受害人遭受的损害

---

① Virginie Larribau-Terneyre, Droit civil, Les Obligations, 15e édition, Dalloz, 2017, pp. 742—743.

② Rapport sur l'indemnisation du dommage corporel, Juin 2003, https://www.vie-publique.fr/sites/default/files/rapport/pdf/034000490.pdf; Virginie Larribau-Terneyre, Droit civil, Les Obligations, 15e édition, Dalloz, 2017, pp. 742—743.

③ Rapport sur l'indemnisation du dommage corporel, Juin 2003, https://www.vie-publique.fr/sites/default/files/rapport/pdf/034000490.pdf.

④ Rapport du groupe de travail chargéd élaborer une nomenclaturedes préjudices corporels, https://www.vie-publique.fr/sites/default/files/rapport/pdf/064000217.pdf.

和直接受害人存活时间接受害人遭受的损害。①

在法国，无论是《Lambert-Faivre 报告》还是《Dintilhac 报告》均不是规范性的法律文本，均没有法律上的约束力。这一点是两个报告的共同之处。它们之间的一个主要差异是，《Lambert-Faivre 报告》没有对法官产生影响或是仅仅产生有限的影响，因为在处理当事人之间的人身损害赔偿纠纷时，法官很少适用该报告。而《Dintilhac 报告》则不同，它对法官产生了影响，至少对法国最高法院和地方法院的法官产生了影响，因为在处理当事人之间的人身损害赔偿纠纷时，法国最高法院的法官会适用该报告。②

不过，在处理当事人之间的人身损害赔偿纠纷时，法国国家行政法院（Conseil d'Etat）没有受到《Dintilhac 报告》的影响，因为在 2007 年 6 月 4 日，法国国家行政法院确定了自身所遵循的人身损害赔偿方面的目录。该赔偿目录与《Dintilhac 报告》的一个主要差异是，在直接受害人遭受财产损害时，直接受害人根据《Dintilhac 报告》能够获得十项财产损害的赔偿，而根据法国国家行政法院的赔偿标准，直接受害人只能够获得六项财产损害赔偿。③

第四节 人身损害的类型：直接受害人和间接受害人遭受的财产损害类型

根据《Dintilhac 报告》，直接受害人遭受的财产损害分为暂时财产损害（Préjudices patrimoniaux temporaires）和永久财产损害（Préjudices patrimoniaux permanents）两类，每一类又包括不同类型的财产损害。

一、直接受害人遭受的暂时财产损害

所谓暂时财产损害，是指直接受害人在创伤愈合（avant consolidation）之前所遭受的财产损害。具体来说，直接受害人遭受的暂时财产损害包括三类：

其一，当前支出的健康费用（dépenses de santé actuelles），诸如住院费、医疗费、护理费、保健费、矫正费、手术费和药费等。

其二，实际支出的形形色色的费用（frais divers），包括：进行医学鉴定时，直接受害人支付给鉴定专家的酬金；直接受害人支付给律师的费用；交通费用，在创伤性疾病期间，直接受害人支付的交通费；在创伤性疾病期间，直接受害人支付的非职业性活动的费用（照看儿童的费用，家政服务的费用，第三人为直接受害人的日常生活需要所提供的临时协助费用）；为方便残疾受害人起居生活而临时改造住所、维护住所的费用；

---

① Rapport du groupe de travail chargéd élaborer une nomenclaturedes préjudices corporels, https://www.vie-publique.fr/sites/default/files/rapport/pdf/064000217.pdf.

② Virginie Larribau-Terneyre, Droit civil, Les Obligations, 15e édition, Dalloz, 2017, pp. 744—745.

③ Conseil d'Etat, Avis, 4 Juin 2007, Magiet et Consorts Guignon, requête numéro 303422, publié au recueil, https://www.revuegeneraledudroit.eu/blog/decisions/conseil-detat-section-4-Juin-2007-magiet-requete-numero—303422-publie-au-recueil/; Virginie Larribau-Terneyre, Droit civil, Les Obligations, 15e édition, Dalloz, 2017, p. 745.

为了方便残疾受害人出行而临时改装机动车和维护被改装的机动车的费用；等等。

其三，当前职业收入损失（pertes de gains professionnels actuels），是指直接受害人在创伤性疾病期间因为无法工作、劳动而遭受的暂时性的职业收入损失。①

二、直接受害人遭受的永久财产损害

所谓永久财产损害，则是指债权人或者他人创伤愈合之后（après consolidation）所遭受的财产损害。直接受害人遭受的永久财产损害主要包括：②

其一，未来支出的健康费用（dépenses de santé futures）。在创伤愈合之后，直接受害人所遭遇的永久和慢性病理状态让他们仍然需要接受长期的、反复的治疗，他们在未来所支出的在医学上能够预见到的各种各样的费用均为未来支持的健康费用，诸如长期或者定期的住院费、医疗费、护理费、保健费、矫正费、手术费和药费等。除了这些医疗费用之外，未来支出的健康费用也包括安装、更换和维护假肢、假牙、假耳或者假眼的费用，以及为残疾人配备、定期更换和维护特定辅助器具的费用，诸如物理治疗和训练器具、轮椅和大小便收集器具，等等。

其二，改造和维护适合于残疾人生活的住所的费用（frais de logement adapté）。在直接受害人的创伤愈合之后，如果他们成为行动不便的永久残疾人，则他们必须居住在能够让自己进出方便和行动自由的住所当中，当他们基于此种目的而改造自己的住所时，他们最终的改造费用和维护费用也属于永久财产损害。此外，属于这一财产损害范围的财产损害还包括：直接受害人购入更加适合自己居住的住所的费用，直接受害人搬入或者搬出住所的费用，直接受害人在养老院居住的费用，如果他们通过房地产中介承租房屋，还包括支付给中介人员的报酬，等等。

其三，改装和维持适合于残疾人生活的机动车的费用（frais de véhicule adapté）。在直接受害人的创伤愈合之后，如果他们成为永久残疾人，则除了要支付住所的改造和维护费用之外，他们还可能要改装一辆甚至几辆机动车，以便能够满足自己借助于机动车出行的方便和要求。当然，他们是否需要借助于改装车辆出行，往往由医疗专家在自己的报告当中确定。如果医疗专家在自己的报告当中认为。他们的出行需要借助于改装车辆完成，则他们改装机动车所支出的费用，以及更换和维持改装机动车的费用均为永久财产损害。

其四，第三人协助的费用（assistance par tierce personne）。在直接受害人的创伤愈合之后，如果他们成为永久残疾人，则他们必须借助于第三人的协助才能够从事某些活动，尤其是，他们必须借助于第三人的协助才能够从事日常的生活，诸如上床睡觉、洗漱、吃饭穿衣和自由行动等。

第五，未来职业收入损失（pertes de gains professionnels futurs）。在直接受害人的创

① Rapport du groupe de travail chargéd élaborer une nomenclature des préjudices corporels, pp. 30—46, https://www. vie-publique. fr/sites/default/files/rapport/pdf/064000217. pdf.

② Rapport du groupe de travail chargéd élaborer une nomenclature des préjudices corporels, pp. 30—36, https://www. vie-publique. fr/sites/default/files/rapport/pdf/064000217. pdf.

伤愈合之后，如果他们成为永久残疾人，从创伤愈合之日起，他们的工作能力或者完全丧失而确定无疑地无法获得任何收入，或者部分丧失而无法获得人身损害发生之前原本能够获得的收益。他们因此遭受的收入损失就是未来职业收入损失。

其六，职业影响（incidence professionnelle）。所谓职业影响，是指直接受害人在创伤愈合之后虽然仍然能够从事一定的职业活动，但是，他们因为事故无法像事故发生之前那样从事职业活动并因此遭受职业收入损失之外的某种财产损害。诸如：劳动力市场的贬值，职业艰辛和困苦的增加，退休金权利的丧失，专业机会的丧失，以及重新找工作的费用、职业培训的费用或者转岗的费用等。

第七，学业损失（préjudice scolaire）。如果中小学生、大学生和职校学生因为事故而无法上学或者无法接受职业教育，他们也会因此遭受经济损失，他们所遭受的此种经济损失就是学业损失。

三、间接受害人遭受的各种各样的财产损害

根据《Dintilhac 报告》，在直接受害人死亡时，间接受害人遭受的财产损害包括三种：丧葬费（les frais d'obsèques）；近亲属的收入损失（pertes de revenus des proches）；近亲属支付的各种费用（frais divers des proches），诸如近亲属支付的交通费、住宿费和餐饮费等。在直接受害人生存时，间接受害人遭受的财产损害包括两种：近亲属的收入损失和近亲属支付的形形色色的费用。

所谓丧葬费（les frais d'obsèques），是指在直接受害人死亡时，直接受害人的近亲属因为要为直接受害人举行葬礼、进行火化和进行埋葬所支出的各种各样的费用，诸如购买棺材的费用、遗体接运费用、遗体存放冷藏的费用、遗体防腐的费用、遗体火化的费用、租用鲜花和花圈的费用、举行吊唁的费用和墓地的建造费用等。所谓近亲属的收入损失（pertes de revenus des proches），是指因为直接受害人的死亡、终身残疾或者永久功能障碍，而导致的直接受害人的配偶、伴侣（concubin）、需要直接由受害人负担起费用的未成年子女（enfants à charg）甚至兄弟姐妹收入的丧失或者减少。所谓近亲属支付的形形色色的费用，是指近亲属因为直接受害人的死亡、治疗而支付的形形色色的杂费，诸如交通费、住宿费和餐饮费等。①

第五节　人身损害的类型：直接受害人和间接受害人遭受的道德损害类型

根据《Dintilhac 报告》，直接受害人遭受的非财产损害共分为三类十种。所谓三类，是指它将直接受害人遭受的非财产损害分为暂时非财产损害、永久非财产损害和渐进性

---

① Rapport du groupe de travail chargéd élaborer une nomenclature des préjudices corporels, pp. 30—36, https://www.vie-publique.fr/sites/default/files/rapport/pdf/064000217.pdf.

非财产损害。[1]

一、直接受害人所遭受的道德损害的不同分类

所谓暂时非财产损害（préjudices extra-patrimoniaux temporaires），是指直接受害人在创伤愈合之前所遭受的各种非财产损害、道德损害。根据《Dintilhac 报告》，直接受害人遭受的暂时非财产损害包括三种：暂时性的功能障碍（déficit fonctionnel temporaire），所忍受的疼痛或者痛苦（souffrances endurées），以及暂时性的美感损害（préjudice esthétique temporaire）。

所谓永久非财产损害（préjudices extra-patrimoniaux permanents），是指直接受害人在创伤愈合之后所遭受的各种非财产损害、道德损害。根据《Dintilhac 报告》，直接受害人遭受的永久非财产损害包括六种：永久性的功能障碍（déficit fonctionnel permanent）、爱好损害（préjudice d'agrément）、永久性的美感损害（préjudice esthétique permanent）、性损害（préjudice sexuel）、成家立业损害（préjudice d'établissement），以及极端的永久损害（Préjudices permanents exceptionnels）。

笔者将直接受害人遭受的道德损害、非财产损害分为七种：功能障碍、爱好损害、肉体疼痛和精神痛苦、美感损害、性损害、成家立业损害和渐进性非财产损害。

二、直接受害人所遭受的七种道德损害

（1）功能障碍（déficit fonctionnel）。所谓功能障碍，是指直接受害人所遭受的在医学上能够加以证明的生理、心理或智力的确定无疑的下降或者丧失。功能障碍包括暂时性的功能障碍、永久性的功能障碍、全部功能障碍或者部分功能障碍。实际上，所谓功能障碍等同于直接受害人的劳动能力的丧失，因此，劳动能力的丧失分为劳动能力的暂时丧失、永久丧失、全部丧失和部分丧失。[2]

（2）爱好损害（préjudice d'agrément。所谓爱好损害，也称为欢乐损害、娱乐损害、休闲损害、运动损害，是指直接受害人因为无法从事人身伤害之前所习惯性、惯常性从事的某些特定活动尤其是娱乐活动（activités ludiques）、休闲或者体育活动（activités sportives）而遭受的损害。在遭受人身伤害之前，直接受害人能够从事他们喜欢的各种各样的活动：慢跑，作为业余画家绘画，打乒乓球，打网球，踢足球，狩猎，种花养草，画画，等等。这些活动被称为娱乐活动、休闲活动、体育运动、文化活动。在遭受人身伤害之后，直接受害人遭受不能够再慢跑的损害，不能够再画画的损害，不能够再

① Rapport du groupe de travail chargéd élaborer une nomenclaturedes préjudices corporels, pp. 37—42, https://www. vie-publique. fr/sites/default/files/rapport/pdf/064000217. pdf; Virginie Larribau-Terneyre, Droit civil, Les Obligations, 15e édition, Dalloz, 2017, pp. 747—753.

② Rapport du groupe de travail chargéd élaborer une nomenclaturedes préjudices corporels, pp. 37—39, https://www. vie-publique. fr/sites/default/files/rapport/pdf/064000217. pdf; Philippe Malaurie, Laurent Aynès, Philippe Stoffel-Munck, Droit des obligations, 8e édition, L. G. D. J. , 2016, p. 152; Virginie Larribau-Terneyre, Droit civil, Les Obligations, 15e édition, Dalloz, 2017, pp. 746—750.

打球或者踢球的损害，不能够再狩猎或者种花养草的损害等爱好损害。[①]

（3）肉体疼痛和精神痛苦（prétium doloris）。所谓肉体疼痛和精神痛苦，也称为疼痛的代价、痛苦的代价（le prix de la douleur）或者“所忍受的疼痛或者痛苦”（souffrances endurées），是指直接受害人因为人身伤害而遭受的身体上的疼痛（souffrances physiques）和精神上的痛苦（souffrances morales）。[②]

（4）美感损害（préjudice esthétique pretium pulchritudinis）。所谓美感损害，是指直接受害人因为行为人或者债务人所实施的致害行为或者债务不履行行为所遭受的临时或者永久伤痕（cicatrices）、疤痕（marques）、毁型（mutilations）、畸形（déformations）、身体残缺不全以及影响美观的各种后遗症（séquelles）等。换言之，美感损害分为暂时美感损害（préjudice esthétique temporaire）和永久美感损害（préjudice esthétique permanent）两种。所谓暂时美感损害，是指直接受害人在创伤愈合之前所遭受的美感损害。所谓永久美感损害，则是指直接受害人在创伤愈合之后所遭受的美感损害。[③]

（5）性损害（préjudice sexuel）。所谓性损害，是指直接受害人所遭受的与性器官、性行为和性繁殖有关的道德损害、非财产损害。在法国，在性损害的地位问题上，人们在不同时期采取的看法是不同的。在20世纪80年代之前，人们将性损害视为直接受害人所遭受的功能障碍的组成部分，不会将其视为一种独立形态的道德损害、非财产损害。20世纪80年代之后，人们又将性损害视为爱好损害的组成部分。在今时今日，它被视为一种独立的道德损害。[④]

根据《Dintilhac 报告》，性损害分为三种：一是性形态损害（le préjudice morphologique），二是与性行为有关的损害，三是与性繁殖有关的损害。它们均属于可予赔偿的损害。所谓性形态损害，是指直接受害人的性器官（organes sexuels）所遭受的损

① Rapport du groupe de travail chargé élaborer une nomenclaturedes préjudices corporels, p. 39, https://www.vie-publique.fr/sites/default/files/rapport/pdf/064000217.pdf; Jean Carbonnier, Droit civil, Volume Ⅱ, Les biens, Les obligations, puf, 2004, p. 2274; Philippe Malaurie, Laurent Aynès, Philippe Stoffel-Munck, Droit des obligations, 8e édition, L. G. D. J., 2016, p. 152; Virginie Larribau-Terneyre, Droit civil, Les Obligations, 15e édition, Dalloz, 2017, pp. 748—750; Benoît Mornet, L'indemnisation des préjudices en cas de blessures ou de décès, septembre 2018, p. 63, http://www.jurilaw.com/Files/Other/referentiel_mornet_2018.pdf.

② Rapport du groupe de travail chargé élaborer une nomenclaturedes préjudices corporels, p. 38, https://www.vie-publique.fr/sites/default/files/rapport/pdf/064000217.pdf; Jean Carbonnier, Droit civil, Volume Ⅱ, Les biens, Les obligations, puf, 2004, p. 2274; Philippe Malaurie, Laurent Aynès, Philippe Stoffel-Munck, Droit des obligations, 8e édition, L. G. D. J., 2016, p. 152; Virginie Larribau-Terneyre, Droit civil, Les Obligations, 15e édition, Dalloz, 2017, p. 748.

③ Rapport du groupe de travail chargé élaborer une nomenclaturedes préjudices corporels, pp. 38—39, https://www.vie-publique.fr/sites/default/files/rapport/pdf/064000217.pdf; Jean Carbonnier, Droit civil, Volume Ⅱ, Les biens, Les obligations, puf, 2004, p. 2274; Philippe Malaurie, Laurent Aynès, Philippe Stoffel-Munck, Droit des obligations, 8e édition, L. G. D. J., 2016, p. 152; Virginie Larribau-Terneyre, Droit civil, Les Obligations, 15e édition, Dalloz, 2017, p. 748.

④ Rapport du groupe de travail chargé élaborer une nomenclaturedes préjudices corporels, p. 40, https://www.vie-publique.fr/sites/default/files/rapport/pdf/064000217.pdf; Préjudice Sexuel, Association Aide Indemnisation Victimes de France, https://association-aide-victimes-france.fr/accueil-association-daide-a-lindemnisation-victimes/differents-postes-prejudice-corporel/prejudice-corporel-victime-directe/prejudice-sexuel/prejudice-sexuel-le-comprendre; Virginie Larribau-Terneyre, Droit civil, Les Obligations, 15e édition, Dalloz, 2017, p. 748.

害。所谓与性行为有关的损害，是指直接受害人因为性器官遭受侵犯而无法实施性行为，无法通过实施性行为而导致性快乐的丧失。所谓有关性繁殖方面的损害，也称为与怀孕或生育有关的损害，是指直接受害人因为性器官遭受侵犯而无法怀孕、生育，或者虽然能够怀孕、生育，但是，他们无法正常分娩。[①]

（6）成家立业损害（préjudice d'établissement）。所谓成家立业损害，是指直接受害人因为身体残疾而丧失了像一般人那样制定人生计划、实现人生理想尤其是结婚、成家和养育子女的希望、机会或者可能。[②]

（7）渐进性非财产损害（préjudices extra-patrimoniaux évolutifs）。所谓渐进性非财产损害，也称特定感染损害（préjudice spécifique de contamination）。这是指直接受害人在创伤愈合之外所遭受的同所有渐进式病理（pathologies évolutives）有关系的一种道德损害、非财产损害，也就是，直接受害人所遭受的同传染性疾病有关系的一种非财产损害，根据该种损害，在直接受害人了解了自己染上了某种传染病、该种传染病所具有的风险尤其是无法治愈的渐进性风险以及该种传染病所具有的渐进式风险性质（生物性的、物理性的或者化学性的）之后所遭受的道德损害、非财产损害。[③]

三、间接受害人所遭受的道德损害类型

根据《Dintilhac 报告》，直接受害人死亡时，间接受害人遭受的非财产损害分为两种即陪伴损害和感情损害。而根据《Dintilhac 报告》，在直接受害人生存时，间接受害人所遭受的非财产损害分为感情损害和极端的非财产损害。

笔者将间接受害人遭受的道德损害分为三种：陪伴损害、感情损害和极端的非财产损害三种：

陪伴损害（le préjudice d'accompagnement），是指在直接受害人在遭受创伤性疾病之后一直到死亡之前，包括直接受害人在残疾期间，间接受害人因为要在医院、家中或者日常生活当中照管、关照和陪伴直接受害人而让自己的日常生活、生活状态陷入错乱不堪、茫然无序的一种道德损害、非财产损害。[④]

感情损害（le préjudice d'affection），是指间接受害人因为直接受害人的死亡或者因为经常目睹直接受害人的疼痛（la douleur）、痛苦（la souffrance）、精神上的颓废和体

---

① Rapport du groupe de travail chargéd élaborer une nomenclaturedes préjudices corporels, p. 40, https://www. vie-publique. fr/sites/default/files/rapport/pdf/064000217. pdf; Virginie Larribau-Terneyre, Droit civil, Les Obligations, 15e édition, Dalloz, 2017, p. 748; Benoît Mornet, L'indemnisation des préjudices en cas de blessures ou de décès, septembre 2018, p. 64, http://www. jurilaw. com/Files/Other/referentiel_mornet_2018. pdf.

② Civ. 2, 12 mai 2011, n°10—17. 148; Civ. 2, 2 mars 2017, n°15—27. 523; Benoît Mornet, L'indemnisation des préjudices en cas de blessures ou de décès, septembre 2018, pp. 64—65, http://www. jurilaw. com/Files/Other/referentiel_mornet_2018. pdf.

③ Rapport du groupe de travail chargéd élaborer une nomenclaturedes préjudices corporels, pp. 41—42, https://www. vie-publique. fr/sites/default/files/rapport/pdf/064000217. pdf; Virginie Larribau-Terneyre, Droit civil, Les Obligations, 15e édition, Dalloz, 2017, pp. 752—753; Benoît Mornet, L'indemnisation des préjudices en cas de blessures ou de décès, septembre 2018, pp. 66—67, http://www. jurilaw. com/Files/Other/referentiel_mornet_2018. pdf.

④ Rapport du groupe de travail chargéd élaborer une nomenclature des préjudices corporels, pp. 42—44, https://www. vie-publique. fr/sites/default/files/rapport/pdf/064000217. pdf.

力上的衰弱（la déchéance）而遭受的感情伤害、精神痛苦。作为一种可予赔偿的损害，感情损害是一种没有引起间接受害人病理学后果（conséquences pathologiques）的损害，换言之，在直接受害人死亡或者残疾时，虽然间接受害人遭受了精神痛苦、感情伤害，但是，他们的痛苦、伤害没有达到让间接受害人患上精神疾病的程度，尤其是，没有让他们成为永久功能障碍患者，例如，没有达到让间接受害人患上抑郁症的地步。①

极端的非财产损害（les préjudices extra patrimoniaux exceptionnels），是指因为直接受害人的残障生活而让他们的近亲属在生活状态、生活条件、生活方式等方面发生改变的损害（le préjudice de changement）。在直接受害人残疾期间，与直接受害人共同生活的近亲属为了照看、探望直接受害人而让自己的日常生活陷入混乱、错乱、无序当中，他们因为日常生活方式发生的混乱、错乱、无序的损害就是极端的非财产损害。②

---

① Rapport du groupe de travail chargéd élaborer une nomenclature des préjudices corporels, pp. 42—44, https://www. vie-publique. fr/sites/default/files/rapport/pdf/064000217. pdf.

② Rapport du groupe de travail chargéd élaborer une nomenclature des préjudices corporels, p. 45, https://www. vie-publique. fr/sites/default/files/rapport/pdf/064000217. pdf.

第十八章 合同责任当中可予赔偿损害的特征

虽然债权人会因为债务人不履行债务的行为遭受某种损害，但是，并非他们遭受的所有损害均是能够获得赔偿的，如果债权人要求法官责令债务人就其不履行债务的行为引起的损害对自己承担赔偿责任，他们应当证明自己遭受的损害在性质上属于可予赔偿的损害（le préjudice réparable）。所谓可予赔偿的损害，是指债权人有权要求法官责令债务人就其不履行债务的行为引起的损害对自己承担赔偿责任的损害。因此，在债权人因为债务人不履行债务的行为而遭受损害时，他们所遭受的某些损害是能够要求债务人赔偿的，而他们遭受的另外一些损害则是不能够要求债务人赔偿的：他们能够要求债务人赔偿的损害就是可予赔偿的损害，而他们不能够要求债务人赔偿的损害就是不予赔偿的损害。

在法国，债权人遭受的哪些损害属于可予赔偿的损害？对此问题，法国民法学者普遍认为，如果债权人遭受的损害具有可予赔偿损害的特征，则他们遭受的损害是可予赔偿的损害，他们有权要求法官责令债务人对其承担赔偿责任；相反，如果他们遭受的损害不具有可予赔偿损害的特征，则他们无权要求法官责令债务人对此承担赔偿责任。所谓可予赔偿损害的特征（les caractères du préjudice réparable），是指债权人要求债务人赔偿的损害所应当具备的条件，如果不具有所要求的条件，则债权人的损害是不能够加以赔偿的，只有具备所要求的条件，他们遭受的损害才是能够加以赔偿的。

在2016年之前，《法国民法典》第1151条对损害的一个主要特征做出了规定，这就是损害的直接性特征。在2016年之后，现行《法国民法典》新的第1231－4条对损害的直接性特征也做出了规定。在2016年之前，《法国民法典》第1150条对损害的另外一个主要特征做出了规定，这就是损害的可预见性特征。在2016年之后，现行《法国民法典》新的第1231－3条对损害的可预见性特征做出了规定。[1] 除了对直接性特征和可预见性特征做出了规定之外，《法国民法典》没有对可予赔偿损害的其他特征做出规定。

在法国，在合同责任当中的可予赔偿损害有哪些特征的问题上，民法学者之间存在不同看法。虽然如此，他们普遍认为，合同责任当中的可予赔偿损害有三个主要特征：可予赔偿损害的确定性、可予赔偿损害的直接性和可予赔偿损害的可预见性。

---

① Philippe Malaurie, Laurent Aynès, Philippe Stoffel-Munck, Droit des obligations, 8e édition, L. G. D. J., 2016, pp. 552—553.

第一节　可予赔偿损害的确定性

一、损害确定性的界定

如果债权人要求法官责令债务人就其不履行债务的行为引起的损害对自己承担合同责任，他们所遭受的损害应当具备的第一个条件是，他们的损害是具有确定性的损害，这就是可予赔偿损害的确定性特征（caractère certain du préjudice），也就是可予赔偿损害的确定性（certain）。损害的确定性既是合同责任的一个必要条件，也是侵权责任的一个必要条件，如果欠缺此种特征，除了债务人无须对债权人承担合同责任之外，行为人也无须对他人承担侵权责任。①

所谓损害的确定性，是指债权人要求债务人加以赔偿的损害是真实存在的、已经发生的现有损害（préjudice actuel dommage actuel），或者虽然还没有发生，但是，他们要求赔偿的损害是极有可能发生的。具有确定性特征的损害被称为确定损害（préjudice certain dommage certain）。仅仅在债权人要求赔偿的损害是极有可能发生的情况下，他们的损害才具有确定性，债务人才对其损害承担合同责任。如果债权人要求债务人赔偿自己遭受的损害，他们应当承担举证责任，证明自己遭受的损害具有确定性。在合同责任领域，广而言之，在整个民事责任领域，损害的确定性是相对于损害的或然性（éventuel）或者假设性的（hypothétique）而言的，换言之，确定损害是相对于或然损害或者假设损害而言的。②

所谓损害的或然性或者假设性，也称为或然性的损害（préjudice éventuel）、或然损害、假设性的损害、假设损害（préjudice hypothétique），是指债权人要求债务人赔偿的损害是不会发生的，或者虽然可能发生，但是，发生的可能性是极低的，或者是指债权人要求债务人赔偿的损害是他们臆想的、还不存在的损害。如果债权人要求赔偿的损害是或然性的或者假设性的，则他们要求的损害不具有确定性，债务人无须对他们承担合同责任。

在1962年1月16日的案件当中，法国最高法院认为，鉴于原告要求被告赔偿的一种损害属于或然性的损害，因此，原告无权获得所要求的此种损害的赔偿。在该案当中，原告是一匹用于赛马的被称为Lunus的马匹的主人，他将自己的马匹借给训练师，用于参加由Langon马球协会（la Société hippique）组织的比赛。在马球协会将训练师借

---

① Christian Larroumet，Droit Civil，Les Obligations，Le Contrat，Tome Ⅲ，2e partie，Effets，6e édition，Economica，2007，p. 726；Jacques Flour，Jean-Luc Aubert，Éric Savaux，Droit civil，Les Obligations，3. Le rapport d'obligation，7e édition，Dalloz，2011，p. 201；Philippe Malaurie，Laurent Aynès，Philippe Stoffel-Munck，Droit des obligations，8e édition，L. G. D. J.，2016，p. 552.

② Philippe Malaurie，Laurent Aynès，Philippe Stoffel-Munck，Droit des obligations，8e édition，L. G. D. J.，2016，pp. 146—149；Marjorie Brusorio Aillaud，Droit des obligations，8e édition，bruylant，2017，pp. 36—39；Virginie Larribau-Terneyre，Droit civil，Les Obligations，15e édition，Dalloz，2017，pp. 760—764；François Terré，Philippe Simler，Yves Lequette，François Chénedé，Droit civil，Les Obligations，12e édition，Dalloz，2018，pp. 1004—1008.

用的马匹放在马厩隔栏当中时，原告的马匹被电击死亡。原告向法院起诉，要求法官责令两个被告赔偿自己遭受的三种损害：道德损害，财产损害和因为无法参加赛马所丧失的预期收益损失。法国最高法院认为，鉴于马匹被视为原告的家庭成员，因此，马匹的死亡对原告造成了感情损害，为此，责令被告赔偿原告道德损害 750000 欧元，责令两被告赔偿原告的马匹所具有的市场价 500000 欧元，但是，它拒绝责令两被告赔偿原告主张的因为无法参加赛马而丧失的预期收益损失，因为它认为，原告要求赔偿的此种损害是一种或然性的损害。①

在 2019 年 2 月 13 日的案件当中，法国最高法院认为，鉴于原告主张赔偿的损害在性质上属于一种假设损害，因此他们无权获得所主张的损害的赔偿。在该案当中，原告以自己的人寿保险合同作为质押向银行借贷，以便购买所承租的不动产。面对自己的投资失败，原告向法院起诉，要求法官责令银行赔偿自己因为借贷合同所规定的利息总额。因为他们认为，在向原告发放这一笔贷款时，银行没有履行警告义务。法国最高法院认为，原告与被告银行之后的借贷合同还有七年的时间才到期，原告是否因为贷款合同的签订而受到了利息的损害，仍然是无法解决的问题，换言之，原告是否遭受损害是不确定的，而不确定的损害即假设性的损害是不予赔偿的损害。②

二、现实损害和未来损害是具有确定性的两种可予赔偿的损害

在合同责任和整个民事责任领域，具有确定性的损害主要包括两种损害，这就是现有损害和未来损害。

现有损害（préjudice présent），也称为现实损害（préjudice actuel），是指在要求法官责令债务人对自己承担赔偿责任时债权人已经实际遭受的损害，换言之，在要求法官责令债务人承担赔偿责任时，债权人要求赔偿的损害已经现实存在。债权人遭受的现实损害包括现有利益损失，也包括预期收益损失。在具备其他特征的情况下，尤其是，在具备其他构成要件的情况下，他们所遭受的此类损害是可予赔偿的损害，他们有权要求债务人加以赔偿，因为，现有损害具有确定性。因此，如果出卖人交付的动产存在瑕疵，则买受人当然遭受了现实损害，他们有权要求出卖人承担赔偿责任，因为他们遭受的损害具有确定性。如果承租人没有按期交付租金，出租人当然遭受了现实损害，出租人有权要求承租人承担合同责任，因为他们遭受的损害具有确定性。

未来损害（préjudice future），是指在要求法官责令债务人承担赔偿责任时，虽然债权人要求赔偿的损害还没有出现，但是在未来肯定会发生并因此能够让法官在现在加以评估和确定的损害。换言之，如果未来损害毫无疑问会发生的话，则未来损害也是一种确定性的损害。例如，在要求医师对自己承担合同责任时，病患者已经支出的医疗费、医药费是现有损害，但是，鉴于他们的病情在法官做出判决之后仍然会持续存在，因此，他们在未来仍然会支付医疗费、医药费和康复费。他们在未来支付的医疗费、医药

① Cour de Cassation, Chambre civile 1, du 16 janvier 1962, Publié au bulletin, https://www.legifrance.gouv.fr/juri/id/JURITEXT000006960299/.

② Cour de cassation, civile, Chambre civile 1, 13 février 2019, n°18—10.171.

费和康复费就属于未来损害。虽然这些损害现在没有发生，但是，这些损害是现有损害的延长和持续，按照正常情况，它们在未来仍然会出现。因此，未来损害不是一种或然性的或者假设性的损害，而是一种具有确定性的损害，是一种可予赔偿的损害，即便在未来发生，在病患者起诉要求赔偿时，法官就应当予以评估和确定并一并纳入债务人的赔偿责任范围。

早在 1932 年 6 月 1 日的案件当中，法国最高法院刑事庭就已经指出："如果债权人遭受的损害是单纯的或然损害，他们的损害是不可能获得赔偿的，但是，如果债权人的损害在法官眼中是当前状况（état de choses actuel）的确定和直接延长（la prolongation certaine et directe），并且能够由法官予以即刻的评估的话，则他们的损害是可以获得赔偿的，即便他们的损害是未来的损害，亦是如此。"[①] 在 1967 年 3 月 13 日的案件当中，法国最高法院民二庭也指出，未来损害是可予赔偿的损害，在该案当中，最高法院认为，因为交通事故原告的脾脏被切除并因此会让他的预期寿命缩短，因此，原告有权获得未来损害的赔偿。[②]

在 1993 年 3 月 3 日的案件当中，最高法院民二庭认为，建筑物的所有权人遭受的未来损害是应当加以赔偿的，在该案当中，即便原告的建筑物还没有遭受现实的损害，但是，因为原告的建筑物处于旧的沥青采石场周围，其周围的土地以缓慢的、不规则的方式下沉，尤其是，它有时以突然的、不可预见的和危险的方式下沉，因此，他们的建筑物可能受到破坏甚至会出现严重的垮塌并因此让自己购买的建筑物不适宜于居住。[③]

在 2017 年 3 月 13 日的《民事责任法改革草案》（以下简称《草案》）和 2020 年 7 月 29 日的《民事责任法改革提案》（以下简称《提案》）当中，法国司法部和参议院均将未来损害视为一种可予赔偿的损害，无论是在合同责任当中还是在侵权责任当中均是如此。这就是《草案》和《提案》当中的第 1236 条，该条规定：如果未来损害是当前状况的确定和直接延长，则未来损害是可予赔偿的损害。[④]

根据最高法院的司法判例，在事故发生之后，即便债权人或者他人的现有损害和未来损害均得到了赔偿，如果他们在未来发现了新的损害，或者如果他们在未来发现原本已经赔偿的损害加重了，他们仍然有权随时向法院起诉，要求法官责令债务人或者行为人对自己新发现的或者增加的损害承担赔偿责任。换言之，新发生的损害、新加重的损害仍然属于可予赔偿的损害。在 2004 年 2 月 19 日的判决当中，法国最高法院民二庭对此种规则做出了说明。

在该案当中，原告在因为事故而成为残疾人时仅有一个未成年子女，由于仅有一个未成年女子需要照顾，因此，在原告雇请第三人协助照顾未成年子女时，法官责令债务

① Cass. crim., 1er juin 1932.

② 2e civ., 13 mars 1967.

③ 2e civ., 3 mars 1993.

④ Article 1236, Projet de réforme du droit de la responsabilité civile, 13 mars 2017, http://www.textes.justice.gouv.fr/textes-soumis-a-concertation-10179/projet-de-reforme-du-droit-de-la-responsabilite-civile-29782.html; Article 1236, Proposition de loi n°678 portant réforme de la responsabilité civile, Sénat Deuxième session extraordinaire de 2019—2020, Enregistré à la Présidence du Sénat le 29 juillet 2020, p. 18, http://www.senat.fr/leg/pp.119—678.html.

人或者行为人赔偿了她支付给第三人的费用。不过，在判决之后，原告又生下了两个未成年子女，由于两个新的未成年子女需要雇请第三人协助照顾，因此，她再一次向法院起诉，要求法官责令债务人或者行为人赔偿新增加的支付给第三人的费用。法国最高法院认为，原告因为残疾而新增加的损害是可予赔偿的损害，债务人或者行为人应当加以赔偿。它指出，原告要求赔偿的损害是一种新的经济损害，它独立于原告因为残疾而遭受的后遗症损害，是在两个未成年子出生之前的判决当中没有获得赔偿的损害。[①]

在2016年1月14日的案件当中，法国最高法院民一庭再一次确认了此种规则，它指出：如果债权人要求所增加的损害的赔偿，他们的要求仅仅在符合下面条件的情况下才可以接受——实施致害行为的行为人的责任和最初获得赔偿的损害原本是能够确定的。[②] 在这两个案件当中，法国最高法院之所以承认新发现的损害或者新增加的损害是可予赔偿的损害，是因为它认为，鉴于包括合同责任和侵权责任在内的民事责任实行完全损害赔偿责任，即便是未来的损害，如果最初的判决没有让债权人或者他人获得赔偿，法官应当根据该原则让他们获得赔偿。

三、机会损失是具有确定性的可予赔偿的损害

（一）机会损失的界定

在可予赔偿的未来损害和不予赔偿的或然损害之间存在一种损害即机会损失（la perte de chance）。所谓机会，或者是指债权人或者他人所面临的获得某种利益的可能性（la probabilité），或者是指他们所面临的避免某种损害的可能性。

例如，债权人或者他人面临职业晋升的机会，债权人或者他人的官司面临胜诉的机会，债权人或者他人面临考入某一个名牌大学的机会，等等，他们所面临的这些机会就是获得某种利益的机会，笔者将债权人和他人获得利益的此类机会称为积极获得某种利益的机会。再例如，债权人或者他人避免病情恶化的机会，债权人或者他人避免感染某种传染病的机会，债权人或者他人避免英年早逝的机会，等等，他们所面临的这些机会就是避免某种损害发生的机会，也就是避免某种风险出现的机会，笔者将债权人和他人避免风险出现的此类机会称为消极避免某种损害的机会。

当债务人不履行债务的行为或者当行为人实施的致害行为导致债权人或者他人面临的这些机会丧失或者机会实现时，他们实施的这些行为剥夺了债权人或者他人所具有的这些机会，这就是所谓的机会损失。在2006年11月21日的案件当中，法国最高法院对机会损失做出了界定，它指出：所谓机会损失，是指某种有利的可能性的现实和确定消失。[③] 因此，如果债权人或者他人面临的职业晋升机会因为债务人或者行为人的行为而丧失了，换言之，如果债权人和他人没有获得职业晋升，则债权人和他人遭受的损害即为机会损失，同样，如果债权人和他人面临的避免感染传染病的机会因为债务人或者行为人的行为而丧失，也就是说，如果债权人和他人最终感染了传染病，则债权人和他

---

① 2e Civ., 19 févr. 2004.

② 1re Civ., 14 janv. 2016, n°14—30. 086.

③ Civ. 1ère., 21 nov. 2006.

人遭受的损害即为机会损失。此种界定既适用于侵权责任领域的机会损失，也适用于合同责任领域的机会损失，因为在讨论机会损失的赔偿时，人们以同样的方法处理侵权责任和合同责任当中的机会损失。①

在合同责任法甚至整个民事责任法领域，人们面临的一个问题是：当债权人和他人的机会被债务人或者行为人不履行债务的行为或者致害行为剥夺时，他们是否有权要求法官责令债务人或者行为人对自己承担合同责任或者侵权责任？换言之，他们遭受的机会损失是否构成一种可予赔偿的损害？对此问题，法官和民法学者普遍做出了肯定性的回答，他们认为，机会损失构成一种可予赔偿的损害，如果债权人或者他人要求赔偿的机会损失符合所要求的条件的话，则他们的机会损失是应当获得赔偿的。

（二）法国最高法院和民法学者对机会损失的可予赔偿性的广泛承认

1889 年 7 月 17 日，法国最高法院首次通过自己的判决认定，债权人或者他人的机会损失是一种可予赔偿的损害，债权人或者他人有权要求债务人或者行为人承担赔偿责任。在该案当中，由于司法辅助人员的过错，诉讼案件的当事人丧失了其享有的上诉权。当事人因此向法院起诉，要求法官责令司法辅助人员对自己遭受的损害承担赔偿责任，法国最高法院认为，司法辅助人员应当就其剥夺当事人上诉权的机会引起的损害对当事人承担赔偿责任。② 自此之后，法国最高法院一直坚持这种观点，从 20 世纪初期开始一直到今时今日，它均在大量的案件当中承认，债权人或者他人遭受的机会损失属于可予赔偿的损害。

在 1965 年 12 月 14 日的案件当中，法国最高法院民一庭认为，当医师的过错剥夺了一个受伤的小孩的治愈机会时，他们应当对该小孩遭受的机会损失承担赔偿责任。③在 1990 年 2 月 7 日的案件当中，法国最高法院认为，当医师没有将是否接受手术治疗的信息告知病患者时，他们不履行信息通知债务的行为剥夺了病患者所具有的避免病情发生的机会，应当对病患者承担合同责任。④ 在 2006 年 11 月 21 日的案件当中，法国最高法院认为，当律师因为过错而让自己的委托人丧失了上诉和赢得官司的机会时，他们应当对委托人因为此种机会的丧失而遭受的损害承担赔偿责任，它指出："作为某种有利的可能性的现实和确定消失，机会损失构成一种可予赔偿的损害。"⑤ 在 2020 年 1 月 22 日的案件当中，法国最高法院认定，当委托人的律师因为过错向他们宣称他们的案件不能够上诉时，律师应当就其剥夺委托人享有的上诉和胜诉的机会的行为引起的损害对其委托人承担合同责任。⑥

在今时今日，除了法国最高法院广泛承认机会损失的可予赔偿性之外，法国民法学

---

① François Terré, Philippe Simler, Yves Lequette, François Chénedé, Droit civil, Les Obligations, 12e édition, Dalloz, 2018, pp. 1005—1006.

② Cass. req., 17 juill. 1889, DS1891, p. 399.

③ C. cass. 1re Ch. civ., 14 décembre1965, n°64—13. 851.

④ C. cass. 1re Ch. civ., 7 février 1990, n°88—14. 797; Bull. civ. I, n°39.

⑤ Civ. 1ère, 21 nov. 2006.

⑥ Civ. 1ère, 22 janv. 2020, n°18—50. 068.

者也普遍承认这一损失的可予赔偿性。[①] 例如，Carbonnier 指出，虽然或然性损害是不能够加以赔偿的，但是，根据主流民法学者的意见，机会损失不是或然损害，而是具有确定性的可予赔偿的损害，因为他们认为，获得某种利益的机会已经构成债权人或者他人财产当中的一种价值，人们能够根据可能性确定该种财产的价值大小。[②] Larroumet 也指出，无论是在合同责任还是侵权责任当中，司法判例均认为，机会损失是一种可予赔偿的损害。在合同责任当中，在机会是可以预见的情况下，机会成为债务人赔偿的对象。[③]

在 2017 年 3 月 13 日的《民事责任法改革草案》和 2020 年 7 月 29 日的《民事责任法改革提案》当中，法国司法部和参议院均规定，机会损失属于一种可予赔偿的损害。《民事责任法改革提案》第 1238 条规定：仅仅在某种有利的可能性的现实和确定性消失时，该种消失才构成可予赔偿的机会损失。此种损害应当根据所丧失的机会来衡量，应当等于如果该种机会实现时人们原本能够从中获得的利益。[④] 《民事责任法改革提案》第 1237 条规定：一旦机会损失构成某种有利的可能性的现实和确定性的消失，机会损失才是一种可予赔偿的损害。此种损害应当根据所丧失的机会来衡量，应当等于如果该种机会实现时人们原本能够从中获得的利益。[⑤]

（三）机会损失能够获得赔偿的条件

根据法国最高法院的司法判例，并非债权人或者他人主张的所有机会损失均是可予赔偿的损害，如果他们的机会损失要成为可予赔偿的损害，他们的机会损失应当具备三个必要条件。

1. 存在有利于债权人或者他人的某种可能性

如果债权人和他人主张赔偿的机会损失要成为一种可予赔偿的损害，它们应当具备的第一个条件是，存在有利于债权人或者他人的某种可能性。所谓可能性，是指有利于债权人或者他人利益的事件既有发生的可能性，也有不会发生的可能性，是否会发生，处于不确定状态。如果有利于债权人或者他人的可能性完全不存在，换言之，如果该种

---

① Jean Carbonnier, Droit civil, Volume Ⅱ, Les biens, Les obligations, puf, 2004, p. 2270; Christian Larroumet, Droit Civil, Les Obligations, Le Contrat, Tome Ⅲ, 2e partie, Effets, 6e édition, Economica, 2007, pp. 727—732; Jacques Flour, Jean-Luc Aubert, Éric Savaux, Droit civil, Les Obligations, 2. le fait juridique, 14e édition, Dalloz, 2011, pp. 165—168; Philippe Malaurie, Laurent Aynès, Philippe Stoffel-Munck, Droit des obligations, 8e édition, L. G. D. J., 2016, pp. 147—148; Marjorie Brusorio Aillaud, Droit des obligations, 8e édition, bruylant, 2017, pp. 38—39; Virginie Larribau-Terneyre, Droit civil, Les Obligations, 15e édition, Dalloz, 2017, pp. 761—763; François Terré, Philippe Simler, Yves Lequette, François Chénedé, Droit civil, Les Obligations, 12e édition, Dalloz, 2018, pp. 1005—1009.

② Jean Carbonnier, Droit civil, Volume Ⅱ, Les biens, Les obligations, puf, 2004, p. 2270.

③ Christian Larroumet, Droit Civil, Les Obligations, Le Contrat, Tome Ⅲ, 2e partie, Effets, 6e édition, Economica, 2007, p. 727.

④ Article 1238, Projet de réforme du droit de la responsabilité civile, 13 mars 2017, http://www.textes.justice.gouv.fr/textes-soumis-a-concertation-10179/projet-de-reforme-du-droit-de-la-responsabilite-civile-29782.html.

⑤ Article 1237, Proposition de loi n°678 portant réforme de la responsabilité civile, Sénat Deuxième session extraordinaire de 2019—2020, Enregistré à la Présidence du Sénat le 29 juillet 2020, p. 18, http://www.senat.fr/leg/pp.119—678.html.

事件确定不会发生，则不构成机会，因为机会意味着至少存在发生的可能性。所谓有利于债权人或者他人，是指某种可能发生或者不可能发生的事件一旦发生会让债权人或者他人从中获得某种利益。因此，债权人和他人面临的职位晋升机会是有利于他们的可能性。债权人和他人的官司面临胜诉的机会是有利于他们的可能性。同样，避免病情恶化的机会也是有利于债权人和他人的可能性，避免感染某种传染病的机会也是有利于债权人和他人的可能性。换言之，无论是积极获得某种利益的可能性还是消极避免某种损害的可能性，均构成有利于债权人或者他人的可能性。在 1997 年 2 月 18 日的案件和 2013 年 1 月 16 日的案件当中，法国最高法院民一庭均对此种条件做出了说明，它指出，如果机会损失要获得赔偿，其中的机会必须表现出可靠性、确定性和可能性，如果当事人的诉讼没有任何胜诉的机会，则委托人不会遭受任何损害，他们不能够要求律师赔偿自己的机会损失。[①]

2. 有利于债权人或者他人的机会应当是真实的、可靠的

如果债权人和他人主张赔偿的机会损失要成为一种可予赔偿的损害，它们应当具备的第二个条件是，有利于债权人或者他人的机会应当是真实的、可靠的，这就是机会的真实性和机会的可靠性。所谓机会的真实性（réelle），是指债权人或者他人要求赔偿的机会损失当中的机会不是或然性的或者臆断的，而是真实存在的机会。因此，机会的真实性不过是机会的确定性的另外一种表达而已。所谓机会的可靠性（sérieuse），是指债权人或者他人要求赔偿的机会损失当中的机会不仅是真实的，而且还是具有实现的极大的可能性的。换言之，债权人或者他人面临的有利于自己的机会不是微不足道的机会（chance minime）或者完全不合理的机会（peu raisonnable），而是一种合理的机会（raisonnable）。

在 1988 年 6 月 3 日和 2016 年 10 月 12 日的案件当中，法国最高法院联合庭和民一庭对此种要件做出了说明，它们指出，臆想的机会损失是不予赔偿的损害，所丧失的机会的确定性要求债权人或者他人证明，他们所丧失的机会是真实的、可靠的。如果他们所丧失的机会是不真实的、不可靠的，则他们的机会损失是不予赔偿的损害。[②]

3. 有利于债权人或者他人的真实、可靠机会实际和确定消失

如果债权人和他人主张赔偿的机会损失要成为一种可予赔偿的损害，它们应当具备的第三个条件是，有利于债权人或者他人的真实、可靠机会因为债务人或者行为人的致害行为而实际和确定消失。

一方面，债权人或者他人要求赔偿的有利机会必须实际消失（la disparition actuelle）。所谓实际消失，是指在债权人或者他人要求法官责令债务人或者行为人赔偿自己遭受的机会损失时，他们所面临的有利于自己的机会不复存在。另一方面，债权人或者他人要求赔偿的有利机会必须确定消失（la disparition certaine）。所谓确定消失，是指在债权人或者他人要求法官责令债务人或者行为人赔偿自己遭受的机会损失时，他们所面临的有利于自己的机会确定无疑地消失了，换言之，他们面临的机会不可逆转地消

① Cass. 1re civ. 18 févr. 1997, Bull. n°65; Cass. 1re civ, 16 janv. 2013 n°12—14. 439.

② Cass. ass. plén. 3juin 1988, Bull. civ. ass. plén. n°6; Cass. 1re civ. 12 octobre 2016, n°15—24. 403.

失了。

从1932年开始，法国最高法院在有关机会损失的案件当中均坚持此种要件，已如前述。在1999年6月24日的案件当中，法国最高法院认为，虽然原告因为被告的原因丧失了参加竞赛的机会，但是，原告不能够要求法官责令被告对其机会损失承担赔偿责任，因为原告的机会并不是确定性地消失：虽然他这一次丧失了机会，但是，他仍然可以通过第二次报名参赛的方式参与比赛。[①]

第二节 可予赔偿损害的直接性

一、制定法和民法学者对可予赔偿损害的直接性的普遍承认

如果债权人要求法官责令债务人就其不履行债务的行为引起的损害对自己承担合同责任，他们所遭受的损害应当具备的第二个条件是，他们的损害是直接损害，这就是可予赔偿损害的直接特征（caractère direct du préjudice），也就是可予赔偿损害的直接性（direct）。损害的直接性既是合同责任的一个必要条件，也是侵权责任的一个必要条件，如果欠缺此种特征，除了债务人无需对债权人承担合同责任之外，行为人也无需对他人承担侵权责任。

在法国，1804年的《法国民法典》第1151条对合同责任当中可予赔偿损害的直接性做出了规定，该条规定：对于债权人所遭受的损失和所丧失的利益而言，即便债务的不履行源自债务人的欺诈，债务人也仅仅赔偿合同不履行所引起的最接近的和直接的后果。[②] 这一条款所规定的最接近的、直接的后果就是合同责任领域可予赔偿的损害所具有的直接性。虽然1804年的《法国民法典》没有在侵权责任领域规定可予赔偿损害所具有的直接性特征，但是，从19世纪中后期开始一直到20世纪初期时止，法官均将第1151条所规定的同一规则适用于侵权责任。在1876年1月12日的案件当中，法国最高法院将合同责任当中的可予赔偿损害的直接性理论引入侵权责任领域，认为他人要求行为人加以赔偿的损害应当具有直接性。在1944年2月22日的案件和1958年5月14日的案件当中，法国最高法院重申了这一规则。[③]

1804年的《法国民法典》第1151条一直从1804年保留和适用到2016年，直到2016年2月10日的债法改革法令将其废除并且以新的法律条款取代它为止。通过2016年2月10日的债法改革法令，现行《法国民法典》新的第1231－4条对合同责任领域可予赔偿的损害所具有的直接性做出了说明，该条规定：即使合同的不履行是由于债务人的重大过失或故意行为引起的，债务人仅仅赔偿合同不履行所引起的最接近的和直接

① Cass. 2e civ., 24 juin 1999.

② Article 1151, https://fr.wikisource.org/wiki/Code_civil_des_Français_1804/Livre_Ⅲ, _Titre_Ⅲ.

③ Gabriel Marty, Pierre Raynaud, Droit Civil, Les Obligations, Tome 1, Les sources, 2e édition, Sirey, 1988, pp. 449—450.

的后果。[1] 不过，它没有对侵权责任领域的可予赔偿损害的直接性特征做出规定。未来的《法国民法典》可能不会延续现在的做法：它既不会对合同责任领域可予赔偿损害的直接性做出规定，也不会对侵权责任领域可予赔偿损害的直接性做出规定，即便未来的《法国民法典》采取将合同责任和侵权责任视为统一的民事责任法的做法。一方面，在 2017 年 3 月 13 日的《民事责任法改革草案》当中，法国司法部没有对包括合同责任和侵权责任在内的整个民事责任当中损害的直接性特征做出规定。另一方面，在 2020 年 7 月 29 日的《民事责任法改革提案》当中，法国参议院也没有对合同责任或者侵权责任当中损害直接性特征做出任何规定。法国司法部或者参议院为何放弃了《法国民法典》旧的第 1151 条和新的 1231 -4 条所规定的可予赔偿损害的直接性特征？笔者认为，答案在于，可予赔偿损害的直接性特征含义不清、意义不明，它或者是指过错与损害之间的因果关系，或者是指间接受害人所遭受的间接损害。在《民事责任法改革草案》和《民事责任法改革提案》对等同于可予赔偿损害的直接性的两种法律制度即民事责任当中的因果关系和间接受害人的损害赔偿问题做出清晰规定的情况下，《法国民法典》旧的第 1151 条和新的 1231 -4 条已经丧失了存在的必要性。[2]

除了现行《法国民法典》新的第 1231 -4 条对合同责任当中可予赔偿损害的直接性特征做出了规定之外，法国其他的制定法也对可予赔偿损害的直接性特征做出了规定。例如，现行《法国刑事诉讼法典》第 2（1）条就是如此，它明确规定，因为犯罪行为引起的损害赔偿只能够赋予直接遭受损害的人。[3] 在今时今日，除了制定法对可予赔偿损害的直接性做出了规定之外，民法学者也普遍认为，损害具有直接性是损害能够获得赔偿的必要条件，无论是在侵权责任当中还是在合同责任当中，均是如此。[4] Flour、Aubert 和 Savaux 对此规则做出了说明，他们指出："直接损害的要求是毋庸置疑的。在对合同责任做出规范时，《法国民法典》第 1151 条（新的第 1231 -4 条）规定，债权人获得的损害赔偿应当是债务不履行引起的最接近的、直接的后果。逻辑要求将此种规则移植到侵权责任领域并因此成为侵权责任的一个规则。"[5] Terré、Simler 和 Lequette 等

---

① Article 1231-4, Code civil, Version en vigueur au 28 février 2021, https://www.legifrance.gouv.fr/codes/section_lc/LEGITEXT000006070721/LEGISCTA000032009929/#LEGISCTA000032009929.

② Projet de réforme du droit de la responsabilité civile, 13 mars 2017, http://www.textes.justice.gouv.fr/textes-soumis-a-concertation-10179/projet-de-reforme-du-droit-de-la-responsabilite-civile-29782.html; Proposition de loi n°678 portant réforme de la responsabilité civile, Sénat Deuxième session extraordinaire de 2019—2020, Enregistré à la Présidence du Sénat le 29 juillet 2020, p. 5, http://www.senat.fr/leg/pp. 119—678.html.

③ François Terré, Philippe Simler, Yves Lequette, François Chénedé, Droit civil, Les Obligations, 12e édition, Dalloz, 2018, p. 1009.

④ Philippe Malaurie, Laurent Aynès, Philippe Stoffel-Munck, Droit des obligations, 8e édition, L. G. D. J., 2016, pp. 552—553; Rémy Cabrillac, Droit des obligations, 12e édition, Dalloz, 2016, pp. 287—292; Marjorie Brusorio Aillaud, Droit des obligations, 8e édition, bruylant, 2017, p. 36; Virginie Larribau-Terneyre, Droit civil, Les Obligations, 15e édition, Dalloz, 2017, pp. 768—776; François Terré, Philippe Simler, Yves Lequette, François Chénedé, Droit civil, Les Obligations, 12e édition, Dalloz, 2018, pp. 1009—1010.

⑤ Jacques Flour, Jean-Luc Aubert, Éric Savaux, Les Obligations, 2. L'fait juridique, 14e édition, Dalloz, 2011, p. 162.

人也指出："在侵权责任领域，就像在合同责任领域一样，损害应当是事故的直接后果。"①

二、损害的直接性含义的不确定性和多样性

在法国，虽然制定法和民法学者普遍将损害的直接性视为可予赔偿损害的一个特征，但是，在损害的直接性的定义方面，民法学者之间存在不同看法。

（一）损害的直接性仅仅是指致害行为与损害之间所存在的因果关系

某种民法学者认为，损害的直接性的含义仅有一种，这就是损害直接性的单一含义理论。至于说这一种含义是什么，民法学者之间存在不同的看法。某些民法学者认为，损害的直接性仅仅是指债务的不履行与损害之间所存在的因果关系。Flour、Aubert 和 Savaux 采取此种理论，他们指出，损害的直接性仅有一个含义，这就是，它仅仅是指损害应当是由过错引起的，换言之，所谓损害的直接性，是指在过错和损害之间应当存在因果关系。② Malaurie、Aynès 和 Stoffel-Munck 也采取此种理论，他们指出："《法国民法典》新的第 1231 -4 条所规定的损害的直接性是指债务不履行和损害之间所存在的一种直接、最接近的因果关系，无论债务人过错的严重性如何，也无论他们所违反的债务的性质是什么。"③ Aillaud 也采取此种理论，他指出，为了能够加以赔偿，损害应当是事故的直接的、非遥远的后果。因此，它与侵权责任和合同责任的第三个要件混同：致害行为和损害之间存在某种因果关系。④

（二）损害的直接性仅仅是间接损害的不予赔偿性

另外一些民法学者认为，虽然损害的直接性仅有一种含义，但是，这一种含义并不是指债务人或者他人的过错行为、致害行为与债权人或者他人的损害之间的因果关系，而是指间接受害人遭受的间接损害（dommage indirect préjudice par ricochet）是不能够予以赔偿的。Cabrillac 采取此种理论，他指出，损害的直接性也称为直接损害（dommage direct），是指间接损害是不能够获得赔偿的，损害直接性的条件所要解决的问题有二：间接受害人的损害赔偿问题和集体损害（dommage collectif）的赔偿问题。⑤ Larribau-Terneyre 也采取此种理论，他指出，所谓损害的直接性，是指损害应当直接源自致害行为，而不是因为致害行为而间接产生。因此，损害的直接性涉及间接损害的赔偿问题。

---

① François Terré，Philippe Simler，Yves Lequette，François Chénedé，Droit civil，Les Obligations，12e édition，Dalloz，2018，p. 1009.

② Jacques Flour，Jean-Luc Aubert，Éric Savaux，Les Obligations，2. L'fait juridique，14e édition，Dalloz，2011，p. 162.

③ Philippe Malaurie，Laurent Aynès，Philippe Stoffel-Munck，Droit des obligations，8e édition，L. G. D. J.，2016，p. 552.

④ Marjorie Brusorio Aillaud，Droit des obligations，8e édition，bruylant，2017，p. 36，p. 286.

⑤ Rémy Cabrillac，Droit des obligations，12e édition，Dalloz，2016，p. 287.

（三）损害的直接性同时指因果关系和间接受害人不能够主张损害赔偿请求权

还有一些民法学者认为，除了指因果关系之外，损害的直接性还指间接受害人不能够要求债务人或者行为人赔偿自己所遭受的间接损害，这就是损害直接性的双重含义理论。Carbonnier 采取此种理论，他认为，损害的直接性有两个方面的含义：其一，因果关系。所谓损害的直接性，是指债务人或者行为人实施的过错行为与债权人或者他人遭受的损害之间所存在的因果关系。其二，所谓损害的直接性，是指要防止间接受害人就自己遭受的间接损害主张损害赔偿请求权。Carbonnier 认为，损害的直接性是损害的个人性特征（le caractère personnel du dommage）之外的一种特征。[①]

Terré、Simler 和 Lequette 等人也采取此种理论，他们指出，合同责任和侵权责任当中损害的直接性表达了这样的一个基本观念：债务人或者行为人就自己实施的行为甚至过错行为引起的包括远隔的损害在内的所有后果承担赔偿责任是不符合正义、公平和良好意识的。在此种基本观念之下，损害的直接性有两种确定的含义：其一，从消极方面说，损害的直接性是指，除了直接受害人能够主张损害的赔偿请求权之外，不存在其他能够主张损害赔偿请求权的受害人。换言之，损害的直接性排除了间接受害人对损害赔偿请求权主张。其二，从积极方面来说，损害的直接性是指致害行为与损害之间存在因果关系。[②]

笔者采取最后一种理论，认为这两个法律条款所规定的损害的直接性理论既指因果关系理论，也指间接受害人所遭受的间接损害的不予赔偿性。关于这两个法律条款所具有的第一个含义即因果关系问题，笔者将在下面的内容当中做出详细的讨论，此处从略。

三、间接受害人遭受的间接损害

（一）间接受害人所面临的问题

当债务人实施债务不履行的行为时或者当行为人实施某种致害行为时，如果他们实施的债务不履行行为或者致害行为引起了债权人或者他人某种损害的发生，则债权人或者他人遭受的损害就是直接损害，在符合合同责任或者侵权责任的其他构成要件的情况下，债权人或者他人有权要求法官责令债务人或者行为人对自己遭受的直接损害承担赔偿责任。在债务人不履行债务或者行为人实施的致害行为引起债权人或者他人损害发生的同时，如果他们实施的行为也引起了债权人或者他人之外的第三人损害的发生，第三人是否有权要求法官责令债务人或者行为人赔偿自己所遭受的损害？这就是损害的间接损害所面临的问题。

---

① Jean Carbonnier, Droit civil, Volume Ⅱ, Les biens, Les obligations, puf, 2004, p. 2271.

② François Terré, Philippe Simler, Yves Lequette, François Chénedé, Droit civil, Les Obligations, 12e édition, Dalloz, 2018, p. 1009.

（二）直接损害和间接损害

在合同责任和侵权责任当中，因为债务人或者行为人不履行债务或者实施的致害行为而遭受损害的债权人或者他人被称为直接受害人（victime direct victime immédiate），他们因为债务人或者行为人不履行债务或者实施的致害行为而遭受的损害被称为直接损害（préjudice direct préjudice immédiat）。因为债务人或者行为人不履行债务或者实施的致害行为而遭受损害的第三人被称为间接受害人（victime indirect victime médiate），间接受害人遭受的损害被称为间接损害（préjudice indirect préjudice médiat）。

所谓直接损害，是指债务人实施的债务不履行行为或者行为人实施的致害行为对债权人或者他人自身的财产或者人身所引起的损害。例如，出卖人交付的瑕疵出卖物引起买受人本人遭受的财产或者人身损害就属于直接损害。再例如，机动车司机撞伤行人的行为引起行人遭受的财产损害和道德损害也属于直接损害。在财产损害领域，无论是现有利益损失还是预期收益损失均为直接损害。在合同责任和侵权责任当中，直接受害人遭受的直接损害是能够获得赔偿的，民法学者和法官一直以来均承认。

所谓间接损害，则是指间接受害人因为直接受害人的直接损害引起的损害。例如，因为出卖人交付的瑕疵物引起买受人的近亲属所遭受的财产损害或者道德损害就属于间接损害。再例如，因为自己的丈夫遭遇车祸，妻子或者子女所遭受的财产损害和道德损害就属于间接损害。[①]

（三）间接受害人间接损害的可予赔偿性

在法国，间接受害人遭受的某些损害仍然属于可予赔偿的损害，至少在人身损害领域是如此。如果债务人实施的债务不履行行为或者致害行为引起了直接受害人的死亡，直接受害人的继承人能够主张两种不同性质的损害赔偿，其中的一种损害在性质上属于间接损害，而另外一种损害则不属于间接损害。

如果直接受害人死亡之前已经对债务人或者行为人享有损害赔偿请求权，在他们死亡之时，他们享有的损害赔偿请求权能够作为遗产转由自己的继承人享有，继承人有权要求债务人或者行为人赔偿原本应当对直接受害人赔偿的损害：如果被继承人生前享有财产损害赔偿请求权，他们的财产损害赔偿请求权作为遗产由继承人继承。如果被继承人生前享有肉体疼痛和感情痛苦赔偿请求权，他们的此种非财产损害赔偿请求权是否能够转移给继承人继承，法国最高法院存在不同看法：刑事庭禁止继承人继承此种损害赔偿请求权，而民二庭则允许继承人继续此种损害赔偿请求权。无论是否能够主张肉体疼痛和感情痛苦的损害赔偿请求权，继承人能够主张赔偿的此种损害在性质上均不属于间

① Philippe Malinvaud, Dominique Fenouillet, Droit des obligations, 11e édition, Litec, 2010, pp. 447—448; Rémy Cabrillac, Droit des obligations, 12e édition, Dalloz, 2016, pp. 287—289; Virginie Larribau-Terneyre, Droit civil, Les Obligations, 15e édition, Dalloz, 2017, pp. 764—774; François Terré, Philippe Simler, Yves Lequette, François Chénedé, Droit civil, Les Obligations, 12e édition, Dalloz, 2018, pp. 1018—1020.

接损害，而属于直接受害人遭受的直接损害。①

在直接受害人死亡时，间接受害人自身也会遭受某些损害，包括他们自身遭受的财产损害和自身遭受的非财产损害，他们自身遭受的这些损害在性质上属于间接损害，并且属于可予赔偿的损害。例如，因为直接受害人的死亡，直接受害人的近亲属自身遭受的感情损害就属于间接损害，并且该种间接损害在性质上属于一种可予赔偿的损害。同样，因为直接受害人的死亡，直接受害人的近亲属所支付的丧葬费、住宿费和餐饮费等也属于间接损害，并且他们所遭受的这些间接损害在性质上也属于可予赔偿的损害。关于间接受害人遭受的这些间接损害的赔偿，笔者将在下面的内容当中做出详细的讨论，此处从略。

在直接受害人生存期间，间接受害人自身遭受的间接损害是否构成可予赔偿的损害？除了直接受害人的死亡会引发间接受害人遭受财产损害和非财产损害之外，即便直接受害人没有死亡，他们的近亲属也会遭遇财产损害和非财产损害。例如，在直接受害人住院期间，他们的近亲属去看望直接受害人，他们支付的交通费、住宿费就属于财产损害，也就是财产性质的间接损害。再例如，在看到直接受害人的身体不断消瘦和日渐虚弱时，他们的近亲属也会感受到精神痛苦。这些损害同样是可以获得赔偿的。关于这一点，笔者将在下面的内容当中做出说明，此处从略。

（四）间接受害人类型的多样性

因为直接受害人的直接损害而遭受间接损害的间接受害人多种多样，包括：直接受害人的配偶和子女，包括同性配偶和异性配偶；其他家庭成员，包括基于血缘和收养成为家庭成员的人，诸如：孙子女、外孙子女，祖父母、外祖父母，兄弟姐妹，叔伯姑姨，侄儿侄女，以及其他亲等更远的近亲属，只要他们能够提供证据证明自己遭受了损害；非婚同居伴侣、连带民事协约家庭伴侣，无论是同性伴侣还是异性伴侣，无论是通奸性质的伴侣还是非通奸性质的伴侣；家庭成员之外的在直接受害人死亡或者残疾之前受到直接受害人资助的人，未婚妻或者未婚夫，所寄养的未成年人；等等。②

如果债务人或者行为人实施的债务不履行债务行为或者致害行为引起了直接受害人的死亡或者残疾，直接受害人的债权人、顾客、供应商、股东或者雇主是否能够以间接受害人的身份要求法官责令债务人或者行为人对自己遭受的财产损害或者道德损害承担赔偿责任？对此问题，民法学者做出的回答是，原则上，这些间接受害人不能够要求债务人或者行为人赔偿自己遭受的间接损害。不过，如果当事人之间的合同关系属于一种具有密切人身关系的合同，则债务人或者行为人的行为引起一方当事人死亡时，另外一方当事人有权向法院起诉，要求法官责令债务人或者行为人对自己的间接损害承担赔偿

---

① Virginie Larribau-Terneyre, Droit civil, Les Obligations, 15e édition, Dalloz, 2017, p. 769; François Terré, Philippe Simler, Yves Lequette, François Chénedé, Droit civil, Les Obligations, 12e édition, Dalloz, 2018, pp. 1018—1020.

② Philippe Malinvaud, Dominique Fenouillet, Droit des obligations, 11e édition, Litec, 2010, pp. 447—448; Virginie Larribau-Terneyre, Droit civil, Les Obligations, 15e édition, Dalloz, 2017, pp. 769—777; François Terré, Philippe Simler, Yves Lequette, François Chénedé, Droit civil, Les Obligations, 12e édition, Dalloz, 2018, pp. 1018—1020.

责任。此外，在1975年10月22日的案件当中，法国一家地方法院的法官认定，在机动车司机引发的交通事故引起美发店的美发师傅死亡时，机动车司机应当赔偿美发店遭受的损害。[①]

第三节 可予赔偿损害的可预见性

如果债权人要求法官责令债务人就其不履行债务的行为引起的损害对自己承担合同责任，他们所遭受的损害应当具备的第三个条件是，他们遭受的损害应当是可预见的损害，这就是可予赔偿损害的可预见性特征（le caractère prévisible du préjudice），也就是可予赔偿损害的可预见性（prévisible）。损害的可预见性仅仅是合同责任的一个必要条件，不是侵权责任的一个必要条件。

这是合同责任区别于侵权责任的一个主要方面，因为在侵权责任当中，赔偿仅仅限于可予赔偿的损害本身的范围：他人因为行为人的致害行为遭受多少损害，行为人就应当赔偿他人多少损害，这就是完全损害赔偿原则。而在合同责任领域，赔偿并不限于债权人遭受的损害范围，而是限于当事人签订合同时已经预见到或者应当预见到的损害范围，除非债务人不履行债务的行为是故意行为或者重大过错行为。[②]

一、可预见性损害的界定

在合同责任领域，可预见性的损害（préjudice prévisible）是相对于不可预见性的损害（préjudice imprévisible）而言的。所谓可预见性的损害，是指合同当事人在缔结合同时已经预见到或者应当预见到合同债务人不履行债务时债权人会遭受的损害。一方面，可预见性的损害是指当事人在缔结合同时已经预见到债务不履行时债权人会遭受的损害范围。另一方面，可预见性的损害是指当事人在缔结合同时原本能够合理预见到债务不履行时债权人所遭受的损害范围。所谓不可预见性的损害，则是指当事人在缔结合同时没有预见到或者无法预见到的损害。

如果合同当事人在缔结合同时已经明确约定，一旦债务人不履行债务，他们将要赔偿多少损失给债权人，在债务人不履行债务的行为引起了债权人损害的发生时，他们应当按照合同规定的数额赔偿债权人的损失，这就是所谓的已经预见到的损害。如果当事人没有在自己的合同当中约定债务人不履行债务时的损害赔偿范围，在债务人不履行债

---

① Virginie Larribau-Terneyre, Droit civil, Les Obligations, 15e édition, Dalloz, 2017, pp. 769—77; François Terré, Philippe Simler, Yves Lequette, François Chénedé, Droit civil, Les Obligations, 12e édition, Dalloz, 2018, pp. 1018—1020.

② Christian Larroumet, Droit Civil, Les Obligations, Le Contrat, Tome Ⅲ, 2e partie, Effets, 6e édition, Economica, 2007, p. 732; Jacques Flour, Jean-Luc Aubert, Éric Savaux, Droit civil, Les Obligations, 3. Le rapport d'obligation, 7e édition, Dalloz, 2011, p. 201; Philippe Malaurie, Laurent Aynès, Philippe Stoffel-Munck, Droit des obligations, 8e édition, L. G. D. J., 2016, p. 554; Marjorie Brusorio Aillaud, Droit des obligations, 8e édition, bruylant, 2017, pp. 286—287.

务的行为引起了债权人损害的发生时，他们应当按照缔结合同时原本能够预见到的损害数额赔偿债权人损失，这就是能够预见到的损害。

在合同责任领域，虽然某些民法学者有不同的看法，但是，可予赔偿损害的可预见性独立于可予赔偿损害的直接性。因为，即便债权人遭受的损害是由债务人不履行债务的行为引起的直接后果，债权人也未必能够要求债务人加以赔偿：如果债权人遭受的直接后果是合同当事人在缔结合同时已经预见到的或者能够预见到的，则他们有权要求债务人加以赔偿；相反，如果债权人遭受的直接后果不是合同当事人在缔结合同时已经预见到的或者能够预见到的，则他们无权要求债务人加以赔偿，除非债权人遭受的不可预见性的损害是由债务人的故意不履行债务的行为引起的，或者由债务人的重大过错履行行为引起的。①

因此，如果委托人将包裹交付给承运人运送，在承运人将委托人的包裹丢失时，委托人只能够要求承运人赔偿自己包裹的损失，不能够要求承运人赔偿包裹当中没有申报的债券或者现金损失，因为在签订运输合同时，包裹当中的债券或者现金损失是承运人没有预见到的损害。② 不过，如果是旅行社将游客携带的包裹遗失，则他们应当赔偿游客包裹当中的现金，即便游客没有申报，因为考虑到旅行社的旅游行程表，旅行社应当已经预见到游客的包裹当中包含了现金。③

合同责任领域损害的可预见性规则和例外情况下的不可预见性规则不同于合同解除或者合同变更领域的不可预见性规则，因为合同解除或者变更领域的不可预见性规则仅仅是指不可抗力引起合同的变更或者解除，而合同责任领域的不可预见性规则则是指在例外情况下，即便当事人在合同成立时没有预见到债权人会遭受某种损害，债权人仍然有权要求债务人对自己的损害承担赔偿责任。④

二、可预见性损害的制定法根据

1804 年的《法国民法典》第 1150 条对合同责任当中可予赔偿损害的可预见性规则做出了说明，该条规定：债务人仅仅赔偿合同成立时已经预见到或者原本能够预见到的损害，但是，如果债务人通过欺诈方式履行自己的债务则另当别论。⑤ 1804 年的《法国民法典》第 1150 条一直从 1804 年适用到 2016 年，直到 2016 年的债法改革法令以新的法律条款替换它为止，这就是现行《法国民法典》当中新的第 1231-3 条，该条规定：除非债务人的不履行行为构成重大过错或者欺诈过错；否则，债务人仅仅赔偿合同缔结

---

① Philippe Malaurie, Laurent Aynès, Philippe Stoffel-Munck, Droit des obligations, 8e édition, L. G. D. J., 2016, pp. 553—554.

② Philippe Malaurie, Laurent Aynès, Philippe Stoffel-Munck, Droit des obligations, 8e édition, L. G. D. J., 2016, pp. 553—554.

③ Christian Larroumet, Droit Civil, Les Obligations, Le Contrat, Tome Ⅲ, 2e partie, Effets, 6e édition, Economica, 2007, p. 7323.

④ François Terré, Philippe Simler, Yves Lequette, François Chénedé, Droit civil, Les Obligations, 12e édition, Dalloz, 2018, p. 891.

⑤ Article 1150, https://fr.wikisource.org/wiki/Code_civil_des_Français_1804/Livre_Ⅲ, _Titre_Ⅲ.

时已经预见到或者能够预见到的损害。①

未来的《法国民法典》仍然会规定合同责任领域的可预见性规则，因为法国司法部和参议院在2017年3月13日的《民事责任法改革草案》和2020年7月29日的《民事责任法改革提案》当中均对合同责任领域的可预见性规则做出了规定，这就是《草案》和《提要》当中的第1151条，它们规定：除非存在重大过失或者欺诈，否则，债务人仅需赔偿合同成立时可合理预见的不履行后果。②

《法国民法典》之所以将可予赔偿的损害限定在合同成立时当事人已经预见到或者能够预见到的损害范围内，是因为此种规则是意思自治和合同自由原则的产物：合同是当事人之间的意图、意志或者意思的杰作，债务人究竟承担什么范围内的债务，由当事人预先在自己的合同当中约定，每一方当事人在缔结合同时均会盘算自己会从合同当中获得多少利益或者遭受多少损失。因此，在缔结合同时，债务人或者应当已经知道，如果他们不履行对债权人承担的合同债务，他们会赔偿多少损害给债权人。虽然当事人在缔结合同时未必能够准确地预计到债务人不履行债务会给债权人带来多少损失，但是，他们大致能够确定债权人会因为债务不履行行为而遭受损失的性质和数额。③

三、可预见性的客观判断标准：一般理性人的预见能力

在法国，作为一般规则，损害的可预见性规则能够在所有的合同当中适用，诸如买卖合同、租赁合同、运输合同，等等。在当事人就债务人赔偿的范围产生纠纷时，法官应当具体确定债权人遭受的损害是否是可预见到的损害，所谓具体确定有两个方面的含义：

一方面，它是指在确定债权人遭受的损害是否可予赔偿的损害时，法官应当以合同成立时的时间点作为确定标准，而不应当以合同当事人发生纠纷时的时间点作为确定的标准：如果合同成立时，当事人原本能够预见到债权人遭受的损害，则债务人应当赔偿债权人的损害，如果合同成立时，当事人原本无法预见到债权人遭受的损害，则债务人无须赔偿债权人的损害，除非债务人存在故意或者重大过错。④

另一方面，它是指在确定债权人遭受的损害是否可予赔偿的损害时，法官应当采取客观的判断标准，而不应当采取主观的判断标准。所谓客观判断标准，是指理性人的判断标准：如果与债务人身份、地位、职业相同或者类似的一个理性人（或者“善良家

---

① Article 1231-3, Code civil, Version en vigueur au 2 mars 2021, https://www.legifrance.gouv.fr/codes/section_lc/LEGITEXT000006070721/LEGISCTA000032009929/#LEGISCTA000032009929.

② Article 1151, Projet de réforme du droit de la responsabilité civile, 13 mars 2017, http://www.textes.justice.gouv.fr/textes-soumis-a-concertation-10179/projet-de-reforme-du-droit-de-la-responsabilite-civile-29782.html; Article 1151, Proposition de loi n°678 portant réforme de la responsabilité civile, Sénat Deuxième session extraordinaire de 2019—2020, Enregistré à la Présidence du Sénat le 29 juillet 2020, p. 5, http://www.senat.fr/leg/pp. 119—678. html.

③ Christian Larroumet, Droit Civil, Les Obligations, Le Contrat, Tome Ⅲ, 2e partie, Effets, 6e édition, Economica, 2007, p. 732; Philippe Malaurie, Laurent Aynès, Philippe Stoffel-Munck, Droit des obligations, 8e édition, L. G. D. J., 2016, p. 554.

④ Philippe Malaurie, Laurent Aynès, Philippe Stoffel-Munck, Droit des obligations, 8e édition, L. G. D. J., 2016, p. 555.

父”）能够预见到债权人会因为债务不履行行为而遭受某种损害，则债权人遭受的损害就属于可以预见的损害，债务人应当予以赔偿；反之，如果与债务人身份、地位、职业相同或者类似的一个理性人无法能够预见到债权人会因为债务不履行行为遭受某种损害，则债权人遭受的损害就属于不可预见的损害，债务人无须予以赔偿。所谓主观判断标准，是指根据债务人自身的预见能力判断债权人是否会因为债务不履行行为而遭受某种损害，无论他们的预见能力是低于还是高于一般理性人的判断标准，合同法均不根据他们的预见能力确定债权人的损害是否构成可予赔偿的损害。换言之，在判断损害是否可以预见时，人们采取一般理性人的预见能力，而不采取债务人自身的预见能力。由于这样的原因，一般理性人的预见能力被称为合理预见能力，可预见的损害也被称为合理预见的损害。①

四、可预见性规则适用的范围：可预见的损害性质和可预见的损害数额

损害的可预见性的规则将债权人能够主张赔偿的损害限定在合同成立时可预见的范围内，问题是，当事人缔结合同时能够预见到的损害范围究竟是指他们能够合理预见到的损害类型还是能够合理预见到的损害数额？对此问题，法国法官在不同时期做出的说明存在差异。在20世纪初期，法官认为，可预见的损害仅仅是指当事人在缔结合同时能够合理预见到的损害性质、损害类型，而不是指他们能够合理预见到的损害数额，例如，在1903年8月11日和1910年12月22日的案件当中，他们就采取此种做法。但是，到了20世纪30年代和40年代，他们放弃了此种做法，认为可预见性的损害仅仅是指当事人在缔结合同时能够合理预见到的损害数额，而不是指他们能够预见到的损害性质、损害类型。例如，在1932年8月3日和1944年7月31日的案件当中，他们就采取此种做法。②

在今时今日，在可预见损害规则的适用范围问题上，民法学者之间存在不同看法：其一，某些民法学者认为，可预见的损害仅仅是指当事人在缔结合同时能够合理预见到的损害数额。例如，Terré、Simler 和 Yves 采取此种看法，他们指出，此种规则符合《法国民法典》新的第1231－3条所规定的基本精神。③ 其二，某些民法学者认为，可预见的损害仅仅是指当事人在缔结合同时能够合理预见到的损害性质、损害类型，而不是指当事人能够合理预见到的损害数额。例如，Aillaud 采取此种看法，他指出，可预见性的损害规则仅仅关乎损害的构成因素即损害的性质，而不关乎损害的价值即损害的数额。④ 再例如，Flour、Aubert 和 Savaux 也采取此种看法，他们指出，《法国民法典》

---

① Jacques Flour, Jean-Luc Aubert, Éric Savaux, Droit civil, Les Obligations, 3. Le rapport d'obligation, 7e édition, Dalloz, 2011, p. 302; Philippe Malaurie, Laurent Aynès, Philippe Stoffel-Munck, Droit des obligations, 8e édition, L. G. D. J., 2016, p. 555.

② François Terré, Philippe Simler, Yves Lequette, François Chénedé, Droit civil, Les Obligations, 12e édition, Dalloz, 2018, pp. 891—892.

③ François Terré, Philippe Simler, Yves Lequette, François Chénedé, Droit civil, Les Obligations, 12e édition, Dalloz, 2018, pp. 891—892.

④ Marjorie Brusorio Aillaud, Droit des obligations, 8e édition, bruylant, 2017, p. 287.

所规定的损害的可预见性应当理解为损害原因的可预见性，而不是损害数额的可预见性。[①]

五、例外规则：无法预见的损害的可予赔偿性

无论是在2016年之前还是在2016年之后，《法国民法典》在坚持可预见性损害规则的同时也对该种一般规则做出了例外规定，根据例外规定，如果债务人故意不履行债务，或者在履行债务时存在重大过错，则他们应当对自己不履行债务的行为引起的所有损害承担赔偿责任，包括已经预见到的损害和没有预见到的损害，已如前述。

根据《法国民法典》旧的第1134（2）条和新的第1104条的规定，债务人应当善意履行自己对债权人承担的债务。如果债务人故意不履行自己承担的债务，则他们不履行债务的行为违反了这两个法律条款所规定的善意原则，应当对债权人遭受的所有损害承担赔偿责任，即便在合同成立时，债权人遭受的损害是无法预见的。这是对债务人恶意履行自己债务的行为的一种制裁。为了证明这一规则的合理性，某些民法学者还提出了另外一种理论根据：同样是因为故意行为引起的损害，行为人就自己实施的故意行为引起的损害对他人承担的侵权责任没有受到《法国民法典》新的第1231-3条所规定的规则的限制。[②] 在2001年6月27日的案件当中，法国最高法院就对此种规则做出了说明，它指出，鉴于建筑商在为建筑物的主人建造工程时存在故意过错，他们也应当对主人遭受的所有损害承担赔偿责任，包括无法预见的损害。[③]

除了应当就自己故意不履行债务的行为引起的所有损害对债权人承担合同责任之外，债务人还应当就自己的重大过失履行行为引起的所有损害对债权人承担合同责任，包括合同成立时没有预见到的损害。因为，债务人的重大过失、重大过错等同于他们的欺诈行为、故意行为，已如前述。在2014年10月29日的案件当中，法国最高法院对此种规则做出了说明，它指出，鉴于重大过错等同于欺诈，因此，如果债务人不履行债务的重大过错行为引起了债权人损害的方式，他们承担的损害赔偿责任不再受到合同成立时损害的可预见性规则的限制，他们在合同当中所规定的免除责任的条款也不再适用。[④]

---

① Jacques Flour, Jean-Luc Aubert, Éric Savaux, Droit civil, Les Obligations, 3. Le rapport d'obligation, 7e édition, Dalloz, 2011, p. 202.

② François Terré, Philippe Simler, Yves Lequette, François Chénedé, Droit civil, Les Obligations, 12e édition, Dalloz, 2018, p. 893.

③ 3e civ. 27 juin 2001, n°99—21017.

④ Philippe Malaurie, Laurent Aynès, Philippe Stoffel-Munck, Droit des obligations, 8e édition, L. G. D. J., 2016, pp. 55—56.

第十九章　作为合同责任构成要件的因果关系

除了应当具备债务不履行的过错行为和损害之外，合同责任还应当具备必要条件，这个条件就是因果关系。因为即便债务人存在债务的不履行行为，即便债权人遭受了某种损害，债务人未必一定会对债权人承担合同责任，债权人也未必一定能够要求法官责令债务人对自己承担合同责任，除非债务人不履行债务的过错行为与债权人遭受的损害之间存在某种因果关系。

不过，虽然法国民法学者普遍将因果关系视为包括合同责任在内的整个民事责任的构成要件，但是，在因果关系的问题上，他们仅仅在一个方面达成了共识（consensus）：相对于合同责任的其他两个构成要件而言，合同责任甚至整个民事责任当中的因果关系问题是最复杂的，人们对其可谓一筹莫展、莫衷一是。换言之，他们认为，在民事责任当中，因果关系问题是最棘手的、最难以捉摸的、最让人困惑的、最难以解决的甚至根本无法解决的、最混乱不堪的问题。换言之，因果关系问题是法国法律当中最让人捉摸不透的一个问题，迄今为止，在面对司法判例在因果关系问题上所采取的实用主义（pragmatisme）态度时，民法学者对因果关系所做出的一切探寻或者所做出的任何研究注定是“绝对徒劳无益的”[①]。

第一节　因果关系的概念、制定法根据和类型

一、因果关系的界定

所谓因果关系（lien de causalité），是指一方当事人实施的某种致害行为与另外一方当事人遭受的某种损害之间存在某种联系：一方当事人实施的此种致害行为引起了另外一方当事人此种损害的发生，另外一方当事人的损害是由对方当事人的致害行为引起的，一方当事人实施的致害行为是另外一方当事人遭受损害的原因，而另外一方当事人遭受的损害则是对方当事人实施的致害行为引起的结果，两方当事人之间存在前者为因后者为果的关系，这就是因果关系。

因果关系理论属于民事责任法当中的重要内容，因为根据民事责任法的规定，如果债务人或者行为人要被责令对债权人或者他人承担民事责任，他们承担民事责任应当具备的一个条件是，他们实施的致害行为应当与债权人或者他人遭受的损害之间存在因果关系，如果没有因果关系，除了行为人不得被责令就自己实施的侵权行为对他人承担侵

---

① Christophe Quézel Ambrunaz, Definition de la causalité en droitfrançais: la Causalité dans le droit de la responsabilité civile européenne, Groupe de recherche européen sur la responsabilité civile et l'assurance (GRERCA), Mar 2010, Genève, Suisse, pp. 341—368.

权责任之外，债务人也不得被责令就自己实施的债务不履行行为对债权人承担合同责任。

Roland 和 Boyer 种合同责任应当具备的此种要件做出了说明，他们指出：“损害与债务的不履行之间的因果关系是合同责任的第三个条件，虽然人们长久以来对此种问题进行不断的探索，但是，合同责任当中的因果关系问题与侵权责任当中的因果关系问题是一样的。”① Larroumet 也对合同责任当中的此种要件做出了说明，他指出：“如果债务人实施的致害行为与债权人遭受的损害之间没有因果关系，则民事责任也不会存在，无论是合同责任还是侵权责任均是如此。民事责任意味着一个人的损害的出现是源自另外一个人的行为。”② Terré、Simler 和 Lequette 等人也对合同责任应当具备的此种条件做出了说明，他们指出：“无论民事责任的性质是侵权责任还是合同责任，过错与损害之间存在因果关系均是必须的。”③

二、现行《法国民法典》没有对一般因果关系做出规定

《法国民法典》是否对民事责任当中的因果关系要件做出明确规定？对此问题，法国民法学者普遍做出了肯定的回答，他们认为，除了对侵权责任当中的因果关系要件做出了规定之外，《法国民法典》也对合同责任当中的因果关系要件做出了明确规定。根据他们的说明，在 2016 年 2 月 10 日的债法改革法令颁布之前，《法国民法典》第 1382 条对侵权责任当中的因果关系做出了规定，而在 2016 年 2 月 10 日的债法改革法令颁布之后，《法国民法典》新的第 1240 条取代旧的第 1382 条对侵权责任当中的因果关系做出了规定。④ 在 2016 年 2 月 10 日的债法改革法令颁布之前，《法国民法典》第 1151 条对合同责任当中的因果关系做出了规定，而在 2016 年 2 月 10 日之后，《法国民法典》新的 1231－4 条则取代旧的第 1151 条对合同责任当中的因果关系做出了规定。⑤

法国民法学者的这些解释具有一定的合理性，但是，他们的解释也存在一定的问题。

首先，即便《法国民法典》旧的第 1382 条和新的第 1240 条对侵权责任当中的因果关系做出了规定，这两个法律条款所规定的因果关系也仅仅是故意侵权责任当中的因果关系，它们所规定的因果关系不是一般意义上的因果关系。除了这两个法律条款所规定

---

① Henri Roland et Laurent Boyer, Contrat, 3e édition, Litec, 1989, p. 579.

② Christian Larroumet, Droit Civil, Les Obligations, Le Contrat, Tome Ⅲ, 2e partie, Effets, 6e édition, Economica, 2007, p. 736.

③ François Terré, Philippe Simler, Yves Lequette, François Chénedé, Droit civil, Les Obligations, 12e édition, Dalloz, 2018, p. 925.

④ Jean Carbonnier, Droit civil, Volume Ⅱ, Les biens, Les obligations, puf, 2004, p. 2282; Philippe Malaurie, Laurent Aynès, Philippe Stoffel-Munck, Droit des obligations, 8e édition, L. G. D. J., 2016, p. 58; François Terré, Philippe Simler, Yves Lequette, François Chénedé, Droit civil, Les Obligations, 12e édition, Dalloz, 2018, pp. 1161—1163.

⑤ Henri Roland et Laurent Boyer, Contrat, 3e édition, Litec, 1989, pp. 579—580; Jean Carbonnier, Droit civil, Volume Ⅱ, Les biens, Les obligations, puf, 2004, p. 2193; Dimitri Houtcieff, Droit Des Contrats, Larcier, 2e édition, 2016, pp. 537—538; François Terré, Philippe Simler, Yves Lequette, François Chénedé, Droit civil, Les Obligations, 12e édition, Dalloz, 2018, pp. 925—926.

的因果关系属于具体的因果关系之外，被法国民法学者认为规定了因果关系的其他几个法律条款所规定的因果关系也属于具体的因果关系。

其次，《法国民法典》旧的第1151条和新的1231-4条字面上的含义明确，它们仅仅对可予赔偿损害的直接性做出了规定，即便法国民法学者普遍认为，这两个法律条款所规定的直接损害理论就是因果关系理论，它们所规定的因果关系也与法国民法学者普遍承认的条件相等理论和适当原因理论相差甚远。

再次，如果《法国民法典》旧的第1382条和新的第1240条、旧的第1151条和新的1231-4条均规定了因果关系，它们所规定的因果关系是否相同？尤其是，旧的第1151条和新的1231-4条在合同责任当中所规定的因果关系是否能够在旧的第1382条和新的第1240条所规定的侵权责任当中适用？

最后，尤其关键的是，无论是旧的第1382条和新的第1240条还是旧的第1151条和新的1231-4条，它们均没有使用"因果关系"一词，虽然它们在规定侵权责任和合同责任时分别使用了能够结合在一起形成这一术语的三个关键词：行为（过错或者不履行债务的行为），损害，以及行为引起损害的发生。

三、未来的《法国民法典》极有可能对一般因果关系做出明确规定

总之，笔者认为，迄今为止，《法国民法典》没有对作为民事责任一般构成要件的因果关系做出明确规定，包括没有对作为侵权责任一般构成要件的因果关系和作为合同责任一般构成要件的因果关系做出规定。《法国民法典》对待一般因果关系的态度不同于其他大陆法系国家的民法典，因为，其他大陆法系国家的民法典对一般因果关系做出了规定，至少其中的某些国家的民法典是如此。例如，《波兰民法典》第361条就对一般因果关系做出了说明，它规定，行为人应当就自己行为引起的通常后果承担赔偿责任。《意大利民法典》对民事责任的赔偿也采取了类似于《波兰民法典》的做法。①

因为这样的原因，未来的《法国民法典》应当对作为民事责任一般构成要件的因果关系做出规定，就像未来的《法国民法典》应当对作为民事责任一般构成要件的损害和致害行为做出一般规定一样。事实上，未来的《法国民法典》极有可能对作为民事责任一般构成要件的因果关系做出明确规定，而不再仅仅满足于通过某些具体的法律条件来推论出因果关系的存在。因为，法国司法部和参议院分别在自己起草的《民事责任法改革草案》和《民事责任法改革提案》当中对作为包括合同责任和侵权责任在内的民事责任的共同构成要件的因果关系做出了规定。

具体来说，法国司法部的《民事责任法改革草案》以两个法律条款对一般因果关系做出了规定，其中的第1239条规定：责任以归于被告的行为与（原告）的损害之间的某种因果关系的存在作为基础；因果关系通过一切方式予以建立。第1240条规定：如果某种人身损害是因为从事共同行为或者从事类似行为的身份确定的众多人当中的某一个不确定的人引起的，则其中的任何一个人均应当对他人遭受的所有损害承担赔偿责

① Geneviève Viney, Patric Jourdain, Traité De Droit Civil, Les conditions de la responsabilité, 3e édition, L. G. D. J., 2006, p. 194.

任，除非他们能够证明自己不可能会引起损害的发生。在其中的一个人赔偿了全部损害之后，其他人应当按照自己的行为可能引起损害发生的比例承担按份责任。[①] 法国参议院的《民事责任法改革提案》则以一个法律条款对一般因果关系做出了说明，其第1239条规定：责任以归于被告的行为与（原告）的损害之间的某种因果关系的存在作为基础。[②]

无论是法国司法部的《民事责任法改革草案》还是法国参议院的《民事责任法改革提案》所规定的因果关系均属于一般因果关系。一般因果关系是相对于具体因果关系而言的。所谓具体因果关系，也称为特殊因果关系，是指仅仅在某种具体的、特殊的民事责任当中适用的因果关系，包括仅仅在某种具体的侵权责任当中适用的因果关系和仅仅在某种具体的合同责任当中适用的因果关系。例如，在过失侵权责任当中适用的因果关系，在建筑物坍塌引起的侵权责任当中适用的因果关系。再例如，在医疗合同责任当中适用的因果关系，在买卖合同当中适用的因果关系。所谓一般因果关系，是指能够在所有民事责任当中加以普遍适用的因果关系。

具体因果关系和一般因果关系之间的区分以具体民事责任和一般民事责任的区分作为基础。无论是侵权责任还是合同责任均分为一般侵权责任、一般合同责任和具体侵权责任和具体合同责任。当立法者在民法典或者其他制定法当中对具有侵权责任和具体合同责任当中的因果关系做出了规定时，他们所规定的因果关系就属于具体因果关系。因此，《法国民法典》旧的第1382条和新的第1240条所规定的侵权责任的因果关系属于具体侵权责任的因果关系，《法国民法典》旧的第1151条和新的1231－4条所规定的合同责任的因果关系也属于具体合同责任的因果关系，已如前述。

四、合同责任当中的因果关系类型

在法国，如果合同责任当中存在因果关系的话，合同责任当中的因果关系有哪些类型？对此问题，法国民法学者做出的说明存在不同看法。Roland et Boyer 认为，合同责任当中的因果关系仅有一种，这就是《法国民法典》旧的第1151条（新的第1231－4条）所规定的直接因果关系。[③] Larroumet 认为，合同责任当中的因果关系包括三种：适当因果关系、原因相等因果关系以及《法国民法典》旧的第1151条（新的第1231－4条）所规定的直接因果关系。[④] Terré、Simler 和 Lequette 等人则认为，合同责任领域的因果关系仅有两种：条件相等理论和适当原因理论，因为他们认为，《法国民法典》旧

---

① Articles 1239 et 1240, Projet de réforme du droit de la responsabilité civile, 13 mars 2017, http://www. textes. justice. gouv. fr/textes-soumis-a-concertation- 10179/projet-de-reforme-du-droit-de-la-responsabilite-civile- 29782. html.

② Article 1239, Proposition de loi n°678 portant réforme de la responsabilité civile, Sénat Deuxième session extraordinaire de 2019—2020, Enregistré à la Présidence du Sénat le 29 juillet 2020, p. 18, http://www. senat. fr/leg/pp. 119—678. html.

③ Henri Roland et Laurent Boyer, Contrat, 3e édition, Litec, 1989, pp. 579—581.

④ Christian Larroumet, Droit Civil, Les Obligations, Le Contrat, Tome Ⅲ, 2e partie, Effets, 6e édition, Economica, 2007, pp. 736—744.

的第1151条和新的1231-4条所规定的因果关系似乎属于适当原因理论。[①]

Aillaud认为，合同责任当中的因果关系可以区分两种不同的情况：其一，制定法所规定的因果关系，是指《法国民法典》新的第1231-4条所规定的直接因果关系。其二，民法学说和司法判例所主张和适用的因果关系理论。民法学者主张的理论包括三种：近因理论、条件相等理论和适当因果关系理论。而法官在司法判例当中拒绝适用条件相等理论而适用适当因果关系理论。因此，根据他的意见，合同责任当中的因果关系包括四种：直接因果关系、近因因果关系、条件相等因果关系和适当因果关系。[②]

Larribau-Terneyre认为，无论是合同责任还是侵权责任，它们的因果关系均是相同的。总的来说，除了条件相等理论和适当因果关系理论之外，因果关系还包括其他的几种理论：近因理论，直接因果关系理论。换言之，他认为，因果关系分为四种：条件相等因果关系，适当因果关系，近因因果关系和直接因果关系。[③] 他认为，这些因果关系理论均是有效的、有用的，虽然它们均存在值得讨论的地方；虽然条件相等理论和适当因果关系理论是两种不同的理论，但是，它们之间是可以协调的，因为条件相等理论是人们在确定法律上的因果关系时所遵循的一种指导规则，其目的在于确定被告的行为与原告的损害之间所存在的关系；而适当因果关系理论则不同，它针对的问题是因果关系的证据问题：在一切存疑的案件当中，人们应当借助于可预见性或者可能性解决所存在的因果关系，也就是说，借助于适当因果关系理论解决问题。在实践当中，法官既适用适当因果关系理论，也适用条件相等理论。[④]

笔者认为，在讨论法国合同责任当中的因果关系时，我们应当采取一种区分理论，这就是明确区分民法学者所主张的因果关系理论和法官在自己的司法判例当中所适用的因果关系理论。因为，虽然民法学说提出了各种各样的因果关系理论，但是，他们的主张可能对法官没有产生丝毫的影响，或者即便产生了影响，他们的学说所产生的影响也极为有限。就民法学说所主张的因果关系而言，笔者认为，他们所主张的因果关系理论分为三种：其一，直接因果关系，也就是法国民法学者普遍承认的《法国民法典》旧的第1151条和新的第1231-4条所规定的直接因果关系理论，该种理论并不像Aillaud或者Larribau-Terneyre等人主张的那样是一种独立于近因理论的理论，它等同于近因理论。其二，条件相等理论。其三，适当因果关系理论。关于这三种不同的因果关系理论，笔者将在下面的内容当中做出详细的讨论，此处从略。

---

① François Terré, Philippe Simler, Yves Lequette, François Chénedé, Droit civil, Les Obligations, 12e édition, Dalloz, 2018, pp. 925—927.

② Marjorie Brusorio Aillaud, Droit des obligations, 8e édition, bruylant, 2017, pp. 288—289.

③ Virginie Larribau-Terneyre, Droit civil, Les Obligations, 15e édition, Dalloz, 2017, pp. 777—779.

④ Virginie Larribau-Terneyre, Droit civil, Les Obligations, 15e édition, Dalloz, 2017, pp. 779—782.

第二节 因果关系的特征和证明

作为合同责任甚至整个民事责任的必要构成要件，因果关系具有自己的几个重要特征，包括：因果关系并非仅仅是一种时间或者空间的逻辑关系；因果关系意味着法官对具体案件当中是否存在因果关系的问题享有确定和评估权力；因果关系具有确定性；因果关系应当具有直接性；因果关系必须加以证明。因果关系的直接性等同于直接因果关系理论，关于这一点，笔者将在下面的内容当中做详细的讨论，此处从略。

一、因果关系的逻辑性

在合同责任甚至整个民事责任领域，因果关系的第一个主要特征是，债务人或者行为人实施的债务不履行行为或者致害行为与债权人或者他人遭受的损害之间存在逻辑联系。

就像科学和哲学当中的因果关系属于一种时间和空间方面的逻辑关系一样，作为包括合同责任在内的民事责任的一个必要构成要件，因果关系当然也是一种时间和空间方面的逻辑关系，这就是，仅仅在债务人或者行为人实施的债务不履行行为或者致害行为发生在前而债权人或者他人遭受的损害发生在后，债权人或者他人遭受的损害才有可能与债务人或者行为人实施的行为之间存在因果关系；反之，如果债权人或者他人遭受的损害发生在债务人或者行为人实施的行为之前，则债权人或者他人的损害与债务人或者行为人的行为之间不存在因果关系，这就是所谓的前因后果的逻辑性。[①]

不过，因果关系并不是债务人或者行为人的行为与债权人或者他人损害之间在时间和空间方面的简单重合，因为，即便债务人或者行为人不履行债务的行为发生在债权人或者他人遭受的损害之前，换言之，即便债权人或者他人遭受的损害发生在债务人或者行为人实施的行为之后，人们不能够说债权人或者他人遭受的损害与债务人或者行为人实施的行为之间就一定存在因果关系。[②] 因此，在医师对病患者进行治疗期间，即便医师有过错，即便病患者遭受了损害，即便医师的过错发生在病患者遭受的损害之前，人们也不能够单凭过错发生在前损害发生在后的逻辑关系就认定病患者的损害与医师的过错之间存在因果关系。

因为，前因后果仅仅是因果关系的必要条件，而不是充分条件：如果不存在医师的过错在前和病患者的损害在后，则医师一定不会对病患者遭受的损害承担赔偿责任。但是，即便存在过错之前和损害在后的逻辑关系，人们也不能够单凭这一逻辑性就认定医师要对病患者承担合同责任。因为虽然医师有过错，但是，病患者遭受的损害也许是医师过错之外的原因引起的：病患者自身所患有的其他疾病也可能引起他们损害的发生，病患者要求医师加以治疗的疾病本身就暗含着他们有可能遭受引起纠纷的损害的发生。

---

① Jean Carbonnier, Droit civil, Volume Ⅱ, Les biens, Les obligations, puf, 2004, p. 2282.

② Jean Carbonnier, Droit civil, Volume Ⅱ, Les biens, Les obligations, puf, 2004, pp. 2282—2283.

如果病患者要求医师对自己遭受的损害承担赔偿责任，除了应当举证证明，医师在治疗自己时存在过错，他们还应当举证证明，自己遭受的损害与医师的过错之间存在因果关系。

二、因果关系意味着法官享有一定的评估和确定权力

在合同责任甚至整个民事责任领域，因果关系的第二个主要特征是，债务人或者行为人实施的债务不履行行为或者致害行为与债权人或者他人遭受的损害之间是否存在因果关系，往往由法官在具体案件当中予以评估和确定，因为，根据法国最高法院的裁判，债务人的债务不履行行为与债权人的损害之间是否存在因果关系，由基层法院的法官在自己的职权范围内自由评估和确定。Houtcieff 对因果关系所具有的此种特征做出了说明，他指出："因果关系由基层法院法官凭借自己的职权进行确定，法国最高法院对此不予干预和审查；并且在对因果关系做出确定时，他们几乎不会受到因果关系的困扰。"①

一方面，即便债权人和债务人均是一个人，在债务人实施了债务不履行的过错行为而债权人又遭受了损害时，债权人遭受的损害是否与债务人实施的过错行为之间存在因果关系，有时是不清晰的，需要法官在具体案件当中确定。例如，如果医师因为过错没有让一个孕妇终止怀孕，孕妇不希望婴儿出生之后因为需要抚养子女而遭受了损害，孕妇抚养未成年子女的费用损失与医师的过错之间是否存在因果关系，当然需要法官进行具体评估和确定。

另一方面，在某些案件当中，债权人遭受的损害并不是由一种原因引起的，而可能是由两种或者两种以上的原因引起的，既包括两个或者两个人以上的人涉及其中，也包括两种或者两种以上的物涉及其中。在引起同一损害的原因众多时，法官必须从众多的原因当中选择一种原因，在做出此种选择时，他们应当对不同的原因进行评估并且从中选择一种原因，以便让所选择的原因与损害之间建立作为合同责任甚至整个民事责任必要条件的因果关系。例如，一个人在经过一个工地时被断裂的起重机砸伤，被救护车紧急送往医院后，在医师对其动手术之后死亡。该人的死亡原因可能众多：起重机的生产商生产的设备有缺陷，起重机的操作者可能存在不谨慎的地方，第一次救援行为的迟延，外科医生的过错，甚至包括该人的雇主也有过错，因为该雇主可能违反了法定上班时间，让其加班加点。在这些原因当中，究竟哪一种甚至哪几种原因与该人遭受的死亡之间存在因果关系，完全由法官本着经验主义的精神评估和确定。② 例如，G. Ripert 就采取此种看法，他指出，在包括合同责任在内的民事责任领域，人们无需对因果关系系统化、体系化，而应当由法官本着经验主义、实用主义的态度解决因果关系问题。他指出，虽然民法学者对因果关系问题进行了大量的研究并且提出了各种各样的不同学说，但是，他们提出的理论对于因果关系的一般问题完全不起作用；作为一种无法通过学术

---

① Dimitri Houtcieff, Droit Des Contrats, Larcier, 2e édition, 2016, p. 538.

② Jean Carbonnier, Droit civil, Volume Ⅱ, Les biens, Les obligations, puf, 2004, p. 2283.

解决的问题，因果关系的问题完全是由法官在具体案件当中加以自由评估和确定的问题。[①]再例如，René Demogue 也采取此种看法，他也指出，与其说因果关系问题是一个科学问题，毋宁说它是一个常识问题（problème de bon sens），因此，因果关系问题是一个有时会考验人的耐力的问题。[②] Carbonnier 也采取此种看法，他指出："无论学者在解决因果关系问题时提出了多少种不同的逻辑标准，法官在其司法判例当中完全本着经验主义解决这一问题。"[③]

因为因果关系意味着法官在具体案件当中享有确定的评估和确定权力，因此，基于不同的评估和确定，同样的案件不同的法官得出的结论可能是截然相反的：某些法官认为，债权人或者他人遭受的损害与债务人或者行为人实施的行为之间没有因果关系，而另外一些法官则刚好相反，他们认为，债权人或者他人遭受的损害与债务人或者行为人实施的行为之间存在因果关系。因此，如果被告实施的债务不履行行为引起了一个有五个未成年子女的女人死亡，在丈夫因为妻子的死亡而自杀死亡时，某些法官认为，除了应当对妻子的死亡承担赔偿责任之外，债务人也应当对丈夫的自杀承担赔偿责任；而另外一些法官则认为，在此种情况下，债务人仅仅对妻子的死亡承担赔偿责任，不对丈夫的死亡承担赔偿责任。[④]

三、因果关系的确定性

在合同责任甚至整个民事责任领域，因果关系的第三个主要特征是，债务人或者行为人实施的债务不履行行为或者致害行为与债权人或者他人遭受的损害之间存在确定性的因果关系。根据确定性的因果关系理论，如果债权人或者他人遭受的唯一损害是由几个行为人实施的多个行为引起的，人们应当确定，在引起同一损害的多个行为当中，究竟哪一个行为或者几个行为与损害之间存在直接因果关系：此时，人们应当从多个原因当中选择一个或者几个原因，认为它们与债权人或者他人遭受的损害之间存在因果关系。在引起唯一损害发生的多种原因当中，法官究竟选择其中的哪一种或者哪几种原因作为与损害之间存在因果关系的原因？根据因果关系的确定性理论，他们应当从众多的原因当中选择必要的原因，应当将非必要的原因从因果关系当中剔除，这就是因果关系确定性的要求，也就是损害的必要性理论。[⑤]

在判断债务人或者行为人实施的行为是不是债权人遭受的损害的必要原因时，法官应当采取必要条件的（sine qua non）分析方法。根据此种分析方法，在判断债务人或

---

① G. Ripert, note D., 1945, p. 237; Geneviève Viney, Patric Jourdain, Traité De Droit Civil, les conditions de la responsabilité, 3e édition, L. G. D. J., 2006, p. 184.

② Geneviève Viney, Patric Jourdain, Traité De Droit Civil, les conditions de la responsabilité, 3e édition, L. G. D. J., 2006, p. 184.

③ Jean Carbonnier, Droit civil, Volume Ⅱ, Les biens, Les obligations, puf, 2004, p. 2283.

④ Philippe Malaurie, Laurent Aynès, Philippe Stoffel-Munck, Droit des obligations, 8e édition, L. G. D. J., 2016, p. 56.

⑤ Jean Carbonnier, Droit civil, Volume Ⅱ, Les biens, Les obligations, puf, 2004, pp. 2283—2284; Geneviève Viney, Patric Jourdain, Traité De Droit Civil, Les conditions de la responsabilité, 3e édition, L. G. D. J., 2006, pp. 197—198; Virginie Larribau-Terneyre, Droit civil, Les Obligations, 15e édition, Dalloz, 2017, pp. 783—784.

者行为人实施的行为是不是债权人或者他人遭受的损害时，法官应当问一问这样的问题：如果没有债务人或者行为人实施的行为，债权人或者他人是否会遭受损害：如果没有债务人或者行为人的行为，债权人或者他人不会遭受损害，则债务人或者行为人的行为与债权人或者他人的损害之间存在确定性的因果关系，因为它说明，债务人或者行为人的行为在损害的发生当中发挥了积极作用，反之，如果没有债务人或者行为人的行为，债权人或者他人仍然会遭受损害，则债务人或者行为人的行为与债权人或者他人的损害之间就不会存在确定性的因果关系，因为它说明，债务人或者行为人的行为在债权人或者他人的损害发生当中没有发挥积极的作用。根据因果关系的确定性理论，在引起单一损害的众多原因当中，所有必要原因均与债权人或者他人遭受的损害之间存在确定性的因果关系，而所有非必要原因均被视为与债权人或者他人遭受的损害之间欠缺确定性的因果关系。①

因果关系的确定性特征的最著名案件非法国最高法院在2000年11月17日审判的Affaire Perruche一案②莫属。因为在该案当中，法国一审法院和上诉法院均认为，虽然被告医师的确有过错，但是，他们的过错与作为病患者的残疾儿童遭受的损害之间不存在确定性的因果关系，换言之，医师的过错不属于必要原因；而法国最高法院则完全相反，它认为，医师的过错与残疾儿童遭受的损害之间存在确定性的因果关系，换言之，它认为，医师的过错属于必要过错。关于Affaire Perruche一案，笔者将在下面的内容当中做出详细的讨论，此处从略。

四、因果关系的证明性和例外情况下的推定性

（一）民法学者对因果关系的证明性和推定性特征的承认

在合同责任甚至整个民事责任领域，因果关系的第四个主要特征是，如果债权人或者债务人要求法官责令债务人或者行为人就其实施的债务不履行行为或者致害行为对自己遭受的损害承担赔偿责任，他们应当承担举证责任，证明债务人或者行为人的行为与自己遭受的损害之间存在因果关系。不过，例外情况下，债权人或者他人无须承担举证责任，证明自己遭受的损害与债务人或者行为人实施的行为之间存在因果关系，因为，基于制定法的规定或者司法判例的要求，债务人或者行为人实施的不履行行为或者致害行为与债权人或者他人遭受的损害之间所存在的因果关系是推定的。

Fabre-Magnan对因果关系所具有的此种特征做出了说明，他指出："为了获得损害赔偿，债权人应当证明，合同债务的不履行行为引起了自己损害的发生，在证明时，他们应当提供证据。不过，即便合同所规定的债务在性质上属于结果债，债权人也可能无

① Jean Carbonnier, Droit civil, Volume Ⅱ, Les biens, Les obligations, puf, 2004, pp. 2283—2284; Geneviève Viney, Patric Jourdain, Traité De Droit Civil, Les conditions de la responsabilité, 3e édition, L. G. D. J., 2006, pp. 197—201; Virginie Larribau-Terneyre, Droit civil, Les Obligations, 15e édition, Dalloz, 2017, pp. 783—784.

② Cass. Ass. plen., 17 nov. 2000, n°99—13. 701, Bull. 2000 Ass. plén. n°9 p. 15.

须承担举证责任，证明自己遭受的损害与合同债务不履行行为之间的因果关系。”[1] Larribau-Terneyre 也对因果关系所具有的此种特征做出了说明，他也指出：“因果关系是一种法律事件，它能够以各种方式加以证明，但是，鉴于因果关系的证明有时很难，因此，在因果关系的证明方面，人们对其加以软化。”[2]

（二）因果关系的证明和单纯的推定

原则上，在要求法官责令被告就其债务不履行行为或者致害行为引起的损害对自己承担民事责任时，除了应当证明被告实施了债务的不履行行为或者致害行为之外，他们还应当承担举证责任，证明被告实施的行为引起了自己损害的发生。在证明自己的损害与被告的行为之间存在因果关系时，原告应当提供证据。在证明因果关系存在时，原告能够采取一切方式和使用一切手段。如果原告无法以某种证据证明自己的损害与被告实施的行为之间存在因果关系，则他们遭受的损害是无法获得赔偿的。此种一般规则既适用于侵权责任，也适用于合同责任，是所有民事责任的共同要求。[3]

在大多数情况下，因果关系的证明并不困难，原告能够轻易证明因果关系的存在，但是，在少数情况下，原告并不容易证明因果关系的存在。如果要求原告在所有情况下均以某种证据证明自己遭受的损害与被告实施的行为之间存在因果关系，则此种规则会严重影响原告的利益，导致他们遭受的损害无法获得赔偿。为了保护某些原告的利益，立法者或者法官在自己制定的法律或者做出的裁判当中弱化因果关系的证明规则，认为在某些例外情况下，因果关系予以推定：一旦原告证明了自己遭受了某种损害，法律就推定他们遭受的此种损害与被告的行为之间存在因果关系，除非被告能够以证据证明，自己实施的行为与原告遭受的损害之间没有因果关系，否则，他们就应当对原告遭受的此种损害承担赔偿责任。这就是因果关系的推定（présomption de causalité），也就是单纯的因果关系推定（présomption simple）、可以通过相反的证据加以推翻的推定（présomption réfragable），此种例外规则既适用于侵权责任，也适用于合同责任。[4]

（三）因果关系的证明和单纯推定在侵权责任当中的适用

在侵权责任领域，如果原告要求法官责令被告就其过错行为引起的损害对自己承担侵权责任，原告应当承担举证责任，证明自己遭受的损害与被告的过错侵权行为之间存在因果关系。如果原告要求法官责令被告就其管理或者控制的物引起的损害对自己承担

---

① Muriel Fabre-Magnan, Droit des obligations, Tome 2, Responsabilité civile et quasi-contrats, 3e édition, puf, 2015, p. 768.

② Virginie Larribau-Terneyre, Droit civil, Les Obligations, 15e édition, Dalloz, 2017, p. 785.

③ Geneviève Viney, Patric Jourdain, Traité De Droit Civil, Les conditions de la responsabilité, 3e édition, L. G. D. J., 2006, pp. 210—213; Virginie Larribau-Terneyre, Droit civil, Les Obligations, 15e édition, Dalloz, 2017, p. 785; Dimitri Houtcieff, Droit Des Contrats, Larcier, 2e édition, 2016, p. 583; Muriel Fabre-Magnan, Droit des obligations, Tome 2, Responsabilité civile et quasi-contrats, 3e édition, puf, 2015, p. 768.

④ Geneviève Viney, Patric Jourdain, Traité De Droit Civil, Les conditions de la responsabilité, 3e édition, L. G. D. J., 2006, pp. 213—223; Virginie Larribau-Terneyre, Droit civil, Les Obligations, 15e édition, Dalloz, 2017, pp. 786—787.

侵权责任，他们无需承担举证责任，以证据证明自己遭受的损害与被告实施的物的行为之间存在因果关系，因为法官会采取单纯的因果关系推定：一旦原告证明了自己遭受了某种损害，法官就推定原告的损害与被告实施的物的行为之间存在因果关系，如果被告无法证明原告的损害是由某种外在原因引起的，他们就要对原告承担侵权责任。换言之，在侵权责任领域，过错侵权责任当中的因果关系是必须加以证明的，而无过错侵权责任当中的因果关系则是法律推定的。①

（四）因果关系的证明和单纯推定在合同责任当中的适用

在合同责任领域，债务人承担的一切合同责任在性质上均属于过错责任，合同责任当中不存在无过错责任，已如前述。问题在于，合同责任当中的哪些因果关系必须由原告加以证明，哪些因果关系由法律加以推定？对此问题，法国法官采取的做法是：明确区分手段债和结果债。如果债务人不履行的债务在性质上属于手段债，在要求法官责令债务人承担合同责任时，债权人应当承担举证责任，以证据证明自己遭受的损害与债务人的债务不履行行为之间存在因果关系。反之，如果债务人不履行的债务在性质上属于结果债，在要求法官责令债务人承担合同责任时，债权人无需承担举证责任，证明债务人的债务不履行行为与自己的损害之间存在因果关系，只要债权人证明了债务人没有将合同所规定的某种结果提供给自己，他们遭受的损害就被推定为与债务人不履行债务的行为之间存在因果关系，除非债务人能够以相反的证据即不可抗力推翻此种推定，否则，他们就应当对债权人承担合同责任。②

因此，在建筑工程合同当中，如果工程的主人要求法官责令建筑商就其劣质工程引起的损害对自己承担合同责任，他们无需承担举证责任，证明自己因为劣质工程遭受的损害与建筑商的债务不履行行为之间存在因果关系，因为建筑商承担的债务在性质上属于结果债，当他们不履行该种债务时，他们不履行债务的行为与债权人遭受的损害之间的因果关系是被法律推定的。同样，在运输合同当中，如果旅客因为运输事故而遭受了损害，他们无须承担举证责任，证明自己遭受的损害与承运人不履行债务的行为之间存在因果关系，因为承运人对其旅客承担的债务在性质上属于结果债，当他们不履行该种债务时，他们不履行债务的行为与债权人遭受的损害之间的因果关系是被法律推定的。③

在医疗合同当中，如果病患者要求法官责令医师就其医疗过错引起的损害对自己承担合同责任，他们必须承担举证责任，证明自己的损害与医师的过错之间存在因果关

① Geneviève Viney, Patric Jourdain, Traité De Droit Civil, Les conditions de la responsabilité, 3e édition, L. G. D. J., 2006, pp. 213—223; Virginie Larribau-Terneyre, Droit civil, Les Obligations, 15e édition, Dalloz, 2017, pp. 786—787.

② Geneviève Viney, Patric Jourdain, Traité De Droit Civil, Les conditions de la responsabilité, 3e édition, L. G. D. J., 2006, pp. 218—220; Virginie Larribau-Terneyre, Droit civil, Les Obligations, 15e édition, Dalloz, 2017, p. 786.

③ Geneviève Viney, Patric Jourdain, Traité De Droit Civil, Les conditions de la responsabilité, 3e édition, L. G. D. J., 2006, pp. 218—220.

系，因为医师对其病患者承担的债务在性质上属于手段债而非结果债。同样，在委托合同当中，如果委托人要求法官责令律师就其不履行债务的行为引起的损害对自己承担合同责任，他们必须证明，自己的损害与律师不履行债务的行为之间存在因果关系。

第三节 法国民法学者主张的因果关系理论

虽然法国民法学者认为，法国民事责任法当中的因果关系理论主要源自德国①，但实际上，至少在合同责任领域，法国合同责任法当中的一种因果关系理论即直接因果关系、近因理论源自法国民法学者，属于本土的理论。并且，虽然法国民法学者提出的直接因果关系理论在法国本土并不受重视，但是，它在英美法系国家则受到高度的重视，被视为合同责任当中的一个重要甚至唯一的因果关系。

一、近因理论

（一）近因理论的界定

在法国，民法学者在合同责任甚至整个民事责任领域所主张的第一种因果关系理论是近因理论。在讨论此种理论时，他们普遍认为，该种理论独立于《法国民法典》旧的第 1151 条和新的第 1231 - 4 条所规定的直接因果关系，因为他们认为，此种理论源自英美法系国家。② 实际上，他们的此种看法是不对的，因为，近因理论就是《法国民法典》旧的第 1151 条和新的第 1231 - 4 条所规定的直接因果关系，《法国民法典》旧的第 1151 条和新的第 1231 - 4 条所规定的直接因果关系也就是近因理论，至少是近因理论的组成部分，它不是与近因理论平行的一种理论。直接因果关系是法国民法学者所使用的术语，该种术语被法国立法者引入《法国民法典》当中。在英美法系国家的合同法当中，与直接因果关系相等的术语就是近因理论，也就是损害的远隔性理论。它们的含义和精神是完全一致的。

所谓近因理论（la théorie de cause la plus proche），也被称为原因的最接近理论（la théorie de la proximité de la cause）、直接因果关系理论，是指在债务人或者行为人实施的债务不履行行为或者致害行为引起的众多损害当中，仅仅与债务不履行行为或者致害行为距离最接近的损害才被视为与债务不履行行为或者致害行为之间存在因果关系，与债务不履行行为或者致害行为距离较远的损害不被视为与债务不履行行为或者致害行为之间存在因果关系。换言之，被告行为引起的哪些损害是可予赔偿的损害，哪些损害是

---

① Geneviève Viney, Patric Jourdain, Traité De Droit Civil, Les conditions de la responsabilité, 3e édition, L. G. D. J. , 2006, p. 187; Virginie Larribau-Terneyre, Droit civil, Les Obligations, 15e édition, Dalloz, 2017, p. 777.

② Geneviève Viney, Patric Jourdain, Traité De Droit Civil, Les conditions de la responsabilité, 3e édition, L. G. D. J. , 2006, pp. 188—189; Marjorie Brusorio Aillaud, Droit des obligations, 8e édition, bruylant, 2017, p. 288; Virginie Larribau-Terneyre, Droit civil, Les Obligations, 15e édition, Dalloz, 2017, p. 778; François Terré, Philippe Simler, Yves Lequette, François Chénedé, Droit civil, Les Obligations, 12e édition, Dalloz, 2018, pp. 923—924.

不予赔偿的损害，取决于他们的行为引起的损害与行为之间的距离远近：与被告的行为距离近的损害与被告的行为之间存在因果关系，构成可予赔偿的损害；而与被告的行为距离远的损害与被告的行为之间不存在因果关系，不构成可予赔偿的损害。

（二）法国民法学者对近因理论的普遍否定态度

近因理论这一术语源自英美法系国家。在英美法系国家，法官在合同责任和侵权责任当中均适用近因（proximate cause）理论，他们认为，在分析因果关系时，法官应当采取二步分析法①：

第一步，判断损害与行为之间是否存在事实上的因果关系（causation in fact cause-in-fact），即判断原告的损害在事实上是不是由被告的行为引起的。如果损害与行为之间不存在事实上的因果关系，则被告无需对原告承担合同责任或者侵权责任；如果它们之间存在事实上的因果关系，则被告有可能要承担合同责任或者侵权责任。在采取第一步分析方法时，法官适用"如果没有被告的行为，原告的损害是否会发生的"判断标准即 but for 的判断标准，也就是 sine qua non causation 的判断标准。

第二步，法律上的因果关系（legal causation）。在通过 but for 的判断标准确定了原告的损害与被告的行为之间存在事实上的因果关系时，法官不能够即刻责令被告对原告承担赔偿责任，他们还必须分析：原告遭受的哪些损害在法律上是可以获得赔偿的，他们遭受的哪些损害在法律上是不应该获得赔偿的。这就是法律上的因果关系理论。根据这一理论，只有原告遭受的与被告的行为最接近的损害才是法律上应当予以赔偿的损害，这就是损害的近因理论；与被告的行为距离过分遥远、远隔的损害在法律上是不能够予以赔偿的，这就是损害的远隔性（remoteness of damage）理论。损害的近因性理论和损害的远隔性理论属于同一个理论，它们属于同一内容的正反两面。

在讨论因果关系的理论时，法国民法学者将英美法系国家在合同责任和侵权责任领域适用的这一术语引入法国。在引入这一理论时，法国少数民法学者赞同近因理论，认为该种理论能够在合同责任和侵权责任当中适用。例如，在 1953 年的文章《英国法和美国法在过错和可予赔偿损害之间的因果关系问题上的最新发展》当中，A. Tunc 就采取此种态度。② 不过，大多数民法学者均反对此种理论，在将近因理论引入法国时，他们一方面认为该种理论独立于《法国民法典》新的第 1231-4 条（旧的第 1151 条）所规定的直接因果关系，另一方面又普遍反对该种理论的适用，因为他们认为，该种理论存在各种各样的问题。

Viney 和 Jourdain 就采取此种态度，他们指出，虽然人们曾经以非正式的形式承认了此种因果关系理论，但是，即便是在今时今日的英国，法官也在他们的司法判例当中

---

① Prosser and Keeton on the Law of Torts, 5th edition, W. Page Keeton (general editor), West Publishing Co., 1984, pp. 263—300; Proximate cause, http://en.wikipedia.org/wiki/Proximate_cause; MUFG Union Bank, N. A. v. Axos Bank et al., No. 652474/2019, 2020 N. Y. Slip Op. 51101 (U) (Sup. Ct., New York County Sept. 25, 2020).

② A. Tunc, Les récents développements des droits anglais et américain sur la relation de causalité entre la faute et le dommage dont on doit réparation, RIDC 1953, pp. 5 etss.

抛弃了此种理论。[1] Aillaud 也采取此种态度，他既认为近因理论区别于《法国民法典》旧的第 1151 条和新的第 1231－4 条所规定的因果关系理论，又认为近因理论虽然适用起来“简单但是不公平，因此，应当拒绝”[2]。Larribau-Terneyre 也采取此种看法，他既承认近因理论，也承认直接因果关系理论，认为它们是两个独立的因果关系。不过，他也认为，虽然此种理论“是适用起来最简单的理论，但是，它也是极端不公平的理论，因此，它几乎完全被抛弃了（英国司法判例则例外）”[3]。

这些民法学者的看法是不真实的，也是不客观的。一方面，近因理论并非地地道道的英美法的理论，它实际上是真真正正的法国法理论。关于这一点，笔者将在下面的内容当中做出详细的讨论，此处从略。另一方面，在今时今日，英美法系国家的法官仍然在合同责任当中适用近因理论。例如，在 2015 年 7 月 30 日，美国一家地方法院的法官就采取近因理论，认为债务人仅仅就自己的债务不履行行为引起的与自己的不履行行为最接近的损害承担赔偿责任。[4] 在 2020 年 9 月 25 日的案件当中，美国一家地方法院的法官就在 MUFG Union Bank，N. A. v. Axos Bank 一案当中适用近因理论，认为被告虽然实施了债务不履行行为，但是，它仅仅对与自己不履行行为最接近的损害承担合同责任。[5]

（三）法国民法学者普遍不会将直接因果关系等同于英美法系国家的近因理论

《法国民法典》旧的第 1151 条和新的第 1231－4 条对直接因果关系理论做出了规定，法国民法学者普遍承认这一点。Aillaud 对此做出了说明，他指出：“就像侵权责任一样，合同责任以致害行为与损害之间存在某种因果关系作为前提，这一条件为《法国民法典》第 1231－3 条和第 1231－4 条所规定，这就是直接因果关系。”[6] Terré、Simler 和 Lequette 等人也对此做出了说明，他们也指出，《法国民法典》新的第 1231－4 条（旧的第 1151 条）对合同责任领域的直接因果关系做出了规定，虽然《法国民法典》没有任何法律条款对侵权责任领域的直接因果关系做出规定，但是，第 1231－4 条所规定的直接因果关系同样也在侵权责任当中适用。[7]

不过，虽然法国民法学者普遍将《法国民法典》旧的第 1151 条和新的第 1231－4 条所规定的直接损害理论视为一种因果关系，但是，他们很少对这一因果关系理论做出详细的讨论。例如，在将《法国民法典》旧的第 1151 条所规定的内容称为直接因果关系时，Roland 和 Boyer 认为，该条规定的直接因果关系是相对于间接因果关系而言的，

---

① Geneviève Viney，Patric Jourdain，Traité De Droit Civil，Les conditions de la responsabilité，3e édition，L. G. D. J.，2006，pp. 188—189.

② Marjorie Brusorio Aillaud，Droit des obligations，8e édition，bruylant，2017，p. 288.

③ Virginie Larribau-Terneyre，Droit civil，Les Obligations，15e édition，Dalloz，2017，p. 778.

④ Lola Roberts Beauty Salon，Inc. v Leading Ins. Group Ins. Co. Ltd. 2015 NY Slip Op 31442（U）.

⑤ MUFG Union Bank，N. A. v Axos Bank，2020 NY Slip Op 51101（U）[68 Misc 3d 1229（A）].

⑥ Marjorie Brusorio Aillaud，Droit des obligations，8e édition，bruylant，2017，p. 288.

⑦ François Terré，Philippe Simler，Yves Lequette，François Chénedé，Droit civil，Les Obligations，12e édition，Dalloz，2018，pp. 925—926.

至于说什么是直接因果关系，什么是间接因果关系，人们很难甚至根本不可能进行理论上的说明，他们只能够求助于法官，看一看法官在具体案件当中如何理解。[①] 再例如，虽然 Aillaud 将新的第 1231 -4 条所规定的因果关系理论称为直接因果关系理论，但是，该种理论的含义是什么，他没有做出任何说明。[②] Terré、Simler 和 Lequette 等人也采取同样的态度，他们认为，该条所规定的因果关系仅仅是为了“排除间接损害”[③]。

在法国，《法国民法典》旧的第 1151 条和新的第 1231 -4 条所规定的直接损害理论是不是英美法系国家的近因理论？法国民法学者普遍做出了否定的回答，他们认为，这两个法律条款所规定的直接因果关系并不是英美法系国家的近因理论，而是近因理论之外的一种独立因果关系理论。例如，Aillaud 就采取此种看法，因为他将《法国民法典》新的第 1231 -4 条所规定的直接因果关系理论与包括近因理论在内的其他几种理论并行在一起。[④] 再例如，Larribau-Terneyre 就采取此种态度，因为他明确将近因理论与直接因果关系理论视为两种独立的理论。[⑤]

（四）《法国民法典》所规定的直接因果关系就是英美法系国家的近因理论

在法国，少数民法学者对待直接因果关系的态度不同于大多数民法学者，因为，虽然他们没有将《法国民法典》旧的第 1151 条和新的第 1231 -4 条所规定的损害的直接性理论等同于英美法系国家的近因理论，但是，他们认为这两个法律条款规定了损害的远隔性理论。例如，Houtcieff，在对《法国民法典》旧的第 1151 条和新的第 1231 -4 条所规定的损害的直接性理论做出解释时，他一方面认为，这两个法律条款要求法官对因果关系采取限制性的确定方式，将远隔性的损害从赔偿范围当中清除掉；另一方面，他又认为，这两个法律条款所规定的因果关系就是适当因果关系，该种适当因果关系是法国立法者从 Pothier 的著作当中的一个著名段落当中借用过来的。[⑥]

不过，Houtcieff 的此种看法与法国大多数民法学者的看法是相悖的，因为大多数民法学者认为，Pothier 所规定的因果关系并不是适当因果关系，而是直接因果关系，而直接因果关系是与适当因果关系平行的两种不同因果关系。[⑦] 笔者认为，《法国民法典》这两个法律条款所规定的因果关系就是英美法系国家在合同法和侵权法当中所普遍适用的近因理论，因为这两个法律条款所规定的因果关系源自 Pothier，而 Pothier 的因果关

---

① Henri Roland et Laurent Boyer, Contrat, 3e édition, Litec, 1989, pp. 579—580.

② Marjorie Brusorio Aillaud, Droit des obligations, 8e édition, bruylant, 2017, p. 288.

③ François Terré, Philippe Simler, Yves Lequette, François Chénedé, Droit civil, Les Obligations, 12e édition, Dalloz, 2018, pp. 925—926.

④ Marjorie Brusorio Aillaud, Droit des obligations, 8e édition, bruylant, 2017, p. 288.

⑤ Virginie Larribau-Terneyre, Droit civil, Les Obligations, 15e édition, Dalloz, 2017, p. 778.

⑥ Dimitri Houtcieff, Droit Des Contrats, Larcier, 2e édition, 2016, pp. 537—538.

⑦ Geneviève Viney, Patric Jourdain, Traité De Droit Civil, Les conditions de la responsabilité, 3e édition, L. G. D. J., 2006, pp. 188—189; Marjorie Brusorio Aillaud, Droit des obligations, 8e édition, bruylant, 2017, p. 288; Virginie Larribau-Terneyre, Droit civil, Les Obligations, 15e édition, Dalloz, 2017, p. 778; François Terré, Philippe Simler, Yves Lequette, François Chénedé, Droit civil, Les Obligations, 12e édition, Dalloz, 2018, pp. 923—924.

系是纯粹的近因理论、损害的远隔性理论。

在18世纪的著名债法著作《债法总则专论》当中，Pothier在讨论债务人就其实施的欺诈行为引起的损害对债权人承担的合同责任时认为，即便债务人在履行债务时欺诈债权人，他们也不对欺诈行为引起的所有损害承担赔偿责任，他们仅仅对欺诈行为引起的众多后果当中的某些损害承担赔偿责任。在欺诈引起的所有损害当中，债务人究竟对哪些损害承担赔偿责任？Pothier认为，他们仅仅对与自己的欺诈行为距离近一些的损害承担赔偿责任，不对与自己的欺诈行为距离远的损害（suite éloignée）、非必要损害（suite nécessaire）承担赔偿责任，因为距离更远的损害、非必要的损害可能是由其他原因引起的，而不是由债务人的欺诈行为引起的。他指出："我认为，在此种情况下，法律应当采取的规则是：即便债务人实施欺诈行为，人们既不能够责令债务人赔偿债权人因为其欺诈行为遭受的某种距离远隔的损害，也不能够责令债务人赔偿债权人因为其欺诈行为遭受的某种非必要损害。"①

为了说明此种规则，他举了一个著名的案例：如果出卖人将感染了传染病的母牛出卖给我，我因为出卖人的母牛遭受了众多的损害——因为母牛染病，我无法耕田遭受了损害；因为母牛染病，我的其他牲畜被传染而遭受了损害；因为无法耕种田地和无法出卖自己的牲畜，导致我无法偿还债权人的借款，债权人向法院起诉，导致我的财产被低价强制执行、出卖；等等。②

出卖人是否应当就其欺诈履行债务的行为引起的所有这些损害承担赔偿责任？Pothier认为，出卖人仅仅对我遭受的最直接的、距离最近的损害承担赔偿责任，不对我遭受的间接的、距离遥远的损害承担赔偿责任。在本案当中，出卖人仅仅对母牛染病和感染我的其他牲畜引起的损害对我承担赔偿责任，因为这些损害与债务人的欺诈行为距离最接近，是他的欺诈行为引起的直接损害，而不对我遭受的其他损害承担赔偿责任：因为母牛染病无法耕种田地的损害，因为母牛染病导致我无法还债并被强制低价出卖财产所遭受的损害，因为这些损害与欺诈行为的距离较远，属于欺诈行为引起的间接损害。③

1804年，法国立法者将Pothier的上述理论引入《法国民法典》当中，这就是第1151条，该条从1804年一直保留到2016年，已如前述。不用说，Pothier的上述断言和例子非常准确地表达了英美法系国家合同法和侵权法当中的近因理论的精髓，与英美法系国家的近因理论完全一致。在英美法系国家，虽然近因理论有不同的学说，诸如：可预见性理论（foreseeability），直接因果关系理论（direct causation），风险增加理论（risk enhancement），危险规则理论（the risk rule），等等。但是，它们均是围绕着一个核心问题所产生的理论：债务人或者行为人引起的哪些损害与他们的行为之间的距离最

---

① M. Bugnet, Œuvres de Pothier, annotées et mises en corrélation avec le Code civil et la legislation actuelle, Tome I, Paris Henzri Plon Gosse et Marchal, 1861, p. 81.

② M. Bugnet, Œuvres de Pothier, annotées et mises en corrélation avec le Code civil et la legislation actuelle, Tome Ⅱ, Paris Henzri Plon Gosse et Marchal, 1861, p. 81.

③ M. Bugnet, Œuvres de Pothier, annotées et mises en corrélation avec le Code civil et la legislation actuelle, Tome Ⅱ, Paris Henzri Plon Gosse et Marchal, 1861, p. 81.

接近，他们引起的哪些损害与他们的行为之间的距离远隔一些。①

基于此种原因，笔者认为，英美法系国家的近因理论源自法国，是法国 18 世纪的民法学家 Pothier 所提出的损害的远隔性理论在英美法系国家的移植和发扬光大。之所以这样讲，一方面是因为 Pothier 的上述著作影响广泛和持久，除了对大陆法系国家的法学学者、立法者和法官产生了重大影响之外，他的著作也对英美法系国家的法官和法学学者产生了重要影响。另一方面是因为，英美法系国家的近因理论历史并非很久远，因为，仅仅到了 20 世纪初期，此种因果关系理论才最终成熟。②

二、条件相等理论

在法国，民法学者在合同责任甚至整个民事责任领域所主张的第二种因果关系理论是条件相等理论（théorie de l'èquivalence des conditions）。

（一）条件相等理论的界定

所谓条件相等理论，也称为条件相等的因果关系理论、原因相同理论（théorie de l'èquivalence des causes），是指如果两个或者两个以上的债务人或者行为人实施的两个或者两个以上的行为引起同一债权人或者他人同一损害的发生，则他们当中的任何一个债务人或者行为人实施的任何一个行为均被认为与债权人或者他人遭受的所有损害之间存在因果关系，他们当中的任何一个债务人或者行为人均应当对债权人或者他人遭受的全部损害承担赔偿责任，无论他们实施的行为在债权人或者他人遭受的损害当中所起的作用是主要作用还是次要作用、是决定性的作用还是非决定性的作用。

换言之，根据条件相等理论，如果债权人或者他人遭受损害的原因有两个或者两个以上，无论这些原因在引起损害发生当中所起到的作用有多大，它们不仅被视为损害发生的必要条件（sine qua non），而且还被视为损害发生的平等条件（égalité）。它们之所以被视为损害发生的必要条件，是因为没有其中的任何一个条件，债权人或者他人的损害均不会发生；它们之所以被视为损害发生的平等条件，是因为在债权人或者他人的损害发生当中，它们被置于同样的地位。条件相等理论既在侵权责任当中适用，也在合同责任当中适用，是整个民事责任均适用的一种因果关系。③

---

① Prosser and Keeton on the Law of Torts, 5th edition, W. Page Keeton (general editor), West Publishing Co., 1984, pp. 263—300; Proximate cause, https://en.wikipedia.org/wiki/Proximate_cause; MUFG Union Bank, N. A. v. Axos Bank et al., No. 652474/2019, 2020 N. Y. Slip Op. 51101 (U) (Sup. Ct., New York County Sept. 25, 2020).

② Prosser and Keeton on the Law of Torts, 5th edition, W. Page Keeton (general editor), West Publishing Co., 1984, pp. 263—300.

③ Christian Larroumet, Droit Civil, Les Obligations, Le Contrat, Tome Ⅲ, 2e partie, Effets, 6e édition, Economica, 2007, pp. 742—744; Geneviève Viney, Patric Jourdain, Traité De Droit Civil, Les conditions de la responsabilité, 3e édition, L. G. D. J., 2006, p. 188; Philippe Malaurie, Laurent Aynès, Philippe Stoffel-Munck, Droit des obligations, 8e édition, L. G. D. J., 2016, pp. 58—59; Marjorie Brusorio Aillaud, Droit des obligations, 8e édition, bruylant, 2017, pp. 91—92, p. 288; Virginie Larribau-Terneyre, Droit civil, Les Obligations, 15e édition, Dalloz, 2017, pp. 777—778; François Terré, Philippe Simler, Yves Lequette, François Chénedé, Droit civil, Les Obligations, 12e édition, Dalloz, 2018, p. 928.

因此，如果机动车司机忘了拔下汽车钥匙，当小偷偷走机动车并引发事故时，除了小偷应当对事故的受害人遭受的损害承担赔偿责任之外，机动车司机也应当对受害人遭受的损害承担赔偿责任，因为，根据条件相等理论，机动车司机的过失也与受害人遭受的损害之间存在因果关系。同样，如果建筑工程公司建造的房屋存在漏水问题，除了他们应当对房屋主人遭受的损害承担赔偿责任之外，劣质钢材的出卖人、设计不合理的设计师也应当对房屋主人遭受的损害承担赔偿责任，因为，根据条件相等理论，劣质钢材的出卖行为、缺陷设计行为也被视为是房屋主人遭受损害的原因。

（二）条件相等理论的适用和效果

法国民法学者相信，条件相等理论是由德国刑法学者 Von Buri 提出来的，但是，他究竟在哪一年提出此种理论，民法学者之间存在不同看法。某些民法学者认为，他在 1855 年提出此种理论[①]，而另外一些民法学者则认为，他在 1860 年至 1885 年提出此种理论。[②]实际上，这些民法学者的说明不存在冲突，因为他是在 1855 年首次提出此种理论，经过 1860 年和 1873 年的提炼，他最终在 1885 年完善了此种理论。

1855 年，Buri 首次主张条件相等的因果关系理论，他认为，引起损害发生的一切必要条件均与损害之间存在因果关系。1860 年，他发表了引起德国学界广泛讨论的著名学术文章《参与和共谋理论》，进一步深入阐述他在 1885 年提出来的条件相等理论。1873 年，他出版了《论因果关系和责任》的著作，对 1855 年和 1860 年提出的条件相等的理论进行整合。1885 年，他出版了《因果关系和与刑法的关系》，将 1855 年、1860 年和 1873 年的因果关系进行系统化、体系化，并因此奠定了条件相等理论的江湖老大的地位——因为到了 1885 年，他的条件相等理论被视为德国刑法学当中占据支配地位的理论（théorie dominante）。[③]

Buri 的条件相等理论对包括德国和法国在内的整个大陆法系国家的刑法学者均产生了重大影响，大量的刑法学家，包括 Von Liszt、Tarnowski、Radbruch、Dohna、von Lilienthal 以及 Beling 等人均采纳此种理论。不过，它在民法尤其是民事责任法当中产生的影响有限，虽然某些民法学者认为，此种理论适用起来方便因此应当予以坚持，但是，其他民法学者认为，此种理论会导致民事责任的范围过分拓展。[④] 在 1913 年的博士学位论文《民事责任当中的因果关系观念》当中，法国民法学者 P. Marteau 将该种理论引入法国民法当中，在承认该种理论存在不完善的地方时，他也承认此种理论所存在的适用简便的优点。[⑤] 在今时今日，除了民法学者承认这一因果关系理论之外，法国法官也承

---

① Florence G'sell-Macrez, Recherches sur la notion de causalité, thèse, Paris 1, 2005, pp. 153—154; Marjorie Brusorio Aillaud, Droit des obligations, 8e édition, bruylant, 2017, p. 91.

② Gabriel Marty, Pierre Raynaud, Droit Civil, Les Obligations, Tome 1, Les sources, 2e édition, Sirey, 1988, p. 685.

③ Von Büri, Zur Lhere von der Teilname und Begünstigung, 1860; Über Kausalität und deren Verantwortung, 1873; Die Kausalität und ihre strafrechtlichen Beziehungen, Stuttgart, 1885; Florence G'sell-Macrez, Recherches sur la notion de causalité, thèse, Paris 1, 2005, pp. 153—154.

④ Florence G'sell-Macrez, Recherches sur la notion de causalité, thèse, Paris 1, 2005, pp. 155—154.

⑤ P. Marteau, La notion de causalité dans la responsabilité civile, th. Aix, 1913.

认这一因果关系理论。[①]

根据条件相等理论，在原告遭受损害的众多条件当中，任何一个条件均足以让债务人或者行为人对债权人或者他人遭受的全部损害承担赔偿责任。在被责令对原告遭受的全部损害承担赔偿责任之后，被告有权向法院起诉，要求其他债务人或者行为人按照各自的行为在原告遭受的全部损害当中的比例对自己承担赔偿责任。换言之，条件相等理论让众多债务人或者行为人当中的一个债务人或者行为人对自己承担赔偿责任，该债务人或者行为人承担赔偿责任之后对其他债务人或者行为人享有赔偿请求权。

（三）条件相等理论的优点和缺点

相对于合同责任甚至整个民事责任当中的其他因果关系理论而言，条件相等理论的优点有二：

其一，它适用起来简单方便，因为，法官只要确定被告实施的行为是原告遭受的损害的原因，没有被告实施的行为，原告不会遭受损害，他们就能够责令被告赔偿原告遭受的全部损害。因为即便在被告之外还存在其他债务人或者行为人，即便被告之外的其他债务人或者行为人实施的行为也是原告遭受损害的原因，即便没有被告之外的其他债务人或者行为人实施的行为，原告遭受的损害也不会发生。

其二，它对债权人或者他人利益的保护强而有力，因为根据条件相等理论，只要众多债务人或者行为人当中的一个债务人或者行为人在债权人或者他人遭受的损害当中发挥了作用，债权人或者他人能够对众多债务人或者行为人当中的任何一个债务人或者行为人起诉，要求其赔偿自己遭受的全部损害。在要求赔偿时，债权人或者他人无需承担举证责任，证明被告的行为究竟在什么范围内引起自己损害的发生。换言之，对于债权人或者他人而言，所有债务人或者行为人均对自己遭受的全部损害承担连带责任，而对所有债务人或者行为人而言，他们内部承担按份责任。

条件相等理论的主要缺点是，它将债务人或者行为人实施的行为引起的一切后果均视为可予赔偿的损害，债权人或者他人均有权要求法官责令债务人或者行为人予以赔偿，无论他们的行为引起的损害与他们行为之间的距离有多远，均是如此。因为此种因果关系可能会让债务人或者行为人对自己行为引起的无穷无尽的后果承担赔偿责任，除了对他们不公平之外，此种理论也让它可能成为“宇宙的因果关系” （causalité de l'Univers）。[②]

---

① Christian Larroumet, Droit Civil, Les Obligations, Le Contrat, Tome Ⅲ, 2e partie, Effets, 6e édition, Economica, 2007, pp. 742—744; Geneviève Viney, Patric Jourdain, Traité De Droit Civil, Les conditions de la responsabilité, 3e édition, L. G. D. J., 2006, p. 188; Philippe Malaurie, Laurent Aynès, Philippe Stoffel-Munck, Droit des obligations, 8e édition, L. G. D. J., 2016, pp. 58—59; Marjorie Brusorio Aillaud, Droit des obligations, 8e édition, bruylant, 2017, pp. 91—92, p. 288; Virginie Larribau-Terneyre, Droit civil, Les Obligations, 15e édition, Dalloz, 2017, pp. 777—778; François Terré, Philippe Simler, Yves Lequette, François Chénedé, Droit civil, Les Obligations, 12e édition, Dalloz, 2018, p. 928.

② Christian Larroumet, Droit Civil, Les Obligations, Le Contrat, Tome Ⅲ, 2e partie, Effets, 6e édition, Economica, 2007, pp. 742—744.

三、适当因果关系理论

在法国，民法学者在合同责任甚至整个民事责任领域所主张的第三种因果关系理论是适当因果关系理论。

（一）适当因果关系的界定

在法国，虽然民法学者普遍承认适当因果关系（la théorie de la causalité adéquate），但是，在如何界定这一因果关系的问题上，他们之间存在三种不同的理论：

其一，仅仅在损害发生的过程中起到了决定性作用的行为才被视为与损害之间存在因果关系。某些民法学者认为，虽然引起债权人或者他人损害发生的行为众多，但是，并非所有的行为在损害的发生当中所起到的作用均是相同的，某些行为仅仅在损害的发生当中起到主要作用、决定性的作用，而另外一些行为则在损害的发生当中起到次要作用、附属作用。只有在损害的发生当中起到主要的、决定性作用的行为被视为与损害之间存在因果关系，而那些处于次要地位、附属地位的行为则不被视为与损害之间存在因果关系。

Cabrillac 采取此种理论，他指出："根据适当因果关系理论，只有直接参与损害发生的事件才会被视为起到了因果作用。此种理论意味着，人们能够确定哪些事件在损害的发生当中起到了决定性的作用，哪些事件在损害的发生当中起到了次要作用。"[①] Terré、Simler 和 Lequette 等人也采取此种界定方法，他们指出："在引起某种事件发生的众多原因当中，人们应当做出区分：一些原因是主要的，没有它们，损害明显、确定不会发生，另外一些则是次要的，即便没有它们，损害仍然可能会发生。为了让债务人对债权人承担合同责任，债务不履行行为应当是债权人损害发生的真正原因。"[②] Terré、Simler 和 Lequette 等人认为，《法国民法典》新的第 1231－4 条（旧的第 1151 条）所规定的直接因果关系就是适当因果关系。[③]

其二，仅仅在正常情况下会引起损害发生的行为被视为与损害之间存在因果关系。某些民法学者认为，虽然引起损害发生的行为多种多样，但是，引起损害发生的行为可以分为两种：正常情况下（le cours normal des choses）会引起损害发生的行为和在极端情况下（le cours extrême des choses）都会引起损害发生的行为。仅仅在正常情况下会引起损害发生的行为会被视为与损害之间存在因果关系，而在极端情况下会引起损害发生的行为则不会被视为与损害之间存在因果关系。Lègier 采取此种理论，他指出："所谓适当原因，是指按照正常情况会引起损害发生的事件，它相对于其他事件，因为其他事件仅仅在特殊情况下才会引起损害的发生。"[④] Aillaud 也采取此种理论，他指出："根据

---

① Rémy Cabrillac, Droit des obligations, 12e édition, Dalloz, 2016, p. 294.

② François Terré, Philippe Simler, Yves Lequette, François Chénedé, Droit civil, Les Obligations, 12e édition, Dalloz, 2018, p. 926.

③ François Terré, Philippe Simler, Yves Lequette, François Chénedé, Droit civil, Les Obligations, 12e édition, Dalloz, 2018, p. 926.

④ Gérard Légier, Les obligations, 17e édition, 2001, Dalloz, p. 166.

适当因果关系理论，只有那些在正常情况已经真正地、真实地引起了损害发生的原因才会被视为与损害之间存在因果关系。法官应当回过头来探寻哪些如果没有它们损害就不会发生的行为。"[①]

其三，为损害的引起所必要和在客观上更有可能引起损害发生的行为被视为与损害之间存在因果关系。某些民法学者认为，在引起损害发生的众多原因或者行为当中，如果某种原因或者行为为损害的发生所必要并且相对于其他原因或者行为而言有引起损害发生的更大可能性，则该种原因或者行为与损害之间存在因果关系。Viney 和 Jourdain 就采取此种理论，他们指出，所谓适当因果关系，是指仅仅将包含了"结果的客观可能性"的条件视为损害的条件。[②] Larribau-Terneyre 也采取此种理论，他指出，根据适当因果关系理论，在不同的事件当中，为损害的发生所必要的并且在客观上具有引起损害发生的最大可能性的事件才与损害之间存在因果关系。[③]

在上述三种不同理论当中，笔者采取第二种理论。根据此种理论，笔者对适当因果关系做出如下界定：所谓适当因果关系，是指如果债务人或者行为人实施的债务不履行行为或者致害行为通常会引起债权人或者他人损害的发生，则他们实施的行为与债权人或者他人遭受的损害之间存在因果关系，在具备其他条件时，他们应当对债权人或者他人承担合同责任或者侵权责任；如果债务人或者行为人实施的债务不履行行为或者致害行为通常不会引起债权人或者他人损害的发生，则他们实施的行为与债权人或者他人遭受的损害之间不会存在因果关系，即便具备其他条件，他们也不对债权人或者他人承担合同责任或者侵权责任。

因此，如果机动车司机忘了拔下机动车钥匙，当小偷偷走机动车并引发事故时，仅小偷应当对事故的受害人遭受的损害承担赔偿责任，机动车司机无须对受害人遭受的损害承担赔偿责任，因为，机动车司机的此种过失通常不会引起损害的发生，而机动车的驾驶行为则通常会引起损害的发生。同样，如果建筑工程公司建造的房屋存在漏水的问题，他们应当对房主遭受的损害承担赔偿责任，即便建筑工程使用的钢材有问题或者房屋的设计有问题，钢材的生产商、设计师也无须对房主的损害承担赔偿责任，因为房屋漏水通常不是由钢材质量或者设计质量引起的，而是由建造者的过错行为引起的。

（二）适当因果关系理论的适用和效果

在法国，适当因果关系理论究竟是什么人最先提出来的？对此问题，民法学者之间似乎存在不同的看法。某些民法学者似乎认为，这一理论是由法国民法学者 Pothier 提出来的。例如，Terré、Simler 和 Lequette 等人。在对适当因果关系理论做出说明时，他们虽然没有说这一理论是由谁提出来的，但是，他们似乎认为，此种理论应当

① Marjorie Brusorio Aillaud, Droit des obligations, 8e édition, bruylant, 2017, p. 92.

② Geneviève Viney, Patric Jourdain, Traité De Droit Civil, les conditions de la responsabilité, 3e édition, L. G. D. J., 2006, p. 189.

③ Virginie Larribau-Terneyre, Droit civil, Les Obligations, 15e édition, Dalloz, 2017, p. 778.

是由法国民法学者 Pothier 提出来的，因为他们认为，《法国民法典》新的第 1231－4 条（旧的第 1151 条）所规定的直接因果关系就是适当因果关系，而这两个法律条款直接源自 Pothier，已如前述。不过，法国大多数民法学者并不会将这两个法律条款所规定的因果关系视为适当因果关系理论，因为他们将这两个法律条款所规定的因果关系理论视为直接因果关系理论。笔者认为这两个法律条款所规定的因果关系就是近因理论，已如前述。

法国大多数民法学者认为，适当因果关系理论是由生理学家（physiologiste）和哲学家 Von Kries 在 1886 年最先提出的，他的此种理论被 Max von Rümelin 和 Von Liszt 等刑法学家所采纳，在讨论罪犯是否就自己实施的犯罪行为承担刑事责任时，他们在因果关系问题上采取了 Kries 所主张的此种理论。除了对德国刑法学家产生了影响之外，他的此种理论也对德国联邦最高法院产生了影响；因为德国联邦最高法院也在自己的司法判例当中根据这一因果关系理论责令被告承担法律责任。①

除了对德国学者和法官产生了影响之外，他的此种理论也对包括法国、瑞士和其他国家的民法学者产生了重大影响。1913 年，P. Marteau 通过自己的博士学位论文《民事责任当中的因果关系观念》将 Kries 主张的适当因果关系理论引入法国民法领域②，之后，众多的民法学者在合同责任和侵权责任当中主张此种因果关系。例如，在 1939 年的文章《作为民事责任条件的原因与结果之间的关系》当中，法国民法学者 Gabriel Marty 就主张此种因果关系理论。③ 再例如，在 1951 年的博士学位论文《准侵权责任当中的原因与结果之间的关系》，法国民法学者 J. Favier 也主张此种因果关系理论。④ 在今时今日，除了法国民法学者普遍承认此种因果关系理论之外，法国法官也适用这一因果关系理论解决当事人之间的民事责任纠纷，包括侵权责任和侵权责任纠纷。⑤

根据适当因果关系理论，仅仅那些在正常情况下会引起损害发生的条件才会被认为与损害之间存在因果关系，而那些在正常情况下不会引起损害发生的条件不被认为与损害之间存在因果关系。换言之，如果债务人或者行为人实施的行为在通常情况下会引起债权人或者债务人损害的发生，则他们实施的行为会被视为损害发生的原因；如果他们实施的行为在正常情况下不会引起损害的发生，则他们实施的行为不会被视为损害产生的原因。因此，债务人或者行为人实施的行为是否与债权人或者他人遭受的损害之间存

---

① Gabriel Marty, Pierre Raynaud, Droit Civil, Les Obligations, Tome 1, Les sources, 2e édition, Sirey, 1988, pp. 685—688; Geneviève Viney, Patric Jourdain, Traité De Droit Civil, les conditions de la responsabilité, 3e édition, L. G. D. J., 2006, p. 189; Marjorie Brusorio Aillaud, Droit des obligations, 8e édition, bruylant, 2017, p. 92; Virginie Larribau-Terneyre, Droit civil, Les Obligations, 15e édition, Dalloz, 2017, p. 778.

② P. Marteau, La notion de la causalité dans la responsabilité civile, Aix-en-Provence, 1913.

③ Gabriel Marty, La relation de cause à effet comme condition de la responsabilité civile, RTDCiv. 1939, p. 685.

④ J. Favier, La relation de cause à effet dans la responsabilité quasi-délictuelle, Paris, 1951.

⑤ Gabriel Marty, Pierre Raynaud, Droit Civil, Les Obligations, Tome 1, Les sources, 2e édition, Sirey, 1988, pp. 685—688; Florence G'sell-Macrez, Recherches sur la notion de causalité, thèse, Paris 1, 2005, pp. 94—234; Geneviève Viney, Patric Jourdain, Traité De Droit Civil, les conditions de la responsabilité, 3e édition, L. G. D. J., 2006, p. 189; Marjorie Brusorio Aillaud, Droit des obligations, 8e édition, bruylant, 2017, p. 92; Virginie Larribau-Terneyre, Droit civil, Les Obligations, 15e édition, Dalloz, 2017, p. 778.

在因果关系，其判断标准是“正常情况下”的判断标准，也就是“生活经验”的判断标准。除了适用于侵权责任之外，此种理论也适用于合同责任。

（三）适当因果关系理论的优点和缺点

就像条件相等理论有自己的优点和缺点一样，适当因果关系理论也有自己的优点和缺点。

适当因果关系理论的优点是，它克服了条件相等理论所存在的将引起损害发生的一切条件均视为平等原因的做法，仅仅将其中的某些条件视为损害发生的原因，这就是所谓的适当原因（cause adéquate）、真正原因（véritable cause），避免了让所有债务人或者所有行为人就其实施的所有行为引起的所有损害对债权人或者他人承担民事责任的可能，让债务人或者行为人承担的民事责任不至于漫无边际。因为根据该种理论，在引起损害发生的众多原因当中，法官能够根据案件的具体情况，从因果链条（la chaîne de la causalité）当中选择一个原因作为适当原因。

适当因果关系的缺点有二：

其一，在因果链条当中，哪些原因是引起损害发生的适当原因，其判断标准不确定：究竟哪些损害是通常情况下会引起的损害，哪些损害是通常情况下不会引起的损害，哪些损害是生活经验承认的损害，哪些损害是生活经验不承认的损害，人们无从得知，完全由法官在具体案件当中判断。

其二，适当因果关系理论会引起不公平现象的发生，对债权人或者他人的保护不利：仅仅因为债务人或者行为人实施的行为在通常情况下不会引起损害的发生就认定他们实施的行为与债权人或者他人遭受的损害之间欠缺因果关系，在许多情况下，即便债权人或者他人的确因为债务人或者行为人的行为而遭受了损害，他们也只能够自认倒霉。

第四节　法官在司法判例当中对因果关系理论的具体适用

一、司法判例在因果关系问题上所采取的实用主义的态度

在法国，虽然民法学者从19世纪末期和20世纪初期开始一直到今时今日均在不遗余力地主张各种各样的因果关系理论，尤其是适当因果关系理论，但是，他们的理论对法官产生的影响非常有限，因为，究竟被告实施的行为是否与原告遭受的损害之间存在因果关系，完全由基层法院的法官本着“实用主义”（pragmatisme）的精神自由地加以决定，法国最高法院不会对他们就因果关系的问题做出的判决施加控制，这就是法官在因果关系问题上所采取的实用主义做法。因为每一个案件的情况不同，法官所做出的因果关系是否存在的判断也不同，法国民法学者无法从司法判例当中总结出法官在判断因果关系是否存在的问题上所遵循的一般规律，因此，法国民法学者惊呼因果关系问题是人们根本无法解开

的一个谜团，构成法国法律当中最神秘、最不可理喻的组成部分。[1]

Paul Esmein 宣称，因果关系问题的探寻和研究是“折磨人的”（affres），他借用一位美国学者的话说：“关于因果关系的问题，该说的话我们已经说了千百次，不该说的话我们也喋喋不休了千百次。有关因果关系的文献卷帙浩繁，不胜枚举，甚至可谓泛滥成灾并因此让它们与所意图实现的目的背道而驰，即便人们不自量力，他们仍然希望对此种问题进行探寻，除了会让这一问题更加烟雾缭绕之外，他们的所作所为恐怕别无他益。”[2]

Lambert-Faivre 宣称，因果关系是民事责任当中的“未解之谜”（arcanes），虽然人们不断对其进行探索和发现，他们至今仍然没有解开其中的奥秘。[3] Vine 完全同意 Lambert-Faivre 的看法，因为他认为，民事责任当中的因果关系问题是一个“可怕的、令人生畏的奥秘”（redoutable mystère）。[4] A. Nadeau 宣称，因果关系“是民事责任当中最复杂的问题”[5]。C. Grare 和 G. Durry 声称，因果关系问题是“极度困难的问题”，它不仅“总是令人勃然大怒的问题”，并且还是人们根本“无法解决的问题”[6]。

H. Ph. Visser'T Hooft 指出：“因果关系问题是人们最难加以讨论的问题，并且也是民法学者最经常发生混淆的问题。”[7] A. Bénabent 指出，因果关系问题“是我们的法律当中最无法认知的问题之一”[8]。G. Ripert 指出，即便人们热衷于对因果关系做出不断的探寻和研究，他们的“探寻和研究绝对是徒劳的”[9]。当然，虽然因果关系问题具有复杂性，但是，法国民法学者仍然不断探寻和研究民事责任当中的因果关系并因此形成了不同的因果关系理论，已如前述。

法国民法学者的这些惊呼既不是无病呻吟，更不是危言耸听，而是法官在因果关系问题上所采取的真实态度的准确映射。因为同样的案件，包括最高法院的法官在内，不同的法官做出的判决可能完全冲突：某些法官可能认为，被告的行为与原告的损害之间存在因果关系；而另外一些法官则刚好相反，他们可能认为，被告的行为与原告的损害

---

① Henri Roland Laurent Boyer, Obligations, t. 1, Responsabilité délictuelle, Litec, 5e édition, 1996, n°1077; G. Ripert, La règle morale dans les obligations civiles, L. G. D. J., 4e édition, 1949, n°117; Christophe Quézel Ambrunaz, Definition de la causalité en droitfrançais: la Causalité dans le droit de la responsabilité civile européenne, Groupe de recherche européen sur la responsabilité civile et l'assurance (GRERCA), Mar 2010, Genève, Suisse, pp. 341—368; Dimitri Houtcieff, Droit Des Contrats, Larcier, 2e édition, 2016, p. 538.

② Paul Esmein, Le nez de Cléopâtre ou les affres de la causalité, D. 1964, chr. p. 205.

③ Yvonne Lambert-Faivree, la poursuite à la contribution: quelques arcanes de la causalité, D. 1992, chr. p. 311.

④ G. Vine, Le déclin de la responsabilité individuelle, th. Paris, L. G. D. J., 1965, n°2.

⑤ A. Nadeau, Notes sur le lien de causalité et sa preuve dans les actions en responsabilité civile, in Études juridiques en hommage à M. le juge Bernard Bissonnette, 1963, p. 435.

⑥ C. Grare, Recherches sur la cohérence de la responsabilité délictuelle, L'influence des fondements de la responsabilité sur la réparation, préf. Y. Lequette, th. Dalloz, Nouvelle bibliothèque de thèses, 2005, n°67; G. Durry, obs. sur Cass. civ. 2, 12 décembre 1968, RTDCiv. 1969, p. 570; G. Durry, obs. sur CA. Caen, 2 novembre 1976, RTD Civ. 1977, p. 326.

⑦ H. Ph. Visser'T Hooft, Causalité et sens commun: essai d'une analyse conceptuelle, in Études de logique juridique, vol. 5, sous la direction de C. Perelman, Ed. Bruylan, 1973, n°1.

⑧ A. Bénabent, Droit civil, Les Obligations, Montchrestien, Domat droit privé, n°555.

⑨ G. Ripert, La règle morale dans les obligations civiles, L. G. D. J., 4e édition, 1949, n°117.

之间没有因果关系。最典型的范例是：同样是因为债务人的行为引起债权人自杀死亡，某些法官认为，债务人的行为与债权人的自杀死亡之间存在因果关系，应当承担民事责任。而另外一些法官则认为，它们之间不存在因果关系，无须承担民事责任。

在1965年11月24日的案件当中，法国最高法院刑事庭就采取前一种观点。在该案当中，由被告引发的致命事故让有五个未成年子女的母亲死亡。三个星期之后，丈夫因为无法忍受与妻子阴阳相隔而自杀，留下的五个孤儿向法院起诉，要求引发事故的被告既对自己母亲死亡的行为承担赔偿责任，也对引发自己父亲死亡的行为承担赔偿责任。上诉法院的法官认为，被告应当同时对妻子的死亡和丈夫的死亡承担侵权责任，因为除了与妻子的死亡之间存在因果关系之外，被告的致害行为也与丈夫的死亡之间存在因果关系。被告不服，上诉至法国最高法院刑事庭，法国最高法院刑事庭做出了维持原判的判决，它指出：事故仅仅是自杀的间接原因、部分原因的事实，不足以证明直接损害的不存在。①

而在1985年6月20日的案件当中，法国最高法院民二庭则采取后一种态度。在该案当中，一个未成年人在一个商人的商店实施盗窃行为时被该商人抓了个现行。除了对该未成年人实施惨无人道的羞辱之外，该商人还告知未成年人的父母和其他人，让该未成年人羞辱难当，最终因为严重的精神疾病而自杀身亡。父母向法院起诉，要求法官责令羞辱其子女的商人对子女自杀引起的损害承担赔偿责任。法国最高法院民二庭认为，即便被告羞辱盗窃者的行为构成过错，他的过错行为也不是引起盗窃者死亡的原因，无需对未成年子女的死亡承担赔偿责任。②

在其他案件当中，法官也经常做出自相矛盾的判决。例如，同样涉及爆竹引起的伤害案件，法官采取的态度就前后不一。在1966年3月4日的案件和2002年6月20日的案件当中，法国最高法院民二庭均认为，当建筑物的主人离开放有爆竹的房屋而没有将门锁上时，如果第三人进入其房间并且拿出爆竹在建筑物当中燃放并因此引起他人伤害的发生时，房屋主人应当被责令对他人遭受的损害承担赔偿责任，因为他们的过错与他人遭受的损害之间存在因果关系。③ 但是，在1986年4月8日的案件当中，法国最高法院民一庭则认为，当被告违反市政禁令而将爆竹出卖给未成年人时，如果未成年人燃放爆竹引起了他人伤害的发生，则被告无须对他人遭受的损害承担赔偿责任，因为它认为，市政禁令的目的不同于出卖人出卖爆竹给未成年人的目的，未成年人是以异常的方式使用出卖人所出卖的爆竹。④

二、法官承认因果关系存在的合同案件

在大量的案件当中，法官认为债务人或者行为人不履行债务的行为或者致害行为与债权人或者他人遭受的损害之间存在某种因果关系，并因此责令债务人或者行为人就其

① Cass. crim., 24 nov. 1965, D. 1966, 104.

② Cour de Cassation, Chambre civile 2, du 20 juin 1985, 84—12. 702.

③ Cass. 2è civ. 20 juin 2002, RCA 2002 comm. n°279; Cass. 2è civ. 4 mars 1966, D. 1966, somm. 110.

④ Cass. 1re civ. 8 avril 1986, RTD civ. 1987, p. 557, obs. J. Huet.

不履行债务的行为或者致害行为对债权人或者他人承担侵权责任或者合同责任。

在1979年8月3日的案件当中，一家地方法院的法官认为，被告的行为与原告遭受的损害之间存在因果关系。在该案当中，一家咖啡店的老板向一名机动车司机出售酒水，当该机动车司机醉酒驾驶时，他的驾驶行为引发了交通事故的发生，受害人要求咖啡店的老板对自己遭受的损害承担赔偿责任。这家地方法院的法官认为，即便是按照适当因果关系理论，咖啡店的老板也应当对该受害人遭受的损害承担赔偿责任，因为他们认为，生活经验表明，被告提供酒水的行为通常会引起机动车事故的发生。①

在2003年2月19日的案件当中，法国最高法院认为，只要债务人实施的行为是债权人遭受损害的必要条件，即便债务人实施的行为通常不会引起债权人损害的发生，他们实施的行为仍然与债权人遭受的损害之间存在因果关系。在该案当中，被告的机动车冲入原告的商店，导致原告的商店无法继续经营多达几个月，除了要求法官责令机动车司机对自己遭受的财产损害承担赔偿责任之外，原告也要求法官责令保险公司对自己遭受的损害承担赔偿责任，因为保险公司没有对引起损害发生的机动车进行保险。法国最高法院民三庭认为，机动车司机和保险公司均应当对原告遭受的财产损害承担赔偿责任。它指出，如果欠缺事故的发生，则损害不会发生；即便引起损害发生的原因具有多样性、引起损害的多样性原因在性质上不会阻止原告获得最初行为人实施的行为所引起的全部损害的赔偿；因为通过适用侵权责任领域的原因相等理论，保险公司的过错也是引起原告同一财产损害发生的原因。②

在2005年6月2日的案件当中，法国最高法院民二庭在侵权责任领域适用条件相等理论，责令多个被告对原告遭受的损害承担赔偿责任。在该案当中，原告是巴黎市政所雇佣的清洁工，在收集医疗垃圾时，它被一位医师扔进垃圾桶当中的带有HIV（艾滋病病毒）的针头刺伤并且感染了HIV。因为该垃圾桶位于一家公司和一个职业辛迪加共同拥有的大楼之内，因此，原告向法院起诉，要求法官责令医师和医师的保险人、两个被告对自己遭受的损害承担赔偿责任。法国最高法院认为，所有这些被告均应当对原告遭受的损害承担赔偿责任，因为他们当中的每一个人的行为均是原告遭受损害的必要条件、具有同等价值的条件。③

除了在侵权责任当中适用条件相等理论之外，法国最高法院也在合同责任当中适用此种因果关系理论。在1979年2月27日的案件当中，法国最高法院民三庭认为，承揽合同当中的承揽人不履行债务的行为与委托人遭受的损害之间存在因果关系，应当对委托人遭受的损害承担赔偿责任。在该案当中，委托人雇请一位画家为自己的建筑物画画，在画画期间，建筑物发生大火。委托人向法院起诉，要求法官责令该画家对自己遭受的财产损害承担赔偿责任。民三庭的法官认为，鉴于建筑物发生大火不是由于某种外在原因引起的，因此，建筑物发生大火是由该承揽人的过错引起的，承揽人的过错与委

① TGI, Montarais, 2 août 1979, d. 1980, IR. 413, obs. Chr. Larroumet.

② Cass. 3e civ. 19 février 2003, RTD civ. 2003, p. 508.

③ Cass. Civ. 2ème, 21mai 2015, n°14—17. 769.

托人遭受的损害之间存在因果关系，承揽人应当赔偿委托人遭受的财产损害。[①]

在1979年12月19日的案件当中，法国最高法院民一庭认为，被告旅行社与其顾客遭受的损害之间存在因果关系，应当赔偿其旅客遭受的损害。在该案当中，原告与被告旅行社签订了旅游合同，在旅游期间，原告居住在被告旅行社为其安排的酒店房间。在居住期间，酒店发生了火灾，导致该原告遭受了损害。因为酒店没有给原告购买保险，导致原告无法获得保险公司的赔偿。原告向法院起诉，要求被告旅行社对自己遭受的损害承担赔偿责任，因为他认为，被告旅行社在将自己安排在该酒店居住时没有履行确认该酒店是否已经为顾客购买人身险的义务。上诉法院认为，虽然旅行社存在不履行债务的过错，但是，它的过错与原告遭受的损害之间不存在因果关系。法国最高法院民一庭认为，上诉法院的此种判决是错误的，因为它认为，旅行社与顾客遭受的损害之间存在因果关系，应当赔偿原告遭受的损害：被告的过错在于剥夺了原告享有的要求保险公司赔偿自己损害的权利。[②]

在2002年7月20日的案件当中，法国最高法院认为，酒楼与其顾客遭受的死亡后果之间存在因果关系，应当对顾客的死亡承担赔偿责任。在该案当中，一个顾客在被告酒楼吃饭饮酒。在该顾客醉酒之后，被告酒楼继续对其提供酒水。因为醉酒，该顾客与另外一个顾客发生争执并且被另外一个顾客打死。该顾客的家人向法院起诉，要求法官责令被告酒楼对自己家人的死亡遭受的损害承担赔偿责任。法官认为，除了另外一个顾客的行为与该顾客的死亡之间存在因果关系之外，酒楼的行为也与该顾客的死亡之间存在因果关系：另外一个顾客的行为与酒楼的行为均为该顾客死亡的必要条件、同等条件，因此，应当对该顾客死亡的后果承担合同责任。[③]

三、法官拒绝承认因果关系的合同案件

在大量的案件当中，法官认为债务人或者行为人不履行债务的行为或者致害行为与债权人或者他人遭受的损害之间不存在某种因果关系，并因此拒绝责令债务人或者行为人就其不履行债务的行为或者其他行为对债权人或者他人承担侵权责任或者合同责任。

在1976年11月8日的案件当中，法国最高法院民一庭认定，虽然儿童乐园的经营者在监控儿童时有过错，但是，如果儿童遭受的损害源自他们自身笨拙的操作行为，则他们不对受害人遭受的损害承担赔偿责任，如果经营者准确地履行了自己对受害人承担的操作设备的债务的话。[④] 在1971年12月25日的案件当中，法国最高法院民一庭认定，即便公证员（notaire）没有履行对自己顾客承担的提出某种建议的债务（obligation de conseil）构成债务不履行的过错行为，他们的过错行为与顾客遭受的损害之间也不存在因果关系，无须就自己的过错行为对顾客遭受的损害承担赔偿责任，因为它认为，即便公证员已经履行了该种债务，他们履行该种债务的行为也不会改变顾客的行为，顾客

① Civ. 3e, 27 février 1979, JCP. 1979. Ⅳ. 162.

② Civ. 1re, 19 décembre 1979, JCP. 1980. Ⅳ. 92, D. 1980. IR. 189.

③ Cour de Cassation, Chambre civile 2, du 2 juin 2005, 03-20. 011.

④ Civ. 1re 8 novembre 1976, JCP. 1976. Ⅳ. 395.

仍然会实施引起纠纷的行为。在 2003 年 3 月 27 日的案件当中，法国最高法院民一庭再一次采取了此种做法。①

在 1978 年 11 月 6 日的案件当中，法国最高法院商事庭认为，在承揽合同当中，即便工程主人没有对工程总包人履行付款债务，他们不履行债务的行为也与总包人没有对分包人履行付款债务的行为之间没有因果关系，换言之，当总包人没有履行对分包人承担的付款债务时，他们应当对分包人承担损害赔偿责任，即便工程主人没有对总包人履行付款债务，分包人也不能够要求法官责令工程主人对自己遭受的损害承担赔偿责任。② 在 1978 年 12 月 5 日的案件当中，法国最高法院民一庭认为，即便精神病院没有在自己的窗户安全方面采取足够有效的措施，当精神病人从精神病院的窗户当中跳楼自杀时，精神病院的过错与精神病人的死亡之间也不存在因果关系，无须对精神病人的死亡承担赔偿责任。③

在 1984 年的 10 月 24 日的案件当中，法国最高法院民三庭认为，虽然被告在为原告安装供水设备时有过错，但是，如果原告因为供水设备的质量问题而遭受了损害，被告不用对原告遭受的损害承担赔偿责任，因为他们的过错与原告遭受的损害之间没有因果关系。④ 在 1985 年 4 月 30 日的案件当中，法国最高法院民一庭认为，在没有获得妻子同意时，如果丈夫擅自将双方共有的财产出卖给买受人，即便律师为丈夫起草了不动产买卖合同，律师的行为与妻子遭受的损害之间没有因果关系，无需对妻子遭受的损害承担赔偿责任。⑤

在 2001 年 12 月 4 日的案件当中，法国最高法院认为，因为被告的行为与原告遭受的损害之间不存在适当因果关系，因此，被告无须对原告遭受的损害承担民事责任。在该案当中，一家银行在没有预先与一个商人协商的情况下单方面实施过错拒绝其支票的兑付行为。该商人因为银行的行为而在银行大厅当着银行职员的面前自杀身亡，该商人的家人向法院起诉，要求法官责令银行承担赔偿责任。法国最高法院民二庭认为，被告无须对该商人的死亡承担赔偿责任，虽然银行有过错，但是，在通常情况下，银行的此种过错不会引起顾客死亡损害的发生，顾客死亡的后果是因为顾客自愿实施的行为引起的，换言之，银行的过错不是其顾客死亡的适当原因。⑥

在 2003 年 12 月 20 日的案件当中，巴黎上诉法院的法官认定，即便医师没有对病患者履行手术风险的通知债务，他们不履行债务的过错行为也与病患者手术之后所遭受的损害之间没有因果关系，因为，即便医师履行了通知债务，病患者仍然会选择接受手术。⑦ 在 2015 年 5 月 21 日的案件当中，法国最高法院基于适当因果关系理论拒绝责令

---

① Cass. 1re civ. 25 novembre 1971, Bull. civ. I, n°296. 558; Cass. 2è civ. 27 mars 2003, Bull. civ. Ⅱ, n°76; JCP G 2004, I, 101, n°13, obs. G. Viney.

② Com. 6 novembre 1978, D. 1979. IR. 345.

③ Civ. 1re, 5 décembre 1978, JCP. 1979. Ⅳ. 57, D. 1979. IR. 188.

④ Civ 3e, 24 octobre 1984, JCP 1985. Ⅳ. 5.

⑤ Civ. 1re30 avril 1984, JCP. 1986. Ⅱ. 20653, note Dagot, D. 1987. Somm. 105, obs. Brunois.

⑥ Cass. Civ. 2ème, 21mai 2015, n°14—17. 769.

⑦ CA Paris, 20 novembre 2003, RCA 2004, comm. n°76 obs. Ch. Radé.

被告对原告承担合同责任。在该案当中，原告醉酒之后到被告的游泳池游泳，因为到了深度不够的地方游泳，他遭受了伤害。原告向法院起诉，要求法官责令被告对其遭受的损害承担赔偿责任。因为他认为，他之所以会到深度不够的地方游泳，完全是因为被告游泳池的光线不足。法国最高法院认为，被告不对原告遭受的损害承担赔偿责任，因为，游泳池光线不足与原告遭受的损害之间不存在因果关系，而原告的不谨慎行为则与自己遭受的损害之间存在因果关系。①

四、法国最高法院在2000年裁判的著名案件即Affaire Perruche一案

在2000年11月17日的著名案件即Affaire Perruche一案②当中，原告Perruche是一名感染了风疹的孕妇。风疹也被称为德国麻疹，常见的病征包括全身出疹、发烧、头痛、不适、淋巴结胀大、上呼吸道症状及结膜炎。风疹可令成长中的胎儿出现异常情况。孕妇如果在怀孕前3个月感染风疹，所诞下的婴儿可能会患上先天性风疹综合征，导致失聪、白内障、心脏畸形及智力发展迟缓等问题。③

为了确保所出生的子女不会存在残疾，该孕妇到医疗机构进行检查，以便看一看自己的胎儿是否受到风疹的感染。基于医疗机构和医师的过错，他们原本应当发现胎儿已经感染风疹并且出生时可能残疾而没有发现，结果，胎儿出生时就因为感染风疹而成为有严重残疾的人。原告向法院起诉，要求法官责令被告赔偿自己所遭受的损害：其一，因为被告的诊断错误，原告自身遭受了损害，因为被告的诊断错误剥夺了自己进行自愿流产的可能性。其二，因为被告的诊断错误，自己的小孩出生时就成为残疾人并因此遭受了损害。④

一审法院认为，虽然原告有权要求被告对自己遭受的损害承担赔偿责任，但是，她无权以自己子女的名义要求被告对自己子女遭受的损害承担赔偿责任，因为它认为，其子女遭受的损害与被告的医疗过错之间欠缺因果关系：虽然其子女遭受了损害，但是，他遭受损害的原因不是被告的诊断错误，而是母亲所传染的疾病即风疹。原告对此判决不服，上诉至巴黎上诉法院。巴黎上诉法院维持原判，因为它也认为，被告的诊断过错与原告子女的残疾之间没有任何因果关系。⑤

原告不服，上诉至法国最高法院。法国最高法院联合庭认为，上诉法院的裁判违反了《法国民法典》第1165条和第1382条的规定，除了责令医师对原告遭受的损害承担赔偿责任之外，它还责令医师对其子女的出生残疾承担赔偿责任。它指出："一旦医师和实验室在履行与Perruche之间的合同时实施了过错行为，他们的过错行为已经阻止了原告做出自愿堕胎的选择，而她的此种选择能够避免残疾婴儿的出生，因此，原告有权要求此种残疾和过错引起的损害的赔偿。"⑥

---

① Cass. com. 4 décembre 2001, Bull. civ. I, n°194.

② Cass. Ass. plen., 17 nov. 2000, n°99—13. 701, Bull. 2000 Ass. plén. n°9 p. 15.

③ 风疹（德国麻疹），https://www. chp. gov. hk/sc/healthtopics/content/24/40. html。

④ Cass. Ass. plen., 17 nov. 2000, n°99—13. 701, Bull. 2000 Ass. plén. n°9 p. 15.

⑤ Cass. Ass. plen., 17 nov. 2000, n°99—13. 701, Bull. 2000 Ass. plén. n°9 p. 15.

⑥ Cass. Ass. plen., 17 nov. 2000, n°99—13. 701, Bull. 2000 Ass. plén. n°9 p. 15.

该案的判决做出之后，除了引起了法国民法学者的热烈反应之外，也引起了立法者的反应。民法学者之所以对该案反应热烈，是因为该案让民事责任的三构成要件即过错、损害和因果关系之间的简单明了的关系复杂化了，在专业人士的诊断失误和出生便残疾的儿童所遭受的损害之间是否存在确定性的因果关系的问题上，人们见仁见智：一审法院和上诉法院均认为，残疾儿童遭受的损害与医师的专业过错之间不存在确定性的因果关系；而法国最高法院竟然认为，它们之间存在确定性的因果关系。

该案也引起了法国立法者的及时回应，这就是说，作为对该案的反应，法国立法者在 2002 年 3 月 4 日出台了一部法律《病人权利和健康制度质量法》，其中的第 1 条规定，任何人均不得仅仅因为自己的出生而要求某种损害的赔偿。出生时就因为医疗过错而成为残疾的人能够获得自己的损害赔偿，如果过错行为直接引起了自己残疾的发生或者加重，或者导致了无法采取措施减轻自己的残疾状况。如果专业人士或者健康机构在母亲怀孕期间没有发现胎儿残疾的行为是过错行为，他们应当对残疾儿童的父母承担法律责任，父母能够以自己损害的名义要求此种损害的赔偿。不过，此种损害并不包括从残疾儿童残疾之时一直到其生命终止时的漫长岁月期间的费用。这些费用的赔偿源自国家的连带责任、共同责任。[①] 该条现在成为《家庭和社会行动法典》（*Code de l'action sociale et des familles*）当中的第 L114－5 条。[②]

---

① Article 1, LOI n°2002—303 du 4 mars 2002 relative aux droits des malades et à la qualité du système de santé, https://www.legifrance.gouv.fr/jorf/id/JORFTEXT000000227015/.

② Article L114-5, Code de l'action sociale et des familles, https://www.legifrance.gouv.fr/codes/article_lc/LEGIARTI000006796464/.

第七编 合同责任的类型

第二十章　债务人承担的三类六种合同责任

第一节　三类六种侵权责任理论的确立

一、从单一的过错侵权责任到三类六种侵权责任

1804 年的《法国民法典》第 1382 条至第 1386 条对行为人承担的侵权责任做出了规定。第 1382 条规定：一旦行为人实施的所有故意行为引起他人损害的发生，在他们的行为构成过错的情况下，他们应当就自己的行为引起的损害对他人承担赔偿责任。第 1383 条规定：行为人不仅应当就自己故意实施的行为引起的损害对他人承担赔偿责任，而且应当就自己的过失或者不谨慎行为引起的损害对他人承担赔偿责任。①

《法国民法典》第 1384 条规定：行为人不仅应当就自己的行为引起的损害对他人承担赔偿责任，而且还应当就自己对其行为负责任的人引起的损害对他人承担赔偿责任。父亲和丈夫死亡之后的母亲应当就与其生活在一起的未成年子女引起的损害对他人承担赔偿责任。主人和雇主应当就其仆人和雇员在履行职责时引起的损害对他人承担赔偿责任。中心学校老师和师傅应当就其中小学生和学徒引起的损害对他人承担赔偿责任。第 1385 条规定：动物的所有权人或者使用权人应当就其所有或者使用的动物引起的损害对他人承担赔偿责任，无论动物是在其管理期间引起损害，还是在遗失期间或者逃逸期间引起损害。第 1386 条规定：建筑物的所有权人应当就其建筑物的坍塌引起的损害对他人承担赔偿责任，如果建筑物的坍塌是因为维护欠缺或者因为建筑物结构缺陷引起的话。②

在 19 世纪，1804 年的《法国民法典》第 1382 条至第 1386 条所规定的所有侵权责任在性质上均为过错侵权责任，其中的第 1382 条和第 1383 条所规定的侵权责任被视为一般过错侵权责任，而第 1384 条、第 1385 条和第 1386 条所规定的侵权责任则是过错推定责任：一旦未成年子女、仆人、雇员、中小学生、学徒、动物和建筑物引起他人损害的发生，即推定父母、主人、雇主、中心学校老师、师傅、动物的所有权人和建筑物的所有权人有过错，除非他们能够反证推翻此种推定，否则，他们应当承担赔偿责任。因此，行为人根据这些法律条款所承担的所有侵权责任均被称为行为人就其本人的行为对他人承担的侵权责任，既不存在行为人就别人的行为引起的损害对他人承担赔偿责任

---

① Articles 1382 à 1386, Code civil des Français 1804/Livre Ⅲ, Titre Ⅳ, https://fr.wikisource.org/wiki/Code_civil_des_Français_1804/Livre_Ⅲ, _Titre_Ⅳ.

② Articles 1382 à 1386, Code civil des Français 1804/Livre Ⅲ, Titre Ⅳ, https://fr.wikisource.org/wiki/Code_civil_des_Français_1804/Livre_Ⅲ, _Titre_Ⅳ.

的问题，也不存在行为人就物的行为引起的损害对他人承担赔偿责任的问题。[①]

为了满足19世纪末期和20世纪初期第二次工业革命的需要，经过民法学者和法官的共同努力，20世纪30年代，法国最高法院在这些法律条款的基础上打造出了行为人就其物的行为引起的损害对他人承担的侵权责任，并因此让侵权责任从单一的行为人就其本人的行为引起的损害对他人承担的侵权责任嬗变为两种不同类型的侵权责任，这就是侵权责任二分法理论的确立。到了20世纪90年代，法国最高法院在这些法律条款的基础上建立了第三类侵权责任即行为人就别人的行为引起的损害对他人承担的侵权责任，这就是侵权责任三分法理论的确立。

在确立三分法的侵权责任制度时，人们又将其中的每一类侵权责任细分为两种：行为人就其本人的行为引起的损害对他人承担的侵权责任分为一般侵权责任和特殊侵权责任；行为人就别人的行为引起的损害对他人承担的侵权责任分为一般侵权责任和特殊侵权责任；行为人就其物的行为引起的损害对他人承担的侵权责任分为一般侵权责任和特殊侵权责任。这就是20世纪90年代法官通过司法判例所打造出来的三类六种侵权责任制度。[②]

通过2016年2月10日的债法改革法令，现行《法国民法典》以新的法律条款取代了之前的第1382条至第1386条，这就是新的第1240条至新的1244条：新的第1240条取代之前的第1382条对一般故意侵权责任做出了规定；新的第1241条取代之前的第1383条对一般过失侵权责任做出了规定；新的第1242条取代之前的第1384条对行为人就别人的行为引起的损害对他人承担的赔偿责任做出了规定；新的第1243条取代之前的第1385条对动物引起的侵权责任做出了规定；新的1244条取代之前的第1386条对建筑物的坍塌引起的侵权责任做出了规定。除此之外，现行《法国民法典》新的第1245条至新的1245－17条对缺陷产品引起的侵权责任做出了规定，新的第1246条至新的1252条对生态损害的赔偿（la réparation du préjudice écologique）做出了规定。[③]

虽然现行《法国民法典》以新的法律条款取代之前的法律条款，但是，民法学者认为，这些法律条款所规定的侵权责任制度与之前的侵权责任制度没有本质的差异，因为，它们所规定的所有侵权责任仍然分为三类六种。[④] 在未来的《法国民法典》当中，现行《法国民法典》所规定的三类侵权责任不仅不会被废除，而且还会以非常明确的方式予以体现。

一方面，在2017年的《民事责任法改革草案》（以下简称《草案》）当中，法国司

---

① Henri Roland Laurent Boyer, Responsabilité délictuelle 3e édition, 1988, Litec, p. 19; Guy Raymond, Droit Civil, 2e édition, Litec, 1993, p. 291; Jacques Flour, Jean-Luc Aubert, Éric Savaux, Les Obligations, 2. L'fait juridique, 14e édition, Dalloz, 2011, pp. 77—79；张民安：《法国民法》，清华大学出版社2015年版，第378—382页。

② 张民安：《法国民法》，清华大学出版社2015年版，第378—382页。

③ Articles 1240 à 1252, Code civil, Version en vigueur au 4 avril 2021, https://www.legifrance.gouv.fr/codes/section_lc/LEGITEXT000006070721/LEGISCTA000032021486/#LEGISCTA000032021486.

④ Rémy Cabrillac, Droit des obligations, 12e édition, Dalloz, 2016, pp. 229—280; Marjorie Brusorio Aillaud, Droit des obligations, 8e édition, bruylant, 2017, pp. 39—90; Virginie Larribau-Terneyre, Droit civil, Les Obligations, 15e édition, Dalloz, 2017, pp. 355—358; François Terré, Philippe Simler, Yves Lequette, François Chénedé, Droit civil, Les Obligations, 12e édition, Dalloz, 2018, pp. 1029—1160.

法部明确规定了这三类不同的侵权责任。因为在该《草案》当中，除了规定了一种新的致害行为引起的侵权责任即邻人的异常滋扰引起的侵权责任之外，它还规定了三类致害行为引起的三类侵权责任：行为人自身的过错引起的侵权责任；物的行为引起的侵权责任，以及别人的行为引起的侵权责任。这就是该《草案》当中的第 1241 条至第 1249 条的规定。①

另一方面，在 2020 年的《民事责任法改革提案》（以下简称《提案》）当中，法国参议院也规定了这三类不同的侵权责任。因为在该《提案》当中，除了规定了邻人的异常滋扰引起的侵权责任之外，它还规定了三类致害行为引起的三类侵权责任：行为人自身的过错引起的侵权责任，物的行为引起的侵权责任，以及别人的行为引起的侵权责任。这就是该《提案》当中的第 1240 条至第 1249 条的规定。②

二、行为人就其本人的行为引起的损害对他人承担的一般和特殊侵权责任

所谓行为人就其本人的行为（fait personnel）引起的损害对他人承担的侵权责任，是指在行为人自身的过错引起他人损害的发生时，在符合过错侵权责任的构成要件时，行为人就自己的过错引起的损害对他人承担的赔偿责任。民法学者普遍认为，行为人就其本人的行为引起的损害对他人承担的侵权责任分为两种：行为人就其本人的行为对他人承担的一般侵权责任和行为人就其本人的行为对他人承担的特殊侵权责任。

所谓行为人就其本人的行为对他人承担的特殊侵权责任，是指行为人就其实施的特殊过错行为引起的损害对他人承担的侵权责任。例如，行为人就其滥用权利的行为引起的损害对他人承担的侵权责任和医师就其过错行为引起的损害对其病患者遭受的损害承担的侵权责任就属于特殊侵权责任。

所谓行为人就其本人的行为引起的损害对他人承担的一般侵权责任，是指行为人根据《法国民法典》旧的第 1382 条或者新的第 1240 条的规定对他人承担的侵权责任：在 2016 年之前，该种一般侵权责任建立在第 1382 条所规定的一般过错侵权责任的基础上，而通过 2016 年 2 月 10 日的债法改革法令，该种一般过错侵权责任建立在新的第 1240 条所规定的一般过错侵权责任的基础上。③

---

① Articles 1241 à 1249, Projet de réforme du droit de la responsabilité civile, 13 mars 2017, http://www. textes. justice. gouv. fr/textes-soumis-a-concertation- 10179/projet-de-reforme-du-droit-de-la-responsabilite-civile- 29782. html.

② Articles 1240 à 1249, Proposition de loi n°678 portant réforme de la responsabilité civile, Sénat Deuxième session extraordinaire de 2019—2020, Enregistré à la Présidence du Sénat le 29 juillet 2020, http://www. senat. fr/leg/pp. 119—678. html.

③ Rémy Cabrillac, Droit des obligations, 12e édition, Dalloz, 2016, pp. 299—237; Marjorie Brusorio Aillaud, Droit des obligations, 8e édition, bruylant, 2017, pp. 40—51; Virginie Larribau-Terneyre, Droit civil, Les Obligations, 15e édition, Dalloz, 2017, pp. 841—872; François Terré, Philippe Simler, Yves Lequette, François Chénedé, Droit civil, Les Obligations, 12e édition, Dalloz, 2018, pp. 1029—1050; 张民安：《现代法国侵权责任制度研究》，法律出版社 2007 年版，第 163—201 页；张民安：《法国民法》，清华大学出版社 2015 年版，第 391—400 页。

三、行为人就别人的行为引起的损害对他人承担的一般和特殊侵权责任

所谓行为人就别人的行为（le fait d'autrui）引起的损害对他人承担的侵权责任，是指行为人就其负责的人的行为引起的损害对他人承担的侵权责任。根据制定法是否规定的不同，此类侵权责任也分为两种：行为人就别人的行为引起的损害对他人承担的一般侵权责任和行为人就别人的行为引起的损害对他人承担的特殊侵权责任。

所谓行为人就别人的行为对他人承担的特殊侵权责任，是指行为人根据制定法尤其是《法国民法典》的规定就其负责的人的行为引起的损害对他人承担的侵权责任。例如父母就其未成年子女的行为引起的损害对他人承担的侵权责任和雇主就其雇员的行为引起的损害对他人承担的侵权责任就属于行为人就别人的行为引起的损害对他人承担的特殊侵权责任，因为现行《法国民法典》对这两种侵权责任做出了明确规定。

所谓行为人就别人的行为对他人承担的一般侵权责任，是指行为人在制定法尤其是《法国民法典》之外就其负责的人的行为引起的损害对他人承担的侵权责任。例如，精神病院应当就其精神病人引起的损害对其他精神病人承担侵权责任，该种侵权责任属于一般侵权责任，因为《法国民法典》没有对此种侵权责任做出规定。在 2016 年之前，该种一般侵权责任建立在《法国民法典》第 1384（1）条所规定的侵权责任的基础上，而通过 2016 年 2 月 10 日的债法改革法令，现行《法国民法典》将该种一般侵权责任制度建立在新的第 1242（1）条所规定的侵权责任的基础上。[①]

四、行为人就其物的行为引起的损害对他人承担的一般和特殊侵权责任

所谓行为人就其物的行为（le fait des choses）引起的损害对他人承担的侵权责任，是指行为人就其管理、控制或者使用的物引起的损害对他人承担的侵权责任。根据制定法是否规定的不同，此类侵权责任又分为两种：行为人就其物的行为引起的损害对他人承担的一般侵权责任和行为人就其物的行为引起的损害对他人承担的特殊侵权责任。

所谓行为人就其物的行为对他人承担的特殊侵权责任，是指行为人根据制定法尤其是《法国民法典》的明确规定就其管理、控制或使用的物引起的损害对他人承担的侵权责任。例如，动物的饲养人就其饲养的动物引起的损害对他人承担的侵权责任和建筑物的所有权人就其建筑物的坍塌引起的损害对他人承担的侵权责任就属于特殊侵权责任。因为《法国民法典》对两种具体侵权责任做出了明确规定。

所谓行为人就其物的行为引起的损害对他人承担的一般侵权责任，则是指行为人在制定法尤其是《法国民法典》规定之外就其管理、控制或使用的物引起的损害对他人承担的侵权责任。例如，行为人就自己驾驶的单车引起的损害对他人承担的侵权责任就

---

① Rémy Cabrillac, Droit des obligations, 12e édition, Dalloz, 2016, pp. 245—253, pp. 271—283; Marjorie Brusorio Aillaud, Droit des obligations, 8e édition, bruylant, 2017, pp. 51—73; Virginie Larribau-Terneyre, Droit civil, Les Obligations, 15e édition, Dalloz, 2017, pp. 919—963; François Terré, Philippe Simler, Yves Lequette, François Chénedé, Droit civil, Les Obligations, 12e édition, Dalloz, 2018, pp. 1103—1160；张民安：《现代法国侵权责任制度研究》，法律出版社 2007 年版，第 202—222 页；张民安：《法国民法》，清华大学出版社 2015 年版，第 400—406 页。

属于一般侵权责任，因为制定法没有对此种侵权责任做出具体规定。在2016年之前，该种一般侵权责任建立在《法国民法典》第1384（1）条所规定的侵权责任的基础上，而通过2016年2月10日的债法改革法令，现行《法国民法典》将该种一般侵权责任制度建立在新的第1242（1）条所规定的侵权责任的基础上。[①]

第二节 三类六种合同责任理论的确立

一、三类六种侵权责任理论对合同责任理论的影响

在法国，合同责任如何分类？对此问题，民法学者长期以来均认为，合同责任仅有一种，这就是，债务人就其自身的债务不履行行为引起的损害对债权人承担的合同责任。根据此种责任，如果债务人对债权人承担某种债务，在他们不履行所承担的债务时，他们应当就其不履行债务的行为对债权人承担合同责任。他们所承担的此种合同责任究竟是一般过错责任还是过错推定责任，取决于他们所承担的合同债务在性质上究竟是手段债还是结果债，已如前述。

在侵权责任的三分法理论逐渐确立之后，某些民法学者开始以侵权责任的三分法理论作为模板，希望将侵权责任的三分法理论引入合同责任领域并因此建立合同责任领域的三分法。根据合同责任的三分法理论，债务人承担的合同责任分为三类：

其一，债务人就其本人的行为引起的损害对债权人承担的合同责任，该类合同责任是否继续分为一般合同责任和特殊合同责任，法国民法学者很少做出说明，笔者认为，人们完全应当继续做出此种分类。

其二，债务人就别人的行为引起的损害对债权人承担的合同责任。该类合同责任可以继续分为两种：债务人就别人的行为引起的损害对债权人承担的一般合同责任和债务人就别人的行为引起的损害对债权人承担的特殊合同责任。关于这一点，笔者将在下面的内容当中做出详细的讨论，此处从略。

其三，债务人就其物的行为引起的损害对债权人承担的合同责任，也可以继续分为两种：债务人就其物的行为引起的损害对债权人承担的一般合同责任和债务人就其物的行为引起的损害对债权人承担的特殊合同责任。关于这一点，笔者将在下面的内容当中做出详细的讨论，此处从略。

合同责任领域的三类六种合同责任理论的灵感源泉完全是法国侵权责任领域的三类六种侵权责任的区分理论。不过，这些民法学者的此种尝试并没有获得成功，因为一方

---

① Rémy Cabrillac, Droit des obligations, 12e édition, Dalloz, 2016, pp. 237—244, pp. 253—271; Marjorie Brusorio Aillaud, Droit des obligations, 8e édition, bruylant, 2017, pp. 73—90; Virginie Larribau-Terneyre, Droit civil, Les Obligations, 15e édition, Dalloz, 2017, pp. 875—909; François Terré, Philippe Simler, Yves Lequette, François Chénedé, Droit civil, Les Obligations, 12e édition, Dalloz, 2018, pp. 1050—1103；张民安：《现代法国侵权责任制度研究》，法律出版社2007年版，第223—266页；张民安：《法国民法》，清华大学出版社2015年版，第406—413页。

面，迄今为止，大多数民法学者均反对此种尝试，他们并不承认合同责任领域三分法的存在。另一方面，未来的《法国民法典》采取合同责任三分法的可能性极低，因为迄今为止，法国司法部或者参议院关于民事责任法改革方面的草案或者提案没有受到这些民法学者的影响。

二、法国民法学者对三类六种合同责任理论的不同看法

在合同法当中，债务人当然应当就自己不履行债务的行为对债权人承担合同责任，因为债务人是合同的当事人，他们基于自愿与债权人签订合同，承诺对债权人承担某种债务。当他们不履行自己所承诺的债务时，他们不履行债务的行为就构成过错，在符合合同责任的另外两个构成要件时，他们应当就自己的行为引起的损害对债权人承担合同责任。

就像侵权责任涉及第三人一样，合同责任当然也会涉及债务人之外的第三人：当雇主雇请雇员为自己履行合同所规定的债务时，如果雇员没有履行所承担的债务，雇主当然应当对债权人遭受的损害承担合同责任；当外科医生对病患者动手术时，麻醉师会协助他们对病患者进行手术麻醉，在麻醉师没有履行所承担的债务时，外科医生当然应当对病患者承担合同责任。问题在于，雇主或者外科医生所承担的此种合同责任是否可以被称为债务人就别人的行为对债权人承担的合同责任？就像侵权责任会涉及物一样，合同责任当然也会涉及物：如果出卖人交付的财产有缺陷并因此导致买受人遭受损害，出卖人当然应当对买受人承担合同责任；如果承运人的设备跌落下来砸伤了乘客，承运人当然应当对其乘客遭受的人身伤害承担合同责任。问题在于，出卖人或者承运人承担的此类合同责任是否可以被称为债务人就其物的行为引起的损害对债权人承担的合同责任？

对此问题，大多数民法学者均做出了否定回答，他们认为，雇主、外科医生、出卖人或者承运人承担的这些合同责任仅仅是债务人就自己不履行债务的行为引起的损害对债权人承担的合同责任，他们承担的此种合同责任既不能够被称为债务人就别人的行为引起的损害对债权人承担的一种独立合同责任，也不能够被视为债务人就其物的行为引起的损害对债权人承担的一种独立合同责任，它们均属于债务人就其本人的行为、本人的过错、本人的债务不履行行为引起的损害对债权人承担的合同责任的组成部分。①

而少数民法学者则持相反的意见，他们认为，雇主、外科医生、出卖人或者承运人承担的这些合同责任不再属于债务人就其本人的行为引起的损害对债权人承担的合同责任的组成部分，而是属于与该类合同责任并行的、独立的两种不同性质的合同责任，因为雇主、外科医生就其雇员和麻醉师的行为对债权人承担的合同责任属于债务人就别人的行为引起的损害对债权人承担的合同责任，而出卖人和承运人就自己的出卖物、设备引起的损害对债权人承担的合同责任则属于债务人就其物的行为引起的损害对债权人承担的合同责任，它们是两种独立的责任，不属于债务人就其本人的行为引起的损害对债

① Jacques Flour, Jean-Luc Aubert, Éric Savaux, Droit civil, Les Obligations, 3. Le rapport d'obligation, 7e édition, Dalloz, 2011, pp. 182—184.

权人承担的合同责任的组成部分，这就是三分法的合同责任理论。[①]

此外，某些民法学者态度含糊，他们似乎既反对也支持三类六种合同责任的理论。例如，Mireille Bacach-Gibeili 在其《侵权责任》当中，在讨论三类六种侵权责任时，他也没有忘记讨论三类六种合同责任。不过，在明确承认三类六种侵权责任时，他对三类六种合同责任的理论所作出的说明则含糊得多。在讨论“合同责任”当中是否存在物的行为引起的合同责任时，他似乎既反对该种合同责任，也肯定该种合同责任，因为他指出，虽然物的行为引起的合同责任是一种“法律上的错误理论”，但是，在物的行为引起的合同责任问题上，所发现的真实情况则应当予以鼓励。[②]

所谓物的行为引起的合同责任是一种法律上的错误理论，是指人们不能够将债务人对债权人承担的合同责任视为一种物的行为引起的合同责任，即便在履行债务时，债务人交付的物存在缺陷并因此引起债权人损害的发生，他们所承担的合同责任也仅仅是就自己不履行债务的行为所承担的合同责任。[③] 所谓所发现的真实情况是，长久以来，司法判例均认为，如果债务人在履行债务时所交付的产品存在缺陷并因此引起债权人损害的发生，则债务人均被责令对债权人遭受的损害承担赔偿责任，因为债务人没有履行所承担的作为结果债的安全债。[④]

三、合同责任法当中三类六种合同责任的前景

在法国，合同责任法当中的三类六种合同责任理论的灵感源泉完全是侵权责任法当中的三类六种侵权责任理论，它完全是法国少数民法学者比照侵权责任法的规则人为打造的，既没有实在法作为根据，未来似乎也无法获得法国政府的支持，至少法国大多数民法学者是持此种看法的。

一方面，《法国民法典》没有规定合同责任领域的三分法理论。虽然 1804 年的《法国民法典》第 1146 条至第 1155 条对合同责任做出了详尽的规定，但是，它没有规定合同责任的三分法理论。[⑤] 2016 年之前，《法国民法典》同样没有规定合同责任的三分法理论，因为第 1146 条至第 1155 条的规定一直从 1804 年保留到 2016 年[⑥]，直到 2016 年 2 月 10 日的债法改革法令将它们废除并且以新的法律条款即新的第 1231 条至新的 1231 - 7 条规定合同责任时为止。不过，现行《法国民法典》新的第 1231 条至新的

① Geneviève Viney, Patric Jourdain, Traité De Droit Civil, les conditions de la responsabilité, 3e édition, L. G. D. J., pp. 363—1074; Dimitri Houtcieff, Droit Des Contrats, Larcier, 2e édition, 2016, pp. 528—530; Rémy Cabrillac, Droit des obligations, 12e édition, Dalloz, 2016, pp. 155—156; Muriel Fabre-Magnan, Droit des obligations, Tome 1, Contrat et engagement unilatéral, 4e édition, puf, 2016, pp. 764—765.

② Mireille Bacach-Gibeili, Les obligations la responsabilité civile extracontractuelle, 2e édition, Econnomica, 2012, p. 233.

③ Mireille Bacach-Gibeili, Les obligations la responsabilité civile extracontractuelle, 2e édition, Econnomica, 2012, pp. 233—236.

④ Mireille Bacach-Gibeili, Les obligations la responsabilité civile extracontractuelle, 2e édition, Econnomica, 2012, pp. 236—239.

⑤ Articles 1146 à 1155, https://fr. wikisource. org/wiki/Code_civil_des_Français_1804/Livre_Ⅲ, _Titre_Ⅲ.

⑥ Articles 1146 à 1155, Code civil, Version en vigueur au 9 février 2016, https://www. legifrance. gouv. fr/codes/section_lc/LEGITEXT000006070721/LEGISCTA000006150246/2016-02-09/#LEGISCTA000006150246.

1231－7 条也没有规定合同责任的三分法理论。[①]

另一方面，合同责任的三分法理论似乎前景暗淡，它被未来的《法国民法典》所采纳的机会微乎其微，因为，虽然法国司法部在 2017 年当中的《民事责任法改革草案》和法国参议院在 2020 年的《民事责任法改革提案》均明确规定了侵权责任产生的三种致害行为即本人的行为（过错）、别人的行为和物的行为，但是，它们均没有在合同责任当中采取此种做法，没有将引起合同责任的致害行为分为这三种。[②]

四、债务人就其本人的行为对债权人承担的一般和特殊合同责任

在法国，虽然少数民法学者在自己的债法著作当中主张债务人就别人的行为和物的行为引起的损害对债权人承担一般合同责任和特殊合同责任，但是，似乎没有人在自己的债法著作当中主张债务人就其本人的行为引起的损害对债权人承担的一般合同责任和特殊合同责任。

在法国民法学者将侵权责任分为三类六种的情况下，在承认债务人就其本人的行为引起的损害对债权人承担合同责任时，法国民法学者为何没有将该类合同责任分为一般合同责任和特殊合同责任？民法学者没有做出回答，笔者认为，这可能同民法学者过多关注合同责任领域的手段债和结果债的区分理论有关：在讨论债务人就其本人的行为引起的损害对债权人承担的合同责任时，他们完全将注意力集中在手段债和结果债的区分理论方面，没有时间和精力关注债务人就其本人的行为引起的损害对债权人承担的合同责任是否可以做出更进一步的区分。

笔者认为，无论是在 2016 年之前还是之后，人们均能够将债务人就其本人的行为引起的损害对债权人承担的合同责任分为一般合同责任和特殊合同责任。所谓债务人就其本人的行为引起的损害对债权人承担的特殊合同责任，是指债务人根据制定法尤其是《法国民法典》有关有名合同的规定就其自身的债务不履行行为引起的损害对债权人承担的合同责任。《法国民法典》以大量的法律条款对各种各样的有名合同做出了规定，在这些有名合同当中，立法者明确规定，如果合同的债务人不履行对债权人所承担的债务，他们应当对债权人承担合同责任，《法国民法典》所规定的这些合同责任就属于债务人就其本人的行为引起的损害对债权人承担的特殊合同责任。

因此，《法国民法典》第 1732 条所规定的合同责任就属于债务人就其本人的行为引起的损害对债权人承担的特殊合同责任，该条规定：如果租赁物在租赁期间发生毁损灭失，承租人应当承担赔偿责任，至少在他们无法证明租赁物的毁损灭失在没有自己的过

---

① Articles 1231 à 1231-7, Code civil, Version en vigueur au 6 février 2021, https://www.legifrance.gouv.fr/codes/section_lc/LEGITEXT000006070721/LEGISCTA000032009929/#LEGISCTA000032009929.

② Projet de réforme du droit de la responsabilité civile, 13 mars 2017, http://www.textes.justice.gouv.fr/textes-soumis-a-concertation-10179/projet-de-reforme-du-droit-de-la-responsabilite-civile-29782.html; Proposition de loi n°678 portant réforme de la responsabilité civile, Sénat Deuxième session extraordinaire de 2019—2020, Enregistré à la Présidence du Sénat le 29 juillet 2020, http://www.senat.fr/leg/pp.119—678.html.

错时仍然会发生时是如此。[①] 同样，《法国民法典》第 1880 条所规定的合同责任也属于债务人就其本人的行为引起的损害对债权人承担的特殊合同责任，该条规定，借用人应当对所借用物尽到合理的保管和注意债务，应当按照借用物的性质和合同规定的用途使用借用物；否则，应当就自己的过错引起的损害对出借人承担损害赔偿责任。[②]

所谓债务人就其本人的行为引起的损害对债权人承担的一般合同责任，是指债务人在制定法尤其是《法国民法典》所规定的有名合同之外就自己不履行债务的行为引起的损害对债权人承担的合同责任。虽然《法国民法典》和其他制定法对各种各样的有名合同做出了明确规定，但是，它们没有也不可能对债务人不履行债务的所有行为引起的所有合同责任均做出规定。当债务人在制定法之外实施了不履行债务的行为时，在符合合同责任的其他构成要件的情况下，他们仍然应当就自己不履行债务的行为引起的损害对债权人承担合同责任，他们承担的此种合同责任就是债务人就其本人的行为引起的损害对债权人承担的一般合同责任。

在法国，债务人承担的此种一般合同责任是有法律根据的，就像他们承担的特殊合同责任是有法律根据的一样。所不同的是，债务人承担的一般合同责任的法律根据并不是统一的，而是分散的。如果他们不履行的债务在性质上是结果债，则债务人承担此种一般合同责任的法律根据在 2016 年之前是第 1147 条，而在 2016 年之后，则是新的 1231 -1 条。根据这两个法律条款的规定，一旦债务人没有履行或者迟延履行他们对债权人承担的任何源自合同的债务，他们均应当对债权人承担合同责任，除非他们能够证明，不履行债务的行为源自某种外在原因或者不可抗力，已如前述。

如果债务人承担的债务在性质上属于手段债，则债务人承担此种一般合同责任的法律根据在 2016 年之前是第 1137 条，而在 2016 年之后，则是新的 1197 条。根据这两个法律条款的规定，一旦债务人承担交付财产的债务，在财产被交付给债权人之前，债务人应当对所保管的财产尽到善良家父或者理性人能够尽到的注意程度、勤勉程度、技能运用程度。虽然这两个法律条款仅仅规定了债务人在保管财产时所承担的手段债，但是，法国民法学者认为，该条的含义应当做一般性的理解：债务人在履行手段债时应当尽到合理的注意义务、勤勉义务、技能运用程义务，已如前述。

---

① Article 1732, Code civil, Version en vigueur au 7 février 2021, https://www.legifrance.gouv.fr/codes/section_lc/LEGITEXT000006070721/LEGISCTA000006150285/#LEGISCTA000006150285.

② Article 1880, Code civil, Version en vigueur au 7 février 2021, https://www.legifrance.gouv.fr/codes/section_lc/LEGITEXT000006070721/LEGISCTA000006150309/#LEGISCTA000006150309.

第三节 债务人就别人的行为引起的损害对债权人承担的一般和特殊合同责任

一、债务人就别人的行为引起的损害对债权人承担的合同责任的界定

除了对行为人就别人的行为引起的损害对他人承担的特殊侵权责任做出了规定之外，《法国民法典》新的第1242条（旧的第1384条）还对行为人就别人的行为引起的损害对他人承担的一般侵权责任做出了规定，根据它的规定，如果未成年子女、学徒、仆人、雇员等人实施了侵权行为，则父母、师傅、主人或者雇主应当就他们实施的行为引起的损害对他人承担侵权责任，这就是行为人就别人的行为引起的损害对他人承担的一般和特殊侵权责任。行为人就别人的行为引起的损害对他人承担的侵权责任究竟是一种过错责任还是一种无过错责任，《法国民法典》没有做出明确规定，民法学者之间存在不同的看法：某种人认为，行为人承担的侵权责任属于当然责任、无过错责任；而另外一些民法学者则认为，行为人承担的此类侵权责任在性质上属于一种过错责任。[①]

如果侵权责任法当中存在行为人就别人的行为引起的损害对他人承担的一般侵权责任和特殊侵权责任的话，合同责任法当中是否也存在类似的合同责任：债务人就别人的行为引起的损害对债权人承担的一般合同责任和特殊合同责任？所谓债务人就别人的行为引起的损害对债权人承担的特殊合同责任，是指债务人根据制定法尤其是《法国民法典》的具体规定就别人的行为引起的损害对债权人承担的合同责任。当制定法明确规定，债务人应当就第三人不履行合同债务的行为引起的损害对债权人承担合同责任时，制定法所规定的此类合同责任就属于债务人就别人的行为引起的损害对债权人承担的特殊合同责任。[②]

所谓债务人就别人的行为引起的损害对债权人承担的一般合同责任，是指债务人在制定法尤其是《法国民法典》所规定的具体情形之外就第三人实施的债务不履行行为引起的损害对债权人承担的合同责任。如果制定法没有明确规定债务人应当就第三人的行为引起的损害对债权人承担合同责任，在第三人不履行债务的行为引起债权人损害的发生时，如果法官责令债务人就第三人的行为对债权人承担合同责任，则他们承担的合同责任就是债务人就别人的行为引起的损害对债权人承担的一般合同责任。[③]

---

① Rémy Cabrillac, Droit des obligations, 12e édition, Dalloz, 2016, pp. 245—253, pp. 271—283; Marjorie Brusorio Aillaud, Droit des obligations, 8e édition, bruylant, 2017, pp. 51—73; Virginie Larribau-Terneyre, Droit civil, Les Obligations, 15e édition, Dalloz, 2017, pp. 919—963; François Terré, Philippe Simler, Yves Lequette, François Chénedé, Droit civil, Les Obligations, 12e édition, Dalloz, 2018, pp. 1103—1160；张民安：《现代法国侵权责任制度研究》，法律出版社2007年版，第202—222页；张民安：《法国民法》，清华大学出版社2015年版，第400—406页。

② Henri et Leon Mazeaud, Jean Mazeaud, Francois Chabas, Obligations, 9e édition, Montchrestien, 1998, p. 519; Geneviève Viney, Patric Jourdain, Traité De Droit Civil, les conditions de la responsabilité, 3e édition, L. G. D. J., pp. 1037—1039.

③ Henri et Leon Mazeaud, Jean Mazeaud, Francois Chabas, Obligations, 9e édition, Montchrestien, 1998, p. 519; Geneviève Viney, Patric Jourdain, Traité De Droit Civil, les conditions de la responsabilité, 3e édition, L. G. D. J., pp. 1039—1044.

在法国，如果民法学者不承认债务人就别人的行为引起的损害对债权人承担的合同责任，则他们既不会承认特殊合同责任的存在，也不会承认一般合同责任的存在。但是，即便某些民法学者承认此类合同责任的存在，他们之间仍然存在不同看法：某些民法学者仅仅承认债务人就别人的行为引起的损害对债权人承担的特殊合同责任，不会承认债务人就别人的行为引起的损害对债权人承担的一般合同责任。而另外一些民法学者则不同，他们同时承认这两种不同的合同责任。关于这一点，笔者将在下面的内容当中做出详细的讨论，此处从略。

二、早期主张债务人就别人的行为引起的损害对债权人承担合同责任的民法学者

由于受到《德国民法典》和《瑞士债法典》规定的影响，尤其是，由于受到法国民法学者和法官关于侵权责任二分法和三分法理论的影响，从20世纪初期开始，法国少数民法学者主张债务人就别人的行为引起的损害对债权人承担的合同责任观念。

1914年，Emile Becqué在法国发表了《合同领域就别人的行为所承担的责任：债法的比较研究》一文，在该文当中，他第一次从比较法的视野，主张债务人应当就别人的行为引起的损害对债权人承担合同责任。[①] 受到该文的启示，少数民法学者开始发表文章甚至出版博士学位论文，倡导债务人就别人的行为引起的损害对债权人承担合同责任的理论。

1932年，Victor Renaud出版了自己的博士学位论文《债务人合同领域债务人就别人的行为所承担的责任》；1932年，Alexandre Soarec出版了自己的博士学位论文《债务人就别人的行为所承担的合同责任》；1937年，Andrea Giacomo Bezzola出版了自己的博士学位论文《债务人就自己的辅助人员履行债务时引起的损害所承担的合同责任》；1952年，R. Rodière发表了自己的文章《债务人就别人的行为承担的合同责任存在吗》；1960年，Diane de Gary出版了自己的博士学位论文《债务人就别人的行为承担的合同责任》；1977年，G. Baumet出版了自己的博士学位论文《债务人就别人的行为承担的合同责任》。[②]

---

① Emile Becqué, De la responsabilité du fait d'autrui en matière contractuelle, contribution à l'étude du droit comparé des obligations RTD. civ. 1914, p. 251; Gabriel Marty, Pierre Raynaud, Droit Civil, Les Obligations, Tome 1, Les sources, 2e édition, Sirey, 1988, p. 676; Geneviève Viney, Patric Jourdain, Traité De Droit Civil, les conditions de la responsabilité, 3e édition, L. G. D. J., p. 1034.

② Victor Renaud, De la responsabilité du fait d'autrui en matière contractuelle, thèse, Toulouse, 1923; Alexandre Soarec, La Responsabilité contractuelle pour autrui, thèse, Paris, 1932; Andrea Giacomo Bezzola, La responsabilité du débiteur à raison du dommage causé par ses auxiliaires dans l'exécution d'une obligation, thèse, Genève, 1937; R. Rodière, Ya-t-il une responsabilité contractuelle du fait d'autrui, D., 1952, Chr, p. 79; Diane de Gary, La responsabilité contractuelle du fait d'autrui, thèse, Toulouse, 1960; D. Rebut, De la responsabilité contractuelle du fait d'autrui et de son caractère autonome, RRJ, 1996-2, pp. 409—429; Gabriel Marty, Pierre Raynaud, Droit Civil, Les Obligations, Tome 1, Les sources, 2e édition, Sirey, 1988, pp. 675—676; Geneviève Viney, Patric Jourdain, Traité De Droit Civil, les conditions de la responsabilité, 3e édition, L. G. D. J., p. 1034.

三、现时主张债务人就别人的行为引起的损害对债权人承担合同责任的民法学者

在今时今日，主张债务人就别人的行为对债权人承担合同责任的民法学说可谓凤毛麟角。在 2016 年 2 月 10 日的债法改革法令颁布之前，Marty、Raynaud、Mazeaud 和 Viney 等人主张此种合同责任。① 在 2016 年 2 月 10 日的债法改革法令颁布之后，Houtcief、Fabre-Magnan 和 Cabrillac 等人主张此种理论。②

在 1988 年的《债法》当中，Gabriel Marty 和 Pierre Raynaud 指出，债务人就别人的行为引起的损害对债权人承担的合同责任可以分为两类：其一，如果雇员在履行债务时有过错，雇主应当就其雇员不履行债务的行为引起的损害对债权人承担合同责任；其二，如果债务人使用不属于雇员的辅助者（auxiliaires）协助自己履行债务，在辅助者不履行债务的行为引起债权人损害的发生时，债务人应当就其辅助者的行为对债权人承担合同责任。例如，外科医生应当就其助手、麻醉师履行债务时的过错行为引起的损害对债权人承担合同责任。③

在 2006 年的《责任的条件》当中，Viney 和 Jourdain 不仅明确肯定债务人就别人的行为引起的损害对债权人承担的合同责任的存在，而且还将债务人承担的此类合同责任分为两类：

其一，债务人就别人的行为引起的损害对债权人承担的特殊合同责任，是指《法国民法典》《法国商法典》和其他制定法所规定的债务人就别人的行为引起的损害对债权人承担的形形色色的具体合同责任。例如，他们认为，《法国民法典》第 1735 条、第 1797 条、第 1782 条、第 1953 条和第 1831 - 1 条、第 1978 条、第 1953 条和第 1994 条所规定的各种不同合同责任均属于此类特殊合同责任。再例如，他们认为，《法国商法典》第 97 条、第 98 条和第 99 条所规定的合同责任也属于此种特殊合同责任。同样，他们还认为，《法国社会安全法典》第 L. 452 - 1 条至第 L. 452 - 5 条规定的合同责任也属于此类合同责任。④

其二，债务人就别人的行为引起的损害对债权人承担的一般合同责任。他们认为，迄今为止，虽然《法国民法典》《法国商法典》和《法国社会安全法典》等形形色色的制定法对债务人承担的各种各样的特殊合同责任做出了规定，但是，这些特殊规定本身

① Henri et Leon Mazeaud, Jean Mazeaud, Francois Chabas, Obligations, 9e édition, Montchrestien, 1998, pp. 519—522; Gabriel Marty, Pierre Raynaud, Droit Civil, Les Obligations, Tome 1, Les sources, 2e édition, Sirey, 1988, p. 677; Geneviève Viney, Patric Jourdain, Traité De Droit Civil, les conditions de la responsabilité, 3e édition, L. G. D. J., pp. 1033—1044.

② Dimitri Houtcieff, Droit Des Contrats, Larcier, 2e édition, 2016, pp. 528—529; Muriel Fabre-Magnan, Droit des obligations, Tome 1, Contrat et engagement unilatéral, 4e édition, puf, 2016, pp. 764—765; Rémy Cabrillac, Droit des obligations, 12e édition, Dalloz, 2016, pp. 155—156.

③ Gabriel Marty, Pierre Raynaud, Droit Civil, Les Obligations, Tome 1, Les sources, 2e édition, Sirey, 1988, p. 677.

④ Geneviève Viney, Patric Jourdain, Traité De Droit Civil, les conditions de la responsabilité, 3e édition, L. G. D. J., pp. 1037—1039.

还不足以证明债务人就别人的行为引起的损害对债权人承担的一般合同责任的存在。基于合同的受尊重性和合同的约束力的受尊重性的要求，在制定法之外，债务人仍然应当就第三人的行为引起的损害对债权人承担合同责任。事实上，从20世纪60年代开始，法国最高法院就朝着承认债务人就第三人的行为对债权人承担一般合同责任的方向迈进，并且最终通过自己的众多司法判例确认了此种合同责任的存在。①

他们还指出，迄今为止，《法国民法典》没有对债务人就别人的行为引起的损害对债权人承担的一般合同责任做出规定。《法国民法典》的这一态度与其他大陆法系国家的民法典形成鲜明的对比，因为其他大陆法系国家的民法典规定了债务人就别人的行为引起的损害对债权人承担的一般合同责任。例如，《德国民法典》第278条明确规定，在法定代表人或者其他代表自己行为的人实施了过错行为时，债务人应当就他们不履行债务的行为对债权人承担合同责任。再例如，《瑞士债法典》第101条规定，一旦债务人让与自己生活在一起的人或者劳动者对债权人履行债务，在这些人履行债务的行为引起债权人损害的发生时，他们应当就这些人引起的损害对债权人承担合同责任。②

在2016年之后，即便法国政府没有通过2016年2月10日的债法改革法令将上述民法学者的主张规定在现行《法国民法典》当中，但是，少数民法学者仍然主张此类合同责任的存在。不过，相对于2016年之前民法学者做出的详尽讨论，这些民法学者做出的说明非常简略。在2016年的《合同法》当中，Houtcieff对此类合同责任做出了简略说明，他指出："债务人能够借助于第三人履行全部或者部分债务，人们也论及'债务人就第三人的行为所承担的合同责任问题'。《法国民法典》对此种理论并不陌生，并且它会通过'分合同'的一般方式让债务人就第三人的行为承担合同责任。"③

再例如，在2016年的债法当中，Fabre-Magnan也对此类合同责任做出了简略的说明，他指出："债务的不履行可能由债务人实施，也可能由任何替代债务人履行债务的人实施，无论他们是什么人。债务人就别人的行为所承担的合同责任的前提是：在没有获得债权人同意的情况下，债务人将自己债务的履行托付给别人履行。为了债权人的利益，制定法同样规定，除了就自己的行为对债权人承担合同责任之外，债务人还应当就别人的行为对债权人承担合同责任。"④

四、主张债务人就别人的行为引起的损害对债权人承担合同责任的民法学者之间所存在的差异

在主张债务人就别人的行为引起的损害对债权人承担合同责任时，这些民法学者之

① Geneviève Viney, Patric Jourdain, Traité De Droit Civil, les conditions de la responsabilité, 3e édition, L. G. D. J., pp. 1040—1044.

② Gabriel Marty, Pierre Raynaud, Droit Civil, Les Obligations, Tome 1, Les sources, 2e édition, Sirey, 1988, p. 677; Geneviève Viney, Patric Jourdain, Traité De Droit Civil, les conditions de la responsabilité, 3e édition, L. G. D. J., pp. 1033—1034.

③ Dimitri Houtcieff, Droit Des Contrats, Larcier, 2e édition, 2016, pp. 528—529.

④ Muriel Fabre-Magnan, Droit des obligations, Tome 1, Contrat et engagement unilatéral, 4e édition, puf, 2016, pp. 764—765.

间也存在共同点，也存在差异。他们之间的共同点是，他们均承认，《法国民法典》的某些法律条款所规定的合同责任属于债务人就别人的行为引起的损害对债权人承担的合同责任。

无论是在2016年之前还是之后，《法国民法典》的某些法律条款均规定，在债务人之外的某一个人实施的债务不履行行为引起债权人损害的发生时，债务人应当对债权人承担合同责任。例如，《法国民法典》第1994条规定，当被委托人的行为引起债权人损害的发生时，委托人应当对债权人承担合同责任。再例如，《法国民法典》第1735条规定，当承租人的家属或者再承租人引起租赁物的毁损灭失时，承租人应当对出租人承担合同责任。同样，《法国民法典》第1797条也规定，在承揽人雇请的人引起债权人损害的发生时，承揽人应当对债权人承担合同责任。①

虽然否定合同责任三分法的大多数民法学者均认为，这些法律条款所规定的合同责任均属于债务人就其自身的行为引起的损害对债权人承担的合同责任，但是，承认此类合同责任存在的少数民法学者均认为，这些法律条款所规定的合同责任均属于债务人就别人的行为引起的损害对债权人承担的特殊合同责任。② 他们之间的差异有二：其一，在特殊合同责任之外，法国合同法是否承认债务人就别人的行为引起的损害对债权人承担的一般合同责任，不同的民法学者做出的回答存在差异。其二，如果法国合同法承认债务人就别人的行为引起的损害对债权人承担的一般合同责任，债务人承担一般合同责任的理论根据是什么，不同的民法学者做出的回答存在差异。

在法国，凡是承认债务人就别人的行为引起的损害对债权人承担的合同责任的民法学者均承认，《法国民法典》的某些法律条款对债务人就别人的行为引起的损害对债权人承担的特殊合同责任做出了规定。在具体法律条款之外，法国合同法当中是否存在债务人就别人的行为引起的损害对债权人承担的一般合同责任，这些民法学者之间存在不同看法。

某些民法学者认为，在制定法所规定的特殊合同责任之外，法国合同法当中不存在债务人就别人的行为引起的损害对债权人承担的一般合同责任。在1952年的《债务人就别人的行为承担的合同责任存在吗》当中，R. Rodière采取此种观点，他认为，仅仅在制定法所规定的范围内，债务人才会就别人的行为引起的损害对债权人承担合同责任，在制定法规定之外，债务人只能够被责令就其自身的过错行为引起的损害对债权人承担合同责任。③在2016年的债法当中，Cabrillac也采取类似的观点，他指出，除了制定法所规定的债务人应当就替代他们履行债务的人的行为引起的损害对债权人承担合同

---

① Gabriel Marty, Pierre Raynaud, Droit Civil, Les Obligations, Tome 1, Les sources, 2e édition, Sirey, 1988, p. 675; Geneviève Viney, Patric Jourdain, Traité De Droit Civil, les conditions de la responsabilité, 3e édition, L. G. D. J., pp. 1037—1039; Rémy Cabrillac, Droit des obligations, 12e édition, Dalloz, 2016, pp. 155—156.

② Gabriel Marty, Pierre Raynaud, Droit Civil, Les Obligations, Tome 1, Les sources, 2e édition, Sirey, 1988, pp. 675—678; Geneviève Viney, Patric Jourdain, Traité De Droit Civil, les conditions de la responsabilité, 3e édition, L. G. D. J., pp. 1033—1034; Rémy Cabrillac, Droit des obligations, 12e édition, Dalloz, 2016, pp. 155—156.

③ R. Rodière, Ya-t-il une responsabilité contractuelle du fait d'autrui?, D., 1952, Chr, p. 79; Geneviève Viney, Patric Jourdain, Traité De Droit Civil, les conditions de la responsabilité, 3e édition, L. G. D. J., p. 1040.

责任之外，合同责任只能够由合同当事人所选择的债务人承担。[①]

而另外一些民法学者则认为，除了制定法所规定的特殊合同责任之外，法国合同法当中也存在债务人就别人的行为引起的损害对债权人承担的一般合同责任。在1998年的债法当中，Mazeaud 和 Chabas 等人就采取此种理论，他们指出："债务人就别人的行为所承担的合同责任的一般原则是存在的。"[②]"一方面，债务人承担的责任是合同性质的，因为债权人要求债务人就其不履行合同所规定的债务的行为引起的损害对自己承担赔偿责任；另一方面，债务人所承担的合同责任是就别人的行为所承担的合同责任，因为第三人基于制定法的规定或者债务人的要求而为债务人履行所承担的债务。例如，承运人委托某一个人履行自己对乘客所承担的合同债务，在该人履行债务的行为引起乘客损害发生时，承运人应当就该人的行为对乘客承担合同责任。"[③]

在2006年的《责任的条件》当中，Viney 和 Jourdain 也采取此种理论，他们指出，我们能够确认的是，法国的司法判例将债务人就别人的行为引起的损害对债权人承担的合同责任范围拓展到制定法所明确规定之外的情形。实际上，债务人就别人的行为引起的损害对债权人承担的合同责任具有一般的适用范围，能够适用于所有具有合同性质的状况当中。[④] 在2016年的债法当中，Fabre-Magnan 似乎也采取此种理论，因为除了承认制定法所规定的合同责任之外，他还承认债务人在制定法之外也承担此种合同责任。[⑤]

在上述两种不同的理论当中，后一种理论属于主流学者的理论。[⑥] 如果法国合同法当中存在民法学者所谓的债务人就别人的行为引起的损害对债权人承担的一般合同责任，该种一般合同责任的理论根据是什么？对此问题，民法学者做出的回答也存在差异，主要有四种不同的理论。在1914年的《合同领域就别人的行为所承担的责任：债法的比较研究》当中，Emile Becqué 认为，债务人之所以应当就第三人的行为引起的损害对债权人承担合同责任，是因为在债务人自愿引入第三人履行债务时，履行债务的第三人不属于《法国民法典》所规定的债务人能够借口免除合同责任的"外在原因"：因为债务人只能够通过证明存在某种"外在原因"免责，而他们自愿引入的第三人不属于能够免责的"外在原因"，因此，在第三人不履行债务的行为引起债权人损害的发生

---

① Rémy Cabrillac, Droit des obligations, 12e édition, Dalloz, 2016, pp. 155—156.

② Henri et Leon Mazeaud, Jean Mazeaud, Francois Chabas, Obligations, 9e édition, Montchrestien, 1998, p. 519.

③ Henri et Leon Mazeaud, Jean Mazeaud, Francois Chabas, Obligations, 9e édition, Montchrestien, 1998, p. 519.

④ Geneviève Viney, Patric Jourdain, Traité De Droit Civil, les conditions de la responsabilité, 3e édition, L. G. D. J. , pp. 1043—1044.

⑤ Muriel Fabre-Magnan, Droit des obligations, Tome 1, Contrat et engagement unilatéral, 4e édition, puf, 2016, pp. 764—765.

⑥ Geneviève Viney, Patric Jourdain, Traité De Droit Civil, les conditions de la responsabilité, 3e édition, L. G. D. J. , p. 1044.

时，债务人应当就其第三人的行为对债权人承担合同责任。①

在 1952 年的《债务人就别人的行为承担的合同责任存在吗?》当中，R. Rodière 认为，债务人之所以应当就第三人的行为引起的损害对债权人承担合同责任，是因为债务人对第三人承担选择、监督和控制的债务，一旦第三人实施的行为引起了债权人损害的发生，债务人本身就存在选择过失、监督过失、控制过失。② 在 2006 年的《责任的条件》当中，Viney 和 Jourdain 认为，债务人之所以应当就第三人的行为引起的损害对债权人承担合同责任，是因为合同的受尊重性和合同约束力受尊重性的要求：一旦债务人与债权人之间缔结了合同，则合同对债务人产生约束力，如果债务人能够借口债务的不履行是由于第三人的行为引起的而免责，则此种做法实际上等同于授权债务人享有单方面免除自己所承担的债务的权利。③

在今时今日，法国大多数民法学者均没有主张上述三种不同的理论，而是主张自愿引入第三人的理论，根据该种理论，在第三人实施的行为引起债权人损害发生时，债务人之所以应当对债权人承担合同责任，是因为债务人原本应当亲自履行对债权人所承担的债务，在他们应当亲自履行所承担的债务时，他们没有亲自履行所承担的债务，而是让第三人取代自己履行对债权人承担的债务，因此，第三人不履行债务的行为等同于债务人自身的行为，债务人不能够借口第三人的行为而主张免责。④

五、笔者的主张：债务人就别人的行为引起的损害对债权人承担的合同责任的承认

在今时今日，虽然债务人就别人的行为引起的损害对债权人所承担的合同责任被诸如 Marty、Raynaud、Mazeaud 和 Viney 等民法大家所主张⑤，但是，此种合同责任理论仍然被大多数民法学者忽视。法国大多数民法学者为何忽视债务人所承担的此种合同责任？Viney 做出的回答是：一方面，法国众多的民法学者反对合同责任的观念，他们不承认合同责任的存在，因此，无所谓债务人就别人的行为引起的损害对债权人承担的合同责任问题；另一方面，《法国民法典》对雇主就其雇员实施的致害行为引起的侵权责

---

① Emile Becqué, De la responsabilité du fait d'autrui en matière contractuelle, contribution à l'étude du droit comparé des obligations RTD. civ. 1914, p. 251; Gabriel Marty, Pierre Raynaud, Droit Civil, Les Obligations, Tome 1, Les sources, 2e édition, Sirey, 1988, p. 676; Geneviève Viney, Patric Jourdain, Traité De Droit Civil, les conditions de la responsabilité, 3e édition, L. G. D. J., p. 1044.

② R. Rodière, Ya-t-il une responsabilité contractuelle du fait d'autrui, D., 1952, Chr, p. 79; Gabriel Marty, Pierre Raynaud, Droit Civil, Les Obligations, Tome 1, Les sources, 2e édition, Sirey, 1988, p. 676; Geneviève Viney, Patric Jourdain, Traité De Droit Civil, les conditions de la responsabilité, 3e édition, L. G. D. J., pp. 1043—1044.

③ Geneviève Viney, Patric Jourdain, Traité De Droit Civil, les conditions de la responsabilité, 3e édition, L. G. D. J., pp. 1040—1041.

④ Geneviève Viney, Patric Jourdain, Traité De Droit Civil, les conditions de la responsabilité, 3e édition, L. G. D. J., pp. 1043—1044.

⑤ Gabriel Marty, Pierre Raynaud, Droit Civil, Les Obligations, Tome 1, Les sources, 2e édition, Sirey, 1988, pp. 675—678; Henri et Leon Mazeaud, Jean Mazeaud, Francois Chabas, Obligations, 9e édition, Montchrestien, 1998, pp. 519—522; Geneviève Viney, Patric Jourdain, Traité De Droit Civil, les conditions de la responsabilité, 3e édition, L. G. D. J., pp. 1033—1107.

任做出了规定。在雇员实施的行为引起债权人损害发生时，法官和民法学者毫不犹豫地选择适用侵权责任法的规定而非合同责任法的规定。①

由于反对此种理论的民法学者占绝对多数，法国政府在2016年2月10日的债法改革法令当中没有规定此种合同责任，这导致了现行《法国民法典》没有对此种合同责任做出一般性的规定，已如前述。也由于反对的民法学者占绝大多数，未来的《法国民法典》规定此种合同责任的可能性极低，因为无论是法国司法部还是法国参议院起草的民事责任法改革草案或提案均没有规定一般意义上的债务人就别人的行为引起的损害对债权人承担的合同责任，已如前述。笔者认为，《法国民法典》应当规定此类合同责任，尤其是，它应当规定债务人就别人的行为引起的损害对债务人承担的一般合同责任。

（一）债务人就别人的行为引起的损害对债权人承担合同责任的必要性

首先，无论民法学者是否承认，债务人之外的第三人为债务人履行对债权人承担的债务的现象均普遍存在。在合同法上，在与债权人签订合同之后，债务人应当亲自履行合同所规定的债务，这一点毫无疑问，因为这是合同约束力的表现：当事人之所以签订合同，其目的在于通过债务人债务的履行实现当事人缔结合同的目的，如果债务人不履行债务，则当事人缔结合同的目的无法实现。为了确保债务人能够积极履行债务，《法国民法典》对债务人不履行债务所遭受的各种各样的法律制裁做出了详尽的规定，已如前述。不过，即便合同是债务人与债权人签订的，合同所规定的债务未必一定要由债务人亲自履行。基于主观或者客观的原因，债务人不可能事必躬亲，他们与债权人签订的合同所规定的债务不可能均由自己亲自履行，而是需要借助于第三人履行。因此，虽然商事公司每时每刻均在与债权人签订合同，但是，它们与债权人签订的合同所规定的债务并非均由公司本身履行，而是借助于公司的CEO（首席执行官）、部门经理或者普通雇员代为履行。同样，虽然外科医生能够对自己的病患者进行外科手术，但是，离开麻醉师和助手的协助，他们无法独立完成此种手术。承认债务人就别人的行为引起的损害对债权人承担的合同责任能够让合同责任法反映社会的真实现状并因此让合同责任法成为现实生活的一部分。

其次，承认债务人就别人的行为引起的损害对债权人承担的一般合同责任能够让《法国民法典》和其他制定法当中有关债务人与第三人之间的合同关系的法律条款得到统一性的解释并因此形成系统化、体系化的合同责任理论。现行《法国民法典》以大量的法律条款对第三人履行债务的问题做出了规定，除了《法国民法典》之外，立法者还在其他制定法当中以大量的法律条款规定了第三人履行债务的问题，已如前述。在欠缺债务人就别人的行为引起的损害对债权人承担的一般合同责任的理论时，这些法律条款所规定的合同责任孤立存在，彼此之间没有丝毫的关系，人们无法在这些不同的合同责任制度之间建立统一适用的共同合同责任制度。如果承认了债务人就别人的行为引

① Geneviève Viney, Patric Jourdain, Traité De Droit Civil, les conditions de la responsabilité, 3e édition, L. G. D. J., pp. 1034—1035.

起的损害对债权人承担的一般合同责任，则这些法律条款之间就不再处于分散、孤立的状态，而是处于彼此依赖、相互联系的状态，因为它们所规定的内容均是相同的、一致的：它们均属于债务人就别人的行为引起的损害对债权人承担的一般合同责任的组成部分，均属于此种一般合同责任的具体表现和实现，均构成债务人就别人的行为引起的损害对债权人承担的特殊合同责任。

再次，承认债务人就别人的行为引起的损害对债权人承担的合同责任的存在，能够丰富合同责任的一般理论。同侵权责任理论的丰富多彩性相比，合同责任的理论显然贫瘠很多。其中的一个表现是，人们对侵权责任做出各种各样的分类，诸如：故意侵权责任和过失侵权责任，高度危险责任和无过错责任，本人的行为引起的侵权责任，别人的行为引起的侵权责任，以及物的行为引起的侵权责任，邻人异常滋扰引起的侵权责任，等等。相对于人们对侵权责任做出的多种分类而言，人们很少对合同责任做出不同的分类。如果人们在债务人自身承担的合同责任之外承认债务人就别人的行为引起的损害对债权人承担的合同责任，则合同责任也朝着类型多样化的方向发展并因此让合同责任逐渐呈现出发展态势。

最后，承认债务人就别人的行为引起的损害对债权人承担的合同责任的存在，符合法国最高法院从20世纪60年代以来所采取的态度。在20世纪60年代之前，法国最高法院仅在少数几个案件当中责令债务人就别人的行为引起的损害对债权人承担合同责任。从20世纪60年代开始，法国最高法院在一系列的案件当中责令债务人就别人的行为引起的损害对债权人承担合同责任，并因此在制定法之外承认了债务人就别人的行为引起的损害对债权人承担的一般合同责任。①

在1960年10月18日的著名案件当中，法国最高法院认定，当外科医生让麻醉师协助自己对病患者进行麻醉时，即便制定法没有规定，外科医生仍然应当就麻醉师的行为引起的损害对病患者承担合同责任。在1961年1月17日和1962年4月9日的两个案件当中，法国最高法院认定，一旦承揽人的雇员实施的行为引起了债权人损害的发生，承揽人应当就其雇员实施的行为对债权人承担合同责任。在1963年5月29日的案件当中，法国最高法院也认定，即便替代债务人的第三人不履行合同所规定的债务，债务人仍然应当就第三人不履行债务的行为引起的损害对债权人承担合同责任。在1967年10月3日的案件当中，法国最高法院认定，如果债务人的代理人在代理债务人履行所承担的安全债务时实施了故意行为，债务人应当就其代理人实施的行为引起的损害对债权人承担合同责任。②

在这些司法判例的基础上，法国最高法院从20世纪70年代开始将这些司法判例所确立的债务人就别人的行为引起的损害对债权人承担的合同责任拓展到所有类型的合同当中，诸如医疗合同、委托合同、运输合同、承揽合同等。并且在确认此类合同责任

---

① Geneviève Viney, Patric Jourdain, Traité De Droit Civil, les conditions de la responsabilité, 3e édition, L. G. D. J., pp. 1041—1044.

② Civ. 1re, 18 octobre 1960; Com. 17 janvier 1961; Civ. 1re, 9 avril 1962; Civ., 29 mai 1963; Civ. 2e, 3 octobre 1967 Geneviève Viney, Patric Jourdain, Traité De Droit Civil, les conditions de la responsabilité, 3e édition, L. G. D. J., pp. 1041—1044.

时，法国最高法院不再将此类合同责任限定在制定法所规定的范围内，而是将其拓展到制定法规定的范围之外并因此建立债务人就别人的行为引起的损害对债权人承担的特殊合同责任和债务人就别人的行为引起的损害对债权人承担的一般合同责任。① 承认此种合同的存在，与法国最高法院一直以来所采取的此种态度保持一致。

（二）债务人就别人的行为引起的损害对债权人承担合同责任的条件

就像债务人就自己的行为引起的损害对债权人承担合同责任应当具备一定的条件之外，债务人就别人的行为引起的损害对债务人承担合同责任也应当具备一定的条件，包括：其一，债务人对债权人承担源自合同的债务；其二，债务人将自己对债权人承担的债务部分或者全部委托给第三人履行；其三，第三人没有履行债务人所委托的债务并因此引起债权人损害的发生。②

具体来说，债务人就别人的行为引起的损害对债权人承担合同责任应当具备的第一个条件是，债务人本人对债权人承担某种源自合同的债务，如果债务人本人不对债权人承担债务，则无所谓债务人就别人的行为引起的损害对债权人承担合同责任的问题，因为债务人所承担的此种合同责任建立在他们自身对债权人承担合同债务的基础上，包括建立在他们所承担的手段债和结果债的基础上。

债务人就别人的行为引起的损害对债权人承担合同责任应当具备的第二个条件是，债务人将自己承担的债务委托给第三人，并且由第三人替代自己履行对债权人承担的债务。根据意思自治和合同自由原则，在与债权人缔结合同之后，债务人能够与第三人达成协议，将合同所规定的原本应当由债务人亲自履行的债务全部或者部分委托给第三人履行，由第三人代替自己履行对债权人承担的债务。至于说债务人与第三人之间的关系是什么，Mazeaud 和 Chabas 等人认为，债务人与第三人之间的关系属于代理关系，其中的债务人属于被代理人，而第三人则属于代理人。③ 而 Viney 和 Jourdain 则没有明确说明他们之间的关系是代理关系，他们仅仅对第三人的范围做出了说明，并且认为没有必要区分不同形式的第三人：雇员，非雇员性质的辅助者和分合同当事人。④ 笔者认为，债务人与第三人之间的关系是一种委托关系：债务人委托第三人代为履行对债权人承担的债务，第三人接受债务人的委托，为了债务人的利益而履行债务人委托其履行的债务。

债务人就别人的行为引起的损害对债权人承担合同责任应当具备的第三个条件是，

---

① Civ. 1re，18 octobre 1960；Com. 17 janvier 1961；Civ. 1re，9 avril 1962；Civ.，29 mai 1963；Civ. 2e，3 octobre 1967 Geneviève Viney，Patric Jourdain，Traité De Droit Civil，les conditions de la responsabilité，3e édition，L. G. D. J.，pp. 1041—1044.

② Henri et Leon Mazeaud，Jean Mazeaud，Francois Chabas，Obligations，9e édition，Montchrestien，1998，pp. 519—522；Geneviève Viney，Patric Jourdain，Traité De Droit Civil，les conditions de la responsabilité，3e édition，L. G. D. J.，pp. 1044—1072.

③ Henri et Leon Mazeaud，Jean Mazeaud，Francois Chabas，Obligations，9e édition，Montchrestien，1998，pp. 519—522.

④ Geneviève Viney，Patric Jourdain，Traité De Droit Civil，les conditions de la responsabilité，3e édition，L. G. D. J.，pp. 1044—1072.

在被债务人委托代为履行债务之后，第三人没有履行债务人委托其履行的债务，并且他们没有履行债务的行为引起了债权人损害的发生。在接受债务人的委托之后，如果第三人履行了对债权人承担的债务，则债务人与债权人之间的合同关系终止。如果第三人没有履行对债权人承担的债务，在符合合同责任的其他构成要件时，债务人应当就第三人的债务不履行行为引起的损害对债权人承担合同责任。

（三）债务人就别人的行为引起的损害对债权人承担的合同责任所适用的情形

债务人就其不履行债务的行为对债权人承担合同责任的第三人分为三类：其一，雇员（les préposés）；其二，非雇员性质的协助者（les auxiliaires non préposés）；其三，替代者（les substituts）。①

被债务人委托代为履行债务的第一类第三人是债务人自己的雇员。所谓雇员，是指根据雇主的委托为了雇主的利益而实施某种行为的人。因此，当雇主雇佣自己的雇员为自己履行对债权人承担的合同债务时，如果雇员实施的债务不履行行为引起了债权人损害的发生，雇主应当就其雇员实施的债务不履行行为对债权人承担合同责任。法国法官在大量的司法判例当中对此种规则做出了说明，

例如，法官认为，一旦雇员的过失引起的大火烧毁了出租人的出租屋，雇主应当就其雇员的过失引起的损害对出租人承担合同责任。同样，法官认为，一旦承运人的雇员实施的过错行为引起了旅客人身或者财产损害的发生，承运人应当就其雇员的行为引起的损害对其乘客承担合同责任。虽然《法国民法典》对雇主就其雇员实施的行为所承担的侵权责任做出了规定，但是，人们不能够借口侵权责任的规定而否定雇主就其雇员的行为对债权人承担的合同责任的存在。②

被债务人委托代为履行债务的第二类第三人是作为非雇员性质的协助者。所谓非雇员的协助者，主要是指专业人士在从事专业活动时需要借助于其他专业人士的协助才能够履行自己对其顾客所承担的债务。专业人士多种多样，为了完成自己的委托人即顾客所委托的事务，一个专业人士往往需要其他专业人士的协助。如果一个专业人士在协助另外一个专业人士履行对顾客承担的债务时有过错，则被协助的专业人士应当就协助的专业人士的过错引起的损害对其顾客承担合同责任。因此，外科医生在对病患者动手术时既需要麻醉师的协助，也需要护士的协助，麻醉师和护士就是外科医生的协助者。当麻醉师或者护士在协助外科医生履行职责时有过错，外科医生应当就他们的过错行为引起的损害对病患者承担合同责任。③

被债务人委托代为履行债务的第二类第三人是债务人的替代者。所谓债务人的替代

---

① Geneviève Viney, Patric Jourdain, Traité De Droit Civil, les conditions de la responsabilité, 3e édition, L. G. D. J., pp. 1046—1052.

② Geneviève Viney, Patric Jourdain, Traité De Droit Civil, les conditions de la responsabilité, 3e édition, L. G. D. J., pp. 1046—1049.

③ Geneviève Viney, Patric Jourdain, Traité De Droit Civil, les conditions de la responsabilité, 3e édition, L. G. D. J., pp. 1046—1052.

者，是指完全取代债务人的地位履行债务人对债权人所承担的债务的第三人。在法国，债务人的替代者是指与主合同相关的分合同，这就是，主合同当中的主债务人应当对主合同当中的主债权人承担债务，当主债务人将主合同所规定的债务全部或者部分委托给分合同当中的债务人履行时，如果分合同的债务人没有履行主债务人委托其履行的债务，则主债务人应当就分合同的债务人没有履行债务的行为对债权人承担合同责任。因此，如果建设单位将自己的工程项目委托给总承包人，当总承包人将所承包的工程分包被分包人时，他们应当就分包人的过错行为引起的损害对建设单位承担合同责任。[①]

六、别人的行为引起的损害的合同责任和侵权责任的竞合

如果合同法当中也存在债务人就别人的行为引起的损害对债权人承担的一般和特殊合同责任，人们应当讨论的一个问题是：债务人承担的此类合同责任是否能够与行为人就别人的行为对他人承担的侵权责任产生竞合。例如，如果债务人让自己的雇员履行对债权人承担的合同债务，在雇员的不履行行为引起债权人损害的发生时，债务人当然能够对债权人承担合同责任，他们是否能够就其雇员的行为引起的损害对债权人承担侵权责任？

债务人就别人的行为引起的损害对债权人承担的合同责任与行为人就别人的行为引起的损害对他人承担的侵权责任之间的竞合所存在的一个主要障碍是：民法学者普遍认为，债务人就别人的行为对他人承担的合同责任在性质上属于过错责任；而大多数民法学者和法官则认为，行为人就别人的行为对他人承担的侵权责任则属于当然责任、无过错责任，已如前述。不过，此种障碍仅仅是表面的，因为，虽然法国大多数民法学者和法官均认为行为人就别人的行为对他人承担的侵权责任在性质上属于当然责任、无过错责任；但是，他们所谓的当然责任、无过错责任的含义不同于一般意义上的当然责任、无过错责任，他们的意思仅仅是说，在别人的行为引起他人损害的发生时，行为人不能够通过证明自己没有选择过错、监督过错、控制过错而免责。换言之，即便行为人在选择、监督或者控制引起他人损害发生的别人时已经尽到了合理的主要义务，他们仍然应当就别人的行为引起的损害对他人承担侵权责任。如果行为人能够证明别人在引起他人损害发生时没有过错，则他们也无须就别人的行为引起的损害对他人承担侵权责任。[②]

虽然合同责任领域和侵权责任领域均存在就别人的行为引起的损害承担民事责任的问题，但是，在某些情形，这两种民事责任是可以竞合的。例如，当雇员履行职责的行为引起债权人损害发生时，雇主承担的民事责任可以构成竞合：雇主既可以就其雇员的行为引起的损害对债权人承担合同责任，也可以就其雇员的行为引起的损害对债权人承担侵权责任。而在另外的情形，这两种民事责任是不能够竞合的。例如，如果未成年子女引起他人损害的发生，父母只能够就其未成年子女的行为对他人承担侵权责任，他们

---

① Geneviève Viney, Patric Jourdain, Traité De Droit Civil, les conditions de la responsabilité, 3e édition, L. G. D. J., pp. 1046—1052.

② 张民安：《现代法国侵权责任制度研究》，法律出版社 2007 年版，第 205—206 页；张民安：《法国民法》，清华大学出版社 2015 年版，第 402—403 页。

无法就其未成年子女的行为对他人承担合同责任。

第四节 债务人就其物的行为引起的损害对债权人承担的一般和特殊合同责任

除了新的第1243条（旧的第1385条）、新的第1244条（旧的第1386条）等法律条款对行为人就其物的行为引起的损害对他人承担的特殊侵权责任做出了规定之外，《法国民法典》新的第1242（1）条（旧的第1384（1）条）还对行为人就其物的行为引起的损害对他人承担的一般侵权责任做出了规定。根据这些法律条款的规定，一旦行为人控制或者使用的物引起他人损害的发生，他们就应当对他人承担侵权责任，即便他们在控制或者使用物时没有过错，亦是如此。[①] 如果合同责任和侵权责任之间存在趋同性的话，人们是否能够说，合同法当中也存在类似的民事责任即债务人就其物的行为引起的损害对债权人承担的合同责任？

一、债务人就其物的行为引起的损害对债权人承担的合同责任的界定

所谓债务人就其物的行为引起的损害对债权人承担的合同责任，是指债务人就其履行合同债务过程当中所使用的物引起的损害对债权人承担的合同责任。债务人履行合同债务的方式多种多样。有时，他们仅仅通过自己的行为履行。例如，通过为债权人提供建议的方式履行自己的债务；而有时，他们则通过向债权人交付某种物的方式履行自己的债务，例如，出租人将自己的租赁物交付给承租人使用。再例如，出卖人将其出卖物交付给买受人，等等。当债务人通过向债权人交付某种财产的方式履行对债权人承担的债务时，如果因为所交付的物引起债权人损害的发生，他们应当就其交付的物引起的损害对债权人承担合同责任，这就是债务人就其物的行为引起的损害对债权人承担的合同责任。[②] 因此，如果出卖人交付的出卖物存在瑕疵并因此引起买受人损害的发生，他们应当就其交付的瑕疵物引起的损害对债权人承担合同责任。

二、法国民法学者就债务人就其物的行为引起的损害对债权人承担的合同责任是否存在展开的争论

虽然1804年的《法国民法典》第1146条至第1155条对合同责任做出了规定，但是，其中没有任何一个法律条款对债务人就其物的行为引起的损害对债权人承担的合同责任做出规定。换言之，1804年的《法国民法典》没有规定债务人就其物的行为引起的损害对债权人承担的一般合同责任制度。事实上，《法国民法典》的此种消极态度一

---

① 张民安：《法国民法》，清华大学出版社2015年版，第406—413页。

② Gabriel Marty, Pierre Raynaud, Droit Civil, Les Obligations, Tome 1, Les sources, 2e édition, Sirey, 1988, pp. 678—679; Geneviève Viney, Patric Jourdain, Traité De Droit Civil, les conditions de la responsabilité, 3e édition, L. G. D. J., pp. 786—902; Dimitri Houtcieff, Droit Des Contrats, Larcier, 2e édition, 2016, pp. 529—530.

直从1804年保留到现在[①]，即便法国政府在2016年2月10日对法国债法尤其是其中的合同法做出了实质性的改革，现行《法国民法典》仍然没有规定债务人就其物的行为引起的损害对债权人承担的一般合同责任制度。[②]《法国民法典》的此种消极态度与大陆法系其他国家的民法典形成鲜明的对比。例如，新《荷兰民法典》第六卷第77条就规定了债务人就其物的行为引起的损害对债权人承担的一般合同责任，该条规定，如果债务人不履行债务的行为源自他们不适当的物的使用行为，则他们应当承担合同责任。[③]

在法国，民法学者从20世纪50年代开始就合同责任领域是否存在物的行为引起的合同责任问题展开讨论，并且在讨论此种问题时，他们几乎均做出了否定性的回答。早在1954年，法国民法学者R. Rodière就否定债务人就其物的行为引起的损害对债权人所承担的一般合同责任的存在。[④] 1957年，Martine在自己的博士学位论文《合同责任和侵权责任的选择》当中明确指出，如果民事责任领域存在物的行为引起的民事责任，则该种责任仅仅存在于侵权责任当中，合同责任当中并不存在此种民事责任。[⑤] 1978年，Jérôme Huet在自己的博士学位论文《合同责任和侵权责任》当中也否定债务人就其物的行为引起的损害对债权人承担的合同责任，虽然他明确承认行为人就其物的行为引起的损害对他人承担的侵权责任。[⑥]

在今时今日，法国大多数民法学者均否定债务人就其物的行为引起的损害对债权人承担的一般合同责任的存在，虽然他们均承认，行为人就其物的行为引起的损害对他人承担的一般侵权责任的存在。[⑦] 在1988年的《债法》当中，Marty和Raynaud就采取此种看法，他们指出，有关物的行为引起的侵权责任规则是不会在合同当事人之间适用的，即便债权人损害的发生是与合同债务的不履行联系在一起，亦是如此。[⑧]

根据Marty和Raynaud的说明，在履行债务时，如果债务人使用的物引起了债权人损害的发生，则他们应当对债权人承担合同责任。但是，他们承担的合同责任在性质上并不是所谓的债务人就其使用的物的行为引起的合同责任，而是债务人就其不履行债务

---

① Geneviève Viney, Patric Jourdain, Traité De Droit Civil, les conditions de la responsabilité, 3e édition, L. G. D. J., pp. 791—792.

② Dimitri Houtcieff, Droit Des Contrats, Larcier, 2e édition, 2016, pp. 529—530.

③ Geneviève Viney, Patric Jourdain, Traité De Droit Civil, les conditions de la responsabilité, 3e édition, L. G. D. J., pp. 791—792.

④ R. Rodière, note D., 1954, p. 71; Geneviève Viney, Patric Jourdain, Traité De Droit Civil, les conditions de la responsabilité, 3e édition, L. G. D. J., p. 786.

⑤ Edmond Noël Martine, L'option entre responsabilité contractuelle et responsabilité délictuelle, thèse, Caen, 1957, p. 80; Geneviève Viney, Patric Jourdain, Traité De Droit Civil, les conditions de la responsabilité, 3e édition, L. G. D. J., p. 786.

⑥ Jérôme Huet, Responsabilité contractuelle et responsabilité délictuelle: essai de délimitation entre les deux ordres de responsabilité, thèse, Paris, n° 43; Geneviève Viney, Patric Jourdain, Traité De Droit Civil, les conditions de la responsabilité, 3e édition, L. G. D. J., p. 786.

⑦ Geneviève Viney, Patric Jourdain, Traité De Droit Civil, les conditions de la responsabilité, 3e édition, L. G. D. J., p. 786.

⑧ Gabriel Marty, Pierre Raynaud, Droit Civil, Les Obligations, Tome 1, Les sources, 2e édition, Sirey, 1988, p. 678.

的行为引起的损害所承担的个人合同责任。其包括:《法国民法典》第1645条等规定的债务人就其交付的瑕疵物引起的损害对债权人承担的合同责任,第1733条和第1734条所规定的承租人就其火灾引起的损害对出租人承担的合同责任,第1789条所规定的工程的承租人就其使用物的行为引起的损害对出租人承担的合同责任。[①] 在2003年的《民事责任》当中,Philippe Le Tourneau也采取此种看法,他指出,虽然侵权责任领域存在行为人就其物的行为引起的损害对他人承担的侵权责任,但是,合同责任领域则不存在债务人就其物的行为引起的损害对债权人承担的合同责任。[②]

在法国,少数民法学者则认为,就像侵权责任包含行为人就其物的行为引起的损害对他人承担的侵权责任一样,合同责任当中也包括债务人就其物的行为引起的损害对债权人承担的合同责任。在1951年的《民事责任专论》当中,René Savatier主张合同责任领域也存在债务人就其物的行为引起的损害对债权人承担的一般合同责任,因为他认为,在物的行为引起的民事责任领域存在侵权责任和合同责任的竞合,至少在《法国民法典》第1384(1)条所规定的侵权责任与合同兼容的情况下,此种竞合责任是存在的。[③]

在1970年的《侵权责任和合同责任的理论和实践专论》当中,Henri Mazeaud、Léon Mazeaud和Jean Mazeaud也采取此种理论,他们指出,我们应当毫不犹豫地确认,合同责任同时包含因为个人行为引起的合同责任和因为物的行为引起的合同责任。在债务人的个人行为引起债权人的损害发生时,债务人应当就其个人行为对债权人承担合同责任,在债务人的物的行为引起债权人损害的发生时,债务人也应当对债权人承担合同责任。虽然法官没有发现债务人就其物的行为引起的损害对债权人承担的特殊原则,但是,人们适用一般法律规定就足够了。[④]

不过,对债务人就其物的行为引起的损害对债权人承担的合同责任做出最详尽说明的民法学者不外乎Viney和Jourdain。在2006年的《责任的条件》当中,除了对合同责任领域债务人就别人的行为引起的损害对债权人承担的合同责任做出了详尽的讨论之外,他们也对债务人就其物的行为引起的损害对债权人承担的合同责任做出了详尽的讨论。根据他们的说明,除了责令债务人就其用来履行债务时所使用的瑕疵物或者缺陷物引起的损害对债权人承担合同责任之外,法官还将此种做法拓展到债务人对债权人承担的安全债务当中,以便强化债权人利益的保护。在这些司法判例的基础上,法官迈出了更大的一步,这就是,将《法国民法典》所规定的行为人就其物的行为引起的损害对他人承担的侵权责任制度移植到合同责任当中,并因此试图在合同责任法当中建立与侵

---

① Gabriel Marty, Pierre Raynaud, Droit Civil, Les Obligations, Tome 1, Les sources, 2e édition, Sirey, 1988, p. 678.

② Philippe Le Tourneau, La responsabilité civile, puf, 2003, pp. 55—70.

③ René Savatier, Traité de la responsabilité civile en droit français civil, administratif, professionnel, procédural, Tome I, L. G. D. J., 1951, n°378.

④ H. -L. etJ. Mazeaud, Traité théorique et pratique de la responsabilité civile dêlictuelle et contractuelleTome Ⅱ, 6e édition, Montchrestien, 1970, n° 1413; Geneviève Viney, Patric Jourdain, Traité De Droit Civil, les conditions de la responsabilité, 3e édition, L. G. D. J., p. 786.

权责任法当中的类似民事责任制度：债务人就其物的行为引起的损害对债权人承担的合同责任。①

2016 年 2 月 10 日的债法改革法令之后，大多数民法学者均不讨论债务人就其物的行为引起的损害对债权人承担的合同责任问题，实际上，他们的此种态度表明他们是拒绝承认此种合同责任制度的。不过，少数民法学者仍然承认此种合同责任制度。在 2016 年的《合同法》当中，Houtcieff 就承认债务人承担的此种合同责任，他指出，就像债务人就别人的行为引起的损害对债权人承担的合同责任一样，债务人就其物的行为承担的合同责任也表明，合同责任被侵权责任污染了。此种责任不是针对债务人就其自身的行为引起的损害对债权人所承担的损害赔偿责任问题，而是针对债务人就其使用的物引起的损害对债权人承担的损害赔偿责任问题。②

三、债务人就其物的行为引起的损害对债权人承担的一般和特殊合同责任理论的建立

在 2016 年的债法改革法令之后，法国民法学者为何普遍不对此类合同责任制度做出说明？笔者认为，主要原因有二：其一，在讨论合同责任时，大多数民法学者普遍不像他们在侵权责任当中那样将合同责任分为不同的类型。因为这样的原因，除了承认债务人就其本人的行为引起的损害对债权人承担的合同责任之外，他们不会承认其他类型的合同责任，包括债务人就其物的行为引起的损害对债权人承担的合同责任。其二，即便他们花费精力和时间讨论此类合同责任，此类合同责任被未来《法国民法典》规定的可能性近乎零，因为法国司法部和法国参议院均没有在自己最近起草的民事责任法改革草案或者提案当中规定此类合同责任，已如前述。

在合同法当中，我们是否应当像 Viney 和 Jourdain 所主张的那样承认此类合同责任？笔者认为，答案是肯定的。

首先，在 19 世纪末期和 20 世纪初期主张侵权责任领域的二分法理论时，民法学者没有排除合同责任当中也存在债务人就其物的行为引起的损害对债权人承担合同责任的可能性。在 19 世纪末期之前，《法国民法典》所规定的所有侵权责任均为过错侵权责任，既不存在行为人就别人的行为引起的损害对他人承担的侵权责任，也不存在行为人就其物的行为引起的损害对他人承担的侵权责任，已如前述。在 1897 年的著名著作《物的行为引起的侵权责任》当中，法国 19 世纪末期和 20 世纪初期的著名民法学家 Josserand 开始倡导侵权责任的二分法，认为除了过错侵权责任之外，《法国民法典》第 1384（1）条所规定的行为人就其管理或者控制的物引起的损害对他人承担的侵权责任不再属于一种过错推定责任，而是一种独立的侵权责任：行为人就其物的行为引起的损害对他人承担的一般侵权责任。不过，在主张行为人就其物的行为引起的损害对他人承担的一般侵权责任时，他并没有排除债务人就物的行为引起的损害对债权人承担的合同

① Geneviève Viney, Patric Jourdain, Traité De Droit Civil, les conditions de la responsabilité, 3e édition, L. G. D. J., pp. 791—799.

② Dimitri Houtcieff, Droit Des Contrats, Larcier, 2e édition, 2016, p. 529.

责任，认为物的行为引起的侵权责任也能够在合同责任当中适用。①

其次，无论是在2016年之前还是之后，《法国民法典》均对债务人在履行债务时所使用的物引起的损害对债权人承担的赔偿责任做出了规定，如果不承认债务人就其物的行为引起的损害对债权人承担的合同责任，则这些法律条款的规定均处于孤立的状况，彼此之间没有任何联系。而如果承认债务人就其物的行为引起的损害对债权人承担的合同责任，则这些法律条款的规定不会再处于孤立状态，而是会作为一个联系在一起的体系化、系统化的合同责任制度的组成部分。

因此，在承认债务人就其物的行为引起的损害对债权人承担的合同责任之前，虽然《法国民法典》第1641对买卖合同当中出卖物的瑕疵引起的损害赔偿责任做出了规定②，虽然《法国民法典》第1721条对租赁合同当中租赁物的瑕疵引起的损害赔偿责任做出了规定③，但是，这两个法律条款所规定的合同责任孤立存在，彼此之间不存在任何联系。但是，一旦人们承认了债务人就其物的行为引起的损害对债权人承担的合同责任，则这两个法律条款之间不再处于孤立的状态，而是作为有机联系的两个法律条款：一方面，它们所规定的合同责任性质相同，均是债务人就其物的行为引起的损害对债权人承担的两种特殊合同责任；另一方面，它们均是一个适用范围更加广泛的原则的具体适用和表现形式，这个原则就是债务人就其物的行为引起的损害对债权人承担的一般合同责任。

再次，在制定1804年的《法国民法典》时，法国立法者至少在一个方面有承认债务人就其物的行为引起的损害对债权人承担的合同责任的意图，这就是债务人就其交付的瑕疵物引起的损害对债权人承担的合同责任。在1804年的《法国民法典》当中，立法者以大量的法律条款对债务人承担的瑕疵担保债务做出了规定，根据这些规定，如果债务人因为履行债务的需要而将物交付给债权人，在他们交付的物存在瑕疵并因此引起债权人损害的发生时，他们应当对债权人承担合同责任。在买卖合同当中，第1641条至第1649条对出卖人承担的瑕疵担保责任做出了规定。在租赁合同当中，第1721条对出租人承担的瑕疵担保责任做出了规定。在建设工程合同和承揽合同当中，第1792条和第2270条对建造者承担的瑕疵担保责任做出了规定，在借用合同当中，第1891条对出借人承担的瑕疵担保责任做出了规定。这些法律条款一直从1804年保留到现在。④

最后，承认债务人就其物的行为引起的损害对债权人承担的合同责任是建立体系化、系统化合同责任制度的需要。迄今为止，虽然《法国民法典》建立了合同法总则和合同法分则的区分理论，虽然它在合同法总则方面建立了系统化和体系化的合同理论

---

① Louis Josserand, De la responsabilité du fait des choses inanimées, Paris, Rousseau, 1897, pp. 113—119; Geneviève Viney, Patric Jourdain, Traité De Droit Civil, les conditions de la responsabilité, 3e édition, L. G. D. J., p. 788；张民安：《现代法国侵权责任制度研究》，法律出版社2007年版，第96—97页。

② Article 1641, Code civil, Version en vigueur au 8 février 2021, https://www.legifrance.gouv.fr/codes/section_lc/LEGITEXT000006070721/LEGISCTA000006165624/#LEGISCTA000006165624.

③ Article 1721, Code civil, Version en vigueur au 8 février 2021, https://www.legifrance.gouv.fr/codes/section_lc/LEGITEXT000006070721/LEGISCTA000006150285/#LEGISCTA000006150285.

④ Geneviève Viney, Patric Jourdain, Traité De Droit Civil, les conditions de la responsabilité, 3e édition, L. G. D. J., p. 880.

和制度，但是，在合同责任方面它并没有建立体系化、系统化的合同责任制度，因为，除了承认债务人就其本人的行为引起的损害对债权人承担的合同责任之外，它没有承认或者建立其他的合同责任制度。如果承认了债务人就其物的行为引起的损害对债权人承担的合同责任，除了增加了一种新类型的合同责任制度之外，此种做法也能够让整个合同责任制度系统化、体系化，因为，债务人就其物的行为引起的损害对债权人承担的合同责任构成系统化、体系化的合同责任制度的有机组成部分，就像债务人就别人的行为引起的损害对债权人承担的合同责任属于系统化、体系化的合同责任制度的有机组成部分一样，已如前述。

四、债务人就其物的行为引起的损害对债权人承担的一般和特殊合同责任

就像债务人就别人的行为引起的损害对债权人承担的合同责任分为一般和特殊合同责任一样，债务人就其物的行为引起的损害对债权人承担的合同责任也可以分为一般合同责任和特殊合同责任。

所谓债务人就其物的行为引起的损害对债权人承担的特殊合同责任，是指债务人根据制定法尤其是《法国民法典》的具体规定就其物的行为引起的损害对债权人承担的合同责任。现行《法国民法典》以大量的法律条款对债务人就其物的行为引起的损害对债权人承担的合同责任做出了规定，这些法律条款所规定的合同责任就属于债务人就其物的行为引起的损害对债权人承担的特殊合同责任。

例如，《法国民法典》第 1641 条、第 1721 条和第 1792 条所规定的瑕疵担保责任属于债务人就其物的行为引起的损害对债权人承担的特殊合同责任，已如前述。除了《法国民法典》之外，其他制定法也对债务人就其物的行为引起的损害对债权人承担的特殊合同责任做出了规定，例如，《法国消费法典》第 L. 211 - 4 条规定，如果出卖人出卖给消费者的商品不符合合同的规定，在有缺陷的产品引起消费者损害发生时，出卖人应当承担合同责任，该条所规定的合同责任就属于债务人就其物的行为引起的损害对债权人承担的特殊合同责任。①

在法国，债务人就其物的行为引起的损害对债权人承担的特殊合同责任可以分为两种：

其一，当债务人履行债务的方式是将某种财产、物交付给债权人时，如果债权人因为债务人所交付的财产、物而遭受人身或者财产损害，则债务人应当就其交付的财产、物引起的损害对债权人承担合同责任。因此，买卖合同、租赁合同、承揽合同、借用合同当中债务人所承担的合同责任就属于此种类型的特殊合同责任。②

其二，当债务人使用某种物、财产履行他们对债权人承担的债务时，如果债务人用

---

① Geneviève Viney, Patric Jourdain, Traité De Droit Civil, les conditions de la responsabilité, 3e édition, L. G. D. J. , p. 811.

② Aurélien Bamdé, La responsabilité contractuelle: régime juridique, https://aurelienbamde.com/2019/11/19/la-responsabilite-contractuelle-regime-juridique/.

来履行债务的物、财产引起债权人损害的方式，他们应当就其使用的物、财产引起的损害对债权人承担合同责任。最典型的合同是承揽合同、建筑工程合同，因为在这些合同当中，承揽人或者工程建筑者会使用一定的工具、设备履行对债权人承担的债务，当他们使用的工具、设备引起债权人损害的发生时，他们对债权人承担的合同责任就属于此类特殊合同责任。①

所谓债务人就其物的行为引起的损害对债权人承担的一般合同责任，是指债务人在制定法尤其是《法国民法典》所规定的具体情形之外就自己的物引起的损害对债权人承担的合同责任。虽然《法国民法典》对债务人就其物的行为引起的损害对债权人承担的特殊合同责任做出了规定，虽然其他制定法对某些特殊的债务人所承担的此类特殊合同责任做出了规定，但是，制定法没有也不可能对债务人承担的所有此类合同责任均做出规定。在制定法之外，如果债务人用来履行债务的某种物、财产引起债权人损害的发生，他们仍然应当对债权人承担合同责任，这就是债务人就其物的行为引起的损害对债权人承担的一般合同责任。

在制定法之外，如果债务人使用的物、财产引起了债权人损害的发生，基于债权人的起诉，法官会责令债务人就其物的行为引起的损害对债权人承担合同责任。此种做法至少在 20 世纪初期就已经被法官所采取。在 20 世纪初期，法国最高法院就已经认定，即便制定法没有规定，承运人也应当就其设备、设施引起的损害对自己的乘客承担合同责任，已如前述。不过，在债务人就其物的行为引起的损害对债权人承担的一般合同责任的发展里程当中，起到核心作用的不是法国最高法院在运输合同当中所确立的此种规则，而是它在医疗合同当中所确立的安全债务。

至少从 20 世纪 70 年代开始，法国最高法院在一系列的司法判例当中认定，如果医生使用的医疗器械、医疗设施、医疗设备引起病患者损害的发生，即便制定法没有规定，他们也应当就其使用的这些物引起的损害对病患者承担合同责任。法国最高法院认为，医生应当就其使用的物引起的损害对病患者承担合同责任，是因为在履行对病患者所承担的债务时，医生应当采取必要措施避免他们使用的物危及病患者的人身安全，医师对其病患者所承担的此种安全债务在性质上不属于手段债而属于结果债，一旦医师没有履行此种结果债并因此导致病患者遭受损害，他们就应当就其过错行为引起的损害对病患者承担合同责任。虽然法国最高法院将医生对其病患者承担的此种债务称为安全债务，但实际上，医生违反安全债务所承担的损害赔偿责任在性质上应当属于债务人就其物的行为引起的损害对债权人承担的一种一般合同责任。②

在 1995 年之前，法国最高法院开足马力，除了不断地将此种合同责任适用于医疗合同当中之外，它还将医生对其病患者所承担的此种安全债务从医疗合同当中适用到所有涉及物的使用的合同当中，并且在所有涉及物的使用的合同当中均建立了债务人就其

---

① Aurélien Bamdé, La responsabilité contractuelle: régime juridique, https://aurelienbamde.com/2019/11/19/la-responsabilite-contractuelle-regime-juridique/.

② Geneviève Viney, Patric Jourdain, Traité De Droit Civil, les conditions de la responsabilité, 3e édition, L. G. D. J., pp. 539—540, pp. 792—793.

物的行为引起的损害对债权人承担的一般合同责任。到了1995年，法国最高法院紧急刹车，不再通过自己的司法判例确立此种类型的合同责任，而是根据《法国民法典》第1386－1条（新的第1245条）所规定的产品责任责令行为人就其物的行为对他人承担的侵权责任。虽然法国最高法院不再采取此种做法，但是，债务人就其物的行为引起的损害对债权人承担的一般合同责任是毋庸置疑的。①

五、债务人就其物的行为引起的损害对债权人承担合同责任的条件

债务人就其物的行为引起的损害对债权人承担的合同责任应当具备的条件是：

其一，债务人对债权人承担源自合同的某种债务，包括结果债和手段债。物的行为引起的合同责任同所有合同责任一样均以债务人在行为时对债权人承担某种合同债务作为前提。如果他们在行为时不对债权人承担任何债务，则他们不会对债权人承担任何合同责任，当然不会对债权人承担物的行为引起的合同责任。仅仅在债务人对债权人承担某种债务时，他们才有可能对债权人承担因为物的行为引起的合同责任。

其二，债务人履行债务时涉及物的交付或者使用。仅仅对债权人承担债务还不足以让债务人对债权人承担物的行为引起的合同责任，如果债务人要对债权人承担物的行为引起的合同责任，他们应当具备第二个必要条件，这就是，债务的履行涉及某种有体物、有形物。

所谓债务的履行涉及某种有体物、有形物，或者是指债务人承担的债务履行涉及某种有体物、有形物的交付，这就是，根据合同的规定，债务人对债权人承担将某种有体物、有形物交付给债权人的债务，例如，出卖人对买受人承担交付出卖物的债务、出租人对承租人承担交付出租物的债务等，已如前述。或者是指债务人以某种有体物、有形物作为履行债务的手段、方式或者工具，例如，医师以手术刀对病患者动手术、麻醉师用麻醉药对病患者进行局部或者全身麻醉、承运人用机动车运载乘客等，已如前述。

其三，债务人不履行债务的行为引起了债权人损害的发生。即便债务人履行债务时涉及某种有体物、有形物的交付或者使用，如果在债务履行时他们交付或者使用的有体物、有形物没有引起债权人损害的发生，他们也无须对债权人承担合同责任。仅仅在他们履行债务时所交付或者使用的有体物、有形物引起了债权人损害的发生，他们才会对债权人承担合同责任。

六、物的行为引起的损害的合同责任和侵权责任的竞合

在法国，大多数民法学者之所以否定物的行为引起损害的合同责任的存在，以及法国最高法院在1995年之后之所以不再坚持债务人就其物的行为引起的损害对债权人承担的合同责任，其中一个最主要的理由是：物的行为引起损害的合同责任和物的行为引起损害的侵权责任之间没有办法竞合。物的行为引起损害的合同责任和物的行为引起损

---

① Geneviève Viney, Patric Jourdain, Traité De Droit Civil, les conditions de la responsabilité, 3e édition, L. G. D. J., pp. 539—540, pp. 798—799; Dimitri Houtcieff, Droit Des Contrats, Larcier, 2e édition, 2016, pp. 529—530.

害的侵权责任之间之所以无法竞合，是因为债务人承担的任何合同责任在性质上均属于过错责任，债务人对债权人承担合同责任以债务人存在过错作为条件，已如前述。而物的行为引起损害的侵权责任究竟是一种什么性质的责任，《法国民法典》没有做出明确规定，不同的民法学者做出的说明也存在差异。

某些民法学者认为，物的行为引起的损害的侵权责任在性质上属于无过错责任，因为行为人根据物的行为引起的损害承担侵权责任是不需要行为人在管理或者控制物的时候存在过错的。例如 Saleilles、Josserand 和 Savatier 就采取此种理论；而另外一些民法学者则认为，物的行为引起的损害的侵权责任在性质上属于过错责任，因为行为人根据物的行为引起的损害对他人承担的侵权责任以行为人在管理或者控制物时存在过错作为条件，他们的此种过错就是管理过错，Mazeaud 和 Chabas 等人主张此种理论，根据他们的看法，除了债务人就其本人的行为引起的损害对债权人承担的合同责任和债务人就别人的行为引起的损害对债权人承担的合同责任属于过错责任之外，债务人就其物的行为引起的损害对债权人承担的合同责任也属于过错责任。而法国法官在他们的司法判例当中采取了客观责任理论，实际上就是无过错责任理论，因为法官在责令行为人就其物的行为的损害对他人承担侵权责任时，完全不考虑行为人的过错。①

无论是在表面上还是在实质上，物的行为引起的损害的合同责任和物的行为引起的损害的侵权责任无法竞合：在生产商生产的有缺陷的产品或者不符合合同要求的产品让买受人遭受损害时，他们根据物的行为引起的合同责任和物的行为引起的侵权责任是难以竞合的：如果生产商对买受人承担合同责任，则他们仅在有过错时才会承担合同责任；而如果他们对买受人承担侵权责任，则即便他们没有过错，他们仍然应当承担侵权责任。同样，在承运人火车上的设备跌落下来砸伤乘客时，承运人对乘客承担的合同责任和侵权责任是难以竞合的：如果承运人对乘客承担合同责任，他们仅在有过错时才承担合同责任；而如果他们对乘客承担侵权责任，则即便没有过错，他们仍然应当承担侵权责任。

---

① Henri et Leon Mazeaud, Jean Mazeaud, Francois Chabas, Obligations, 9e édition, Montchrestien, 1998, pp. 592—594；张民安：《法国民法》，清华大学出版社 2015 年版，第 408—409 页。

合同责任的效果

第二十一章　损害赔偿责任

第一节　损害赔偿的类型

一、债权人对债务人的预先催告

一旦符合合同责任的三个必要条件，债务人就应当对债权人承担合同责任，除非他们具有拒绝承担合同责任的某种正当理由，诸如不可抗力、受害人的行为等，已如前述。就像侵权责任的目的是损害赔偿一样，合同责任的目的也是赔偿损害：当债务人不履行债务的行为引起债权人损害的发生时，合同责任法要求债务人赔偿债权人遭受的损害。[①] 除非合同当事人在自己的合同当中对债务人承担的赔偿责任范围做出了不同的约定，或者除非在债务人不履行债务之后，债权人与债务人之间就损害赔偿达成协议，否则，法官应当根据完全损害赔偿原则责令债务人赔偿债权人遭受的损害。债务人原则上以金钱方式赔偿债权人遭受的损害，例外情况下则以代物方式赔偿债权人的损害。

如果债务人采取金钱方式赔偿债权人的损害，在坚持完全损害赔偿原则的基础上，法官应当根据债权人遭受损害的性质分别采取不同的评估和确定方式：如果是财产损害，法官应当采取客观的评估和确定方式；如果是纯道德损害，法官应当采取主观的评估和确定方式；如果是人身损害，法官应当同时采取客观和主观的评估和确定方式：对人身损害当中的财产损害采取客观评估和确定方式，而对人身损害当中的道德损害采取主观评估和确定方式。

不过，无论通过什么方式获得损害赔偿，债权人均应当履行一个前置性的程序即在要求法官责令债务人赔偿自己的损害之前对债务人做出催告，要求债务人履行对自己承担的合同债务，但仅仅在催告之后的合理期限内，债务人不履行债务时，他们才能够要求法官责令债务人赔偿自己遭受的损害。现行《法国民法典》新的第1231条对此种规则做出了说明，它规定：除非债务的不履行是确定无疑的，否则，仅仅在债务人被预先催告要在合理期限内履行债务之后，债权人才能够要求他们赔偿自己的损害。[②]

根据该条的规定，在债务人没有履行债务时，债权人原则上应当预先催告债务人。未经预先催告，债权人不能够直接向法院起诉，要求法官责令债务人承担合同责任。不过，此种原则也存在例外，包括《法国民法典》所规定的例外、司法判例所确立的例外和合同当事人自由约定的例外。

---

① Christian Larroumet, Droit Civil, Les Obligations, Le Contrat, Tome Ⅲ, 2e partie, Effets, 6e édition, Economica, 2007, p. 755.

② Article 1231, Code civil, Version en vigueur au 10 mars 2021, https://www.legifrance.gouv.fr/codes/section_lc/LEGITEXT000006070721/LEGISCTA000032009929/#LEGISCTA000032009929.

《法国民法典》新的第1231条规定的一种例外是：如果债务的不履行是最终的不履行、确定无疑的不履行（l'inexécution définitive），则债权人可以直接起诉，要求法官责令债务人赔偿自己的损害，他们无需履行预先的催告程序。法官也在自己的司法判例当中确定了某些例外：如果债务人已经让债务的履行不可能，如果债务人已经向债权人表明他们拒绝履行债务，债权人也无须进行预先催告。当事人自由约定的例外情形是：如果合同条款明确规定，债务不履行时债权人无须预先催告，则债权人能够直接起诉债务人，无须进行预先催告。[①]

一旦履行了催告程序，债权人就有权要求债务人赔偿自己遭受的损害，债务人也应当赔偿债权人遭受的损害。问题在于，债权人的损害赔偿有哪些类型？对此问题，除了《法国民法典》做出了规定之外，法国民法学者也做出了说明。总的来说，在合同责任当中，损害赔偿可以分为：金钱赔偿和代物赔偿；协议赔偿和司法赔偿；本金赔偿和年金赔偿；补偿性质的赔偿和延期性质的赔偿。

二、协议赔偿和司法赔偿

根据赔偿是根据当事人之间的协议还是根据法官的裁判确定，合同责任领域的赔偿可以分为协议赔偿和司法赔偿。

所谓协议赔偿（réparation conventionnelle），也称为和解赔偿（réparation amiable），是指在债务人不履行债务的行为引起了债权人损害发生之后，债权人与债务人之间通过友好协商所达成的赔偿协议。根据该协议，债务人或者以某种代物方式赔偿债权人的损害，或者以一旦数额的金钱赔偿债权人的损害，换言之，协议赔偿既可以是代物赔偿，也可以是金钱赔偿。根据合同自由和意思自治原则，当事人之间所达成的赔偿协议是有效的，因为他们之间的此种协议并不会违反公共秩序或者良好道德，不过，他们之间的协议应当符合合同有效的一般条件，已如前述。除此之外，他们之间的赔偿协议还应当规定两个方面的内容：债务人的赔偿方式和赔偿数额。[②]

所谓司法赔偿（réparation judiciaire），是指基于债权人的请求，法官通过自己的司法判例所确定的赔偿。在债务人不履行债务的行为引起债权人损害的发生时，债权人能够单方面向法院起诉，要求法官责令债务人赔偿自己的损害：他们既有权要求法官责令债务人采取代物赔偿的方式赔偿自己的损害，也有权要求法官责令债务人以金钱方式赔偿自己的损害，甚至有权同时要求法官责令债务人采取两种不同的赔偿方式。换言之，选择何种赔偿方式，是合同债权人的权利。问题在于，债务人是否有权要求法官责令债

---

① Dimitri Houtcieff, Droit Des Contrats, Larcier, 2e édition, 2016, pp. 539—540; Muriel Fabre-Magnan, Droit des obligations, Tome 1, Contrat et engagement unilatéral, 4e édition, puf, 2016, pp. 768—770; Philippe Malaurie, Laurent Aynès, Philippe Stoffel-Munck, Droit des obligations, 8e édition, L. G. D. J., 2016, pp. 561—564; Rémy Cabrillac, Droit des obligations, 12e édition, Dalloz, 2016, pp. 163—165; Virginie Larribau-Terneyre, Droit civil, Les Obligations, 15e édition, Dalloz, 2017, p. 613.

② Christian Larroumet, Droit Civil, Les Obligations, Le Contrat, Tome Ⅲ, 2e partie, Effets, 6e édition, Economica, 2007, p. 755; François Terré, Philippe Simler, Yves Lequette, François Chénedé, Droit civil, Les Obligations, 12e édition, Dalloz, 2018, p. 1202.

权人接受自己的代物赔偿？在债权人没有主张的情况下，法官是否能够凭借自己的职权责令债务人以代物赔偿方式赔偿债权人的损害？

关于第一个问题，答案是否定的，不履行债务的债务人不能够要求法官责令债权人接受自己的代物赔偿。而关于第二个问题，民法学者之间存在不同的看法。关于这些问题，笔者将在代物赔偿当中做出详细的讨论，此处从略。

三、本金赔偿和年金赔偿

根据赔偿金的支付是一次性支付还是分期支付的不同，金钱赔偿可以分为本金赔偿和年金赔偿，它们是对金钱赔偿所做出的更进一步分类。

所谓本金赔偿（la réparation en capital），也称为一次性赔偿，是指当债务人不履行债务的行为引起了债权人损害的发生时，债务人一次性赔偿债权人遭受的所有损害。

所谓年金赔偿（la réparation en rente），是指当债务人不履行债务的行为引起了债权人损害的发生时，债务人不是一次性赔偿债权人遭受的所有损害，而是采取分期即逐年支付债权人损害的方式。①

本金赔偿和年金赔偿各有优缺点，在债务人不履行债务的行为引起债权人损害发生时，债务人究竟是采取本金赔偿的方式还是采取年金赔偿的方式，由法官在具体案件当中做出决定，法官有权根据案件的具体情况决定债务人的赔偿方式。不过，如果法官决定让债务人以本金赔偿的方式赔偿债权人的所有赔偿数额，他们应当根据债权人遭受侵犯之前的年金计算出债权人应当获得赔偿的损害总额。在根据年金计算债权人应当获得赔偿的损害总额时，法官必须有可以依赖的年金指数（indexation des La rente viagère La rente viagère indexée）。②

为了满足司法实践的需要，法国一家专门从事法律分析和法律监督的著名法律周刊 *Gazette du Palais* 定期或者不定期地公布不同版的年金指数即“本金计算表”（Barème de capitalisation）。例如，它公布了 2016 年版和 2017 年版的本金计算表，2020 年，它公布了最新版的“本金计算表”。根据这些计算表，它分别计算出每一个性别、年龄段的人分别获得的本金的数量，在处理当事人之间的纠纷时，法官能够对号入座，根据受害人遭受损害之前的年金计算出他们应当获得的赔偿总额。③

例如，根据 2016 年版的“本金计算表”，法官在做出判决时，如果直接受害人为 40 岁的男人，一直到死，他未来支出的健康费用均为每一年 3500 欧元。根据一年 3500 欧元的年金，法官能够确定直接受害人获得的未来支出的健康费用的赔偿金数额为

---

① Philippe Malinvaud, Dominique Fenouillet, Droit des obligations, 11e édition, Litec, 2010, pp. 567—568; François Terré, Philippe Simler, Yves Lequette, François Chénedé, Droit civil, Les Obligations, 12e édition, Dalloz, 2018, p. 1202.

② Philippe Malinvaud, Dominique Fenouillet, Droit des obligations, 11e édition, Litec, 2010, pp. 567—568; François Terré, Philippe Simler, Yves Lequette, François Chénedé, Droit civil, Les Obligations, 12e édition, Dalloz, 2018, p. 1202.

③ Benoît Mornet, L'indemnisation des préjudices en cas de blessures ou de décès, septembre 2018, pp. 42—43, http://www.jurilaw.com/Files/Other/referentiel_mornet_2018.pdf; Barème de capitalisation 2020, https://www.labase-lextenso.fr/sites/lextenso/files/lextenso_upload/cdf.pdf.

108447.50 欧元。因此，债务人应当一次性赔偿 108447.50 欧元给债权人。[①] 根据 2016 年版的“本金计算表”，法官在判决做出时，如果一个男性受害人已经购买了使用 5 年就要更换的特定辅助器具，则他每一年应当支付的费用为 40 欧元。一直到死亡时止，他因为使用该特定辅助器具所支付的健康费用是 123940 欧元，债务人应当一次性赔偿 123940 欧元给债权人。[②]

四、补偿性的赔偿、迟延性的赔偿和补充性的赔偿

根据损害赔偿的目的不同，金钱赔偿可以分为补偿性的赔偿、迟延性的赔偿和补充性的赔偿，它们是对金钱赔偿做出的更进一步分类。[③]

（一）补偿性的赔偿

所谓补偿性的赔偿（dommages et intérêts compensatoires），是指因为债务人不履行合同的行为引起了债权人损害的发生，为了填补债权人所遭受的损害，债务人对债权人的损害所给予的赔偿。补偿性的赔偿既赔偿债权人遭受的现有利益损失和预期利益损失。现行《法国民法典》新的第 1231－2 条（旧的第 1149 条）对补偿性的赔偿做出了规定，已如前述。对于债权人遭受的补偿性损害而言，合同责任法实行完全损害赔偿原则，根据这一原则，债权人遭受多少损害，债务人就应当赔偿多少补偿性的损害，除非制定法对债权人的赔偿范围施加了限制，或者除非当事人通过合同条款对债权人的赔偿范围施加了限制。例如，《法国民法典》第 1953 条对旅客在宾馆的包裹遭受损害时的赔偿范围做出了明确限定。

（二）迟延性的赔偿

所谓迟延性的赔偿（dommages et intérêts moratoires），是指因为债务人迟延履行债务的行为引起了债权人损害的发生，为了赔偿债权人所遭受的迟延损失，债务人对债权人的损害所给予的赔偿。现行《法国民法典》新的第 1231－6 条对迟延性的赔偿和补充性的赔偿做出了说明，该条规定：从催告之日起，债务人因为迟延履行金钱债而给予的赔偿是法定利率的利息。债权人有权获得这些赔偿，他们无须证明自己遭受了任何损失。如果债务人因为恶意迟延债务而引起了迟延之外的某种损害，债权人能够获得这些

---

① Benoît Mornet, L’indemnisation des préjudices en cas de blessures ou de décès, septembre 2018, p. 43, http://www.jurilaw.com/Files/Other/referentiel_mornet_2018.pdf.

② Benoît Mornet, L’indemnisation des préjudices en cas de blessures ou de décès, septembre 2018, p. 44, http://www.jurilaw.com/Files/Other/referentiel_mornet_2018.pdf.

③ Gérard Légier, Les obligations, 17e édition, Dalloz, 2001, pp. 117—119; Christian Larroumet, Droit Civil, Les Obligations, Le Contrat, Tome Ⅲ, 2e partie, Effets, 6e édition, Economica, 2007, pp. 758—759; Marjorie Brusorio Aillaud, Droit des obligations, 8e édition, bruylant, 2017, p. 298; Virginie Larribau-Terneyre, Droit civil, Les Obligations, 15e édition, Dalloz, 2017, pp. 615—616; François Terré, Philippe Simler, Yves Lequette, François Chénedé, Droit civil, Les Obligations, 12e édition, Dalloz, 2018, pp. 933—940.

损害的赔偿，这些损害的赔偿独立于延迟性损害的赔偿。①

根据《法国民法典》新的第 1231 –6 条的规定，迟延性的赔偿在金钱债当中适用，这就是说，如果债权人与债务人之间的合同债在性质上属于金钱债，在债务人迟延履行金钱的偿还债务时，他们应当赔偿债权人遭受的迟延性的损害，这就是迟延性的赔偿。原则上，迟延性的赔偿数额是债权人因为债务人迟延履行债务所遭受的利息（l’intérêt）损失，在计算该利息的具体数额时，法官应当适用法定利率（taux légal），法国民法学者将此种损失的计算称为总包性的计算（calculés forfaitairement）。此种计算方法简单、方便和快捷，避免了计算债权人所遭受的损失时所面临的复杂问题。

虽然《法国民法典》新的第 1231 –6 条对迟延性的赔偿采取了总包性的计算方法，但是，该条的规定属于补充性的规定，如果合同当事人在自己的合同当中对迟延履行的利率做出了约定，则他们之间的约定仍然有效，在债务人迟延履行债务时，法官不再根据法定利率计算债权人的利息损失，而是根据合同约定的利率计算债权人的利息损失。不过，他们之间约定的利率不能够构成高利贷。

根据《法国民法典》新的第 1231 –6 条的规定，债权人法定利息的赔偿并不是从债务人不履行债务时开始计算，而是从债务人不履行债务之后债权人对债务人进行的催告之日起开始计算。换言之，即便债务人没有履行债务，如果债权人没有对债务人进行履行催告，债权人不能够要求债务人赔偿自己的延迟性赔偿，仅仅在他们对债权人做出了催告之后，债务人从债权人催告之日起赔偿债权人的延迟性的损害。

在 19 世纪，法国立法者在 1807 年 9 月 3 日的制定法当中明确区分民事领域和商事利益的法定利率：民事领域的法定利率为 5%，而商事领域的法定利率则为 6%。在 20 世纪，法国立法者在 1900 年 4 月 7 日的制定法当中也采取此种区分做法：民事领域的法定利率为 4%，而商事领域当中的法定利率则为 5%。此后，法国立法者多次制定不同的法律，对法定利率做出了不同的规定。②

（三）补充性的赔偿

所谓补充性的赔偿（indemnité supplémentaire），是指因为债务人恶意迟延履行所承担的债务，为了赔偿债权人所遭受的损害，债务人在迟延性的赔偿之外对债权人所做出的赔偿。现行《法国民法典》新的第 1231 –6（3）条对补充性的赔偿做出了规定，已如前述。根据该条的规定，补充性的赔偿独立于迟延性的赔偿，是延迟性赔偿之外的一种损害赔偿。它与延迟性的赔偿之间的一个主要差异是：补充性的赔偿在数额方面要高于延迟性的赔偿，构成延迟性赔偿的一种例外赔偿。

补充性的赔偿应当同时具备三个条件：其一，当事人之间的合同债在性质上属于金钱债。其二，债务人没有履行所承担的金钱债，或者迟延履行所承担的金钱债。其三，

---

① Article 1231-6, Code civil, Version en vigueur au 16 mars 2021, https://www.legifrance.gouv.fr/codes/section_lc/LEGITEXT000006070721/LEGISCTA000032009929/#LEGISCTA000032009929.

② François Terré, Philippe Simler, Yves Lequette, François Chénedé, Droit civil, Les Obligations, 12e édition, Dalloz, 2018, pp. 934—935.

债务人恶意（mauvaise foi）不履行所承担的债务。所谓恶意，是指债务人知道自己应当偿还债权人的金钱而故意不履行偿还债务。除了《法国民法典》新的第1231－6（3）条对补充性的赔偿做出了一般性的规定之外，某些制定法也对特定情形下的补充性的赔偿做出了明确规定。当然，补充性的赔偿与延迟性的赔偿的共同点是：计算补充性的赔偿时，法官仍然以债权人对债务人进行催告的时间作为起点，而不是以债务人不履行债务的时间作为计算起点。

五、代物赔偿和金钱赔偿

（一）代物赔偿和金钱赔偿的界定

根据债务人赔偿债权人损害的方式不同，合同责任当中的损害赔偿可以分为代物赔偿和金钱赔偿。

所谓代物赔偿（réparation en nature），是指债务人通过金钱之外的方式赔偿债权人所遭受的损害。当债务人不履行债务的行为引起债权人损害的发生时，无论他们引起的损害是财产损害还是纯道德损害，基于自愿或者基于法官的判决，他们均可以通过支付金钱之外的某种行为的方式赔偿债权人遭受的损害，他们采取的此种赔偿方式就是代物赔偿。例如，如果出卖人没有履行合同所规定的交付某种出卖物的债务，基于债权人的请求，法官责令债务人交付另外一种出卖物给债权人，债务人被责令交付另外一种出卖物的行为被视为代物赔偿。再例如，如果债务人建造的建筑物存在质量问题，基于债权人的请求，法官责令债务人将所建造的质量不合格的建筑物拆除，债务人被责令拆除建筑物的行为也被视为代物赔偿行为。

所谓金钱赔偿（réparation des dommages-intérêts），也称为等价赔偿（réparation par équivalent），是指债务人以一定数额的金钱赔偿债权人所遭受的损害。当债务人不履行债务时，如果他们不履行债务的行为引起了债权人损害的发生，无论他们引起的损害是财产损害、单纯的道德损害还是人身损害，基于自愿或者基于法官的判决，他们均能够通过支付一定数额的金钱的方式赔偿债权人所遭受的损害，他们采取的此种赔偿方式就是金钱损害赔偿，也就是所谓的损害赔偿金。例如，如果承运人不履行安全债务的行为引起了旅客人身伤害的发生，它们赔偿给旅客2000欧元的医药费就是金钱赔偿。再例如，如果杂志违反与影视明星所签订的合同，在合同所约定的范围外公开影视明星的私人生活，则它们被责令赔偿影视明星20000欧元的精神损害赔偿金就是金钱赔偿。

现行《法国民法典》并没有对代物赔偿和金钱赔偿的一般规则做出明确规定，不过，这并没有影响法官在司法实践当中适用这两种不同的赔偿方式。未来的《法国民法典》极有可能对两种赔偿方式的一般规则做出明确规定，因为法国司法部的《民事责任法改革草案》和法国参议院的《民事责任法改革提案》均对这两种不同的赔偿方式做出了规定：《民事责任法改革草案》和法国参议院的《民事责任法改革提案》当中的第1260条和第1261条对代物赔偿的一般规则做出了明确规定；《民事责任法改革草案》当中的第1262条至第1264条对金钱赔偿的一般规则做出了规定，《民事责任法改革提案》当中的第1262条至第1266条对金钱赔偿的一般规则做出了明确规定。[①]

（二）代物赔偿与强制履行债务之间的差异

在代物赔偿的问题上，法国民法学者之间存在不同看法。虽然大多数民法学者认为，代物赔偿是一种像金钱赔偿一样的损害赔偿方式[②]，但是，少数民法学者认为，合同责任法当中并不存在代物赔偿这一赔偿方式，因为大多数民法学者所谓的代物赔偿实际上并不是赔偿方式，而是法官强制债务人继续履行合同所规定的债务方式，换言之，所谓的代物赔偿是一种债务履行方式，是相对于债务的自愿履行的一种强制履行方式。

著名的学者Carbonnier认为，在讨论债务人对债权人承担的损害赔偿方式时，人们应当排除所谓的代物赔偿，仅仅将合同责任当中的损害赔偿限定在金钱损害的范围内。他指出："在债务人不履行债务时，通过起诉的方式，债权人能够获得损害的赔偿。不过，在债务人不履行合同所规定的债务时，债权人的损害只能够通过获得一定数额的金钱方式得到赔偿，法官不能够责令债务人以代物赔偿方式赔偿债权人的损害。"[③]

Carbonnier认为，虽然合同责任当中的损害赔偿不存在所谓的代物赔偿，但是，"这并不意味着债务人不能够被责令直接履行合同（例如，如果借书的人在借用合同所规定的期限届满之后仍然占有所借用的书籍，法官当然能够责令借书者予以返还），不过，这是另外一个问题：在债务仍然能够履行的情况下，债务人被责令继续履行所承担的债务。而在损害赔偿的问题上，人们面临的问题是：债务不履行的行为已经结束了，并且已经引起了债权人损害的发生。此时，债权人的损害只能够通过一种方式即金钱赔偿予以赔偿"[④]。

在合同责任法当中，代物赔偿当然是存在的，强制继续履行债务也是存在的。法国民法学者之间之所以就代物赔偿是否存在的问题发生争议，是因为他们在讨论代物赔偿时将代物赔偿与强制继续履行合同混淆。实际上，它们是两种不同的制度，即便它们之间的确存在联系，换言之，代物赔偿是强制履行债务之外的一种独立法律制度：强制履行是合同债务的一种履行方式，而代物赔偿则是债务不履行引起的损害赔偿方式。

一方面，所谓强制继续履行合同，是指法官责令债务人继续履行债务人原本应当履行而没有履行的债务，被强制履行的债务与被违反的债务属于同一债务。因此，如果出

---

① Articles 1260 à 1264, Projet de réforme du droit de la responsabilité civile, 13 mars 2017, http://www.textes.justice.gouv.fr/textes-soumis-a-concertation-10179/projet-de-reforme-du-droit-de-la-responsabilite-civile-29782.html; Articles 1260 à 1266; Proposition de loi n°678 portant réforme de la responsabilité civile, Sénat Deuxième session extraordinaire de 2019—2020, Enregistré à la Présidence du Sénat le 29 juillet 2020, pp. 23—24, http://www.senat.fr/leg/pp.119-678.html.

② Gérard Légier, Les obligations, 17e édition, Dalloz, 2001, pp. 115—119; Christian Larroumet, Droit Civil, Les Obligations, Le Contrat, Tome Ⅲ, 2e partie, Effets, 6e édition, Economica, 2007, pp. 755—757; Philippe Malinvaud, Dominique Fenouillet, Droit des obligations, 11e édition, Litec, 2010, pp. 563—568; Philippe Malaurie, Laurent Aynès, Philippe Stoffel-Munck, Droit des obligations, 8e édition, L. G. D. J., 2016, p. 565; Marjorie Brusorio Aillaud, Droit des obligations, 8e édition, bruylant, 2017, p. 297; François Terré, Philippe Simler, Yves Lequette, François Chénedé, Droit civil, Les Obligations, 12e édition, Dalloz, 2018, pp. 1201—1202.

③ Jean Carbonnier, Droit civil, Volume Ⅱ, Les biens, Les obligations, puf, 2004, p. 2210.

④ Jean Carbonnier, Droit civil, Volume Ⅱ, Les biens, Les obligations, puf, 2004, pp. 2210—2211.

卖人没有履行买卖合同所规定的交付出卖物的债务，基于买受人的请求，法官责令出卖人继续交付出卖物给买受人，基于法官的判决，债务人交付出卖物的行为不属于代物赔偿，而仅仅属于强制继续履行债务。另一方面，代物赔偿则是指债务人不履行债务的行为引起了债权人损害的发生，代物赔偿的行为不是债务人没有履行的债务，而是没有履行的债务之外的独立行为，法官责令债务人以金钱之外的此种独立行为赔偿债权人的损害。

有时，这两种不同的制度可以同时发生。笔者以一个范例对它们之间的关系做出说明。

如果委托人与建筑工程公司之间签订建筑工程合同，在建筑工程公司完成的工程质量不合格时，如果委托人向法院起诉，要求法官责令债务人将已经完成的不合格的工程拆除，则法官责令债务人拆除工程的行为不构成强制债务人继续履行债务的行为，而仅仅构成一种代物赔偿的方式。在被法官责令拆除了不合格的工程之后，基于债权人的要求，法官责令债务人继续建造符合合同要求的质量的工程，则债务人继续建造符合质量要求的工程的行为就属于强制债务人继续履行债务的行为。

（三）代物赔偿与金钱赔偿之间的主次关系

如果合同责任当中同时存在代物赔偿和金钱赔偿，它们之间的关系如何：在债务人不履行债务时，债务人是应当首先被责令采取代物赔偿方式还是采取金钱赔偿方式赔偿债权人所遭受的损害？换言之，在这两种不同方式当中，是代物赔偿占据主导地位还是金钱赔偿占据主导地位？对此问题，不同的民法学者之间存在不同看法。

某些民法学者认为，在代物赔偿和金钱赔偿当中，代物赔偿优先于金钱赔偿。例如，Malinvaud 和 Fenouillet 就采取此种理论，他们认为，完全损害赔偿原则要求，在债权人的损害赔偿问题上，人们应当优先采取代物赔偿方式，因为该种赔偿方式是最适当的方式，尤其是就财产损害的赔偿而言，更是如此。他们还认为，该种赔偿方式之所以应当优先采用，是因为该种赔偿方式更加符合完全损害赔偿原则的目标：它能够恢复原状，能够让当事人之间的关系恢复到损害发生之前的状态，能够消除债权人的损害。①

而某些民法学者则认为，在这两种不同的赔偿方式当中，金钱赔偿优先于代物赔偿。例如，Malaurie、Aynès 和 Stoffel-Munck 采取此种理论，因为他们认为，虽然合同责任当中的赔偿同时包括代物赔偿和金钱赔偿，但是，其中的金钱赔偿处于主要地位，而代物赔偿则处于次要地位。他们认为，代物赔偿之所以处于次要地位，是因为文明原则上禁止法官责令债务人或者行为人积极实施某种行为，换言之，文明原则上禁止法官责令行为人积极做出某种行为。拉丁文对这一原则做出了说明：任何人均不得被强制实施某种行为（nemo potest praecise cogi ad factum）。英美法也对这一原则做出了说明：虽然人们能够将马带入水中，但是，任何人均不得强迫马饮水（One can lead a horse to wa-

---

① Philippe Malinvaud, Dominique Fenouillet, Droit des obligations, 11e édition, Litec, 2010, pp. 563—564.

ter，but nobody can make him drink）。[①]

在上述两种不同的理论当中，笔者采取后一种理论。首先，后一种理论更加符合实际情况：虽然法官会在某些案件当中责令债务人以代物赔偿方式赔偿债权人的损害。但是，在绝大多数情况下，他们仅仅会责令债务人以金钱方式赔偿债权人的损害：无论债务人不履行债务的行为所引起的损害是财产损害、纯道德损害还是人身损害，法官几乎均会责令债务人以一定数额的金钱赔偿债权人的损害，关于这一点，笔者将在下面的内容当中做出详细的讨论，此处从略。其次，代物赔偿的适用范围有限。原则上，仅仅在债务人不履行没有个人性质、人身性质的合同债务时，法官才有可能责令他们以代物赔偿方式赔偿债权人的损害；如果债务人不履行的债务在性质上属于具有个人性质、人身性质的债务，则法官不会责令他们以代物赔偿方式赔偿债权人遭受的损害。[②] 最后，仅仅基于债权人的请求，法官才会责令债务人以代物赔偿方式赔偿债权人的损害。在法国，代物赔偿是由法官主动适用的一种赔偿制度还是基于债权人主张之后法官才能够适用的一种赔偿制度？对此问题，法国民法学者之间存在不同看法。

某些民法学者认为，代物赔偿的适用并不是基于债权人的主张，即便债权人没有主张，法官也可以依照职权适用这一赔偿形式。例如，Terré、Simler 和 Lequette 等人采取此种理论，他们认为，根据案件的具体情况和条件，法官可以在代物赔偿和金钱赔偿两种赔偿方式当中做出自由选择。[③] 而另外一些民法学者则认为，除非债权人主张此种赔偿方式，否则，法官不得适用此种赔偿方式。例如，Malinvaud 和 Fenouillet 就采取此种态度，他们认为，债权人能够自由要求债务人以金钱方式赔偿自己的债务，此时，法官不得责令债务人以代物方式赔偿债权人的损害。[④]

实际上，后一种看法更加合理，因为，债权人的请求方式决定了法官裁判的方式，如果债权人仅仅要求债务人赔偿自己的金钱损害，法官没有理由责令债务人以代物方式赔偿债权人的损害。

（四）代物赔偿的例外实行

在法国，代物赔偿仅仅在例外情况下才会被法官适用，因为在许多情况下，法官无法适用这一赔偿方式。

一方面，如果制定法明确规定代物赔偿的方式，则基于债权人的请求，法官能够责令债务人以此种方式赔偿债权人的损害。这一规则既适用于侵权责任，也适用于合同责任。例如，《法国民法典》新的第1221条就明确规定，如果债务人违反合同的规定所建造的工程不符合合同的要求，基于债权人的请求，法官能够责令债务人予以拆除。[⑤]

---

① Philippe Malaurie，Laurent Aynès，Philippe Stoffel-Munck，Droit des obligations，8e édition，L. G. D. J.，2016，p. 565.

② Gérard Légier，Les obligations，17e édition，Dalloz，2001，p. 116.

③ François Terré，Philippe Simler，Yves Lequette，François Chénedé，Droit civil，Les Obligations，12e édition，Dalloz，2018，p. 1202.

④ Philippe Malinvaud，Dominique Fenouillet，Droit des obligations，11e édition，Litec，2010，p. 564.

⑤ Philippe Malinvaud，Dominique Fenouillet，Droit des obligations，11e édition，Litec，2010，p. 564.

另一方面，法官也仅仅在例外情况下责令债务人以代物赔偿的方式赔偿债权人遭受的损害。例如，在债务人所建造的围墙高度超过了合同规定的高度时，基于债权人的要求，法官可能会责令债务人将超过的部分予以清除。同样，在雇主因为过错而开除雇员时，基于雇员的要求，法官可能会责令雇主恢复雇员的工作岗位。①

在债务人被债权人起诉到法院之后，如果债权人没有要求法官责令债务人以代物赔偿的方式赔偿自己的损害，债务人不能够单方面要求法官责令债权人接受自己的代物赔偿方式。在2005年9月28日的案件当中，法国最高法院民三庭承认了此种规则，在该案当中，它认为，建筑工程的承揽人不得强制工程主人接受自己提出的代物赔偿。②

法国司法部的《民事责任法改革草案》和法国参议院的《民事责任法改革提案》第1260条和第1261条也对此种规则做出了说明。根据它们的说明，代物赔偿应当特别适合于消除、减少或者补偿损害，法官不得将代物赔偿强加给受害人，在债务人的成本与债权人的利益明显不成比例时，或者代物赔偿不可能时，法官不得责令债务人采取此种方式赔偿债权人的损害；在债务人拒绝采取代物赔偿时，法官能够授权债权人采取代物赔偿的措施（les mesures de réparation en nature），其费用由债务人承担，法官甚至能够责令债务人预先支付债权人采取代物赔偿措施的必要费用。③

第二节　完全损害赔偿原则

如果债权人因为债务人的不履行行为遭受了任何损害，无论他们遭受的损害是什么性质，在符合合同责任的构成要件时，他们均有权要求法官责令债务人加以赔偿，法官也应当责令债务人赔偿债权人遭受的所有损害，这就是合同责任领域所实行的完全损害赔偿原则。当然，该种原则也在侵权责任领域适用，因为它是所有民事责任共同贯彻的一个基本原则。所不同的是，侵权责任领域的完全损害赔偿原则不会受到损害的可预见性规则的限制，而合同责任领域的完全损害赔偿原则则会受到损害的可预见性规则的限制，已如前述。此外，合同责任领域的完全损害赔偿原则也会受到合同当中有关合同责任条款的影响，因为合同责任的条款可能对完全损害赔偿原则施加限制，关于这一点，笔者将在下面的内容当中做出详细的讨论，此处从略。

一、完全损害赔偿原则的界定

所谓完全损害赔偿原则（le principe de la réparation intégrale du préjudice），是指债

---

① Philippe Malinvaud, Dominique Fenouillet, Droit des obligations, 11e édition, Litec, 2010, pp. 564—565.

② Civ. 3e, 28 septembre 2005, RJDA. 2006, n°133, D. 2005—2545.

③ Articles 1260 et 126, Projet de réforme du droit de la responsabilité civile, 13 mars 2017, http://www.textes.justice.gouv.fr/textes-soumis-a-concertation-10179/projet-de-reforme-du-droit-de-la-responsabilite-civile-29782.html; Articles 1260 à 1261; Proposition de loi n°678 portant réforme de la responsabilité civile, Sénat Deuxième session extraordinaire de 2019—2020, Enregistré à la Présidence du Sénat le 29 juillet 2020, p. 23, http://www.senat.fr/leg/pp.119—678.html.

权人或者他人遭受的所有可予赔偿的损害均应当获得债务人或者行为人的赔偿，债权人或者他人获得的赔偿金与他们遭受的损害完全一致，他们获得的赔偿金数额既不多于所遭受的损害，也不少于所遭受的损害。完全损害赔偿原则源自民事责任领域的著名格言（l'adage）：“虽然债务人应当赔偿债权人的全部损害，但是，他们也仅仅赔偿债权人的损害。”完全损害赔偿原则既在合同责任当中适用，也在侵权责任当中适用，属于合同责任和侵权责任共同适用的原则。

在法国，民法学者普遍承认合同责任和侵权责任领域所贯彻的这一原则。[①] 例如，Malaurie、Aynès 和 Stoffel-Munck 对合同责任领域所贯彻的此种原则做出了说明，他们指出：“在因为合同的不履行引起的金钱损害赔偿当中，占据支配地位的原则是，债权人遭受的损害应当获得全部赔偿……损害赔偿应当将债权人置于合同如果得到正确履行时原本所处的状况当中。”[②] Terré、Simler 和 Lequette 等人也对合同责任领域所贯彻的此种原则做出了说明，他们指出：“法官给付给债权人的损害赔偿金数额应当等同于债权人遭受的所有可予赔偿的损害的总和，不应当超过债权人遭受的所有损害的总和。这是一个基本规则，既适用于侵权责任也适用于合同责任。”[③]

除了民法学者普遍承认这一原则之外，法国最高法院在数不胜数的案件当中反复强调这一原则的实行。早在 1954 年 10 月 24 日的案件当中，法国最高法院民二庭就对此种原则做出了说明，它指出：“民事责任的目的是尽可能准确地重建被损害所破坏的平衡，并且以责任人作为代价让受害人处于致害行为没有产生损害时他们原本所处的状态当中。”[④] 在 1976 年 11 月 9 日的案件当中，法国最高法院民二庭对此种原则做出了说明，它指出：“鉴于引起损害的债务人必须对所造成的全部损害予以赔偿，因此，债权人既不会因此遭受损失，也不会因此获得利益。”[⑤]

在 2015 年 5 月 5 日的案件当中，法国最高法院商事庭对合同责任领域所贯彻的此种原则做出了说明。在该案当中，一家农业公司将“散装氮溶液”出卖给买受人之后委托一家租船公司负责将“散装氮溶液”运送给买受人，而该租船公司又与另外一家运输公司签订分包合同，将运送“散装氮溶液”的事务交由分包人承担。最终，出卖人所出卖的散装氮溶液污染了买受人的氮溶液槽。在主张解除与出卖人之间的买卖合同时，买受人要求出卖人赔偿自己遭受的损害：更换新的氮溶液槽的损失和污染氮溶液槽

① Christian Larroumet, Droit Civil, Les Obligations, Le Contrat, Tome Ⅲ, 2e partie, Effets, 6e édition, Economica, 2007, pp. 765—770; Muriel Fabre-Magnan, Droit des obligations, Tome 1, Contrat et engagement unilatéral, 4e édition, puf, 2016, pp. 771—773; Philippe Malaurie, Laurent Aynès, Philippe Stoffel-Munck, Droit des obligations, 8e édition, L. G. D. J., 2016, pp. 565—566; Rémy Cabrillac, Droit des obligations, 12e édition, Dalloz, 2016, pp. 165—166; Marjorie Brusorio Aillaud, Droit des obligations, 8e édition, bruylant, 2017, p. 297; François Terré, Philippe Simler, Yves Lequette, François Chénedé, Droit civil, Les Obligations, 12e édition, Dalloz, 2018, pp. 930—931.

② Philippe Malaurie, Laurent Aynès, Philippe Stoffel-Munck, Droit des obligations, 8e édition, L. G. D. J., 2016, p. 566.

③ François Terré, Philippe Simler, Yves Lequette, François Chénedé, Droit civil, Les Obligations, 12e édition, Dalloz, 2018, p. 930.

④ Civ. 2e, 24 oct. 1954, J. C. P. 1955, Ⅱ, 8765.

⑤ Civ. 2e, 9 nov. 1976, n°75—11. 737.

的损失。商事庭认为，根据《法国民法典》第 1147 条的规定，出卖人应当赔偿买受人所遭受的这些损害，因为，合同责任贯彻完全损害赔偿原则，它指出："民事责任的目的是将受害人置于致害行为没有发生之前的状况，它既不会让受害人遭受损失，也不会让他们获得利益。"①

迄今为止，虽然法国民法学者和司法判例均承认合同责任和侵权责任领域的完全损害赔偿原则，但是，现行《法国民法典》并没有对此种原则做出明确规定。不过，未来的《法国民法典》极有可能会改变此种现状，将此种原则规定在《法国民法典》当中，因为，无论是法国司法部的《民事责任法改革草案》还是法国参议院的《民事责任法改革提案》均规定了此种原则，认为此种原则属于整个民事责任所贯彻的原则，换言之，它既适用于侵权责任也适用于合同责任。

法国司法部 2017 年的《民事责任法改革草案》第 1258 条规定：损害赔偿的目的在于尽可能将受害人置于如果致害行为没有发生时原本应当处的状况当中。它既不会让受害人遭受损失，也不会让受害人获得利益。② 法国参议院 2020 年的《民事责任法改革提案》第 1258 条规定：损害赔偿是完全的，它的目的在于尽可能将受害人置于如果致害行为没有发生时原本应当处的状况当中，因此，它既不会让受害人遭受损失，也不会让受害人获得利益。③

二、完全损害赔偿原则的实行

长久以来，法国最高法院均认为，在债务人不履行合同所规定的债务时，他们应当对债权人承担什么范围内的赔偿责任，是由基层法院的法官具体决定的事情，最高法院对此问题不施加控制。如果当事人对基层法院的法官做出的损害赔偿判决不服并因此上诉至最高法院，最高法院仅仅从两个方面对上诉法院的判决进行审查：在责令债务人赔偿债权人的损害时，基层法院的法官是否考虑了《法国民法典》新第的 1231 - 2 条（旧的第 1149 条）所规定的现有利益损失和预期收益损失，法官是否考虑了《法国民法典》新的第 1231 - 3 条（旧的第 1150 条）和新的第 1231 - 4 条（旧的第 1151 条）所规定的两个责任限制即可预见性的损害和直接损害。④

在决定债务人承担的损害赔偿责任范围时，法官仅仅考虑债权人遭受的可予赔偿损害的范围，除此之外，他们不应当考虑任何其他因素：债权人遭受了多少可予赔偿的损害，债务人就应当赔偿多少数额的损害。换言之，债权人损害的范围决定着债务人赔偿的范围，债务人既不应当超过债权人遭受的损害范围承担赔偿责任，也不应当少于债权

① Cour de cassation, civile, Chambre commerciale, 5 mai 2015, 14—11. 148 14—15. 278.

② Article 1258, Proposition de loi n°678 portant réforme de la responsabilité civile, Sénat Deuxième session extraordinaire de 2019—2020, Enregistré à la Présidence du Sénat le 29 juillet 2020, p. 5, http://www. senat. fr/leg/pp. 119—678. html.

③ Article 1258, Proposition de loi n°678 portant réforme de la responsabilité civile, Sénat Deuxième session extraordinaire de 2019—2020, Enregistré à la Présidence du Sénat le 29 juillet 2020, p. 5, http://www. senat. fr/leg/pp. 119—678. html.

④ François Terré, Philippe Simler, Yves Lequette, François Chénedé, Droit civil, Les Obligations, 12e édition, Dalloz, 2018, p. 931.

人遭受的损害范围承担赔偿责任。

首先，在决定债务人的赔偿范围时，法官不应当考虑债务人不履行债务的过错程度，无论债务人是故意不履行债务还是过失不履行债务，无论他们的过失不履行行为是重大过错还是一般过错，他们的过错程度均同所承担的赔偿责任范围无关。[①] 早在1913年5月26日的案件当中，法国最高法院就对此种规则做出了说明，它指出，在决定被告承担的损害赔偿责任范围时，无论被告的过错程度如何，法官均不应当予以考虑。[②]

其次，在决定债务人承担的损害赔偿责任范围时，法官不应当考虑债务人或者债权人的个人财产是多还是少，他们是否有财产、有多少数额的个人财产，均应当从赔偿责任范围当中排除掉。在1970年12月17日的案件当中，法国最高法院刑事庭就对此种规则做出了说明。[③]

最后，在决定债务人承担的损害赔偿责任范围时，法官不应当考虑债权人的个人特质（prédisposition）。换言之，无论债权人是多愁善感的人，还是坚强硬朗的人均不影响债务人对他们承担的损害赔偿责任的范围，因为债务人承担的责任范围仅仅取决于债权人遭受的损害范围，不取决于他们的个人特质。除了在大量的案件当中对此种规则做出了说明之外，在2016年5月19日的案件当中，法国最高法院民二庭也对此种规则做出了说明。[④]

三、法官对损害赔偿金的评估和确定：客观方法和主观方法

除非债务人通过代物赔偿的方式赔偿债权人遭受的损害，否则，无论债权人遭受的损害是财产损害、纯道德损害还是人身损害，在责令债务人以金钱方式赔偿时，法官均应当将债权人遭受的损害货币化、金钱化：首先，通过客观的或者主观的方法，他们分别将债权人遭受的每一项损害货币化、金钱化，也就是说，仅仅将债权人遭受的每一项损害量化为一定数额的金钱，这就是所谓的赔偿金（les dommages et intérêts）。之后，他们再将所有的赔偿金加在一起形成一笔总的赔偿金，这就是赔偿总额（montant）。最后，责令债务人将赔偿总额支付给债权人。

（一）损害赔偿金的客观确定方法和主观确定方法

在将债权人遭受的损害逐项量化为一定数额的赔偿金时，法官采取的方法是存在差异的。总的来说，如果债权人遭受的损害在性质上是财产损害和人身损害当中的财产损害（以下简称“财产损害”），在将财产损害量化为一定数额的赔偿金时，法官要采取客观的评估方法；反之，如果债权人遭受的损害在性质上是纯道德损害和人身损害当中

---

① François Terré, Philippe Simler, Yves Lequette, François Chénedé, Droit civil, Les Obligations, 12e édition, Dalloz, 2018, p. 931.

② Cass. civ., 26 mai1913.

③ Crim., 17 déc. 1970, n°69—93. 478.

④ Crim. 12 avr. 1994, n°93—84. 367; Civ. 2e, 10 juin 1999, n°97—20. 028; Civ. 2e, 10 nov. 2009, n°08—16. 920; Crim. 11 janv. 2011, n°10—81. 716; Civ. 2e, 28 juin 2012, n°11—18. 720, RTD civ. 2013. 130, obs. P. Jourdain; Civ. 2e, 19 mai 2016, n°15—18. 784.

的道德损害（以下简称“道德损害”），在将道德损害量化为一定数额的赔偿金时，法官要采取主观的评估方法。

所谓损害赔偿金的客观评估方法（l'évaluation objective des dommages），是指法官通过某种客观的标准（critères objectifs）确定债权人遭受的损害赔偿金数额是多少。所谓某种客观的标准，是指在确定损害赔偿金的具体数额时，法官能够依赖客观存在的某种外在标准。例如，在承租人的过错导致出租屋被大火烧毁时，法官在确定被烧毁的出租屋的赔偿金数额时可以依赖该出租屋的市场价值：在判决做出时，该被烧毁的房屋的市场价值是多少，法官就责令承租人赔偿多少赔偿金给出租人，被烧毁的房屋的市场价就是法官确定财产损害数额的客观标准。

再例如，在承租人因为自己的过错导致所承租的机动车毁坏时，法官可以依照两种不同的客观标准确定出租人遭受的损害是多少：如果出租车能够修复，法官根据修复的费用责令承租人赔偿出租人的损失；如果机动车完全毁灭，没有修复的必要或者可能，则法官根据替换另外一辆同样或者类似的机动车的价格责令承租人赔偿出租人的损失。出租车的修复费用或者替换价格就是法官确定出租人财产损害的客观标准。[①] 关于财产损害赔偿数额的具体评估和确定，笔者将在下面的内容当中做出详细的讨论，此处从略。

所谓损害赔偿金的主观评估方法（l'évaluation subjective des dommages），是指法官根据受害人的个人状况（la situation personnelle）确定他们遭受的损害赔偿金的数额是多少。[②] 在评估受害人遭受的道德损害时，法官没有可以依赖的某种客观标准，他们应当考虑每一个案件所涉及的各种具体因素，尤其是受害人所提供的各种证据，诸如受害人被侵犯的人格权的重要性、受害人遭受精神痛苦的程度等。[③] 例如，在承运人不履行债务的行为引起乘客遭受残疾损害时，在确定乘客的残疾损害赔偿金的数额时，法官没有可以依赖的某种外在客观标准，他们只能够根据案件的具体情况确定一笔数额的赔偿金。再例如，在医师的过错引起病患者死亡时，在确定病患者的配偶所遭受的感情损害赔偿金数额时，法官也没有可以依赖的任何客观标准，他们只能够根据案件的具体情况确定一笔数额的赔偿金的具体数额。

无论是美感损害赔偿金的确定还是感情损害赔偿金的确定，法官均不得依赖其他法官在同样或者类似的案件当中所确定的赔偿金数额，否则，损害赔偿金的主观评估方法就成为损害赔偿金的客观评估方法。当然，基层法院的法官能够依赖最高法院所确立的标准，如果最高法院在此种问题上确立了标准的话。[④] 关于道德损害赔赔偿金的具体评估和确定，笔者将在下面的内容当中做出详细的讨论，此处从略。

---

① Philippe Malaurie, Laurent Aynès, Philippe Stoffel-Munck, Droit des obligations, 8e édition, L. G. D. J., 2016, pp. 149—151.

② Denis Alland et Stéphane Rials (dir.), Dictionnaire de la culture juridique, puf, 2003, s. v.《dommage》.

③ Philippe Bouhanna, Le Rôle de la Cour de cassation face a l'évaluation du préjudice extra patrimonial, Intervention de Me Bouhanna, https://www.courdecassation.fr/venements_23/colloques_4/2008_2484/intervention_me_bouhanna_11580.html；张民安、林泰松：《人格权在民法典当中的独立地位》，中山大学出版社 2019 年版，第 306—309 页。

④ Gilles E. Néron Communication marketing inc. c. Chambre des notaires du Québec, [2000] R. J. Q. 1787 (C. S.).

（二）损害赔偿金的客观评估方法与主观评估方法所具有的不同特征

损害赔偿金的客观评估方法具有客观性（objective）、准确性（précise）和数学性（mathématique）的特征，因为，通过借助于某种外在的客观标准，法官能够非常精准地计算出债权人遭受的损害究竟是多少数额的具体金钱。而损害的主观评估方法则具有大约性（approximative）、自由裁量性（discrétionnaire）和准专断性（quasi arbitraires）的特征，因为，在确定债权人遭受的道德损害赔偿金时，法官无法借助于任何外在的客观判断标准，他们只能够根据案件的不同情况确定债权人遭受的道德损害赔偿金的数额。

在大量的案件当中，法官对这两种不同的评估方法所具有的上述不同特征做出了说明。在2000年的案件当中，法官对这些不同特征做出了说明，他们指出："虽然此类损害即道德损害是真实的损害，但是人们不能够以某种数学公式或其他方法对其赔偿金的数额进行客观评估，道德损害赔偿金只能够由法官通过某种自由裁量的方式确定。"①在2001年的案件当中，法官也对这些不同特征做出了说明，他们指出："人们很难对道德损害加以金钱上的量化，人们怎样以金钱方式确定受害人遭受的痛苦或者快乐的减少值多少钱？此时，法官无须精通数学，相反，他们应当感同身受，要对受害人怀有同情心。通常而言，受害人的感情越强烈，他们获得的赔偿金数额就越高，以便赔偿他们遭受的痛苦。"②

因为此种原因，人们普遍认为，财产损害赔偿金的评估和确定相对简单，而道德损害赔偿金的评估和确定则极端困难。在大量的案件当中，法官对道德损害赔偿金的评估和确定所存在的困难做出了说明。在1990年的案件当中，法官对道德损害赔偿金的评估和确定所具有的困难做出了说明，他们指出："道德损害赔偿金的确定是最难的，因为法官没有任何可以依赖的出发点。因此，此类损害的确定仍然是大致的。"③ 在1999年的案件当中，法官对道德损害赔偿赔偿金的确定所面临的困难做出了说明，他指出："道德损害赔偿金的确定是一个很主观的事情，人们很难将其理性化。如果允许我解释一下，我会说，你所遭受的损害是无价的。或者说，如果由我个人决定或者主观决定的话，我会认为，与其说你遭受的损害是10000美元，毋宁说是100000美元。不过，我应当更加现实一些，我应当确定一个价格，这一个价格并不是为了补偿你所遭受的损害，因为你所遭受的损害究竟是多少，人们无法用数学加以计算。"④

在2002年的案件当中，法官对道德损害赔偿金的评估和确定所具有的这些特征做出了说明，他们指出："道德损害的赔偿金是很难确定的，它们几乎是准专断性的。"⑤在2003年的案件当中，法官也指出："我们所接受的法学理论告诉我们，在评估和确定道德损害的赔偿金数额时，法官应当确定一个总的赔偿数额，而不会列明其中的每一个

---

① Gilles E. Néron Communication marketing inc. c. Chambre des notaires du Québec, [2000] R. J. Q. 1787 (C. S.).

② 9078-0669 Québec inc. c. Gravel, [2001] R. J. Q. 2908, par. 364 (C. S.).

③ Massé c. Bélanger, [1990] R. R. A. 538, 541 (C. S.).

④ M. M. c. S. V. , J. E. 99—375 (C. S.).

⑤ Gagnon c. Pelletier, J. E. 2002—843 (C. S.), par. 178.

组成部分的数额。法官以自由裁量的方式确定这一总的赔偿数额，换言之，道德损害赔偿金的确定在很大程度上是自由裁量性的、主观性的和专断性的。"[①]

（三）道德损害的赔偿属于完全损害赔偿原则的组成部分

法国最高法院指出，即便道德损害的赔偿是非常难以评估和确定的，法官仍然应当通过一定的方法予以评估和确定，因为，即便是道德损害的赔偿，合同责任法和侵权责任法仍然贯彻完全损害赔偿原则。在1964年5月8日和1975年7月8日的两个案件当中，法国最高法院民二庭和刑事庭均声明：完全损害赔偿原则适用于所有损害的赔偿，无论它们的性质是财产损害、道德损害还是人身损害，均是如此。[②]

在法国，无论财产损害赔偿金的评估和确定还是道德损害赔偿金的评估和确定均是基层法院法官的职责或者权限，法国最高法院原则上不对损害赔偿金的评估和确定施加控制和限制。虽然此种规则历史悠久，但是，法国最高法院近些年来仍然不厌其烦地对此种规则做出宣示。在1999年3月26日的案件当中，法国最高法院联合庭对此种规则做出了宣示，它指出："上诉法院的法官已经依照职权确定了损害的赔偿金数额，通过对损害赔偿金的确定，它证明了损害的存在，并且它没有义务要准确地说明损害的每一种类型。"[③] 在2002年9月6日的案件当中，法国最高法院联合庭原封不动地重复了此案的规则。[④] 在2005年4月21日的案件当中，法国最高法院民二庭也对此种规则做出了说明，它指出："上诉法院……已经依照职权确定了受害人所遭受的非财产损害的存在和范围。"[⑤]

在例外情况下，法国最高法院仍然会对基层法院法官评估损害赔偿金的行为施加控制：在确定道德损害赔偿的具体数额时，基层法院的法官所给出的理由和原因（les motifs）是否充分、是否自相矛盾、是否合理，以便确保基层法院法官在评估和确定道德损害的赔偿数额时所给出的理由和原因是充分的、协调一致的、合理的。[⑥]

四、确定损害赔偿金的时间点

在债务人不履行债务的行为引起了债权人损害的发生时，如果债权人要求法官责令债务人赔偿自己遭受的损害，在确定债权人的赔偿金数额时，法官是以债务人不履行债务的时间点作为评估和确定的时间点，还是以债权人起诉的时间点作为评估和确定的时间点，或者以其他时间点作为评估和确定的时间点？对此问题，迄今为止，现行《法国民法典》没有做出明确规定，在不同时期，法国的司法判例做出的回答是不同的。不过，从1948年开始一直到今时今日，法官采取的做法是，在评估和确定债权人所遭受的赔偿金数额时，法官以终审裁判做出之日作为评估和确定债权人赔偿金数额的时间

---

① Gérouéc. Aratrans Canada inc.，［2003］R. J. Q. 1177，par. 59（C. S.）.

② Crim. 8 juillet 1975 JCP 1976. Ⅱ 18369 note Caleb；Civ. 2ème 8 mai 1964 JCP 1965. Ⅱ. 15140 note Esmein.

③ Ass. Plén.，26 mars 1999，pourvoi n°95—20640.

④ Cass. ch. mixte，6 septembre 2002，B. Ch. mixte，n°4.

⑤ Civ. 2，21 avril 2005，pourvoi n°04-06023.

⑥ Crim. 27 octobre 1976 D 1976. IR. 323.

点。法官的此种做法获得了民法学者的支持。①

法国司法判例采取的此种做法未来极有可能在《法国民法典》当中成为规定，因为，法国司法部的《民事责任法改革草案》和法国参议院的《民事责任法改革提案》第1262条均对此种规则做出了说明，它们规定：损害赔偿金在判决之日做出评估，此时，法官应当考虑所有的情况，这些情况从损害发生之日起一直到判决做出时均会对损害的存在和损害的价值产生影响，以及可以合理预见的病变。如果在判决之后，受害人的损害加重，受害人有权要求价值的损害的赔偿。在人身损害当中，凡是没有包含在原告最初要求的赔偿当中的所有既存的损害，受害人也均有权要求赔偿，任何一部分的损害均应当予以独立的评估。②

第三节 债权人的财产损害的赔偿

一、三种财产损害的赔偿

根据完全损害赔偿原则，债务人应当被责令赔偿债权人遭受的所有损害。虽然债务人承担损害赔偿责任的方式包括金钱赔偿和代物损害赔偿，但是，在正常情况下，债务人承担赔偿责任的方式是金钱赔偿，也就是，法官责令债务人支付一定数额的金钱给债权人，以便补偿债权人因为债务的不履行所遭受的损害，无论是财产损害的赔偿、非财产损害的赔偿还是人身损害的赔偿均是如此。虽然非财产损害在性质上不是财产损害，但是，法官仍然应当对债权人遭受的非财产损害进行评估，以便确定债务人应当以多少数额的金钱赔偿债权人所遭受的非财产损害。

如果债权人因为债务人不履行债务的行为而遭受了某种财产损害，他们有权要求法官责令债务人赔偿自己遭受的财产损害。法官应当责令债务人以一定数额的金钱赔偿债权人遭受的损害。根据完全损害赔偿原则，债权人遭受了多少可予赔偿的财产损害，债务人就应当赔偿多少数额的金钱给债权人，以便让债权人在财产领域恢复到合同如果履行时原本应当具有的财产状况。根据《法国民法典》旧的第1149条和新的第1231－2条的规定，债权人遭受的财产损害的赔偿包括两部分的赔偿即现有利益损失的赔偿和预期收益损失的赔偿。不过，在这两种财产损害赔偿之外，民法学者和法官还增加了第三种财产损害赔偿即机会损失的赔偿。无论是哪一种形式的财产损害的赔偿，均应当由法官在具体案件当中采取客观的方式予以评估和确定。

① François Terré, Philippe Simler, Yves Lequette, François Chénedé, Droit civil, Les Obligations, 12e édition, Dalloz, 2018, pp. 931—933.

② Article 1262, Proposition de loi n°678 portant réforme de la responsabilité civile, Sénat Deuxième session extraordinaire de 2019—2020, Enregistré à la Présidence du Sénat le 29 juillet 2020, p. 5, http://www.senat.fr/leg/pp.119—678.html; Article 1262, Proposition de loi n°678 portant réforme de la responsabilité civile, Sénat Deuxième session extraordinaire de 2019—2020, Enregistré à la Présidence du Sénat le 29 juillet 2020, p. 23, http://www.senat.fr/leg/pp.119—678.html.

二、现有利益损失的赔偿

根据《法国民法典》旧的第1149条和新的第1231－2条的规定，如果债权人因为债务人不履行债务的行为而遭受了现有利益损失，他们有权要求法官责令债务人以一定数额的金钱赔偿自己所遭受的此种损失。现有利益损失的赔偿既涉及债权人被毁损的财产价值的评估和确定，也涉及债权人所支出的各种各样的费用的确定，无论是被毁损的财产价值的评估还是所支出的费用的确定，法官均应当将自己对债权人现有利益损失的评估和确定建立在债权人提供的各种各样的凭证的基础上，诸如报价、订单、发票和合同等。[①] 具体来说，现有利益损失的评估和确定包括三个方面的损失的评估和确定：有形财产损失（pertes matérielles）的评估和确定，无形财产损失（pertes immatérielles）的评估和确定，以及所支出的各种费用的赔偿。

（一）有形财产损失的评估和确定

在民法当中，债权人享有的物权多种多样，诸如所有权、用益权、使用权和居住权等。[②] 在民法当中，债权人享有的担保权同样多种多样，诸如质押权、抵押权和留置权等。[③] 这些主观权利被统称为有形财产权，因为它们的客体均是某种有形的动产和不动产，人们单凭肉眼能够看得见它们的存在。[④] 这些主观权利均受到合同责任法和侵权责任法的保护，如果债务人或者行为人实施的债务不履行行为或者致害行为引起了债权人或者他人享有的此类主观权利的损害，债权人或者他人有权要求法官责令债务人或者行为人赔偿自己所遭受的损害，他们所遭受的此类损害被称为有形财产损失，该种有形财产损失属于一种现有利益损失。

在符合合同责任的三个构成要件时，债权人有权要求法官责令债务人对自己承担赔偿责任。在责令债务人赔偿此种损失时，法官也应当进行评估和确定，这就是有形财产损失的评估和确定。所谓有形财产损失的评估和确定，是指债权人享有的有形财产权因为债务不履行行为而遭受损害时，法官对债权人遭受的有形财产损失所进行的评估和确定。例如，在出卖人将出卖物出卖给买受人之后，出卖人因为过错引起了自己仍然占有的属于买受人财产的损失即为有形财产的损失。再例如，承租人因为过错导致了承租物的损失即为有形财产的损失。

根据法国司法部的《民事责任法改革草案》第1278条和第1279条和法国参议院的

---

① Ph. Le Tourneau (dir.), Droit de la responsabilité et des contrats, Dalloz, 8e éd., 2010, n°1502; Nicolas Régis, Le préjudice économique des entreprises, Bulletin d'information, 1er mai 2013, Cour de cassation, Les éditions des Journal Officiels, p.6.

② 张民安：《法国民法》，清华大学出版社2015年版，第451—493页；张民安：《法国民法总论（Ⅱ）》，清华大学出版社2020年版，第175—183页。

③ 张民安：《法国民法》，清华大学出版社2015年版，第494—542页；张民安：《法国民法总论（Ⅱ）》，清华大学出版社2020年版，第224—249页。

④ Henri et Leon Mazeaud, Jean Mazeaud, Francois Chabas, Leçons de Droit civil, Tome Premier, Introuduction à l'étude du droit, 12e édition, Montchrestien, 2000, p.282；张民安：《法国民法总论（Ⅱ）》，清华大学出版社2020年版，第38—40页。

《民事责任法改革提案》第1281条和第1282条的规定，如果债务人不履行债务的行为或者行为人实施的致害行为导致债权人或者他人的某种有形财产（bien corporel）遭受了损害，在责令债务人赔偿债权人遭受的财产损害时，法官应当遵循的规则有三：

1. 能够修复或者替换时债务人对债权人财产损害的赔偿：修复费或者替换费当中数额较少的部分

在债权人的财产被损坏之后，如果他们的财产既可以修复，也可以被同等或者类似的某种有形财产替换，法官应当根据财产的修复费用或者财产的替换费用的多少决定债务人的赔偿数额的多少：如果修复费用要低于替换费用，则债务人赔偿债权人的修复费用，换言之，债务人应当赔偿的数额是修复费用的数额；反之，如果修复费用高于替换费用，则债务人赔偿债权人的替换费用，换言之，债务人应当赔偿的数额是替换费用的数额。在采取这两种方法当中的任何一种方法时，法官既不考虑被损坏的财产的破旧程度，也不考虑该种财产所具有的剩余价值。①

2. 不能够修复或者替换时债务人对债权人财产损害的赔偿：被毁损的财产原本的价值

在债权人的财产被损坏之后，如果他们的有形财产既无法修复，也无法替换，也就是说，如果他们的有形财产被完全毁损并且无法找到能够与其性质、质量相同或者类似的有形财产，则法官应当责令债务人赔偿债权人遭受的此种财产价值：在法官做出判决之日，如果债权人的财产没有被债务人不履行债务的行为毁灭，债权人的财产原本应当有多少价值，债务人就应当赔偿多少数额的赔偿金。换言之，债务人的赔偿数额是债权人被毁损的财产如果没有被毁损时的现有价值。在债权人的有形财产被毁损之后，如果他们已经获得了财产损害的赔偿，则被毁损的财产应当归债务人所有，债权人应当将被毁损的财产交付给债务人。如果债权人要求保留被毁损的财产，则被毁损财产的残存价值（valeur résiduelle）应当从赔偿数额当中减掉。②

3. 被损坏财产的使用损失、利润损失和其他损失的赔偿

除了上述两种情况下的财产损害赔偿之外，在债务人的债务不履行行为引起债权人的有形财产的毁坏时，债务人可能还要对债权人承担其他形式的损害赔偿，包括：被毁坏的财产的使用损失、经营损失（les pertes d'exploitation）或者所有其他损失，只有这

---

① Articles 1278 et 1279, Projet de réforme du droit de la responsabilité civile, 13 mars 2017, http://www. textes. justice. gouv. fr/textes-soumis-a-concertation- 10179/projet-de-reforme-du-droit-de-la-responsabilite-civile- 29782. html; Articles 1281et 1282, Proposition de loi n°678 portant réforme de la responsabilité civile, Sénat Deuxième session extraordinaire de 2019—2020, Enregistré à la Présidence du Sénat le 29 juillet 2020, p. 28, http://www. senat. fr/leg/pp. 119—678. html.

② Articles 1278 et 1279, Projet de réforme du droit de la responsabilité civile, 13 mars 2017, http://www. textes. justice. gouv. fr/textes-soumis-a-concertation- 10179/projet-de-reforme-du-droit-de-la-responsabilite-civile- 29782. html; Articles 1281et 1282, Proposition de loi n°678 portant réforme de la responsabilité civile, Sénat Deuxième session extraordinaire de 2019—2020, Enregistré à la Présidence du Sénat le 29 juillet2020, p. 28, http://www. senat. fr/leg/pp. 119—678. html.

些损失具有可予赔偿损害的共同特征，只有符合合同责任的共同构成要件。[①] 关于经营损失的赔偿，笔者将在预期收益损失的赔偿当中讨论，此处从略。

所谓使用损失（préjudice de jouissance trouble de jouissance），是指因为债务人不履行债务的行为导致债权人原本能够使用某种有形财产而无法使用该种有形财产所遭受的损失，包括不能够使用动产和不动产的损失。例如，因为出租人的过错，承租人在承租出租屋之后无法居住所遭受的损失就是使用损失。再例如，因为出卖人迟延交付出卖物，导致买受人无法使用原本能够及时使用的财产所遭受的损失。这些损失在性质上属于可予赔偿的损失，债务人应当加以赔偿。

在2020年1月22日的案件当中，法国最高法院认定，被告应当赔偿原告遭受的使用损失，在该案当中，一对夫妻购买了游艇并且进行了保险，由于游艇存在隐蔽瑕疵，结果游艇沉没。除了要求其他财产损害的赔偿之外，原告还要求被告出卖人和保险公司赔偿自己遭受的使用损失。最高法院认定，两个被告应当赔偿原告遭受的使用损失。[②] 就像其他财产损害的评估和确定完全由基层法院的法官根据案件的具体情况予以判决一样，债权人遭受的财产损失的赔偿也完全是由基层法院的法官在具体案件当中加以评估和确定的。

在确定债权人遭受的使用损失时，法官应当考虑多种多样的因素：不能够使用财产情况的严重性，也就是债务人实施的导致债权人不能够使用财产的行为的性质，例如，如果债权人的财产是用来居住的，法官要考虑究竟是整个房屋不能够居住还是部分不能够居住；债权人不能够使用财产的期限长短；不能够使用的财产的出租价格或者承租价格是多少；安置受到影响的人的数量和费用；购买或者租赁财产的价格等。如果法官认为有必要，他们可以寻求专业人士的协助。

在2014年2月24日的案件当中，一家地方法院的法官认为，当债务人为一家四口从事顶棚拆除和房屋修理时，因为他们的工程质量太差而不得不被责令拔掉并因此重新进行装修时，他们应当赔偿一家四口在30天内无法居住房屋所遭受的使用损失：法官责令债务人赔偿原告四个人每人每日50.65欧元的使用损失。在2014年12月11日的案件当中，一家地方法院的法官认定，当债务人建造的工程不适当并且不得不重建时，他们应当赔偿债权人遭受的4000欧元的使用损失。[③]

在2015年2月25日的一个案件当中，一家地方法院的法官认定，当债务人没有按期完成游泳池的建造时，他们应当赔偿债权人遭受的使用损失750欧元；在2015年9月29日的案件当中，法国最高法院民三庭的法官认定，当债务人中断债权人第二套住房的建造工作时，他们应当赔偿债权人遭受的使用损失15000欧元；在2015年10月23

---

① Articles 1278 et 1279, Projet de réforme du droit de la responsabilité civile, 13 mars 2017, http://www.textes.justice.gouv.fr/textes-soumis-a-concertation-10179/projet-de-reforme-du-droit-de-la-responsabilite-civile-29782.html; Articles 1281 et 1282, Proposition de loi n°678 portant réforme de la responsabilité civile, Sénat Deuxième session extraordinaire de 2019—2020, Enregistré à la Présidence du Sénat le 29 juillet2020, p. 28, http://www.senat.fr/leg/pp.119—678.html.

② Civ. 1e, 22 janvier 2020, 18—23.533.

③ CA Nancy, 24 février 2014, n°533/2014; CA Montpellier, 11 décembre 2014, n°11/05109.

日的案件当中，一家地方法院的法官认定，当债务人建造的车库墙壁在长达五年的时间内霉气缠绕时，他们应当赔偿债权人遭受的使用损失1000欧元。[①]

（二）无形财产损失的评估和确定

在民法当中，债权人享有的商事权多种多样，诸如商事名称权、商事租赁权、顾客名单权。[②] 债权人享有的知识产权同样多种多样，诸如发明权、专利权、商标权等。[③] 它们被统称为无形财产权，因为它们的客体均是无形财产，人们单凭肉眼无法看得见它们的存在。[④] 债权人享有的这些无形财产权也受到合同责任法和侵权责任法的保护，如果债务人或者行为人实施的债务不履行行为或者致害行为引起了债权人或者他人享有的此类主观权利的损害，债权人或者他人有权要求法官责令债务人或者行为人赔偿自己所遭受的损害，他们所遭受的此类损害被称为无形财产损失，该种无形财产损失也属于一种现有利益损失。

在符合合同责任的三个构成要件时，债权人有权要求法官责令债务人对自己承担赔偿责任。在责令债务人赔偿债权人所遭受的此类损失时，法官也应当进行无形财产损失的评估和确定。所谓无形财产损失的评估和确定，是指在债权人享有的诸如商事名称权、租赁权、顾客名单权、发明权、专利权、商标权等无形财产权因为债务不履行行为而遭受损失时，法官对债权人遭受的损失所进行的评估和确定。

在评估和确定债权人遭受的这些损失的赔偿数额时，法官或者采取替代成本的方式，以债权人承租别人的不动产作为经营场所的成本作为债权人遭受损害的根据，让债务人赔偿债权人因为承租别人的不动产作为经营场所所遭受的损害，或者采取预期收益损失即经营损失的方式，以债权人被剥夺的经营收入损失作为他们遭受损害的根据，让债务人在债权人所剥夺的经营收入损失的范围内承担赔偿责任。[⑤]

在2012年12月18日和2016年11月17日的两个案件当中，法国最高法院民三庭认为，如果出租人在租赁合同限期届满时拒绝续展租赁合同，他们拒绝续展租赁合同的行为构成不履行债务的行为，应当赔偿承租人遭受的无形财产损失。在这两个案件当中，原告承租了被告的不动产作为商事经营活动的场所，在租赁合同所规定的期限届满时，原告要求续展租赁合同，被告违反了所承担的续展债务，拒绝与原告继续签订租赁合同。原告向法院起诉，要求法官责令被告就其不履行合同债务的行为引起的租赁权损

---

① CA Limoges, 25 février 2015, n°14/00256; Civ. 3, 29 septembre 2015, n°13—19923; CA Colmar, 23 octobre 2015, n°632/2015.

② 张民安：《商法总则制度研究》，法律出版社2007年版，第321—329页。

③ 张民安：《法国民法总论（Ⅱ）》，清华大学出版社2020年版，第250—284页。

④ Henri et Leon Mazeaud, Jean Mazeaud, Francois Chabas, Leçons de Droit civil, Tome Premier, Introuduction à l'étude du droit, 12e édition, Montchrestien, 2000, p. 282；张民安：《法国民法总论（Ⅱ）》，清华大学出版社2020年版，第38—40页。

⑤ P. Lajouane et T. Borel, La perte subie et le gain manqué: proposition de solutions pratiques, Les experts-comptables de justice et l'évaluation des préjudices économiques, colloque organisé par la Compagnie nationale des experts-comptables de justice à Nice le 30 septembre 2011, p. 33; Nicolas Régis, Le préjudice économique des entreprises, Bulletin d'information, 1er mai 2013, Cour de cassation, Les éditions des Journal Officiels, p. 6.

失对自己承担赔偿责任。法国最高法院认为，被告拒绝续展租赁合同的行为构成债务不履行行为，应当赔偿承租人因为被排挤（éviction）所遭受的所有损害，包括：原告为获得新的商事营业资产（nouveau fonds de commerce）所支出的各种费用、因为原告经营活动陷入错乱而遭受的损失、原告搬迁经营场所的费用、原告重新安置的费用等。不过，如果出租人能够证明，承租人没有支付其中的某一种费用，如没有支付搬迁费，则他们无须赔偿承租人的此种损失。①

（三）所支出的各种费用的赔偿

如果债务人不履行债务的行为导致债权人不得不支出某种费用，则他们应当以一定数额的金钱赔偿债权人所遭受的费用损失。在责令债务人赔偿此种损失时，法官应当进行所支出的各种费用的评估和确定。在债务人不履行债务时，债权人可能会花费各种各样的必要和合理费用，这些费用根据债权人所具体花费的多少予以确定，例如，因为债务人不履行债务，债权人不得不对公司进行重组或者缩小公司的规模，他们重组公司或者减小公司规模时支付了多少费用，债务人就应当赔偿多少费用。再例如，为了确定损害的性质问题，债权人在寻求专家意见时支付了多少费用，债务人也应当赔偿债权人多少费用。②

三、预期收益损失的赔偿

根据《法国民法典》旧的第1149条和新的第1231－2条的规定，如果债权人因为债务人不履行债务的行为而遭受了预期收益损失，他们也有权要求法官责令债务人以一定数额的金钱赔偿自己所遭受的此种损失。就像在责令债务人赔偿债权人遭受的现有利益损失时法官要对此种损失进行评估和确定一样，在责令债务人以一定数额的金钱赔偿债权人所遭受的预期收益损失时，法官也应当对此种损失进行评估和确定。实际上，预期收益损失就是经营损失。在评估和确定债权人所遭受的预期收益损失是多少时，法官要分析和探讨这样的问题：如果债务人履行了债务，债权人能够从债务履行当中获得多少数额的预期利益；债权人从债务的履行当中原本能够获得的预期利益数额就是债务人应当以预期收益损失赔偿的名义加以赔偿的数额。

在确定债权人原本能够获得的预期收益损失时，法官采取的做法是，将债务人不履行债务导致债权人所减少的营业额（chiffre d'affaires）减掉债权人为了实现营业额所支出的各种负担之后的余数就是债权人的预期收益损失，换言之，债务人赔偿的预期收益损失是债权人在合同如果履行之后原本应当从中获得的利润：在债务人履行了合同所规定的债务的情况下，债权人能够从债务的履行当中获得多少利润，债务人就应当赔偿债权人多少预期利益损失。虽然债权人究竟能够从债务履行当中获得多少利润的问题是一个不确定的、有时甚至是难以计算的问题；但是，法官仍然能够通过多种多样的方式确

① Cass. 3e civ., 18 décembre 2012, n°11—23.273; Cass. 3e civ., 17 novembre 2016, n°15—19.741.

② Nicolas Régis, Le préjudice économique des entreprises, Bulletin d'information, 1er mai 2013, Cour de cassation, Les éditions des Journal Officiels, p.6.

定债权人所遭受的利润损失的数额是多少。[①]

例如，法官可以根据债权人提供的历史数据尤其是过去的商事账簿证明自己的利润数额。再例如，法官可以通过比较或者类比的方式确定债权人遭受的预期利益损失：如果债权人在今年前3个月因为债务的不履行而遭受了预期收益损失，在难以通过其他方式评估和确定的情况下，法官可以债权人在去年前三个月的利润数额作为债权人今年前三个月的利润损失。同样，法官可以通过投射（projection）或者建模方式（modélisation）评估和确定债权人遭受的利润损失，它们涉及概率问题，虽然存在不确定的地方，但是，在没有其他方法评估或者确定的情况下，它也不失为一种可以采取的方法。对于创新企业和新建企业而言，它恐怕是唯一能够依靠的方法。[②]

因为预期收益损失即经营损失的确定具有极大的困难，因此，在司法实践当中，法官往往采取三步走的方式处理这一问题：第一步，法官指定司法专家，明确司法专家的任务和职责。第二步，专家根据自己的方法对原告遭受的经营损失进行评估，并且将自己做出的评估报告提交给法官。第三步，在了解专家报告的结论的情况下，法官确定原告遭受的经营损失的具体数额。

在2018年9月6日的案件当中，法国最高法院民三庭对债权人遭受的预期收益损失的赔偿问题做出了说明。在该案当中，原告与被告签订了建筑物的租赁合同，根据该合同，原告承租了被告的建筑物，其中的主楼用作宾馆，而其中的副楼则用作饭店经营。租赁合同到期之后，原告与被告之间签订了续展合同。在经营过程当中，因为副楼的屋顶漏水而不得不停业。原告向法院起诉，要求法官责令被告赔偿停业期间原告遭受的使用损失和原本能够获得的预期收益损失。上诉法院的法官认为，鉴于原告已经获得了使用损失的赔偿，它不能够再获得预期收益损失的赔偿。[③]

法国最高法院民三庭认为，上诉法院的此种判决违反了《法国民法典》新的第1231－2条的规定，被告既应当赔偿原告遭受的财产使用损失，也应当赔偿原告遭受的预期收益损失；财产使用损失和预期收益损失是两种独立的财产损失，一种损失的赔偿不影响另外一种损失的赔偿。法国最高法院民三庭指出：“在出租人不履行让承租人享有承租物使用权的义务时，根据完全损害赔偿原则，基层法院的法官应当责令出租人赔偿承租人因此遭受的全部损害，债权人遭受的全部损害一方面包括财产的使用损失，另

---

① F. Bélot, L'évaluation du préjudice économique subi par une entreprise nouvelle ou innovante, D. 2008, p. 1569 et s.; O. Peronnet et M. de Boisséson, Le point de vue de praticiens: avocats et experts, Journ. sociétés, juin 2007, p. 48; Ph. Le Tourneau (dir.), Droit de la responsabilité et des contrats, Dalloz, 8e éd., 2010. n°1518 et 1519; Nicolas Régis, Le préjudice économique des entreprises, Bulletin d'information, 1er mai 2013, Cour de cassation, Les éditions des Journal Officiels, p. 6.

② F. Bélot, L'évaluation du préjudice économique subi par une entreprise nouvelle ou innovante, D. 2008, pp. 1569 et s.; O. Peronnet et M. de Boisséson, Le point de vue de praticiens: avocats et experts, Journ. sociétés, juin 2007, p. 48; Ph. Le Tourneau (dir.), Droit de la responsabilité et des contrats, Dalloz, 8e éd., 2010. n°1518 et 1519; Nicolas Régis, Le préjudice économique des entreprises, Bulletin d'information, 1er mai 2013, Cour de cassation, Les éditions des Journal Officiels, p. 6.

③ Cour de cassation, Chambre civile 3, 06 septembre 2018, 17—21630.

一方面也包括因为无法使用财产所遭受的预期收益损失。”①

四、机会损失的赔偿

根据法国最高法院在2010年10月14日的案件当中所确立的规定，一旦债权人或者他人证明了某种有利于自己的可能性消失，则他们遭受的机会损失就是可予赔偿的损害，这就是机会损失领域所谓的可予赔偿损害的推定（présomption du préjudice）。该种推定属于简单推定（présomption simple），债务人或者行为人可以通过相反的证据予以推翻。② 如果债务人或者行为人没有通过相反的证据推翻法律的推定，则债权人或者他人主张赔偿的机会损失就成为可予赔偿的损害，他们有权要求法官责令债务人或者行为人承担赔偿责任，无论是承担合同责任还是承担侵权责任。

（一）人身损害等同于机会损失的赔偿规则

在债权人或者他人要求赔偿的机会损失属于可予赔偿损害的情况下，他们的机会损失究竟如何评估和确定？在医疗合同领域，法国最高法院没有采取前后一贯的做法。在1997年之前，法国最高法院采取了两种不同的做法。在某些案件当中，它将病患者遭受的所有人身损害均等同于他们遭受的机会损失，因为它认为，如果医师没有履行对病患者承担的风险通知债务，导致病患者丧失了疾病治愈的机会（chances de guérison）、生存的机会（chances de survie）或者避免某种风险发生的机会（chance d'éviter la réalisation du risque），他们应当赔偿病患者遭受的所有人身损害。

在1986年2月11日的案件当中，法国最高法院民一庭就采取此种做法。③ 在该案当中，一个未成年人患有耳聋疾病，两名医师根据医疗合同的规定对其动手术。该手术存在极高的风险：如果动手术，则她的面部极有可能存在面瘫（paralysie faciale）的危险。两位医师动手术之前没有履行对该病人的父母所承担的说明、通知义务，说明该手术所存在的此种风险并因此取得病患者的父母的明确、清晰的同意。最终，该未成年人因为手术而面瘫。其父母向法院起诉，要求法官责令两位医师就其不履行债务的行为引起的损害对自己的女儿承担赔偿责任，因为他们认为，如果医师在手术之前说明、通知手术所存在的此种风险，他们可能不会同意让医师对自己的女儿动手术。

上诉法院认为，两位医师无需对原告遭受的所有人身损害承担赔偿责任，他们仅需承担全部人身损害当中的50%，法国最高法院认为，上诉法院的此种做法应当被纠正，因为，两个被告应当赔偿原告遭受的全部人身损害，而不仅仅是其中的部分损害。一方面，本案当中，两名医师剥夺了原告的父母所享有的做出拒绝做手术以避免女儿遭受面瘫损害的机会；另一方面，在本案当中，除了两名医师不履行合同所规定的通知债务的行为引起了原告人身损害的发生之外，没有任何外在原因对损害的发生起到了积极作

① Cour de cassation, Chambre civile 3, 6 septembre 2018, 17—21630.

② Cour de cassation, civile, Chambre civile 1, 14 octobre 2010, n°09-69. 195.

③ C. cass. 1re Ch. civ., 11 février 1986, n°84—10. 845, JCP éd G 1987, Ⅱ, n°20775, note A. Dorsner-Dolivet; C. cass. 1re Ch. civ., 25 juin 1991, n°90—12. 584.

用。换言之，原告遭受的全部人身损害完全是由两个医师的过错行为引起的。

（二）机会损失独立于人身损害的赔偿规则

在另外一些案件当中，法国最高法院则采取了不同的做法，它将病患者遭受的所有人身损害均与他们遭受的机会损失分开，认为机会损失是人身损害之外的一种独立损害，因为它认为，如果医师没有履行对病患者承担的风险通知债务，导致病患者丧失了疾病治愈的机会、生存的机会或者避免某种风险发生的机会，病患者遭受的这些机会损失不是人身损害。在1990年2月7日的案件当中，法国最高法院民一庭就采取此种做法。[①] 在该案当中，原告患有急性鼻窦炎，被告医师对其进行外科手术。手术之后，原告的右眼壁内部发生了裂孔，导致其视力受到了严重干扰。右眼壁内部发生裂孔并且影响患者的视力的现象属于手术所固有的风险，被告医师在对原告进行手术时没有任何操作过错。

原告向法院起诉，要求法官责令被告就其不履行信息通知债务的行为引起的机会损失对自己承担赔偿责任：医师知道手术所固有的风险，他应当在手术之前将手术所存在的风险告知病患者，因为医师没有预先将手术所存在的风险告知原告，他的债务不履行行为剥夺了原告通过或许是更加明智的决定避免手术风险的机会，应当赔偿自己遭受的各种各样的人身损害，包括道德损害和财产损害的赔偿。一审法院一方面认为，被告医师不履行风险告知债务的行为构成过错，应当赔偿原告道德损害10000欧元；另一方面又认为，被告的过错行为与原告要求赔偿的各种各样的人身损害之间不存在直接的因果关系（relation directe de causalité），因此，原告无权要求人身损害的赔偿。

上诉法院认为，医师不履行手术风险的通知债务的过错行为与原告遭受的人身损害之间存在因果关系，因此，应当赔偿原告遭受的所有人身损害。法国最高法院认为上诉法院的裁判根据不足，因为它认为，虽然被告没有履行手术风险的通知债务，但是，该种过错行为不会对原告的人身损害产生影响，仅仅会对原告选择是否做出手术的后果产生影响：被告不履行手术风险告知债务的过错行为仅仅剥夺了病患者通过做出一个可能更加明智的决定逃避最终实施的风险的机会，也就是说，被告不履行债务的过错行为仅仅引起了原告机会损失的发生，没有引起原告要求赔偿的人身损害的发生。在本案当中，原告要求被告赔偿的所有损害在性质上均属于人身损害，不属于机会损失，因此，他的诉讼请求不予支持。[②]

（三）机会损失包含在人身损害当中的赔偿规则

在1997年7月8日的两宗案件当中，法国最高法院在上述两种不同做法之外又采取了第三种做法，这就是，在医疗纠纷当中，它同时承认人身损害和机会损失的存在，但是，它不再认为机会损失完全独立于人身损害，而是认为它们之间存在包含和被包含的关系：机会损失构成人身损害的一部分，换言之，在医师不履行对病患者承担的风险

---

① Cour de Cassation, Chambre civile 1, du 7 février 1990, n°88—14. 797.

② Cour de Cassation, Chambre civile 1, du 7 février 1990, n°88—14. 797.

告知债务时，他们的过错行为引起的人身损害多种多样，除了其他类型的人身损害之外也包括机会损失。

在1997年7月8日的第一宗案件当中，法国最高法院民一庭采取此种做法。① 在该案当中，原告感受到自己的左小腿疼痛和肿胀，1987年9月5日，他去第一家诊所接受诊疗，两位医师诊断原告患有小腿腓肠肌炎并且开了静脉抗凝药。注射之后，原告的疼痛没有缓解。9月7日，原告到第二家诊所，医师做出了同样的诊断。9月8日，原告到第三家诊所，通过超声波检查，医师发现原告患的疾病并不是小腿腓肠肌炎，而是车厢综合征（syndrome des loges）。通过手术减压，虽然原告的病情缓解，但是，原告留下了不可逆转的神经系统后遗症。原告向法院起诉，要求法官责令第一家和第二家诊所的3位医师对自己遭受的损害承担赔偿责任。

上诉法院认为，在本案当中，前三位医师当然犯下了医疗过错，除了病因诊断错误之外，在病人的病情持续、没有任何改善的情况下，他们没有对病患者进行额外的检查。不过，上诉法院认为，三位医师仅仅赔偿原告遭受的机会损失，不会赔偿原告遭受的人身损害：如果他们诊断准确并且及时对其做了手术，原告虽然仍然会患上不可逆转的神经系统后遗症，但是，原告遭受的后遗症会较轻。三位医师仅仅赔偿原告遭受的避免后遗症减轻的机会损失。上诉法院认为，在本案当中，原告遭受的人身损害的赔偿总额为171336.13法郎，他获得的私人补偿为79150法郎。原告无权以人身损害赔偿的名义获得这些全部损害，他只能够以机会损失的名义获得这些全部损害的一半。

法国最高法院认为，上诉法院的此种裁判是不适当的，违反了《法国民法典》第1147条（新的第1231－1条）的规定，因为机会损失属于人身损害的组成部分。除了造成原告机会损失之外，三位医师的过错行为还造成了原告损害的加重（l'aggravation du dommage）：医师的过错仅仅产生了让有利于原告的可能性消失的法律效果，也就是说，产生了让原告患上不可逆转的神经系统后遗症减轻的机会丧失，它具有偶然性的特征（caractère aléatoir），而损害的加重则不同，它具有确定性的、非偶然性的特征（caractère certain et non aléatoir）。除了应当赔偿原告的机会损失之外，三位被告还应当赔偿原告加重的损害，因为它们均构成原告遭受的人身损害的组成部分。

在1997年7月8日的第二宗案件当中，法国最高法院民一庭也采取此种做法。② 在该案当中，原告在发现自己下肢疼痛之后于1988年2月9日到被告诊所接受治疗。被告医师认为原告患有坐骨神经痛并给他开了消炎药。2月15日，原告再次到被告诊所接受治疗，被告仍然坚持之前的看法。1988年2月17日，病情恶化的原告去咨询专科医生，经多普勒检查，他被诊断出患有严重的静脉炎，需要紧急住院治疗；尽管当天进行了抗凝治疗，但原告仍然表现出局部缺血现象，导致左前脚坏死，必须实施截肢。原告向法院起诉，要求法官责令被告医师对自己遭受的损害承担赔偿责任。

一审法院认为，本案原告的诉讼请求涉及机会损失的赔偿问题：因为诊断错误和没有进行检查，原告避免左脚被截肢的机会被剥夺了。因为被告的行为没有剥夺原告的机

---

① C. cass. 1re Ch. civ., 8 juillet 1997, n°95—18.113.

② C. cass. 1re Ch. civ., 8 juillet 1997, n°95—17.076.

会，因此，一审法院驳回了原告的诉讼请求。二审法院认为，本案当中原告的诉讼请求并不涉及机会损失的赔偿。法国最高法院认为，本案当然涉及机会损失的赔偿问题，因为在二审当中，原告明确指出，如果被告医师及时发现自己所患的疾病，他避免被截肢的机会大大增加。

在本案当中，法国最高法院明确指出，在处理医师因为过错引起的机会损失案件时，如果医师的过错剥夺了病患者所具有的改善自己健康状况的机会或者避免自己身体虚弱的机会，则病患者的机会损失引起的损害取决于病患者身体的真实状况的严重程度以及由此产生的所有后果。究竟病患者因为机会损失遭受了哪些损害，先由受害人根据自己遭受的各种不同损害确定赔偿数额，再由法官依照职权根据案件的具体情况评估和确定，受害人遭受的所有损害当中的一部分损害（la fraction）等同于病患者遭受的避免某种危险出现或者发生的机会损失。在本案当中，原告已经确定自己因为机会损失遭受了 664724.58 法郎的损害，其中的一部分应当属于机会损失的赔偿数额。

从 1997 年开始一直到今时今日，法国最高法院一直采取它在 1997 年 7 月 8 日的两宗案件当中所采取的做法，认为机会损失的赔偿由基层法院的法官在具体案件当中确定，最高法院不再对机会损失的赔偿数额施加控制；不过，在确定机会损失的赔偿数额时，基层法院的法官应当遵循最高法院在 1997 年 7 月 8 日的两个案件当中采取的方法，认为机会损失只能够在债权人或者他人丧失的机会范围内予以确定，机会损失仅仅是债权人或者他人主张的不同损害赔偿当中的一部分，而不是全部。其结果就是，机会损失的赔偿永远低于债权人或者他人从机会当中所获得的利益。[①]

在 1998 年 7 月 16 日的案件当中，法国最高法院民一庭指出："机会损失的赔偿应当根据所丧失的机会确定，应当等于如果机会没有实现时债权人或者他人原本能够获得的利益。"[②] 在 2000 年 7 月 18 日的案件当中，法国最高法院民一庭指出："机会损失的赔偿应当等于受害人证明的不同损害类型当中的一部分赔偿。"[③] 在 2016 年 4 月 7 日的案件当中，法国最高法院民三庭指出："机会损失应当根据所丧失的机会确定，应当等于机会实现时债权人或者他人原本能够从中获得的利益。"[④]

第四节　人格权遭受侵犯时财产损害和非财产损害的赔偿

一、物质人格权和道德人格权遭受侵犯时损害赔偿的区分理论

现行《法国民法典》对某些人格权的法律保护做出了规定，认为行为人应当就其侵犯他人人格权的行为对他人承担侵权责任。例如，现行《法国民法典》第 9 条和第 9－1

① Cass. Civ. 2ème 9 avril 2009，n°08—15. 977.
② Cass. 1e civ，16 juillet 1998，n°96—15. 314.
③ Cass. 1re civ.，18 juillet 2000 n°98—20430.
④ Cass. Civ. 3ème，7avr. 2016，n°15—14888.

条就对私人生活受尊重权（le droit au respect de la vie privée）即隐私权和无罪推定受尊重权（droit au respect de la présomption d'innocence）的法律保护做出了说明，根据这两个法律条款的规定，如果行为人侵犯他人享有的私人生活受尊重权和无罪推定受尊重权，基于他人的诉讼请求，法官能够采取包括责令行为人赔偿他人所遭受的损害在内的一切适当措施，阻止行为人实施或者继续实施侵犯他人私人生活受尊重权和无罪推定受尊重权。①

在人格权的含义方面，法国民法学者之间存在不同的看法。最主要的差异是：生命权、身体权和健康权是否属于人格权。在这一问题上，法国民法学者之间存在极大的分歧。某些民法学者认为，除了姓名权、私人生活受尊重权、肖像权等道德人格权属于人格权之外，自然人的物质人格权即生命权、身体权和健康权也属于人格权，这就是广义的人格权理论。某些民法学者认为，人格权仅仅包括姓名权、私人生活受尊重权和肖像权等道德人格权，生命权、身体权和健康权不属于人格权，这就是狭义的人格权理论。②

在法国，如同在其他国家，虽然人格权的法律保护主要是通过侵权责任法完成的，但是，合同责任法也会对人格权提供保护，因为，在今时今日，人格权也涉及法律行为尤其是涉及其中的合同，包括道德人格权和物质人格权。一方面，当事人之间的合同可能涉及一方当事人的物质人格权。例如，医疗合同就涉及病患者的生命权、身体权和健康权，再例如，买卖合同和租赁合同也涉及买受人和承租人的生命权、身体权和健康权。另一方面，当事人之间的合同也可能涉及当事人的道德人格权。例如，一方当事人与另外一方当事人签订合同，授权另外一方当事人使用自己的姓名。再例如，一方当事人与另外一方当事人签订合同，授权另外一方当事人使用自己的肖像或者声音。③

因此，如果当事人之间的合同涉及人格权，在一方当事人不履行合同所规定的债务时，如果他们不履行债务的行为引起了另外一方当事人损害的发生，包括财产损害和非财产损害的发生，他们也应当被责令承担赔偿责任。可见，人格权被侵犯时的损害赔偿并不是侵权责任法的专利，合同责任法也会让债务人对债权人承担赔偿责任，如果债务不履行行为引起了债权人财产损害和道德损害的发生的话。

虽然笔者对法国人格权采取广义的理论，认为法国人格权既包括物质人格权也包括

---

① Articles 9 et 9-1, Code civil, Version en vigueur au 12 mars 2021, https://www.legifrance.gouv.fr/codes/section_lc/LEGITEXT000006070721/LEGISCTA000006089697/#LEGISCTA000006089697.

② M. E. H. Perreau, Des droits de la personnalite, RTD civ., 1909, pp. 502—536; Roger Nerson, Les droits extrapatrimoniaux, Paris, L. G. D. J., 1939, pp. 1—503; Agnès Lucas-Schloetter, Droit moral et droits de la personnalité: étude de droit comparé français et allemande, Tome I, Presses Universitaires D'Aix-Marseille, Paris, 2002, pp. 190—219; Bernard Beignier, Le Droits de la personnalité, Presses Universitaires de France, 1e édition, 1992, pp. 100—180; 张民安：《法国人格权法（上）》，清华大学出版社 2016 年版，第 309—342 页，第 375—435 页，第 476—480 页。

③ Bernard Beignier, Le Droits de la personnalité, Presses Universitaires de France, 1e édition, 1992, pp. 203—227; 张民安、林泰松：《人格权在民法典当中的独立地位》，中山大学出版社 2019 年版，第 346—362 页；张民安：《法国民法总论（Ⅱ）》，清华大学出版社 2020 年版，第 313—324 页。

道德人格权即精神人格权[1]；但是，在人格权遭受侵犯时的损害赔偿问题上，笔者明确区分物质人格权和道德人格权。因为物质人格权被侵犯时所产生的损害赔偿被称为人身损害赔偿，它所包含的可予赔偿的损害类型是最多的，有关人身损害赔偿方面的规则详尽而复杂；而道德人格权被侵犯时所产生的可予赔偿损害和赔偿问题相对简单。换言之，同样是人格权，在遭受侵犯时，无论是通过债务人不履行债务的行为被侵犯，还是通过行为人实施的某种致害行为被侵犯，债权人或者他人遭受的损害类型是不同的，有关损害赔偿方面的规则也是不同的。

首先，在道德人格权遭受侵犯时，受害人遭受的损害往往是道德损害，很少包括财产损害，因此，即便债务人或者行为人应当赔偿债权人或者他人的损害，他们主要是赔偿债权人或者他人的道德损害。而在物质人格权遭受侵犯时，受害人遭受的损害既有道德损害，也有财产损害，因此，在对受害人的损害进行赔偿时，债务人或者行为人既要赔偿债权人或者他人的财产损害，也要赔偿债权人或者他人的道德损害。

其次，在道德人格权和物质人格权遭受侵犯时，虽然债务人或者行为人均应当赔偿债权人或者他人遭受的道德损害，但是，他们赔偿的道德损害范围是存在差异的：一方面，道德人格权当中的受害人仅限于直接受害人，不包括间接受害人，而物质人格权当中的受害人既包括直接受害人，也包括间接受害人。另一方面，道德人格权当中的道德损害仅有一种形式，这就是债权人或者他人遭受的精神痛苦，而物质人格权当中的道德损害则形式多样，种类繁多，除了精神痛苦之外，还包括其他形式。换言之，在道德人格权遭受侵犯时，债务人或者行为人仅仅赔偿直接受害人一种形式的道德损害，而在物质人格权遭受侵犯时，债务人或者行为人应当赔偿直接受害人和间接受害人遭受的多种形式的道德损害。

最后，在今时今日，虽然债权人或者他人享有的某些道德人格权同时具有财产权的性质，例如，债权人或者他人享有的姓名权、肖像权和声音权，债务人或者行为人侵犯这些道德人格权时也应当赔偿债权人或者他人的财产损害，但是，在这些人格权被侵犯时，债权人或者他人遭受的财产损害的评估和确定相对简单，而物质人格权被侵犯时，债权人或者他人的财产损害的评估和确定则极端复杂。关于物质人格权遭受侵犯时的道德损害的类型、财产损害的类型和不同类型的道德损害和财产损害的赔偿问题，笔者已经在前面的内容当中做出详细的讨论，此处从略。

二、人身损害的赔偿

（一）生命权、身体权和健康权遭受侵犯时的单纯财产损害的赔偿

在法国，在19世纪末期和20世纪初期之前，无论是民法学说还是司法判例均普遍认为，生命权、身体权、健康权在性质上属于单纯的财产权，尤其是属于单纯的财产所有权，如果债务人或者行为人侵犯他人享有的这些权利，他们仅仅赔偿债权人或者他人

① 张民安：《法国民法》，清华大学出版社2015年版，第82—96页；张民安：《法国人格权法（上）》，清华大学出版社2016年版，第476—480页；张民安：《法国民法总论（Ⅱ）》，清华大学出版社2020年版，第298—306页。

遭受的财产损害，不会赔偿债权人或者他人遭受的道德损害，这就是19世纪末期和20世纪初期之前的单纯财产权理论。[①]

一方面，在19世纪末期和20世纪初期之前，如果医师违反了所承担的合同债务并因此导致病患者遭受人身伤害甚至人身死亡，他们仅仅赔偿病患者或者他们的近亲属所遭受的财产损害，不会赔偿他们遭受的道德损害。在15世纪，法国的司法判例就已经承认，医师应当对其病患者遭受的损害承担赔偿责任，不过，根据当时的司法判例，仅仅在医师有故意、蓄意或者侵害病患者的意图时，他们才对病患者遭受的损害承担赔偿责任。[②] 1596年，法国波尔多高等法院（Parlement de Bordeaux）认定，当医师对受到伤害的小孩进行治疗时，如果他们因为过错伤害了小孩，应当赔偿小孩150埃居（écu）的赔偿金。1602年，波尔多高等法院认定，在对病患者进行手术时，如果外科医生没有过错，他们无需对病患者遭受的损害承担赔偿责任。[③]

1696年，巴黎高等法院通过法令规定，在治疗事故引起病患者损害的发生时，医师或者外科医生不承担赔偿责任。不过，不久之后，巴黎高等法院采取新的学说，认为某些医师应当就自己的过错行为引起的损害对病患者承担赔偿责任。例如，如果医师在给病患者输血时存在过错，他们就应当承担赔偿责任。[④] 1710年，波尔多高等法院认定，如果医师在治疗病患者时存在故意，他们应当赔偿病患者遭受的损害。1760年，波尔多高等法院认定，如果外科医生因为过错导致病患者遭受损害，尤其是，如果他们的行为导致病患者被截肢，他们应当赔偿病患者15000里弗尔（livres）。[⑤]

在1834年4月29日的一个案件当中，法官采取此种做法。在该案当中，Foucault太太在分娩时遇到困难，被告Hélie医师被要求协助她分娩。在采取各种措施不起作用时，被告医师对原告的胎儿进行了双手截肢，以便胎儿能够出生。胎儿虽然最终出生，却遭受了严重残疾并因此成为残疾人。Foucault先生以残疾子女的名义向法院起诉，要求法官责令有过错的被告医师对其子女的残疾承担赔偿责任。法官仅仅责令被告赔偿了原告所遭受的财产损害，没有责令被告赔偿原告所遭受的道德损害：从出生之日起到10周岁，被告每一年赔偿原告100法郎的年金，后来改为每一年赔偿原告200法郎的年金。[⑥]

在1833年12月17日的案件当中，法官也采取此种做法。在该案当中，原告是一

---

① Raymond-Théodore Troplong, le droit civil expliqué, De la prescription ou Commentaire du titre XX du livre Ⅲ du Code civil du code Napoléon, t. 1, Paris, Charles Hingray, Libraire-éditeur, 1835, p. 6; Victor Cousin, Cours d'histoire de la philosophie morale au dix-huitieme siecle, professe a la Faculte des lettres, en 1819 et 1820, Paris 1839—1842, Tome I, p. 11; Charles Demolombe, Cours de Code Napoléon, Tome 9, Paris Auguste Durand Libraire, 1852, p. 7; MM. Aubry et Rau, Cours de droit civil français, 5e éditiontome 2, Paris, Lmprimerie et Librairie générale de jurisprudence, Marchal et Billard, 1897, pp. 1—3; 张民安：《法国人格权法（上）》，清华大学出版社2016年版，第79—81页；张民安：《法国民法总论（Ⅱ）》，清华大学出版社2020年版，第306—308页。

② P. Brouardel, La Responsabilité médicale, Paris, Librairie J. B. Baillière et Fils, 1898, p. 4.

③ P. Brouardel, La Responsabilité médicale, Paris, Librairie J. B. Baillière et Fils, 1898, p. 4.

④ P. Brouardel, La Responsabilité médicale, Paris, Librairie J. B. Baillière et Fils, 1898, pp. 4—5.

⑤ P. Brouardel, La Responsabilité médicale, Paris, Librairie J. B. Baillière et Fils, 1898, p. 5.

⑥ La Gazette des Tribunaux, 29—30 avril 1833, 2405: 645.

位农场工人，因为受到伤害而要求被告 Thouret-Noroy 医师对其进行伤口包扎，因为医师的过错，原告感染了坏疽，最终不得不截肢。原告向法院起诉，要求法官责令被告医师承担赔偿责任。法官仅仅责令被告医师赔偿原告的财产损害，没有责令被告赔偿原告的道德损害：被告赔偿原告 600 法郎的赔偿金和 150 法郎的终身年金。①

（二）物质人格权遭受侵犯时的财产损害和非财产损害的赔偿

从 19 世纪中后期开始一直到 20 世纪初期，随着人格权理论的提出和逐渐承认，某些民法学者开始主张人格权的非财产权性质，他们不再将生命权、身体权和健康权视为几种财产所有权，而认为它们是几种人格权，当债务人或者行为人侵犯债权人或者他人享有的这些人格权时，他们应当赔偿债权人或者他人遭受的道德损害。② 不过，这些民法学者的意见并没有被法官采纳，因为在实践当中，在债务人或者行为人侵犯债权人或者他人享有的物质人格权时，法官既会责令债务人或者行为人赔偿债权人或者他人遭受的形形色色的道德损害，也会责令债务人或者行为人赔偿债权人或者他人遭受的多种多样的财产损害。③ 关于这一点，笔者将在下面的内容当中做出详细的讨论，此处从略。

法国民法学者对司法实践的此种做法做出的解读是：即便人格权能够引起财产方面、金钱方面的后果，财产方面的、金钱方面的后果在人格权当中仅仅处于附属地位，道德价值、精神价值在人格权当中占主导地位。Henri Mazeaud 和 Francois Chabas 等人对此种原因做出了明确说明，他们指出："所有人格权均涉及某种道德秩序利益，该种利益是无法以金钱方式确定其价值大小的。不过，从占主导地位的道德利益当中也产生了某些附属性的金钱利益：一方面，某些人格权引起了财产权的产生；另一方面，所有人格权的侵犯均会引起某种金钱制裁。"④此种解释显然欠缺合理性和说服力，因为在债权人或者他人的物质人格权遭受侵犯时，他们获得的财产损害赔偿的数额要远远大于他们获得的道德损害的赔偿数额，关于这一点，笔者将在下面的内容当中做出详细的讨论。

笔者认为，生命权、身体权和健康权既非 19 世纪末期之前的单纯财产权，也非 20

---

① La Gazette des Tribunaux, 29—30 avril 1833, 2405: 645.

② L. Bérard, Du caractère personnel de certains droits et notamment du droit d'auteur dans les régimes de communauté, thèse Paris 1902, ed. A. Rousseau, pp. 182—196; M. E. H. Perreau, Des droits de la personnalite, RTD civ., 1909, pp. 501—536; Francoin Geny, Des Droits sur les lettres missives étudiés principalement en vue du système postal français, essai d'application d'une méthode critique d'interprétation, Sirey, 1911, t. 1, pp. 226 et s; René Demogue, Traité des obligations en general, t. Ⅲ, Paris, éd. Arthur Rousseau, 1923, pp. 368—403; Marcel Planiol Georges Ripert, Traité élémentaire de droit civil conforme au programme officiel des Facultés de droit, t. I, L. G. D. J., 11e édition, pp. 697—699; Octavian Ionescu, La Notion de droit subjectif dans le droit privé, Paris, Librairie du Recueil Sirey, 1931, pp. 147—158; Roger Nerson, Les droits extrapatrimoniaux, Paris, L. G. D. J., 1939, pp. 1—503; 张民安：《法国人格权法（上）》，清华大学出版社 2016 年版，第 102—103 页，第 270—279 页，第 344—354 页，第 355—358 页；张民安：《法国民法总论（Ⅱ）》，清华大学出版社 2020 年版，第 298—306 页。

③ L'assurabilité du préjudice extra-patrimonial, Intervention de M. Cerveau, https://www.courdecassation.fr/venements_23/colloques_4/2007_2254/intervention_m._cerveau_10632.html.

④ Henri et Léon Mazeaud Jean Mazeaud Francois Chabas, Lecons de DROIT CIVIL, Tome I/Deuxième Volume, Les Personnes, 8 édition, Montchrestien, 1997, p. 403.

世纪以来的单纯非财产权，它们同时具有财产权和非财产权的双重性质：债务人或者行为人侵犯债权人或者他人享有的物质人格权时，他们的行为同时侵犯了债权人或者他人享有的具有财产性质的生命权、身体权和健康权和具有非财产性质的生命权、身体权和健康权：当他们的行为侵犯了具有财产性质的生命权、身体权和健康权时，他们应当赔偿债权人或者他人遭受的财产损害；当他们的行为侵犯了具有非财产性质的生命权、身体权和健康权时，他们应当赔偿债权人或者他人遭受的道德损害。[①]

承认生命权、身体权和健康权的双重性并不会降低物质人格权的重要性，因为它仍然承认传统民法当中物质人格权的道德性质、非财产性质；它会让物质人格权得到更加有效的、更加强有力的保护，因为，在非财产性质的基础上，它赋予物质人格权以新的价值即财产价值。承认物质人格权的双重性会让财产损害和道德损害的赔偿建立在更加合理的基础上，避免了传统民法理论所存在的不合理性。

作为一种复合型的损害类型，人身损害既是指直接受害人遭受的损害，也是指间接受害人所遭受的损害。所谓直接受害人，是指直接因为行为人的致害行为或者债务人的债务不履行行为而遭受人身损害的自然人。所谓间接受害人，是指直接受害人的近亲属或者其他与直接受害人有某种利害关系的自然人。对于直接受害人和间接受害人而言，他们遭受的人身损害既包括财产损害，也包括非财产损害，也就是道德损害。无论是其中的财产损害还是非财产损害均不是单一的，而是多种多样的。

无论直接受害人和间接受害人所遭受的损害是财产损害还是非财产损害，债权人均有权要求法官责令债务人予以赔偿。在确定债权人的损害赔偿数额时，法官应当根据损害的不同性质或者采取损害的客观评估和确定方法，或者采取损害的主观评估和确定方法：在决定直接受害人和间接受害人遭受的财产损害的赔偿数额时，他们应当采取客观评估和确定方法；而在决定直接受害人和间接受害人遭受的非财产损害的赔偿数额时，他们应当采取主观的评估和确定方法，已如前述。

（三）直接受害人和间接受害人的财产损害的赔偿

无论直接受害人和间接受害人遭受的财产损害是什么形式，他们均有权要求法官责令债务人予以赔偿。在确定他们所遭受的这些财产损害的赔偿数额时，法官均采取损害的客观评估和确定方法。在大多数情况下，法官在评估和确定直接受害人和间接受害人所遭受的财产损害的赔偿数额时不会存在困难，因为，在受害人要求法官责令债务人承担赔偿责任时，如果他们能够提供遭受某种财产损害的凭证尤其是其中的发票，法官会根据他们提供的所有凭证尤其是所有发票上记载的总额责令债务人加以赔偿。

例如，在确定他们当前支出的健康费用（dépenses de santé actuelles）时，法官就不会产生任何困难。因为，如果受害人提供了住院费、医疗费、护理费、保健费、矫正

---

① 张民安：《公开权侵权责任制度研究——无形人格权财产性理论的认可》，张民安主编：《公开权侵权责任研究：肖像、隐私及其他人格特征侵权》，中山大学出版社 2010 年版，第 9—10 页；张民安：《法国民法总论（Ⅱ）》，清华大学出版社 2020 年版，第 313—315 页；张民安、林泰松：《人格权在民法典当中的独立地位》，中山大学出版社 2019 年版，第 252—253 页。

费、手术费和药费等的发票，法官会根据这些发票上所载明的总额责令债务人赔偿。

再例如，在确定直接受害人因为需要第三人的协助所遭受的财产损害赔偿时，法官也可以驾轻就熟，不会产生什么困难。因为，如果第三人的费用即报酬是按时计算，平均一小时的报酬是16～25欧元，具体是多少，取决于以下多种的因素：直接受害人伤残的程度、第三人的专业水平以及受害人住所的位置等。如果仅仅是最简单的监视，他们的报酬是每一小时11欧元；如果直接受害人需要第三人全天协助，则除了星期六、星期日和节假日之外，应当由三个人协助受害人；如果直接受害人需要第三人全年协助，他们获得赔偿的天数不是365天，而是411天，因为除了365天之外，他们还有权获得36天的带薪假期和10天的公共假期，即便第三人是家庭成员，亦是如此。

不过，在例外情况下，直接受害人或者间接受害人遭受的某些财产损害的赔偿数额的评估和确定则是极其困难的，最典型的是直接受害人未来职业收入损失的评估和确定。例如，如果雇员在为雇主劳动时遭受了致命事故并因此成为无法继续从事职业活动的残疾人，在要求法官责令雇主赔偿自己未来职业收入损失时，法官就必须采取复杂的计算方式评估和确定雇员能够获得的赔偿金总额：根据直接受害人年龄和性别的不同，他们计算出直接受害人年金的欧元价格（prix de l'euro de rente），再将年金的欧元价格乘以直接受害人的年度损失（la perte annuelle），其得数就是直接受害人未来的职业收入损失的总额。[①] 例如，如果一个40岁的男性在法官做出生效判决时遭受的职业收入损失是每一个月1000欧元，在创伤愈合之后至法官生效判决做出时，他经历了18个月。在确定该男人的未来职业收入损失时，法官分为两个阶段确定其赔偿数额：第一个阶段，确定创伤愈合之后至法官判决做出时他已经到期未支付的拖欠款项为18000欧元。第二个阶段，法官判决之后，他未到期的拖欠款项为371820欧元。根据法律周刊*Gazette du Palais*在2016年的“本金计算表”当中所计算出来的一个40岁男性的年金的欧元数额，两项总数相加，直接受害人的未来职业收入损失的赔偿数额是389820欧元。[②]

不过，最困难的是确定近亲属的收入损失的赔偿数额。例如，在配偶一方因为劳动事故而死亡时，如果生存配偶要求法官责令债务人赔偿自己所遭受的收入损失，在确定生存配偶所遭受的收入损失是多少时，法官应当采取以下几个计算步骤：第一步，计算直接受害人死亡之前家庭的年度总收入，也就是直接受害人死亡之前家庭的年度应税净收入总额（le revenu annuel global net imposable du ménage）；第二步，计算家庭年度财产损失；第三步，计算家庭财产损失总额；第四步，计算每一名未成年子女独立之前丧失的收入损失总额；第五步，也是最后一步，计算生存配偶所遭受的收入损失总额：将家庭财产损失总额减掉所有未成年子女独立之前遭受的所有收入损失总额，即为生存配偶所遭受的收入损失总额。[③]

---

① Benoît Mornet, L'indemnisation des préjudices en cas de blessures ou de décès, septembre 2018, p. 44, http://www.jurilaw.com/Files/Other/referentiel_mornet_2018.pdf.

② Benoît Mornet, L'indemnisation des préjudices en cas de blessures ou de décès, septembre 2018, p. 45, http://www.jurilaw.com/Files/Other/referentiel_mornet_2018.pdf.

③ Benoît Mornet, L'indemnisation des préjudices en cas de blessures ou de décès, septembre 2020, p. 90, https://www.deangelis-associes.fr/upload/actualites/REFERENTIEL-MORNET-SEPTEMBRE-2020.pdf.

（四）直接受害人和间接受害人的非财产损害的赔偿

无论直接受害人和间接受害人遭受的非财产损害是什么，法官均应当采取主观方法确定他们所遭受的非财产损害的具体数额是多少。究竟责令债务人赔偿多少数额的道德损害赔偿金给债权人，完全由基层法院的法官在具体案件当中确定，法官会考虑各种各样的不同因素。

例如，作为一种道德损害，直接受害人遭受的性损害究竟如何赔偿，由法官在具体案件当中确定，案件的情况不同，法官责令行为人或者债务人所赔偿的数额也不同，法官在确定赔偿金的数额时要考虑多种多样的因素，诸如直接受害人的年龄、性别、家庭状况和性损害的严重程度等。并且不同地方的法官所给予赔偿的数额也存在差异。这一点同直接受害人遭受的其他道德损害的赔偿是一致的。

根据法国受害人赔偿援助协会的说明和直接受害人遭受的性损害方面的严重程度的差异，直接受害人获得的性损害赔偿金额为500～60000欧元：最轻微的性损害，直接受害人获得的赔偿金数额为500～1000欧元，最严重的性损害，直接受害人获得的赔偿金数额为60000欧元。[1] 在两个极端之间，法官会根据案件情况的不同分别判处不同的损害赔偿金。例如，如果直接受害人仅仅是丧失了阴部敏感性，他们获得的性损害赔偿金数额可能为8000欧元。如果直接受害人仅仅是高度的四肢瘫痪，他们获得的性损害赔偿金数额可能是10000欧元；如果直接受害人患有影响生殖器系统的后遗症，导致他们勃起困难，为了成为父亲，他们不得不诉诸人工授精，则他们能够获得的性损害赔偿金数额为20000欧元；等等。在大多数情况下，直接受害人获得的赔偿金额介于8500～54000欧元之间，直接受害人平均获得的性损害赔偿金数额为34500欧元。[2]

再例如，作为一种道德损害，直接受害人遭受的暂时美感损害是由医疗专家根据情况确定。至于永久美感损害的赔偿金则取决于直接受害人遭受美感损害的严重程度：美感损害的程度不同，直接受害人获得的赔偿金数额也不同。根据情况的不同，美感损害被分为七级，每一级的赔偿金数额是不同的。根据法国受害人赔偿援助协会的说明，直接受害人的永久美感损害赔偿金额为：第一级，非常轻微的永久美感损害，赔偿金为100～1500欧元；第二级，轻微的永久美感损害，赔偿金为1500～3000欧元；第三级，温和的永久美感损害，赔偿金为3000～6000欧元；第四级，普通的永久美感损害，赔偿金为6000～10000欧元；第五级，相对严重的永久美感损害，赔偿金为10000～

---

① Indemnisation du Préjudice Sexuel, Association Aide Indemnisation Victimes de France, http://association-aide-victimes-france.fr/accueil-association-daide-a-lindemnisation-victimes/differents-postes-prejudice-corporel/prejudice-corporel-victime-directe/prejudice-sexuel; Barème indemnisation préjudice sexuel, Association Aide Indemnisation Victimes de France, http://association-aide-victimes-france.fr/accueil-association-daide-a-lindemnisation-victimes/bareme-calcul-indemnisation-accident/bareme-indemnisation-prejudice-sexuel.

② Indemnisation du Préjudice Sexuel, Association Aide Indemnisation Victimes de France, http://association-aide-victimes-france.fr/accueil-association-daide-a-lindemnisation-victimes/differents-postes-prejudice-corporel/prejudice-corporel-victime-directe/prejudice-sexuel; Barème indemnisation préjudice sexuel, Association Aide Indemnisation Victimes de France, https://association-aide-victimes-france.fr/accueil-association-daide-a-lindemnisation-victimes/bareme-calcul-indemnisation-accident/bareme-indemnisation-prejudice-sexuel.

25000 欧元，第六级，严重的永久美感损害，赔偿金为 20000 ～ 30000 欧元；第七级，非常严重的永久美感损害，赔偿金为 30000 欧元或以上。①

同样，作为一种道德损害，直接受害人遭受的成家立业损害究竟如何赔偿，由法官在具体案件当中确定，案件的情况不同，法官责令行为人或者债务人所赔偿的数额也不同，法官在确定赔偿金的数额时要考虑多种多样的因素，诸如直接受害人的年龄、个人遭遇功能障碍的百分比和家庭情况。不过，法国受害人赔偿援助协会没有对成家立业的损害赔偿金的数额做出说明。

在 2016 年 4 月 7 日的案件当中，直接受害人 31 岁，他的功能障碍比例高达 80%。一家里昂地区的基层法院的法官责令债务人或者行为人赔偿该受害人 60000 欧元的成家立业损害赔偿金。法官指出，受害人之所以应当获得 60000 欧元的成家立业赔偿金，一方面是因为直接受害人属于年轻人，年龄不大；另一方面是因为专家证明，该受害人已经完全、确定无疑地丧失了实现建立家庭理想的任何可能性。②

三、道德人格权遭受侵犯时的损害赔偿

（一）19 世纪末期之前单一的财产损害赔偿

在法国，在 19 世纪末期和 20 世纪初期之前，无论是民法学说还是司法判例均普遍认为，姓名权、私人生活受尊重权、肖像权和名誉权等权利在性质上属于单纯的财产权，尤其是属于单纯的财产所有权，如果债务人或者行为人侵犯他人享有的这些权利，他们仅仅赔偿债权人或者他人遭受的财产损害，不会赔偿债权人或者他人遭受的道德损害，这就是 19 世纪末期和 20 世纪初期之前的单纯财产权理论。因此，在 1858 年 11 月 15 日的案件和 1860 年 6 月 26 日的案件当中，法官均认为，姓名权仅仅是一种财产所有权，当行为人侵犯他人享有的姓名权时，他们仅仅赔偿他人遭受的财产损害，不会赔偿他人遭受的道德损害。③

在 1858 年 6 月 16 日的著名案件即 l'affaire Rachel 一案当中，法国 Seine 地区一审法院的法官首次承认这些权利当中的一种权利即私人生活受尊重权在性质上不再是财产所有权，而是一种非财产权、道德权利，认为行为人应当就其侵犯他人私人生活的行为对他人遭受的道德损害承担赔偿责任，因为他们认为，私人生活是一种感情生活，行为人的擅自公开他人私人生活的行为导致他人遭受了精神痛苦。④

---

① Préjudice esthétique calcul barème, Association Aide Indemnisation Victimes de France, https://association-aide-victimes-france. fr/accueil-association-daide-a-lindemnisation-victimes/bareme-calcul-indemnisation-accident/prejudice-esthetique-calcul-bareme.

② CA Lyon, 7 avril 2016, n° 14/01908; Lettre de la COREIDOC n° 13-Le préjudice d'établissement, https://www. aredoc. com/index. php/publication/lettre-de-la-coreidoc-n13/.

③ 张民安：《法国民法总论（Ⅱ）》，清华大学出版社 2020 年版，第 306—308 页。

④ Trib. civ. Seine (1ère ch.), 16 juin 1858, Félix c. O'Connell, Dalloz, 1858. Ⅲ. 62 et Ann. prop. ind. 1858, p. 250; Jean-Christophe Saint-Pau, Droits de la Personnalité, Lexis Nexis, p. 677; 张民安：《法国的隐私权研究》，张民安主编：《隐私权的比较研究》，中山大学出版社 2013 年版，第 127—128 页；张民安：《法国民法》，清华大学出版社 2015 年版，第 88 页；张民安、林泰松：《人格权在民法典当中的独立地位》，中山大学出版社 2019 年版，第 589 页。

（二）影视明星和体育明星人格权遭受侵犯时的双重损害赔偿

随着19世纪末期以来和20世纪初期人格权的逐渐承认，民法学者和法官开始将这些权利视为人格权，认为它们不再是财产权，而是非财产权，当行为人侵犯他人享有的这些人格权时，他们应当赔偿他人遭受的单纯道德损害，不再赔偿他人遭受的财产损害。[①] 这一点同民法学者对待物质人格权遭受侵犯时损害赔偿的态度是完全一致的，已如前述。不过，这些民法学者的意见并没有完全被法官所采纳，因为在实践当中，即便是侵犯他人的私人生活受尊重权，法官也可能会同时责令行为人赔偿他人遭受的道德损害和财产损害，至少在他人是影视明星、体育明星时是如此。[②]

在1955年3月16日的著名案件即Dietrich一案当中，巴黎上诉法院就采取此种做法。在该案当中，原告是蜚声国际的名演员玛丽·玛德莲娜（Marlène Dietrich）。玛丽·玛德莲娜生于1901年的柏林，20世纪20年代在柏林开始演艺生涯，出演戏剧及无声电影。1930年，她凭借在《蓝天使》中的杰出表演赢得国际声誉，也由此同派拉蒙电影公司签约，进军好莱坞。玛德莲娜先后出演了《摩洛哥》（1930年）、《欲望》（1936年）和《纽伦堡的审判》（1961）等电影，以其个人魅力及“异国美貌”大获成功，成为这一时代收入最高的女演员之一。第二次世界大战期间，玛德莲娜在美国进行广泛巡演。“二战”之后，她出演的电影数量下降，1950年代至1970年代主要从事歌舞表演，巡游世界。“二战”期间，玛德莲娜投身人道主义事业，为德国和法国的避难者和流亡者提供住所和经济支持，并为其争取美国公民权。她在前线巡演并鼓舞士气，以此获得了美国、法国、比利时及以色列方面的表彰。1999年美国电影学会评选玛德莲娜为百年来最伟大的女演员第9名。[③]

被告是法国《法国周末》杂志社。被告未经原告同意，在自己的杂志上发表了原告一系列回忆文章，其中涉及原告众多的趣闻轶事，尤其是具有亲密关系的私人生活，所公开的内容均是真实的，是原告接受德国的一家杂志采访之后原本授权这家杂志社公开发表的。原告向法院起诉，要求法官责令被告赔偿自己遭受的道德损害和财产损害。一审法院责令被告赔偿50000法郎赔偿金给原告，原告和被告均不服，上诉至巴黎上诉法院，巴黎上诉法院责令被告赔偿1200000法郎给原告，这一数额既包括了原告遭受的道德损害，也同时包含了原告所遭受的财产损害，因为原告主张，被告杂志所刊登的内容是一家外国媒体所采访和准备刊登的内容。[④]

1955年的Dietrich一案说明，如果是影视明星、体育明星等公众人物，他们的道德

---

① M. E. H. Perreau, Des droits de la personnalite, RTD civ., 1909, pp. 501—536; Roger Nerson, Les droits extrapatrimoniaux, Paris, L. G. D. J., 1939, pp. 1—503；张民安：《法国民法总论（Ⅱ）》，清华大学出版社2020年版，第298—306页。

② L'assurabilité du préjudice extra-patrimonial, Intervention de M. Cerveau, https://www.courdecassation.fr/venements_23/colloques_4/2007_2254/intervention_m._cerveau_10632.html.

③ 玛琳·黛德丽，https://zh.wikipedia.org/wiki//玛莲娜·迪特里茜。

④ Paris court of appeal, 16 March 1955, D. 1955. 295；珍妮·M. 浩驰：《法国的隐私权保护》，南方译，张民安主编：《隐私权的比较研究》，中山大学出版社2013年版，第211—212页。

人格权是可以被利用的并因此具有财产价值，因为在本案当中，法官之所以判决原告获得财产损害的赔偿，是因为本案的被告所刊登的内容是原告原本授权另外一家杂志刊登的内容：因为被告的预先刊登，影响到了原告与另外一家杂志的合同关系，导致另外一家杂志支付给原告的报酬减少。

在 1955 年的案件当中，巴黎上诉法院之所以同时责令被告就其侵犯原告私人生活受尊重权的行为对原告赔偿财产损害和非财产损害，一个主要的原因是，在人格权的性质和人格权遭受侵犯时的损害赔偿范围方面，它受到了美国司法判例和学说的影响。在 1953 年之前，美国的学者和法官虽然承认隐私权（right of privacy），但是，他们仅仅将隐私权视为一种道德权利，侵犯隐私权仅仅产生精神损害的赔偿责任。但是，在 1953 年的著名案件即 Haelan Laboratories，Inc. v. Topps Chewing Gum，Inc 一案当中，美国联邦第二巡回上诉法院法官 Jerome Frank 首次承认，至少像影视明星和体育明星这样的公众人物所享有的姓名权、肖像权和声音权等不再是隐私权，而是隐私权之外的一种独立权利即具有财产价值的公开权（right of publicity），因此，行为人侵犯他人享有的公开权时，他们不再赔偿他人遭受的精神损害，而仅仅赔偿他人遭受的财产损害。[①]

基于 Haelan 一案的裁判，在 1954 年的《法律和当代问题》当中，美国学者Melville B. Nimmer 发表了自己的著名文章即《论公开权》，认为影视明星、体育明星的姓名权、肖像权和声音权等仅仅具有财产价值，没有道德价值，在他们的这些权利遭受侵犯时，他们仅仅要求行为人赔偿自己遭受的财产价值。[②] Nimmer 的文章除了对巴黎上诉法院在 1955 年的案件当中产生了重要影响之外，也对法国民法学者，包括E. Gaillard、Daniel Acquarone、G. Goubeaux 和 Grégoire Loiseau 等人产生了重要影响。因为，基于 Nimmer 的文章，从 1984 年开始一直到今时今日，他们均像巴黎上诉法院在 1955 年的案件当中所采取的做法那样认为，姓名权和肖像权等人格权具有双重性质：道德性质和财产性质，当行为人侵犯他人享有的这些权利时，他们既应赔偿他人所遭受的精神损害，也应当赔偿他人遭受的财产损害。[③]

（三）道德人格权遭受侵犯时的单一道德损害赔偿

在法国，当影视明星和体育明星的姓名权、肖像权、声音权、私人生活受尊重权或者名誉权遭受侵犯时，法官会同时责令债务人或者行为人赔偿他们遭受的财产损害和道德损害[④]；但是，在正常情况下，如果他人的姓名权、肖像权、声音权、私人生活受尊重权或者名誉权遭受侵犯，法官仅仅会责令债务人或者行为人赔偿他人遭受的道德损

---

① Haelan Laboratories，Inc. v. Topps Chewing Gum，Inc，202 F. 2d 866（2d Cir. 1953）；张民安：《公开权侵权责任制度研究——无形人格权财产性理论的认可》，张民安主编：《公开权侵权责任研究：肖像、隐私及其他人格特征侵权》，中山大学出版社 2010 年版，第 26—27 页；张民安：《无形人格权责任研究》，北京大学出版社 2012 年版，第 15—29 页；张民安：《法国民法总论（Ⅱ）》，清华大学出版社 2020 年版，第 318 页。

② Melville B. Nimmer，The Right of Publicity，（1954） 19 Law and Contemporary Problems，pp. 203—223；张民安：《法国民法总论（Ⅱ）》，清华大学出版社 2020 年版，第 319—320 页。

③ 张民安：《法国民法总论（Ⅱ）》，清华大学出版社 2020 年版，第 320—322 页。

④ Tribunal de grande instance，Nanterre，1re ch. A，23 octobre 2002，Linda Hardy c/ Société de conception presse.

害，不会责令他们赔偿他人的财产损害，他人遭受的道德损害被称为纯道德损害（le préjudice moral pur）。所谓纯道德损害，是指在他人的姓名权、肖像权、声音权、私人生活受尊重权或者名誉权遭受侵犯时他人所遭受的精神损害、精神痛苦（l'atteinte aux sentiments）。如果债务人或者行为人侵犯债权人或者他人享有的这些人格权并因此引起道德损害的发生，法官应当责令债务人或者行为人赔偿他人遭受的道德损害。①

在今时今日，纯道德损害并非仅为自然人所遭受，法人也会遭受纯道德损害，因为除了自然人享有道德人格权之外，法人也享有道德人格权，换言之，在今时今日，自然人和法人均享有精神人格权，诸如法人的名称权、法人的名誉权、法人的无罪推定受尊重权、法人的住所权、法人的通信自由权和隐私权等。在自然人享有的道德权利、精神人格权遭受侵犯时，他们的纯道德损害可以获得赔偿，在法人的道德权利、精神人格权遭受侵犯时，它们的道德损害也可以获得赔偿。②

在1996年11月27日的案件当中，法国最高法院刑事庭对此种规则做出了说明，它指出："《法国刑事诉讼法典》第2条和第3条允许所有因为犯罪行为遭受损害的人提起民事损害赔偿诉讼，要求罪犯赔偿自己遭受的财产损害或者道德损害，这两个法律条款并没有将法人排除在外。"③ 在2012年5月15日的案件当中，法国最高法院商事庭认为，当公司前雇员违反了雇佣合同所规定的禁止与公司展开不正当竞争的条款并且使用公司的商标作为开展与公司之间的不正当竞争手段时，公司有权要求前雇员对其遭受的道德损害承担赔偿责任。④ 在2016年3月17日的案件当中，法国最高法院民一庭也认为，就像自然人享有私人生活受尊重权一样，法人也享有私人生活受尊重权，当法人的私人生活受尊重权受到侵犯时，它们有权要求债务人或者行为人赔偿自己遭受的道德损害。⑤

在法国，如果债权人或者他人因为债务人或者行为人实施的债务不履行行为或者其他行为而遭受了道德损害，基于他们的起诉，法官会责令债务人或者行为人赔偿他们所遭受的道德损害。至于说法官会责令债务人或者行为人赔偿他们多少数额的赔偿金，取决于案件的具体情况，尤其是取决于受害人遭受损害的具体情况，由法官采取主观方法予以评估和确定，已如前述。笔者以债权人或者他人的隐私权被侵犯时法官所确定的赔偿数额为例对此做出简要说明。

---

① Philippe Bouhanna, Le Rôle de la Cour de cassation face a l'évaluation du préjudice extra-patrimonial, Intervention de Me Bouhanna, https://www.courdecassation.fr/venements_23/colloques_4/2008_2484/intervention_me_bouhanna_11580.html.

② Ph. STOFFEL-MUNCK, Le préjudice moral des personnes morales, Mélanges Ph. Le Tourneau, Dalloz, 2008, p. 959; Federico López Carreras, Les personnes morales et le préjudice moral en France, Aequitas, Vol. 10, n°10, 2016, pp. 91—107; P. Jourdain, Réparation du préjudice moral d'un établissement public, RTD civ. 2014, p. 122；张民安、李杨：《法人的人格权研究（上）——法人为何享有人格权》，《学术论坛》2019年第2期，第38—50页；张民安：《法人的人格权研究（下）——法人人格权的类型、性质及侵害后果》，《学术论坛》2020年第2期，第1—29页；张民安、林泰松：《人格权在民法典当中的独立地位》，中山大学出版社2019年版，第134—309页。

③ Cour de Cassation, Chambre criminelle, du 27 novembre 1996, 96—80. 318.

④ Cour de cassation, chambre commerciale, 15 mai 2012, RG: 11—10. 278.

⑤ Cour de cassation, Chambre civile 1, 17 mars 2016, RG 15—14. 07.

在法国，无论是在《法国民法典》第9条对私人生活受尊重权做出规定之前还是之后，法官均通过自己的司法判例对债权人或者他人享有的私人生活受尊重权提供保护，当债务人或者行为人不履行债务的行为或者其他行为引起债权人或者他人私人生活受尊重权的损害时，法官均会责令他们对债权人或者他人遭受的道德损害、精神损害承担赔偿责任。究竟责令债务人或者行为人赔偿债权人或者他人以多少数额的赔偿金，取决于案件的具体情况，由基层法院的法官通过主观方法予以评估和确定。

具体来说，在债权人或者他人的私人生活受尊重权被侵犯时，如果他们向法院起诉，要求法官责令债务人或者行为人赔偿自己遭受的道德损害，在确定受害人的赔偿数额时，法官可能会考虑这些因素：受害人是否为未成年人，受害人遭受精神痛苦的程度，以及债务人或者行为人侵犯债权人或者他人私人生活的方式：是在杂志的封面还是在杂志的内页公开引起纠纷的私人生活；是采取骚扰的方式还是非骚扰的方式获得引起纠纷的私人生活；是在杂志上一次性刊登还是连续几天、几个星期甚至几个月公开引起纠纷的私人生活；是跟踪拍摄还是远距离拍摄他人的肖像；所公开的私人信息的亲密程度，所公开的信息是首次公开还是第二次、第三次公开；受害人在私人生活公开之后是及时起诉还是迟延起诉，等等。①

笔者以法国两个不同地区即南泰尔（Nanterre）和巴黎地区的两个一审法院民一庭所确定的赔偿数额为例对此做出简要的说明。1998年，南泰尔地区一审法院民一庭审理了167宗有关私人生活受尊重权受到侵犯的案件，虽然每一宗案件当中法官确定的道德损害赔偿金数额不尽相同，但是，平均每一宗案件的道德损害赔偿金数额是77000法郎，这一平均数字还不包括法官根据新的《法国民事诉讼法典》第700条所规定的赔偿数额，根据这一条所确定的赔偿数额大约为10000法郎。②

1996年，巴黎地区一审法院民一庭审理了39宗有关私人生活受尊重权受到侵犯的案件，平均每一宗案件的道德损害赔偿金数额是31746法郎。1997年，巴黎地区一审法院民一庭审理了31宗涉及私人生活受尊重权受到侵犯的案件，平均每一宗案件的道德损害赔偿金数额是24355法郎；1998年，它审理了12宗涉及私人生活受尊重权的案件，平均每一宗案件的道德损害赔偿金数额是33333法郎；1999年，它审理了23宗涉及私人生活受尊重权的案件，平均每一宗案件的道德损害赔偿金数额是26130法郎。这些赔偿数额均不包括法官根据新的《法国民事诉讼法典》第700条所规定的赔偿数额，根据这一条所确定的赔偿数额，1996年至1999年数额最大的道德损害赔偿数额分别是：1996年为150000法郎，1997年为100000法郎，1998年为150000法郎，1999年为120000法郎。③

---

① Gras Frédéric, L'indemnisation du préjudice résultant des atteintes à la vie privée, Legicom 1999/4 (n°20), pp. 21—25.

② Gras Frédéric, L'indemnisation du préjudice résultant des atteintes à la vie privée, Legicom 1999/4 (n°20), pp. 21—25.

③ Gras Frédéric, L'indemnisation du préjudice résultant des atteintes à la vie privée, Legicom 1999/4 (n°20), pp. 21—25.

第二十二章　合同责任的法定和约定免除原因

第一节　合同责任的法定和约定免除或者限制原因

如果符合合同责任的三个构成要件，债务人是否一定要对债权人承担合同责任？答案是否定的，即便符合合同责任的三个必要条件，债务人也未必一定会对债权人承担合同责任。因为除了制定法明确排除或者限制债务人所承担的赔偿责任之外，当事人之间的合同也可能会排除或者限制债务人承担的赔偿责任。如果制定法明确排除或者限制债务人的赔偿责任，则债务人或者完全不对债权人承担赔偿责任，或者仅仅在被限定的范围内承担赔偿责任，这就是合同责任的法定免除，包括全部免除和部分免除。如果当事人之间的合同明确排除或者限制债务人的赔偿责任，他们之间的合同所规定的排除条款或者限责条款原则上是有效的，在所排除的范围内，债务人无需承担赔偿责任，在所限制的赔偿范围内，他们对债权人承担赔偿责任，这就是合同责任的约定排除或者免除。

一、合同责任的法定免除

如果债务人具有某种法定的免除合同责任的原因的话，则他们原本应当承担的合同责任全部或者部分被免除。所谓法定的免除责任的原因（les causes d'exonération de responsabilité），简称为法定免责原因，是指法律所规定的债务人能够借口拒绝就自己不履行债务的行为对债权人承担赔偿责任的原因。

在法国，司法部的《民事责任法改革草案》和参议院的《民事责任法改革提案》区分责任的法定免除原因和责任的法定排除原因。根据它们的规定，责任的法定免除原因即法定免责原因是指不可抗力、受害人的行为和第三人的行为，而法定排除责任的原因（les causes d'exclusion de responsabilité）则是指正当防卫、紧急避险、制定法所规定的职责履行等。[①] 而法国民法学者普遍不会做出这样的区分，因为他们认为，即便是王子（prince）的行为也属于民事责任的一种法定免除原因，而王子的行为实际上是指公职人员根据制定法的规定履行职责的行为。[②] 笔者采取民法学者的做法，并不区分民事

---

① Articles 1253 à 1257-1，Projet de réforme du droit de la responsabilité civile，13 mars 2017，http://www. textes. justice. gouv. fr/textes-soumis-a-concertation- 10179/projet-de-reforme-du-droit-de-la-responsabilite-civile- 29782. html；Articles 1253 à 1257，Proposition de loi n°678 portant réforme de la responsabilité civile，Sénat Deuxième session extraordinaire de 2019—2020，Enregistré à la Présidence du Sénat le 29 juillet 2020，pp. 21—22，http://www. senat. fr/leg/pp. 119—678. html.

② Philippe Malaurie，Laurent Aynès，Philippe Stoffel-Munck，Droit des obligations，8e édition，L. G. D. J.，2016，pp. 544—550；Marjorie Brusorio Aillaud，Droit des obligations，8e édition，bruylant，2017，pp. 289—295；Virginie Larribau-Terneyre，Droit civil，Les Obligations，15e édition，Dalloz，2017，pp. 997—1000.

责任的法定免除原因和民事责任的法定排除原因。

在法国，合同责任的法定免除原因有哪些?《法国民法典》做出的规定与民法学者做出的说明存在差异。现行《法国民法典》新的第1231－1条仅仅规定了一种法定免责原因即不可抗力。该条规定，除非能够证明债务的履行被不可抗力所阻挡，否则，当债务人不履行或者迟延履行债务时，他们应当被责令赔偿债权人的损害，已如前述。在法国，某些民法学者认为，合同责任的法定免除原因仅有不可抗力的一种。[①] 而另外一些民法学者则认为，除了不可抗力之外，合同责任的法定免除原因还包括其他几种：第三人的行为和债权人的行为。某些学者甚至还认为，王子的行为也属于合同责任的免除原因。[②]

笔者采取民法学者的普遍看法，认为合同责任的法定免除原因包括三种：不可抗力、第三人的行为和债权人的行为。根据情况的不同，它们或者全部免除债务人承担的合同责任，这就是全部免除，或者仅仅部分免除债务人承担的合同责任，这就是部分免除：如果债务人承担的赔偿责任全部被免除，则他们不用对债权人承担任何责任；如果他们承担的赔偿责任被部分免除，他们仅仅在没有免除的范围内对债权人承担赔偿责任。

二、合同责任的约定免除

即便没有法定的免责原因，如果当事人在自己的合同当中规定了免责条款或者限责条款，在债务人不履行债务时，他们承担的合同责任也可以根据合同的约定而全部免除或者部分免除，这就是合同责任的约定免除，包括全部免除和部分免除。

在法国，合同责任领域的完全损害赔偿原则以当事人没有在自己的合同当中对合同责任的范围做出调整作为适用条件，如果当事人在自己的合同当中对他们之间的合同责任范围做出调整，则完全损害赔偿原则不再在他们之间适用。所谓当事人在自己的合同当中对合同责任的范围做出调整，是指当事人在自己的合同当中规定与合同责任有关系的条款（les clauses relatives à la responsabilité contractuelle），通过这些合同条款，在债务人不履行债务的行为引起债权人损害的发生时，他们对债权人承担的合同责任或者加重，或者减轻，或者免除，这些与合同责任有关系的条款被称为加重合同责任的条款、

---

① Rémy Cabrillac, Droit des obligations, 12e édition, Dalloz, 2016, pp. 157—160; François Terré, Philippe Simler, Yves Lequette, François Chénedé, Droit civil, Les Obligations, 12e édition, Dalloz, 2018, pp. 809—822.

② Christian Larroumet, Droit Civil, Les Obligations, Le Contrat, Tome Ⅲ, 2e partie, Effets, 6e édition, Economica, 2007, pp. 835—862; Jacques Flour, Jean-Luc Aubert, Éric Savaux, Droit civil, Les Obligations, 3. Lerapport d'Obligation, 7e édition, Dalloz, 2011, pp. 184—197; Philippe Malaurie, Laurent Aynès, Philippe Stoffel-Munck, Droit des obligations, 8e édition, L. G. D. J., 2016, pp. 544—550; Marjorie Brusorio Aillaud, Droit des obligations, 8e édition, bruylant, 2017, pp. 289—295; Virginie Larribau-Terneyre, Droit civil, Les Obligations, 15e édition, Dalloz, 2017, pp. 997—1000.

减轻合同责任的条款、免除合同责任的条款等。①

三、有关合同责任的条款区别于有关债的条款

有关合同责任的条款不同于有关债的条款（les clauses relatives à l'obligation）。所谓有关债的条款，是指当事人在自己的合同当中就债务的范围或者性质做出规定的条款。根据意思自治和合同自由原则，当事人有权在自己的合同当中对债务人承担的债务范围或者债务性质做出约定。这就是有关合同责任的条款区别于有关债的条款的理论。②

根据合同自由原则，当事人能够在自己的合同当中对债务人承担的债务范围做出自由约定。虽然买卖合同、租赁合同当中的债务人通常会承担某些债务，但是，当事人能够在自己的合同当中对债务人通常承担的这些债务做出限制，或者在通常债务之外增加新的债务。最典型的是当事人在自己的合同当中所规定的担保条款（clauses garantie）：虽然买卖合同和租赁合同当中通常会规定瑕疵担保债务，但是，当事人完全可以通过合同条款将债务人通常会承担的此种债务免除。③

根据合同自由原则，当事人能够在自己的合同当中对债务人承担的债务性质做出不同的规定。虽然债务人承担的某种债务通常被视为手段债，但是，如果当事人在自己的合同当中将此种债务规定为结果债，则他们所承担的此种债务不再是手段债而是结果债。例如，虽然医师对病患者承担的债务是手段债，但是，如果医师与病患者签订的合同规定，医师应当医好病患者，则医师对病患者承担的债务就从手段债嬗变为结果债。④

根据意思自治和合同自由原则，如果当事人在自己的合同当中规定了有关合同责任方面的条款，他们的合同条款原则上是有效的，在债务人不履行债务的行为引起债权人损害的发生时，法官应当尊重当事人之间的条款，按照合同条款规定的范围或者让债务人承担更重的合同责任，或者减轻债务人承担的合同责任，甚至免除债务人承担的合同责任。在例外情况下，他们之间的合同条款则是无效的，此时，法官仍然应当按照完全损害赔偿原则责令债务人对债权人承担赔偿责任。

---

① Dimitri Houtcieff, Droit Des Contrats, Larcier, 2e édition, 2016, pp. 540—550; Muriel Fabre-Magnan, Droit des obligations, Tome 1, Contrat et engagement unilatéral, 4e édition, puf, 2016, pp. 778—791; Philippe Malaurie, Laurent Aynès, Philippe Stoffel-Munck, Droit des obligations, 8e édition, L. G. D. J., 2016, pp. 567—580; Rémy Cabrillac, Droit des obligations, 12e édition, Dalloz, 2016, pp. 167—173; Marjorie Brusorio Aillaud, Droit des obligations, 8e édition, bruylant, 2017, pp. 298—300; Virginie Larribau-Terneyre, Droit civil, Les Obligations, 15e édition, Dalloz, 2017, pp. 616—618; François Terré, Philippe Simler, Yves Lequette, François Chénedé, Droit civil, Les Obligations, 12e édition, Dalloz, 2018, pp. 940—968.

② Philippe Malaurie, Laurent Aynès, Philippe Stoffel-Munck, Droit des obligations, 8e édition, L. G. D. J., 2016, pp. 566—567; Rémy Cabrillac, Droit des obligations, 12e édition, Dalloz, 2016, p. 167; François Terré, Philippe Simler, Yves Lequette, François Chénedé, Droit civil, Les Obligations, 12e édition, Dalloz, 2018, pp. 940—942.

③ Philippe Malaurie, Laurent Aynès, Philippe Stoffel-Munck, Droit des obligations, 8e édition, L. G. D. J., 2016, pp. 566—567; Rémy Cabrillac, Droit des obligations, 12e édition, Dalloz, 2016, p. 167; François Terré, Philippe Simler, Yves Lequette, François Chénedé, Droit civil, Les Obligations, 12e édition, Dalloz, 2018, pp. 940—942.

④ Philippe Malaurie, Laurent Aynès, Philippe Stoffel-Munck, Droit des obligations, 8e édition, L. G. D. J., 2016, pp. 566—567; Rémy Cabrillac, Droit des obligations, 12e édition, Dalloz, 2016, p. 167; François Terré, Philippe Simler, Yves Lequette, François Chénedé, Droit civil, Les Obligations, 12e édition, Dalloz, 2018, pp. 940—942.

第二节　合同责任的三种法定免除原因

虽然合同责任的法定免责事由有三种，但是，最主要的、最重要的一种法定免责事由是不可抗力。

一、不可抗力

在法国，不可抗力既是侵权责任的免责事由，也是合同责任的免责事由，在2016年之前，虽然《法国民法典》第1147条和第1148条对作为免责原因的不可抗力做出了规定，但是，它们没有对不可抗力做出界定。

（一）经典不可抗力的界定和构成要件

为了填补《法国民法典》在不可抗力界定方面所存在的漏洞，法国最高法院很早以来就在自己的司法判例当中对同时适用于侵权责任和合同责任免除的不可抗力做出了经典界定，它做出的经典界定被称为经典不可抗力理论。根据它的界定，所谓不可抗力（la force majeure），是指具有不可预见性、不可抵挡性和外在性的任何事件（événements）。任何事件，如果同时具有不可预见性、不可抵挡性和外在性的特征，则为不可抗力。①

所谓不可预见性，是指事件的发生是人们无法合理预见的。如果事件的发生是人们能够合理预见的，则能够预见的事件就不构成不可抗力。所谓不可抵挡性，是指事件的发生是人们无法通过采取必要的措施加以阻止的，如果人们能够采取措施阻止某种事件的发生，则能够通过必要措施加以阻止的事件就不构成不可抗力。所谓外在性，是指事件的发生与债务人或者行为人没有任何关系。如果事件的发生与债务人或者行为人有关系，是由于他们的原因引起的，则他们引起的事件不属于不可抗力。②

当行为人实施的致害行为引起他人损害的发生时，如果他们实施的致害行为同时符合这三个条件，则他们实施的致害行为构成不可抗力，他们对他人承担的侵权责任被免除，当债务人不履行债务或者迟延履行债务的行为引起债权人损害的发生时，如果他们的不履行行为或者迟延履行行为同时符合这三个条件，则他们实施的行为也构成不可抗力，他们也无须对债权人承担合同责任。③ 法国最高法院之所以确立此种传统的不可抗

① Virginie Larribau-Terneyre，Droit civil，Les Obligations，15e édition，Dalloz，2017，pp. 595—596；François Terré，Philippe Simler，Yves Lequette，François Chénedé，Droit civil，Les Obligations，12e édition，Dalloz，2018，pp. 810—812.

② Virginie Larribau-Terneyre，Droit civil，Les Obligations，15e édition，Dalloz，2017，pp. 595—596；François Terré，Philippe Simler，Yves Lequette，François Chénedé，Droit civil，Les Obligations，12e édition，Dalloz，2018，pp. 810—812.

③ Christian Larroumet，Droit Civil，Les Obligations，Le Contrat，Tome Ⅲ，2e partie，Effets，6e édition，Economica，2007，pp. 838—850；Jacques Flour，Jean-Luc Aubert，Éric Savaux，Droit civil，Les Obligations，3. Le rapport d'Obligation，7e édition，Dalloz，2011，pp. 185—189.

力理论，其目的在于在民事责任当中确立不可抗力引起的合同责任和侵权责任的免除，包括全部免除或者部分免除。①

（二）合同责任领域不可抗力的新界定和新构成要件

1992 年，法国民法学者 Paul-Henri Antonmattei 出版了自己的博士学位论文《不可抗力研究》，在该文当中，他对经典不可抗力理论做出批判，认为不可抗力不需要同时具备这三个必要条件，仅仅具备其中的一个必要条件即不可抵挡性就足以界定不可抗力，因为不可抵挡性这一条件已经包含了另外一个不同的条件。② Paul-Henri Antonmattei 的此种看法对法国最高法院的判决产生了影响，在 1997 年 2 月 4 日的案件当中，法国最高法院民一庭认为，作为合同责任的免责原因，不可抗力仅仅是指债务人无法阻挡的一种事件，根据这一标准，任何事件，只要是债务人无法抵挡的，均构成合同责任领域的不可抗力。③ 此种理论被法国最高法院商事庭所遵循。不过，法国最高法院民二庭没有采取民一庭的做法，在 1998 年 3 月 18 日的案件当中，它认为，不可抗力是指人们无法预见和无法抵挡的事件，任何事件，只要具有不可预见性和不可抵挡性，即构成合同领域的不可抗力。无论任何，法国最高法院民一庭和民二庭似乎均不要求合同领域的不可抗力具有外在性。④

在 2006 年 4 月 14 日的案件当中，法国最高法院联合庭通过自己的裁判终结了民一庭和民二庭在不可抗力问题上所存在的争议，认为合同领域的不可抗力应当同时具备不可预见性和不可抵挡性的特征。在 2008 年 10 月 30 日的案件当中，最高法院民一庭放弃了之前的做法，采取了联合庭的做法。⑤ 因为这些司法判例，在 2016 年 2 月 10 日的债法改革法令当中，法国政府对合同责任领域的不可抗力做出了新的规定，这就是现行《法国民法典》新的第 1218 条。

《法国民法典》新的第 1218 条规定：在合同领域，当超出债务人控制范围的某种事件阻止了债务人债务的履行时，如果在缔结合同时当事人无法合理预见此种事件的发生并且无法通过采取适当措施避免其发生，则该种事件就是不可抗力。如果阻止是暂时的，债务人的债务暂缓履行，至少在事件引起的迟延履行不能够证明合同的解除是适当的情况下是如此。如果阻止是最终的，当事人之间的合同完全解除，当事人之间的债根据第 1351 条和第 1351 - 1 条所规定的条件免除。⑥

---

① Christian Larroumet, Droit Civil, Les Obligations, Le Contrat, Tome Ⅲ, 2e partie, Effets, 6e édition, Economica, 2007, pp. 838—850; Jacques Flour, Jean-Luc Aubert, Éric Savaux, Droit civil, Les Obligations, 3. Le rapport d'Obligation, 7e édition, Dalloz, 2011, pp. 185—189.

② Paul-Henri Antonmattei, Contribution à l'étude de la force majeure, L. G. D. J., 1992, pp. 1—316.

③ Cour de Cassation, Chambre civile 1, du 4 février 1997, 94—22. 203.

④ Civ. 2re, 18 mars 1998, 95—22014; Muriel Fabre-Magnan, Droit des obligations, Tome 1, Contrat et engagement unilatéral, 4e édition, puf, 2016, p. 712; Virginie Larribau-Terneyre, Droit civil, Les Obligations, 15e édition, Dalloz, 2017, pp. 595—596.

⑤ Virginie Larribau-Terneyre, Droit civil, Les Obligations, 15e édition, Dalloz, 2017, pp. 595—596.

⑥ Article 1218, Code civil, Version en vigueur au 17 mars 2021, https://www. legifrance. gouv. fr/codes/section_lc/LEGITEXT000006070721/LEGISCTA000006150254/#LEGISCTA000032041441.

根据该条的规定，在合同领域，所谓不可抗力（force majeure），是指阻止债务人履行债务的、债务人在缔结合同时无法合理预见并且无法通过采取必要措施加以阻止的事件。除了能够引起合同责任的免除之外，不可抗力也可以引起合同的解除，这就是，当债务的不履行源自某种不可抗力的发生时，如果不可抗力让债务的继续履行变得不可能，则当事人之间的合同解除，已如前述。

《法国民法典》新的第1218条对不可抗力做出的规定与经典不可抗力之间既存在共同点，也存在差异。它们之间的共同点是：它们均将不可预见性和不可抵挡性视为不可抗力的两个必要构成要件。它们之间的最主要差异是：经典不可抗力理论将外在性视为必要条件，而该条则没有再将外在性视为不可抗力的必要条件，它以超出债务人的控制范围替换了外在性。根据《法国民法典》新的第1218条的规定，合同领域的不可抗力具有三个特征：事件的不可预见性、事件的不可抵挡性和事件的超出控制性。①

所谓事件的不可预见性（imprévisibilité），是指在缔结合同时，债务人无法合理预见到某种事件会阻止他们所承担的债务的履行。合同是一种可预见的行为，而不可抗力则是一种无法预见的事件。在缔结合同时，如果债务人无法合理预见某种事件的存在，在符合其他两个要件时，该种事件就构成不可抗力。事件是否具有合理预见性，由法官在具体案件当中予以确定。

所谓事件的不可抵挡性（irrésistibilité），是指债务人无法采取合理措施（mesures appropriées）阻挡导致他们无法履行债务的事件的发生。在判断债务人是否能够采取合理措施阻挡此种事件的发生时，法官应当采取理性人的客观判断标准：如果与债务人地位相同或者相似的理性人无法抵挡事件的发生，则事件具有不可抵挡性。

所谓事件的超出控制性，是指引起债务人不履行债务或者迟延履行债务的事件超出了债务人的控制范围（échappant au contrôle du débiteur），是债务人无法控制的事件。如果某种事件的发生是债务人能够加以控制的，则该种事件不属于不可抗力，如果该种事件超出了债务人的控制范围，则该种事件就属于不可抗力。因此，除了罢工、地震等事件属于不可抗力之外，债务人自身的疾病也属于不可抗力，因为，除了罢工、地震等事件是超出债务人控制范围的事件之外，债务人自身的疾病也超出债务人的控制范围，即便债务人自身的疾病不具有经典不可抗力的外在性。此外，如果受害人的行为、第三人甚至王子的行为的同时符合上述三个必要条件，则他们的行为也构成不可抗力。

（三）不可抗力的效力

根据《法国民法典》新的第1231－1条和新的1218（2）条的规定，如果债务人不履行债务或者迟延履行债务的行为是由债务人之外的不可抗力引起的，则他们对债权人承担的所有赔偿责任均被免除。换言之，不可抗力会引起债务人对债权人承担的所有赔偿责任的免除，是因为不可抗力是自然性质的，无论是受害人实施的行为还是第三人实

---

① Dimitri Houtcieff, Droit Des Contrats, Larcier, 2e édition, 2016, pp. 517—518; Muriel Fabre-Magnan, Droit des obligations, Tome 1, Contrat et engagement unilatéral, 4e édition, puf, 2016, pp. 714—715; François Terré, Philippe Simler, Yves Lequette, François Chénedé, Droit civil, Les Obligations, 12e édition, Dalloz, 2018, pp. 815—816.

施的行为，均是如此。这就是不可抗力引起的法律效力。此种法律效力是公平的：债务的不履行或者迟延履行并不是由于债务人的过错引起的，因此，他们无须就不是自己的过错行为引起的损害对债权人承担合同责任。[①] 法国司法部的《民事责任法改革草案》第1253条和法国参议院提交的《民事责任法改革提案》第1253条均对不可抗力的此种法律效力做出了说明，它们规定：如果意外事件、第三人的行为或者受害人的行为具有不可抗力的特征，则债务人或者行为人承担的民事责任会被完全免除。[②]

不过，如果制定法明确规定，或者如果当事人在自己的合同当中明确规定，不可抗力不能够免除债务人对债权人承担的合同责任，则债务人对债权人承担的合同责任不能够免除。这就是不可抗力所产生的免责效力的例外。一方面，制定法可能会明确规定，即便债务的不履行是由不可抗力引起的，债务人仍然应当对债权人承担合同责任。例如，法国1985年7月5日的道路交通法就例外地规定，即便承运人是根据运输合同的规定对其乘客实施运输行为，如果交通事故是由不可抗力引起的，机动车司机对其乘客承担的合同责任不能够免除。另一方面，如果当事人在自己的合同当中规定了担保条款，承诺即便不可抗力引起了债务的不履行或者迟延履行，债务人仍然要对债权人承担合同责任，则在合同规定的不可抗力范围内，债务人仍然应当对债权人承担合同责任。[③]

二、第三人的行为

所谓第三人的行为，是指债权人和债务人之外的不属于债务人应当对其行为施加控制的人的行为，包括根据制定法的规定履行法定职责的公职人员所依法实施的行为，也就是王子的行为。因此，如果债务人是公司，则公司董事、总经理或者普通雇员不构成作为合同责任当中的免责事由的第三人，因为这些人被作为债务人的公司所控制。作为公司的机构，董事被视为公司自身，而作为公司的雇员，总经理和普通雇员被视为公司的代理人，他们在代表公司行为时所实施的行为属于公司的行为，公司应当就他们的行为承担合同责任，这就是债务人就别人的行为引起的损害对债权人承担的合同责任，已如前述。[④]

如果债务人不履行债务或者迟延履行债务的行为是由债务人之外的第三人的行为引

---

① Dimitri Houtcieff, Droit Des Contrats, Larcier, 2e édition, 2016, p. 519.

② Article 1253, Projet de réforme du droit de la responsabilité civile, 13 mars 2017, http://www.textes.justice.gouv.fr/textes-soumis-a-concertation-10179/projet-de-reforme-du-droit-de-la-responsabilite-civile-29782.html; Article 1253, Proposition de loi n°678 portant réforme de la responsabilité civile, Sénat Deuxième session extraordinaire de 2019—2020, Enregistré à la Présidence du Sénat le 29 juillet 2020, p. 21, http://www.senat.fr/leg/pp.119—678.html.

③ Christian Larroumet, Droit Civil, Les Obligations, Le Contrat, Tome Ⅲ, 2e partie, Effets, 6e édition, Economica, 2007, pp. 850—851; Philippe Malaurie, Laurent Aynès, Philippe Stoffel-Munck, Droit des obligations, 8e édition, L. G. D. J., 2016, pp. 566—567.

④ Christian Larroumet, Droit Civil, Les Obligations, Le Contrat, Tome Ⅲ, 2e partie, Effets, 6e édition, Economica, 2007, pp. 852—858; Jacques Flour, Jean-Luc Aubert, Éric Savaux, Droit civil, Les Obligations, 3. Le rapport d'Obligation, 7e édition, Dalloz, 2011, pp. 196—197; Philippe Malaurie, Laurent Aynès, Philippe Stoffel-Munck, Droit des obligations, 8e édition, L. G. D. J., 2016, pp. 549—550; Marjorie Brusorio Aillaud, Droit des obligations, 8e édition, bruylant, 2017, pp. 294—295。

起的，债务人对债权人承担的赔偿责任是否被免除？对此问题，人们应当区分两种不同的情况加以说明。

一方面，如果第三人的行为甚至王子的行为具有不可抗力所具有的三个特征即不可预性、不可抵挡性和超出控制性，则第三人的行为、王子的行为就属于不可抗力的组成部分，它们当然能够免除债务人的合同责任，已如前述。[①]

另一方面，如果第三人的行为不构成不可抗力，则债务人不得借口第三人的行为免除自己应当承担的合同责任，因为，第三人的行为对债务人承担的合同责任没有任何影响。不过，在司法实践当中，如果债权人遭受的损害是因为债务人不履行债务的行为和第三人的行为引起的，法官可能会责令债务人与第三人对债权人遭受的损害承担连带责任。此种情况并非罕见，法官在大量的司法判例当中采取此种做法，因为法官认为，债权人遭受的损害是由两种不同的原因引起的：债务人不履行债务的行为和第三人的行为。例如，如果建筑物的缺陷是由建筑工程承揽人和工程师双方的原因引起的，则债权人即工程的主人有两个独立的债务人，他们分别通过自己的合同与债权人建立联系，对于其中的一个债务人而言，另外一个债务人就是第三人。[②]

法国最高法院在一系列的司法判例当中认为，在此种情况下，两个债务人应当被责令对同一债权人遭受的所有损害承担连带赔偿责任，其中的任何一个债务人应当赔偿债权人遭受的所有损害。法国最高法院之所以采取此种做法，其主要原因有二：其一，人们无法将引起损害发生的两个原因分开；其二，强化债权人的保护。此外，《法国民法典》第1791条和之后的几个法律条款也规定，如果不动产的所有权人或者购买人因为地基的缺陷而遭受损害，所有建造者均应当承担连带赔偿责任，包括但是不限于任何通过工程合同与工程主人有合同关系的所有工程师、承揽人、技术人员等。[③]

三、债权人的行为

如果债务人不履行或者迟延履行债务的行为是因为债权人或者受害人的行为引起的，在被要求承担合同责任时，债务人是否能够以债权人的行为作为自己拒绝承担合同责任的抗辩事由？换言之，债权人的行为是否构成合同责任的免责事由？答案是肯定

---

① Christian Larroumet, Droit Civil, Les Obligations, Le Contrat, Tome Ⅲ, 2e partie, Effets, 6e édition, Economica, 2007, pp. 852—858; Jacques Flour, Jean-Luc Aubert, Éric Savaux, Droit civil, Les Obligations, 3. Le rapport d'Obligation, 7e édition, Dalloz, 2011, pp. 196—197; Philippe Malaurie, Laurent Aynès, Philippe Stoffel-Munck, Droit des obligations, 8e édition, L. G. D. J., 2016, pp. 549—550; Marjorie Brusorio Aillaud, Droit des obligations, 8e édition, bruylant, 2017, pp. 294—295.

② Christian Larroumet, Droit Civil, Les Obligations, Le Contrat, Tome Ⅲ, 2e partie, Effets, 6e édition, Economica, 2007, pp. 852—858; Jacques Flour, Jean-Luc Aubert, Éric Savaux, Droit civil, Les Obligations, 3. Le rapport d'Obligation, 7e édition, Dalloz, 2011, pp. 196—197; Philippe Malaurie, Laurent Aynès, Philippe Stoffel-Munck, Droit des obligations, 8e édition, L. G. D. J., 2016, pp. 549—550; Marjorie Brusorio Aillaud, Droit des obligations, 8e édition, bruylant, 2017, pp. 294—295.

③ Christian Larroumet, Droit Civil, Les Obligations, Le Contrat, Tome Ⅲ, 2e partie, Effets, 6e édition, Economica, 2007, pp. 852—858.

的，债权人的行为能够成为债务人承担的合同责任的免除原因。[①]

首先，如果债权人的行为具有不可抗力所具有的三个特征即不可预见性、不可抵挡性和超出控制性，则他们的行为构成不可抗力的组成部分，能够产生免除债务人合同责任的效力。

其次，即便债权人的行为不构成不可抗力，如果债权人遭受的损害完全是由于自己的行为引起的，则债务人承担的合同责任完全免除：无论债权人的行为是不是过错行为，如果他们实施的行为是他们遭受损害的唯一原因，则债务人承担的合同责任全部免除。

最后，如果债权人的行为仅仅是他们遭受损害的部分原因，人们应当区分债权人的行为在性质上是不是过错行为：如果债权人实施的行为在性质上不是过错行为，则他们的行为对债务人承担的合同责任没有任何影响，债务人不得借口债权人的行为免责；如果债权人实施的行为在性质上是过错行为，则他们的行为对债务人承担的合同责任具有重要影响，债务人有权借口债权人的行为免除自己的部分责任。这就是说，要根据债权人的过错和债务人的过错程度，相应减轻债务人的赔偿范围，这就是赔偿责任的分担理论。

第三节　合同当中的免责条款和限责条款

一、免责条款和限责条款的界定

当事人在自己的合同当中所规定的第一种和第二种有关合同责任的条款是免责条款和限责条款。所谓免责条款（les clauses exonératoires de responsabilité），也称为不承担责任的条款（les clause de non-responsabilité）或者责任的免除条款，是指当事人在自己的合同当中约定的一个条款，根据该条款，一旦债务人不履行债务，他们不就自己不履行债务的行为引起的任何损害对债权人承担合同责任。

所谓限责条款（les clauses limitatives de responsabilité），也称为责任的限制条款，是指当事人在自己的合同当中约定的一个条款，根据该条款，一旦债务人不履行债务，他们仅仅在合同条款所限定的范围内对债权人承担合同责任。[②]

---

① Christian Larroumet, Droit Civil, Les Obligations, Le Contrat, Tome Ⅷ, 2e partie, Effets, 6e édition, Economica, 2007, pp. 859—862; Jacques Flour, Jean-Luc Aubert, Éric Savaux, Droit civil, Les Obligations, 3. Le rapport d'Obligation, 7e édition, Dalloz, 2011, pp. 194—196; Philippe Malaurie, Laurent Aynès, Philippe Stoffel-Munck, Droit des obligations, 8e édition, L. G. D. J., 2016, p. 549; Marjorie Brusorio Aillaud, Droit des obligations, 8e édition, bruylant, 2017, p. 295.

② Dimitri Houtcieff, Droit Des Contrats, Larcier, 2e édition, 2016, pp. 545—550; Muriel Fabre-Magnan, Droit des obligations, Tome 1, Contrat et engagement unilatéral, 4e édition, puf, 2016, pp. 778—783; Rémy Cabrillac, Droit des obligations, 12e édition, Dalloz, 2016, pp. 168—170; Marjorie Brusorio Aillaud, Droit des obligations, 8e édition, bruylant, 2017, pp. 298—300; François Terré, Philippe Simler, Yves Lequette, François Chénedé, Droit civil, Les Obligations, 12e édition, Dalloz, 2018, pp. 944—957.

免责条款和限责条款具有共同点。一方面，它们均违反了合同责任领域所贯彻的完全损害赔偿原则，在债务人不履行债务时，法官原则上不会适用这一原则责令债务人对债权人承担合同责任。另一方面，原则上，它们均是有效的，在例外情况下，它们均是无效的。它们之间的最主要差异是，免责条款的效力不同于限责条款，因为免责条款让债务人原本应当承担的所有赔偿责任均不承担，而限责条款不会将债务人承担的所有赔偿责任均免除，它仅仅会让债务人承担的赔偿责任限定在合同条款所规定的范围内。

二、免责条款和限责条款原则的有效性

无论是在 2016 年之前还是之后，《法国民法典》均没有就免责条款和限责条款的法律效力问题做出规定，因此，它们的效力问题由法官在自己的司法判例当中做出说明。早在 1874 年 1 月 24 日的案件当中，法国最高法院就已经承认，当事人之间的免责条款和限责条款原则上是有效的；即便债务人在不履行债务时有过错，他们对债权人承担的合同责任仍然能够根据免责条款或者限责条款予以免除和加以限制。①

在今时今日，在免责条款和限责条款的法律效力问题上，法官区分两种不同的情形：如果当事人之间的免责条款和限责条款所免除或者限制的民事责任是合同责任，则他们之间的免责条款和限责条款原则上是有效的，但是，如果当事人之间的免责条款和限责条款所免除或者限制的民事责任是侵权责任，则他们之间的免责条款和限责条款是无效的，因为这些条款违反了公共秩序。虽然某些民法学者对司法判例采取的此种做法提出反对意见，认为承认合同责任领域免责条款和限责条款的有效性会刺激债务人实施不谨慎的、过错行为，但是，大多数民法学者认为，合同责任当中的这些法律条款应当是有效的，因为它们符合合同自由原则的精神。②

三、免责条款和限责条款在例外情况下被视为没有规定

虽然合同责任领域的免责条款和限责条款原则上是有效的，但是，在三种例外情况下，这些合同条款被视为没有规定（réputée non écrite），不能够产生免除或者限制债务人所承担的合同责任的法律效力。③

（一）债务人的故意或者重大过错

即便当事人在自己的合同当中规定了免责条款或者限责条款，如果债务人故意

---

① Civ. 24 janv. 1874, DP. 1876. 1. 133.

② Muriel Fabre-Magnan, Droit des obligations, Tome 1, Contrat et engagement unilatéral, 4e édition, puf, 2016, pp. 778—783; Rémy Cabrillac, Droit des obligations, 12e édition, Dalloz, 2016, pp. 168—170; Marjorie Brusorio Aillaud, Droit des obligations, 8e édition, bruylant, 2017, pp. 298—300; François Terré, Philippe Simler, Yves Lequette, François Chénedé, Droit civil, Les Obligations, 12e édition, Dalloz, 2018, pp. 944—957.

③ Dimitri Houtcieff, Droit Des Contrats, Larcier, 2e édition, 2016, pp. 545—550; Muriel Fabre-Magnan, Droit des obligations, Tome 1, Contrat et engagement unilatéral, 4e édition, puf, 2016, pp. 778—783; Rémy Cabrillac, Droit des obligations, 12e édition, Dalloz, 2016, pp. 168—170; Marjorie Brusorio Aillaud, Droit des obligations, 8e édition, bruylant, 2017, pp. 298—300; François Terré, Philippe Simler, Yves Lequette, François Chénedé, Droit civil, Les Obligations, 12e édition, Dalloz, 2018, pp. 944—957.

(dol) 不履行合同所规定的债务，或者如果他们在履行债务时存在重大过错 (faute lourde)，他们仍然应当就自己不履行债务的行为对债权人承担合同责任，仍然应当赔偿债权人遭受的所有损害，因为他们的免责条款或者限责条款被视为没有规定。因此，如果出租人知道自己出租的不动产存在漏水的问题，当承租人因为不动产漏水而无法经营时，即便租赁合同当中规定了免责条款或者限责条款，出租人仍然应当赔偿承租人遭受的损害。

(二) 制定法的规定

即便当事人在自己的合同当中规定了免责条款或者限责条款，如果制定法明确禁止当事人在自己的合同当中规定这些条款，则他们所规定的这些条款被视为没有规定，债务人仍然应当对债权人承担赔偿责任。

一方面，《法国民法典》的某些条款明确禁止某些合同当事人在自己的合同当中规定这些条款。例如，《法国民法典》第 1953 (2) 条就明确规定，宾馆、酒店的经营者在与旅客签订行李寄存合同时就不得在合同当中规定免责条款或者限责条款。再例如，《法国民法典》新的第 1245 – 14 条规定，如果当事人在自己的合同当中规定排除或者限制因为缺陷产品引起的责任的条款，则他们之间的这些条款视为没有规定。

另一方面，其他制定法也可能明确禁止当事人规定这些条款。例如，《法国消费法典》第 R132 – 1 条禁止职业人士在与消费者签订的合同当中规定这些条款。再例如，《法国劳动法典》也明确禁止雇主在与雇员签订的劳动合同当中规定，一旦雇主解除与劳动者之间的劳动合同，他们对劳动者承担的赔偿责任会免除或者减轻。

(三) 债务人违反了合同当中的基本债务引起的合同责任不得免除或者减轻

即便当事人在自己的合同当中规定了免责条款或者限责条款，如果债务人不履行的债务在性质上属于基本债务 (une obligation essentielle)，他们仍然应当对债权人承担赔偿责任，仍然应当赔偿债权人遭受的所有损害，因为他们的免责条款或者限责条款被视为没有规定。通过 2016 年 2 月 10 日的债法改革法令，现行《法国民法典》新的第 1170 条对此种规则做出了说明，它规定：剥夺债务人承担的基本债务的所有条款均被视为没有规定。此种规则尤其适合于在合同责任当中适用，因为，债务人承担的基本债务构成他们与债权人之间的债权债务关系的基石，如果合同将基本债务排除掉，则他们之间的合同关系等于一方当事人对另外一方当事人的压制。基于同样的原因，如果债务人承担的合同责任源自他们不履行应当承担的某种基本债务，则他们对债权人承担的合同责任也不得免除或者限制，否则，第 1170 条的规定就会被当事人架空。

在 1996 年 10 月 22 日的著名案件即 l'affaire Chronopos 一案当中，法国最高法院商事庭对此种规则做出了说明。在该案当中，被告是一家快速运输公司，致力于为顾客提供快速和可靠的服务，基于与顾客签订的合同，它承诺在所确定的时间内将货物送到顾客手中。不过，被告最终仍然违反了合同的规定，没有在合同规定的时间内将货物送到顾客手中，顾客向法院起诉，要求法官责令被告承担合同责任。由于合同当中已经规定了限责条款，被告以限责条款对抗顾客，要求法官按照限责条款的规定让自己承担合同责任。法国最高法院认为，当事人之间的限责条款视为没有规定，被告仍然应当对其顾客遭受的所有损害承担赔偿责任，它指出："因为债务人没有履行自己承担的基本债务，而限责条款与债务人承担的基本债务矛盾，因此，限责条款视为没有规定。"①

此后，法国最高法院在众多的案件当中重复 l'affaire Chronopos 一案的规则。例如，在 2006 年 5 月 30 日的案件当中，法国最高法院商事庭再一次对此种规则做出了说明。在该案当中，被告仍然是同一家运输公司，在为顾客运送货物时将顾客的货物丢失，顾客要求法官责令被告赔偿，被告以合同当中的限责条款对抗原告。商事庭仍然认为，当事人之间的限责条款视为没有规定，因为被告没有履行的债务属于它承担的基本债务。②

第四节　合同当中的罚则条款

一、罚则条款的界定

所谓罚则条款（les clauses pénales），是指合同当事人在自己的合同当中所规定的一个条款，根据该条款，在债务人不履行债务时，他们对债权人承担一笔总额的损害赔偿金。换言之，在签订合同时，当事人预先在他们的合同当中规定，如果债务人不履行债务，债务人将会赔偿债权人一笔确定数额的赔偿金，对这一笔确定数额的赔偿金做出预先规定的条款就是罚则条款。③

二、罚则条款原则上的有效性和在例外情况下被视为没有规定

1975 年之前，《法国民法典》没有对罚则条款做出规定。通过 1975 年 7 月 9 日的制定法，《法国民法典》第 1152 条对罚则条款做出了规定。通过 1985 年 10 月 11 日的制定法，《法国民法典》第 1152 条被修改并且一直适用到 2016 年。通过 2016 年 2 月 10 日的债法改革法令，现行《法国民法典》废除了旧的第 1152 条并且以新的第 1231 – 5 条取而代之。④

《法国民法典》新的第 1231 – 5 条规定：如果合同规定，不履行债务的一方当事人以赔偿金的名义支付一笔数额的金钱给另外一方当事人，该方当事人所支付的赔偿金不得多于或者少于合同所规定的数额。不过，如果合同所规定的这一笔赔偿金的数额明显

---

① Cour de Cassation, Chambre commerciale, du 22 octobre 1996, 93—18. 632.

② Cour de Cassation, Chambre commerciale, du 30 mai 2006, 04—14. 974.

③ Muriel Fabre-Magnan, Droit des obligations, Tome 1, Contrat et engagement unilatéral, 4e édition, puf, 2016, pp. 784—791; Philippe Malaurie, Laurent Aynès, Philippe Stoffel-Munck, Droit des obligations, 8e édition, L. G. D. J., 2016, pp. 576—580; Rémy Cabrillac, Droit des obligations, 12e édition, Dalloz, 2016, pp. 170—173; Marjorie Brusorio Aillaud, Droit des obligations, 8e édition, bruylant, 2017, p. 300; François Terré, Philippe Simler, Yves Lequette, François Chénedé, Droit civil, Les Obligations, 12e édition, Dalloz, 2018, pp. 957—968.

④ Rémy Cabrillac, Droit des obligations, 12e édition, Dalloz, 2016, pp. 172—173.

过高或者明显过低，法官能够依照职权减少或者提高这一笔赔偿金的数额。如果债务得到部分履行，在不影响前款适用的情况下，法官同样依照职权根据部分履行给债权人带来的利益的比例减少合同所规定的赔偿金数额。所有与前面两款规定冲突的条款均视为没有规定。除非债务不履行构成最终不履行，否则，罚则条款仅仅在债务人被催告之后才实行。[①]

根据一些法律条款的规定以及意思自治和合同自由原则，当事人之间的罚则条款是有效的，法官原则上应当适用当事人之间的罚则条款，除非当事人之间的合同所规定的赔偿金数额过高或者过低。不过，并非当事人之间的所有罚则条款均是有效的。因为，制定法可能明确禁止当事人在自己的合同当中规定罚则条款，以便保护合同当中的弱者免受强者的侵犯。一旦当事人违反制定法的规定，在自己的合同当中规定了罚则条款，则他们之间的罚则条款视为没有规定。例如，《法国劳动法典》禁止雇主与其雇员之间的劳动合同规定罚则条款。再例如，法国有关住所租赁方面的制定法禁止住所租赁合同的当事人在租赁合同当中规定罚则条款。换言之，除非制定法明确禁止；否则，罚则条款能够在所有的合同当中适用。[②]

三、罚则条款的功能和特征

合同当事人为何在自己的合同当中规定罚则条款？对此问题，民法学者做出了回答，他们认为，当事人之所以规定罚则条款，是由于罚则条款具有双重功能：补偿功能和威吓功能。所谓罚则条款的补偿功能（fonction réparatrice），是指罚则条款的目的在于赔偿债权人所遭受的损害。所谓罚则条款的威吓功能（fonction comminatoire），则是指罚则条款是为了威胁、恐吓债务人，以防他们不履行债务。虽然从理论上讲，罚则条款所规定的赔偿金数额可能要高于或者低于债权人所遭受的损害，但实际上，罚则条款所规定的赔偿金数额往往会高于债权人所遭受的实际损害，因为这样的数额才能够对债务人产生触动，让他们积极履行自己对债权人承担的债务。罚则条款自债务人不履行债务时开始适用，虽然债权人在主张适用时要履行催告程序，即便债权人没有因为债务的不履行而遭受任何损害。[③]

基于罚则条款所具有的这些功能，罚则条款具有以下特征[④]：

其一，罚则条款具有合同性的特征，因为它是合同当事人在自己的合同当中所约定的一个条款。作为合同的组成部分，罚则条款也受到合同效力的影响：合同无效，罚则条款无效；在合同解除时，罚则条款仍然有效。

其二，罚则条款具有总包特征（le caractère forfaitaire）。所谓总包特征，是指罚则

---

① Article 1231-5, Code civil, Version en vigueur au 17 mars 2021, https://www.legifrance.gouv.fr/codes/section_lc/LEGITEXT000006070721/LEGISCTA000032009929/#LEGISCTA000032009929.

② Philippe Malinvaud, Dominique Fenouillet, Droit des obligations, 11e édition, Litec, 2010, p. 589.

③ Philippe Malaurie, Laurent Aynès, Philippe Stoffel-Munck, Droit des obligations, 8e édition, L. G. D. J., 2016, p. 576.

④ Philippe Malaurie, Laurent Aynès, Philippe Stoffel-Munck, Droit des obligations, 8e édition, L. G. D. J., 2016, p. 576.

条款虽然规定债务人不履行债务时应当赔偿债权人所遭受的损害，但是，它预先对债务人承担的赔偿金数额做出了明确规定，在债务人不履行债务时，法官直接根据罚则条款所规定的具体数额责令债务人承担赔偿责任，除非他们认为罚则条款规定的数额过高或者过低。换言之，在根据罚则条款确定债务人的赔偿数额时，法官无须采取各种各样的评估方法，无须对债权人所遭受的损害进行评估和确定。

四、罚则条款的适用：法官对罚则条款规定的赔偿金数额享有变更权

根据《法国民法典》新的第1231－5条规定，一旦债务人不履行债务，债权人应当首先对债务人进行债务履行的催告，只有在催告之后，债权人才能够要求法官责令债务人按照罚则条款规定的赔偿金数额赔偿自己遭受的损害。不过，如果债务人不履行债务的行为已经是必然的，则债权人无须再对债务人进行催告。此外，如果债务人故意不履行债务，或者如果债务人在履行债务时有重大过错，罚则条款也不适用，这一点同免责条款和限责条款是一样的，已如前述。

原则上，即便债权人没有遭受任何损失，法官仍然应当责令债务人按照罚则条款的规定支付赔偿金。为了防止一方当事人借口附合合同将过高的赔偿金数额强加给另外一方当事人，即便当事人之间的合同明确禁止当事人甚至法官对他们之间的罚则条款所规定的赔偿金数额做出变更或者调整，法官仍然有权对罚则条款所规定的赔偿金数额做出变更和调整：如果罚则条款规定的赔偿金数额明显高于债权人所遭受的实际损失，法官能够单凭自己的职权主动减少赔偿金的数额。所谓明显过高，是指罚则条款所规定的赔偿金数额远远高于债权人所遭受的实际损失，因此对债务人构成一种不正当的制裁。反之，如果罚则条款规定的赔偿金数额明显低于债权人所遭受的实际损失，法官能够单凭自己的职权主动增加赔偿金的数额。所谓明显过低，是指罚则条款将债务人承担的赔偿金数额规定到几乎完全免除债务人承担的合同责任的程度。

如果法官依照职权减少罚则条款所规定的赔偿金数额，或者如果他们依照职权增加罚则条款所规定的赔偿金数额，究竟减少多少或者究竟增加多少，完全是由基层法院法官自由决定的事情。不过，法官不能够将赔偿金数额减少到低于债权人实际损失的程度，或者减少到低于制定法所规定的赔偿金数额的程度。此外，如果债务人仅仅是部分不履行自己的债务，法官也应当根据债权人从部分履行当中所获得的利益多少按照比例减少罚则条款所规定的赔偿金数额。